새뮤얼 스마일스(1812~1904)

▲스코틀랜드 해딩턴 하이스트리트
스마일스는 이곳에서 태어나, 어린 시절을 보냈다. 오른쪽에 삽입한 사진은 스마일스 생가 명판이다.

◀에든버러대학교 의과대학
1832년 에든버러 대학을 졸업한 스마일스는 1838년 급진적인 신문 〈리즈 타임스〉 편집인이 되기 전까지 고향 해딩턴에서 외과의사로 활동했다.

▲리즈 시의회청사(리즈 타운 홀)

1840년 스마일스는 '리즈의회개혁협회' 서기관이 된다. 1845년에는 '리즈 앤드 서스크 철도국', 1854년부터는 '사우스이스트철도국'에서 일했다.

▶리즈 중앙기차역
19세기

스마일스가 살았던 집 런던 루이섬구 그랜빌 파크. 2층 창가에 유명 인사나 역사적 인물이 살았던 건물을 뜻하는 '블루 플라크(푸른 명판)'가 보인다.

▲브롬톤 묘지 예배당 런던 켄싱턴 로얄보로

1904년 스마일스는 91세의 나이로 세상을 떠나 이곳에 묻혔다.

▶새뮤얼 스마일스 무덤

빅토리아 여왕(1819~1901, 재위 1837~1901) 빅토리아 여왕 시대는 '해가 지지 않는 나라'로 불렸던 대영제국의 최전성기였다.

이솝(BC 620?~560?) '하늘은 스스로 돕는 자를 돕는다.' 이 격언 속에는 오랜 인생 경험의 진리가 함축되어 있다. 이솝 또한 그의 우화 〈헤라클레스와 마부〉에서 "신은 스스로 돕는 자를 돕는다"고 말하고 있다(《자조론》 본문 첫머리에서).

조지 스티븐슨(1781~1848) 영국의 증기기관 발명자. 스마일스는 '리즈 앤드 서스크 철도국' 근무 시절인 1857년에 《조지 스티븐슨 전기》를 펴냈다.

토머스 칼라일(1795~1881) 칼라일은 '세계 역사란 위대한 인물의 전기일뿐' '인간은 일하기 위해 태어났다. 게으르게 흘려보내는 모든 순간이 반역'이라고 말하며 노동과 근면의 가치를 강조했다. 그의 이 두 가지 신조는 스마일스의 《자조론》에 큰 영향을 끼쳤다.

조지 버나드 쇼(1856~1950) 자신의 저서 《페이비언 사회주의》에서 스마일스를 '근대 플루타르크'라고 불렀다.

윌리엄 워즈워스(1770~1850) 영국 낭만파 시인. '의존심과 자립심, 즉 남에게 의지하는 것과 자신에게 의지하는 것, 이 두 가지가 얼핏 상반되는 것처럼 생각되지만 그 둘은 손을 맞잡고 함께 나아가지 않으면 안 된다.'

존 스튜어트 밀(1806~1873) 영국의 철학자·경제학자. '사람은 개성이 살아 있는 한 전제 지배하에서도 최악의 사태에 빠지는 일은 없다. 반대로 개성을 말살해버리는 정치는 그것이 어떤 이름으로 불리든 바로 전제 지배와 다를 바가 없다.'

프랜시스 베이컨(1561~1626) 영국의 경험론 철학자. '책에서 배우는 학문은 실제적인 응용을 가르쳐주지 않으며, 진실로 유용한 배움은 실제 관찰로 얻을 수 있다. 그것은 책을 통해서 얻는 것보다 더 큰 지혜이다.'

에머슨(1803~1882) 미국 철학자·시인. '인격은 개성이라는 매개물을 통해 드러나는 도덕질서이다. 인격적인 사람들은 그들이 살아가는 사회의 양심이다.'

《자조론》(초판, 1859) 표지

《인격론》(초판, 1871) 표지

World Book 32
Samuel Smiles
SELF HELP/CHARACTER
자조론/인격론
새뮤얼 스마일스/장만기 옮김

동서문화사

자조론/인격론
차례

자조론

《자조론》 머리글 – 새뮤얼 스마일스 … 19
《자조론》을 읽는 젊은이들에게 – 장만기 … 23

1 자조 – 국가와 개인
스스로 돕는 것만이 성공으로 가는 길 … 29

자조정신/국민은 법도의 근본/국정은 국민의 빛의 반영/국가의 성쇠/제왕주의와 자조론은 서로 다른 것/윌리엄, 자립에 대하여/책보다는 인생, 독서보다는 노동/인간은 자조 정신이 있어야 한다/실사구시의 학문/전기문학이 인간에게 유익한 점/위인과 호걸은 빈부귀천에 구애되지 않는다/셰익스피어는 누구인가/개천에서 용 난다/유명한 천문학자/성직자 집안에서 이름을 드러낸 사람/법률가들, 그 밖에 비천한 집안의 아들로 태어나 이름을 알린 사람들/비천한 신분에서 몸을 일으켜 크게 이름을 떨친 외국인들/화학자 보클랭/프랑스에서 병사 출신으로 등용된 사람/비천한 신분에서 하원의원이 된 브라더턴/폭스와 린지/윌리엄 잭슨/리처드 콥덴/근면하지 않으면 결코 뛰어날 수 없다/부귀한 사람에게도 자조의 힘은 필요하다/부귀하게 태어났으나 전쟁터에서 고생을 마다하지 않은 사람/부귀하게 태어나 유명한 학자가 된 사람/명문귀족으로 태어나 정치와 문학에서 두각을 드러낸 로버트 필/브루엄/리턴/디즈레일리/워즈워스의 말과 토크빌/토크빌, 남의 도움 얻은 것을 인정하다/사람은 스스로 자신의 최고 후원자가 되어야 한다

2 산업지도자 발명가 생산자
역경은 부와 행복을 위한 축복 … 55

영국 국민의 근로정신/노고의 공장은 '가장 좋은 학교'이다/휴 밀러, 근로의 장점에 대하여/영국을 부강하게 만든 것은 비천한 사람들의 힘이다/기계를 창조한 사람들이 국가에 기여하다/증기기관의 창조/제임스 와트의 근면과 집중력/와트, 증기기관을 만들다/증기기관, 모든 분야에서 유용하게 쓰이다/리처드 아크라이트와 방적기/필과 날염기/윌리엄 리와 양말 편직기/존 히스코트와 레이스 직조기/자카르와 직조기/하일만과 소모기

3 위대한 도공들 팔리시 뵈트거 웨지우드
실패는 절반의 성공이다 … 88

루카/성공은 어떻게 단련되는가/베르나르 팔리시/실패 속에 희망이 있다/어떤 고난도 정복하라/절망은 없다/오직 최고를 추구하다/뵈트거/하늘이 무너져도 솟아날 구멍은 있다/기회를 놓치지 않는다/ 웨지우드/오직 최고만을 꿈꾸라/보다 더 나은 것을 만든다/영국 주요 산업으로 큰 요업

4 근면과 인내
시간과 인내는 뽕잎을 비단으로 만들어 준다 … 111

위업은 꾸준한 근면을 통해 이룰 수 있다/행운은 근면한 사람을 따른다/뉴턴과 케플러/사람의 천성에는 큰 차이가 없다/꿀벌집의 비유와 시간을 황금으로 바꾸는 것에 대해/반복의 중요성과 로버트 필/예능에도 인내와 노력이 필요/성공의 비결 뽕잎의 비유/쾌활한 마음을 하루도 잊어서는 안 된다/희망은 품행의 근본, 그리고 케어리/학자 영의 격언과 고사/오더번/칼라일/스티븐슨, 와트, 그 지칠 줄 모르는 인내심/롤린스, 레이어드/뷔퐁/일상적인 일을 소홀히 하지 않았던 월터 스콧/지식이 많아지면 많아질수록 학문이 부족함을 깨닫는다/존 브리턴, 시장을 보고 책을 읽다/런던, 백과전서를 쓰다/거친 성격을 고쳐 저술가가 된 새뮤얼 드루/인내의 힘으로 나라를 위해 일한 흄

5 도움과 기회─과학적 연구
작은 일이 큰 일의 씨앗이 된다 … 136

성공은 우연히 얻는 것이 아니다/큰 사람은 작은 일을 소홀히 하지 않는다/뉴턴과 영의 발명은 우연이 아니었다/관찰을 잘 하는 사람을 지자라 한다/갈릴레이의 시계추/현수교를 건설한 브라운과 템스강 바닥에 터널을 뚫은 브루넬/콜럼버스, 해조가 떠 있는 것을 보고, 신세계가 가까운 것을 알다/작은 일의 힘/프랭클린과 갈바니, 전기의 이치를 밝힌 일/증기의 힘을 밝혀낸 우스터 백작/기회를 포착하고 기회를 만들라/유명한 기술자들의 보잘것없어 보이는 도구/우연히 학문을 시작한 리·스톤의 명언/무슨 일에서나 기회를 발견한 스콧/14세에 화학을 지망한 프리스틀리/잡동사니로 실험도구를 만든 데이비경/패러데이, 우연한 일에서 화학을 지망/데이비의 수첩에 적혀 있는 말/우연한 계기로 동물학을 연구한 퀴비에/기회를 놓치지 말고 학문에 힘쓸 것/시간의 조각들을 모아서 극대의 가치를 창조하라/명사, 흩어지는 시간을 모아서 대업을 이룬 예/시간을 소중히 하라/저술에 노고를 겪은 옛사람들/기록 및 초고의 이점/존 헌터/헌터, 물질의 정해진 정형을 흔들지 않고, 이것을 숙

찰하다/파레/피의 운행을 밝혀낸 하비/종두를 발명한 제너/신경을 연구한 벨/신경의 연동 운동을 밝혀낸 홀/신행성을 처음으로 발견한 허셜/지질학에 뛰어났던 윌리엄 스미스/관찰의 재능이 있던 휴 밀러

6 예술의 일꾼
열성이 재능을 이긴다 … 173

천부적인 재능이 있다 해도 반드시 근면의 힘이 필요하다/미켈란젤로/그림 하나에 7, 8년이 걸린 티티안/평범하게 끝나는 사람, 나중에 두각을 드러내는 사람/소년을 격려한 뱅크스/클로드 로랭/이익에 연연하지 않고 사물에 전념한 터너/방랑자가 되어 예술 활동을 한 페리에/집시의 친구로 판화가가 된 칼로/열정적인 천재 예술가 첼리니/니콜라 푸생/아리 셰페르/존 플락스먼/찬트리/말 많은 것을 좋아하지 않았던 윌키/윌리엄 에티/대작을 그릴 때 굶어죽을 뻔했던 화가 마틴/퓨진, 조지 켐프, 존 깁슨, 로버트 서번, 노엘 페이턴/제임스 샤플스/유명한 음악가도 인내와 노력을 아끼지 않았다

7 근면과 귀족계급
영원한 부자가 없듯 영원한 빈자도 없다 … 218

옛날에는 고귀하던 가문이 지금은 대부분 평민/현존하는 귀족 집안, 대부분 상업으로 출세하다/못을 만드는 비결을 찾기 위한 집념, 리처드 폴리/난파선의 보물을 찾아낸 윌리엄 핍스/윌리엄 페티/스트럿/전공에 의해 귀족이 된 사람/법조인으로서 귀족에 오른 사람들

8 정력과 용기
결연한 의지가 있으면 두려울게 없다 … 236

사람의 품성은 작은 일에서 드러난다/활력이 힘을 준다/사람은 일찍부터 뜻을 세워야 한다/한 번에 한 가지씩/용감한 소망이 뜻을 이룬다/육체의 힘도 힘이다/원하면 반드시 얻는다/의지의 자유/라므네의 편지/아들을 일깨운 벅스턴의 편지/뜻이 있는 곳에 길이 있다/나폴레옹이 즐겨 인용한 격언/직분이라는 두 글자를 늘 마음에 새긴 웰링턴/과감하고 신속한 인물들/순간을 엿보고 실패를 성공으로 바꾼 나폴레옹/7살 때 가문의 부흥을 꿈꾼 헤이스팅스/인도에서 공을 세운 네이피어 장군/부하들과 나란히 한 네이피어/인도의 마술사를 시험한 네이피어/인도 반란과 의무를 다하고 죽은 영국인/동양을 향해한 사비에르/태평양을 향해한 존 윌리엄스/아프리카에 도달한 리빙스턴/감옥제도를 개혁한 존 하워드/빈민구제에 앞장선 조나스 한웨이/흑인노예 매매를 금지시킨 그랜빌 샤프/노예해방에 열성을 다한 클락슨/벅스턴의 독서법과 그 명언

9 사업가
살아간다는 모든 것이 비즈니스이다 … 275

사업은 마음이 넓은 사람이 하는 것이다/직업의 귀천은 인품과는 상관없다/생업을 위한 일을 하면서 문학에서도 이름을 빛낸 사람/최고의 지성과 일상의 의무 수행을 양립시킨 예/수고를 통해 얻는 쾌락/멜번 경의 편지/맨몸에서 의욕이/어느 건축가의 미담/노력이 없으면 희망도 없다/일의 성패에는 반드시 이유가 있다/스스로 불행하다고 한탄하는 세상 사람의 어리석음과 존슨의 명언/워싱턴 어빙, 짖는 개의 비유/6가지의 자질 및 작은 것을 소홀히 해서는 안 된다/정확성/사소한 일에도 온갖 노력을 기울인 폭스/체계성/프랑스의 한 장관 이야기/게으른 지주 이야기/스콧의 편지/시간은 산업이다/15분의 시간/약속시간을 엄수하는 미덕/사무처리를 할 줄 모르면 3군의 장이 될 수 없다/군중에서도 세무업무를 처리한 나폴레옹/나폴레옹의 문서/철저하게 사무를 처리한 웰링턴/빚을 두려워한 웰링턴/정직이 최상의 전략/성실하고 정직한 장사/정직하지 않은 이익을 챙겨서는 안 된다/품행은 재산이기도 하다/데이빗 바클레이

10 돈의 올바른 사용과 남용
돈을 하나의 인격체로 다루어라 … 304

돈을 사용하는 것은 정당한 방법으로/콥덴이 말한 두 가지 형의 사람/노동자는 절약을 실천하고 품행을 높여야 한다/3가지 우연한 재난/절약은 집안을 다스리는 정신/절약은 고마운 보호자/절약은 정직의 본질/작은 이득에 다투기보다 절약하면서 베푸는 삶이 낫다/돈을 빌리는 것은 위험하다/빚지는 것을 두려워 한 웰링턴과 워싱턴/초년에 가난과 싸운 저비스/허례허식의 폐해/군관의 빚을 경계한 네이피어/유혹에 저항해야 한다/술을 끊은 휴 밀러/높은 수준에 눈을 두고 악습을 고쳐야 한다/고상한 뜻을 품고 근검을 실천해야 한다/죄인을 교화한 토머스 라이트/정당한 직업은 비천하다 해도 부끄러워할 것이 없다/구두쇠가 되어서는 안 된다/인색에 대하여/덕이 없는 부자/욕심이 화를 부른다/빈부에 구속되지 않은 브라드튼/진정한 체면/진실로 존경을 받는 사람

11 자기수양—편안할 때 곤란할 때
먼저 나를 이겨야 세상을 이긴다 … 330

스스로 교육해야 한다/아놀드 박사/운동의 좋은 점/노동의 좋은 점을 강조한 제레미 테일러/노동이 참으로 좋은 점/신체 건강은 직무를 수행하는 필수조건/젊어서 노동을 즐긴 유명한 학자와 문인들/노력은 모든 것을 정복한다/올바른 방향으로 학문에 힘써야 한다/쉬운

것은 어려운 것보다 못하다/철저한 공부와 투철한 이념/목적을 정하고 책을 읽는다/자기를 믿는 것은 진정한 겸손과 같은것/각고와 심혈을 기울이지 않는 학문은 도움이 되지 않는다/수고를 아끼지 말고 안식을 구하지 말아야 한다/학문은 선량한 마음, 단정한 행동과 하나가 되어야 한다/학문과 지식의 차이/독서만을 학문으로 생각해서는 안 된다/깨달음을 실천하고 생각을 행동으로 옮겨야 한다/스스로를 존경해야 한다/피타고라스의 격언과 밀턴의 말/자기 수양은 지위와는 상관없다/자기 수양의 질을 떨어뜨리는 것/대중 선정소설의 해악/젊어서 환락에 빠져서는 안 된다/너무 일찍 정력을 낭비한 콩스탕/병약한 몸으로 학문에 힘쓴 장님 티에리/콜리지/로버트 니콜/고난은 최선의 선생님/지식은 실패를 통해서 배운다/명장은 패전을 통해서 병법을 배운다/가난과 고난은 인간의 좋은 스승/고난이라는 학교/웅변가 클레이와 커란/가난을 견디며 학문에 힘쓴 머리, 무어, 체임버스/윌리엄 코벳/프랑스인 석공으로 영국에 와서 학자가 된 인물/새뮤얼 로밀리 경/리 교수/만년에 학문을 시작한 인물들/젊었을 때의 우열로 미래를 점치기는 어렵다/어릴 때 우둔하던 위인들의 예/어린 시절의 우열에 대해/부모는 서둘러서는 안 된다

12 본받을 만한 일들
용기와 명예는 감염되어 닮아간다 … 379

가정과 국가에서 가장 중요한 것/부모의 모범/어머니에게 감화를 받은 웨스트와 벅스턴/사람의 말과 행동은 반드시 미래와 관련이 있다/사람의 말과 행동은 영원히 죽지 않는다/배비지의 논문 '언행은 죽지 않는다'/지극히 비천한 사람의 언행 또한 세상에 영향력을 가진다/말이 아니라 실천이 사람을 바꾼다/구두를 수선하면서 대가 없이 빈민아동을 가르친 파운즈/좋은 친구를 사귀어라/인격자와의 교제가 주는 이익/자기를 능가하는 자를 흠모하는 예술가들/용감한 사람의 본보기/전기를 읽고 분발한 사람의 예/프랭클린, 드루, 더들리/알피에리, 로욜라, 루터, 울프, 케어리/호너를 감명시킨 책/즐거운 신사의 모습/사람들을 감화시킨 아놀드 박사의 덕행/존 싱클레어

13 인격-진정한 재산
인격이야말로 사람이 추구해야 할 최고 가치 … 403

인격은 사람이 가질 수 있는 가장 고귀한 것/캐닝, 러셀, 호너/프랭클린과 몽테뉴/인격은 힘이다/어스킨 경의 행동원칙/사람의 목표는 인격의 도야/이름의 가치/진실은 인격의 핵심/언행일치/진실한 인격/습관은 제2의 천성/습관은 처음을 조심해야 한다/좋은 습관은 어릴 때부터 길러라/행복도 습관을 통해 얻을 수 있다/남을 대할 때는 온화하고 예의 바르게/로버트슨의 편지/삶을 변화시키는 친절/세련된 예의범절/타인의 의견을 경청해야 한

다—괴물 이야기/진실한 마음/집안을 일으킨 그랜트 형제/묵은 원한을 버리고 은혜를 베푼 그랜트 형제/신사의 참뜻/신사는 스스로 존경하고 남도 존경한다/10만 파운드의 뇌물을 거절한 웰링턴/10만 파운드의 뇌물을 거절한 웰슬리 후작/인도에서 토후들의 뇌물을 거절한 찰스 네이피어 경/외면의 부귀는 진정한 신사의 미덕과 상관없다/목숨을 아끼지 않고 남을 구한 선원/콜레라로 죽은 빈민을 장사지내 준 오스트리아 황제/파리에서 빈민의 장의차를 따라가 준 영국 노동자/신사의 기본은 진실성/용맹한 사람의 유연한 마음과 너그러운 행위/오늘에도 많이 볼 수 있는 영웅적인 행위/온유한 병사들/영국배가 아프리카 해안에서 침몰했을 때 보여준 영국군인의 정신/신사는 자기보다 약한 자를 괴롭히지 않는다/신사는 남에게 은혜를 베풀어도 생색을 내지 않는다/신사는 자기를 돌보기에 앞서 남을 먼저 생각한다/드레이크의 인격

인격론

《인격론》을 읽는 젊은이들에게—장만기 … 437

1 인격의 힘
자신에게 긍지를 갖는 삶을 살고 있는가 … 443
평범한 가운데 진실한 지혜가 있다. /어설픈 학문·교양은 성실에는 미치지 못한다/한 줌의 선한 삶에는 수많은 지식에 맞먹는 가치가 있다. /돈 한 푼 없어도 남자답게 행동해라. 남자답지 못하고 정직하지 못한 사람은 존중받을 자격이 없다. /그가 갖추고 있는 장점이 그의 무기였다. /스스로를 다스릴 수 없다면 인간은 얼마나 불쌍한 존재란 말인가! /자신이 한 일을 양심적으로 분별할 줄 아는 사람들이어야 합니다. /인간은 나무 한 그루처럼 성장하는 것이 아니라, 구성원들이 함께 있을 때 더 향상된다.

2 가정의 힘
신은 부모에게서 교사에게서 그리고 이성에게서 깨우치게 한다 … 468
가정은 인격을 단련시키는 최초의 학교이자 가장 중요한 학교이다. /무화과나무를 본 무화과나무가 열매를 맺는다. /어린아이는 자신이 본 것을 모방하게 마련이다. /문명화는 상당 부분 훌륭한 여성들의 영향으로 이루어진다. /당신이 살아 가는 날날 20세까지의 인생이, 온 인생의 절반을 차지할 것이다. /아이가 자라서 바르게 행동하느냐 못하느냐는 모두 어머니에게 달려 있다. /어릴 때 나는 인간이 받을 수 있는 가장 큰 축복을 누렸습니다. '어머

니'라는 축복 말입니다. /소년에게 수학을 철저히 가르쳐라. 그러면 그가 성인이 된 뒤 반드시 성공할 것이다.

3 인간관계 그 본보기
하루하루 어떻게 살 것인가 고민하라⋯493

기억하라. 닮아라. 꾸준히 노력하라. /늑대와 살면 늑대처럼 울부짖는 법을 배우게 된다. /악에서 태어난 것은 악을 낳고, 용기와 명예에서 태어난 것은 용기와 명예를 가르친다. /그의 남자답고 정직한 얼굴을 바라보는 것만으로도 큰 힘이 됩니다. /친구를 사귈 수 있는 가장 좋은 방법은 상대의 좋은 점을 진심으로 칭찬하는 것이다. /헨델의 음악은 천둥번개가 치듯 내 가슴을 울린다. /지혜로운 사람은 백년 스승이다. 루(Loo)의 행동에 대해 들으면 어리석은 사람은 머리가 맑아지고 갈등하던 사람은 마음의 중심을 잡는다.

4 일
열심히 일하라! 일은 신의 축복이다⋯518

우리는 일을 해야 한다. /할 일 없이 보낸 시간만큼 해로운 것이 없다. /일할 의지가 없는 사람은 먹지도 말아야 할 것이다. /젊은 날의 고생과 인내는 그의 영혼을 더욱 견실하게 해주었다. /배움이 없는 삶은 죽은 것이나 마찬가지이다. /취미를 갖고 있는 사람은 복받은 사람이다.

5 용기
세월과 운명이 우리를 약화시키려 해도 굴하지 말라⋯545

위대한 영혼이 자신의 생각을 이야기하는 모든 곳에는 골고다가 있다. /세상은 신이 인류에게 보낸 서신이다. /이 세상에서 내가 가장 중요하게 여기는 순결하고 순수한 양심을 더럽히느니 차라리 천 번이라도 죽음을 맞이할 것이다. /등뼈가 뻣뻣한, 악한 사람은 존경받는 자리에 오를 수 없다. /진리를 말하지 않아 진리가 고통 받는 것보다 진리를 말하여 내가 고통 받는 게 낫다. /오, 여인들이여, 그대들을 겁많은 이라 이름붙인 자가 틀렸소. 그대들은 마음의 목소리로서 진정 용감한 사람들이오.

6 자제력
절제는 인내와 자비의 배려이다⋯575

최고의 자제력이 이상적인 인간을 완성한다. /기분이 좋고 나쁨은 대부분 스스로의 의지에 달려 있다. /윌리엄의 친구들은 그의 확고부동한 태도를 '바다 한복판의 바위', '거친 파도

속의 고요함'이라 불렀다. /말로 가한 일침이 창으로 찌르는 일격보다 더 깊은 상처를 낸다. /대화 다음으로 이 세상에서 가장 큰 힘은 침묵이다. /금쪽 같은 말은 축복받은 사람의 입 속에 있다. /우리들 입에서 나온 독설들이 우리들 가슴을 파고든다. /생각 없는 어리석은 행위들을 함으로써 그는 저속해졌으며, 그의 이름은 더럽혀졌다. /내가 원하지 않는 것들이 얼마나 많은지 이제야 알겠다. /다른 모든 것을 잃는다 해도 명예만은 지켜야 한다고 생각하네. /나보고 일하지 말라는 것은 난로 위에 주전자를 올려놓으며 '주전자야, 끓지 말아라' 하는 것과 같소. 일하지 않고 빈둥거린다면 나는 미쳐버리고 말 거요. /많은 곳을 둘러보았지만, 가장 경이로운 곳은 내 집뿐이라네.

7 의무와 진실함
그의 무기는 바른생각, 그의 진실은 최고기술 … 602

우리의 일생은 의무에서 시작하여 의무로 끝난다. /품위 있는 사람은 명예롭게 승리해야 한다. 목숨을 구하기 위한 것이라해도 비열한 방법을 사용하지 말라. /인간의 위대함이란 자신의 목숨이나 자신의 영광을 좇는 것에 있지 않고, 자신의 의무를 다해야 하는 것에 있다. /나는 나의 의무를 다했고, 그것을 신께 감사드린다. /진실을 엄히 존중하여 위선을 부리지 않는 것이 도둑질을 하지 않는 것만큼이나 쉬운 일이었다. /그의 무기는 정직한 생각이고 최고의 기술은 단순한 진실이다. /거짓은 아무리 그럴듯하게 꾸며도 언젠가는 밝혀지고야 만다. /삶은 죽음에 대한 모든 두려움을 잃은 사람에게는 가장 달콤하다. /삶의 실을 1년 단위가 아니라 1주 단위로 돌려 잣고 있다.

8 밝은 성격
아무 가진 것 없는 사람도 희망은 갖고 있다 … 627

행복이 몸에 배어 있는 사람은 모든 일을 긍정적으로 생각한다. /밝은 성격은 천성이다. 그렇지만 이 천성도 다른 습관과 마찬가지로 후천적으로 갈고닦아 발전시킬 수 있다. /첫째도 밝은 마음, 둘째도 밝은 마음, 셋째도 밝은 마음입니다. /즐거운 마음은 병을 낫게 하는 약이다. /한 줄기 빛과 같았다. …… 그를 보고 사람들은 모두 얼굴에 미소를 띠었다. 그는 항상 소년 같았다. 그의 다정한 태도에 사로잡히지 않는 사람이 없었다. /무력은 친절이 갖고 있는 능력의 절반에도 못 미친다. /눈에 잘 보이지 않는 작은 벌레 때문에 크게 고통받을 수도 있고, 머리카락 하나 때문에 거대한 기계가 작동을 멈출 수도 있다. /아무것도 가진 것이 없는 사람에게도 희망은 있다. /모든 재산 가운데 가장 위대한 '희망'을 남겨두었소. /고귀한 재능은 모두 희망의 영원한 숨결에서 나온다.

9 예의바름
예의바른 몸가짐은 고결충실한 마음의 열매 … 645

아무리 선행이라도 그 태도가 무례하면 오히려 상대편의 마음을 상하게 한다. /물처럼 깨끗하고 단순하며 아무 맛도 나지 않아야 한다. /악의와 고약한 심술은 가장 사치스런 인생 가운데에 있다. /재능이 힘이라면 그 실행은 기술이다. 재능이 영향력이라면 그 실행은 추진력이다. /불쌍한 자에게는 약이 없다. 희망만이 약이다. /사람을 사랑하는 것이라면 머뭇거릴 필요가 없다. /예술로 갈고 다듬은 예민한 감수성은 용기를 저하시키고, 인격의 힘을 약화시키면서 인간을 더 비굴하게 만든다.

10 책과 사귐
한 권의 책은 우주이다 … 668

귀한 생각들을 품고 있기에 책은 결코 혼자가 아니다. /훌륭한 삶은 언제나 철이 바뀌지 않는다. /최고의 전기는 가장 훌륭한 상태에 있는 사람의 삶을 다시 만나는 것이다. /《플루타르크 영웅전》은 또한 실러와 벤저민 프랭클린, 나폴레옹, 롤랜드 부인 등 수많은 인물들이 아낀 책이기도 하다. /뛰어난 점만을 보여준다면 우리는 의욕을 잃을 것이고, 그들을 본받는 것이 불가능하다고 생각할 것이다. /아무리 훌륭한 사람이라도 자신의 결점이 이마에 적혀 있다면 눈썹까지 모자를 눌러 쓸 것이다. /세상은 가장 진실로 뛰어난 사람들에 대해서는 잘 알지 못한다. /그의 감탄은 희망을 불러일으키는 바람과 같다. 그의 시 자체가 피가 되고 살이 된다. /시인은 영웅보다 더 오래 산다. 그들은 불멸의 공기를 더 많이 들이마신다. 그들은 그들의 사상과 활동 속에서 오래 살아남는다.

11 결혼 생활
남편에게 지혜를, 아내에게 온유함을 … 697

모든 사랑은 어느 정도 지혜를 제공한다. /존중 없이는 진정한 사랑이 지속될 수 없다. 존중 없는 사랑은 후회를 낳는다. 그것은 고결한 영혼을 지닌 이들에게는 가치가 없다. /집에 들어서는 순간 모든 근심이 사라진다! /머리가 좋은 여자보다 마음이 아름다운 여자가 더 매력이 있다. /아내는 남편의 인격에 반드시 커다란 영향을 미친다. 저급한 품성의 아내는 남편의 품격을 끌어내리고, 품위 있는 아내는 남편의 품격을 높인다. /우리가 속해 있는 작은 집단을 사랑하면 결국 모든 대중을 사랑하게 된다. /신앙심 깊은 부모님 밑에서 자란 아내를 만난 것은 나에게 크나큰 행운이었다. /그녀의 사랑과 따뜻한 성품 덕분으로 나는 세속 일에 얽매이지 않을 수 있었다. 어떤 의미에서 나는 세상의 번거로움에서 벗어날 수 있었다. /내 인생의 나무이며, 위안이며, 행복인 아내를 맞이했네. 머리를 스쳐 지나가는 잠깐의 생각조차 우리는 함께 한다네. 이런 우리가 가끔은 놀랍게 느껴지는군.

12 경험의 학교
먼저 네 자신을 알아라…736

자신이 지닌 재능을 인식하는 사람 가운데 훌륭하지 않은 인물이 없고, 자신이 지닌 재능을 인식하지 못하는 사람 가운데 훌륭하게 된 인물이 없다. /시간은 젊은이를 길들이는 기수(騎手)이다. /나는 가난에게 이렇게 말한다. 오라. 환영한다, 가난이여! 내 인생에 늦지 않게 찾아왔음을. /나의 불행을 말하지는 않으리라. 나를 죽음으로 몰아넣는 데 성공한 사람들의 배은망덕에 대해서 말하지 않으리라. /용기 있는 사람들은 어쩔 수 없이 고독한 상황에 처해 있을 때, 오히려 고독을 중요한 계기로 삼았다. /가장 큰 괴로움을 아는 사람이 가장 잘 해낼 수 있다. /역경을 경험해 보지 못한 사람보다 불행한 사람은 없다. /주여, 저를 죄로부터 지켜주소서. 다른 이들의 고귀함도 지켜주소서. /의무를 다한 뒤의 평온함은 한밤중에 들려오는 잔잔하고 부드러운 음악과 같다.

새뮤얼 스마일스의 생애와 작품—신상웅…762

새뮤얼 스마일스의 연보…768

인물 찾아보기…770

Self Help
자조론

《자조론》 머리글
새뮤얼 스마일스

이 책을 쓰게 된 동기를 간략하게 말하자면 다음과 같다.

어느 북부지방의 소도시에서 뜻있는 학생 여러 명이 모인 야학모임으로부터 초빙 연사로 초대받은 일이 있었다. 이 야학모임은 어려운 환경에서 고학하는 두세 명의 소년들이 어느 해 겨울 밤 서로의 지식을 주고받으며 자기계발을 도모하고자 하는 취지에서 비롯되었다. 처음에는 한 학생이 살던 초라한 집에서 모였는데, 학생이 늘어나면서 자리가 비좁게 되었다.

더운 여름에는 집 밖에 있는 넓은 뜰에 모여, 하늘을 지붕삼아 뜰의 작은 정자에 둘러앉아 수업을 들었다. 강사는 정자에서 수학 문제를 내어가며 야간수업을 했다. 맑은 날 저녁에는 밤 늦게까지 이렇게 학업을 계속했지만, 어떤 날은 쏟아지는 소나기로 돌판에 써놓은 수학 문제가 빗물에 씻겨나가, 그날은 아쉬움을 남긴 채 해산해야만 했다.

이윽고 겨울이 되자, 어디서 수업을 해야 할지 막막했다. 학생들은 계속 늘어나 평범한 민가로는 그 많은 인원을 수용할 수가 없게 되었다. 학생들은 벌이가 신통치는 않았지만, 매주 모은 푼돈으로 좀더 넓은 집을 빌리기로 했다. 여기저기 수소문한 끝에 누추하나 큰 집 한채를 얻게 되었는데, 이 집은 콜레라가 유행할 때 병원으로 사용했던 곳이라 사람들이 꺼려했다. 하지만 학생들은 이에 아랑곳하지 않고, 책걸상을 가져다가 겨울 수업을 시작했다.

오히려 이곳은 즐거움이 가득한 배움터로 변했고, 수업내용은 알차지 못했지만 굳은 의지력으로 이를 극복해 나갔다. 조금이라도 더 아는 학생이 그보다 못한 친구를 가르쳐 주는 등 서로의 인격을 수양하는 본보기를 실천하였다. 이렇게 해서 소년들은 독서나 작문, 수학, 지리 등을 가르치고 배우며, 수리화학과 외국어를 배우기에 이르렀다. 지원자는 점점 늘어나 뜻을 같이하는 소년 수십 명이 모이게 되자, 교사를 초빙하고, 또 강연을 기획하게 되면서 내가 강연 요청을 받게 된 것이다.

강연 요청을 위해 찾아온 한 학생은 자신들이 모임을 만들었을 당시의 취지는 물론, 앞으로 하고자 하는 일들에 대해 조목조목 설명하는 당당한 태도가 매우 진솔해 보였다.

강연은 그다지 내키지 않았지만 그들의 자조 정신에 감동받아 흔쾌히 응했다. 기왕이면 그들에게 통속적인 말보다는 근면, 충직, 성실한 마음이 담긴 강연을 한다면, 더 좋은 결실을 맺을 것이라고 여겼다.

나는 이러한 생각을 기본으로 자수성가한 선인들의 본보기를 예로 들면서, 누구라도 자기 자신을 믿고 실천할 것을 강조하며 다음과 같이 말했다.

"미래의 성공을 바란다면 오직 자신만을 의지해야 한다. 자신의 근면한 수양 능력이나 스스로 정한 법규를 지키고, 각자 직분을 다하며 정직하고 성실해야 한다. 이것이 결실을 맺을 때 인격자로서의 영광을 얻을 것이다."

이러한 말들은 그다지 특별한 것은 아니었지만, 나의 진부한 설교에도 불구하고 소년들은 열렬한 환영으로 보답해 주었다.

이 소년들은 각자 굳은 의지력을 가지고 사회의 다방면으로 진출해 대부분 유능한 인물이 되었다.

그로부터 몇 년이 지나 까마득히 잊어버리고 있던 어느 날 밤, 갑자기 방문한 어떤 손님으로 인해 그날의 일을 기억해낼 수 있었다. 그는 나에게 이렇게 말했다.

"저는 지금 사업체를 경영하고 있습니다. 옛날 선생님이 친절하게 우리들에게 말씀해 주신 것에 대한 감은(感恩)의 정을 잊을 수가 없습니다. 제가 인생을 살아가는 데 있어 좋은 운을 얻고 있는 것은 다름아닌 선생님의 교훈이 있었기 때문입니다. 선생님께서 우리 친구들을 격려해 주신 그 정신을 항상 생각한 덕분에, 이렇게 출세할 수 있었습니다."

그날 이후 나는 이른바 자조(自助)에 대해 깊은 관심을 가지게 되었다. 그날그날의 강연 내용을 메모해 두었다가, 저녁에 짬을 내어 책에서 읽은 자료나 경험 등을 예전 강연 초고와 함께 정리해 두었다.

예전에 야학 모임에서 학생들에게 강연한 내용 중에서 가장 특별했던 사례는 기술자 조지 스티븐슨의 일화였다. 유난히 그에게 관심이 많았던 나는 그의 생애를 조명해 보고 싶었던 차에, 마침 기회가 생겨 그의 전기를 출간한 적이 있다. 이 책을 쓰게 된 동기도 그 때와 비슷하다고 할 수 있다. 하지만 여기에서 소개하는 여러 인물들의 일화는 되도록 간략하게 소개하고자 하였다. 마치 부분적으로 생략된 토르소(torso)상처럼, 빛나는 업적과 흥미로운 사건 중심으로 각 나라의 흥망성쇠와 인물의 생애를 간략하게 서술했다.

이 책에 담긴 교훈이 열심히 살아가는 이들에게 인생의 유익한 길잡이가 되길 바란다.

1859년 9월, 런던에서

《자조론》 2판 머리글

이 책은 이미 영국을 비롯한 많은 나라에서 상당한 인기를 모은 《자조론》의 개정판이다. 미국에서도 여러 종류로 출간되었고, 네덜란드·프랑스·독일·덴마크 어로도 번역되었다. 이 책은 여러 사람들의 생애와 행적을 기록한 것으로, 그들의 노력과 실험, 시련, 성취 때문에 이처럼 여러 나라에서 사랑을 받을 수 있었던 것이다.

이미 "셀프 헬프"《자조론》으로 세상에 나왔고, 지금 새삼 그 이름을 바꾸지는 않겠다. 하지만 독자의 오해를 사지 않기 위해 한마디 덧붙인다. 어떤 사람들은 이 책의 제목만 보고 이기심을 부추기는 책이라고 생각한다. 하지만 그것은 작가의 의도와는 전혀 다르다. 이 책의 목적은, 인내와 수고와 고생을 꺼리지 말고 올바른 일을 하도록 노력하여 이 세상에 자립해야지, 다른 사람에게 기대어서는 안 된다는 점을 주로 젊은이들에게 권하는 것이다. 또 문인, 학자, 발명가, 교육자, 자선가, 순교자, 순례자들의 본보기에서 볼 수 있듯이, 자기 '스스로를 돕는다'는 뜻인 '자조'에는 자연스럽게 다른 사람을 돕는 일도 포함된다는 사실을 깨닫게 된다.

이 책은 자조의 노력으로 성공을 거둔 사람들의 예만 많이 들고, 실패한 사람들은 다루지 않았다고 비판하는 사람도 있다. 하지만, 그저 실패담만 애기한다면 교훈보다는 좌절감만 안겨줄 뿐이다. 그러나 이 책을 읽다보면 실패가 참된 공부를 하는 사람에게 가장 좋은 교훈이 된다는 것도 알게 될 것이다. 끝없이 시도하여 수없이 실패하면 아마도 그때마다 자기 내면의 힘을 모두 끌어내고, 자기 관리와 자기 수양을 하여 지혜는 더욱 알차게 성장하게 될 것이다. 이렇게 보면 실패는(무슨 일이 있어도 견디어낼 수 있다는 마음가짐), 자신에게 이익이 되고 교훈이 된다. 그래서 나는 되도록 많은 실례를 들려고 애썼다.

사람은 가끔 좋은 동기를 가지고도 실패하는 경우가 있다. 그렇지만 좋은 일을 계획했다가 실패한 사람이 좋은 사람이라는 사실은 변함이 없다. 실패를 해도 존중해야 한다. 좋지 않은 동기로 일을 하면, 어쩌다 한때 성공했다 해도 오명만 떨치게 될 뿐이다. 그러니 일할 때는 좋고 나쁨을 먼저 생각해야 한다. 나중의 성패만을 보아서는 안 된다. 한 걸음 더 나아가, 좋은 일에 뜻을 두어 성취하는 것은 실패하는 것보다 훨씬 낫다. 그러나 일을 성취하려는 목표, 노력, 인내, 용기가 결과보다 훨씬 더 중요하다. 옛사람들은 말한다.

"사람은 자기 마음대로 성공을 거둘 수 없다. 하지만 노력하면 하늘이 상으로 성공할 자격을 준다."

이 책의 목적을 간단하게 말하면, 선인들의 좋은 가르침을 젊은이들에게 들려주는 것이다.

"젊을 때 고생하면 만년은 편안하다."

"어려운 일에 직면해, 가르쳐 주는 사람이 없다고 해서, 그 목표가 꺾여서는 안 된다. 인내심을 가지고 이를 이겨나가야 한다."

이것은 가장 중요한 가르침이다.

"사람에게는 고상한 품위가 있어야 한다. 그것이 없으면 재능이 있어도 소용없고, 아무리 세속적으로 성공해도 존경받지 못한다."

이 가르침들을 세상의 젊은이들에게 알려주기 위해 이 책을 썼다. 당신이 이 책을 읽고도 노력하지 않는다면 이 책은 실패했다고 해야 할 것이다.

1866년 5월, 런던에서

새뮤얼 스마일스
《자조론》을 읽는 젊은이들에게
장만기

　자기를 살리기 위해서는 세 가지가 필요하다. 자기가 무엇을 믿어야 하는가 알아야 하고, 자기가 무엇을 원해야 하는가 알아야 하며, 자기가 무엇을 행해야 하는가를 알아야 한다.
　내가 궁지에 빠졌을 때 내 일은 나 자신에게 의탁하는 것이 가장 상책이라고 생각해야 한다. 사람은 무슨 일에 있어서나 남의 도움을 바랄 뿐이지 자기 스스로의 도움에 의탁할 마음은 적다. 그러나 남의 도움이라는 것은 늘 확실치 못한 것이다. 작은 대로, 부족한 대로 가장 확실한 것은 나 자신 속에서 찾는 힘이다. 그러면 나는 내 몸을 나의 마음에 맡기는 것이 무엇보다도 가장 확실하고 안전한 것임을 깨닫게 되는 것이다.
　역사에서 하나의 업적을 이룩한 인물들을 살펴보면, 모두 자신을 믿는 백절불굴(百折不屈)의 뜻에 초지일관(初志一貫)했음을 알 수 있다. 그런 삶을 사는 사람은 용기있게 전진하여 어떠한 난관에도 굴하지 않고 수없이 되풀이되는 실패에도 꺾이지 않으며 자기가 목적한 바를 성취해 내고야 만다.
　온갖 사람들의 기예(技藝)는 물론, 성인이 되거나 현인이 되는 것까지 모두 자신의 마음에 달렸다. 왕후장상의 씨가 따로 없다고 하지만 그래도 이들이 배출되는 까닭은 여기에 있는 것이다. 포용력이 큰 사람일수록 인망이 높다. 이 세상에는 아주 낙천적이고, 무엇이든 긍정적으로 보려는 사람이 있다. 이런 사람에게 좌절은 존재하지 않고, 불행이 닥친다 하더라도 이들은 즉시 재앙을 복으로 바꾸어 성취감을 얻는다.
　이런 인망 높은 사람은 누구나 선망의 대상이 되는 행복한 사람이다. 이들의 눈동자는 기쁨, 만족감, 쾌활함, 신념, 지혜로움으로 빛난다. 무거운 짐도 기꺼이 어깨에 짊어지고, 불평하거나 사소한 일을 고민하지 않고 용감하게 이겨 나간다. 그들의 삶은 목적이 뚜렷하다.

인격은 최상의 인간성이며 구체화된 도덕질서이다. 개인의 인격이 바로 사회의 양심이고 국가의 원동력이다. 법과 제도는 인격을 도와 사회질서를 유지하는 보조수단일 뿐이다. 개인의 운명을 결정하는 것은 스스로의 결의와 결단이다. 어려운 환경을 벗어나 성공하는 사람들은 '자조정신'을 늘 마음에 새겼다. 자조정신은 한 개인이 자신을 발전시킬 수 있는 힘이 되고, 그것이 모이면 한 나라의 국력이 된다.

인생에는 생각하기에 따라 항상 밝음과 어두움의 두 가지 면이 있다. 우리는 의지력을 발휘해 행복하게 될지 불행을 감수할지 둘 중 하나를 선택하여, 어느 한 쪽의 습관을 몸에 익혀가는 것이다. 따라서 노력하여 세상일의 어두운 면이 아닌 밝은 면만 보려는 성격을 신장시키는 일도 가능하다. 밝은 사고는 사람을 키우는 토양이다. 밝게 사고하면 힘도 희망도 다시 솟아오른다. 반대로 고민과 불만은 키우면 키울수록 희망과 가능성은 사라져가고 심신이 소진될 뿐이다.

누구든 자신의 미래를 바라는 대로 만들 수 있다. 자신을 이끄는 건 오직 자기 자신뿐임을 알고 꾸준히 노력한다면 원하는 바를 이룰 수 있다. 나약하고 게으르며 소망도 없는 사람들은 아무것도 붙잡지 못한다. 그들은 자신의 옆에 있는 행운이나 행복도 발견하지 못하고 그대로 지나쳐 버린다.

성공적 삶의 기초가 되는 것은 사랑과 희망, 인내이다. 사랑은 사랑을 상기시키고 자비를 낳는다. 희망은 미래로 나아가는 힘찬 발걸음이고 성취를 잉태한 마음의 재산이다. 인내는 성실한 인생을 예약하고, 오늘과 내일의 아름다운 생활을 보장한다. 이 모든 것을 아우른 사랑은 세상의 온갖 일을 밝게 비추고 항상 행복을 추구한다. 사랑은 밝은 사고를 키우고 명랑한 분위기 속에 깃든다.

새뮤얼 스마일스는 말한다.

"나라의 강약은 국민들의 품행과 관계 있다. 그 나라 사람들의 진실되고 용감하고 선량한 품행은 곧 그 나라 품격의 근본이 된다."

국가란 국민들의 만남이요, 총화라 할 수 있다. 그러므로 사람들의 품행이 바르면 곧 풍속이 아름답다. 풍속이 아름다우면 곧 한 나라는 협동하고 뭉쳐서 한몸이 된다. 나라가 강하다는 것은 곧 국민의 힘이 모인 것이다. 만일 국민의 품행이 바르지 못하고 풍속이 아름답지 못하면 어찌 나라가 강한 힘을 발휘할 수 있겠는가!

어느 시대이건 새로운 시대를 여는 것은 자조·자율의 정신과 함께 사람들에 대한 배려와 높은 뜻을 가진 청년들이다. 이 청년들이야말로 개혁의 원동력이다. 새뮤얼 스마일스는 이렇게 외친다.

"젊은이들이여, 야망을 품어라! 이 세상에 '불가능'한 것은 아무것도 없다! 하늘은 스스로 돕는 자를 돕는다. 나날이 자신을 단련하는 것이다. 성실함에 감동하고 감동하여 강해져라! 끊임없는 자기 단련과 인내는 그대에게 반드시 '성공'이라는 이름을 가진 승리의 월계관을 씌워 줄 것이다. 자기가 생각한 대로 자기 인생을 창조하라!"

평범한 돌멩이로 끝날 것인가, 아니면 아름다운 옥석이 될 것인가. 성공하는 인생의 에너지는 어디에서 생겨나는가. 행복한 인생은 '의지'의 힘으로 잡을 수 있다. '희망'은 가장 큰 재산이다. 자기 행동의 '흑과 백'은 스스로 판단하라. 식을 줄 모르는 정열은 모든 것을 가능케 한다. 어려움에 부딪침으로써 사람은 단련되어 강해지고 또한 감동하고 감동하여 크게 성장한다.

새뮤얼 스마일스는 《자조(自助) Self Help(1859)》를 발표하고, 이어서 《인격 Character(1871)》《절약 Thrift(1875)》《의무 Duty(1880)》를 펴냈다. 이 책들은 빅토리아 시대의 기본적인 가치관을 담은 글이다. 11명의 자녀 중 하나였던 스마일스는 아버지를 일찍 여의고 어린 시절부터 자조의 의미를 배워 갔다. 1832년 그는 에든버러에서 의사자격을 얻었으나, 언론인이 되기 위해 개업을 포기하고 리즈로 갔다. 그곳에서 1838~42년 진보적·개혁지 〈리즈 타임스 Leeds Times〉를 편집했다. 그의 자조사상은 공리주의 철학자 제러미 벤담과 제임스 밀의 원칙을 실생활에 적용한 것이다. 그는 사기업과 자유무역에 바탕을 둔 물질적 진보, 즉 시장경제를 열렬히 옹호했다. 1845~66년 철도행정에 종사했고, 1857년 철도의 발명자이자 창시자인 조지 스티븐슨의 전기를 펴냈다. 그 뒤 자아발전이라는 주제로 리즈의 젊은이들에게 행한 강의 내용을 엮은 《자조 Self Help, with Illustrations of Character and Conduct》를 출판했다. 이 책은 수많은 언어로 번역되었다. 그 밖에 경제사 분야의 선구적 연구서 《엔지니어들의 생애 Lives of the Engineers(1861~62, 1874년 전5권으로 증판)》와 《자서전 Autobiography(1905)》을 썼다.

《자조론》이 처음 세상에 나왔을 때는 찰스 다윈의 《종의 기원》과 존 스튜어트 밀의 《자유론》이 출판되었으며, 제임스 와트가 증기기관을 발명하고, 마이클 패러데이와 클라크 맥스웰이 전자기학의 원리를 확립한 시대였다. 런던의 큐 왕립식물원이나 대영박물관이 만들어진 것도 이 무렵이다. 이처럼 해가 지지 않는 나라 영국의 번영을 이룬 주인공들은 이 책에 수록된, 평범한 가운데 고매한 인격을 지닌 그즈음 영국인들로, 오늘날 젠틀맨이라 전해지는 영국 신사도를 가진 사람들이다. 젠틀맨십을 가진 영국인들은 이렇게 얻은 자유와 번영을 능숙하게 활용했다.

오늘날 우리 한국은 식민지와 한국전쟁의 소용돌이에서 벗어나 짧은 기간에 이룬 경제 기적으로 세계 역사에 일찍이 없었던 풍요를 누리고 있다. 그러나 선구들이 쌓아 올린 피와 땀 그리고 눈물의 정신을 잊는다면, 우리는 반대로 쇠퇴의 나락으로 떨어질지도 모른다. 경제학자 아담 스미스는 이를 '보이지 않는 신의 손'이라고 말하지 않았던가!

근면·자조·협동 표어의 상징이며 우리나라 경제 발전의 주역인 박정희 대통령은 영국 젊은이들에게 인생의 가치를 불어넣어 준 새뮤얼 스마일스의 《자조론》과, 실의에 빠진 덴마크를 부흥시켜 국부로 추앙받은 국민운동가 그룬트비의 애국혼이 가득한 유달영의 《새 역사를 위하여》를 읽고 큰 감동을 받았다. 그는 새마을운동을 일으키면서 이렇게 말했다.

"농민들 스스로의 자조적인 노력, 그리고 자기 스스로 노력해서 자립해야겠다는 왕성한 자조정신, 이런 모든 것이 합쳐져야만 소기의 성과를 얻을 수 있다. 우리도 한번 잘 살아보자. 하면 된다!"

박정희는 농민들에게 근면·자조·협동 정신을 각성시키고 이를 실천하는 새마을운동을 일으켜 한국부흥의 결정적 요인을 만들어 세계 국가들의 부러움을 샀다. 그의 가난으로 점철된 어린 시절 체험이 박정희의 자조사상 국가경영 철학을 형성하게 된다. 그는 정부가 도와주지 않아 못산다고 책임을 미루는 자조력이 없는 국민은 절대 일어설 수 없으며, 국가도 그같이 게으른 사람은 도울 수 없다고 했다. 꿈을 이루기 위해 열심히 살려고 노력한다면 그때 비로소 하늘은 도와줄 것이라고 확신했다. 자조자립의 인생철학이야말로 자아실현의 지름길이자 비결이며, 나아가 사회와 나라를 번영시키는 요소라고 그는 굳게 믿었다.

자조주의 인생기본 사상은 몇천 년이라는 인간역사의 시련을 견디고 살아남은 것이다. 시간을 초월해 변하지 않는 성실한 생활 방법의 진리를 담고 있다. 그 변함 없는 진리를 이 책의 곳곳에서 발견할 수 있을 것이다.

더불어 오늘의 시대는 재능만으로 자아 실현의 꿈을 이룰 수 없다. 바로 그 재능을 잘 발휘할 수 있게 도와주는 인망(人望)이 필요하다. 그럼 어떻게 하면 그런 덕(德)을 갖춘 사람이 될 수 있을까. 새뮤얼 스마일스는 끊임없는 자기 단련, 인내, 성실 그리고 자신을 향상시키려는 자세가 중요하다고 강조하고 있다. 이 책 속에는 '인망'을 얻기 위한 구체적인 방법이 들어 있으며, 수많은 인물들이 저마다의 의지·노력·성공을 이야기하고 있다.

자조론의 주된 가르침은 젊은이들을 올바르게 인생에 전념할 수 있도록 자극함으로써, 먼저 자신을 믿고 자신의 노력에 의존하라는 것이다. 노력하면 성공할 자격을 갖출 수 있다. 새뮤얼 스마일스는 자조론의 메시지로서 끈기가 없으면 사회적 성공은 불가능하며, 신사다운 인격을 지닌 사람만이 삶을 책임 있게 관리할 수 있다고 말한다. 또한 젊은이들은 즐거운 마음으로 일해야 하며 성실한 자세를 갖추지 못하면 위대한 업적은 달성할 수 없다, 난관에 빠졌을 때 두려워 말고 인내와 끈기로 극복해야 한다, 그리고 언제나 인격 연마를 게을리해서는 안 된다, 고결한 인격을 쌓지 못하면 능력도 소용 없으며 성공은 아무런 의미가 없다고 강조한다.

결국 나는 나 자신이며 나의 상황을 책임져야 한다. 만일 내가 나의 상황을 구해 낼 수 없다면 나 자신 또한 구해 낼 수 없는 것이다.

이 책의 텍스트는 미국 보스턴 인디퍼블리시닷컴 발행 새뮤얼 스마일스 《자조론(Self Help)》을 사용했으며, 일본 고단샤 학술문고 나카무라 마사나오 옮김 《서국입지편(Self Help)》을 참조했음을 밝힌다.

훌륭한 한국어판 《자조론》을 펴내기 위해 기획 번역 편집에 힘써주신 추영현 김성숙 우진주 김춘백 김영련 윤옥일 김미양 선생께 감사를 드린다.

2006년 1월 봄을 기다리며
한국인간개발연구원에서 장만기

1 자조－국가와 개인
스스로 돕는 것만이 성공으로 가는 길

한 나라의 가치는 그 나라를 구성하는 사람 저마다의 가치이다.　　　　J.S. 밀

국가제도에 대한 지나친 믿음은 인간 개개인을 소홀히 할 수 있다.　　B. 디즈레일리

자조 정신
"하늘은 스스로 돕는 자를 돕는다."(Heaven helps those who help themselves.) 이 격언 속에 오랜 인생 경험에서 검증된 하나의 진리가 함축되어 있다. 그리스의 이솝 또한 그의 우화 「헤라클레스와 마부」에서 "신은 스스로 돕는 자를 돕는다" 말한다.

다른 사람의 힘에 의지하지 않는 이 자조 정신은 올바른 개인 성장의 기초이며, 그 정신이 수많은 사람들 생활에 뿌리내리면 활력이 넘치는 강한 국력이 된다. 남에게 받는 도움은 인간을 나약 하게 만들 뿐이다. 자립심과 자조력은 한결같이 사람에게 힘을 불어넣는다. 남을 의지하여 도움의 손길을 내미는 것은 오히려 스스로 해내려는 의지를 잃어버리게 하며 자립의 필요성을 느끼지 못하게 할 수도 있다. 보호와 억제 또한 지나치면 쓸모없는 무력한 사람으로 만들기 쉽다.

국민은 법도의 근본
아무리 훌륭한 제도라도 국민에게 실제적인 도움을 주지는 못한다. 사회제도가 할 수 있는 최상의 일은, 인간을 속박하지 않으며 자유롭게 발달하고 향상할 수 있게 하는 것이다. 예나 지금이나 인간은 자기 행동의 힘보다는 국가와 사회의 힘으로 행복과 안녕을 얻을 수 있다고 믿고 싶어한다. 그러다 보니 법률을 만드는 것이 마치 인류 발전의 견인차로 과대평가되어 왔다. 몇

년마다 한 번씩 한두 사람을 선출하기 위해 투표하는 것이 입법부의 근간이 되지만, 저마다의 인생과 인격에 실제적 영향을 주지는 않는다. 그들이 의무를 아무리 충실히 이행한다 해도 그렇다. 정부의 기능은 생활, 자유, 재산을 보호할 뿐이며, 적극적이거나 활동적이지 않고 소극적이며 제한적이라는 사실이 요즘에 와서 점점 더 명확해지고 있다. 법이 잘 운용되면 정신적으로나 육체적으로나 사람들에게 비교적 적은 희생으로 노력에 대한 보답을 보장해 준다. 그러나 법이 아무리 엄중하다 해도 게으름뱅이를 부지런하게, 사치꾼을 검소하게, 주정뱅이가 술을 끊게 만들 수는 없다. 이와 같은 부분의 개선은 권력이 더 확대되어야 이루어지는 것이 아니라, 저마다의 행동, 절약, 극기, 그리고 향상된 습관을 통해서만 성취되는 것이다.

국정은 국민의 빛의 반영

한 나라의 정치는 그 자체가 나라를 구성하고 있는 사람들의 반영에 지나지 않는다. 국민을 앞선 훌륭한 정부는 국민과 같은 수준으로 내려갈 것이요, 국민보다 뒤쳐진 정부는 국민의 수준과 동등하게 올라갈 것이다. 본디 국가는 국민에 의해 성립되는 것이므로, 국민의 성향과 행동이 모여서 법률이 되고 정치가 된다. 그렇기 때문에, 국민과 정치는 그 선과 악의 수준이 동등하여 우열이 따로 없다. 국민의 집합적 성격과 나라의 법률 및 정부는 정비례하는 것으로, 이것은 자연의 법칙이어서 마치 물이 저절로 수평을 이루는 것과 같다. 고귀한 국민은 고귀하게 다스려지고, 무지하고 부패한 국민은 치욕적인 통치를 받게 된다.

동서고금의 사례를 보면, 한 나라의 가치와 힘은 국가 제도보다는 국민의 품성에 따라 훨씬 더 좌우된다. 왜냐하면, 국가란 한사람 한사람의 총합체에 지나지 않으며, 문명 그 자체도 사회를 구성하고 있는 모든 남녀노소의 인간성 향상의 총화이기 때문이다.

국가의 성쇠

국가의 진보는 개인의 근면, 정력, 덕행의 총화요, 국가의 쇠퇴는 사람들의 나태, 사심, 악덕의 결과이다. 우리가 큰 사회적 악덕이라고 인정하는 것은 대부분 인간생활의 그릇된 결과에 지나지 않음을 알 수 있다. 그러므로 비록 우리가 법률의 힘으로 사회악을 제거하려 해도 개인의 생활과 성품이 근본적으로 개선되지 않는 한, 그 사회악은 또다시 새로운 형태로 왕성하게 자라날 것이다. 이러한 견해가 옳다면, 결국 최고의 애국과 자선은 법률을 개정하고 제도를 바꾸는 데 있다기보다, 사람들을 지도하고 격려하여 저마다 자유롭고 독립적인 행동으로 인격을 높이고 인성을 향상시키는 데 있다고 할 수 있을 것이다.

존 스튜어트 밀

사람이 어떻게 외부의 지배를 받느냐 하는 것은 그리 중요한 문제가 아니다. 모든 것은 자기 자신을 어떻게 다스리느냐에 달려 있다. 가장 비참한 노예는 극악한 폭군에 의해 지배되는 자가 아니라, 자신의 도덕적 무지, 사심, 악덕의 노예가 되는 사람이다. 이와 같이 근본이 노예 상태에 있는 나라는 군주나 제도만 바꾼다고 해서 자유로워질 수 있는 것이 아니다.

자유는 오직 정부에 달려 있다고 하는 잘못된 환상이 지속되는 한, 아무리 애써서 군주나 제도를 바꾸어도 실제적이고 영속적인 효과가 없으며, 그것은 마치 환등(幻燈) 속의 영상이 변하는 것과 같다. 자유의 견고한 기초는 개인 저마다의 인격이어야 하며, 그것이 또한 사회 안정과 국가 번영의 유일한 보장이기도 하다.

존 스튜어트 밀은 이렇게 말했다.

"사람은 전제 지배 하에서도 그 개성이 살아 있는 한, 최악의 사태에 빠지는 일은 없다. 반대로 개성을 말살해버리는 정치는 그것이 어떤 이름으로 불리든 바로 전제 지배와 다를 바가 없다."

제왕주의와 자조론은 서로 다른 것

예로부터 인간이 진보하는 근거가 어디에 있는가 하는 문제에 대해 여러 가지 잘못된 견해가 있었다. 어떤 이는 그것이 제왕에 근거한다 하고, 어떤 이는 국민에 근거한다 하며, 또 어떤 이는 의회가 정하는 법안에 근거한다고도 한다. 그러나 자립의 근원을 논하지 않는다면 모두 오류를 면하기 어렵다.

"우리는 제왕을 기다려야 한다. 제왕이 나타났을 때, 그 제왕을 인정하고 따르는 국민은 행복하다."

이것은, 모든 일은 민중을 위해 존재하지만 민중의 손에 의해 이루어지는 일은 하나도 없다는 뜻으로, 이에 따르게 되면 국민의 자유 의지는 소멸되고 당장 압제 정치를 초래하고 말 것이다. 제왕 숭배는 우상 숭배 최악의 형태로 한낱 권력을 숭배하는 것이나 다름없으므로, 결국은 배금주의처럼 인간을 타락시키게 된다. 국민에게 널리 펼쳐야 할 가르침은 자조 정신이며, 그것을 완전히 이해하고 실천에 옮기면 제왕 숭배주의는 사라질 것이다. 이 두 가지 설은 서로 상반되는 것으로, 빅토르 위고가 "문(文)은 무(武)보다 강하다"고 말한 것처럼 자조주의가 제왕주의보다 강하다고 할 수 있다.

윌리엄, 자립에 대하여

애국심에 근거한다는 것이나 의회법안에 근거한다는 것도 널리 퍼져 있는 미신이다. 자립의 근원을 논하지 않으면, 모두 진정한 정치라고 할 수 없다. 아일랜드의 진정한 애국자의 한 사람인 윌리엄 다간은 제1회 더블린 산업박람회 폐회식 때 다음과 같은 말을 했다.

"나는 독립이라는 말을 들을 때마다 우리나라와 우리 동포를 생각하지 않을 수 없습니다. 나는 우리의 독립을 이곳저곳 또는 다른 곳에서 얻을 수 있을 거라는 말과, 우리를 찾아오는 다른 나라 사람들에게 큰 기대를 걸고 있다는 말을 여러 번 들었습니다. 나도 그렇게 외부 교섭을 통해 많은 이익을 얻을 수 있다는 것은 인정하지만, 우리 산업의 독립은 우리 자신의 손에 달려 있다고 깊이 믿습니다. 오직 근면하게 일하며 우리의 힘을 효율적으로 이용하면, 오늘의 이 시간이야말로 우리의 더 밝은 미래를 위한 가장 좋은 기회라고 믿습니다. 우리는 한 걸음 발전했지만, 인내는 모든 성공의 근본이니, 우리가 열심히 계속 일한다면 머지않아 다른 나라 사람들처럼 편안하고 행복하게 자립할 수 있는 국민이 될 거라고 확신합니다."

책보다는 인생, 독서보다는 노동

많은 나라가 오늘날과 같이 부강해진 것은 몇 세대에 걸쳐 국민들이 고생하며 열심히 일한 덕분이다. 여러 계층의 사람들이 다양한 환경 속에서 끈기 있게 노력한 것이 빛나는 결과를 가져왔다. 그 중에는 토지를 경작한 사람도 있고, 광산을 개발한 사람도 있으며, 발명가와 새로운 진리를 발견한 사람, 제조가, 기계공과 장인, 시인, 철학가, 정치가도 있었다. 한 세대가 전 세대의 수고 위에 새로운 것을 쌓아올려 더 높은 수준으로 끌어올린 것이다. 이와 같이 계승되는 고귀한 역군들, 즉 문명의 건설자들이 산업, 과학, 예술의 혼돈된 무질서를 바로잡는 역할을 했다. 그 덕택에 현재 살아 있는 사람들은 선조들이 기술과 근면으로 이룩한 풍요로운 시대를 이어받게 되었다. 그것은 다시 우리 손으로 개발되어——아무런 손상도 주지 않고 오히려 더 좋게 개량하여——우리 후손들에게 전달되어야 하는 것이다.

인간은 자조 정신이 있어야 한다

저마다의 열정적인 활동에서 나타나는 자조 정신은 예로부터 영국 사람들의 특유한 기질이었으며, 이것은 곧 한 나라로서 영국의 힘을 재는 진정한 척도가 되고 있다. 일반 서민층에서 태어나 분발한 끝에 대중에게 널리 존경받고 귀감이 된 사람이 많았다. 그러나 우리의 진보는 또한 이름 없는 많은 평범한 사람들에게서 힘입은 바가 크다.

대규모 전쟁의 역사에는 오직 장군의 이름만 기록되지만, 그 승리 뒤에는 수많은 병사들의 영웅적 행위가 있었다. 국민의 생애도 '병사의 전투'와 같다. 위대한 일꾼 속에는 언제나 일반 국민들도 들어 있었다. 역사에 기록되지 않은 수많은 사람들의 생애가 문명과 진보에 큰 영향을 끼쳤으며, 그들의 공헌은 전기에 등장하는 영웅호걸에 못지않다. 아무리 미천한 사람이라도 근면, 착실, 정직으로 타인의 모범이 되면, 그 시대뿐만 아니라 후세에까지 나라의 복지에 영향을 끼친다. 그의 선행과 인격이 저절로 남의 생활 속에 스며들어가, 다음 세대에 이르기까지 좋은 모범이 되기 때문이다.

실사구시(實事求是)의 학문

무릇 정성을 다해 직무에 힘쓰는 것은 가장 좋은 실사구시의 학문이다. 개인의 분투가, 다른 사람들의 생활과 행동에 강한 영향을 주는 최선의 실제적

베이컨

인 교육이라는 것을 일상 경험이 증명해 주고 있다. 이에 비하면 교육 기관은 교육의 첫 단추를 끼워 줄 뿐이다.

인생 교육이 훨씬 더 감화가 크다고 할 수 있는데, 그것은 가정과 거리, 계산대 뒤, 작업장, 베틀과 쟁기 뒤, 사무실, 제조 공장, 그 밖에 사람들이 많이 모이는 곳이면 어디서나 얻을 수 있다. 이것이 실러가 명명한 이른바 '인류의 교육'이라는 것으로, 이 교육은 일상의 품행과 행위에서 스스로 수양하며 자기를 극복하는 데 힘을 쓰는 것이다. 이와 같이 참되게 배우면, 사람들은 일생 동안 각자의 의무와 할 일을 완수할 수 있게 된다. 그것은 책에서 습득하거나 다소의 학문 수양으로 얻는 것과는 천지 차이다.

베이컨은 "책에서 배우는 학문은 실제적인 응용을 가르쳐 주지 않으며, 정말로 유용한 배움은 실제 관찰을 통해서 얻을 수 있다. 그것은 책을 이용하는 것보다 더 큰 지혜이다"라고 말했다. 실제 생활의 요령뿐만 아니라 마음을 수양하는 길도 실제 관찰에 의해 가능하다는 것이다. 그러므로 다음과 같이 자신 있게 말할 수 있을 것이다.

"인간이 자기를 완성하는 데 필요한 것은 독서보다 일이요, 학문보다 생활이요, 공부보다 행동이요, 언행보다 그 인품이다."

전기문학이 인간에게 유익한 점

위인의 전기, 특히 훌륭한 사람들의 전기는 사람들에게 도움을 주고 참고가 되며, 또한 자극제로서 유용한 교훈이 된다. 그 중에서도 가장 훌륭한 사람의 전기는 거의 복음에 비할 만하다. 그 고매한 생애와 고결한 사상, 그리고 자기를 개선하고 세상을 개선하고자 분투한 행적은 한결같이 세상에 가르침을 주고 있다.

이러한 전기는 또 자조의 힘, 인내하는 힘, 결단성 있는 실행과 꾸준한 성실성이 나중에 고상하고 위대한 인격을 만들어 줌을 가르쳐 주면서, 이에 대한 가치 있는 예증을 보여 준다. 그러한 예증은 자기를 완성하는 길이 각 개인의 힘임을 분명히 보여 주고 있으며, 자기 존중과 자기 신뢰는 극히 미천한 사람도 고귀한 능력과 영광스러운 명성을 얻을 수 있게 하는 효력이 있음을 증명해 주기도 한다.

위인과 호걸은 빈부귀천에 구애되지 않는다

과학, 문학, 예술의 대가들——위대한 사상의 주창자들과 위대한 마음의 왕들——은 반드시 특정한 지위나 계층에서만 나오는 것이

셰익스피어

아니다. 그들 중에는 학교, 공장, 농가 출신도 있고, 가난한 집안 출신이 있는가 하면 부유한 집안 출신도 있다. 하느님의 위대한 사도들 중에는 병졸 출신들이 있다. 때로는 극빈자에서 최고 지위에 오른 이도 있으며, 그들에게는 지극한 고난도 그다지 장애가 되지는 않았다. 오히려 고난은 그들에게 도움이 되었다. 그것을 통해 노력과 인내심을 북돋고, 고난이 없었더라면 그대로 위축되어버렸을 재능을 자극하여 성장시켰기 때문이다. 이와 같이 예로부터 장애를 극복하여 마침내 승리의 문에 이른 예가 많다. 그러니 "의지만 있으면 무슨 일이든 할 수 있다"는 격언은 언제나 유효하다.

주목할 만한 예를 들면, 이발사 집안 출신 가운데 성공한 인물로, 시인이자 신학자인 제레미 테일러가 있고, 제니 방적기의 발명자이자 제면(製綿) 공장의 창설자인 리처드 아크라이트가 있으며, 대법관으로 유명한 텐터든, 풍경화의 대가인 터너가 있다.

셰익스피어는 누구인가

영국의 문호 셰익스피어의 출생에 대해 정확하게 아는 사람은 아무도 없다. 그러나 그가 미천한 집안 출신이라는 데에는 의문의 여지가 없다. 그의 아버지는 백정이요, 목축업자였다. 셰익스피어도 어린 시절에 양털을 빗겨 주는 일을 했다고 한다. 그는 처음에 학교에서 사환 일을 하다가 나중에 대금업자의 서기가 되었다고 주장하는 사람도 있다.

그는 실제로 한 개인의 인격뿐만 아니라, 모든 인간의 축도를 그 인간성 속에 모두 지니고 있었던 것 같다. 그의 작품 속에 나오는 선원들의 용어가

벤 존슨

너무도 생생하여, 항해에 대해 잘 아는 한 작가는 그가 뱃사람이었을 거라고 주장했고, 한 성직자는 성경에 정통한 그의 글을 보고 그가 어느 목사의 서기였을 거라고 추측했으며, 말 감정사는 말의 부위에 대한 그의 자세한 묘사를 보고 그가 말 장수였을 것이라고 단정했다.

그런 의미에서 셰익스피어는 확실히 명배우였다. 그리하여 인생행로에서 '다양한 역할'을 연기하다가 얻은 폭넓은 경험과 관찰에서 터득한 지식으로 그 훌륭한 희곡들을 쓴 것이다. 아무튼 그는 치밀한 연구자인 동시에 열심히 노력한 작가였음에 틀림없으니, 오늘날까지 그의 작품은 영국인의 인격 형성에 강력한 영향을 미치고 있는 것이다.

개천에서 용 난다

일용직으로 고용되어 일하던 서민층에서 기사 브린들리, 항해사 쿡, 시인 번즈가 배출되었다. 석공과 벽돌 쌓는 일꾼들은 벤 존슨을 자랑스럽게 생각했다. 벤 존슨은 링컨 여관을 건축할 때 항상 손에는 흙손을 쥐고 주머니에는 책을 넣고 일했다. 그 밖에 기사 에드워즈와 텔퍼드, 지질학자 휴 밀러, 작가이자 조각가인 앨런 커닝엄도 그런 사람들이었다.

목수 출신으로는 건축 기사 이니고 존스, 천문학용 정밀시계 기술자 해리슨, 생리학자 존 헌터, 화가인 롬니와 오피, 동양학자 리, 조각가 존 깁슨 등이 있다.

직조공 출신으로는 수학자 심슨, 조각가 베이컨, 궁정목사 밀너 형제, 애덤 워커, 궁정목사 존 포스터, 조류학자 윌슨, 선교사 리빙스턴 박사와 시인 태너힐이 있다. 제화공 출신으로는 위대한 해군 제독 클라우드슬리 셔벨, 전기(電氣)학자 스터전, 수필가 새뮤얼 드루, 《쿼털리 리뷰》의 편집자 기퍼드, 시인 블룸필드, 선교사 윌리엄 캐어리가 있다.

또 하나의 노력가인 선교사 모리슨은 제화용 골을 만드는 사람이었다. 스코틀랜드의 제화공 토머스 에드워즈는 심오한 박물학자로 알려져 있는데, 그 또한 제화공으로 생계를 유지하면서 여가 시간을 박물학 각 분야의 연구에 바쳐, 마침내 소형 갑각류의 신종을 발견하는 데 성공했다. 박물학자들은 그 기념으로 이 신종 갑각류에 '프라니자 에드워드시'라는 이름을 지어 주었다.

양복 재단사들 중에서도 출세한 사람이 많다. 역사학자 존 스토는 한때 양복 재단사 일을 했고, 화가 잭슨도 성인이 될 때까지 양복을 짓는 일을 했다. 푸아티에 전투에서 공을 세움으로써 에드워드 3세가 그 용기를 가상히 여겨 작위를 내린 용장 존 혹스우드는, 소년 시절 런던의 한 양복 재단사의 견습생 노릇을 했다.

1702년 에스파냐, 비고 해전에서 수문을 파괴한 홉슨 제독 또한 같은 직업에 종사한 적이 있었다. 그는 와이트 섬 본처치 근처에서 양복 재단사의 견습생으로 일하고 있었는데, 어느 날 섬 근처에 함대가 통과하고 있다는 얘기를 듣자 일손을 멈추고 벌떡 일어나 친구들과 함께 바닷가로 뛰어나가서 그 웅장한 모습을 바라보았다고 한다. 이때 소년은 갑자기 해군이 되고 싶다는 희망이 불타올라 조그마한 배를 타고 그 함대를 따라갔다.

그리고 제독이 타고 있는 기함에 올라가 함장에게 간청하여 의용병으로 들어갔다. 몇 년 뒤 그는 수많은 공을 세우고 고향으로 돌아와, 전에 견습생으로 일했던 집에서 음식을 대접받으며 마냥 즐거워했다고 한다.

양복 재단사 출신으로 가장 성공한 사람은 미국의 17대 대통령 앤드루 존슨이다. 그는 훌륭한 인격과 탁월한 지성을 겸비한 인물이었다. 그가 워싱턴에서 한 유명한 연설 중에, 자기는 시의원에서 시작하여 입법부의 각 부서를 거쳐 오늘의 지위에 이르렀다고 말한 적이 있다. 그러자 청중 속의 어떤 사람이 "저 자는 양복쟁이 출신이오!" 하고 큰 소리로 외쳤다.

존슨은 그 악의에 찬 조롱에도 기가 꺾이지 않았을 뿐 아니라, 다음과 같이 응수하여 오히려 그것을 자기에게 유리하게 돌려놓았다.

"어떤 분은 제가 양복 재단사 출신이라고 말씀하시는데, 그 말을 들어도 저는 조금도 부끄럽지 않습니다. 제가 양복 재단사 일을 한 건 사실입니다만, 저는 솜씨 좋은 재단사라는 이름을 얻었고, 늘 손님의 몸에 딱 맞는 옷을 지어 드렸습니다. 손님들과의 약속을 어긴 적이 없었고, 언제나 최선을 다해 일했습니다."

코페르니쿠스

울지 추기경, 다니엘 디포, 아켄사이드 및 커크 화이트는 모두 푸줏간의 아들이었다. 버니언은 땜장이였고, 조지프 랭카스터는 광주리를 만드는 사람이었다. 뉴커먼, 와트, 스티븐슨은 모두 증기기관을 발명한 사람으로, 뉴커먼은 대장장이, 와트는 계산기구 제조자, 스티븐슨은 증기기관차 화부였다. 목사 헌팅턴은 원래 석탄 광부였고, 목판화의 창시자인 뷰익도 광부였다. 도즐리는 보병 출신이었고, 홀크로프트는 마부였다. 항해의 대가 배핀은 돛대 파수꾼, 클라우드슬리 셔벨은 선실 사환으로 각각 첫출발을 했다. 허셜은 군악대에서 목관악기 오보에를 연주했고, 챈트리는 떠돌이 조각가, 에티는 떠돌이 인쇄공, 토머스 로렌스는 술집 아들이었다.

대장장이의 아들 마이클 패러디는 22살이 될 때까지 제본 공장에서 일했다. 그런 그가 나중에는 대학자로서 스승 험프리 데이비를 능가하는 대가가 되어, 가장 어렵고 심오한 자연과학 문제를 자세히 밝혀 주었던 것이다.

유명한 천문학자

차원 높은 천문학에 큰 공헌을 한 사람 중에는 폴란드의 빵 장수 아들인 코페르니쿠스가 있다. 케플러는 독일 어느 술집의 아들이었고 그 자신도 술집 심부름꾼으로 일했으며, 달랑베르는 어릴 적 어느 추운 겨울 밤에 파리의 생 장르롱 교회 돌계단에 버려졌고, 지나가던 유리 장수의 아내가 데려다 길러 주었다. 뉴턴은 그랜섬 근처 가난한 자작농의 아들이었으며, 라플라스는 옹플러 부근의 작은 마을에 사는 빈민의 아들이었다.

소년 시절의 역경에도 불구하고 이 훌륭한 사람들은 영재로서 각고의 노력을 한 끝에 세상의 어떤 재물도 살 수 없는 불후의 명성을 얻었다. 만일 그들이 부잣집에 태어났더라면, 오히려 가난하게 태어났을 때보다 더 큰 장애를 겪었을지도 모른다.

천문학자이자 수학자인 라그랑주의 아버지는 이탈리아 토리노에서 관리로 지냈는데, 투기를 하다가 재산을 탕진해 버리자 가족은 밑바닥 생활을 해야 했다. 그러나 라그랑주는 자기가 뒷날 명성과 행복을 얻은 것은 그 때문이기도 하다고 자주 말했다.

"만일 내가 부유하게 자랐더라면 아마 수학자가 되지 못했을 것이다."

성직자 집안에서 이름을 드러낸 사람

영국 역사를 보면 대체로 성직자 집안에서 특히 출중한 사람들이 많이 배출됨을 알 수 있다. 해군에서 공을 세워 유명해진 드레이크와 넬슨, 과학자 월러스턴, 영, 플레이페어 및 벨, 미술계의 렌, 레이놀즈, 윌슨과 윌키, 법조계의 덜로와 캠벨, 문학의 애디슨, 톰슨, 골드스미스, 콜리지와 테니슨 같은 사람들은 모두 성직자 집안에서 태어났다.

인도 전쟁에서 명성이 높았던 하딩 경, 에드워즈 대령, 그리고 호드슨 소령도 성직자의 아들이다. 사실 영국령 인도를 획득하고 확보했던 사람들은 주로 중류 계급 출신이었는데, 클라이브, 워렌 헤이스팅스 및 그들의 후계자들이 모두 그랬으며, 이들은 대부분 공장에서 어린 시절을 보내고 직장에서 훈련을 받은 사람들이었다.

법률가들, 그 밖에 비천한 집안의 아들로 태어나 이름을 알린 사람들

변호사 집안에서 유명해진 사람들 중에는 에드먼드 버크, 기술자 스미턴, 스콧과 워즈워스, 그리고 소머즈, 하드윅, 더닝 경 등이 있다. 윌리엄 블랙스턴 경은 비단 장수의 유복자였다. 기퍼드 경의 아버지는 도버에서 잡화상을 했고, 데먼 경의 아버지는 의사, 텔퍼드 판사의 아버지는 시골 양조장 주인, 고등 법원장 폴록의 아버지는 안장 기술자였다. 니네베 유적 탐사가 레이어드의 아버지는 런던의 법률 사무실에서 서기 생활을 했다.

수력 기계와 암스트롱포(砲)의 발명가인 윌리엄 암스트롱 경도 법률을 공부하여 얼마 동안 변호사 일을 한 적이 있었다. 밀턴은 런던 대서사의 아들이었고, 포프와 사우디는 마사(麻絲) 상인의 아들이었다. 윌슨 교수는 페이즐리에 사는 모직물 제조공의 아들이고, 매컬리 경은 아프리카 교역 상인의 아들이었다. 키츠의 아버지는 약제사였다.

험프리 데이비 경은 시골 약재상의 견습공으로 있었는데 그는 자서전에서 이렇게 말했다.

"내가 오늘의 지위를 얻은 것은 내가 스스로 만들어낸 결과이다. 이것은 자만심에서 하는 말이 아니라, 마음속에 있는 진실을 그대로 말하는 것일 뿐이다."

'박물학의 뉴턴'으로 불리는 리처드 오웬은 해군 소위 후보생으로 인생 경력을 시작했으며, 과학 분야에서 유명해지는 것은 훨씬 뒤의 일이었다. 그는 약 10년 동안 의과학교에서 존 헌터가 애써 모은 박물 목록을 분류 정리하다가 그 방대한 지식의 기초를 얻게 된다.

비천한 신분에서 몸을 일으켜 크게 이름을 떨친 외국인들

자신의 노력과 재능으로 타고난 빈곤을 극복하고 대성한 외국인도 영국인 못지않게 많다. 화가 클라우드는 제과점 아들이고, 기프스는 빵가게, 레오폴드 로버트는 시계포, 하이든은 수레 제조공의 아들이었으며, 다게르는 오페라 악극단에서 무대 배경 그림을 그리는 화가였다.

교황 그레고리우스 7세의 아버지는 목수였고, 그리스의 이학자 섹스투스 5세의 아버지는 목동, 로마 교황 아드리안 4세의 아버지는 네덜란드의 가난한 사공이었다. 아드리안은 소년 시절에 불을 켜고 공부할 기름이 없어 가로등 불이나 교회 대문 앞의 등불 밑에서 공부를 하였으니, 이와 같은 그의 인내심과 근면은 나중에 출중한 사람이 될 수 있는 바탕이 되었다.

이 밖에도 광물학자 아위는 생 주스트 직조공의 아들이었고, 기계학자 오토피유는 오를레앙의 빵집 아들이었으며, 수학자 조지프 푸리에는 오제르의 재단사 아들이었다. 건축가 뒤랑은 파리의 제화공 아들이었고, 박물학자 게스네르는 취리히 피혁공의 아들이었다. 게스네르는 학업에 종사하는 동안 빈곤과 질병, 집안의 불행에 따르는 여러 가지 불운이 있었지만, 그것을 모두 극복하고 용기를 굽히거나 전진을 멈추지 않았다. "할 일이 많고 기꺼이 일하려는 사람 앞에는 언제나 많은 시간이 있는 법이다"라는 옛 속담이 있다. 게스네르의 일생을 보면 이 말이 진리라는 것을 알 수 있다.

피에르 라루스도 비슷한 성격의 인물로, 피카르디에 사는 가난한 부모 사이에서 태어나 소년 시절에는 양치기를 했다. 그러나 그 일이 마음에 들지 않아 파리로 도망쳤는데, 파리에서 갖은 고생을 겪은 뒤 나바르 대학의 급사로 들어갔다. 이리하여 그는 공부할 수 있는 기회를 얻었고, 곧 당대 저명 인물의 한 사람이 된 것이다.

화학자 보클랭

화학자 보클랭은 칼바도스에 사는 농부의 아들

보클랭

로 태어났다. 소년 시절 학교에 다닐 때는 비록 옷은 남루했지만 영특한 예지로 가득 차 있었다. 그에게 읽기와 쓰기를 가르쳐 준 교사는 그의 근면함을 칭찬하면서 이렇게 말하곤 했다.

"공부를 계속 열심히 해야 한다. 그러면 멋 뒷날 너도 교회의 교구 위원처럼 좋은 옷을 입게 될 거야."

어느 날 한 시골 약재상이 이 학교를 방문하여 소년의 건강한 신체를 칭찬하고는, 자기 집 제약장에서 약을 빻는 일을 해줄 수 없겠느냐고 제의해 왔다. 보클랭은 돈을 벌어 공부를 계속할 생각으로 이를 승낙했다.

그러나 그 집으로 옮긴 뒤, 이 주인은 좀처럼 공부할 시간을 허용치 않았다. 보클랭은 즉시 이 집을 뛰쳐나오기로 마음먹었다. 그리하여 그는 보따리를 등에 지고 파리로 갔다. 파리로 간 그는 일할 만한 약국을 찾았으나 찾지 못하고, 피로와 배고픔에 지쳐 병이 들고 말았다. 그는 병원으로 옮겨졌다. 하마터면 목숨을 잃을 뻔했던 것이다.

그러나 다행히 병이 나아서 다시 일터를 찾은 끝에 한 약국에서 일하게 되었다. 얼마 뒤 유명한 화학자 푸르크루아를 알게 되었는데, 푸르크루아는 이 소년이 몹시 마음에 들어 자신의 제자로 삼았다. 많은 세월이 흐른 뒤 이 대학자가 세상을 떠나자 보클랭은 그의 자리를 물려받아 화학 교수가 되었다. 1829년, 칼바도 주민들이 그를 지역구 대표 의원으로 선출하자, 보클랭은 그 옛날 이름도 없이 가난한 소년으로 떠났던 고향으로 금의환향했다.

프랑스에서 병사 출신으로 등용된 사람

군대의 병사로 시작하여 큰 인물이 된 예는 영국보다 프랑스에 더 많다. 특히 프랑스 제1혁명 이후에 많았는데, "재능 있는 자에게 출세길이 열린다"는 격언이 프랑스에서 많이 실증되었다. 영국에서도 등용의 길이 열려 있었다면, 틀림없이 그 같은 예를 많이 볼 수 있었을 것이다.

오슈, 윔베르, 피슈그뤼가 모두 병졸로 입신한 사람들이다. 오슈는 친위군에 있으면서 옷에 수를 놓는 부업으로 돈을 벌어 군사학에 대한 책을 사 볼 수 있었다. 윔베르는 일찍이 건달 청년이었다. 그는 16세에 집을 뛰쳐나와 낭시에서 상점 점원을, 리옹에서는 직공의 심부름꾼으로 일했으며, 토끼 가죽을 벗기는 일도 했다. 1792년, 지원병으로 입대하여 1년 뒤에는 여단장이 되었다.

클레베르, 레페브로, 쉬세, 빅토르, 란, 술트, 마세나, 생 시르, 데를롱, 뮈라, 오제로, 베시에르, 네이 등과 같은 장군들도 병졸 출신이었다. 그 중에는 승진이 빠른 사람도 있었고 느린 사람도 있었다. 툴르의 무두장이의 아들인 생 시르는 처음에는 배우 노릇을 하다가 경기병으로 입대하여 1년도 안되어 대위로 승진했다. 벨루노 후작 빅토르는 1781년 포병대에 입대했다. 그는 혁명 전에 일단 군대에서 나왔다가 전쟁이 일어나자 다시 입대하여 뛰어난 용기와 지략으로 불과 몇 달 만에 소령으로 진급하여 대대장이 되었다.

뮈라는 페리고르의 여인숙집 아들로 초년에는 말을 돌보며 지냈다. 군대에 들어가 처음에는 경기병이 되어 명령 불복종으로 제대를 당하기도 했지만, 다시 입대하여 얼마 뒤 대령으로 진급했다. 네이는 18세에 경기병 연대에 입대하여 차근차근 계단을 올라 진급했다. 클레베르는 곧 네이의 공을 인정하여 '불굴의 장군'이라는 별명을 붙여 주고, 22세인 이 청년을 고급 부관으로 승진시켰다.

술트는 군대에 들어간 지 6년 뒤에야 중사가 되었지만, 마세나의 진급에 비하면 오히려 빠른 편이었다. 마세나는 14년의 군 생활 뒤에야 겨우 상사가 되었다. 그 뒤 그는 점차 진급하여 대령, 사단장, 원수까지 됐지만, 그의 회고담에 의하면 상사로 진급할 때가 가장 힘들었다고 한다.

프랑스 군대에서는 이렇게 병졸에서 장군으로 승진하는 예가 오늘날까지 계속되고 있다. 샹가르니에는 1815년 이등병으로서 왕의 호위병으로 들어갔고, 부조 원수는 일찍이 4년 동안 병졸 생활을 한 뒤 장교가 되었다. 프랑스의 육군장관 랑동 원수는 군악대 고수로 군대 생활을 시작했다. 베르사유의 미술전시관에 가 보면 그가 북을 치고 있는 그림이 있는데, 그것은 그가 요청해서 그린 그림이다. 이와 같은 예가 있으므로 프랑스 군대 병졸들은 열심히 군무를 다하는 것이며, 누구나 '성심껏 하면 나도 배낭에 원수장(元帥杖)을 넣고 다닐 수 있다'고 생각하게 되는 것이다.

비천한 신분에서 하원의원이 된 브라더턴

보잘것없는 집안에서 태어나 지칠 줄 모르고 전심전력을 다해 사회에 유용하고 영향력 있는 높은 자리로 올라간 예는 국내외에 얼마든지 있다. 그러므로 그런 것은 이미 오래 전부터 특별한 애깃거리가 되지 못한다. 몇몇 뛰어난 사람들을 살펴보면, 어린 시절에 고난과 고초를 겪은 것이 나중에 입신출세하는 데 절대적으로 필요한 조건이 되었다고 해도 지나친 말이 아닐 것이다.

영국 하원에는 그렇게 자수성가한 사람들이 많았으니, 이들은 모두 영국인의 근면한 성격을 그대로 대표하는 인물들이다. 이들이 하원에서 환영과 존경을 받은 것은 의회의 명예이기도 하다.

샐퍼드를 대표한 조지프 브라더턴 의원은 '10시간 노동법안'을 토의하던 중, 무척 감개무량한 표정으로 소년 시절에 면직공장에서 직공으로 일할 때 겪은 고초와 노력에 대해 자세히 이야기하였다. 그러면서 만일 뒷날 기회가 생긴다면 자기 힘으로 그 직공들의 생활조건을 개선해 주기로 굳게 결심했다고 털어놓았다. 그가 말을 마치자 제임스 그레이엄 의원이 벌떡 일어서더니, 온 의원들의 박수갈채 속에서 다음과 같이 말했다.

"나는 브라더턴 의원이 그런 미천한 집안 출신인 줄 전혀 몰랐습니다. 그런 미천한 집안에서 자라나 출세한 사람도, 대대로 내려온 귀족 가문 출신의 신사들과 나란히 한 자리에 앉을 수 있다는 점을 생각하면, 나는 우리 입법부가 전보다 더욱 자랑스럽게 느껴집니다."

폭스

폭스와 린지

올덤 지구 의원인 폭스는 옛일을 회상할 때면 늘 이렇게 말머리를 꺼내곤 했다.

"내가 노위크의 직조 공장에서 직공으로 일했을 때……"

이 밖에도 미천한 가문 출신의 의원들이 많았다. 선더랜드 지구 출신 의원으로 선박주로 유명했던 린지는, 정적이 그를 비방한 데 응수하여 웨이머스 선거 구민들에게 자신의 인생 역정을 고백했다.

린지는 14세에 고아가 되어, 힘껏 노력하여 출세하고자 글래스고를 떠나 리버풀로 가기로 결심했다. 그러나 리버풀로 갈 뱃삯이 없어 대신 일을 해주기로 하고 석탄창고에서 석탄을 정리하는 일을 했다. 리버풀에 도착해서는 7주일 동안이나 일자리를 얻지 못하여 오두막집에서 지내며 먹을 것도 제대로 먹지 못하다가, 마침내 서인도 항해선의 일자리를 얻게 되었다. 린지는 모범적으로 꾸준히 근무한 끝에 19세가 되기 전에 한 배를 지휘하는 자리에 올랐다.

23세 때 린지는 바다생활을 그만두고 뭍으로 돌아왔는데, 그때부터 그는 눈부시게 빠른 속도로 발전했다. 그는 근면하게 일하고 노력하면서 '남들이 자기에게 해주기를 원하는 것처럼 남들에게 행하라'라는 인생 대원칙을 지키며 살았다.

윌리엄 잭슨

노스더비셔 출신 의원인 윌리엄 잭슨도 경력이 린지와 비슷하다. 랭카스터에서 외과의사로 지내던 그의 아버지는 11명의 아이들을 남겨 놓고 세상을 떠났다. 그는 그 중 7번째 아들이었다. 이미 다 큰 형들은 아버지가 살아 있을 때 좋은 교육을 받았으나, 그 아래로는 아버지가 죽자 모든 것을 스스로 해결해야 했다.

12세가 채 안 된 윌리엄은 학교를 그만두고, 아침 6시부터 밤 9시까지 선박에서 중노동을 했다. 그러다 배 주인이 병으로 눕게 되자 그는 사무실 일을 보기 시작했고, 시간 여유가 조금씩 생기게 되었다. 그 덕분에 그는 책을 읽을 기회를 얻었으나, 낮에는 읽을 시간이 부족해서 밤이 되면 대백과사전을 A에서 Z까지 샅샅이 통독했다. 나중에 무역업으로 전환한 윌리엄은 불철주야 근면하게 일한 결과 대성공을 거두었다. 한때 세계의 바다 어디에서나 그의 선박을 볼 수 있었던 것처럼, 그는 지상의 모든 나라를 상대로 무역 거래를 했던 것이다.

리처드 콥덴

리처드 콥덴

리처드 콥덴도 비천한 집안에서 태어나 출세하였으니, 이와 같은 부류에 들어갈 것이다. 그는 서섹스 지방 미드허스트에서 소농의 아들로 태어나, 어려서 런던에 있는 한 창고업자의 심부름꾼으로 고용되었는데, 부지런하고 품행이 방정한 데다 지식에 대한 욕망이 대단했다. 완고한 그의 주인은 책을 많이 읽지 말라고 주의를 주었으나, 리처드 콥덴은 공부를 계속하여 책에서 얻은 지식으로 마음을 풍요롭게 길러 갔다.

이리하여 그는 차츰 신임받는 높은 지위로 올라가, 주문을 받기 위해 대외 교섭을 담당하는 자리를 맡게 되고, 그 덕분에 많은 사람들을 알게 되어 마침내는 맨체스터에 직접 날염 공장을 차렸다. 콥덴은 공공 문제에 관심을 가졌고 그 중에서도 대중 교육에 더욱 특별한 관심을 기울였다. 그리고 옛날부터 내려오는 영국의 곡물세가 잘못 된 것을 알고 그 조례를 폐지하는 데 그의 일생과 전 재산을 바쳤다.

그런 그도 대중 앞에서 행한 첫 번째 연설은 완전히 실패로 끝났다. 그러나, 실망하지 않고 더욱 성심과 정력을 기울여 꾸준히 연습한 끝에 가장 설득력 있는 연설가가 되었다. 그리하여 로버트 필도 그의 연설을 아낌없이 칭찬하기에 이르렀다.

프랑스 대사 드루앵 드뤼는 다음과 같이 콥덴을 격찬했다.

"그는 인내와 근면이, 확실한 성공의 길임을 보여 주는 살아 있는 증거이다. 자신의 능력과 노력으로 가장 미천한 계급에서 가장 높은 지위로 올라간 사람들 중에서도 특히 모범적인 사람이요, 영국 고유의 옹골찬 자질을 가장 완벽하게 갖춘, 극히 보기 드문 사람이다."

근면하지 않으면 결코 뛰어날 수 없다

이 모든 예를 보건대, 사람이 출중해지려면 불굴의 의지로 노력하고 분투해야 하며, 어느 분야에서든 게을러서는 결코 뛰어날 수 없다는 것을 알 수 있다. 사람을 부귀하게 해주는 것은 따로 있는 것이 아니다. 부지런한 손과 마음을 지닌 사람만이 수양과 지혜와 사업에서 발전을 이룩할 수 있다.

아무리 돈이 많고 지체가 높은 집안에 태어난 사람도, 흔들리지 않는 명성만큼은 자신의 정력적인 노력 없이는 얻을 수 없다. 토지와 재산은 자손에게 물려 줄 수 있으나, 지식과 지혜는 그렇지 않기 때문이다. 돈이 있으면 돈을 주고 자기 일을 남에게 시킬 수는 있다. 그러나 생각까지 남에게 시킬 수는 없고, 금전으로 남의 교양을 살 수는 더더욱 없다.

그러므로 "어떤 일에서 뛰어날 수 있는 길은 오직 하나, 즉 수고하고 노력하는 것뿐이다"라는 격언은 가난한 사람에게나 부자에게나 다 같이 통하는 경구이다. 드루와 기퍼드에게는 구두 고치는 가게가 학교를 대신했고, 휴 밀러는 크로마티 채석장을 학교로 삼았다.

부귀한 사람에게도 자조의 힘은 필요하다

부귀와 안락이 인간의 재지(才智)와 덕행 수양에 반드시 필요한 것은 아니라는 점은 극히 명백한 사실이다. 만약 그렇지 않다면 이 사회가 미천한 집안에서 태어나 출세한 사람들에게 그와 같이 큰 신세를 지지는 않았을 것이다. 편안하고 사치스러운 생활을 하는 사람은 어려움에 직면했을 때 노력하고자 하는 힘이 생기지 않으며, 정력적이고 능률적인 인생 활동에 필요한 자신감도 생기지 않는다. 사실 빈곤이란 불행이라기보다는 오히려 정력적인 자립을 통해 삶을 행복으로 전환시켜주고, 세상을 살아가는 데 분투 정신을 솟아나게 해주는 근원이라 할 수 있다. 그러나 안일과 지덕은 양립하지 않는다. 그래서 세상에는 안일을 좇다가 타락의 길로 떨어지는 자들이 있고, 힘과 자신감을 얻어 끝내 승리를 쟁취하는 정직하고 진실한 마음을 지닌 사람들도 있다.

베이컨은 이렇게 말했다.

"사람들은 부와 힘을 이해하지 못하는 것 같다. 그들은 부를 과신하지만 힘을 믿지는 않는다. 자신의 힘을 믿고 극기하는 사람은, 자기의 물통에서 물을 떠 마시고 자기가 번 돈으로 맛있는 빵을 사먹으며, 참된 생활을 위해 배우고 일하며, 자기 손에 들어온 좋은 것들을 소중하게 쓰는 법을 배울 것이다."

부귀하게 태어났으나 전쟁터에서 고생을 마다하지 않은 사람

안일과 자기 탐닉에 빠지기 쉬운 것이 인간의 천성이지만, 부유한 사람은 더더욱 그러하다. 부유한 집안에서 태어나 적극적으로 사회 활동에 참여하며, 이른바 '향락을 비웃고 근면하게 나날을 보내는' 사람들은 특히 더 영광스러운 법이다. 영국의 부자들이 게으름뱅이가 아니라는 사실은, 부유한 계급의 명예라고 할 수 있다. 그것은 그들이 공정하게 국사에 참여할 뿐 아니라, 국가가 위급할 때에 대체로 일반 국민보다 더 많은 수고를 하기 때문이다.

반도 전쟁 때 한 중위가 그의 연대를 따라 진흙 수렁길을 묵묵히 걸어가는 것을 보고 누군가가 감동하여 말했다.

"연수입이 1만 5천 파운드나 되는 양반이!"

오늘날에도 세바스토폴의 추운 비탈길과 인도의 무더운 땅에서 우리의 상류계급 인사들이 그와 같은 고귀한 극기와 헌신을 입증한다. 부유한 귀족 집안의 용감한 사람들이 여러 싸움터에서 나라를 위해 위험한 일을 떠맡고 싸우다가 목숨을 바친 것이다.

부귀하게 태어나 유명한 학자가 된 사람

부유한 가문 출신으로 철학과 과학 같은 분야에서 출중하게 이름을 날린 사람은 적지 않다. 예를 들면 현대 철학의 시조인 베이컨이 그랬고, 과학의 우스터, 보일, 캐번디시, 토버트, 로스 등도 그런 인물이다. 이 가운데 로스는 귀족 중에서 가장 유명한 기계학자이다. 만약 그가 귀족 집안에서 태어나지 않았더라면 최고의 발명가가 되었을지도 모른다.

로스가 공업 지식에 어찌나 통달했던지, 한 번은 그의 내력을 모르는 한 사업가가 그에게 큰 공장을 맡아 달라고 청한 일도 있었다고 한다. 그가 만든 로스 망원경은 확실히 그때까지 제작된 것들 중에서 가장 뛰어난 것이었다.

명문귀족으로 태어나 정치와 문학에서 두각을 드러낸 로버트 필

정치와 문학 분야에서도 상류 계급 출신의 정력적 활동가들을 많이 볼 수 있다. 다른 분야와 마찬가지로 이 분야에서도 근면, 실천, 연구를 통해서만 성공할 수 있다. 그 중에서도 위대한 장관이나 의회 지도자의 자리에 있는 자는 더욱 노력을 기울여야 한다. 파머스턴이 그랬고, 더비와 러셀, 디즈레일리와 글래드스턴 등도 그랬다. 이들은 '10시간 노동법안'의 혜택을 누리지 못한 채, 국회가 한창 바쁠 때는 밤낮없이 남보다 두 배나 일을 했다.

이와 같이 열심히 일한 사람들 가운데 가장 유명한 예는 로버트 필이다. 그는 몸을 아끼지 않고 쉬지도 않고 정신노동을 감당해냈다. 로버트 필의 일생을 볼 때, 우리는 그리 대단치 않은 정력의 소유자라도, 열심히 일하고 지칠 줄 모르는 정신을 갖추면 큰일을 할 수 있음을 알 수 있다. 필은 40년 동안 의원 생활을 하면서 온몸을 바쳐 최선을 다해 일했다. 그는 지극히 양심적인 사람으로 무엇이든 하겠다고 마음먹으면 끝까지 해내고야 말았다. 그가 한 모든 연설에는, 그 문제에 대해 말할 것이나 문서로 된 것을 모두 미리 세심하게 연구한 흔적이 엿보인다.

필은 지나치리만큼 세밀한 성격이어서, 자기의 말을 듣는 상대방의 제각각 다른 능력에 맞춰 말의 수준을 선택하는 수고를 아끼지 않았다. 더욱이 실제 일에 임하는 지혜, 목적을 향해 나아가는 추진력, 꾸준히 자기를 절제하는 힘이 남달랐다.

그가 남달리 훌륭했던 것은, 그의 식견이 나이와 더불어 더욱 심화되고 확대되었다는 점이다. 나이를 먹어도 그의 기상은 위축되지 않았을 뿐 아니라 갈수록 무르익어 점점 더 원만한 인격을 갖추어갔다.

로버트 필은 죽는 날까지 계속 새로운 것을 받아들였다. 그를 지나치게 세심한 사람이라고 생각하는 사람들도 있었지만, 그는 결코 과거에 대해 아집에 빠지는 일이 없었다. 자기의 지난날을 과장하는 것이 흔히 교육을 잘 받은 사람들의 병폐인데, 그렇게 되면 그 사람은 더 이상 발전이 없는 불쌍한 사람이 되고 마는 것이다.

브루엄

브루엄의 지칠 줄 모르는 근면은 세상 사람들이 다 아는 바이다. 그의 60여 년에 걸친 사회생활은 아주 다양하다. 그는 법률, 문학, 정치, 과학 등에 관여했는데, 그 모든 분야에서 탁월한 능력을 발휘했다. 그가 어떻게 그 모든 것을 다 해낼 수 있었는지, 그 비결은 사람들에게 하나의 수수께끼였다.

한때, 새뮤얼 로밀리는 어떤 새로운 일을 맡아 달라는 요청을 받고 이렇게 사양했다고 한다.

"나는 시간이 없으니 브루엄에게 부탁해 보시오. 그는 무엇이든 하고도 남는 시간이 있는 사람이니."

그 비결인즉, 그는 단 1분도 허비하는 일이 없고, 게다가 그에게는 강철 같은 신체가 있었다.

다른 사람들은 보통 그 나이에 현역에서 물러나면 평생 일한 대가로 여가를 즐기고, 안락의자에 기대앉아 졸면서 시간을 보낼 터인데, 브루엄은 '광선의 법칙'에 대해 연이어 면밀한 연구를 하여 그 결과를 파리와 런던의 수많은 과학 연구자들 앞에서 발표했다. 한편 그는《조지 3세 시대의 과학자와 문학가》라는 훌륭한 저서를 출판했으며, 법률사무도 계속 보면서, 상원에 나가 훌륭히 정치 토론에 참여하기도 했다.

시드니 스미스가 그에게, 너무 힘에 넘치는 일을 하고 있으니 세 사람이 할 수 있는 분량으로 일을 제한하는 것이 어떻겠느냐고 말한 적이 있다. 그러나 일에 대한 브루엄의 애착은 이미 오랜 습성이 되어 있어서, 그는 아무리 성의와 노력이 드는 일이라도 힘들게 느끼지 않았다. 또한 그는 무엇이든 철저하고 완벽하게 하는 것이 의무라고 생각하는 사람이었기 때문에, 사람

E. 불워 리턴 경

들은 그가 만약 한낱 구두닦이였다 해도 영국 최고의 구두닦이가 되기 전에는 만족하지 않았을 거라고 말했다.

리턴

열심히 일한 귀족들 중에 E. 불워 리턴 경도 있다. 작가들 가운데 다양한 방면에서 리턴 경보다 더 많은 일을 하고 더 큰 명성을 얻은 사람은 아마 없을 것이다. 그는 소설가, 시인, 극작가, 역사가, 수필가, 웅변가 및 정치가로서 이름을 날렸다. 그는 안락함을 거부하고 오로지 향상을 위한 일념으로 한걸음 한걸음 전진의 길을 걸었다. 근면한 점으로만 본다면, 그만큼 많은 글을 쓰고 그만큼 수준 높은 작품을 내놓은 작가는 아마 없을 것이다.

리턴 경의 근면은 누가 시킨 것이 아니라 전적으로 자발적이었다는 것이 더욱 더 찬양할 만한 일이다. 사냥이나 하면서 안일에 탐닉하고——클럽에 출입하거나 연극을 구경하고, 행락철에는 런던에 가서 유람을 즐기거나 시골 별장에 가서 자연을 즐기고——파리나 빈, 또는 로마로 여행을 하는 것이 쾌락을 일삼는 부자들이 좋아하는 일이니, 그런 일을 할 수 있는 처지에 있는 사람이 누가 힘들게 일을 하려 하겠는가? 그러나 충분히 그런 쾌락을 즐길 수 있는 능력이 있으면서도, 리턴은 다른 부자들과는 달리 이를 물리치고 문학가로서의 지위를 굳히면서 왕성하게 작가 활동을 했다.

바이런과 마찬가지로 그의 처녀 시집인 《잡초와 들꽃》은 실패했다. 두 번째로 발표한 소설 《포클랜드》 또한 실패작이었다. 의지가 약한 사람이라면 여기서 붓을 꺾고 작품 쓰기를 포기하련만, 리턴은 더욱 용기를 내어 인내하며 정진했다. 끊임없이 독서와 습작을 거듭하며 실패를 성공으로 돌리기 위해 노력했던 것이다. 그리하여 《포클랜드》를 발표한 지 1년 만에 《펠엄》을 내었으며, 그 뒤 30년에 걸친 그의 문필생활은 성공의 연속이었다.

디즈레일리

디즈레일리의 일생도 근면과 노력으로 탁월한 사회적 성공을 이룬 좋은 예이다. 그는 리턴처럼 문학 분야에서 최초로 성공을 거두었으나, 그도 여러 번 실패를 거듭한 뒤에야 빛을 볼 수 있었다. 그의 작품 《알로이의 신기한 이야기》와 《혁명의 서사시》는 세상 사람들의 조롱을 받았고, 사람들은 그를 문학의 미치광이라고 생각했다. 그러나 그는 여러모로 노력을 계속하여 《코닝스비》, 《시빌》 및 《탱크레드》 등을 써서 그의 절묘한 재주를 입증했다.

또 디즈레일리는 웅변에 뛰어난 사람이었다. 그러나 웅변가로서 하원에서의 첫 번째 연설은 실패였다. 사람들은 그의 연설을 가리켜 아델피에서 상연하는 코미디보다 못한, 그저 목청을 높여 고함을 지르는 것이라고 말했다. 웅장하고 야심만만한 어조로 목소리를 높였지만, 한마디 한마디가 대중의 웃음거리만 되었다. 그러나 그 연설의 마지막 말에는 앞날을 예언해 주는 듯한 무언가가 있었다. 그는 괴로운 마음으로 청중의 조소를 참아가면서 이렇게 외쳤다.

"저는 많은 일들을 끝내 모두 성공시켰습니다. 지금 저는 이 연단에서 물러가지만, 언젠가는 여러분이 제 말에 귀를 기울이게 될 날이 반드시 올 겁니다."

과연 그런 날이 와서 세계 제일의 신사 모임이라는 영국 의회에서 청중의 귀를 기울이게 했으니, 그것은 정력과 결심의 열매가 위대함을 입증해 주는 것이었다. 디즈레일리가 그런 지위를 얻은 것은 오로지 인내와 근면의 힘 때문이었다.

대부분의 평범한 젊은이들은, 한 번 실패하면 기가 꺾여 용기를 잃고, 구석으로 물러나 우는 소리나 하는 게 보통이다. 하지만 디즈레일리는 실패에 굴하지 않고 더욱 힘을 내고 노력을 기울였다. 연설에서 한 번 실패했다고 실망에 빠지지 않고, 청중의 심리를 연구하며 변론 기술을 연습하고, 의회에 대한 선례들을 열심히 익혀 머리 속에 넣어 두었다.

이와 같이 그는 성공을 향해 참을성 있게 노력하여 많은 시간이 걸렸지만 결국 성공을 거두었다. 이렇게 되니 의원들은 그를 비웃는 것이 아니라 그와 더불어 웃게 되었다. 초년의 실패했던 흔적은 깨끗이 사라지고, 마침내 가장 세련되고 효과적인 연설을 하는 웅변가로 인정받게 된 것이다.

워즈워스

워즈워스의 말과 토크빌

인간의 업적과 명성은 그 사람 자신의 활력과 근면에 좌우되는 바가 크다. 그러나 동시에, 인생이라는 여행에서는 다른 사람의 도움도 참으로 중요한 의미를 가진다.

영국의 시인 워즈워스는 그 점을 탁월하게 표현했다.

"의존심과 자립심, 즉 남에게 의지하는 것과 자신에게 의지하는 것—이 두 가지는 얼핏 상반되는 것처럼 생각되지만, 양자는 손을 잡고 함께 나아가지 않으면 안 된다."

우리는 모두 젖먹이 때부터 노인이 되기까지 어떤 형태로든 다른 사람에 의해 양육되며 타인의 덕을 입지 않을 수 없다. 그러므로 훌륭하고 유능한 사람일수록 다른 사람에게서 도움을 받은 것을 인정하는 데 인색하지 않다.

예를 들어 알렉시스 드 토크빌의 이력이 그것을 잘 증명하고 있다.

프랑스의 정치가 알렉시스 드 토크빌은 부유한 가정에서 태어났다. 아버지는 명문귀족이었고, 어머니도 유명한 정치가 말제르브의 손녀였다. 이와 같은 집안을 배경으로, 토크빌은 21살의 젊은 나이에 베르사유의 배석판사에 임명되었다.

그러나 토크빌은 그 자리가 자신의 능력에 따라 정당하게 주어진 것이 아니라고 느꼈다. 그는 당장 그 지위에서 물러나 혼자 힘으로 자신의 미래를 개척하기로 결심한다. '어리석은 결심'이라고 비난하는 자도 있었지만 그는 뜻을 꺾지 않았다.

토크빌은 자리에서 물러난 뒤, 프랑스를 떠나 미국을 여행한다. 뒷날 그때의 견문이 명저 《미국의 민주주의》로 간행되었다.

미국 여행의 길동무였던 그의 절친한 친구 귀스타브 드 보몽은, 여행 중에도 토크빌의 지칠 줄 모르는 향학열에 대해 다음과 같이 말했다.

"토크빌은 게으름을 극도로 싫어하는 성격이었다. 여행을 하는 동안에도,

휴식 시간에도 마음은 늘 연구에 몰두해 있었다. ……
그에게는 가장 유익한 대화가 가장 즐거운 대화였다.
요컨대 헛되이 보낸 하루는 최악의 하루라 했고, 시간
을 1초라도 낭비하면 몹시 언짢아했다."

토크빌 자신도 친구에게 보낸 편지에 이렇게 썼다.

토크빌

"인생에는 발걸음을 쉬고 있을 시간이 없습니다. 그
리고 타인의 도움과 자신의 더욱 용맹한 정진이 함께
나아가야 합니다. 그것은 젊을 때는 말할 것도 없고, 성장한 사람에게도 마
찬가지입니다. 인간은 추운 극지를 향해 쉬지 않고 나아가는 나그네와 같습
니다. 목적지에 가까워지면 가까워질수록 나그네는 걸음을 더욱 빨리 하지
않으면 안 됩니다. 거기서는 추위가 나그네의 정신에 가장 큰 병마가 됩니
다. 이 무서운 적으로부터 자신을 지키기 위해서는, 정신을 쉬지 않고 활동
하는 동시에 늘 친구와의 접촉을 유지하는 것이 필요합니다."

토크빌, 남의 도움 얻은 것을 인정하다
토크빌은 자신의 힘을 믿고 정력적으로 일하는 것, 그것이 인간에게 가장
필요하다는 확신을 가지고 있었다. 또 한편으로는 타인의 도움과 지지가 얼
마나 귀중한지도 누구보다 깊이 인정하고 있었다. 인간은 많든 적든 타인의
도움과 지지가 없이는 살아갈 수가 없다.

그래서 그는 친구인 케르골레이와 스토펠한테서 받은 도움에 대해 깊이
감사하고 있었다. 케르골레이한테서는 지식 면에서 도움을 받았고, 스토펠
한테서는 정신적인 후원과 공감을 얻었다.

토크빌은 케르골레이에게 보낸 편지에서 이렇게 썼다.

"나는 자네를 진심으로 신뢰하고 있으며, 자네는 진정한 의미의 감화를
내 정신에 주고 있네. 일상의 자잘한 문제에는 여러 사람들의 도움을 받고
있는 것이 사실이지만, 내 생각의 근본과 행동 지침에 자네만큼 큰 영향을
준 사람은 앞으로도 없을 걸세."

또 토크빌은 아내 마리아에 대해서도 감사의 마음을 결코 잊지 않았다. 그녀의 인내와 배려가 있었기 때문에, 자신의 연구를 성공적으로 추진할 수 있었던 것이다. 인격이 고결한 아내는 알게 모르게 남편의 품성을 높여 주지만, 마음이 비천한 아내는 반드시 남편을 타락시킨다고 토크빌은 믿고 있었다.

사람은 스스로 자신의 최고 후원자가 되어야 한다
결국 인간의 성품은 눈에 보이지 않는 무수한 것들에 의해 형성되어 간다. 조상들의 지혜나 고금(古今)의 격언, 인생에서의 직접적인 경험과 책, 친구와 이웃, 오늘날의 사회──이 모든 것들을 우리는 이어받았고, 의심할 여지없이 거기서 큰 영향을 받고 있다.

그러나 또 한 가지 명백한 사실이 있다. 그것은 자신의 행복과 성공에 대해서는 어디까지나 자기 스스로 책임을 져야 한다는 점이다.

아무리 훌륭하고 현명한 인간이라도 반드시 타인에게서 큰 도움을 받지 않을 수 없다. 그러나 가장 이상적인 것은 스스로 자기에게 가장 좋은 후원자가 되는 것이다.

2 산업지도자 발명가 생산자
역경은 부와 행복을 위한 축복

근로와 지식이 결국 세계를 정복한다. 드 살방디

발명의 분야에서 하층 계급이 영국을 위해 공헌한 바를 생각해 보라. 만약 그들이 없었다면 영국의 오늘이 어떠했을지 생각해 보라. 아서 헬프스

영국 국민의 근로정신

영국 사람들의 가장 두드러진 특징 중의 하나는 근로정신이다. 이것은 지나간 역사에도 뚜렷이 나타나 있지만 오늘날에도 현저한 특징을 이루고 있다. 영국의 서민층이 보여준 이 정신이 나라의 기초를 세우고 위대한 산업을 일으킨 원동력이었다.

오늘날 영국의 세력이 날로 커가는 것은 국민이 각자 정열을 마음껏 발휘한 결과이다. 토지를 개척하고, 유용한 물품을 만들며, 새 기계와 기구를 고안하고, 저술과 예술 등에 꾸준히 몸과 마음을 바쳐 일한 것이 옛날부터 지금까지 축적되어 국가의 성대한 힘을 이루게 된 것이다. 이 활동적인 근로정신은 영국민의 근본 원칙으로, 우리 법률의 잘못된 점을 개정하고 정치의 미비점을 보완하여 국민을 구제하고 향상시켰다.

노고(勞苦)의 공장은 '가장 좋은 학교'이다

영국이 오늘날까지 실천해 온 근면은 영국민을 교육하는 최선의 방법이기도 했다. 견실하게 일에 전념하는 것은, 개인의 훈련에 가장 건전한 방법인 동시에 국가를 단련하는 최선의 방법이다.

충실한 근면은 의무와 병행하는 것으로, 하느님은 이 두 가지를 행복과 밀접한 관계에 있도록 만들어 주었다.

"모든 신은 낙원으로 가는 길에 노동과 수고를 자리잡게 하셨노라"고 시인은 말했다. 육체적이건 정신적이건 확실히 자신의 힘으로 번 빵이 맛있는 법이다.

처음에 인간은 근로와 노력으로 토지를 개척하여 야만 상태에서 벗어났다. 근로와 노력 없이는 개화와 문명은 한 걸음의 진보도 없었다. 근로는 인간에게 필요한 것이고 인간의 의무일 뿐만 아니라 인간이 즐길 수 있는 축복이다. 그런데도 게으른 사람들은 그것을 고통으로 생각한다. 노동에 종사하는 사람들을 한번 바라보라. 우리에게 사지의 근육과 팔 다리, 그리고 두뇌에 신경이 있다는 것은 바로 우리에게 근로의 의무가 있다는 것을 증명하는 것이고, 이러한 모든 기관의 건전한 활동이 있어야만 만족과 기쁨이 있을 수 있다.

근로를 통해 인간은 가장 훌륭하고 실용적인 지혜를 얻을 수 있다. 다음에서 보는 바와 같이 수공(手工)의 근로 또한 고상한 정신 수양에 못지않은 것이다.

휴 밀러, 근로의 장점에 대하여

근로의 장단점에 대해 휴 밀러보다 잘 아는 사람은 드물었는데, 그는 경험으로 얻은 바를 이렇게 말했다.

"근로는 아무리 힘든 것이라 할지라도, 그 속에는 한없는 즐거움이 넘치고 심신을 수양할 수 있는 재료들로 가득 차 있다."

또 그는 정직한 노동은 최고의 교사이며, 노고(勞苦)라는 학교는 기독교적 수양을 제외한 나머지 중 가장 고귀한 수양을 제공하는——유능한 능력을 부여하고, 독립 정신을 배우게 하며, 참고 노력하는 습관을 갖게 하는———학교라고 했다. 그는 심지어 기계를 조작하고 연습하는 것을 중시하여 다음과 같은 의견을 피력하기도 했다.

"기계공의 훈련은 매일 실제적인 일을 처리할 수 있게 하고, 또 인생의 실제 경험을 얻게 하여 관찰력을 키워주며, 인생행로를 헤쳐 나갈 수 있는 힘을 준다. 나아가 다른 어떤 훈련보다 지각의 발달에 더 큰 도움을 준다고 강조하는 바이다."

영국을 부강하게 만든 것은 비천한 사람들의 힘이다

근로계급 출신으로 과학, 상업, 문학, 예술 등 여러 분야에서 탁월한 명성을 올린 사람들은 이미 제1장에서 말했다. 이러한 사실들을 보면 이 세상에 극복하지 못할 고난은 없다는 것을 알 수 있다. 어떤 자는 극빈에 시달리고 또 어떤 자는 극심한 고통에 허덕이면서도 결코 진로에 방해받는 일은 없다.

영국이 부를 얻고 국력을 얻는 데 크게 기여한 훌륭한 고안과 위대한 발명들은, 흔히 미천한 집안에서 태어난 사람들의 손으로 이루어진 것이다. 이 분야에서 그들이 한 일을 제외하면, 그 밖의 다른 사람들이 이루어 놓은 일은 사실 얼마 되지 않는다고 할 수 있다.

기계를 창조한 사람들이 국가에 기여하다

발명가들은 세계 최대의 산업을 창시하였으니, 이들의 덕택으로 세상 사람들은 필수품을 얻고 편안하고 안락한 생활을 누릴 수 있다. 이들의 재능과 노력으로 일상생활의 모든 면이 즐겁고 간편해진 것이다.

음식과 의복, 집에서 쓰는 가구, 추위를 막아주고 집안에 햇빛을 들이는 유리, 거리를 밝혀 주는 가스등, 육지와 바다의 운송 수단들, 필수품과 사치품을 만들 수 있게 하는 도구들——이 모든 것들은 수많은 발명가들의 노력과 재주의 결과이다. 이런 발명품 덕분에 사람들은 더욱 행복한 생활을 누릴 수 있고, 일상생활에서 사회의 즐거움과 개인의 복지가 증진되는 것이다.

증기기관의 창조

기계의 왕이라고 할 수 있는 증기기관이 발명된 것은 그리 오래지 않지만, 그 발명의 기본사상은 이미 수백 년 전부터 잉태되어 있었다. 다른 고안이나 발명처럼 이것도 오랜 세월 단계를 밟아 이루어진 것이다. 한 사람이, 아무런 쓸모도 없어 보이는 자신의 노력의 결과를 후계자에게 전하고, 후계자는 그것을 이어받아 조금씩 개선한 다음 또 다음 후계자에게 전달하면서, 몇 세대를 거쳐 연구를 거듭한 끝에 성취를 본 것이다.

기원전 120년 무렵, 알렉산드리아 시대에 헤론이라는 수학자가 처음으로 증기의 힘을 시험하는 기구를 만들었다. 그의 착상은, 이집트 미라의 손 안에 감추어 두었던 보리 낟알에서 다시 싹이 나는 것처럼, 생명을 잃지 않고 있다가 근대 학술이 창성할 때 옛 사람이 살짝 열어둔 그 틈새로 빛을 받아 마침내 싹이 터 성장하게 된 것이다.

그러나 증기 기관은 이론적인 가정의 상태에서는 아무것도 아니었으며, 실제로 기계공의 손에 들어온 뒤에야 그 실현에 진척을 보이기 시작했다. 그 거대하고 놀라운 기계를 보면, 그것을 창조한 사람들이 수많은 어려움 속에서도 용기를 잃거나 마음이 약해지지 않고, 수고를 마다하지 않으며, 마치 강력한 적과 맞서 싸우듯이 영웅적인 근면으로 고난을 이겨낸 흔적을 볼 수 있다.

그것은 바로 '인간에게 존재하는 자조정신의 기념비'라고 할 수 있다. 이 기념비 주변에 모여 있는 사람들을 보면, 육군 기사 세이버리, 다트머스의 대장장이 뉴커먼, 유리기술자 콜리, 기관실 인부 포터, 토목기사 스미턴 등이 있다. 그 중에서도 가장 본받을 만한 사람은 수학 기구를 제작하는 제임스 와트였다.

제임스 와트의 근면과 집중력

와트는 매우 근면한 사람이었다. 그의 일생을 보면, 최고의 결과를 얻는 사람은 반드시 천부적인 재주와 능력을 가진 사람이 아니며, 가장 주의 깊게 훈련된 기술, 노력과 정성과 경험을 통해 숙련된 기술로 근면하게 자기의 힘을 발휘하는 사람이라는 것을 알 수 있다. 그것은 바로 우리의 경험이 확증해 준다.

그 당시에도 와트보다 지식이 더 풍부한 사람이 많았지만, 와트처럼 근면하게 자신이 알고 있는 것을 실용할 수 있도록 전환시키고자 노력한 사람은 없었다.

무엇보다 그는 끊임없이 실습을 추구했다. 그는 차원 높은 인간 두뇌의 기초가 되는 철저한 집중의 습성을 세심하게 계발했다. 그것에 대해 에지워스는 이런 말을 했다.

"인간의 재능과 지력이 저마다 다 다른 것은 흔히 어려서부터 집중력을 개발했는지 여부에 달려 있다."

와트, 증기기관을 만들다

와트는 어린 시절에도 장난감을 갖고 놀면서 과학을 찾아냈다. 아버지가 목수여서 집에 사분의가 있었기 때문에 그는 자연스럽게 광학과 천문학을 연구하게 되었다. 몸이 건강하지 못해 생

제임스 와트

리학에 파고들기 시작했고, 시골길을 혼자 산책하며 식물학과 역사학에도 취미를 붙였다. 수학 기구를 만들던 중 오르간을 한 대 만들어 달라는 요청을 받고, 그는 음악을 잘 모르면서도 화성학을 공부하여 결국 오르간을 훌륭하게 만들어냈다. 글래스고 대학에 소장된 뉴커먼식 증기기관의 모형을 수리해 달라는 부탁을 받았을 때도 그의 노력은 변함없었다. 그 당시 알려졌던 열의 작용과 증기의 증발 및 수축에 대한 지식을 모조리 섭렵한 뒤, 기계학과 구조학도 연구하며 고생한 끝에 축밀(縮密) 증기기관을 발명한 것이다.

그는 10년 동안, 위안이 되는 희망도 없고 격려해 주는 친구도 없이 고안과 발명의 길을 묵묵히 걸었다. 생계를 위해 사분의를 만들어 팔거나 바이올린, 피리 같은 악기를 제작 수리해 주고, 석공들에게 치수를 재어 주거나 도로공사에서 측량을 해 주고 운하 공사를 감독했으며, 그 밖에도 정당하게 돈을 벌 수 있는 일이면 어떤 일이든 가리지 않고 하면서 연구를 계속했다.

마침내 와트는 협력자 매튜 볼턴을 만나게 되었다. 버밍엄 출신인 볼턴은 숙련된 기술과 지칠 줄 모르는 정력에 식견이 넓은 또 하나의 산업 지도자로, 와트의 축밀 증기기관을 인력을 대신하여 여러 공사에 쓸 수 있도록 했다. 이 두 사람의 성공은 이제 역사적 사실이 되어 있다.

증기기관, 모든 분야에서 유용하게 쓰이다

그 뒤 많은 숙련된 기술자들이 증기기관을 더욱 더 좋게 개량했다. 많은 면을 보완하여 여러 가지 작업에서 없어서는 안 될 유용한 것으로 만들어 기계를 부리고, 선박을 추진하고, 곡식을 빻고, 책을 인쇄하고, 화폐를 주조했

다. 그 밖의 철공일, 대패질, 철의 변조 등, 동력이 필요한 모든 일에도 증기기관을 이용했다.

그 중에서도 가장 훌륭한 개량은 트레비딕이 창안해서 조지 스티븐슨 부자가 완성한 증기기관차의 발명이다. 이로 인해 사회의 모습이 크게 변하고 인류의 문명 진보에 큰 영향을 준 것을 생각하면, 이 단계의 발전이 와트의 증기기관 발명보다 더 중요하다고 할 수 있을 것이다.

리처드 아크라이트와 방적기

와트의 증기기관 발명을 계기로 생산업은 거의 무제한의 동력을 얻게 되었는데, 그 중에서 가장 먼저 큰 결과로 나타난 것이 방적공장의 건설이었다. 이 위대한 공업 분야의 기초를 이룬 사람은 리처드 아크라이트로, 그는 기계를 발명하는 재능도 비상했지만 범인을 초월한 실천력과 지식은 더욱 놀라웠다. 그가 방적기 발명의 창시자인지의 여부에 대해서는 와트와 스티븐슨의 경우처럼 논란이 있지만, 그와 방적기의 관계는 와트와 증기기관, 스티븐슨과 증기기관차의 관계와 같다. 말하자면 그는 앞선 사람들이 남긴 천재의 실마리를 주워 모아, 그것을 자기 방식대로 하나하나 짜 올려서 하나의 새로운 천으로 만들어 낸 것이다.

버밍엄의 루이스 폴이 아크라이트보다 30년 전에 롤러식으로 된 방적기를 만들어 특허를 받은 적이 있었으나, 이 기계는 세부적으로 너무나 불완전하고 수익성이 없어서 사실상 실패로 돌아갔다. 별로 알려지지 않은 레이 지방의 토머스 하이스라는 사람 또한 수력 방적기와 보통 방적기를 발명하였지만, 이것 또한 성공을 보지 못했다.

무릇 공업계에서 발명가의 머리가 요구될 때는, 같은 아이디어가 많은 사람들의 머리에 떠오르는 법이다. 증기기관과 안전등의 발명이 그랬고, 전보와 그 밖의 발명품들도 그랬다. 재주 있는 많은 사람들이 발명의 목적을 위해 분투하는 가운데, 특출하고 강건하고 실천력 있는 한 사람이 나타나 원리를 실제에 응용하여 완성을 본다. 그러면 경쟁에 처진 다른 이름 없는 발명가들이 아우성을 치며 일어난다. 이리하여 와트, 스티븐슨 및 아크라이트 같은 사람들은 실제적이고 성공적인 발명가로서 자신들의 명성과 권리를 지켜야 하는 것이다.

리처드 아크라이트는 다른 위대한 기술자들처럼 미천한 집안 출신이었다. 그는 1732년 프레스턴에서 태어났는데, 가난한 집의 13명 아이들 중 막내였다. 학교에 다닌 적도 없이 독학을 한 까닭에, 세상을 떠나는 날까지 간신히 자기 이름만 쓸 줄 알았다. 소년 시절에 이발사의 견습생이 되어 이발 일을 배운 뒤, 볼턴의 한 건물 지하실에 직접 이발소를 차려 놓고 밖에 이런 간판을 써 붙였다.

"지하 이발소로 오십시오. 1페니에 면도를 해드립니다."

이리하여 손님들이 모두 이 집으로 몰리니 다른 이발소도 면도 요금을 1페니로 내리지 않을 수 없었다. 그러자 아크라이트는 다시 결단을 내렸다.

"깨끗한 면도 값은 반 페니."

몇 년 뒤 그는 이 지하 이발소를 그만두고 가발 행상을 시작했다. 당시에는 너도 나도 가발을 쓰던 시대라 가발 제작이 이발업의 중요한 부분을 차지하고 있었다. 아크라이트는 사방으로 다니면서 가발에 쓸 긴 머리카락을 사들였는데, 특히 젊은 여자들이 많이 모여드는 직업소개소를 자주 찾아다녔다. 그곳에서의 그의 장사 수완은 대단했다고 한다. 그는 또 화학제품 염색약 장사를 하는 한편, 그 약으로 손님들에게 머리 염색도 해주면서 많은 수익을 올렸다. 그러나 무척 활동적인 그였지만, 생활에 필요한 돈 이상으로 이익을 탐내지는 않았던 것으로 보인다.

가발을 쓰는 유행이 시들해짐에 따라 가발 제작자들은 불경기에 빠졌다. 이리하여 기계에 대해 재주가 있는 아크라이트는 기계 발명가, 그 당시 사람들 말로 하면 요술쟁이로 방향을 바꾸었다. 당시에는 많은 사람들이 방적기를 만들려고 애쓰고 있었는데, 아크라이트도 그 속에 조그마한 배를 띄워 다른 사람들과 함께 발명의 바다를 향해 출범한 것이다.

독학, 독습한 사람들이 대부분 그렇듯, 그도 이미 여가를 이용하여 영속발동기를 만들어 보았기 때문에, 방적기의 발명으로 방향을 돌리는 것은 어려운 일이 아니었다. 그러나 실험에 너무 열중한 나머지 돈 버는 일을 소홀히

아크라이트

했기 때문에, 근근이 모아 놓았던 돈을 다 써버려 형편이 몹시 어려워졌다. 그의 아내——이때는 이미 기혼이었다——는 남편이 하는 일을 괜히 시간과 돈만 낭비하는 것이라 생각하고, 하루는 그가 만든 모형을 부숴버린 적도 있었다. 물론 그렇게 해서라도 가난에서 벗어나야겠다는 절박한 생각에서였을 것이다.

그러나 고집이 세고 일단 마음먹은 일에는 정신없이 열중하는 성격인 아크라이트는, 아내의 그러한 소행에 격분하여 즉시 그녀와 헤어지고 말았다.

행상을 하면서 사방으로 돌아다닐 때, 아크라이트는 케이라는 사람을 알게 되었다. 이 사람은 워링턴에 사는 시계 기술자로, 아크라이트가 전에 영속발동기를 만들 때 그 중 몇몇 부품 제작에 협력해 준 사람이었다. 아크라이트는 원목으로 방적하는 이치를 이 사람을 통해서 배웠다고도 하고, 또 빨갛게 단 쇳조각이 우연히 두 원목 사이를 통과하는 것을 보고 깨달았다고도 한다. 어느 쪽이 맞는 이야기인지는 모르지만, 아크라이트는 이 아이디어에 끌려 그 이치에 따라 방적기를 만들어 보려 노력했고, 케이는 그 점에 대해서는 더 이상 조언할 것이 없었다.

아크라이트는 이제 모발 매매업을 그만두고 모든 정력을 방적기 제작에 바치기 시작했다. 이때 케이가 아크라이트의 지시에 따라 만든 모형을 프레스턴의 초등학교 복도에 전시해 놓았다. 아크라이트는 이 도시의 선거권이 있는 공민이었으므로, 그도 버고인 장군이 선출된 선거에 투표를 하지 않을 수 없었다. 그런데 어찌나 가난한지 의복이 남루하여 투표장에 입고 갈 만한 옷이 없는 것을 알고, 많은 사람들이 돈을 모아 옷을 사 입힐 정도였다.

프레스턴에는 수공(手工)으로 생계를 유지하는 사람들이 많아, 아크라이트의 방적기가 완성되면 그들은 생업을 빼앗기게 될 형편이었다. 그래서 아크라이트가 방적기 모형을 학교에 전시하자 일감을 잃을 것을 두려워한 군중들이 학교 부근에 모여 아우성을 치며 시위를 벌였다. 케이도 전에 플라잉 셔틀(직조기계)이라는 것을 만들었다가 군중이 폭동을 일으켜 랭커셔에서 쫓겨난 적이 있었고, 블랙번의 군중들이 얼마 전 가난한 하그리브스가 만든 제니방적기를 산산이 부숴버린 적도 있었다. 아크라이트는 이러한 일들을 생각한 끝에 그의 모형을 비교적 안전한 고장인 노팅엄으로 옮겼다.

그곳에서 그는 몇몇 지방 은행가들에게 재정지원을 요청하였는데, 라이크라는 사람이 나중에 이익이 생기면 같이 나눈다는 조건으로 그에게 약간의 돈을 빌려 주었다. 그러나 기계가 완성되는 데는 예상보다 많은 시간이 걸려서, 은행가들은 스트럿과 니드 두 사람에게 도움을 청해 보라 권했다. 이 가운데 스트럿은 그 자신도 재주 있는 발명가로서 양말직조기의 특허권을 가진 사람이었다. 이 스트럿이 아크라이트의 발명품이 유용한 것을 인정하고 같이 동업하기로 하여, 아크라이트의 앞날은 비로소 트이게 되었다.

마침내 1769년에 '노팅엄의 시계기술자 리처드 아크라이트'의 명의로 특허권을 얻었다. 그해가 바로 와트가 증기기관의 특허권을 얻은 해인 것은 주목할 만한 일이다. 처음에는 노팅엄에 방적공장을 설립하고 말의 힘을 이용하여 기계를 부리다가, 얼마 뒤 더비셔 지방 크롬포드에 더 큰 규모의 공장을 지어 수차(水車)로 운전했다. 그때부터 그의 방적기는 수력방적기라고 불리게 되었다.

그러나 아크라이트의 고생은 사실상 그때부터 시작되었다. 기계의 대강 구조는 만들어졌지만 세부를 완성해야 했다. 꾸준히 개량하고 변조해서 더욱 만족스럽게 실용할 수 있고 이득이 생기도록 하는 것이 그의 의무였다. 처음 몇 년은 실망 속에서 결실은 없고 돈만 낭비하는 형편이었다. 그러나 성공이 눈앞에 다가오는 듯하자 랭커셔의 제조업자들은, 코니시의 광업자들이 볼턴과 와트에게서 증기기관의 이득을 빼앗아 가려고 했던 것처럼, 아크라이트의 전매특허권을 나눠 갖기 위해 기를 쓰고 덤벼들었다. 심지어 노동자들은 아크라이트를 자신들의 적이라고 매도했고, 엄연히 경찰과 군대가 주둔해 있는데도 폭도들이 몰려와 그가 콜리 근처에 세운 공장을 파괴하기도 했다.

랭커셔 주민들은 아크라이트의 공장에서 나온 상품이 최고품이라는 것을 인정하면서도 그 물건을 사려고 하지 않았다. 그리고 그의 기계를 쓰면서도 특허 요금을 지불하지 않은 채 법정에 소송까지 내어 마침내 그의 특허권을 박탈하기까지 했다. 그것을 보고 뜻있는 사람들은 모두 애석해했다. 재판이 끝난 뒤 아크라이트가 폭도들이 묵고 있는 호텔 옆을 지나가자, 그 중 한 사람이 아크라이트에게 들으라는 듯 큰 소리로 외쳤다.

"결국 우리는 노망한 이발장이를 쓰러뜨렸다!"

그러자 아크라이트는 침착하게 다음과 같이 응수했다.

"염려 마라! 나에겐 아직도 너희들을 깨끗이 밀어버릴 수 있는 면도칼이 남아 있으니까."

아크라이트는 랭커셔, 더비셔 그리고 스코틀랜드의 뉴라너크에 새로운 공장을 세웠다. 크롬포드의 공장들도 스트럿과의 동업 계약 기한이 끝나 그의 손에 들어왔다. 이리하여 수량이 많고 품질 좋은 그의 생산품은 얼마 안 가 면직업계를 완전히 평정하게 되었고, 상품 가격도 그가 정함으로써 다른 방적업자들의 사업까지 지배하게 되었다.

아크라이트에게는 천성적으로 강인한 불굴의 용기가 있었다. 더욱이 시세의 흐름에 대한 판단이 빨라 거의 천재에 가까운 사업 재능을 발휘했다. 한때는 많은 공장을 건설하고 운용하느라 새벽 4시부터 밤 9시까지 뛰어다닐 정도로 과로하기도 했다. 그는 나이 50에 문법을 배우고 정서법을 배우는 등 글공부를 했다.

모든 장애를 극복한 끝에 아크라이트는 마침내 사업에서 대성공을 보았다. 그는 처음 기계를 만든 지 18년 만에 더비셔에서 유지가 되어 그 지방의 최고치안관으로 임명되었고, 조지 3세에게 작위도 받았다. 아크라이트는 1792년에 세상을 떠났다. 그의 사업에 대한 평가야 어떻든, 그는 근대적 공장 제도를 최초로 확립한 사람이었다. 그것이 그 이후의 각 개인과 국가에 많은 부를 가져다 준 원천이 된 것은 틀림없는 사실이다.

그 밖에도 영국에서는 모든 산업 분야에서 의지가 굳고 정력이 왕성한 사람들이 많이 나왔다. 그들의 노력으로 인해 주변 사람들이 많은 이익을 얻었으며, 사회도 그 힘을 키울 수 있었다. 그 중에 특기할 만한 집안은 벨퍼의 스트럿 집안, 글래스고의 테넌츠 집안, 리즈의 마셜 일가와 거트 집안, 남랭커셔의 필 집안, 애시워스 집안, 벌리 집안, 필든 집안, 새시턴 집안, 헤이우드 집안, 에인스워스 집안 등이 있다. 이 여러 집안의 후손들은 영국 정치사에서 모두 훌륭한 역할을 해냈으며, 특히 남 랭커셔의 필 집안의 업적이 매우 뛰어났다.

필과 날염기

필 집안의 시조는 18세기 중엽 블랙번 근처에서 논밭을 경작하는 소지주로, 나중에 피시 레인에 있는 집으로 이사를 했다. 로버트 필은 차츰 많은 자녀를 갖게 되어 대가족을 형성했는데, 블랙번의 땅이 메말라 농업으로는 도저히 가솔을 이끌고 살아갈 수 있을 것 같지 않았다. 그 고장은 가내공업으로 만드는 '블랙번 그레이스'라는 천의 원산지로, 이 천은 삼 씨실과 무명 날실로 짰으며 그 고장과 인근 지방에서만 생산되고 있었다. 그래서 근대적인 공장 제도가 수립되기 전에는, 근면한 농가에서 여가를 이용하여 이 천을 짜는 것이 일반적이었다. 이에 따라 로버트 필의 집에서도 옥양목을 짜기 시작했다.

로버트 필은 정직하게 정밀한 물건을 만들어 팔았고, 검소하고 근면했기 때문에 장사는 날로 번창해갔다. 모험심이 강한 그는 당시 발명된 지 얼마 안 된 소면 원통기(梳綿圓筒器)를 맨 먼저 사들여 사용했다.

그러나 로버트 필이 가장 하고 싶었던 일은 옥양목에 꽃무늬를 인쇄하는 것이었는데, 이것은 그 당시 별로 알려지지 않은 기술이었다. 얼마 동안 그는 기계로 꽃무늬를 인쇄해 보려고 잇따라 실험을 했다. 이 실험은 남몰래 그의 집에서 이루어졌으며, 항상 집안 여자들 중 한 사람이 실험을 위해 천에 다림질을 해야 했다. 그 당시에는 양재기를 식기로 쓰는 것이 보통이었다. 어느 날 로버트 필은, 이 양재기의 무늬에 물감을 칠해 그것을 뒤집어 찍으면 옥양목에도 무늬를 넣을 수 있지 않을까 하는 생각이 떠올랐다.

마침 이웃 농가에 압착기가 있어 그 집에 가서 양재기의 무늬가 있는 부분에 색깔을 칠한 다음, 그 위에 옥양목을 대고 기계에 넣었더니 정말 무늬가 깨끗하게 새겨져 나오는 것이었다. 이것이 롤러 날염의 시작이었다.

로버트 필은 더욱 더 연구하여 이 날염법을 완성하였다. 처음 나온 무늬가 파슬리 잎사귀였기 때문에 블랙번 지방에서는 오늘날까지 필을 '파슬리 필'이라 부르고 있다.

무늬를 양각한 나무 원통과 음각한 구리 원통으로 된 '물 정방기(精紡機)'라는 것으로 꽃무늬를 인쇄하는 방법은, 처치 지방의 필 회사 사장인 그의 아들이 완성했다. 이 사업이 성공하자 로버트 필은 곧 농사를 그만두고, 블랙번에서 약 2마일 떨어진 브룩사이드로 이사하여 날염 사업에 매달렸다. 그곳에서 그는 자신처럼 열정가인 아들들과 함께 이 사업을 계속했다. 아이들이 자라서 어른이 됨에 따라 이 회사는 여러 지점을 갖게 되었고, 각 지점들은 그 지방 산업 활동의 중심이 되어 많은 사람들에게 일자리를 제공하는 일터가 되었다.

가문을 처음 세우고 아무 작위도 없었던 로버트 필의 인품에 대해 지금까지 알려진 바를 종합하면, 그는 기민하고 현명하며 선견지명이 있는 뛰어난 사람이었음에 틀림없다. 그러나 몇 가지 전해 내려오는 이야기 외에는 별로 알려진 것이 없다. 그의 아들 로버트는 아버지에 대해 다음과 같이 겸손한 말을 했다.

"저희 아버지는 우리 집안의 창시자라고 할 수 있습니다. 그분은 국가적인 차원에서 상업적 부의 중요성을 꿰뚫어보셨죠. 그래서 개인적 이득은 무역을 통해 얻는 국가의 이익에 비하면 아무것도 아니라고 늘 말씀하셨습니다."

처음으로 준남작이 되고 아버지를 계승하여 생산업자가 된 로버트 필은, 아버지의 기업과 재능과 근면을 그대로 이어받은 사람이었다. 그가 사회생활을 시작했을 때, 그의 상황은 다른 일반 기계공보다 별로 나을 것이 없었다. 왜냐하면, 그의 아버지는 앞으로 번창할 사업의 기초를 세우기는 했으나 아직 자본이 충분치 못해 많은 어려움을 겪고 있었기 때문이다. 로버트는 불과 20살 무렵부터, 우연히 터득하게 된 아버지의 날염 사업을 자기 손으로 경영해 볼 결심을 했다.

로버트의 삼촌 제임스 하워드와 블랙번의 윌리엄 예이츠가 출자하여 총 자본금이 겨우 500파운드 정도였는데, 그 대부분이 예이츠가 댄 돈이었다. 블랙번의 유지였던 예이츠의 아버지는 명망 있는 사람이었으며 사업에 성공하여 모은 돈이 꽤 있어서, 아직 시작 단계에 있지만 앞으로 전망이 좋을 것 같은 날염 사업을 시작해 보려는 아들에게 넉넉히 자본금을 대준 것이었다.

아직 어리다 할 수 있는 로버트 필은 이 사업에 대한 실제적인 지식을 제공했다. 그는 '청년의 어깨 위에 노인의 머리를 올려놓은 사람'이라는 말을 들을 정도로 신중하게 사업을 전담했다고 하며, 실제로 그런 말을 들을 만하게 일을 잘 처리했다.

그 당시에는 별로 알려지지 않던 베리라는 곳 부근에 있는 폐업한 방앗간 한 채와 거리 쪽에 난 빈터를 비교적 싼 값에 사들여 목조 헛간을 몇 채 짓고, 1770년에 아주 보잘것없는 규모로 날염 공장을 차렸다. 그러다가 몇 년 뒤에는 방적업까지 겸하게 되었는데, 그 뒤 오랫동안 사람들은 그곳을 '그라운드(공장 지역이라는 뜻)'라고 불렀다. 이 동업자들이 이때 얼마나 검소하게 살았는지, 초창기에 있었던 다음과 같은 일화를 들으면 짐작이 갈 것이다.

윌리엄 예이츠는 가정을 가지고 있었기 때문에 조금이라도 필을 도와 주려는 뜻에서 자기 집에 하숙을 허락했다. 이때 필이 낸 하숙비는 주당 겨우 8실링이었는데, 이게 너무 적다고 생각한 예이츠가 1실링만 올려 받으려 했다. 그러자 필이 그렇게 못 하겠다고 거절해서 두 사람 사이가 잠시 서먹했다가, 마침내 필이 주당 6페니를 더 내겠다고 하여 타협을 보았다.

윌리엄 예이츠에게는 엘렌이라는 딸이 있었는데, 이 아이가 곧 젊은 필의 귀여움을 독차지하게 되었다. '그라운드'에서 하루 종일 일하고 돌아오면, 그는 이 조그만 소녀를 무릎 위에 앉혀 놓고 이렇게 말하곤 했다.

"귀여운 꼬마 아가씨, 넬리. 너 장차 커서 나에게 시집오지 않겠니?"

그러면 꼬마는 그맘때 아이들이 흔히 그렇듯이 "네, 아저씨!" 하고 선뜻 대답하는 것이었다.

"그럼 너를 기다리도록 하마, 넬리. 다른 사람은 쳐다보지도 않고 너하고만 결혼하겠다."

이 말대로 필은 그때가 오기를 기다렸다. 소녀가 차츰 자라 성인이 되고 아름다운 처녀가 되자 그의 결심은 더욱 굳어졌다. 그렇게 사업에 전념하는 동안 사업이 급속히 번창하면서 10년이 흐른 뒤, 필은 만 17살이 된 엘렌 예이츠를 아내로 맞아들였다. 그리하여 어머니의 하숙 손님이자 아버지의 동업자인 필의 무릎에 올라가 놀던 예쁜 여자 아이가 세월이 흘러 그의 아내가 된 것이다. 그녀가 바로 미래의 영국 수상의 어머니가 된 필 여사이다.

필 여사는 어떤 처지에서도 정숙하고 고상하고 아름다운 부인이었다. 보기 드물게 의지가 굳은 여성이어서, 어려운 일에 처했을 때는 언제나 남편의 고매하고 충실한 조언자가 되었다. 결혼한 뒤 그녀는 오랫동안 남편의 비서 노릇을 하며 상업 통신의 대부분을 도맡아 처리하였는데, 그것은 필이 문서에 대해 무관심한 데다 그의 글씨가 사람들이 알아보기 힘들 정도였기 때문이다.

그녀는 1803년, 남편이 준남작의 작위를 받은 지 겨우 3년 뒤에 세상을 떠났다. 그것은 그녀가 익숙했던 가정생활과는 너무 다른 런던의 사교생활로 인해 건강을 해쳤기 때문이라고 한다. 뒷날 예이츠는 다음과 같이 말하곤 했다.

"만약 우리 넬리가 로버트의 아내가 되지 않았더라면 아직도 살아 있을지 모르는데……"

예이츠와 필이 경영하는 회사는 날이 갈수록 번창했다. 로버트 필은 굳은 의지의 사나이로, 정력적이고 근면한데다 실제적인 지혜를 겸비했을 뿐만 아니라 뛰어난 상업적 재능까지 있었으니, 그것은 바로 초창기의 많은 방적업자들에게서 볼 수 없었던 자질이었다. 강철 같은 의지와 신체를 가진 그는 쉬지 않고 일했다. 요컨대 날염 업계에서의 그의 위치는 방적업계에서의 아크라이트의 위치와 같았고, 아크라이트와 동등한 성공을 거두었던 것이다. 그 회사에서 만든 제품이 시장을 휩쓸자, 그의 회사는 랭커셔에서 단연 두각을 드러냈다. 이 사업은 베리 마을을 윤택하게 해주었을 뿐 아니라, 이웃 지방인 어웰과 로치에까지 그 이익이 미치게 했다. 그리고 이들은 가장 훌륭한 제품을 만들려고 애쓰는 동시에, 사업이 다소 부진해도 후한 보수를 주려고 애쓰는 등, 노동자의 복지를 위해 다방면으로 노력을 기울여 사회로부터 칭송을 듣고 명예도 얻었다.

　로버트 필은 모든 새로운 방법과 발명을 재빨리 받아들였다. 그 한 예로 그가 날염에 채택한 방염법(防染法)을 들어 보자. 그것은 염색하지 않고 그대로 두려는 부분에 방염제를 써서 염색되지 않게 하는 방법으로, 그 방염제는 런던의 어느 상점에 고용되어 물건을 팔러 다니는 사람이 발명한 것이었다. 필은 상당히 많은 돈을 주고 이 약을 사들였다. 그것을 완전히 실용화하여 유용하게 사용하는 데 1~2년이 걸렸으나, 그 결과가 좋아 방직물에 나타나는 무늬의 윤곽이 몹시 아름답고 선명하였기 때문에, 베리의 공장은 국내에서 제일가는 날염 공장이 되었다. 필의 가족으로서 이와 같은 정신으로 여러 지방에 공장을 세운 사람들이 많았는데, 랭커셔 지방의 번리, 폭스힐뱅크, 앨덤과 요크셔 지방의 아베이 등이 그들이었다. 나중에는 스태퍼드셔의 버튼 온 트렌트에 공장을 세운 사람도 있어, 이 공장들로 인해 공장 주인들이 부유해진 것은 물론, 온 방적업계가 이를 모범으로 삼았고, 랭커셔의 성공한 날염업자들과 생산업자들은 대부분 이곳에서 훈련을 받았다.

　그 밖의 다른 유명한 산업 창시자들 가운데 목사로서 양말 편직기(編織機)를 발명한 윌리엄 리와 보빈 레이스 직조기의 발명가 존 히스코트가 있다. 이들은 기계에 익숙했고 또 인내심이 강한 인물들이었다. 이들이 수고한 덕택으로 노팅엄과 그 주변에 보수를 많이 주는 일자리가 생겼다. 양말 편직기가 발명된 계기에 대해서는 여러 가지 엇갈리는 설이 있으나, 발명자의 이름에 있어서만은 추호의 의문도 없다.

윌리엄 리와 양말 편직기

　윌리엄 리는 1563년쯤 노팅엄에서 약 7마일 떨어진 우드보로라는 마을에서 태어났다. 그는 소지주의 상속자였다는 이야기가 있는가 하면, 가난한 학생으로서 어린 시절부터 빈곤과 싸워야 했다는 이야기도 있다. 그는 1579년 케임브리지대학 신학과에 장학생으로 들어가 다시 세인트조지 대학으로 옮긴 뒤, 1582년에서 1583년 사이에 학사 학위를 받았는데, 그가 1586년에 석사학위를 받았다고 얘기하는 사람들도 있다. 그러나 이 점은 대학 기록에는 확실하게 나타나 있지 않다. 그가 학교 규칙을 어기고 결혼한 까닭에 유니버시티 칼리지에서 퇴학을 당했다는 이야기는 잘못 전해진 것으로, 그가 이 대학의 학생이 아니었으니 이런 그릇된 추측은 있을 수 없는 일이다.

리가 양말 편직기를 발명했을 때, 그는 노팅엄 근처 캘버턴에서 부목사직을 맡고 있었다. 몇몇 전기 작가에 따르면, 이 발명에는 이루지 못한 러브스토리가 관련되어 있다고 한다. 이 부목사가 마을의 한 젊은 여인을 몹시 사랑하게 되었는데, 그 여인으로부터 아무런 사랑의 응답을 얻지 못했다. 그가 여인을 방문하면 여인은 자기를 좋아하는 남자는 아랑곳하지 않고, 양말 짜는 일과 학생들에게 편직 기술을 가르치는 데에만 정신을 쏟고 있었다.

그래서 그는 수공으로 양말 짜는 일을 증오하게 되었고, 그것을 대신할 만한 기계를 발명하여 수공으로 일하는 사람들이 돈을 벌지 못하게 하리라 마음먹었다. 3년 동안 그는 모든 것을 희생하면서 이 기계의 발명에 온 정열을 쏟았다. 성공의 전망이 보이자 그는 아예 부목사직을 그만두고 양말 짜는 기계의 제작에만 전념했다.

이것은 헨슨이 그의 저서 《기계 직조의 역사》 속에, 어떤 늙은 양말 직조공에게서 들은 이야기라면서 기록한 것으로, 이 노인은 앤 여왕 시대에 견습공 생활을 시작하여 92살에 노팅엄의 콜린스 병원에서 세상을 떠났다. 디어링과 블랙너도 이 이야기가 그 지방에 전해 내려온다고 했다. 또한 런던 편직기 회사의 휘장을 보면, 목세공 부분이 없는 양말 편직기 모양으로 되어 있는데, 한쪽에 목사의 모습이 그려져 있고 그 반대쪽에는 목사를 도와주는 여인의 모습이 그려져 있다. 이것을 보아도 어느 정도 사실임을 알 수 있다.

양말 편직기 발명의 실제 계기야 어쨌든, 그 발명가가 보여 준 비상한 재능에 대해서는 일말의 의문도 있을 수 없다. 책하고만 씨름하며 살던 외딴 마을의 한 부목사가 그처럼 섬세하고도 복잡한 기계를 발명하여, 부인들이 3개의 꼬챙이로 실을 얽고 짜던 지루한 수공예를 기계로 빠르고 아름답게 직조하는 공업으로 발전시켰으니, 정말 놀라운 일이 아닐 수 없었다. 그것은 기계 발명 역사상 거의 유례가 없는 일이라고 할 수 있었다. 당시에는 수공업 기술도 초기 단계에 있었고, 제조 공업을 위해 기계를 만들려고 연구하는 것은 생각조차 못하던 시절의 일이었으므로 그의 공적은 더욱더 큰 것이었다.

윌리엄 리는 기계의 각 부품을 필요에 따라 그때그때 만들어내야 했고, 장애물이 생길 때마다 그것을 극복해 가야 했다. 도구는 미비하고 재료는 불완전했으며 도와줄 숙련된 직공들도 없었다. 전하는 바에 따르면, 그가 처음 만든 기계는 12간(竿)으로 구성되었는데 연추(鉛錘)도 없이 모두 나무로 되어 있었으며, 바늘까지 나뭇조각으로 만들었다고 한다. 바늘에 구멍이 없어서 실이 지나가는 통로를 만들어 주는 것이 가장 어려운 문제였는데, 나중에 삼각형 줄로 바늘구멍을 뚫어 이 난관을 해결했고, 많은 어려움을 차례로 극복하여 3년 동안 고생한 끝에 실용할 수 있는 기계를 만들어낸 것이다. 부목사였던 리는 이제 직조 기술에 온 열정을 쏟아 켈버턴 마을에서 양말 직조를 시작했다. 그리고 그의 동생 제임스와 몇몇 친척들에게 기술을 가르쳐 주면서 몇 년 동안 이 사업을 계속했다.

기계가 거의 완성되어갈 즈음에, 그는 비단실로 짠 양말을 무척 좋아하는 엘리자베스 여왕의 특별한 후원을 얻고자 이 기계를 여왕에게 보여 주어야겠다고 생각했다. 그리하여 먼저 궁정의 몇몇 대신들에게 기계를 보여 주었는데, 특히 윌리엄 헌스던은 기계의 사용법까지 배우게 되었다. 이들의 주선으로 리는 마침내 여왕을 접견하게 되어, 어전에서 기계의 뛰어난 성능을 시험했다. 그러나 여왕은 그가 기대하던 칭찬의 말은 없이, 이 기계 때문에 수많은 가난한 사람들이 수공 편직의 일을 빼앗기게 되는 것이 아니냐며 거부 반응을 표시했다고 한다.

리는 다방면으로 후원을 청했으나 마찬가지로 허사였다. 그의 발명이 박대를 당하자, 리는 당시 프랑스의 가장 중요한 산업 지구 가운데 하나인 루앙으로 갔다. 마침 프랑스 국왕 앙리 4세의 현명한 대신 쉴리 공작이 양말 편직기를 제작하고 사용하는 방법을 가르쳐 달라고 요청했고, 그는 그것을 감지덕지 받아들였다.

리는 1605년에 기계를 가지고 동생과 직공 7명과 함께 프랑스로 건너갔다. 그는 정중한 영접을 받으며 루앙으로 가서, 기계 9대를 전부 가동시키면서 대규모로 양말을 짰다. 그러나 이때 뜻하지 않은 불운이 그의 발목을 잡았다. 그를 보호해 주던 앙리 4세가 라벨락이란 괴한에게 살해당한 것이다. 일이 이렇게 되자 왕이 약속했던 모든 보수와 명예, 특권은 물거품처럼 사라지고 말았다. 더욱이 그러한 약속 때문에 프랑스에 이주할 결심까지 했던 것인데, 이제는 자기를 보호해 줄 사람도 격려해 줄 사람도 없게 된 것이었다. 이 사정을 법정에 호소하려고 파리로 갔으나 그가 외국인인데다 신교도였기 때문에 그의 진술은 먹혀들지 않았고, 이 탁월한 발명가는 상심하던 끝에 극도의 빈곤과 비탄 속에서 곧 세상을 떠나고 말았다.

리의 동생 제임스 리는 기계 2대만 남겨 놓고, 일곱 명의 직공들과 함께 나머지 기계를 가지고 프랑스에서 탈출하는 데 성공했다. 제임스 리는 노팅엄셔로 돌아오자 도로턴에서 양말 편직사업을 시작하여 상당한 성공을 거두었다. 이곳에서 성공할 수 있었던 이유는 목축하는 양들이 있는 셔우드 부근 지방이어서 재료인 긴 양털을 쉽게 구할 수 있는 좋은 위치에 있었기 때문이다.

이어서 애시턴이 연추가 달린 편직기를 발명했는데, 그것은 기계의 큰 발전이었다. 이 편직기가 영국의 여러 지방으로 점점 퍼져 나가자, 양말 편직기 제조는 영국 산업의 중요한 분야를 차지하게 되었다.

양말 편직기를 개량하여 만든 기계 중에서 가장 중요한 것의 하나가 레이스를 대규모로 생산할 수 있는 기계였다. 1777년에 프로스트와 홈스라는 두 직공이 양말 편직기를 약간 개조해서 만든 기계로 포인트넷 레이스를 생산했다. 그 뒤 약 30년의 세월이 흐르는 동안 이 제조업은 급속히 발전하여, 마침내 1,500대의 기계에 15,000명이나 되는 사람들이 이 일에 종사하게 되었다. 그러나 유행의 변천과 그 밖의 사정으로 노팅엄의 레이스 생산은 빠르게 쇠퇴하는 듯하다가, 티버턴 지구의 국회의원이었던 존 히스코트가 레이스 직기를 발명하여 사업은 다시 견고한 기초 위에 재건을 보게 되었다.

존 히스코트와 레이스 직조기

존 히스코트는 1783년 더비셔 지방의 더필드라는 마을에서 소농의 아들로 태어났다. 마을 학교에서 읽기와 쓰기를 배우다 곧 이웃 마을에 있는 기계공장의 견습공으로 들어갔다. 소년은 금방 솜씨 있게 기계를 다루는 방법을 배워, 양말 편직기의 각 부분에 대해 자세한 지식을 습득했고, 그보다 더 복잡한 날실 기계에 대해서도 상세히 알게 되었다. 그는 틈만 있으면 그 기계들을 개량할 방법을 연구했다.

그의 친구였던 국회의원 바즐리에 따르면, 이 소년은 16살 때, 그 당시 모두 수공으로만 만들던 버킹엄 또는 프랑스의 레이스와 비슷한 레이스를 생산할 수 있는 기계에 대한 아이디어를 가지고 있었다고 한다. 그의 실제적

개량의 첫 번째 성공은 날실 기계였는데, 교묘한 장치로 레이스 모양을 한 '미츠'라는 것을 짜 낸 것이었다.

이 성공에 힘입어 그는 기계로 레이스를 짜낼 연구를 계속하게 되었다. 이미 여러 사람들이 그에 앞서 양말 편직기를 개조하여 포인트넷 레이스를 만들어 보았으나, 양말처럼 코가 많은 데다 품질이 떨어져 만족할 만한 성과를 얻지 못했다. 노팅엄의 수많은 기계기술자들이 실이 서로 엇갈리는 레이스를 직조하는 기계를 발명해 보려고 오랫동안 고생했지만, 어떤 이는 가난에 허덕이다 도중에 세상을 떠나고, 어떤 이는 정신이상이 일어나 추방되기도 하여 모두 목적을 이루지 못하였으므로, 그냥 구식 날실기계가 사용되고 있었다.

20세가 조금 넘자 결혼을 한 히스코트는 일을 찾아 노팅엄으로 갔다. 그곳에서 그는 속옷과 날실 기계의 직공이자 기술자로 일하게 되었다. 히스코트는 전부터 생각하고 있었던 실을 엇갈리게 짜는 레이스의 제조 방법을 고안하는 데 심혈을 기울였다. 그는 먼저 수공으로 버킹엄 레이스, 즉 베개 레이스를 짜는 방법을 연구하여 손의 움직임을 모방해서 기계를 만들어 보려고 생각했다. 그것은 참으로 많은 시간이 걸리고 힘든 일이어서 강한 인내력과 적지 않은 재능이 필요했다. 그의 고용주 엘리엇은 이때의 그에 대해, 노력하고 인내하는 성품에 과묵한 성격으로, 실패와 실수가 있어도 결코 용기를 잃지 않았을 뿐만 아니라, 재주와 아이디어가 풍부하여 자신의 기계 원리를 적용하면 반드시 성공할 수 있다는 확신을 가지고 있었다고 말했다.

그동안 히스코트의 아내도 남편과 함께 고생하면서 남편의 노력과 어려움을 이해해 주었으나, 집안 형편은 점점 궁핍해져 갔다. 남편이 발명에 열중한 나머지 주급을 받는 일을 소홀히 했기 때문이다.

"존, 이젠 기계가 돌아가요?"

아내가 남편의 얼굴을 바라보며 걱정스레 물었다.

"돌아가지 않아, 앤. 그래, 다시 모두 뜯어내야 할 것 같아."

존 히스코트

남편은 그래도 희망을 버리지 않고 유쾌하게 말했지만, 아내는 감정을 억제하지 못하고 주저앉아 흐느껴 울었다.

그러나 불과 몇 주 후에 그토록 고대했던 성공이 찾아왔다. 자신의 기계로 짠 첫 번째 레이스를 집으로 가져와 아내의 손에 쥐어 주었을 때, 존 히스코트는 참으로 자랑스럽고 행복했다. 레이스 직조기 같은 복잡한 기계를 몇 마디로 설명하기는 어려운 일이다. 사실 그것은 베개처럼 생긴, 레이스를 짜는 기계로 베개 위에서 레이스를 교묘하게 짜는 부인들의 손동작을 모방한 것이다. 수공으로 만든 레이스의 구조를 분석한 결과, 히스코트는 그 속의 실을 날실과 씨실로 분류할 수 있었다. 이어서 방안을 가로질러 일반 노끈을 걸어 놓고 보통, 집게로 그 사이에 씨줄을 지나가게 하여 반대편 집게에 이르게 한 다음, 실이 비스듬히 움직이면서 꼬이게 하여 옆의 끈 사이로 되돌아오게 하면 그 그물코가 베개 위에 수공으로 짠 것과 같은 모양이 되는 것이었다. 이와 같은 섬세한 운동을 하는 기계를 만들면 되는데 그것을 만들자니 정신적 노고가 보통이 아니었다.

오랜 세월이 흐른 뒤 히스코트는 이렇게 말했다.

"날실을 엇갈리게 해서 일정한 장소에 짜 넣는 일이 가장 힘들었다. 지금 그걸 해야 한다면 솔직히 엄두가 나지 않는다(펠킨의 회고록에서)."

다음으로 그가 해야 할 일은 씨실을 날실 사이로 왕복하게 하는 실패로 쓸 평면 철판을 제작하는 일이었다. 그 평면 철판은 날실 양면의 이동 부분에 배열해 놓고 적절한 기계로 움직여서 실을 좌우로 이동하게 하여 레이스를 짜도록 하는 것이다. 마침내 그는 비상하게 숙련된 기술과 노력으로 자기의 원리를 실현하여, 스물네 살에 발명을 완성하고 전매 특허권을 얻었다.

이익이 많은 발명이 흔히 그렇듯이, 히스코트의 전매 특허권에도 말썽이 생겨 자신이 발명자라고 하는 그의 주장이 의심을 받게 되었다. 레이스 제조업자들은 이 특허권을 무효라 여기고 멋대로 그 기계를 써서 발명자의 권리를 무시했다. 이 기계의 개량 보수로 특허권을 얻은 자들도 있었다. 이러한 새 특허권자들이 사업에 실패하고, 자기네들끼리 서로 특허권을 침해했다고 재판을 하는 와중에 히스코트의 전매 특허권이 확정되었다.

한 사람이 자기 특허권을 침해했다고 다른 사람을 고소하자 배심원들은 피고에게 유죄판결을 내렸고, 판사는 양쪽의 기계가 모두 히스코트의 특허권을 침해한 것이라는 이유로 이에 동의한 것이다. 나중에 히스코트의 변호인이 된 존 코플리는 이 재판, 즉 '보빌과 무어와의 재판'으로 인해 이 기계의 사용법까지 습득하게 되었는데, 그것은 이 발명의 자세한 내용을 알아야 했기 때문이었다. 히스코트가 관련된 소송 사건의 적요서를 읽은 코플리는 히스코트에게 이렇게 말했다.

"이대로는 이 사건의 잘잘못을 도무지 따질 수가 없겠군요. 그러나 어쨌든 매우 중요한 사건으로 생각되니, 내가 직접 노팅엄에 가서 기계를 조사해 보고 내용을 알 수 있을 때까지 배워야겠습니다. 그리고 나서 힘껏 귀하를 변호해 드리지요."

이리하여 코플리는 자기가 맡은 사건에 대한 전례 없는 준비를 위해 야간 우편물 수송차를 타고 노팅엄으로 갔다. 이튿날 아침, 이 학식 있고 명망 높은 변호사는 공장에 가서 손수 편직기를 다루며, 자기 손으로 레이스를 만들어 낼 때까지 자리를 뜨지 않았고, 마침내 기계의 상세한 내부뿐만 아니라 그 원리까지 터득하게 되었다. 재판이 시작되자 이 박식한 변호사가 책상 위에 기계를 올려놓고 능란하게 기계를 돌리면서 발명품의 정확한 성질을 극히 명료한 논조로 설명하니, 판사도 배심원들도 그리고 방청객들까지도 모두 경탄해 마지않았다. 문제의 기계에 대한 그의 이와 같은 정확한 지식과 숙달은 말할 것도 없이 법정의 판결에 영향을 주었다.

재판이 끝난 뒤 히스코트가 알아본 결과, 자기가 특허권을 얻은 뒤 약 500대의 기계가 가동되고 있었다. 이들에게서 모두 전매 특허료를 받으니 거액의 돈이 되었다. 그러나 레이스 생산에서 얻는 수입이 괜찮았기 때문에 너도 나도 이 사업에 뛰어들어 기계의 사용이 빠르게 퍼진 결과, 물건 값은 1평방야드 당 5파운드 하던 것이 25년 사이에 5페니로 떨어지게 되었다. 그 기간 동안 레이스 산업의 1년 평균 수익은 적어도 400만 파운드였으며, 이로 인해 약 15만 명의 직공들이 돈을 벌어 생계를 유지할 수 있었다.

다시 히스코트의 이야기로 돌아오면, 1809년에 그는 레이스터셔 지방 러프버러에 레이스 제조공장을 차렸다. 사업은 몇 년 동안 무서운 속도로 번창했다. 그동안 이 사업으로 인해 수많은 직공들이 일자리를 얻어 주당 5~10파운드의 임금을 받았다. 새로운 기계의 발명으로 거기에 고용되는 사람의 수가 나날이 크게 증가했지만, 노동자들 중에는 이 기계 때문에 일하는 사람들이 일자리를 뺏겼다고 생각하는 자들도 있어서, 보는 대로 기계를 파괴할 것을 목적으로 하는 폭력단체가 형성되었다.

1811년 노팅엄셔 서남부와 더비 부근의 양말 공장과 레이스 공장에서 경영주와 노동자 사이에 분쟁이 일어났고, 애시필드의 서턴에서는 폭도들이 대낮에 공공연히 공장의 양말 편직기와 레이스 직조기를 때려 부수었다. 몇몇 주동자들이 붙잡혀 처벌을 받은 결과 폭동이 조금은 수그러들었지만, 경찰의 눈을 피할 수만 있으면 은근히 파괴행위를 계속했다. 기계가 워낙 섬세하게 되어 있어서 망치로 한 번만 때려도 못 쓰게 망가졌고, 공장이 대부분 시내에서 멀리 떨어진 곳에 있었으므로 파괴의 기회는 얼마든지 있었다.

이들은 폭동의 본거지인 노팅엄 부근에서 조직적으로 단체를 만들어 밤마다 모여 파괴 공작을 모의했다. 민중의 신임을 얻을 생각에서인지 그들은 자기네 우두머리를 네드 러드 또는 러드 장군이라 부르며, 자기네들을 러다이트(러드의 사람)라고 공언했다. 이러한 단체를 조직하여 1811년 겨울에 멋대로 파괴행위를 자행하자, 사회에 불안감이 고조되고 수많은 사람들이 일자리를 잃었다. 사정이 이쯤 되자 기계 소유주들은 시골 외딴 곳에서 도시의 창고로 기계를 옮겨 보호를 시도했다.

러다이트들을 잡아 재판을 해도 처벌이 가볍기 때문인지, 폭동이 다시 일어나 북부와 중부의 생산 공업지대로 빠르게 번져갔다. 일당들은 전보다 더욱 비밀을 지켜 우두머리에게 절대 복종한다는 맹세를 하고, 비밀을 누설한 자는 사형에 처한다는 규칙까지 정했다. 옷과 포목, 또는 레이스 중 어떤 것을 만들든 기계란 기계는 모조리 파괴하는 공포의 시기가 몇 년 동안 계속되었다. 요크셔와 랭커셔에서는 무장한 폭도들이 대담하게 공장을 습격하여 대부분 파괴하고 불태웠으므로, 군인과 민병들이 보초를 서서 지켜야만 했다. 이렇게 되자 그들은 사업주들을 죽여야 한다면서 많은 사람들을 습격하고 살해했다. 마침내 정부에서는 단호한 법령을 제정하여 러다이트의 수많은 폭도들을 체포하고 그 중 몇 명을 사형에 처하니, 그제서야 몇 년 동안 계속되던 기계 파괴의 폭동이 가까스로 진압되었다.

러다이트의 습격을 받은 수많은 제조업자들 중에는 보빈네트를 발명한 히스코트도 끼어 있었다. 1816년의 여름 어느 청명한 날, 한 무리의 폭도들이 횃불을 들고 러프버러에 있는 그의 공장을 습격했다. 그들은 공장에 불을 지르고 37대의 기계를 파괴하여 1만 파운드가 넘는 손해를 끼쳤다. 그 중 10명이 중죄로 체포되고 8명이 처형당했다. 히스코트는 지방 당국에 손해배상을 청구했다가 즉시 거절당했으나, 고등법원에서는 이 청구 이유를 인정하고 지방 정부에서 마땅히 1만 파운드의 손해를 배상해야 한다고 판결했다.

이 때 지방 관리들은 손해 배상을 할 때, 히스코트가 그 돈을 레이스터셔 지방에서 사용해야 한다는 조건을 붙이려 했으나, 히스코트는 이미 다른 지방으로 공장을 옮길 생각을 하고 있었으므로 거기에 동의하지 않았다. 그는 데번셔의 티버턴에서 전에 양모 공장으로 쓰이던 큰 건물을 하나 점찍어 두었다. 티버턴의 섬유 사업이 쇠퇴하면서 건물도 비어 있었던 것인데, 도시 자체도 심한 불경기에 빠져 있었다.

히스코트는 이 낡은 공장을 사서 수리하고 크게 늘리기도 하여 전보다 더 큰 규모로 레이스 제조업을 시작했다. 300대나 되는 기계를 전부 가동시키며 높은 임금을 주고 수많은 사람들을 고용했다. 레이스뿐만 아니라 이와 관련된 여러 가지 분야——즉 중방사(重紡絲), 견직, 그물도 생산하고 가공까지 했다.

히스코트는 또 티버턴에 주철소와 철공장을 차려 놓고 농기구를 생산하여 그 지방에 많은 기여를 하였다. 사람 손으로 하는 모든 힘든 일에 증기의 힘을 이용할 수 있을 것이라는 평소의 생각대로, 증기로 움직이는 쟁기를 발명하기 위해 여러 해 동안 노력을 기울인 결과, 1832년 마침내 그것을 발명하여 특허권을 얻었다. 히스코트의 이 증기력 쟁기는 나중에 파울러가 만든 더 좋은 쟁기로 대체되지만, 그 당시까지 제조된 것 중에서는 가장 우수한 것으로 평가되었다.

히스코트는 천부적인 재능의 소유자로, 건전한 분별력과 빠른 이해력, 그리고 천재적인 사업수완을 지니고 있었다. 그와 아울러 그에게는 높은 의지와 정직성 그리고 성실성이 있었으니 참으로 고귀한 인격의 소유자라 할 수 있을 것이다. 스스로 연구하는 근면한 사람이었기 때문에, 자기가 데리고 있는 직공들 중에서 유망한 젊은이들을 격려하여 그들의 재능과 힘을 키워주는 데 인색하지 않았다. 바쁜 가운데서도 틈틈이 시간을 쪼개어 프랑스어와 라틴어를 배우고 정확한 문법 지식까지 얻었다. 또 학자와 문인들이 쓴 오묘한 작품을 열심히 읽고 마음에 축적하여, 세상사에 대한 폭넓고 정확한 식견을 닦았다.

공장에서 일하는 2천여 명의 고용인들은 히스코트를 거의 아버지처럼 존경했고, 그는 언제나 그들의 복지와 생활의 향상을 위해 마음을 썼다. 그는 부자였지만 졸부 행세를 하지 않았다. 가난하고 고생하는 사람들의 요구에 귀를 막지 않았기 때문에, 빈곤한 사람들은 언제나 그의 배려와 지원을 믿고 있었다. 히스코트는 고용인들의 자녀가 공부할 수 있도록 약 6,000파운드의 돈을 들여 학교를 세웠다. 성격이 무척 밝고 쾌활하여 모든 계층의 사람들이 그를 좋아했고, 특히 그를 잘 알고 있는 사람들에게는 남다른 사랑과 찬사를 받았다.

1831년, 티버턴의 선거민들은 오랫동안 진심으로 베풀어 준 은혜에 보답하여 히스코트를 국회로 보냈다. 그 뒤 거의 30년 동안 그는 국회의원 생활을 했다. 그 사이 히스코트는 오랫동안 파머스턴과 교우 관계를 맺었는데, 고결한 파머스턴은 공식 석상에서 여러 차례 이 훌륭한 친구에 대한 높은 존경의 뜻을 표시한 적이 있다. 1859년, 고령과 노쇠로 의원직을 사퇴하고 고향에 돌아오자 1300명의 그의 고용인들은 은으로 만든 잉크스탠드와 황금펜을 선물로 주면서 존경의 뜻을 표시했다.

히스코트는 한가한 은퇴 생활 속에 겨우 2년을 더 살다가 1861년 1월에 77세의 나이로 세상을 떠났다. 그가 세상에 남긴 것은 성실, 미덕, 용기로 요약되는 인격과 기계에 대한 천재성이니, 그의 자손들은 이를 긍지로 여겨 마땅할 것이다.

자카르와 직조기

다음은 매우 이색적인 인물, 즉 유명하지만 경력이 기구했던 자카르의 일생을 살펴보기로 하자. 이 이야기 또한 비록 미천한 집안에서 태어났더라도 천재적인 사람들이 국가의 산업에 얼마나 큰 영향을 끼칠 수 있는지를 명백하게 예증해 준다. 자카르는 리옹 시에 사는 노동자 부부의 아들로, 아버지는 직조공이고 어머니는 옷감의 무늬를 검사하는 직공이었다. 너무 가난해서 아들에게 보잘것없는 교육밖에 시킬 수 없었던 그의 부모는, 아들이 일을 배울 만한 나이가 되자 제본 공장으로 보냈다. 그곳에서 회계 일을 맡아보는 한 늙은 서기가 자카르에게 수학을 가르쳐 주었다. 자카르의 수학에 대한 소질과, 몇 가지 물건을 만들어내는 뛰어난 손재주를 보고 늙은 서기는 감탄해 마지않았다.

그리하여 이 늙은 서기는 자카르의 아버지에게 이 아이는 뛰어난 능력이 있으니, 제본 분야 외의 다른 일터로 가서 더 나은 일을 하는 것이 더 좋을 거라고 충고했다. 그래서 그는 도공(刀工)의 견습생으로 들어갔다. 그런데 주인이 어찌나 가혹하게 부리는지 그곳을 그만두고 다음에는 활자 주조공의 견습생이 되었다.

부모가 세상을 떠나자, 그는 아버지가 남긴 두 대의 직조기를 물려받았다. 그는 즉시 직조기를 개량하는 일에 착수했지만 돈벌이는 아랑곳하지 않고 그 일에만 너무 몰두한 나머지 결국 동전 한 푼 없는 처지가 되고 말았다. 그제야 기계를 팔아 빚을 갚고 직업을 얻어 아내를 먹여 살리려 마음먹었지만, 갈수록 더 가난해져서 나머지 빚을 갚기 위해 집마저 팔아야 했다.

자카르는 남의 집에 들어가서 일을 해주려 했으나, 사람들은 모두 그를 허무맹랑한 발명의 꿈에 빠진 게으름뱅이로 여겼기 때문에 써주려는 사람이 아무도 없었다. 결국 그는 브레스의 노끈 공장에 일자리를 얻어 브레스로 갔고, 아내는 리옹에 남아 밀짚모자를 만들면서 간신히 연명했다. 그 뒤 몇 년 동안 자카르가 무슨 일을 했는지 자세히 알 수는 없으나, 아마 손으로 돌리는 직기를 개량했을 것으로 추정하고 있다.

1790년에 그는 날실을 가려내는 새로운 고안――즉 그것을 직조기에 장치하면 직조공들이 손으로 하는 일을 대신할 수 있는 고안――을 세상에 내놓았기 때문이다. 이 기계는 사람들에게 서서히 보급되기 시작했고, 세상에 내놓은 지 10년 안에 리옹 시의 여러 공장에서 4,000대가 가동되었다.

그러나 때마침 프랑스에 혁명이 일어나 자카르의 사업은 아깝게도 중단되었다. 1792년, 그는 리옹 의용군에 들어가 뒤브와 크랑세가 지휘하는 국민의회 군대와 싸우게 되었다. 리옹 시가 점령되자 자카르는 달아나서 라인 군에 들어가 상사가 되었다. 아무 일도 없었더라면 그는 계속 군대생활을 했을지도 모르지만, 그의 외아들이 자기 옆에서 총에 맞아 숨지는 것을 보고, 군대에서 나와 리옹으로 돌아가서 백방으로 아내를 찾아다녔다. 아내는 남의 집 다락방을 빌려 살며 여전히 밀짚모자를 만들고 있었다.

이리하여 아내와 숨어 살면서도, 그는 전부터 오랫동안 해왔던 발명에 대해 다시 생각하기 시작했다. 하지만 그것을 실천할 방법이 없었다. 자카르는 은신 생활을 청산하고 무엇이든 직업을 찾아야겠다고 생각했다. 그러다가 한 지각 있는 제조업자에게 고용되어 낮에는 거기서 일을 하고 밤에는 발명 연구를 계속할 수 있게 되었다. 그러던 어느 날, 직기에 아직도 개량의 여지가 많이 남아 있다는 생각과 돈이 없어서 그런 아이디어를 실천에 옮기지 못하는 게 한이 된다는 얘기를 주인에게 털어놓게 되었다. 다행히도 주인이 그 뜻을 귀하게 여겨 하고 싶은 연구에 마음대로 쓰라며 약간의 돈을 주었다.

석 달 뒤 자카르는 직공들의 힘든 일을 대신해줄 수 있는 직조기를 만들어 냈다. 그는 이 기계를 1801년 파리에서 열린 산업 박람회에 출품하여 동상을 탔다. 그러나 그보다 더 큰 명예는 카르노 장관이 직접 리옹으로 내려와 그의 발명을 치하해 준 일이었다. 이듬해 그는 런던의 기술협회가 상금을 걸고 새로운 어망과 선박용 안전그물을 제조하는 기계를 공모한다는 소식을 들었다. 그는 평소의 습관대로 들을 거닐면서 궁리하고 또 궁리한 끝에 마침내 아이디어가 떠올랐다. 3주 후에 발명품이 완성되었다.

지방 장관은 발명이 성공했다는 소식을 듣고 자카르를 불러 기계 사용에 대한 설명을 들은 뒤, 나폴레옹에게 그 소식을 보고했다. 자카르가 기계를 가지고 파리로 가서 나폴레옹 앞에 나아가자, 나폴레옹은 이 천재를 반갑게 맞아주었다. 2시간에 걸친 접견에서, 그는 황제의 특별한 배려로 엄격한 예법을 떠나 자유로운 분위기에서 직조기의 개량 내용을 상세히 설명했다.

그 결과, 그는 기술공예 박물관의 방을 몇 개 제공받았고, 그곳에 머무는 동안 그 시설을 쓸 수 있는 권리와 생활비조 하사금까지 받았다. 기술공예 박물관에서 자카르는 그의 개량 직조기를 세부적으로 완성하는 데 전념했다. 박물관에서 그는, 인간의 창의력의 대보고(大寶庫)에 들어 있는 온갖 기계들을 자세히 관찰할 수 있었다. 그 중에서 가장 관심을 끈 것은 자동기계의 제조자 보캉송이 만든 비단 문직기였다. 그것은 결국 그의 발명 사업에 큰 도움을 주었다.

기계 제조에서 보캉송은 탁월한 천재였다. 그는 발명의 재능이 대단히 뛰어났고, 발명에 대해 거의 정욕과도 같은 열정을 지니고 있었다.

나폴레옹

"시인은 타고 나는 것이지 되고자 한다고 해서 되는 것이 아니다."

이 격언은 발명가에게도 적용되는데, 발명가들은 대부분 당대의 문화가 개선될 시기에 그 시류를 타고 발명을 이루기도 하지만, 그보다는 주로 자신의 본능을 만족시키기 위해 기계를 고안하고 만든다고 할 수 있다. 보캉송의 경우가 꼭 그랬으니, 그가 만든 대부분의 정교한 기계는 그 유용성보다는 절묘한 천재의 발로로서 더욱 훌륭한 것이었다.

어린 시절에 어머니와 함께 일요강론회에 참석했을 때도, 그는 칸막이벽 틈을 통해 옆방에 걸려 있는 시계의 움직임을 유심히 지켜보며 좋아했다. 그는 시계의 원리를 이해하려고 노력하면서 몇 달 동안 그 문제에 대해 곰곰이 생각한 끝에 톱니바퀴가 돌아가는 시계의 속도 장치의 원리를 알아낸 것이다.

이때부터 그는 오로지 기계를 발명하는 일에만 전념했다. 자기 손으로 만든 엉성한 도구를 가지고 잘 작동하는 나무 시계를 만들었다. 또 교회의 모형을 하나 만들어 그 속에 여러 명의 천사와 신부의 모습을 만들어 넣었는데, 천사는 날개를 흔들고 신부는 예배의식의 동작을 하는 것이었다. 이와 같은 자동기계를 만들 목적으로 그는 몇 년 동안 해부학과 음악, 기계학의 원리를 연구했다.

튀를리의 화원에서 피리 부는 사람을 보고는, 같은 동작을 하는 모양의 기계를 만들어 볼 생각으로 몇 년 동안 질병과 싸워 가며 연구하고 노력한 끝에 목적을 이루기도 했다. 다음에 그는 오리 흉내를 내는 자동인형을 만들었

2 산업지도자 발명가 생산자 81

다. 그것은 그의 발명품 중에서도 특히 정밀하여, 꼭 오리처럼 헤엄치고 잠수하고 물마시고 울기까지 하는 것이었다. 그의 다음 발명품인 독사는 연극 '클레오파트라'의 소품으로 사용되었는데, 진짜 뱀처럼 쉿 소리를 내며 여배우의 가슴에 덤벼들었다고 한다.

그러나 보캉송은 자동기계를 만드는 것으로 그치지 않았다. 그의 재주를 인정한 법무장관이 그를 프랑스의 견직물 제조업 감독관으로 임명했다. 그는 그 자리에 앉자마자 발명 본능을 억제하지 못하고 견직물 기계의 개량을 시도했다. 그것을 위해 견사를 꼬는 공장을 세웠는데, 이 공장 때문에 일자리를 잃을까봐 두려워한 리옹 시의 노동자들이 격분한 나머지 그에게 돌을 던져 죽을 뻔한 적도 있었다. 그래도 그는 발명을 계속하여 꽃무늬 견직물을 짜는 기계를 만들었다. 이 기계는 실을 가다듬어 보빈과 스케인의 각 실을 같은 굵기로 만드는 것이다. 그는 오랫동안 병마에 시달리다가 1782년에 세상을 떠날 때, 자기가 만든 모든 기계를 황후에게 헌납했다.

그러나 황후는 그 기계들의 가치를 대단치 않게 여겼기 때문에, 얼마 뒤 기계들은 여기저기 흩어지고 말았다. 다행히 그 꽃무늬 견직기만은 박물관에 보관되어 있었고, 수많은 진기한 물건들 중에서 자카르의 눈에 들어오게 된 것이다. 자카르는 그 가치를 대번에 알아보고, 그것을 본떠 개량 직조기의 중요한 점을 개선하게 되었다.

보캉송이 만든 기계의 중요한 특징 가운데 하나는 구멍이 뚫려 있는 실린더였다. 이 실린더는 회전할 때 노출되는 구멍에 따라 바늘의 움직임을 조절하고, 날실의 진로를 바꿔 원하는 무늬를 만들 수 있게 하는 것이었다. 다만 흠이라면 간단한 무늬만 만들 수 있다는 것이었다. 그것을 안 자카르는 진정한 발명가의 천재성을 마음껏 발휘하여 즉시 개선에 착수했다. 그리하여 한 달 뒤 개량 직기가 완성되었다. 그는 보캉송의 실린더에 구멍이 조금 있는 긴 판지를 첨가하여, 그 구멍을 통해 날실이 직조공 앞으로 가게 했고, 또한 자기가 다루고 있는 실의 빛깔을 알 수 있게 했다.

이 기계가 나오면서 실을 끄는 아이도, 무늬를 검사하는 직공도 필요 없게 되었다. 자카르가 이 새 기계를 발명하고 맨 먼저 한 일은, 고급 천을 짜서 황후 조세핀에게 바친 것이었다. 나폴레옹은 이 발명가의 노고와 그 성과에 대단히 흡족해하며, 최고의 기술자들을 시켜서 자카르의 모형에 따라 여러

대의 직조기를 만들어 그에게 주었다. 그 뒤 자카르는 리옹으로 돌아갔다.

그러나 자카르는 그곳에서 수많은 발명가들이 겪어야 하는 운명에 부딪쳐야만 했다. 공장 사람들은 그를 적대시하여, 일찍이 케이와 하그리브스와 아크라이트가 랭커셔에서 당한 것과 같은 곤욕을 안겨 주었다. 그들은 이 새 기계가 자기들의 일거리를 빼앗아가서 당장 굶어 죽게 될 거라고 두려워했다. 그들은 테룩스에서 소란스런 모임을 열고 그 기계를 파괴하기로 결정했지만 군대가 그것을 막았다.

그러나 그들은 자카르를 죄인이라 하여 그의 모형을 만들어 교수형에 처했다. 보안위원회에서 이를 진압하려 했으나 도리어 그들이 폭도들로부터 유죄 선고를 받았다. 보안위원회도 회원들이 대부분 직공이어서 그들에게 동정적이었기 때문에, 결국 군중의 선동에 따라 자카르의 기계를 한 대 끌어내어 완전히 부수어 버렸다. 난동은 계속되었고, 어느 날 격분한 폭도들이 자카르를 부두로 끌어내어 물에 빠뜨려 죽이려 하였으나 직전에 아슬아슬하게 구조되기도 했다.

그러나 자카르 직조기의 위대한 가치는 부인할 수 없어서, 성공은 오로지 시간 문제였다. 영국의 몇몇 업자들은 자카르에게 바다 건너 영국으로 와서 자리를 잡으라고 권했다. 그러나 자기 고장 사람들이 자기를 그토록 잔인하고 가혹하게 대했는데도, 그의 강한 애국심은 그 제안을 받아들이지 않았다. 영국의 제조업자들이 자카르의 직조기를 채택하자, 그제야 리옹 사람들도 그 분야에서 이익을 빼앗길까 봐 두려워 이 기계를 열심히 쓰기 시작했다. 그리하여 자카르의 기계는 얼마 안 가 거의 모든 방직 분야에서 사용되었고, 그 결과를 본 직공들은 자신들의 우려가 전혀 쓸데없는 것이었음을 알게 되었다. 일터를 잃기는커녕 그 기계로 인해 적어도 10갑절이나 많은 일터가 새로 생긴 것이다.

레옹 포셔의 조사에 따르면, 1833년 리옹에서 견직물 공업에 종사한 사람의 수가 8만 명에 이르렀고, 그 뒤에도 꾸준히 증가했다고 한다.

그때부터 자카르는 평화로운 여생을 보냈다. 전에 물에 빠뜨려 죽이려고 그를 부두로 끌고 갔던 직공들이, 얼마 안 있어 그의 생일을 축하하는 뜻에서 그와 함께 바로 그 길로 승리의 행진을 하고 싶다고 제안했다. 그러나 원래 겸허한 사람이었던 그는 그 행진에 참여하지 않았다. 리옹 시의회가 지방

산업의 이익을 위해 이 기계를 개량하는 데 헌신해 달라고 제의하자, 그는 연금을 받는 조건으로 이 제의를 받아들였고 연금의 액수도 자기 스스로 정했다. 이에 따라 자신의 발명을 완성한 뒤, 그는 60세에 아버지의 고향인 울랑으로 은퇴했다.

자카르는 1820년에 레종 도뇌르 훈장을 받았고, 1834년에 세상을 떠났다. 그를 기념하여 조각상도 세워졌지만, 친척들은 여전히 가난 속에서 힘겹게 살았다. 그가 세상을 떠난 지 20년 뒤, 그의 두 조카딸은 일찍이 루이 18세가 숙부에게 하사한 금괴를 팔지 않으면 안 되었다.

어느 프랑스 문인은 이렇게 탄식했다.

"리옹의 변화를 가져온 생산 공업의 이득이 대부분 자카르의 덕이거늘, 그의 친척들에 대한 보답이 어찌 이럴 수가 있단 말인가!"

자기를 희생하며 당대의 산업 발전에 크게 공헌하고서도 정작 자신은 아무런 이익을 얻지 못한 발명가의 이름을 드는 것은 그다지 어려운 일이 아니다. 하지만 천재가 나무를 심으면 참을성 있는 우둔한 자가 열매를 거두는 법이다. 다음에 얘기할 비교적 근대의 발명가 한 사람의 경우가, 기계의 천재는 곤란과 고통을 이겨 나가지 않으면 안 되는 운명이라는 것을 예증해 줄 것이다. 그 사람은 바로 소모기(梳毛機)의 발명가 조슈아 하일만이다.

하일만과 소모기

하일만은 1796년에 알자스 면직 산업의 중심지인 뮐루즈에서 태어났는데, 아버지가 이 사업을 하고 있어 15살 때부터 아버지의 사무실에서 일했다. 그곳에서 2년 동안 일하면서 시간이 있을 때는 기계 제도를 하다가, 나중에 파리로 가서 큰아버지의 은행에서 일하며 밤에는 수학을 공부했다.

친척들 중 몇몇이 뮐루즈에서 조그마한 방직공장을 하고 있어서, 어린 하일만은 일을 배우기 위해 그곳으로 옮겨 그 공장의 견습생이 되었다. 동시에 그는 기술공예 박물관의 학생이 되어, 강의를 들으며 기계에 대해 공부했고, 또 한 완구 제조업자한테서는 실제적인 선반 세공에 대해 배웠다. 이렇게 얼마 동안 열심히 연구한 뒤, 알자스로 돌아가 비외탕의 새 공장 건설에 기계를 설치하는 일을 감독했고, 곧 공장이 완성되자 작업을 시작했다. 그러나 때마침 일어난 상업 공황 때문에 공장이 남의 손에 넘어가자, 하일만은 다시 뮐루즈에 있는 집으로 돌아갔다. 그동안 그는 여가의 대부분을 주로 방적(紡績)과 방적사(紡績絲)의 준비와 관계되는 발명연구에 소비했다.

그가 맨 처음 발명한 것은 20개의 바늘이 동시에 움직이는 자수 기계로, 6개월 동안 애쓰고 노력한 끝에 만들어낸 것이었다. 그것을 1834년 산업박람회에 출품하여 금상을 탔고, 레지옹 도뇌르 훈장을 받았다. 그 뒤에도 계속 발명품을 내었으며 그 중의 하나가 개량직조기로, 영국 사람들이 쓰던 보빈과 플라이프레임 기계를 개량하여 직물을 측정하고 접을 수 있도록 한 기계였다. 또 하나는 씨실을 자동으로 감는 기계로 비단이나 포목을 준비하고 방적하는 기계를 여러 모로 개량한 것이었다. 그의 발명품 가운데 가장 신기한 것은 벨벳 또는 모직물의 양쪽 끝을 동시에 짜는 기계였다. 양쪽이 같은 실로 이어졌다가 직조되면 그것을 둘로 끊어 내는 칼과 양쪽으로 횡단하는 장치가 있었다. 그러나 그보다 더 훌륭한 발명은 소모기(梳毛機)로, 그 간단한 내력은 다음과 같다.

일반 소모기는 포목 원료를 방적하기에 불완전할 뿐만 아니라 원료를 많이 낭비한다. 그것은 섬세한 실일수록 더욱 심해서 하일만은 더 좋은 기계를 발명하기 위해 여러 해 동안 열심히 연구에 전념했다. 종래의 기계가 이와 같이 불완전했기 때문에, 알자스의 면직물 업자들은 5,000프랑의 상금을 걸고 개량 소모기를 공모했다. 하일만은 그 상을 타기 위해 즉시 경쟁에 참가했다. 그는 돈이 탐나서 분발한 것은 아니었다. 그는 아내에게 상당한 재산이 있어서 가산이 비교적 넉넉했다. 그는 늘 이렇게 말하곤 했다.

"이 일을 하면 돈이 얼마나 생길까를 생각하면서 일하는 사람은 결코 일을 성취할 수 없다."

그에게 강한 동기를 부여한 것은 억제할 수 없는 발명가의 본능이었고, 발명가란 어떤 기계적인 문제에 부딪치면 꼭 그것을 해결해 보고자 하는 충동을 느끼게 마련이다. 그러나 이번에 그가 해결해야 할 문제는 예상했던 것보다 훨씬 어려운 일이었다. 몇 년에 걸쳐 심혈을 기울여 연구하는 동안 너무 많은 비용이 들어, 그는 아내의 재산을 모두 탕진해 버렸다. 그리하여 그는 기계도 완성하지 못한 채 빈곤에 빠지고 말았다. 그래서 발명을 위해 친구들의 도움에 의존하지 않을 수 없었다.

빈곤과 어려움 속에 허덕이는 동안, 하일만의 아내는 남편의 성공을 보지 못한 채 세상을 떠났다. 그 뒤 하일만은 영국으로 건너가, 맨체스터에 얼마 동안 머물면서 여전히 기계를 완성하는 데 노력을 기울였다. 유명한 기계 제작자인 샤프 로버트 회사에 의뢰하여 모형을 만들었으나 만족하게 돌릴 수 있는 물건이 못 되었다. 마침내 거의 절망하기 직전까지 간 그는, 프랑스의 고향으로 돌아와서도 자신의 마음을 사로잡고 있던 기계에 대한 생각만은 버리지 않았다.

그러던 어느 날, 난롯가에 앉아서 발명가들의 기구한 운명과 그것 때문에 그 가족들이 겪어야 했던 불행에 대해 곰곰이 생각하고 있던 중, 우연히 자기 딸이 손가락으로 긴 머리를 빗어 내리는 것을 보게 되었다. 이때 문득, 긴 머리는 빗어 내리고 짧은 머리는 빗을 되돌려 보낼 때 뒤로 넘기는 방법을 기계에 적용하면 어려움에서 벗어날 수 있을 거라는 생각이 떠올랐다. 왕실 미술원 회원이던 엘모어는 바로 이때의 하일만의 심경을 그림으로 그려 1862년 왕립미술전람회에 출품하기도 했다.

이 생각을 기초로, 보기에는 간단하지만 참으로 복잡하기 짝이 없는 방법을 소모기에 도입하면서 갖은 고생을 다한 끝에, 하일만은 마침내 발명품을 완성하기에 이르렀다. 실제로 이 기계가 움직이는 것을 보면, 그 운동의 절묘한 아름다움을 확인할 수 있으며, 이 발명에 아이디어를 제공한 머리 빗는 방식과 같다는 것을 분명히 알 수 있을 것이다. 사람들은 이 기계의 움직임을 가리켜, '거의 사람 손가락의 움직임과 다름없는 정교한 작품'이라고 말했다.

이 기계는 양쪽에서 면화 타래를 빗질하여 섬유를 서로 평행하게 당기면서 긴 것과 짧은 것을 구분한 뒤, 긴 섬유와 짧은 섬유를 따로따로 결합하는 것이다. 요컨대, 이 기계는 사람의 손가락처럼 섬세하고 정교하게 움직일 뿐 아니라, 거기에는 실로 미묘한 인간의 지성이 반영되어 있다. 이것으로 질이 좋지 않은 면화도 정교하게 방적할 수 있게 되었으니, 이 발명의 상업적 가치는 바로 거기에 있었다. 생산업자들은 고급 직물을 만드는 데 가장 적합한 섬유를 선택할 수 있고, 더욱 질이 좋은 직물을 더 많이 만들 수 있게 되었다. 1파운드의 면화로 334마일의 실을 만들어 낼 수 있었다 하니 그 실의 정교함을 짐작할 수 있다. 또 1실링의 면화 원료로 레이스를 만들면, 소비자의 손에 들어갈 때는 300~400파운드 비싼 값이 되었다.

영국의 방적업자들은 하일만이 완성한 이 발명품의 아름다움과 유용성을 즉각 인식하고, 랭커셔의 6개 회사가 모두 3만 파운드의 값으로 특허권을 사서 이 기계를 영국에서 쓸 수 있게 했다. 양모 방적업자들도 같은 값을 주고 이 기계를 양모방적에 사용할 수 있는 권리를 샀다. 리즈의 마셜 회사도 2만 파운드를 내고 아마(亞麻)의 방적에 이것을 쓸 권리를 얻었다. 그리하여 가난했던 하일만은 갑자기 거부가 되었으나, 그는 이 부를 그리 오래 누리지 못했다.

오랜 노력 끝에 성공의 영광을 얻자 그는 세상을 떠났고, 그와 고생을 함께 했던 아들도 곧 아버지를 뒤따라 죽고 말았다. 문명의 경이는 이와 같이 생명의 대가로 이루어진다.

3 위대한 도공들 팔리시 뵈트거 웨지우드
실패는 절반의 성공이다

    인내는 모든 덕 중에서 가장 훌륭하고 가장 가치 있는 부분이며 또한 가장 귀한 것이다. …… 그것은 모든 즐거움과 힘의 원천이다. 인내가 따르지 않으면 희망도 더 이상 행복이 될 수 없다.
존 러스킨

    25년 전까지는 이토록 빛깔이 아름다운 유약을 입힌 도기가 없었다. 진흙에 대해 아무런 지식도 없었던 내가 에나멜을 조사하고 연구하기 시작한 것은 마치 암흑 속을 더듬어 뭔가를 찾으려는 시도나 다름없었다.
베르나르 팔리시

어떤 위인의 전기에서도 끈기와 인내의 실례를 볼 수 있지만, 도기 제조의 역사에서도 그 두드러진 몇몇 예를 볼 수 있다. 그 중에서 가장 뛰어난 세 사람, 프랑스의 베르나르 팔리시, 독일의 요한 프리드리히 뵈트거, 영국의 조시아 웨지우드의 일생을 살펴보자.

루카
    진흙으로 그릇을 만드는 기술은 고대 민족들도 알고 있었으나 유약을 칠한 도기의 제조 기술은 많이 알려지지 않았다. 그러나 고대 에트루리아인들은 이 기술을 알고 토기를 만들었으니, 고고학적 유물들 속에서 아직도 그 표본을 볼 수 있다. 하지만 그 기술은 오랜 시간동안 잊혔다가 비교적 최근에 와서 다시 복원되었다.
    고대에는 에트루리아인들이 만든 기물이 매우 귀해서, 아우구스투스 시대에는 꽃병 하나의 값이 같은 무게의 금값과 맞먹었다고 한다. 일찍이 무어인들이 이 도기 기술을 보존했던 것으로 보인다. 1115년에 피사인들이 마조르카 섬을 점령하고 보니, 그곳 무어인들이 이 기술로 토기를 만들고 있었다.

피사인들이 얻은 전리품 속에 무어인들이 만든 이런 토기가 많았으며, 승전을 기념하여 그들이 피사에 있는 몇몇 성당의 벽에 붙여 놓은 것을 오늘날에도 볼 수 있다. 약 2세기가 지난 뒤, 이탈리아인들이 이를 모방해 유약을 입힌 토기를 만들기 시작했고, 거기에 마졸리카라는 이름을 붙였다. 그것은 옛날 무어인들이 토기를 빚었던 섬의 이름에서 유래한 것이다.

성공은 어떻게 단련되는가

이탈리아에서 유약을 입히는 기술을 부활시킨 사람, 즉 재발견한 사람은 플로렌스의 조각가 루카 델라 로비아였다. 이탈리아의 건축가 바사리는 이 사람을 가리켜, 낮에는 온종일 끌을 가지고 조각을 하고 밤에는 거의 대부분 그림을 그리는 데 시간을 보내는 지치지 않는 불굴의 인물이라고 소개했다. 그 중에서도 그림을 그리는 일에 어찌나 열심이었던지, 밤늦도록 그림을 그릴 때는 발이 얼지 않도록 광주리에 대팻밥을 준비하여 거기에 발을 넣고 일했다고 한다.

바사리는 이렇게 말했다.

"나는 이 사실에 대해서 조금도 놀라지 않는다. 왜냐하면 더위, 추위, 배고픔, 목마름, 그리고 기타 불편을 견뎌낼 수 있는 힘이 없는 사람은 무슨 일에서도 탁월해질 수 없기 때문이다. 안일을 일삼고 세상의 모든 향락을 누리면서도 영광스러운 자리에 오를 수 있다고 생각하는 사람들은 완전히 자기를 기만하는 것이다. 사실 사람이 편하게 잠이나 자면서 그 분야에 달인이 되어 명성을 얻기를 바랄 수는 없는 일이고, 그것은 오로지 꾸준히 각성하고 관찰하고 노력해야 이룰 수 있는 것이다."

그러나 아무리 근면하게 노력해도 루카는 조각으로는 먹고 살 만한 돈을 벌 수가 없었다. 그러자 대리석보다 구하기 쉽고 값도 싼 재료로 모형을 만드는 일을 계속할 수 없을지도 모른다는 생각이 떠올랐다. 그리하여 그는, 진흙으로 모형을 만들어 유약을 칠한 뒤 불에 구워서 모형을 더 오래 보존할 수 있게 하는 방법을 실험해 보았다. 많은 실험을 거친 뒤 그는 마침내 뜨거운 열을 가할 때 어떤 재료를 진흙에 바르면 거의 영구적인 법랑(琺瑯) 그릇이 된다는 것을 발견하고, 한걸음 더 나아가 유약에 빛깔을 더하며 더욱 아름답게 하는 방법도 궁리해 냈다.

　루카의 도기 제조의 명성이 유럽에 널리 퍼지면서, 그가 만든 도자기 작품도 널리 알려지게 되었다. 특히 그의 작품은 프랑스와 에스파냐로 많이 건너갔는데, 그곳에서는 굉장히 비싼 귀중품으로 취급받았다. 그 당시 프랑스에서 제조되는 도자기라고는 기껏해야 조잡한 갈색 단지와 작은 옹기들뿐이었다. 나중에 조금씩 개량은 되었지만 팔리시가 등장하기 전까지 계속 그런 상태에 있었다. 팔리시는 강한 인내력으로 그 극심한 난관을 헤쳐 나간 사람으로, 그 영웅적인 인내력은 다채롭고 파란만장했던 그의 생애에 낭만적인 광채를 부여하고 있다.

베르나르 팔리시

　베르나르 팔리시는 1510년경 프랑스 남부에서 태어났다. 아버지는 유리공이었던 것으로 추측되며, 그도 아버지한테서 그 일을 배우면서 성장한 것으로 짐작된다. 집안이 너무 가난하여 교육이라고는 전혀 받지 못했다. 이에 대해 팔리시는 뒷날 이런 말을 했다.

　"나에게는 누구나 볼 수 있는 하늘과 땅 외에 아무런 책도 없었다."

　팔리시는 유리에 색을 칠하는 기술을 습득한 뒤에야 그림과 읽기, 쓰기를 배울 수 있었다. 그가 18세 가량 되었을 때 유리산업이 점점 쇠퇴하자, 팔리시는 다른 일자리를 구해 볼 요량으로 보따리를 싸 집을 떠났다. 먼저 가스코니를 향해 가다가 도중에 유리업을 하는 데가 있으면 일을 도와주기도 하고 또 닥치는 대로 토지측량에도 참여했다. 그는 계속해서 프랑스 플랑드르, 남부 독일의 여러 고장을 내키는 대로 잠깐씩 체류하면서 북쪽으로 나아갔다.

　이러한 생활을 10여 년 계속하다가, 팔리시는 결혼을 계기로 유랑 생활을 끝내고 남 샤랑트 지방의 생트라는 작은 도시에 정착하여 유리에 칠을 하는 일과 토지 측량 일을 했다. 그러는 사이 세 아이가 태어나자 가장으로서 책임이 무거워지고 생활비도 많이 들었다. 그러나 아무리 애를 써도 그는 늘 가난에 쪼들렸다.

어느 날 그는 자기가 하고 있는 일과 비슷한 일인, 토기에 그림을 그리고 유약을 입히는 기술에 관심을 가지게 되었다. 유리에 칠을 하는 안정되지 못한 일보다 나은 일이라고 생각했던 것이다. 그러나 일찍이 흙을 굽는 것을 본 적이 없던 그는 이 일에 대해 전혀 아는 바가 없었다. 그래서 아무도 도와 주는 사람 없이 모든 것을 혼자서 배워야 했지만, 그래도 그는 희망에 부풀어 끝없는 참을성으로 그것을 배우는 데 모든 열성을 기울였다.

실패 속에 희망이 있다

팔리시가 새로운 도자기 제조 기술을 익혀야겠다고 결심하게 된 것은 이탈리아에서 만든 우아한 잔——아마 루카 델라 로비아가 만든 것인 듯——을 보았을 때였다.

보통 사람, 또는 심지어 팔리시의 경우라도 보통 때 같았으면 틀림없이 대단치도 않은 그런 일로 그토록 마음에 큰 변화를 일으키지는 않았을 테지만, 때마침 그는 직업을 바꿔 보겠다는 생각을 하고 있을 때였으므로, 한번 그것을 발명해 보리라는 열망에 사로잡히게 되었다. 그 잔을 보고 온몸과 마음이 흔들리는 것을 느낀 그는 그때부터 잔 위에 입히는 유약을 자기 손으로 발명하겠다는 열정의 포로가 되었다. 결혼하지 않은 몸이라면 이탈리아로 가서 그 비결을 배우겠지만, 처자를 거느리고 있는 처지여서 그들의 곁을 떠나지 못한 채, 토기를 만들고 유약을 입히는 기술을 알아내려 어둠 속을 더듬기 시작했다.

처음에는 유약의 재료를 그저 추측만 하면서 과연 그 본질이 무엇인지 알아내려고 여러 가지 실험을 했다. 무엇이든 유약이 될 만한 물질을 가루로 빻아, 보통 토기 항아리를 사다가 산산조각으로 부순 다음, 그 위에 가루를 덮어 자기가 만든 가마 속의 뜨거운 불에 넣어서 구워 보았다. 실험은 실패였고, 결과는 땔나무와 숯, 약재, 그리고 시간과 노력의 낭비뿐이었다. 여자들은, 오직 아이들 의복과 음식을 살 돈을 날려 버릴 것이 뻔한 이런 실험에 선뜻 찬성하지 않는 법이다. 팔리시의 아내도 비록 모든 면에서 남편에게 충실했지만, 더 이상 토기를 사들이는 일에는 동의할 수 없었다. 하지만 유약의 비결을 알아내고야 말겠다는 남편의 굳은 결심을 말리지는 못했다.

달이 가고 해가 바뀌어도 팔리시는 실험을 끈질기게 계속했다. 처음에 만든 가마는 실패했으므로, 이번에는 집 밖에다 가마를 다시 하나 만들었다. 그러자 나무와 약재, 항아리가 더 많이 소비되고 시간도 더 많이 걸려, 그의 집안은 극심한 가난에 직면하게 되었다. 이때의 사정을 그는 이렇게 말했다.

"도무지 목적을 이루지 못한 채 나는 슬픔과 한숨 속에서 몇 년을 허송했지요."

실험을 계속하면서 한편으로 그 전에 하던 일, 즉 유리에 칠을 하거나 초상화를 그리고, 토지 측량을 하는 따위의 일을 간간이 했으나, 거기서 나오는 수입은 형편없었다. 마침내 그는 땔나무와 숯값 때문에 도저히 자신의 가마에서는 실험을 할 수 없었다. 할 수 없이 깨진 도기를 많이 사다가 전처럼 조각조각 부수어 그 위에 화학약품을 입힌 다음, 생트에서 10여 리 떨어진 곳에 있는 기와 공장으로 실어가 그 공장의 가마에 구워 보았다. 다 구워진 조각을 꺼내 보니 기가 막히게도 모든 실험은 실패였다. 그는 실망했지만 여전히 포기하지는 않고, 그 자리에서 모든 것을 처음부터 다시 시작해 볼 결심을 했다.

어떤 고난도 정복하라

토지 측량을 하다 보니 때때로 실험에서 손을 놓을 때도 있었다. 지방 행정령에 따라 땅세를 매길 자료를 얻기 위해 생트 지방 부근에 있는 바닷물이 드나드는 소택지를 측량할 필요가 있었다. 그때 마침 팔리시는 그것을 측량하고 필요한 지도를 만드는 일에 고용되었다. 그 일에 종사하는 얼마 동안은 분명히 벌이도 좋았으나, 그는 그 일이 끝나자마자 다시 힘을 내어 자기가 하던 유약 연구를 계속했다. 이번에는 약 30개의 새 토기 항아리를 부수어 그 위에 자기가 혼합한 여러 종류의 재료를 입혀서 이웃 유리공장의 가마에 구워 보았다.

유리공장 가마의 열이 좋아서 자기가 만든 혼합 물질이 어느 정도 녹았기 때문에, 이번에는 희미하나마 약간의 희망이 보이는 것 같았다. 그러나 하얀 유약을 만들어 보려고 아무리 애를 쓰고 노력해도 도무지 안 되었다. 2년 동안 아무런 성과도 없이 실험만 하다 보니, 소택지 측량에서 번 돈을 거의 다 써버려 그는 다시 가난에 빠지게 되었다.

그러나 그는 마지막으로 큰 용기를 내어, 이번에는 더 많은 항아리를 부수어 실험을 했다. 300여 개의 도자기 조각에 자기가 만든 혼합물을 입혀 유리 공장으로 가지고 갔다. 그리고 자기가 직접 구운 결과를 지켜보며 몇 시간이 지난 뒤 가마를 열어 보았다. 300여 개의 도자기 조각 중 하나에 입힌 혼합물이 녹은 것을 보고 급히 꺼내어 식혔더니, 그것이 하얗게 굳으면서 반들반들 윤이 나는 것이 아닌가! 도자기 조각 표면에, 팔리시의 말을 빌리면 '비상하게 아름다운' 하얀 빛깔의 유약이 입혀진 것이었다.

하기는 그토록 고생을 했으니 아름답게 보일 수밖에 없었을 것이다. 팔리시는 그것을 손에 들고 그의 말마따나 완전히 새로 태어난 기분으로 아내가 있는 집으로 달려갔다.

그러나 그것으로 성공의 영광을 얻은 것은 아니었고 그 길은 아직도 멀었으니, 굳은 결심과 노력을 통해 얻은 이 조그마한 성공은 다만 앞으로 계속될 그의 실험과 실패로의 유혹에 지나지 않았다.

이제는 성공의 문 앞까지 다가간 것이라고 믿은 그는 발명을 완성하기 위해, 혼자서 은밀히 작업을 계속할 생각으로 자기 집 근처에 가마를 짓기로 결심했다. 이리하여 벽돌 공장에서 벽돌을 짊어지고 와 자기 손으로 가마를 짓기 시작했다. 벽돌 쌓는 일과 그 밖의 모든 일을 혼자 하는 가운데, 7, 8개월이 지난 뒤 마침내 가마가 완성되어 사용할 수 있게 되었다. 그런 한편, 팔리시는 진흙 그릇을 많이 만들어 유약을 입힐 수 있게 해 놓았다. 초벌구이를 끝낸 후 그 위에 유약 혼합물을 입히고 다시 가마에 넣는, 가장 결정적인 실험을 했다.

가산은 거의 다 써 버렸지만, 팔리시는 그동안 최종 실험을 위해 땔감은 많이 준비해 두었기 때문에 그만하면 충분할 거라고 생각했다. 마침내 가마에 불을 붙여 작업을 계속하면서, 그는 온종일 가마 앞에 앉아 연료가 타는 것을 지켜보았다. 밤에도 이 일을 계속했으나 유약은 녹지 않았다.

어느새 해가 떠서 아침이 되자, 간간이 땔감을 넣으면서 가마 앞을 떠날 줄 모르는 남편에게 그의 아내가 초라한 아침식사를 가져왔다. 그 다음날이 지나도 결과는 없었고, 또 하룻밤이 지나갔다. 얼굴은 창백하고 눈은 쑥 들어

가고 수염이 텁수룩해진 팔리시는, 마음의 동요는 있었지만 여전히 가마 앞에 앉아 끈기 있게 유약이 녹기를 기다렸다. 사흘째 낮과 밤이 지나고 나흘, 닷새, 그리고 엿새째 낮과 밤도 그렇게 흘러갔다. 불굴의 사나이 팔리시는 엿새 밤낮동안 좌절감과 맞서 싸우면서 심혈을 기울였지만, 그래도 유약은 용해되지 않았다.

이때 그의 머릿속에 '에나멜 재료에 뭔가 결함이 있는지도 모른다. 아마 용매제에 뭔가 모자라는 것이 있을 거야'라는 생각이 떠올랐다. 그리하여 그는 새로운 실험을 하기 위해 새 재료를 빻아 혼합하기 시작했다. 그렇게 2, 3주일이 더 지나갔다. 그러나 어떻게 항아리를 더 사들일 수 있단 말인가? 처음에 자기 손으로 만든 항아리는 너무 오래 구워서 실험에 쓸 수가 없었다. 돈도 다 떨어졌고, 그의 아내와 이웃 사람들은 소용없는 실험에 가산을 어리석게 낭비한다고 생각했다. 그런데 다행스럽게도 그의 선량한 인품 덕분에 남의 돈을 꾸어 쓸 수 있었다. 한 친구로부터 용케 돈을 꾸어서 더 많은 땔감과 항아리를 사들일 수 있었던 것이다. 그는 항아리에다 새 혼합약을 입히고 가마에 불을 피웠다. 이것은 마지막 실험이자 성패를 가름하는 실험이었다.

불이 활활 타오르면서 고열이 나기 시작했으나 그래도 유약은 녹지 않았다. 그러고 보니 어느새 땔감이 떨어져 가고 있었다. 어떻게 불을 계속 땔 것인가? 마침 정원에 나무 울타리가 있어서 그는 그것을 때기로 했다. 실험을 못 하느니 차라리 울타리가 없는 게 나았다. 정원의 울타리를 뜯어내 가마에 던져 넣었으나 허사였다. 유약은 아직도 녹지 않고 있었다. 10분만 열이 더 지속되면 되는데…… 무슨 수를 써서라도 땔감을 구해야만 했다. 집안에는 식탁과 선반이 남아 있었다.

집안에서 와지끈 하며 뭐가 부서지는 소리가 나자, 팔리시가 미쳐 버린 줄 알고 아내와 아이들이 비명을 질렀다. 그는 식탁을 부수어 가마에 던져 넣었다. 유약은 그래도 녹지 않았다. 이제 남은 것은 선반이었다. 다시 한 번 집안에서 나무를 부수는 소리가 나고, 이번에는 선반이 가마 속에 들어갔다. 아내와 아이들은 집안에서 뛰쳐나와 미친 듯이 거리를 뛰어다니면서, 가엾은 팔리시가 이젠 아주 미쳐 버려서 가구까지 부수어 땔감으로 쓴다고 소리쳤다.

절망은 없다

　꼬박 한 달 동안 그는 옷도 벗지 못한 채, 과로와 노심초사 그리고 쉬지 않고 가마를 지켜보는 긴장과 영양 부족으로 완전히 기진맥진한 상태였다. 게다가 빚 때문에 거의 파산할 지경이었다.

　그러나 그는 마침내 그 비결을 알아냈으니, 그 마지막 큰 불길이 유약을 녹인 것이다. 열이 다 식었을 때 그 갈색 보통 단지를 가마에서 꺼내어 들고 보니, 반짝반짝 윤이 나는 하얀 유약이 덮여 있지 않은가! 오직 이것 때문에 그는 갖은 비난과 모욕과 비웃음을 다 받아왔다. 자기가 발명한 것을 실천에 옮길 이 순간을 기다려 왔던 것이다.

　다음으로 팔리시는 도공 한 사람을 고용하여 자신의 방법대로 토기를 만들게 했다. 또 자기가 직접 진흙으로 커다란 메달을 만들어 그 위에 유약을 입혀 보려고 했다. 그러나 이 도기를 완성하여 그것이 판매될 때까지 어떻게 살림을 꾸려 갈 것인가? 다행히 아직도 팔리시의 성실성을 믿어 주는——그의 판단력까지 믿는 것은 아니지만——생트의 어느 여인숙 주인이 있어서, 팔리시가 일을 계속한 6개월 동안 숙식을 제공해 주었다. 그러나 팔리시는 고용한 도공에게 약속한 임금을 줄 수가 없었다. 집도 다 없앤 지금 남은 것이라곤 옷가지밖에 없었다. 그래서 그는 임금의 일부로 그에게 자기의 옷을 몇 벌 주었다.

　그 다음 팔리시는 개량 가마를 만들었으나 운 나쁘게도 그 내부를 부싯돌로 마감했기 때문에 열이 가해지자 돌이 갈라지고 터져서 그 조각이 떨어져 내려 도자기에 부착되고 말았다. 유약은 잘 녹았지만 제품이 모두 손상되어 6개월의 수고가 헛되이 돌아간 것이다. 조금 흠이 있기는 했지만 사람들은 그를 돕기 위해 싼 값에 이 물건들을 사려고 했다. 그러나 팔리시는 자기의 명예가 훼손되는 일이라 하여 팔지 않고 모두 산산조각내고 말았다.

　팔리시는 이때의 상황을 다음과 같이 말했다.

　"하지만 나는 여전히 희망을 버리지 않고 기운을 냈다. 때때로 누가 찾아오면 나는 무척 괴로웠지만 겉으로는 즐겁게 대해주었다. ……가장 견디기 어려웠던 것은 집안 사람들의 조소와 냉대였다. 그들에게는 동전 한 푼도 없었고, 내가 성공하기만을 기다리고 있었다. 여러 해 동안 나의 가마에는 덮

개도 없었고 아무런 보호물도 없었다. 그래서 나는 비바람을 맞으며 한밤중에 일했고, 고양이 울음 소리와 개 짖는 소리 외에는 아무도 나를 도와 주고 격려해 주지 않았다. 이따금 비바람이 심하게 몰아치면, 나는 어쩔 수 없이 가마 앞을 떠나 집 안으로 피해야 했다. 온몸이 비에 흠뻑 젖어 진흙투성이가 된 채, 밤중이나 새벽에 등불도 없이 집 안으로 들어갈 때면 꼭 술에 취한 사람처럼 더듬거리고 비틀거렸다. 그러나 실은 밤새도록 화덕을 지켜보느라 피곤하기도 했고, 그토록 오랫동안 애를 쓰고도 아무런 성과가 없어서 슬프기도 했다. 집 안에 들어가도 그곳은 내가 편히 쉴 수 있는 곳이 못 되었다. 온통 비에 젖은 초라한 나를 기다리고 있는 것은 오직 전보다 더 심한 구박이었기 때문이다. 그토록 비참한 꼴을 당하면서도 그것을 용케도 견디낸 것이 오히려 이상할 정도다."

그즈음 팔리시는 완전히 우울감에 빠져 거의 좌절한 것처럼 보였다. 남루한 옷을 걸치고 해골 같은 모습으로 수심에 싸여 생트 근교의 들판을 방황하며 다녔다.

그는 자서전 중 한 구절 속에서, 그때 장딴지가 너무 야위어 길을 걸으면 양말이 자꾸 흘러내리는 통에 아무리 대님을 매도 소용이 없었다고 묘사했다. 그의 가족은 계속 그의 무모함을 원망했고, 동네 사람들은 어리석은 고집쟁이라고 욕했다. 그래서 그는 전에 하던 직업으로 다시 돌아가 약 1년 동안 열심히 일한 결과, 집안 식구들을 먹여 살릴 양식도 사들이고 동네 사람들 사이에서도 조금이나마 위신을 회복했다.

얼마 뒤 그는 또다시 대담한 실험을 시작했다. 유약 연구에 바친 세월이 벌써 10년이건만, 그는 그 발명을 완성하기 위해 다시 8년 동안 심혈을 기울인 실험을 반복해야만 했다. 그는 차츰 묘법을 터득하면서, 많은 실패에서 얻은 실제적인 지식을 모아 실험을 통해 얻은 결과의 확실성을 확인했다. 모든 실패가 그에게는 새로운 교훈이었으니, 그는 실패를 통해 유약과 진흙의 성질을 알게 되었고, 가마의 건조와 관리에 대해 새로운 것을 배웠다.

오직 최고를 추구하다

약 16년 동안 고생하고 노력한 뒤, 팔리시는 마침내 자신감을 얻어 도공을 직업으로 삼게 되었다. 그 16년 동안 그는 도기 제조술의 견습생 노릇을 하면서, 아무도 가르쳐 주는 사람 없이 첫걸음부터 혼자 배웠던 것이다. 이제 그는 자기가 만든 도기를 판매할 수 있게 되었고, 따라서 가족들을 편안하게 부양할 수 있었다.

그러나 그는 거기에서 만족하지 않고, 언제나 한 걸음 더 나아가 인간으로서 할 수 있는 최고와 완벽을 목표로 했다. 도기에 아름다운 무늬를 넣으려고 동식물을 연구했고, 그 연구가 어찌나 훌륭했던지 위대한 박물학자 뷔퐁도 그를 가리켜 '자연만이 만들어 낼 수 있는 위대한 박물학자'라고 격찬했다. 그가 무늬를 넣어 만든 도자기는 이제 소중한 희귀품으로서 미술품 애호가들이 장식장에 넣어 두고 아끼는 것이 되었고 엄청난 값에 거래되었다. 무늬와 장식은 흔히 생트 주변의 자연에서 볼 수 있는 들짐승과 도마뱀, 그리고 식물에서 정확하게 본뜬 것이고, 그것을 접시나 꽃병에 교묘하게 배치해 넣은 것이었다. 팔리시의 기술이 최고조에 달했을 때, 그는 자기 자신을 '자연과 풍경의 도공이자 발명가'라고 일컬었다.

그러나 팔리시의 고생은 아직 끝난 것이 아니었다. 프랑스 남부 지방에서 심한 종교박해가 일어났을 때, 신교도인 그는 아무런 두려움 없이 자신의 견해를 털어 놓았다가 위험한 이단자로 낙인찍혔다. 그를 시기하는 자들이 당국에 고발하는 바람에 생트의 그의 집은 경찰의 수색을 받고, 폭도들이 작업장으로 몰려와 도자기를 모두 때려 부수었으며, 그는 밤중에 보르도의 지하 감옥으로 끌려가 화형을 당하거나 교수대에 서야 할 처지가 되었다.

화형을 선고받은 그를 구해준 것은, 당시 세력을 떨치고 있던 몽모랑시 원수였다. 그것은 그가 팔리시나 팔리시의 신앙을 특별히 존중해서가 아니라, 파리에서 약 50리 떨어진 에켕에 건축 중인 자신의 웅장한 저택의 포장석에 에나멜 처리를 해줄 수 있는 사람이 팔리시밖에 없었기 때문이었다. 원수의 힘으로 그는 '국왕과 원수를 위한 자연과 풍경 도자기의 발명가'로 임명되었고, 그에 따라 보르도 지하 감옥에서 풀려나게 되었다. 그리하여 생트에 있는 집에 돌아가 보니, 집은 파괴되어 폐허가 되어 있었고 작업장은 지붕이 사라져 버려 하늘이 보였으며, 만들어 놓은 도자기는 모두 깨져 있었다. 처량한 생각이 든 그는 생트를 영영 떠나기로 결심하고, 파리로 가 튀를리에 머물면서 원수와 황태후가 내린 임무를 수행했다.

만년에 팔리시는 두 아들을 데리고 도자기 제조를 계속하는 한편, 도자기 제조 기술에 대해 몇 권의 책을 출판했다. 그것은 자기가 거쳐야 했던 수많은 실수를 되풀이하지 않도록 후세 사람들에게 올바른 방법을 가르쳐 주기 위해서였다.

그는 또 농업과 축성술, 그리고 박물학에 대한 책도 써냈으며, 박물학에 대해서는 사람들을 모아 놓고 강연을 하기도 했다. 그는 점성술, 연금술, 미신, 그리고 이와 비슷한 협잡술에 대해 정면으로 공격을 가한 까닭에 많은 적을 만들었고, 그들이 그를 이단자로 몰아 또다시 신앙 때문에 바스티유 감옥에 들어가게 되었다.

이미 78세의 나이로 앞날이 얼마 남지 않았지만 그의 정신은 여전히 뜨겁게 살아 있었다. 그가 한 말을 철회하지 않으면 사형에 처하겠다고 해도, 그는 지난날 온갖 역경 속에서도 꿋꿋이 유약의 비결을 포기하지 않은 것처럼 자신의 소신을 굽히지 않았다.

심지어 국왕 헨리8세가 친히 감옥까지 왕림하여 그에게 생각을 바꾸라고 다음과 같이 권유했다.

"선량한 짐의 신하여, 그대는 짐의 모후와 짐을 위해 45년 동안이나 수고해 왔다. 우리는 그대가 화염과 살육 속에서 그대의 신앙을 고집하는 것을 용납했다. 그러나 이제는 백성들의 간청이 성화와 같아서, 그대가 신앙을 바꾸지 않으면 어쩔 수 없이 그대를 그대의 적들의 수중에 맡길 수밖에 없고 내일 화형에 처할 수밖에 없노라."

그러자 그 불굴의 노인은 이렇게 대답했다.

"저는 하느님의 영광을 위해 기꺼이 한 목숨을 바칠 준비가 되어 있습니다. 폐하께서는 여러 번 저를 가엾이 여긴다고 말씀하셨습니다. 그러나 이젠 '백성들의 간청으로 '어쩔 수 없이'라고 말씀하시는 폐하를 제가 가엾게 여길 수밖에 없습니다. 그것은 왕으로서 하실 말씀이 아니옵니다. 백성들은 폐하께 그런 말씀을 하시도록 강요할 수 있을지 모르지만 저에게는 결코 강요할 수 없을 겁니다. 저는 죽음의 도리를 알고 있으니까요."

과연 팔리시는 얼마 뒤, 비록 화형은 아니지만 순교자로서 세상을 떠났다. 그는 약 1년 동안 혹독한 감옥 생활을 한 뒤 바스티유 지하 감옥에서 숨을 거두었다. 영웅적인 노력과 비범한 인내, 정직한 성품, 그리고 다른 수많은 고귀한 덕성으로 인해 탁월한 생애를 평화롭게 마친 것이다.

뵈트거

경질 자기의 발명가 존 프리드리히 뵈트거의 생애는 팔리시의 생애와 크게 다르지만, 비범하고 드라마틱한 점에서는 같다고 할 수 있다. 뵈트거는 1685년에 포호틀란트의 슈라이츠에서 태어나, 열두 살 때 베를린의 한 약재상에 견습생으로 들어갔다.

어린 시절부터 화학을 좋아하여 여가만 있으면 실험을 한 것으로 보인다. 그의 실험은 거의 한 가지 방향으로 흘렀다. 그것은 보통 금속을 황금으로 바꾸는 연금술이었다. 몇 년이 지난 뒤, 뵈트거는 보통의 금속을 황금으로 바꾸는 절대적인 비법을 발견했다고 거짓으로 공언했다. 그리고 약재상 주인 죄른과 그 밖의 몇몇 사람들 앞에서 속임수를 써서 실제로 구리가 황금으로 바뀐 것으로 믿게 만들었다.

약재상의 조수가 놀라운 비결을 발견했다는 소문이 파다하게 퍼지자, 황금을 만들어 내는 신기한 젊은이를 보려고 약재상 문 앞에 사람들이 모여들었다. 국왕까지 친히 젊은이를 만나보고 얘기를 해보고 싶다는 뜻을 표시했다. 프리드리히 1세는 구리로 만들었다는 황금을 받아 보자——그 당시 프로이센의 재정이 몹시 궁색했던 터라——황금을 얼마든지 만들어낼 수 있다는 생각에 사로잡혀, 뵈트거를 불러들여 견고한 요새에서 살면서 금을 만들게 하였다.

그러나 약재상의 이 젊은 조수는 국왕에게 사기라는 것이 들통날까 봐 두려워 달아나기로 결심하고 국경을 넘어 색스니로 들어갔다.

뵈트거를 체포하는 자에게는 1,000탈러(독일의 옛 은화로 1탈러는 약 3마르크)를 주겠다는 현상금까지 걸었으나 소용이 없었다. 뵈트거는 비텐베르크에 도착하여 '강자'라는 별명이 붙은 색스니의 선거후(選擧侯) 프리드리히 아우구스투스(즉 폴란드 왕)에게 보호를 간청했다. 프리드리히도 이때 재정이 궁하여 돈이 필요했으므로, 젊은 연금술사를 시켜 황금을 많이 만들 수 있다는 생각에 어지간히 정신을 빼앗기고 있었다. 이리하여 뵈트거는 친위병의 호위를 받으며 은밀히 드레스덴으로 호송되었다. 그가 비텐베르크를 떠나기가 무섭게 프로이센의 3개 보병 대대가 성문 앞에 당도하여 황금술사를 내놓으라고 요구했으나 때는 너무 늦은 뒤였다. 비록 엄중한 감시 속이기는 하지만, 뵈트거는 이미 드레스덴에 도착하여 황금궁에서 극진한 대접을 받고 있었기 때문이다.

하늘이 무너져도 솟아날 구멍은 있다

그러나 프리드리히는 거의 무정부 상태에 이른 폴란드로 떠나지 않으면 안 되었고, 뵈트거를 당분간 그곳에 둘 수밖에 없었다. 하지만 그는 속히 황금을 만들어 내고 싶어서 바르샤바에서 뵈트거에게 친서를 보내, 그 자신이 직접 황금을 만들 수 있도록 연금술의 비법을 알려 달라고 독촉했다. 이와 같은 독촉을 받은 젊은 연금술사는 프리드리히에게 불그스름한 약물이 든 작은 병 하나를 보내면서, 그것을 쓰면 모든 금속을 용해 상태에서 황금으로 만들 수 있노라고 장담했다.

퓌르스텐베르크의 퓌르스트 공작이 이 중요한 약병을 맡아 1개 연대의 호위를 받으며 부랴부랴 바르샤바로 가져갔다. 도착하자마자 즉시 그 약물을 실험하기로 했다. 왕과 공작은 궁성 안의 밀실로 들어가 가죽 앞치마를 두르고 마치 연금술사처럼 실험을 시작했다. 도가니에 구리를 넣어 녹인 다음 뵈트거가 보낸 불그스름한 약물을 타 보았으나, 결과는 만족스럽지 않았다. 그들은 할 수 있는 모든 것을 다 해보았으나 구리는 전혀 변하지 않고 그대로 있었다.

뵈트거에게 문의해 보니 이에 성공하려면 '지성을 들여서' 약물을 써야 한다는 회답이 왔다. 왕은 간밤에 불량스러운 자들과 어울렸던 탓에 실패했다고 생각했다. 다시 한번 실험을 했으나 결과는 마찬가지였다. 왕은 몹시 노했다. 이번에는 실험을 하기 전에 틀림없이 고해성사도 하고 참회도 했기 때문이었다.

프리드리히 아우구스투스는 궁색한 재정을 타개할 수 있는 방법은 오로지 뵈트거를 닥달하여 연금술의 비결을 알아내는 수밖에 없다고 생각했다. 그러자 연금술사는 왕의 의도를 알아차리고 또다시 달아나기로 결심했다. 경비병의 눈을 피해 용케 빠져나온 뒤 사흘 동안 헤맨 끝에 오스트리아의 엔스에 도착하였다. 이제 여기서는 안전할 것이라고 생각했다. 그러나 그의 뒤를 밟은 선거후의 부하들이 거처를 알아내어 그 집을 포위하고 잠자리에 든 그를 붙잡았다. 그는 완강히 반항하며 한편으로 오스트리아 관헌에게 구조를 청하려 했지만, 결국 강제로 드레스덴으로 끌려가고 말았다. 이때부터 그는 더욱 엄중한 감시 속에서 쾨닝스테인 요새로 압송되었다. 그리고 국고가 바닥이 나서 폴란

아우구스투스

드 10개 사단 장병들이 봉급을 받지 못하고 있다는 딱한 사정을 듣게 되었다. 국왕이 친히 왕림하여 당장에 황금을 만들어 내지 않으면 교수형에 처하겠다고 으름장을 놓았다.

몇 년이 흘렀으나 뵈트거는 여전히 황금을 만들지 못했다. 하지만 그는 교수형을 당하지는 않았다. 구리를 황금으로 만드는 것보다 더 중요한 일, 즉 진흙으로 자기를 만드는 일이 아직 남아 있었기 때문이었다. 당시에는 포르투갈 사람들이 중국에서 들여온 극소수의 도자기가 같은 무게의 금값에 팔리고 있었다. 뵈트거는 처음에 취른하우스 때문에 그 문제에 관심을 갖게 되었는데, 취른하우스는 안경과 안경 부속품 제작자이자 연금술사로, 교양과 덕망이 높아 선거후와 퓌르스트 공작의 후한 대접을 받고 있었다. 그는 교수형을 당할까 두려워하고 있는 뵈트거에게 이런 고마운 충고를 해주었다.

"황금이 안 되거든 다른 일을 해 보게. 자기를 한번 만들어 보는 게 어떻겠나?"

연금술사는 이 조언을 받아들여 밤낮으로 열심히 실험을 해 보았다. 오랫동안 연구하고 실험했으나 아무런 성과도 얻지 못했다. 그러던 어느 날 도가니를 만들려고 붉은 진흙을 구해 왔는데, 그것으로 인하여 그는 성공의 길로 들어서게 된다. 그 진흙에 고열을 가하니 원형을 유지한 채 유리처럼 되어, 빛깔과 투명도만 다를 뿐 표면 구조는 도자기와 똑같았다. 이렇게 해서 그는 사실상 우연히 붉은 도자기의 제조법을 발견하여, 그것을 계속 자기라고 하

며 판매했다.

기회를 놓치지 않는다

그러나 뵈트거는 진짜 자기는 빛깔이 순백이어야 한다는 것을 알고 있었다. 그리하여 그는 그 비결을 알아내려는 희망을 품고 실험을 계속했다. 몇 년이 지나도 아무런 성과가 없더니, 또다시 우연한 일이 일어나 백색 자기를 만드는 기술을 알게 되었다. 1707년의 어느 날, 그는 자신의 가발이 평소보다 더 무겁게 느껴져 시종에게 그 까닭을 물어 보았다. 그랬더니, 가발을 다듬는 데 사용하는 하얀 가루 때문에 무거운 것이며, 모발분으로 쓰는 이 가루는 일종의 흙으로 만든 것이라고 대답하는 것이었다. 이때 뵈트거의 머리에 한 가지 생각이 번개처럼 떠올랐다. 이 하얀 흙가루가 바로 내가 찾고 있던 물질인지도 모른다! 그는 즉시 실험을 하여 이 물질의 성분을 조사했다. 마침내 근면과 관찰의 보답이 있었다. 실험을 한 결과 그 모발분의 주성분이 '카올린(고령토)'이라는 것을 알아냈는데, 그때까지 오랫동안 고심한 것은 바로 이것을 찾지 못했기 때문이었던 것이다. 뵈트거의 총명한 재주가 이 같은 큰 성과를 가져왔으니, 그것은 구리를 금으로 바꾸는 약물을 발견하는 것보다 훨씬 더 중요한 가치가 있었다.

1707년 7월, 그는 자신이 제일 처음 만든 자기를 선거후에게 선사했다. 선거후는 몹시 기뻐하면서 뵈트거에게 발명을 완성하는 데 필요한 자재를 아낌없이 하사하기로 약속했다. 그는 델프트에서 숙련공 한 사람을 데려와 성공리에 백자를 만들기 시작했다. 이제는 연금술은 완전히 잊어버리고 도공이 되어, 작업장 문 앞에 다음과 같은 문구를 새겨 놓았다.

전능하신 하느님, 위대하신 창조주께서 연금술사를 도공으로 만드셨노라.

그러나 뵈트거는 전보다 더 엄한 감시를 받았으니, 그 까닭은 혹시나 그가 비결을 누설하거나 도주할까 염려해서였다. 그를 위해 선거후가 지어준 작업장과 가마 주변에는 밤낮으로 감시병이 서 있었고, 6명의 장교가 이 도공의 안전을 책임졌다. 새로운 가마를 써서 실험한 것이 대성공을 거두고, 그가 빚은 도자기가 엄청난 값에 팔리기 시작하자, 왕립도자기제작소를 세우기로 했다. 델프트 자기(네덜란드의 델프트라는 곳에서 만든 오지 그릇)로 말미암아 네덜란드는 퍽 부유한 나라가 되었다고 하는데, 선거후도 자기를 만들어 부유해질 수 있을 거라고 생각했다. 그리하여 1710년 1월 23일자로 칙령을 내려, 마이센의 알브레히트부르크에 대규모 도자기 제작소를 세우게 하였다. 이 칙령을 라틴어, 프랑스어, 네덜란드어로 번역하여 유럽 각국에 주재하고 있는 대사를 통해 각국에 배부하니, 그 내용은 다음과 같았다.

"스웨덴 사람들의 침입으로 많은 수난을 겪은 바 있는 색스니의 복지를 증진하기 위해, 짐이 실험을 해본 결과 모발분의 주성분인 '카올린'을 밝혀냈으니, 여태까지 짐이 오랫동안 고심해온 것이 바로 이것을 찾지 못했기 때문이었다. 인도의 도자기와 다름없이 반짝반짝 윤이 나는 백자의 견본을 이미 만들었으며, 곧 이런 좋은 제품을 다량으로 생산하려 하노라."

그리고 마지막에, 외국의 미술가와 공예인들이 이 공장에 와서 일을 도와주면 국왕의 보호 아래 많은 보수를 받게 될 것이니 많이 와 달라는 말을 덧붙였다. 이 칙령의 내용을 보면 뵈트거의 발명이 그 당시 어떤 평가를 받았는지 잘 알 수 있다. 독일의 출판물에 따르면, 선거후와 색스니에 공헌한 공로로 그들이 뵈트거를 왕립도자기제작소의 소장으로 임명하고, 나중에는 남작의 작위까지 내렸다고 한다.

틀림없이 그는 이러한 명예를 얻을 만한 공헌을 했지만, 실제로는 그것과는 완전히 반대되는 대우를 받았으니, 그가 받은 대우는 잔인하고도 비인간적인 것이었다. 마디우와 네미츠라 하는 두 궁정 관리가 그보다 윗자리에 앉아 실권을 쥔 채 소장 노릇을 했으며, 그는 고작 왕의 포로로서 도자기 제작의 감독관에 지나지 않았다. 마이센에 공장을 세울 때도 뵈트거의 역할이 중요했는데도, 그는 군인들의 감시를 받으며 작업장과 드레스덴 사이를 왕래해야 했고, 하루가 끝나 밤이 되면 밀실에 감금되었다. 이러한 대우를 몹시 불쾌히 여긴 뵈트거는 여러 번 왕에게 탄원서를 보내 관대한 처우를 간청했다. 그 탄원서에는 다음과 같은 감동적인 말이 들어 있었다.

"저는 도자기 제작을 위해 저의 모든 열정을 바치겠나이다."

또 어떤 서신에는 이런 말도 있었다.

"그 어떤 발명가보다 더 많은 일을 하겠사오니, 대신 저에게는 오직 자유, 자유만을 주옵소서!"

왕은 이 호소에 귀를 기울이지 않았다. 금전을 주고 호의를 베푸는 데에는 인색하지 않았으나 자유만은 허락하지 않았다. 왕은 뵈트거를 노예로 취급했던 것이다. 이렇게 박해를 받으면서 몇 년 동안 일하던 뵈트거는 점점 일을 게을리하게 되었다. 세상과 자신이 싫어져서 술을 마시기 시작한 것이다. 윗물이 흐리면 아랫물도 흐려지게 마련, 뵈트거가 좋지 않은 습관에 빠지자 마이센 공장의 대부분의 도공들도 주정뱅이가 되고 말았다. 매일같이 술을 마시고 자기네들끼리 치고받고 싸움질을 했으므로 번번이 군대를 동원하여 진압해야만 했다. 얼마 뒤 300여 명이나 되는 도공들을 모두 알브레히트부르크에 가두어 국사범 죄수로 다루게 되었다.

중병에 걸린 뵈트거는 1713년 5월이 되자 임종은 시간문제인 듯했다. 왕은 소중한 노예를 잃을까 두려워하여 그제야 감시병의 호위 아래에 마차를 타고 외출하는 것을 허락했다. 다소 건강이 회복되자 그는 이따금 드레스덴에도 갈 수 있었다. 1714년 4월에 왕이 내린 친서로 뵈트거는 완전한 자유를 얻게 되었다. 그러나 때는 이미 늦어 버렸다. 고된 일과 음주로 말미암아 심신이 피폐해질 대로 피폐해진 것이다. 이따금 고상한 의지의 빛이 번뜩이기도 했지만 오랜 감금생활과 질병으로 신음하면서 몇 년을 더 살다가, 1719년 3월 13일 35세의 나이로 세상을 떠나 고통에서 영원히 해방되었다. 마치 죽은 개가 버려지듯, 그는 밤중에 마이센의 공동묘지에 묻혔다. 색스니의 가장 큰 은인이 이러한 대우 속에 가련한 최후를 마친 것이다.

도자기 제작에서 나오는 수입은 국고의 가장 큰 원천이 되었으며, 색스니의 선거후가 이것으로 큰 재미를 보자, 유럽의 여러 군주들이 곧 이를 모방했다. 뵈르거의 발명이 있기 14년 전에 세인트클라우드에서 이미 연질자기가 제조되었지만, 이보다는 경질자기의 우수성이 널리 인정을 받게 되었다.

이 연질자기는 1770년 세브르에서 제작되기 시작했지만, 그 뒤에는 거의 모습이 사라지게 되었다. 오늘날 경질자기는 프랑스의 산업에서 가장 번성하는 분야가 되었으며, 그 품질이 널리 알려져 있다.

웨지우드

웨지우드

영국의 도공 조시아 웨지우드의 일생은 팔리시나 뵈트거의 일생보다 순탄하고 행복했으니, 이는 그가 더 좋은 시절에 태어난 덕분이었다. 18세기 중엽에 이르기까지 영국은 기술공업 분야에서 유럽의 다른 나라들보다 뒤떨어져 있었다. 스태포드셔에 많은 도공들이 있었지만——웨지우드도 이 지방 도공에 속한다——그들의 제품은 대부분 극히 질이 떨어지는 보통의 갈색 토기로, 무늬도 진흙이 마르기 전에 대충 새겨 넣은 것이었다. 그보다 질이 좋은 토기는 주로 네덜란드의 델프트에서 들여왔고, 자기 잔은 쾰른에서 들여왔다. 뉘른베르크에서 온 에일러스리 형제가 잠시 스태포드셔에 머물며 개량된 제조 기술을 전했으나, 이들은 곧 첼시로 옮겨 주로 무늬를 장식한 제품만 만들었다. 당시 영국에서 만든 도자기는 모두 뾰족한 것으로 긁으면 긁혀지는 것뿐이었다. 또 스태포드셔에서 제조되는 소위 백자라는 것도 빛깔이 순백이 아니라 거무스름한 유백색이었으며, 오랫동안 이러한 미숙한 기술 수준에서 벗어나지 못하고 있었다.

조시아 웨지우드가 1730년 버즐렘에서 태어났을 때, 도자기 제조 상황은 한마디로 이런 실정이었다. 그러나 64년 뒤 그가 세상을 떠날 때는 이런 상황이 완전히 달라졌다. 그는 정력과 기술, 그리고 천재로서 이 분야의 산업을 새롭고도 견고한 기초 위에 세워 놓았으니, 그의 비문에 적혀 있는 것처럼 '조잡하고 보잘것없는 제품을 우아한 기술로 향상시켜 중요한 국가 산업의 하나로 발전시킨' 것이다.

오직 최고만을 꿈꾸라

조시아 웨지우드는 평민 계급에서 출생하여 열정적으로 일하면서 사람들

글래드스턴

에게 근면한 정신을 가르쳐 주었다. 뿐만 아니라 근면과 인내의 모범으로 모든 방면에서 일반 대중에게 큰 영향을 끼치며 국민의 기질을 형성하는 데 기여한, 불굴의 훌륭한 사람들 가운데 한 사람이었다.

아크라이트처럼 그는 13명의 형제 중 막내였다. 그의 조부와 증조부, 아버지 모두 도공이었는데, 아버지는 20파운드의 유산을 남기고 그가 어렸을 때 세상을 떠났다. 마을 학교에서 글을 배우다가 아버지가 사망하자 학교를 그만두고 형이 하는 조그마한 도기 제조공장에서 돌림판을 돌리는 일을 하게 된 것이 그의 생애, 즉 일하는 생애의 첫출발이었다. 그의 말을 빌리면, 겨우 11세 때 '인생 사다리의 맨 아래 계단'에 발을 디딘 것이다. 그 뒤 얼마 지나지 않아 악성 천연두에 걸렸는데 그 후유증은 평생 그를 괴롭혔다. 후유증 때문에 몇 년 뒤 다리를 절단하고야 말았던 것이다.

글래드스턴은 버즐렘에서 한 웨지우드 추도 연설에서, 그가 뒷날 위업을 이룬 것은 아마도 병과 고통 때문이었을 것이라고 말했다. 정말 맞는 말이었다.

"그는 병 때문에 사지를 다 갖추어 잘 쓰는 활동적이고 정력적인 영국의 노동자가 되지는 못했습니다. 그러나 그것으로 인해 그는 뭔가 다른 일, 더 위대한 일을 할 수 있을지 모른다는 생각을 하게 된 것입니다. 그는 마음을 내면으로 돌려 기술의 법칙과 비결을 연구했습니다. 그리하여 그는 그 법칙과 비결을 알아내고 파악하게 되었으니, 아테네의 도공도 그것을 보면 부러워해 마지않았을 것입니다."

조시아는 형의 공장에서 하던 견습생활을 마치고, 다른 기술자 한 사람과 동업으로 칼자루, 궤짝, 기타 가정용품을 만들기 시작했다. 이어서 또 다른 사람과 동업으로 식탁, 접시, 촛대, 코담뱃갑 등을 만들었다. 그러나 1759년 버즐렘에서 자기 사업을 시작하기 전까지는 이렇다 할 진보가 없었다. 그곳에서 그는 부지런히 일하여 새로운 물건도 만들며 차츰 사업을 확장해 나갔다. 그가 주목표로 삼은 것은 모양, 색채, 윤기, 그리고 내구성 면에서 당시 스태포드셔에서 만든 것보다 나은 유백색 도자기를 만드는 것이었다. 이 과제를 철저히 해결하기 위해 그는 틈만 나면 화학을 연구하며, 용매제와 유약, 그리고 여러 종류의 진흙을 실험했다.

철저한 탐구자이자 정확한 관찰자인 조시아 웨지우드는 마침내 무수규산이 함유된 어떤 흙을 발견했는데, 이 흙은 원래 검은색이지만 가마 속에서 열을 받으면 흰색으로 변하는 것이었다. 이 사실을 확인하고 나서 더욱 자세히 연구하여, 도자기 재료인 붉은 가루에 무수규산을 섞어 불에 구우면 흰색이 된다는 것을 알아냈다. 이제 남은 일은 도자기 업계의 가장 귀한 제품을 만들기 위해 거기에 투명한 유약을 유리처럼 입히는 것뿐이었다. 그것이 성공하면 영국 도자기라는 이름으로 최대의 상업적 가치를 얻게 되어, 가장 널리 사용하는 제품이 될 수 있었다.

보다 더 나은 것을 만든다

웨지우드도 오랫동안 가마 때문에 고심했다. 비록 팔리시만큼 고생을 하지는 않았지만, 그도 불굴의 인내심으로 실험을 반복하여 여러 난관을 극복했다. 식탁용 자기를 만들려던 그의 첫 번째 시도는 불행히도 실패에 실패를 거듭했는데, 여러 달 동안 애쓴 노력이 하루아침에 허사로 돌아간 경우도 많았다. 시간과 금전과 노력을 바쳐 수없이 실험을 거듭한 뒤에야 제대로 된 유약을 개발했으니, 그것은 그가 끝까지 포기하지 않고 참고 또 참은 결과였다. 그는 도자기를 개량하려는 열정에 사로잡혀 한시도 그 생각에서 떠난 적이 없었다.

수많은 고난을 극복하면서 내수용과 수출용 백자와 유백색 자기를 만들어 상당히 번창한 뒤에도, 그는 제품을 더욱 향상시키는 노력을 그만두지 않았다. 마침내 그의 제품은 사방으로 퍼져서 온 지방에 활기를 띠게 되었다. 그리고 영국 산업의 한 분야로서 견고한 기초를 쌓게 된 것이다. 그는 언제나 최고 수준의 제품을 만드는 것을 목표로 삼고, 다음과 같은 말로 그 의지를 표명했다.

"무슨 물건이든 만들 것이다. 물건의 질을 떨어뜨리지 않고 전보다 더 나은 것을 만들 것이다."

웨지우드는 지위와 권력이 있는 많은 사람들의 도움을 받았다. 본디 모든 일에 최선을 다했으므로 그는 진정한 노동자로서의 도움과 격려를 얻을 수 있었다. 그는 샬롯 여왕을 위해 처음으로 식기를 만들어 바쳤는데, 그 식기를 '여왕 식기'라 불렀다. 그는 이 일로 해서 왕실 도공으로 임명되었다. 그 직함을 그는 남작 작위를 받은 것보다 더 소중히 여겼다.

각종 도자기를 그에게 주며 모방하여 만들라고 하면, 그는 그것을 모두 훌륭하게 만들어내어 찬사를 받았다. 윌리엄 해밀턴이 헤르쿨라니움에서 나온 고대 예술품의 표본을 빌려 주었을 때도, 똑같은 물건을 정확하고 아름답게 만들어냈다. 포틀랜드의 후작 부인이 바르베리니 화병을 팔려고 내놓았을 때, 그가 1,700기니를 내겠다고 하니까 1,800기니가 아니면 팔지 않겠다고 하였다. 그러나 부인은 웨지우드의 목적이 이 화병을 모방하여 물건을 만들려는 데 있다는 것을 알고 너그러이 빌려 주었다. 그리하여 그는 약 2,500파운드를 들여 50개의 화병을 만들었으나, 그것을 팔아 제작하는 데 들인 비용을 회수하지는 못했다.

웨지우드는 한 가지 목적을 달성했으니, 다름 아닌 영국인의 기술과 열정으로 무엇이든 만들어낼 수 있다는 확신이었다. 웨지우드는 화학자의 시련과 골동품 연구가의 지식, 그리고 미술가의 재능을 합쳐 자기의 일을 완성시켰다. 그는 젊은 조각가 플랙스먼을 발굴하여 그 천재성을 키워내 그에게서 도자기에 쓸 많은 원형들을 얻었으며, 고상하고 품격 높은 물건을 만들어 사람들 사이에 고전적인 예술을 퍼뜨리는 역할을 하였다. 또 그는 꼼꼼한 실험과 연구로 자기와 도기 또는 그와 비슷한 물건에 그림을 그려 넣는 기술을 다시 발견했다. 그것은 옛날 에트루리아인들의 기술로서 플리니 시대 이후 자취가 사라졌던 것이었다.

웨지우드는 과학에 기여한 것으로도 유명하며, 오늘날까지 고온계의 발명가로 알려져 있다. 또한 그는 공익사업에도 발 벗고 나섰다. 예를 들면 트렌트와 머르지의 운하를 개설하여 이 섬에 동서로 흐르는 수운을 완성한 것 따위이다. 그것은 그의 공익 정신과 브린들리의 토목 기술을 합쳐 이룩한 일이었다. 이 지방은 본디 도로가 험악하였으므로, 웨지우드는 도자기 제작소를 관통하는 10마일의 유료 도로를 계획하고 마침내 이를 개통하였다.

그리하여 그의 명성이 차츰 높아지자, 그가 세운 버즐렘과 에트루리아의 제작소에는 유럽 곳곳에서 명사들이 몰려들었다.

영국 주요 산업으로 큰 요업

웨지우드가 노력한 결과로, 영국의 도자기 제작은 보잘것없는 상태에서 발돋움하여 국가의 주요 생산품의 하나가 되었다. 전에는 국내에서 필요한 것을 외국에서 수입해 왔으나, 이제는 각국이 많은 영국 상품을 수입해 가게 되었다.

웨지우드가 일을 시작한 지 30년이 지난 1785년에 국회에 나가 자신의 사업에 대해 증언한 것을 보면, 단순히 생산성이 낮은 대신 임금이 싼 노동자를 고용한 정도가 아니라, 무려 2만 명이나 되는 사람을 도자기 제조업으로 생계를 세우게 해주었고, 그 밖에도 많은 사람들을 탄광과 육해(陸海) 운수업에 고용하여 국내 곳곳에 있는 여러 사업에서도 고용이 창출되었다.

이렇게 사업이 발전하는 가운데서도, 웨지우드는 이 사업이 아직도 초기에 있으며 자기가 이룬 개량은 보잘것없는 것일 뿐이니, 앞으로도 계속 부지런히 일하여 제작기술을 향상시키고 대영제국이 누리는 자연의 혜택과 정치적 이점을 살리면 더욱 발전할 수 있을 거라고 생각했다. 이후 이 중요한 산업은 더욱 진보하여 그의 생각이 옳았음이 입증되었다. 1852년에는 8,400만 점의 도자기를 외국에 수출하였고, 이 밖에도 국내용으로 많은 도자기를 생산했다.

그러나 주목할 만한 것은 이 제품의 수량과 가치뿐만 아니라, 이 도자기 산업이 국민 생활에 미친 영향이다. 웨지우드가 맨 처음 이 사업을 시작했을 때, 스태포드셔 지방은 시골 오지에 지나지 않았다. 가난하고 투박한 주민들이 대부분이었고, 수도 그리 많지 않았다. 그러나 웨지우드의 산업이 확고하게 자리를 잡게 되자, 본디 인구의 3배나 되는 사람들이 일자리를 얻어 많은 보수를 받게 되었고, 물질적인 생활수준이 높아짐에 따라 도덕적 수준도 향상되었다. 이러한 사람들을 우리는 문명사회의 산업 영웅이라고 불러 마땅할 것이다. 시련과 어려움 속에서도 참을성 있게 스스로를 의지하며 가치 있는 목표를 추구하는 근면과 인내는, 자부심을 가진 군인들의 용기와 헌신에 못지않게 영웅적인 것이다.

4 근면과 인내
시간과 인내는 뽕잎을 비단으로 만들어 준다

시간은 대자연의 자본이다. 그러므로 시간을 잘 이용하는 사람이 반드시 부를 이룰 수 있고, 근면한 사람이 밤하늘의 별과 바닷가의 모래알도 모두 그러모을 수 있다. 데버넌트

매진하라, 그러면 믿음을 얻을 것이다. 달랑베르

위업은 꾸준한 근면을 통해 이룰 수 있다
한 사람의 인생에서 가장 위대한 업적은 단순한 수단과 평범한 자질을 통해 이루어지는 것이다. 일상생활 속에 성찰과 필요와 의무가 있고, 그 속에 최선의 경험을 얻을 수 있는 풍부한 기회가 있다. 진정으로 노력하는 자라면 아무리 큰 실패를 경험해도 거기서 자기 향상을 위한 노력의 여지를 얼마든지 발견할 수 있다. 인생에서 행복의 길은 근면이라는 오래된 도로를 따라 뻗어 있다. 성실하고 끈기 있게 일하는 사람들은 늘 최고의 성공을 거두게 마련이다.

행운은 근면한 사람을 따른다
행운의 여신은 눈이 멀었다는 비난을 가끔 받고 있지만, 인간처럼 눈이 멀지는 않았다. 실제 생활을 자세히 관찰해 보면, 유능한 뱃사람에게 순풍과 온화한 파도가 따르는 것처럼, 행운의 여신도 언제나 부지런한 사람 편에 선다는 것을 알게 될 것이다. 가장 고상한 학문을 연구할 때도 상식과 주의력, 전심, 그리고 굳은 인내와 같은 평범한 자질이 필요하다.
반드시 천재가 필요한 것은 아니며, 오히려 뛰어난 천재는 이런 평범한 자질의 가치를 경시하지 않는다. 가장 위대한 사람들은 천재의 힘을 믿지 않았고, 일반 성공인들처럼 세상일에 밝고 끈기를 지니고 있었다.

뉴턴

천재를 무시하고 상식만을 강조한 사람이 있었다. 한 대학의 총장이던 어느 이름난 교육자는 천재를 가리켜 '노력하는 힘'이라고 했다. 존 포스터는 천재를 '자신의 마음속에 열정의 불을 붙이는 힘'이라 했고, 뷔퐁은 '천재는 바로 인내'라고 말했다.

뉴턴과 케플러

뉴턴은 의심할 여지 없이 최고의 재능을 타고난 인물이었다. 그는 그 수많은 발견의 비결에 대해 질문받으면 이렇게 겸손하게 대답했다고 한다.

"늘 그 문제에 대해 깊이 생각했기 때문입니다."

또 그는 자신의 연구 방법에 대해 이렇게 말했다.

"나는 연구 중인 테마를 언제나 내 눈 앞에 펼쳐 놓고 지긋이 바라봅니다. 그러면 어둠 속에 한 줄기 빛이 스며들기 시작하여 점점 새벽이 밝아오는 것처럼, 문제의 본질이 선명하게 떠오릅니다."

뉴턴의 경우와 마찬가지로 다른 모든 사람들의 경우에도 위대한 명성을 얻은 이면에는 오직 전심과 굳은 의지만이 있었다. 뉴턴은 하던 일에 권태를 느끼면 연구 내용을 바꿔 정신을 새롭게 하면서 휴식을 취했다.

그는 영국의 고전학자 벤트리 박사에게 이런 말을 한 적이 있다.

"만일 내가 공익을 위해 뭔가 한 일이 있다면 그것은 오직 근면과 인내 속에서 생각하고 연구한 덕분일 겁니다."

뉴턴과 같은 위대한 학자인 케플러는 자신의 연구와 학문 진보에 대해 다음과 같이 말했다.

"베르길리우스의 시에도 있는 것처럼, 어떤 한 가지 일을 집중해서 생각하다 보면 점점 더 파고들고 싶은 생각이 들어, 어느새 온 정신을 기울여 그 문제를 연구하게 된다."

사람의 천성에는 큰 차이가 없다

근면과 인내로 훌륭한 업적을 이루는 것을 보고, 수많은 뛰어난 인사들은 천재란 일반인들이 생각하는 것처럼 그렇게 특수한 것이 아니라는 것을 알게 되었다. 그래서 볼테르는 '천재와 보통 사람은 종이 한 장 차이'라고 말했다. 이탈리아의 법학자 베카리아는 '사람은 누구나 시를 쓰고 웅변을 잘 할 수 있다'고 했으며, 화가 레이놀즈는 '어떤 사람이라도 화가와 조각가가 될 수 있다'고 말했다.

만일 그게 사실이라면, 이탈리아의 화가 카노바가 세상을 떠났을 때, 그의 형에게 "동생의 일을 맡아서 하실 생각입니까?"라고 물었던 아둔한 영국인도 결국 그다지 잘못 말한 것이 아닐지도 모른다. 로크, 엘베시우스, 디드로는 모든 사람에게는 천재가 될 자질이 있다고 생각했으며, 어떤 사람이 할 수 있는 일이라면 같은 환경에서 같은 목적에 따라 전념하는 다른 사람들도 할 수 있다고 믿었다. 그러나 노력의 놀라운 성과를 모두 인정하고, 가장 뛰어난 천재는 언제나 지치지 않는 노력가라는 것을 시인한다 해도, 타고난 비범한 재능과 능력이 없으면 아무리 노력에 노력을 거듭해도 셰익스피어 같은 위대한 문학자, 뉴턴 같은 위대한 과학자, 베토벤 같은 위대한 음악가, 그리고 미켈란젤로 같은 위대한 예술가가 될 수 없다는 것 또한 사실이다.

꿀벌집의 비유와 시간을 황금으로 바꾸는 것에 대해

화학자 돌턴은 세상 사람들이 자신을 천재라고 부르는 것에 반발하여, 자기가 성취한 모든 일은 모두 근면과 노력의 축적 때문이라고 말했다. 해부학자 존 헌터도 자신을 평가하여 이렇게 말했다.

"내 마음은 꿀벌집과 같다. 겉보기에는 소음과 혼란으로 가득한 것처럼 보이지만, 실은 정연한 질서와 규칙이 구석구석까지 지배하고 있으며, 쉬지 않고 노력한 결과 가장 훌륭한 자연의 보고에서 거둬들인 지식이라는 양식으로 가득 차 있는 것이다."

위인들의 전기를 대충 훑어보기만 해도, 탁월한 발명가와 예술가, 사상가, 그리고 그 밖의 모든 분야에서 이름을 떨친 사람들의 성공이 그들의 지칠 줄 모르는 근면과 노력의 결과라는 것을 알 수 있다. 그들은 이 세상의 모든 것, 이를테면 시간조차 황금으로 바꾼 사람들이었다. 저술가 디즈레일리는 "성공의 비결은 자기가 다루는 문제에 완전히 숙달하는 데 있으며, 그러한 숙달은 오로지 끊임없는 전심과 연구를 통해서만 이룰 수 있다"고 말했다. 그러므로 세상을 가장 크게 움직인 사람들은 천재라는 이름으로 불린 사람들이 아니라 강한 의지를 가진 보통 능력의 사람들이요, 또 굳은 인내력이 있는 사람들이요, 머리 좋고 찬란한 재주를 가진 사람들이 아니라 무슨 일에 종사하든지 부지런히 자기 일에 전념하는 사람들이었다.

재주는 있으나 정신을 못 차리는 아들을 둔 한 미망인이 말했다.

"아, 우리 아이는 인내심을 타고나지 못했구나."

아무리 영민한 사람이라도 참고 견디는 힘이 없으면 인생의 경주에서 결국에는 근면한 사람에게 지게 마련이며, 심지어는 우둔한 사람에게도 뒤처지고 만다. 이탈리아 속담에 이런 것이 있다.

"천천히 걷는 사람이 오래 가고 멀리 간다."

반복의 중요성과 로버트 필
우리가 목표로 삼아야 할 것은 근면하게 일하는 습성을 기르는 일이다. 그것만 되면 인생의 경쟁이 한결 쉬워질 것이다. 반복에 반복을 거듭하며 노력하면 솜씨가 좋아진다. 극히 간단한 기술이라도 반복 훈련을 하지 않으면 숙달될 수 없다. 그렇게만 하면 무슨 일이 안 되겠는가 ?

로버트 필이 평범한 재능의 소유자이면서도 그렇게 훌륭한 역량을 길러 영국 상원의 빛나는 인물이 된 것도, 어려서부터 교육과 반복 연습을 쌓은 결과이다. 그는 드레이턴 매너에서 소년 시절을 보냈다. 이때 그의 아버지는 그를 책상 앞에 세워 놓고 즉석연설을 시켰다. 또 그 스스로도 주일에 목사의 설교를 듣고 기억할 수 있는 대로 암송하는 습관을 길러나갔다. 처음에는 별로 진전이 없었으나, 꾸준히 연습하는 동안 집중력이 높아져서 나중에는 그날의 설교를 글자 하나 빠뜨리지 않고 그대로 욀 수 있게 되었다. 뒷날 의회에서 정적들의 논박에 로버트 필만큼 지체 없이 명쾌하게 답변하는 사람이 없었다. 이 경우 그가 보여 준 남다른 기억력은 어린 시절 드레이턴 교구 교회에서 아버지의 훈련으로 길러졌다는 사실을 아무도 알아채지 못했을 것이다.

예능에도 인내와 노력이 필요

평범한 일에 있어서 지속적인 훈련이 거두는 효과는 참으로 놀라운 것이다. 이를테면 바이올린을 켜는 것이 간단한 일로 생각될지 모르지만, 참으로 많은 시간과 피나는 연습이 필요하다. 한 청년이 바이올린을 배우는 데 시간이 얼마나 걸리느냐고 묻자, 이름난 바이얼리니스트 자르디니는 다음과 같이 대답했다.

"하루에 12시간씩 연습한다 해도 통틀어 20년은 걸리지."

무용하는 사람에게도 근면이 필요하다. 무용가가 아름다운 춤으로 각광을 받게 되기까지는, 우선 무명으로서 동전 한 푼 수입도 없이 여러 해 동안 끊임없이 노력해야 한다. 발레리나로 유명한 탈리오니는 야간 공연 연습을 할 때, 아버지 감시 밑에서 2시간 동안 맹연습을 하다가 탈진하여 완전히 인사불성에 빠져 쓰러지곤 했다. 그러면 옷을 벗기고 간단한 스펀지 목욕을 시켜 살려냈다고 한다. 야간 무대에 올라 나비처럼 경쾌하게 춤을 출 수 있었던 것은 오직 그런 고된 훈련의 결과이다.

성공의 비결 뽕잎의 비유

최고의 진보는 속도가 참으로 느리다. 위대한 성과는 결코 한 순간에 얻을 수 있는 것이 아니어서, 인생행로에도 한걸음 한 걸음 전진하는 데 만족해야 한다.

메스트르

"기다릴 줄 아는 것이 성공의 가장 큰 비결이다."

프랑스의 철학자 메스트르가 한 말이다.
작물을 거둬들이려면 먼저 씨앗부터 뿌려야 한다. 그 뒤에는 수확의 시기가 올 때까지 바라보는 데 만족하며 참을성 있게 기다려야 한다. 기다릴 만한 가치가 있는 열매일수록 가장 늦게 열매를 맺는 법이다. 동양의 속담에 이런 말이 있다.

"시간과 인내는 뽕잎을 비단으로 만들어 준다."

쾌활한 마음을 하루도 잊어서는 안 된다

그러나 참을성 있게 기다리려면 인간은 쾌활하게 일을 해야 한다. 쾌활한 정신은 뛰어난 자질이며, 그것은 어떤 불행과 실망에도 꺾이지 않는 힘을 우리에게 준다. 어느 목사가 그리스도교는 10가지 가르침 가운데 9가지가 중용이라고 말했다. 마찬가지로 '인생 비결의 10가지 중 9가지가 쾌활한 정신과 근면'이라고 할 수 있을 것이다. 쾌활과 근면은 행복뿐만 아니라 성공의 생명이요 정신이다. 또한 인생의 가장 큰 즐거움은 명랑하고 활기에 찬 마음으로 성실하게 일하는 데 있으며, 따라서 정력과 자신감과 그 밖의 모든 좋은 자질은 바로 쾌활한 마음에서 생겨난다.

시드니 스미스는 요크셔 주에 있는 산간벽지의 교구에 목사로 파견되었을 때, 그 직무가 자기에게 정당하다고 생각하지는 않았지만 최선을 다해 보리라고 굳게 결심하고 쾌활한 마음으로 일했다. 그가 한 말이다.

"어떤 일이든 그것을 좋아하도록 마음을 기울여 나 자신을 길들이자. 그렇게 하는 편이 현재의 처지에 불만을 품거나 버림 받은 폐인처럼 행동하는 것보다 훨씬 남자다운 일이다."

혹 박사는 새로운 임무를 맡고 리즈를 떠날 때 다음과 같이 말했다.

"어디로 가든 내가 해야 할 일이 있다면 하느님의 축복을 받아 최선을 다할 것이요, 만일 할 일을 얻지 못하면 내 스스로 할 일을 찾을 것이다."

시드니 스미스

사회에 위대한 업적을 남긴 사람들도 그 오랜 세월의 수고를 세상에서 인정받지 못한 예가 많다. 그들이 뿌린 씨앗은 때로는 겨울의 깊은 눈 속에 묻혀 있다가 화창한 봄날의 방문과 함께 생명이 끝나버리는 경우도 있다.

공익을 위해 일한 사람들이 모두 근대 우편제도의 창시자인 롤런드 힐처럼 생전에 자신의 큰 경륜이 열매를 맺는 것을 보는 것은 아니다. 애덤 스미스는 글래스고 대학에서 오랫동안 연구에 전념하여 〈국부론〉을 써서 사회개량의 씨앗을 뿌렸으나, 그의 연구가 사회에서 결실을 맺는 데는 그 뒤 70년의 세월이 걸렸다. 그리고 오늘날까지도 그의 학문이 모두 성과를 거둔 것은 아니다.

희망은 품행의 근본, 그리고 케어리

인간이 희망을 잃으면 무엇으로도 그것을 메울 수 없으며, 그렇게 되면 인간의 성격마저 완전히 달라진다. 위대했으나 불행한 어느 사상가는 이와 같이 말했다.

"내가 모든 희망을 잃었는데 어찌 일할 수 있으며, 어찌 행복할 수 있겠는가?"

늘 희망에 넘쳐 누구보다 쾌활하고 용감했던 사람으로는 선교사 케어리를 들 수 있다. 인도에 있을 때, 그를 돕던 조수 세 명은 늘 파김치가 되었고, 케어리도 하는 일이 바뀔 때만 잠시 쉴 뿐이었다.

제화공의 아들인 케어리는 목수의 아들 워드와 직조공의 아들 마샴을 조수로 데리고 있었다. 이들의 노력으로 세람포에 웅장한 대학이 하나 들어서고, 신자들이 들끓는 설교소가 16군데나 개설되었으며, 성경을 16개 국어로 번역하여 영국령 인도에 도덕적 혁명의 씨앗을 뿌렸다. 케어리는 자신의 출신이 미천한 것을 결코 부끄러워하지 않았다.

한번은 인도 총독이 베푼 연회석상에서, 건너편에 앉아 있던 어느 장교가 일부러 들으라는 듯이 큰 소리로 옆 사람에게, 케어리가 전에 제화공이 아니었느냐고 묻는 말을 우연히 들었다. 케어리는 즉각 이에 답하여 큰 소리로 말했다.

"아니오, 나는 제화공은커녕 겨우 구두 수선공이었어요."

소년 시절의 인내에 대해 케어리의 특유한 기질을 보여 주는 다음과 같은 일화가 있다. 어느 날 나무를 타다가 떨어져서 다리가 부러진 일이 있었다. 그래서 몇 주일 동안 침대에 누워 있다가 다시 제 발로 걸을 수 있게 되자, 맨 먼저 한 일은 한 번 더 그 나무에 올라가 보는 것이었다. 그의 평생의 대사업인 선교에는 이런 불굴의 용기가 필요했으며, 그는 끈기 있고 과감하게 그 사업을 수행했던 것이다.

학자 영의 격언과 고사
"누군가가 해냈다면 나도 할 수 있다."

학자 영 박사가 한 말이다. 그는 어떤 시련 속에서도 자기가 한 번 하겠다고 마음먹은 일에서 결코 후퇴하는 일이 없었다. 이에 대해 다음과 같은 이야기가 전해지고 있다. 유명한 수렵가인 우라이의 바클레이와 함께 난생 처음으로 말을 탔을 때였다. 앞장선 사람이 높은 울타리를 넘는 것이었다. 영도 그것을 흉내 내려고 했으나 울타리를 넘다가 말에서 떨어지고 말았다. 그는 아무 말 없이 다시 말에 올라타 재도전을 했지만 이번에도 실패였다. 그러나 이번에는 말의 목을 꼭 붙잡고 있었기 때문에 전보다 더 멀리 나가떨어지지는 않았다. 세 번째 시도에서는 기어코 성공하여 보기 좋게 울타리를 뛰어넘었다고 한다.

오더번

타타르의 티무르가 역경에 처했을 때, 번번이 실패한 끝에 7번째에 집을 짓는 데 성공한 거미에게서 교훈을 얻었다는 이야기는 너무도 유명하다. 미국의 조류학자 오더번에 대한 일화도 이에 못지않게 흥미롭다. 다음은 그가 한 말이다.

오더번

"한때 절망에서 헤어날 수 없을 만큼 곤경에 처했으면서도 그것을 극복할 수 있었던 것은, 아마 자신의 연구에 대한 '광신적인 정열'을 가지고 있었기 때문이라고 생각한다. 그 당시의 나의 인내심은 오로지 '광신적'이라는 말로 표현할 수밖에 없다.

그 사건은 이러했다.

그 무렵 켄터키 주 헨더슨이라는 마을에서 살고 있던 나는, 필라델피아에 볼일이 생겨서 한동안 집을 비우게 되었다. 당시 나는 여러 가지 새의 모습을 스케치하고 있었는데, 그 그림은 무려 200장에 가까웠다. 그래서 출발 전에 그 그림을 전부 주의 깊게 나무상자에 넣어 한 친척에게 맡겨 두었다. 물론 귀중한 연구 자료니까 절대로 훼손되지 않도록 잘 보관해 달라고 신신당부하고 떠났다.

필라델피아에서의 일은 몇 달이 걸렸다. 드디어 마을에 돌아와 2, 3일 쉰 다음, 나는 그 나무상자를 찾으러 친척 집으로 갔다. 보물처럼 소중한 나의 그림과 재회할 수 있다는 것은 참으로 큰 행복이었다. 상자를 꺼내 뚜껑을 열었다……

그런데 상자 속에는 놀랍게도 시궁쥐 한 쌍이 마치 제가 주인인 양 들어앉아 있었고, 거기에 새끼까지 낳은 것이 아닌가! 내 그림은 모두 갈기갈기 찢어져서 새끼 쥐의 이부자리가 되어 있었다.

한 순간 피가 머리 위로 솟구치더니 아무 생각도 나지 않았다. 너무나 큰 충격에 신경이 완전히 끊어져 버린 것 같았다. 그 자리에 쓰러진 뒤 사흘 밤 사흘 낮 동안, 나는 침대에서 일어나지 못했다. 한동안 그렇게 완전히 망연자실한 상태로 지냈다.

칼라일

그러나, 그러고 있는 동안 나는 내 몸과 마음이 동물적 본능이라고도 할 수 있는 힘으로 차오르는 것을 느끼게 되었다. 그 힘은 나로 하여금 일을 하지 않고는 견딜 수 없도록 만들었다. 마침내 나는 총과 스케치북과 연필을 들고 숲으로 들어갔다. 그런 끔찍한 일은 아예 없었던 것처럼 깨끗이 잊고, 새롭게 밝고 유쾌한 기분이 되었다.

나는 다시 맹렬한 기세로 스케치를 시작했다. 그림은 전보다 더욱 잘 그려지는 것 같았다. 3년도 되지 않아 나는 잃어버린 그림을 보상하고도 남을 만큼 많은 스케치를 완성할 수 있었다."

칼라일

뉴턴이 기르던 개 다이아몬드가 책상 위의 촛불을 쓰러뜨리는 바람에, 여러 해 동안 고심해서 연구한 수학 계산이 한 순간에 재로 변해버린 것은 너무도 유명한 일화이다. 오랜 연구의 성과가 흔적도 없이 사라진 충격으로, 뉴턴은 그 뒤 한동안 건강이 좋지 않았고 이해력도 상당히 감퇴되어 버렸다고 한다.

역사가 칼라일이 《프랑스 혁명》 제1권 원고를 썼을 때도 이와 비슷한 일이 일어났다. 그는 그 원고를 학문을 좋아하는 한 친구에게 빌려 주었다. 그런데 그 친구는 원고를 거실 바닥에 둔 채 까맣게 잊어버리고 말았다. 몇 주일 뒤 출판사로부터 원고를 재촉받은 칼라일은, 원고를 돌려받으려고 친구의 집에 사람을 보냈다. 그런데 친구가 가지고 있어야 할 원고는 그 집 하녀가 휴지인 줄 알고 난로의 불쏘시개로 써 버린 뒤였다.

사건의 전말을 들은 칼라일의 심정을 상상하기란 어렵지 않다. 그러나 이미 엎질러진 물이 아닌가. 그에게는 다시 책상 앞에 앉아 펜을 드는 것 외에는 방법이 남아 있지 않았다. 그는 기억의 실마리를 더듬어 가물가물하던 내용과 표현을 되살려서 하나부터 다시 시작해야 했다. 처음에 썼을 때는 집필의 기쁨이 있었지만, 똑같은 내용을 다시 쓴다는 것은 이만저만한 고역이 아니었다.

그러나, 칼라일은 그 고통을 이겨내고 마지막까지 집필을 완수해 냈다. 칼라일의 이 경험은 굳은 결의와 용기만 있으면 대부분의 목표를 성취할 수 있음을 보여 주는 좋은 예라 할 수 있다.

스티븐슨, 와트, 그 지칠 줄 모르는 인내심

뛰어난 발명가들의 생애에서도 우리는 이와 같은 불굴의 정신을 뚜렷이 볼 수 있다. 조지 스티븐슨은 젊은 사람들에게 연설할 때 자신을 가리키며 다음과 같이 충고했다.

"이 사람이 한 대로 하시오. 즉 인내하시오."

스티븐슨은 15년 동안 기관차 개량에 심혈을 기울여 레인힐에서 결정적인 개가를 올렸고, 와트는 약 30년 동안이나 인고한 끝에 축밀 증기기관을 완성했다.

롤린슨, 레이어드

이와 같이 훌륭한 불굴의 실례는 과학, 예술, 산업 등 기타 분야에서도 많이 볼 수 있다. 그 중에서 가장 흥미로운 것은 니네베의 대리석 고분 발굴과, 그 대리석에 조각된 채 오랫동안 버려져 있었던 설형 문자의 발견이다. 그것은 그 옛날 마케도니아가 페르시아를 정복한 뒤 완전히 매몰되어 있었던 문자였다. 동인도 회사에 속한 총명한 육군 소령 롤린슨이 페르시아의 케르만샤에 체류하고 있던 중, 근처의 비석에 괴상한 설형 문자가 새겨져 있는 것을 발견했다. 비석은 아주 오래 된 것이라 역사적으로 그 내력을 따져 볼 길이 없었다. 그가 베낀 비명 중에 유명한 비시툰 암석에 새긴 것도 있었는데, 그 암석은 평원에서 직각으로 약 1,700피트 높이까지 치솟은 거대한 암석으로, 그 아래 부분 약 300피트에 걸쳐 페르시아, 시리아, 앗시리아의 세 나라 말로 비명이 새겨져 있었다. 알려져 있는 지식과 알려지지 않은 지식, 오늘날 사용되고 있는 언어와 잊혀진 언어를 비교하여, 롤린슨은 마침내 설형문자를 일부 해독하여 그것을 알파벳으로 재구성할 수 있었다.

롤린슨은 조사한 것을 본국에 보내 연구를 요청했다. 각 대학의 교수 중

설형 문자를 아는 사람은 한 사람도 없었고, 마침 전에 동인도회사에서 서기로 일했던 노리스라는 겸손하고 평범한 사람이 잘 알려지지 않은 고대문자를 연구하고 있다고 해서 그에게 그것을 보냈다. 그는 비시툰 암석을 직접 본 적이 없으면서도 롤린슨이 문제의 비명을 제대로 베끼지 못했다고 말하는 것이었다.

아직 그 암석 근처에 체류하고 있던 롤린슨이 처음 베낀 사본을 암석 비명과 자세히 비교해 보니 과연 노리스의 말이 옳았다. 이후 더욱 주의 깊게 비교 연구하여 설형 문자에 대한 지식을 크게 진보시켰다. 그러나 두 독학자의 연구를 유용하게 하기 위해서는, 그들이 터득한 바를 활용할 수 있는 재료를 공급해줄 제3자가 필요했다.

그 일을 맡은 사람이 런던의 한 변호사 사무실에서 일하던 오스틴 레이어드였다. 한 사람은 육군 소령이고, 한 사람은 인도 상사의 서기, 또 한 사람은 변호사 사무장인 이 세 사람이 잊혀진 언어와 바빌로니아의 매몰된 역사의 발견자가 될 줄은 아무도 예상하지 못했지만, 그것은 틀림없는 사실이었다.

레이어드는 겨우 22세의 청년으로, 동양으로 여행을 하다가 우연히 유프라테스 강 건너편 지대를 답사하고 싶은 생각에 사로잡히게 되었다. 그래서 동행 없이 단신으로 몇 자루의 총에 생명을 맡기고 떠났다. 다행히도 그에게는 총보다 나은 쾌활하고 정중하고 용감한 성격이 있어, 저희들끼리 죽느냐 사느냐의 사투를 벌이는 야만 종족들 사이를 무사히 통과했다. 몇 년 뒤 가졌던 돈도 거의 다 떨어졌지만, 오직 발견과 연구 조사를 위한 열정에서 우러나온 불굴의 정신과 굳은 의지, 목적의식으로 상당한 양의 역사적 유물을 발굴하는 데 성공하였으니, 한 사람의 근면한 노력으로 이처럼 많은 유물이 발견된 것은 일찍이 없었던 일이었다.

늘어놓으면 3.2km나 되는 부조들이 바로 레이어드에 의해 발굴된 것이다. 이 귀중한 유적 가운데 정선된 부분이 오늘날 대영박물관에 보관되어 있는데, 약 3,000년 전에 일어난, 성경에 기록되어 있는 일들을 신기하게 뒷받침해 주는 것이어서 거의 새로운 계시인 양 온 세상을 놀라게 했다.

레이어드의 《니네베의 옛 비석》 가운데 이 유명한 유적 발견에 대한 내력이 자세히 적혀 있으니, 이는 개인의 경륜과 근면과 정력을 후세 사람들에게 입증하는 가장 흥미롭고 진실한 기록의 하나로 영원히 남을 것이다.

뷔퐁

프랑스 박물학의 대가 콩트 드 뷔퐁의 생애도 '천재는 인내'라고 한 그의 말뿐 아니라 인내와 근면의 힘을 뚜렷이 보여 주는 예이다. 그는 자연 과학 분야에서 위대한 업적을 남겼지만, 어린 시절에는 지극히 평범한 소년일 뿐이었다. 그는 머

콩트 드 뷔퐁

리를 쓰는 것이 더디고 한번 얻은 지식을 다시 기억해 내는 데 시간이 걸리는 편이었다. 본디 게으른 성격인 데다 부유한 가정에서 태어났기 때문에, 사람들은 모두 그가 사치에 빠져 방종한 생활에서 헤어나지 못할 거라고 생각했다. 그러나 그와 반대로 뷔퐁은, 쾌락의 유혹에서 단호하게 빠져나오기로 일찌감치 결심하고, 학문과 자기 수양에 힘을 기울였다.

뷔퐁은 시간이라는 것은 한정된 귀중한 재산이라고 생각했지만, 그러면서도 아침에 일찍 일어나지 못하여 귀중한 시간을 낭비하고 있었다. 그는 이 늦잠 자는 악습을 고쳐야겠다고 결심하고 일찍 일어나려고 시도했지만, 도무지 정한 시간에 일어날 수가 없었다.

그래서 하인 조셉에게 도움을 청해, 아침 6시 전에 깨워 주면 그때마다 크라운 은화를 한 개씩 주겠다고 약속했다. 하지만 막상 그를 깨우면 몸이 찌뿌드드하다거나 성가시게 하지 말라며 일어나지 않았다. 그래 놓고는 실컷 자고 일어나서 왜 약속 시간에 깨워 주지 않았느냐고 오히려 나무라기만 하는 것이었다.

주인의 태도에 화가 난 조셉은 무슨 일이 있어도 크라운 은화를 손에 넣어야겠다고 결심했다. 그는 주인의 애원과 '해고해 버리겠다'는 협박에도 굴하지 않고, 약속한 시간이 되면 주인을 강제로 침대 밖으로 끌어냈다. 어느 날 아침에는 뷔퐁이 전에 없이 완강하게 버티자, 조셉은 대야에 차가운 물을 받아 와서 그것을 뷔퐁의 이불 위에 부어 버렸다. 그것이 단번에 효과를 발휘했다. 이러한 노력에 힘입어, 뷔퐁은 마침내 늦잠 자는 습관을 극복할 수 있었다.

뒷날 뷔퐁은 자신의 책 가운데 서너 권은 하인 조셉 덕분에 쓴 것이라고 자주 말하곤 했다.

뷔퐁은 40년 동안 아침 9시부터 오후 2시까지 연구하고, 저녁에도 5시부터 9시까지 책상 앞에 앉아 있는 생활을 계속했다. 매일 시간을 정하여 학문에 전념하는 동안, 그것이 완전히 몸에 배어 습관이 되어 버린 것이다.

뷔퐁의 전기 작가는 이렇게 쓰고 있다.

"그는 일을 하지 않고는 살아갈 수 없는 사람이었다. 연구는 그의 생활에서 커다란 기쁨이었다. 그는 영광에 찬 생애의 마지막이 다가온 뒤에도 몇 년만이라도 더 살아 연구를 계속하고 싶다고 몇 번이나 말했다."

뷔퐁은 참으로 양심적인 학자로, 독자들에게 자신의 최고의 사상을 최상의 표현을 사용하여 전달하려고 늘 주의를 기울였다. 그래서 문체에도 완벽을 기하기 위해 원고에 수없이 손질을 가하면서도 조금도 지겨워하지 않았다. 《자연의 시대》라는 책을 쓸 때는, 스스로 만족할 때까지 적어도 11번 이상 다시 썼다고 한다.

이렇게 뷔퐁은 철저한 일벌레로서, 어떤 일이든 순서를 정하여 일사천리로 해내지 않으면 성이 차지 않는 사람이었다.

"질서 있게 일할 줄 모르는 사람은, 아무리 천부적인 재능을 타고 났더라도 그 재능의 4분의 3은 낭비하고 있는 것과 같다"고 그는 늘 말하곤 했다.

당시 프랑스 문예 살롱의 중심인물이었던 네케르 부인은 뷔퐁에 대해 다음과 같이 말했다.

"그는 '천재는 하나의 문제에 깊이 파고든 결과'라고 강력하게 주장했어요. 그 자신도 초고를 쓰는 것만으로도 기진맥진하지만, 피곤한 몸에 채찍질을 가하며 퇴고의 펜을 잡는다고 해요. 물론 이미 완벽한 영역에 도달했다고 생각되는 문장에 대해서도 소홀히 하는 법이 없었지요. 지루한 수정 작업이 머지않아 기쁨으로 바뀐다는 것을 아니까요."

마지막으로 뷔퐁의 모든 위대한 저작은 무서운 병마와의 고통스러운 싸움 속에서 집필되고 출판되었다는 점을 덧붙이는 것도 완전히 무의미한 일은 아닐 것이다.

일상적인 일을 소홀이하지 않았던 월터 스콧

문학가의 생애에도 이 같은 인내의 힘을 보여 준 실례가 많은데, 그 중에서 최고의 인물은 아마 월터 스콧일 것이다. 그는 여러 해 동안 변호사 사무실에서 문서를 기록하는 잡역이나 다름없는 일을 했다. 그가 창작에 전념하는 자세에는 이때의 경험이 크게

월터 스콧

작용하고 있다. 하루하루가 재미도 없는 판에 박힌 일의 되풀이였기 때문에, 그에게는 자신만의 시간을 가질 수 있는 밤이 무엇보다 위안이 되었다. 그는 밤이 깊도록 독서와 공부에 전념했다.

"우리 문학가들에게는 때때로 근면한 태도가 부족하기 쉬운데, 그것이 몸에 배게 된 것은 지겨운 사무소 근무 덕분이었다"고 말했을 정도였다.

문서를 베끼면 1장 당 3펜스의 수입이 들어왔다. 그는 때로는 야간근무까지 하며 12시간에 120장의 문서를 베껴 쓰고 30실링 이상 벌기도 했다. 그렇게 해서 이따금 전집 중 짝이 맞지 않는 책이라도 한 권 살 수 있었다. 그렇게라도 하지 않으면 도저히 책을 손에 넣을 여유가 없었다.

뒷날 스콧은 자신이 실무가인 것을 늘 자랑으로 여겼다. '천재는 흔해빠진 일상적인 일을 싫어하고 경멸하게 마련'이라고 말하는 시인들에게 단호하게 반론했다. 그의 말에 따르면, 오히려 그런 일상적인 일을 제대로 잘하면 인간은 더욱 고도의 능력을 지닐 수 있다고 한다.

나중에 에든버러 법원에서 서기관으로 일했을 때도, 스콧은 문학 집필의 대부분을 아침 식사 전에 마치고, 낮에는 재판소에서 등기 사무나 여러 문서를 베껴 쓰는 작업에 종사했다. 《스콧전》을 쓴 그의 사위 록하트는 다음과 같이 썼다.

"스콧의 생애에서 주목할 만한 점은, 문학에 가장 전념했던 시기에도 적어도 반년 이상 하루의 대부분을 서기관 일에 할애하고 있었다는 점이다."

수입은 일상의 일을 통해서 얻고 문학을 생계수단으로 삼지 않는다는 것이 스콧이 스스로 정한 생활 지침이었다. 그는 이렇게 말했다.

"문학은 내 정신의 지주이기는 하지만 생활의 지주는 아니다. 내 작품이 아무리 잘 팔린다 해도, 가능한 한 그 돈은 생활비에 쓰고 싶지 않다."

스콧은 시간 엄수에 유념하여 참으로 규칙적인 생활을 보냈다. 그렇게 하지 않았으면, 그토록 엄청난 분량의 문학작품을 탄생시킬 수는 없었을 것이다. 그에게는 매일같이 두꺼운 편지 다발이 배달되었다. 그 한 통 한 통마다 일일이 답장을 쓴다는 것은 여간 힘든 일이 아니다. 그러나 그는 조사를 하거나 심사숙고할 필요가 없는 편지에는 그날 안에 답장을 보내는 것을 원칙으로 하고 있었기 때문에, 상대방을 서운하게 만든 적이 한 번도 없었다.
또 스콧은 매일 아침 5시에 일어나 스스로 난로에 불을 피웠다. 수염을 깎고, 옷을 갈아입은 뒤 6시에는 책상 앞에 앉았다. 물론 원고들은 눈앞에 잘 정돈되어 있고, 거실에는 참고서적들이 그를 둘러싸 진열되어 있으며, 애견 한 마리가 그 책들 너머에 앉아 그를 바라본다. 그리하여 9시부터 10시 사이에 가족이 아침 식사를 하러 모일 때까지는, 그날 집필하려 했던 것들 대부분을 쓸 수 있었다. 이렇게 하여 스콧은 힘든 것도 아랑곳하지 않고 학문에 힘써 광범한 지식을 터득하면서, 오랜 세월에 걸쳐 뛰어난 작품을 세상에 내보냈다. 그래도 그는 늘 자신의 능력이 부족하다고 탄식했다.

"돌이켜보면 나는 늘 나 자신의 무지와 맞닥뜨리면서 괴로워한 것 같다."

스콧의 이 말에는 진정한 지혜와 겸허함이 드러나 있다.

지식이 많아지면 많아질수록 학문이 부족함을 깨닫는다
사람은 올바른 지식이 많으면 많을수록 자만하는 마음이 사라지는 법이다.
트리니티 칼리지의 1학년 학생이 '대학에서 배워야 할 것은 다 배웠다' 생각하고, 담당교수에게 작별인사를 하러 갔다. 그러자 교수는 '그런가, 나는 이제 겨우 지식의 보고에 들어설 수 있는 실마리를 발견했을 뿐인데'라는 대답으로 그 학생을 깨우쳤다고 한다.

어리석고 경박한 인간은 사물의 본질을 이해하지 못하고, 어중간한 겉핥기식 지식만 습득하고는 자신의 재능을 자랑하려고 하지만, 현명한 사람은 '나는 나 자신이 무지하다는 것을 알 뿐'이라고 겸손한 고백을 하는 것이다.

뉴턴 같은 천재도 '눈앞에는 손도 대지 못한 진리의 바다가 가로놓여 있고, 나는 그 물가에서 조개껍질을 줍고 있을 뿐'이라고 말했다.

존 브리턴, 시장을 보고 책을 읽다

크게 명성을 얻지 못한 문필가의 삶에서도 우리는 인내하는 힘의 실례를 볼 수 있다. 《웨일스의 미(美)》 등 많은 귀중한 건축서적을 쓴 존 브리턴은, 윌트셔의 킹스턴에 있는 초라한 오두막집에서 태어났다. 아버지는 빵을 굽고 맥주를 양조하는 일을 했는데, 브리턴이 아직 어렸을 때 사업이 실패하여 정신병에 걸렸다. 그는 학교 교육을 거의 받지 못하고 험한 일을 많이 겪었지만, 다행히 나쁜 길로 빠지지는 않았다.

어릴 때부터 클라큰웰에서 술집을 경영하는 삼촌 집에서 일하게 되어, 거기서 5년이 넘도록 병에 술을 담고 마개를 막은 뒤 통에 넣는 따위의 일을 했다. 그러던 중 건강이 나빠지자, 삼촌은 겨우 2기니를 주면서 마음대로 하라며 내쫓았다. 주머니에 든 2기니는 그가 5년 동안 일해 준 대가였다. 이후 7년 동안 그는 많은 파란과 고난을 겪었다. 그는 자서전에서 이렇게 말했다.

"1주일에 18페니를 내는 누추한 하숙집에서 나는 열심히 공부했다. 겨울에는 방이 너무 추워서 이불 속에서 책을 보아야 할 때가 많았다."

걸어서 바드까지 간 그는 지하 저장실 수위 자리를 얻었으나, 곧 동전 한 푼 없이 맨발에 웃옷도 걸치지 못한 채 다시 런던으로 돌아오게 되었다. 그곳에서 그는 런던 술집의 지하 저장실 수위로 취직이 되었는데, 그 일은 아침 7시부터 밤 11시까지 지하 저장실을 지키는 것이었다. 어두운 지하실에 갇혀 때로는 힘든 일을 해야 했기 때문에 건강이 몹시 나빠져서, 그곳을 그만두고 1주일에 15실링을 받는 변호사 사무실에 서기로 들어갔다. 그것도 조금씩 틈이 날 때마다 부지런히 글씨 쓰는 연습을 해 온 덕분이었다. 변호사 사무실에 고용되어 있는 동안 그는 틈만 나면 서점을 돌아다녔다. 책을 살 형편이 못 되었던 그는 서점에서 책을 뽑아 읽으면서 단편적이나마 상당히 많은 지식을 쌓아갔다. 이어서 다른 변호사 사무실로 자리를 옮긴 그는, 전보다 좀 더 많은 주당 20실링의 보수를 받고 일하며, 여기서도 독서와 연구를 계속했다.

28세 때 《피자로의 기업적 모험》이라는 책을 써서 출판한 것을 시작으로, 그는 세상을 떠날 때까지 약 55년 동안 문필 활동을 계속했다. 그의 저서는 모두 87종이나 되며, 그 가운데 가장 중요한 것이 《영국의 대성당 유적》이라는 14권짜리 전집이니, 이는 과연 대저술가로서 존 브리턴의 지칠 줄 모르는 근면 정신을 가장 잘 나타내 주는 기념비라 할 수 있다.

런던, 백과전서를 쓰다

원예가 런던도 정력적으로 활동한 사람이었다. 에든버러 근방에 살던 농부의 아들인 그는 어릴 때부터 노동을 했다. 설계도와 풍경 그림을 잘 그렸으므로, 그의 아버지는 그를 어느 원예가에게 보내어 공부를 시켰다. 그곳에서 그는 1주일에 이틀은 밤을 꼬박 새면서 공부를 하면서도, 낮에는 어느 노동자보다도 더 열심히 일했다.

야학에서 프랑스어를 배워 18세 때 이미 백과전서 원고로 아벨라드전을 번역했다. 그는 자신이 뛰어난 인물이 되길 어찌나 바랐던지, 잉글랜드에서 정원사로 일하던 20세 때는 수첩에 다음과 같은 말을 적기도 했다.

"내 나이 벌써 스물이니 인생의 3분의 1이 지나간 셈이 아닌가. 그런데 나는 과연 그동안 세상 사람들에게 도움이 될 만한 어떤 일을 했는가?"

겨우 20세가 된 청년의 반성으로는 참으로 이례적인 것이라 할 수 있다. 프랑스어 다음으로 독일어에 눈을 돌려 금방 숙달했다. 농업 기술을 스코틀랜드식으로 개선할 목적으로 대규모 농장을 맡더니 곧 상당한 수입을 올렸다.

전쟁이 끝나 유럽 대륙의 문호가 개방되자, 그는 다른 나라의 원예와 농업

제도를 살펴볼 목적으로 외국 여행을 떠났다. 그는 두 번에 걸친 이러한 외국 여행으로 백과전서를 내게 되었다. 같은 종류의 책 중에서 가장 저명한 것 중의 하나인 그 책에는 보기 드문 근면과 노력 끝에 모은 유용하고 필수적인 내용이 풍부하게 담겨 있다.

거친 성격을 고쳐 저술가가 된 새뮤얼 드루

새뮤얼 드루도 앞에 말한 사람들에 못지않게 비범한 삶을 살았다. 그의 아버지는 콘월 지방의 세인트 오스텔 교구에 살던 노동자였다. 비록 가난하기는 했지만, 이 노동자는 두 아들을 주당 1페니만 내면 되는 근처의 초등학교에 보냈다. 형 자베즈는 공부를 좋아하여 배움에 많은 진척을 보였으나, 아우 새뮤얼은 아둔한데다 장난을 좋아하여 걸핏하면 학교에 가지 않고 놀기만 했다.

8살 때부터 노동을 시작했는데, 주석 광산에서 채굴한 광석을 깨끗하게 씻는 일을 하여 하루에 겨우 3펜스 반을 벌었다. 10세 때는 제화공의 집에 견습생으로 들어가 많은 고생을 해야 했다. 새뮤얼이 늘 하던 말을 빌리면, '써레 밑에 깔린 두꺼비' 같은 생활을 했던 것이다. 그는 이따금 도망쳐서 해적이나 되어 볼까 하는 생각을 하며, 자랄수록 더욱 고약하고 거친 성격을 보였다. 과수원에서 서리를 했다하면 주동자는 어김없이 그였고, 나이를 먹으면서 밀렵과 밀수에 손을 대기도 했다.

아직 견습 기간이 채 끝나기 전인 17세쯤 되었을 때, 그는 군함에 올라 수병이 되려고 도망을 쳤으나, 밤중에 들에서 노숙을 하다 감기에 걸려 그대로 돌아온 일도 있었다. 그 뒤 새뮤얼은 플리머스 근처로 가서 제화업을 하면서 카우샌드에서 봉술 경기에 참여하여 우승하기도 했다.

그곳에 사는 동안 한번은 밀수에 관여하다가 목숨을 잃을 뻔한 일이 있었다. 그것은 그가 모험을 좋아했기 때문이기도 하지만 주급이 겨우 8실링이었으므로 돈을 벌어 볼 생각도 있었기 때문이다. 어느 날 밤 밀수선 한 척이 해안 근처로 와서 짐을 내릴 거라는 소식이 크래프트홀 마을에 퍼지자, 마을의 남자들이――거의 모두가 밀수꾼들이었지만――해변으로 몰려갔다. 한 패는 바위에 올라가 신호를 보내고 짐이 도착하면 처분하는 일을 맡고, 또 한 패는 작은 배를 타고 밀수선까지 가기로 했는데, 드루는 배를 타고 나가는 패에 끼었다.

그런데 그날 따라 지척을 분간할 수 없을 정도로 캄캄한 데다, 아직 짐도 별로 내리지 않았는데 바람이 불고 파도가 높아졌다. 그러나 작은 배에 탄 사람들은 조금도 겁내지 않고 저 멀리 바다에 떠 있는 밀수선과 해변 사이를 몇 차례 오갔다. 그런데 드루가 타고 있는 배에 탄 사람들 중 한 사람의 모자가 바람에 날려, 모자를 건지려다가 배가 뒤집히고 말았다. 그래서 세 사람은 바로 익사했고, 나머지 사람들은 한참 동안 배를 붙잡고 있다가 배가 표류하자 헤엄을 치기 시작했다.

육지에서 2마일이나 떨어져 있었고 캄캄한 밤이었다. 물 속에서 3시간에 걸친 사투 끝에 드루는 동료들과 함께 근처의 바위에 닿을 수 있었는데, 이튿날 아침 사람들에게 구조될 때까지 추위 때문에 거의 정신을 잃고 있었다. 사람들은 거의 죽을 지경이 된 그들을 육지로 옮긴 다음, 방금 배에서 내린 브랜디 한 통을 가져와 생존자들에게 한 사발씩 마시게 했다. 이윽고 드루는 정신을 차렸고, 깊은 눈 속을 2마일이나 걸어 하숙집으로 돌아갔다.

정말이지 싹수가 노란 인생이 아닐 수 없다. 그러나 바로 그 말썽꾸러기이자 과수원 도둑, 제화공이면서 무술가요, 밀수꾼이었던 드루가 젊은 날의 비행을 뉘우치고, 뒷날 복음을 전파하는 목사요, 훌륭한 책을 쓰는 저자로 이름을 날리게 된 것이다. 다행히도 그는 너무 늦기 전에 자신의 장점인 왕성한 활동력을 좋은 방향으로 돌리게 되었으며, 일찍이 말썽꾸러기로 유명했던 것처럼 유용한 일에서도 두각을 드러냈다.

그의 아버지는 그를 다시 페인트 오스텔로 데려와 어엿한 제화기술자로 일을 할 수 있게 해주었다. 그가 이와 같이 착실한 사람이 된 것은 얼마 전에 가까스로 죽음을 모면했기 때문이기도 하겠지만, 때마침 웨슬레안 감리교회의 목사인 애덤 클라크 박사의 힘찬 설교를 듣고 감화를 받았기 때문일 것이다. 더욱이 그 무렵 형이 세상을 떠나자, 그 때문에 그는 더욱 사려 깊은 사람으로 변하여 완전히 딴사람이 되었다. 그동안 읽고 쓰는 법을 거의 다 잊어버린 그는 그때부터 새로 공부를 시작했다. 그 뒤 몇 년이 지났건만 도무지 글씨가 늘지 않아, 한 친구는 그의 글씨를 잉크병에 빠졌던 거미가 종이 위를 기어다닌 흔적과 같다고 비유하기도 했다.

드루는 뒷날 이때를 회고하여 이렇게 말했다. "책을 읽으면 읽을수록 내가 무지하다는 것을 깨달았다. 그리고 무지를 느낄수록 그것을 극복해야겠다는 열망이 더 강해졌다. 틈만 있으면 나는 이것저것 닥치는 대로 읽었다. 노동을 하며 먹고 살아야 하는 처지라서 책 읽을 시간이 거의 없는 것이나 다름없었다. 이 불리한 조건을 극복하기 위해 나는 식탁 위에 책을 놓고 식사를 했다. 그렇게 해서 식사 때마다 대여섯 페이지씩 읽을 수 있었다."

로크의 《인간 오성론》을 정독하고 나서 그는 비로소 형이상학에 눈을 뜨게 되었다. 그는 이렇게 말했다.

"그 책을 읽고 나는 잠에서 깨어났다. 그리고 그때까지 가지고 있었던 천박한 견해를 버리기로 결심했다."

드루는 몇 실링 안 되는 돈으로 자기 사업을 시작했다. 이때는 그가 착실한 사람이라는 평판을 받고 있었기 때문에 이웃의 방앗간 주인이 돈을 빌려주었는데, 그 돈을 밑천으로 부지런히 일한 결과 1년 뒤에는 빚을 다 갚을 수 있었다. 누구한테도 신세를 지지 않겠다는 결심으로 사업을 시작한 그는, 많은 어려움 속에서도 이 결심만은 꼭 지켰다. 빚을 지지 않으려고 저녁 식사도 굶은 채 잠자리에 드는 일이 가끔 있었다.

그의 야심이란 근면과 절약으로 독립을 이루는 것이었고, 사실 이 점에서 점차 성공을 거두고 있었다. 쉬지 않고 일하는 한편으로, 천문학과 역사, 그리고 철학을 공부하면서 정신을 수련했다. 그가 철학을 공부하게 된 것은 천문학이나 역사학에 비해 참고서적이 많이 필요하지 않았기 때문이다.

그는 이렇게 말했다. "철학의 길은 가시밭길처럼 생각되었지만, 아무튼 해보기로 결심하고 그 길에 들어선 것이다."

제화 일을 하고 철학 공부를 하면서, 드루는 지방 전도사와 감리교 분회장 일도 맡아 보았다. 또 정치에 많은 관심을 가졌기 때문에 그의 제화점은 마을 사람들이 모여 정치 이야기를 나누는 집회소가 되었다. 사람들이 모이지 않으면 드루가 그들을 찾아가 세상 이야기를 하곤 했다. 그것을 위해 많은 시간을 할애했으므로, 그는 낮에 잃은 시간을 보충하기 위해 자정이 넘을 때까지 일할 때가 많았다. 그의 정치적 열광은 마을의 화젯거리가 될 정도였다.

어느 날 밤 그가 구두 밑창에 열심히 망치를 두드리고 있는데, 한 동네꼬마가 문의 열쇠 구멍에다 입을 대고 귀가 째질 듯이 소리를 질렀다.

"구두쟁이! 구두쟁이! 낮에는 싸돌아다니더니 밤에 일하는구나!"

뒷날 드루가 한 친구에게 그 얘기를 하니 친구가 물었다.

"그래서 그 못된 녀석을 쫓아가 때려 주었나?"

드루는 다음과 같이 대답했다.

"아니야, 안 그랬어. 난 그 말을 듣고 정말 놀라고 당황했네. 내 귀에 대고 총을 쏘았다 해도 아마 그렇게 놀라진 않았을 거야. 난 일손을 놓고 이렇게 혼잣말을 중얼거렸지. '그래, 네 말이 옳다. 내 다시는 그런 말을 듣지 않도록 하마.' 그 소년이 나를 놀리며 외친 소리는 다름아닌 하느님의 목소리였네. 난 그 말을 평생 동안 마음에 새겨 두었지. 그 말을 듣고 난 오늘 일을 내일로 미루지 말 것과, 일 해야 할 때 빈둥거리며 놀아서는 안 된다는 것을 배웠네."

이때부터 드루는 정치 담론을 그만두고 자기 일에 전념하면서 시간이 나면 책을 읽고 공부했다. 하지만 그는 휴식 시간에 책을 읽고 공부하는 일이 가끔 있어도, 결코 그것 때문에 본업을 게을리 하지는 않았다. 결혼을 한 뒤 한때 미국으로 이주 할까 하는 생각을 했으나 그대로 남아 하던 일을 계속했다. 그의 문학 취미는 처음에는 시짓기로 시작했으며, 지금까지 남아 있는 단편적인 시구를 보건대, 영혼의 무형과 불멸에 대한 그의 연구는 이 시적 사색이 기원이 되었던 것으로 보인다. 그의 서재는 부엌이었으니, 아내가 쓰는 풀무를 책상으로 삼아, 아이들은 칭얼대고 아내가 달래는 와중에서 글을 썼다.

마침 이때 페인의 《이성의 시대》가 출간되어 세상 사람들의 많은 관심을 끌었는데, 드루는 그 이론을 논박하는 작은 책자를 발간했다. 뒷날 그는 자신이 저술가가 된 것은 이 《이성의 시대》 때문이었다고 말하곤 했다. 이후 그는 계속 많은 책자를 냈고, 몇 년 뒤에는 여전히 제화 일을 하면서 감탄할 만한 책 《인간 영혼의 무형 및 불멸론》을 발표했다. 이 책은 20파운드에 팔렸는데 당시 그의 형편에는 큰 돈이었으며, 계속 출간되어 오늘날까지 높이 평가받고 있다.

드루는 이와 같이 성공을 하고도 많은 젊은 문인들처럼 우쭐하지 않았고, 한동안 사람들은 그가 유명해진 뒤에도 자기 집 앞을 비로 쓸고 문하생들이 겨울에 석탄을 나르는 것을 도와 주곤 하는 모습을 볼 수 있었다. 또 그는 몇 해 동안은 문학을 생업으로 생각하지 않았다. 자신의 본업으로 정직한 돈을 벌어 생계를 유지하는 것을 원칙으로 삼았고, 다만 여가를 이용하여 그가 말한 이른바 '문학적 성공의 복권뽑기'를 한 것이다.

그러나 결국 전적으로 문학에 헌신하게 되었으니, 특히 웨슬리파 감리교와 관계를 맺고 그들의 잡지를 주간하면서 중요한 저서 몇 권의 출판을 맡아 하였다. 또 《종교 평론》을 집필하고, 자신이 출생한 콘월 지방에 대한 귀중한 역사책과 그 밖의 수많은 저서를 발표했다.

만년에 그는 다음과 같이 자신의 삶을 회고했다.

"나는 가장 미천한 집안에서 태어나 정직한 노동, 근검절약, 그리고 도덕심에 대한 숭고한 인식을 가지고 평생 노력하여 나의 집안을 존경받는 지위로 끌어올렸다. 하느님께서 나의 노력을 기뻐하시고, 내가 소원하던 성공의 결실을 맺게 해주신 것이다."

인내의 힘으로 나라를 위해 일한 흄

조지프 흄의 삶은 그와는 매우 다른 행로를 걸었으나, 인내의 정신으로 노력한 점에서는 같다. 그는 평범한 자질을 가진 사람이었다. 그러나 무척 근면하고 티 없는 정직함을 지니고 있던 그는, 인생의 좌우명을 '인내'로 정하고 그것을 실천하며 살았다.

아버지는 흄이 아직 어렸을 때 세상을 떠났고, 어머니 혼자 몬트로즈에 조그마한 가게를 차려 생계를 유지하면서 아이들을 남부끄럽지 않게 키우기

조지프 흄

위해 억척스럽게 일했다. 어머니는 흄을 어느 외과 의사에게 보내 장차 의사가 될 공부를 시켰다. 의사 면허를 얻은 흄은 선내 의사로서 몇 차례 인도를 왕래한 다음 동인도 회사의 사관후보생이 되었다. 누구도 따라가지 못할 만큼 열심히 근무하면서 절제하는 생활을 하여 상관의 신임을 얻고, 자신의 의무를 감당할 수 있는 청년으로 인정받아 점점 승진의 길을 걷게 되었다.

1803년의 마라타 전쟁에서 그는 장군이 지휘하는 사단에 복무했다. 통역관이 전사하자 그동안 토착어를 공부했던 그가 대신 통역을 맡아 보았고, 이어서 의무부장에도 임명되었다. 그러나 이 임무만으로는 그의 정력이 남아돌기나 하는 것처럼 그 밖의 경리 일과 우편 일을 도맡아 훌륭히 수행했다. 또 병참 보급까지 맡아서 군대에나 자신에게나 다 같이 이득이 되도록 큰돈을 벌었다. 이렇게 노력을 아끼지 않고 10년 동안 일한 뒤 상당한 재산가가 되어 본국으로 돌아왔고, 돌아와서 맨 먼저 한 일은 친척 중 가난한 사람들을 도와 주는 것이었다.

그러나 조지프 흄은 노력의 성과를 한가하게 앉아서 즐기는 사람이 아니었다. 일을 하고 임무가 있어야만 그는 편안하고 행복할 수 있었다. 나라의 형편과 국민의 실정을 알기 위해, 그는 제조 공업으로 알려져 있는 국내의 여러 지방을 돌아다녔고, 나중에는 외국 사정을 파악할 목적으로 다른 나라 여행도 했다.

영국으로 돌아와 1812년에 국회에 들어간 이후, 그는 잠시 동안의 공백을 제외하면 거의 34년 동안 국회의원 생활을 했다. 최초로 기록된 그의 국회 연설은 국민 교육에 대한 것이었다. 길고도 명예로운 의원 생활 동안 그는 국민의 생활 수준을 향상시키기 위해 모든 문제에 적극적이고 진지하게 관심을 표시했다. 즉 형무 행정 개혁, 저축 은행, 자유 무역, 국민 경제, 국회 의원의 대표권 확장 그리고 이와 비슷한 수많은 좋은 일들을 위해 쉬지 않고 노력을 기울였던 것이다.

그는 무슨 일에서든 최선을 다했고, 능수능란한 연사는 아니지만 사람들은 그의 말을 정직하고 솔직하고 정확한 사람의 말로 믿어 주었다. 샤프츠버리가 말한 것처럼, 만일 조소가 진리의 판단 기준이라면 조지프야말로 이 기준에 합격한 사람이다. 사실 조지프 흄처럼 조소를 많이 받은 사람도 없을 것이다. 그러나 그는 조금도 굴하지 않고 그야말로 '자기 자리'를 지키고 서 있었다. 보통 그의 주장은 표결에서는 패배했지만 큰 영향력이 있어서, 반대 표결에도 불구하고 많은 재정적 개선을 이룰 수 있었다.

조지프 흄은 무척 힘든 일과를 보내야만 했다. 아침 6시에 일어나 서한을 처리하고 국회에 가지고 갈 서류를 정리한 다음, 아침 식사를 마치고, 찾아오는 사람들을 만났다. 그렇게 찾아오는 사람들이 때로는 20여 명이 될 때도 있었으나, 의회에 나가지 않는 일은 없었으며, 다음 날 2, 3시까지 토론이 계속되어도 자리를 뜨는 법이 없었다. 요컨대, 매주, 매년 그토록 많은 사무에 시달리면서도 오랫동안 그는——표결에 패배하고, 조소를 받으며, 거의 고립 상태에서——마음이 흔들려 뜻을 굽히거나 희망을 버리지 않았으며, 용기가 꺾이기 쉬운 때에도 인내심을 발휘하여 자신의 주장이 결국 채택되도록 노력했다. 이것은 과연 인내력의 효과를 보여 주는 가장 두드러진 예라 할 수 있을 것이다.

5 도움과 기회 — 과학적 연구
작은 일이 큰 일의 씨앗이 된다

노력과 지혜만으로는 큰일을 이룰 수 없고 수단과 도움이 필요하다. 그 수단과 도움은 노력과 지혜 양쪽에 다같이 필요하다.   베이컨

기회의 이마에는 머리카락이 있으나 뒤에는 없다. 따라서 그 앞머리를 붙잡으면 기회를 사로잡을 수 있지만, 놓쳐 버리면 주피터도 다시는 잡을 수 없다. 로마인들의 말

성공은 우연히 얻는 것이 아니다

우연으로 인생의 큰일을 이룰 수는 없다. 때로는 과감한 모험으로 뜻밖의 행운을 얻는 경우도 있지만, 한결같이 근면하게 노력하는 길만이 유일하고 안전한 성공의 길이다.

풍경화가 윌슨에 대해 전해지는 얘기가 있다. 그는 지극히 평범한 방법으로 정확하게 그림을 거의 다 그린 다음, 마지막에 붓을 매단 긴 막대기를 들고 뒤로 물러서서 진지하게 작품을 주시한다. 그러고는 갑자기 그림 앞으로 다가가 몇 군데 대담한 붓을 가하여 작품을 훌륭하게 완성했다고 한다.

그러나 이것은 아무나 할 수 있는 재주가 아니다. 평소에 쌓은 노력이 있었기 때문에, 한 장의 그림에 예술적 생명을 불어넣는 솜씨가 가능했던 것이다. 수련이 부족한 화가가 그런 흉내를 낸다면, 걸작은커녕 오히려 캔버스를 물감 얼룩으로 망쳐 놓기 십상이다.

큰 사람은 작은 일을 소홀히 하지 않는다

진정으로 훌륭한 노력가는, 끊임없이 사물에 열중하여 몸을 아끼지 않고 애써 일을 한다.

그들은 일상의 자질구레한 일들을 결코 소홀히 하지 않는다. 아무리 사소

한 문제라도 개선하려고 최선의 노력을 다한다.
 어느 날 미켈란젤로의 화실에 한 친구가 찾아왔다. 미켈란젤로는 조각상 하나를 가리키면서, 지난번 친구가 다녀간 이후 어느 부분에 손을 댔는지 자세히 설명하기 시작했다.

미켈란젤로

"이 부분은 다시 손질했다네. 저 부분도 좀 고치고. 이 선을 전보다 부드럽게 하고 저쪽의 근육도 강조하려고 연구했지. 입술에도 약간 표정을 주고, 팔다리는 더욱 힘차게 표현했네."

"나는 그런 사소한 문제는 그리 중요하지 않다고 생각하네만."

친구가 고개를 갸우뚱하며 말하자, 미켈란젤로는 이렇게 대답했다.

"확실히 사소한 수정은 하찮은 문제일지도 모르네. 그러나 그런 것이 쌓여서 미가 완성되는 것일세. 즉, 미를 완성할 때는 아무리 사소한 문제라도 중요한 의미를 가진다네."

 프랑스 화가 니콜라스 푸생도 "보람 있는 일이라면, 그게 무엇이든 최후까지 훌륭하게 완수해야 한다"는 것을 좌우명으로 삼고 있었다. 뒷날 한 친구가 화가로서 명성을 떨친 비결을 물었을 때, 그는 "아무리 사소한 문제라도 소홀히 하지 않았기 때문이겠지요"라고 대답했다 한다.

뉴턴과 영의 발명은 우연이 아니었다
 어떤 우연에서 위대한 발견이 이루어진 얘기를 자주 듣는다. 그러나 잘 생각해보면, 표주박에서 망아지가 튀어나오는 경우는 거의 없다. 우연한 사건이라고 하는 것의 대부분은 실제로 천재적인 노력 끝에 쟁취된 것이다.
 뉴턴은 발 아래 떨어진 사과 덕분에 만유인력의 법칙을 생각해낸 것으로 전해지고 있다. 그 이야기는 우연이 대발견으로 이어진 예로 흔히 인용되고

솔로몬

있다.

그러나 뉴턴은 그때까지 오랜 세월 동안 중력 문제를 파고들며 부지런히 연구했기 때문에, 눈앞에 사과가 떨어진 것을 보고 번뜩이는 영감을 느껴 만유인력의 법칙을 깨닫기에 이른 것이다.

물리학자 영의 경우도 마찬가지다.

그는 비누방울에 빛이 반짝이며 비치는 것을 보고 빛의 간섭이론을 생각해 내고, 그것이 광선의 회절현상을 해명하는 실마리가 되었다. 보통 사람의 눈에는 단순한 '빛의 장난'으로밖에 비치지 않는 현상에서 새로운 진리를 이끌어 낸 것은 그가 오랫동안 그 문제에 대해 연구했기 때문이다.

세상 사람들은 위인들이 속세와 거리가 먼 문제만 다룬다고 생각하기 쉽다. 그러나 이 뉴턴과 영의 예에서도 알 수 있듯이, 오히려 그들은 누구에게나 친숙한 평범한 사물을 잘 관찰하여, 거기에 숨어 있는 중대한 의미를 이끌어내려고 한다.

우리 주위에 흔히 있는 사물의 배후에 숨어 있는 본질을 깊이 이해하는 것, 이것이 그들이 위인인 가장 큰 이유라고 할 수 있을 것이다.

관찰을 잘 하는 사람을 지자(智者)라 한다

인간의 차이는 관찰력에 따라 결정된다. 러시아 속담에 있듯이, 주의력이 산만한 사람은 '숲 속을 거닐어도 땔감을 보지 못하는' 것이다. 고대 이스라엘의 현왕인 솔로몬은 "지혜로운 자는 눈이 밝고, 어리석은 자는 어둠 속을 걷는다"고 말했다.

또 새뮤얼 존슨은 이탈리아에서 방금 귀국한 신사에게 이렇게 말한 적이 있다.

"신사 양반, 유럽 여행을 즐기는 사람보다 내가 살고 있는 햄스테드 일대(예술가들이 많이 사는 런던의 거리)의 주민들 중에 더 박식한 사람이 많답니다."

요컨대 마음도 눈처럼 훌륭하게 사물을 꿰뚫어볼 수 있다. 생각이 없는 사람에게는 아무것도 보이지 않지만, 총명한 통찰력을 지닌 사람은 눈앞의 사물에 깊이 파고들어 그 속에 숨어 있는 진리에 도달할 수 있다.

이제부터 갈릴레이, 브라운, 부르네르, 콜럼버스의 예를 들어 이를 증명해 보기로 하자.

갈릴레이의 시계추

갈릴레이 이전에도 끈에 매달린 추가 규칙적으로 흔들리는 것을 목격한 사람은 많이 있었을 것이다. 그러나 그 사실의 중요성을 깨달은 사람은 그가 최초였다.

어느 날, 피사의 대성당 문지기가 천장에 매달려 있는 램프의 청소를 마친 뒤, 램프가 흔들리는 것을 그대로 두고 가버렸다. 당시 18세의 젊은이가 램프의 흔들림을 유심히 관찰하다가, 그것을 시간을 재는 데 이용할 수 없을까 하는 생각이 들었다. 그 뒤 50여 년에 걸친 연구와 노력 끝에, 그는 마침내 진자의 실용화에 성공한다. 시간 측정과 천문 계산에서 진자의 중요성은 전혀 과장된 것이 아니다. 그의 발명은 인류의 생활과 물리학에 큰 공헌을 한 것이다.

또 갈릴레이는 네덜란드의 안경 기술자가 먼 곳의 사물을 가까이 볼 수 있도록 연구한 도구를 만들어 나소 집안의 모리스 백작에게 기증했다는 얘기를 듣고 뛸 듯이 기뻐했다. 그는 그 도구의 구조를 깊이 연구한 끝에 망원경을 만들어 냈다. 그것으로 근대 천문학이 그 첫걸음을 내딛게 된 것이다.

만약 갈릴레이가 사물을 유심히 관찰하지 않고, 남의 말을 건성으로 듣는 사람이었다면, 이러한 발명은 절대로 불가능했을 것이다.

현수교를 건설한 브라운과 템스강 바닥에 터널을 뚫은 브루넬

브라운 대위(뒷날의 새뮤얼 경)가 자기 동네 근처에 있는 튀드 강에 적은 돈으로 다리를 놓을 방법을 연구하고 있던 중, 이슬이 내린 어느 청명한 가을 날 아침에 자기 집 정원을 거닐다가 거미줄이 길 앞에 걸려 있는 것을 보았다. 이때 갑자기 쇠줄이나 쇠사슬을 거미줄처럼 짜서 다리를 놓을 수 있을지 모른다는 생각이 그의 머리에 퍼뜩 떠올랐다. 이렇게 해서 그가 고안해낸

현수교가 생기게 된 것이다.

바닥의 높낮이가 고르지 않은 클라이드 강 밑으로 철관을 설치하여 물을 끌어 보겠다는 계획을 세우고, 이 문제에 대해 제임스 와트에게 의견을 물었다. 어느 날 와트는 책상 위에 놓여 있는 바다가재의 껍질을 유심히 보다가 그것을 모방하여 철관을 만들 생각을 하게 되었는데, 그렇게 만들어 강 밑에 설치한 결과 이 문제를 만족하게 해결할 수 있었다.

아이삼바드 브루넬은 템스 강 터널 개통을 연구할 때, 첫 번째 힌트를 작은 좀조개한테서 얻었다. 그 조그만 생물이 튼튼한 머리로 나무 이쪽저쪽으로 구멍을 뚫어 마침내 큰 문을 만든 다음, 지붕과 옆 부분에 바니시 같은 물질을 바르는 모습을 본 것이다. 이것을 모방하여 브루넬은 마침내 실드공법을 만들어 그 위대한 공사를 완수할 수 있었다.

콜럼버스, 해조가 떠 있는 것을 보고, 신세계가 가까운 것을 알다

겉으로 보기에 이런 사소한 현상들 속에서 그 가치를 발견하는 것은 세심한 관찰자의 총명한 눈이다. 육지가 보이지 않는다고 선원들이 반란을 일으켰을 때, 콜럼버스는 아주 사소한 현상, 즉 때마침 배 옆에 떠 있던 해조(海藻)를 발견하고 그것을 가리키며 그들이 열심히 찾고 있는 신천지가 이제 멀지 않았다고 안심시켜 반란을 진정시킬 수 있었다.

이처럼 아무리 작은 일이라도 소홀히 해서는 안 되며, 아무리 하찮은 일이라도 그 의미를 주의 깊게 살피면 어느 면으로든지 유용하다. 알비온의 깎아지른 듯이 높이 솟아 있는 백악암(白堊巖)이 사실은 산호초를 만들어 바다를 장식하는 조그만 벌레 종류——현미경으로나 겨우 볼 수 있는——가 쌓인 것이라고 누가 생각할 수 있었을까? 이런 엄청난 결과가 한없이 조그마한 작용에서 일어난다는 것을 아는 사람이라면, 그 누가 조그마한 일들의 힘을 소홀히 할 수 있겠는가?

작은 일의 힘

예술, 과학 기타 모든 인생사에서 성공하는 비결은 작은 일을 유심히 관찰하는 데에 있다. 인간의 지식은 헤아릴 수 없이 많은 세대의 사람들이 작은 사실들을 축적한 것에 지나지 않는다. 사람들이 주의 깊게 저장해 둔 작은 지식과 경험이 마침내 거대한 피라미드로 성장하는 것이다.

이러한 많은 사실과 관찰은 처음에는 별로 중요하게 보이지 않지만, 나중에는 모두 쓸모가 있고 각기 그 분야에 적합한 역할을 한다. 외관상 실용에서 거리가 먼 것처럼 보이는 수많은 사색들이 결국은 극히 실용적인 결과의 기초임이 판명된다.

아폴로니오스가 주창한 원뿔 곡선론은 2천 년이 지난 뒤에야 천문학의 토대로 활용될 수 있었다.

콜럼버스

천문학은 근대의 항해자에게 망망한 대양 위에서 침로의 착오를 막아 주고, 하늘의 별을 기준으로 삼아 목표하는 항구에 도달하게 하는 중요한 학문이다. 그리고 만일 수학자들이, 알지 못하는 사람들에게는 아무 소용도 없어 보이는 선과 표면의 추상적인 관계에 대해 그토록 오랫동안 고생하며 연구하지 않았더라면, 빛을 보게 된 우리의 기계적 발명은 십중팔구 없었을 것이다.

프랭클린과 갈바니, 전기의 이치를 밝힌 일

미국의 과학자이자 정치가인 벤저민 프랭클린은 번개의 정체가 전기라는 것을 실험으로 확인했다. 그러나 당시 사람들은 "그래서 그게 뭐 어쨌는데?" 하고 비웃었다. 프랭클린은 이렇게 대답했다.

"어린아이가 어디에 쓸모가 있다고 생각하십니까? 지금은 어린아이지만 언젠가 훌륭한 어른이 될지도 모르지 않습니까!"

이탈리아의 생리학자 갈바니는 개구리 다리를 종류가 다른 금속에 동시에 접촉시키면 근육이 경련하는 것을 발견했다. 그러나 당시 사람들은 그것을 극히 사소한 사실로 간주하여, 거기에 전신기술의 싹이 숨어 있을지 모른다고 상상한 사람은 거의 없었다. 그러나 바로 그것이 전신을 발명하는 토대가 되어 대륙간에 통신을 할 수 있게 되었고, 몇 년이 지나지 않아 '지구를 하나로 이어 주는' 큰 결과를 이룬 것이다.

이와 마찬가지로, 땅에서 파낸 작은 돌조각과 화석을 지혜롭게 연구하여 해명하는 가운데 지질학이 탄생했고, 이를 바탕으로 많은 자본을 투자하고 실용적인 광산업이 발달하여 수많은 사람들에게 일자리를 제공하게 된 것이다.

증기의 힘을 밝혀낸 우스터 백작

갈바니

거대한 기계가 갱도에서 물을 퍼올리고, 제분기를 움직이고, 공장에서 물건을 만들고, 배와 기관차를 달리게 하는 데 사용된다. 이 거대한 기계는 몇 방울의 물에 열을 가하는 지극히 간단한 방법으로 발생하는 동력에 의존하는 것이니, 이것을 바로 증기라 부른다. 보통 주전자 주둥이에서 뿜어져 나오는 이것을 우리는 매일같이 보고 있다. 그러나 이 증기가 정교하게 설계된 기계 장치 속에서 사용되면, 수백만 마력에 필적하는 큰 힘을 발휘하여, 파도를 물리치고 태풍도 무색하게 하는 힘이 된다.

전해지는 얘기에 따르면, 런던탑에 갇혀 있던 우스터는 우연히 뜨거운 물을 담은 용기의 뚜껑이 튕겨져 나가는 것을 보고, 증기의 힘에 주목하기 시작했다고 한다. 그는 자신이 관찰한 결과를 《발명의 세기》라는 책으로 정리하여 발표했다. 이 책은 한동안 증기의 힘을 연구하는 사람들의 교과서가 되었는데, 이윽고 세이버리와 뉴커먼 등이 증기의 실용화를 꾀하여 증기기관을 탄생시키게 된다.

글래스고 대학에 보관되어 있는 뉴커먼의 증기기관을 수리해달라는 의뢰를 받은 사람이 바로 와트였다. 그는 이 우연한 행운을 천재일우의 기회로 보고 뛰어들어, 일생을 걸고 고성능의 증기기관을 완성시킨 것이다.

기회를 포착하고 기회를 만들라

기회를 붙잡아 우연한 일을 어떤 목적에 이용하는 것이 커다란 성공의 비결이다. 존슨은 천재적인 힘을 가리켜 "넓은 분야를 포용하는 큰 정신이 우연히 어떤 특정한 방향으로 향하는 것"이라고 정의했다. 스스로 자기의 길을 찾으려고 굳게 결심한 사람에게는 거기에 필요한 기회가 반드시 주어진다. 가까운 곳에 기회가 없어도 그들은 그것을 자기 힘으로 만들어 간다.

과학과 예술에서 큰 업적을 거둔 사람들은, 반드시 대학에서 공부하고 박물관과 미술관에 출입할 수 있는 혜택 받은 환경에서 살아온 사람들이 아니다. 위대한 기술자와 발명가는 결코 전문연구소에서 교육을 받은 자들이 아니다. 그런 의미에서는 편리한 시설이나 설비보다는 오히려 필요가 발명의 어머니요, 어려움이 위대한 성과를 낳을 수 있는 진정한 학교라고 할 수 있을 것이다.

유명한 기술자들의 보잘것없어 보이는 도구

뛰어난 기술자 중에는, 참으로 평범하기 짝이 없는 도구밖에 가지고 있지 않은 사람들도 많다. 그러나 '서툰 목수가 연장 나무란다'고 하듯이, 훌륭한 성과를 낳는 것은 좋은 도구가 아니라 그 사람 자신의 숙련된 기술과 끈기다.

영국의 화가 오피는 색채의 배합에 멋진 솜씨를 발휘했는데, 그 비결을 물었을 때 '나는 그림물감에 머리를 혼합했다'고 한다. 남보다 탁월한 기량을 발휘하는 연구자들은 모두 이런 사람들이다. 스코틀랜드의 과학자 퍼거슨은 흔해빠진 펜나이프 하나를 자유자재로 구사하여 놀랍도록 정교한 목제 시계를 만들어냈다. 누구나 펜나이프 하나 정도는 가지고 있지만, 그렇다고 누구나 퍼거슨처럼 되는 것은 아니다.

화학자 블랙은 물을 담은 냄비와 두 개의 온도계만을 사용하여 잠열(융해열이나 기화열을 가리킴)을 발견했다. 빛의 조성과 색의 기원을 해명한 뉴턴도 한 쌍의 프리즘과 렌즈, 그리고 두꺼운 종이 한 장을 이용했을 뿐이다.

수많은 발견을 통해 과학의 진보에 공헌한 우라스톤에게, 어느 날 외국의 저명한 학자가 찾아와서 연구실을 보여 달라고 부탁했다. 우라스톤은 작은 서재로 손님을 안내했다. 책상에는 낡은 차 쟁반이 놓여 있고, 그 안에는 회중시계의 뚜껑 유리 2, 3개, 시험지, 작은 천칭저울, 취관(화학실험 도구로 가스 불꽃에 공기를 불어넣기 위한, 직각으로 구부러진 금속관)이 들어 있었다. 그는 그 기구들을 가리키면서 말했다.

"이것이 나의 연구실의 전부입니다."

스토더드는 나비의 날개를 정밀히 연구하여 빛깔을 조합하는 기술을 배웠으며, 자기가 그 조그만 곤충에서 얻은 것이 얼마나 많은지 아는 사람은 아무도 없을 거라고 이따금 말하곤 했다.

화가 윌키에게는 타다 만 나무토막과 헛간의 문이 연필과 캔버스를 대신했다. 목판화가 베윅도 젊은 시절에는 오두막 집 벽에 백묵으로 그림을 그려 연습했다. 벤저민 웨스트가 사용한 최초의 그림붓은 손수 고양이 꼬리털로 만든 것이었다.

퍼거슨은 밤에 담요로 몸을 둘둘 감싸고 들판에 드러누운 채 자기 눈과 별 사이를 어림하면서 끝에 구슬을 매단 실로 천체도를 그렸다.

프랭클린은 2개의 작대기와 비단손수건으로 만든 연을 띄워 전기구름에서 전기를 얻는 데 성공했다. 와트도 해부하는 사람들이 해부 전에 동맥주사를 놓을 때 사용하는 주사기를 본떠 처음으로 증기기관의 모형을 제작했고, 기퍼드는 구두 수리공의 견습생 노릇을 할 때, 작은 가죽 조각을 두들겨 판판하게 만든 뒤 거기에 수학 문제를 풀었다. 천문학자 리튼하우스도 처음에는 그의 쟁기 손잡이 위에 일월식(日月蝕)을 계산했다.

우연히 학문을 시작한 리

사소한 일상의 사건이 연구의 계기나 암시를 주는 경우도 많다. 물론 그 당사자가 기민하게 이러한 기회를 포착하여 이용할 수 있어야 가능한 일이다. 동양학자 리 교수는 목수였을 때 어느 유태인 교회에서 긴 의자를 수리하다가, 우연히 히브리어로 된 성경을 발견하고 히브리어 공부에 관심을 가지게 되었다. 원문으로 된 이 책을 읽고 싶은 욕망에 사로잡혀, 그는 값이 싼 헌 히브리어 문법책을 사서 혼자 공부한 끝에 기어이 히브리어를 마스터하고 말았다.

스톤의 명언

가난한 정원사의 아들로서 어떻게 라틴어로 된 뉴턴의 《프린키피아》를 읽을 수 있게 되었느냐는 아길 공작의 질문에, 수학자 에드먼드 스톤은 다음과 같이 대답했다.

"사람은 알파벳 스물넉 자만 알면 자기가 원하는 건 뭐든지 배울 수 있습니다."

거기에 몰입과 인내, 그리고 기회를 활용하는 부지런한 자세만 있으면 모든 것을 이룰 수 있는 것이다.

무슨 일에서나 기회를 발견한 스콧

월터 스콧은 모든 일에서 자기 향상을 위한 기회를 발견하고, 아무리 사소한 일도 그것을 좋은 면으로 이용했다. 그는 이러한 능력을 발휘하여, 어느 작가의 조수로 일하던 중 처음으로 하일랜드를 방문하여 1745년의 전란에서 살아남은 용사들과 우정을 나누며 뒷날 쓰게 될 작품의 소재를 얻는다.

그 뒤 에든버러 경기병대의 보급관으로 일하다가 실수로 말에 걷어차여, 얼마 동안 집에서 요양을 해야 했다. 그러나 스콧은 게으름을 원수같이 여기고 용기를 내어 일을 하기 시작했다. 사흘 뒤에 그는 《마지막 음유 시인의 노래》의 첫머리를 짓고 얼마 뒤 완결하니, 그것이 그의 첫 작품이다.

14세에 화학을 지망한 프리스틀리

화학의 대가로서 많은 종류의 기체를 발견한 프리스틀리 박사는 양조장 이웃에 살다가 우연히 화학에 관심을 가지게 되었다. 어느 날 이 양조장을 찾아갔다가 발효하는 액체 위의 기포 속에서 가스가 반짝거리다가 사라지는 현상을 보게 되었다. 이때 그의 나이 40세였으나 화학에 대해서는 아는 바가 전혀 없었다. 그 현상에 대해 알아보려고 책을 뒤져 보았으나 별로 얻은 것이 없었다. 그때는 아직 그 원리가 해명되기 전이었던 것이다.

그리하여 그는 직접 만든 보잘것없는 기구로 실험을 하기 시작했다. 그의 첫 번째 실험의 이상한 결과로 계속 다른 실험을 하게 되었고, 그리하여 머지않아 그에 의해 기체 화학이라는 과학의 새 분야가 탄생했다. 거의 동시에 셸레가 저 멀리 스웨덴의 한 마을에서 같은 방향의 연구를 하여 몇몇 새로운 기체를 발견했는데, 그가 사용한 도구는 약국에서 쓰는 유리병 몇 개와 돼지 방광이 고작이었다.

잡동사니로 실험 도구를 만든 데이비 경

험프리 데이비는 약국에서 조수로 일할 때 말할 수 없이 엉성한 도구로 최초의 실험을 했다. 그는 우연히 자기 손에 들어오는 잡동사니로 대부분의 실험 도구를 만들었으니, 부엌에서 쓰는 그릇과 냄비, 그리고 약국 주인의 조제실에서 나오는 유리병과 용기 따위가 그것이었다.

험프리 패러데이

어느 날 프랑스 배가 가까운 해변에서 난파된 적이 있었는데 그때 살아남은 외과의사가 데이비에게 구식 주사기를 주었다. 데이비는 그것을 받고 크게 기뻐하며, 자기가 만든 기체 역학 도구의 일부로 사용하고, 나중에는 공기 펌프로 이용하여 열의 성질과 근원을 실험하는 데 썼다.

패러데이, 우연한 일에서 화학을 지망

험프리 데이비의 후계자인 물리학자 패러데이 교수도 한 개의 헌 병을 사용하여 처음으로 전기 실험을 시도했다. 이때는 그가 아직 제본 기술자로 일하고 있을 무렵이었다. 한낱 기술자가 과학을 지망하는 것은 드문 예이지만, 그 계기는 엉뚱한 일에서 시작되었다.

당시 패러데이는 백과사전 제본을 담당하고 있었는데, 일을 하다가 문득 '전기'라는 항목이 눈에 들어왔다. 흥미를 느껴 그 부분을 읽고 있는데, 그때 마침 왕립과학연구소 회원의 한 사람이 그곳에 들렀다.

그는 젊은 제본 기술자가 전기 문제에 관심을 가지고 있는 것을 알고, 왕립과학연구소에서 강연을 들을 수 있도록 허락해 주었다. 패러데이는 당장 연구소로 가서, 화학자 험프리 데이비의 전기에 대한 강의를 들었다. 그가 강의 내용을 기록한 노트를 데이비에게 보여 주자, 데이비는 그 기록의 과학적인 정확성에 깜짝 놀랐다. 그리고 패러데이가 한낱 제본 기술자라는 말을 듣고는 더욱 놀랐다.

패러데이가 본격적으로 연구하고 싶다는 희망을 털어놓자, 데이비는 처음에는 그런 생각은 버리라고 충고했다. 그러나 결국 젊은이의 한결 같은 정열에 설득되어 그를 조수로서 왕립과학연구소의 일원으로 받아들인다. 그리하여 그 똑똑하던 약국 집 소년의 망토는 똑똑한 제본공의 가치 있는 어깨를 덮어 주게 된 것이다.

데이비의 수첩에 적혀 있는 말

데이비가 약 20세 때 베도스 박사의 실험 연구실에서 일하고 있을 당시, 그가 수첩에 기록해 둔 다음과 같은 말은 그의 사람됨을 특히 잘 나타내 준다.

"나에게는 부도 권력도 없고, 나를 밀어 줄 가문의 배경도 없다. 하지만 내가 삶을 받은 이상, 인류에 대한 나의 봉사가 그런 모든 유리한 조건을 가지고 태어난 나의 친구들보다 못하지는 않을 것이다."

· 데이비는 어떤 주제를 여러 면에서 실용적으로 또 실험적으로 연구 조사하는 데 그의 모든 정신을 쏟을 수 있는 능력이 있었고, 패러데이 또한 그러했다. 그런 정신에 근면과 끈기 있는 사고력이 있으면 반드시 최고의 결과를 얻을 수 있는 것이다. 데이비에 대해 시인 콜리지는 이렇게 말했다.

"그의 정신에는 정력과 탄력이 있어서 모든 문제를 파악하고 분석하여 합리적인 결과를 이끌어낼 줄 안다. 일단 데이비의 정신 속에 들어간 주제는 모두 활력을 띠게 되고, 생동하는 생각들이 발밑에서 자라는 잔디처럼 파릇파릇 자라난다."

한편 데이비는 콜리지에 대해 다음과 같이 평가했다.

"가장 탁월한 천재와 폭넓은 시야, 그리고 섬세한 감성과 밝은 마음을 가진 그는 질서, 정확성, 규율을 따지지 않는 사람이 될 것이다."

우연한 계기로 동물학을 연구한 퀴비에

프랑스의 위대한 박물학자 퀴비에는 남달리 정확하고 세심하며 근면한 관찰자였다. 그는 어린 시절에 우연히 뷔퐁의 저서를 보고 박물학에 관심을 가

린네

지게 되었다. 그는 즉시 책에 있는 그림을 베끼고 본문의 설명에 따라 색깔을 칠하며 공부했다. 그가 학교 다닐 때 한 선생님이 그에게 린네의 《자연의 분류》라는 책을 준 일이 있는데, 그 뒤 10여 년 동안 그가 공부하는 방에 꽂힌 책이라고는 오직 그 책 한 권뿐이었다.

18세 때 퀴비에는 노르망디에 있는 어느 집에 가정교사로 들어가게 되었다. 집이 바닷가에서 가까웠기 때문에 그는 바다 생물의 놀라움을 가까이에서 관찰할 수 있었다.

어느 날 해변을 거닐다가 모래 위에서 오도 가도 못하고 있는 뼈오징어를 보았다. 그는 그 이상한 생물에 호기심을 느끼고 그것을 집으로 가져가 해부해 보았다. 이리하여 그는 연체동물을 연구하기 시작했고, 마침내 그 방면에서 탁월한 명성을 얻게 되었다.

그에게는 눈앞에 펼쳐져 있는 자연 외에는 참고할 서적이 아무것도 없었다. 매일같이 눈앞에 전개되는 새롭고도 흥미로운 재료가 글로 씌어지거나 그림으로 그려진 어떤 것보다 훨씬 더 깊은 인상을 준 것이다. 이렇게 3년이 지나는 동안, 그는 바다 동물의 살아 있는 종류를 근처에서 발견한 화석과 비교하거나, 우연히 발견한 바다생물의 표본을 세밀히 조사하고 주의 깊게 관찰하여 동물 세계의 분류를 완전히 혁신하는 길을 터놓았다.

이때쯤 유명한 학자 압베 테이시에가 퀴비에를 알게 되었다. 이 학자는 파리에 있는 주시외와 다른 친구들에게 이 청년이 연구하고 있는 문제를 알리면서 퀴비에를 추천했다. 그 덕분에 퀴비에는 그의 연구 원고를 박물학협회에 보내 달라는 요청을 받게 되고, 얼마 안 있어 식물원의 부원장으로 임명되었다.

테이시에가 주시외에게 이 젊은 박물학자를 소개한 편지에는 다음과 같은 말이 있다.

"자네가 다른 과학 분야를 연구하는 델랑브르(유명한 천문학자)를 학사회원으로 추천한 일을 기억하고 있을 걸세. 이 청년도 델랑브르 같은 대가가 될 것이 틀림없네."

테이시에의 예언이 딱 들어맞았다는 것은 말할 필요도 없다.

퀴비에의 명성은 점점 높아져서, 1800년 콜레주 드 프랑스에서 박물학 교수에 임명되었고, 뒷날 남작의 작위를 받았다.

스티븐슨

기회를 놓치지 말고 학문에 힘쓸 것

사람이 성공하는 길을 돕는 것은 우연이 아니라 확고한 목적의식과 꾸준한 근면이다. 나약하고 게으르며 아무 목적도 없는 사람에게는 아주 우연한 행운도 아무 소용이 없다. 이런 사람들은 그 속에 들어 있는 의미를 보지 못하고 그대로 지나쳐 버리기 때문이다. 그러나 늘 우리 앞에 나타나는 활동과 노력의 기회를 빨리 붙잡아 개선한다면 참으로 놀라운 업적을 이룰 수 있다.

와트는 수학 기구를 만드는 일에 종사하면서 화학과 기계학을 공부하고, 한편으로 스위스인 염색 기술자한테서 독일어를 배웠다. 증기기관차를 발명한 스티븐슨도 탄광에서 기계를 조작하면서 밤에는 수학과 측량술을 공부했다. 낮에도 식사 시간의 약간의 짬을 이용하여 석탄차 벽을 흑판 삼아 백묵으로 계산 연습을 했다.

물리학자 돌턴에게 근면은 어린 시절부터 몸에 밴 삶의 습관이었다. 그는 겨우 12세의 나이에 고향 마르의 학교에서 교사로 근무했다. 겨울에는 수업을 담당하고, 여름에는 아버지의 농장에서 일을 했다. 엄격한 퀘이커 교도 가정에서 태어났지만, 이따금 그는 친구들과 돈을 걸기까지 하면서 공부를 경쟁했을 정도였다. 어느 때는 어려운 문제를 훌륭하게 풀어 생각지도 않은 큰돈을 거머쥐었는데, 그는 그 돈으로 겨울철에 쓸 양초를 샀다고 한다.

돌턴은 죽기 하루 이틀 전까지도 기상학 관측을 계속했고, 그가 생애에 걸쳐 모은 자료는 무려 20만 점이나 된다.

시간의 조각들을 모아서 극대의 가치를 창조하라

잠시 동안의 여가도 헛되이 하지 않고 부지런히 노력을 계속하면, 그것이 쌓이고 쌓여 큰 성과로 이어진다. 매일 1시간씩이라도 뭔가 유익한 목적을 위해 사용한다면, 평범한 능력밖에 없는 사람도 반드시 한 가지 학문은 마스터할 수 있게 된다. 그리고 아무리 무지한 사람이라도 10년도 지나기 전에 몰라 볼 정도로 박식한 대인물로 변할 것이다.

배울 가치가 있는 지식을 흡수하고, 뛰어난 신념을 기르며, 좋은 습관을 기르는 데 시간을 사용해야 한다. 결실이 없는 생활을 계속하면서 시간을 낭비해서는 결코 안 된다.

명사, 흩어지는 시간을 모아서 대업을 이룬 예

수많은 책을 쓴 의사 메이슨 굿은 왕진을 위해 런던 거리를 마차로 달리는 중에도, 마차 안에서 고대 로마의 시인 루크레티우스의 시집을 번역했다고 한다. 다윈도 마찬가지로 마차를 타고 환자의 집을 다녔는데, 메모 용지를 꼭 가지고 다니면서 마음에 떠오른 아이디어를 그 자리에서 기록해 두었다가 뒷날 저서에 사용했으니, 그의 저서의 대부분은 이렇게 해서 탄생된 것이었다.

헤일은 순회재판으로 여기저기를 순회하는 동안 그의 명저 《사색록》을 썼으며, 음악가 찰스 버니가 프랑스어와 이탈리아어를 습득한 것은 제자에게 음악 레슨을 하러 가는 말안장 위에서였고, 시인 커크 화이트가 그리스어를 공부한 것은 근무하고 있던 변호사 사무실을 오가는 길에서였다.

그리고 우리가 잘 아는 고명한 사람 중에 심부름꾼으로 맨체스터 거리를 뛰어다니면서 라틴어와 프랑스어를 공부한 사람이 있다. 프랑스의 위대한 수상 중의 한 사람인 다게소는 여가를 소중하게 이용하여 식사를 기다릴 때마다 원고를 써서 작품을 완성했다. 장리 부인은 자기가 매일 지도하는 공주를 기다리는 시간을 이용하여 그녀의 아담한 저서 몇 권을 냈다.

미국의 언어학자 엘리휴 버릿은 이렇게 말했다.

"내가 성공한 것은 천부적인 재능 때문이 아니다. 나날의 얼마 안 되는 시간을 효과적으로 이용할 수 있었기 때문이다."

그는 생계를 유지하기 위해 대장장이로 일하면서 동서고금의 18개 언어와

22개의 유럽 방언을 마스터했다.

시간을 소중히 하라
"시간은 소멸하는 것이다. 그리고 그 책임은 전적으로 우리에게 있다."

옥스퍼드의 올 솔스 칼리지의 해시계에 새겨진 이 엄숙한 말만큼, 젊은이들에 대한 훈계의 말에 어울리는 것도 없을 것이다. 영원한 이 세상의 진리 중에서, 최소한 시간만큼은 우리의 자유 재량에 맡겨져 있다. 그리고 인생과 마찬가지로 시간도 한 번 지나가 버리면 다시는 되돌릴 수 없다.

엑세터 대성당의 잭슨 주교는 이렇게 말했다.

"과거에 아무리 방탕한 생활을 했어도 앞으로 착실하게 살려고 노력하면, 탕진한 재산은 메울 수도 있다. 그러나 '오늘 낭비한 시간을 내일의 시간을 빌려 메우면 된다'고 말할 수 있는 자가 과연 누가 있을까?"

루터의 동지 멜란히톤은 자기가 낭비한 시간을 수첩에 적어 두었는데, 이렇게 자기를 격려하면서 단 한 시간도 허비하지 않으려 했다. 이탈리아의 어느 학자는 "이 방에 들어오는 사람은 누구든지 나의 일을 도와주어야 합니다"라는 내용의 쪽지를 문 앞에 붙여 두었다고 한다.

신학자 백스터를 찾아온 사람들이 "당신의 시간을 방해할까봐 걱정됩니다" 하고 말하자, 이 솔직한 신학자는 시간 손실을 정말 불쾌히 여기고, "사실 방해가 됩니다"라고 대답했다. 위대한 일꾼과 그 밖의 많은 일을 한 사람들에게 시간은 재산이다. 그들은 그 시간을 잘 이용하여 풍요로운 사상과 행동의 보물을 창조하고, 그 혜택을 후세 사람들에게 남겨준 것이다

저술에 노고를 겪은 옛사람들
그들이 위업을 이루는 동안 겪은 노고는 이루 말할 수 없을 정도로 막심했으나, 그들은 그 노고를 이겨내야만 성공할 수 있다고 생각했다. 영국의 문학가이자 정치가인 조셉 애디슨은 《스펙테이터》(18세기 초에 에디슨과 스틸이 발행한 잡지)를 발행하기 전에 이미 2절판의 책 3권이 될 만한 원고가

준비되어 있었다. 뉴턴은 《연대기》를 쓸 때 열다섯 번이나 손질을 한 후 비로소 만족했으며, 기번은 《회고록》을 아홉 번이나 고쳐 썼다.

헤일은 여러 해 동안 매일 6시간씩 법률을 연구했는데, 연구하다 지치면 철학과 수학 책을 읽으면서 휴식을 취했다. 흄은 《영국사》를 저술할 준비를 위해 매일 13시간씩 글을 썼다. 몽테스키외는 자기 원고의 일부를 친구에게 보여 주면서 이렇게 말했다.

"자네는 몇 시간 안에 그것을 다 읽을 수 있겠지. 하지만 난 그것을 쓰느라고 머리가 다 세어 버렸다네."

기록 및 초고의 이점

생각이 깊고 연구심이 많은 사람들은 머리에 떠오른 사상과 보고들을 반드시 적어 두는 습관이 있다. 사실이 희미한 망각의 세계로 사라지기 전에 꼭 붙들어 두기 위해서다. 그러면 강하게 인상에 남아 중요한 것을 잊지 않을 수 있다.

베이컨은 수많은 초고를 남기고 죽었는데, 거기에는 '집필용으로 적어둔 그때그때의 단상'이라는 제목이 붙어 있었다. 어스킨은 버크의 저서에서 초록한 것이 많았고, 엘던은 쿡이 주해한 리틀턴의 법률책을 2번이나 베껴서 마치 자기 몸의 일부인 양 그 책을 훤히 꿰고 있었다.

파이 스미스는 젊은 시절 아버지 밑에서 제본 견습공으로 있었는데, 당시부터 자신이 읽은 책은 발췌하여 베껴 쓰고 자신의 비평도 적어 두는 습관을 길렀다. 평생토록 자료수집에 정열을 바친 그는 "늘 배우고, 늘 진보하며, 늘 지식을 쌓고 있었다"고 전기 작가가 말했을 만큼 노력가였다.

이렇게 기록해둔 메모장은 나중에 책을 쓸 때 리히터의 《퀴리즈》처럼 유용하게 사용되었는데, 수많은 그의 사례를 모은 훌륭한 보고가 된 것은 말할 것도 없다.

존 헌터

명의(名醫) 존 헌터도 좋지 않은 기억력을 메모로 보완했고, 틈만 나면 메모의 효용에 대해 얘기했다. 그는 이렇게 말했다.

"생각한 일이나 보고 들은 것을 기록해 두는 것은 상인이 재고 조사를 하는 것과 같다. 그렇게 하지 않으면, 자신의 가게에 무엇이 있고 무엇이 부족한지 전혀 알 길이 없지 않은가."

존 스튜어트 밀

관찰력이 예민하여 애버니디가 언제나 '아르고스(그리스 신화에 나오는 눈이 100개 달린 거인)의 눈'을 가진 사람이라고 말했던 존 헌터는, 인내와 근면의 힘이 크다는 것을 훌륭하게 증명해 준 사람이었다.

그는 약 20세가 될 때까지 거의 교육을 받지 못해 글을 읽고 쓰는 데도 힘이 들 정도였다. 얼마 동안 글래스고에서 목수로 일하다가, 런던에서 강사 겸 해부실습 지도원으로 근무하는 형에게 갔다. 형이 일하는 해부실에서 조수로 일하게 된 그는 얼마 지나지않아 형을 능가하기 시작했다. 이는 그에게 위대한 천부적 재능이 있기 때문이기도 하지만, 주로 그의 참을성 있는 몰입과 불굴의 근면에 의한 것이다. 그는 이 나라에서 최초로 비교 해부학에 헌신한 사람이었으며, 뒷날 저명한 교수 오웬이 그가 해부하고 수집한 것을 정리하는 데만도 거의 10년이나 걸렸다. 그가 수집한 종은 약 2만 점이나 되며, 한 사람이 근면한 노력으로 이처럼 많은 귀중한 보물 같은 재료를 수집한 예는 일찍이 없는 일이었다.

헌터는 매일 아침 해가 뜨는 시간부터 저녁 8시까지 박물관에서 시간을 보내거나, 세인트 조지 병원의 외과의사 겸 육군 의무차감으로서 자신의 모든 의무를 수행하면서, 광범위한 개인 일을 처리했다. 학생들에게 강의를 하고 자기 집에 차려 놓은 해부 실습소를 관리하는 바쁜 시간 속에서도, 틈만 나면 동물경제학에 대한 정밀 실험도 하고 과학적으로 중요한 여러 가지 저술도 하였다. 이처럼 막대한 양의 일을 해내기 위해 그는 점심 식사 뒤 1시간 동안 자고 밤에는 겨우 4시간을 잘 뿐이었다.

어떻게 해서 성공할 수 있었느냐는 질문에 그는 다음과 같이 대답했다.

"나는 무슨 일을 시작하기 전에 과연 그것이 내가 해야 할 일인지 아닌지에 대해 심사숙고한다. 그러므로 해야 할 일이 아니라고 판단되면 아예 시도조차 하지 않는다. 만약 내가 해야 할 일이라면 아무리 힘들어도 기어이 이뤄내고 만다. 일단 시작하면 끝까지 중단하지 않았고, 그것이 내가 일을 성취할 수 있었던 요인이다."

헌터, 물질의 정해진 정형을 흔들지 않고, 이것을 숙찰하다

헌터는 남들이 지극히 사소하게 여기는 일들에 대해서도 정확한 사실을 수집하는 데 많은 시간을 들였다. 예를 들면, 사슴뿔이 자라는 과정을 어찌나 세밀하게 연구하는지, 당대의 많은 학자들은 그가 시간만 낭비하고 있다고 생각했다. 그러나 헌터는 과학적인 정확한 지식은 반드시 그 가치가 있는 것이라고 확신했다.

그는 위에서 말한 연구에 의해 동맥이 어떻게 각 상황에 적응하는지, 그리고 필요에 따라 어떻게 확장되는지를 알게 되었다. 그렇게 해서 얻은 지식을 토대로 지맥 동맥류(動脈瘤)를 앓고 있는 환자를 치료할 때 대정맥을 이어 그 생명을 구하니, 이는 일찍이 아무도 감히 시도해 보지 못했던 일이다.

독창적인 사람들이 대부분 그렇듯, 그는 오랫동안 일을 하면서 남몰래 기초를 닦았다. 공감도 찬성도 얻지 못한 채 혼자서 스스로만 믿고 공부를 계속한 천재였으므로, 같은 시대의 사람들 중에서도 그가 추구한 일의 궁극적인 목적을 이해하는 사람은 거의 없었다. 그러나 모든 진정한 노력가의 경우처럼, 그는 최상의 보수, 즉 자기 양심의 동조를 얻었다. 그 최상의 보수를 얻는 것은 남들이 아니라 자기 자신에게 달려 있는 것이며, 마음이 올바른 사람에게는, 정직하고 정력적으로 의무를 완수하고 나면 반드시 양심의 동조가 따르게 마련이다.

파레

프랑스의 위대한 의사 앙브루아즈 파레도 세심한 관찰력과 끈기 있는 집념, 그리고 불굴의 인내심이 있었던 사람이다. 그는 1509년 메인 지방의 라발에서 이발사의 아들로 태어났다. 그의 부모는 너무 가난하여 그를 학교에 보낼 수 없었기 때문에, 마을의 학식 있는 목사 집에 심부름꾼으로 보내 스스로 뭔가 배우도록 했다. 그러나 목사는 말을 돌보는 일을 비롯하여 여러 가지 잡일로 그에게 한시도 여유를 주지 않았기 때문에, 도무지 공부할 시간이 나지 않았다.

파레가 그렇게 바쁜 나날을 보내던 어느 날, 방광 결석 적출술로 유명한 코토가 라발에 와서 목사의 친구를 수술하게 되었다. 이 수술을 하는 동안 파레는 옆에서 수술 광경을 볼 수 있었는데, 이때의 수술에 깊은 감명을 받아 외과의사가 되려는 결심을 굳히게 되었다. 목사의 집에서 나온 파레는 비알로라는 이발 외과의사(이발, 발치,

앙브루아즈 파레

사혈 등을 겸하는 당시의 직업)의 조수가 되어 피를 뽑는 기술과 이를 뽑는 기술, 그 밖의 작은 수술 기술을 배웠다. 거기서 4년 동안 경험을 쌓은 그는 파리로 가 이발업으로 생계를 유지하면서, 해부학과 외과 수술을 가르쳐 주는 학교에 다녔다. 이어서 의료국의 조수로 채용되어 일하게 되었는데, 그의 행동이 모범적이고 실력이 나날이 늘자, 외과 부장은 자신이 감당할 수 없는 환자를 그에게 맡겼다.

파레는 정규 과정을 밟아 일등 이발 외과의사 면허를 받고, 그 뒤 곧 피드몬트 지방 몽모랑시 지휘 아래에 있는 프랑스군 군의관으로 임명되었다. 파레는 남들이 한 것을 답습하지 않고 자신의 일상 의무를 수행하는 데 열성과 독창적인 재능을 발휘하면서, 혼자 힘으로 질병의 원인을 알아내어 적절한 치료를 했다. 그가 그 병원에 오기 전까지는 부상병들은 군의관의 치료를 받을 때 적에게 당한 고통보다 더 큰 고통을 겪어야 했다. 군의관들은 총상에 의한 출혈을 막기 위해 펄펄 끓는 기름으로 상처를 닦거나 시뻘겋게 단 쇠로 지졌으며, 절단이 필요할 때도 빨갛게 단 칼로 수술을 하는 식의 야만적인 방법을 썼다.

처음에는 파레도 재래식 방법으로 상처를 치료했는데, 어느 날 끓는 기름이 다 떨어져서 좀더 순한 치료를 해 보았다. 부드러운 치료를 한 것이 혹시 잘못 되지 않을까 걱정이 되어 밤새도록 잠을 이루지 못했다. 그러나 다음 날 아침 자기가 치료한 환자들은 비교적 편안해하는데, 재래식 방법으로 치료한 환자들은 아파서 뒹굴고 있는 것을 보고 크게 안심이 되었다.

이리하여 총상 치료의 개량된 방법을 개척하게 된 파레는, 그 뒤에도 계속

5 도움과 기회―과학적 연구 155

샤를 5세

순한 치료법을 썼다. 그가 이룬 또 하나의 중요한 개선책은 출혈을 막기 위해 동맥을 이을 때 인두를 쓰지 않고 봉합실을 쓴 점이다.

그러나 파레는 개혁자들이 늘 마주치는 운명에 부딪혀야 했다. 동료 외과의사들이 들고 일어나, 그 방법은 위험하고 비전문적이며 실험적인 의술이라고 하면서 단결하여 채택을 반대하는 것이었다. 그들은 파레가 교육도 제대로 받지 못한데다 라틴어와 그리스어도 모르는 의사라고 헐뜯었다. 그리고 옛날 서적에서 예증을 인용하며 공박했으나, 파레에게는 그것을 반증하고 반박할 능력이 없었다. 파레가 할 수 있는 가장 유력한 대응은 새로운 치료법으로 환자를 잘 고쳐 주는 길뿐이었다.

부상병들은 도처에서 파레를 찾았고, 파레는 언제나 그들 곁에서 봉사를 아끼지 않았다. 그리고 정성을 기울여 주의 깊게 치료한 다음, 그들의 곁을 떠나면서 이렇게 말하는 것이었다.

"나의 치료는 끝났소. 나머지는 하느님께서 당신을 치료해 주실 것이오."

군의관으로 3년을 복무한 뒤 파리로 돌아왔을 때, 파레는 즉시 국왕의 시의로 임명될 정도로 명성이 높아져 있었다.

이때 샤를 5세 지휘 아래에 있는 에스파냐 군대가 메스를 포위 공격하여, 수비대는 매우 큰 손실을 입고 많은 부상자를 냈다. 군의관의 수는 부족하고 그나마 기술도 서툴러서, 에스파냐 군에게 죽는 수비대원보다 외과의사의 서툰 치료 때문에 죽은 사람이 더 많을 정도였다.

수비대를 지휘하던 기즈 공작은 왕에게 청원서를 보내 파레를 파견해 달라고 요청했다. 용감한 의사 파레는 즉시 출발하여, 위험한 고비를 숱하게 넘기면서 적의 포위망을 뚫고 무사히 메스에 도착했다. 공작과 장군들, 그리고 모든 장교와 사병들은 그를 열광적으로 환영했다. 사병들은 파레가 왔다는 소식을 듣고 "이제는 부상으로 죽을 염려가 없게 되었다. 우리의 친구가 왔으니까" 하며 좋아했다.

이듬해 파레는 또 포위된 에댕 시에서 근무하다가 도시가 사보이 공작에게 함락되는 바람에 포로가 되었다. 그러나 중상을 입은 적군의 요직 장교 한 사람을 치료해 준 공으로, 포로 배상금도 면제받고 파리로 돌아올 수 있었다. 파레는 연구와 자기 계발, 그리고 두터운 신심 속에서 선행을 베풀며 남은 삶을 보냈다.

같은 시대의 몇몇 저명한 학자들이 그의 수술 경험들을 기록하여 책자로 출판하기를 간청하자, 그는 그것을 기록해서 여러 번에 걸쳐 모두 28권의 책으로 출판했다. 이 책에 실린 증상과 수술의 실례는 실로 방대하며, 관찰에 바탕을 두지 않은 단순한 이론에 의한 처치는 피했으므로, 대단히 귀중하고 뛰어난 책이 되었다. 비록 신교도이기는 하지만 파레는 계속 국왕의 시의로 남아 있었다.

그리고 성 바돌로뮤 대학살 때 그가 살아남게 된 것은 샤를 9세와의 개인적인 친분 덕택이었으니, 전에 샤를 9세가 서툰 외과의사에게 사혈(死血) 수술을 잘못 받아 위험한 지경에 있는 것을 파레가 살려준 적이 있었기 때문이었다. 브란톰은 바돌로뮤 대학살이 있던 날 밤, 왕이 파레의 목숨을 구해 주는 상황을 《회고록》에 다음과 같이 기록하고 있다.

"왕은 즉각 파레를 궁중으로 불러들여 밤새 자기의 의상실에 들어가 있게 했다. 그리고 조금도 걱정하지 말고 가만히 있으라고 했다. 그토록 많은 사람들의 생명을 구해 준 사람이 학살당한다는 것은 당치도 않은 일이라는 것이었다."

이렇게 하여 파레는 그 무서운 밤, 죽음을 면하고 장수와 명예를 누리며 평화롭게 살다가 세상을 떠났다.

피의 운행을 밝혀낸 하비

하비는 지금까지 우리가 예로 든 어느 누구에 못지않은 불굴의 노력가였다. 그는 혈액이 우리 몸속을 돌고 있다는 사실을 최초로 발견한 의사이다. 하비는 그 설을 공표할 때까지 8년 이상 연구를 계속하면서, 신중하게 실험을 되풀이하여 자신이 발견한 것의 정당성을 확인했다. 왜냐하면, 그 설은 당시의 학계에서 맹렬한 반박을 받을 것이 뻔했기 때문이다.

하비는 마침내 자신이 발견한 것을 한 권의 책으로 써서 공표했다. 그 논문은, 표현은 온화하지만 논지는 단순명쾌하고 설득력이 흘러 넘쳤다. 그러나 그를 기다리고 있는 것은 비웃음뿐이었다. 하비의 설은 미치광이 사기꾼의 헛소리로 치부되어, 한 사람의 경청자도 얻지 못한 채 온갖 욕만 먹게 되었다.

한동안 하비의 설을 지지하는 사람은 한 사람도 나타나지 않았다. 그의 귀에 들어오는 것은 모욕과 경멸의 말뿐이었다. 그는 존경스러운 의학의 권위에 의문을 던진 발칙한 인물로 간주되었고, 그의 학설은 성서의 권위를 떨어뜨리고 도덕과 종교를 뿌리째 뒤흔드는 것이라고까지 폄하되었다.

그리하여 그의 학설은 여전히 인정받지 못했고 의사로서의 직업도 생각대로 순조롭지가 않았다. 친구들도 대부분 그의 곁을 떠났다.

그리고 몇 년이 지났다. 마침내 사리 분별이 있는 사람들 사이에서 그의 설이 서서히 인정받기 시작했다. 그러나 하비가 모든 역경 속에서 고수한 이 위대한 진리가 과학적으로 실증되어 널리 인정받게 되는 데는 25년의 세월을 더 기다리지 않으면 안 되었다.

종두를 발명한 제너

하비에 못지않은 고난을 겪은 사람은, 천연두 예방법으로 우두를 발견하여 그것을 세상에 널리 알리려고 한 에드워드 제너이다. 당시에는 이미 우두(소가 걸리는 두창)의 존재가 알려져 있었고, 그가 태어난 영국의 글로스터셔 지방에서는 쇠젖을 짜는 여자들 사이에 '우두에 걸린 적이 있는 사람은 천연두에 걸리지 않는다'는 설이 널리 퍼져 있었다.

그러나 의학계에서는 그 설을 아무런 근거도 없는 하찮은 소문일 뿐이라고 일축하고, 아무도 그 진위를 확인하려 하지 않았다. 제너가 이 문제에 주목하기 시작한 것도 처음에는 우연한 계기에서였다.

젊은 시절, 제너는 소드버리에서 한 의사의 조수로 지내면서 연구를 계속하고 있었다. 그때 마침 마을 처녀가 진찰을 받으러 왔다. 의사가 천연두라고 진단하자, 처녀는 놀란 듯이 고개를 옆으로 저었다.

"천연두라고요? 그럴 리가 없어요. 저는 우두에 걸린 적이 있는걸요."

무심한 처녀의 말은 제너의 마음을 당장 사로잡았다. 그는 곧장 이 문제에 대해 조사하고 연구하기 시작했다.

제너는 우두가 천연두 예방 효과를 가지는 것이 아닌가 하는 견해를 동료 의사들에게 털어놓았다. 그러나 의사들은 그 생각을 비웃었

에드워드 제너

을 뿐만 아니라, 그런 엉뚱한 설을 주장하여 동업자를 계속 난처하게 만든다면 의사의 세계에서 쫓아내는 수밖에 없다고 그를 위협까지 했다.

그 뒤 제너는 런던으로 가서 명의 존 헌터의 제자로 들어갔다. 그것이 그에게는 행운이 되었다. 제너가 헌터에게 자신의 견해를 얘기하자 이 고명한 해부학자는 이렇게 대답했다고 한다.

"생각만 하지 말고 노력해 보게. 오직, 인내심을 가지고 정확하게 해야 하네."

제너는 이 충고에 용기를 얻었다. 학문 연구의 진수가 무엇인지 헌터의 말을 통해 깨달은 것이다.

그는 고향으로 돌아갔다. 그리고 의사로서 일하는 한편, 그 뒤 20년 동안 천연두 예방 연구를 계속했다. 제너는 자신의 발견이 옳다는 것을 믿고 있었기 때문에, 아들에게도 3번에 걸쳐 백신 접종을 시험했다.

마침내 연구 성과를 발표할 때가 왔다. 제너는 23명에게 접종하여 실험에 성공했고 천연두의 전염을 예방할 수 있음을 확신했다. 그것을 그는 70쪽의 책으로 상세하게 기록하여 1798년에 발표했다. 제너가 종두에 대해 확고한 생각을 가지기 시작한 것이 1775년이니까, 이 날을 위해 20여 년을 연구에 바친 셈이다.

그러면 제너의 이 발견은 사람들에게 어떻게 받아들여졌을까? 말할 것 없이 처음에는 묵살당했고, 다음에는 노골적인 비방이 돌아왔다. 제너는 종두

의 효능을 설명하고 전파하기 위해 런던으로 갔다. 제너는 당시 런던 의학계에서도 완전히 배척당하며 3개월 가까이나 헛된 노력을 계속하다가, 실망을 안고 고향으로 돌아올 수밖에 없었다.

그뿐만이 아니었다. 제너의 의도가 왜곡되어 세상에 전해지는 바람에, 중상과 적대감에 시달려야 했다.

"그 자는 쇠젖에서 나오는 병균을 인체에 접종하여 인간을 동물로 타락시키려 하고 있다."

목사들은 종두가 '마법이나 요술 같은 것'이라며 비난했다. 종두를 접종한 아이는 '얼굴이 소처럼 변하고' '이마가 붓고 뿔이 나며' '목소리까지 소와 똑같아진다'는 소문이 그럴듯하게 번졌다.

어떤 마을에서는 종두를 받은 남자가 길을 걷고 있었는데, 마을 사람들이 돌팔매질을 하여 그 남자는 집 안으로 뛰어 들어가지 않을 수 없었다.

그러나 제너의 방법에는 확실한 효과가 있었기 때문에, 이러한 격렬한 반대에도 불구하고 종두를 믿는 사람들이 점차 늘어났다. 귀족 여성인 듀시 부인과 버클리 백작부인의 이름은 후세에 길이 회자될 정도로 존경을 받고 있다. 왜냐하면, 이 두 부인은 자신의 아이들에게 과감히 종두를 맞혔기 때문이다. 귀족 계급의 이러한 행위는 당시의 편견을 타파하는 계기가 되었다.

이리하여 의학계의 평판도 점차 바뀌기 시작했다. 드디어 종두의 중요성이 인정받게 되자, 제너의 성과를 가로채려는 의사까지 나타났다. 그러나 결국은 제너의 주장이 받아들여져, 그는 종두의 최초의 발견자로서 세상의 존경을 받게 된다.

제너는 성공의 정점에 도달한 뒤에도 불우한 무명 시절의 겸허함을 잃지 않았다. "런던에 가서 병원을 개업하면 연수(年收) 1만 파운드는 틀림없다"는 권고를 받았을 때, 그는 단호하게 이를 거절했다.

"나는 젊은 시절부터 골짜기의 길을 걷듯이 조용하고 검소한 생활을 추구했습니다. 그런데 인생의 황혼에 접어든 지금에 와서 어떻게 자신의 몸을 산꼭대기로 끌고 올라가겠습니까? 부와 명성을 쫓는 것은 나에게 어울리는 생활이 아닙니다."

제너의 생전에 우두 접종은 모든 문명국가에서 채택되었고, 그가 세상을 떠날 때쯤에는 세계 곳곳의 사람들이 그를 인류의 은인으로 인식하게 되었다. 퀴비에는 다음과 같이 말했다.

찰스 벨

"금세기의 유일한 발명인 우두는 역사에 영원히 이름을 남기게 될 것이다. 그러나 이것은 학회의 문을 20번이나 두드린 후에 인정을 받을 수 있었다."

신경을 연구한 벨

찰스 벨이 신경 계통에 대한 새로운 학설을 발표하는 과정에도 제너에 못지않은 인내와 끈기가 필요했다.

신경의 기능에 대해서는 당시 다양한 설이 뒤섞였지만, 이 분야의 연구는 3천 년 전 고대 그리스의 학자 데모크리토스와 아낙사고라스가 시작한 이래 거의 진보하지 않고 있었다.

벨은 오랫동안 주의 깊게 정밀한 실험을 되풀이하여, 그것을 토대로 한 독자적인 견해를 1821년부터 일련의 논문으로 계속 발표했다. 그 논문 속에는 하등생물부터 동물계의 왕인 '인간'에 이르기까지 신경계의 발달이 치밀하게 추적되어 알기 쉽게 해설되어 있었다.

벨은 척수신경(脊髓神經)에는 두 가지 작용이 있으며, 그것은 척수의 두 개의 뿌리에서 시작되고, 한쪽 뿌리에서 시작된 신경은 인간의 의사를 전달하고, 다른 한쪽 뿌리에서 시작된 신경은 감각을 전달한다는 것을 밝혀냈다.

벨은 40년 동안 마음속에 계속 품어온 이 사실을, 1840년 마지막 논문을 통해 영국학사원에 제출했다. 그러나 하비나 제너와 마찬가지로 그도 처음에는 조소와 반론의 세례를 받았다.

그는 잇따라 발표한 논문 때문에 개업의로서의 명성을 유지하기가 어려웠고, 결국 한 사람의 환자도 찾아오지 않게 되었다. 그러다가 그의 학설의 진가가 점차 인정을 받게 되자, 거꾸로 '내가 그 학설의 첫 번째 발견자'라고 주장하는 자가 나라 안팎을 가리지 않고 대거 등장했다.

우여곡절 끝에 벨의 업적은 결국 학계의 정설로 완전히 승인받게 되었다. 죽음의 병상에 누워 있던 박물학자 퀴비에도, 자신의 얼굴이 한쪽으로 일그러진 것을 손가락으로 가리키며 간호사에게 이렇게 말했다.

"이 증상은 벨의 이론이 옳다는 것을 증명하고 있다."

신경의 연동운동을 밝혀낸 홀

신경 계통에 대해 이에 못지않게 공헌한 사람으로 마셜 홀 박사가 있다. 후세 사람들은 반드시 그의 이름을 하비와 헌터, 제네, 벨 등과 나란히 기억할 것이다. 그는 길고 유익했던 전 생애에 걸쳐, 세밀하고도 주의 깊은 관찰을 계속하며 겉으로 보기에 아무리 사소한 사실도 그대로 넘겨 버리는 법이 없었다. 그는 연동신경계를 발견하여 과학자들 가운데 그 이름을 영원히 남기게 되었다. 그런데 그 중요한 발견은 극히 평범한 일에서 비롯되었다.

어느 날 소라고둥의 폐의 혈액 순환을 연구하던 중, 그 머리를 잘라 책상 위에 놓고 꼬리를 자르려 하다가 우연히 외피를 찌르니, 이것이 힘차게 움직이면서 여러 가지 형태로 꿈틀거리는 것이었다. 근육과 근육 신경은 전혀 건드리지 않았는데 어째서 이렇게 움직이는 것일까? 이와 같은 현상은 새삼스러운 것이 아니었지만, 그 원인을 끈질기게 파고 든 사람은 홀 박사가 처음이었다. 이때 그는 이렇게 외쳤다.

"이 현상의 원인을 알아내어 분명히 밝혀낼 때까지 결코 중단하지 않겠다."

그는 그 뒤 실험과 화학적 연구를 반복하며 이 문제를 계속 파고들었다.

한편, 홀은 바쁜 개업의 생활을 하면서 세인트토머스 병원과 몇몇 의과대학에서 강의를 담당하고 있었다. 믿을 수 없는 이야기이지만, 그렇게 애써 작성한 그의 보고서는 왕실 학술원에서 줄곧 거절당하다가 17년 뒤에야 받아들여졌다. 국내외의 과학자들은 그때서야 비로소 홀의 견해가 옳다는 것을 인정한 것이다.

신행성(新行星)을 처음으로 발견한 허셜

윌리엄 허셜

분야는 다르지만 마찬가지로 과학에서 뛰어난 불굴의 힘을 보여준 사람으로 윌리엄 허셜이 있다. 그의 아버지는 독일의 가난한 음악가였는데, 네 아이들에게 모두 음악 교육을 시켰다. 허셜은 생활비를 벌 목적으로, 영국으로 건너가 더햄 민병연대의 군악대에서 오보에를 연주했다. 이 연대는 동커스터에 주둔하고 있었는데, 밀러 박사가 우연히 허셜의 바이올린 연주를 듣고 그 재능에 감탄하여 그와 만나기를 청했다.

박사는 이 청년에게 민병대를 그만두고 당분간 자기 집에 와서 머무르라고 권했다. 허셜은 이 권유를 받아들여, 동커스터에 머무는 동안 주로 음악회에 나가 바이올린을 연주하면서 틈틈이 밀러 박사의 서재에서 공부를 했다. 그러던 중 헬리팩스 교구 교회에서 큰 오르간을 새로 설치하고 오르간 연주자를 모집하자, 이에 응모하여 채용되었다. 이후 예술가로서 이리저리 방랑 생활을 하다가 배스로 가게 되어, 그곳에서 펌프룸 악단의 단원으로 일하는 한편, 옥타곤 교회에서 오르간을 연주하기도 했다.

허셜은 그 당시 천문학계에서 여러 가지 새로 발견된 사실들에 마음이 끌렸다. 강한 호기심을 느낀 허셜은 한 친구한테서 2피트짜리 망원경을 빌렸다. 이리하여 과학에 관심을 갖게 된 이 가난한 음악가는 아예 망원경을 하나 사볼까 하고 마음을 먹었다. 그런데 런던의 상점이 너무나 엄청난 값을 요구하여, 자기 손으로 망원경을 한 대 만들어 볼 결심을 했다.

망원경의 구조를 알고 망원경의 중요한 부분인 오목거울을 만드는 데 얼마나 많은 기술이 필요한지 아는 사람은, 그것이 얼마나 힘든 일인지 알 수 있을 것이다. 허셜은 오랫동안 고생한 끝에 길이 5피트짜리 망원경을 만들어, 그것으로 토성의 고리와 그 위성을 관찰할 수 있게 되었다.

허셜은 이 성공에 만족하지 않고 계속 노력하여 길이 7피트, 10피트, 그리고 결국 20피트나 되는 망원경까지 만들어 냈다. 길이 7피트의 망원경을 만들 때는 마음에 들 때까지 200여 개나 되는 반사거울을 만들어 시험했다고 하니, 허셜의 남다른 불굴의 노력을 짐작할 수 있다. 망원경을 가지고 천

윌리엄 스미스

체를 연구하면서도, 그는 생계 때문에 펌프룸 악단에 나가 유행을 찾는 손님들 앞에서 오보에를 불어야 했다. 천문 관찰에 열중한 그는 연주하다가 쉬는 시간에 살짝 빠져나가, 집에 가서 잠깐 망원경을 만진 뒤 다시 돌아가서 오보에를 연주하곤 했다.

이러한 오랜 노력이 결실을 맺어, 허셜은 결국 태양계의 제7행성인 천왕성을 발견하고, 그 궤도와 운행 속도를 상세히 측정하여 결과를 영국학사원에 보고했다. 이리하여 한낱 오보에 연주자였던 그는 하루아침에 각광을 받기 시작했고, 천문대장으로 임명되어 조지 3세의 특별한 총애를 받으며 평생 동안 그 자격을 유지했다. 그런데 그의 이러한 명예 속에서도 온화하고 겸허한 인품은, 변하는 일이 없었다. 이와 같이 역경 속에서 과학에 종사하여 탁월하게 성공한 인물의 예는 동서고금의 전기 속에서도 찾아보기 힘들 것이다.

지질학에 뛰어났던 윌리엄 스미스

영국 지질학의 아버지인 윌리엄 스미스의 일생은 허셜만큼 알려지진 않았지만, 근면과 노력의 모범이자 부지런한 기회의 개척자로서 그에 못지않게 흥미롭고 교훈적이다. 스미스는 1769년 옥스퍼드셔의 처칠에서 소지주의 아들로 태어났다. 어린 나이에 아버지를 여의고 학교 교육도 제대로 받지 못했다. 거기에는 그의 방랑 기질과 게으른 습성도 한몫 했다.

어머니가 재혼한 뒤에는 역시 농부인 그의 삼촌이 맡아 길렀다. 삼촌은 이 소년이 이리저리 돌아다니기를 즐기고 근처에 흩어져 있는 괴상한 모양의 돌을 수집하는 버릇을 못마땅하게 생각했으나, 어쨌든 필요한 책을 몇 권 사주어 기하학과 측량술의 기초를 독학할 수 있게 해주었다. 이 소년에게 토지 측량에 대한 소질이 있음을 알았기 때문이었다.

스미스는 어린시절부터 날카롭고 정확한 관찰력을 가지고 있었고, 한 번 본 것은 결코 잊는 일이 없었다. 정식 교육을 받지 않았음에도 스스로 제도법을 익히고 측정과 측량 기술을 터득하였다. 이렇게 독학하며 노력하는 가운데 상당히 능숙한 기술자가 되어, 그 지방의 유능한 측량사의 조수로 채용되었다. 그 일에 종사하다 보면 늘 옥스퍼드셔와 그 근방을 돌아다녀야 했다.

스미스는 먼저 자기가 돌아다니며 측량한 지방의 여러 토질과 지층의 위치, 특히 청색 석회암과 그 위의 암석층과 관련된 붉은 흙의 성질을 자세히 살폈다. 또 수많은 탄광을 측량하면서 더 많은 경험을 얻을 수 있었다. 이리하여 겨우 23세 때 이미 지층의 모형을 만들 궁리를 하기 시작했다.

글로스터셔에 운하를 개설하느라고 땅을 수평으로 다지는 일을 하던 중, 이 지방의 지층에 대한 대체적인 윤곽이 스미스의 머리 속에 그려졌다. 스미스는 석탄 위의 지층은 수평이 아니라 한 방향, 즉 동쪽으로 기울어져 있으며, 마치 버터를 바른 빵을 포개 놓은 모양일 것이라고 생각했다. 평행하는 두 계곡의 지층을 조사해 보니 적토, 청색 석회암, 사암, 어란상(魚卵狀) 석회암이 모두 동쪽을 향해 아래로 기울어져 있고 비늘 모양으로 서로 자리가 물려 있어서, 자신의 생각이 옳다는 것을 확신할 수 있었다.

이어서 스미스는 잉글랜드와 웨일스의 운하를 직접 조사하는 임무를 맡게 되자, 자신의 견해를 더욱 큰 규모로 입증할 수 있었다. 멀리 배스에서 뉴캐슬온타인까지 답사하고 시롭셔와 웨일스를 거쳐 돌아오는 도중에, 그 날카로운 눈으로 모든 것을 자세히 살펴보았다. 일행과 함께 돌아다니며 여러 지방의 토질 양상과 구조를 예리하게 관찰하여, 나중에 참고로 하기 위해 내용을 기록해 두었다.

그는 우편 마차로 요크에서 뉴캐슬까지 여행하는 중에, 동쪽으로 5마일에서 15마일이나 떨어져 있는 백악과 어란상 석회암의 산악을 보게 되었다. 그는 거리가 멀었음에도 불구하고 그 산의 형태와 위치로 성질을 추측하고, 도중에 이따금 볼 수 있는 청색 석회암과 적토가 들어 있는 표면의 구조를 알아보았으니, 그의 지질학적 관찰력이 얼마나 예민했던가를 알 수 있다.

스미스가 관찰한 대체적인 결과는 다음과 같았다. 영국 서부의 암석지대는 대체로 동쪽이나 동남쪽으로 기울어져 있고, 석탄 위의 붉은 사토(砂土)와 이회토(泥灰土)는 청색 석회암과 점토층, 그리고 석회암 아래를 통과하고 있으며, 그것이 또 모래와 황색 석회석 및 점토층 아래를 통과하면서 코츠월드의 고원 지대를 형성하고, 이어서 영국 동부를 점유하고 있는 거대한 석회층 아래를 통과하고 있다는 것이었다.

스미스는 점토와 사토와 석회석의 각 지층에 각각 특별한 종류의 화석이 있음을 관찰하고, 그것을 깊이 연구 조사하여 일찍이 아무도 알지 못했던 결론에 도달했다. 이런 여러 지층에 있는 해양생물의 여러 화석은 그 시대의 해저의 생태를 분명히 보여 주는 것이고, 진흙과 사토와 백악 같은 각 지층은 그 지질사의 각 시대를 나타낸다는 내용이었다.

스미스는 이 생각에 몰두하여 다른 일에는 전혀 신경을 쓰지 않았다. 이미 '지층 스미스'라고 불리던 그는 운하위원회, 군회(郡會), 그리고 농업협회 따위의 모임에서도, 언제나 자신의 마음에서 떠나지 않고 있는 이 문제에 대해서만 얘기했다. 비록 과학계에는 전혀 알려지지 않았지만, 사실 그는 위대한 발견을 한 것이었다.

스미스는 영국의 지층도를 작성할 계획이었으나, 거의 6년 동안 서머싯셔의 석탄운하 공사에 종사하게 되어 사정이 여의치 못했다. 그러나 그 동안에도 관찰을 계속하여 토지의 내부 구조에 통달했고, 외형만 보고도 지층의 성질을 정확하게 알 수 있게 되었다. 그래서 광대한 토지의 배수에 대한 자문이 들어오면 그 지질학적 지식으로 어김없이 성공을 거두니, 그의 명성은 더욱 더 높아졌다.

어느 날 그는 새뮤얼 리처드슨 목사가 소장하고 있는 화석의 진열품을 보게 되었다. 그런데 그는 목사가 분류해 놓은 것을 다 허물어버리더니, "이것은 청색 석회암에서 나온 것이고, 이것은 겹쳐져 쌓인 사암에서 나온 것이며, 이것은 표토에서 나온 것이고, 이것은 배스의 건축석에서 나온 것이다"라며 즉각 다시 분류 정리해 놓아 목사를 깜짝 놀라게 했다. 목사도 그 자리에서 그때까지의 생각을 버리고 윌리엄 스미스의 주장을 믿었다.

그러나 당시 지질학자들은 그의 주장을 쉽사리 믿지 않았고, 한낱 이름 없는 측량사의 말에 귀를 기울이려 하지 않았다. 그러나 윌리엄 스미스에게는 지구의 속을 들여다보는 눈이 있어서 그 구조와 골격을 선명하게 볼 줄 알았고, 그 조직을 훤히 꿰뚫고 있었던 것이다.

배스 부근의 지층에 대한 그의 지식이 어찌나 정확했던지, 어느 날 저녁 목사 조지프 타운젠드의 집에서 리처드슨에게 지층의 상태를 위에서부터 차례로 설명하는데, 백악층에서 석탄층 아래에 이르기까지 도합 23층을 열거

했다. 이 가운데 석탄층 이하는 당시까지 알려지지 않은 것이었다. 그 밖에도 몇 층의 암석층에서 캐낸 화석 가운데 중요한 것을 표로 작성하여 첨가하였고, 이것이 1801년에 책으로 출판되어 널리 알려지게 된다.

이어서 스미스는 자신의 힘이 닿는 한, 배스에서 먼 곳까지 범위를 넓혀 지층을 조사해 보기로 결심하였다. 여러 해 동안, 때로는 걸어서, 때로는 말이나 역마차를 타고 곳곳을 돌아다녔다. 일상의 사무에 지장이 없게 하기 위해 낮에 볼일을 본 날에는 밤에 여행을 하여 시간을 아꼈다.

예를 들어, 지방 유지인 쿠크 씨 소유 땅의 관개와 배수 관리 때문에 집을 떠난 적이 있었다. 그는 배스에서 노퍽 홀크암까지 여행을 하면서, 말을 타고 도로에서 멀리 떨어진 곳까지 들어가 그 지방의 지질을 조사하곤 했다.

몇 해 동안 이런 식으로 잉글랜드와 아일랜드의 먼 지역까지 답사한 거리를 따져 보면, 한 해에 1만 마일 이상을 여행한 셈이었다.

이와 같이 끈기 있게 힘든 여행을 하는 동안, 스미스는 자기가 하나의 새로운 과학이라고 여긴 분야에 대해 재빨리 개괄하고 그것을 기록해 두었다. 아무리 사소하게 보이더라도 관찰을 게을리 하지 않았고, 새로운 사실을 수집하는 기회를 그대로 넘기는 일이 없었다. 가능하기만 하면 늘 천연 또는 인공 채굴을 기록하여, 그것을 8야드에서 1인치 크기로 축사(縮寫)하고 채색까지 하였다. 그의 날카로운 관찰력을 보여 주는 다음과 같은 일화가 있다.

워번 지방 근처에서 지질답사 여행을 하던 중 던스터블 백악 산기슭에 이르렀을 때, 그는 동행을 보며 이렇게 말했다.

"만약 이 산기슭에 부서진 흙이 있으면 우리는 상어의 이빨을 발견할 수 있을 것이오."

놀랍게도 그리 멀리 가기도 전에 변두리 호(壕)의 화이트 뱅크에서 6개의 상어 이빨이 발견되었다. 뒷날 그는 자기 자신에 대해 다음과 같은 말을 했다.

"관찰하는 습관이 내게 들어와 떨어질 줄 모르는 평생의 친구가 되었다.

그리고 여행을 생각하기만 하면 이 습관이 꿈틀거리는 것이었다. 그래서 나는 여행을 할 때 늘 지도를 준비하고, 여행 목적지와 도중의 여러 사물에 대한 자료를 미리 수첩에 적어 가지고 떠났다. 말하자면 내 마음은 화가의 캔버스처럼 그 위에 최초의, 그리고 최선의 인상을 받아들일 준비가 되어 있었던 것이다."

스미스의 이러한 근면함에도 불구하고, 여러 가지 사정으로 진작부터 계획했던 《잉글랜드와 웨일스의 지층도》의 출판이 지연되다가, 몇몇 친구들의 도움으로 20년에 걸친 끊임없는 노력의 결과를 1834년에야 세상에 내놓을 수 있었다. 답사를 하고, 또 그의 목적을 위해 없어서는 안 되는 광범위한 사실과 관찰을 수집하기 위해, 그는 그동안 자기가 번 돈을 몽땅 투자해야만 했다. 심지어 오지를 탐사하는 비용을 마련하기 위해 얼마 안 되는 부동산까지 팔아 치웠다.

게다가 배스 부근의 채석 사업에 관여하다 실패하여, 지질학의 표본 전부(영국 박물관이 매입)와 약간의 집기에 책까지 팔아야 했다. 약간의 문서, 지도, 그리고 지면도만 보존했는데, 이 세 가지는 그 자신 말고는 누구에게도 필요하지 않은 물건이었던 것이다. 이런 손실과 불운을 모범적인 굳은 의지로 감수하며, 그는 쾌활하고 굴하지 않는 참을성으로 자신의 연구를 계속했다.

그러던 스미스는 1839년 9월, 버밍엄에서 열린 영국협회에 참석하러 가는 도중 노샘프턴에서 세상을 떠났다. 이와 같이 용기 있는 과학자의 근면으로 작성된 영국의 지질도에 대해서는 아무리 찬사를 보내도 지나치지 않다.

어느 유명한 저술가는 이 지질도에 대해 다음과 같이 말했다.

"스미스의 지질도는 그 착상이 탁월하고 전체 구성이 매우 정확하여, 이후 영국의 지도를 만들 때 이 원리를 기초로 적용했을 뿐 아니라, 세계의 모든 나라가 지질도를 만들 때는 이 원리를 이용했다. 지질학협회에 가면 아직도 스미스의 지도를 볼 수 있는데, 그 고색창연한 문서는 마치 새 빛을 칠해 달라고 호소하고 있는 듯이 보인다. 지질학에 정통한 사람이 그것을 같은 규모의 후세의 지도와 비교해 보더라도 중요한 부분에서 거의 차이가 없음을 발견할 것이다. 스미스의 이 위대한 개괄 제작에 새로 추가한 것이 있다면, 머치슨과 세지윅이 웨일스와 잉글랜드 북부의 실루리언 암석 지대를 자세히 분석해 놓은 것뿐이다."

옥스퍼드셔 출신의 이 천재 측량기사는 생전에 과학자들의 정당한 인정과 존경을 받을 수 있었다. 1831년에 런던 지질학협회는 그에게 월라스턴 상패를 주면서 다음과 같은 말로 그의 공적을 찬양했다.

휴 밀러

"윌리엄 스미스는 영국의 지질학을 위해 위대한 독창적인 발견을 하였으며, 더욱이 영국에서 처음으로 지층의 식별법을 제시하고 지층 속에 묻혀 있는 화석을 통해 지층의 순서를 결정하였다."

윌리엄 스미스는 그 순수하고 열성적인 학구열로 자기가 그토록 사랑하는 과학과 함께 그 이름을 영원히 남기게 된 것이다. 생물이 잇따라 출현하는 상태와 그 사실이 밝혀지기 전까지는, 스미스가 발견한 것보다 귀한 발견은 앞으로 지질학계에서는 다시 나오기 어려울 것이다.

관찰의 재능이 있던 휴 밀러

휴 밀러는 과학뿐만 아니라 문학도 열심히 공부하여 성공한, 뛰어난 관찰력의 소유자였다. 그의 자서전 《나의 학교와 선생님들》은 무척 재미있고 유익한 책이다. 불우한 환경 속에서도 참으로 고귀한 인격을 형성하는 이야기를 담고 있어, 자조와 자중(自重), 그리고 자신감에 대한 교훈을 힘차게 제시해 준다.

밀러가 어렸을 때 선원이던 아버지가 바다에서 익사하는 바람에, 어머니 혼자서 그를 키웠다. 어느 정도 학교 교육을 받았으나 그에게 정말 가르침을 준 것은 어린 시절 같이 놀았던 아이들, 함께 일하던 사람들, 그리고 같이 지냈던 친구와 친척들이었다. 그는 닥치는 대로 이것저것 책을 많이 읽었고,

여러 방면의 사람들, 즉 인부, 목수, 어부, 선원들에게 진기한 지식을 배웠으며, 특히 크로마티 해변에 흩어져 있는 오래 된 돌에서 많은 것을 배웠다.

해적 노릇을 한 그의 증조할아버지가 쓰던 큰 망치를 들고 나가 여기저기 돌아다니며 돌을 깨고, 운모, 반암(斑岩), 그리고 석류석 같은 종류의 돌을 모았다. 때로는 숲 속에 들어가 온종일을 보내기도 했는데, 여기서도 남다른 지질학적인 호기심을 쏟았다. 해변에서 암석들을 살피고 다닐 무렵엔, 해초를 따라 온 어부들이 "돌 속에 은이라도 있는가?" 하고 물었지만, 그는 애석하게도 그렇다는 대답을 할 수 없었다.

나이가 들자 스스로 원해서 석공의 견습생으로 들어갔다. 이리하여 그는 크로마티 해변이 내려다보이는 채석장에서 일하게 되었다. 이 채석장이 그에게는 어느 곳보다 좋은 학교였으니, 그것이 가지고 있는 지질학적 구조가 한층 더 그의 호기심을 일깨워 주었다. 위에는 심홍색의 암석층이 있고 아래에는 담홍색의 점토층이 있음에 주목하여, 그처럼 하찮게 보이는 사실 속에서도 관찰과 사색의 대상을 발견했다. 남들은 아무것도 주목하지 못하는 가운데 그는 유사성과 차이와 특질을 발견하고 그것을 깊이 생각했다.

언제나 깨어 있는 정신으로 근면과 인내를 가지고 연구에 임했으니, 그것이 바로 그의 지혜가 성장할 수 있었던 비결이었다. 지금은 소멸된 이상한 유기물의 잔해,——예를 들면 물고기와 양치류의 것, 그리고 고대 생물의 암모나이트 같은 기묘한 유물들——을 파도가 씻어낸 해변에서, 또는 그가 망치로 돌을 깰 때 볼 수 있었는데, 그런 것들이 그의 호기심에 더욱더 불을 붙였다.

휴 밀러는 그런 것을 계속 관찰하고 다른 것들과 비교 연구하여, 석공 생활을 그만둔 뒤 마침내 옛날의 적사토(赤砂土)에 대한 매우 흥미로운 내용을 담은 《오래된 적사토》라는 책을 냈다. 그로 인해 그는 단번에 과학자로서의 명성을 얻게 되었는데, 그것은 오로지 오랫동안 끈기 있는 관찰과 연구 조사를 해서 얻은 열매였다. 그는 자서전에서 다음과 같이 겸손하게 말하고 있다.

"이 일에서 내가 공적이라고 말할 수 있는 것은 오직 참을성 있게 연구한 점뿐이다. 그러나 누구나 의지만 있으면 이만한 공적 또는 이를 능가하는 공적을 올릴 수 있다. 그리고 이런 변변치 못한 능력이나마 그것을 올바르게 개발시키면, 식견이 매우 발달하게 되어 천재도 이를 따르지 못하게 될 것이다."

영국의 저명한 지질학자 존 브라운도 밀러처럼 어린 시절에는 석공이었는데, 처음에는 콜체스터에서 견습생으로 있다가 나중에 노리치에서 품팔이 석공 생활을 했다. 이어서 콜체스터에서 자립하여 건축업을 하면서 검소함과 근면함으로 상당한 재산을 모았다. 건축업을 하는 동안 처음으로 화석과 조개 종류에 흥미를 느끼고 그런 종류를 계속 수집했는데, 그것이 나중에 영국에서 가장 훌륭한 수집품의 하나가 되었다.

존 브라운은 이렇게 에섹스와 켄트, 그리고 서식스의 해변을 답사하다가 코끼리와 코뿔소의 큰 화석을 발견했고, 그 중에서 가장 귀중한 것을 대영박물관에 기증했다. 세상을 떠나기 전 몇 해 동안은 백악기의 유공충류(有孔蟲類)의 연구에 상당한 관심을 기울여, 이에 대한 몇 가지 흥미로운 발견을 했다.

그의 일생은 유익하고 행복했을 뿐 아니라 살아 있는 동안 세상 사람들의 존경을 받았으며, 80세의 장수를 누린 끝에 1859년 2월 에식스 스탠웨이에서 세상을 떠났다.

로더릭 머치슨 경이 스코틀랜드 북단의 더르소에서 훌륭한 지질학자 한 사람을 발견했다. 그는 로버트 딕이라는 빵장수였다. 로더릭 경이 로버트의 빵집을 방문한 적이 있었는데, 이때 로버트는 나무도마 위에 밀가루로 자기가 사는 지방의 지도와 지질학적 상황을 그리면서, 당시 사용되고 있던 지도의 미비점을 지적했다. 여가 시간에 이 지방을 답사하여 직접 확인했다는 것이었다. 좀더 이야기를 나눈 뒤, 로더릭 경은 자기 앞에 서 있는 이 겸손한 사람이 한낱 빵 굽는 사람이 아니라 지질학자요 일급 식물학자라는 것을 알게 되었다.

지리학회 회장인 로더릭 경은 이렇게 말했다.

"부끄러운 일이지만, 나는 이 빵장수가 나보다 10배나 더 많은 식물학 지식을 가지고 있음을 알았다. 그가 수집하지 못한 꽃은 겨우 20~30종밖에 없었다. 그 중에는 선물로 받은 것도 있고 산 것도 있었지만, 대부분 그의 고향인 게이드니스에서 그가 열심히 수집한 것들이었다. 수집한 것들을 아주 질서정연하게 정리해 놓고 일일이 학명을 붙여 놓고 있었다."

로더릭 머치슨 경 자신도 꽃과 관련된 학문에서 둘째가라면 서러워할 정도로 훌륭한 연구자였다. 〈쿼털리 리뷰〉지의 한 필자는 다음과 같이 그를 격찬했다.

"로더릭 경은 일찍이 군인으로 청년 시절을 보내느라 학문을 연구할 기회가 많지 않았지만, 여우 사냥이나 하면서 시간을 보내는 시골 신사 노릇을 하지 않았다. 그는 타고난 활력과 지혜, 인내와 근면으로 광범위하게 길이 남을 명성을 얻었으니, 이런 예는 그리 흔치 않은 것이다. 먼저, 힘든 곳이어서 아직 조사되지 않은 지방을 조사하여 오랫동안 수고한 끝에 암석의 구조를 알아내고, 그것을 천연의 배치대로 분류하여 각기 특유한 화석을 배당함으로써 세계 지질학사에 두 가지 중요하고 새로운 해석을 가했으니, 그 새로운 해석과 명예는 반드시 후세에 남게 될 것이다. 이렇게 얻은 지식을 응용하여 국내외의 광대한 지역을 분석하는 데 이용했으며, 그때까지 알려지지 않던 여러 나라의 지질학적 발견자가 되었다."

로더릭 머치슨 경은 단순한 지질학자에 그치지 않고 여러 분야에서 불굴의 노력을 하여, 마침내 가장 원숙하고 완성된 과학자의 대열에 낄 수 있었다.

6 예술의 일꾼
열성이 재능을 이긴다

저 멀리 빛을 내는 것이 있느니, 그것을 수중에 넣지 못하겠거든 다시 시도해 보아라. 소중한 것은 성공이 아니라 노력하는 과정에 있는 것이다. R.M. 밀네즈

뛰어나라, 그러면 그 결과를 보게 될 것이다. 주베르

천부적인 재능이 있다 해도 반드시 근면의 힘이 필요하다
어떤 일이나 다 마찬가지이지만 예술에서의 뛰어난 성과도 몸을 아끼지 않는 근면한 노력을 통해서만 얻을 수 있다. 훌륭한 그림을 그리거나 고상한 조각품을 완성하는 것은 결코 우연하게 일어나는 일이 아니다. 예술가의 숙달된 붓놀림이나 끌의 움직임은, 아무리 타고난 재능이 있다 하더라도 실은 끊임없는 노력의 산물이 아닐 수 없다.
조슈아 레이놀즈는 근면의 힘을 확신하여 이렇게 주장했다.

"위대한 예술 작품은 천부적인 재능과 타고난 미적 감각, 신이 주신 선물에 의한 것이지만, 실제로는 작가의 한결 같은 노력에 의해 성취할 수 있다."

또 화가 배리에게 보낸 서신에서 조슈아 레이놀즈는 다음과 같이 말했다.

"그림이든 다른 어떤 예술이든 탁월한 작품을 창조하겠다는 뜻을 정했으면, 아침에 일어나서 잠자리에 들 때까지 모든 정신을 거기에만 쏟아야 한다."

또 이렇게 말한 적도 있다.

"예술가로서 남보다 뛰어나고자 한다면 마음이 내키든 안 내키든, 아침에도 낮에도 밤에도 늘 그 일만 생각해야 하며, 그것은 이미 즐거움의 영역을 넘어서 고행이라는 것을 알아야 한다."

그러나 근면한 노력이 예술에서 대성하는 데 절대적으로 필요한 것이기는 하되, 타고난 재능이 없으면 아무리 노력을 기울여도 예술가가 될 수 없는 것도 사실이다. 재능은 타고나는 것이지만 그 재능을 갈고 닦아 완성시키는 것은 자기 수양의 힘이다. 모든 사람에게 평등한 기회를 주는 학교교육보다 자기 수양 쪽이 재능을 펼치는 데 훨씬 더 도움이 되는 것은 말할 것도 없다.

위대한 예술가들 중에는 가난이나 그 밖에 많은 장애를 무릅쓰고 분투하여 자신의 진로를 개척한 사람들이 적지 않다.

몇 가지 예가 독자들의 머리에 떠오를 것이다.

과자 기술자 클로드 로렌, 염색공 틴토레토, 한 사람은 물감 빻는 일을 하고 또 한 사람은 바티칸에서 회반죽을 운반하던 두 카라바기오, 산적과 한패였던 살바토르 로자, 농부의 머슴살이를 한 지오토, 집시로 유랑 생활을 한 진가로, 집에서 쫓겨나 거지 노릇을 한 카베도네, 석공 카노바——이러한 사람들과 그 밖의 유명한 예술가들은 최악의 환경 속에서 말할 수 없는 노력과 고생 끝에 그 명성을 떨치게 되었다.

영국의 탁월한 예술가들 중에도 예술적 재능을 키우기에 적합하지 않은 환경에서 태어난 사람들이 많다.

게인즈버러와 베이컨은 직조공의 아들이요, 배리는 아일랜드에서 견습선원이었으며, 마클리스는 코르크 지방의 어느 은행가의 견습생이었고, 오피와 롬니는 이니고 존스처럼 목수였다. 웨스트는 펜실베이니아에서 퀘이커교도인 어느 소농의 아들이었으며, 노스코트는 시계 수리공이었고, 잭슨은 양복재단사였으며, 에티는 인쇄공이었다. 레이놀즈, 윌슨, 그리고 윌키는 목사의 아들이었다. 로렌스는 선술집 주인의 아들이었고 터너는 이발사의 아들이었다. 화가들 중에는 비록 보잘것없는 환경이지만 미술 쪽과 관련된 집안 출신들도 있다. 플랙스먼은 석고상 상인의 아들이었고, 버드는 찻그릇 장식업을 했고, 마틴은 마차 도장공이었으며, 라이트와 길핀은 선박 도장공이었다. 찬트리는 조각공이자 도금공이었으며, 데이비드 콕스와 스탠필드, 그리고 로버츠는 풍경화공이었다.

이들이 명성을 얻은 것은 결코 행운이나 우연의 힘이 아니라, 진지한 노력과 근면의 결과이다. 예술가 중에는 돈방석에 앉은 자도 있지만, 부 자체가 그들의 주목적이 되는 일은 좀처럼 없다.

실제로 예술가는 젊었을 때부터 자신을 송두리째 내던지면서 창조활동에 힘쓰고 있는데, 단순히 돈을 바라는 사람은 그러한 고뇌에 찬 생활을 계속할 수가 없다. 예술의 진수를 추구하는 것은 기쁜 일이지만, 그 기쁨을 얻을 수 있는 것만으로도 예술가는 충분히 만족한다. 부는 어쩌다가 예술에 따라붙는 우연에 지나지 않는다. 수많은 고상한 예술가들은 작품을 매매할 때 사람들과 다투는 법이 없고, 오직 자신들의 작품이 인정받기만을 원했다.

그리스의 철학자 스파그놀레토는, 소설의 아름다운 이상을 실현하고 그에 따라 호화로운 생활을 할 수 있는 재물을 얻었으나, 그 모든 것을 물리치고 스스로 가난하고 근면한 생활로 돌아갔다.

미켈란젤로는 어느 화가가 돈을 벌기 위해 기를 쓰며 그림을 그린다는 이야기를 듣고 다음과 같이 말했다.

"반드시 부자가 되어야겠다는 마음을 버리지 않는 한, 예술가로서 평생 허우적거리며 살게 될 것이오."

미켈란젤로

조슈아 레이놀즈처럼 미켈란젤로도 노력의 중요함에 대한 굳은 신념을 가지고 있었다. 마음이 움직이는 대로 자유자재로 끌을 다룰 수 있을 때까지 수련을 쌓으면, 머리에 떠오른 어떠한 구상도 대리석에 그대로 표현할 수 있게 된다고 그는 주장했다. 미켈란젤로는 진정 지칠 줄 모르는 노력파였다. 그는 같은 시대의 예술가 가운데 누구보다도 오랜 시간을 창작활동에 할애했는데, 그것이 가능했던 것도 그 자신의 검소한 생활 습관 덕분이었다.

거의 하루 종일 빵 한 조각과 포도주로 버티며 작업했고, 한밤중에도 종종 일어나 일을 했다. 밤에는 두꺼운 종이로 만든 모자에 양초를 세워 불을 켜고, 그 모자를 쓴 채 조각상을 비추면서 끌을 놀렸다. 그러다가 지치면 옷을 입은 채 잠들고, 피로가 가시면 벌떡 일어나서 다시 작업을 계속했다.

미켈란젤로가 마음에 들어한 작품 중에 모래시계를 든 노인이 손수레를 타고 있는 상이 있는데, 그 모래시계에는 'Ancora imparo! (나는 지금도 배우는 중이다)'라는 글귀가 새겨져 있다.

그림 하나에 7, 8년이 걸린 티티안

티티안도 불굴의 노력가이다. 그의 유명한 〈피에트로 마르티레〉는 완성하는 데 8년이 걸렸고, 〈최후의 만찬〉도 7년이나 걸려 완성을 보았다. 샤를 5세에게 보낸 서신에서 그는 다음과 같이 말했다.

"폐하께 올리는 이 〈최후의 만찬〉은 7년 동안 거의 하루도 빼놓지 않고 그린 것입니다."

예술가의 위대한 작품을 보고, 거기서 인내심 강한 노력과 오랜 수업의 흔적을 느낄 수 있는 사람은 많지 않다. 그들의 작품은 극히 짧은 기간에 참으로 쉽게 만들어진 것처럼 보인다. 그러나 그 그늘에는 상상을 초월하는 작자의 고통이 배어 있는 것이다.

어느 날 베네치아의 귀족이 미켈란젤로에게 자신의 흉상을 의뢰했다. 그는 열흘 만에 그 상을 완성하여 그 대가로 금화 50개를 청구했다. 귀족은 '겨우 열흘 만에 완성한 작품치고는 너무 비싸다'고 항의했다. 그러나 미켈란젤로는 이렇게 대답했다.

"당신은 잊고 계신 것 같군요. 흉상을 열흘 만에 만들 수 있게 되기까지 내가 30년 동안 수업을 쌓아왔다는 것을."

의뢰받은 그림을 그리는 데 너무 시일이 걸린다고 좋지 않은 말을 들었을 때, 도메니키노는 이렇게 대답했다.

"잠시도 쉬지 않고 내 마음 속에서 그리고 있소."

오거스터스 콜컷이 유명한 〈로체스터〉를 그리기 위해 별도로 40장이나 되는 스케치를 했다는 사실에서, 우리는 그의 유별나게 근면한 기질을 엿볼 수 있다. 인생 그 자체도 그렇지만, 예술에서 성공하는 데에도 이와 같이 꾸준한 반복이 중요한 조건이 아닐까?

평범하게 끝나는 사람, 나중에 두각을 드러내는 사람

아무리 천부적인 재능을 타고난 사람이라 해도, 예술의 진수를 이해하려면 오랜 세월에 걸친 지속적인 노력이 없어서는 안 된다. 어려서 신동이라는 소리를 들었어도, 그 뒤 재능을 갈고 닦는 것을 게을리 하여 결국 '보통 사람'으로 추락하는 자도 많다.

그 가장 좋은 예가 화가 벤저민 웨스트이다.

그는 불과 7살 때, 요람에서 잠든 여동생의 귀여운 모습을 보고, 그 아름다움에 매료되어 급히 종이를 가져와서 잠든 아기의 얼굴을 스케치했다. 이 작은 사건으로 그의 예술가로서의 소질이 세상에 알려졌고, 그는 천재 소년이라는 평판을 얻었다. 그러나 너무나 빨리 찾아온 성공이 웨스트의 미래를 해치는 결과가 되었다. 그렇지 않았으면 그는 더욱 위대한 화가가 되었을지도 모른다.

웨스트가 커다란 명성을 얻은 것은 사실이지만, 그것은 학문이나 시행착오, 고통을 통해 얻어진 것은 아니었다. 그래서 결국 그 명성도 오래 가지 못하고 끝나 버린 것이다.

리처드 윌슨은 어릴 때부터 불에 타다 만 막대기로 자기 집 담벼락에 사람과 동물을 즐겨 그렸다. 처음에는 인물화에 관심을 가졌지만, 이탈리아에 있는 추카렐리의 집을 방문했을 때, 기다리다 지루해서 그 친구의 방 창문에서 내다보이는 풍경을 그렸다. 추카렐리는 그 그림을 보고 놀라면서 혹시 풍경화를 공부하지 않았느냐고 물었다. 그는 배운 적이 없다고 대답했다.

"그렇다면 한번 배워보기를 권하네. 자네는 틀림없이 성공할 거야."

윌슨은 추카렐리의 권유에 따라 열심히 공부하고 연구하여, 마침내 영국 최초의 위대한 풍경화가가 되었다.

윌리엄 호가스

조슈아 레이놀즈 경은 소년 시절에 공부는 하지 않고 밤낮 그림만 그려 아버지한테 늘 꾸지람을 들었다. 아버지는 그를 의사로 만들 생각이었으나, 이 소년은 그림에 대한 강한 열망을 누를 길 없어 화가가 되었다.

어린 시절에 서드버리 숲으로 그림을 그리러 다녔던 게인즈버러는 12세 때 벌써 어엿한 화가가 되어 있었다. 그는 예민하고 부지런한 노력가로서 아름다운 풍경만 보면 반드시 공을 들여 그려 내고야 말았다.

양말 장수의 아들 윌리엄 블레이크는 아버지 상점의 계산서 뒷면에 도안을 그리거나 계산대 위에서 스케치를 했다.

에드워드 버드는 겨우 서너 살 때 의자 위에 올라가서 벽에 그림을 그린 뒤, 그것을 프랑스와 영국의 군인들이라고 했다. 아버지는 그 아이에게 그림 물감을 사주고, 예술을 좋아하는 아이의 적성을 살려 볼 생각으로 찻그릇을 만드는 집에 제자로 들여보냈다. 그 일에 종사하던 버드는 공부와 노력을 통해 점점 성장하여, 마침내 영국왕립미술원의 회원이 되었다.

윌리엄 호가스는 공부에는 둔재였지만, 알파벳 글자로 도안을 그리는 것을 좋아했다. 학교에서 숙제를 내주면 내용은 형편없지만, 숙제를 다양하게 장식해 가는 것으로 유명했다. 그것 때문에 학교 친구들에게 놀림을 당하고 두들겨 맞기도 했지만 문자 장식에서만큼은 아무도 그를 따라오지 못했다. 아버지가 그를 금은세공사의 집에 제자로 보내자, 거기서 수저와 포크에 꽃무늬와 글자를 그리고 새기는 일을 배웠다. 세공 일에서 한 걸음 더 나아가, 구리에 주로 그리핀(독수리 머리와 날개에 사자의 몸을 가진 괴물)과 각종 괴물을 도안한 문장을 새기는 공부도 했다. 그러는 사이에 여러 가지 사람의 모습을 묘사해 보고 싶은 생각이 들어 열심히 연습하고 노력했다. 마침내 그 분야에서는 아무도 따라올 수 없게 되니, 그것은 오직 그가 세심하게 관찰하고 공부한 결과였다.

호가스는 눈에 띄는 얼굴을 보면 그 특징을 기억해 두었다가, 나중에 종이 위에 정확하게 그려낼 수 있었다. 그는 이 재능을 쉬지 않고 발달시켰다. 특별히 묘한 모습이나 개성 있는 얼굴을 보면, 그 모습을 자기 엄지손톱 위에 스케치했다가 시간이 나면 크게 확대하여 그리기도 했다. 멋지고 창조적인 것이라면 무엇이든 그의 관심을 끌었고, 그런 것을 발견하기 위해 먼 곳까지 찾아다니는 것도 마다하지 않았다. 이렇게 축적해 둔 관찰이 있었기에, 호가스는 뒷날 많은 분량의 생각과 소중한 관찰 내용을 자신의 작품 속에 쏟아 넣을 수 있었던 것이다.

그래서 호가스의 그림은 그가 살던 시대의 특징과 풍습, 그리고 유행까지 잘 나타내 주는 정확한 기념물이 되었다. 호가스는 진정한 그림은 오직 하나의 학교, 즉 자연에서만 배울 수 있다고 말했다. 그러나 그는 자신의 분야를 제외하고는 결코 높은 교양을 갖춘 사람은 아니었다. 그가 받은 학교 교육이라야 보잘것없었고 철자법도 제대로 배우지 못했지만, 나머지는 모두 혼자서 공부했다. 오랫동안 역경에 처해 있으면서도 그는 쾌활한 마음을 잃지 않고 일했다. 비록 가난했지만 자신이 버는 적은 수입으로 살며 '나는 지독한 살림꾼'이라고 자랑했으니, 그것은 정말 자랑할 만한 일이었다. 이 모든 어려움을 이겨내고 명성이 자자한 사람이 되었을 때, 그는 지난날의 노력과 고난을 되새겨 보기를 좋아했고, 그토록 명예롭고 영광스러운 예술가가 되었는데도 그 싸움을 처음부터 다시 해보고 싶다는 말을 자주 했다.

"아직도 기억이 나는군. 동전 한 푼 없이 시내로 들어가, 판화 하나를 만들어 10기니에 팔고 집으로 돌아오던 날…… 난 옆구리에 칼을 차고, 마치 주머니에 수천 금이라도 들어 있는 사람처럼 의기양양하게 밖으로 나갔지."

소년을 격려한 뱅크스

'근면과 인내'는 조각가 뱅크스의 좌우명이었는데, 그는 스스로 그렇게 활동했을 뿐만 아니라 남에게도 강력히 권고했다. 그는 특히 친절한 사람으로 유명하여, 큰 뜻을 품은 많은 청년들이 그를 찾아와 충고와 도움을 청했다. 어느 날 한 소년이 그를 찾아왔는데, 문을 너무 세게 두드린다고 하인이 화를 내며 소년을 꾸짖은 일이 있었다. 뱅크스가 그 소리를 듣고 즉시 나가 보니, 어린 소년이 손에 그림 몇 장을 쥐고 서 있는 것이었다. 조각가는 소년에게 말했다.

"무슨 일로 나를 찾아왔니?"

"선생님, 제가 미술원에서 그림 공부를 하는 것을 허락해 주십시오."

뱅크스는 그런 일을 주선해 줄 수는 없지만 그림은 봐주겠다고 말했다. 그림을 훑어보고 나서 뱅크스는 이렇게 말했다.

"미술원에 들어갈 만하구나. 하지만 애야, 우선 집에서 그림 공부에만 전념하고, 앞으로 아폴로(신상의 이름) 그림을 보다 낫게 그려 봐라. 그리고 한 달 뒤에 다시 와서 보여 다오."

소년은 집으로 돌아가 더욱 열심히 그림을 그리고, 한 달 뒤에 다시 조각가를 찾아왔다. 그림은 전보다 좋아졌으나, 뱅크스는 또다시 충고를 하면서 집에 가서 공부를 더 하라고 돌려보냈다. 1주일 뒤 소년이 다시 찾아왔을 때 그림은 훨씬 더 나아져 있었다.
뱅크스는 소년에게 더욱 용기를 주면서, 그 능력을 소중히 키워 가면 훌륭한 화가가 될 수 있을 거라고 말했다. 그 소년이 바로 최초로 우편 봉투를 도안한 화가 멀레디였다.

클로드 로랭
프랑스 화가 클로드 로랭은 로렌 지방의 가난한 집안에서 태어나, 처음에는 페스트리(파이의 일종) 가게의 견습생으로 들어갔다. 그 뒤 목각 공예를 하는 형에게서 목각 기술을 배우면서 그는 점차 예술적인 기량을 발휘하기 시작했다.
어느 날, 한 행상인이 클로드의 소질을 알아보고, 그를 이탈리아로 데리고 가고 싶다고 형에게 제안했다. 클로드는 형의 승낙을 얻어 로마로 가서 화가 아고스티노 타시의 집에 하인으로 들어갔다. 타시 밑에서 풍경화를 배운 클로드는 이윽고 자신의 작품을 발표하기 시작한다. 그리고 이탈리아, 프랑스, 독일을 두루 돌아다니며, 가는 길에 돈이 떨어지면 걸음을 멈추고 풍경화를 그려 빈 주머니를 채웠다.

다시 로마로 돌아왔을 때는 그의 작품을 찾는 사람이 점점 더 많아졌고, 그의 평판은 마침내 전 유럽에 알려졌다.

클로드는 자연의 다양한 표정에서 회화의 진수를 이끌어 내는 연습을 묵묵히 계속했다. 하루의 대부분을 건물이나 토지, 나무들을 세밀하게 묘사하는 데 보냈다. 또 해가 뜰 때부터 해가 질 때까지 하늘을 바라보며 흘러가는 구름의 움직임과 햇빛의 변화를 관찰했다.

이렇게 늘 수련을 게을리 하지 않은 덕택에, 느리기는 하지만 자연을 볼 줄 아는 안목과 그것을 묘사할 수 있는 기량을 높여간 클로드는 어느새 '최고의 풍경화가'로 불리게 되었다.

이익에 연연하지 않고 사물에 전념한 터너

풍경화가 터너는 '영국의 클로드'라 불리는데, 두 사람의 작풍은 물론 그 성장 과정에는 공통점이 많다. 터너도 고학 끝에 명성을 얻은 예술가였다.

터너는 어린 시절부터 런던에서 이발업을 경영하고 있던 아버지 밑에서 일을 돕고 있었다. 어느 날, 그가 은쟁반에 그려 있는 문장의 무늬를 스케치하고 있는 것을 보고, 손님 중 한 사람이 그 그림 솜씨에 감탄하여 소질을 키워 보는 게 어떻겠냐고 아버지에게 충고했다. 그것이 계기가 되어 터너는 화가의 길로 들어서게 된다.

터너는 여느 젊은 예술가들이 그랬듯이 수많은 어려움을 겪어야 했다. 게다가 그는 가난했기 때문에 더더욱 고통이 컸다. 그러나 그는 그림을 그리는 데 따르는 고생을 마다하지 않고 뼈를 깎는 수업을 견뎌냈다.

남의 그림에 덧칠을 하는 일도 스스로 떠맡아, 하룻밤에 반 크라운을 벌어서 그것으로 저녁 식사를 해결했다. 또 여행 안내서와 연감(한 해에 한 번씩 내는 간행물)의 삽화를 그리거나 책의 표지 그림을 그리는 일감을 받아와서 약간의 돈을 벌기도 했다. 그러면서 전문적인 기술도 익혀갔다.

"그때에 그것 말고 내가 할 수 있는 일이 있었을까? 그것이 내가 할 수 있는 최선의 연습 방법이었다."

터너는 이렇게 회고했다. 그는 이익이 없는 일에도 세심하게 정성을 기울여 일했다. 언제나 최선을 다하며, 전보다 한 걸음이라도 진보된 그림을 그리려고 노력했다. 터너처럼 사물에 전념하면 누구든지 눈에 띄게 진보를 이룩하지 않을 수 없을 것이다.
　터너의 재능은 이렇게 하여 점점 커져 갔다. 그의 성장은 러스킨의 말을 빌리면, "아침해가 떠오르는 것처럼 확실했다." 그러나 그에 대한 더 이상의 찬사는 쓸데없는 것인지도 모른다. 왜냐하면, 지금 남아 있는 그의 작품이 그 불후의 명성에 대한 확실한 기념비이기 때문이다.

방랑자가 되어 예술 활동을 한 페리에
　예술의 중심지 로마로 가는 것은 언제나 예술가 지망생들의 가장 커다란 꿈이다. 그러나 로마로 가는 여비는 비싸고, 학생은 흔히 가난하게 마련이다. 하지만 어려움을 극복하려는 굳은 의지만 있다면, 마침내 로마로 가는 길이 열리게 된다. 프랑스의 화가 프랑수아 페리에는 이 불멸의 도시 로마에 가보리라는 열망을 이루기 위해, 한 맹인 유랑자의 안내자 노릇을 했다. 오랜 방랑 끝에 바티칸에 닿은 그는 열심히 노력하여 끝내 명성을 얻고 만다.

집시의 친구로 판화가가 된 칼로
　자크 칼로도 페리에 못지않게 로마에 가고 싶은 열망에 사로잡혔으나, 아버지는 미술가가 되려는 그의 뜻에 반대했다. 칼로는 이에 굴하지 않고 집을 나가 이탈리아로 갔다. 무일푼으로 집을 나갔으므로 곧 곤경에 빠지게 되었는데, 우연히 한 무리의 집시를 만나 그들에게 끼어 갖가지 모험을 하면서 개구리밥처럼 곳곳의 장터를 찾아 흘러다녔다. 이런 유별난 유랑생활을 하는 동안 칼로는 사람들의 기이한 모습과 성격에 대해 방대한 지식을 축적하여, 뒷날 그것을 그림과 조각 속에 과장된 모습으로 재현했다.
　마침내 플로렌스에 도착했을 때, 한 신사가 그의 재능과 열성을 좋게 보아 어떤 화가의 집에서 그림 공부를 할 수 있게 주선해 주었다. 그러나 그는 로마에 이르기 전에는 한곳에 정착하고 싶지 않아 곧 거기에서 나온다.
　로마에서 마침내 포리기와 토마신을 알게 되었는데, 이들은 칼로의 연필 스케치를 보고 장차 미술가로 크게 성공할 것을 예견했다.
　그러나 칼로 집안과 친분이 있는 어떤 사람이 우연히 칼로를 알아보고 그를 억지로 고향으로 돌려보냈다. 그러나 이미 그에게는 방랑벽이 붙어서 가만히 집에 있지 못하였다. 다시 집을 뛰쳐나갔으나 투린에서 형에게 붙잡혀 또다시 집으로 돌아오게 되었다.

마침내 아버지는 아무리 말려도 소용이 없음을 깨닫고, 마지못해 그림 공부를 할 수 있도록 허락하고 칼로를 로마로 보냈다. 이리하여 그는 로마의 훌륭한 스승 밑에서 몇 해 동안 열심히 도안과 조각을 공부했다.

루이 13세

프랑스로 돌아오던 중에 코스모 2세의 격려와 권유로 플로렌스에 머물며, 그곳에서 몇 년 동안 더 연구하며 공부했다. 이 후원자가 세상을 떠나자, 그는 가족이 살고 있는 낭시로 돌아와 그곳에서 조각칼과 송곳으로 이내 많은 재산과 명성을 얻었다.

내란이 일어나 낭시가 포위되었을 때, 리슐리외는 칼로에게 그 싸움 광경을 그림과 조각으로 남겨 기념할 수 있게 하라고 했다. 그러나 그는 자기 고향의 참상을 기념하는 작품은 만들지 못한다며 일언지하에 거절했다. 리슐리외는 그가 끝내 고집을 굽히지 않자 감옥에 가둬 버렸다. 감옥에서 칼로는 처음에 로마로 가다가 자기를 곤경에서 구해 주었던 집시 친구들을 만났다.

이때 루이 13세가 그의 수감 소식을 듣고 감옥에서 풀어 주었을 뿐 아니라, 원하는 것이 있으면 무엇이든 말해 보라고 했다. 칼로는 자기의 옛 친구들인 집시들을 즉시 감옥에서 내보내고, 그들이 파리 시내에서 구걸을 해도 잡아들이지 말 것을 요청했다. 칼로의 이 묘한 요청은 즉각 받아들여졌으나, 거기에는 한 가지 조건이 있었다. 즉 그들의 모습을 판화로 새겨야 한다는 것이었다.

그래서인지 뒷날 그가 발간한 판화집 이름은 〈거지들〉이다. 루이 13세는 만약 칼로가 파리를 떠나지 않는다면 3천 리블(옛 프랑스의 화폐 단위)의 연금을 하사하겠다고 제의했다. 그러나 방랑벽이 너무 강한 칼로는 자유를 소중히 여긴 나머지 이 제의를 받아들이지 않았고, 낭시로 돌아가 세상을 떠날 때까지 예술 활동을 계속했다. 그가 남긴 조각과 금속판화가 1,600점에 이르는 것만 보아도, 그가 얼마나 근면한 사람이었는지 짐작할 수 있다. 그

6 예술의 일꾼

로렌초 데 메디치

는 특히 특이한 소재를 좋아하여 남다른 재주로 그런 것을 다루었는데, 조각도로 새긴 그의 금속 판화는 참으로 섬세하고 절묘했다.

열정적인 천재 예술가 첼리니

벤베누토 첼리니의 생애는 훨씬 더 낭만적이고 모험적이었다. 그는 교묘한 금세공사이자 화가였으며, 조각가이자 판화가, 그리고 기사이자 저술가였다. 그가 쓴 자서전에 따르면, 그의 일생은 어느 누구의 자서전에서도 볼 수 없는 특이한 것이었다.

아버지 조반니 첼리니는 플로렌스의 로렌초 데 메디치 가(家)의 궁정악사였는데, 아들 벤베누토가 플루트를 잘 부는 악사가 되어주기를 간절히 바랐다. 그러다가 그는 일자리를 잃게 되어, 아들에게 생업을 마련해 주지 않을 수 없어서 벤베누토를 금세공사에게 견습생으로 보냈다. 소년도 그림과 기술을 좋아했기 때문에 열심히 일했고, 곧 능숙한 금세공인이 되었다.

그러나 어떤 사람들의 싸움에 말려들어 그곳에서 6개월 동안 추방을 당하게 되는데, 그 사이에 시에나의 금세공사 밑에서 보석과 금세공에 한층 더 정교한 경험을 쌓았다. 아버지는 아직도 아들이 플루트 악사가 되기를 원했으므로, 벤베누토는 마음이 썩 내키지는 않았지만 한편으로는 플루트 연습을 계속했다. 그러나 그가 가장 좋아한 것은 미술이어서 계속 미술 공부에도 정열을 쏟았다.

플로렌스로 돌아온 벤베누토는 레오나르도 다빈치와 미켈란젤로의 작품을 주의 깊게 연구하는 한편, 금세공 기술을 더욱 향상시킬 생각으로 걸어서 로마까지 갔다. 그곳에서 수많은 어려움을 겪으며 기술을 익힌 벤베누토가 다시 플로렌스로 돌아왔을 때는, 귀금속 세공 분야에서 매우 섬세한 기술자라는 평판이 자자하여 그를 찾아오는 사람들이 많았다. 그러나 워낙 거친 성격 때문에 늘 곤경에 빠져 자주 도피 생활을 해야만 했다. 이리하여 수도승으로 가장하여 다시 한 번 시에나로 도피했다가, 나중에 로마로 갔다.

두 번째로 로마에 머무르는 동안 첼리니는 많은 사람들의 사랑을 받았고, 교황청의 부름을 받아 금세공사 겸 악사로 일하기도 했다. 언제나 대가들의 작품을 연구하며 자신의 기술 향상을 도모했다. 보석을 박는 일, 에나멜을 입히는 일, 도장을 새기는 일, 금·은·동을 세공하는 일 등에 그 솜씨가 어찌나 교묘했던지, 당시 예술가들 중에 그를 따를 만한 사람이 없었다. 벤베누토는 어떤 특수한 분야에서 자기보다 나은 금세공사가 있다는 말을 들으면, 당장 노력하여 그 사람을 능가하려고 애썼다.

그리하여 금세공에서는 갑이라는 사람과 경쟁하고, 에나멜을 입히는 일에서는 을이라는 사람과 경쟁하며, 보석세공에서는 병이라는 사람과 경쟁했으니, 사실상 자신이 다루는 모든 분야에서 누구보다 뛰어나고자 노력했다. 그렇게 피나는 노력을 한 만큼 그가 크게 성공한 것은 조금도 이상한 일이 아니었다. 그는 지칠 줄 모르는 활동가로 잠시도 쉬지 않고 움직였다. 플로렌스에 있는가 하면 로마에 가 있고, 만투아·로마·나폴리 등지를 돌아다니다가 다시 플로렌스로 돌아오곤 했다.

그는 그 긴 여행 동안 언제나 말을 타고 다녔다. 짐을 많이 가지고 다닐 수 없었으므로 어디를 가든 맨 먼저 하는 일은 도구를 만드는 일이었다. 그는 도구를 직접 고안했을 뿐만 아니라 모든 일을 자기 손으로 했으니, 손수 망치질하고 새기고 본을 떠서 주조했다. 이와 같이 만든 그의 제작물은 과연 그의 천재성을 입증해 주는 것으로, 아무나 만들 수 있는 것이 아니었다. 부인들의 허리띠 버클, 도장, 로켓(사진, 머리카락, 기념품 따위를 넣어서 목에 줄로 매다는 작은 갑), 브로치, 반지 또는 단추 같은 대단치 않은 물건도 그의 손을 거치면 아름다운 예술 작품이 되었다.

첼리니의 수공예 세공은 특히 빠르고 숙련되어 있었다. 어느 날, 한 외과 의사가 금세공인 라파엘로 델 모로의 집에 와서, 그 집 딸의 손을 수술하려 했다. 마침 그 자리에 있었던 첼리니가 외과 의사의 기구를 보고는, 당시의 기구가 모두 그렇듯 몹시 엉성하고 무딘 걸 보고 의사에게 15분만 수술을 늦춰 달라고 요청했다. 그리고 집으로 달려가더니, 최고로 좋은 강철로 아름답고 훌륭한 수술용 메스를 만들어 와, 의사는 그것으로 수술을 잘 마칠 수 있었다.

첼리니가 만든 조상(彫像) 중에서 가장 유명한 것은, 프랑수아 1세를 위해 파리에서 제작한 주피터의 은상과 플로렌스의 코시모 대공(大公)의 위촉으로 제작한 페르세우스의 동상이다. 이 밖에도 아폴로, 히아신투스, 나르시스, 그리고 넵튠의 대리석상을 제작했다. 이 중 페르세우스상의 주조와 관련된 일화는 그의 특성을 잘 보여 주고 있다.

대공이 밀랍으로 만든 모형을 보고 이것은 도저히 주조할 수 없을 거라고 단언하자, 첼리니는 그 말에 자극을 받아서 오히려 끝까지 시도하여 반드시 만들어 내고야 말겠다는 결심을 했다. 먼저 진흙 모형을 떠서 구운 다음, 거기에 밀랍을 입혀 완전한 조상 모양을 만들었다. 이어서 이 밀랍에 어떤 흙을 입혀 또 한 번 굽자, 밀랍이 녹으면서 두 층 사이에 생기는 공간에 쇠를 흘려 넣었다. 용광로 바로 밑의 홈을 통해 파이프 구멍에 용해된 쇠를 부어 넣어, 준비된 모형으로 흘러 들어가게 한 것이었다.

첼리니는 주조 때 쓰려고 소나무를 미리 몇 짐 사 두었는데, 용광로에 놋쇠와 청동덩이를 가득 넣고 그것을 써서 불을 붙였다. 그런데 송진이 가득한 소나무가 갑자기 무서운 기세로 활활 타올라 공장에 불이 옮겨 붙어서 지붕을 홀랑 다 태워 버렸다. 게다가 바람이 불고 비까지 내려, 용광로의 열이 식는 바람에 쇠가 녹지 않았다.

첼리니는 몇 시간 동안 계속 불을 지피며 열을 유지하려고 애를 썼다. 그러다가 마침내 탈진한 끝에 병이 났고, 조상이 완성되기도 전에 죽는 게 아닌가 하는 불안한 생각이 덜컥 들었다. 하는 수 없이 일은 조수에게 맡기고, 금속이 녹으면 흘려 넣으라고 이른 다음, 자리에 누워 버렸다. 사람들이 찾아와 병석에 누운 그를 위로하고 있을 때, 일꾼 한 사람이 헐레벌떡 달려오더니 슬픈 얼굴로 말했다.

"송구합니다, 이번 작품은 어쩔 수 없이 실패로 돌아가고 말았습니다."

이 말을 들은 첼리니는 자리에서 벌떡 일어나 공장으로 뛰어갔다. 아닌 게 아니라 불은 다 꺼져 버리고 쇠는 다시 딱딱하게 굳어 있었다. 이웃집에 가서 말린 지 1년이 넘는 질이 좋은 참나무 한 짐을 얻어와 그것을 화덕에 넣으니, 불길이 다시 활활 타오르면서 쇠가 반짝반짝 빛나며 녹기 시작했다. 그러나 여전히 비바람이 심하여, 첼리니는 자기 몸을 보호하기 위해 여러 개의 책상과 벽걸이, 그리고 헌 옷가지를 가져오게 하여, 그것으로 비바람을 막으며 화덕에 계속 장작을 집어넣었다. 다른 쇠 위에 백랍덩어리를 집어넣고, 이따금 쇠 따위의 긴 자루로 휘저으니, 곧 모두 녹아 버렸다.

성패 여부를 눈앞에 둔 그 순간, 마치 천둥이 치는 듯한 요란한 소리가 나며 첼리니의 눈앞에 섬광이 번쩍거렸다. 알고 보니 용광로 뚜껑이 터져서 쇠가 흘러나오고 있는 것이 아닌가! 흘러나오는 속도가 그리 빠르지는 않아서, 첼리니는 부엌으로 뛰어 들어가 그 안에 있는 모든 구리와 백랍, 기물들——죽 사발, 접시, 주전자 등등 약 200개 정도——을 가지고 나오더니 그것을 몽땅 용광로에 던져 넣었다. 그리하여 결국 쇳물이 원활하게 흘러들어가, 그 훌륭한 페르세우스의 상이 완성된 것이다.

첼리니가 부엌에 뛰어 들어 모든 기물을 가져와서 용광로에 넣은 것은 실로 천재의 신성한 격렬함이니, 독자 여러분은 거기서 팔리시가 토기를 구우려고 집안의 가구를 부순 일화가 떠오를 것이다. 일에 대한 열정에 있어서는 두 사람이 같았지만, 성격으로 말하면 그렇게 서로 다른 사람들도 없었을 것이다.

첼리니는 스스로 인정하듯이 누구나 등을 돌릴 정도로 사람들이 멀리하는 존재였다. 그러나 그의 기능인으로서의 숙련과, 예술가로서의 천재성에 대해 이의를 제기할 사람은 아무도 없을 것이다.

니콜라 푸생

첼리니에 비하면 니콜라 푸생의 생애는 훨씬 우아하여, 예술적인 이상, 일상생활, 활력 있는 지성, 고매하고 소박한 인격 등의 면에서 누구보다 뛰어났다. 루앙 근처 레장들리의 평범한 집안에서 태어났는데, 아버지는 그곳에서 마을 학교를 운영하고 있었다. 비록 작은 학교였지만, 이 소년은 아버지의 학교에서 공부를 할 수 있었다. 그러나 전해지는 말에 따르면 공부에는 조금 게으른 편이었고, 공책과 석판에 그림 그리는 것을 더 좋아했다고 한다.

어느 시골 화가가 푸생의 스케치를 보고 몹시 기뻐하며, 이 소년의 적성을 살려 주는 것이 좋을 거라고 아버지에게 충고했다. 그래서 이 화가는 푸생에게 그림을 지도해 주게 되었는데, 어찌나 빨리 배우는지, 얼마 안 가 더 이상 가르칠 것이 없을 정도로 발전했다.

푸생은 더 배우고 싶은 열망을 누를 길 없어 18세 때 파리로 떠났는데, 도

중의 숙식 문제는 이집 저집 간판을 그려 주면서 해결했다. 파리에서 본 예술 세계는 그에게는 완전히 새로운 것이었고, 놀라움과 더불어 경쟁심이 솟아나게 했다. 푸생은 많은 화실을 찾아다니며 부지런히 그림을 그리고 모사도 했다.

얼마 뒤, 기왕이면 로마로 가는 것이 좋겠다고 마음먹고 여행 길에 올랐다. 그러나 겨우 플로렌스까지 갔다가 다시 파리로 돌아왔다. 또 한번 로마에 가려고 시도했으나, 이번에는 플로렌스는 고사하고 리옹까지밖에 가지 못했다. 그러나 그는 자기 앞에 다가오는 기회를 모두 조심스럽게 이용하면서 전과 다름없이 부지런히 그림 공부를 계속했다. 그러는 동안 무명의 서러움과 노고, 실패와 실망, 그리고 궁핍까지 곁들인 12년의 세월이 흘렀다. 마침내 푸생은 로마에 가게 되었다.

푸생은 로마에서 옛 대가들의 작품을 열심히 연구하고, 특히 그 완성미에 깊은 감명을 받은 고대의 조상을 공부했다. 얼마 동안 자기처럼 가난한 처지의 조각가 뒤케누아와 함께 기거하면서 옛 작품을 따라 모형을 만드는 일을 도와주었다. 그리고 함께 로마의 유명한 입상, 특히 안티노우스 상을 면밀하게 연구했는데, 뒷날 그의 작풍 형성에 큰 영향을 준 것이 바로 이때의 연습이었다고 사람들은 생각하고 있다. 동시에 그는 해부학 공부를 하고 인물화를 그리거나 만나는 사람들의 모습과 자태를 그렸으며, 시간만 나면 친구한테서 빌려 온 예술서적을 주의 깊게 읽곤 했다.

푸생은 계속 가난을 면치 못했지만 자기 수련에 만족하고 살았다. 돈을 많이 주건 적게 주건 자기의 그림을 팔았다. 예언자를 그린 어떤 그림은 8리블에 팔고, 〈필리스틴 사람들의 역병〉이라는 그림은 60크라운에 팔았는데, 뒷날 이 그림을 카르디날 드 리슐리외가 1,000크라운에 샀다. 이러한 고난에 엎친 데 덮친 격으로 좋지 못한 병까지 걸렸는데, 아무도 없는 외로움 속에서 돈을 갖다 주며 도와준 사람이 슈발리에 델 포소였다.

푸생은 그에게 보답하기 위해 뒷날 〈사막에서의 휴식〉이라는 그림을 그려 보냈으니, 그것은 자기가 병들었을 때 받은 도움보다 훨씬 값어치 있는 그림이었다. 이 용감한 사나이는 고난 속에서도 계속 노력하고 공부했다.

더욱 수준 높은 것을 배우기 위해 플로렌스와 베네치아로 가서 공부의 범위를 넓혔다. 점차 그의 양심적인 노력이 결실을 맺기 시작하여 그는 계속 대작을 그려 냈다. 맨 먼저 〈게르마니쿠스의 죽음〉이 나왔고, 이어서 〈병자성사〉, 〈유다미다스의 성약〉, 〈만나〉, 그리고 〈사빈 사람들의 유괴〉가 잇따라 나왔다. 그러나 푸생은 혼자 조용히 있기를 좋아하고 사교를 멀리했기 때문에 이름이 알려지는 데 시간이 걸렸다.

사람들은 그를 화가라기보다 사색가라고 생각했다. 그림을 그리지 않을 때면 혼자서 먼 길을 거닐며 다음 그림을 구상했다. 로마에서 가까이 지내던 얼마 안 되는 친구 중 한 사람인 클로드 로랭은, 그와 함께 예술과 고전 취향에 대한 얘기를 나누며 라 트리니테 뒤 몽트의 테라스에서 많은 시간을 보냈다. 로마의 단순하고 조용한 분위기가 그의 기질과 잘 맞아서, 이제 그림을 그려 보통 수준의 생활을 할 수 있게 된 그는 그곳을 떠날 생각이 없었다. 그러나 그의 명성이 로마 밖까지 퍼지자, 파리로 돌아오라는 초청을 거듭 받게 되었다. 프랑스 왕실의 수석화가로 와 달라는 요청도 받았다. 처음에는 주저하면서 이탈리아 격언을 인용하여, 이미 로마에서 15년을 살아 왔고 이곳에서 아내까지 맞았으니 여기서 죽고 여기에 묻히겠노라고 말했다. 그러나 다시 간청을 받자 더 이상 거절하지 못하고 파리로 돌아갔다.

그러나 파리의 화가들이 어찌나 질시를 하는지, 이내 다시 로마로 돌아갈 생각을 품었다. 파리에 머무는 동안 푸생은 〈성 자비에르상〉, 〈세례〉, 〈최후의 만찬〉 같은 대작을 그렸다. 왕실에서는 쉴 새 없이 그에게 일을 시켰다. 처음에는 무엇이든 시키는 대로 했다. 예를 들면, 왕실 서적의 속표지 장식, 성경과 베르길리우스 시집의 책머리 그림, 루브르 박물관용 풍자화, 태피스트리(그림을 짜 넣은 벽걸이 융단)의 무늬 등 무슨 일이든지 했다. 그러나 마침내 M. 드 샹텔로프에게 충고를 하지 않을 수 없었다.

"저 혼자서 이렇게 많은 일들—책의 속표지 장식, 성모마리아상, 생 루이 성당에 모인 사람들의 모습, 전시장의 여러 장식, 게다가 궁중 태피스트리 무늬까지 맡는 것은 불가능한 일입니다. 저에게는 두 개의 손과 허약한 머리 하나밖에 없는데, 도와주는 사람도 없고 일을 나누어 할 사람도 없는 실정입니다."

푸생의 성공을 시기하는 적들과 도저히 융합해서 활동할 수 없다는 것을 알자, 그는 파리에 와서 일한 지 2년도 채 못 되어 로마로 돌아가기로 결심했다.

몽 팽시오에 있는 그의 검소한 집에 다시 자리를 잡고, 푸생은 간소하고도 조용한 생활 속에서 부지런히 미술 제작에 전념하며 남은 삶을 보냈다. 병 때문에 큰 고생을 했지만, 꾸준히 공부하며 뛰어난 그림을 추구하는 가운데 위안을 얻었다.

"나이를 먹을수록 나는 더욱 더 발전하여 가장 높은 완성의 경지에 이르고 싶은 열망에 사로잡힌다"고 푸생은 말했다. 푸생은 만년을 이와 같은 고뇌 속에서 노력하고 신음하면서 보냈다.

슬하에 자녀도 없이 부인은 먼저 세상을 떠났고, 친구들도 모두 유명을 달리한 뒤였다. 그래서 그는 무덤으로 가득 찬 로마에서 홀로 노년을 보내다가, 약 1,000크라운쯤 되는 유산을 친척들에게 남기고 인류에게는 그의 천재적인 대작들을 물려주고서 1665년에 세상을 떠났다.

아리 셰페르

아리 셰페르는 일생 동안 고상하게 살면서 예술에 헌신한 가장 모범적인 예술가였다. 도르드레흐트에서 한 독일 예술가의 아들로 태어난 그는 어린 시절부터 그림에 대한 소질을 보여 주었고, 그의 부모 역시 그 길을 적극 밀어주었다. 그가 어렸을 때 아버지가 세상을 떠나자, 어머니는 가난한 살림 속에서도 아들의 공부를 위해 파리로 이사해서 화가 게랭에게 어린 셰페르를 맡겼다. 그러나 워낙 살림이 어려워 아들에게 공부만 전념하게 할 수가 없었다. 다른 자녀들의 교육비도 있고 해서, 어머니는 할 수 있는 데까지 검소한 생활을 하며, 얼마 안 되는 것이지만 가지고 있던 패물도 다 팔아야 했다. 이러한 형편인지라 셰페르도 자연히 어머니를 도와드리고 싶은 생각에 18세 때부터 간단한 그림을 그려서 팔기 시작했는데, 그리기만 하면 괜찮은 값으로 팔리곤 했다.

또 그는 인물화를 그려 경험도 쌓고 정직한 방법으로 돈을 버는 방법도 배웠다. 그러는 동안 차츰 묘사와 채색과 구성의 기술이 향상되었다. 〈세례〉가 그의 예술 활동의 새 기원을 이룬 작품이 되었다. 그때부터 재능이 활짝 펴서 화가로서의 명성이 최고조에 이르러, 〈파우스트〉, 〈프란시스카 드 리

미니〉, 〈위안을 주시는 그리스도〉, 〈신성한 여인들〉, 〈성 모니카와 성 아우구스티누스〉 같은 대작들이 잇따라 나왔다.

그로테는 자신이 쓴 셰페르의 전기에서, 셰페르가 〈프란시스카〉 제작에 쏟은 노력과 사고와 주의력을 분량으로 따지면 아마 어마어마한 양이었을 거라고 말했다. 사실 그가 받은 그림 교육은 불충분했기 때문에, 그는 자신의 재능에 따라 험난한 미술의 길을 걷지 않을 수 없었다. 그리하여 손으로 그림을 그리면서 마음은 언제나 명상에 잠겨 있었던 것이다. 여러 가지 묘사법과 채색법을 시험하며 쉬지 않고 끈기 있게 그리고 또 그려야 했다. 하늘은 그에게 부족한 전문 지식을 어느 정도 보충해 주었으니, 그의 고매한 인격과 심오한 심성이 그를 도와 붓 하나로 많은 사람을 감동시킬 수 있었다.

그런 셰페르가 가장 찬양한 미술가는 플랙스먼이었다. 셰페르는 친구에게 이렇게 말한 적이 있었다.

"내가 〈프란시스카〉를 구상할 때 나도 모르게 남의 것을 빌려 온 것이 있다면, 그것은 아마 플랙스먼의 그림에서 얻은 것이었을 것이네."

존 플랙스먼

존 플랙스먼은 런던의 코벤트가든에서 석고상을 취급하던 상인의 아들이었다. 어린 시절 존 플랙스먼은 너무나 병약하여 일어서지도 못하고, 아버지 상점의 계산대 뒤에서 쿠션에 기대앉아 그림을 그리거나 책을 읽으며 놀았다. 어느 날 인자한 목사 매튜스가 가게에 왔다가 소년이 책을 읽고 있는 것을 보고 무슨 책인가 하고 보니, 역사가 코르넬리우스 네포스가 지은 책으로 소년의 아버지가 서점에서 몇 푼에 사온 것이었다.

목사는 소년과 몇 마디 이야기를 주고 받은 뒤, 이 책이 너에게는 적당하지 않으니 다른 책을 갖다 주겠노라고 말했다. 이튿날 그가 호메로스의 시집과 돈키호테의 번역서를 갖다 주자 소년은 정신없이 책에 빠져 들어갔다. 더욱이 호메로스의 시 전체에 흐르는 영웅주의에 매료되어 상점 선반 위에 널려 있는 아이아스와 아킬레우스(두 사람 다 호머의 작품에 나오는 그리스 용사)의 상을 다시 바라보면서, 그 장엄한 영웅들의 모습을 시적인 형태로 구상하여 재현해 보고 싶은 욕망에 사로잡히게 되었다.

그러나 어린 시절의 풋풋한 정열에 의한 노력이 흔히 그렇듯, 그가 그린 최초의 그림은 몹시 미숙했다. 어느 날 그의 아버지가 아들의 그림 몇 점을 조각가 루비악에게 자랑스럽게 보여 주자, 이 조각가는 경멸조로 혀를 차면서 그대로 돌아서는 것이었다.

그러나 소년에게는 좋은 소질과 근면과 인내심이 있어, 꾸준히 책을 보면서 그림을 그려 갔다. 그리고 석고와 밀랍과 진흙으로 조각상의 모형을 만들며 자신의 능력을 시험해 보았다. 그 초기 작품들이 아직도 보존되어 있는데, 그 까닭은 작품이 훌륭해서가 아니라 인내심 있는 천재가 초년에 보여 준 건전한 노력의 흔적이 거기에 유감없이 나타나 있기 때문이다. 한참 뒤에 그는 일어서게 되는데, 처음에는 목발을 짚고 비틀거리며 걷다가 마침내 목발이 없이도 걸을 수 있게 되었다.

친절한 목사 매튜스의 초대를 받아 그의 집으로 가면, 목사의 부인은 그에게 호메로스와 밀턴의 시를 풀이해 주었다. 존 플랙스먼은 또 그들에게서 자기 수양의 길을 배웠다. 그리스어와 라틴어를 자유롭게 구사할 수 있게 된 것도 그 집에서 배운 덕택이었다. 인내와 근면에 의해서 그의 그림은 많은 진보를 보였고, 어느 부인으로부터 호메로스의 작품에서 소재를 골라 묵화로 6점의 그림을 그려 달라는 청탁까지 받게 되었다.

난생 처음 받아 보는 청탁, 예술가의 생애에서 잊을 수 없는 일이 아닌가! 외과 의사가 받는 최초의 수술 대금, 변호사가 받는 최초의 수임료, 국회의원의 첫 연설, 가수의 처녀 무대, 저술가가 세상에 내놓는 처녀작, 명성을 얻고자 하는 자에게는 이런 것들이 누구에게나 소중한 것처럼, 미술가가 처음 받는 청탁도 마찬가지이다. 소년은 당장 그 일을 완수하여, 보수는 물론이고 칭찬도 많이 받았다.

15세가 되자 플랙스먼은 왕립미술원에 들어갔다. 본디 수줍은 성격이었지만, 학생들 사이에 곧 명성이 알려져 많은 기대를 한 몸에 받게 되었다. 과연 그들의 기대는 헛되지 않아, 만 15세가 되던 해에 은상을 받고 이듬해에는 금상 후보자가 되었다. 능력과 근면에서 그를 당할 사람이 없었으므로, 모두들 그가 금상을 탈 거라고 예상했다. 그러나 그는 금상을 타지 못했다. 전에는 이름을 들어본 적도 없는 다른 소년이 타게 된 것이다.

소년 시절에 이렇게 고배를 마셨던 경험이 그에게는 오히려 좋은 약이 되었다. 의지가 굳은 소년은 실패로 인해 용기를 잃는 것이 아니고 오히려 숨은 실력을 발휘하게 되기 때문이다.

"두고 보십시오. 미술원에서 자랑스럽게 인정해 줄 작품을 꼭 그려 보이겠습니다."

플랙스먼은 아버지에게 이렇게 말했다. 그리고 몸을 아끼지 않고 더욱 노력하면서 꾸준히 모형을 구상하고 만드는 가운데, 비록 빠른 속도는 아니지만 꾸준히 발전하고 있었다.

그러나 아버지의 석고상 상점이 잘 되지 않아 생활이 어려워지자, 어린 플랙스먼은 과감하게 자신보다는 가족을 먼저 생각했다. 그는 그림 그리는 시간을 줄여서 상점에 나가 잔일을 하면서 아버지를 도왔다. 호메로스를 내려놓고 석고 흙손을 잡은 것이다. 가족들이 굶지 않고 살 수 있도록 어떤 허드렛일도 기꺼이 맡아했다.

오랫동안 그런 고된 일을 했지만 그것이 오히려 그에게 도움이 되었으니, 그로 인해 그는 꾸준히 일하는 습관이 생겼고 인내력 또한 강해질 수 있었다. 무척 힘든 훈련이었으나 건전한 훈련이었다.

다행히 조시아 웨지우드가 플랙스먼의 숙련된 도안 솜씨에 대한 소문을 듣고, 도자기와 토기 무늬를 향상시킬 생각으로 플랙스먼을 찾아갔다. 그런 일은 플랙스먼 같은 천재가 하기에는 좀 하찮은 일로 생각될지 모르지만, 결코 그렇지 않았다. 보통 찻주전자에 도안을 그리는 일이든, 물병에 도안을 그리는 일이든, 예술가는 그것을 천직으로 알고 최선을 다해 헌신하는 법이다. 그것은 매일 끼니때마다 사람들이 흔히 쓰는 것이니, 많은 사람을 교화하는 매개체가 되어 고상한 감흥을 일으켜 주는 도구가 될 수 있다.

이렇게 해서 훌륭한 예술가는 인류에게 많은 혜택을 주는 것이며, 반드시 정교한 작품을 그려 그것을 수천 파운드에 팔아 일반 대중은 볼 수 없는 몇몇 부잣집의 화랑을 장식하는 것만을 능사로 삼지는 않는다. 레지우드 이전에는 영국 도자기와 칠기의 무늬가 화법이나 제작이 서툴러 볼품이 없었으므로, 플랙스먼은 이 두 가지를 모두 개선해 보기로 결심했다. 제작자의 의견에 따라 최선을 다하여 여러 종류의 토기 모형과 무늬를 제시했는데, 주로 옛날의 시와 역사에서 유래한 것이었다. 이때의 물건이 아직도 많이 남아 있으며, 그 중 몇몇은 아름다움과 단순성에서 뒷날 그의 대리석 도안과 맞먹을 만한 것이다.

박물관과 골동품 애호가들의 집 유리 장식장에 보관되어 있는 유명한 에트루리아 화병들이 그에게 좋은 착상을 제공하여, 그는 우아한 도안으로 이를 더욱더 아름답게 하였다. 당시에 출판된 스튜어트의 《아테네》라는 책에 모양이 극히 단아한 그리스 기물의 표본이 실려 있어, 그 중에서 최고의 것을 골라 우아하고 아름답고 새로운 형태의 작품을 만들었다. 플랙스먼은 이때 자기가 대중 교육에 도움을 주고 있을 뿐 아니라 위대한 예술 작품 제작에 종사하고 있음을 깨달았다.

뒷날 그는 이때를 자랑스럽게 회고하며, 그것으로 자신의 미에 대한 사랑을 키울 수 있었고, 민중에게 예술 취미를 보급시킬 수 있었으며, 또한 자기의 빈 주머니를 채워 가면서 친구이자 은인의 발전을 도와줄 수 있었다고 말했다.

마침내 1782년 그의 나이 27세가 되자, 그는 집에서 나와 소호의 와더 거리에 화실이 달린 작은 집 한 채를 얻었다. 더욱이 이때 앤 덴먼과 결혼을 했는데, 아내는 참으로 쾌활하고 순결하고 고상한 여성이었다. 플랙스먼은 그녀와 결혼하면 반드시 더욱 열정을 기울여 작품을 만들 수 있을 거라고 믿었다. 그녀 역시 시와 미술에 대한 취미가 있고, 또 남편의 재능을 진심으로 찬양해 주었기 때문이다. 그러나 플랙스먼이 결혼한 지 얼마 안 되었을 때 여전히 독신으로 있던 조슈아 레이놀즈가 그에게 다음과 같이 말했다.

"플랙스먼, 자네가 결혼했다는 말을 들었네. 내, 자네에게 장담하네만 자넨 이제 예술가로서는 파멸일세."

플랙스먼은 곧장 집으로 가 아내 옆에 앉아 그녀의 손을 잡으면서 말했다.

"앤, 나는 이제 예술가로서는 파멸이오."

"무슨 말이에요, 존? 어째서 그런 말을 하는 거죠? 누가 당신을 파멸시

컸다는 거예요?"

"교회에서 들었소. 바로 당신, 앤 덴먼이 나를 파멸시켰다는구려."

남편이 대답했다. 그리고 그는 조슈아 레이놀즈에 대해 애기했다. 전에도 레이놀즈가 가끔 피력한 적이 있었던 그의 지론, 즉 미술학도가 남보다 뛰어나려면 아침에 일어나서 밤에 잠자리에 들 때까지 모든 정신력을 예술에 쏟아야 하며, 로마와 플로렌스에서 라파엘로, 미켈란젤로, 그리고 기타 대가들의 작품을 연구하지 않으면 결코 위대한 예술가가 될 수 없다는 것을 말해 주었다.

"나는 위대한 예술가가 되고 싶소."

플랙스먼은 그 작은 체구를 꼿꼿하게 세우면서 말했다.

"그래요, 당신은 위대한 예술가가 되셔야 해요. 그리고 당신이 위대해지기 위해 필요하다면 로마에도 가셔야죠."

"하지만 어떻게?"

플랙스먼이 물었다.

"열심히 일하고 절약하는 거예요. 앤 덴먼 때문에 존 플랙스먼이 예술가로서 파멸했다는 말은 절대로 듣지 않겠어요."

용감한 부인은 그렇게 대답했다. 이리하여 부부는 형편이 닿는 대로 로마로 여행을 하기로 결정했다. 이때 플랙스먼은 다음과 같이 말했다.

"그래, 로마로 가야지. 그리고 예술원 원장에게 보여 주겠소. 결혼이 남자에게 해로운 것이 아니라 이로운 것이라는 것을. 물론 당신도 데리고 갈 거요."

서로 사랑하는 이 부부는 와더 거리의 작고 소박한 집에서 늘 로마로 가는 꿈을 안고 5년 동안 근면하게, 행복한 노력을 계속했다. 잠시도 그 꿈을 버리지 않고 필요한 돈을 모으기 위해 동전 한 푼도 헛되게 쓰지 않았다. 그들은 이 계획을 누구에게도 말하지 않았고, 미술원에서 보조해 주기를 기대하지도 않았다. 오직 끈기 있게 일하면서 그들의 목적을 달성하기 위해 매진할 뿐이었다.

그동안 플랙스먼은 작품을 그다지 발표하지 않았다. 독창적인 도안을 실험하는 데 쓸 대리석을 살 능력이 없었던 것이다. 그러나 기념물을 만들어 달라는 청탁이 가끔 있어, 거기서 생기는 돈으로 살림을 꾸려갔다. 그는 아직도 웨지우드의 일을 해 주고 있었는데, 웨지우드는 돈을 제때에 잘 지불해 주는 제작자였다. 그래서 플랙스먼은 대체로 풍족하고 행복했고 늘 희망에 넘쳐 있었다.

플랙스먼은 지역에서도 상당한 존경을 받으며 책임 있는 일을 맡기도 했다. 납세자들이 그를 선출하여 세인트 앤 교구의 야경비 징수를 위탁한 것이다. 이리하여 마을 사람들은 단춧구멍에 잉크병을 매달고 돌아다니며 야경비를 징수하는 그의 모습을 볼 수 있었다.

마침내 플랙스먼 부부는 돈을 충분히 모아 로마로 떠났다. 로마에 도착하자 그는 여느 가난한 미술가들처럼 고미술품을 모사하여 생계를 유지하면서 미술 공부에 전념했다. 영국인 방문객들이 그의 화실에 찾아와 제작을 의뢰했다. 그가 호메로스, 에스킬루스 그리고 단테의 시를 설명하는 아름다운 도안을 그린 것은 바로 이때였다. 그 대가로 받은 돈은 고작 그림 한 컷당 15실링이었다. 플랙스먼은 생활비뿐만 아니라 예술을 위해서라도 손에서 일을 놓지 않았다. 그의 도안이 아름다웠기 때문에 한 번 찾아온 손님은 다른 친구와 후원자를 소개해 주었다.

마음씨 좋은 토머스 호프의 의뢰로 〈큐피드와 오로라〉를 그리고 브리스틀 백작을 위해서는 〈아다마스의 분노〉를 그렸다. 세심한 공부를 한 덕분에 심미안이 크게 열렸으므로 그는 마침내 영국으로 돌아갈 준비를 했다. 이탈리아를 떠나기 전에 플로렌스와 카라라의 미술원이 그의 공적을 인정하여 그를 회원으로 선출했다.

런던에서는 그가 돌아가기도 전에 이미 명성이 자자했고, 영국에 도착하자마자 제작 의뢰가 수없이 들어왔다. 로마에 있을 때 위탁을 받아 맨스필드의 기념상을 제작한 적이 있었는데, 그가 돌아온 지 얼마 안 되어 이 기념상이 웨스트민스터 대사원의 북쪽에 세워졌다. 이 기념상은 지금도 그 자리에 당당한 모습으로 서 있는데, 조용하고 간소하고 엄숙한 모습이 마치 플랙스먼 자신의 천재성을 나타내는 것처럼 보인다.

그즈음 명성이 한창 높았던 조각가 뱅크스가 그 입상을 보고 한 감탄의 말은 조금도 과장이 아니었다.

"그 조그만 사람이 우리의 코를 모두 납작하게 만들었군!"

왕립미술원 사람들은 플랙스먼이 돌아왔다는 소식을 듣고, 특히 맨스필드의 기념상을 보고 감탄한 나머지, 그를 어서 미술원 회원으로 받아들이고 싶어했다. 그는 후보자 명단에 들어간 뒤, 곧이어 정회원으로 선출되었다.

잠시 뒤 그는 완전히 새로운 사람으로 세상에 나타났다. 어린 시절 코벤트 가든의 뉴스트리트에 있는 석고상 가게의 계산대 뒤에서 공부를 시작한 그가, 이젠 탄탄한 실력을 갖춘 신사로서 예술적 탁월성을 인정받아 왕립미술원의 조각 교수로 학생들을 지도하게 된 것이다.

사실 그 훌륭한 자리에 그보다 더 어울리는 사람은 없었을 것이다. 자기 자신의 노력으로 모든 어려움과 맞서 싸워 이겨낸, 그보다 학생들을 잘 가르칠 수 있는 사람은 없을 테니까. 오래도록 평화롭고 행복한 세월을 보낸 플랙스먼도 마침내 노령에 이르렀다.

사랑하는 아내 앤을 잃은 것은 그에게는 견디기 힘든 충격이었다. 그래도 그는 몇 년을 더 살았는데, 그동안에 그의 유명한 작품 〈아킬레우스의 방패〉와 숭고한 〈사탄을 격퇴하는 천사장 미카엘〉을 제작하였으니, 아마도 이 두 작품이 그의 최고 걸작이 아닌가 한다.

찬트리

찬트리는 플랙스먼에 비해 더욱 건장하고 활동적이었다. 조금 거친 편이었으나 마음은 아주 따스한 사람으로, 어릴 때부터 부딪친 고난을 극복해낸 것과, 무엇보다도 자기의 독립심을 자랑스럽게 생각했다. 그는 셰필드의 노턴에서 가난한 집안의 아들로 태어났다. 아버지는 그가 어릴 때 세상을 떠났고, 어머니는 곧 재혼했다. 찬트리는 어릴 때부터 나귀 등에 우유통을 싣고 이웃 동네를 돌아다니며 어머니의 단골손님들에게 우유를 배달했다.

찬트리의 근면한 생애는 이와 같이 시작되었으며, 이런 처지에서 차츰 발전하여 마침내 최고의 미술가가 된 것은 오직 자기 자신의 힘에 의해서였다. 의붓아버지는 그와 뜻이 맞지 않아 밖에 나가 돈벌이나 하라고 소년을 한 식료품 가게에 맡겼다. 그러나 어린 찬트리는 그 일이 도무지 마음에 들지 않았다. 그러던 어느 날 조각품 가게 앞을 지나가다 번쩍번쩍 빛나는 진열품에 마음이 끌려, 조각가가 되겠다는 생각을 품고 식료품 가게에는 그만두겠다는 뜻을 전했다. 그 뒤 7년 계약으로 조각품 가게 사람들의 동의를 얻어 조각공 겸 도금공의 견습 생활을 하게 되었다.

이 새 주인은 목공일뿐만 아니라 판화와 석고 모형도 취급했다. 그리하여 찬트리는 놀라운 근면과 열정을 기울여 그 두 가지를 다 배우고, 틈만 나면 그림을 그리고 모형을 만들면서 자기 발전을 위해 늦은 밤까지 공부할 때가 많았다. 견습 계약기간이 아직 끝나지 않은 21세 때, 그가 긁어모을 수 있는 대로 다 모은 50파운드의 돈을 주인에게 주고 견습 계약을 파기한 뒤 미술에 헌신할 결심을 했다.

그리고 있는 힘을 다해 런던으로 가서 조각공의 조수로 취직을 하고, 여가를 이용하여 그림과 모형 공부를 했다. 고용된 조각공으로서 그가 맨 먼저 한 일은, 시인 로저스 씨 저택의 식당을 장식하는 일이었다. 그런데 뒷날 그는 이 집의 귀한 손님으로 그 식당에서 식사 대접을 받게 된다. 이때 그는 함께 있던 다른 친구들에게 그 장식을 보여주고 젊은 시절의 자기 솜씨를 자랑하며 즐거워했다고 한다.

직업상의 목적으로 셰필드로 돌아온 찬트리는 지방 신문에 색연필 그림이나 세밀화(미니아튀르) 또는 유화물감으로 초상화를 그리겠다고 광고를 냈다. 칼 장수에게 최초의 색연필 초상화를 그려 주고 1기니를 받은 것을 시작으로, 어느 제과업자에게 유화물감으로 초상화를 그려 주었더니 5파운드에 장화 한 켤레까지 주는 것이었다.

찬트리는 다시 런던으로 가서 왕립미술원에서 그림을 공부했다. 그리고 다시 셰필드로 돌아와 인물화뿐만 아니라 석고 흉상도 주문 제작하겠노라고 광고를 냈다. 그는 곧 이 지방 교구목사 기념상을 제작하게 되었고, 모든 사람이 흡족할 만큼 열심히 일했다. 런던에 있을 때는 마구간 위의 방을 화실로 꾸며 놓고, 거기서 최초의 전시 창작품인 〈악마왕의 거대한 두상〉을 제작하였다. 그가 노년에 이르렀을 때 어느 친구가 그의 화실을 찾아왔다가, 구석에 있던 이 모형을 보고 감탄을 금치 못했다. 찬트리는 웃으며 말했다.

"저 두상은 내가 런던에 와서 만든 최초의 작품일세. 흰 종이 모자를 쓰고 다락방에서 제작했지. 초를 한 자루밖에 살 수 없어서 촛불 하나를 모자에 꽂고 일을 했다네. 내 머리가 움직이는 대로 촛불도 같이 움직여 불을 비춰 줄 수 있도록 말일세."

플랙스먼이 그것을 미술원 전람회장에서 보고 크게 감탄하여, 마침 해군 양로원에서 요청한 네 명의 해군 제독 흉상 제작을 찬트리에게 맡겼다. 이 청탁 외에도 다른 일거리가 계속 들어와, 결국 그림 쪽은 포기하게 되었다. 겨우 8년 전만 해도 모형 제작으로 5파운드밖에 받지 못했던 그였다. 찬트리는 그의 유명한 작품 〈혼 투크의 두상〉으로 크게 성공한 것이다. 그의 말에 따르면 이 작품의 대가로 1만 2,000파운드를 받았다고 한다.

찬트리는 이렇게 성공한 뒤에도 계속 열심히 일하여 많은 수입을 올렸다. 런던에 조지 3세의 조각상을 세울 때는 열여섯 명의 경쟁자를 물리치고 그가 선발되어 그 조상을 제작하게 되었다. 몇 년 뒤 그는 〈잠자는 아이들〉이라는 절묘한 조상을 만들었는데, 오늘날 리치필드 성당에 소장되어 있는 그것은 매우 섬세하고 아름다운 작품이다.

이때부터 그의 생애는 상승 가도를 달리며 명예와 명성, 그리고 번영을 얻었다. 이와 같이 그가 위대한 미술가가 된 것은 오직 인내와 근면과 불굴의 노력 때문이었다. 하늘은 그에게 재능을 주셨고, 그는 자신의 건전한 양식으로 그 귀중한 재능을 사용할 수 있었던 것이다. 그는 당시 사람들이 모두 그렇듯 신중하고도 예민했다.

예를 들어, 찬트리가 이탈리아를 방문했을 때 지니고 다니던 수첩을 보면,

미술에 대한 여러 가지 기록과 그날 그날의 경비 및 대리석 값 등이 꼼꼼히 적혀 있다. 찬트리의 예술관은 단순함에 있었으니, 오직 그 단순함을 부각시켜 절묘한 작품을 위대하게 만들 수 있었다. 핸즈워드 교회에 서 있는 그의 작품 〈와트의 입상〉은 완전무결한 예술 작품이지만, 기교가 전혀 없고 참으로 단순하기 그지없다. 가난한 동료 예술가들에 대한 그의 아낌없는 지원은 대단했다. 그러나 언제나 소리 없이 남모르게 도와주었다. 찬트리는 영국 예술의 발전을 위해 유산의 대부분을 왕립미술원에 기증했다.

말 많은 것을 좋아하지 않았던 윌키

풍속화가 데이빗 윌키도 성실하고 끈기 있는 근면한 자세로 일관했다. 스코틀랜드에서 목사의 아들로 태어난 그는, 일찍부터 예술적 재능을 보여주었다. 학교에서는 게으른 열등생이었지만 인물 그림을 그릴 때는 완전히 딴 사람이 되어 열중했다. 과묵한 소년 시절, 그는 활동적인 성격을 내면에 간직하고 있었다. 그것은 일생을 통해 그의 특질이 되었다.

윌키는 언제나 그림을 그릴 기회를 찾고 있었다. 목사관 벽이나 강가의 모래사장은 캔버스와 다름없었다. 어떤 것이든 생각한 대로 그림을 그리는 데 안성맞춤이었다. 타다 만 나무토막은 연필이었고, 매끄러운 바위는 캔버스를 대신했으며, 넝마를 입은 사람을 만나면 즉시 그림 소재가 되었다. 남의 집에 가서도 벽에 가득 낙서를 남겼기 때문에, 벽을 보면 윌키가 다녀갔음을 알 수 있을 정도였다. 물론 깔끔한 부인들은 눈살을 찌푸리곤 했다.

아버지는 목사라는 직업상 화가를 '죄 많은' 직업으로 여기고 단호히 반대했다. 그래도 아들의 결심을 꺾지는 못하여, 결국 윌키는 화가를 지망하여 험난한 언덕길을 힘차게 올라가게 된다.

윌키는 에든버러에 있는 스코틀랜드 미술원에 입학을 신청하지만, 작품이 거칠고 정확성이 부족하다는 이유로 처음에는 입학을 거부당한다. 그러나 더 나은 작품을 완성할 때까지 계속 분발하여 결국 멋지게 합격하고야 만다. 입학한 뒤에도 실력이 빠르게 늘지는 않았지만, 인물화 제작에 몰두하고 있는 모습은 성공을 다지고 그 노력의 결과에 확고한 자신감을 가지고 있는 것 같았다.

천재를 자처하는 젊은이들 중에는 성격이 기이하거나, 제멋대로 마음 내킬 때만 일에 열중하는 타입도 많다. 그러나 윌키는 달랐다. 그는 오로지 성실하게 노력에 노력을 거듭했다.

윌키는 나중에 이렇게 말했다.

"나의 성공은 천부적인 재능보다는 착실하고 끈질긴 노력의 결과이다. 내가 그림을 잘 그리는 이유를 단 한 마디로 표현한다면, 그건 바로 끊임없이 노력했기 때문이다."

나중에 윌키는 런던에 가서 싸구려 하숙집에 살면서 '마을의 정치가들'을 그렸다. 이 그림이 호평을 받자 그림 주문도 늘어났다. 하지만 그래도 그는 오랫동안 궁핍한 생활을 해야 했다. 제작에 쏟은 많은 시간과 노력에 비해서, 보수가 얼마 되지 않았기 때문이다.

그는 한 장의 그림을 그리는 데도 사전조사를 철저히 하여 세심하게 준비를 했다. 단숨에 그려낸 그림은 한 장도 없었고, 대부분 완성까지 몇 년이 걸렸다. 일단 완성된 그림도 다시 그리거나 수정한 끝에야 간신히 햇빛을 보게 될 정도로 정성을 기울였던 것이다.

"일하라! 일하라! 더욱 일하라!"라는 레이놀즈 경의 외침이 그의 좌우명이었다. 또한 레이놀즈 경과 마찬가지로 그도 말이 많은 예술가를 극도로 싫어했다. 말을 잘하는 사람은 씨를 뿌리는 건 할 수 있겠지만, 어느 세상에나 잘 익은 열매를 따는 것은 말없이 실천하는 형의 인간이다.

"늘 무슨 일이든 하자."

이렇게 그는 은근히 수다쟁이들을 비난하며 게으름뱅이들에게 경고를 주었다.

윌키가 스코틀랜드 미술원에 재학 중일 때, 당시의 그래엄 학장은 레이놀즈 경의 다음과 같은 말을 학생들에게 자주 인용해 들려주었다.

"여러분이 천부적인 재능을 타고났다면 근면이 그것을 더욱 높여줄 것입니다. 만약 재능을 타고나지 않았다 해도 근면이 그것을 대신해줄 것입니다."

윌키는 이 이야기를 친구 컨스터블에게 해 주면서 덧붙였다.

"그렇기 때문에 나는 열심히 노력하려고 결심했네. 내가 재능을 타고 나지 못했다는 것을 잘 알고 있었으니까."

또한 그는 컨스터블에게, 런던 시절 동료 학생이던 리넬과 버넷이 예술에 대해 토론을 하면 될 수 있는 한 가까이 다가가서 그들이 하는 모든 얘기를 귀담아 들으려고 했다고 말했다.

"왜냐하면 그들은 아는 것이 많고, 나는 아는 것이 별로 없었거든."

이것은 진심에서 우러나온 말이었다. 그는 그만큼 겸손한 사람이었다. 〈마을의 정치가들〉을 그려 맨스필드 경한테서 받은 30파운드의 돈으로 그가 가장 먼저 한 일은, 자기도 형편이 어려우면서 고향의 어머니와 누이에게 보낼 선물로 보닛 모자와 숄과 옷을 사는 일이었다. 젊은 시절에 가난했던 탓으로 윌키는 절약이 몸에 배어 있는 한편, 고상한 자선을 베풀 줄도 알았다. 이런 사실들을, 금속 판화가 아브라함 레임배치의 자서전 속 여기저기서 확인할 수 있다.

윌리엄 에티

윌리엄 에티 또한 불굴의 근면과 인내를 예술에 쏟아 넣은 뛰어난 인물이다. 그의 아버지는 요크에서 생강 과자와 향료를 제조하는 업자였으며, 정력과 독창성이 뛰어난 어머니는 로프 제조업자의 딸이었다.

소년은 어려서부터 그림을 좋아하여, 벽과 마루와 책상을 온통 그림으로 뒤범벅되게 했다. 처음에 화필로 쓴 것은 1파딩(1페니의 4분의 1)짜리의 백묵이었으나, 곧 숯과 타다 남은 막대기를 쓰게 되었다.

미술에 대해 아무것도 모르는 어머니는 그를 인쇄소에 견습공으로 보냈다. 그러나 에티는 틈나는 대로 그림 공부를 계속하며, 견습기간이 끝나면 자신의 소질에 따라 꼭 화가가 되리라고 결심했다. 다행히도 생각이 깊은 그의 삼촌과 형이 이 공부에 도움을 주었고, 왕립미술원에 들어갈 수 있도록 돈을 대 주었다.

레슬러의 자서전에 따르면, 동료 학생들이 에티를 보았을 때, 재능은 있으나 우둔하고 느린 편이라 결코 크게 성공하지는 못할 거라고 생각했다고 한다. 그러나 타고난 능력이 있는 데다 꾸준히 공부한 결과, 마침내 최고의 미술가로 이름을 날리게 되었다.

대작을 그릴 때 굶어죽을 뻔했던 화가 마틴

많은 예술가들은 성공을 거두기 전에 용기와 인내를 시험하는 듯한 극심한 고난을 겪어야 했다. 그 시련을 이기지 못하고 굴복한 자들이 얼마나 많았던가? 마틴은 일생을 사는 동안, 보통 사람들의 생애에서는 참으로 찾아보기 힘든 곤란을 겪었다.

최초의 대작을 제작할 때 그는 여러 번 굶어 죽을 위기에 처했다. 너무나 아름답게 반짝이면서 윤이 나는 은화 한 개를 마지막까지 쥐고 있다가 더 이상 버틸 수가 없어 결국 그것으로 빵을 사기 위해 밖으로 나갔다. 그 돈으로 빵 한 덩이를 사 가지고 막 돌아서려고 하는데, 빵집 주인이 도로 빵을 빼앗더니 그 은화를 이 굶주린 화가한테 던지는 것이었다. 그 절박한 순간에 반짝이는 은화가 그를 저버렸으니, 그 돈은 가짜 돈이었던 것이다. 하숙집으로 돌아온 그는 온 방 안을 뒤져 겨우 빵 부스러기를 찾아 그것을 입에 털어 넣고 굶주림을 견뎠다고 한다.

승리를 향한 열정의 힘으로, 그는 계속 불굴의 정력을 쏟으며 그림을 그렸다. 그에게는 얼마든지 노력하며 기다릴 용기가 있었던 것이다. 며칠 뒤 작품이 발표되자 세상은 입을 맞춰 찬사를 보냈고, 마틴은 흔들림 없는 확고한 명성을 얻게 되었다. 어떠한 경우에도 근면을 통해 천부적인 재능을 더욱 갈고 닦으면 자신을 지킬 수 있는 힘을 반드시 얻게 된다. 조금 늦는 한이 있더라도 명성은 반드시 참으로 가치 있는 사람을 찾아온다는 것을, 마틴의 일생이 뚜렷이 증명하고 있다.

퓨진, 조지 켐프, 존 깁슨, 로버트 서번, 노엘 페이턴

학구적인 방법에 따라 아무리 세심하게 지도하고 훈련을 시켜도, 본인이 작업에 참여하지 않으면 진정한 예술가가 될 수 없다. 높은 수준의 교양을 지닌 사람들이 대부분 그렇듯이, 예술가는 스스로 모든 것을 배워야 한다.

퓨진은 건축업을 하던 아버지의 사무실에서 정석적(定石的)인 건축학을 배웠으나, 그래도 부족함을 느껴 아예 처음부터 다시 공부할 생각으로 노력을 기울였다. 이리하여 젊은 퓨진은 코벤트가든 극장의 목수로 고용되어 처음에는 무대 밑에서, 이어 무대 앞의 천장에서 일하다가 마침내 무대 위에서 일을 하게 되었다. 그렇게 해서 퓨진은 일을 익히고 건축에 대한 소질을 더욱 키웠는데, 대가극의 무대 장치에는 여러 가지 기술이 필요해 특히 많은 공부가 되었다. 공연 시즌이 지나면, 런던과 프랑스의 여러 항구를 오가는 선박에 취직하여 돈도 꽤 벌 수 있었다. 기회만 있으면 배에서 내려 오래된 건물, 특히 마음에 드는 교회당 건물 양식을 그려 두었다.

뒷날 퓨진은 이 같은 목적을 가지고 대륙을 여행하여 그림을 잔뜩 싣고 돌아왔다. 탁월하고 출중해지는 것을 목표로 이와 같이 노력을 거듭한 끝에 퓨진은 마침내 자신의 목적을 이룬다.

에든버러의 아름다운 스콧 기념비의 제작자 조지 켐프의 삶도 꾸준히 노력한 사람의 실례를 보여 준다. 그는 펜틀랜드 구릉에 살던 가난한 양치기의 아들이었다. 이런 한적한 시골에서 소년은 예술 작품 같은 것은 생각해 볼 기회가 없었다. 그러나 10세 때, 아버지가 돌봐 주고 있는 양의 주인인 농부의 심부름으로 우연히 로즐린에 가게 되었는데, 그곳의 아름다운 성곽과 교회의 모습이 어린 소년의 마음에 오래도록 잊을 수 없는 생생한 인상을 남겼던 것 같다.

건축물에 대한 사랑에 빠져든 소년은 아버지에게 목수가 되게 해 달라고 졸라서, 이웃 마을의 목수집에 견습생으로 들어가게 되었다. 견습 기간을 마치고 일자리를 구하기 위해 갈라실즈로 갔다. 그런데 그가 연장을 짊어지고 트위드 계곡을 따라 터벅터벅 걸어가고 있을 때, 엘리뱅크 탑 근처에서 마차 한 대가 뒤따라와 섰다. 아마 안에 탄 주인의 명령인듯, 마부가 어디까지 가느냐고 묻더니 갈라실즈까지 간다는 말을 듣고, 올라와 자기 옆에 앉아서 같이 가자는 것이었다.

알고 보니 안에 타고 있던 친절한 신사는 바로 월터 스콧 경이었고, 셀커크셔의 치안관으로서 공무 여행 중이었다. 갈라실즈에서 일하는 동안 캠프는 멜로즈, 드라이버러, 제드버러 등 여러 사원을 자주 찾아볼 기회가 있어서, 주의 깊게 건축물을 연구했다. 건축을 무척 좋아하여 잉글랜드 북부 대부분의 지방을 돌아다니며 목수 생활을 했고, 훌륭한 고딕식 건물을 보기만 하면 빠뜨리지 않고 자세히 그려 두었다.

랭커셔에서 일하고 있을 때, 한번은 50마일을 걸어 요크까지 가서 1주일 동안 머물며 사원을 세심하게 살펴보고 다시 걸어서 돌아온 적도 있었다. 이어서 글래스고로 자리를 옮겨 그곳에서 4년 동안 머물렀는데, 이때도 틈만 나면 훌륭한 교회의 건축양식을 연구했다. 다시 잉글랜드로 돌아와 남부를 돌아다니면서 켄터베리, 윈체스터, 틴턴 등의 사원과 그 밖의 유명한 건물들을 조사했다.

1824년에는 같은 목적으로 유럽으로 건너가 볼 결심을 했다. 그 동안의 생계는 목수 일을 하여 해결할 생각이었다. 그리하여 불로뉴에 도착한 다음, 아베빌과 보베를 거쳐 파리로 갔다. 도중 곳곳에서 몇 주일씩 머무르며 그림을 그리고 연구에 열중했다. 기술자인데다 특히 방앗간에 대해 잘 알고 있었기 때문에, 어디를 가나 금방 일자리를 얻을 수 있었다. 조지 캠프는 늘 오래된 아름다운 고딕식 건물이 근처에 있는 곳에서 일하기를 좋아하여, 틈만 있으면 그런 건물들을 연구했다.

1년 동안 그렇게 외국에서 일하며 연구한 뒤, 조지 캠프는 다시 스코틀랜드로 돌아왔다. 그 뒤에도 계속 공부하여 제도와 투시도법을 익혔다. 멜로즈 사원은 그가 특히 좋아한 유적으로, 그 건물의 정교한 그림을 몇 장 그렸는데, 그 중에 이 사원의 본디 모습을 보여주는 그림은 나중에 판화로도 제작되었다.

조지 캠프는 또 건축제도사로서 남의 일을 해주었다. 브리턴이 발행하기로 계획한 《고대 대성당》을 위해 에든버러의 한 조각가가 작품을 만들기 시작했고, 캠프가 그 책에 실을 조각상의 그림을 그린 것이다. 그 일은 그의 기질에 맞는 일이어서 정열을 쏟아 노력한 덕분에 발행 부수가 급증했고, 그 때문에 스코틀랜드의 반 이상을 걸어서 돌아다니게 되었다. 그리고 평범한 목수로 생계를 유지하는 한편, 미술 방면의 대가들과 맞먹을 수 있는 그림을 그렸다.

책을 발행하던 사람이 세상을 떠나 발행이 중단되자 켐프는 다른 일거리를 구했다. 본디 과묵하고 겸손한 까닭에 그의 재능을 알아주는 사람이 별로 없었던 차에, 스콧 기념비 건립위원회가 현상금을 걸고 기념비 설계도를 모집했다. 응모자가 무척 많았다. 그 중에는 정통 건축의 대가들도 끼어 있었으나, 만장일치로 선정된 것은 조지 켐프가 응모한 설계도였다.

멀리 떨어진 에어셔의 킬위닝 사원에서 일하고 있던 켐프에게 위원회의 결정을 알리는 통지가 날아 왔다. 가엾은 켐프! 그 기쁜 소식을 들은 지 얼마 안 되어, 그는 석상에 쏟은 자기의 끈질긴 근면과 자기 수양의 첫 번째 결과를 보지도 못한 채 갑자기 세상을 떠났으니, 그 석상이야말로 문학의 천재를 기리기 위해 건립된 기념비 가운데 가장 아름다운 것으로 손꼽히고 있다.

존 깁슨도 예술에 진정한 열정과 사랑을 기울인 또 한 사람의 예술가였다. 그는 돈벌이의 유혹을 초월한 존재였다. 그는 북 웨일스의 콘웨이 근처 기펀에서 평범한 정원사의 아들로 태어났다. 가지고 다니던 주머니칼로 나무에 조각하기를 좋아하여, 어릴 때부터 예술에 대한 재능을 보여주었다. 아버지는 아들의 소질을 알고, 그를 리버풀에 보내 가구 제조 겸 목각을 하는 집에 견습생으로 들어가게 했다. 존 깁슨은 일을 빨리 배워, 사람들이 그의 목각 제품을 보고 칭찬할 정도에 이르렀다. 그러다가 자연히 조각에 마음이 쏠려, 18세 때는 밀랍으로 작은 시간상(時間像)을 제작하여 상당한 주목을 끌었다.

조각가인 프랜시스 집안에서 이 소년의 견습생 계약금을 돌려주고, 대신 자기네 견습생으로 데리고 갔다. 그는 6년 동안 그곳에 있으면서, 창작의 재능을 마음껏 발휘했다. 그리고 런던에 갔다가 나중에는 로마로 가서 그 명성이 온 유럽에 퍼지게 되었다.

왕립미술원 회원이었던 로버트 서번도 존 깁슨처럼 가난한 집안에서 태어났다. 아버지는 덤프리에서 제화점 일을 했고, 로버트 외에 두 아들이 더 있었는데, 그 중 한 사람은 솜씨 좋은 목공이었다.

어느 날 한 부인이 서번 제화점에 들어와, 아직 어린아이인 로버트가 의자를 책상으로 삼아 그 위에 뭔가 그림을 그리고 있는 것을 보았다. 그 그림을 보고 소년의 재능을 알아본 부인은 그에게 그림 일을 얻어주기도 하고, 뜻

있는 사람들을 모아 그의 그림 공부를 도와주었다. 소년은 꾸준하고 착실하게 일을 했다. 그는 말수가 적어서 극소수의 친구 외에는 아이들과 함께 어울려다니는 일도 없었다.

1830년경, 그곳의 몇몇 독지가들이 돈을 대주어, 서번은 에든버러에 있는 스코틀랜드 미술학원에 다닐 수 있게 되었다. 그곳에서 유능한 교수들의 지도를 받자 그의 그림 실력은 눈에 띄게 향상되기 시작했다. 에든버러에서 런던으로 간 뒤에는 버클루 공작의 후원으로 세상 사람들의 주목을 받게 된다. 그가 상류계층 사람들 사이에 알려지는 데 공작의 후원이 큰 도움이 된 것은 사실이다. 그러나 그의 타고난 재능과 근면한 노력이 없었으면, 그 후원의 힘만으로 그토록 자타가 공인하는 위대한 예술가가 될 수는 없었을 것이다.

유명한 화가 노엘 페이턴은 던펌린과 페이즐리 두 곳에서, 테이블보와 손으로 짠 모슬린 자수 제품의 도안을 만드는 일로 첫출발을 했다. 그러는 한편, 인물화와 같은 고상한 그림도 열심히 그렸다. 터너처럼 못하는 일이 없어서, 어린 소년이던 1840년에 벌써 다른 화가들 틈에 끼어 《렌프루셔 연감》의 삽화를 맡았다. 노엘은 한 걸음 한 걸음 천천히 그러나 착실하게 전진해 갔지만, 무명의 터널을 빠져나오기란 쉬운 일이 아니었다. 그러다가 의회의 상하 양원에서 현상 모집한 풍자화의 전시를 계기로 이름이 알려지게 되었다. 거기서 일등으로 입선된 노엘의 작품 〈종교 정신〉을 통해 그가 진정한 예술가임을 세상에 보여주게 된 것이다. 그 뒤 노엘이 발표한 일련의 작품들, 예를 들면 〈오베론과 티타니아의 화해〉, 〈가정〉, 〈유혈의 우시장〉 등은 그의 예술적 역량과 수양이 착실하게 성장했음을 입증해주었다.

제임스 샤플스

미천한 집안에서 태어나 근면과 노력으로 예술의 경지를 이룬 또 하나의 감동적인 예는 제임스 샤플스이다. 그는 블랙번에서 철공 일을 하던 사람이다. 샤플스는 1825년 요크셔의 웨이크필드에서 13남매 중 한 아이로 태어났다. 주철공이던 아버지는 나중에 베리로 이사를 가서도 같은 일을 했다.

아이들은 모두 학교 교육은 꿈도 꾸지 못한 채, 일할 수 있는 나이만 되면 공장으로 갔다. 샤플스도 10살쯤 되자 주조 공장에 들어가 약 2년 동안 일을 했다.

이어서 샤플스는 아버지가 일하고 있던 기관 공장에 들어가, 보일러 제작공들을 도와 리벳을 불에 달구거나 나르는 일을 했다. 아침 6시부터 밤 8시까지의 일은 고된 노동이었다. 그러나 일이 끝난 뒤 그의 아버지가 어렵게 시간을 내어 공부를 시킨 덕분에 조금이나마 글을 읽을 수 있게 되었다.

이렇게 보일러 제작공들 속에서 일하는 동안, 우연히 그림에 대해 눈을 뜨게 되는 일이 일어났다. 공장 감독이 공장 마루에 보일러 도안을 그릴 때면 가끔 그에게 백묵을 칠한 줄을 들고 있게 했다. 그럴 때는, 감독은 자기가 줄을 들고 소년에게 필요한 치수를 재게 했다. 그 일에 익숙해지자 샤플스는 감독에게 적지 않은 도움이 되었는데, 집에 와서도 틈만 나면 마루 위에 보일러 도안을 그리는 것이 그의 낙이었다.

어느 날 맨체스터에서 친척 부인이 찾아온다 하여 집을 깨끗하게 청소해 놓았는데, 소년은 공장에서 돌아오더니 마루 위에 또 그림을 그리기 시작했다. 백묵으로 큰 보일러의 도안을 한창 그리고 있는 중에, 어머니가 손님을 데리고 집에 들어와 보니, 놀랍고 부끄럽게도 아이는 씻지도 않은 흉한 꼴로 마루를 온통 백묵으로 칠해 놓은 것이 아닌가!

그러나 손님은 소년의 노력이 신통하다며 그가 그린 도안을 칭찬해주고, 오히려 그의 어머니에게 이런 '어린 장난꾼'에게는 종이와 연필을 사주어야 한다고 말했다.

형의 격려로 샤플스는 인물화와 풍경화를 그리고 석판 인쇄를 모사하기 시작했으나, 아직 원근법도, 명암을 표현하는 원칙도 몰랐다. 그러나 그 후 열심히 공부하여 모사의 기술을 터득하기에 이르렀다.

16세가 되자 베리 기술학원에 들어가 전문가가 아닌 본업이 이발사인 사람에게 석 달 동안 매주 1시간씩 그림 지도를 받았다. 교사의 추천으로 버넷이 쓴 《미술의 실제이론》을 샀으나, 아직 그것을 읽을 능력이 없어 어머니나 형이 읽어주면 옆에 앉아서 듣곤 했다.

글을 읽을 줄 모르는 샤플스는 버넷의 책이 너무 읽고 싶어 기술 학원에서 한 학기 공부만을 마친 뒤, 집에서 읽기와 쓰기 공부에 전력을 기울였다. 샤플스가 다시 기술 학원에 들어갔을 때는 책을 읽을 수 있었을 뿐 아니라, 뒷날을 위해 중요한 구절을 발췌할 수도 있었다. 그가 책에 정성을 기울인 정도를 말한다면, 새벽 4시에 일어나 한 번 읽고 중요한 구절을 골라 쓴 다음,

6시에 공장에 가서 저녁 6시나 때로는 밤 8시에 돌아와 새로운 기분으로 다시 버넷의 책을 펴 놓고 읽기 시작했다. 그렇게 밤늦도록 책을 붙들고 있는 경우가 많았다.

물론 그것 외에 그림을 그리거나 남의 그림을 모사하면서 지새운 밤도 많았다. 그 중의 하나인 레오나르도 다 빈치의 〈최후의 만찬〉을 모사할 때는 밤을 꼬박 새워야 했다. 잠자리에 들었지만, 그림 생각 때문에 잠을 이루지 못하다가 기어이 다시 일어나 붓을 잡았던 것이다.

이어서 샤플스는 유화를 그려볼 생각으로 포목점에 가서 천을 사다가 나무틀 위에 펴놓고, 그 위에 백연(白鉛)을 입힌 다음 화구점에서 산 물감으로 그림을 그리기 시작했다. 그러나 캔버스가 거칠고 흠이 많은 데다 물감이 마르지 않아서 도무지 그림이 완성되지 않았다.

급한 마음에 이발사인 옛 스승을 찾아갔더니, 유화를 그리는 캔버스가 따로 있고, 유화용으로 특별히 만든 채색 물감과 바니시가 있다는 것이었다. 그래서 형편이 닿는 대로 필요한 물건을 사서 비전문가인 스승의 지도를 받아 가며 다시 유화를 시작했는데, 이번에는 성공하여 스승의 화법을 능가할 정도가 되었다. 그가 그린 최초의 그림은 〈양털깎이〉라는 판화를 모사한 것으로, 뒷날 반 크라운을 받고 팔았다.

1실링짜리 《유화 입문》이라는 책으로 틈틈이 그림 공부를 한 결과, 점차 그림 재료에 대한 더 많은 지식을 얻게 되었다. 이제 팔레트, 팔레트나이프, 물감 상자 등은 자기 손으로 만들었고, 부업을 하여 번 돈으로 물감과 붓과 캔버스를 샀다. 이런 것들을 사는 데 부모님들이 허락한 돈은 극히 적은 돈이었다. 많은 식구가 살아가자니 더 많은 돈을 줄 수 없었던 것이다.

샤플스는 가끔 2~3실링짜리 물감과 캔버스를 사기 위해 맨체스터까지 걸어갔다가 한밤중에 비에 흠뻑 젖어서 기진맥진하여 돌아오곤 했지만, 그래도 끝없는 희망과 불굴의 의지로 참고 견뎠다. 이렇게 독학으로 미술 공부를 한 사람이 그 뒤 어떻게 발전했는지는, 그가 필자에게 보낸 서신을 통해 잘 알 수 있다.

"내가 다음에 그린 것은 〈월광(月光)〉과 〈과일 정물화〉, 그리고 몇 가지 그림이었습니다. 이후 철공장의 모습을 그려 볼까 하고 생각했지만, 이 생각을 감히 그림으로 나타내지는 못했습니다. 그러나 마침내 그 제재를 종이에 그려본 다음 캔버스에 옮겼습니다. 이 그림은 어느 특별한 공장을 그린 것이 아니라, 내가 일찍이 일했던 공장의 내부를 그린 것입니다. 그 점에서 창작이라고 할 수 있겠지요. 윤곽을 그린 다음, 좀더 성공적인 작품을 만들려면 일하는 사람들의 근육을 정확하게 묘사하기 위해 해부학 지식이 필요하다는 것을 알게 되었습니다. 이때 형이 나를 위해 플랙스먼이 지은 《해부학 연구》를 사다 주었는데, 값이 24실링이나 되는 책이어서 나의 힘으로는 도저히 살 수 없었던 것입니다. 나는 그 책을 보물처럼 여기며 열심히 연구했고, 새벽 3시에 일어나 그 책에 따라 근육을 그려보고, 어느 때는 사람들이 모두 잠자는 시간에 형을 깨워 모델이 되어 달라고 졸라 내 앞에 서게 하기도 했습니다.

조금씩 나아지기는 했지만, 상당한 시간이 흐른 뒤에야 그림을 그려볼 자신이 생겼습니다. 그러나 원근법에 대한 지식이 없어서, 부룩 테일러의 《원리》를 열심히 연구한 뒤에 그림을 다시 그렸습니다. 집에서 원근법을 공부할 때는 공장에서 더 무거운 물건의 철공일을 자청해서 했는데, 그 이유는 무거운 물건은 가벼운 물건보다 가열 시간이 더 많이 걸리므로, 그 동안에 여유가 생겨 내가 맡고 있는 용광로 앞의 철판 위에 원근 도형을 연습할 수 있었기 때문입니다."

이렇게 부지런히 노력하고 연구하는 가운데 샤플스의 미술 원리에 대한 지식은 착실하게 향상되었고, 실제 그림을 그리는 기술도 매우 능숙해졌다. 견습 계약이 끝난 지 약 18개월 뒤, 그는 아버지의 초상화를 그려 마을 사람들의 많은 주목을 받았고, 그 뒤 곧 완성된 〈철공장〉도 마찬가지였다. 이렇게 초상화를 잘 그리자, 공장 감독이 자기 가족을 그려 달라고 의뢰했는데, 샤플스의 그림이 무척 마음에 들었는지 감독은 약속한 18파운드에 30실링을 더 얹어주었다.

샤플스는 이런 군상화(群像)를 그리는 동안은 공장에 나가지 못했는데, 이 기회에 아예 공장을 그만두고 그림에만 전념하기로 결심했다. 그리고 몇 점의 그림을 더 그렸으니, 창작으로 그린 실물 크기의 〈그리스도의 두상〉과 〈베리의 풍경화〉가 이때의 작품이다. 그러나 초상화의 의뢰가 많지 않아 놀

때가 많았고, 일정한 수입의 보장이 없었다. 그러자 현명하게도 다시 철공장에 들어가 가죽치마를 걸치고 성실하게 일하였고, 틈나는 대로 먼저 발표된 〈철공장〉을 판화로 새겼다. 사실은 판화를 시작하라는 권유를 받은 것이었다. 맨체스터의 한 그림 중개업자에게 그 그림을 보여주었더니, 숙련된 판화공에게 맡기면 아주 좋은 판화가 될 거라고 말했던 것이다. 샤플스는 판화 기술에 대해 아무것도 아는 것이 없으면서도 즉시 자기 손으로 판화를 새겨보겠다고 작정했다. 이 일을 하며 그가 겪은 어려움은 어떤 것이고, 또 어떻게 그 어려움을 극복했는지에 대해 그는 이렇게 말했다.

"셰필드의 한 철판 제작자가 낸 광고를 보니 여러 가지 크기의 철판 가격표가 있어서, 그 중에서 적당한 것을 골라 그 값에 상당하는 돈과 함께 약간의 판화 도구를 보내 달라고 소액의 돈을 더 보냈습니다. 나는 판화에 대해 전혀 아는 바가 없었기 때문에, 필요한 도구에 대해 자세한 설명도 할 수가 없었습니다. 그러나 철판과 함께 서너 개의 조각도와 에칭바늘 하나가 곧 도착했습니다. 이 중 에칭바늘은 사용법을 배우기도 전에 망가뜨리고 말았지만…… 이렇게 해서 철판을 붙잡고 일을 하던 중, 기술자 연합회가 상금을 걸고 도안을 모집한다 해서 한번 응모해 보리라 마음먹고 출품을 했더니 다행히 입선하여 상을 타게 되었습니다.

그 뒤 얼마 안 되어 나는 블랙번으로 자리를 옮겨 에이스 기술회사에 들어가 기관공으로 일하면서, 여전히 틈틈이 그림을 그리고 판화를 조각했습니다. 판화를 새기는 기술은 좀처럼 늘지 않았는데, 그 이유는 적당한 도구가 없어서 많은 어려움을 겪었기 때문입니다. 그래서 나는 직접 내 손으로 도구를 만들어 쓰기로 했는데, 몇 번 실패한 끝에 마침내 알맞게 도구를 만들어, 그것으로 계속 판화를 조각한 것입니다. 게다가 적당한 확대경이 없어서 몹시 곤란하여, 간신히 아버지가 쓰시는 안경을 이용해 일을 하다가 나중에 용케 알맞은 확대경을 하나 구해 매우 유용하게 썼습니다. 이렇게 판화 제작에 매달리는 동안, 한번은 그것 때문에 판화를 아주 포기할 뻔한 일이 있었습니다. 다른 일이 바빠 한동안 판화를 중지해야 할 경우에는, 녹이 슬지 않도록 조각된 부분에 기름칠을 해두곤 했습니다.

그런데 어느 날 다시 화판을 조사해보니, 기름이 시커멓게 굳어서 떼어 낼 수가 없는 겁니다. 바늘로 떼어 낼까 생각했으나, 그러자니 새로 새기는 것만큼이나 시간이 걸릴 것 같았습니다. 그야말로 절망적인 순간이었는데 좋은 생각이 떠오르더군요. 즉, 소다를 섞은 물에 철판을 담가두었다가 조각된 부분을 칫솔로 문질러 보았습니다. 그랬더니 뜻밖에도 딱딱하게 굳어 있던 기름때가 깨끗이 지워지는 것이었습니다. 이렇게 해서 한 가지 큰 곤경을 무사히 넘겼습니다. 오직 인내와 끈기만으로 내 노력이 성공할 수 있었습니다. 판화를 완성하기까지 충고해 주는 사람도 없고 도와주는 사람도 없었습니다. 그러므로 만일 그 작품이 뛰어나다면 그것은 나의 공적이라고 주장할 수 있습니다. 그리고 그 일을 완성하는 과정에서 끈기와 근면과 굳은 의지가 무엇인가를 이룩할 수 있는지를 보여주었다면, 그것 또한 내가 기꺼이 받을 수 있는 명예라고 생각합니다."

여기서는 작품 〈철공장〉의 판화로서의 가치를 논하고자 하는 것이 아니며, 그 가치에 대해서는 이미 여러 미술 잡지의 논평이 충분히 인정하고 있다. 샤플스는 그 일을 하느라 5년 동안 헤아릴 수 없이 많은 밤을 지새웠으며, 그 작품을 가지고 인쇄소에 가서야 비로소 다른 사람이 제작한 판화를 처음으로 보았다. 니스칠도 하지 않은, 오직 근면과 천재를 상징해주는 그 작품에 대해 한 가지 덧붙이고 싶은 것이 있으니, 그것은 한 남자의 가정에 대한 이야기이다.

"결혼한 후 7년이 지나는 동안 결혼 생활의 가장 큰 기쁨은, 공장에서 하루 일과를 마치고 집에 돌아와 붓과 조각칼을 잡고 작품을 계속하는 일이었습니다. 밤늦도록 일하는 경우가 많았는데, 그럴 때는 아내가 옆에 앉아 재미있는 책을 읽어 주었지요."

샤플스가 실력 있는 판화가였을 뿐 아니라 풍부한 상식과 순수한 마음의 소유자였음을 보여주는 이야기이다.

유명한 음악가도 인내와 노력을 아끼지 않았다

그림과 조각에서 두각을 드러내자면 근면과 전념이 필요한 것처럼, 음악에서도 마찬가지이다. 다만 그림과 조각은 형태와 빛깔의 시요, 음악은 자연의 소리를 다루는 시일 뿐이다.

독일의 음악가 헨델은 지칠 줄 모르는 꾸준한 노력가였다. 그는 실패했을 경우 의기소침하기는 커녕, 역경에 놓일 때면 오히려 더욱 분발했다. 어느 해는 빚 때문에 꼼짝 못하게 되어 심한 곤욕을 경험했지만, 헨델은 거기에 굴하지 않고 잠시도 쉬는 일이 없었다. 그 무렵 1년 동안 그는

헨델

〈사울〉, 〈이집트의 이스라엘인〉, 드라이든의 〈송가〉를 위한 악곡, 〈12의 대협주곡〉, 오페라 〈아르고스의 주피터〉를 작곡했는데, 이것들은 모두 그의 최고 걸작으로 일컬어지고 있다.

어떤 전기 작가는 헨델에 대해 이렇게 말했다.

"헨델은 무슨 일이든 용감하게 해치웠다. 그리고 누구의 도움도 빌리지 않고 혼자 힘으로 족히 12사람 몫의 일을 해냈다."

하이든은 자신의 예술에 대해 다음과 같이 말했다.

"한 가지 주제를 정했으면 끝까지 그것을 추구해야 한다."

모차르트도 "일을 하는 것은 최고의 기쁨"이라고 말했다.
베토벤이 좋아한 격언은 다음과 같은 것이었다.

"야심에 불타는 유능하고 부지런한 인간에게는 '여기서 중단'이라는 벽이 없다."

어느 날 피아노 연주자인 모셀레스가 베토벤에게 오페라 〈피델리오〉의 피아노용 악보를 건넸는데, 그 마지막 페이지 한구석에 '신의 가호로 무사히 연주가 끝나기를'이라고 적혀 있었다. 그것을 본 베토벤은 즉각 펜을 들더니

베토벤

그 밑에 이렇게 적어 넣었다.

"신에게 의지하다니! 그대의 힘으로 그대 자신을 도우라."

이 말이야말로 베토벤에게 예술가로서의 생애를 통한 좌우명이었다.

요한 세바스찬 바흐는 다음과 같이 얘기했다.

"나는 부지런히 일했다. 누구든 나처럼 근면하게 일한다면 틀림없이 성공을 거둘 것이다."

바흐가 예술에 대한 열정을 타고난 것은 사실이었고, 그가 근면했던 것도 그 때문이요, 성공한 것도 다 그 때문이었다. 그가 아직 어린 소년이었을 때, 그의 형은 동생의 재능을 다른 방향으로 돌릴 생각으로 촛불을 못 쓰게 했다. 그러자 바흐는 달빛 아래에서 악보를 베껴 감추어 두었고, 형은 그 동생의 악보를 모두 찢어 버린 일이 있었다. 달빛 아래에서 악보를 베꼈다는 것만 보아도, 우리는 그 소년의 타고난 천재성을 엿볼 수 있다.

마이어베어에 대해서는, 1820년 바일이 밀란에서 보낸 편지를 인용한다.

"그는 재능은 조금 있으나 결코 천재는 아니다. 혼자 고독하게 살면서 하루에 15시간씩 음악 공부를 했다."

몇 년이 지나 마이어베어의 노력은 드디어 그의 천재를 이끌어냈으니, 우리는 그의 작품 〈귀신 로베르〉, 〈위그노〉, 〈예언자〉 등에서 그것을 볼 수 있다.

영국인은 대개 실제적인 분야에 정력을 쏟기 때문에 음악 작곡에는 아직 뛰어난 사람이 없으나, 그 분야에도 인내의 노력을 보여준 좋은 예가 없는 것은 아니다.

아른은 가구상의 아들로, 아버지는 그가 법률가가 되기를 희망했다. 그러나 아른의 음악에 대한 열정이 너무 커서 도저히 그 뜻을 버리게 할 수는 없었다. 법률사무소에서 일을 하고 받는 돈은 극히 형편없는 것이었다. 그러나 자신의 취미를 충족시키기 위해 아른은 늘 도서관에서 책을 빌려보고, 하인 전용 가극장을 드나들곤 했다.

그의 바이올린 연주 실력은 아버지도 모르는 사이에 크게 향상되었는데, 아버지가 그 사실을 처음 알게 된 것은 어느 날 우연히 이웃집을 방문했을 때였다. 그 집에 들어가 보니 놀랍게도 자기 아들이 다른 사람들의 시선을 끌어모으며 바이올린을 연주하고 있는 것이 아닌가! 그 일을 계기로 아른의 진로가 확정되었고, 아버지는 더 이상 아들의 뜻에 반대하지 않았다. 그리하여 이 세상은 법률가 한 사람을 잃었으나, 그 대신 풍부한 감흥과 섬세한 감정을 지닌 음악가 한 사람을 얻었다.

오라토리오 〈이스라엘의 해방〉을 쓴 윌리엄 잭슨의 생애도 음악에 투신하여 수많은 곤란을 극복하고 결국 인내로 승리를 거둔 흥미로운 예를 보여주고 있다. 그 〈이스라엘의 해방〉은 그의 고향인 요크의 여러 도시에서 대단한 호평 속에서 공연되었다.

윌리엄 잭슨은 요크셔 북서쪽의 요크 계곡에 자리잡은 작은 마을 마샴에서 방앗간집 아들로 태어났다. 이 집안 사람들은 대대로 음악에 소질이 있었는지, 그의 아버지는 마샴 의용군의 군악대에서 피리를 부는 동시에 이 지방 교회의 합창단원으로 있었다. 그의 할아버지도 마샴 교회 합창단의 주요 단원이자 종지기였다.

윌리엄 잭슨은 어릴 때 일요일 아침마다 교회에 나가 종을 치는 데 참여하면서 음악과 관계를 맺기 시작했다. 잭슨은 예배 시간에 오르간을 치는 사람의 솜씨를 보고 흥미를 느꼈다. 예배 보는 사람들에게 소리가 잘 들리도록 오르간 뒤쪽이 활짝 열려 있어서, 뒤에 앉은 소년들은 그 속의 음전(音栓), 풍관(風管), 소리통, 스테이플, 건반, 탄기(彈機) 등을 다 보고 모두들 신기하게 생각했다. 그 중에서도 특히 경탄을 금치 못한 아이가 잭슨이었다.

잭슨은 8세 때 아버지의 헌 피리를 불기 시작했다. 그 피리는 D음이 나지 않았기 때문에, 어머니가 플루트를 새로 사 주었고, 얼마 뒤에는 이웃 사람이 더욱 풍부한 소리가 나는 플루트를 선물로 사주었다. 소년은 학교 공부보다 크리켓, 농구, 권투 등을 더 좋아했고, 도무지 학업에 진전이 없어서 학교 선생님도 희망이 없는 학생이라고 단념했다.

그러자 잭슨의 부모는 페틀레이 빌리지에 있는 학교로 잭슨을 전학시켰다. 그곳에서 그는 브릭하우스 게이트의 마을 합창단원들과 친하게 지내면서 영국의 전통 음계를 공부했다. 그렇게 악보 읽는 방법을 배워 잭슨은 곧 악보를 잘 읽게 되었다. 다른 합창단원들을 놀라게 할 정도로 상당한 진전을 보인 뒤 음악에 대한 대망을 품고 고향으로 돌아왔다. 거기서는 아버지가 전에 쓰던 피아노로 음악 공부를 했는데, 음률이 좋지 않아 더 좋은 오르간을 사고 싶었다. 그러나 돈이 없었다.

그때 마침 이웃 동네 교회의 서기가 북부 지방을 떠돌던 악단에게서 작은 고물 오르간 한 대를 헐값에 샀다. 서기는 소리가 제대로 나도록 오르간을 고치려고 했으나, 자기 힘으로는 도저히 고칠 수가 없었다. 마침내 그는 윌리엄 잭슨의 힘을 빌려야겠다고 생각했다. 언젠가 잭슨이 교회의 오르간을 제대로 잘 고쳐놓는 것을 본 적이 있었다. 그리하여 서기는 오르간을 노새 마차에 싣고 잭슨의 집으로 갔다. 잭슨은 짧은 시간에 오르간을 깨끗이 고쳐 소리가 제대로 나게 해주었다. 서기가 크게 기뻐했음은 말할 것도 없다.

윌리엄 잭슨은 자신감이 생겨서 직접 오르간을 한번 만들어 보기로 결심했다. 그는 아버지와 힘을 합쳐 작업에 들어갔고, 목공 기술은 없었지만 열심히 노력하여 여러 번 실패한 끝에 성공을 거둘 수 있었다. 그것은 매우 고상한 10음계의 소리가 나는 오르간이었다. 동네 사람들은 이 오르간의 완성을 마치 기적처럼 생각했다. 그들은 자주 소년에게 청해 헌 오르간을 고쳐 달라거나, 새 음향이 나도록 해 달라는 부탁도 했다.

잭슨은 그때마다 모든 사람들이 흡족해할 수 있게 잘 해결해 주었고, 이어서 하프시코드(16~18세기에 사용된 건반 악기. 피아노의 전신)의 건반을 응용하여 4음전의 핑거오르간을 만들었다. 그는 밤에는 그 악기를 가지고 캘코트의 〈절대 베이스〉를 연습하고 낮에는 방앗간에서 일했다. 때로는 노새 마차를 끌고 지방을 돌아다니며 행상 노릇도 했다. 여름에는 내내 들에서 일했지만, 밤이 되면 언제나 음악으로 마음을 달랬다.

다음에 그는 자신이 직접 곡을 쓰기 시작하여, 찬송가 12곡을 만들어 〈14살 방앗간 소년의 작품〉이라는 제목으로 요크의 캐미지에게 보냈다. 캐미지는 몹시 흐뭇해하면서 몇 군데 고칠 곳을 지적한 뒤, 이만하면 훌륭한 솜씨니 작곡 연습을 계속하라는 격려의 말과 함께 곡을 돌려주었다.

마샴에 마을 음악대가 창설되자 잭슨도 거기에 참여하여 곧 지휘자가 되었다. 그는 이것저것 여러 종류의 악기를 다루어 실제적인 악기 연주를 많이 터득하면서, 그 음악대에서 연주할 많은 곡을 작곡했다. 교회에 새 핑거오르간이 선물로 들어오자 그 오르간을 연주하게 되었다. 잭슨은 그 뒤 방앗간 일을 그만두고 수지(獸脂) 양초업을 시작했지만 틈틈이 음악 공부를 하는 것은 변함이 없었다.

1839년에 처음으로 찬송곡을 발표했다. 그 제목은 〈기쁘도다, 비옥한 계곡들을 노래하게 하라〉였고, 그 다음 해엔 〈초원의 자매〉를 작곡하여 허더스필드 글리 클럽에서 1등상을 받았다. 그 밖에 찬송가 〈하느님, 우리에게 자애를!〉, 그리고 이중합창과 관현악을 위해 지은 제 103장의 찬미가가 유명하다. 이와 같은 작은 일을 하면서 그는 오라토리오 〈이스라엘의 해방〉을 작곡했다. 양초 공장에서 머리에 떠오르는 대로 생각을 적어 두었다가, 하루의 일과를 마치고 집에 돌아와 밤이면 악보를 작성했다.

1844년부터 5년에 걸쳐 조금씩 발표하여, 29번째 생일에 마지막 합창곡을 완성했다. 이 곡은 세상 사람들에게 대호평을 받았으며, 북부 지방에서는 대성황리에 여러 번 공연된 바 있다. 잭슨은 나중에 대학 교수로서 브래드퍼드로 가게 되어, 그곳과 주변 지방의 음악적 소양을 향상시키는 데 적지 않은 공헌을 했다. 몇 년 뒤 그는 자신이 지휘하는 브래드퍼드 합창단을 이끌고 버킹엄 궁전에 들어가 여왕 앞에서 공연했고, 아울러 크리스털팰리스에서도 자신이 작곡한 합창곡을 불러 격찬을 받았다.

독학으로 음악을 공부한 이러한 인물의 생애는, 우리에게 자조의 힘, 그리고 어린 시절의 고난과 장애를 극복한 용기와 근면의 힘을 보여주는 또 하나의 좋은 예이다.

7 근면과 귀족계급
영원한 부자가 없듯 영원한 빈자도 없다

> 용감하게 시도하지 않는 자는 운명을 지나치게 두려워하거나 아무것도 얻지 못하는 자이다.
>
> 몬트로제 후작

> 하느님은 강한 자들을 낮추시고, 약한 자들을 높이신다.
>
> 성 누가

옛날에는 고귀하던 가문이 지금은 대부분 평민

우리는 지금까지 서민들이 전념과 근면을 통해 높은 지위로 올라간 이야기들을 했다. 그러나 귀족계급 사람들도 교훈적인 모범을 보여줄 수 있음을 지적하고 싶다. 다른 나라의 귀족계급과는 달리 영국의 귀족계급이 그 지위를 잃지 않고 있는 한 가지 이유는, 나라의 근면한 피──바로 영국의 간이요, 심장이요, 두뇌인 그 최고의 혈맥──가 끊어지지 않고 때때로 새로 공급되었기 때문이다. 전설에 등장하는 안타이오스(그리스 신화에 나오는 거인. 몸이 땅에 붙어 있는 동안은 당할 자가 없었으나 헤라클레스가 번쩍 들어 목을 잘라 죽임)처럼 이 근면한 피는 조국의 땅에 발을 튼튼하게 붙이고, 예로부터 내려오는 고상한 기질, 즉 노력하는 기질과 함께 새로운 힘을 얻어온 것이다.

모든 인간의 피는 거슬러 올라가면 하나의 조상에서 비롯된다. 할아버지 이전의 사정을 잘 모르는 집안도 있지만, 체스터필드 경이 《스태넙 가문의 아담과 이브》를 썼을 때 그랬던 것처럼, 모든 사람들은 자기네 가계의 맨 꼭대기에 인류의 위대한 조상을 놓고 싶어한다. 그 어떤 계급도 영원할 수는 없다. 강한 자는 몰락하고 미천한 자가 높은 지위에 오르기도 한다. 오래 된 가문이 서민 속에 섞여 사라지고, 새 가문이 일어선다.

버크가 쓴 《가문의 흥망성쇠》를 보면, 그러한 가문의 흥망성쇠에 대한 감동적인 이야기가 많이 담겨 있는데, 부자와 귀족들이 당하는 불행은 가난한 사람들이 겪는 불행보다 훨씬 더 비참할 수도 있음을 알 수 있다. 버크는 그 책에서, 대헌장을 집행하도록 선출되었던 25명의 남작들의 후손 가운데 오늘날 상원에 남아 있는 사람은 단 한 명도 없다고 지적하고 있다. 내란과 모반사건으로 인하여 수많은 전통 있는 귀족가문이 몰락하고 그 가족들은 뿔뿔이 흩어지게 되었다. 그러나 그 후손들은 대부분 살아남아 서민들 속에 끼어 살고 있다.

풀러는 그의 저서 《가치 있는 사람들》 속에서 다음과 같이 말했다.

"보훈, 모티머, 플랜태저넷과 같은 당당한 성을 가진 사람들이 서민들 속에 숨어 살고 있다."

버크의 책은 계속 다음과 같은 사실을 밝히고 있다. 에드워드 1세의 여섯 번째 아들인 켄트 백작의 직계 후손 두 사람은 각각 고깃간 일과 세금 징수원이었고, 클라렌스 공작의 딸 마거릿 플랜태저넷의 증손자는 슈롭셔의 뉴포트에서 구두 수선을 할 정도로 몰락했다.

에드워드 3세의 아들 글로스터 공작의 직계 후손 중에는, 하노버스퀘어의 세인트조지 교회에서 머슴 노릇을 한 사람이 있었다. 잉글랜드의 가장 오래된 남작 가문인 시몽 드 몽포르의 직계 후손은 툴리 가에서 마구공(馬具工)으로 있었다. 노섬벌랜드 공작의 칭호를 요구한 바 있었던, 이른바 '자랑스러운 피시 가문'의 후손 한 사람은 더블린에서 여행용 가방을 만드는 일에 종사했다. 그 얼마 전 퍼스 백작의 칭호를 요구했던 한 사람은 노섬벌랜드 탄광에서 일하고 있었다.

휴 밀러가 에든버러 근처에서 석공으로 일하고 있었을 때, 그를 도와 석회를 날라 준 사람이 크로퍼드 백작을 자처했는데, 그 사람이 백작 칭호를 얻는 데 한 가지 결격 사항은 결혼 증명서 한 장이 없다는 것이었다. 그가 낮에 일을 하는 동안 벽을 통해 "크로퍼드 백작님, 석회 한 그릇 더 가져와!" 하는 소리가 들려오곤 했다.

올리버 크롬웰의 증손자 한 명은 스노힐에서 식료품 가게를 했고, 그의 후손 중 많은 사람들이 가난에 허덕이다 세상을 떠났다.

자랑스러운 이름과 칭호를 받았던 많은 귀족들이 그들의 가문에 매달려 모든 잎을 다 따 먹고 나무늘보처럼 멸망했으며, 닥쳐 온 역경을 이기지 못하고 마침내 빈곤과 무명의 존재로 몰락한 사람들도 있다. 계급과 운명의 무상함이란 바로 이런 것이다.

현존하는 귀족 집안, 대부분 상업으로 출세하다

오늘날에 와서 정력적이고 기업 의욕이 강한 사람들이 이룩해 놓은 런던의 부와 상업은 귀족계급의 풍부한 원천이었다. 예를 들면, 콘월리스 백작 가문은 칩사이드의 상인이던 토머스 콘월리스가 세운 것이고, 에식스 백작 가문은 포목상인이던 윌리엄 카포엘, 크레이븐 백작 가문은 양복 재단사이던 윌리엄 크레이븐이 각각 세운 것이다. 워윅 백작 가문의 조상은 국왕 옹립자가 아니라 양모 장사를 하던 윌리엄 그레빌이었다.

노섬벌랜드 공작의 조상은 퍼시 가문이 아니고 런던에서 존경받던 약재상 휴 스미손이었다. 다트머스, 레드노어, 듀시, 폼프렛 집안을 일으킨 사람들은 저마다 모피상, 견직물 업자, 양복 상인 그리고 칼레의 상인이었으며, 탱커빌, 도머, 컨벤트리 같은 귀족 가문 창시자들은 포목상이었다.

롬니 백작과 더들리와 워드 경의 조상들은 금세공인과 보석 상인들이었다. 다이커스 경은 찰스 1세 치하에서, 오버스턴 경은 빅토리아 여왕의 치하에서 은행업을 했다. 리스 공작 가문의 창시자인 에드워드 오스본은 런던브리지 거리에서 피복 공장을 하던 부유한 윌리엄 휴잇의 견습생으로 지냈는데, 주인의 외동딸이 템스 강에서 익사할 뻔한 것을 구해주고 뒷날 그 딸과 결혼했다.

이 밖에도 상업으로 귀족이 된 가문을 들면 피츠윌리엄, 레이, 페이터, 쿠퍼, 단리, 힐, 캐링턴 등의 가문들이 있다. 폴리와 노르만비의 두 가문을 세운 사람들은 여러 면에서 뛰어난 데가 있었으니, 인격의 힘을 보여주는 좋은 예로서 그들의 생애에 대한 이야기는 들어둘 만하다.

못을 만드는 비결을 찾기 위한 집념, 리처드 폴리

가문의 창시자 리처드 폴리의 아버지는 찰스 1세 때 스투어브리지 근처에 살던 소지주였다. 그 고장은 당시 중부지방 철공업의 중심지였으며, 리처드는 장차 그 공업의 한 분야인 못 제조업에 종사하기 위해 일을 배웠다. 그리하여 그는 못을 제조하는 과정에서, 서투른 방법으로 철선을 만드는 데 드는 그 많은 노력과 발생하는 시간 손실을 목격하게 되었다. 때마침 스웨덴 못이 수입되자, 스투어브리지의 못 상인들은 앞으로 시장을 잃게 될까봐 그들의 못을 싼 값에 팔아넘겼다.

스웨덴 사람들은 철근을 쪼개는 기계를 이용하여 싼 값으로 못을 만들 수 있었다. 이로 인해 손으로 철근을 쪼개어 못을 만드는 방법은 완전히 사라졌다는 사실이 영국에 알려지게 되었다. 리처드는 그 사실을 확인하고 자신이 그 새로운 방법을 습득하리라고 마음먹었다. 그는 갑자기 스투어브리지에서 모습을 감추더니 몇 년 동안 소식을 끊었다. 아무도, 심지어 그의 가족들조차 그가 어디로 갔는지 몰랐다. 자신의 계획이 새 나가면 자칫 실패할지도 모르는 일이라 아무에게도 알리지 않았던 것이다.

폴리는 주머니에 돈 한 푼 없이 용케 헐로 가서, 그곳에서 스웨덴의 어떤 항구로 가는 배에 고용되어 일을 했다. 가지고 있는 재산이라고는 오직 바이올린 하나밖에 없어서, 스웨덴에 내리자 바이올린을 켜며 구걸하면서 웁살라 근처 다네모라 광산으로 갔다. 바이올린을 잘 켜는 데다 천성이 쾌활하여 금방 철공소 사람들의 호감을 살 수 있었다. 그리하여 공장에 들어가 공장의 각 부문에 접근할 수 있게 되었고, 자신이 알고자 했던 철근을 쪼개는 기계장치를 직접 관찰하며 그 기술을 습득할 수 있었다. 그런 목적으로 한동안 있다가 또 갑자기 사라졌는데, 그의 친절한 동료였던 광부들도 그가 어디로 갔는지 아무도 몰랐다.

그는 영국에 돌아와 스투어브리지의 유지와 또 다른 한 사람에게 자기가 다녀온 결과를 보고했다. 그들은 이 청년을 전폭적으로 믿고 새로운 방법으로 철근을 쪼개는 공장과 기계를 설치하는 데 필요한 돈을 대주었다. 그러나 공장을 차리고 일을 시작해 보니 기계는 제대로 기능을 발휘하지 못하여 철근이 쪼개지지 않았다.

모든 사람들 중 특히 리처드 폴리는 불안과 실의에 빠지고 말았다. 이 실패에 의한 수치와 굴욕으로 그는 이제 영영 일어서지 못할 거라고 생각했다. 그러나 그게 아니었다!

폴리는 여전히 야망을 버리지 않고, 다시 한 번 이 철근 쪼개는 비결을 완전히 밝혀내겠다고 마음먹었다. 그는 다시 바이올린 하나 달랑 들고 스웨덴의 그 철공소로 갔다. 광부들이 그를 크게 환영하면서 이 바이올린 악사를 놓치지 않으려고 이번에는 바로 그 철근 쪼개는 공장에서 기거하게 해주었다. 인간이란 이렇게도 눈치가 없는 것인지, 광부들은 그 청년이 바이올린을 켜는 유랑 악사라고만 생각하고 아무런 의심도 하지 않았다.

그리하여 폴리는 자신의 인생 목표를 달성할 수 있었다. 주의 깊게 그 장치를 살피던 그는 이내 자기가 실패한 원인을 찾아냈다. 서투르기는 하지만 가능한 한 기계의 내용을 상세히 그림으로 그리고, 기계 장치를 훤하게 머리 속에 넣을 때까지 그곳에 머물렀다. 그 뒤 다시 광부 친구들과 헤어져 항구로 가서 영국행 배를 탔다. 이렇게 의지가 굳은 사람은 성공할 수밖에 없는 것이다. 친구들이 모두 놀라는 가운데 공장으로 돌아온 그는, 기계 장치를 다시 손질하여 이번에는 보기 좋게 성공을 거두었다. 그리하여 기술과 근면으로 곧 많은 재산의 기초를 쌓았을 뿐만 아니라, 상당히 넓은 지역에 산업을 부활시켰다. 일생을 통해 사업을 계속하면서 지방의 모든 자선 사업을 도와주고 격려해 주었다. 스투어브리지에 학교를 세워 기증했고, 잔류 의회(1648년 장기 의회 의원 중 장로교파를 추방하고 나머지 의원만으로 열린 의회) 때 우스터셔의 고등치안관을 지냈던 그의 아들 토머스 폴리는 병원을 세워 기증함으로써 올드스윈포드의 어린이들을 무료로 돌봐주게 했다.

초기의 폴리네 사람들은 모두 청교도들이었다. 리처드 백스터(영국 청교도 파 목사이자 저술가)는 이 집안 사람들과 모두 절친하게 지내어, 그가 쓴 〈인생과 시대〉라는 책 속에서 그들에 대한 이야기를 자주 하고 있다. 토머스 폴리는 고등치안관으로 임명되자 백스터에게 자기에 앞서서 관례적인 설교를 해달라고 부탁했다.

백스터는 그 책 속에서 토머스에 대해 다음과 같이 말했다.

"너무나도 공정하고 흠잡을 데 없이 일을 처리했으므로, 그를 가까이에서 본 사람은 누구나 그 성실성과 정직성을 과장해서 얘기했다. 그러나 그것을 의심하는 사람은 아무도 없었다."

이 가문은 찰스 2세 때 귀족이 되었다.

난파선의 보물을 찾아낸 윌리엄 핍스

멀그레이브, 즉 노르만비 가문의 창시자 윌리엄 핍스도 리처드 폴리처럼 뛰어난 사람이었다. 그의 아버지는 총포공(銃砲工)이었고, 당시 영국의 식민지였던 미국 메인 지방 울위치에 살던 건장한 영국인이었다.

윌리엄 핍스는 1651년 스물여섯 명의 자녀 중에서 스물한 번째 아이로 태어났는데, 이 집안에서 유일한 재산이라고는 아이들의 강인한 기질과 튼튼한 팔뿐이었다. 덴마크 뱃사람의 피를 물려받았는지, 핍스는 어린 시절 양을 돌보며 보내는 그 조용한 생활을 마음에 들어하지 않았다. 천성이 대담하고 모험을 좋아하여, 그는 뱃사람이 되어 온 세계를 돌아다니고 싶었다. 배에서 일하고 싶었으나 그것이 마음대로 되지 않자, 배를 만드는 집에 견습공으로 들어가 일을 배우면서, 틈틈이 읽기와 쓰기를 공부했다.

견습기간이 끝나자 윌리엄 핍스는 보스턴으로 가서 상당한 재산가인 미망인과 결혼한 뒤, 조그마한 조선 공장을 차려 배를 만들면서 배를 타고 나가 목재 장사도 했다. 약 10년에 걸쳐 근면과 노력을 기울여 착실하게 사업을 계속했다.

어느 날, 핍스는 우연히 옛 보스턴의 구불구불한 거리를 걷다가 선원들의 수군거림을 들었다. 바하마 군도 근처에서 배 한 척이 난파되었는데, 그 난파된 에스파냐의 배에 많은 물건들이 실려 있다는 것이었다. 핍스는 즉각 모험심에 불타올라 지체 없이 유능한 선원들을 모아 바하마 군도로 떠났다. 난파선이 바로 바닷가에 있어서 쉽게 찾아 많은 짐을 건졌으나 값나가는 것은 별로 없어 간신히 비용만 건졌을 뿐이었다.

그러나 이 성공으로 그의 모험심은 커다란 자극을 받게 되었다. 이리하여 이번에는 훨씬 더 많은 재물을 실은 또 다른 배가 약 50년 전에 라플라타 항구 근처에서 난파된 적이 있다는 얘기를 듣고, 그 난파선을 인양하여 어떻게든 재물을 손에 넣어야겠다고 결심했다.

그러나 그런 큰일을 하려면 많은 돈이 필요하다. 그래서 핍스는 든든한 후원자를 찾기 위해 영국으로 떠났다. 다행히 바하마 군도 근처에서 난파선을 끌어올리는 데 성공했다는 소문이 이미 영국에 퍼져 있었다. 그는 정부에 직접 후원을 신청했다. 열성적으로 쫓아다닌 덕분에 마침내 보수적인 관리들의 마음을 움직이는 데 성공했다. 이리하여 찰스 2세는 18문의 포가 있고

98명의 선원이 딸린 '로즈 앨지어' 호를 맡기며 그를 선장으로 임명했다.

핍스는 그 보물을 얻기 위해 난파된 에스파냐 배를 찾아 무사히 히스파니올라 해안에 도착했다. 그러나 이번에는 난파선을 찾는 것 자체가 매우 어려운 일이었다. 50여 년 전의 난파선인데다 전해지는 풍문만을 근거로 찾아야 하는 일이었다. 넓고 넓은 해안과 바다를 다 뒤졌으나 그 밑바닥 어딘가에 있어야 할 커다란 배는 흔적조차 보이지 않았다. 그러나 배짱 두둑한 이 사나이는 희망을 잃지 않았다. 선원들을 시켜 해안 일대를 샅샅이 뒤지면서 몇 주일 동안 해초, 잔돌, 바위 조각 등을 건져 냈다. 선원들에게는 무척 힘든 일이어서 선장이 괜히 헛수고만 시킨다고 불만이 터져 나왔다.

드디어 불만은 갈수록 커져서 공공연한 반란이 일어났다. 어느 날 한 무리의 선원들이 선장실로 몰려가 항해를 포기하라고 요구했다. 그러나 그런 일 때문에 기가 꺾일 핍스가 아니었다. 주모자를 체포하고 나머지 선원들은 다시 제자리에 돌아가라고 명령했다. 배를 수선하기 위해 작은 섬에 정박하고, 배의 중량을 가볍게 할 목적으로 무거운 짐을 내렸다. 그러나 불평분자들의 수가 점점 늘어, 그 배를 탈취하여 핍스를 바다 속에 던져 넣고 남해의 에스파냐 선박들을 상대로 해적행위를 시작하려는 새로운 음모가 진행되고 있었다. 그런데 그 일을 하자면 배의 목수장(木手長)의 협력을 얻지 않을 수 없어, 음모자들은 그에게 음모의 전모를 털어놓았다.

그런데 마침 목수장은 선장에게 충직한 사람이어서 즉각 그 위험한 계획을 선장에게 보고했다. 핍스는 해안을 겨냥하고 있는 대포에 포탄을 넣고, 육지와 배를 연결하는 다리를 거두라고 명령했다. 그리고 상륙해 있던 반란자들이 나타나자 그들을 향해 아직 육지에 쌓여 있는 뱃짐에 접근하면 발포하겠다고 으름장을 놓았다. 이리하여 반란자들은 후퇴하고, 핍스는 포를 겨냥한 채 짐을 모두 배에 싣게 했다.

반란자들은 척박한 외딴 섬에 버려질까 두려워 총을 버리고 다시 배를 타게 해 달라고 간청했다. 핍스는 그 청을 들어주었지만, 앞으로 일어날지도 모를 사고에 대비하여 충분한 경계태세를 갖추었다. 그리고 항구에 정박할 때마다 반란에 가담했던 선원들을 배에서 내리게 하고 다른 사람들을 고용했다. 다시 적극적으로 난파선 탐색을 시작하려는데, 배가 고장나서 수선을 위해 영국으로 돌아와야 했다. 여기서 그는 난파선이 침몰된 장소에 대해 더욱 정확한 정보를 얻었다. 그래서 지금까지는 실패했지만 언젠가는 성공할 거라고 더욱더 굳게 믿었다.

런던으로 돌아온 핍스는 항해 결과를 해군성에 보고했다. 사실 해군성은 그의 노고를 만족스럽게 여기고 있었지만, 성공하지 못했으므로 또다시 나라의 배를 그에게 빌려 주려고 하지 않았다. 제임스 2세가 왕위에 올라 나라 안 사정이 좋지 않기 때문에 핍스의 장밋빛 계획은 그들에게는 관심의 대상이 되지 못했다.

핍스는 하는 수 없이 필요한 경비를 모금하기로 했다. 처음에는 모두들 비웃었으나 그의 끈질긴 열성은 마침내 효과를 거두었다. 자신은 가난에 허덕이면서도, 4년 동안 고위층 인사들과 세력 있는 사람들을 찾아다닌 끝에 목적을 이룰 수 있었다. 그리하여 20명의 주주로 회사를 하나 설립하고, 멍크 장군의 아들 앨버마 공작이 중심이 되어 이 사업을 수행하는 데 필요한 자금의 대부분을 댔다. 폴리처럼 핍스도 첫 번째 시도보다 두 번째 시도에서 운이 좋았다. 배는 순조로운 항해 끝에, 바로 그 근처 암초에서 난파된 것으로 추정되는 라플라타 항구에 무사히 도착했다. 핍스는 자신이 직접 연장을 들고, 우선 8척 또는 10척의 작은 거룻배를 나를 수 있는 튼튼한 배 한 척을 만들었다. 바다 밑을 뒤지는 데 쓰려고 잠수정 같은 특별한 기계도 만들었다고 한다. 그러한 기계는 책에 나와 있었지만, 핍스가 그런 책을 보았을 리 없으므로 완전히 핍스가 창안해서 만든 셈이었다.

핍스는 또 진주를 캐는 잠수 기술이 탁월한 인디언 잠수부들을 고용했다. 거룻배를 암초에 가져다 놓고 사람들은 일을 시작했다. 잠수부들도 물 속으로 들어가며 몇 주일 동안 여러 가지 방법으로 바다 밑을 훑어보았으나 성공의 기미는 보이지 않았다. 그러나 거의 절망적인 상황 속에서도 핍스는 희망을 잃지 않고 굳게 버티었다.

어느 날, 선원 한 사람이 배 아래의 맑은 물 속을 들여다보다가, 바위가 갈라진 틈 사이로 기이한 해초가 자라고 있는 것을 보았다. 그래서 인디언 잠수부를 불러 물 속에 들어가 그것을 가져오게 했다

잠수부는 해초를 뜯어 배로 올라와서는 그곳에 선박의 대포가 많이 있다고 보고했다. 처음에는 그 말을 믿지 않았으나, 자세히 조사해 보니 틀림없는 것으로 판명되었다. 계속 잠수부를 내려 보냈더니 단단한 은괴 하나를 들

고 나오는 것이었다. 핍스는 그것을 보고 외쳤다.

"하느님, 감사합니다! 우리가 마침내 해냈습니다!"

　잠수기와 잠수부를 열심히 내려 보내, 며칠 동안 약 30만 파운드에 달하는 보물을 끌어올려서 그것을 가지고 영국으로 돌아왔다
　핍스가 도착하자, 전에 왕에게 청원할 때 이 사업의 정확한 내용을 알리지 않았다는 구실로, 선박과 보물을 압수해야 한다고 주장하는 사람들이 있었다. 그러나 왕은 핍스를 정직한 사람이라고 말하면서, 비록 그가 당초에 보고했던 것보다 곱절의 가치가 있는 보물을 가져왔지만, 그 전부를 그와 그의 친구들이 나누어 갖도록 했다. 핍스의 몫은 약 2만 파운드였다.
　왕은 이 사업을 수행하는 데 보여 준 그의 열정과 정직을 가상히 여기고 그에게 기사 작위를 내렸다. 그는 또 뉴잉글랜드의 장관으로 임명되어, 임기 동안 포트로열과 퀘벡에 원정대를 파견하는 등, 조국과 식민지 주민들을 위해 프랑스 사람들과 싸워 용감하게 공을 세웠다. 이후 매사추세츠 주지사로 있다가 영국으로 돌아와 1695년에 런던에서 세상을 떠났다.
　핍스는 노년에 이르러서도 자신의 출신이 미천하다는 것을 부끄럽게 생각하지 않았다. 그는 배의 목수였던 사람이 기사 작위를 받고 주지사라는 높은 자리에 오른 것을 오히려 깨끗한 명예로 생각했다. 뒷날 공무 처리에 어려운 일이 생기면, 그는 이따금 이럴 바에는 차라리 배로 돌아가 도끼를 잡는 편이 낫겠다고 말했다. 그는 청렴, 정직, 애국심, 용기 등의 품성을 남겨 놓았으니, 그것은 확실히 노르만비 가문에서 결코 소홀히 할 수 없는 귀한 유산이라 할 수 있다.

윌리엄 페티

　랜즈다운 가문의 창시자 윌리엄 페티도, 한창때 정력가였으며 나라를 위해 유익한 일을 많이 한 사람이었다. 그는 1623년 햄프셔에서 가난한 피륙장수의 아들로 태어났다. 고향의 문법학교(오늘날의 중등교육)에서 비교적 괜찮은 교육을 받고, 졸업한 뒤에는 노르망디의 캉에 가서 대학에 다녔다.
　그곳에서 페티는 자잘한 물건들을 들고 다니며 행상 같은 것을 하여 아

버지의 도움 없이 생활비와 학비를 꾸려 나갔다.

그러다 영국으로 돌아와 어느 선장 밑에 견습공으로 있게 되었는데, 그 선장이 시력이 나쁘다고 자신을 밧줄로 때리는 것이었다. 염증이 난 페티는 바다를 떠나 의학 공부에 전념하기 시작했다. 파리로 가서 해부 일을 하며, 당시 광학에 대한 논문을 쓰고 있던 홉스를 위해 도표를 작성해주기도 했다. 너무나 쪼들려 2~3주일 동안 호두만 먹고 지내던 때도 있었다. 그러나 다시 조그마하게 장사를 시작한 그

윌리엄 페티

는 정직하게 돈을 벌어 곧 얼마간의 돈을 지니고 영국으로 돌아올 수 있었다.

그리고 기계에 대한 재주가 있어 편지를 복사하는 기계를 만들어 특허를 냈다. 이어서 과학 기술에 대한 글을 쓰기 시작하고, 화학과 물리학에 대한 성공적인 연구를 마쳤을 때는 상당한 명성을 얻게 되었다. 과학자들과 어울리면서 과학 실천을 위한 협회를 만들 의논을 한 뒤, 뒷날 왕실 과학협회의 모체가 되는 제1차 모임을 자신의 집에서 열었다. 또 얼마 동안 옥스퍼드 대학에서 해부를 무척 싫어하는 해부학 교수를 도와 대리 역할도 했다.

1652년 그는 근면성을 인정받아 아일랜드 주둔군의 군의관으로 임명되었다. 그곳에서 3대에 걸친 아일랜드 총독들, 즉 램버트, 플리트우드, 그리고 크롬웰의 주치의로 근무했다. 몰수된 많은 땅을 청교도군이 받았는데, 페티가 보니 측량이 매우 부정확했다. 군의관으로 바쁜 일과를 보내면서도, 그는 자기 손으로 다시 정확하게 측량을 마쳤다. 이어서 여러 가지 좋은 자리에 임명되었으나, 시기하는 자들이 부정이 있다고 떠드는 바람에 모두 그 자리를 내놓았다가 왕정복고가 되자 다시 부름을 받기도 했다.

페티는 지칠 줄 모르는 고안자이자 발명가이며 또한 사업가였다. 그가 발명한 것 중의 하나는 바닥을 이중으로 깐 배로, 풍랑 속을 헤치고 항해할 수 있도록 만든 것이다. 그는 염색, 해상학, 직물 생산, 정치적 산술과 그 밖의 많은 문제에 대해 논문을 발표했다. 철공장을 세우고, 연광(鉛鑛)을 개척하고, 밴댕이류 물고기의 어업과 목재상을 시작했는데, 그것은 모두 그가 크게 공헌한 바 있는 왕실 과학협회의 설립을 한편으로 추진하는 가운데 이룬 일

이다. 페티는 많은 재산을 후손들에게 물려주었고, 그의 큰 아들은 셸번 남작의 작위를 받게 되었다. 페티의 유서는 매우 특이한 것으로 그의 기질을 잘 나타내주고 있다. 그 속에서 그는 자신의 일생에 있었던 중요한 일들과 재산을 차츰차츰 늘린 내용을 자세히 얘기하고 있다. 극빈자들에 대한 그의 생각은 독특하다.

"가난한 사람에게 무엇을 주어야 할지, 정말 난감한 문제이다. 나는 장사나 선거에 실패하여 빈털터리가 된 자에게는 아무것도 주지 않는다. 그러나 하느님이 무력하게 만드신 자들은 사회가 돌봐주어야 한다. 직업 훈련을 받지 못했거나 아무것도 물려받은 것이 없는 사람들은 그들의 친척들이 맡아서 부양해야 한다. ……그러므로 나는 나의 가난한 친척들을 모두 도와주고 자립의 길을 열어주었으니 만족할 따름이다. 나는 공직을 맡았고, 발명을 통해 참다운 자선의 목적을 추구했다. 그리하여 나는 나의 재산을 물려받는 모든 자손들에게 중요한 때를 맞이하여 나와 같이 행동해주기를 바라는 바이다. 또한 내가 죽으면 관례적으로, 그리고 더욱 확실하게, 교구 안에서 가장 가난한 사람에게 20파운드를 주기 바란다."

페티는 그가 가난한 집안의 아들로 태어났던 롬지의 유서 깊은 노르만 교회에 묻혔다. 이 교회의 성가대석 남쪽에 아직도 평석판이 하나 서 있는데, 그 위에 어떤 무지한 석공이 새겨 놓은 다음과 같은 비문을 볼 수 있다.

"윌리엄 페티 경, 이곳에 눕히다('눕다'를 잘못 새긴 것임)."

스트럿

18세기에 발명과 장사로 귀족이 된 또 하나의 집안이 벨퍼의 스트럿 집안이다. 이 집안이 귀족이 된 것은 사실상 제데디아 스트럿이 1758년에 양말을 짜는 기계를 발명한 뒤부터로, 그가 세운 재산의 기초를 후손들이 더욱 많이 늘려 품위 있게 사용했다.

제데디아의 아버지는 농사를 지으며 엿기름을 만들어 팔았고, 자식의 교육을 위해 별로 애쓰지도 않았지만 모두들 쑥쑥 잘 자라고 번창했다. 둘째

아들인 제데디아는 어릴 때부터 아버지의 농사일을 거들었다. 일찍부터 기계에 대한 취미가 있어서, 당시에 사용하던 변변치 못한 농기구 몇 가지를 개량한 적도 있었다.

삼촌이 세상을 떠나자, 제데디아는 삼촌이 오랫동안 노르만턴 근처의 블랙월에서 소작을 부치던 농사를 대신 맡게 되었고, 얼마 지나지 않아 더비의 양말 장수 딸 월렛과 결혼했다. 제데디아는 처남한테서, 양말을 짜는 기계를 만들려고 여러 번 시도했지만 번번이 실패했다는 이야기를 듣고, 남들이 이루지 못한 이것을 꼭 달성해 보리라 결심하고 연구하기 시작했다.

그리하여 그는 양말 직조기를 얻어다가 그 구조와 움직이는 과정을 숙지한 뒤 새롭게 조립하기 시작했다. 재래식 고리가 달린 직조기를 좀더 복잡하게 만들어, 마침내 메리야스 양말을 짤 수 있게 되었다. 이 개량 양말 직조기의 특허권을 따낸 뒤 더비로 옮겨, 그곳에 메리야스 양말의 직조 공장을 세워 큰 성공을 거두었다.

그 뒤 아크라이트의 발명이 무척 마음에 들어 그와 동업하다가, 그의 특허권을 사들여서 더비셔에 커다란 방적 공장을 세우기에 이르렀다. 아크라이트와의 동업 기간이 끝나자 스트럿 집안 사람들은 벨퍼 근처의 밀퍼드에 대규모 방적 공장을 세웠는데, 이 집안의 칭호는 바로 거기서 유래한 것이다.

가문 창시자의 아들들도 아버지처럼 기계에 대한 재능이 뛰어났다, 장남인 윌리엄 스트럿은 자동 뮬 정방기(精紡機)를 발명했지만, 당시 기계의 능력으로는 그것을 만들 수 없어서 결국 실현되지 못했다 한다. 윌리엄의 아들 에드워드도 기계에 남다른 재능이 있던 사람으로, 일찍이 마차 바퀴에 스프링이 있어야 한다는 원칙을 발견했다. 이리하여 그는 손수레에 스프링을 달아 벨퍼 근처의 자기 집 농장에서 사용했다.

여기서 덧붙일 것은 스트럿 가문은 근면과 기술로 번 재산을 남달리 고귀하게 사용했다는 점이다. 자신들이 고용하고 있는 공장 사람들의 정신적·사회적 지위를 높여주기 위해 여러모로 노력했고, 모든 좋은 일에는 앞장서서 돈을 기부했다. 조지프 스트럿이 더비의 아보레텀에 있는 아름다운 공원을 모든 사람들이 자자손손 이용할 수 있도록 기증한 것은 그 많은 예 중 하나일 뿐이다. 이때 그가 행한 짧은 연설의 마지막 구절은 오래도록 우리들 가슴에 새겨둘 만하다.

"저는 일생을 통해 밝은 햇빛 속에서 살았습니다. 그러므로 저와 함께 살고 계신 분들, 그리고 제가 이만큼 성공하는 데 근면하게 일할 수 있도록 도와주신 분들의 행복을 증진시키는 일에 제가 그 재산의 일부를 기부하지 않는다면, 그것은 틀림없는 배은망덕한 일이 될 것입니다."

전공(戰功)에 의해 귀족이 된 사람

이에 못지않은 근면과 정력을 발휘해온 수많은 용감한 사람들이 옛날부터 지금까지 땅과 바다에서 용맹을 떨쳐 귀족으로 올라섰다. 군사적인 공을 많이 세우고 국난이 있을 때 영국 군대의 앞장을 선 옛날 봉건시대의 영주들은 말할 것도 없고, 근대에 들어서도 넬슨, 세인트 빈센트, 라이언스, 웰링턴, 힐, 하딩, 클라이드 등 많은 사람들을 지적할 수 있는데 이들은 모두 두드러진 공을 세워 고상한 방법으로 높은 지위를 얻었다.

법조인으로서 귀족에 오른 사람들

법률 분야에 명예롭고 착실하게 종사하여 귀족이 된 사람들이, 다른 방법으로 귀족이 된 사람들보다 훨씬 더 많다. 공작까지 포함한 영국의 귀족 집안 중 약 70개의 집안이, 성공한 법조계 출신들이 세운 것이다. 맨스필드 집안과 어스킨 집안은 확실히 고상한 가문이지만, 어스킨은 자기 가문에 일찍이 경(卿)이라고 불린 사람이 한 사람도 없다는 것을 늘 하느님께 감사하곤 했다.

귀족 가문을 세운 이 밖의 다른 사람들은 대부분 변호사, 식료품 업자, 목사, 상인, 그리고 부지런히 일한 중류계급 사람들의 후손이었다. 그런 집안에서 나온 귀족 가문들로 말하면 하워드와 캐번디시 가문이 있는데 이 가문에서 최초로 귀족이 된 사람은 판사 출신이었다. 또 다른 예를 들면, 에일즈퍼드, 엘런버러, 길퍼드, 샤프츠베리, 하드위크, 카디건, 클래런던, 캠던, 앨레스미어, 로슬린 가문 등이 있으며, 좀더 최근의 예를 들면 텐터든, 엘던, 브루엄, 덴먼, 트루로, 린더스트, 세인트 레너스, 크랜워스, 캠벨 그리고 쳄스퍼드 가문 등이 있다.

린더스트 경의 아버지는 초상화가이고, 세인트 레너스 경의 아버지는 벌링턴 가에서 향료상과 이발사 노릇을 했다. 에드워드 석든은 어린 시절 캐번디시 스퀘어 헨리에타 가에서 공인 부동산 소개업을 하던 그룹의 사무실 심부름꾼이었다. 미래의 아일랜드 대법관이 처음으로 법률을 대한 곳이 바로 이 사무실이었던 것이다.

텐터든 경의 출신이 아마도 가장 미천했을 것이나 그는 조금도 부끄럽게 여기지 않았다. 자기가 높은 지위를 얻은 것은 오직 자기 자신의 근면과 연구와 집념의 덕이라고 확신했기 때문이다. 어느 날 그는 아들 찰스를 데리고 그 당시 캔터베리 중앙 성당 서쪽 건너편에 있던 조그마한 판잣집으로 가서, 그 집을 가리키며 다음과 같이 말했다고 한다.

"찰스야, 저 조그만 이발소를 보아라. 저 집을 보여주려고 일부러 너를 데리고 왔다. 저 이발소에서 너의 할아버지께서 손님들의 머리를 깎아 주고 1페니를 받으셨단다. 저 집은 나에게 가장 자랑스러운 추억으로 남아 있다."

텐터든 경은 어린 시절 교회에서 노래를 불렀다. 그런데 어떤 좌절을 겪고 인생의 방향을 바꾸게 되었다. 그가 판사 리처드와 런던 주변의 재판 구역을 담당하고 있었을 때, 둘이서 대교회당으로 예배를 보러 간 적이 있었다. 이때 성가대에 끼어 있는 어떤 사람의 노래 소리를 듣고 리처드가 칭찬을 하자, 텐터든 경은 다음과 같이 말하는 것이었다.

"오, 바로 저 사람은 내가 무척 부러워하던 사람이라네. 이 동네에서 학교에 다닐 때 그와 내가 성가대원 한 사람을 뽑는데 같이 지원을 했거든. 그런데 결국 그가 뽑혔다네."

케니언과 엘런버러가 대법원장까지 오른 것도 그에 못지않게 유명한 이야기고, 피프셔 교구 목사의 아들로 영국 대법관이 된, 예리한 캠벨도 마찬가지로 뛰어난 사람이었다. 그는 여러 해 동안 신문 기자로 열심히 일하면서 법관이 되기 위해 부지런히 공부했다. 처음에 법관 생활을 시작했을 때, 우편 마차를 타고 다닐 돈이 없어서 걸어 다녔다고 한다. 그러나 한 걸음 한 걸음 서서히, 그러나 확실하게 높은 곳을 향해 올라갔다. 어느 직업이나 마찬가지이지만, 법조계에서도 명예롭고 정력적으로 일하면 당연히 이런 결과

7 근면과 귀족계급 231

를 얻게 마련이다.
 이렇게 정력을 쏟아 명성과 명예의 험한 비탈길에 오른 대법관들의 탁월한 예는 이 밖에도 많이 있다. 엘던 경의 생애는 그 중에서 아마 가장 현저한 예의 하나일 것이다. 그는 뉴캐슬에 살던 난로 설비공의 아들이었는데, 공부보다는 장난을 좋아하여 학교에서 말썽을 피우다가 걸핏하면 매를 맞기 일쑤였고, 과수원에 들어가 과일을 훔치는 것이 장차 대법관이 될 이 인물이 가장 좋아하는 일이었다. 그의 아버지는 처음에는 이 아이를 식료품 가게에 심부름꾼으로 보낼까 생각하다가, 아예 자기처럼 난로 설비공으로 만들 작정을 하고 있었다.
 그런데 마침 그때 옥스퍼드 대학에 가서 장학생이 된 큰아들 윌리엄(뒷날의 스토웰 경)이 아버지에게 다음과 같은 편지를 보내왔다.

 "잭을 저에게 보내주십시오. 제가 잘 보살펴보겠으니……"

 이리하여 존은 옥스퍼드로 가서 형의 도움과 자신의 노력으로 마침내 특별 연구생이 되었다. 그러나 방학 때 잠시 집에 돌아왔다가 불행하게도——결과적으로는 오히려 다행이었지만——한 여자와 사랑에 빠져, 그녀와 함께 다른 지방으로 가서 결혼을 해버렸다. 그는 그의 친구들이 생각한 것처럼 완전히 인생을 망쳐 버린 것처럼 보였다. 돈 한 푼 못 벌고 집은 물론 방 한 칸 없으면서 달랑 결혼했기 때문이다. 특별 연구생의 자격도 잃고, 교회에서 예정되어 있던 승진의 길도 막혔다. 이리하여 엘던은 다시 법률 공부로 마음을 돌리게 된다.
 이때 그가 한 친구에게 보낸 편지 속에는 다음과 같은 말이 있다.

 "나는 너무 성급하게 결혼을 했네. 그러나 난 내가 사랑하는 여인을 부양하기 위해 열심히 공부하기로 결심했다네."

 엘던은 런던으로 올라가 커시터 레인에 작은 집을 한 채 얻어 그곳에서 법률 공부를 시작했다. 그는 대단한 근면과 의지로 매일 아침 4시에 일어나 밤늦도록 공부했다. 밤에 공부할 때는 찬물에 적신 수건으로 머리를 동여매고 졸음을 쫓았다. 너무 가난해서 특별히 한 변호사를 스승으로 모시고 배울 수가 없어서, 판례 전집 중 2절판 3권이나 되는 분량을 자기 손으로 베껴 썼다.

대법관이 된 어느 날, 커시터 레인의 거리를 거닐면서 엘던은 비서에게 다음과 같이 말했다.

"여기가 그 옛날 내가 살던 곳이네. 저녁 때 먹을 작은 청어를 사려고 손에 6페니를 꼭 쥐고 이 거리를 걷곤 했지."

변호사가 된 뒤 그는 오랫동안 사건 의뢰를 기다려야 했다. 첫 해의 수입은 겨우 9실링이었다. 4년 동안 부지런히 런던재판소와 북부 순회재판소에 나갔으나 수입은 신통치 않았다. 자기 고향에서도 극빈자들의 사건 외에는 이렇다 할 의뢰가 들어오지 않았다. 형편이 이렇게 되자 런던을 떠나 지방 도시로 가서 법정 변호사라도 할까 하고 생각했다.

그의 형 윌리엄은 이때 집으로 다음과 같은 편지를 보냈다.

"가엾은 잭의 변호사업은 부진, 극히 부진합니다."

그러나 엘던이 일찍이 식료품 상인, 난로 설비공, 그리고 시골 교회 목사가 될 운명을 피해 갔듯이, 이번에도 결과적으로 시골 변호사가 될 뻔한 것을 면하게 되었다.

마침내 기회가 생겨 엘던은 그토록 어렵게 얻은 방대한 법률 지식을 마음껏 발휘할 수 있게 되었다. 그가 관여한 사건에서 그는 판사와 소송 의뢰인 양쪽의 주장에 다 같이 반대되는 견해를 주장했다. 기록 보관관(지금으로 치면 항소원 판사)은 그 견해와 다른 결정을 내렸으나, 상원에 상소했더니 덜로 경은 엘던이 주장한 대로 판결을 뒤집었다. 그날 법정을 나설 때, 한 사무 변호사가 그의 어깨를 가볍게 두드리며 이렇게 말하는 것이었다.

"젊은이, 이제 평생 먹고살 만한 돈을 벌게 될 걸세."

이 예언은 적중했다. 맨스필드 경이 일 없이도 1년에 3,000파운드의 수입이 있었다고 늘 말했던 것처럼, 엘던도 같은 말을 할 수 있었다. 출세가 몹시 빨라 1783년 겨우 32세의 나이에 왕실 고문 변호사로 임명되었고, 북부 순회재판소의 소장이 되었으며, 웨오블리 선거구를 대표하는 국회의원이 되었다. 그가 이와 같이 성공의 기초를 세운 것은 일찍이 암담한 역경 속에서 고생을 한 결과이다. 근면함과 부지런히 쌓아올린 지식과 능력으로 이름을 날리게 된 것이다. 엘던은 이어서 사무 변호사와 법무장관이 되었고, 착실히 승진하여 마침내 왕이 재판관에게 내릴 수 있는 최고의 지위——즉, 영국의 대법관으로 임명되어 25년 동안 직무를 수행했다.

헨리 비커스테스는 웨스트멀랜드의 커크비론스데일에서 의사의 아들로 태어났으며, 그 자신도 의학 공부를 했다. 에든버러에서 학교에 다닐 때 착실하게 공부와 연구에 전념하면서 두각을 나타냈다. 커크비 론스데일로 돌아와 아버지의 병원에서 열심히 일했으나, 의사라는 직업이 도무지 마음에 들지 않고 시시한 지방 도시에 싫증이 나기 시작했다. 그러나 그는 부지런히 일하며 자신의 향상을 도모하면서 차원 높은 생리학 분야를 연구했다. 그의 뜻에 따라 아버지는 그를 케임브리지 대학에 보내기로 했는데, 아버지의 의도는 그 학교에서 학위를 받아 런던에서 개업하려는 것이었다. 그러나 너무 공부에 매달린 탓에 몸이 많이 축나자, 건강을 되찾으려는 생각으로 옥스퍼드 경을 수행하는 순회 의사직을 맡았다.

외국에 가 있는 동안 이탈리아어를 익혀 이탈리아 문학에 심취했으나, 의학에 대해서는 전과 같이 별로 흥미를 보이지 않았다. 사실은 아예 의사를 그만둘 결심을 했지만, 케임브리지로 돌아와 일단 학위는 받아두었다. 학위 시험에 1등을 한 것을 보아도 그가 얼마나 열심히 공부했는지 짐작할 수 있다. 군에 들어가려는 소원이 이루어지지 않자, 그는 법률로 관심을 돌려 런던의 제 2법학원에 입학했다. 의학 공부에서 그랬듯이 법률 공부도 열심히 했다.

이때 그는 아버지에게 다음과 같은 편지를 보냈다.

"모든 사람이 저에게 말합니다. '자네는 반드시 성공하게 될 거야'. 어떻게 될지는 모르겠으나 저는 되도록이면 이 말을 믿으려 하며, 제가 할 수 있는 모든 힘을 기울여 공부해 보겠습니다."

그는 28세에 마침내 변호사가 됐지만, 고생길은 그때부터 시작되었다. 돈이 궁해서 친구들의 도움으로 살아야 했다. 4년을 기다리며 공부했으나 도무지 사건 의뢰가 들어오지 않았다. 모든 도락을 버리고 옷과 일용품까지 아껴가면서 불굴의 정신으로 그 어려운 시기를 견뎌냈다.
이때 그가 고향 집에 보낸 편지 속에 이런 말이 있다.

"자립할 수 있는 기회가 올 때까지 어떻게 이 곤경을 헤쳐나가야 할지 정말 모르겠습니다."

3년을 더 기다렸으나 여전히 일이 없어, 헨리 비커스테스는 친구들에게 더 이상 신세를 지느니 차라리 변호사를 그만두고 케임브리지로 가고 싶다는 편지를 보냈다. 케임브리지에 가면 틀림없이 일을 구할 수 있고 돈도 벌 수 있다고 생각했던 것이다. 그러나 고향의 친구들이 약간의 돈을 보내주어 그는 계속 참고 견디기로 했다.
그러자 사건 의뢰가 조금씩 들어오기 시작하고, 작은 사건을 잘 처리하니 차츰 큰 사건들도 맡게 되었다. 그는 자신을 드높일 수 있는 정당한 기회라면 결코 그대로 넘기는 법이 없었다. 포기하지 않고 근면하게 일한 결과 그는 곧 많은 재산을 모을 수 있었다. 몇 년 뒤에는 집안의 도움 없이도 능히 지낼 수 있었을 뿐 아니라, 전에 받은 돈을 이자까지 쳐서 모두 갚을 수 있었다.
이리하여 불행은 사라지고, 헨리 비커스테스는 명예와 돈과 명성을 드날리게 되었다. 그는 마지막으로 기록 보관관이 되었고, 랭데일 남작으로서 귀족원에 들어가게 되었다. 그의 일생 또한 인내와 양심적인 노력의 힘이, 개인의 인격을 높여주고 성공으로 이끌어준다는 또 하나의 좋은 예이다.
누구나 가지고 있는 평범한 인격, 그러나 전심전력(專心專力)과 근면으로 더욱 강인해진 인격을 여러 면으로 발휘함으로써, 최고의 지위에 오르고 자신의 직업에 가장 기쁜 보상을 받은, 탁월한 사람들의 예를 몇 가지 들어 보았다.

8 정력과 용기
결연한 의지가 있으면 두려울게 없다

용감한 사람에게는 불가능이 없다. 자크 쾨르

그가 시작한 모든 일에서…… 그는 모든 정성을 기울여 노력했고 마침내 번영을 이루었다.
역대기 제31장 21절

사람의 품성은 작은 일에서 드러난다
"나는 신도 악마도 믿지 않는다. 오직 나의 육체와 정신의 힘만을 믿을 뿐이다."

고대 스칸디나비아의 한 노인이 남겼다는 유명한 말로, 튜턴 족의 전형적인 특성을 유감없이 잘 나타내주고 있다.

고대 스칸디나비아인의 문장(紋章)에는 "나는 길을 찾는다. 길이 없으면 길을 만든다"라는 글귀가 새겨져 있다. 이것도 앞에서 말한 노인의 말처럼 독립적이고 자유로운 마음의 표현이며, 그 특질은 지금도 여전히 그들의 자손들에게 계승되고 있다.

스칸디나비아 신화의 가장 큰 특징은, 망치를 손에 든 신이 어김없이 등장한다는 것이다. 인간의 특징은 사소한 일에서 드러난다. 실제로 망치를 휘두르는 사소한 움직임 하나만 보아도, 그 사람의 성격을 읽어내고 그가 가지고 있는 힘을 짐작할 수 있다.

한 저명한 프랑스인은 친구가 한 지방의 땅을 사서 그곳으로 이주하려고 했을 때, 그곳 주민의 기질을 한 마디로 알아맞혔다.

"그 땅을 사는 것은 주의해야 할 일이네. 그곳 출신자에 대해 내가 좀 알고 있지. 파리에 와서 나의 수의학교(獸醫學校)에 다니고 있는 자가 있네만, 그들은 모두 하나같이 제대로 두드릴 줄 모른다네. 즉 체력도 기력도 시원찮다는 얘기지. 그런 사람들이 사는 곳에 아무리 투자해봤자, 제대로 된 보상은 바랄 수 없을 거네."

이처럼 적절한 성격묘사는 사물을 사려 깊게 관찰하는 사람만이 할 수 있는 일이다. 그리고 이 말에서 '국가에 힘을 보태주고, 경작하고 있는 토지에 가치를 부여하는 것은 그곳에 사는 한 사람 한 사람의 체력과 기력'이라는 진리를 분명히 읽을 수 있다. 프랑스의 속담에도 있듯이 '토지의 가치는 그곳에 사는 인간의 가치에 의해 결정되는 것'이다.

활력이 힘을 준다

활력을 높이는 것은 매우 중요하다. 인간의 뛰어난 특성은 가치 있는 목표를 추구하여 단호하게 결단을 내리는 것이다. 누구나 활력만 있으면 단조로운 육체 노동이나 자질구레한 일에 파묻히지 않고 나날이 향상하고 전진해 나갈 수 있다. 활력이 넘치는 사람은 실망하지 않고 위험을 무릅쓰며 보통사람이 흉내낼 수 없는 대사업을 이룩한다.

어떤 분야이든 성공에 필요한 것은 뛰어난 재능이 아니라 힘껏 하려는 의지이다. 그런 의미에서 활력은 인간 성격의 중심을 이루는 힘이고, 결국 인간 그 자체라고도 할 수 있다.

활력은 사람의 행동을 일으키고 온갖 노력을 기울이게 한다. 활력이 뒷받침되어야 비로소 진정한 희망, 즉 인생에 진정한 향기를 가져다주는 희망도 싹틀 수 있다. 배틀 대수도원에 보존되어 있는 깨진 투구에는 '희망은 힘이다'라고 새겨져 있다. 이것은 모든 사람이 가슴에 새겨야 할 말이다.

시락의 아들 예수는 "마음이 약한 자에게 화가 있을지니"라고 말했다. 분명히 용감한 마음을 지닌 사람만큼 혜택 받은 사람은 없다. 비록 노력이 물거품으로 돌아간다 해도 최선을 다했다고 느낀다면 그것으로 만족할 수 있다.

초라한 삶 속에서 인내하며 수많은 고통과 싸워 이기는 사람을 보는 것만큼 유쾌하고 아름다운 광경은 없다. 비록 다리를 다쳐 피를 흘리며 절름거린다 해도, 그는 용기의 지팡이를 짚고 계속 걸어갈 것이다.

사람은 일찍부터 뜻을 세워야 한다

한낱 소원과 소망은, 그것이 즉각적인 행동과 행위로 구체화되지 않는 한, 젊은이들의 마음에 꿈만 일으킬 뿐이다. 많은 사람들이 그랬듯이 블뤼커 장군(프로이센의 육군 원수로 워털루 전투에 참가하여 결정적인 승리를 이끌었음)이 올 때까지 기다리는 것은 소용없는 일이며, 웰링턴처럼 계속 인내하며 열심히 맞서 싸워야 한다. 일단 높은 뜻을 품었으면 한눈팔지 말고 한 길로 나아가야만 한다. 여러 가지 생활 환경이 있겠지만, 곤경과 고생을 특히 건전한 수련으로 알고 기꺼이 감수해야 한다.

아리 셰페르는 이렇게 말했다.

"오직 심신의 노력을 통해서만 성과를 얻을 수 있다. 힘쓰고 또 힘쓰는 것, 그것이 바로 인생이다. 이 점에서 나는 내가 할 수 있는 모든 일을 다 했다. 무슨 일이 있어도 나의 용기는 흔들리지 않았으니, 그것만은 자랑할 수 있을 것이다. 강한 정신과 뚜렷한 목표만 있으면 그 사람은 자기가 뜻하는 바를 이룰 수 있다."

한 번에 한 가지씩

지질학자 휴 밀러는 이렇게 말했다.

"내가 유일하게 올바른 가르침을 받은 곳은 세상이라는 학교이다. 그곳에서 '고난과 역경'이라는 엄격하고도 고귀한 교사를 만났다."

핑계를 대며 머뭇거리거나 하찮은 구실을 만들어 일을 피하려 한다면, 실패는 불을 보듯 뻔하다. 무슨 일이든 그것은 피할 수 없는 것이라고 생각하면, 머지않아 그 일에 능숙해져서 어렵지 않게 해낼 수 있게 된다.

근면이라는 습관도 다른 습관과 마찬가지로, 시간이 흐름에 따라 언젠가는 편안해지고 익숙해진다. 그러므로 평범한 능력밖에 없어도 한 번에 한 가지 일에만 집중하면 큰 성과를 올릴 수 있다.

파월 벅스턴은 평범한 소질에도 불구하고 비범한 노력을 하는 인간에게 신뢰를 두고 있었다. 그것은 그 자신이 "무릇 네 손이 일을 당하는 대로 힘을 다하여 할지어다(전도서 9 : 10)"라는 성서의 가르침을 이해하고 있었기 때문이다. 또 그는 자신의 성공에 대해, 한 가지 일에 전력을 다한 덕분이라고 말했다.

용감한 소망이 뜻을 이룬다.
진정으로 가치 있는 목표는 용감하고 과감하게 대처하지 않으면 성취할 수 없다. 인간의 성장은 오로지 어려움과 싸우고자 하는 의지의 힘, 즉 노력에 달려 있다. 얼핏 불가능하게 생각되는 일의 대부분이 노력에 의해 가능해지는 것을 볼 때, 우리는 놀라움을 금할 수 없다.

강하게 기대하는 마음이 있으면, 그것만으로도 가능성은 현실로 바뀐다. 강한 염원은 우리가 무언가를 이룩하기 위한 예고가 된다. 그런데 겁이 많고 우유부단한 사람은 처음부터 무슨 일이든 자신에게는 불가능하다고 생각하기 때문에 아무것도 성취할 수가 없다.

프랑스의 한 젊은 장교는 평소에 늘 방안을 거닐면서 이렇게 소리쳤다고 한다.

"언젠가 반드시 육군 원수가 되고 말리라."

청년 장교의 끝없는 소망은 이윽고 실제로 성공을 가져다주었다. 뒷날 그는 사령관으로 승진하여 이름을 날리더니, 결국 염원하던 프랑스 육군 원수가 되어 그 생애를 마쳤다.

육체의 힘도 힘이다
《기원(起源)》의 저자 워커는 의지의 힘을 크게 믿었던 사람으로, 언젠가 병을 앓고 있을 때 나아야겠다고 굳게 마음을 먹으니 금방 낫더라는 말을 했다. 그러나 우연히 일어난 일일 수도 있고, 과연 어느 처방보다 안전한 방법일지는 모르지만 언제나 그렇게 된다는 법은 없다. 육체의 힘보다 의지의 힘이 강한 것은 사실이지만, 의지의 힘만 믿다가 완전히 몸을 망치는 수도 있다.

무어족의 추장 뮬리 몰루크에 대해 다음과 같은 이야기가 전해지고 있다. 그가 불치의 병에 걸려 누워 있을 때, 그의 군대와 포르투갈 군대 사이에 전투가 벌어졌다. 사태가 급박해지자 추장은 병석에서 벌떡 일어나 군대를 이끌고 싸워 승리를 거두었다. 그러나 추장은 싸움이 끝난 뒤 기진맥진하여 쓰러져 그대로 숨을 거두고 말았다고 한다.

원하면 반드시 얻는다

의지만 있으면, 사람은 자신이 결정한 대로 목표를 이루고, 자신이 바라는 인간이 될 수 있다. 어느 성자는 입버릇처럼 이렇게 말했다고 한다.

"당신은 원하면 어떤 것도 될 수 있다. 우리 의지의 힘이 신의 힘과 이어지면 지극히 큰 힘이 된다. 마음으로 진지하고 간절하게 원하면 모든 것이 가능해진다. 그러나 겸손과 인내, 절도와 관대함을 지니려고 노력하지 않는다면 무엇을 원해도 이루어지지 않을 것이다."

어떤 목수에 대해 이런 이야기가 전해지고 있다. 어느 날 목수는 지사가 앉을 의자를 수리하라는 의뢰를 받고 대패질을 하고 있었다. 그런데 그 일하는 모습이 지나칠 정도로 정성스러워서, 옆에서 보고 있던 사람이 그 까닭을 물었다.

그러자 목수는 이렇게 대답했다.

"제가 이 의자에 앉게 될 때, 조금이라도 더 편하기 위해서요."

신기하게도, 그는 그 뒤 실제로 지사가 되어 그 의자에 앉았다고 한다.

의지의 자유

논리학자가 의지의 자유에 대해 어떠한 이론적인 결론을 내렸든, 저마다 선과 악 중 어느 것이든 선택할 수 있다. 즉, 우리는 강물에 던져진 한낱 지푸라기처럼 그저 물결 따라 흘러가는 것이 아니라, 헤엄을 쳐서 스스로 물결을 거슬러 자신이 원하는 방향으로 충분히 나아갈 수 있다.

우리의 자발적인 의지에 절대적인 구속을 가하는 것은 이 세상에 존재하지 않으며, 자신의 행동이 마법의 주문에 걸린 것처럼 속박당할 리가 없다는 것도 잘 알고 있다. '의지는 자유'라고 확신해야만 가정 준칙, 사회 관례, 공공 제도 등에서 모든 일과 행동을 할 수 있게 된다.

이 자유 의지가 없다면 책임은 어디에 있을까? 가르치고, 충고하고, 설교하고, 나무라고, 바로잡아준들 무슨 소용이 있단 말인가? 법률이란 사람들이 복종하든 안 하든 개별적인 의지로 인정하는 사실이다. 만일 모든 사람이 그렇다고 인정하지 않는다면 법률이 무슨 소용이 있겠는가?

우리는 살아가는 순간순간 우리의 의지가 자유롭다는 양심의 외침을 듣고 있다. 우리가 자유 의지를 올바른 방향으로 돌리든 그릇된 방향으로 돌리든, 그것은 오직 우리 각 개인에게 달려 있다. 우리의 습성이나 유혹이 우리를 다스리는 것이 아니라 우리가 그들을 다스리고 있는 것이다. 우리가 자칫 습성이나 유혹 앞에 굴복할라치면, 양심은 우리에게 아직 그것에 저항할 수 있음을 알려주고, 일단 그 습성과 유혹을 누르고자 마음먹으면 그렇게 할 수 있다고 일러 준다.

라므네의 편지

그 옛날 프랑스의 종교가 라므네는 방탕한 생활을 보내고 있는 한 젊은이에게 이렇게 말했다.

"자네는 이제 자신의 삶을 스스로 결정할 시기에 있네. 이 기회를 놓치면 자네는 스스로 판 무덤에 빠져, 위에 얹힌 돌을 밀어 올리지도 못하고 평생 고통에 허덕이게 될지도 몰라. 의지를 가지고 산다는 것이 습관 들이기에는 가장 쉽네. 그러니까 강하고 확고한 의지를 가지도록 노력하게. 뿌리 없는 풀 같은 생활은 이제 그만두고 땅에 발을 붙이고 걸어야 하지 않겠나? 가랑잎처럼 바람이 부는 대로 이리저리 뒹구는 생활은 칼로 베듯이 끊어야 하네."

아들을 일깨운 벅스턴의 편지

자선가 벅스턴도 결심을 굳히고 그것을 관철하고자 하면 소망의 대부분을

벅스턴

이룰 수 있다고 확신하고 있었다. 그는 아들에게 다음과 같은 편지를 써 보냈다.

"너도 이제 오른쪽으로 갈 것인지 왼쪽으로 갈 것인지 결정해야 할 나이가 되었다. 그러니 자신의 주장과 결단력 그리고 정신력이 얼마나 강한지 몸으로 증명해 보이도록 해라. 그렇지 않으면 틀림없이 너는 게으름에 빠져, 되는 대로 사는 무능한 청년의 악습에 물들 게다. 한 번 그런 처지로 전락하면, 거기서 다시 기어오르는 것은 쉬운 일이 아니다. 젊은이들은 대개 자기 맘대로 살고 싶어하지. 나의 경우도 그랬다. 하지만 꼭 너 만한 나이에 나는 마음을 고쳐먹었지. 지금의 행복과 성공은 그때 시작되었다고 할 수 있지. 너도 활력이 넘치는, 근면한 삶을 살도록 결심을 굳혀야 한다. 지금 당장 결심하고 첫걸음을 내딛는다면, 너는 스스로의 현명함에 대해 평생 감사하게 될 게다."

인간의 의지는, 방향은 상관하지 않고 무조건 돌진해 가려고 한다. 따라서 의지에 올바른 목표를 주고 적절한 방향으로 키를 잡는 것이 중요하다.

감각적 쾌락을 추구하려는 의지는 당장 악마의 본성을 드러내고, 지성은 그 비천한 노예가 될 것이다. 그러나 반대로, 선을 추구하려는 강한 의지는 왕과 같다. 게다가 지성이 인간에게 최고의 번영을 가져다주는 신하가 될 것이 틀림없다.

뜻이 있는 곳에 길이 있다

'뜻이 있는 곳에 길이 있다' —— 이 오랜 속담은 바로 진리 그 자체이다. 뭔가를 이루려고 굳게 작정한 사람은, 바로 그 결심으로 수많은 장애를 넘어 목표에 도달한다. 가능하다고 생각만 하면 십중팔구 그것을 달성할 수 있다. 다시 말해, 결심만 굳힌다면 그것은 이미 현실적으로 목표를 이룬 것이나 마찬가지다. 그런 의미에서, 진정한 결의는 전능한 신과 같은 힘을 가지고 있다고 할 수 있다.

러시아의 장군 수바로프의 강인한 성격은 그 흔들리지 않는 의지력에서 비롯되었다. 그는 평소에 '의지가 약한 사람은 반드시 패배한다'고 자주 말했다고 한다. 프랑스 정치가 리슐리외와 황제 나폴레옹처럼 그도 '불가능'이란 말을 사전에서 빼고 싶었을 것이다. "나는 할 수 없다." "될 리가 없다." "무리한 일이다."――이런 말을 그는 특히 싫어했다. 그리고 언제나 "공부하라! 실천하라! 시도하라!"고 소리쳤다. 전기 작가는 수바로프를 이렇게 평했다.

수바로프

"누구에게나 능력이 있고, 그것을 충분히 발휘하려고 노력하면 큰 성과를 얻을 수 있다는 것을 그는 몸으로 증명했다."

나폴레옹이 즐겨 인용한 격언

나폴레옹이 좋아한 격언 중에 "가장 참된 지혜는 의연한 결단이다"라는 말이 있다. 그의 인생은 강한 힘과 단호한 결단력이 무엇을 가져다주는지 여실히 보여주었다.

나폴레옹은 몸과 마음을 오직 일에 바친 사람이었다. 어리석은 지배자와 국민들은 잇따라 그 앞에 무릎을 꿇었다. 어느 날 군대가 가는 길에 알프스가 가로막고 있다는 보고를 받은 나폴레옹은, "그렇다면 알프스를 치워버리자"고 말했다. 그리고 그때까지 아무도 가까이 다가가지 않던 생플롱 고개에 길을 뚫어버렸다. 그는 이렇게 말했다.

"불가능이라는 말은 바보들의 사전에서만 볼 수 있는 말이다."

나폴레옹은 무서우리만치 부지런한 사람이었다. 때로는 한꺼번에 네 명이나 되는 비서를 채용하여 네 사람이 다 녹초가 될 정도로 부려먹은 적도 있다. 어느 누구든 적당히 대하지 않았고, 자기 자신에 대해서도 엄격했다. 많은 사람들이 그의 영향을 받아 용기를 얻고 삶에 새로운 힘을 얻었다. 그러니 그가 이렇게 말할 만했다.

"내가 진창에서 장군들을 만들어냈다."

그러나 모든 것이 헛되었으니, 강한 이기심 때문에 그는 파멸하게 되고, 프랑스도 무정부 상태에 빠져 결국 멸망의 길을 걷게 되었다. 그의 생애는 우리에게 다음과 같은 교훈을 주고 있다. '덕이 없는 권력은 국가의 쇠퇴를 불러오고 선이 없는 지식은 국가에 화를 부른다.'

직분이라는 두 글자를 늘 마음에 새긴 웰링턴

웰링턴 장군은 나폴레옹보다 훨씬 더 위대한 사람이었다. 나폴레옹 못지않게 결단력이 있고, 의지가 굳고 끈기가 있었으며, 나폴레옹보다 극기심이 강하고 양심적이며 진정한 의미에서 애국자였다.

나폴레옹의 목표는 '영광'이었다. 웰링턴의 목표는 넬슨처럼 '의무'였다. 영광이라는 말이 나폴레옹의 공문서에 여러 번 나왔다고 하는데, 의무라는 말도 웰링턴의 공문서에 자주 나오지만 거기에서는 유난스러운 장군 냄새는 나지 않았다. 아무리 크나큰 난관 앞에서도 웰링턴은 당황하거나 겁을 먹기는커녕, 극복해야 할 장애가 크면 클수록 더욱 힘을 냈다.

웰링턴은 꿋꿋한 인내와 굳은 의지로 반도 전쟁의 그 극심한 고통과 무서운 고난을 견뎌냈는데, 이 인내와 의지야말로 역사상 가장 숭고한 것들 중의 하나라 할 수 있다. 에스파냐에서 웰링턴은 장군으로서의 천재성뿐만 아니라 정치가로서의 폭넓은 지혜를 보여주었다.

웰링턴은 타고난 기질은 무척 성급한 편이었으나 고도의 의무감으로 그것을 억제할 수 있었으며, 사람들에게는 특히 지칠 줄 모르는 인내의 모범을 보여주었다. 그의 위대한 인격은 야망과 탐욕, 그리고 어떤 저속한 감정으로 더럽혀지는 일이 없었다. 강한 개성을 지닌 사람이면서도 다양한 성품을 타고났다.

장군으로서는 나폴레옹과 맞먹고, 클리브처럼 민첩하고 정력적이며 대담했다. 크롬웰처럼 현명한 정치가인데다, 워싱턴처럼 순결하고 고상했다. 위대한 웰링턴은 길이 남을 명성을 남겼으니, 그 명성은 한없이 굳은 의지와 숭고한 대담성, 게다가 더욱 숭고한 인내심이 잘 어우러진 가운데 오랫동안 기울인 노력의 결실이다.

과감하고 신속한 인물들
정력은 대개 민첩함과 결단력 속에서 나타난다. 여행가 레드야드는 아프리카협회로부터 언제 떠나겠느냐는 질문을 받고 "내일 아침"이라고 대답했다. 블뤼커는 늘 속결 명령을 내려 모든 프로이센 군인들은 그에게 '돌격 원수'라는 별명을 붙여주었다.

나중에 세인트 빈센트 백작이 된 존 저비스는 언제 배를 타겠느냐는 질문을 받고 "지금 당장"이라고 대답했다. 콜린 캠벨 경은 인도군 사령관으로 임명되었을 때 언제 떠날 수 있느냐고 묻자 "내일이오"라고 대답했으니, 바로 이러한 자세가 그의 뒷날의 성공을 암시해 준 것이다.

순간을 엿보고 실패를 성공으로 바꾼 나폴레옹
싸움에 이기려면 신속하게 결단하고, 적의 허를 찔러 재빨리 행동해야 한다는 것은 상식이다. 나폴레옹은 다음과 같이 말했다.

"아르콜라 전투에서는 불과 25명의 기병만으로 승리를 거두었다. 적(오스트리아군)도 아군도 지쳐 기운이 빠진 틈을 타서, 나는 기병들에게 나팔을 불게 하고 적진을 향해 돌격 명령을 내렸다. 그것만으로 승리는 우리 군의 것이 되었다. 싸움에서는 양쪽 모두 필사적으로 상대를 위압하려고 하는데, 갑자기 어느 순간 적이 겁을 먹을 때가 있다. 그 순간을 잘 이용하는 것이 승리의 비결이다."

그리고 이런 말도 했다.

"순간의 기회를 놓치면 불행한 패배가 이어진다. 오스트리아군은 시간의 가치를 몰랐다. 그들은 언제까지나 우물쭈물 공격을 주저하다가 우리 군에 당하고 만 것이다."

7살 때 가문의 부흥을 꿈꾼 헤이스팅스

인도는 지난 18세기에 영국인이 정력을 쏟아넣을 수 있는 절호의 장소였다. 클라이브에서 해블록과 클라이드에 이르기까지, 인도의 법률 행정과 전쟁에서 탁월한 이름을 남긴 사람들이 많은데, 예를 들면 웰슬리, 메트가프, 우트램, 에드워즈 그리고 로렌스 일가 같은 사람들이다.

또 위대하지만 명예에 손상을 입은 사람이 있는데, 워렌 헤이스팅스였다. 이 사람은 굴하지 않는 의지를 지닌 근면한 사나이였다. 그의 가문은 빛나는 역사를 가지고 있었으나 흥망성쇠를 반복했다. 그러다 스튜어트 왕가를 위해 의리를 지킨 것이 잘못 되어 가난에 빠지게 되었고, 마침내 수백 년 동안 가문의 영지였던 데일즈퍼드의 땅마저 내놓아야 했다.

이리하여 데일즈퍼드를 떠나게 된 헤이스팅스는 둘째 아들에게 교구 행정을 맡겼다. 손자 워렌 헤이스팅스가 태어난 곳이 바로 이 교구였다. 소년은 이곳 마을 학교에서 농사꾼의 아들들과 한자리에 앉아 글을 배웠다. 소년은 일찍이 자신의 조상들이 소유했던 들에서 뛰놀았다. 그는 데일즈퍼드의 충성스럽고 용감한 헤이스팅스 가문 사람들의 이야기를 늘 가슴속에 담고 살았다.

소년은 야망에 불타올라, 겨우 7살이던 어느 해 여름, 이 지방 한복판을 흐르는 강둑에 앉아 기필코 조상의 땅을 찾고야 말겠다고 굳게 결심했다. 한낱 어린 소년의 낭만적인 꿈으로 생각될지 모르지만, 그는 결국 자신의 생전에 그 꿈을 실현하고 만다. 꿈은 열정으로 변하여 생활 속에 뿌리를 내렸다.

소년 시절부터 어른이 될 때까지 침착하고도 굳은 의지력으로 그 결심을 유지하였으니, 그 굳센 의지력이야말로 그의 가장 두드러진 특징이었다. 고아 소년이 당대의 가장 세력 있는 사람이 되어, 조상의 재산을 되찾고 지난날의 영지를 다시 사들여 가문의 저택을 새로 지은 것이다.

매콜리는 헤이스팅스에 대해 다음과 같이 말했다.

"열대의 태양 아래에서 그가 5,000만 명의 아시아인들을 다스리면서 전쟁과 재정과 법률 행정을 처리했을 때도, 그의 희망은 여전히 데일즈퍼드에 있었다. 좋은 일과 나쁜 일, 그리고 영광과 비난으로 엇갈린 오랜 관직 생활을 끝내고 그가 은퇴하여 세상을 떠난 곳이 바로 이 데일즈퍼드였다."

인도에서 공을 세운 네이피어 장군

찰스 네이피어 경도 비상한 용기와 결단력을 지닌 인도의 지도자였다. 그는 전쟁 중에 겪은 고난에 대해 다음과 같이 말한 적이 있다.

"갈수록 더 깊은 수렁에 빠질 뿐이었다."

미아니 전투에서 그는 역사상 가장 빛나는 공을 세웠다. 2,000명의 장병——그 중 유럽인은 겨우 400명이었다——을 이끌고, 완벽히 무장된 3만 5,000명의 거친 벨루치 족의 군대와 맞섰다. 누가 봐도 대단히 무모해 보이는 행동이었으나, 장군은 자기 자신과 부하들을 믿었다. 그는 적의 방어선이 있는 높은 둑 한가운데를 목표로 돌진했고, 3시간 동안 죽느냐 사느냐의 사투가 전개되었다. 이 소수 부대의 사병들은 사령관의 격려를 받으며 모두 영웅적으로 싸웠다. 네이피어 장군과 부하들은 끝까지 적에게 등을 보이지 않고 맞서 싸웠고, 벨루치 족은 수적으로 20대 1로 우세하면서도 결국 패했다.

군인의 전투는 물론이요 인생의 모든 전투에서 승리하기 위해서는 바로 이런 종류의 대담성과 용기, 그리고 끝까지 버티는 인내가 필요하다. 한걸음 더 전진하면 싸움에서 이길 수 있고, 5분 동안 더 버티는 용기가 있으면 승리를 얻을 수 있다. 비록 우리의 힘이 적의 힘에 미치지 못한다하더라도, 우리가 더 오래 버티고 더욱 집중하면 적과 대등하게 싸워 이길 수 있는 것이다. 한 스파르타인은 자신의 칼이 너무 짧다고 불평하는 아들에게 "그렇다면 한걸음 더 나아가라"고 말했다는데, 이것은 우리의 인생에도 적용할 수 있는 말이다.

부하들과 나란히 한 네이피어

네이피어는 자신의 부하들에게 영웅 정신을 불어넣어 주었다. 그는 자신도 어느 이등병 못지않게 죽기 살기로 싸우면서 다음과 같이 말했다.

"가장 위대한 지휘의 비결은 공평하게 일하는 것이다. 한 군대를 거느리는 사람은 자신의 직책에 모든 정신을 쏟아야 성공할 수 있다. 난관이 크면 그만큼 더 노력해야 하고, 위험이 크면 그만큼 더 용기를 보여주어야 한다.

그 모든 것을 극복할 때까지."

커치 언덕 전투에서 장군을 수행한 한 젊은 장교가 다음과 같은 말을 한 적이 있다.

"그 노인이 말을 타고 쉬지 않고 싸움터를 종횡무진하는 것을 보고, 혈기 왕성하고 젊은 내가 어찌 게으름을 피울 수 있었겠나? 장군의 명령이 있었다면 나는 포탄을 장전한 대포 구멍에라도 들어갔을 것이다."

젊은 장교의 이 말을 우연히 전해 들은 네이피어는, 그것이 바로 자신의 노고에 대한 최상의 보상이라고 생각했다.

인도의 마술사를 시험한 네이피어

그가 인도의 마술사와 면담할 때 보여준 일화는, 그의 냉철한 용기와 단순성, 그리고 정직성을 잘 증명해주고 있다. 인도 전쟁이 끝난 어느 날, 유명한 마술사가 부대를 찾아와 장군과 그의 가족, 그리고 막료들 앞에서 묘기를 부렸다. 여러 가지 재주 중에서 그의 조수의 머리 위에 올려놓은 보리수 열매를 칼로 쳐서 두 조각을 내는 묘기가 있었다.

네이피어는 마술사와 조수 사이에 뭔가 속임수가 있는 거라고 생각했다. 비록 스콧의 소설 《부적》에 비슷한 이야기가 나오긴 해도, 사람의 머리 위에 올려놓은 그처럼 작은 물체를 머리카락 한 오라기 건드리지 않고 감쪽같이 칼로 쪼갠다는 것은 불가능하다고 생각했던 것이다. 그것을 확인하기 위해 장군은 자신의 손을 실험에 쓸 생각으로 오른팔을 내밀었다. 마술사는 장군의 오른손을 한참 동안 들여다보더니 하지 않겠다고 말했다.

네이피어가 말했다.

"왜, 자신 없나? 당신의 정체를 알아보려고 했는데?"

"그렇다면 왼손을 보여주십시오."

왼손을 한참 들여다본 마술사는 자신 있다는 듯이 이렇게 말하는 것이었다.

"왼손을 움직이지 않고 계시면 한번 재주를 부려 보겠습니다."

"어째서 오른손은 안 되는데 왼손은 된단 말인가?"

"오른손은 손바닥이 오목해서 엄지손가락을 다칠 위험이 있습니다. 왼손은 손바닥의 살이 두툼해서 그럴 위험이 덜합니다."

뒷날 네이피어는 이렇게 말했다.

"그때 나는 놀랐다. 그 묘기는 틀림없이 오묘한 검술의 재주라는 것을 알았다. 그러나 참모들 앞에서 이미 그를 비난하고 시험해 보려고 한 이상 물러설 수도 없는 일이었다. 그래서 나는 손 위에 보리수 열매를 올려놓고 천천히 앞으로 뻗었다. 마술사는 정신을 집중하여 재빠른 칼솜씨로 열매를 두 조각으로 쪼갰다. 그 순간 내 손 위에서는 차디찬 실오라기 하나가 스쳐가는 듯한 느낌이었다. 인도의 검술사는 그 정도로 용감했지만, 우리의 훌륭한 장병들은 미아니에서 그들을 패배시켰다."

인도에서 전개된 치열한 전투를 통해 영국인들은 역사상 어느 때보다 훌륭하게 그 굳센 정력과 자립정신을 보여주었다. 비록 영국의 관료주의가 어리석게도 자주 커다란 실수를 저지르고는 있지만, 국민들은 용케도 그 관료주의에서 벗어나 거의 숭고에 가까운 영웅 정신을 발휘하고 있다.

인도 반란과 의무를 다하고 죽은 영국인

1857년 5월 인도 전역에 우레 같은 폭동이 일어났을 때, 영국군은 최소한도의 군대만을 유지하고 있었고, 그나마도 대부분 멀리 떨어진 병영에 있었다. 벵골 연대가 차례로 폭동을 일으키며 부대를 이탈하여 델리를 향해 돌진했다. 이 지방 저 지방에서 잇따라 반란과 폭동이 일어나, 곳곳에서 구원을 요청하는 소리가 높아졌다. 도처에서 포위되어 궁지에 몰린 영국군은 도저히 진압할 엄두를 내지 못하고 있었다. 영국군의 패배가 확실시되고, 인도에서 영국인의 명분도 깨끗이 사라질 것처럼 보이자, 전부터 나돌던 이런 말들이 오갔다.

"영국 사람들이 망하는 것은 시간 문제다."

누가 보아도 영국인들이 어쩔 수 없는 숙명 앞에 굴복하는 것이 당연한 일이었다. 반란의 결과가 아직 불확실할 때, 토후 중의 한 사람이 점성가를 찾아 의견을 물었다. 점성가 대답은 다음과 같았다.

"모든 유럽인들을 다 없앤다 해도, 한 종족만은 계속 남아 싸워서 다시 인도를 정복하게 될 겁니다."

한 치 앞도 내다볼 수 없는 막막한 순간에도——얼마 안 되는 영국 군인과 민간인 남녀가 도시에 갇혀서 적과 맞서 싸운 러크나우 같은 곳에서도——절망적인 말은 한 마디도 없었고, 더구나 항복한다는 것은 생각지도 않았다. 여러 달 동안 아군과 통신이 차단되어 인도를 빼앗겼는지 간신히 버티고 있는 것인지 모르는 가운데서도, 그들은 동포의 용기와 헌신을 굳게 믿고 있었다. 얼마 안 되는 수이지만 인도에 있는 영국 사람들이 한데 뭉치면 결코 멸망하지 않을 것을 알고 있었다. 이 불행을 극복하고 결국은 승리할 것이라는 믿음 외에는 다른 것은 생각할 수 없었다. 만약 최악의 사태가 닥친다면 자신들이 맡은 자리에서 의무를 다하다가 쓰러지면 그만이었다.

이쯤에서 해블록, 잉글리스, 나일, 오트람 같은 사람들의 이름을 상기하지 않을 수 없다. 그들은 참으로 영웅적인 영국인으로, 모두 기사도 정신과 하느님을 믿는 마음, 그리고 순교자의 기질이 있었다. 몽탈랑베르는 이들에 대해 "그들은 인류를 명예롭게 해주었다"고 말했다. 그러나 그 무시무시한 시련 속에서 여자들, 민간인들, 군인들 모두가 위대했으니, 군인들은 위로는 장군에서 아래로는 이등병 나팔수에 이르기까지 훌륭하게 싸웠다. 이들은 선발된 사람들이 아니라, 우리가 매일 거리와 작업장, 그리고 논밭과 클럽에서 만나는 보통 사람들이었다. 그러나 별안간 재난이 닥쳐오자 한 사람도 예외 없이 모두가 힘과 용기를 발휘했다. 말하자면 한 사람 한 사람이 모두 영웅적인 행동을 취한 것이다.

몽탈랑베르는 또 이렇게 말했다.

"한 사람도 뒷걸음질치거나 떨지 않았다. 군인과 민간인, 젊은이와 노인, 장군과 사병, 이 모든 사람들이 흔들림 없는 냉철함과 용맹함으로 저항하고 싸우고 쓰러졌다. 그리하여 영국민은 혹독한 시련 속에서 국민교육의 가치를 찬란하게 빛냈다. 어린 시절부터 자신의 힘과 자유를 활용하고, 남과 사귀거나 저항하며, 아무것도 두려워하거나 놀라지 않으며, 자신의 노력으로 인생의 모든 쓰라린 고난을 이겨내도록 교육시켰던 것이다."

존 로렌스 경이 인격의 힘으로 델리를 찾고 인도를 구했다고들 한다. '로렌스'라는 이름 자체가 인도 서북부 지방에서는 힘의 상징이었다. 그의 의무감과 열성, 그리고 노력은 최고 수준이었고, 그 밑에서 일하는 사람들은 누구나 그의 정신에 감화를 받았다. 그의 인격만으로도 군대의 능력에 맞먹는다는 말이 나올 정도였다.

사람들은 그의 동생 헨리 경에 대해서도 같은 말을 했다. 그는 바로 델리 점령에 뛰어난 역할을 했던 펀잡 부족군을 조직한 사람이었다. 이 형제는 다 같이 사람들에게 완벽한 사랑과 믿음을 불어넣어주었다. 두 사람은 모두 온유한 면을 지니고 있었는데, 그것은 영웅적인 성격의 진정한 요소다.

이 두 사람은 민중과 호흡을 같이하면서 그들에게 좋은 면으로 강한 영향을 끼쳤다. 특히 에드워드 대령이 말한 것처럼 젊은이들의 심지에 좋은 모범을 보여 주었고, 몇 가지 행정면에서도 좋은 본보기를 보였다. 즉 '충실'을 주장하고 '학교'를 세웠는데, 그 두 가지가 오늘날까지 생생히 이어지고 있다. 존 로렌스 경은 몽고메리, 니콜슨, 코턴 그리고 에드워드 같은 사람들을 곁에 데리고 있었는데, 이들도 존 로렌스 경처럼 민첩하고 결단력이 있으며 고상한 기질을 지닌 인물들이었다.

존 니콜슨은 멋지고 용감하며 또한 고상한 사나이로, 원주민들의 말을 빌리면 머리에서 발끝까지 태수 감인 사람이었다. 댈하우지 경은 '힘의 탑'이

존 니콜슨

라는 말로 그의 특성을 표현했다. 모든 일에 온 힘과 정신을 쏟았고, 무슨 일을 해도 위대했기 때문이다. 회교의 어느 고행자단은 그를 열광적으로 찬양한 나머지 니콜슨——그들의 말로 하면 니킬 셴——을 위한 예배까지 올리게 되었다. 그는 이런 어리석은 짓이 어디 있느냐고 몇 사람을 데려다 벌까지 주었으나, 예배는 여전히 계속되었다.

55번째의 세포이 반란자들을 추적할 때 보여준 그의 끈질긴 정력과 완고함을 예로 들 수 있는데, 이때 그는 쉬지 않고 20시간이나 말 안장 위에 앉아 70마일 이상의 길을 달렸다. 적이 델리에 본부를 두고 버티고 있을 때, 로렌스와 몽고메리는 편잡 족의 도움이 필요하여 최선을 다해 그들의 찬양과 믿음 속에 이 부족이 사는 지방의 질서를 완전하게 유지하고, 한편으로 동원할 수 있는 모든 병력——유럽인들과 시크족——을 델리에 소집했다. 니콜슨 경은 군 사령관에게 "반역자들의 코앞까지 접근하라"는 명령을 내렸다. 니콜슨의 이와 같은 엄중한 명령으로 군대가 전진했을 때 '수 마일 밖에서도 군마의 말굽 소리를 들을 수 있었다'고, 뒷날 니콜슨이 세상을 떠난 뒤 그의 무덤 앞에서 흐느껴 울던 한 시크족 용사가 말했다.

병력도 얼마 남지 않은 제32연대가 영웅적인 잉글리스의 지휘 아래, 6달 동안이나 20만 명의 적군과 맞서 싸운 럭나우의 포위 공격이 더 치열했는지도 모르나, 델리의 포위와 습격은 확실히 그 대전 중에 있었던 가장 유명한 전투였다. 델리에서도 영국 사람들은 겉으로는 포위하고 있는 것처럼 보였으나 사실은 포위당하고 있었다. 병력이 얼마 안 된다는 것을 적도 훤히 알고 있었고, 유럽인과 토민들을 합쳐 기껏 3,700여명의 보병뿐이었으니, 한때는 그 수가 7만5,000명에 달했던 적군에게 매일같이 공격을 받았다. 게다가 적군은 영국군 장교가 유럽식으로 훈련시킨 군대인데다 엄청난 탄약을 가지고 있었다. 그러나 영웅적인 소수의 영국군은 열대 태양의 뜨거운 햇볕 속에서 델리를 포위했다. 죽음도, 부상도, 열병도, 그들의 굳은 의지를 꺾지는 못했다. 30배나 되는 압도적인 수의 적에게 기습을 받았으나 번번이 적을 방위선 뒤로 격퇴시켰다. 이 전투에서 용사 중의 용사였던 호드슨 대위는 이렇게 말했다.

"나는 단언한다. 세상 어느 나라의 국민도 이것을 견디지 못했을 것이고, 아무리 노력해도 패전을 면치 못했을 것이다."

그 영웅들은 의무를 수행하는 데 잠시도 머뭇거리지 않았고, 숭고한 인내심으로 쉬지 않고 버티고 싸워 마침내 '죽음의 돌파구'를 뚫고 델리를 점령하여, 델리 성벽에 다시 영국기를 펄럭이게 했다. 고된 생활에 익숙한 사병들, 유복한 가정에서 애지중지 자란 젊은 장교들, 이 모두가 남자답게 싸워 그 무서운 시련으로 똑같은 명예를 얻은 것이다. 영국인의 타고난 힘과 근면, 그리고 씩씩한 영국식 훈련과 규율이 이때처럼 눈부시게 발휘된 적은 없었다. 영국의 가장 소중한 자원은 결국 영국 사람이라고 하는 것이 그곳에서 똑똑히 입증되었다. 역사의 위대한 한 페이지를 장식하기 위해 그들은 호된 대가를 치러야 했다. 그러나 살아남은 사람들과 그들의 후손이 이 교훈과 모범을 통해 배우는 것이 있다면 결코 그것은 비싼 값이 아닐지도 모른다.

동양을 항해한 사비에르

인도와 극동에 있는 여러 나라 사람들은 평소에도 전쟁 때처럼 정력과 용기를 보여주었다. 그러면서도 평화로움과 인정을 잃지 않았다. 칼의 영웅들을 잊지 않고 오랫동안 기억하고 있는 것처럼, 그리스도교 전도의 영웅들도 잊혀선 안 될 것이다. 그들은 인생에 절망하고 타락한 사람들을 구하고자, 세속의 명예 따위에는 아랑곳하지 않고 한결같이 숭고한 자기희생 정신을 발휘하여 일했다. 불굴의 용기와 인내를 지닌 그들은, 빈곤을 견디고 위험을 무릅쓰며 역병이 유행하는 지방을 돌아다녔다. 그런 고생과 재난에도 용기를 잃지 않고 포교에 전념하며, 심지어 순교를 기쁨과 자긍심으로 맞이했다.

그 중에서도 첫 번째 순교자로 가장 유명한 사람이 프란시스코 사비에르였다. 고귀한 집안에서 태어난 그에게, 쾌락과 권세와 명예를 손에 넣는 것은 어려운 일이 아니었다. 그러나 그는 전 생애를 통해 신분과 지위보다 소중한 것, 돈보다 훌륭한 것이 있음을 증명했다. 사비에르는 행동이나 마음씀

씀이에 있어 진정한 신사였다. 타인의 말에 좌우되거나 감언이설에 넘어가기 쉬운 성격이기는 했지만, 반대로 남을 잘 설득하고 인내심과 의욕이 강한 정력적인 사람이었다. 22세 때, 그는 파리 대학에서 철학교수로 지내다가, 거기서 로욜라와 알게 되어 둘이서 새로운 종교조직 예수회를 창설한다. 그리고 그는 예수회를 이끌고 로마를 향한 순례길에 올랐다.

그 무렵, 포르투갈의 국왕 조안 3세는 자국의 세력 아래에 있는 인도 지역에 그리스도교를 포교하려고 생각하고 있었다. 선교사로서 처음에는 보바지라라는 인물이 뽑혔지만 병에 걸려 그 역할을 할 수 없게 되자, 두 번째 인선 결과 사비에르가 뽑혔다. 사비에르는 너덜너덜한 법의를 입고 기도서만 달랑 들고 즉시 리스본으로 향했다. 그곳에서 배를 타고 동양으로 출발했다. 인도의 고아로 가는 그 배에는 현지에 파견되는 천 명의 수비병들이 총독과 함께 타고 있었다. 전용 선실이 배당되어 있었는데도 사비에르는 항해 내내 갑판에서 지냈다. 밧줄 다발을 베개 삼아 자고, 선원들과 함께 식사를 했다. 선원들도 잘 보살펴주고 지루한 하루하루를 견딜 수 있는 간단한 놀이를 고안하거나, 병자의 간호를 떠맡기도 했기 때문에, 그는 이내 선원들의 마음을 사로잡고 존경을 받게 되었다.

고아에 도착한 사비에르는 이주자와 현지인 사이에 타락과 부패가 만연해 있는 것을 보고 큰 충격을 받았다. 이주자가 문명의 빛이 비치지 않는 이 땅에 수많은 악덕을 가져와서, 현지인들도 앞 다투어 나쁜 본보기를 따라 하는 실정이었다. 그는 방울을 울리면서 거리를 다니며, 어린이들이 공부할 수 있도록 자기에게 보내달라고 호소했다. 곧 모여든 수많은 학생들에게 그는 매일 끈기 있게 하느님의 가르침을 얘기했다. 동시에 병자와 한센병 환자, 온갖 고통을 지닌 사람들의 집을 방문하여, 그 슬픔을 어루만져주며 그들을 '진리'로 이끌려고 노력했다. 사람들이 괴로워하는 소리를 들으면 만사를 제쳐놓고 그곳으로 달려갔다. 이를테면, 마나르 지방에서 진주를 채취하는 사람들이 비참한 생활에 허덕이고 있는 것을 알고, 그곳으로 가서 방울을 높이 울리면서 자비의 마음을 일깨우는 것이었다. 그는 세례를 주고 하느님의 가르침을 설교했다. 마음에 스며드는 듯한 설교를 통해, 곤궁과 고통의 밑바닥에 있는 사람들에게 구원의 손길을 내민 것이다.

사비에르는 방울을 울리면서 해변을 걷고, 마을과 도시를 순회하며 사원과 시장을 찾아갔다. 그리고 현지인들을 불러 모아 하느님의 말씀을 가르쳤다. 교리문답과 사도신경, 모세의 십계, 주기도문 같은 성구들이 사비에르에 의해 현지어로 번역되었다. 그는 먼저 자신이 그것을 암기하고 나서 어린이들이 암송할 수 있을 때까지 되풀이해서 들려주었다. 또 어린이들의 입을 통해 부모와 이웃사람들에게 전파되도록 했다. 케이프코모린에서는 30명의 전도사가 임명되어 사비에르의 지도 아래 30개의 교회가 세워졌다. 물론 교회라고 해도 허술하기 짝이 없는 것으로, 대부분 오두막 위에 십자가를 세우기만 한 것이었다. 이러한 포교활동은, 사비에르 자신의 말에 따르면 '전혀 예상치 못한 대성공을 거두었다'고 한다. 순수하고 한결같으며, 존경할만한 삶의 방식과 행동에서 배어나는 설득력 덕분에, 사비에르가 가는 곳마다 그리스도교 개종자가 끊이지 않았다. 그를 만나 얘기를 들은 사람들은 강한 힘에 이끌리듯 그 얘기에 공명하고, 자신도 모르는 사이에 그의 열의에 감염되는 것이었다.

'무르익은 열매는 많지만 그것을 따는 사람이 너무 적다(가르침을 받을 자는 많지만 가르침을 주는 자는 너무 적다)'는 것을 통감하면서 사비에르는 다음 목적지인 말라카와 일본을 향해 배를 타고 떠난다. 거기서 그를 기다리고 있던 것은 다른 언어로 얘기하는 완전히 새로운 종족이었다. 그가 할 수 있는 일은 고작 병자를 간호하면서 이부자리를 정리하거나 눈물 흘리며 기도하고, 때로는 중백의(성직자의 짧은 흰 옷)의 자락을 물에 적신 뒤 짜서 그 떨어지는 물방울로 죽어가는 자에게 세례를 주는 정도였다. 그러나 이 용감한 진리의 병사는 희망의 등불을 높이 들고 아무것도 두려워하지 않으며 신념과 활력으로 오로지 전진해 갔다.

"죽음이나 어떠한 고행이 기다리고 있다 해도, 한 영혼을 구원하기 위해서라면 1만 번이라도 그 속에 뛰어들 각오가 되어있다"고 그는 말했다.

굶주림과 목마름, 빈곤, 온갖 위험과 싸우면서, 사비에르는 지칠 줄 모르고 사랑의 전도를 펼쳐나갔다. 하지만 7년에 걸친 포교활동을 끝내고 중국으로 건너가려던 그는 그만 열병에 걸려, 영광의 면류관을 받고 하느님에게 불려간다. 그처럼 일편단심으로 자기희생과 용기로 일관된 생애를 산 사람은 아마 두 번 다시 나타나기 힘들 것이다.

데이빗 리빙스턴

태평양을 항해한 존 윌리엄스

사비에르의 뒤를 이어 같은 일에 종사한 선교사들이 있었으니, 인도에서 선교한 슈바르츠, 케어리, 마시맨, 중국에서 봉사한 구츨라프와 모리슨, 태평양의 섬들에서 일한 윌리엄스, 아프리카에서 선교한 캠벨, 모파트, 리빙스턴 같은 사람들이 그들이다. 에로망가의 순교자 존 윌리엄스는 일찍이 철물상의 견습공으로 있었다. 조금 우둔한 소년으로 생각되었으나 일솜씨가 좋았다. 곧 기술이 숙련되자, 주인은 무엇이든 힘든 일이 있으면 늘 이 소년에게 맡기곤 했다. 소년은 또 공장 밖에 종을 매다는 따위의 일도 좋아했다.

윌리엄스는 우연히 들은 설교에 몹시 감동하여 주일학교 교사가 되었다. 교사 모임에서 선교 사업의 사명에 대한 이야기를 들은 그는 깊은 관심을 느끼고 그 일에 헌신하기로 결심했다. 런던 선교회에서 그의 뜻을 받아 주었고, 철물상 주인은 견습 계약기간이 끝나기 전에 공장에서 떠나는 것을 허락해 주었다. 태평양의 여러 섬, 즉 타히티의 후아히네, 라이아테아, 라로통가가 그의 주요 활동 무대였다. 사도처럼 자기 손으로 직접 철공 일을 하며 정원을 가꾸고 배를 건조하는 한편, 섬사람들에게 문명 생활의 여러 가지 기술을 가르쳐주고 종교의 진리를 불어넣어주었다. 이와 같은 불굴의 정신으로 봉사하다가 에로망가 해안에서 야만인들에 의해 학살당했으니 순교자의 왕관을 쓴 것이나 다름없다.

아프리카에 도달한 리빙스턴

리빙스턴 박사의 삶도 매우 흥미롭다. 그의 조상은 가난하지만 정직한 스코틀랜드 고지대 사람이었다. 그 조상 가운데 지혜가 풍부하고 사려 깊은 것으로 그 일대에 널리 알려져 있던 한 사람이, 임종을 앞두고 자식들을 불러모아, 유일한 유산으로 다음과 같은 말을 남겼다고 한다.

"내가 평생 동안 우리 집안 대대의 전통을 자세히 조사했는데, 우리 조상 중에는 정직하지 않은 사람은 단 한 사람도 없었다. 그래서 만에 하나, 너희들이나 그 자손이 부정직한 길을 걷는다 해도, 그것은 우리 집안에 흐르고 있는 피 탓이 아니다. 너희들은 부정직한 삶을 사는 피는 손톱만큼도 물려받지 않았다. 정직하게 살아야 한다. 이것이 내가 남기는 유일한 훈계이다."

10살이 되자 리빙스턴은 글래스고 근교의 방적공장에 일하러 다녔다. 그는 일을 하고 처음으로 받은 급료로 라틴어 문법책을 사서, 라틴어 공부를 시작했다. 그때부터 몇 년 동안 야학에 다니며 공부를 계속했다. 공장에서는 매일 아침 6시부터 일이 시작되었는데, 빨리 자라고 어머니가 주의를 주지 않으면 그는 언제나 한밤중이 지나도록 공부에 몰두했다. 그리하여 고대 로마의 시인 베르길리우스와 호라티우스를 읽고, 또 소설 이외의 책이라면 닥치는 대로 읽었다. 그 중에서도 과학서와 여행기를 많이 읽었다고 한다. 약간의 여가시간에는 근교를 돌며 식물을 채집하여, 식물학 연구에도 열성을 쏟았다. 공장의 기계가 소음을 내며 돌아가는 동안에도 그는 책을 읽었다. 자신이 조작하는 제니 방적기 위에 책을 놓고, 기계 앞을 지나갈 때마다 한 문장씩 읽을 수 있도록 궁리한 것이다. 그렇게 열심히 공부한 젊은이는 지식을 스펀지처럼 흡수해 간다. 그리고 그의 마음에는 세계 곳곳에 그리스도교를 전도하고 싶다는 꿈이 싹트기 시작했다.

목표를 정한 리빙스턴은 단순한 전도사 이상의 자격을 갖추기 위해 의학 공부를 시작한다. 허리띠를 졸라매고 최대한 돈을 모아서 겨울학기에만 글래스고 대학에서 의학과 그리스어와 신학을 공부하고, 나머지 기간은 방적공장에서 일했다. 대학의 학비는 모두 자신이 일해서 버는 급료로 충당하고, 남한테서는 한 푼의 도움도 받지 않았다.

"지금 돌이켜보면, 당시에 힘든 생활이 나의 성장에 커다란 영향을 미친 것은 틀림없는 사실이다. 나는 거기에 감사하지 않을 수 없다. 만약 다시 태어난다 해도 나는 역시 검소하게 생활하며 혹독한 시련을 헤쳐 나가는 길을 택할 것이다."

이것은 아마 그의 거짓 없는 심경이었을 것이다.
이리하여 리빙스턴은 의학과정을 수료하고, 라틴어 논문을 써서 시험에 합격하여, 내과와 외과의 개업자격을 손에 넣었다. 처음에 그는 중국으로 건너가려고 생각했다. 그러나 그 무렵 영국은 중국과 전쟁을 하고 있었기 때문에 계획은 무산되고 말았다. 그는 그 뒤 런던 전도교회에 봉사를 신청했고, 그곳의 주선으로 1840년에 아프리카에 도착했다. 다만 그의 말을 빌리면 이 아프리카 행에는 딱 한 가지 고통이 뒤따랐다. 중국행 계획에서는 그는 스스로의 힘에만 의지하려 했으나, 이번에는 런던 전도교회가 비용을 부담해주었기 때문이다.

"모든 것을 내 힘으로 헤쳐 나가며 살아온 사람이 조금이라도 남의 도움을 받는다는 것은 그리 마음 편한 일이 아니니까."

아프리카에 도착하자마자 리빙스턴은 정열적으로 일했다. 그는 남이 하던 일을 물려받는 것만으로는 만족하지 않고, 독자적인 활동영역을 넓혀 현지인의 주택 건설 같은 일에 나서기도 했다. 포교를 중심에 두고 있었던 것은 물론이다. 이 포교활동은 '방적공장에서 일하던 때처럼 피곤하고 힘들어, 밤에 공부를 할 수 없을 정도였다'고 그는 말했다.

그 뒤 베추아나 족(현재의 보츠와나 민족의 하나) 사이에서 일하게 된 리빙스턴은 운하를 파고 집을 짓고, 들판을 개간하여 가축을 기르며, 원주민에게 노동과 신앙을 가르쳤다. 어느 날 그가 베추아나 족 사람들과 첫 번째 긴 여행을 떠나려 하는데, 어쩌다가 이런 말이 귀에 들어왔다. 그것은 그의 외관과 체력에 대한 얘기였다.

"저 양반은 튼튼한 편이 아닌 것 같아. 무엇보다 몸이 너무 말랐어. 옷을 입고 있어서 건장한 것 같아 보여도, 금방 녹초가 되고 말걸."

이 말을 들은 전도사의 몸에 스코틀랜드 고지대 사람의 피가 끓어오른 것은 말할 것도 없다. 그는 여행 중의 며칠 동안, 베추아나 족이 지쳐서 이내 쓰러질 것 같아도 가차 없이 전속력으로 계속 걷게 했다. 결국 그들은 리빙스턴의 강한 지구력을 인정하지 않을 수 없었다.

아프리카에서 그가 무슨 일을 했고 어떻게 일했는지 그의 저서《선교 여행기》에 잘 나와 있는데, 이 책은 지금까지 세상에 나온 같은 종류의 책 중에서 가장 흥미로운 책이다. 만년의 리빙스턴에게는 이런 에피소드가 남아 있다. 아프리카에 갈 때 가지고 갔던 증기선 바켄헤드호가 마침내 망가지자, 리빙스턴은 본국에 대신할 배를 새로 주문했다. 약 2천 파운드의 돈이 들었는데, 그것은 여행기를 출판한 인세로 충당하기로 했다. 그러나 실은 그 돈은 아들의 재산으로 저축해 두던 돈이었다. 그 돈을 배의 건조비에 돌리도록 아들들에게 지시하는 편지 속에서, 리빙스턴은 이렇게 썼다.

"이 지출로 인한 구멍은 너희들 스스로 메워야 한다."

이 에피소드에는 그의 사람됨이 유감없이 드러나 있다.

감옥제도를 개혁한 존 하워드

존 하워드의 생애도 참을성 있는 굳은 의지의 탁월한 예를 보여주었다. 그의 숭고한 일생은 비록 육체적으로 허약한 사람일지라도 의무를 다하여 목표를 이루려 하면 어떠한 장애물도 극복할 수 있다는 것을 입증했다. 죄인들의 처우를 개선해야 한다는 집념과 열정에 사로잡혀 어떠한 고생과 위험 그리고 신체적인 고통 앞에서도 그 위대한 삶의 목표를 굽힌 적이 없었다.

천재적인 재능이 있는 것도 아니요 그저 평범한 재능을 가진 사람이었으나, 마음이 순수하고 의지가 굳었다. 그는 생전에 현저한 성공을 거두었고, 세상을 떠난 뒤에도 그 영향력이 계속 살아 있다. 오늘에 이르기까지 영국뿐만 아니라 모든 문명국의 입법 행정에 강력한 영향력을 끼쳤기 때문이다.

빈민구제에 앞장선 조나스 한웨이

조나스 한웨이는 영국을 오늘에 이르게 한, 인내와 끈기를 가졌던 수많은 사람들 중의 또 한 사람이었다. 한웨이를 비롯한 많은 이들은 오직 자기가 맡은 일에 열정을 기울이는 데 만족하고, 일을 성취하면 그들이 생애를 바쳐 향상시킨 세계를 뒤에 남길 뿐, 아무런 기념물도 없이 감사하는 마음으로 안식의 세계로 갔던 것이다.

1712년 포츠머스에서 태어난 조나스 한웨이는, 아버지가 그곳 해군 공창에서 가게를 보고 있다가 어떤 사건으로 피살되어 어린 나이에 고아가 되었다. 이리하여 어머니는 아이들을 데리고 런던으로 옮긴 뒤, 아이들을 그곳 학교에 넣어 남과 같이 공부를 시키려고 갖은 애를 다 썼다. 17세가 되자 조나스는 리스본의 한 상점에 사환으로 들어갔는데, 꼼꼼하게 일을 보고 시간을 잘 지키는 데다 철저한 정직성과 성실성으로 주변 사람들의 신임을 받게 되었다. 1743년에 런던으로 돌아와, 상트페테르부르크에서 카스피 해 무역을 시작한 지 얼마 안 된 어느 영국인 상사의 동업 제의를 수락했다.

한웨이는 사업을 확장할 목적으로 러시아로 갔는데, 이 나라의 수도에 도착한 지 얼마 안 있어 20궤짝의 영국산 면포를 싣고 페르시아로 떠났다. 아스트라칸에서 카스피 해 동남쪽에 있는 아스트라바드를 향해 출범했으나, 짐을 내리자마자 이 나라에 반란이 일어나 짐을 압수당하고 말았다. 나중에 짐을 대부분 찾기는 했으나 큰 손해를 보았다. 게다가 그와 그의 일행을 체포하려는 음모가 있어서 그는 바다로 달아나, 수많은 위태로운 고비를 넘긴 끝에 무사히 길란에 도착했다. 이때의 도피 경험에서 그는 하나의 교훈을 얻었으니, 그것이 바로 그가 평생 좌우명으로 삼았던 "결코 절망하지 말자"는 것이었다. 그 뒤 5년 동안 상트페테르부르크에서 살면서 사업을 계속 번창시켰다. 그러다가 한 친척이 그에게 얼마간의 재산을 남겼기 때문에, 1750년 러시아를 떠나 고향으로 돌아왔다. 그가 이때 영국으로 돌아온 목적은, 그의 말을 빌리면 몹시 안 좋아진 자신의 건강을 보살피고, 아직 능력이 있는 동안 남을 도와주고 싶었기 때문이라고 한다.

이후 그는 자신이 쓸 돈을 아껴가며, 많은 수입을 자선 사업에 쓰면서 조용히 살았다. 그가 공익을 위해 맨 먼저 시도한 것은 런던의 거리를 개선하는 일이었는데, 그는 상당한 성공을 거두었다. 1755년 프랑스군의 침공 소문이 파다해지자, 한웨이는 선원을 보충하는 가장 좋은 방법을 강구하기 시작했다. 런던 거래소에서 상인들과 선주들을 소집하여 조직체를 만들고, 영국 선박에서 근무할 선원 지원자와 소년들을 양성하자고 제안했다. 모두들 열광적으로 이 제안을 받아들여 즉시 선원 양성기관을 만들고 장교들을 임명했으니, 이것은 모두 한웨이의 경륜으로 이루어진 일이었다. 이것이 모체가 되어 1756년에 해군협회가 설립되었는데, 이 협회는 국가적으로 대단히 유익한 것이었다. 이 협회가 설립된 뒤 6년 동안 5,451명의 소년들과 4,787

명의 선원 지원자들이 훈련을 받고 해군에 편입되었다. 그 뒤에도 활발한 활동을 계속하여 수많은 소년들이 면밀한 교육을 받으며 해마다 주로 상선을 타고 훈련을 받았다.

한웨이는 한편으로 여가를 바쳐 런던의 중요한 공익사업을 개량하고 확립했다. 그는 일찍부터 버림받은 아이들을 돌보는 고아원에 많은 관심을 가지고 있었다. 고아원은 여러 해 전에 토머스 코람이 설립했으나, 부모들이 덮어놓고 아이들을 고아원에 맡기는 나쁜 결과를 가져왔다. 이리하여 그는 당시에 유행하던 그릇된 자선 풍조와 맞서서 이 악습을 제거할 결심을 했다. 이러한 굳은 의지로 마침내 자선 사업을 정상의 상태로 돌리는 데 성공했고, 시간이 흐르고 실제로 겪어 보니 과연 그의 생각이 옳았음이 판명되었다. 그 뒤 한웨이의 주도로 맥덜린 양육원이 설립되었다. 그러나 그가 가장 노력을 기울인 것은 교구의 가난한 유아를 위한 일이었다.

불행과 무관심 속에서 자라고 있던 그 가난한 어린이들의 사망률은 무서울 정도였다. 그러나 버려진 아이의 경우처럼, 일시적으로나마 그들의 고통을 덜어주려는 움직임조차도 없었다. 그리하여 조나스 한웨이가 발 벗고 나선 것이다. 누구의 도움도 없이 혼자서 그들을 일일이 찾아다니며 그들이 처한 상황을 조사해보았다. 런던에서 가장 가난한 사람들의 집을 조사해 보고, 런던 안팎에 있는 모든 구빈원의 관리 상황을 상세하게 확인했다. 이어서 프랑스와 네덜란드를 두루 돌아다니며 빈민들의 집을 살펴본 뒤, 영국으로 돌아와 자기가 본 것을 글로 써서 책으로 출판했다. 그 결과 많은 구빈원이 개선될 수 있었다.

1761년에는 그의 노력으로 법령이 제정되어, 런던의 각 구빈원에서 해마다 받아들이거나 내보낸 아이들, 또 사망한 유아들을 기록하게 했다. 자신이 직접 끈기 있게 돌아다니며 이 법령이 시행되도록 노력했다. 거부와 반대를 무릅쓰고 설득하면서 인간이 지닌 모든 잠재력을 발휘하였다. 아침에는 여러 군데의 구빈원을 찾아다니고, 오후에는 국회의원 한 사람과 함께 또 다른 구빈원을 돌아다녔는데, 이것을 매일같이 몇 해 동안 계속했던 것이다. 이와 같이 누구도 따를 수 없는 인내심으로 거의 10년 동안 노력하여 또 하나의 법령(조지 3세, 39장의 7)이 제정되기에 이르렀으니, 그 법령의 내용은 사망 통계표 안에 든 교구의 유아는 구빈원에서 키워서는 안 되며, 도시에서 몇 마일 떨어진 곳으로 보내어 6살이 될 때까지 3년마다 선출되는 후견인의 보호 아래 양육되어야 한다는 것이었다.

가난한 사람들은 그 법령을 '아이들을 살리는 법령'이라고 불렀는데, 그 법령이 통과된 뒤의 기록 통계를 보면, 그 전에 비하여 수천 명의 아이들의 생명이 보존된 결과를 나타냈으니, 그것은 오직 선량하고 현명한 한 사람, 즉 한웨이가 정의로운 노력을 기울였기 때문이다. 런던에서 무슨 자선 사업이 벌어졌다 하면, 거기에는 반드시 조나스 한웨이가 참여하고 있었다. 굴뚝 청소부의 아이들을 보호해주는 첫 번째 법령 가운데 하나가 그의 영향력으로 제정되기도 했다.

몬트리올과 브리지타운 그리고 바베이도스에서 큰 화재가 나자, 때를 놓치지 않고 이재민들의 구호를 위한 모금운동을 벌였다. 모든 좋은 일에서 그의 이름이 빠지는 법이 없었고, 그의 사심 없는 정의는 널리 인정을 받았다. 그는 얼마 안 되는 재산을 남들을 위해 쓰는 것을 조금도 아까워하지 않았다. 은행가인 호어를 비롯한 런던의 지도적 시민 5명이 당시의 수상 뷰트 경을 방문하여, 이 선량한 사람의 희생적인 국가 봉사에 대해 특별한 배려를 베풀어 줄 것을 시민들의 이름으로 요청했다. 그리하여 얼마 뒤 그는 해군 식량보급위원 중 한 사람으로 임명되었다.

만년에 접어들어 건강이 매우 나빠진 한웨이는 식량보급위원직을 그만두어야 했으나, 결코 가만히 앉아 게으름을 피울 사람은 아니었다. 그 당시 아직 시행 초창기에 있던 주일학교의 확립, 동전 한 푼 없이 런던 거리를 헤매고 있는 불쌍한 흑인들의 구호, 사회에서 버림받고 가난 속에 사는 사람들의 고생을 덜어주는 일 등에 많은 힘을 기울였다. 갖가지 불행을 속속들이 들여다보고 그 힘겨움을 다 알고 있었지만, 그 자신은 무척 쾌활한 사람이었다. 만일 그에게 그 쾌활함이 없었다면, 그렇게 허약한 몸을 자청해서 그처럼 많은 일을 해내지는 못했을 것이다. 그가 가장 두려워한 것은 아무 일도 안 하고 노는 것이었고, 비록 몸은 약했지만 대담하고 인내심이 강했으며, 그의 정신적인 용기는 누구도 따를 수 없었다. 사소한 것이지만, 우산을 쓰고 런던거리를 거닌 최초의 사람이 한웨이였다. 그러나 만일 현대의 런던 상인이 차양이 달린 중국식 모자를 쓰고 콘힐을 거닌다면, 사람들의 눈총을 견딜 수 있는 상당한 용기가 필요하다는 것을 알게 될 것이다. 한웨이가 30년 동안 우산을 쓰고 다니자 마침내 모든 사람들이 우산을 이용하게 되었다.

한웨이는 명예와 진실성과 성실을 엄격히 갖춘 사람이었다. 그러므로 누구나 그가 하는 말이라면 전적으로 믿을 수 있었다. 정직한 상인으로서 거의 숭배에 가까운 존경을 받았고, 정직이야말로 그가 사람들에게 가장 많이 찬사를 받은 미덕이었다. 일단 공언한 것은 반드시 실천했고, 상인으로서나 해군 식량보급위원으로서나 그 행동에 한 점의 오점도 없었다. 거래 상인에게는 어떠한 호의도 받아들이지 않았고, 식량보급위원으로 있을 때 누가 선물을 보내면 "나는 직무와 관련된 사람에게서는 어떤 선물도 받지 않고 있습니다" 하며 정중히 그 선물을 돌려주곤 했다. 점점 기운이 쇠약해지자 그는 마치 시골로 여행이라도 가는 사람처럼 밝은 마음으로 죽음에 대비했다. 그는 사람을 시켜 소매상인들에게 지불할 돈을 다 지불하고, 친구들에게는 작별 인사를 하는 등 신변을 깨끗이 정리한 뒤, 74세의 나이로 조용하고 평화롭게 세상을 떠났다. 남은 재산이 3,000파운드도 되지 않았지만 돈을 원하는 친척도 없었으므로, 그가 일생 동안 벗이 되어 도와주었던 많은 고아들과 가난한 사람들에게 나누어주었다. 조나스 한웨이의 아름다운 일생을 간단히 요약하여 소개했지만, 그처럼 정직하게 정력적으로 심혈을 기울이며 성실하게 일한 사람도 일찍이 없었을 것이다.

흑인노예 매매를 금지시킨 그랜빌 샤프

그랜빌 샤프의 생애도 인간의 힘이 위대하다는 또 하나의 모범을 보여준다. 그의 힘은 많은 고상한 봉사자들에게도 스며들어 노예제도 폐지에 힘을 기울이게 했는데, 그들 중 뛰어난 사람들은 클락슨, 윌버포스, 벅스턴 그리고 브루엄이다. 그러나 아무리 그들이 정의 추구에 있어서 훌륭했다 하더라도, 인내와 정력과 대담성에서 제 1인자이며 가장 위대한 사람은 역시 그랜빌 샤프였다.

그는 타워힐에서 생애의 첫걸음을 내딛었다. 견습기간이 끝나자 그 집에서 나와 군수국의 서기로 들어갔다. 말단직에 종사하는 동안 그는 여가를 이용하여 흑인 해방운동을 했다. 견습생활을 할 때도 그랬지만 유용한 목적을 위해서는 언제나 자발적으로 노력했다. 그는 아마포 상인의 집에서 견습생으로 있었을 때, 같은 집에 기숙하고 있던 유니테리언교도인 동료와 가끔 종교 문제를 토론하기도 했다. 그 유니테리언 청년은 그랜빌은 성경 문구를 삼위일체의 입장에서 오해하고 있으며, 그것은 그가 그리스어를 모르기 때문이라고 주장했다. 그 말을 듣고 그랜빌은 그날부터 저녁 시간에 그리스어를 공부하기 시작하여 얼마 지나지 않아 그리스어에 통달하게 되었다. 또 다른 유대인 동료와 성경의 예언서에 대해 토론하다가 같은 말을 듣고, 많은 어려움을 극복한 끝에 히브리어를 습득하기도 했다.

그러나 그가 생애를 걸고 노력하고 활동하게 된 근원은 그의 관대함과 자비심에 있었다. 민싱 레인에서 의사로 일하던 그의 형 윌리엄은 가난한 사람들에게 무료봉사를 했는데, 수많은 구호 신청자 중에 조너선 스트롱이라는 불쌍한 아프리카 사람이 있었다. 이 흑인은 당시 런던에 살고 있던, 바베이도스의 변호사인 그의 주인에게 심한 학대를 받아, 다리를 절고 눈은 거의 장님이 다 되어 일을 할 수 없는 상태였다. 몸이 그렇게 되자 주인은 그를 더 이상 쓸모없는 물건으로 단정하고 잔인하게도 굶어죽든 말든 거리로 내쫓아버렸다. 빈털터리에다 몸까지 완전히 망가진 스트롱은 구걸로 연명하다가 우연히 윌리엄 샤프의 눈에 띄게 되었다. 윌리엄은 그에게 약을 주고 세인트 바돌로뮤 병원에 입원시켜 치료를 받게 해주었다. 병원에서 퇴원하자 두 형제는 그 흑인을 거리에서 방황하지 않도록 도와주었으나, 혹시 누군가가 나타나 그 흑인의 주인이라고 주장하지 않을까 은근히 걱정도 되었다.

샤프는 그를 어느 약종상 집에 하인으로 취직시켜 주었다. 그런데 그 흑인이 그 집의 전세 마차 뒤에서 안주인의 시중을 들고 있을 때, 전 주인인 바베이도스 변호사가 이 흑인을 알아보고 이제는 건강이 회복되어 써 먹을 수 있겠다고 생각했는지 그를 데려가겠다고 주장했다. 그 변호사는 경관 두 사람을 데려와 스트롱을 체포하여 유치장에 가두고, 서인도 제도로 데려가려고 배를 기다렸다.

갇힌 몸이 된 흑인은 몇 년 전 큰 불행 속에서 자기를 구해준 그랜빌 샤프가 생각나, 자기를 이 곤경에서 구해달라고 그에게 편지를 보냈다. 스트롱이라는 이름을 잊고 있던 샤프는 사람을 보내 자세히 알아보게 했다. 그가 돌아와 보고하기를, 유치장 관리들의 말에 따르면 유치장에는 그런 사람이 없다는 것이었다. 의심스럽게 여긴 그는 자신이 직접 유치장으로 가서 조너선 스트롱을 만나게 해달라고 요청했다. 이 요청이 받아들여져 안에 들어가 보니 과연 그 불쌍한 흑인이 다시 노예로 잡혀와서 갇혀 있는 것이었다. 샤프는 자신의 위험도 무릅쓰고 유치장 책임자에게, 시장이 이 사실을 알 때까지 스트롱을 아무에게도 넘겨주지 말라고 요청한 다음, 즉각 시장에게 가서 구속 영장도 없이 스트롱을 유치시킨 사람들을 소환토록 했다.

그리하여 그 일당이 시청에 출두하게 되었는데, 조사 과정에서 알아보니 스트롱의 전 주인은 이미 스트롱을 다른 사람에게 팔아 넘겼고, 새 주인이 매도 증서를 꺼내 보이면서 이 흑인은 이제 자기 재산이라고 주장하고 있다는 것이었다. 그러나 스트롱에게 무슨 범죄혐의가 있는 것도 아니어서, 시장이 스트롱의 자유문제에 대해 법적으로 처리할 능력이 있었는지는 모르나 아무튼 그때 스트롱을 석방해 주었다. 그 흑인은 은인을 따라 법정을 나왔고, 아무도 감히 그를 건드리지 못했다. 스트롱의 주인은 즉시 샤프에게, 자기는 부당하게 빼앗긴 노예를 되찾기 위해 소송을 제기하겠다고 통고했다.

그 당시(1767년) 영국인의 개인 자유는 비록 이론적으로는 존중되고 있었지만, 현실적으로는 심각한 침해를 받으며 짓밟히고 있는 실정이었다. 수병을 마구 징발해 갔고, 이 밖에도 런던 등 영국의 큰 도시에 조직적인 유괴단이 있어서 사람들을 유괴하여 동인도 회사로 보냈다. 인도에서 노예가 필요하지 않으면 미국 식민지의 농장주들에게 보냈다. 런던과 리버풀 신문에는 공공연하게 노예를 판매하는 광고가 실렸고, 달아난 노예를 다시 붙잡아 항구에 있는 어떤 특정한 배로 보내주면 상금을 준다는 광고도 있었다.

그때 영국 노예의 지위는 애매하기 짝이 없었다. 법정에서 내린 판결은 확고한 원칙이 없이 이랬다저랬다 일정하지 않았다. 영국에는 노예가 있을 수 없다는 것이 일반적인 생각이었지만, 저명한 법조인 중에는 이 생각에 정면으로 반대의견을 표명하는 사람들도 있었다. 조너선 스트롱 사건에서 샤프가 변호를 의뢰한 변호사도 대체적으로 이런 태도였다. 조너선 스트롱의 주인의 말에 따르면, 저명한 대법관 맨스필드와 모든 지도적인 변호사들의 의견은, 노예는 일단 영국에 들어오면 자유로울 수 없으며 법에 의해 식민지로 돌려보내야 한다는 것이었다.

그랜빌에게 용기와 성의가 있었기에 망정이지, 그렇지 못한 사람이었다면 누구라도 이 말을 듣고 절망에 빠졌을 것이다. 그러나 그랜빌의 경우에는 이 말을 듣고 오히려 흑인의 자유, 적어도 영국 내의 흑인의 자유를 위해 투쟁할 결의를 더욱 굳게 다졌다. 그때의 사정을 그는 이렇게 말했다.

"변호사도 어쩔 수 없는 일이라 하니 나는 정식 법률가의 도움 없이 스스로 나 자신을 변호하기 위해 거의 절망적인 노력을 하지 않을 수 없었다. 그러나 내 생전에 성경 외의 어떤 법률책도 펼쳐본 적이 없었으므로 법률의 절차도 기초도 전혀 아는 것이 없었다. 그래서 이때부터 하는 수 없이, 서적상이 최근에 구입한 법률도서의 목록을 뒤지기 시작했다."

낮에는 군수국 사무실에서 힘든 일을 하느라 온 시간을 보냈으므로, 새로 시작한 법률 공부는 밤늦게나 새벽에 해야 했다.

"나 자신이 노예가 된 기분이었다."

그가 말했다. 그리고 한 목사 친구에게 보낸 편지에는 답장이 늦어진 이유를 이렇게 썼다.

"요사이는 제대로 편지 답장도 쓸 수 없다네. 밤에 잠을 덜 자고 아침에 일찍 일어나 조금이라도 시간을 내어서 법률 공부를 하고 있거든. 그것이 답장이 늦어진 이유가 되는 건 아니지만, 이 공부에는 참으로 근면한 연구와 조사가 필요하더군."

이후 2년 동안 샤프는 모든 여가를 바쳐 인간의 자유에 영향을 미치는 영국 법률을 세밀히 연구했다. 메마르고 혐오스러운 수많은 문헌들을 읽으며, 법령과 법정의 판결을 수집하고, 사방으로 돌아다니며 고명한 변호사들의 의견을 알아보았다.

이렇게 길고 지루한 조사를 하면서 누구의 가르침이나 도움도 받은 일이 없었고, 누구의 충고도 받은 적이 없었다. 단 한 사람의 변호사도 그가 하는 일에 찬성하는 사람이 없었다. 그러나 그의 조사결과는 매우 만족스러운 것이어서 법률에 종사하는 사람들조차 놀랄 정도였다. 그 결과를 그는 이렇게 적었다.

"하느님께 감사드리고 싶은 일이지만, 적어도 내가 조사할 수 있는 범위 안에서 보면 영국 법률에는 타인을 노예로 만드는 행위를 정당화하는 조항은 하나도 없다."

이렇게 근거가 확실해지니 거리낄 것이 아무것도 없었다. 그는 자신의 연구 결과를 요약하여 《영국에서의 노예제도 묵인의 부당성》이라는 제목으로 작은 책자를 간행했다. 그 책의 논지는 간명하고도 당당한 것이었다. 그는 이 책을 많이 찍어 자신이 직접 돌아다니면서 당시의 유명한 법조인들에게 배부했다.

스트롱의 주인은 상대방이 어떤 인물인지 알고 나서, 이런저런 구실을 만들어 소송을 지연시키다가 마침내 타협을 신청했으나 거절당했다. 그랜빌은 필사본을 계속 만들어 법조인들에게 돌렸고, 그렇게 되자 조너선 스트롱이 주인의 것이라고 주장하던 변호사들도 옴짝달싹못하게 되어, 원고는 소송취하에 따른 3배의 비용을 지불해야만 했다. 이 필사본은 1769년에 인쇄되어 나왔다. 그러는 동안에도 서인도 제도에 팔아넘길 목적으로 흑인들을 납치하는 사건이 런던 거리에서 잇따라 발생하고 있었다. 이런 사건을 포착하기만 하면 샤프는 신속하게 그 흑인을 구하기 위한 법적 조치를 취했다. 이리하여 하일라스라는 아프리카 사람의 아내가 납치되어 바베이도스로 보내졌을 때, 샤프는 하일라스의 이름으로 그 불법자를 상대로 소송을 제기한 결과, 인권 침해라는 판결을 받아내어 하일라스의 아내를 무사히 영국으로 데려올 수 있었다.

1770년에 극히 잔인성을 띤 흑인 납치사건이 발생하자, 그는 즉각 그 불법자들의 뒤를 추적하기 시작했다. 어느 캄캄한 밤, 루이스라는 아프리카 사람은 그에 대한 재산권을 주장하는 사람이 고용한 두 사공들에 의하여 납치되었다. 두 사공은 흑인을 물속에 잡아넣어 배 위로 끌어올린 다음 입에 재갈을 물리고 사지를 묶어 꼼짝 못하게 하고는, 배를 저어 자메이카로 가는 큰 배에 실었다. 자메이카에 가서 노예로 팔아넘길 작정이었던 것이다. 그러나 지나가던 사람들이 이 불쌍한 흑인의 비명소리를 듣게 되었고, 그 중 한 사람이 흑인의 구원자로 알려진 그랜빌 샤프에게 달려가 이 폭력사건을 알려주었다. 샤프는 즉각 루이스를 되찾을 영장을 발부받아 그레이브센드로 갔나, 배는 이미 다운스 섬을 향해 떠난 뒤였다. 그래서 인신보호영장을 받아 스핏헤드로 보냈고, 배가 영국 해안을 떠나기 전에 그 효력이 발생했다.

　흑인은 큰 돛대에 쇠사슬로 묶인 채 눈물을 글썽거리며 슬픈 얼굴로 자기가 이제 곧 떠나야 할 육지를 바라보고 있었다. 즉각 그를 풀어주어 영국으로 데려왔고, 폭행한 자에 대한 구속영장이 발부되었다. 샤프는 더할 나위 없이 민첩하게 손을 써서 이 사건을 해결했지만, 그래도 자신의 조치가 늦은 것을 탄식했다. 맨스필드 경이 이 사건을 취급했는데——다시 말하지만, 이 사람은 이미 그랜빌 샤프의 생각과 정반대되는 의견을 표명한 바 있었다. 그러나 판사는 그것을 문제 삼지 않고, 노예의 자유문제에 대한 법적인 견해는 표명하지 않은 채, 루이스가 명의상 피고측의 재산이라는 증거가 없다는 이유로 흑인을 석방해주었다.

　이와 같이 영국에서는 흑인의 자유문제가 아직도 결정되지 못하고 있었다. 그러나 그런 가운데서도 샤프는 꾸준하게 자선 활동을 벌이면서 불굴의 노력과 민첩한 활동으로 많은 흑인들을 구해 나갔다. 이러한 와중에 제임스 서머셋 사건이 터진다. 그런데 그 사건은 맨스필드 경과 샤프가 다 같이 그 큰 법적 문제에 분명한 결론을 내리고 싶은 생각에서 선택한 사건이라고들 한다.

　서머셋은 주인이 영국으로 데려왔는데, 영국에 와서 버림을 받고 주인의 집을 떠났다. 그리고 얼마 뒤 주인이 다시 잡아 자메이카로 팔아버렸다. 이리하여 또 샤프가 나서서 이 문제를 해결하기 위해 서머셋을 변호해줄 변호사까지 고용했다. 맨스필드 경은 이 문제는 많은 사람들이 관심을 가지고 있는 문제인 만큼 이번 기회에 모든 법조인들의 의견을 모아보겠다고 선언하고 나섰다. 샤프는 지금이야말로 자신에 대한 모든 반대 세력과 맞서 싸워야 할 때임을 느꼈지만, 그의 결의는 조금도 흔들리지 않았다. 다행히 이 심각한 대결에서 그의 지난날의 분투가 효과를 나타내기 시작했다. 일반 국민들이 이 문제에 많은 관심을 기울였고, 저명한 법조인들이 그의 편에 서서 돕겠다고 선언했다.

　기로에 선 개인의 자유에 대한 문제가 이제 맨스필드 경과 세 사람의 판사들에 의해 공정한 판결을 받게 된 것이다. 이 문제는 법률에 의해 박탈되는 경우를 제외하고 영국 헌법이 정한 기본적 자유인권이라는 넓은 견지에서 판가름을 받게 되었던 것이다. 여기서 이 큰 재판의 자세한 내용을 설명하는 것은 필요하지 않은 일이다. 광범위한 논의가 벌어져 몇 번씩 휴정과 개정을 거듭한 끝에 맨스필드 경이 판결을 내리게 되었다. 그러나 강경한 의견은 점차 바뀌어 그랜빌 샤프의 주장 편으로 기울어지게 되었다.

마침내 맨스필드는, 관여한 판사들의 의견이 분명히 하나로 일치했으므로, 이 사건을 판결하기 전에 다른 12명의 판사들의 의견을 물을 필요는 없다고 선언했다. 노예에 대한 재산권은 인정할 수 없으며, 지금까지 일반이 주장하던 재산권은 영국에서 있던 것이 아니고 법적 근거가 없는 것이므로 제임스 서머셋을 석방한다는 판결이었다. 이 판결로 그랜빌 샤프는 그때까지 리버풀과 런던에서 공공연하게 거래되던 노예 매매를 사실상 폐지시킨 셈이 되었다. 그는 또한 영광스러운 원칙 하나를 확립하였으니, 그 원칙은 어떤 노예도 일단 영국 땅에 발을 내딛는 순간부터 자유의 몸이 된다는 것이었다. 맨스필드 경이 위대한 결정을 내린 것은, 자신의 주장을 관철하기 위해 처음부터 끝까지 변치 않고 버틴 샤프의 굳은 결단력과 용기 있는 자세에서 비롯되었음은 의심할 여지가 없다.

그랜빌 샤프의 그 이후의 생애를 알아보는 것은 의미가 없는 일일 것이다. 그러나 그는 계속해서 꾸준히 모든 좋은 일에 노력을 기울였다. 구출된 흑인들이 살 수 있도록 시에라리온에 집단 부락을 설립하는 데 큰 역할을 하고, 미국 식민지의 원주민인 인디언들의 생활 조건을 개선해 주려고 애썼다. 영국민의 정치 참여 권리를 확대하기 위해 국민의 여론을 일으키고, 선원들의 징발 폐지를 위해서도 노력했다. 샤프는 영국의 선원들도 아프리카 흑인들과 마찬가지로 법의 보호를 받을 권리가 있으며, 선원을 직업으로 택했다고 해서 결코 영국 사람으로서의 권리와 특권——그는 이 중에서도 인간의 자유를 가장 중요한 것이라고 여겼다——이 박탈되는 것이 아니라고 주장했다. 샤프는 또한 영국과 미국식민지 사람들 사이의 우호적인 관계를 되찾고자 노력했으나 아무런 성과가 없었다. 이리하여 형제간의 싸움인 미국 독립전쟁이 일어나자, 너무나도 양심적인 그는 이러한 도리에 어긋난 전쟁에는 조금도 관여하고 싶지 않아서 군수국을 그만두었다.

마지막 순간까지 그는 생애의 위대한 목표, 즉 노예제도의 폐지를 고수했다. 이러한 사명을 완수하는 동시에 점점 수가 늘어가는 동지들을 조직화하기 위해 노예제도 폐지협회를 창설하자, 샤프의 모범과 열성에 감동된 새로운 사람들이 궐기하여 이에 참여했다. 그의 정력이 그들의 정력이 되고, 그가 그토록 오랫동안 혼자서 애써오며 보여준 희생적인 열성이 마침내 온 국민의 열성으로 변했다. 클락슨, 윌버포스, 브루엄 그리고 벅스턴 같은 사람들이 그의 영향을 받아 같은 정력과 굳은 의지로 노력을 기울인 결과, 영국의 전역에서 노예제도가 폐지되기에 이르렀다. 그러나 비록 이러한 사람들의 노력으로 그 위대한 명분이 마침내 승리를 얻게 된 것이라고 흔히들 말하지만, 그 원천적인 공적은 말할 것도 없이 그랜빌 샤프에게 돌아가야 한다.

그가 맨 처음 이 운동에 뛰어들었을 때는 누구 하나 만세를 외치며 격려해 주는 사람이 없었다. 가장 유능한 변호사들과 당시의 뿌리 깊은 편견이 반대하는 가운데 그는 완전히 외톨이였고, 자기 돈을 써 가면서 혼자 있는 힘을 다해 끝까지 싸워 승리한 것이니, 그것이야말로 영국의 국체 보존과 영국민의 자유를 위한 지극히 중요한 투쟁으로서 현대 역사에 기록될 만한 일이다. 이후의 성과는 오직 그가 끈질기게 노력한 결과였다. 샤프가 횃불에 불을 붙였고, 그 횃불로 많은 사람들의 마음에 불이 붙었고, 그것이 전파되어 온 국민이 밝은 빛을 보게 된 것이다.

노예해방에 열성을 다한 클락슨

그랜빌 샤프가 세상을 떠나기 전에 클락슨도 이미 흑인 노예제도 문제에 주의를 기울이고 있었다. 그는 심지어 이 문제를 대학 논문의 주제로 택하기도 하면서, 너무나도 이 문제에 사로잡힌 나머지 거기서 잠시도 떠나지 못하고 있었다. 어느 날, 그는 허트포드셔의 방앗간 근처에서 말을 내려 울적한 기분으로 길가 잔디밭에 앉아 생각에 잠긴다. 그때 서광처럼 그의 마음을 밝혀 준 한 가지 결심은 노예제 폐지를 위해 헌신하겠다는 것이었다. 자신의 라틴어 논문을 영어로 번역하여 거기에 새로운 예증을 더 넣어 출판했다. 동지들이 차츰 그의 주변에 모였고, 노예매매 폐지협회가 이미 설립되었다는 얘기를 듣고 즉시 협회에 가입했다. 그는 또 출세에 대한 야망을 버리고 그 사명을 이루기로 했다. 윌버포스는 의회에서 이 운동을 주도하기로 하고, 노예매매 폐지를 추진하는 데 필요한 많은 증거를 수집하고 정리하는 책임을 주로 클락슨에게 맡겼다.

탐정과 같은 끈기를 지닌 클락슨에게 흥미로운 일화가 있다. 노예제도를 선동하는 자들은 이 제도를 지지하면서, 싸움에서 포로가 된 흑인들만 노예로 팔리는 것이며, 그렇게 노예로 팔리지 않으면 그들의 나라에서 오히려 더 무서운 처지에 빠지게 된다고 말했다. 클락슨은 노예매매업자들이 노예를 잡으러 다니는 것을 알고 있었으나, 그것을 증언해 줄 증인이 없었다.

어디서 증인을 구할 수 있을까? 그런데 우연히 여행 중에 만난 한 신사가 약 1년 전에 함께 있었다는 젊은 선원 이야기를 해 주었는데, 그 선원이 노예를 잡으러 다니는 일에 직접 참여했다는 것이었다. 신사는 그 선원의 이름은 모르고 그의 인상만 막연하게 알려 줄 뿐이었다. 그가 보통 군함에 근무하는 수병이라는 것만 알 뿐, 어느 항구에 있는지는 알지 못했다. 막연한 이야기지만, 클락슨은 그 선원을 증인으로 세울 결심을 했다. 항구 도시들을 찾아다니며 여기저기 수소문해 봤지만 아무 성과도 거둘 수 없었다. 그러다 마지막 항구의 바로 마지막 배에서 그 선원을 찾아낼 수 있었다. 그 젊은이가 결국 그의 가장 귀중하고도 효과적인 증인이 된 것이다.

몇 해 동안 클락슨은 증거를 찾기 위해 400명이 넘는 사람들과 편지를 주고받으며 3만 5,000마일 이상을 여행했다. 계속되는 분투로 그는 결국 병에 걸려 몸을 마음대로 움직이지 못할 정도로 쇠약해졌다. 그러나 그는 일선에서 물러나지 않고 여전히 열성을 다해 대중의 의식을 일깨우고 노예를 위해 모든 선량한 사람들의 열렬한 공감을 불러일으켰다.

벅스턴의 독서법과 그 명언

노예제도에 대한 다툼이 몇 년 더 이어진 뒤에야 노예매매가 폐지되었다. 이보다 더 큰 업적은 영국이 식민지 지배 체제에 있을 때 노예제도가 폐지되었다는 것이다. 영국 본국 및 그 식민지에서의 노예제도 폐지운동은 수많은 사람들의 정력 넘치는 헌신적인 활동에 의해 지탱된 것이다. 그 중에서도 대영제국의 구석구석까지 노예제도를 철저히 폐지하는 대사업을 해낸 인물로 하원의원 파월 벅스턴이 유명하다.

어릴 때의 벅스턴은 서투르고 아둔한 아이였다. 또 유달리 고집이 세었는데, 그 기질은 처음에는 거친 행동이나 외고집을 부리는 태도로 나타났다. 일찍 아버지를 여의었지만 다행히 현명한 어머니 밑에서 자랐다. 그녀는 주의 깊게 아들의 의지력을 단련시키며, 어느 정도 부모에 대한 복종을 강요했지만, 아들에게 맡겨도 안심할 수 있는 것은 아들의 몫으로 남겨 놓았다. 가치 있는 목적을 향하여 노력을 기울이는 강한 자아를 적절히 지도하면 인간으로서 귀중한 자질이 될 수 있다고 어머니는 믿었고, 그 생각에 따라 아들을 키웠다. 그래서 남들이 아들의 고집에 대해 지적해도, 그녀는 이렇게 대답할 뿐이었다.

"걱정 마세요. 지금 저 아이는 고집이 센 아이일 뿐이지만, 곧 훌륭한 사람이 될 거예요."

벅스턴은 학교에서는 공부를 전혀 하지 않는 열등생에다 게으름뱅이로 낙인찍혔다. 숙제는 친구에게 맡기고, 자기는 여기저기 돌아다니며 노는 골목대장이었다.

15살에 학교를 졸업하고 집으로 돌아간 그는 한창 성장기에 있는 버릇없는 젊은이로, 보트타기와 사냥, 승마 같은 야외스포츠 외에는 아무 데도 흥미를 보이지 않았다. 그리고 하루의 대부분을 사냥터 관리인 남자와 함께 보냈다. 그 남자는 선량한 성품에 인생과 자연에 대한 날카로운 관찰안을 가지고 있었는데, 애석하게도 글을 전혀 읽을 줄 몰랐다.

당시의 그는 좋은 인품을 기르느냐, 아니면 나쁜 습관에 물드느냐 하는 중요한 시기에 접어들고 있었다. 그 인생의 기로에서, 그는 운 좋게도 거니 집안과 교제를 하게 된다. 거니 집안은 사회적 지위도 높고, 교양이 풍부하고 박애심도 풍부한 명문가였다.

나중에 벅스턴 자신이 말한 것처럼, 거니 집안과의 교제는 그의 인생에 장밋빛 사건이었다. 거니 집안은 그에게 교양을 높일 것을 강력하게 권했다. 그 덕분에 그는 더블린 대학에 입학하여 우수한 성적으로 졸업하게 된다. 그래서 졸업할 때 그는 이렇게 말했을 정도다.

"제가 좋은 성적을 거둘 수 있었던 것은 거니 집안사람들 덕분입니다. 상장을 가지고 돌아가서 그들에게 보여주고 싶어요."

이윽고 벅스턴은 거니 집안의 딸과 결혼한 뒤, 런던에서 숙부가 경영하고 있는 맥주회사의 직원으로 새로운 인생의 첫걸음을 내딛었다.

어린 시절의 다루기 힘들던 고집은, 점차 강한 의지력으로서 그의 성격의 중추를 형성하여, 그 덕분에 무슨 일이든 지칠 줄 모르고 정력적으로 꾸준히 해낼 수 있었다. 그는 일을 할 때 전력을 기울였다. 키가 거의 2m나 되어 '코끼리 벅스턴'으로 불렸을 정도이지만, 활력과 추진력에서는 남에게 뒤지지 않았다.

그는 이렇게 말했다.

"먼저 1시간은 맥주 제조 일을 하고, 다음 1시간은 수학 공부, 또 1시간은 사냥을 했어요. 그 어느 것도 소홀히 하지 않았지요."

맥주회사의 공동경영자로 승진한 그는, 곧 유능한 매니저로서의 수완을 발휘했다. 아무리 규모가 큰 거래라도 세부에 이르기까지 세심하게 지휘했다. 그 덕분에 회사는 몰라볼 정도로 번창했다. 물론 벅스턴은 정신수양도 게을리 하지 않았고 밤에는 학문에 매진했다.

"책을 들었으면 반드시 끝까지 읽어라."

"내용을 완전히 마스터할 때까지는 그 책을 독파했다고 생각해서는 안 된다."

"정신을 집중하여 모든 항목을 배워라."

이것들이 독서에 대한 그의 격언이다.

불과 32살에 하원의원에 선출된 벅스턴은 영국 식민지 노예의 완전해방에 전념하기 시작했다. 그가 노예해방운동에 일찍부터 흥미를 보인 것은 프리실라 거니라는 여성의 영향이었다. 프리실라는 총명하고 따뜻한 마음씨를 지닌 미덕에 넘치는 여성이었다.

1821년 죽음의 병상에 누워 있던 그녀는, 벅스턴을 몇 번이나 불러 '노예해방사업을 그의 인생의 목표로 삼기 바란다'고 간절히 부탁했다. 임종하는 순간에도 다시 한번 그 말을 하려다가 다하지 못하고 그대로 숨을 거두었다고 한다.

벅스턴은 그녀의 말을 잊지 않았다. 그리고 자신의 딸을 그녀의 이름을 따서 프리실라라고 불렀다. 딸 프리실라가 결혼한 1834년 8월 1일은 영국에서의 노예해방의 날이기도 하다. 그날 딸이 남편과 함께 집을 떠나는 것을 전송한 뒤, 벅스턴은 친구에게 보낸 편지에 이렇게 썼다.

"신부는 방금 집을 떠났네. 모든 일이 다 잘 됐어. 이제 영국의 식민지에는 단 한 명의 노예도 남지 않았네."

벅스턴은 결코 천재는 아니었다. 또 영도력 있는 지도자도 발견자도 아니었다. 그러나 꾸준하고 정직하며 의지가 강하고 활력이 넘치는 남자였던 것은 분명하다. 그의 인격은 다음과 같은 그의 말 속에 충분히 나타나 있다. 그것은 청년이라면 누구나 마음에 새겨둘 만한 지당한 말이다.

"나이가 들수록 더욱 확신을 가지고 말할 수 있는 것이 있다. 강자와 약자의 차이, 위인과 평범한 인간의 차이는 그 인간에게 왕성한 활력과 불굴의 의지가 있느냐에 달려 있다. 한 번 목표를 정하면 나머지는 승리나 죽음, 둘 중의 하나뿐이다──이렇게 단호하게 마음먹는 결의가 중요하다. 왕성한 활력과 불굴의 의지만 있으면 이 세상에 불가능한 것이란 아무것도 없다. 반대로 그것이 결여되어 있으면, 아무리 재능과 환경과 기회가 주어져도, 두 발로 걷는 동물의 영역에서 벗어나지 못하고, 진정한 인간이 될 수 없을 것이다."

9 사업가
살아간다는 모든 것이 비지니스이다

그대는 자기 일에 부지런한 사람을 보았는가? 그런 사람은 왕 앞에서도 부끄러울 것이 없다.
솔로몬의 잠언

자기 일을 처리하지 못하는 자가 바로 비천한 자이다.
오웬 펠덤

사업은 마음이 넓은 사람이 하는 것이다

해즐릿은 자신의 산뜻한 수필 중 하나에 사업가를, 마차를 타고 가는 따분한 사람으로 표현하면서, 그가 할 일은 이미 다져진 바퀴 자국을 그대로 따라가기만 하는 것이라고 주장했다. 그는 《사고와 행동에 대하여》라는 글에서 이렇게 말했다.

"비즈니스에서 성공하는 데 중요한 요건은 가장 좁은 범위에서 관세와 수익을 단 한 푼까지 철저하게 따지는 것이며, 상상력이나 그 밖의 다른 생각은 필요하지 않다."

사실 이렇게 일방적이고 그릇된 정의는 없을 것이다. 과학자, 문학가, 입법자들 중에 마음이 좁은 사람들이 있는 것처럼, 물론 사업가들 중에도 마음이 좁은 사람들이 있을 수 있다. 그러나 아량이 넓고 스케일이 커서 활동 범위가 매우 넓은 사람들도 있다. 버크가 인도 법안 제안 연설에서 말한 것처럼, 행상이나 다름없는 정치인이 있는가 하면 정치가처럼 스케일이 큰 상인들도 있는 것이다.

중요한 사업을 성공적으로 추진하는 데 필요한 요건을 들어 보면, 특수한 적성, 위급에 대처할 수 있는 민첩한 행동, 수많은 사람들의 노력을 조직화

할 수 있는 능력, 인간의 본성에 대한 뛰어난 통찰력, 꾸준한 자기 수양, 그리고 실제적인 경험 등이 있는데, 사업이라는 분야는 몇몇 작가들이 우리에게 그렇게 믿기를 바라는 것처럼 결코 좁은 것이 아니다.

헬프스의 다음과 같은 말은 훨씬 더 진리에 가깝다.

"완벽한 사업가는 위대한 시인만큼이나 희귀하며, 어쩌면 진정한 성인과 순교자들보다 더 귀할 것이다."

사실 다른 모든 일보다 사업에 대해 우리는 분명히 이렇게 말할 수 있다.

"일이 인간을 만든다."

직업의 귀천은 인품과는 상관없다

그러나 어리석은 사람들은 흔히 그릇된 생각을 하고 있으니, 천재는 사업에 부적당하므로 사업은 천재들이 하는 일이 아니라는 것이다. 자신이 '식료품 상인의 아들로 태어나 식료품 상인이 될 수밖에 없는 처지'를 비관하여 자살한 가여운 청년이 있다. 그런 행동으로 미루어 보건대, 이 청년은 식료품 상인으로서의 품위도 지킬 수 없는 위인이었음을 알 수 있다.

직업이 사람의 품격을 떨어뜨린 게 아니라, 사람이 직업의 품격을 떨어뜨린 것이기 때문이다. 노동을 해서 벌든 머리를 써서 벌든, 정직한 소득을 얻게 해주는 일은 모두 명예로운 것이다. 손가락은 더러워질지 모르나 마음은 순결한 그대로이다. 모독이 되는 것은 물질이 아니라 도덕적인 더러움이기 때문이다. 즉 숯검정보다는 탐욕이, 그리고 녹청(綠靑)보다는 악덕이 문제이다.

생업을 위한 일을 하면서 문학에서도 이름을 빛낸 사람

예로부터 위인이라 불리는 사람들은, 고귀한 목표를 추구하면서도 생계를 유지하기 위해 하는 정직하고 유익한 일을 결코 부끄럽게 여기지 않았다. 그리스 7현인의 첫 번째로 일컬어지는 탈레스와 아테네의 제 2건설자인 솔론 그리고 수학자 하이페라테스는 모두 상인이었다. 지혜가 뛰어나다는 이유로

신으로까지 숭배되었던 플라톤도, 기름을 팔아 번 돈으로 이집트로 가는 여비를 마련했다. 또 철학자 스피노자는 렌즈를 가공하여 생활비를 벌면서 철학 탐구를 계속했고, 대식물학자 린네는 구두를 만들면서 한편으로 학문에 힘썼다.

셰익스피어는 극장 지배인으로서도 성공을 거두었다. 그는 희곡과 시를 쓰는 재능보다 매니저로서의 실무적 수완을 오히려 자랑으로 여겼을지도 모른다. 시인 포프의 말에 따르면, 셰익스피어의 문학수업의 가장 큰 목표는 정당하게 독립심을 키우는 것이었다고 한다. 실제로 그는 문학적인 명성에는 전혀 관심이 없었던 것 같다. 그가 희곡 발표를 직접 이렇게 저렇게 지시했다거나, 작품 출판을 스스로 허가했다는 얘기는 들은 적이 없다. 그래서 그의 작품이 쓰인 연대는 지금도 수수께끼에 싸여 있다. 확실하게 알려져 있는 것은, 극장 경영 사업으로 큰 재산을 모았다는 사실이다. 이 성공 덕분에 고향 스트랫퍼드 어폰 에이번에서의 안락한 은거생활이 가능했던 것이다.

초서는 젊은 시절에는 군인으로 있다가 나중에 유능한 관세 판무관과 살림 및 왕실 소유령의 감독관이 되었다. 스펜서는 아일랜드 부총독의 비서를 거쳐 코크의 치안관이 되었는데, 민첩하고 주의 깊은 일솜씨를 보였다고 한다. 시인 밀턴도 처음에는 학교 교사였으나, 나중에 잉글랜드 공화국 당시 국무위원의 지위에 올랐다. 오늘날까지 남아있는 당시의 공문서나 밀턴 자신의 수많은 편지에서도 알 수 있듯이, 그는 그 직무를 다하기 위해 열심히 일하여 유익한 성과를 올렸다.

대과학자 아이작 뉴턴도 한편으로는 유능한 조폐국장이었다. 1694년 영국에서 새로운 화폐가 주조되었는데, 그것을 직접 지휘하고 감독한 것이 바로 그였다. 시인 쿠퍼는 "시인으로서 나만큼 모든 일에 꼼꼼한 사람은 없을 것이다"라고 말하며, 자신의 정확하고 빈틈없는 성격을 자랑으로 여겼다. 이에 비해 워즈워스와 스콧——워즈워스는 인지(印紙)를 분배하는 일을 하고 스콧은 법정의 서기 일을 보았다——의 생애를 예로 들면, 두 사람 다 위대한 시인이지만 일 처리에서 남달리 엄격하고 실무적이었다. 경제학자 데이빗 리카도는 런던에서 증권 중개일을 통해 상당한 부를 쌓고, 좋아하는 연구에도 전념했다. 매일 사업 때문에 바쁜 가운데서도 자기가 좋아하는 연구과제——이 연구는 그에게 큰 명예를 주었다——인 정치경제의 원리 연구에 정신을 집중시킬 수 있었다. 그는 현명한 상인으로서의 소질과 심오한 학문 연구자로서의 재능을 겸비하고 있었던 것이다. 이윽고 그는 정통파 경제학의 원리를 확립하기에 이르는데, 이것도 현명한 상인과 박식한 학자, 양쪽의 자질을 스스로 통합하여 발전시킬 수 있었기 때문이다. 유명한 천문학자인 베일리도 주식 중개인이었고, 화학자 알렌은 견직물 생산업자였다.

최고의 지성과 일상의 의무 수행을 양립시킨 예

오늘날에도 최고의 지성이 활동적이고 능률적인 일상의 의무 수행과 양립할 수 있다는 예증은 얼마든지 있다. 위대한 그리스 역사가 그로트는 런던의 은행가였다. 당대 최고의 사상가의 한 사람이었던 존 스튜어트 밀은 동인도 회사의 심사부에서 근무했을 때 직원들의 찬사와 존경을 한몸에 받았는데, 그것은 그의 철학 식견이 뛰어나서가 아니라 그가 근무 중에 보여준 높은 능률과 극히 만족스러운 일솜씨 때문이었다.

수고를 통해 얻는 쾌락

사업에서 성공에 이르는 길은, 동시에 상식을 터득하는 길이기도 하다. 여기서도 지식의 획득이나 과학연구와 마찬가지로, 끈기 있는 노력과 근면이 반드시 필요하다. 그리스의 옛 격언에 이런 말이 있다. "어떤 직업에서든 성공하기 위해서는 다음의 세 가지가 있어야 한다. 그것은 천성과 공부, 그리고 실천이다." 비즈니스에서는 머리를 사용하여 열심히 실천하는 것이 성공의 비결이다. 때로는 요행수가 들어맞기도 하지만 그것은 도박에서 번 불로소득처럼 인간을 현혹하고 파멸시킬 뿐이다.

베이컨은 때때로 비즈니스를 길에 비유하여 이렇게 말했다.

"거리가 가장 짧은 지름길은 대부분 가장 나쁜 길이다. 그러므로 가장 좋은 길을 가고 싶으면 조금이나마 길을 돌아가지 않으면 안 된다."

길을 돌아가는 여행은 분명히 시간도 더 많이 걸린다. 그러나 고생 끝에 큰 성과를 얻으면, 그때는 진정한 기쁨을 얻을 수 있다. 아무리 평범하고 하찮은 일이라도 정해진 일을 착실하게 처리해 나가면, 나머지 인생은 그만큼 더 멋진 것이 된다.

멜번 경의 편지
불사의 몸이 되기 위해 12공업(功業)에 도전한 헤라클레스의 우화는 모든 인간들의 행동의 본보기이다. 특히 젊은이는, 인생의 행복과 번영이 타인의 도움이나 지원이 아니라 자기 자신의 힘에 의해 쟁취된다는 것을 똑똑히 자각하지 않으면 안 된다. 시인 무어가 존 러셀을 통해 멜번에게 아들을 도와달라고 부탁했을 때의 얘기이다. 멜번은 러셀에게 보낸 답장에서 참으로 유익한 충고를 하고 있다.

"친애하는 존에게. 무어 씨의 편지는 돌려주겠네. 남을 도와줄 만한 재력은 있으니 나도 자네의 부탁을 들어주는 데 인색해야 할 이유는 없어. 하지만 내가 도움을 주어야 한다면 무어 씨 본인을 돕는 것이 이치에 맞는다고 나는 생각하네. 그의 아들 같은 젊은이에게 조금이라도 도움을 준다는 것은 아무리 생각해도 옳은 방법이 아닌 것 같아. 오히려 그 젊은이에게 그릇된 생각만 심어주게 될 것일세. 실제보다 많은 것을 가지고 있다고 생각하면, 젊은이는 틀림없이 노력을 하지 않을 것이네. 그래서 그들에게는 이러한 조언을 하는 것으로 충분할 걸세. '자신의 길은 스스로 개척하라. 굶주리든 굶주리지 않든, 모든 것은 자기 자신의 노력에 달려 있다' —— 내가 하는 말을 믿어주게……"

맨몸에서 의욕이
머리를 움직여서 열심히 노력하면, 반드시 거기에 합당한 성과가 나타난다. 근면은 인간을 전진시키고 개성을 이끌어내며 타인의 행동도 자극한다. 모든 사람이 똑같이 입신출세할 수 있는 것은 아니지만, 전체적으로 사람은 각자의 노력에 따라 향상하게 마련이다. 이탈리아 토스카나 지방의 속담처럼, "모든 사람이 광장에서 살 수 있는 것은 아니지만, 햇빛은 모든 사람들을 공평하게 비춘다."

일반적으로 말해, 너무 평탄하고 순조로운 인생은 인간을 못 쓰게 만든다. 무엇 하나 부족한 것이 없고 살아가는 데 어려움이 없는 생활보다, 필요에 쫓겨 열심히 일하며 검소한 생활을 하는 것이 더 바람직하다. 상당히 어려운 처지에서 맨몸으로 시작하는 인생일수록 노동의욕이 솟아난다. 그런 의미에서 빈곤은 인생에서 성공의 필수조건의 하나라고 할 수 있다. 법조계에서 성공한 비결에 대한 질문을 받은 한 저명한 판사는 다음과 같이 대답했다.

"뛰어난 재능 덕분에 성공한 자가 있는가 하면, 연줄이나 그야말로 신기한 운명에 의해 성공한 자도 있다. 그러나 대다수는 아무것도 가진 것이 없는 처지에서 필사적으로 노력하여 오늘의 지위에 오른 사람들이다."

어느 건축가의 미담

어느 실력 있는 건축가에 대해 이런 얘기가 전해지고 있다. 그 사람은 오랫동안 건축 공부를 하여 실력을 키우고 여러 나라를 여행하며 견문을 넓힌 뒤, 귀국하여 일을 시작하려 했다. 그는 일거리만 구할 수 있다면 무슨 일이든 하겠다고 결심하고 있었다. 맨 처음 맡은 것은 폐가를 수리하는 일이었는데, 그것은 건축업 중에서 가장 하찮은 일로 치는 것이었고 금전적인 면에서도 수지가 맞지 않는 일이었다. 그러나 분별심이 있는 그는 결코 분수에 넘치는 것을 바라지 않았다. 그는 이렇게 결심했다.

"아무튼 제대로 된 직장을 얻었으니 열심히 일해서 언젠가 가장 멋진 일을 할 수 있도록 노력하자."

무더운 7월의 어느 날, 그는 한 채의 낡은 집 지붕 위에 올라가 일을 하고 있었다. 그때 마침 친구가 지나가는 것이 보여, 그는 이마의 땀을 손으로 훔치면서 지붕위에서 소리쳤다.

"그리스 전역을 둘러보고 다녔던 내가 이런 일을 하다니, 참 한심한 꼴 아닌가!"

그러나 그는 아무리 하찮은 일이라도 소홀히 하지 않고 훌륭하게 해냈다. 그렇게 끈기 있게 열심히 일하면서, 서서히 더욱 좋은 일감으로 옮겨갔다.

그리하여 그는 이윽고 초일류 건축가의 대열에 들어서게 되었다고 한다.

노력이 없으면 희망도 없다

실제로 노력은 개인의 진보와 한 나라의 문명에 발전의 근간을 이루고 있다. 노력하지 않아도 어떤 소망을 이룰 수 있다면, 사람은 아무것도 바라지 않고 그것을 얻으려고 필사적으로 노력하지 않을 것이다. 그것은 저주해야 할 최악의 삶이다. 인생에 한 가지 목적도, 행동의 필요성도 없는 것은, 적어도 이성이 있는 인간이라면 생각만 해도 견딜 수 없는 고통이다.

라마르틴

오라스 비어 경의 형이 죽었을 때 스피노자 후작이 사인을 묻자, 비어는 이렇게 대답했다.

"형님이 죽은 것은 아무것도 할 일이 없었기 때문입니다."

그러자 후작이 말했다.

"안됐군요. 아무 일도 하지 않으면, 아무리 유능한 장군도 몸을 해치게 마련이지요."

일의 성패에는 반드시 이유가 있다

인생에 좌절한 사람은 흔히 자신을 운 나쁜 피해자로 간주하고, 자신의 불행을 모두 타인 탓으로 돌린다. 예를 들면 한 고명한 작가는 저서 속에서 자신이 지금까지 수많은 사업에 실패한 것에 대해 얘기했는데, 그는 그 이유로 자신이 손득계산에 완전히 무지했던 점을 솔직하게 인정하면서도, 결국은 좌절의 진정한 원인을 당시의 황금만능주의 풍조에 전가하고 있었다.

프랑스의 뛰어난 저술가 라마르틴도 주저하지 않고 산수에 대한 멸시를 공언했다. 그러나 그가 산수를 그렇게 멸시하지 않았더라면, 우리는 이 뛰어난 사람을 숭배하는 사람들이 만년에 그를 부양하기 위해 모금을 하는 따위

워싱턴 어빙

의 보기 흉한 꼴은 보지 않아도 되었을 것이다.

스스로 불행하다고 한탄하는 세상 사람의 어리석음과 존슨의 명언

또 자신이 불행한 운명을 타고 태어났다고 생각하는 사람도 있다. 그들은 자신에게는 아무 잘못이 없는데 세상이 언제나 이쪽의 생각과는 반대방향으로 돌아가고 있다고 믿고 있다. 그러한 사람들 중에는, "내가 모자장수가 된다 해도, 그 때는 세상 사람들이 모두 머리 없이 태어날 테니까 어차피 성공할 리가 없다"며 미리 포기하는 자들도 있다. 그러나 러시아 속담에 따르면 '불행한 자와 어리석은 자는 이웃사촌'이라고 한다. 언제나 자신의 불행을 한탄만 하는 사람들은, 대부분 자신의 게으름과 부주의, 무분별함, 그리고 노력부족에 대한 대가를 치를 뿐이다.

존슨 박사가 런던에 갔을 때, 주머니 속에는 겨우 1기니짜리 동전 하나밖에 없었다고 한다. 어떤 귀족에게 보낸 편지에도 자신의 이름 대신 '굶주리는 인간'이라고 서명했을 정도였다. 그러나 그는 다음과 같이 분명하게 지적하고 있다.

"세상을 향해 이러니저러니 불평불만을 터뜨리는 것은 커다란 잘못이다. 어딘가 장점이 있는 인간이라면 언제까지나 무시만 당할 리가 없다. 성공을 붙잡지 못하는 사람은 대부분 그 사람 본인에게 원인이 있다."

워싱턴 어빙, 짖는 개의 비유

미국의 작가 워싱턴 어빙도 존슨 박사와 같은 생각을 가지고 다음과 같이 말했다.

"인간들 중에는 한두 가지 장점으로는 아무도 상대해주지 않는다고 억지 주장을 하는 사람들이 있는데, 그것은 완전히 틀린 생각이다. 그런 사람들은 대부분 자신의 게으른 습관과 우유부단한 태도는 생각하지 않고, 성공하지 못한 것을 세상 탓으로 돌리고 싶어하는 것뿐이다. 물론 인간의 장점도 천차만별이어서 그 대부분은 어중간하고 하찮은 것일 수도 있다.

그러나 정말로 잘 다듬어진 뛰어난 장점을 가지고 있고, 그것을 유감없이 발휘하는 사람이라면 세상이 놓칠 리가 없다. 다만 아무리 장점이 있어도, 집안에 틀어박혀서 기회가 찾아오기만 마냥 기다리기만 해서는 얘기가 되지 않는다. 억지가 강하고 뻔뻔스러운 사람은 성공하기 쉽지만, 재능이 있어도 내성적인 사람은 아무도 돌아보지 않는다는 얘기도 흔히 듣는다. 이것도 터무니없는 얘기가 아니다. 억지가 강한 사람은 재빨리 행동할 수 있는 귀한 자질을 갖추고 있다. 이것이 없으면 아무리 뛰어난 장점을 가지고 있어도 발휘하지 못하고 썩힐 뿐이다. 짖는 개가 잠자고 있는 사자보다 쓸모가 있는 경우가 많다."

6가지의 자질 및 작은 것을 소홀히 해서는 안 된다

어떤 비즈니스에도, 그것을 효율적으로 운영하는 데 반드시 있어야 할 자질이 6가지 있다. 그것은 주의력, 근면성, 정확성, 체계성, 철저한 시간관념 그리고 신속성이다.

이 6가지 자질은 얼핏 하찮은 것처럼 생각되기 쉽지만, 실제로는 인간이 세상에 뭔가 보탬이 되고 행복과 번영을 얻는 데 지극히 중요한 의미를 가지고 있다. 이 6가지는 분명히 사소한 사항이지만, 인간의 생활은 본디 비교적 사소한 사항들로 성립되어 있다. 자잘한 행동의 반복이 인격을 구성할 뿐만 아니라 국민성을 결정짓는다. 타락한 인간과 쇠퇴한 국가에서는 거의 어김없이 사소한 사항을 무시한 흔적을 볼 수 있다. 사람은 누구나 각자에 따른 의무가 있다. 그러므로 그 의무를 실행하기 위한 능력을 갈고 닦을 필요가 있다. 그것은 가정을 꾸려가는 것이나 비즈니스와 학문연구에 있어서나, 또한 나라의 정치에 있어서도 모두 마찬가지이다.

정확성

우리는 지금까지 산업과 예술, 학문의 분야에서 위대한 업적을 이룬 사람들의 예를 수없이 보았다. 그러므로 어떠한 직업이든 끈기와 근면이 중요하다는 점에 대해서는 더 이상 설명이 필요하지 않을 것이다. 나날의 경험이 가르쳐 주는 것처럼, 사소한 것에 부단한 주의를 기울이는 것은 인간이 진보하기 위한 전제조건이다. 그러므로 노력은 행운을 낳는 어머니라고도 할 수 있는 것이다. 정확성도 중요한 사항이다. 그 사람이 충분한 수양과 훈련을 쌓았는지 여부를 판단하는 결정적 근거가 된다. 사물을 관찰하거나 사람들 앞에서 얘기를 하고 사무를 처리할 때는 정확함이 무엇보다 중요하다. 비즈니스에서는 주어진 책임을 훌륭하게 완수하는 것이 요구된다. 작은 일을 완벽하게 해내는 것이, 그 10배의 일을 어중간하게 하는 것보다 낫다.

어떤 현인은 언제나 이렇게 말했다.

"일을 조금이라도 빨리 마치고 싶다면, 잠시 쉬는 것이 좋다."

그러나 현실적으로는 정확성이라는 매우 중요한 자질에 대해서는 거의 관심을 가지고 있지 않다. 한 저명한 과학자는 이렇게 말했다고 한다.

"놀랍게도 사물을 정확하게 파악하는 사람은 지금까지 거의 본 적이 없다."

비즈니스에서는 사소한 사항을 어떻게 처리하는가를 가지고 그 사람의 성향과 역량을 판단한다. 가령 인덕이 두텁고 다른 면에서는 훌륭하게 행동해도, 일을 정확하게 처리하지 못하면 신뢰를 얻을 수 없다. 그래서 그런 사람에게 지시한 일은 다시 점검하지 않으면 안 된다. 그것은 더할 수 없이 귀찮고 힘든 작업이다. 그러므로 그런 사람은 남에게 점점 외면당하게 된다.

사소한 일에도 온갖 노력을 기울인 폭스

찰스 제임스 폭스의 특질 가운데 하나는 모든 일에서 지극히 근면하다는 것이었다. 국무장관 재임 시 그의 글씨가 형편없다는 사람들의 말에 자극을 받아, 초등학교 학생처럼 글씨 공부를 하여 마침내 훌륭하게 글씨를 쓸 수 있게 되었다. 그는 비대한 몸으로 상대방이 내려친 테니스 공을 멋지게 받아치곤 했는데, 사람들이 어떻게 그렇게 잘 받아낼 수 있느냐고 물으면 농담조로 다음과 같이 대답했다.

"그야 내가 노력하는 사람이기 때문이겠지."

그는 이렇게, 중요한 일뿐만 아니라 사소한 부분에까지 한결같은 정확성을 보여주었다. 이리하여 '아무것도 소홀히 하지 않아서' 유명해진 화가처럼 그도 명성을 얻게 된 것이다.

체계성

체계성도 비즈니스에서는 없어서는 안 되는 요소이다. 이 능력이 있으면, 일의 양이 많아도 군더더기 없이 처리할 수 있다. 성직자인 리처드 세실은 다음과 같이 말했다.

"체계성은 물건을 상자에 담는 것과 같다. 짐을 잘 꾸리는 사람은 서툰 사람보다 거의 2배나 많은 짐을 넣을 수 있다."

세실은 일을 신속하게 처리하는 데 비범한 재능을 발휘했다. '많은 일을 처리하는 가장 빠른 지름길은 한 번에 한 가지 일만 하는 것'이라고 그는 말했다. 게다가 그는 한 가지 일을 시작하면, 하다가 중단한 뒤 나중에 틈이 날 때 다시 정리하는 어설픈 짓은 절대로 하지 않았다. 긴급한 경우라면 그 일부를 생략하는 것보다는 식사시간이나 잠을 줄이는 편을 선택했을 정도이다.

네덜란드의 정치가 드 비트의 좌우명도 세실과 비슷하다.

"한 번에 한 가지 일만 하라. 만약 그 일을 서둘러 마쳐야 한다면 일이 끝날 때까지 다른 것은 일체 생각하지 않는다. 집안이 복잡해질 것 같으면 더더욱 단숨에 해치워야 한다."

프랑스의 한 장관 이야기

프랑스의 한 장관은 사무처리가 신속하기로 이름이 높았다. 그런데 그는 환락가에 하루도 거르지 않고 얼굴을 내미는 것으로도 유명했다. "양쪽 다 잘 해낼 수 있는 이유는 무엇인가?" 하는 질문에 그는 이렇게 대답했다.

"오늘 해야 할 일을 내일로 미루지 말라는 가르침을 충실하게 지키고 있을 뿐이오."

브루엄 경은, 영국의 어느 장관은 이 순서를 완전히 반대로 하고 있다고 말했다. 즉, '오늘 처리하지 않아도 되는 일을 내일로 미룰 수 있다'고 생각하는 것이다. 이 가련한 정치가의 이름은 지금은 잊혀졌지만, 이런 사람들도 꽤 많다.

오늘의 과제를 어물거리다 다음날로 미루는 것은 게으름뱅이나 패배자가 들이는 습관이다. 그런 사람들은 자신의 일을 쉽게 남에게 맡기려 한다. 그러나 남을 지나치게 믿으면 큰코다치는 수가 있다. 특별히 중요한 일은 자신이 직접 챙겨야 한다. 격언에도 있듯이, '반드시 해야 할 일은 자신이 직접 하고, 아무래도 상관없는 일을 남에게 맡겨야' 하는 것이다.

게으른 지주 이야기

어떤 지방에 게으른 지주가 살고 있었다. 자신이 소유한 토지에서 1년에 500파운드의 땅세를 받고 있었는데, 점차 빚이 늘어나서 토지의 반은 팔고, 나머지 반은 부지런한 농민에게 20년 계약으로 빌려주었다. 계약기한이 끝나갈 무렵 그 농민이 지주를 찾아와 땅세를 지불하면서, 땅을 자기에게 팔지 않겠느냐고 물었다.

"자네가 땅을 사겠다고?"

지주가 놀라며 되묻자 농민은 태연한 얼굴로 이렇게 대답했다.

"그렇습니다. 가격만 적당하다면요."

"아무래도 이해가 안 가는군······"

지주는 의아해하며 말을 이었다.

"내가 지금의 두 배나 되는 땅을 갖고도 제대로 돈을 벌지 못했는데 자네는 20년이나 나에게 지대를 내고도 땅을 살만한 돈을 저축했다고 하니 도대체 어떻게 된 일인가?"

"뭐 특별한 이유가 따로 있겠습니까? 나리는 언제나 놀고 먹으면서 재산을 축내고 있었고, 저는 매일 아침 일찍 일어나 들에서 열심히 일을 했지요. 차이는 그것뿐입니다."

스콧의 편지

취직을 눈앞에 둔 한 청년이 시인 월터 스콧에게 조언을 청했다. 스콧은 그 젊은이에게 보낸 편지에서 다음과 같이 말했다.

"시간을 잘 활용하지 않으면 점점 나쁜 버릇이 생기게 된다네. 하루 종일 빈둥거리게 되는 거지. 그런 악습에 빠지지 않도록 주의하게. 자네는 '근면'을 좌우명으로 삼아야 할 것이네. 해야 할 일은 즉시 하고, 노는 건 일이 끝난 뒤로 미뤄야 하네. 일을 미뤄두고 놀아서는 안 되네. 군대가 행군하는 중에 후속부대가 혼란에 빠지는 것을 흔히 볼 수 있는데, 이것은 선두부대의 걸음걸이가 어지러워져서 행군이 지체되어버리기 때문일세. 비즈니스도 마찬가지일세. 최초의 일에 즉시 뛰어들어 하나하나 완벽하게 처리하지 않으면 다음 일이 정체되기 시작하여, 나중에는 누적된 과제에 눌려 사태를 수습할 수 없게 되어버릴 것이네."

시간은 산업이다

시간이 갖는 가치를 올바르게 이해하면 행동이 저절로 빨라진다. 이탈리아의 한 철학자는 '시간은 재산'이라고 입버릇처럼 말했다. 그 재산은 잘못 사용하면 한 푼의 가치도 낳지 않지만, 잘만 사용하면 반드시 행운을 가져다 준다는 얘기이다. 실제로 시간을 낭비하고 있으면 정신 속에 해로운 잡초가 퍼질 뿐이다. 아무것도 생각하지 않는 머리는 악마의 일터가 되고, 게으른 자는 악마의 머리를 받쳐주는 베개가 되어버린다. 바쁘게 활동하는 것은 남에게 빈집을 빌려주는 것과 같고, 반대로 빈둥빈둥 게으른 것은 집을 비워두고 있는 것과 같다.

빈집이 된 정신에는 망상의 문이 열리고, 그 문으로 유혹이 몰래 다가와서 사악한 생각이 떼를 지어 비집고 들어온다. 항해에서도 선원은 시간이 남아돌수록 불평불만이 높아져 급기야 선장에게 칼을 겨누게 된다. 그것을 잘 알고 있었던 한 노(老)선장은 할일이 아무것도 없으면 반드시 "닻을 반짝반짝하게 닦아라!" 하고 선원들에게 명령했다 한다.

15분의 시간

비즈니스에 종사하는 사람은 '시간은 돈'이라는 속담을 자주 인용한다. 그러나 더 정확하게 말하면 '시간은 돈 이상'이다. 시간을 올바르게 활용하면 자기를 계발하고 인격을 향상시키며 개성을 펼쳐나갈 수 있다. 만약 매일 하찮은 일을 하느라 시간이 낭비되고 있다면, 그 중의 1시간만이라도 자기계발을 위해 할애해야 한다. 그러면 아무리 무지한 인간도 몇 년 만에 현명한 인간으로 바뀌게 된다. 훌륭한 일을 위해 시간을 사용하면 결실이 풍부한 삶이 되어, 죽을 때까지 유익한 성과를 많이 올릴 수 있을 것이다. 1시간이 아니라 하루에 15분이라도 좋으니 자기수양에 투자해 보라. 1년 뒤에는 틀림없이 효과가 나타날 것이다.

뛰어난 사상과 고생하며 얻은 경험은 보관하는 데 장소가 필요하지 않고, 어디에 가지고 다녀도 돈이 들지 않으며, 거치적거리지도 않는다. 시간을 경제적으로 사용하는 것은 여가를 얻을 수 있는 진정한 길이다. 시간을 잘 꾸리면 일에 쫓기지 않고 과제를 완전히 해내는 것은 물론이고, 미리 다음 일에 착수할 수도 있다. 그런데 반대로 시간을 잘못 사용하면, 늘 바쁘고 어수선한 나날을 보내다 결국은 이러지도 저러지도 못하게 된다. 임기응변으로 하루하루 때우는 생활은 언젠가 큰 재앙을 가져온다. 넬슨 제독은 이렇게 말했다.

"내가 성공한 것은 무슨 일이든 정각 15분 전부터 일을 시작한 덕분이다."

돈을 다 써도 그 고마움을 깨닫지 못하는 사람이 많다. 하물며 시간에 대해서는 더 말할 것도 없다. 게으른 생활에 푹 빠져 살다가 인생이 얼마 남지 앉아서야 간신히 '시간을 더 현명하게 사용했어야 하는데' 하고 깨닫는 사람이 얼마나 많은가! 그러나 그때는 이미 게으르고 나태한 생활습관을 바꿀 수도 없고, 스스로 찬 족쇄를 벗어버리는 것도 불가능하다. 잃어버린 재물은 근면에 의해 원래대로 회복할 수 있을지도 모른다. 잃어버린 지식은 열심히 공부하여 보충할 수 있고, 잃어버린 건강은 절제와 약으로 되찾을 수 있다. 그러나 잃어버린 시간만은 영원히 되돌릴 수 없다.

약속시간을 엄수하는 미덕

시간의 가치를 올바르게 이해하면 시간을 지키는 습관도 자연히 몸에 배게 된다. 루이 14세는 '시간 엄수는 국왕으로서의 예의'라고 말했는데, 그것은 동시에 우리의 의무이고 비즈니스에 종사하는 사람에게는 필수조건이기도 하다. 이 미덕을 지키면 누구보다 빨리 신용을 얻을 수 있고, 반대로 이 미덕이 없으면 당장 신용을 잃게 된다. 타인과의 약속을 지키고 약속시간에 늦지 않는 사람은 자신의 시간뿐만 아니라 상대방의 시간도 존중하는 것이다. 따라서 누군가를 일 때문에 만나는 경우에도, 그 사람이 시간에 엄격한지 느슨한지를 보면 그가 존경할 만한 사람인지 아닌지 알 수 있다.

시간 엄수는 또 인간의 양심 문제이기도 하다. 약속이라는 것은, 확실하게 문서로 정한 것이든 임시적인 것이든 하나의 계약이다. 약속을 지키지 않는 사람은 상대방의 시간을 부당하게 빼앗고 있을 뿐만 아니라, 성의를 외면하는 배신행위를 범하는 것과 같다. 그런 사람은 반드시 세상의 평판을 떨어뜨리게 된다.

그렇게 생각하면 당연히 하나의 결론에 이른다. 즉 시간에 무신경한 사람은 비즈니스에도 무신경하고, 그런 사람에게 중요한 일을 믿고 맡길 수 없다는 것이다. 워싱턴 대통령은 비서가 지각을 하고서는 시계 탓을 하자 이렇게 대답했다고 한다.

"그렇다면 당장 시계를 바꾸게. 안 그러면 내 쪽에서 비서를 새로운 사람으로 바꿔야 할 테니까."

시간을 무시하고 그 사용법을 전혀 고려하지 않는 사람은, 타인의 평화롭고 조용한 생활까지 어지럽히기 쉽다. 체스터필드는 뉴캐슬의 한 노공작(老公爵)에 대해 이런 우스갯소리를 한 적이 있다.

"공작께서는 아침에 반드시 1시간을 헛되이 보내고는, 하루 종일 그 잃어버린 시간을 찾으려고 온 집안을 뒤지고 다니지."

시간을 지키지 않는 사람을 대하면 누구나 기분이 상하고 만다. 그들은 상습적으로 지각하고, 불규칙한 생활을 당연히 여겨 어떻게 할 도리가 없다. 약속 장소에는 어김없이 늦게 나타나고, 기차가 떠난 뒤에 겨우 역에 들어서며, 집배원이 다녀간 뒤에 우편함에 편지를 넣는다. 이렇게 일은 엉망이 되어 뒤엉키고, 관련된 사람들은 모두 울화통을 터뜨린다. 이렇듯 시간에 늦는 사람이 성공에도 지각하는 것은 당연하다. 그래서 세상의 지탄을 받게 되면 운명의 신에게 불평불만을 터뜨리기 시작한다. 유감이지만 우리 주위에도 그런 사람들이 상당히 많이 있다.

사무처리를 할 줄 모르면 3군의 장이 될 수 없다

이제까지 설명한 것처럼 주의력, 근면성, 정확성, 체계성, 시간관념, 그리고 신속성이라는 6가지 조건은 비즈니스맨에게는 없어서는 안 되는 것들이다. 그러나 1급 비즈니스맨을 지향한다면 더욱 재빠른 직관력과 결단력으로 계획을 단호하게 실천해야 한다. 그것과 아울러 세상을 살아가는 데 재치도 중요한 몫을 한다. 이 재치는 타고난 재능에 의하기도 하지만, 관찰과 경험을 통해 그것을 갈고 닦아 키워갈 수가 있다. 재치가 있는 사람은 적절한 행동패턴을 재빨리 판단할 줄 안다. 그래서 목표만 확실하게 정하면, 맡은 일을 빠른 시일 안에 성공으로 이끌 수 있는 것이다.

날카로운 직관력과 결단력 그리고 재치——이 세 가지 자질은 전장에서 전군을 이끄는 장군처럼 많은 부하를 지휘하는 사람에게는 없어서는 안 되는 자질이다. 장군의 자리에 있는 자는 병사로서 뛰어나야 하는 것은 물론이고, 실무가로서도 탁월한 수완을 가지고 있지 않으면 안 된다. 왜냐하면 병사들이 승리의 그날까지 싸움에 전념할 수 있도록 식량과 의복, 그 밖의 무엇이든 필요한 물자를 충당하고, 세심하게 돌보지 않으면 안 되기 때문이다.

그래서 장군에게는 풍부한 기지와 인간의 성정에 대한 깊은 통찰력 그리고 전군의 움직임을 파악하는 능력이 요구된다. 이점에서 나폴레옹과 웰링턴은 실무가로서도 초일류의 인물이었다.

군중에서도 세무업무를 처리한 나폴레옹

나폴레옹은 무척 치밀한 사람이었지만, 한편으로 상상력이 뛰어나 폭넓은 안목으로 올바르게 판단하고, 신속하게 그 세세한 점들을 큰 스케일에 따라 다룰 수 있는 능력이 있었다. 사람을 보는 눈이 비상하여, 자신의 계획을 실행할 수 있는 가장 적합한 인재를 뽑는 데 거의 실패가 없었다. 그러나 큰일의 성패가 좌우되는 중요한 사항을 부하들에게 맡기는 경우는 극히 드물었다. 그의 이러한 특성을 가장 잘 설명해 주고 있는 것이 《나폴레옹의 서한》인데, 그 중에서도 특히 제 15권에 있는, 아일라우 전투에서 승리한 직후인 1807년 폴란드 국경의 조그마한 성 핀켄스타인에서 그가 쓴 편지──하달한 일반 명령, 긴급 명령 등──에 잘 나타나 있다.

이때 프랑스군은 파사지 강을 따라 진을 치고 있었는데, 전면에는 러시아 군대가, 오른쪽에는 오스트리아 군대가, 후방에는 정복된 프로이센 사람들이 있었다. 적국을 거쳐야 프랑스 본국과 통신을 할 수 있었지만 철저하게 주의하여 관리했기 때문에 나폴레옹은 편지 한 통 잃은 적이 없었다. 군대의 이동, 멀리 떨어진 프랑스와 에스파냐, 그리고 이탈리아와 독일에서 올 증원군, 폴란드와 프러시아의 산물을 아군의 군영까지 손쉽게 수송하기 위한 운하의 개설과 도로 정비──이러한 모든 일을 세부에 이르기까지 만반의 주의를 기울였다.

말을 매 둘 장소를 지시하고, 안장을 충분히 확보하기 위한 조치를 철저히 하고, 병사들의 군화를 주문하고, 직접 군영으로 가져오거나 군대 창고에 저장해 둘 빵과 비스킷, 그리고 주류의 수를 명시하는 따위의 모든 일을 조금도 소홀히 하는 일이 없었다.

그뿐만 아니라 파리에 서한을 보내어 프랑스 대학의 기구 개편을 지시하고, 국민 교육의 방도를 검토하면서, 〈모니퇴르〉지에 실을 공시문과 기사를 불러 주었다. 국가 예산의 세밀한 부분까지 손질을 가하고, 건축가들에게 튀를리 궁전과 마들랭 교회의 개수 지시를 하고, 때때로 여류 작가 마담 드

마담 드 스탈

스탈과 파리의 각 신문·잡지에 대해 풍자의 말을 퍼붓기도 했다. 또한 국립 오페라를 둘러싸고 일어나는 말다툼을 화해시키느라 한몫 끼어 들고, 터키왕 및 페르시아의 왕과 서신을 교환하니, 몸은 비록 핀켄스타인에 있었지만 마음은 파리와 유럽 그리고 전세계를 달리고 있었던 것이다.

나폴레옹의 문서

네이(유명한 군인)에게는 보낸 소총을 잘 받았느냐는 서한을 보내는 한편, 제롬 공작에게는 뷔르템베르크 연대에서 쓸 병사용 내의, 외투, 제복, 군화, 군모 그리고 무기에 관한 지시를 보냈다.

또 캉바세레스에게 통신을 보내 많은 군량을 보내라고 호통을 쳤다. "'만일 어떻다면'과 '그러나 어째서' 따위의 말은 통하지 않는다. 무엇보다도 지시받은 사항을 신속하게 수행하라"고 그는 말했다.

그리고 다루에게 지금 군이 내의를 필요로 하는데 도착하지 않고 있다고 알려주었다. 마세나에게는 다음과 같은 서한을 보냈다.

"비스킷과 빵이 준비되었는지 알려달라."

베르크 대공에게는 중기병의 군장에 관한 지시를 내렸다.

"군도(軍刀)가 모자란다고 불평이 대단하다. 장교 한 명을 포젠에 보내 군도를 확보하도록 하라. 투구도 부족하다니 즉각 에블링에 제조명령을 내려라. 잠만 자서는 되는 일이 아무것도 없다."

이와 같이 모든 세세한 부분까지 주의를 기울였으며, 그 모든 정력이 하나로 합쳐 행동으로 나타날 때 폭발적인 힘을 발휘했다.

군대의 검열——이 때문에 때로는 하루에 30리그(약 3마일)에서 40리그를 말을 타고 다녀야 했지만——과 열병(閱兵) 그리고 내방객의 영접과 국가적인 행사로 많은 시간이 소요되어 다른 일을 볼 시간이 거의 없었으나,

그것 때문에 다른 일을 소홀히 하지는 않았다. 즉, 필요하면 밤을 새서라도 국가 예산을 검토하고, 긴급 지시를 내리고, 제국의 정부를 움직여 나가는 데 필요한 그 수많은 작은 일에까지 머리를 썼으니, 그의 머리는 대부분 정부의 살림 걱정으로 가득 차 있었던 것이다.

철저하게 사무를 처리한 웰링턴

웰링턴 공작도 나폴레옹처럼 일류 사업가였다. 사실 공작이 전쟁에서 한 번도 패한 적이 없는 원인은 대부분, 거의 천재에 가까운 사업 능력 덕분이었다고 해도 과언이 아닐 것이다. 중위로 재임할 때 승진이 느린 것을 못마땅하게 여기고, 승진도 없이 두 번이나 보병에서 기병으로, 다시 기병에서 보병으로 전보되자, 당시의 아일랜드 총독 캠던 경에게 세입 관리 또는 재무관으로 채용해 줄 것을 요청한 일도 있었다. 만일 그것이 받아들여졌다면 그는 틀림없이 그 방면에서도 일류 관리가 되었을 것이다. 그는 상인이 되었어도 일류 상인이 되었을 것이고, 제조업자가 되었어도 일류 제조업자가 되었을 것이 분명하다. 그러나 그의 요청은 받아들여지지 않았고, 그는 계속 군대에 남아 마침내 가장 위대한 영국의 장군이 되었던 것이다.

웰링턴은 요크공과 월모던 장군의 지휘 아래 플랑드르 및 네덜란드와의 전쟁에 참여하여 군인으로서 첫발을 내딛었다. 이 싸움은 영국군의 불행한 패배로 끝났지만, 그곳에서 그는 군에서의 미숙한 실무처리와 통솔력 부족이 장병들의 사기를 꺾는 원인이 된다는 것을 온몸으로 배울 수 있었다. 군대에 들어간 지 10년, 웰링턴은 대령이 되어 인도로 파견된다. 상관의 보고에 따르면, 그는 지칠 줄 모르고 정력적으로 일하는 근면한 장교였다. 군무에 대해서는 지극히 사소한 일까지 직접 장악하고, 부하의 규율을 최고 수준으로 끌어올리려고 애썼다. 1799년에 해리스 장군은 편지에 이렇게 쓰고 있다.

"웰링턴 대령의 연대는 전군의 모범이다. 군인으로서의 태도, 규율, 교육과 질서 그 어느 것도 나무랄 데가 없다."

이리하여 군의 중추로부터 신뢰를 얻은 웰링턴은 곧 마이소르 주 주도(州都)의 사령관으로 임명된다.

말라타족과의 싸움에서 처음으로 군을 지휘한 그는, 불과 1500명의 영국병과 5천 명의 세포이병으로 구성된 혼성부대를 이끌고, 2만의 보병과 3만의 기병으로 구성된 말라타족을 격파한다. 이것이 유명한 '아세이 전투'이다. 당시 그는 34살의 젊은이였지만 이 영광의 승리에도 결코 우쭐하지 않았고, 또 성실 그 자체인 인품도 전혀 달라지지 않았다.

말라타족과의 전투 직후, 웰링턴은 통치자로서 찬양할 만한 수완을 발휘할 기회를 얻는다. 전쟁이 끝나 한 중요한 지역의 지휘관에 임명된 그는, 통솔하는 군대에 엄격한 규율을 세우는 것을 첫 번째 목표로 정했다. 전쟁의 승리에 완전히 도취한 병사들이 상관의 명령을 듣지 않고 거의 폭도가 되어 가고 있었기 때문이다.

"헌병사령관을 파견하여 저의 지휘 하에 넣어 주십시오. 약탈자를 몇 명 교수형에 처하지 않는 한, 질서와 안전을 보장할 수 없습니다."

그는 본부에 이렇게 편지를 보냈다. 좀 무서운 얘기이기는 하지만, 전쟁터에서 이렇게 엄격한 태도로 일관했기 때문에, 그의 부대는 수많은 전쟁에서 살아남을 수 있었다.

이어서 웰링턴은 시장을 활성화시켜 생활필수품 공급을 궤도에 올리려 했다. 해리스 장군은 총독에게 보낸 편지 속에서 웰링턴의 시장통제 솜씨를 높이 평가하여 이렇게 말했다.

"그가 물자 공급에 대해 현명하고 단호한 조치를 취한 덕분에 마음껏 상품을 매매할 수 있게 되었습니다. 시장에는 물자가 넘쳐나고 있고, 상인들도 우리를 신뢰하기 시작했습니다. 그의 일처리 솜씨는 참으로 훌륭하다고밖에 할 수 없습니다."

이렇게 인도 체재 중의 웰링턴은 일관되게 세세한 사항에도 철저히 주의를 기울여 모든 지시를 내리고 있었던 것이다.

그가 클리브 경에게 보낸 훌륭한 보고서는 전투의 실제 내용을 상세히 담고 있었다. 이것은 매우 우세한 둔디아 부족 군대가 건너편 둑에 진을 치고 있는 가운데 부대를 지휘하여 톰부드라 강을 건너면서, 또한 부대장으로서 수천 가지의 작은 일까지 염려하면서 쓴 보고서였다는 점에서 주목할 만하다. 이렇듯 눈앞에 벌어지고 있는 일에서 잠깐 벗어나 그와는 전혀 다른 일에 정력을 쏟을 수 있는 것이 그의 뛰어난 특성 가운데 하나였으니, 이런 경우 자기가 아무리 어려운 처지에 있다 하더라도 결코 당황하거나 두려워하는 법이 없었다.

비범한 지도력을 인정받은 웰링턴은 귀국한 뒤, 이내 다음 임무를 명령받았다. 당시 나폴레옹이 이끄는 프랑스군에 점령되어 있던 포르투갈을 해방하기 위해 1808년 영국에서 원군이 파견되었는데, 그는 그 가운데 1만 명의 부대를 지휘하는 책임을 맡은 것이다. 그는 포르투갈에 상륙하여 두 번의 전투에서 승리를 거두었다. 전군의 지휘관인 존 무어가 사망한 뒤에는 새로운 포르투갈 원정군의 총대장에 발탁되었다. 그러나 반도 전쟁(프랑스군과 에스파냐, 포르투갈, 영국 연합군의 전투)에서 웰링턴은 처음에 고전을 면치 못했다.

1809년부터 1813년에 걸쳐, 그의 부대는 내내 3만 명도 채 되지 않았지만, 상대하는 프랑스군은 전군 35만 명이 전부 노련한 용사들인 데다 나폴레옹 밑에서 유능한 장군들이 지휘를 하고 있었다. 이만한 강적을 상대하여 어떻게 싸워야 승리의 가능성이 열릴 것인가? 당시 에스파냐 군은 프랑스군을 사방이 탁 트인 평야에서 맞이하여 그때마다 고배를 마시고 있었다. 웰링턴은 이 사실을 너무나 잘 알고, 에스파냐 군과는 다른 작전을 세울 필요가 있다고 판단했다. 강대한 적과 대항할 수 있는 힘을 가진 군대를 만들어내는 것이 가장 급한 일임을 깨달은 것이다.

그것은 상식적인 생각이지만 정확한 판단이었다. 그는 포르투갈 군을 영국 사관의 지휘 아래 두고, 영국군과 포르투갈 군이 공동작전을 취하도록 훈련을 개시했다. 그리고 양군의 균형이 맞춰질 때까지 프랑스군과의 무모한 전투는 될 수 있으면 피했다.

'프랑스군은 전투에 이기는 것에 자긍심을 가지고 있다. 굳이 말하면 오직 전쟁을 위해 존재하고 있는 것이나 다름없다. 그러므로 우리군이 싸움을 걸지 않으면 그들은 사기가 꺾일 것이다. 우리군은 전투 태세를 갖추어, 적이 싸울 의욕을 잃은 시점에 단숨에 돌진해야 한다.'

그는 이렇게 생각했다.

상황은 웰링턴의 예상대로 돌아가, 그의 군대는 프랑스군에 대승리를 거둔다. 그러나 그는 이 전쟁기간 중에 온갖 방해와 반대에 시달리고 있었다. 그것은 그가 구하려 한 에스파냐인과 포르투갈인의 무질서와 두려움 그리고 허영심 때문만은 아니었다. 영국 정부가 이 전쟁에서 무능함을 드러내어, 허위와 음모가 난무하는 상황을 연출하고 있었다. 그런 상황에서 그가 전쟁을 수행할 수 있었던 것은, 실의 속에서도 자신을 신뢰하고 자신의 의지를 단호하게 관철할 수 있었기 때문이다.

그는 나폴레옹이 지휘하는 군대와 싸울 뿐만 아니라, 에스파냐와 포르투갈 정부도 제압해야 했다. 병사들의 식량과 의복의 확보도 여의치 않았다. 탈라베라 전투 중에는, 달아난 에스파냐 병사들이 같은 편인 영국 진영을 습격하여 물자를 약탈하는 믿을 수 없는 사태까지 발생했다. 그러나 웰링턴은 이런저런 곤경을 극복할 수 있는 강한 인내심과 자제력을 가지고 있었다. 그는 배은망덕한 행동과 배신, 반대에 직면하면서도 꿋꿋하게 자신의 길을 계속 걸어갔다.

그는 또 군대 안의 세세한 실무까지 혼자서 도맡아 했다. 영국에서의 식량 조달이 여의치 않자, 모든 것은 자신의 능력 하나에 달려 있다는 것을 알고, 즉각 장군에서 곡물상인으로 변신했다. 그리고 리스본의 영국대사와 손을 잡고 식량 확보에 성공한다. 또 약속어음을 발행하여 지중해와 남미의 항구에서 곡물을 사들였다. 이리하여 저장고를 가득 채운 뒤, 남는 것은 포르투갈 상인에게 매각했다.

웰링턴은 모든 것을 운에 맡기지 않고, 불의의 사태에도 대비를 게을리 하지 않았다. 이 뛰어난 실무능력은 모든 국면에서 효과를 발휘하여 그를 성공으로 이끌어갔다.

"나의 군대는 어디에 내놓아도 부끄럽지 않다."

그는 이렇게 단언했는데 이러한 그의 비범한 통솔력은 경험이 부족한 소집병들을 유럽 최강의 군대로 바꾸었다.

빚을 두려워한 웰링턴

웰링턴의 실무가로서의 뛰어난 능력은 그의 지나치게 고지식한 성격에서도 볼 수 있다. 당시 전투에서, 프랑스의 술트 장군은 에스파냐에서 값비싼 그림을 수없이 강탈하여 본국으로 가지고 갔다. 그러나 웰링턴은 아무리 작은 것이라도 재산이라는 이름이 붙은 것에는 털끝하나 건드리지 않았다. 그가 4만 명의 에스파냐병을 이끌고 프랑스 국경을 넘었을 때, 병사들은 여기서 한 몫 잡아야 한다는 듯이 약탈과 강도를 되풀이했다. 그는 먼저 에스파냐인 사관을 질책했지만 그다지 효과가 없었다. 그래서 결국 에스파냐병을 전원 본국으로 돌려보냈다.

또 영국군이 프랑스 국내에 진군했을 때도, 현지 농민들은 자국인의 손을 피해 적군인 영국군 진내로 달려와서, 자신들의 귀중품을 맡기며 보호를 부탁했다고 한다. 그 정도로 웰링턴의 군대는 신뢰받고 있었던 것이다. 그런데 같은 시기에 웰링턴은 본국 정부에 이런 편지를 써 보냈다.

"우리는 빚더미 위에 앉아 있으며, 저는 떳떳하게 외출도 하지 못하고 있습니다. 밖에서 채권자들이 빚을 갚을 것을 요구하며 만반의 준비를 하고 기다리고 있기 때문입니다."

쥘 모렐은 웰링턴의 사람됨을 평할 때, 이 편지를 증거로 제시하며 다음과 같이 말했다.

"이보다 더 위대하고 고귀하며 신선한 고백이 또 있을까요? 30년 동안 전쟁터에서 잔뼈가 굵은 노병, 강철의 사나이, 또 백전백승의 장군인 그가 대군을 이끌고 적지에 진을 치고 있으면서, 채권자들 앞에서 고개를 들지 못하고 있으니……! 이제까지의 정복자와 약탈자 중에서 이러한 불안에 속을 끓인 사람은 아마 한 사람도 없을 것입니다. 전쟁의 역사를 낱낱이 더듬어보아도, 그만큼 숭고하고 순수한 마음을 지닌 사람은 아마 없을 겁니다."

하지만 당사자인 웰링턴이 이런 찬사를 직접 들었으면 그 자리에서 고개를 저었을 것이다.

"특별히 당당하게 행동하겠다거나, 고결한 태도를 보이자는 생각에서 그런 것은 아닙니다. 다만, 빚쟁이들에게 꼬박꼬박 돈을 갚아 나가는 것이 실무상 최선의 방법이라고 생각했을 뿐입니다."

그는 아마 이렇게 대답하지 않았을까?

정직이 최상의 전략
하루하루의 생활 경험을 통해 우리는 '정직이 최상의 전략'이라고 하는 옛말이 올바르다는 것을 알게 되는데, 정직과 성실은 모든 일에서도 그렇지만 사업에서도 성공의 요건이다. 휴 밀러의 유능한 백부는 그에게 늘 다음과 같이 깨우쳤다.

"이웃 사람과 거래를 할 때는 아껴서는 안 된다. 넉넉하게 수북이 담아 흘러넘치도록 해라. 그렇게 하면 결국은 너의 이득으로 돌아올 것이다."

한 유명한 맥주회사 사장은 자기가 성공한 것은 누룩을 아끼지 않고 많이 썼기 때문이라고 했다. 그는 직접 양조장에 가서 통에 든 원료를 맛보고 이렇게 지시를 하곤 했다.

"아직도 묽어, 누룩을 좀더 넣게."

그의 너그러운 성품이 이 양조장에서 나오는 맥주에도 전해진 것인지, 그의 사업은 영국과 인도 그리고 여러 식민지에서 대호평을 받아 막대한 재산을 모을 수 있었다.
군인에게는 명예가 필요하고 그리스도교 신자에게는 자비심이 필요한 것처럼, 상인과 제조업자들에게는 성실성이 필요하다. 아무리 미천한 직업이라도 언제나 곧은 성격을 발휘할 기회가 있다. 휴 밀러는 자기와 함께 견습생활을 했던 어느 석공에 대해 다음과 같은 말을 한 적이 있다.

"그는 자기가 새기는 모든 돌에 자신의 모든 양심을 쏟아 넣었다."

그러므로 진정한 기계공은 자신이 만든 제품이 완전하고 튼튼한 것을 자랑하고, 고상한 기품의 계약자는 자기가 하는 일이 사소한 부분까지 정직한 것을 자랑한다. 성실한 생산업자는 자기가 생산하는 물건이 가짜가 아니라는 점에서, 상인은 판매 상품이 겉과 속이 같다는 정직성에서, 명예와 명성뿐 아니라 실속 있는 성공을 거두게 될 것이다.

뒤팽 남작은 영국 사람들이 성공한 주요인이 국민의 청렴에 있다고 하면서 이렇게 말했다.

"사기나 우연 또는 폭력에 의해 성공할 수 있을지 모르나, 우리는 그와 정반대의 방법으로 영원한 성공을 얻어야 한다. 상인과 생산업자들이 생산품의 좋은 품질로 국민의 체면을 높이는 것은 특히 용기와 총명함과 활동력이 필요하지만, 그보다 훨씬 더 중요한 것은 지혜와 절약과 청렴이다. 또 그중에서도 가장 소중한 것은 청렴이다. 지금은 영국의 배들이 전세계와 교역하여 귀한 산물을 싣고 온 바다를 뒤덮고 있지만, 만일 영국과 다른 나라에서 상인과 생산업자들이 미덕을 잃는다면, 교역의 길이 당장 끊겨 타락한 상업 근성을 가진 선박들은 어느 나라 어느 항구에서나 쫓겨나 이내 바다에서 그 자취를 감추게 될 것이다."

성실하고 정직한 장사

아마도 장사는 어느 다른 생업보다 인격에 가혹한 시련을 줄 것이다. 장사하는 사람은 그의 정직성과 극기심, 정의감, 그리고 진실성에 대해 극심한 시련을 받게 된다. 그러므로 그러한 시련을 겪은 사람들은 전투의 화염과 위험 속에서 용기를 증명한 군인들처럼 위대한 명예를 얻을 수 있다. 다양한 종류의 장사에 종사하는 수많은 사람들에게 명예로운 이야기이지만, 대체로 그들은 그 시련을 고상한 정신으로 견디고 있음을 우리는 인정해야 한다. 남의 고용살이를 하는――아마 자신은 별로 가진 것도 없이, 자기 손으로 매일같이 거액의 돈을 취급하고 있는――대리점 주인, 중개업자, 은행원 같은 사람들은 자신들의 손에서 손으로 그토록 많은 돈이 오가는데도, 돈을 눈앞에 보면서 일으키기 쉬운 모든 유혹 속에서 신용을 잃는 일이 없다는 사실을 보아도, 이 성실한 행동의 정직성이 인간 생활 중에서 가장 명예로운 것―

―정직은 우리에게 그것을 자랑하도록 유혹하지도 않지만――임을 알 수 있을 것이다.

사업가들은 신용제도가 있어 서로 믿고 거래하고 있으니, 그 바탕은 주로 명예를 지키는 데 있으며, 그것은 일반 사업거래에서 놀라울 만큼 잘 이뤄지고 있다. 찰머스 박사가 다음과 같이 말한 것은 극히 지당하다.

"상인들은 지구 건너편에 멀리 떨어져 있는 한 번도 만나본 적이 없는 거래자에게, 오로지 그의 인격을 믿고 막대한 돈을 보내는 경우가 많은데, 이러한 말없는 가운데서의 믿음이야말로 우리 인간들이 서로 베풀 수 있는 가장 훌륭한 존경의 표시일 것이다."

정직하지 않은 이익을 챙겨서는 안 된다

다행히도 일반적인 정직이 아직 서민들의 생활 속에서 높은 수준에 있다. 저마다 직업에 정직한 마음을 기울여 영국의 산업계가 아직 건전한 상태에 있다. 그러나 늘 있던 일이지만 하루아침에 거부가 되고자 하는 야욕에서 염치없고 시기심이 강하고, 지독히 이기적인 사람들이 고약한 부정과 사기를 행하는 경우가 불행히도 너무 많이 있다. 상품에 좋지 않은 물건을 섞는 상인들, 계약한 일을 허술하게 해치우는 청부업자들, 양모 대신 재생한 털, 면포 대신에 붕대, 강철 대신 주철 도구, 귀 없는 바늘, 오직 팔아먹기 위한 형편없는 면도칼, 그 밖에 온갖 가짜를 팔면서 남의 눈을 속이는 자가 있다.

그러나 우리는 이러한 것을 천하고 욕심 많은 사람들의 특수한 경우라고 생각해야 한다. 비록 그들이 부를 얻는다 해도 아마 그 부를 즐기지는 못할 것이고, 결코 정직한 사람이 되지 못할 것이며, 마음의 평화――그것이 없으면 부도 명예도 아무 소용이 없는――도 영영 얻지 못할 것이다.

어느 칼 장수가 1페니짜리 칼을 자기에게 2페니에 판 사실을 알았을 때, 주교 레티머는 다음과 같이 말했다.

"그 자는 나를 속인 것이 아니라 자신의 양심을 속인 것이다."

구두쇠 짓을 하거나 속이고 사기를 쳐서 번 돈은 잠시 동안 생각 없는 자들의 눈을 현혹시킬지 모르나, 그런 염치없는 악당들이 분 비눗방울은 그것이 너무 크게 부풀 경우, 잠깐 빛을 내다가 결국에는 터지게 될 뿐이다. 새들리어, 딘 폴, 그리고 레드파드 계통의 상사들을 보라. 이런 세상에서도 그들은 대부분 비극적인 종말을 맞이했다. 설사 누가 사기를 잘 쳐서 발각이 되지 않아 그 불의의 소득을 지닐 수 있었다 해도, 그것은 불행의 씨앗이지 결코 축복이 되지는 않을 것이다.

품행은 재산이기도 하다

지나치게 정직한 사람은 염치없고 정직하지 못한 사람만큼 빨리 부를 얻지 못할지 모르나, 사기나 부정 없이 얻은 성공은 더 참다운 성공이다. 비록 오랫동안 성공하지 못한다 해도 우리는 더욱 더 정직해야 하며, 모든 것을 다 잃어도 인격만은 지켜야 한다. 인격 그 자체가 하나의 재산이기 때문이다. 고결한 신념을 지닌 사람이 용감하게 자신의 신념을 지켜 나간다면 반드시 성공하게 마련이요, 그에게는 최상의 보상도 끝까지 기다려 줄 것이다.

워즈워스의 다음과 같은 시 〈행복한 용사〉가 그것을 멋지게 묘사하고 있다.

> 그는 자신이 원하는 바를 알고
> 하나의 목표를 믿어 의심치 않는다
> 부와 명예와 세속의 지위를 구하여
> 무릎을 꿇고 몸을 엎드리지는 않는다
> 그러한 덕은 그에게 저절로 찾아온다
> 마치 은총의 비가 머리 위에 내리듯이

데이빗 바클레이

데이빗 바클레이는 유명한 《퀘이커 교도들에 대한 사과》의 저자 로버트 바클레이의 손자이며 기품이 고상한 상인으로 또한 곧은 경영 훈련을 받고 모든 일을 정당하고 진실하게 대했던 출중한 사람의 본보기이다.

여기서 그의 잘 알려져 있는 생애를 짤막하게 살펴보는 것도 의미가 있을 것이다. 여러 해 동안 그는 칩사이드에 대규모 업체를 차려 놓고 주로 미국을 상대로 무역을 하고 있었는데, 그랜빌 샤프처럼 미국 식민지와의 전쟁을 강력히 반대하는 입장에 있었으므로 그 무역에서 완전히 손을 떼게 되었다.

장사를 하는 동안 그는 재능과 지식 그리고 성실과 정력에서 탁월했으며, 나중에는 그의 애국심과 아낌없는 자선 행위로 출중한 면을 보여주었다. 그는 진실성과 정직성의 귀감이었다. 선한 그리스도교 신자이자 진정한 신사로서 부끄럽지 않게 언제나 약속을 지켰다. 그의 위치와 높은 인격으로 인해 당시의 장관들이 자주 그의 조언을 듣고 싶어 했고, 미국 문제에 대해 하원에서 심문을 받았을 때도 그는 확고한 견해를 표명했다.

그때 표명한 그의 충고가 그 명분과 함께 상당한 정당성이 있었기 때문에, 노드 경 같은 이는 반역자가 아닌 사람들의 의견 중에서 데이빗 바클레이의 의견이 가장 깊은 내용을 담고 있다고 공언했다. 그가 사업에서 은퇴한 것은 사치스럽고 편안한 생활을 하려는 생각에서가 아니라 남을 위해 일해 보려는 의도에서였다. 넉넉한 재산이 있었으므로 사회에 좋은 모범을 보여줄 의무가 있다고 생각한 것이다. 월담스토에 있는 자기 집 근처에 공장을 하나 지어 처음 몇 해 동안 막대한 비용을 들여 지원을 해주었는데, 그것이 성공하여 마침내 근처에 사는 착하고 가난한 사람들에게 자립과 안락의 원천이 되었다. 자메이카에 있는 땅이 손에 들어오자 거의 1만 파운드의 비용을 들여서 그 지역에 사는 모든 흑인들에게 자유를 주었다. 대리인을 파견하여 배를 한 척 세 내어 그 작은 노예 집단을 미국의 자유주로 보냈고, 그들은 그곳에 정착하여 번영하며 살 수 있었다. 바클레이도 처음에는 흑인들이 너무 무지하고 야만적이어서 자유를 줄 수 없다고 믿었다. 그것은 실제로 자신의 믿음이 그릇된 것이었음을 보여준 것이다.

그 많은 재산을 처리할 때도, 죽을 때 그것을 친척들에게 나누어 주는 방식을 취하지 않고, 자기 자신이 직접 자신의 유언 집행자가 되었다. 즉, 자기가 살아 있는 동안 친척들에게 아낌없이 돈을 주어 각자가 그것을 꾸려가는 것을 지켜보며 그들이 기반을 잡을 수 있도록 도와줬을 뿐만 아니라, 생전에 그것이 런던에서 가장 크게 번창하는 사업체로 성장하는 것을 보았던 것이다. 당대에 가장 유명한 상인들 중 몇몇——예를 들면 거니, 핸버리, 벅스턴 같은 회사의 대표자들——은 그들이 처음 사업을 시작할 때 바클레이한테서 얻은 돈, 그리고 그의 고마운 충고와 격려를 잊을 수 없는 은혜로 여기며 감사하는 동시에 자랑으로 여겼다. 이러한 사람은 상인으로서 자기

나라의 정직성과 성실성을 상징하는 것으로, 앞으로 사업에 종사할 모든 사람들에게도 좋은 모범이 되는 것이다.

10 돈의 올바른 사용과 남용
돈을 하나의 인격체로 다루어라

돈이란 울타리 안에 감출 것도 아니요
줄지어 늘어선 종자들을 위한 것도 아니며
오직 자립해 살 수 있는
영광의 특권을 위한 것이다. 　　　　　　　　　　　　　　　번스

돈은 꾸지도 말고 꾸어 주지도 말라.
꾸어주는 사람은 돈 잃고 친구 잃기 쉬우며
남의 돈을 꾸어 쓰면 집안 살림 무너진다. 　　　　　　　셰익스피어

돈을 가볍게 다루지 말라──돈은 인격이다. 　　　　　E. 불워 리튼

돈을 사용하는 것은 정당한 방법으로

　돈을 어떻게 다룰 것인가? 어떻게 벌고, 모으고, 쓸 것인가? 이것은 우리가 인생을 살아가는 지혜를 가지고 있는지 여부를 판단하는 가장 큰 시금석이다. 물론 돈을 인간생활의 첫 번째 목적이라고 생각해서는 안 된다. 그러나 물질적 안정이나 사회 번영의 대부분이 돈으로 지탱되고 있다는 사실을 생각하면, 돈을 하찮게 여겨서도 안 되고 성인인 양 돈을 경멸하는 것도 옳지 않다. 실제로, 인간의 우수한 자질 몇 가지는 돈의 올바른 사용법과 밀접한 관계를 가지고 있다. 관용, 성실, 자기희생 등은 물론이고, 절약과 장래에 대한 배려 같은 현실적인 미덕까지 돈과는 떼려야 뗄 수 없는 사이에 있다.

　한편, 돈벌이에 혈안이 된 인간에게는 욕심과 사기, 부정, 이기심이 따르게 마련이다. 또 하늘이 점지해 주신 돈을 남용하는 자들은 낭비와 부절제,

내일도 모르는 방탕의 구렁텅이에 빠져든다. 즉 악덕도 돈이 시키는 짓이다.
《인생 노트》에서 헨리 테일러는 다음과 같은 지혜의 말을 들려준다.

"돈벌이와 저축, 돈을 주고받고, 빌려주고 빌리고, 물려주는 등의 행위가 정당하게 이루어지고 있는지 여부를 보면, 그 사람의 인격의 완성도를 거의 짐작할 수 있다."

세속적인 의미에서의 쾌적한 생활을 정당한 수단으로 얻으려는 것은 결코 잘못된 일이 아니다. 쾌적한 생활이 가져다주는 물질적 충족감은 인간성을 높여주는 보장이 되고, 생활에 불편함이 없으면 가족도 너끈히 부양할 수 있다. 그리스도의 12사도 중 한 사람이 말했듯이, 가족도 제대로 부양하지 못하는 사람은 '이교도보다 나을 것이 없는 자'이다.

또, 인생의 향상에 기여하는 기회를 어떻게 이용했는지에 따라 세상이 그 사람에게 가지는 존경의 크기도 크게 달라진다. 그러므로 우리는 쾌적한 생활을 누리는 데 무관심할 수가 없다. 인생에 성공하여 무엇 하나 부족함이 없는 생활을 누리고자 노력하는 것은 그 자체가 하나의 교육이다. 그 노력은 인간의 자존심을 불러일으키고 실무능력을 이끌어내며, 인내와 지구력이라는 미덕을 단련시켜준다. 선견지명이 있고 세심하게 주의를 기울이는 사람은 틀림없이 사려분별이 뛰어난 사람이다.

현재의 생활에만 매달려 있지 않고 앞날을 내다보고 대비하는 사람 중에 천박한 생각의 소유자는 한 사람도 없다. 그런 사람은 절제할 줄 알고 유감없이 극기의 미덕을 발휘한다. 이 극기심이라는 미덕만큼 인격 형성에 강한 힘을 주는 것은 없을 것이다. 평론가 존 스털링은 이렇게 말했다.

"굳건한 의지를 가르치는 최악의 교육이 굳건한 의지를 제외한 다른 모든 것을 가르치는 최고의 교육보다 낫다."

'미래를 위해 현재의 만족을 희생시키는' 극기 정신은, 배우고 싶다 해서 간단하게 터득할 수 있는 것이 아니다. 생활이 힘든 사람이라면 당연히 이마에 땀 흘리며 일하여 번 돈을 무엇보다 소중하게 여길 것 같지만, 실제로는 그렇게 번 돈을 먹고 마시는 데 다 써버리고 결국 무력한 사람이 되어, 절약하는 사람들의 인정에 의존하려는 사람들이 상당히 많다. 또 누구의 신세를 지지 않아도 편안하게 생활할 수 있는 자산을 가지고 있으면서도, 미래에 대한 대비가 없어 막상 필요할 때는 진짜 가난뱅이와 별 차이가 없는 신세가 되는 사람도 있다.

노동자를 대표하는 사람들이 존 러셀 경을 찾아가 노동자에게 부과된 세금에 대해 의견을 물었을 때, 이 고상한 지도자는 다음과 같이 대답했다.

"정부가 노동자층 국민에게 부과하는 세금은, 다른 것은 제쳐놓고라도 그들이 술을 마시는 데 쓰는 돈보다도 적을 것이오!"

사회 문제 중에서 아마 이보다 더 중요한 것은 없을 것이며, 더 많은 사람들이 일을 하도록 외치는 것만큼 위대한 혁신 작업도 없다. 그러나 '극기와 자조는 국회의원 후보자들의 연설 구호로서는 그다지 환영받지 못한다. 산업층의 진정한 자립은 저마다의 절약과 앞날에 대한 준비 등의 미덕을 실천해야 얻을 수 있는 것인데, 이러한 일반적인 미덕을 오늘날 애국한다는 사람들이 별로 중요하게 생각하지 않는 것은 걱정스러운 일이다.

게다가 그들은 세금 같은 사회제도상의 문제에만 눈을 돌려, 극기심과 자조 정신의 중요성은 거의 돌아보지 않는다. 진정한 자립을 쟁취하려면 한 사람 한 사람이 절약과 미래에 대한 대비에 힘쓰는 것이 가장 중요한데도, 아무도 그 점에 관심을 기울이려 하지 않는다.

철학자이자 제화업자인 새뮤얼 드루는 이렇게 말했다.

"사려분별과 검소함, 그리고 뛰어난 관리는 불경기를 호전시키는 탁월한 달인이다. 이 달인은 평소에는 집안 한구석에서 조용히 지내고 있지만, 유사시에는 지금까지 의회를 통과한 어떤 법률보다 솜씨 좋게 생활의 어려움을 타개해 줄 것이다."

소크라테스 또한 "세계를 움직이고 싶다면, 먼저 자기 자신부터 움직여라"라고 말했다. 또 다음과 같은 옛 시도 있다.

모든 사람이 주의하여
각자의 혁신을 꾀한다면
나라를 개혁하는 것은
얼마나 쉬운 일일까.

소크라테스

그러나 세상 사람들은 자신의 악습을 조금이라도 개선하기보다 국가와 교회를 고치는 편이 간단하다고 생각하는 경향이 있다. 일반적으로 말해, 사람은 자신의 잘못을 고치기보다 이웃의 잘못에 대해 이러쿵저러쿵 말하는 것이 상당히 취향에 맞는 모양이다.

콥덴이 말한 두 가지 형의 사람

하루 벌어 하루 사는 생활에 쫓기는 사람은, 언제까지나 밑바닥 생활의 고통에서 헤어나지 못한다. 기댈 곳이 없는 무력한 생활은 끝도 없이 계속되고, 이윽고 사회의 구석으로 내쫓겨 시대의 거친 파도에 이리저리 쓸려간다. 자존심 따위는 저멀리 사라지고, 따라서 주위의 존경도 얻을 수 없다. 불경기가 닥치면 당장 궁지에 빠져버린다. 조금이나마 저축이 있으면 의욕도 생기련만, 그것조차 없어서 남이 시키는 대로 움직이지 않을 수 없다. 그나마 생각이 있다면, 이런 생활 앞에서 처자식의 앞날을 생각하고 당장 공포에 떨지 않을 수 없을 것이다.

옛날의 정치가 콥덴은 하더스필드의 노동자들 앞에서 이렇게 말했다.

"예로부터 세상에는 두 가지 형의 사람이 있다. 돈을 저축하는 인간과 돈을 쓰는 인간 —— 즉 절약가와 낭비가이다. 절약가는 집과 공장과 다리를 건설하고, 나아가서 수많은 위대한 일을 이룩하여 우리에게 문명과 행복을 가져다주었다. 한편, 자신의 재산을 헛되이 낭비한 사람은 언제나 스스로의 노예였다. 어느 시대에나 그것은 자연의 이치이고 신의 법칙이다. 만약 내가 '미래를 전혀 생각하지 않고 빈둥거리며 하루살이처럼 살아도 성공할 수 있다'고 약속한다면, 무지막지한 사기꾼의 오명을 쓰게 될 것이다."

1847년, 급진적인 정치가 존 브라이트가 로치데일에서 직공들을 모아놓고 한 충고의 말도 건전하다. 그는 먼저 다음과 같은 소신을 밝혔다.

"정직은 어느 계층에서나 똑같이 갖추어야 할 공통의 덕목이다."

그리고 이렇게 말을 이었다.

"현재 차지하고 있는 자리가 좋은 자리라면 어떤 사람이든 또는 어느 부류에 속하는 사람이든 그것을 유지할 수 있는 단 하나의 방법, 그리고 현재의 자리가 좋지 않은 자리일 때 더 좋은 자리로 오를 수 있는 단 하나의 방법이 있는데, 그것은 바로 근면, 검소, 절제 그리고 정직의 미덕을 실천하는 것이다. 정신적으로 또는 육체적으로 불편하고 만족을 느끼지 못하는 자리에서 더 높은 상태로 오를 수 있는 지름길이 따로 있는 것이 아니며, 그 길은 오로지 이러한 미덕의 실천뿐이다. 여러분들 주변에서도 이런 미덕의 실천으로 나날이 향상하고 있는 사람들을 많이 볼 수 있을 것이다."

노동자는 절약을 실천하고 품행을 높여야 한다
일반 노동자라고 해서 사회에 공헌하여 명예와 존경을 얻으며 행복한 삶을 누리지 못할 이유는 없다. 극소수의 예외는 있지만, 지금까지 그래왔듯이 노동자들도 누구나 검소한 미덕과 넓은 견문을 가질 수 있으며, 좋은 환경에서 살 수도 있다. 몇 사람이 그렇게 할 수 있는 일이라면 어느 누구라도 어렵지 않게 그렇게 할 수 있지 않을까? 같은 방법을 쓰면 같은 결과를 얻을 수 있을 것이다.

어느 나라든지 그날 벌어 그날 써 버리는 사람들이 있는 것은 하느님의 법칙이요, 또한 확실하고도 현명하면서 정당한 일이다. 그런데 그들이 절약하지 않고 무지와 불행에 시달리며 그런 자신들의 처지에 불만만 더해간다면, 그것은 오로지 그들의 나약함과 방종과 고집 때문이다.

일하는 사람들의 건전한 자조 정신은, 그 어떤 방법보다 그들을 높은 지성과 미덕에 찬 생활로 이끄는 데 도움이 될 것이다. 더욱이 그것은 남을 떨어뜨리는 것이 아니라, 더 높은 곳으로 계속 전진하는 종교와 지혜와 미덕의 수준으로 끌어 올려서 그 목적을 이루는 것이다. 몽테뉴는 다음과 같이 말했다.

"모든 도덕 철학은 가장 뛰어난 사람들뿐 아니라 보통 서민의 생활에도 적용될 수 있다. 사람은 누구나 자기 속에 인간으로서 살기 위한 조건을 완전히 갖추고 있는 것이다."

3가지 우연한 재난

미래를 생각하며 살기 위해서는 실업, 질병, 죽음 같은 뜻밖의 재난에 대한 대비를 게을리 해서는 한 된다. 이 가운데 처음의 두 가지는 피할 수도 있지만, 죽음만은 인간의 힘으로는 어쩔 수 없다. 그러나 사려 깊은 사람이라면 갑자기 어떤 재난이 닥쳐와도 고통을 가능한 한 줄일 수 있도록, 또 자신을 의지하여 사는 사람에게 영향이 미치지 않도록, 미리 대비에 만전을 기하여 생활할 것이다. 이 점에서 볼 때 가장 중요한 것은, 정직한 수단으로 돈을 벌고 그것을 절약하면서 사용하는 것이다.

정직하게 돈을 번다는 것은 유혹에 지지 않고 노력과 근면으로 희망을 이루는 것을 말한다. 돈을 절약하여 사용한다는 것은, 뛰어난 인격자의 기초가 되는 자질 — 즉 분별심이나 선견지명, 극기심을 갖추고 있다는 증거이다.

물론 돈이 다는 아니지만, 의복, 식량 등 생활의 만족은 물론이고, 자존심과 자립심 등 인간에게 매우 귀한 것을 주는 것도 돈의 힘이다.

그러므로 저축은 일하는 사람들에게 언젠가 닥쳐올 겨울철에 대비하는 방패와 같은 것이다. 그것을 발판으로 쾌적함과 희망 속에서 더 나은 시절이 올 때까지 기다릴 수 있기 때문이다. 사회에서 더욱 확고하게 자신의 발판을 굳히려는 노력만으로도 충분히 존경할만한 가치가 있다. 사람은 그런 노력을 통해 향상하고 더욱 강해진다. 또 우리에게 더 큰 행동의 자유를 주고, 내일을 살아갈 수 있는 새로운 힘을 길러준다.

그러나 언제나 궁핍 속에서 허덕이는 사람은 사실상 노예 신세와 거의 다를 바가 없다. 그런 사람은 자신의 행동조차 스스로 결정하지 못하고, 자칫하면 남에게 속박되어, 남이 시키는 대로 움직여야 하는 따분한 처지가 되어야 한다. 따라서 그런 사람은 비굴해질 수밖에 없으니, 그것은 얼굴을 들고 세상을 정면으로 대할 수 없기 때문이다. 그리고 곤경에 처하면 남의 도움이나 빈민 구호금에 매달리는 신세가 된다. 직장을 잃으면 다른 일자리를 구할 엄두도 내지 못하고, 삿갓조개가 바위에 꼭 달라 붙어 있듯이 꼼짝하지 않고 빈민 행정교구에 눌러 앉아 다른 곳으로 가는 것은 생각도 하지 못한다.

절약은 집안일을 다스리는 정신

자립하는 데 필요한 것은 오직 절약의 실천뿐이다. 절약을 실천하는 데 남다른 용기나 특출한 미덕은 필요치 않으며, 보통의 정신력과 약간의 각오만 있으면 된다. 절약의 근본은 모든 집안일을 처리하는 데 있어서 절제의 정신을 발휘하는 것이며, 절약은 올바르게 관리하고 알뜰하게 꾸리며 신중하게 낭비를 줄여가면 되는 것이다.

그리스도는 다음과 같은 말로 절약의 정신을 표현했다.

"남은 조각을 거두고 버리는 것이 없게 하라."(요한복음 6 : 12)

전능한 힘을 가진 그리스도조차 생활상의 작은 것들을 소홀히 하지 않고, 인간에게는 모름지기 깊은 사려가 있어야한다는 의미심장한 가르침을 주었으니, 깊은 사려가 세상사람 모두에게 매우 필요하기 때문이다.

절약은 고마운 보호자

절약은 또한 미래를 위해 오늘의 만족을 버리는 힘을 의미하며, 그 점에서 이성이 동물적인 본능을 억누르는 것을 말한다. 절약은 인색함과는 전혀 다른 것이니, 우리는 늘 절약을 통해 가장 너그러울 수 있기 때문이다. 절약은 돈을 우상으로 섬기는 것이 아니라 오히려 쓸모 있는 심부름꾼으로 보는 것이다. 딘 스위프트가 말했듯이, 우리는 돈을 떠나서는 살 수 없으나 돈이 숭배의 대상이 되어서는 안 된다. 절약은 말하자면 사려분별의 딸이요, 절제의 누이이며, 또한 자유의 어머니라고 할 수 있을 것이다. 분명히 그것은 인격과 가정의 행복, 사회적 안녕의 보호자이며, 요컨대 가장 좋은 형태의 자조정신의 표현이다. 프랜시스 호너는 사회생활을 처음 시작하는 아들에게 다음과 같이 충고했다.

"모든 점에서 네가 안락하게 살기를 바라지만, 절약의 중요성만큼은 아무리 가르쳐도 지나치지 않을 것이다. 절약은 모든 사람에게 필요한 미덕이다. 천박한 사람들이 아무리 그것을 경시한다 해도, 절약을 통해 우리는 틀림없이 자립할 수 있기 때문이다. 그러니 자립이야말로 고상한 정신을 가진 모든 사람들의 인생 최고의 덕목이라고 할 수 있지 않겠느냐."

본장 첫머리에 인용된 번스의 시구는 지당한 내용이지만, 불행히도 그의 일생생활은 그의 시 정신을 따르지 못했고, 그의 습관은 그 이상에 미치지 못했다. 임종의 자리에서 그는 한 친구에게 다음과 같은 글을 썼다.

"아, 클라크! 나는 지금 최악의 상태에 있네. 내 아내는 불쌍한 과부가 될 것이고, 여섯이나 되는 어린 아이들은 의지할 데 없는 고아가 될 걸세. 그런데 나는 무력해서 아무것도 해줄 수가 없네그려. 그만 해두지. 내 병은 이 정도일세."

절약은 정직의 본질
사람은 자기 수입에 맞게 살아야 한다. 그것을 실천하는 것이 바로 정직의 근본이다. 정직한 가운데 자기 분수에 맞게 살지 않으면, 남에게 의존하는 부정적인 생활을 하게 되기 때문이다. 돈의 지출에는 조심성이 없고, 남에게 주는 피해는 아랑곳하지 않고 자신의 만족만 생각하는 사람들은 대체로 이미 손을 쓸 수 없는 지경까지 가서야 돈의 진정한 가치를 알게 된다.

그들은 시간과 돈을 낭비하며 앞으로 벌 돈을 예상하여 약속어음을 남발하다가, 마침내 산더미 같은 빚과 의무만 잔뜩 지고 독립적인 자유인으로서 마음대로 행동할 수 없는 처지가 된다.

작은 이득에 다투기보다 절약하면서 베푸는 삶이 낫다
"경제 사정이 긴박해져서야 비천하게 하찮은 수입을 얻는 것보다 조금씩 미리 저축하는 것이 낫다."

베이컨 경의 금언이다. 많은 사람들이 쓸데없는 것에 푼돈을 막 써 버리는데, 사실은 그런 푼돈이 재산과 생활 자립의 기초가 될 수 있다. 낭비하는 사람들의 가장 큰 적은 바로 자기 자신이며, 대개 세상이 불공평하다고 투덜거리는 부류 가운데 그런 사람들을 볼 수 있다. 자기 스스로 자신의 편이 되어주지 않는데, 어떻게 남이 자기 친구가 되어주기를 바랄 수 있겠는가?

보통 정도의 재산을 가진 규칙적인 사람들을 보면, 주머니에 언제나 남을 도와줄 수 있는 얼마간의 돈이 있으나, 가지고 있는 돈을 몽땅 다 써 버리는 조심성 없고 방종한 사람들은 결코 누구를 도와주는 일이 없다. 그러나 구두쇠같이 돈을 움켜쥐고 있는 것은 올바른 절약이 아니다. 생활과 상업 거래에서 인색하게 처신하는 것은 대체로 앞을 내다보지 못하기 때문이며, 결국 그것 때문에 실패하게 된다.

"1페니짜리 마음은 결코 2페니짜리 마음이 되지 못 한다"는 말이 있다. 아량과 너그러움이 결국은 정직처럼 최상의 전략이다. 《웨이크필드의 목사》(아일랜드 태생의 영국 소설가 올리버 골드스미스의 소설)에 나오는 젠킨슨은 이모저모로 마음씨 착한 이웃사람 플램버러를 속였지만, "플램버러는 점점 부자가 되어 가는 반면, 나는 갈수록 가난해져서 마침내 감옥살이까지 하게 되었다"고 말했다. 우리 주변사람들의 실제 생활을 보면, 관대하고 정직한 길을 따라 나아가 나중에 찬란한 결과를 맺는 예가 얼마든지 있다.

돈을 빌리는 것은 위험하다

속담에 "빈 자루는 똑바로 서지 못한다"는 말이 있듯이, 빚을 진 사람은 바른 생활을 할 수 없다. 빚더미에 앉아 있는 사람이 진실해진다는 것은 매우 어려운 일이기에 거짓말이 빚을 타고 다닌다는 말도 있는 것이다. 빚진 사람은 빚의 반환날짜를 미루기 위해 채권자에게 뭔가 구실을 대야 하니 거짓말을 꾸미지 않을 수 없다. 빚이 전혀 없는 사람이 애당초 빚을 안 지고 살겠다는 결심을 하기는 쉬운 일이다. 그러나 한 번 쉽게 남의 돈을 빌려 쓴 사람은 또다시 빌려 쓰고 싶은 유혹에 빠지기 쉽고, 그렇게 해서 빚이 많이 쌓이면 뒤늦게 아무리 부지런히 일해도 빚에서 헤어날 수 없게 된다. 빚에 한 걸음 발을 들여놓는 것은 거짓 속에 한 걸음 발을 들여놓는 것과 같아서, 계속 같은 길을 걷지 않을 수 없게 되며, 따라서 계속 빚을 지고 거짓말을 반복하게 된다.

화가 헤이든은 자기가 처음으로 남에게 돈을 꾼 날부터 집안이 기울어지기 시작했다고 말했다. 그는 "돈을 꾸는 사람은 슬픔의 길을 걷게 된다"는 격언의 진실성을 깨달았다. 그의 일기장에는 다음과 같은 의미심장한 글이 실려 있다.

"그날부터 나는 빚을 지기 시작했다. 내가 살아 있는 동안 나는 이 빚에서 영영 헤어나지 못할 것이다."

금전 문제로 어려운 일을 당하면 얼마나 심한 마음의 고통을 받게 되며, 그것 때문에 일을 전혀 못하게 되어 늘 굴욕 속에서 살아야 한다는 것을 그의 자서전에서 뼈저리게 느낄 수 있다. 그는 해군에 입대하는 어느 청년에게 다음과 같이 충고했다.

"남의 돈을 꾸어야만 얻을 수 있는 즐거움은 결코 얻을 생각을 하지 말게. 남에게 돈을 꾸어서는 안 되네. 그것은 사람의 품위를 떨어뜨리기 때문이네. 은행돈까지 빌려 쓰지 말라고 하진 않겠으나, 그것도 나중에 갚을 자신이 없으면 빌리지 않도록 하게. 무슨 일이 있어도 개인의 돈만은 꾸어 쓰지 말게."

피히테는 가난한 학생 시절, 자기보다 더 고생하며 사는 부모님이 보내주는 선물도 거절했다. 존슨 박사는 초년에 진 빚은 파멸의 근원이라고 주장했다. 이 문제에 대한 그의 말은 명심해 둘 만하다.

"빚을 그저 신세를 지는 정도로 가볍게 생각해서는 안 된다. 빚은 하나의 재앙이다. 빈곤은 선행을 할 수 있는 수단과 자연적이고 도덕적인 악에 저항할 수 있는 능력을 빼앗아가므로 모든 방법을 써서 가난만은 피해야 한다. 그러므로 무슨 일이 있어도, 누구에게든 빚을 지지 않도록 조심하라. 절대로 가난해지지 않겠다고 굳게 결심하라. 그러기 위해서는 얼마의 돈이든 아껴 써야 한다. 빈곤은 인간의 행복에 가장 큰 적이다. 즉 빈곤은 반드시 자유를 파괴하고 미덕을 실천할 수 없게 만들며, 그 밖에 모든 일이 빈곤 때문에 곤란하게 된다. 절약은 평화로운 생활의 기초일 뿐 아니라 자선의 원천이기도 하다. 자기 자신을 돌보지 못하는 사람은 남도 돌볼 수 없고, 자기가 충분히 아껴야 남에게 나누어 줄 수도 있는 것이다."

빚지는 것을 두려워 한 웰링턴과 워싱턴

누구나 자기가 하고 있는 일을 정신 차려서 잘 살피고, 금전의 수입과 지출은 일일이 기록해두어야 한다. 이와 같이 간단하게 적어두면 그것이 나중에 큰 가치를 발휘할 것이다. 신중한 사람이라면 생활수준을 자신의 경제력보다 높게 잡지 말고 조금 아래로 끌어내려야 한다. 그것은 평소에 수입과 지출이 맞도록 충실하게 생활해야만 가능하다. 존 로크는 그러한 생활 태도를 강력히 권장했다.

"자기가 하고 있는 일의 회계를 늘 정상적으로 유지하는 것이 사람의 욕망을 적절하게 조절할 수 있는 최상의 방법이다."

웰링턴 공작은 금전의 수입과 지출을 늘 정확하고 상세하게 기록했다. 그는 글레이그에게 다음과 같이 말했다.

"나에게 온 청구서는 내가 직접 가서 지불하고 있고, 내 주변에 있는 모든 사람들에게 그렇게 하도록 권하고 있네. 전에는 내가 믿고 있던 하인을 시켜 지불했는데, 어느 날 아침 어이없게도 1년 또는 2년 전에 다 정산한 청구서를 다시 받고나서는 하인에게 그런 일을 시키는 어리석은 짓은 하지 않기로 했네. 하인이 그 돈을 가지고 노름을 하고서는 갚지 않았던 거지."

빚에 대한 그의 견해는 이와 같았다.

"빚은 사람을 노예로 만든다. 나는 가끔 돈이 떨어진 적은 있어도 결코 빚을 져본 적은 없다."

워싱턴도 세밀한 일 처리에 있어서 웰링턴만큼 까다로운 사람이었다. 미국의 대통령이라는 지위에 있으면서도 자신의 수입 한도 안에서 살겠다는 굳은 결심을 하고, 가정에서 쓰는 사소한 비용까지 꼼꼼하게 따진 것은 주목할 만한 사실이다.

초년에 가난과 싸운 저비스

세인트 빈센트 백작인 저비스 제독은 자신이 젊었을 때의 노력, 특히 빚을 지지 않고 살겠다는 굳은 결심에 대해 다음과 같이 얘기했다.

"우리 집은 식구는 많은데 아버지의 수입은 그리 신통치 않았다. 내가 사회에 첫 발을 내디딜 때 아버지는 내게 20파운드를 주셨는데, 그때부터 오늘에 이르기까지 아버지가 나에게 주신 돈은 그것이 전부였다. 한동안 바다 생활을 한 뒤, 한 번은 나의 지불 능력보다 20파운드가 넘는 수표를 끊은 적이 있었는데, 그것이 결국 부도가 나서 나에게 되돌아왔다. 나는 그 일에 굴욕을 느꼈고, 앞으로는 지불 능력이 없는 수표는 절대로 끊지 않겠다고 결심한 이후 지금까지 그것을 지키고 있다.

아무튼 나는 즉시 생활방식을 바꿔 여럿이 회식하는 것을 피하고 혼자서 선상 급식에 만족했다. 옷도 내 손으로 빨고 내 손으로 고쳤으며, 시트천으로 바지를 지어 입었다. 이렇게 해서 나의 명예를 되찾을만한 돈이 모였을 때 나는 부도난 수표를 청산했다. 이때부터 나는 특별히 주의를 기울여 내 분수에 맞게 살려고 노력하고 있다."

6년 동안 궁핍한 생활을 참고 성실을 지켜 충실하게 자신의 직분을 완수한 저비스는, 그 공적과 용기를 인정받아 꾸준히 승진하여 마침내 해군 최고의 계급으로 올랐다.

허례허식의 폐해

조지프 흄이 일찍이 하원에서 영국 사람들의 생활수준이 대체로 너무 높다는 말을 한 적이 있는데, 이때 동료 의원들은 비웃었지만 사실 정곡을 찌른 말이었다. 중류 계급 사람들이 설령 그들의 수입 이상의 수준으로 살지는 않는다 하더라도 시대의 풍조에 따라 사느라 한 푼도 남기지 않는 경향이 있고, 그러한 경향이 일반 사회에 끼치는 영향은 매우 건전하지 못한 것이다.

아이들을 신사 또는 신사인 척하는 사람으로 만들어보려는 야망이 대단한데, 그러다가 아이들을 사이비 신사로 만드는 수가 많다. 아이들은 옷, 유행, 사치, 오락——이런 것은 진정한 남자 또는 신사의 인격을 이루는 데 꼭 필요한 것도 아니건만——따위에 주로 신경을 쓰게 된다. 이리하여 허울뿐인 젊은 신사들이 수없이 사회에 진출하게 되는데, 이런 젊은이들은 때때로 갑판 위에 원숭이 한 마리만 남은 채 바다에서 발견되는 빈 배와 같은 느낌을 준다.

모두들 '신사인 척'하려는 무서울 정도의 야망을 품고 있다. 또 우리는 때때로 정직을 버리면서까지 체면을 차리려 하거나 부자가 아니면서도 부자인 척하려고 한다. 한낱 속된 겉모습으로 가장 천박한 의미의 이른바 '존경'이라도 받고 싶어 한다. 하느님이 우리에게 맡긴 생업을 참을성 있게 완수해 나갈 용기는 없이, 어리석게도 세상의 유행만 따르며 살려 하고, 실속 없이 신사인 척하는 이 사회의 허영을 충족시키려 한다. 사회라고 하는 원형 경기장의 앞자리를 차지하려고 서로 숨 가쁘게 싸우는 속에서 모든 고상한 극기심은 짓밟히고, 인간이 지닌 많은 훌륭한 면은 어쩔 수 없이 짓눌려 사라지게 된다. 겉만 번지르르한 세속적 성공에 눈이 먼 그릇된 야망이 얼마나 많은 낭비와 불행, 파산이라는 결과를 불러오는지 굳이 설명할 필요도 없다. 그 해로운 결과는 수많은 면에서 나타나니, 예를 들면 가난을 숨기고 감히 부정직한 짓을 하는 고약한 사기꾼과 필사적으로 일확천금을 노리는 자들의 경우다. 사실 이런 경우 불쌍한 사람은, 실패하는 장본인이 아니라 죄 없이 함께 고통받게 되는 수많은 가족들인 것이다.

군관의 빚을 경계한 네이피어

찰스 네이피어 경은 인도 주둔군 최고 사령관의 자리를 떠나면서 대담하고도 정직한 마지막 명령서를 장교들에게 공표했는데, 그 명령서의 내용은 부대 내의 젊은 장교들의 방종한 생활을 나무라며, 그런 생활을 그만두지 않으면 반드시 수치스러운 빚을 지게 된다는 것이었다. 찰스 경은 이 유명한 명령서——지금은 사람들의 기억에서 거의 사라진 문서이지만——를 통해 다음과 같이 일침을 가했다.

"정직은 교양 있는 신사의 인격과는 떼려야 뗄 수 없는 관계이다. 돈을 안 내고 샴페인과 맥주를 마시거나, 돈을 안 내고 말을 타는 것은 사기꾼이 할 일이지 결코 신사가 할 일이 아니다."

분에 맞지 않게 돈을 쓰고 지나치게 사치스러운 생활을 하다가 하인들에게 빚을 지고 재판정에 불려가는 자들은, 임관을 했으니 장교일지는 모르나 절대로 신사는 아니다. 늘 빚을 지고 있으면 신사로서의 올바른 정서를 잃게 되는 것이라고 최고 사령관은 주장했다.

전투만 잘한다고 장교가 아니니, 싸움은 불도그도 잘 한다. 한 번 말한 것을 어기지 않고 잘 지켰는가? 빚을 갚았는가? 이러한 것이 진정한 신사이자 군인의 이름을 빛내주는 명예라고 그는 말했다. 베이야르(기사의 귀감으로 일컬어지던 중세의 프랑스 사람)가 분별심이 있던 것처럼 찰스 네이피어 경은 모든 영국군 장교가 분별심이 있기를 바랬다. 그는 장교들이 '두려움이 없다'는 것은 알고 있었으나, 또한 그들이 '남에게 비난을 받지 않는 사람'이 되어주기를 원했다.

인도에도 빗발치듯 내뿜는 적군의 포화 속에서 성벽의 돌파구로 뛰어오르며, 생명을 내거는 지극히 용감한 전투를 할 수 있는 많은 용감한 젊은 장교들이 있다. 그런데도 이 용감한 젊은이들은 시시한 관능의 유혹을 물리칠만한 도덕적인 용기를 발휘하지 못하거나 아예 발휘하려 하지 않는다. 쾌락과 자기 향락의 유혹이 있을 때 '안 된다'거나 '나는 그런 행동을 할 여유가 없다'는 야무진 말을 못하는 것이니, 이런 사람들은 죽음과는 맞서서 용감히 싸우면서도 유혹의 어리석음을 물리치지 못하는 것이다.

유혹에 저항해야 한다

젊은이는 인생을 살아가는 동안 양쪽에 유혹이 줄지어 있는 길을 걸어가야 한다. 이 유혹에 빠졌을 때 필연적으로 생기는 결과는 크든 작든 품위를 추락시킨다. 유혹에 빠지다 보면 하느님이 주신 훌륭한 성질의 빛이 자기도 모르게 조금씩 퇴색되어 간다. 이러한 유혹을 물리치는 유일한 방법은 단호하게 "안 된다!"고 말하고 그것을 끝까지 지키는 것이다. 이것저것 생각하고 따질 것 없이 결단을 내려야 한다. 이래저래 생각하는 여인처럼 결단을 내리지 못하는 젊은이는 패배하게 마련이다. 많은 사람들이 결단을 내리지 못하고 쓸데없이 생각만 많이 하는데, 그것은 결국 허물어진다는 뜻이다. "우리를 유혹에 빠지지 않게 하시고" 하는 기도문 속에 인간이 배워야할 완전무결한 가르침이 있다.

그러나 유혹은 늘 젊은이의 인내력을 시험하는 것으로, 한 번 유혹 앞에 굴복해버리면 저항력이 점점 더 약해진다. 한 번 굴복하면 미덕 한 가지가 떨어져 나간다. 그러므로 남자답게 물리쳐라. 그러면 그 첫 번째 결단이 평생 동안 힘이 되어주고 그것이 반복되는 가운데 완전히 습관이 될 것이다.

진정한 결단력은 초년에 형성된 좋은 습관에 있으며, 도덕의 힘은 주로 습관이라는 수단을 통해 그 속의 위대한 원리가 닳고 헤어지는 것을 막을 수 있다. 진실로 인간의 도덕적 행위의 가장 중요한 부분을 형성하는 것은 좋은 습관이다. 그것은 인간의 수많은 사소한 행동 속에 은근히 스며들기 때문이다.

술을 끊은 휴 밀러

휴 밀러는 고생을 겪은 사람들에게 흔히 있을 수 있는 어떤 강한 유혹을 청년다운 결단으로 물리쳐, 결국 그 유혹에서 자기 자신을 구출한 이야기를 했다. 그는 석공으로 일하던 시절, 가끔 동료들끼리 서로 술대접을 하는 경우가 있어 어느 날 위스키 두 잔을 마신 적이 있었다. 집에 돌아와 자신이 즐겨 읽는 책 《베이컨 수필집》을 읽기 위해 펼쳐보니, 인쇄된 글자가 눈앞에서 춤을 추고 있고 도저히 정신을 차릴 수가 없었다. 그는 그때의 상황을 이렇게 말했다.

"이런 상태가 바로 타락의 상태이구나 하는 생각이 들었다. 그때 나는 나 자신의 행위로 인해 내가 본디 가질 수 있는 지성보다 낮은 수준의 지성으로 타락한 것이다. 뭔가 결심을 할 수 있는 좋은 상태는 아니었지만, 나는 그 순간 다시는 술 마시는 버릇 때문에 나의 지적 능력을 희생시키지 않으리라고 결심했다. 그리고 하느님이 도와주신 덕분에 그 결심을 지킬 수 있었다."

이와 같은 결심은 때때로 한 사람의 인생에 전환기를 마련해주고, 그것은 더 나은 인격의 기초가 된다. 만일 휴 밀러가 제때에 그것을 피하려고 도덕적인 힘을 기울이지 않았더라면 거기에 부딪쳐 난파했을지도 모르는 그 바위를, 바로 모든 젊은이와 어른들은 다 같이 언제나 경계하지 않으면 안 된다. 술을 마시는 것은 낭비인 동시에 젊은이들의 길에 놓여 있는 가장 나쁘고 치명적인 유혹이다.

월터 스콧은 늘 이렇게 말하곤 했다.

"음주는 위대함과 가장 어울리지 않는 악덕이다."

뿐만 아니라 음주는 절약, 품위, 건강, 그리고 정직한 생활과도 양립할 수 없다. 술을 절제할 수 없는 젊은이는 아예 끊어야 한다. 그런 경우가 많이 있는데, 그 중의 하나가 존슨 박사의 경우이다. 그는 자신의 습관에 대해 다음과 같이 말했다.

"나는 술을 끊을 수는 있어도 절제하는 것은 도저히 불가능하다."

높은 수준에 눈을 두고 악습을 고쳐야 한다

나쁜 습관과 힘차게 싸워 이기려면, 세속적인 의미의 편의만을 위하는 낮은 수준에서 생각하는 데——이것도 아주 소용이 없는 것은 아니지만——만족할 것이 아니라, 더욱 높은 수준에서 생각해야 한다. 일반적인 맹세도 어느 정도 유용할지 모르지만, 높은 사고와 행동 수준을 세워 습관을 고치는 동시에, 원칙을 강화하고 순화시키려는 노력이 더 중요하다. 그 목적을 위해 젊은이는 늘 자기 자신을 살피고 자신의 발자취를 돌아보며, 사고와 행동이 과연 자신이 세운 규칙에 일치하고 있는지 비교해보아야 한다. 자기 자신에 대해 많이 알면 알수록 그만큼 더 겸손해져서 아마 자신의 힘을 과신하지 않게 될 것이다. 앞날의 더 크고 더 높은 만족을 얻기 위해 오늘의 작은 만족을 물리쳐 얻는 수양은 언제나 귀중한 것이다. 그것은 자기 교육 중 가장 고상한 것이니, 그 이유는 다음과 같다.

진정한 영광은
묵묵히 우리 자신을 극복하는 데서 생기는 것이니

그렇지 않으면 정복자도
오직 노예나 다름없다.

돈을 버는 대단한 비결을 대중에게 알려준다는 명목으로 많은 책들이 출판되어 인기를 끌었다. 그러나 다음과 같은 여러 나라의 격언이 충분히 입증해 주듯이, 돈을 버는 데는 무슨 비결이 있는 것이 아니다. "푼돈을 소중히 하면 큰 돈은 저절로 모인다." "근면은 행운의 어머니." "수고가 없으면 대가도 없다." "땀 흘리지 않으면 즐거움도 없다." "일하라. 그러면 얻는 것이 있으리라." "세상은 인내하며 부지런히 일하는 자의 것이다." "새벽에 빚을 질 바에는 저녁을 굶고 잠자리에 드는 것이 낫다."

이러한 격언들이 모두 널리 알려진 교훈의 예인데, 절약해서 번창하는 최선의 방법으로 여러 세대가 쌓은 경험을 구체적으로 표현해주는 것들이다. 이런 격언은 책이 나오기 오래 전부터 이미 사람들의 입에서 입으로 전해내려 온 것으로, 널리 퍼져 있는 다른 격언들과 같이 대중 윤리의 첫 번째 조항이었다. 게다가 오랜 세월의 검증을 거쳤으며, 오늘날에도 일상생활의 경험이 이 격언들의 정확성과 지배력 그리고 건전함을 증명해준다.

솔로몬의 다음과 같은 금언들은 근면의 힘과 돈의 올바른 사용과 남용에 관한 지혜로운 충고로 가득 차 있다. "게으른 자와 낭비하는 자는 형제간이다." "게으른 자여, 개미의 생활 방식을 보고 지혜를 얻어라." "빈곤은 나그네처럼 게으른 자에게 찾아와 무장한 악한처럼 못살게 군다."

그리고 근면하고 정직한 사람에 대해서는 이렇게 말하고 있다. "근면한 사람은 자신의 노력으로 부자가 된다." "주정뱅이와 대식가는 가난해지고, 일하지 않는 자는 누더기를 입게 된다." "자기 일을 부지런히 하는 사람을 보았는가? 그런 사람은 왕 앞에서도 부끄러울 것이 없다."

그러나 많은 격언들 중에서도 가장 뜻 깊은 것은 다음과 같은 것이다. "황금보다 지혜를 얻는 편이 낫다. 지혜는 루비보다 나은 것이니, 인간이 소망하는 어떠한 것도 지혜에 비길 수는 없기 때문이다."

고상한 뜻을 품고 근검을 실천해야 한다

부지런히 일하고 절약하기만 하면, 어느 정도 일할 능력이 있는 사람은 누구든지 비교적 자립생활을 할 수 있다. 지니고 있는 것을 주의 깊게 관리하고, 적은 돈이라도 헛되이 쓰지 않도록 조심하면 노동자도 자립할 수 있는 것이다. 한 푼은 무척 적은 돈이지만, 수많은 가정의 안녕이 작은 푼돈을 올바르게 쓰고 저축하는 것에 달려 있다. 만약 애써서 번 한 푼 한 푼의 돈을 맥줏집에 가서 맥주를 마시거나 그 밖의 하찮은 짓을 하느라고 낭비해 버린다면, 결국 참으로 고달프고 힘든 삶을 살게 될 것이다.

반면에 적은 돈이나마 주의를 기울여, 그 중 얼마는 매주 공제 조합이나 보험의 불입금으로 넣고 얼마는 저축하고 나머지는 가족의 안락한 생활과 교육을 위해 잘 쓰라고 아내에게 맡긴다면, 조그마한 일에 대한 이런 세심한 주의가 곧 그에게 풍요로운 보답으로 돌아올 것이니, 재산은 증가하고 가족들은 더욱 안락하게 살게 되며 앞날에 대한 걱정도 대부분 사라질 것이다. 그리고 만약 일하는 사람에게 고상한 뜻이 있고 모든 세속적인 재산을 훨씬 능가하는 재산인 마음의 윤택함이 있다면, 자기 자신을 도울 수 있을 뿐만 아니라 자신의 인생을 살아가면서 남들도 유익하게 도와줄 수 있다. 그것은 공장에서 일하는 일반 노동자에게도 불가능한 일이 아니며, 그 실례를 맨체스터 토머스라이트의 경우에서 볼 수 있다.

죄인을 교화한 토머스 라이트

그는 주조 공장에서 주급을 받고 일하는 처지에서도 수많은 죄인들을 교화하는 데 성공한 사람이다. 토머스 라이트는 우연한 기회에 감옥에서 나온 전과자들이 다시 정직한 생업을 얻는 데 많은 어려움을 겪고 있다는 사실을 알게 되었다. 그의 마음은 곧 이 문제에 사로잡혀서, 마침내 그것을 바로잡는 것을 인생의 목표로 삼게 되었다. 그도 아침 6시부터 저녁 6시까지 일을 해야 하는 어려운 처지였지만, 그래도 자기 시간이라고 할 수 있는 여가, 특히 일요일 같은 날을 이용하여 죄인들을 위해 봉사했다. 당시의 죄인들은 오늘날의 죄인들보다 훨씬 더 사회의 냉대를 받았기 때문이다.

하루의 단 몇 분이라도 매일 유용하게 쓰면 큰일을 이룰 수 있다. 그 증거로, 거의 믿을 수 없는 일이지만 이 일꾼은 10년 동안 자신의 목적을 꾸준히 추구한 결과, 300명이 넘는 중죄인들을 도와 다시는 죄를 짓지 않도록 하는 데 성공했다. 세상 사람들은 토머스 라이트를 맨체스터 올드 베일리의 도덕의사로 추앙하기에 이르렀다. 교화 목사와 기타 여러 사람들이 하다하다 못한 일도 그가 하면 성공하는 경우가 많았다. 많은 아이들이 이와 같은 그의 교화를 받아 다시 부모의 뜻을 따랐다. 길거리를 헤맸을 아들딸들이 그의 교화로 다시 가정으로 돌아왔으며, 감옥에서 나온 수많은 전과자들이 마음을 잡아 정직하고 근면하게 생업에 종사하게 되었다.

하지만 이 일은 결코 쉬운 일이 아니었다. 돈, 시간, 정력, 그리고 무엇보다도 덕성과 자신감이 있어야 사람들의 마음이 따르게 마련이다. 가장 주목할 만한 것은 라이트가 주조공장에서 버는 얼마 안 되는 임금으로 버림받은 가엾은 사람들을 많이 도와주었다는 점이다. 이렇게 좋은 일을 하는 동안, 그가 공장에서 임금으로 받은 돈은 1년 평균 100파운드도 되지 않았다. 그러나 그 돈으로 그는 죄인들에게 실질적인 도움을 주었고——그가 죄인들에게서 받은 대가라고는 서로간에 누구나 베풀 수 있는 친절뿐이었지만——그러면서도 가족을 안락하게 부양하고, 검소함과 신중함으로 노년에 대비하여 약간의 돈도 저축할 수 있었다. 매주 임금을 받으면 일부는 꼭 필요한 의식비(衣食費)로, 일부는 집 주인에게 낼 집세로, 일부는 교육비로, 일부는 가난하고 궁핍한 사람들을 도와줄 돈으로 신중하게 할당하고, 한 번 그렇게 정해 놓은 것은 엄격하게 지켰다. 이러한 방법으로 이 검소한 직공은 자신의 위대한 사업을 계속했고, 그 결과는 앞에서 이야기한 바와 같다.

우리는 이러한 그의 생애에서, 인간의 의지의 힘과 주의 깊고 꾸준히 축적된 적은 돈의 힘, 그리고 무엇보다 정력적이고 곧은 인격이 여러 사람의 생활과 행동에 좋은 영향을 미치는 가장 뛰어나고 현저한 실증 하나를 볼 수 있다.

정당한 직업은 비천하다 해도 부끄러워할 것이 없다

땅을 갈든, 연장을 만들든, 또는 직물을 짜거나 계산대 뒤에 서서 물건을 팔든, 근면하고 정직하게 일하는 것은 명예로운 일이다. 젊은이가 자를 들고 조각 리본의 치수를 재는 일을 하더라도, 자처럼 소견이 짧고 리본처럼 생각이 좁은 사람이 되지 않고 그 이상의 것을 생각할 수 있는 마음의 여유가 있다면 조금도 부끄러울 것이 없다.

"정당한 직업이 없는 사람이 부끄러운 것이지, 정당한 직업이 있는 사람은 부끄러울 것이 없다."

침례교회의 목사 풀러가 한 말이다.
또 홀 주교는 다음과 같이 말했다.

"머리를 쓰는 일이든 마음을 쓰는 일이든, 모든 직업에서 노력하여 얻는 열매는 달콤하다."

미천한 직업에서 시작하여 출세한 사람은 부끄러워할 필요가 없고, 오히려 자신이 많은 어려움을 극복한 것을 자랑스럽게 여겨야 한다. 어느 미국 대통령은 그의 가문의 문장(紋章)이 뭐냐는 질문에, 일찍이 벌목꾼으로 일했던 사실을 회상하며 '땀에 젖은 셔츠 소매'라고 대답했다. 어느 프랑스 의사가, 청년 시절에 양초 제조공으로 일했던 니스메의 주교 플레시에를 출신이 천하다고 조롱하자, 플레시에는 이렇게 맞받아쳤다.

"만약 당신이 나와 같은 처지에 있었더라면, 아마 지금도 양초를 만들고 있었겠지요."

구두쇠가 되어서는 안 된다

어떤 다른 높은 목적이 없이 돈을 버는 것만이 목적이라면 정력만 있으면 된다. 돈을 버는 데 전심전력을 기울이는 사람은 반드시 부자가 되게 마련이다. 굳이 머리를 쓸 필요도 없다. 많이 벌어 조금만 쓰면서 한 푼 두 푼 모아나가면 된다. 그렇게 긁어모아 저축하면 점차 황금이 수북이 쌓이게 될 것이다. 파리의 은행가 오스터왈드는 가난한 청년 시절을 보냈다. 그는 매일 저녁 주막집에 가서 저녁 식사 대신 맥주를 마시면서, 바닥에 떨어져 있는 코르크마개를 눈에 띄는 대로 주워 주머니에 챙겨 넣었다. 8년 동안 그렇게 모아 판 돈이 8루이(프랑스혁명 전에 유통된 프랑스 금화)에 이르렀다. 이 돈이 그의 재산의 기초를 이루었고——대부분 주식 매매로 벌었지만——그가 세상을 떠날 때 남긴 돈은 약 300만 프랑에 이르렀다.

수필가이자 성직자인 존 포스터는 돈을 벌겠다는 결심이 어떤 효과를 나타내는지에 대한 좋은 사례를 들려주었다. 상속받은 재산을 방탕 속에 다 써버리고 마침내 완전 무일푼이 되어 절망에 빠진 한 청년이 있었다. 그는 집에서 뛰쳐나가 자살하려고 높은 언덕에 올라갔다. 그는 거기서 드넓은 예전의 자기 땅을 내려다보다가, 깊은 감회에 젖어 자살할 생각을 돌이켰다. 그는 그 자리에 주저앉아 한참 동안 생각에 잠겨 있다가 그 땅을 되찾고 말겠다는 굳은 결심을 하고 일어났다. 거리로 돌아가 어느 집 앞에 이르렀을 때, 석탄을 마차에서 내리는 것을 보고 자청하여 석탄 나르는 일을 시작하게 되었다. 그리고 고기와 음료를 조금 청하여 받아 주린 배를 채웠고, 벌어들인 몇 푼의 돈은 조금식 저축해 나갔다.

이런 비천한 일을 하여 조금씩 번 돈을 모아 어느 정도 돈이 쌓이자, 약간의 가축을 사서 이윤을 붙여 팔았다. 그리고 점차 더 큰 거래를 하여 마침내 큰 부자가 되었다. 이리하여 그는 자기의 옛 재산을 되찾았을 뿐만 아니라 대단한 구두쇠라는 소리를 들으며 세상을 떠났다.

그러나 그렇게 해서 땅에 묻혔으니, 그저 흙에서 태어나 흙으로 돌아간 결과밖에 되지 않았다. 더욱 고귀하고 높은 정신과 결단력이 있었더라면, 자기 자신뿐만 아니라 남에게도 유익한 인간이 될 수 있었을 것이다. 이 사람의 경우에는 삶도 죽음도 결국 추한 것이 되고 말았다.

인색에 대하여

남을 돕고 가족을 부양하며 노후의 안락과 자립에 대비하는 것은 명예로운 일이며 매우 칭찬할 만한 일이다. 그러나 오직 재산을 위해 재산을 모으는 것은 소견이 좁고 인색한 사람들에게서 볼 수 있는 특성이다. 현명한 사람이 경계해야 할 것은 바로 이와 같이 무턱대고 돈을 쌓아두는 버릇이다. 그렇지 않으면 젊은 시절에 순진한 마음에서 절약하던 버릇이 노년에는 탐욕으로 변할 수도 있고, 젊은 시절에 하나의 의무였던 절약이 노년에는 악덕이 될 수도 있다.

악의 근원은 돈 자체가 아니라 돈에 탐닉하는 것이니, 이러한 탐닉은 사람의 마음을 편협하게 하여 관대한 삶과 행동에 이르는 문을 닫아 버린다. 그러므로 월터 스콧 경의 다음과 같은 말 속에서 그의 인격의 일면을 엿볼 수 있다.

"금전은 칼집에서 빼든 칼이 사람의 몸을 벤 것보다 더 많은 사람의 정신을 죽였다."

덕이 없는 부자

좁은 생각으로 오직 한 가지 일에만 마음을 쓰다 보면 자기도 모르는 사이에 성격이 기계처럼 되는 경향이 있다. 이런 사람은 일정한 틀에 박혀 먼 곳을 보지 못한다. 자기 생각만 하고 세상을 살면, 자기에게 쓸모가 있는 범위에서만 남들을 보게 된다. 남들이 사는 모습도 살펴보고 그들의 생각도 이해해야 하는 것이다. 돈을 얼마나 많이 가지고 있는지를 보고 측정하는 세속적인 성공은 틀림없이 사람들의 눈을 현혹시킨다. 사람은 모두 천성적으로 다소 세속적인 성공을 꿈꾼다. 그러나 참을성이 강하고 예리하며, 재주 있고, 더욱이 염치없는 습성을 가진 사람들이 주의를 게을리 하지 않고 기회를 잡아 '성공'은 할 수 있을지 모르나, 인격이 전혀 향상되지 않고 참다운 선을 조금도 얻지 못할 수도 있다.

돈벌이 이상의 뭔가 더 높은 차원을 깨닫지 못하는 사람은, 매우 큰 부자가 된다 하더라도 늘 불행한 인간의 처지에서 헤어나지 못한다. 부가 도덕가치를 증명하지는 않기 때문이다. 개똥벌레의 반짝이는 빛이 벌레의 정체를 밝혀주는 것처럼, 부의 광채는 다만 그 주인의 보잘것없는 참모습을 드러내 줄 뿐이다. 많은 사람들이 부자가 될 욕심에 희생되는 모습은 우스꽝스럽게도 우리 인간을 닮은 원숭이의 탐욕과 비슷한 데가 있다.

욕심이 화를 부른다

알제리의 카바일족 농부는 호리병박을 나무에 단단하게 붙들어 매놓고 그 속에 쌀을 조금 넣어둔다. 호리병박에는 꼭 원숭이의 손 하나가 들어갈만한 구멍이 뚫려있다. 밤이 되면 원숭이가 몰래 나무에 다가가서 손을 넣고 쌀을 집는다. 다시 손을 빼려고 하지만 주먹을 쥐고 있기 때문에 빠질 리가 없다. 이 원숭이에게는 쌀을 놓고 손을 뺄 지혜가 없다. 다음 날 아침까지 바보처럼 여전히 손에 쌀을 쥐고 있다가 잡히고 마는 것이다.

세상 사람들도 이렇게 재물을 탐하는 것이 화근이 되어 신세를 망치는 일이 참 많으니, 이 원숭이와 무엇이 다르겠는가.

빈부에 구속되지 않은 브라더튼

돈의 힘은 대체로 과대평가되고 있다. 지금까지 세상에서 이루어진 위대한 일들은 부자들이나 기부자 명단에 이름이 오른 사람들이 한 것이 아니라, 거의가 가난한 사람들이 이룬 것이다. 기독교가 온 세상에 널리 퍼진 것도 가난한 사람들의 힘이었고, 위대한 사상가, 발견자, 발명가 그리고 예술가들은 보통의 재산을 가진 사람들이었으며, 그들의 대부분은 노동을 해야 하는 환경에서 자란 사람들이었다. 부는 활동에 대한 자극제이기보다는 오히려 방해가 되는 수가 많고, 많은 경우에 축복인 동시에 불행이기도 하다. 많은 재산을 물려받은 청년은 인생을 너무나 쉽게 생각해서, 그 어떤 소망도 없이 많은 재산에 구속을 받는다. 특별히 목표로 삼고 싸워 나가야 할 것이 없으므로 시간이 느리게 가고 모든 것이 지루하기만 하다. 도덕적으로나 정신적으로나 늘 잠들어 있는 상태로, 사회에서 차지하는 그의 위치는 흘러가는 물결 위에서 조용히 떠 있는 부평초의 처지나 다름없다.

그가 하는 일이란 세월을 허송하는 것뿐이요,
그에게 노동은 오직 귀찮고 괴로운 재난이다.

그러나 부자에게도 올바른 정신이 깃들면 인간답지 못한 게으름을 쫓아낼 수 있다. 만일 그가 부와 재산에 따르는 책임을 깨닫는다면, 그는 가난한 사람들보다 더 많은 사명감을 느끼게 될 것이다. 그러나 부자들의 대부분이 그렇지 못하다는 사실을 우리는 인정할 수밖에 없다. 만약 우리가 그 뜻을 깊이 이해하기만 한다면, 아골(잠언 30장을 기록한 사람)의 훌륭한 기도문 중의 다음과 같은 중용지도(中庸之道)가 최고일 것이다.

"나로 가난하게도 마옵시고 부하게도 마옵시고, 오직 필요한 양식으로 내게 먹이소서."(잠언 30 : 8)

국회의원이던 조지프 브라더튼은 맨체스터 필 공원에 있는 그의 비석에 멋진 좌우명을 남겨 놓았다. 그의 교훈은 더없이 마땅하다.

"나의 부는 재산이 많은 데 있지 않고, 부족함이 적은 데 있었다."

그는 공장 노동자라는 미천한 신분에서 시작하여 높은 지위에 올라 유익한 인물이 되었는데, 오직 정직과 근면 그리고 시간 엄수와 극기의 실천으로 이와 같은 결과를 맺은 것이었다.

그는 말년에 의원직을 그만두고 자기가 다니는 맨체스터의 조그마한 교회에서 목사직을 맡았다. 그를 가까이 접했던 사람들의 말에 따르면, 그가 바라던 영광은 사람들에게 잘 보이는 것도 찬양을 받는 것도 아니라, 지극히 비천하고 작은 일에 이르기까지 하루하루의 의무를 성실하고 올바르게 애정을 가지고 양심적으로 수행하는 것이었다고 한다.

진정한 체면

체면을 유지하여 남의 존경을 바라는 것은 좋은 일이다. 그러나 존경받기 위해 체면만 차리는 사람은 두 번 다시 쳐다볼 가치도 없다. 못된 부자보다 선량한 가난뱅이가 훨씬 훌륭하고 존경받을 가치가 있다. 나쁜 짓을 하면서 비위를 잘 맞추는 건달보다는 겸손하고 말 없는 사람이 낫다. 어떤 지위에 있든 유익한 목적을 가지고 있는 인생에게는 세속적인 체면보다 균형잡힌 마음과 풍요로운 정신이 훨씬 더 중요하다.

우리가 인생의 최고 목표로 삼아야 할 것은, 부끄럽지 않은 인격을 형성하여 육체와 정신——마음, 양심, 인정, 기상——을 가능한 최선의 상태로 계발하는 것이다. 이것을 목적으로 삼고 다른 모든 것은 한낱 수단으로 보아야 한다. 그러므로 인생에서 최고의 성공은 가장 좋은 쾌락, 가장 많은 돈, 가장 강한 권력과 지위 또는 명예와 명성을 얻는 것이 아니라, 가장 훌륭한 인간성을 갖추고 가장 많은 유익과 인간의 의무를 다하는 것이다. 물론 돈이 어느 정도 힘이 될 수는 있으나, 지성과 공공 정신 그리고 도덕은 오히려 더 고상한 힘이 된다.

로드 콜링우드 경이 친구에게 보낸 편지 속에는 다음과 같은 구절이 있다.

로드 콜링우드

"연금을 달라고 탄원하는 따위의 일은 다른 사람들에게 하라고 하게. 나는 무슨 일이 있어도 빈곤을 극복하려고 노력하면, 돈이 없어도 윤택한 마음으로 살 수 있다고 믿네. 여태까지 조국을 위해 봉사한 나의 생애를 금전이 관련된 문제로 더럽히고 싶지 않네. 우리 집의 늙은 정원사 스콧과 나는 별로 많지 않은 돈으로 채소밭을 가꾸면서 살아갈 수 있네."

또 이런 말을 한 적도 있었다.

"내 행동의 동기는 아무리 많은 연금을 준다 해도 바꾸고 싶지 않네."

콜링우드의 취미는 정원 가꾸기였다. 트라팔가 해전이 끝나고 얼마 뒤 한 제독이 그를 방문한 적이 있는데, 정원을 샅샅이 살펴보아도 찾지 못하다가 마침내 깊은 도랑 속에서 그를 발견했다. 그는 늙은 정원사 스콧과 함께 열심히 땅을 파고 있었던 것이다.

진실로 존경을 받는 사람

돈을 많이 벌면 사교계에 들어갈 수는 있을지 모르지만, 사교계에서 존경을 받으려면 훌륭한 마음가짐과 예절 그리고 올바른 심성을 갖추어야 한다. 그것이 갖추어지지 않으면 한낱 돈 많은 사람일 뿐, 그 이상 아무것도 아니다. 이른바 '사교계'에서 이름을 날린 사람들을 보면, 크로이소스(리디아의 왕. 큰 부자를 일컫기도 함)처럼 부자이기는 하지만 몸가짐을 조심하지 않아서 사회의 존경을 받지 못한 사람들이 많다. 왜 그럴까? 그들은 다만 돈보따리에 지나지 않으며, 모든 것을 그것에 의지하고 있기 때문이다. 사회에서 뛰어난 사람들, 즉 여론의 방향을 잡고 여론을 이끌어 가는 사람들과 진정으로 성공했다고 할 수 있는 유능한 사람들은 반드시 부자가 아니다. 그들은 신뢰할 수 있는 인격과 규율 그리고 훌륭한 도덕심을 지닌 사람들이었다.

토머스 라이트처럼 세속적인 재물은 별로 없는 가난한 사람도, 천성을 계발하고 기회를 올바르게 이용하며, 적지만 자신이 가진 재산과 능력을 최대한 활용한다면, 한낱 세속적인 성공에 만족하는 사람, 다시 말해 돈 보따리와 땅만 끼고 있는 사람을 한 치의 부러움 없는 눈길로 내려다볼 수 있을 것이다.

11 자기수양—편안할 때 곤란할 때
먼저 나를 이겨야 세상을 이긴다

모든 사람에게는 두 가지 교육이 있으니, 하나는 남에게서 받는 교육이요, 또 하나는 자기 스스로 이루는 교육이다. 남에게서 받는 교육보다 스스로 이루는 교육이 더 중요하다.
기번

어려움에 부딪치면 용기가 꺾이고 폭풍 앞에서는 무릎을 꿇는 자가 있는가? 이런 자는 큰일을 하지 못하리라. 정복하려는 의지로 가슴이 부푸는 사람이 있는가? 이런 사람은 결코 실패하지 않으리라.
존 헌터

스스로 교육해야 한다
"사람이 받는 교육 중에 가장 좋은 것은 스스로를 가르치는 교육이다."

월터 스콧이 한 말이다. 벤야민 브로디 경은 이 말을 즐겨 인용했으며, 자신은 직업상의 모든 것을 스스로 배워 얻었다며 기뻐했다. 또한 문학, 과학, 예술에서 뛰어난 사람들도 모두 스스로 배웠다. 대학까지 포함하여 학교에서 받는 교육은 단지 기초에 지나지 않으며, 그것은 마음을 훈련시켜주고 계속 공부에 전념할 수 있는 습성을 길러준다는 점에서만 가치가 있다. 남이 우리에게 가르쳐주는 것은, 근면과 인내의 노력으로 우리 스스로 얻는 것보다 언제나 가치가 떨어진다.

노력해서 얻은 지식은 하나의 소유물, 즉 완전한 우리의 재산이 된다. 그렇게 얻은 지식은 더욱 생생하고 오래 지속되는 인상을 주므로 마음속에 깊이 새겨지지만, 남에게서 받은 지식은 도저히 그렇게 되지 않는다. 이런 자기 수양은 스스로 힘이 나게 하고 그 힘을 더욱 계발시켜 준다. 하나의 문제를 풀면 또 다른 문제를 풀게 되고, 그것이 반복되는 가운데 지식은 능력이 된다.

무엇보다도 우리 자신의 활동적인 노력이 가장 중요하다. 재능이나 책, 교사, 기계적으로 외워 얻는 배움이 아무리 많다 해도 배우는 사람의 노력이 없으면 아무 소용이 없는 것이다.

아놀드 박사

훌륭한 교사들은 언제나 자기 수양의 중요성을 인식하고, 자신의 능력을 적극적으로 발휘해서 지식을 얻도록 하라고 학생들을 격려한다. 이런 교사들은 '말'로 하는 가르침보다 '훈련'에 더 많은 중점을 두고 공부에 학생들을 적극적으로 참여시킨다. 그러므로 이것저것 그러모아 놓은 단편적인 지식을 그저 수동적으로 받아들이는 것보다 훨씬 차원 높은 공부가 되는 것이다.

위대한 아놀드 박사의 교육 정신이 이런 것이었다. 그는 학생들에게 자립심을 갖게 하고, 학생들 자신의 활동적인 노력으로 힘을 기르도록 하며, 자신은 그저 방향을 잡아주고 격려와 용기를 주는 데만 그쳤다. 그는 이렇게 말했다.

"나는 아이를 옥스퍼드에 보내어 사치 속에 살게 하는 것보다는, 차라리 반디멘즈랜드(오스트레일리아 남쪽의 섬 오스트레일리아 연방의 한 주)로 보내어 제 손으로 일하여 먹을 것을 벌도록 하는 게 났다고 생각한다."

또 이런 말을 한 적도 있었다.

"이 지상에 참으로 찬양할 만한 것이 하나 있다면, 남보다 못한 능력을 타고난 사람들이 열심히 노력하여 마침내 하느님의 지혜로 축복을 받게 되는 광경을 보는 것이다."

이와 같이 찬양할 만한 인격을 가진 학생 앞에서는 모자를 벗고 경의를 표하고 싶다고 그는 말했다. 일찍이 그가 랄래햄에서 교편을 잡고 있었을 때의 이야기인데, 한 번은 머리가 좀 좋지 않은 학생을 심하게 나무란 적이 있었다. 이때 학생이 그를 바라보며 이렇게 말했다.

"선생님, 왜 그렇게 화를 내십니까? 저는 정말 제가 할 수 있는 만큼 최선을 다 하고 있습니다."

뒷날 그는 그 이야기를 자기 아이들에게 자주 하면서 이렇게 덧붙였다.

"나는 그때 참으로 충격을 받았다. 그때 그 학생의 표정과 말은 지금도 잊혀지지 않는다."

운동의 좋은 점

비천한 출신의 사람들이 과학이나 문학 분야에서 뛰어난 일을 한 예를 위에서 많이 들었으므로, 노동도 최고의 지적인 문화와 양립할 수 있음을 분명히 알 수 있을 것이다. 적당한 노동은 육체를 상쾌하게 해 주며 건강에도 좋다. 공부가 마음을 계발해 주듯이 노동은 육체를 튼튼하게 해준다. 가장 이상적인 사회는 사람들이 여가 시간에 뭔가 할 수 있고, 일하는 사이사이에 휴식을 가질 수 있는 사회이다.

유한계급의 사람들도 어느 정도의 일은 해야 한다. 때로는 권태를 못 이겨서이기도 하지만, 대부분의 경우 어쩔 수 없는 본능을 충족시키기 위해 활동하는 것이다. 시골로 여우 사냥을 떠나거나, 엽총을 들고 스코틀랜드의 산으로 뇌조(雷鳥) 사냥을 가는 사람들도 있고, 여름마다 스위스의 산에 오르기 위해 길을 떠나는 사람들도 있다. 영국의 소년들은 고등학교에서 조정, 달리기, 크리켓 등과 그 밖의 여러 가지 육상경기를 통해 건전한 심신을 단련하기도 한다.

웰링턴 공작은 일찍이 자신이 소년 시절의 대부분을 보낸 이튼 학교 운동장에서 놀고 있는 소년들을 내려다보며 다음과 같이 말했다고 한다.

"워털루 전투에서 이길 수 있게 해준 것은 바로 이 운동장이었다."

다니엘 맬서스는 대학에 다니는 자기 아들에게 지식 계발에 부지런히 힘쓰는 동시에 씩씩한 운동을 게을리 하지 말라고 주의를 주었다. 운동은 마음에 즐거움을 주고 발랄한 심성을 유지하게 하는 최고의 수단이라는 것이었다. 그는 다음과 같이 말했다.

"모든 지식 그리고 자연과 학문에 대한 이해는 네 마음을 즐겁게 해주고 힘을 줄 것이다. 너의 두 팔과 두 다리로 힘차게 크리켓을 하면 즐거움과 힘을 얻게 될 게다. 네가 남보다 운동을 잘 하는 것을 보고 싶구나. 사람은 두 다리로 일어서서 활동할 때 가장 큰 마음의 즐거움을 얻을 수 있단다."

노동의 좋은 점을 강조한 제레미 테일러

위대한 성직자 제레미 테일러는 활동적인 일이 가져다주는 더 중요한 유익함을 다음과 같이 말했다.

"게으름을 피해, 당신의 한가한 시간을 유익한 즐거움으로 엄격히 채워라. 마음에 생각이 없고 몸이 한가하면 번뇌가 그 사이를 비집고 들기 쉬워서, 건강한 몸이 있으면서 편안함을 찾는 게으른 사람 가운데 유혹을 물리친 예가 없었기 때문이다. 육체적 노동은 악마를 물리치는 데 가장 쓸모가 있다."

인생에서 실제적인 성공은 일반 사람들이 생각하는 것 이상으로 신체 건강에 달려 있다. 유명한 호드슨 경기병대의 호드슨은 고향에 있는 친구에게 다음과 같은 편지를 보냈다.

"인도에서 나는 내 의무를 잘 수행하고 있네. 모두 나의 왕성한 소화력 덕택일세."

어떤 일에 끊임없이 왕성한 노력을 기울일 수 있는 능력은 주로 건강에 달려 있으므로, 머리를 쓰는 일을 하는 사람들도 건강에 주의를 기울일 필요가 있다.

학생들에게서 흔히 불만, 불행, 게으름, 몽상의 경향을 볼 수 있는데, 그 원인은 아마도 신체 운동을 소홀히 한 데에 있을 것이다. 이런 학생들에게는 현실 생활을 멸시하고 인간의 바른 길을 혐오하는 버릇이 있으니, 그것을 바로 영국에서는 바이러니즘, 독일에서는 베르테리즘이라고 한다. 채닝 박사는 미국에서도 그러한 경향이 퍼지는 것을 개탄하며, "너무나 많은 이 나라의 젊은이들이 절망이라는 학교에서 자라고 있다"고 말했다. 젊은이들의 이런 위황병(빈혈증)을 고치는 유일한 치료법은 육체의 운동, 즉 활동, 작업 그리고 육체노동이다.

노동이 참으로 좋은 점

아이작 뉴턴 경은 일찍이 소년 시절부터 스스로 기계를 만지곤 했다. 학생인 그는 별로 솜씨가 좋지는 않았으나, 톱이나 망치 또는 손도끼를 들고 방 안에서 열심히 두드리고 때리며 풍차와 마차의 모형 그리고 여러 가지 기계를 만들었다. 차츰 나이가 들면서 친구들을 위해 작은 책상과 찬장을 만들어 주기를 좋아했다. 스미턴, 와트, 스티븐슨도 소년 시절에 도구를 만지기 좋아했으니, 만약 그들에게 소년 시절의 이와 같은 자기 수양이 없었더라면 뒷날 그처럼 큰일을 이루지 못했을 것이다.

지금까지 살펴본 수많은 위대한 발명가와 기술자들도 어린 시절부터 이러한 훈련을 쌓았던 사람들로, 어릴 때부터 꾸준하게 쌓아올린 손의 훈련을 통해 창의력과 지능도 실제적인 발전을 이룰 수 있었던 것이다. 노동자였다가 나중에 출세하여 순전히 머리만 쓰는 일을 하게 된 사람들도 어린 시절에 이런 훈련을 한 것이 뒷날의 직업에 많은 도움이 되었음을 알 수 있다. 대장장이 출신으로 학자가 된 엘리휴 버릿은 힘든 노동을 해 본 사람이라야 나중에 효과적으로 학문 연구를 할 수 있다고 말하며, 학교 교사가 된 뒤에도 몸과 마음의 건강을 위해 가끔 연구를 중단하고 철공장으로 가서, 가죽 앞치마를 두르고 용광로 앞에서 모루를 두들기곤 했다.

연장을 다루는 훈련은 젊은이들에게 자기 주변의 일을 처리할 수 있는 힘을 길러줄 뿐만 아니라, 손과 팔을 쓰는 법을 가르쳐 주고, 건전한 노동에 익숙하게 한다. 또 실질적이고 현실적인 일에 대한 능력을 발휘하게 하며, 기계에 대해 잘 알고 유용하게 쓸 수 있는 능력을 줄 뿐만 아니라 참고 견디며 노력하는 습성을 심어준다. 이런 점에서 노동자 계층이 다른 계층에 있는 사람들보다 확실히 더 유리하다고 할 수 있다. 그것은 어릴 때부터 여러 가지로 노동하며 기계를 다루는 일에 전념해야 하므로 훌륭한 손재주와 체력의 이용법을 터득하기 때문이다.

노동에 따르는 안좋은 점은 그들이 노동을 하는 데 있는 것이 아니라 일을 하면서 그들의 도덕성과 지적인 능력을 키우는 데 소홀히 하게 되는 것이다. 돈 많은 유한층 젊은이들이 노동은 모욕이라는 교육을 받고 노동을 기피하면서 실제적으로 노동에 대해 아무것도 모르고 자라는 반면, 가난한 계층의 젊은이들은 늘 일만하고 사는 까닭에 대부분 글도 제대로 배우지 못하고 자라게 된다. 그러나 신체훈련과 육체노동을 지적인 교양과 결합시키면 두가지의 폐단을 모두 피할 수 있다. 외국에서도 차츰 이러한 더 높은 차원의 교육 제도를 다양하게 채택하고 있는 것처럼 보인다.

신체 건강은 직무를 수행하는 필수조건

전문직을 가진 사람들의 성공도 그들의 신체 건강에 달려 있다. 한 유명한 작가는 이런 말까지 했다.

"위인의 위대함은 정신의 소산인 것만큼 육체의 소산이기도 하다."

성공을 꿈꾸는 법률가나 정치가는 교양 있는 지성과 동시에 건강한 호흡기관이 절대적으로 필요하다. 그들이 활력을 유지하려면 혈액이 힘차게 돌아서 폐 속의 가스교환이 활발하게 이루어져야 하는데, 왕성한 체력으로 머리를 쓰는 데 그것이 큰 역할을 하기 때문이다.

판사는 밀폐되어 무겁고 답답한 법정 안의 높은 판사석까지 올라가야 하고, 정치 지도자는 사람들로 가득한 의사당 안에서 오랜 시간이 걸리는 진지한 정치 토론의 피로와 흥분을 견뎌야 한다. 그러므로 모든 정력을 기울여 일하는 법률가와 의회 지도자는 일반 지성인들보다 더 특별한 육체적 인내와 활동이 요구된다. 그러한 힘을 탁월하게 발휘한 사람들을 들면, 법조인으로는 브루엄, 린더스트, 캠벨 등이 있고, 의회 지도자로는 필, 그래엄, 그리고 파머스턴 등이 있으며, 이들은 모두 가슴이 떡 벌어진 건장한 사람들이었다.

젊어서 노동을 즐긴 유명한 학자와 문인들

월터 스콧 경은 에든버러 대학에 다닐 때, 그의 튼튼한 신체에 빗대어 '그리스의 돌머리'라는 이름으로 통했다. 비록 절름발이였지만 뛰어나게 건강한 청년으로, 튀드 강에서 일류 고기잡이들과 함께 작살로 송어를 잡기도 하고, 어느 사냥꾼 못지않게 사나운 말을 타고 애로강까지 달릴 수 있었다. 나중에 작품을 쓰느라 여념이 없을 때도 월터 경은 운동에 대한 취미를 버리지 않고, 오전에는 《웨이벌리》(스콧이 쓴 일련의 역사 소설)를 쓰고 오후에는 토끼 사냥을 하곤 했다.

아이작 배로

월슨 교수는 대단한 운동가로서 웅변과 시(詩)의 재능이 비상했던 것처럼 해머던지기 실력도 뛰어났다. 번스는 청년 시절에 특히 넓이뛰기, 야구, 씨름을 뛰어나게 잘했다.

영국의 이름 높은 성직자들 중에도 청년 시절에 운동으로 이름을 날렸던 사람들이 있었다. 아이작 배로는 차터하우스학교에 다닐 때 싸움 잘 하는 학생으로 악명이 높아 걸핏하면 코피를 흘렸고, 앤드루 풀러는 소암에서 농부로 일했을 때 권투를 잘 해서 유명했다.

아담 클라크는 소년 시절에 '커다란 바윗돌을 이리저리 굴리는' 엄청난 힘을 보여주었는데, 아마도 이런 힘을 바탕으로 뒷날 어른이 되어 높은 사상이 담긴 말을 우렁찬 목소리로 발표할 수 있었던 것이다.

노력은 모든 것을 정복한다

무엇보다 먼저 튼튼하고 건강한 신체를 기르는 것이 필요하지만, 학생들의 교육에는 정신적으로 전념하는 습성을 기르는 것 또한 반드시 필요하다.

"노력은 모든 것을 정복한다."

이 금언은 특히 지식의 정복에 적용되는 말이다. 배움의 길은 그것을 얻기에 필요한 노력과 탐구를 바치는 모든 사람들에게 공평하게 문이 열려 있으니, 굳은 의지를 가진 학생이 극복하고 정복하지 못할 큰 어려움은 없는 것이다.

채터튼은 하느님이 사람들이 간절히 원하기만 하면 무엇이든 잡을 수 있는 긴 팔을 주셨다는 특이한 말을 했다. 사업에서처럼 학문 연구에도 정력이 있어야 한다. '열성을 기울이는 노력'이 있어야 하니, 쇠가 뜨겁게 달아 있을 때 쇠를 치는 것이 아니라 쇠를 쳐서 달게 만들어야 하는 것이다.

기회를 신중하게 이용하고, 게으름뱅이들이 흔히 낭비해 버리기 쉬운 작은 여가도 유용하게 쓰며, 정력적으로 일하고 인내하는 사람들이 이루는 자기 수양의 공적은 실로 놀라울 정도다. 그래서 퍼거슨은 산에 올라가 양가죽을 뒤집어쓰고 천문학을 연구했고, 스톤은 품팔이 정원사로 일하면서 수학을 공부했으며, 드루는 구두를 고치는 틈틈이 철학을 깊이 연구했고, 밀러는 채석장에서 날품팔이를 하며 지질학을 공부했다.

올바른 방향으로 학문에 힘써야 한다

조슈아 레이놀즈 경은 앞에서 이미 살펴본 것과 같이 진심으로 근면의 힘을 믿었기 때문에, 부지런히 일하면서 인내하면 누구나 훌륭한 사람이 될 수 있다고 말했다. 그리고 천재가 되는 길은 고행의 길로, 예술가의 실력에는 한계가 없지만 오직 자신의 근면에 한계가 있을 뿐이라고 주장했다. 이른바 영감이라는 것을 믿지 않았고, 중요한 것은 오직 연구와 노력뿐이라고 생각했다. 그는 이렇게 말했다.

"뛰어남은 노력에 대한 대가로서만 인간에게 주어진다. 만약 위대한 재능이 있다면 근면으로 그것을 완성할 수 있고, 재능이 대단치 않다면 근면으로 부족한 점을 보충할 수 있다. 올바르게 노력을 기울이면 안 되는 일이 없고, 올바른 노력이 없으면 되는 일이 없다."

파월 벅스턴 경도 열심히 공부하면 안 되는 일이 없다고 믿었다. 그는 남들보다 두 배의 노력을 기울이면 자신도 남들처럼 할 수 있을 거라는 겸손한 생각을 했다. 보통의 수단을 가져도 오로지 전념한다면 모든 일을 이룰 수 있다고 굳게 믿었다.

쉬운 것은 어려운 것보다 못하다
로스 박사는 다음과 같이 말했다.

"지금까지 천재가 되리라고 인정받은 몇몇 사람을 만났는데, 그들은 모두 확고한 뜻을 품고 열심히 일하는 사람들이었다. 천재는 그 노력을 보면 알 수 있는 것이니, 노력하지 않는 천재는 맹목적인 믿음이요 말 못하는 예언자와 같다. 가치 있는 작품은 시간과 노력의 소산이지 소망과 의지만 가지고 이룰 수 있는 것이 아니다. 모든 위대한 작품이 나오는 데는 오랜 예비훈련이 필요하다. 노력을 기울여야 실력이 쌓인다. 처음에는 어렵지 않은 것이 없다. 심지어 처음에는 걸음마조차 쉽지 않은 법이다. 순간순간 눈이 섬광처럼 빛나고, 그 입술에서 생각지도 못한 놀라운 지혜와 사람의 마음을 참으로 고상하게 해주는 사상이 홍수처럼 쏟아져 나오는 웅변가도, 참을성 있는 반복 연습과 뼈아픈 실패를 거듭한 뒤에 그 비결을 터득한 것이다."

철저한 공부와 투철한 이념
공부에서 주의해야 할 중요한 두 가지는 철저함과 정확성이다. 프랜시스 호너는 정신을 계발시키는 원칙으로서, 무엇이든 한 가지를 철저하게 숙달할 목적으로 집중하여 전념하는 습관을 매우 중요하게 생각했다. 이러한 목적으로 그는 몇 권의 책만 중점적으로 읽었으며, 아무 책이나 마구 읽는 습관이 붙지 않도록 굉장히 조심했다.

지식의 가치는 분량에 있는 것이 아니라 그 쓰임새에 달려 있다. 그러므로 사소한 지식이라도 정확하고 완전하게 아는 것이 겉핥기식 지식보다 실용면에서 더 가치가 있는 것이다.

이그나티우스 로욜라의 금언 중에 다음과 같은 말이 있다.

"한 번에 한 가지 일을 잘하는 사람이 누구보다 많은 일을 한다."

우리의 노력을 너무 넓은 범위로 확대하면 힘이 약해지고 진보가 느리며 기분에 따라 일하는 비능률적인 작업습관이 붙는다.

세인트 레너즈 경은 파월 벅스턴 경에게 자기가 공부한 방법을 얘기한 적이 있었는데, 그것이 바로 그가 성공한 비결이었다.

"법률 공부를 처음 시작했을 때, 나는 그날 공부한 내용을 완전히 이해하여 내 것으로 만들기 전에는 절대로 다음 공부로 들어가지 않기로 결심했네. 경쟁자들의 대부분은 내가 일주일 걸려 읽는 것을 하루에 다 읽어 치웠지만, 열두 달이 지난 뒤에 보니 나의 지식은 처음 배울 때와 다름없이 생생한 반면, 그들의 지식은 한 번 번뜩였다가 그대로 사라져버리고 없었다네."

목적을 정하고 책을 읽는다

사람을 지혜롭게 만드는 것은 그가 마친 공부의 양이나 독서의 분량이 아니라, 추구하고 있는 목적과 공부의 일치, 연구할 때 주제에 기울이는 집중력 그리고 거기에 전념하는 정도를 규제하는 규율이다.

애버니티는, 정신에도 포화상태가 있어서 받아들일 수 있는 용량 이상의 것을 받아들이면 다른 것은 밀어낼 수밖에 없다고 말했다. 의학 공부에 대해서 그는 이렇게 말했다.

"자신이 무엇을 하고 싶다는 확고한 생각이 있다면, 누구나 그것을 완수하기에 적당한 수단을 틀림없이 선택할 수 있을 것이다."

가장 유익한 학문 연구에는 명백한 목표와 목적이 있어야 한다. 어떤 특정한 분야의 지식을 철저히 터득하면 어느 때나 그것을 이용할 수 있다. 그러므로 그저 책을 가지고 있다거나 어떤 지식이 필요할 때 어디를 읽어야 하는지 아는 것만으로는 부족하다. 인생의 목적을 위한 실제적인 지식은 언제나 우리 곁에 두고 필요할 때 이용할 수 있어야 한다.

자기를 믿는 것은 진정한 겸손과 같은 것

집에 아무리 돈을 많이 쌓아 놓아도 당장 주머니 속에 한 푼도 없다면 무슨 소용이 있겠는가. 마찬가지로 우리는 언제 어디서나 바꿔 쓸 수 있는 지식의 잔돈을 늘 지니고 다녀야 한다. 그렇지 않으면 그것을 써야 할 기회가 생길 때 무력한 사람이 되고 만다. 사업에서도 그렇지만, 자기 수양에서도 결단과 신속성이 필요하다.

이것이 장려되어야 하는 이유는, 젊은이들이 자신의 재능에 의존하는 습관을 길러주고, 어릴 때부터 가능하면 최대한 행동의 자유를 즐길 수 있도록 해주는 데 있다. 지도와 구속이 지나치면 자조의 습관이 붙지 못한다. 지나친 지도와 구속은 헤엄을 치지 못하는 사람의 양쪽 어깨에 잡아맨 공기주머니와 같다. 자신이 없다는 것은, 일반적으로 생각하고 있는 것 이상으로 사람의 발전에 큰 장애가 된다.

인생에 실패하는 것은 대부분 뛰는 말을 멈추게 하는 데서 일어난다고 말한다. 존슨 박사는 자기가 성공한 요인은 자신의 실력을 믿은 것에 있었다고 말하곤 했다. 진정한 겸손은 자신의 장점을 올바르게 존중하는 것이지, 모든 장점의 포기를 요구하는 것이 아니다. 아무것도 모르면서 아는 척하며 자기를 속이는 사람들이 있는데, 자신에 대한 믿음이 없고 행동의 신속성이 없다는 것은 하나의 성격 결함이며, 그것은 개인의 진보에 큰 방해가 된다. 일을 성취하지 못하는 이유는 대체로 하려는 의지가 부족한 데 있다.

각고와 심혈을 기울이지 않는 학문은 도움이 되지 않는다

대부분의 사람들에게 자기 수양을 이루어 보려는 소망이 없는 것은 아니지만, 그것을 얻는 데 필요한 대가, 즉 열심히 노력하는 것은 피하려는 경향이 많다. 존슨 박사의 다음과 같은 말은 오늘날에도 적용된다.

"공부를 조급하게 하려는 것이 오늘 세대의 정신적 질환이다."

학문에는 왕도가 없다고 하지만, 모두들 어떤 '유행'에 따르려고 애쓰고 있는 것 같다. 교육 현황을 보더라도, 노력은 하지 않고 과학 공부를 완성하는 지름길을 모색하며, '열두 시간만에' 또는 '교사도 없이' 프랑스어와 라틴어를 배우고 있다. 어느 상류층 여인이 동사와 분사 따위로 자기를 괴롭히지 않는다는 조건으로 개인 교사를 고용했다고 하는데, 우리는 바로 그런 여인을 닮았다.

이와 같이 수박 겉핥기식으로 과학을 공부하고 있으며, 때때로 재미나는 실험을 섞은 짧은 강의를 들으며 화학을 공부한다. 일산화질소를 들이마셔

보고, 파란물이 빨간 빛으로 변하는 것 또는 인(燐)이 산소 속에서 타는 것을 보고 조그마한 지식을 얻고 있는 데, 좋게 말해서 아무것도 안 하는 것보다는 나을지 모르나 사실은 아무짝에도 못 써 먹을 짓이다.

이처럼 그저 장난만 치면서 교육을 받고 있다고 생각한다. 이런 식으로 젊은이들에게 연구와 노력이 없는 공부를 시키는 것은 교육이 아니다. 그것은 시간만 보내는 것이지 젊은이들의 마음을 살찌워주지는 않는다. 잠시 동안 자극을 받아 일시적으로 어느 정도 예민하고 영리해질지 모르나, 속에 의지가 없고 한낱 쾌락을 얻겠다는 것 이상의 높은 목적이 없이는 뭔가 알찬 이익을 얻지 못한다. 이런 경우, 지식은 다만 잠시 스쳐가는 이상, 즉 어떤 순간적인 기분을 자아낼 뿐 그 이상 아무것도 아니다. 다시 말해, 전혀 지적이지 않고 그저 감각에만 호소하는 지능의 미식주의(美食主義)에 지나지 않는 것이다.

이리하여 왕성한 노력과 자립적인 행동에 의해 태어나는 최고의 정신 자세는 깊은 잠 속에 빠져, 갑작스러운 재난이나 고통이 거칠게 각성시켜주기 전까지는 되살아나지 못한다. 이런 경우 갑작스러운 재난이나 고통이 오히려 하나의 축복으로서 사람의 용기를 일깨워주는 역할을 하며, 만약 그것이 없으면 그는 계속 깊은 잠 속에 빠져 있게 될 것이다. 장난하듯이 지식을 얻는 습관에 젖은 젊은이는 이내 고생스러운 연구와 노력이 필요한 공부를 멀리하게 된다.

수고를 아끼지 말고 안식을 구하지 말아야 한다

건성으로 지식을 얻으면서 과학을 공부하면, 지식과 과학을 장난감처럼 여기기 쉽다. 그로 인해 일어나는 지적 유희적인 자세는 그들의 정신과 인격의 골수를 빼 버리는 결과를 빚어낸다. 브리턴의 로버트슨은 다음과 같이 말했다.

"잡다한 독서는 흡연처럼 사람의 마음을 약화시키고 동면 상태로 끌어들인다. 그것은 모든 게으름 중에서 가장 큰 게으름이요, 무엇보다도 사람의 정신을 무기력하게 만든다."

컴벌랜드

악은 점점 성장하여 여러 면에서 해를 끼친다. 악의 가장 작은 해독은 겉핥기식 지식이요, 가장 큰 해독은 그것 때문에 생기는 꾸준한 노력의 기피와 그것이 조장하는 천박하고 허약한 마음 상태이다. 만약 우리가 진정으로 현명하기를 원한다면, 우리의 조상들 못지않게 일에 부지런히 전념해야만 한다.

지금도 그렇고 앞으로도 줄곧 그렇겠지만, 무엇이든 귀중한 것을 얻으려면 어쩔 수 없이 노력이라는 대가를 치러야 하기 때문이다. 어떤 목적의식을 가지고 일하면서 참을성 있게 그 결과를 기다리는 데 만족해야 한다. 최고에 이르는 모든 진보는 그 속도는 느리나, 믿음을 갖고 열심히 일하는 사람에게는 때가 되면 반드시 보상이 있게 마련이다. 사람의 일상생활 속에 나타나는 근면 정신은 그 사람에게 점차 자기를 초월한 일들, 즉 더욱 존엄하고 유익한 일에 힘을 기울이게 할 것이다. 그래도 우리가 계속 노력해야 하는 것은 자기 수양에는 결코 끝이 없기 때문이다.

"일을 한다는 것은 행복한 것이다"라고 시인 그레이는 말했고, 주교 컴벌랜드는 다음과 같이 말했다.

"녹슬어 못 쓰게 되기보다는 닳고 닳아 못 쓰게 되는 편이 낫다."

또 아놀드는 이렇게 말했다.

"어차피 우리에겐 영원한 안식이 기다리고 있지 않은가?"

"휴식은 내세에 가서!"

이것은 윌리엄 더 사일런트(독일 태생의 네덜란드 정치가, 군인. 네덜란드 공화국의 창건자)의 정력적이고 근면한 친구이던 마르닉스 드 생 알데공데의 좌우명이었다.

학문은 선량한 마음, 단정한 행동과 하나가 되어야 한다

우리가 정당한 존경을 받는 길은 오직 우리에게 주어진 힘을 잘 이용하는 데 있다. 자신이 가진 한 가지 재능을 올바르게 사용하는 사람은 그 10배의 재능이 있는 사람만큼 존경을 받을 가치가 있다. 많은 재산을 물려받았다고 해서 그에게 어떤 인간적인 가치를 부여할 수 없는 것처럼, 우수한 재능을 타고 났다고 해서 그 자체에 무슨 훌륭한 가치가 있는 것은 아니다. 우리의 정신은 어떤 유익한 목적이 없이 많은 지식을 쌓을 수 있을지 모르나, 지식이란 선과 지혜와 결합되어 올곧은 인격 속에 나타나야 하며, 그렇지 않으면 없는 것과 마찬가지다.

페스탈로치는 심지어 지적 훈련 자체는 해로운 것이라고 주장하면서, 모든 지식은 올바르게 조절된 의지의 토양 속에 뿌리를 박고 거기서 자양분을 얻어야 한다고 말했다. 사실 지식은 생활 속의 더욱 비열한 죄악으로부터 인간을 보호해 줄 수 있을지 모르지만, 건전한 원칙과 습성으로 강화되지 않으면 이기적인 악덕을 조금도 막아주지 못한다.

이리하여 우리는 하루하루 살아가는 동안, 아는 것은 많지만 인격이 형편없고, 학문은 풍부하지만 실제적인 지혜가 거의 없어, 본받을 만한 모범보다는 경고를 필요로 하는 소행을 보여주는 사람들을 많이 보게 된다. '아는 것이 힘'이라는 말을 자주 하지만, 광신이나 횡포, 야망 같은 말들도 그에 못지않게 많이 하고 있다. 지식은 본디 현명하게 그 방향을 잡지 않으면 나쁜 사람들을 오히려 더 나쁘게 만들 뿐이요, 그것을 최고의 선이라고 볼 때 그 사회를 한낱 아수라장으로 만드는 역할밖에 못할 것이다.

학문과 지식의 차이

오늘날 우리는 학문과 교양의 중요성을 과대평가하고 있다. 도서관, 연구소, 그리고 박물관만 많이 있으면 크게 진보하고 있는 것처럼 생각하기 쉽다. 그러나 이러한 시설은 최고 수준의 개인 수양에 도움이 되는 동시에 또한 방해가 될 수도 있다. 도서관이 있다거나 도서관을 마음대로 이용한다고 해서 바로 배움이 되지 않는 것은, 재산이 있다고 해서 그것이 곧 너그러움을 뜻하지 않는 것과 같다.

확실히 우리는 오늘날 어마어마한 시설을 가지고 있지만, 예나 지금이나 관찰과 주의 그리고 인내와 근면의 길을 통해서만 지혜와 이해가 우리의 것이 될 수 있는 것도 틀림없는 사실이다. 한낱 지식의 재료를 소유한다는 것은 지혜 및 이해와는 다른 것이니, 지혜와 이해는 독서——자기의 것으로 만들려는 적극적인 노력이 없는 까닭에 다른 사람들의 생각을 소극적으로 받아들이는 것에 지나지 않는 독서——이상의 높은 훈련을 통해서 얻을 수 있는 것이기 때문이다.

그러므로 오늘날 우리가 아무리 많은 독서를 해도 마치 홀짝홀짝 술을 마시듯 잠시 동안의 기분 좋은 흥분을 얻기 위해 단편적인 지식을 탐하는 것과 다름없으며, 정신을 향상시키고 윤택하게 하거나 인격을 높이는 데는 아무런 효과가 없다. 이리하여 많은 사람들은 보잘것없는 일로 시간만 보내면서 자기네들 나름대로는 교양을 쌓고 있다는 착각에 빠져 있으니, 그들이 하고 있는 일은 아주 좋게 말해서 더 나쁜 짓을 못하게 하는 효과밖에 없다.

책에서 얻는 경험이 가치 있는 것도 많지만 어디까지나 학문이 성질을 띠고 있는 것인 반면, 실제생활에서 얻는 경험은 슬기로운 성질을 띠고 있다. 따라서 조금이라도 경험을 얻는 것이 학문을 많이 얻는 것보다 훨씬 더 가치가 있다는 것을 우리는 명심하여야 한다. 볼링브루크 경의 다음과 같은 말은 참으로 귀담아 들을 만한 말이다.

"공부를 해서 사람이 직접적으로나 간접적으로 더 나은 인간, 더 나은 시민이 될 수 없다면, 그 공부가 무엇이든 그것은 기껏해야 허울 좋고 꾀부리는 나태에 지나지 않으며, 그렇게 얻은 지식은 탄식할 정도로 어이없는 무지일 뿐이다."

독서만을 학문으로 생각해서는 안 된다

좋은 책을 읽는 것은 유익하고 교훈적인 것이 사실이지만, 정신을 계발시키는 하나의 방법일 뿐 인격 형성에 있어서는 실제적인 경험이나 훌륭한 모범보다 그 효과가 훨씬 덜하다.

독서 계층이 있기 오래 전에 영국에는 이미 현명하고 용감하고 진실한 사람들이 있었다. 대헌장은 글을 몰라서 서명 대신 도장을 찍은 사람들의 손으로 만들어졌다. 대헌장의 원칙이 담긴 글을 전혀 해독하지 못했지만, 그래도 그들은 원칙 자체를 이해하고 올바르게 평가했으며 또한 그 원칙을 지키고자 논쟁도 했다.

그리하여 일자무식이었지만 최고의 인격을 지닌 사람들이 영국에 자유의 기초를 세운 것이다. 그러므로 교양의 주목적은 우리의 마음을 다른 사람들의 생각으로 가득 채우고 사물에 대한 남의 인상을 수동적으로 받아들이는 것이 아니라, 우리 모두의 지성을 계발하여 우리를 필요로 할지 모르는 생활 분야에서 더욱 유용하고 능률적인 일꾼이 되는 것이다.

영국의 가장 정력적이고 유용한 일꾼들이라고 해서 반드시 모두 시간을 아껴가며 독서한 사람들은 아니었다. 브린들리와 스티븐슨은 어른이 될 때까지 글을 배우지 못했으나 위대한 업적을 남기고 인간다운 삶을 살았다. 존 헌터는 어느 목수 못지않게 책상과 의자를 잘 만들 수 있었지만, 20세가 되어서야 겨우 읽기와 쓰기를 배울 수 있었다. 나중에 위대한 생리학자가 된 그는 학생들에게 강의를 할 때, 강의 주제 중 한 부분을 가리키며 다음과 같이 말했다.

"나는 전에 이 부분을 읽지 못했네. 여러분들이 이 전문 분야에서 유명한 사람이 되고 싶으면 잘 연구해 두어야 하는 부분일세."

어떤 사람이 고대어와 라틴어도 모르는 사람이라고 그를 비난했을 때 그는 이렇게 맞받아쳤다고 한다.

"나는 그 자에게 죽은 시체에 대해 그 자가 고대어로도 현대어로도 배우지 못한 사실을 가르치고 싶군요."

깨달음을 실천하고 생각을 행동으로 옮겨야 한다

중요한 것은 얼마나 많이 알고 있는가가 아니라 그것을 알고 있는 목적이 무엇인가 하는 것이다. 지식의 목적은 지혜를 성숙하게 하고 인격을 높여 우리를 더 훌륭하고 행복한 사람 그리고 유용한 사람으로 만드는 데 있으며, 한 걸음 더 나아가 더욱 자비롭고 정력적이고, 모든 일상사를 처리해가는 더욱더 유능한 사람이 되는 데 있는 것이다. 최근에 나온 〈새터데이 리뷰〉에 다음과 같은 말이 실려 있다.

"사람들이 도덕적인 인격——종교 및 정치적 의견이 도덕적 인격의 구체적인 형태이지만——을 떠나 인간의 능력을 찬양하고 조장하는 습관이 붙게 되면, 그들은 모든 면에서 타락의 길을 걷게 된다."

우리는 우리 자신을 찾고 스스로 행해야 하며, 남들은 전에 어땠고 무엇을 했는지를 책으로 읽고 깊이 생각하는 데만 머물러서는 안 된다. 우리가 얻은 최상의 깨달음을 생활 속에 도입하고, 최고의 생각을 행동으로 옮겨야 한다. 그래서 적어도 리히터처럼 다음과 같은 말을 할 수 있어야 한다.

"나는 내가 타고난 소질로 할 수 있는 모든 것을 다했으므로, 나한테 그 이상의 것을 요구할 수 있는 사람은 아무도 없을 것이다."

사람은 자신의 책임과 타고난 재능에 따라 하느님이 도와주시는 대로 자기를 단련하여 올바른 방향을 찾아 나아가야 한다.

스스로를 존경해야 한다

자기 훈련과 자기 통제는 실제적인 지혜의 첫걸음에 속하며, 그 근본은 자기 존중에 뿌리를 두어야 한다. 희망은 자기 존중에서 솟아나는 것이니, 그것은 힘의 동반자요 성공의 어머니다. 큰 희망을 품고 있는 사람에게는 기적을 행할 수 있는 힘이 생긴다.

가장 비천한 처지에 있는 사람도 다음과 같은 말을 할 수 있을 것이다.

"나 자신을 존중하고 나 자신을 발전시키는 것, 이것이 내 인생의 진정한 의무다. 거대한 사회 조직 속에 없어서는 안 되는 책임 있는 입장에 있다고 자부하는 내가, 육체와 정신 또는 본능을 타락시키거나 파멸시키지 않고 있는 것은 사회와 사회를 만들어 주신 하느님 덕분이다.

타락시키고 파멸시키기는커녕, 나에게는 나의 온 힘을 기울여 나의 육체와 정신을 완전한 상태로 끌어올려야 하는 의무가 있다. 악을 억제할 뿐 아

니라, 타고난 나의 성질 가운데 좋은 면을
일깨우도록 노력해야 한다. 나 자신을 존경
하는 마음이 있다면 마찬가지로 남들도 존
경해야 하며, 그러면 남들도 그들의 입장에
서 나를 존경할 것이다."

이리하여 사람 사이에 존경과 정의와 질
서가 있게 되는 것이니, 그것을 문서로 기
록하여 보장해 주는 것이 바로 법률이다.

피타고라스

피타고라스의 격언과 밀턴의 말

자기 존중은 사람이 입을 수 있는 가장 고상한 옷이요, 사람이 영감을 얻을 수 있는 최고의 감정이다. "자기 자신을 존중하라"는 말은 피타고라스가 학생들에게 늘 하던 말인데, 그것은 그의 황금률의 하나였다. 이러한 높은 이상이 생활의 지주가 되면 음탕한 습성으로 육체를 더럽히지 않을 것이고, 비굴한 생각으로 정신을 더럽히지도 않을 것이다.

매일 이러한 자세로 살아가면 그것은 바로 정결, 존엄, 정절, 종교 등 모든 미덕의 근원이 될 것이다. 그러므로 밀턴은 말했다.

"경건하고 정당한 입장에서 자신을 존경하는 것, 우리는 이것을 가치 있고 찬양할 만한 모든 선행이 솟아나는 근본적인 수원(水源) 같은 것이라고 생각할 수 있다."

자기 자신을 경멸한다는 것은 남에게서 낮은 평가를 받는 동시에 자신이 자신을 낮게 평가한다는 뜻이다. 그리고 행동은 생각하는 대로 나타나게 마련이다. 아래를 내려다보면 큰 뜻을 품을 수 없는 것이니, 오르고 싶은 생각이 있으면 위를 보고 살아야 한다.

아무리 미천한 처지에 있는 사람도 이러한 올바른 정신 자세로 버티고 나갈 수 있다. 우리는 자신을 존중하는 가운데, 빈곤에서 벗어나 밝은 미래를 열어갈 수 있다. 가난한 사람이 유혹을 물리치고 꼿꼿한 자세를 유지하면서,

밀턴

부끄러운 행동으로 자신을 더럽히는 것을 거부하는 것은 참으로 고상한 일이다.

자기 수양은 지위와는 상관없다

자기 수양의 품위를 떨어뜨리는 것 중 하나는, 그것을 오로지 출세하는 수단으로 보는 데 있다. 이러한 견지에서 볼 때, 교육이 시간과 노력을 들이는 가장 좋은 투자 중 하나라는 사실은 의문의 여지가 없다. 어느 분야에서든 사람이 총명하면 더 쉽게 환경에 순응할 수 있고, 일을 더 잘할 수 있으며, 모든 면에서 더 적합하고 능숙하며 또한 능률적인 사람이 될 수 있다. 손뿐만 아니라 머리를 써서 일하는 사람은 자기가 하는 일을 더욱 밝은 눈으로 보게 되고, 자신의 힘이 향상하는 것을 의식하게 되는데, 그것은 아마도 인간이 소중하게 간직할 수 있는 가장 즐거운 의식이라고 할 수 있지 않을까.

자조 정신이 점점 강해지고 자기 존중에 비례하면, 천박한 일에 탐닉하고 싶은 유혹을 물리칠 수 있는 힘이 생긴다. 완전히 새로운 관심을 가지고 사회와 그 움직임을 보게 되고, 더 넓고 큰 견지에서 공감을 갖게 되어, 자기 자신은 물론 남을 위해서도 일하고 싶은 마음이 일어나게 될 것이다.

그러나 자기 수양은 위의 여러 가지 경우에서처럼 그 결과가 좋게만 나타나는 것은 아니다. 대부분의 사람들은 아는 것이 아무리 많아도 늘 근면을 필요로 하는 일상의 직업에 종사해야 한다. 사회 전체가 가진 교양이 아무리 크다 해도, 그것이 그 사회가 매일 해야 하는 일상적인 일을 면하게 해주지는 못한다. 일을 하지 않아도 된다면 좋겠지만 현실은 그렇지 못하다. 그러나 우리는 그것도 어떤 면에서는 가능하다고 생각한다. 일에 고상한 생각을 결부시켜 지위를 높일 수 있는 것이니, 고상한 생각이 가장 높은 일뿐만 아니라 가장 낮은 일에도 우아한 품위를 부여하기 때문이다. 초라한 오두막에서 사는 가장 가난하고 미천한 사람도, 동서고금을 통한 위대한 사상가를 맞이하여 얼마든지 오랜 시간 벗하며 함께 즐거운 시간을 보낼 수 있다. 그러므로 올바른 독서 습관은 가장 큰 즐거움과 자기 향상의 근본이 될 수 있고, 인격과 행동 전체의 진로에 원만한 영향력을 미쳐 가장 유익한 결과를 얻게 해준다. 비록 자기 수양으로 부를 얻지는 못한다 해도 고상한 사상과 친교를 맺을 수 있다. 일찍이 어느 귀족이 현인에게 경멸하는 말투로 이렇게 물었다.

"학문을 통해 당신이 얻은 것이 도대체 무엇이란 말이오?"

현인은 다음과 같이 대답했다.

"적어도 내 안에 친구를 얻었소."

그러나 많은 사람들은 자신들이 바라는 만큼 빨리 출세하지 못한다는 이유로 자기 수양의 과정에서 낙심하거나 용기를 꺾기 쉽다. 도토리를 심기 무섭게 금방 참나무로 자라는 것을 보고 싶어 하는 것이다. 아마도 이런 사람들은 지식을 시장에서 사고 팔 수 있는 상품처럼 여기고 있어서, 예상한 대로 팔리지 않으면 억울해 하는 것 같다. 트리멘히르의 《교육 보고서》(1840~1841) 속에 다음과 같은 내용이 있다. 노퍽에 있는 어느 학교의 학생 수가 급격히 줄어들어, 교사가 학부형들을 찾아가 그 이유를 알아보았더니 대부분이 이렇게 말했다.

"교육을 시키면 전보다 잘살 줄 알았지요. 그런데 교육을 시켜도 아무 소용이 없더군요. 그래서 아이들을 보내지 않은 겁니다. 이제는 그 따위 교육 문제로 골치 아파하지 않기로 했습니다."

자기 수양에 대한 이와 같은 천박한 생각이 다른 계층의 사람들 사이에도 널리 퍼지고 있으며, 많든 적든 사회에 늘 깔려 있는 거짓된 인생관에 의해 조장되고 있다.

자기 수양의 질을 떨어뜨리는 것

자기 수양을, 인격을 높이고 마음을 넓히는 힘으로 보지 않고, 남을 밀어내고 출세하는 수단 또는 지적 즐거움으로 본다면, 그것은 자기 수양을 매우 낮은 수준으로 떨어뜨리는 결과밖에 되지 않는다. 베이컨은 이렇게 말했다.

"지식은 물건을 팔아 이익을 올리는 상점이 아니라 하느님의 영광과 인간 정신의 구원을 위해 있는 풍성한 창고다."

사람이 자기 자신을 높이고 더 나은 삶을 살기 위해 힘쓰는 것은 틀림없이 존경할 만한 일이지만, 그것이 인간성을 희생시켜 가면서 이루어져서는 안 된다. 마음을 한낱 신체의 일꾼으로 삼는 것은 마음을 노예로 부리는 것과 다름없다. 성공하지 못했다고 해서 이리저리 다니며 나는 불쌍한 사람이라고 못난 소리를 하거나 자신의 운명을 한탄하는 것은 주로 좁은 마음, 천박한 마음의 표시이다. 인생의 성공은 결국 지식보다는 근면과 작은 일에도 주의를 기울이는 습관에 달려 있다.

로버트 사우디가 자기에게 충고를 부탁한 친구에게 다음과 같은 편지를 보낸 적이 있는데, 그런 그릇된 기질을 가진 사람에게 줄 수 있는 최고의 충고가 될 것이다.

"만약 도움이 된다면 자네에게 충고의 말을 하겠네만, 스스로 병들기를 원하는 사람은 고칠 길이 없는 법일세. 선량하고 현명한 사람들도 때로는 세상이 돌아가는 꼴을 보고 화를 내기도 하고 슬퍼하기도 하네. 하지만 자신의 임무를 완수한 사람은 결코 세상에 대해 불만을 품지 않았다는 것을 알아 두게. 만약 교육받은 사람이 건강한 눈과 손, 그리고 시간이 있는데도 어떠한 목적을 얻지 못한다면, 그것은 오직 하느님께서 축복을 받을 만한 가치가 없는 사람에게 모든 축복을 내리셨기 때문일세."

대중 선정소설의 해악

교육이 창부처럼 더럽혀지는 또 하나의 원인은 그것을 한낱 지적 즐거움의 수단으로 이용하는 데 있다. 오늘날에는 그런 태도로 교육을 다루는 사람들이 많다. 가벼움과 흥분을 추구하는 거의 광증에 가까운 것들이 유행하고 있는데, 그것이 여러 가지 형태로 우리의 대중 문학에서 나타나고 있다. 대중의 입맞에 맞추기 위해 요즈음 나오는 책들은 매우 재미있고, 우습고, 속어를 거리낌 없이 쓰며, 인간이 만들었거나 하느님이 정한 모든 율법을 어기는 풍조를 보이고 있다.

더글러스 제럴드가 이러한 경향에 대해 다음과 같은 말을 한 적이 있다.

"나는 세상 사람들이 모든 일에 대해 이와 같이 천하게 웃기기만 하는 것에 싫증이 날 거라고 확신하며, 적어도 그러기를 바란다. 결국 인생이란 그 속에 뭔가 진지한 면이 있는 것이다. 인생이 언제나 웃기는 역사일 수만은 없다. 산상수훈을 재미있는 농담처럼 쓰고 싶은 사람들도 아마 있을 것이다. '웃기는 영국 역사', '알프레드에 관한 만담', '토머스 모어 경에 대한 우스운 이야기' 등을 만들어 낼지도 모른다. 그리고 효수당한 아버지의 목을 달라고 애원하고는 관 속에서 그것을 가슴에 안고 있는 딸을 묘사한 희극을 생각해 보라. 틀림없이 세상 사람들은 이러한 모독에 대해 진저리를 치게 될 것이다."

존 스털링도 이에 동조하여 다음과 같이 말했다.

"이 세대의 모든 사람들, 특히 아직 정신이 미숙하고 의지가 형성되고 있는 중인 청소년들에게 요즘 나오는 잡지와 소설들은, 옛날 이집트의 질병과 같거나 그 이상의 해독을 끼치는 것으로, 깨끗한 물을 더럽히고 우리의 방을 오염시키는 세균처럼 해로운 것이다."

일을 하다가 쉬거나 좀 심각한 생각을 하다가 바람을 쐬는 것처럼, 천재 작가가 쓴 명작을 자세히 읽는 것은 차원 높은 지적 즐거움이다. 노인이고 젊은이고 모든 층의 독자들이 마치 강력한 본능에 끌리듯이 문학 묘사에 이끌린다. 그러므로 어떠한 문학 작품이든 그것을 적당히 즐기는 것은 나쁜 일이 아니다. 그러나 문학 작품을 읽는 것을 학문의 전부로 알고, 회람 문고의 책꽂이에 가득 찬 너절한 책들을 마구잡이로 읽으며, 대부분의 소설들에 실려 있는 당치도 않은 인생 이야기를 공부하는 데 많은 시간을 보내는 것은 시간 낭비보다 더 나쁠 뿐 아니라 극히 해로운 일이다. 소설 읽기에 인이 박힌 사람은 소설적인 감정에 너무 깊이 빠져들기 때문에, 건전한 감정이 잘못된 길로 빗나가거나 마비될 위험이 크다.

"저는 결코 비극을 보러 가지 않습니다. 괜히 마음만 상하게 되기 때문이지요."

어느 명랑한 사람이 요크의 대주교에게 말했다. 소설을 읽으면서 생기는 문학적 공감은 실제 행동으로 옮겨지는 것도 아니고, 소설이 불러일으키는 감동 때문에 불편을 감수한다거나 자기희생을 하게 되지는 않는다. 오히려 소설에 너무 자주 감동되면 마침내 현실에 대해서

미라보

는 아무런 감정을 느끼지 못하게 된다. 강철이 차츰 닳아 어느새 그 힘찬 강도를 잃는 것과 같다. 주교 버틀러는 이렇게 말했다.

"마음속으로 훌륭한 미덕을 상상하는 것은, 이와 같이 소설에 탐닉하는 사람에게는 결코 미덕의 습성을 붙여주지 못하며, 오히려 그 반대로 마음을 경직되게 하고 점점 더 무감각하게 만들어줄 뿐이다."

젊어서 환락에 빠져서는 안 된다

적당한 재미는 건전하므로 권유하고 싶은 일이나, 지나치게 재미에만 빠지는 것은 인간의 건전한 심성을 망치기 쉬우니 상당히 경계해야 한다. "일만 하고 놀지 않으면 바보가 된다"는 격언이 흔히 인용되고 있지만, 놀기만 하고 공부를 하지 않는 것은 더 나쁜 일이다.

정신이 줄곧 쾌락에 빠져 있는 것보다 청년에게 더 해로운 일은 없다. 청년의 가장 좋은 기상이 약해지고, 평범한 일에 대한 흥미를 잃으며, 더 높은 차원의 즐거움을 찾고자 하는 의욕이 없어진다. 그리고 해야 할 일이나 인생의 의무와 부딪치면 언제나 회피하고 싫어하게 된다. '쾌락을 쫓는' 사람들은 삶의 힘을 낭비하고 고갈시키며 진정한 행복의 자원을 메마르게 한다. 청춘기를 헛되이 낭비하면 인격이나 지성은 건전한 발전을 이룰 수 없다. 단순함을 잃은 아이, 순결하지 않은 처녀, 그리고 진실성이 없는 소년은 자기 탐닉 속에 젊음을 낭비해 버린 사람 만큼 불쌍해 보인다.

프랑스 혁명 때의 정치가 미라보는 스스로에 대해 다음과 같이 말했다.

"나는 젊은 나이에 미리 다가올 앞날을 다 써 버리고 활력의 대부분을 낭비해버렸다."

오늘 어떤 사람에게 나쁜 짓을 하면 다음날 그것이 나에게 돌아오는 것처럼, 젊은 시절에 저지른 죄악은 뒷날 다시 되살아나 우리를 괴롭히게 마련이다. 베이컨이 "젊을 때 기력을 너무 낭비하면 늙을 때까지 그 부담을 느낀다"고 말한 것은, 인생을 살아가는 동안 도덕적인 면뿐만 아니라 육체적인 면에도 많은 주의를 기울여야 한다는 것을 의미한다.

이탈리아의 시인 주스티는 친구에게 보낸 편지에서 다음과 같은 말을 했다.

"나는 나의 생존에 대해 비싼 값을 치르고 있네. 사실 우리의 인생을 우리가 마음대로 할 수 있는 것은 아니지. 처음에는 자연의 섭리가 우리에게 인생을 거저 주는 척하다가 나중에 가서 청구서를 내미니 말일세."

젊은이가 저지르는 가장 나쁜 무분별은 건강을 파괴하는 것보다 인간성을 더럽히는 것이다. 방탕 속에 사는 젊은이는 썩을 대로 썩어, 나중에 깨끗한 사람이 되려고 해도 깨끗해질 수 없는 경우가 많다. 만약 거기에 대한 치료법이 있다면 단 한 가지, 열심히 의무를 수행하고자 마음을 먹고 유익한 일에 온 힘을 기울여 전념하는 것뿐이다.

너무 일찍 정력을 낭비한 콩스탕

위대한 지적 능력을 타고난 프랑스 사람 벵자맹 콩스탕, 그러나 20세 때 이미 환락에 빠진 그의 인생은 결국 비탄 속에서 끝나고 말았다. 평범한 근면과 자제심만 있었더라면, 그는 위대한 일을 하고 그 수확을 충분히 거두어들일 수 있었다. 그는 이것저것 많은 일을 하려고 마음만 먹었을 뿐 정작 하나도 이룬 일이 없었으므로, 사람들은 그를 '변덕쟁이 콩스탕'이라고 불렀다.

그는 재기발랄한 작가로, '세상 사람들이 절대로 가볍게 취급할 수 없는' 작품을 쓰겠다는 야망을 품고 있었다. 그러나 콩스탕은 최고의 사상을 지니고 있는 것처럼 보였으나 불행히도 극히 품위 없는 생활을 했고, 그의 책에 담겨 있는 깊은 선험 철학(비판 철학이라고도 함)도 그의 생활의 천박함을 감싸 주지는 못했다. 종교에 관한 저서를 구상한다는 사람이 노름판에 드나들고, 작품《아돌프》를 쓰면서 남에게 욕을 먹을 불의를 저질렀다.

그는 뛰어난 지성을 소유했음에도 미덕을 전혀 믿지 않았기에 그의 삶은 무기력하기 짝이 없었다. 그는 이렇게 말했다.

"흥! 명성과 체면이 다 뭐란 말이냐? 오래 살아갈수록 명성과 체면이 아무것도 아니라는 것을 더 잘 알 수 있어!"

이것이야말로 불쌍한 사람의 부르짖음이었다. 그는 자기 자신을 "한 줌의 재이자 흙"에 지나지 않는다고 묘사했다.

"나는 불행과 슬픔 속에서 지상을 뒤덮는 그림자처럼 사라질 뿐이다."

그는 천재보다는 볼테르와 같은 정력을 원했으나, 소원만 했을 뿐 의지력이 없었다. 그 정력을 너무 빨리 탕진했으므로 그의 일생은 그저 끊어진 고리가 수북이 쌓인 꼴밖에 되지 않았다. 그는 자기 자신을 발 하나를 허공에 올려놓고 사는 사람이라고 말했다. 그리고 자기에게는 원칙이 없고, 일관성은 더더욱 없다는 것을 인정했다. 그는 그토록 찬란한 재능을 가졌으면서도 아무 일도 하지 못했던 것이다. 그리고 불행하게 살다가 비참한 최후를 맞이했다.

병약한 몸으로 학문에 힘쓴 장님 티에리

《노르만족의 영국 정복사》의 저자 오귀스탱 티에리의 생애는 콩스탕의 생애와는 사뭇 대조적이다. 그는 일생을 통해 인내와 근면, 자기 수양 그리고 지식에 대한 헌신의 눈부신 모범을 보여주었다. 지식을 얻는 가운데 시력을 잃고 건강을 잃었지만 진리를 사랑하는 마음만은 결코 잃지 않았다. 몸이 너무 약해 힘 없는 아기처럼 간호원의 두 팔에 안겨 이 방에서 저 방으로 옮겨질 정도였으나 용기를 잃지 않았다.

눈도 보이지 않고 병약한 몸이었지만 그는 학문하는 사람의 자세를 다음과 같은 고상한 말로 결론지었다.

"만약 내가 생각하고 있는 대로, 학문의 가치를 국가에 공헌한 이익의 분량으로 계산한다면, 나는 조국을 위해 전쟁터에서 손발을 잃은 군인과 맞먹는 봉사를 나라에 바쳤다고 믿는다. 내 노력의 결과가 어떻게 나오든 이 모범이 소용없는 것이 되지 않기를 바란다. 나의 모범이 현세대의 병폐인 도덕적 허약을 이기고, 신념이 없는 것을 불평하면서 무엇을 해야 할지 몰라 방황하며 곳곳에서 숭배와 찬양의 대상을 찾다가 결국 찾지 못하는 심약한 사람들을 다시 올바른 길로 인도해주기를 기원한다.

왜 그처럼 비통한 어조로, 이 세상이 잘못되어 있어 폐로 들이마실 만한 공기가 없다고――모든 정신을 받아들일 태세가 되어 있지 않다고――말해야만 하는가? 조용한 마음으로 진지하게 공부할 수 있지 않은가? 누구나 노력하면 도달할 수 있는 안전지대, 희망과 분야가 있지 않은가? 이러한 것을 얻을 때 우리는 별로 무거운 부담을 느끼지 않고 불행한 날들을 넘길 수 있다. 각자가 자신의 운명을 정하고, 각자가 자신의 인생을 고상하게 만들 수 있다.

이것이 내가 이제껏 살아온 방식이고, 또 만약 다시 이 세상에 태어나 처음부터 새로 산다 해도 나는 이와 똑같은 인생을 살고 싶다. 지금의 나를 만든 똑같은 방법을 택할 것이다. 눈이 보이지 않고 희망도 없고, 거의 끊임없이 고통을 받고 있는 내가 이렇게 증언하는 것이니, 이것을 미심쩍게 생각하는 사람은 아무도 없을 거라고 믿는다. 이 세상에는 관능적인 쾌락보다 낫고, 재물보다 낫고, 건강보다 나은 것이 있으니, 그것은 바로 지식에 대한 헌신이다."

콜리지

콜리지는 많은 면에서 콩스탕과 닮았다. 콩스탕처럼 빛나는 재능이 있었으나 그와 같이 목적의식이 확고하지 않았다. 지적 재능이 그토록 뛰어나면서도 근면성이 없어서 꾸준히 일하기를 싫어했고, 자립정신이 결여되어 아내와 아이들을 사우디(영국의 시인이며 극작가)가 먹여 살리도록 내버려 두

콜리지

고도 전혀 부끄러워하지 않았다.

그는 은퇴하여 하이게이트그로브로 가서 제자들에게 선험론을 강의하며, 런던의 소음과 매연 속에서 정직하게 일하는 사람들을 멸시했다. 마음만 먹으면 얼마든지 보수가 좋은 일자리를 얻을 수 있는 처지면서도 허리를 굽혀 친구들의 도움을 받고, 그토록 고상한 철학 사상을 지녔으면서 웬만한 노동자도 꺼리는 굴욕의 웅덩이로 떨어진 것이다.

이에 비하면 사우디의 정신은 얼마나 달랐던가? 그는 자기가 선택한, 지루하고 재미없는 일을 성실하게 해냈을 뿐 아니라, 끊임없이 지식을 추구하고 쌓았다. 날마다 끊이지 않고 해야 할 일이 있었고, 시간을 지켜 원고를 보내야 할 출판사와의 약속이 있었으며, 대가족을 부양하느라 하루하루 많은 지출이 있었다. 펜을 움직이지 않으면 사우디에게는 수입이 없었다. 그는 늘 이렇게 말하곤 했다.

"나의 인생길은 왕이 걸어가는 대로처럼 넓고, 내가 살아가는 방편은 잉크병 속에 있다."

《콜리지의 회상》을 읽고 로버트 리콜은 친구에게 다음과 같은 편지를 보냈다.

"조금만 정신을 차렸더라면——조금만 더 결의가 있었더라면 그의 재능은 엄청난 힘을 발휘했을 것을, 그게 없어서 얼마나 아까운 재능을 낭비하고 말았던가?"

로버트 니콜

진실하고 용감한 로버트 니콜은 비록 세상을 일찍 떠났으나, 인생의 많은 어려움을 극복한 사람이었다. 사회의 첫출발로 조그마한 서점을 운영하던 중, 겨우 20파운드의 빚 때문에 마치 무거운 돌에 짓눌리는 것 같은 나날을 보냈다. 이때 그는 다음과 같이 말했다.

"마치 나의 목에 이정표가 하나 매달려 있는 것 같은 기분이다. 이 빚을 갚고 나면 다시는 누구한테서도 돈을 빌리지 않을 것이다."

또 어머니에게 보낸 편지 속에는 이렇게 썼다.

"어머니, 제 걱정은 하지 마십시오. 저는 나날이 강인해져서 더욱 희망에 넘치는 사람이 되어가고 있습니다. 제가 더 많이 생각하고 명상할수록——요새 저는 독서보다 명상을 더 많이 하고 있습니다만——부자가 되든 안 되든 그런 것과는 상관없이 더 현명한 사람이 되어가고 있다는 느낌이 듭니다. 그것은 확실히 부자가 되는 것보다 훨씬 더 나은 일이라고 믿고 있습니다.
　이 세상에는 고통, 빈곤, 그 밖의 많은 삶의 난관이 있어 사람들에게 두려움을 주고 있지만, 저는 조금도 위축되지 않고 저 자신을 존중하고 있습니다. 또한 인간의 존엄한 운명과 하느님에 대한 믿음을 잃지 않을 만큼 대담합니다. 거기에 도달하려면 많은 정신적인 고통과 갈등이 필요하지만, 일단 도달하고 나면 높은 산 위에서 햇빛 속을 거니는 나그네처럼, 아우성치는 아래 세상의 소란을 내려다 볼 수 있습니다. 아직 그 지점에 도달하지는 못했지만, 하루하루 가까이 다가가고 있다는 것은 분명하게 말씀드릴 수 있습니다."

고난은 최선의 선생님

　사람을 '사람'으로 만들어주는 것은 편안함이 아니라 노력이요, 쉬운 일이 아니라 어려운 일이다. 인생의 어느 단계에서나 극복해야 할 난관이 있으며, 그것을 지나가야 결정적인 성공의 길에 들어설 수 있는 것이다. 실패가 가장 좋은 경험이듯이 인생의 난관은 우리에게 최고의 스승이다.
　찰스 제임스 폭스는 순탄하게 성공의 길을 걸어온 사람보다는 실패를 하고도 거기서 쓰러지지 않고 계속 버텨낸 사람이 더 바람직하다고 늘 말하곤 했다.

"어느 젊은이가 훌륭한 첫 연설로 명성을 날리는 것은 참으로 좋은 일이

험프리 데이비

다. 이 젊은이는 계속 성공의 길을 달릴 수도 있고 또는 최초의 승리에 만족하는 데 그칠 수도 있다. 그러나 처음에는 성공하지 못해도 거기에 꺾이지 않고 계속 버티어 나가는 젊은이가 더 마음에 든다. 나는 그런 젊은이의 뒤를 밀어주어, 첫 번째 시도에서 성공한 대부분의 젊은이들보다 훨씬 나은 일을 하도록 도와주고 싶다."

지식은 실패를 통해서 배운다

우리는 성공보다 실패에서 훨씬 더 많은 지혜를 얻을 수 있다. 우리는 때때로 어떤 어려운 문제를 해결하려고 노력하다가 새로운 방법을 알아내기도 하는데, 실패를 해본 적이 없는 사람은 결코 그런 발견을 할 수 없다.

물이 수면 위로 10미터의 높이에 이르면 펌프가 작동되지 않는 것을 보고, 관찰력이 강한 사람들은 기압의 법칙을 연구하게 되었고, 이어서 갈릴레오, 토리첼리 그리고 보일 같은 천재가 새로운 연구 분야를 개척하게 되었다.

존 헌터는 전문가들이 그들의 성공뿐만 아니라, 실패한 경험도 과감하게 발표해야만 외과 기술이 발전할 것이라고 말했다. 기사 와트는 기계 기술을 공부하는 데 가장 아쉬운 점은 실패한 경험을 기록한 책이 없는 것이라며 다음과 같이 말했다.

"우리에게는 오점을 기록한 책이 필요하다."

험프리 데이비 경은 교묘한 솜씨의 실험 작업을 보고 이렇게 말한 적이 있다.

"내가 저렇게 교묘한 솜씨로 실험을 하지 못하는 사람이라서 오히려 하느님께 감사한다. 내가 이룬 가장 중요한 발견들은 실패를 통해 암시를 받은 것이기 때문이다."

자연과학 분야의 또 다른 뛰어난 연구자는 연구를 하는 도중, 이건 정말로 극복할 수 없는 장애라고 생각되었을 때 대체로 어떤 발견의 실마리를 찾았다는 기록을 남겼다. 극히 위대한 일들——위대한 사상, 발견, 발명 등——은 흔히 곤경 속에서 영양분을 섭취하고, 설움 속에서 곰곰이 생각하여 마침내 그 곤경을 극복한 끝에 성취되는 경우가 많다. 베토벤은 로시니를 다음과 같이 평했다.

 "그는 소질이 있는 사람이어서 어렸을 때 좀 더 엄격한 교육을 받았으면 훌륭한 음악가가 되었을 것이다. 그런데 그는 편안함을 추구한 까닭에 그 소질을 망쳐버리고 말았다."

 자신감이 있는 사람들은 자기를 비판하는 말을 두려워할 필요가 없다. 멘델스존이 〈엘리야〉를 처음으로 연주하기 위해 버밍엄의 무대에 나가게 되었을 때, 그의 친구이자 비평가 중 한 사람에게 웃으면서 이렇게 말했다.

 "나를 어디 한 번 실컷 할퀴어 보게! 좋은 점은 말하지 말고 나쁜 점만 말해 주게나."

명장은 패전을 통해서 병법을 배운다

 장군을 분발시키는 것은 승리보다 패배라는 것은 과연 옳은 말이다. 워싱턴은 승전보다 패전한 경우가 많았지만 결국은 최후의 승자가 되었다. 로마인들이 승전했던 싸움을 보면, 대부분 처음에는 한결같이 패전의 쓴잔을 마셔야 했다. 모로 장군은 그의 친구들에 의해 자주 북에 비유되었는데, 북은 쳐야만 소리가 나기 때문이었다.
 웰링턴은 지극한 곤경에 직면했을 때 완벽한 군사적 천재성을 과시했으며, 그 곤경은 그에게 의지를 더욱 굳히고 남아로서 또한 장군으로서 위대한 소질을 발휘할 수 있는 기회가 되었다. 마찬가지로 유능한 선원은 폭풍우 속에서 가장 좋은 경험을 얻는 것이니, 그런 경험을 통해 자기 의존, 용기 그리고 최고의 경지를 얻는 훈련을 할 수 있기 때문이다. 세계에서 으뜸가는 선원으로 일컬어지는 영국 선원들이 가장 좋은 훈련을 받을 수 있었던 것은 거친 바다와 험한 겨울밤 덕택이었다.

가난과 고난은 인간의 좋은 스승

가난은 여교사처럼 혹독할지 모르지만, 대체로 최고의 교사라고 할 수 있다. 시련 앞에서 우리는 주눅이 들게 마련이지만, 이때야말로 남자답고 용감하게 그 시련과 맞서 싸워야 한다.

번스의 다음과 같은 시구는 참으로 올바른 내용을 담고 있다.

> 손실과 고난은
> 몹시 가혹한 교훈이지만
> 거기에 담긴 귀중한 정신을 그대 얻으리니
> 어디서도 이것을 얻지는 못하리라.

"역경의 효과는 참으로 달콤한 것이다."

역경을 통해 우리는 힘과 정력을 얻는다. 인격에 참다운 가치가 있으면, 짓눌릴 때 감초처럼 향기를 풍길 것이다.

옛 격언에 "고난은 하늘로 뻗어 있는 사다리다"라고 했고, 리히터는 다음과 같이 말했다.

"사람이 그것에 짓눌려 늘 불평하게 만드는 빈곤은 도대체 무엇인가? 그것은 처녀가 귀를 뚫어 보석을 달 때 느끼는 고통에 지나지 않는다. 그 고통이 지나면 귀한 보석을 달게 되지 않는가?"

생활 경험을 통해 보면, 혹독한 역경이 주는 건전한 훈련은 흔히 인내의 영향력을 발휘한다. 그러나 많은 사람들이 굳세게 가난을 견디고 쾌활하게 역경을 넘기면서도, 뒷날의 더 위험한 번영의 영향력은 이기지 못하는 경우가 있다. 바람에 외투를 벗는 사람은 아주 나약한 사람에 불과하며, 평범한 힘을 가진 사람은 너무 따뜻한 햇살을 받을 때 그것을 견디지 못하고 외투를 벗는 위험에 빠지게 된다. 그러므로 이따금 역경에 처했을 때보다 순탄한 상황에 있을 때 더 강한 훈련과 더 높은 인격을 필요로 한다.

너그러운 천성을 타고난 사람들 중에는 번영과 더불어 온정이 솟아나는 경우가 있지만, 그렇지 않은 사람들이 더 많다. 품성이 비천한 사람들은 돈이 있을 때 마음이 목석같이 딱딱한 사람이 될 뿐이요, 천박하고 노예근성이 있는 사람들은 더욱더 천하고 오만해진다. 번영은 사람의 마음을 오만으로 굳어지게 하기 쉬우나, 확고한 결의가 있는 사람에게 역경은 오직 불굴의 정신을 길러주는 역할을 한다.

버크는 이렇게 말했다.

"고난은 하느님이 보내주신 엄격한 스승이다. 부모처럼 우리를 지켜주시는 하느님은, 우리가 스스로 아는 것보다 우리를 더 잘 알고, 우리가 스스로 사랑하는 것보다 더 깊이 우리를 사랑하신다. 그분은 우리와 맞서 싸워 우리의 담력을 길러 주고 우리의 기술을 갈고 닦아 주신다. 그러므로 우리를 거스르는 적대자가 사실은 우리를 도와주는 것이다."

고난에 직면할 필요가 없는 삶은 편할지는 모르나 사람의 가치는 그만큼 떨어질 것이다. 왜냐하면 시련은 그것을 현명하게 극복할 경우, 인격을 높여 주고 자조의 길을 가르쳐 주기 때문이다. 그리하여 우리가 아무리 인정하지 않더라도, 고난 자체는 대부분 우리에게 가장 건전한 훈련이 될 수 있다.

용감한 젊은 장군 호드슨은, 인도 주둔군 사령관의 지위에서 부당하게 파직당하고 당치도 않은 비방과 비난에 시달리면서도, 용기를 잃지 않고 친구에게 다음과 같은 말을 했다.

"싸움터에서 적과 대결하는 것처럼, 나는 이 최악의 상태를 당당하게 직시하려고 노력하고 있네. 그리고 현재 내가 맡은 일을 내 능력껏 과감하게 완수하기로 결심했네. 모든 일에는 이유가 있는 법, 지루한 의무라도 잘 해내면 보상이 있을 거라고 스스로 위안하고 있다네. 또 보상이 없다 하더라도 아무튼 의무는 의무가 아니겠나."

고난이라는 학교

인생의 싸움은 대부분 가파른 언덕길을 오르는 것과 같아서, 투쟁하지 않고 얻는 승리에는 명예가 따르지 않는다. 고난이 없으면 승리도 없고, 투쟁의 목표가 없으면 성취할 대상도 없다. 고난은 약자에게 위협이 될 수 있겠지만, 굳은 결심과 용기 있는 사람들에게는 오히려 건전한 자극제의 구실을 할 것이다. 사실상 모든 인생 경험을 통해서 볼 때, 사람이 발전하는 길을 가로 막는 방해물은 꾸준하고 선량한 행위, 진지한 열성, 활동, 인내 그리고 무엇보다도 어려움을 이겨내고 꿋꿋하게 불행과 맞서려는 굳은 결의에 의해 극복할 수 있다.

고난이라는 학교는 개인을 위해서나 국가를 위해서나 도덕적 수양을 얻을 수 있는 가장 좋은 학교이다. 사실상 고난의 역사는 고난을 이기고 완수한 모든 위대한 일들의 역사일 뿐이다. 북유럽 사람들이, 다소 거칠고 변덕스러운 기후와 그들에게 가장 혹독한 조건의 하나인 본래 척박한 땅 그리고 일년 내내 끊임없이 겪어야 하는 어려움——따뜻한 곳에서 사는 사람들은 생각도 할 수 없는 어려움——등으로 오히려 덕을 보고 있는 것은 말할 필요도 없다. 그리하여 외국산으로서는 최고의 산물을 만들어내는 경우, 그것을 만드는 데 필요한 기술과 근면은 자연의 섭리가 이 지상에서 가장 훌륭한 사람들을 기르는 데서 나온 것으로 생각한다. 고난을 당할 경우, 사람은 그것 때문에 더욱 나아질 수도 있다.

고난에 부딪치면 사람은 힘을 기르고 기술을 닦을 수 있다. 달리기 선수가 가파른 언덕을 뛰어오르는 훈련을 통해 잘 달리기 위한 힘을 얻는 것처럼, 성공에 이르는 길은 오르기에 너무 가파를지 모르나 그것은 정상에 오르고자 하는 사람의 정력을 시험하고 단련하는 것이다.

그러나 경험을 통해, 우리는 맞서 싸우면 아무리 큰 장애도 극복할 수 있다는 것, 대담하게 움켜잡으면 쐐기풀도 비단처럼 부드러워진다는 것 그리고 목적달성에 가장 효과적인 도움을 주는 것은 그것을 이루고 말겠다는 확고한 신념이라는 것을 알게 된다. 그리하여 고난은 그것을 극복하겠다는 굳은 결의 앞에서 흔히 스스로 무너져 버리고 마는 것이다.

시도하기만 하면 많은 일을 이룰 수 있고, 해봐야만 자기가 할 수 있는 일이 무엇인지 알게 되는 것인데, 대부분 사람들은 남의 강요를 받고서야 비로소 최선을 기울여 본다. "내가 이러저러한 일을 할 수 있다면 얼마나 좋을까!" 무기력한 청년은 이렇게 말하며 한숨짓는다.

그러나 이와 같은 소원만 가지고는 아무것도 이루지 못한다. 소망은 굳은 목적의식과 노력으로 성숙해지는 것이니, 한 번 정력적으로 시도해 보는 것이 천 번 생각하는 것보다 낫다. 가능성의 둘레에 가시 울타리를 치고 실천이나 심지어 시도조차 막는 것은 "만일 이렇다면……" 하는 무기력과 절망의 푸념이다.

"고난은 극복될 수 있다"고 린드허스트 경은 말했다. 고난과 과감히 맞서 싸워라. 그러면 실천과 함께 요령을 터득할 것이요, 반복되는 노력과 더불어 힘과 불굴의 정신이 솟아날 것이다. 그럼으로써 마음과 인격을 닦아 거의 완벽한 수양을 얻게 되고, 우아하고 용감하며 자유롭게 행동할 수 있게 되니, 그것은 경험해 보지 못한 사람들은 거의 이해할 수 없는 일이다.

우리는 하나를 배울 때마다 하나의 고난을 극복하게 되며, 그 고난을 극복하면 또 다른 고난을 극복할 수 있다. 언뜻 보기에 별로 교육적 가치가 없는 것처럼 보이는 것들——예를 들면 고어(古語) 연구나 선과 면의 관계를 고찰하는 수학 공부 같은 것들——이 사실은 매우 가치가 있는 것이니, 이런 것들을 통해 얻는 지식보다 이들로 인해 얻는 발전이 더 중요하기 때문이다.

이러한 공부는 동면 상태에 있을지도 모르는 근면한 노력을 불러일으키고, 목표에 전념할 수 있는 힘을 길러준다. 그리하여 한 가지 일은 또 다른 일을 이끌어내는 것이니, 이러한 작업은 일생을 통해 계속되어야 하며, 사실상 고난과의 대결은 생명이 끝날 때라야 비로소 끝나게 된다. 그러나 실의에 빠져 있을 때는 누구든지 결코 고난을 극복하지 못할 것이다.

수학의 기초 문제가 풀리지 않는다고 불평하는 학생에게 달랑베르는 다음과 같은 지당한 충고를 주었다.

"계속해 보게. 그러면 믿음이 생기고 힘이 생길 테니."

참을성 있는 반복과 여러 번의 실패를 거듭한 뒤에, 발레 무용가는 발끝을 돌리며 춤을 추고, 바이올린 연주자는 소나타를 연주하는 것이다.

카리시미는 그의 음률이 부드럽고 우아하다는 칭찬을 받고 이렇게 외쳤다.

"아, 여러분은 모르실 겁니다. 내가 이렇게 부드러운 연주를 하기 위해 얼마나 많은 어려움을 겪었는지를!"

조슈아 레이놀즈 경은 어떤 그림을 그리는 데 시간이 얼마나 걸렸느냐는 질문을 받았을 때 "내 일평생이 걸렸습니다"라고 대답했다.

커란

웅변가 클레이와 커란

미국의 웅변가 헨리 클레이는 젊은이들에게 조언을 하면서 자기가 웅변기술을 터득한 비결을 다음과 같이 설명했다.

"내가 웅변가로 성공한 비결은 특별한 것이 아닙니다. 스물일곱 살 때부터 여러 해 동안, 몇 권의 역사책을 매일 읽고 이야기하는 방법을 계속 연습했습니다. 어떤 때는 옥수수 밭에서, 또 어떤 때는 숲속에서 연습했습니다. 그중에서도 멀리 떨어진 헛간에서 가장 많이 연습했는데, 이때 나의 웅변을 들어주는 청중은 말과 소들이었습니다. 이러한 노력이 결국 나의 모든 운명을 형성하고 결정하게 되었으니, 이 모두가 예술 중의 예술이라 할 수 있는 웅변 연습을 내가 일찍이 시작한 덕분입니다."

아일랜드의 웅변가 커란은 어렸을 때 발음이 어눌해서, 학교에 다닐 때 '말더듬이 잭 커란'으로 불렸을 정도였다. 그가 법률 공부를 하면서 그 결점을 극복하려고 노력하고 있었을 때, 토론 모임의 어느 회원이 '말 못하는 웅변가'라며 그를 비꼬자, 이 말에 자극을 받고 열변을 토한 일이 있었다.

그를 '말 못하는 웅변가'라고 한 이유는, 전에 그가 말할 차례가 되었을 때 입도 벙긋하지 못했기 때문이다. 그런데 이 조롱에 자극을 받아 그는 힘찬 달변으로 받아칠 수 있었다.

이리하여 우연히 자기에게도 웅변의 재주가 있다는 것을 알게 된 그는, 이에 용기를 얻고 새로운 정력을 기울여 웅변 공부를 하기 시작했다. 날마다 몇 시간에 걸쳐 유명한 문장들을 큰 소리로 읽으면서 발음을 정확하게 고쳐

나갔고, 거울을 보면서 자신의 볼품없는 외모를 보완해 줄 제스처를 개발했다. 또 스스로 어떤 사건을 꾸며 마치 배심원들 앞에서 연설하는 것처럼 진지하게 연습해 보기도 했다. 커란은 엘던 경이 말한 이른바 '1실링의 가치도 없는' 특징을 얻기 위한 첫 번째 필요 요건을 갖추는 일부터 시작했다.

그는 학생 시절에 토론 모임에서 말을 더듬는 버릇 때문에 실의에 빠졌던 적이 있었다. 여전히 자신감을 갖지 못한 채 변호사 일에 정진하던 중, 한번은 로빈슨 판사의 매우 신랄한 반박으로 큰 자극을 받은 적이 있었다. 서로 논박을 주고받는 중에 커란이 이런 말을 했다.

"저는 판사님이 말씀하시는 그런 법률을 제가 가지고 있는 책 속에서 아직 한 번도 읽어 본 적이 없습니다."

판사는 이 말을 듣고 경멸하는 투로 이렇게 대답했다.

"그럴 거요, 당신의 서재는 보잘것없을 테니까."

판사는 당파심이 강한 사람으로 악명이 높았고, 지극히 독단적인 내용을 담은 몇 권의 소책자를 익명으로 내기도 한 사람이었다. 커란은 그가 자기의 검소한 생활환경을 비웃은 것에 격분하여 이렇게 응수했다.

"판사님, 아닌 게 아니라 전 가난합니다. 그리고 그 때문에 저의 서재가 빈약한 것도 사실입니다. 그러나 제가 가지고 있는 책은 많지 않지만, 저는 극히 좋은 책을 골라 서재를 채웠습니다. 저는 그것들을 올바른 마음가짐으로 숙독했다고 자부합니다. 저는 이 존엄한 직업에 종사하기 위해 몇 권의 엄선된 책을 읽었지, 이것저것 여러 가지 잡다한 책을 읽지는 않았습니다. 저는 가난을 부끄럽게 생각하지 않으며, 만일 비굴하고 부패한 자세로 허리를 굽혀 부를 얻었다면 오히려 그것을 부끄럽게 여길 것입니다. 비록 높은 자리에 오르지 못한다 해도 최소한 정직한 사람은 되어야 할 것입니다. 만일 제가 정직한 사람이 되지 못한다면, 많은 사람들의 예를 보건대, 부정한 수단으로 높은 자리에 올라가 봤자 그저 악명을 널리 알리고 남에게 멸시받는 사람이 될 뿐이겠지요."

가난을 견디며 학문에 힘쓴 머리, 무어, 체임버스

아무리 극심한 가난도 자기 수양에 철저한 사람들에게는 아무런 장애가 되지 않았다. 언어학자 알렉산더 머리 교수는 끝이 불에 탄 히드(황야에 무성하게 자라는 관목) 가지 끝으로 낡아 빠진 양모 판지 위에 글씨를 휘갈기며 글을 배웠다. 가난한 양치기였던 그의 아버지가 가지고 있는 책이라고는 1페니짜리 짧은 교리문답서뿐이었다.

무어 교수는 젊었을 때 너무나 가난하여 뉴턴의 《프린키피아》를 살 수 없어, 책을 빌려와 자기 손으로 책 전체를 베껴 썼다. 수많은 가난한 학생들이 생계 때문에 나날이 힘든 일을 하면서도 여기저기서 때때로 작은 지식들을 얻을 수 있었으니, 그것은 마치 온 들판이 눈으로 덮여 있는 겨울철에 새들이 여기저기서 먹이를 얻는 것과 같았다.

유명한 저자이자 출판업자인 에든버러의 윌리엄 체임버스는 그 도시의 청년들이 모인 자리에서 다음과 같이 짤막하게, 자기가 미천한 집안에서 태어나 성공한 이야기를 들려주며 그들을 격려했다.

"나는 스코틀랜드의 보잘것없는 교구 학교에서 교육을 받았다. 가난한 소년으로서 에든버러에 와서, 낮에는 일을 하고 밤 시간을 이용하여 하느님이 나에게 주신 재능을 계발할 수 있었다. 아침 7시나 8시부터 밤 9시 또는 10시까지 서점의 견습생으로 일했기 때문에, 일을 마친 뒤에야 잠을 줄이고 공부할 수 있었다. 나는 소설은 읽지 않고 주로 자연과학과 그 밖의 실용적인 분야에 관심을 기울였다. 한편으로 프랑스어도 공부했다. 그 시절을 생각하면 너무 즐거워서 다시는 그런 생활을 할 수 없는 것이 섭섭할 정도이다. 우아하고 안락한 방에서 살고 있는 지금보다 주머니에 6페니도 없이 에든버러의 한 다락방에서 공부했을 때가 훨씬 더 행복했기 때문이다."

윌리엄 코벳

자신이 영문법을 배운 과정을 말하는 윌리엄 코벳의 이야기는, 어려움 속에서 공부하고 있는 모든 학생들에게 매우 흥미롭고 교훈적이다.

"나는 하루에 6페니의 보수를 받는 군대 이등병으로 있으면서 문법을 배웠다. 병영이나 초소의 침대 가장자리가 내 공부방이었고, 배낭이 나의 책가방이요, 무릎 위에 올려놓은 작은 널빤지가 나의 책상이었다. 그 공부는 1년 정도에 끝낼 수 있는 것이 아니었다. 양초나 기름은 돈이 없어 사지 못했고, 겨울철에는 밤이 되면 난롯불이 유일한 불빛이었다. 그나마도 내가 난로 당번이 되었을 때만 가능한 일이었다.

윌리엄 코벳

그러니 내가 그런 환경 속에서 나에게 충고를 해주고 용기를 줄 부모나 친구도 없이 그만큼 공부한 것을 안다면, 아무리 바쁘고 일에 시달리며 거처할 방이나 형편이 불편하다 하더라도 누가 그것 때문에 공부를 못하겠다고 불평할 수 있겠는가? 펜 한 자루, 종이 한 장을 사기 위해 나는 굶주림 속에서도 끼니를 또 건너뛰어야 했다. 혼자서 공부할 수 있는 시간은 단 한 순간도 없었고, 적어도 열 명의, 이 세상에서 가장 생각 없는 사람들이 이야기하고 웃고 노래하고 휘파람을 불며 떠드는 가운데서 책을 읽고 글을 써야 했다. 물론 그들이 그렇게 떠들어대는 것도 모든 통제에서 풀린 자유시간뿐이었지만…….

나는 잉크나 종이를 사려고 때때로 쓴 1파싱(4분의 1페니)의 돈을 결코 경시하지 않는다. 그 1파싱의 돈이 나에게는 정말 엄청난 돈이었다. 나는 그때도 키가 컸고 건강이 좋은 데다 훈련도 혹독했다. 우리가 쓰지 않고 남기는 돈이 전부 해서 1인당 1주일에 2페니였다. 한 번은 이런 일이 있었다. 나는 그것을 결코 잊지 못할 것이다. 모든 비용을 제하고 금요일에 확인해 보니 반 페니의 돈이 남아 있었다. 그 돈으로 다음 날 아침 훈제 청어를 살 생각이었는데, 배고픔을 억지로 참으면서 밤에 옷을 벗을 때 보니 그 반 페니가 없어진 것이었다. 나는 그 구질구질한 누더기 이불속에 얼굴을 묻고 어린 아이처럼 엉엉 울었다.

다시 말하지만, 내가 그런 환경 속에서 모든 것을 참고 나의 일을 이룰 수 있었다는 것을 알면, 오늘날의 젊은이가 공부하지 않는 이유로 도대체 무슨 변명을 할 수 있겠는가?"

프랑스인 석공으로 영국에 와서 학자가 된 인물

정치 문제 때문에 런던으로 망명한 어느 프랑스 사람도 인내의 정신으로 학문에 전념한 예가 있다. 그는 본래 석공으로 일했는데 불경기가 닥치자 일자리를 잃었다. 진퇴양난에 빠진 그는 같이 망명하여 프랑스어를 가르치면서 풍족하게 살고 있는 친구를 찾아가, 어떻게 하면 좋겠느냐고 조언을 구했다. 친구는 이렇게 대답했다.

"교수가 되게!"

"교수라니? 사투리밖에 할 줄 모르는 한낱 석공이 교수가 된다고? 아니, 자네 농담하는 건가?"

"천만에, 난 진담을 하고 있는 걸세. 다시 말하지만 교수가 되게나. 나한테 와, 내가 교수가 되는 방법을 가르쳐줄 테니."

"안 돼, 안 될 말이야. 그건 도저히 불가능한 일이네. 나는 이제부터 새삼스럽게 공부를 시작하기에는 너무 늦었을 뿐 아니라, 도대체 학자로서 소질이 없는 사람일세. 안 돼, 난 교수는 못해."

이렇게 대답하고 그는 다시 석공일을 하려고 일자리를 찾아다녔다. 런던을 떠나 지방으로 돌아다니며 약 100마일의 길을 헤맸지만 자기를 써주겠다는 사람은 아무도 없었다.

그래서 다시 런던으로 돌아온 그는 곧장 전에 교수가 되라고 권했던 친구를 찾아가 다음과 같이 말했다.

"사방을 두루 돌아다니며 일자리를 찾았지만 허탕이었네. 어디 한 번 교수가 되기 위해 노력해 봄세."

그는 먼저 친구의 가르침을 받게 되었는데, 집념이 대단하고 이해가 빠른 데다 총명했기 때문에 문법의 기초와 문장 구조 및 작문도 곧 숙달하고, 그에게 가장 골칫거리였던 표준 프랑스어의 정확한 발음도 배우게 되었다. 그의 친구이자 스승이 이만하면 남을 가르쳐도 되겠다고 판단했을 때, 그는 비어 있는 프랑스어 교수 자리가 있다는 광고를 보고 이에 응모하여 채용되었다.

한낱 석공이 마침내 교수가 된 것이다! 부임하게 된 학교가 우연하게도 그가 전에 석공으로 일했던 런던의 어느 교외에 있었으므로, 아침마다 옷을 갈아입는 방에서 맨 먼저 눈에 들어오는 것이 석공 시절에 자기 손으로 세운 오두막집의 줄지어 있는 굴뚝이었다. 얼마 동안 그는 동네 사람들이 전에 석공으로 일하던 자기를 알아보고, 그것 때문에 명문으로 알려진 학교에 불명예를 끼치게 되지 않을까 걱정했다. 그러나 그런 걱정은 할 필요가 없었으니, 그 자신이 매우 유능한 교수였을 뿐만 아니라 그가 가르친 학생들이 프랑스어를 잘한다고 여러 번 사람들의 칭찬을 받았기 때문이다. 그는 또 주변의 모든 사람들——학생들과 동료 교수들——과 가까이 사귀는 가운데 존경도 받을 수 있었다. 사람들은 그의 분투와 고난, 그리고 지난날에 겪던 여러 가지 일들을 알게 되자, 그를 더욱더 우러러보게 되었다.

새뮤얼 로밀리 경

새뮤얼 로밀리도 자기 수양을 게을리 하지 않은 사람으로 누구 못지않은 불굴의 정신을 지닌 사람이었다. 프랑스에서 온 피난민의 후예인 보석세공인의 아들인 그는 어린 시절에 교육을 별로 받지 못했으나, 지칠 줄 모르는 집념과 한 가지 목적을 향한 끊임없는 노력으로 모든 불리한 조건을 극복했다. 그는 자서전 속에서 이렇게 말하고 있다.

"열다섯인가 열여섯 살쯤 되었을 때 나는 라틴어 공부에 전념해 보리라고 결심했다. 그 당시 나는 누구나 알고 있는 문법 규칙을 조금 알고 있는 것 외에는 라틴어에 대해 아무것도 몰랐기 때문이다. 그래서 3, 4년 동안 열심히 공부를 하고 나니 배로, 콜루멜라, 켈수스 같은 사람들이 쓴 완전히 전문적인 책을 빼놓고는, 정통 라틴어로 쓴 웬만한 산문체의 글은 다 읽을 수 있었다. 리비우스, 살루스트, 타키투스의 책은 모두 세 번씩 읽었다. 키케로의 가장 유명한 연설문을 연구하고, 호메로스의 많은 글들을 번역했다. 테렌세,

베르길리우스, 호라티우스, 오비드 그리고 유베날리스의 글도 여러 번 반복해서 읽었다."

그는 또 지리학, 박물학, 철학을 연구하고 일반적인 교양도 많이 쌓았다. 16세 때 견습계약으로 대법관청 서기로 고용되어 열심히 공부한 끝에 변호사가 되었다. 그리고 근면과 인내로 마침내 성공에 이르게 된다. 1806년 폭스 내각의 법무차관이 된 뒤에도 꾸준히 노력하여 결국 법조인으로서 둘째가라면 서러워할 지위에 올랐다. 그래도 그는 언제나 자기가 부족하다는 생각에 사로잡혀 그것을 개선하려는 노력을 중단하지 않았다. 그의 자서전은 정감이 넘치며 교훈적인 사실로 가득 차있으므로 주의 깊게 정독할 만한 가치가 있다.

월터 스콧 경은 자기가 알고 있는 인내심이 강한 사람들 중 한 사람으로 자신의 젊은 친구 존 레이든을 들곤 했다. 록스버러셔에서도 가장 거친 계곡에서 양치기의 아들로 태어난 그는 거의 독학으로 공부한 사람이었다. 스코틀랜드의 많은 양치기의 아들——예를 들면, 언덕 비탈에서 양떼를 지켜보면서 책의 글씨를 베껴가며 글쓰기를 배운 호그, 래머무어에서 양떼를 돌보며 집념과 근면을 기울여 교수가 된 케언스, 머리, 퍼거슨 그리고 그 밖의 수많은 사람들——처럼, 레이든은 일찍부터 지식을 갈망하는 마음에 사로잡혔다.

가난한 소년 시절에 그는 커크턴의 작은 마을 학교에 가서 글을 배우기 위해 매일 맨발로 6마일에서 8마일이나 되는 황야를 걸어다녔다. 이어서 그는 가난을 무릅쓰고 에든버러의 대학으로 갔다. 처음에는 아치볼드 컨스터블——나중에 유명한 출판업자가 된 사람——이 차려놓은 작은 서점을 자주 찾아다녔다. 높은 사다리에 걸터앉아 커다란 2절판 책을 손에 들면 시간 가는 줄 몰랐으니, 그럴 때는 처량하기 짝이 없는 하숙집에서 그를 기다리고 있는 부족한 빵과 음료 따위는 완전히 생각 밖에 있었다. 그가 원하는 것은 오직 책을 읽고 강의를 듣는 것뿐이었다. 그렇게 학문의 문턱에서 고생하고 노력한 결과, 그의 불굴의 인내심 앞에서 이해되지 않는 것이 없었다.

19세가 되기도 전에 그는 해박한 그리스어와 라틴어 지식, 그때까지 노력하여 얻은 많은 분량의 지식으로 에든버러의 모든 교수들을 놀라게 했다. 그 뒤 인도에 눈을 돌려 그곳의 관리가 되고자 했으나 뜻을 이루지 못했다. 겨우 의무 보조관 자리가 하나 남아 있다는 말을 들었을 뿐이었다. 하지만 그는 의사가 아니었고, 의학에 대해서는 어린아이처럼 아는 것이 없었다. 그러나 배울 수는 있을 터였다. 그런데 6개월 안에 의사시험에 합격해야 한다는 것이 아닌가! 그는 조금도 굴하지 않고 남들이 보통 3년 걸려 하는 공부를 6개월 만에 끝내기로 결심했다. 결국 6개월 뒤에 좋은 성적으로 의사시험에 합격한 것이다! 그리하여 그는 스콧과 몇몇 친구들의 도움을 받아 인도로 떠나게 되었는데, 떠나기 전에 그의 아름다운 시 〈유아기의 정경〉을 발표했다.

인도에서 그는 동양을 연구하는 가장 위대한 학자가 되겠다는 열망을 품었지만, 밖에 나가 너무 많은 일을 한 탓에 불행히도 열병에 걸려, 그 희망을 이루지 못한 채 일찍 세상을 떠나고 말았다.

리 교수

케임브리지 대학의 히브리어 교수이던 새뮤얼 리 박사의 생애는 학문에서 명예로운 업적을 세우는 데 끈기 있는 인내와 결단력 있는 목적의식이 얼마나 중요한가를 보여주는 오늘날의 가장 뛰어난 사례이다. 그는 슈루즈베리 근처의 로그노어에 있는 자선 학교에서 교육을 받았는데, 공부가 신통치 않아 그의 선생은 자기 손을 거쳐 간 학생들 중에서 가장 우둔한 학생이라고 말했을 정도였다.

그는 견습계약을 맺고 어느 목수 밑에서 일하게 되었고 성년이 될 때까지 그 일을 계속했다. 독서를 하며 여가를 보냈는데, 책 속에 라틴어로 된 인용문이 많이 들어 있어 도대체 그게 무슨 뜻인지 궁금했다. 그래서 라틴어 문법책을 사서 라틴어를 배우기 시작했다. 아질 공작의 정원사 스톤이 오래 전에 "알파벳 스물넉 자만 알면 사람은 자기가 원하는 모든 것을 배울 수 있다"고 말한 것처럼, 리는 아침에 일찍 일어나고 밤에 늦게 자면서 견습계약 기간이 끝나기도 전에 라틴어를 터득할 수 있었다.

어느 날 교회에서 일하던 중 우연히 그리스어로 된 성경책을 발견하자, 이번에는 그리스어를 배우고 싶은 열망에 사로잡히게 되었다. 그리하여 가지고 있던 몇 권의 라틴어 책을 팔아서 그리스 문법책과 사전을 샀다. 배움에서 즐거움을 찾은 그는 이 언어도 곧 마스터해버렸다. 다음에는 그리스어 책을 팔고 히브리어 책을 샀다. 가르쳐주는 사람도 아무도 없고 어떤 명성이나 대가에 대한 기대도 없이, 그는 오직 자신의 재능에만 의존하여 그 언어를 공부했다.

그는 계속해서 칼데아어, 고대시리아어 그리고 사마리아어도 연구했다. 그러나 이런 지나친 공부가 건강을 해치기 시작하여, 오랫동안 밤늦도록 책을 본 까닭에 눈병이 생겼다. 잠시 동안 공부를 중단하고 건강을 회복한 다음, 그는 또다시 매일같이 공부를 계속했다. 목수로서도 뛰어났기에, 일이 번창해서 돈을 벌어 28세에 결혼할 수 있었다. 이제 그는 가족을 부양하는 데 헌신하기로 하고, 학문 같은 사치는 버릴 생각으로 가지고 있던 책을 모두 팔아버렸다.

만일 그의 생계가 달린 목수 연장 상자가 화재로 불타지 않았고, 그래서 빈곤에 빠지지 않았더라면, 그는 일평생 목수 신세를 면치 못했을지도 모른다. 그는 연장을 새로 장만하기에는 돈이 너무 없어서 아이들을 모아 글을 가르칠 생각을 했는데, 그것이 가장 밑천이 들지 않는 일이었기 때문이다.

그러나 비록 그가 많은 언어에 통달했다 하더라도 일반 상식이 너무 부족해서 처음에는 잘 가르칠 수가 없었다. 그러나 굳은 의지를 품고 열심히 산수와 글쓰기를 공부하여 그런 것까지 아이들에게 가르칠 수 있게 되었다. 꾸밈이 없고 단순하며 인격이 온화했던 까닭에 많은 사람들과 가까이 사귀게 되었고, 그리하여 '유식한 목수'의 학식이 널리 알려지게 되었다. 이웃 마을의 목사로 있던 스콧 박사가 그를 슈르즈베리의 자선 학교에 교사로 추천하고 한 유명한 동양학자에게 소개해주었다. 사람들이 책을 얻어주어서 그는 아라비아어와 페르시아어 그리고 힌두스탄어도 터득할 수 있었다.

마침내 그의 친절한 후원자 스콧 박사의 도움으로 케임브리지의 퀸스 대학에 들어갈 수 있었다. 그가 그곳에서 뛰어난 성적으로 수학 공부를 마쳤을 때, 마침 아라비아어와 히브리어를 가르치는 교수 자리가 생겼다. 그리하여 심사위원들의 심사를 거쳐 그 명예로운 자리를 당당하게 차지하게 되었다. 그는 교수로서의 임무를 유능하게 완수했을 뿐만 아니라, 복음을 전하러 동양으로 가는 선교사들에게 자발적으로 각 나라 말을 가르쳐 주느라 많은 시간을 바쳤다. 또한 성경을 아시아 몇몇 나라의 말로 번역하고, 뉴질랜드어를 연구하여 당시 영국에 와 있던 뉴질랜드의 두 장관을 위해 문법과 어휘를 정리해주었다. 그 책이 오늘날에도 뉴질랜드의 각 학교에서 매일 사용되고 있으니, 새뮤얼 리 박사는 참으로 뛰어난 삶을 산 사람이었다. 영국의 유명한 문학가와 과학자 가운데 많은 사람들이 자기 수양에서 이와 같은 교훈적인 모범을 보여주었으므로, 그의 예는 다만 그 중의 하나일 뿐이다.

만년에 학문을 시작한 인물들

사람들이 흔히 말하는 "배움에는 늦음이 없다"라는 말의 진실성을 증명하기 위해, 그 밖에도 많은 유명한 사람들의 이름을 들 수 있다. 사람은 나이를 먹어도 시작하려는 결심이 굳으면 많은 발전을 이룰 수 있는 것이다.

헨리 스펠먼 경은 50대를 넘어서 비로소 과학 공부를 시작했다. 프랭클린은 쉰 살이 넘어 박물학 연구를 시작했고, 드라이든과 스콧이 저자로 알려진 것은 마흔 살이 되었을 때였다. 보카치오가 글을 쓰기 시작한 것은 서른다섯 살 때였고, 알피에리는 마흔여섯 살 때 그리스어 공부를 시작했다. 아놀드 박사는 니부르(독일의 역사가 · 언어학자 · 평론가)의 책을 원서로 읽기 위해 뒤늦게 독일어를 공부했다.

제임스 와트도 마찬가지로 글래스고에서 도구 제작업을 하면서, 여러 나라의 귀중한 기계학 책들을 정독하기 위해 프랑스어, 독일어 그리고 이탈리아어를 공부했다. 토머스 스콧은 쉰여섯이 넘어서야 히브리어를 배우기 시작했다. 로버트 홀은 노년에 이탈리아어를 배우던 중, 매콜리가 밀턴과 단테를 비교해 놓은 것을 이해하려고 힘든 연구를 하다가 마루 위에 쓰러진 일이 있었다. 헨델은 마흔여덟이 되어서 위대한 작품을 발표하기 시작했다. 이 밖에도 비교적 늦은 나이에 완전히 새로운 길을 걷기 시작하여 성공적으로 공부를 해낸 사람들의 예가 얼마든지 있다. 무기력하고 게으른 사람만이 "난 너무 늙어서 아무것도 배울 수 없어"라고 말한다.

젊었을 때의 우열로 미래를 점치기는 어렵다

앞에서도 말했지만 이 세상을 움직이고 이끌어가는 사람은 천부적인 재능을 타고난 사람들이 아니라, 성실하고 목적의식이 뚜렷하며 불굴의 근면정신을 지닌 사람들이다. 천재가 조숙한 예가 많은 것은 부인할 수 없으나, 일찍부터 영리하다고 해서 반드시 큰사람이 된다고 보장할 수는 없다. 조숙은 때로 왕성한 지적 능력의 표시라기보다 질환의 증세로 나타날 수도 있다.

세상을 깜짝 놀라게 한 똑똑한 아이들은 나중에 다 어디로 갔단 말인가? 신동이란 소리를 듣고 우등상을 받았던 소년들은 지금 어디서 무엇을 하고 있을까? 한 번 이들의 생애를 조사해 보라. 그러면 학교에서 형편없던 우둔한 소년들이 이들보다 훨씬 더 출세한 예가 많다는 것을 알 수 있을 것이다. 이해와 배움이 빠른 영리한 소년들이 받는 그러한 상이 반드시 그들에게 도움이 되는 것은 아니다. 비록 남보다 못한 재주를 타고났어도 최선을 다하는 소년을 누구보다 격려해주어야 한다.

어릴 때 우둔하던 위인들의 예

소년시절에는 열등생이고 우둔했으나 뒷날 찬란한 성공을 거둔 사람들에 대한 흥미로운 이야기로 한 장을 채울 수도 있다. 그러나 지면 관계로 몇 사람의 예만 살펴보기로 한다.

화가 피에트로 디 코르토나는 어린 시절, 어찌나 머리가 나쁘던지 '당나귀 대가리'라는 별명을 얻었고, 토마소 귀디는 사람들이 모두 '어수룩한 톰'이라고 불렀지만 근면한 노력을 기울여 마침내 매우 저명한 화가가 되었다. 뉴턴이 학교를 다녔을 때의 성적은 꼴찌에서 두 번째였다. 한 번은 뉴턴보다 공부를 잘하는 소년이 뉴턴을 발로 찬 일이 있었는데, 이때 이 열등생은 용기를 내어 싸워서 그를 때려눕히고 말았다. 이때부터 뉴턴은 굳은 의지를 품고 열심히 공부하여, 마침내 자기 반에서 1등을 하는 학생이 되었다.

영국의 가장 위대한 성직자들이 어린 시절에 모두 모범적인 아이였던 것은 아니다. 아이작 배로는 차터하우스의 학교에 다닐 때 거친 성격과 싸움질 하는 습관, 그리고 소문난 게으름으로 악명을 떨쳤다. 어찌나 부모의 속을 썩였는지, 그의 아버지는 늘 이렇게 말했다고 한다.

"하느님께서 굳이 우리 아이들 중 하나를 데려가시겠다면 아이작 놈을 데려가셨으면 좋겠다."

자식들 중에서 아이작을 가장 가망 없는 아이라고 생각했기 때문이다.

애덤 클라크는 소년 시절, 커다란 바위를 굴릴 수 있을 만큼 힘이 셌지만, 아버지한테서 늘 '한심한 멍청이'로 불렸다. 스위프트는 더블린 대학에서 낙제하고, 겨우 옥스퍼드의 '특별 청강생'으로 추천받을 수 있었다. 유명한 차머스 박사와 쿡 박사는 함께 세인트 앤드루 교구 학교에 다녔는데, 아둔한 데다 어찌나 장난이 심했는지 화가 난 학교 당국이 도저히 감당할 수 없는 학생이라고 둘 다 퇴학시켜버렸다.

뒷날 빛나는 인물이 된 셰리든도 소년 시절에는 형편없는 아이여서, 어머니가 개인교사에게 데리고 가서 이 아이는 정말 어쩔 수 없는 열등생이니 잘 좀 가르쳐달라고 특별히 부탁했을 정도였다. 월터 스콧은 초등학교에 다닐 때 열등생에 가까운 편이었고 공부보다는 싸움을 잘하는 소년이었다. 에든버러 대학에 다닐 때 댈젤 교수는 그를 가리켜 이렇게 말했다.

"그는 열등생이고 앞으로도 열등생 신세를 면치 못할 것이다."

채터튼도 '우리로서는 어쩔 수 없는 아이'라며 학교에서 어머니에게 돌려보낸 소년이었다. 번스는 운동만 잘하는 우둔한 소년이었다. 골드스미스는 자기 자신을 꽃이 늦게 피는 식물에 비유했다.

알피에리는 대학을 나와서도 들어갔을 때나 달라진 것이 없었고, 유럽을 절반 이상 돌아다닌 뒤에야 공부를 시작해서 뛰어난 명성을 날렸다. 로버트 클리브는 젊었을 때 망나니까지는 아니지만 둔재였고, 나쁜 짓을 하면서 늘 정력에 넘쳐 있었다. 그의 가족은 그를 내쫓고 싶은 마음에 마드라스로 보냈는데, 거기서 그는 영국의 세력을 인도에 심는 기초를 세웠다. 나폴레옹과 웰링턴도 학교에서 어느 면에서나 두각을 나타내지 못하는 우둔한 소년들이었다. 나폴레옹에 대해 다브랑테 공작부인은 이렇게 말했다.

"그는 건강한 소년이었으나 다른 면에서는 여느 소년과 다른 점이 없었다."

뒷날 미국의 1군 지휘관이 된 율리시스 그랜트를 가리켜, 그의 어머니는 율리시스 그랜트가 아니라 '유슬리스(아무 짝에도 못 쓰는) 그랜트'라고 불렸다. 소년 시절에 몹시 아둔하고 모든 일에 서툴렀던 것이다. 리 장군의 가장 뛰어난 부관이었던 스톤월 잭슨은 젊은 시절에 아둔한 것으로 유명했다. 그러나 웨스트포인트 육군 사관학교에 다닐 때, 그는 불굴의 전념과 인내로 뛰어난 면을 보여주었다. 어떤 과제가 맡겨지면 끝까지 그 과제를 완수하고야 말았고, 완전히 자기 것으로 소화하지 못한 것은 아는 척도 하지 않았다. 그를 아는 어떤 사람이 그에 대해 다음과 같은 글을 썼다.

"그날 배운 암기문제를 선생님이 질문하시면, 그는 늘 이렇게 대답했다. '선생님, 오늘 배운 것은 아직 공부하지 못했습니다. 어제와 그제 배운 것을 외우는 것도 벅차서요.' 하지만 그는 정원 70명인 학급에서 17번째의 성적으로 졸업했다. 아마도 그는 처음에는 학급에서 가장 성적이 뒤떨어진 학생이었을 것이다. 그러나 끝에 가서는 겨우 16명에게 뒤쳐졌을 뿐, 53명이나 되는 학생을 뒤로 제친 것이다. 그래서 학우들은, 만일 학교가 4년 과정이 아니고 10년 과정이었다면 잭슨이 1등으로 졸업했을 거라고 말하곤 했다."

유럽 각국의 감옥제도를 개혁한 것으로 유명한 자선가 존 하워드도 이름난 열등생으로, 7년 동안 학교를 다니면서 거의 아무것도 배운 것이 없었다. 스티븐슨은 소년 시절에 공부보다는 주로 포환던지기와 레슬링을 잘했고 자신의 일에 대한 집중력이 조금 뛰어난 정도에 불과했다. 뒷날 저명한 화학자가 된 험프리 데이비 경은 여느 소년보다 특별히 영리한 데가 없는 소년이었다. 그의 스승인 카듀 박사는 그에 대해서 이렇게 말한 적이 있었다.

"그를 가르치는 동안, 나는 그에게서 별로 뛰어난 재능을 발견하지 못했다."

데이비는 뒷날, 학생 시절에 그만큼 게으름을 즐길 수 있던 것을 오히려 다행한 일이라고 생각했다. 와트는 어린 시절에 조숙했다고들 말하지만 실은 우둔한 학생이었다. 그러나 다행히도 근면성과 인내심을 지니고 있었고, 그러한 기질과 주의 깊게 발전시킨 발명의 재능으로 그는 증기기관을 완성할 수 있었다.

어린 시절의 우열에 대해

아놀드 박사가 소년들에 대해 얘기한 것은 어른들에게도 적용할 수 있다. 즉 사람과 사람의 차이는 재능보다는 오히려 활동력에 있다. 인내와 활력을 꾸준히 발휘하다 보면 그것이 곧 습성이 되는 것이다. 열등생이라도 꾸준히 전념하면, 더 똑똑하기는 해도 그런 자질이 없는 우등생을 따라잡게 마련이다. 착실하게 한 걸음 한 걸음 소처럼 묵묵히 나아가면 틀림없이 마지막에 승리를 거둘 수 있다. 인내심이 있느냐 없느냐에 따라서 학교에서의 성적이 사회생활에서 자주 뒤집힌다. 묘한 일이지만, 학창 시절에 우수한 아이들이 사회에 나가선 별 볼일 없는 사람이 되는 반면 아무도 눈여겨보지 않았던 열등생들이 느릿느릿 자신의 재능을 꽃피워 사회의 주도적인 위치를 차지하는 것은 참으로 신기한 일이다.

필자가 어렸을 때, 같은 반에 열등생의 표본 같은 소년이 있었다. 선생님들이 차례로 그의 성적을 올리려고 온갖 재주를 다 기울여 가르쳐주었으나 아무 소용이 없었다. 회초리로 때리고, 공부를 못하는 데다 게으르다고 고깔모자를 씌우거나, 살살 달래며 간곡하게 타일러도 전혀 효과가 없었다. 때로는 시험 삼아 학급에서 1등이 되도록 성적을 만들어 보기도 했지만, 보람도 없이 맨 꼴찌로 다시 돌아가는 것이었다. 교사들은 도저히 구제할 수 없는 아이라고 포기했고, 어떤 교사는 심지어 '못 말리는 바보'라는 별명까지 붙여주었다.

하지만 비록 굼뜨긴 했지만 이 열등생은 우직하다고 할 정도로 굳은 의지력을 가지고 있었고, 차츰 성장함에 따라 정신도 함께 성장했다. 그리고 신기한 일이지만, 실제로 사회생활을 시작하게 되자, 이 열등생은 대부분의 학교 친구들을 앞서나가 마침내 그들을 저 멀리 따돌리고 말았다. 필자가 그에 대한 소문을 마지막으로 들었을 때, 그는 고향에서 시장으로 활발하게 활동하고 있었다.

부모는 서둘러서는 안 된다

걸음이 느린 거북이도 올바른 길로 나아가면 잘못된 길을 달리는 토끼를 이길 수 있다. 그러므로 열심히 노력하면 진척이 늦더라도 걱정할 필요가 없다. 너무 빨리 나타나는 재능은 오히려 결점이 될 수 있다. 쉽게 배우는 학생은 쉽게 잊고, 인내와 노력을 계발할 필요를 느끼지 않게 된다. 반면 배움이 느린 젊은이는 이 정신을 발휘하지 않을 수 없다. 그것은 인격을 형성하는 데 매우 귀중한 요소다.

데이비는 "내가 오늘의 지위를 얻은 것은 내가 스스로 만들어낸 결과이다"라고 말했는데, 모든 일을 자신의 노력으로 이루는 정신은 어디에나 통용될 수 있다. 여기서 결론을 말한다면, 최고의 수양은 학교 다닐 때 선생님한테서 얻는 것이 아니라, 우리가 성인이 되었을 때 우리 자신의 근면한 학습을 통해 얻을 수 있는 것이다.

그러므로 어른들은 아이들을 억지로 꽃피우게 하려고 서두를 필요가 없다. 참을성 있게 지켜보며 기다린 다음, 훌륭한 모범에 따라 착실하게 훈련을 시켜야 한다. 그리고 나머지는 하느님에게 맡기는 것이다. 자유롭게 신체를 움직여 건강을 유지하게 한 다음, 자기 수양의 길을 걷게 하여 주의 깊게 인내와 노력의 습성을 길러주어야 한다. 그러면 차츰 나이를 먹음에 따라, 그에게 적합한 소질이 있다면 스스로 힘차게 그리고 효과적으로 실력을 다지게 될 것이다.

12 본받을 만한 일들
용기와 명예는 감염되어 닮아간다

같은 피를 받은 우리의 고상한 형제들이 우리 앞에 늘 그림자로 나타난다. 아름다운 표정과 선량한 말씨로 자나 깨나 우리를 감싸 준다. 존 스털링

이 세상에서 행하는 인간의 행동은 모두 끝없이 이어지고 있는 결과의 시초가 된다. 그 결과를 내다볼 수 있을 만큼 귀중한 인간의 지혜는 없다. 토머스 말메스버리

가정과 국가에서 가장 중요한 것

모범은 비록 말이 없으나 가장 영향력있는 교사이다. 실제 생활에서 행동은 언제나 말보다 큰 감화력을 발휘하는 법이다. 가르침은 우리에게 갈 길을 지적해 줄 수 있지만 우리를 감동시키는 것은 모범이다. 모범은 말 없는 가운데 끝없이 이어져 우리에게 습관으로 전달되고 실제로 우리와 함께 살아 숨쉰다. 좋은 충고도 중요하지만, 거기에 좋은 모범이 뒤따르지 않는다면 영향력을 줄 수 없다.

학교에서 흔히 하는 "내가 하는 대로 하지 말고 내가 말하는 대로 하라"는 말은, 실제 사회생활에서는 보통 반대로 적용된다.

사람들은 귀보다 오히려 눈을 통해 배우기 쉽다 학교의 능력이 어떠하든, 가정에서 보여주는 모범은 남녀가 앞날에 갖출 인격을 형성하는 데 언은 인상을 남긴다. 어린 시절에는 특히 더 그러한데, 눈이 지식을 받아들이는 중요한 창이기 때문이다. 아이들은 무엇이나 눈으로 보는 것을 모방한다. 아이들은 자기도 모르는 사이에 주변 사람들을 닮게 마련인데, 그것은 숲 속의 곤충들이 나뭇잎의 빛깔을 닮는 것과 같다. 그렇기 때문에 가정교육이 매우 중요하다.

학교의 능력이 어떠하든, 가정에서 보여주는 모범은 남녀가 앞날에 갖출

인격을 형성하는 데 언제나 훨씬 더 큰 영향력을 가지고 있기 때문이다. 가정은 사회의 결정(結晶)이요, 국민성의 핵심이다. 그리고 그 원천에서, 가정은 순결한 것이든 타락한 것이든 개인 생활뿐만 아니라 사회생활까지 지배하는 습관과 신념과 처세술을 길러준다. 국민성은 국민 각자가 어릴 때 사용하는 방에서 태어난다. 대중 여론도 대부분 가정에서 자라고, 최고의 인간애도 가정에서 시작된다.

"사회 속에서 우리가 속해 있는 최소단위인 가족을 사랑하는 것이 사회전체를 사랑하기 위한 첫걸음이다."

정치 사상가 버크가 한 말이다. 이 조그만 핵심에서 인간의 공감이 널리 퍼져 마침내 온 세상을 끌어안게 된다. 진정한 인간애는 자선처럼 가정에서 시작되지만, 분명히 가정에서 끝나는 것은 아니기 때문이다.

부모의 모범

그러므로 행동의 모범은 겉으로 보기에 작은 일이라도 결코 가볍게 생각해서는 안 된다. 그것은 끊임없이 다른 사람들의 생활과 뒤섞여, 더 나은 면으로나 나쁜 면으로나 그들의 성격을 형성하는 데 기여하기 때문이다. 그리하여 어른들의 성격은 언제나 그들의 아이들에게 반복된다. 그리고 부모들이 날마다 보여주는 애정과 규율, 근면, 그리고 자제가 배어있는 행동은 아이들이 귀로 듣고 배운 그 밖의 모든 것을 잊은 뒤에도 오래도록 남아 작용하게 되는 것이다. 그러므로 현명한 사람은 자기의 아이들을 가리켜 '나의 미래상'이라고 부른다.

부모의 말 없는 행동과 무의식적인 표정조차 아이의 성격에 지울 수 없는 흔적을 남기며, 선량한 부모의 깨끗한 모범으로 얼마나 많은 죄악이 방지되었는지 사람들은 잘 알지 못한다. 아이들은 결코 가치 없는 짓을 하거나 불순한 생각에 탐닉하여 그런 좋은 부모의 추억을 더럽히지는 않는 법이다.

어머니에게 감화를 받은 웨스트와 벅스턴

극히 사소한 일도 사람들의 인격에 중요한 영향력을 끼친다. "어머니의 입맞춤 덕분에 나는 화가가 되었다"고 웨스트는 말했다. 미래의 행복과 성공은 주로 어린 시절에 겪은, 얼핏 대수롭지 않게 보이는 사소한 일들이 인도하는 방향에 달려 있다.

파월 벅스턴은 나중에 유명해져서 당당한 지위에 올랐을 때, 자기 어머니에게 다음과 같은 편지를 보냈다.

"언제나 그렇지만 저는 특히 남을 위해 일하고 헌신할 때, 어렸을 때 어머니께서 제 마음에 심어주신 성실성과 도덕심이라는 미덕의 효과를 느끼게 됩니다."

벅스턴은 에이브러햄 플래스토라는 사냥터지기에게 진 은혜를 평생 잊지 않고 있었다. 그는 소년 시절에 플래스토와 함께 말을 타거나 그 밖의 운동을 하며 놀았는데, 이 사람은 글을 읽지도 쓰지도 못했으나 타고난 분별심과 기지가 풍부한 사람이었다.

뒷날 벅스턴은 플래스토를 평하여 이렇게 말했다.

"그가 지니고 있는 특히 소중한 점은 정직과 명예를 지키는 원칙이었다. 그는 어머니가 계시지 않을 때라도 어머니가 아시면 나무라실 만한 말이나 행동은 하지 않았다. 그는 언제나 최고의 명예를 지켰고, 세네카와 키케로의 글에서 볼 수 있는 내용만큼 순수하고도 관대한 정신을 우리 어린이들 마음속에 불어넣어 주었다. 그는 내가 이 세상에서 만난 최초의, 아니 최고의 스승이었다."

랭데일 경은 어린 시절에 어머니가 보여주었던 훌륭한 모범을 회상하며 다음과 같이 단언했다.

"만약 지구를 저울 한쪽에 올리고 어머니를 다른 쪽에 올려놓는다면, 어머니 쪽이 너무 무거워 지구가 튕겨 나갈 것이다."

심멜 페닝크 여사는 자신의 어머니가 어떤 모임에 참석할 때 그 모임에 끼치는 영향력을 회상하곤 했다. 어머니가 방에 들어서면 바로 대화내용이 고상해져서, 마치 정신적 분위기가 순화된 것처럼 모든 사람들이 더욱 자유롭게 호흡하고 더욱 올바른 자세를 취하는 듯이 보였다고 했다.

모든 사람이 호흡하고 사는 정신적 분위기는 이처럼 정신 건강에 달려 있고, 부모가 아이들 앞에서 날마다 살아 있는 모범을 보여준다면, 그 영향은 참으로 크다. 그러므로 우리는 부모가 아이들을 가장 잘 가르칠 수 있는 방법을 "당신들 자신을 향상시키시오"라는 말로 요약할 수 있을 것이다.

사람의 말과 행동은 반드시 미래와 관련이 있다

사람의 모든 말과 행동이 반드시 알 수 없는 결과를 수반하게 된다는 생각에는 뭔가 엄숙하고 경외할 만한 점이 있다. 이 세상에 살고 있는 사람이라면 누구나 어느 정도는 우리 생활에 감화를 주고, 우리는 우리 자신도 모르게 주변 사람들에게 영향을 미친다.

인간의 말과 행동은 좋은 것이든 나쁜 것이든, 비록 그 결실을 지켜보지 못한다 하더라도 어떻게든 살아있게 마련이니, 아무리 하찮은 사람의 행동이라도 사람들의 생활에 영향을 끼치게 마련이다. 인간의 영혼 또한 죽지 않고 우리 가운데 영원히 살아 움직인다.

디즈레일리는 리처드 콥덴이 세상을 떠났을 때 하원에서 다음과 같은 말을 했는데, 거기에는 훌륭하고 올바른 정신이 담겨 있다.

"콥덴 씨는 이미 고인이 되셨지만 지금도 여전히 우리 하원의 일원입니다. 국회 해산이나 선거구민들의 변덕 그리고 시간의 흐름과도 상관없이, 그는 우리의 마음속에서 영원히 살아계실 것입니다."

사람의 말과 행동은 영원히 죽지 않는다

이승에서도 인간의 생명에는 불멸의 요소가 깃들어 있다. 이 세상에 사는 사람은 누구든 홀로 살 수 없으며, 이러저러한 행위로 그 순간부터 영원히 인간의 선을 증가시키거나 감소시키는 역할을 한다.

현재는 과거에 뿌리를 두고 있으며, 우리 조상들의 생활과 모범이 아직도 우리 생활에 큰 영향을 미치고 있는 것처럼, 우리도 우리의 일상 행동으로 앞날의 상태와 성격을 형성하는 데 기여하고 있다.

현대에 살고 있는 인간은 지난 세대의 문화에 의해 형성되고 숙성된 열매이니, 아득히 먼 과거와 훨씬 앞의 미래를 행동과 모범을 통해 연결시키는 자석의 역할을 담당하고 있다. 인간의 행위는 결코 사라지지 않는다. 비록 그 육체는 죽어 흙과 공기로 변해도 그 행동은 좋든 나쁘든 반드시 거기에 상응하는 열매를 맺어, 다가오는 세대에 영향을 미친다. 바로 이 중요하고도 엄숙한 사실 속에 인간 존재의 크나큰 책임과 위험이 있는 것이다.

배비지

배비지의 논문 '언행은 죽지 않는다'
배비지가 이러한 생각을 그의 고상한 글속에서 강력하게 표현한 바 있다.

"모든 원자에는 선과 악이 각인되어 있으며, 그것은 학자와 현인들이 밝혀낸 운동성을 지닌 채 온갖 무가치하고 비천한 것들과 수만 가지 방식으로 혼합하며 결합하고 있다. 우리가 마시며 살고 있는 공기 자체가 하나의 거대한 도서관으로, 그 안의 책에는 인류가 말하고 속삭여온 모든 것들이 언제나 기록되어 있다. 한 치의 오차도 없는 불변의 글자들 속에는 죽을 운명에 대한 가장 최근의 한숨소리뿐만 아니라 가장 오래된 탄식과 더불어 보상 없는 서약과 이루어지지 못한 약속이 기록되어 있으며, 각각의 입자가 합쳐져 움직이는 가운데 변하기 쉬운 인간 의지의 증언을 영원히 간직하고 있다.

그러나 만일 우리가 호흡하는 공기가 우리의 생각을 기록해 두는 불멸의 역사가라면, 땅과 하늘과 바다도 마찬가지로 우리 행동의 영원한 증인일 것이다. 그리고 행동과 반응이 동등하다는 똑같은 원칙이 거기에도 적용되므로, 자연의 섭리와 인간의 행동이 남기는 발자취는 결코 지워지지 않을 것이다. ……

전능하신 하느님은 최초의 살인자의 이마에 지워지지 않는 범죄의 낙인을 찍고, 또 율법을 정하여 그 뒤에 이 죄를 범하는 사람을 처벌하였다. 이 죄를 범한 사람은 그 육체가 죽어 원질(原質)로 돌아가고, 그 원질이 분열하여 다른 사람의 몸 속으로 옮겨가 계속 달라붙고, 원질이 모두 결합하여 그 죄를 범했을 때의 근육의 움직임대로 운동 조직이 만들어진다."

지극히 비천한 사람의 언행 또한 세상에 영향력을 가진다

우리가 보고 듣는 모든 행동과 말, 그리고 우리가 하는 모든 행동과 말은 반드시 영향력을 끼치며, 그 영향력은 우리의 앞날뿐 아니라 사회전체의 구조에까지 그 힘이 미친다.

우리는 이 영향력이 여러 갈래로 갈라져서 우리의 자손과 친구들 속에서 어떻게 작용하는지 그 흔적을 보지 못할지도 모르고 사실 거의 보지 못하고 있지만, 틀림없이 그 속 어딘가에서 영원한 작용을 하고 있다. 좋은 모범을 보여야 하는 중요성이 바로 여기에 있는 것이니, 그것이야말로 가장 가난한 사람이나 가장 하찮은 사람도 그의 일상생활을 통해 실천할 수 있는 무언의 교훈이기 때문이다.

본디 세상에는 두 종류의 사람들이 있다. 하나는 묵묵히 남에게 감화를 주는 사람이고, 하나는 묵묵히 타인에게 감화를 받는 사람이다. 남에게 감화를 주는 사람보다 고귀한 것은 없고, 남에게서 대가 없는 감화를 받는 사람보다 비천한 것은 없다. 유익한 사람이 되기 위한 조건은 지위에 있지 않고 모범적인 언행에 있다. 그러므로 아무리 미천한 사람이라도 단순하지만 한없이 귀중한 가르침을 사람들에게 줄 수가 있다. 그리하여 가장 미천한 조건도 유용하게 작용할 수 있으니, 낮은 곳에 세워 놓은 불도 높은 언덕 위에 세워 놓은 불처럼 곳곳을 밝은 빛으로 비쳐주기 때문이다.

어디서나, 그리고 아무리 불행한 역경 속에서도——예를 들면 황야의 양치기 오두막집이나 촌구석, 혹은 대도시의 뒷골목에서도——참다운 사람이 나올 수 있다. 간신히 자기 무덤으로 쓸 수 있을 손바닥만한 땅을 경작하는 사람도 부농의 상속자처럼 훌륭한 뜻을 품고 충실하게 땅을 일굴 수 있다. 그리하여 극히 평범한 일터가 근면과 과학과 선행의 학교가 될 수 있는 동시에 게으름과 어리석음과 타락의 장소가 될 수도 있다. 이 모두는 개인에게 달려 있고, 자신들에게 주어지는 기회를 어떻게 이용하느냐에 달려 있다.

바른 인격을 유지하며 보낸 일생은 자손들과 세상에 남겨줄 수 있는 커다란 유산이다. 그것은 가장 힘차게 미덕을 가르쳐주고 가장 신랄하게 악덕을 나무라는 동시에, 가장 훌륭한 부의 원천으로서 오래오래 지속되는 것이기 때문이다. 하비 경의 빈정거림에 답하여 포프가 말한 것처럼, 다음과 같이 말할 수 있는 사람들은 행복하다 할 수 있을 것이다.

"내 부모님은 훌륭한 분들이어서 그분들 때문에 내가 얼굴을 붉힌 적이 한 번도 없었고, 비록 보잘것없지만 아들인 나 때문에 그분들이 한 번도 눈물을 흘린 적이 없었으니, 이만하면 나는 만족하다고 생각한다."

말이 아니라 실천이 사람을 바꾼다

남에게 무엇을 해야 하는지 말해주는 것으로는 충분하지 않으며, 실제적인 행동모범을 보여주어야 한다. 치솜 여사는 자신의 성공 비결을 스토 여사에게 다음과 같이 말했는데, 그것은 누구에게나 통용된다.

"무슨 일을 이루려면 오직 그 일을 시작하고 행동을 해야지, 말로만 떠들어서는 아무 소용이 없어요. 실천하는 것 외에는 아무 소용이 없는 거죠."

행동하지 않는 사람의 말에는 설득력이 없다. 만일 치솜 여사가 말하는 것에만 만족했다면, 일의 성과는 말의 범위를 넘어서지 못했을 것이다. 치솜 여사는 그것을 알고 있었던 것이다. 그러나 여사가 일을 시작하여 마침내 그것을 완수하는 것을 보자, 사람들은 그때서야 여사의 견해를 이해하고 여사를 도와주러 모여들었다.

그러므로 가장 유익한 일꾼은 말을 잘하거나 극히 고상한 생각을 품고 있는 사람이 아니라, 발 벗고 나서서 행동하는 사람이다. 성실한 사람들은 가장 미천한 처지에서도 모든 열정을 쏟아, 언뜻 보기에는 그들과 어울리지 않는 좋은 일에 추진력을 발휘할 수 있다. 토머스 라이트도 죄인들의 교화에 대해 입으로만 떠들고 아무 일도 하지 않을 수 있었고, 존 파운즈도 빈민 학교에 대해 말만 무성하게 하고 정작 일은 하지 않을 수 있었으나, 이들은 아무 말 없이 오직 해내고 말겠다는 일념으로 일을 시작한 것이다.

구두를 수선하면서 대가 없이 빈민아동을 가르친 파운즈

아무리 가난한 사람이라도 사회에 크나큰 영향을 끼칠 수 있다는 것을, 빈민학교 운동의 선구자인 거스리 박사의 다음과 같은 말에서 알 수 있다. 이 말에서 포츠머스의 미천한 구두 수선공에 지나지 않았던 존 파운즈의 모범이, 거스리 박사의 생애에 얼마나 큰 영향력을 끼쳤는지도 알 수 있을 것이다.

"내가 이 방면에 관심을 갖게 된 계기를 생각하면, 하느님의 섭리 속에서 한 사람의 운명——강물의 흐름과 같은 인생 과정——은 극히 작은 일에서 영향을 받고 결정된다는 것을 알 수 있다. 나에게는 적어도 흥미로운 일이지만, 지금 생각하면 오히려 이상한 느낌이 든다.

내가 처음 빈민학교에 관심을 갖게 된 것은, 토머스 차머스의 탄생지인 포드의 프리드 해안에 있는, 오래되어 우중충하게 퇴락한 작은 자치 도시에서 그림 한 폭을 보고 나서부터였다. 내가 그곳에 간 것은 아주 오래 전의 일이었다. 잠시 쉬려고 어느 여인숙에 들어갔는데, 내가 정한 방에 손잡이가 구부러진 지팡이를 들고 있는 양치는 여자들의 그림과 외출복으로 잘 차려 입은 수병들의 그림이 잔뜩 걸려있는 것을 보았으나 그다지 흥미를 끄는 그림들은 아니었다. 그러나 벽난로 장식 선반 위에 걸려 있는 유달리 큰 그림 한 폭은 좀 달랐는데, 그것은 구두를 수선하고 있는 모습을 그린 그림이었다. 그림 속에 한 구두 수선공이 코에 안경을 걸치고 두 무릎 사이에 낡은 구두를 끼고 앉았는데, 널찍한 이마와 꼭 다문 입은 굳은 의지를 나타내고 있었고, 숱이 많은 눈썹 밑의 눈은 누더기를 입은 가난한 소년소녀들——바삐 일하는 이 구두 수선공 둘레에 서서 공부를 하고 있었다——을 향해 자애로운 빛을 띠고 있었다. 나는 부쩍 호기심이 생겼다.

그리고 옆에 적혀 있는 제목을 읽고 나서 다음과 같은 사실을 알았다. 존 파운즈라고 하는 포츠머스의 그 구두 수선공이, 목사, 공무원, 그리고 신사숙녀로 일컬어지는 사람들이 거리에서 쓰러져 죽도록 방치한 수많은 아이들을 가엾게 여기고, 선량한 목자처럼 그 불쌍한 아이들을 모아 하느님의 말씀과 사회에서 살아갈 수 있는 길을 가르쳐주고, 이마에 구슬땀을 흘리며 자신의 빵을 벌어야 하는 처지이면서도 500명이나 되는 아이들을 불행에서 구출하여 사회로 진출시켰다는 것이었다.

그것을 읽고 나는 자신이 부끄러워지는 것을 느꼈고, 그때까지 사회를 위해 일한 것이 아무것도 없는 나 자신을 꾸짖었다. 나는 가슴이 뭉클해졌다. 그분의 업적을 알고 놀란 내가 그 순간의 감동 속에서 친구에게 다음과 같이 말한 것을 아직도 기억하고 있다(나중에 냉철과 침착을 되찾았을 때 생각해 보아도 그렇게 말할 수밖에 없었다). '그분은 인류의 명예를 위해 일하신 분으로, 영국의 어느 위인보다도 더 높은 기념비를 세워드려야 할 분이네.'"

거스리는 존 파운즈의 생애에 대해 이렇게 말했다.

"난 그분의 역사를 받아들이고 나서야 사람들에게 연민의 정을 품으신 하느님의 정신이 살아 있는 것을 알았다. 존 파운즈는 지혜로운 사람이기도 했다. 아무리 해도 가난한 소년의 마음을 돌릴 수 없을 때는 사도 바울처럼 꾀를 써서 목적을 달성했던 것이다. 선창을 따라 도망치는 누더기 소년을 쫓아다니며 학교에 나오도록 했는데, 경찰 같은 권력으로서가 아니라 방금 찐 따끈한 감자를 한 개 꺼내 보이면서 학교에 가자고 달래는 것이었다. 그분은 아일랜드 사람들이 감자를 얼마나 좋아하는지 알고 있었다. 그럴 때 우리는, 아일랜드 사람들처럼 매우 정열적으로, 자기 자신처럼 누더기 같은 껍질로 덮인 감자를 소년의 코앞에 내밀며 달리는 그분의 모습을 상상할 수 있을 것이다.

마땅히 명예를 돌려야 할 사람에게 명예를 베풀 때가 오면, 시인들이 그 명성을 찬미하며 기념비를 세워주었던 수많은 사람들은 물거품처럼 흩어지고 만다. 그 지방의 위대하고 고상한 권력층의 사람들 또한 잠시 스쳐지나갈 뿐이지만, 이 가난하고 이름도 없는 노인은 그들을 헤치고 앞으로 나와 다음과 같은 하느님의 특별하신 말씀을 듣게 될 것이다. '이 지극히 작은 자 하나에게 한 것이 곧 내게 한 것이니라.'"

좋은 친구를 사귀어라

인격 교육은 누구를 모범으로 삼는가에 따라 결정된다. 우리는 무의식중에 주변사람들의 인격과 예의범절, 습관 그리고 생각을 닮게 된다. 좋은 규범도 큰 역할을 하지만 훌륭한 모범은 더욱더 큰 역할을 한다. 훌륭한 모범 속에는 행동을 이끌어주는 가르침——즉 실제적인 지혜가 있기 때문이다. 그러므로 특히 젊은 시절에 친구를 주의 깊게 선택하는 것은 매우 중요한 일이다. 젊은 사람들에게는 자석의 인력이 있어서, 자기도 모르게 동화되어 서로 닮아가기 쉽다.

에지워드는 젊은이들이 자기도 모르게 자주 만나는 친구를 모방하고 그 성격을 닮게 된다는 강한 확신을 가지고, 가장 훌륭한 모범을 보여주는 친구를 선택하도록 젊은이들을 지도하는 것이 극히 중요한 일이라고 여겼다.

'좋은 친구를 사귀어라. 그렇지 않으면 아예 친구를 사귀지 말라.'

이것이 그의 좌우명이었다.
콜링우드 경은 어느 젊은 친구에게 보내는 편지에서 다음과 같이 말했다.

"나쁜 친구를 사귈 바에는 차라리 혼자 지내는 편이 낫다는 말을 자네의 금언으로 삼게. 자네와 같거나 자네보다 나은 사람들을 친구로 삼게. 사람의 가치는 늘 사귀는 친구들의 가치로 결정되기 때문이네."

유명한 의사 시드넘 박사는 이렇게 말했다.

"사람은 대화 상대가 좋은 사람인가 나쁜 사람인가에 따라 조만간 좋은 사람이 될 수도 있고 나쁜 사람이 될 수도 있다."

피터 렐리 경이 나쁜 그림을 보면 자신의 화필이 더러워진다고 믿고 될 수 있는 대로 나쁜 그림은 보지 않기로 했던 것처럼, 타락한 사람을 자주 보고 천박한 사람과 사귀게 되면 어쩔 수 없이 조금씩 그 사람의 언행에 물들게 마련이다.

인격자와의 교제가 주는 이익

그러므로 젊은이들은 좋은 친구를 사귀며 언제나 자기보다 높은 수준을 목표로 삼는 것이 바람직하다. 프랜시스 호너는 기품이 고상하고 총명한 사람들과 사귀는 데서 얻는 좋은 점을 다음과 같이 말했다.

"나는 주저 없이 말할 수 있다. 내가 지금까지 읽은 모든 책에서 얻은 것보다 더 큰 지적 진보를 그들한테서 얻었다는 것을."

셸번 경(뒷날의 랜즈다운 후작)은 젊었을 때 존경하는 말제르브를 방문하고 크게 감명을 받은 나머지 이와 같이 말했다.

"나는 여기저기 두루 돌아다니며 많은 사람들을 만났으나 그분보다 나에게 큰 영향력을 끼친 사람은 없었다. 내가 만일 앞으로 살아가는 동안 뭔가 좋은 일을 해낸다면, 말제르브에 대한 회상이 나의 영혼에 생기를 불어넣었기 때문이다."

파월 벅스턴도 어릴 때 자신의 인격을 형성하는 데 거니 일가가 끼친 영향을 늘 고맙게 생각하며 이렇게 말했다.

"그분들이 내 인생을 윤택하게 해주었다."

그리고 더블린 대학에서 연구 목적을 달성한 이야기를 하면서 다음과 같이 인정하기도 했다.

"그것은 오로지 내가 얼햄의 집을 방문한 덕분이었다."

그가 자기 계발에 힘쓸 수 있었던 것은 거니 일가의 감화 덕분이었던 것이다. 좋은 사람들과 가까이 지내면 반드시 좋은 결과가 오고 어떠한 축복이 따르게 마련이니, 그것은 마치 나그네한테서, 그가 지나온 길가에 피어있던 꽃과 나무의 향기가 풍기는 것과 같다.

존 스털링과 가까이 지낸 사람들은, 그가 주변의 모든 사람들에게 끼친 유익한 영향력에 대해 언급한 바 있다. 많은 사람들이 그로부터 감화를 받아 처음으로 더 높은 차원의 삶의 의미에 눈을 떴고, 인간이란 무엇이며 무엇을 해야 하는지를 알았다. 트렌치는 존 스털링에 대해 다음과 같이 말했다.

"그의 고상한 인격을 대하면 나 역시 다소 고상해지는 것 같은 느낌이 들었다. 그를 만난 뒤에는 내가 일상의 유혹에 빠지는 생활보다 더 높은 차원의 목적을 지향하게 됨을 느끼곤 했다."

고상한 인격은 이와 같이 언제나 그 영향력을 발휘하는 것이니, 우리가 고상한 인격을 가진 사람과 가까이 할 때, 우리도 모르는 사이에 인격이 높아지고 저절로 그 사람과 같은 생각을 하게 되며, 같은 견지에서 세상을 보는 습관이 붙게 된다. 서로 감화를 주는 작용과 반작용에는 이렇게 신비로운 효과가 있는 것이다.

자기를 능가하는 자를 흠모하는 예술가들

예술가들도 자기보다 더 위대한 예술가들과 가까이 지내면서 인격이 높아지고 실력이 향상되는 것을 느낀다. 하이든의 재능이 처음으로 불타오르게 된 것은 헨델 덕분이었다. 하이든은 헨델이 연주하는 것을 듣고 작곡에 대한 열정을 받았고, 그 자신도 그런 기회가 없었더라면 《천지창조》를 작곡하지 못했을 거라고 믿었다. 헨델에 대해서 그는 이렇게 말했다.

"그가 무엇을 하기로 마음먹고 일하는 모습은 꼭 천둥이 치는 모습과 같았다."

한번은 이런 말도 했다.

"그의 선율은 늘 피를 끓게 한다."

스칼라티 또한 헨델의 열렬한 찬미자로서 이탈리아 순회공연 때마다 헨델을 따라다닌 적이 있었는데, 뒷날 이 대가에 대해 얘기할 때면 찬양의 표시로 먼저 가슴 위에 성호를 긋곤 했다.

진정한 예술가들은 반드시 서로의 장점을 너그럽게 인정해준다. 베토벤은 대가답게 케루비니를 찬양했다. 또 "정말로 슈베르트에게는 신의 정열이 깃들어 있다"며 슈베르트의 천재성을 격찬했다.

화가 노스코트는 어렸을 때 레이놀즈를 어찌나 좋아했던지, 그 위대한 화가 레이놀즈가 데번셔에서 열린 어느 모임에 참석했을 때 군중을 헤치고 앞으로 다가가 그의 옷자락을 만져 봤을 정도였다.

"그때 나는 참으로 큰 만족을 느꼈다."

이 노스코트의 행동이야말로 천재를 찬양하는 소년다운 열광의 진정한 표현이 아니겠는가?

용감한 사람의 본보기

용감한 사람의 본보기는 웅크린 사람들에게 힘을 주고, 용감한 사람의 정신은 모든 사람들에게 스며든다. 그리하여 영웅의 지휘 아래에서는 평범한 사람도 이따금 기적 같은 용기를 발휘한다. 용감한 사람의 행동을 이야기로만 들어도 나팔소리를 들을 때처럼 피가 끓어오른다.

지스카는 자기가 죽은 뒤 자기의 가죽으로 북을 만들어 보헤미아 사람들의 용기를 북돋워 주는 데 쓰라고 유언했다. 에피루스(고대그리스의 한 나라)의 왕자 스캔더베그가 세상을 떠나자, 터키 사람들은 왕자의 심장에서 가장 가까운 곳에 있는 뼈를 차지하고 싶어 했다. 왕자가 살아 있을 때 보여 준 용기 그리고 그들이 가끔 싸움터에서 얻었던 왕자의 용기를 조금이라도 얻고 싶었던 것이다.

브루스 왕가의 정신을 지닌 용감한 더글러스는 성지를 향해 전진하다가, 자신의 기사 한 명이 사라센 사람들에게 포위당해 몹시 곤경에 빠진 것을 보았다. 그는 자기 목에 걸고 있던, 전쟁영웅 브루스 왕의 심장이 담겨 있는 은 케이스를 잡아채어 적군의 한복판에 던지면서 부하들에게 이렇게 소리쳤다.

"폐하께서 생전에 늘 그러셨던 것처럼 앞장서서 돌격하십시오! 저도 죽음을 무릅쓰고 폐하의 뒤를 따르겠습니다!"

그리고 브루스 왕의 심장을 따라 적진으로 돌진한 그는 마침내 장렬하게 전사했다.

전기를 읽고 분발한 사람의 예

전기가 좋은 점은 주로 고귀한 인격의 모범이 풍부하게 담겨져 있다는 데 있다. 우리의 조상들은 그들의 생애와 모범적인 행동을 기록한 책 속에서 우리와 함께 여전히 살아 있으며, 우리의 책상 위에 앉아 우리의 손을 잡아 주며 유익한 모범을 보여준다. 우리는 그것을 배우고 찬양하고 모방할 수 있다. 사실 어느 누구든 고귀한 인생의 기록을 남기고 떠난 사람들은 후세 사람들에게 영원한 선행의 원천을 남긴 것이라고 할 수 있다. 앞으로 영원히 사람들은 그것을 읽고 인격을 형성하는 데 도움을 얻을 것이고, 그것을 통해 약동하는 생기를 얻어 인생을 새롭게 출발하여 새로운 형태의 인격을 보여줄 수 있기 때문이다.

그러므로 성실한 사람의 생애가 기록되어 있는 책은 귀중한 씨앗으로 가득 차 있다. 그것은 아직도 살아 있는 목소리, 즉 지성의 목소리다. 밀턴의 말을 빌리면, "책은 생명을 마감한 어떤 생명을 위해 썩지 않게 향료를 발라 소중히 보존한, 고귀한 정신의 귀중한 활력소"이다.

이러한 책은 반드시 인간의 마음을 고상하게 높여주는 영향력이 있게 마련이다. 특히 이 세상에서 우리가 살아가야 할 모습을 제시해주는 극히 고귀한 모범이 담긴 책이 있으니, 그것은 우리의 마음이 필요로 하는 모든 것에 가장 합당한 모범이요, 아무리 먼 곳에서도 또 아무리 먼 후세에도 따르고 추구할 수 있는 모범이라 할 것이다.

> 태양을 보지 못한 식물이나 덩굴처럼
> 태양을 꿈꾸며 태양이 어디 있는지 짐작해 보라
> 그리고 태양이 있는 곳까지 도달하도록 최선을 다해 올라가라.

따라서 젊은이들은 누구나 벅스턴과 아놀드 같은 사람들의 전기를 정독하고 나면 반드시 마음이 고상해지고 하늘을 꿰뚫을 것처럼 결심이 불끈 솟아나는 것을 느낄 것이다. 이러한 사람들의 전기는 사람이 어느 정도까지 향상될 수 있는지, 또 무엇을 할 수 있는지를 보여주어, 그의 희망을 강화하고 인생의 목적을 드높여주어 의지력을 향상시켜준다.

벤저민 프랭클린

이탈리아의 유명한 화가 코레지오가 미켈란젤로의 작품을 유심히 보고 나서 천재적 소질이 솟아나는 것을 느꼈던 것처럼, 젊은이는 때때로 위인의 전기 속에서 자기 자신을 발견한다. 코레지오는 그때 "그래, 나도 화가가 되리라!" 하고 외쳤다.

새뮤얼 로밀리는 자서전을 통해, 위대하고 기품이 고상한 프랑스의 수상 다게소의 전기를 읽고 강한 영향력을 받았노라고 고백했다.

"우연히 토머스가 쓴 책《다게소를 찬양하노라》를 읽게 되었는데, 그 책을 읽고 나는 큰 감명을 받았다. 토머스가 쓴 이 유명한 수상의 이야기는 나의 열정과 야망에 큰 자극을 주었고, 나의 앞날에 대한 꿈에 새로운 영광의 길을 열어주었다."

프랭클린, 드루, 더들리

프랭클린은 자기가 명성을 얻고 유익한 사람이 된 것이 일찍이 코튼 매더의《좋은 일을 담은 수필집》을 읽었기 때문이라고 했는데――이 수필집은 매더의 일생을 기록한 책이었다. 좋은 모범은 이와 같이 사람들의 마음을 끌고, 온 세상 후세 사람들에게까지 영향을 미친다.

새뮤얼 드루는 벤저민 프랭클린의 자서전을 읽고 자신의 인생, 특히 사업 정신의 틀을 잡았노라고 말했다. 그러므로 좋은 모범은 그 영향력과 한계――만일 한계가 있다면――가 어디까지라고 말하는 것은 불가능하다. 인생에서와 같이 문학에서도 가장 훌륭한 사람들과 사귀고, 최고의 책을 읽고, 책 속에서 발견한 가장 좋은 것들을 찬양하고 지혜롭게 모방하는 좋은 점이 여기에 있다. 더들리 경은 다음과 같이 말했다.

12 본받을 만한 일들

"문학면에서 나는 주로 옛날에 교제한 친구를 내가 가장 좋아하는 벗으로 여기기를 좋아한다. 그들과 더 깊게 사귀고 싶기 때문이다. 새로운 책을 읽는 것보다는 전에 읽었던 책을 반복해서 읽는 것이 비록 재미는 없을지 모르나 십중팔구는 더 유익하다고 생각한다."

알피에리, 로욜라, 루터, 울프, 케어리

그저 심심풀이로 아무거나 집어서 읽다가, 우연히 고상한 인생 기록이 담긴 책을 읽은 것이, 때로는 그때까지 생각지도 못한 정열을 불러일으키는 수가 있다.

알피에리는 《플루타르크 영웅전》을 읽고 문학에 열정을 쏟게 되었다. 로욜라는 사병으로 팜펠루나 전투에 참전했을 때 다리에 중상을 입고 누워서, 생각을 다른 데로 돌리고자 읽었던 책이 《성인들의 삶》이었다. 그는 이 책을 정독하고 나서 열정에 불타올라 종교단을 창설하는 데 헌신할 것을 결심했다.

마찬가지로 루터는 《존 후스의 생애와 문집》을 읽고 필생의 대사업을 시작하기 위한 영감을 얻었다.

볼프 박사는 《프랜시스 자비에르의 생애》를 읽고 큰 자극을 받아 종교사업을 시작했는데, 이 책은 그의 젊은 가슴에 한평생 신을 위해 헌신하겠다는 성실하고 열렬한 열정을 불붙였다. 윌리엄 케어리도 쿡 선장의 항해에 관한 책을 정독하고 숭고한 선교 사업에 뜻을 품게 되었다.

호너를 감명시킨 책

프랜시스 호너는 자신의 일기와 편지 속에 자기가 가장 감명을 받고 가장 좋은 영향을 받은 책을 기록해두는 습관이 있었는데, 콩도르세가 쓴 《홀러를 추모하는 글》, 조슈아 레이놀즈가 쓴 《인생 강화》, 베이컨의 문집 그리고 《버넷의 매튜 헤일 경의 이야기》 등을 들었다. 이 중 맨 끝의 《버넷의 매튜 헤일 경의 이야기》——비범한 노력가의 인생을 그린 책——는 자신의 가슴을 열정으로 가득 채워주었다고 말했다. 콩도르세의 《홀러를 추모하는 글》에 대해서는 이렇게 말했다.

"그런 분들의 이야기를 읽으면 반드시 가슴이 설레는 감동을 느끼며 자리에서 일어나게 되는데, 이런 감동을 찬양이라고 해야 할지 부푼 야망이라고 해야 할지, 아니면 절망이라고 해야 할지——과연 뭐라고 해야 할지 잘 모르겠다."

그리고 레이놀즈 경의 《인생 강화》에 대해서는 다음과 같이 말했다.

"베이컨의 문집 다음으로 자기수양 면에서 나에게 가장 큰 영향을 준 것이 이 책이었다. 그는 위대한 사람이 되는 길을 겸손한 태도로 세상 사람들에게 알려준 최초의 천재들 중의 한 사람이었다. 인간의 노력이 모든 걸 이룰 수 있게 해준다는 그의 확신은, 천재는 타고나는 것이 아니라 노력해서 얻는 것이라는 생각을 독자에게 불어넣어 준다. 대체로 이 책보다 더 큰 감동을 주는 책은 없을 것이라는 격찬의 마음이 자연스럽고 강렬하게 일어난다."

레이놀즈 자신이 미술 공부에 대해 최초로 열정을 기울이게 된 것은 리처드슨이 쓴 어느 위대한 화가의 전기를 읽고 나서였다고 했는데, 이것도 또한 주목할 만한 사실이다. 마찬가지로 헤이든은 레이놀즈의 전기를 읽고 그림을 그리고 싶은 열정에 사로잡혔다.

한 사람의 강인하고 야심 찬 일생은 같은 능력과 욕구를 가진 사람의 가슴속에 불을 지핀다. 똑같이 왕성한 노력을 한다면 반드시 뛰어난 성공을 얻게 되는 것이다. 이리하여 모범의 사슬은 시간이 흐름에 따라서 끝없는 고리로 연결되며, 찬양하는 마음에서 모방이 생겨나 천재들이 영원히 이어지는 것이다.

즐거운 신사의 모습

젊은 사람들에게 보여줄 수 있는 가장 가치 있고 감화력이 큰 모범 중의 하나는 쾌활한 마음이다. 쾌활함은 사람의 정신에 탄력을 준다. 악마도 그 앞에서는 달아나고, 그 어떤 난관도 절망을 주지 못한다. 쾌활한 마음에는 늘 희망이 있게 마련이고, 기회를 발전시킬 수 있는 낙천적인 마음이 솟아나 반드시 성공을 이끌어내게 마련이기 때문이다. 열정을 지닌 영혼은 언제나 건전하고 행복하며, 남에게도 쾌활하게 작용하여 일할 수 있는 힘을 준다. 그리고 가장 평범한 일에도 가치를 부여한다. 또 기쁜 마음으로 전심전력을 다해 일하는 사람의 손과 머리는 최대의 효과를 거두는 법이다.

조지프 흄은 "우울한 정신으로 1년에 1만 파운드를 버는 영주로 사느니, 늘 쾌활함을 잃지 않고 세상의 밝은 면만 보면서 살고 싶다"고 자주 말하곤 했다. 그랜빌 샤프는 노예들을 위해 지칠 줄 모르는 노력을 기울이는 가운데서도 저녁이 되면 형의 집에 가서 음악회에 참여하여 노래도 부르고 플루트, 클라리넷 또는 오보에를 연주하면서 위안을 얻었다. 그리고 일요일 밤의 오라토리오에서 헨델의 곡을 연주할 때는 팀파니를 두드렸다. 또한 비록 자주 하지는 못했지만 만화를 그리기도 했다. 파월 벅스턴도 무척 쾌활한 사람이었는데, 특히 운동을 좋아하여 아이들과 함께 교외로 말을 타고 달리거나 여러 가지 가정오락을 즐기기도 했다.

사람들을 감화시킨 아놀드 박사의 덕행

아놀드 박사는 또 다른 분야에서 활동을 한 고상하고 쾌활한 사람으로, 일평생 모든 정력을 기울여 젊은이들을 양성하고 가르치는 대사업을 했다. 그의 찬양할 만한 전기 속에는 다음과 같은 말이 있다.

"레일햄 지방에서 특히 주목할 만한 것은 그 지방을 지배하고 있는 건전한 분위기였다. 처음으로 그 고장에 발을 들인 사람은 누구나, 뭔가 위대하고 진지한 일이 진행되고 있음을 느낄 수 있는 곳이었다. 학생 모두가 해야 할 공부가 있고, 자신의 의무와 행복이 공부를 열심히 하는 데 있는 것이라고 믿고 있었다. 그리하여 인생을 대하는 젊은이의 마음에 뭐라 표현할 수 없는 열정이 전달되어, 차신에게도 유익하고 행복해질 수 있는 길이 있다는 깨달음 속에서 온몸에 이상한 기쁨이 넘쳐흘렀다. 그리고 인생과 자기 자신, 이 세상에서 자기가 해야 할 일을 올바르게 인식하도록 가르쳐준 사람에게 깊은 존경과 애정이 솟아나는 것이었다.

이 모든 것은 아놀드의 진실한 인품과 깊은 통찰력 덕분이었다. 그것은 모든 일에 대한 그의 꾸밈없는 경의 그리고 사회의 복잡한 조직 및 개인의 성장과 보호에 대해 올바르게 그 가치를 인식하고 있는 분별력에 바탕을 둔 것이었다. 모든 것에 무슨 선동이 있었던 것도 아니요, 어떤 일을 다른 일보다 더 좋아하는 편애가 있는 것도 아니었으며, 한 가지 목적에만 열정을 쏟는 것도 아니었다. 일이란 하느님이 지상에 있는 사람들에게 내려준 것이라는 겸손하고도 심오하고 가장 종교적인 깨달음이 있을 뿐이었다. 이 목적을 위해 사람에게 여러 가지 재능이 부여되는 것이니, 사람은 그 속의 모든 요소를 발전시켜야 하는 숙명을 지니고 있으며, 하느님을 향해 가는 길이 바로 거기에 있는 것을 깨달았다."

아놀드 박사에 의하여 공직 생활과 공익을 위해 훈련받은 많은 훌륭한 사람들 중에 호드슨 경기병대의 용감한 호드슨 장군이 있는데, 여러 해가 지난 뒤 인도에서 집에 보낸 편지 속에서 그는 존경하는 스승에 대해 다음과 같이 말했다.

"선생님이 나에게 끼친 영향은 가장 지속적이고도 뚜렷한 것이었습니다. 그 교육의 효과는 인도 땅에서도 나타났으니, 더 이상 무슨 말이 필요하겠습니까?"

존 싱클레어

곧은 심성을 지닌 사람이 정력적으로 부지런히 일하여 이웃과 가족 그리고 조국을 위해 발휘할 수 있는 유익한 영향력을 가장 뚜렷하게 보여준 예는 아마도 존 싱클레어 경의 삶일 것이다. 그레구아르 수도원장은 그를 가리켜 '유럽에서 가장 끈기 있는 남자'라고 했다.

그는 본디 존 오그로츠 하우스 근처에 있는 상당한 토지를 상속받은 시골 지주였는데, 이 고장은 폭풍이 심한 북해를 향하고 있는 황무지로, 거의 문명과는 동떨어진 곳이었다. 그의 나이 16세 때 아버지가 세상을 떠났기 때문에 일찍부터 재산을 관리하는 책임을 맡게 되었고, 18세 때는 케이스네스 지방에 활발한 개척사업을 벌인 것이 점차 온 스코틀랜드 지방에 퍼지게 되었다.

이때의 농업은 극히 낙후되어 있었고, 밭의 구획정리나 배수로도 제대로 되어 있지 않았다. 케이스네스의 소농들은 너무 가난해서 조랑말 한 필도 키우기가 어려웠고, 힘든 일이나 무거운 짐을 나르는 일은 주로 여자들이 맡고 있었다. 농부가 말을 잃었을 때 가장 일반적인 대책은 결혼을 하여 여자를 들이는 것이었다.

길도 다리도 없어서 가축 장수들이 가축을 몰고 남쪽으로 갈 때는 짐승들과 함께 강을 헤엄쳐 건너야 했다. 케이스네스로 통하는 주요한 길은 산허리에 있는 높은 바위를 지나야 했는데, 높이가 수백 피트나 되는 낭떠러지를 따라 수직으로 바다가 내려다보이는 곳이었다. 한낱 나이 어린 청년에 지나지 않던 존 경은 벤 체일트 고개를 넘는 새 길을 만들기로 결심했다.

무사태평한 나이 많은 지주들은 그의 계획을 의아심과 조소로 대했다. 하지만 그는 직접 도로를 설계하여 어느 여름 날 아침 일찍 약 1,200명의 일꾼들을 모아 동시에 일을 시작하게 하고는, 여기저기 뛰어다니며 시범을 보이고 일꾼들에게 힘을 북돋워 주기도 하면서 스스로 공사를 감독했다. 밤이 되기도 전에, 양들이나 가까스로 지나갈 수 있고 짐을 실은 말은 거의 통과할 수 없던 위험한 6마일의 길이, 마치 무슨 마술이라도 부린 것처럼 마차가 지날 수 있는 길로 변해 있었다. 그것은 정력과 정당한 노력의 찬양할 만한 모범이었으니, 자연히 지역 주민들에게 건전한 영향을 끼치게 되었다.

이어서 그는 더 많은 도로를 닦고, 방앗간을 짓고, 다리를 놓고, 황무지를 정리하여 농사를 지을 수 있게 했다. 개량농법을 도입하여 규칙적으로 윤작을 하게 하고, 적게나마 장려금을 주어 산업을 후원해주었다. 그리하여 이 지역 전체가 곧 그의 영향을 받게 되어, 땅을 경작하는 사람들은 완전히 새로운 정신자세를 가지게 되었다. 문명을 외면한 북쪽의 벽지였던 케이스네스가 도로와 농업 그리고 어업 면에서 하나의 모범 지역이 된 것이다.

존이 어렸을 때는 집배원이 1주일에 단 한 번 우편물을 날라다 주었을 뿐이었다. 그래서 이 젊은 준남작은 자기 생전에 반드시 우편 마차를 날마다 서소까지 들어오게 하고야 말겠다고 선언했다. 그리하여 이 지방에 유행어가 하나 생겼으니, 도저히 불가능한 일이 있을 때는, "아, 그런 일은 존 경이 우편 마차를 날마다 서소까지 드나들 수 있게 했을 때나 가능하겠지?"란 말이었다. 마침내 날마다 서소까지 우편 마차가 들어오게 되었고 존 경은 자기 생전에 그 꿈이 실현되는 것을 볼 수 있었다.

그의 봉사 활동은 점점 더 범위를 넓혀갔다.

그는 이 나라의 중요한 일용품 중 하나인 영국산 양모의 질이 매우 나빠진 것을 보고, 비록 별로 알려지지 않은 한낱 시골 신사에 지나지 않았지만, 그 질을 높이고자 헌신적인 노력을 기울이기 시작했다. 그의 개인적인 노력으로 영국 양모협회를 설립하고, 자기 돈으로 여러 나라에서 800여 마리의 양을 사들이는 등, 양모의 실질적인 품질개량을 위해 앞장섰다. 그 결과 유명한 체비오트 양이 스코틀랜드에 도입되었다. 그리고 양을 치는 농부들은 남부의 양들이 북부에서도 잘 자랄 수 있다는 것을 알게 되었다. 존 경의 노력으로 몇 년 뒤에는 북부 4개주에만도 최소한 30만 마리의 체비오트 양을 기를 수 있게 되었다. 그리하여 모든 목초지의 가치가 올라, 별로 쓸모없던 스코틀랜드의 땅은 많은 수익을 올릴 수 있었다.

케이스네스 선거구민들이 그를 국회로 보내자, 그는 30년 동안 표결에 거의 빠지는 일 없이 의원 생활을 성실히 수행했다. 이 생활은 그에게 더욱더 유용성을 발휘할 수 있는 기회를 주었고, 그는 그 기회를 이용하여 착실하게 봉사했다.

모든 유익한 공적인 일에 끈기 있게 정력을 쏟는 그를 보고, 피트 수상은 그를 다우닝 가로 초청하여 그가 구상하고 있다면 어떤 계획이든 도와주고 싶다고 제안했다. 다른 사람이라면 이럴 때 자기 자신의 이익을 생각했겠지만, 존 경은 다음과 같은 색다른 요구를 했다.

"저 자신을 위해 호의를 베풀어 달라는 말은 하지 않겠습니다. 다만 전국 농업위원회를 설립하는 데 도움을 주신다면 고맙겠습니다."

아서 경은 이 준남작이 구상하고 있는 전국 농업위원회는 절대로 실현되지 않을 것이라고 하며 이렇게 덧붙였다.

"자네가 생각하고 있는 전국 농업위원회는 달나라에 가서나 실현될 걸세!"

그러나 그는 활발하게 일을 추진하여 이 문제에 대한 국민 대중의 관심을 끌고, 대다수 국회 위원들의 찬성을 얻어 마침내 위원회를 설립하고 초대 회장이 되었다. 이 위원회의 활동 결과는 새삼 설명할 필요도 없지만, 그것으로 인해 온 영국의 농업과 축산업이 힘을 얻어 수만 에이커의 메마른 땅이 기름진 땅으로 바뀌었다.

그는 또 어업의 발달에도 불굴의 정신을 기울였다. 서소와 윅에 성공적으로 이 중요한 산업분야의 기초를 세울 수 있었던 것은 그의 노력 덕택이었다. 여러 해 동안 애쓴 끝에 윅에 항구를 건설하는 데 성공했으며, 전 세계에서 가장 크고 번창한 어업도시가 될 수 있었다.

존 경은 자신이 손댄 모든 일에 정력을 쏟으며, 활기 없는 사람들을 각성시키고, 게으른 사람들에게 힘을 주고, 희망에 넘친 사람들을 격려하면서 모든 사람들과 함께 일했다. 프랑스의 침공이 예상되자, 그는 피트 수상에게 자기 고향에서 1개 연대를 모집해 보겠다고 제안하여 실행에 옮겼다, 북쪽으로 가서 우선 600명으로 구성된 1개 연대를 편성했는데, 병사의 수가 점점 늘어 1,000명에 이르렀다. 그의 영향을 받아 고귀한 애국심으로 똘똘 뭉친 이 연대는 전군에서 가장 훌륭한 연대 가운데 하나로 인정받았다.

그는 애버딘에 군영을 둔 연대 사령관으로 있으면서, 스코틀랜드 은행장, 영국 양모협회 회장, 윅 시장, 영국 어업협회 이사장, 재무성 증권발행 감독관, 케이스네스 지구를 대표하는 국회의원 그리고 농업위원회 위원장을 겸했다. 모두 자진해서 맡아 그 수많은 일을 하는 가운데서도 그는 책을 쓸 여유가 있었고, 책만 가지고도 명성을 얻기에 충분했다.

주영 미국대사를 지낸 러시는 그때를 다음과 같이 회고했다. 그가 영국에 도착하여 코크에게 영국에서 나온 농업에 관한 책 가운데 가장 훌륭한 책을 묻자, 코크는 존 싱클레어 경의 책을 추천했다. 또 재무장관 반시타트에게 영국 재정에 관한 최고의 책이 무엇이냐고 물으니 마찬가지로 존 싱클레어 경이 쓴 《국고 세입사》라고 답했다고 한다.

그러나 그의 불굴의 노력을 상징하는 위대한 기념비이자 보통 사람은 감히 엄두도 못 낼 놀라운 사업은, 그의 정력을 불러일으키고 지속시킨 21권으로 된 전집 《스코틀랜드의 통계록》을 발간한 일이었다. 이 전집은 일찍이 어느 시대, 어느 나라에서 출판된 그 어떤 전집보다 가치 있고 실용적인 것이었다. 그렇지 않아도 많은 일로 바쁜 가운데서도 그는 무려 8년 동안 심혈을 기울인 끝에 이 저작을 완성했다. 그 동안 주제에 대해 접수하여 처리한 편지가 무려 2만 통이 넘었다. 그것은 전적으로 애국적인 사업이었다. 그것을 완성하고 그가 얻은 것은 오직 큰일을 해냈다는 명예뿐이었고 개인적인 이득은 전혀 없었다. 그는 이 전집에서 나오는 이익금을 모두 스코틀랜드 성직자 자녀협회에 기부했다.

이 전집의 출판으로 대중 생활이 커다랗게 향상되었는데, 특히 전집 내용에서 지적한 봉건시대의 유물인 몇 가지 억압적인 권리가 즉시 철폐되었고, 교사와 여러 교구의 목사들은 더 많은 보수를 받게 되었으며, 스코틀랜드 전역에 걸쳐 농업 분야에 더 많은 힘을 기울이게 되었다.

이어서 존 경은 훨씬 더 어려운 일이지만, 비슷한 영국의 통계기록을 모아 출판해 보겠다고 공언했으나, 불행히도 당시의 캔터베리 대주교가 교회의 십일조 헌금(목사와 교회의 비용에 충당하기 위한 것)까지 공개되지 않을까 우려한 나머지 허가해주지 않았기 때문에 포기해야 했다. 공업 분야가 큰 위기를 맞았을 때, 공업지구를 구원해 준 그의 공로는 정력과 민첩함이 뛰어나다는 증거였다.

1793년, 전쟁으로 인한 경기침체 때문에 수많은 공장이 도산하기에 이르렀다. 그리고 맨체스터와 글래스고의 유서 깊은 공장들도 위기에 직면했는데, 자본이 없어서가 아니라 통상과 신용대출이 일시적으로 봉쇄되었기 때문이었다. 당장이라도 폭발할 것처럼 노동자들의 불안감이 고조되자, 존 경은 국회에서 즉시 500만 파운드에 달하는 재무성 증권을 발행하여 담보를 제공할 수 있는 상인들에게 대여하자고 주장했다. 이 주장은 채택되었고, 그가 지명한 집행위원들과 함께 자신이 직접 그 계획을 집행하겠다는 제안도 수락되었다. 이 안이 야간에 통과되었으므로 존 경은 관청의 굼벵이같이 느린 일처리 때문에 잠시라도 일이 지연될까 염려하여, 다음 날 아침 일찍 시내 여러 은행을 돌아다니며 자신의 개인 담보로 7만 파운드를 빌려서, 그날 안에 급히 도움을 필요로 하는 상인들에게 나누어주었다.

의사당에서 존 경을 만난 피트 수상은, 맨체스터와 글래스고에서 돈이 몹시 필요할 텐데 빨리 보내줄 수 없어서 큰일이라고 걱정했다.

"돈을 모으려면 며칠이 걸릴 테니까 말이오."

그러자 존 경이 의기양양하게 말했다.

"돈은 이미 보냈습니다. 오늘 밤 우편으로 런던을 떠났지요!"

뒷날 그는 이 일화를 얘기하면서 즐거운 미소를 지으며 말했다.

"피트는 마치 내가 칼로 그를 찌르기나 한 것처럼 놀라더군."

마지막 순간까지 이 위대하고 선량한 사람은 유용하고 쾌활하게 일을 계속하여 자신의 가족과 조국을 위해 모범을 보여주었다. 이와 같이 남을 위해 노력하며 봉사하는 가운데, 그는 자신의 너그러움 때문에 비록 개인의 재산에 큰 손해를 보았지만, 그 대신 행복과 자기만족 그리고 지식보다 나은 마음의 평화를 얻었다고 할 수 있다.

그는 왕성한 근로정신을 지닌 위대한 애국자로서 조국에 대한 의무를 훌륭하게 완수했지만, 그렇다고 자기 가정에 소홀한 것도 아니었다. 그의 아들 딸들도 성장하여 명예를 지키며 유익한 봉사를 했고, 그는 80세까지 살아서 그 아들들이 성장하는 것을 고스란히 지켜보았다. 그 중 갚을 수 없는 많은 빚을 지거나 아버지에게 인간으로서 피할 수 있는 슬픔을 안겨준 아들은 한 명도 없었으니, 그것이야말로 존 경이 가장 자랑스럽게 여긴 일 중의 하나였다.

13 인격—진정한 재산
인격이야말로 사람이 추구해야 할 최고 가치

누가 늘 의젓할 수 있으리, 이 사람 외에. 수많은 추억이 있지만
그 중에서 한 가지 잊을 수 없는 언제나 우아한 이 사람 외에.

상냥함을 잃지 않고 그 어느 때나 사람들과 사귀던 우아한 선비
고상한 모습이 꽃과 같더라 이 사람이 타고난 우아한 마음.

그래서 욕 없이 듣던 이름 '신사' 아, 숭고하도다.

테니슨

재능은 고요함에서 형성되고, 인격은 세상의 흐름 속에서 형성된다.   괴테

한 나라를 드높이고, 강하게 하며, 위엄있게 하는 것——국력을 확장시키고, 정신력을 창조하고, 존경을 받고, 다른 나라들이 수백만 국민의 마음을 한데 묶고, 많은 나라들이 자부심을 버리고 머리를 숙이게 하는 것——복종의 증거, 주권의 원천, 진정한 왕위이자 왕관이며 왕홀(王笏)이 되는 것, 이 고귀한 전승은 혈연이나 방편 또는 재능만의 전승이 아니라 인격의 전승이다. 그것이 바로 인간의 진정한 특성이다.   더 타임스

인격은 사람이 가질 수 있는 가장 고귀한 것

인격은 인생의 왕관이자 영광이다. 인격은 인간이 소유할 수 있는 가장 고귀한 것이니, 그 자체가 지위와 신분을 상징하며, 어려운 처지에 있는 사람에게도 위엄을 주고, 모든 사회적 지위를 높여주는 것이다. 그것이 발휘하는 힘은 부귀보다 크며, 명성에 대한 시기심 없는 명예를 확보해준다. 인격에는 언제나 다른 사람들에게 좋은 영향을 주는 힘이 있다. 왜냐하면 그것은 입증

된 명예, 정직 그리고 일관성――아마 다른 어떤 것보다도 사람들의 전적인 믿음과 존경을 받을 수 있는 훌륭한 것들――의 결과이기 때문이다.

인격은 가장 좋은 형태의 인간성이다. 그것은 또한 개인 속에 구체화된 도덕적 질서이다. 세상을 다스리는 것은 주로 정신의 힘이기 때문에 인격적인 사람들은 사회의 양심일 뿐 아니라 모든 선정을 베푸는 국가의 최고 원동력이기도 하다. 나폴레옹은 전쟁에서도 승패를 가르는 데 정신과 물질이 기여하는 비율을 10 대 1이라고 했다.

한 나라의 국력과 산업 그리고 문명은 개인의 인격에 달려 있으며, 사회 안전의 기초도 마찬가지이다. 법률과 제도는 다만 인격의 자연적인 결과일 뿐이다. 본성의 균형에 따라 개인과 국민 그리고 민족은 저마다 합당한 것을 얻게 되며, 그 이상은 얻지 못할 것이다. 어떤 원인에는 반드시 결과가 따르는 것처럼, 국민들의 인격의 질에 따라 반드시 거기에 맞는 결과가 있을 것이다.

캐닝, 러셀, 호너

비록 교양과 능력도 별로 없고 재산도 보잘것없는 사람이라도 인격이 훌륭하다면 공장, 사무실, 시장, 의회, 그 어디서든지 자신의 영향력을 발휘할 수 있다.

1801년 정치가 캐닝은 다음과 같은 현명한 내용의 글을 썼다.

"나는 인격을 통해서 권세를 얻을 것이며, 그 밖의 어떠한 방법도 시도하지 않겠다. 이것이 비록 가장 빠른 길은 아니더라도, 가장 확실한 길이라고 나는 믿는다."

우리는 지적 능력이 있는 사람들을 찬양하지만, 능력 이상의 뭔가를 볼 수 있어야만 그들을 믿게 된다.

그러므로 존 러셀 경은 다음과 같이 지당한 말을 했다.

"영국 사회의 특징은, 천재들에게 도움을 요청하지만 정작 인격자들의 지도에 따른다는 것이다."

이 말은 시드니 스미스가 얼굴에 십계명의 표시가 뚜렷이 나타나 있는 사람이라고 부른 프랜시스 호너의 생애 속에 뚜렷하게 증명되어 있다.

콕번 경은 이렇게 말했다.

"그의 생애가 모든 올바른 젊은이들의 가슴 속에 불어넣어 준 가치 있고 독특한 빛이 바로 이런 것이다. 그는 서른여덟의 나이에 세상을 떠났지만 여느 사람보다 훨씬 큰 감화력이 있었으며, 무심하고 천박한 사람들을 제외한 모든 사람들이 그를 칭찬하고, 사랑하고, 신뢰했고, 모든 사람들이 그의 사망을 애통하게 생각했다. 국회에서 고인에게 베푼 것보다 일찍이 더 큰 경의를 베푼 적이 없었다.

모든 젊은이는 알아야 한다——어째서 그는 그렇게 될 수 있었을까? 신분 때문에? 그는 에든버러의 상인의 아들이었다. 재산 때문에? 그러나 그의 가족 중의 어느 누구도 단 6페니의 여분도 가져보지 못했다. 직위 때문에? 그는 단 한 번 직위를 차지한 적이 있었지만, 그나마 겨우 몇 년 동안이었고 권력이 있는 자리도 아니었으며 보수도 대단치 않았다. 재능 때문에? 그의 재능은 뛰어나지 못했고 천재적인 재능이 있는 건 더더욱 아니었다. 능란한 언변 때문에? 그의 말은 침착하고 점잖을 뿐이지 듣는 사람의 가슴을 뒤흔드는 웅변도 아니고 사람을 홀리는 능변도 아니었다. 어떠한 기교를 부려서? 그의 태도는 오직 올바르고 친절했을 뿐이다. 그러면 무엇 때문이었을까?

그것은 오직 양식, 근면, 올바른 신념 그리고 선량한 마음, 즉 올바른 사람이면 누구라도 그리 힘들이지 않고 얻을 수 있는 자질을 지니고 있었기 때문이다. 그를 높여준 것은 인격의 힘이었고, 그 인격은 타고난 것도 아니고 남다른 능력이 있는 것도 아닌 그 자신의 힘으로 형성한 것이었다. 하원에는 그보다 더 뛰어난 능력과 설득력을 지닌 인물이 많았다. 하지만 그런 능력들과 도덕적 가치를 결합하는 데 있어서 그를 능가하는 사람은 아무도 없었다.

호너가 이 세상에 태어나 입증한 것은 공직 생활의 경쟁과 시기 속에서도 오직 교양과 선의의 바탕 위에서, 한 인간이 발휘한 온건한 힘이, 과연 어떤 것을 성취할 수 있는가 하는 것이다."

프랭클린과 몽테뉴

프랭클린도 자신이 공인으로서 성공할 수 있었던 것은, 재능이나 웅변적 힘——그런 면에서 그는 대단치 않았지만——이 아니라 세상 사람들이 다 알고 있는 자신의 성실한 인격 때문이라고 생각했다.

"나는 말을 잘 못했고 결코 웅변가도 아니었으며, 어휘를 선택할 때도 걸핏하면 주저했다. 게다가 발음도 정확하지 못했고, 대체로 내가 말하고자 하는 요점만 전달할 수 있었다."

인격은 미천한 사람들뿐만 아니라 신분이 높은 사람들에게도 자신감을 갖게 해준다. 러시아의 알렉산드르 1세에 대해 사람들은 그의 인격이 곧 국가의 법률이라고 말하곤 했다. 프롱드 당이 반란을 일으켰을 때, 프랑스 귀족 중에서 몽테뉴는 자신의 성문에 빗장을 걸지 않은 유일한 사람이었는데, 그의 인격이 1개 기병연대보다 더 훌륭하게 그를 보호해주었다고 사람들은 말했다.

인격은 힘이다

인격이 힘이라는 말은 아는 것이 힘이라는 말보다 더 진실에 가깝다. 감정 없는 마음, 행동 없는 지성, 선 없는 재능 등은 나름대로 힘이 되기는 하지만 오직 악을 위한 힘이 될 뿐이다. 이런 것들은 가르침이나 흥미를 줄지 모르나 때로는 찬양할 수 없는 것이니, 그것은 소매치기의 손재주나 노상강도의 교활함을 찬양할 수 없는 것과 같다.

단순한 언어의 기교로는 표현할 수 없는 자질인 진실과 정직과 선은 인격의 핵심을 이루며, 어느 작가가 표현한 것처럼 '제복을 입지 않고도 섬길 수 있는 미덕의 여신에게 바치는 타고난 충성'을 상징하는 것이다. 이런 것이 힘이나 의지와 결합된 성질을 가지고 있는 사람은 아무도 당할 수 없는 강한 힘을 갖게 된다. 이 강한 힘으로 선을 행할 수 있고 악을 물리칠 수 있으며, 곤경과 불행 속에서도 꿋꿋하게 참고 견딜 수 있다. 콜로나의 스티븐이 적들에게 포로로 붙잡혀 조롱조의 질문을 받았다.

"자, 이젠 너의 요새가 어디 있느냐?"

그러자 그는 자기 가슴 위에 손을 얹으며 당당하게 말했다.

"여기 있다."

올곧은 사람의 인격이 가장 찬란한 빛을 발하는 때는 불행에 처해 있을 때이며, 모든 사람이 의기소침해 있을 때 그는 정직과 용기를 딛고 일어선다.

어스킨 경의 행동원칙
자립정신이 강하고 충실하게 진리를 지킨 어스킨 경의 행동원칙은 모든 젊은이들이 가슴속에 새겨둘 만하다. 그는 이렇게 말했다.

"어린 시절, 내가 처음으로 받은 가르침은 언제나 나의 양심이 의무라고 지적해주는 것을 실천하고, 그 결과는 하느님께 맡기라는 것이었다. 나는 이 세상을 떠나는 날까지 부모님이 주신 이 교훈을 잊지 않을 것이고, 이 교훈의 실천이 최상의 길이라고 믿고 있다. 오늘날까지 나는 이 교훈을 지켜 왔으며, 이 교훈에 복종하는 것이 현세의 희생이라고 불평할 아무런 이유도 없다. 오히려 이것이 번영과 부귀를 얻는 길임을 알았으므로 내 자식들에게도 똑같은 길을 걷도록 가르칠 것이다."

사람의 목표는 인격의 도야
사람은 모름지기 훌륭한 인격의 소유를 인생 최고의 목표로 삼아야 한다. 가치 있는 수단으로 훌륭한 인격을 얻으려는 노력이 분발심과 동기를 부여해주고, 인간성에 대한 개념이 높아짐에 따라 그 동기를 더욱 견고하게 해주고 생기있게 할 것이다. 비록 그것을 전부 실현할 수는 없더라도 인생의 수준을 높게 정하는 것은 좋은 일이다. 디즈레일리는 이렇게 말했다.

"위를 쳐다보지 않는 젊은이는 아래를 보게 마련이요, 하늘 높이 날지 않는 정신은 땅을 기게 될 것이다."

조지 허버트의 다음과 같은 시구는 지혜로운 내용을 담고 있다.

　　그대의 처신은 검소하게 생각은 드높게
　　그대는 겸손하고 너그러운 사람이 되리니
　　용기를 잃지 말고 하늘을 겨냥하여
　　나무를 쏘려는 사람보다 더 높이 쏘라.

수준 높은 생활과 사고를 목표로 삼는 사람은 확실히 아무런 목표도 없는 사람보다 나은 일을 할 수 있다. 스코틀랜드의 격언에 이런 말이 있다.

"황금 옷을 잡아당겨라. 그러면 그 소매라도 얻을 수 있다."

최고의 결과를 얻기 위해 노력하는 사람은 누구나 출발점에서 훨씬 앞선 지점에 있게 될 것이며, 설사 목표한 지점까지 미치지 못한다 해도 노력 자체는 언제나 유익하게 마련이다.

이름의 가치

인격에도 가짜가 많지만 진짜는 반드시 진짜로서의 가치를 나타내게 마련이다. 인격의 가치가 돈으로 이어지는 것을 알고, 부주의한 사람들을 속이려 인격을 가장하는 자도 있다. 차터리스 대령은 남달리 정직한 어떤 사람에게 이렇게 말했다.

"당신의 이름을 나에게 파신다면 1,000파운드를 드리겠습니다."

"무엇 때문에 그러시죠?"

"당신의 이름으로 1만 파운드를 벌 수 있으니까요."

그 못된 인간의 대답이었다.

진실은 인격의 핵심

언행일치는 훌륭한 인격의 뼈대를 이룬다. 언제나 성실함을 지키는 것이 인격자의 뛰어난 특질이다. 위대한 정치가 로버트 필 경이 세상을 떠난 며칠 뒤, 웰링턴 공작은 상원에서 고인의 인격을 추모하며 훌륭한 증언을 했다.

"의원 여러분께서는 고 로버트 필 경의 높고 명예로운 인격을 가슴 깊이 새겨 두셔야합니다. 본인은 공직생활을 하는 중 그분과 오랫동안 인연을 맺어 왔습니다. 우리는 함께 상원에서 일했으며, 본인은 영광스럽게도 그분과 가까이 사귈 수 있는 기회를 가졌습니다. 그분과 사귀는 동안, 본인은 그분만큼 믿을 만한 진실성과 정의감을 지닌 사람을 보지 못했으며, 그분처럼 한결같이 공직에 충실하려 한 사람을 만나지 못했습니다. 그분과 오랫동안 사귀는 중, 본인은 단 한 번도 그분이 진리에 강한 애착을 보이지 않는 순간을 발견하지 못했습니다. 그리고 그분이 사실이라고 확신하지 않는 것에 대해 얘기한 적이 단 한 번이라도 있었는지——그런 일은 어렴풋하게라도 전혀 생각나지 않습니다."

언행일치

정치가로서의 고상한 진실성은 틀림없이 그가 큰 감화력을 가지게 된 비결이었을 것이다. 말뿐만 아니라 행동에도 진실성이 있어야 하며, 그것은 올바른 인격에 없어서는 안 되는 것이다. 사람은 겉과 속이 일치해야 한다. 미국의 한 신사가 그랜빌 샤프에게, 그의 위대한 덕을 존경한 나머지 아들 중 한 아이의 이름을 그의 이름을 따서 지었다는 내용의 편지를 보낸 일이 있었는데, 샤프는 그 편지를 받고 다음과 같이 회답했다.

"아드님에게 그 이름이 유래한 가문에서 대대로 내려오는 금언 하나를 가르쳐주시기 바랍니다. 그 금언은 다음과 같습니다. '늘 보여주고 싶은 모습이 되도록 노력하라.' 저의 아버님이 말씀하신 바에 따르면, 제 조부께서는 주의 깊고 겸손한 마음으로 이 금언을 실천하셨다 하며, 솔직하고 정직한 분으로서 그러한 성실성은 공직 생활에서나 사생활에서나 그분이 지닌 인격의 중요한 특징으로 나타났다고 합니다."

자신을 존중하고 남을 존경할 줄 아는 사람은 이런 금언을 반드시 실천하여 자기 일에 최고의 인격을 부어넣고, 무슨 일이든 허술히 하는 법이 없으며, 오직 자신의 정직과 양심을 자랑할 뿐이다. 크롬웰은 버나드——영리하나 다소 무절제한 변호사——에게 다음과 같이 말한 적이 있다.

"최근 자네는 몹시 신중한 행동을 보여준 것으로 알고 있으나, 이것에 대해 너무 자신감을 갖지 말게. 교묘함 때문에 속을지는 몰라도, 결코 정직 때문에 속지 않기 때문일세."

말과 행동이 다른 사람들은 남의 존경을 받지 못하고, 그들의 말을 믿는 사람도 거의 없다. 진리도 이런 사람이 말할 때는 진리가 아닌 것처럼 들린다.

진실한 인격
진실한 인격을 가진 사람은 남이 보든 보지 않든 올바르게 행동한다. 어느 소년에게, 아무도 보는 사람이 없는데 왜 배를 따서 주머니에 감추지 않았느냐고 물었을 때, 소년은 이렇게 대답했다.

"아무도 없다니 무슨 말씀이십니까? 제가 그 자리에 있었습니다. 제가 그 자리에서 저 자신을 보고 있었습니다. 저는 제가 부정직한 짓을 하는 것을 보고 싶지 않습니다."

이런 소년은 올바른 교육을 받은 소년이다. 우리는 이 예를 통해 인격을 지배하고 인격을 고상하게 보살펴주며, 소극적인 영향뿐만 아니라 생활을 다스리는 적극적인 힘을 발휘하는 원칙과 양심을 볼 수 있다.
이런 원칙은 날마다 인격을 형성해주며, 순간마다 작용하는 힘과 더불어 성장한다. 이러한 지배적인 영향력이 없을 때 인격은 보호를 받지 못하여 유혹 앞에 무너지기 쉽고, 한번 유혹에 굴복하게 되면 아무리 사소한 일이라도 모든 천박하고 부정직한 행동은 타락의 원인이 된다. 그 행동이 성공하느냐 실패하느냐 또는 발각되느냐 숨겨지느냐는 큰 문제가 아니다. 한 번 죄를 저지른 사람은 이미 전과 같은 사람일 수 없으며, 남모르는 불안과 자책 또는 이른바 양심의 가책 속에서 괴로움을 겪어야 하니, 이것은 죄인이 받아야 하는 당연한 형벌이다.

습관은 제2의 천성

좋은 습관은 인격을 강화하고 뒷받침해준다. 인간은 습관의 덩어리요, 습관은 제2의 천성이라고 한다. 행동과 사상의 반복적 힘을 매우 중요시한 메타스타시오는 이렇게 말했다.

버틀러

"습관이 인간의 전부이며, 심지어 미덕조차 습관이다."

버틀러는 그의 저서 《유추론》을 통해 주의 깊은 자기 훈련과 유혹에 대한 단호한 저항의 중요성을 강력히 주장하면서, 미덕이 습관화되면 죄악 앞에 굴복하지 않고 좋은 일을 하기가 더 쉽다고 말했다.

"신체의 습관이 외부적인 행동에 의해 생기는 것처럼, 마음의 습관은 내부의 실제적인 목적 의지, 즉 복종과 정직 그리고 정의와 자선 원칙의 실천──목적 의지와 행동의 상호작용──에 의해 생기는 것이다."

브루엄 경도 청년 시절의 훈련과 모범의 중요성을 강조했다.

"하느님이 내려다보시는 가운데 이루어지는 모든 것을 나는 습관에 맡기는데, 학교의 교사뿐만 아니라 입법자들도 모든 시대에 주로 이 습관에 의존해서 임무를 수행했다. 습관은 모든 것을 쉽게 해준다. 반면에 늘 따라야 할 길에서 벗어나면 일을 어렵게 만든다."

이렇게 절제를 습관화하면 무절제를 싫어하게 될 것이고, 신중을 습관화하면 무모한 방탕을 역겨워할 것이다. 무절제와 방탕이 개인 생활을 조절해

주는 모든 행동 원칙을 깨뜨리기 때문이다.

그러므로 어떤 악습관이 침입하지 못하도록 특별히 감시하고 주의할 필요가 있다. 인격은 한 번 허물어진 부분에서 가장 약하기 때문이다. 한 번 무너진 원칙을 되찾는다 해도 전혀 흔들리지 않던 원칙만큼 견고해지려면 오랜 시간이 걸린다. 러시아의 어느 작가가 다음과 같은 명언을 남겼다.

"습관은 진주목걸이와 같아서, 매듭이 하나 풀리면 다 흩어져버린다."

습관은 처음을 조심해야 한다

어디서 붙인 습관이든 습관은 자기도 모르게 그리고 아무런 힘도 들이지 않고 행동으로 변하며, 그 습관에 저항을 시도할 때 비로소 그 힘이 얼마나 강력한지 알 수 있다. 반복한 일은 곧 버릇이 되어 쉬워지는 법이다.

처음에 습관은 거미줄처럼 미약하지만, 일단 몸에 밴 후에는 쇠사슬처럼 강해진다. 사소한 인생사들을 하나씩 떼어 놓고 보면 소리 없이 내리는 눈처럼 별 것 아닌 듯이 보이지만, 눈이 합쳐지면 눈사태가 일어나는 것처럼 대단한 힘을 발휘한다.

자기존중, 자조, 몰입, 근면 그리고 정직——이 모든 것은 믿음이 아니라 습관의 성질을 띠고 있다. 원칙은 우리가 습관에 붙여주는 이름일 뿐이다. 원칙은 겉으로 표현되는 말이지만 습관은 실체이다. 습관은 좋고 나쁨에 따라 은인이 될 수도 있고 폭군이 될 수도 있다. 그리하여 우리가 나이를 먹음에 따라 우리의 자유 활동과 개성은 습관에 좌우되며, 우리의 행동은 어쩔 수 없는 운명의 성질을 띠게 된다. 따라서 우리는 주위에 얽혀 있는 사슬에 묶이게 된다.

좋은 습관은 어릴 때부터 길러라

미덕의 습관이 들도록 젊은이들을 훈련시키는 것의 중요성은 아무리 높이 평가해도 지나치지 않다. 미덕의 습관은 어릴 때 길러주는 것이 가장 쉽다. 일단 습관이 되면 살아 있는 동안 내내 지속된다. 습관은 나무껍질에 새겨 놓은 글자처럼 세월이 갈수록 커지고 깊어져 간다.

"올바른 길을 걷도록 어린이를 훈련시키면 나이를 먹어서도 그 길에서 벗어나지 않는다."

시작 속에 이미 끝이 담겨 있고, 인생의 첫출발이 그 방향과 목적지를 결정해준다. 프랑스 사람들은 이렇게 말한다.

"오직 첫 번째 단계가 중요하다."

콜링우드 경은 그가 아끼는 어느 젊은이에게 다음과 같이 말했다.

"다섯 살이 되기 전이나 최소한 스무 살이 되기 전에 한평생 자네와 함께 해야 할 인격을 갖춰야 하네."

나이를 먹을수록 습관은 강해지고 인격은 굳어지기 때문에, 방향을 새로 잡기가 점점 더 어려워진다. 그러므로 새로 배우는 것보다 한 번 배운 것을 잊는 것이 더 힘들 때가 많다.

그런 이유로 그리스의 플루트 선생이 무능한 교사에게 배운 학생들로부터 두 배의 수업료를 받았다는 것은 수긍이 가는 얘기다. 오래 된 습관을 버리는 것은 때로는 이를 뽑는 것보다 더 고통스럽고 힘들다. 게으르고, 낭비벽이 심하며, 술에 절어 사는 사람을 새 사람으로 만든다는 것은 대개의 경우 불가능한 일이다. 이 악습은 몸에 배어 그 사람의 생활에 없어서는 안될 중요한 부분이 되어버렸기 때문에 뿌리째 뽑을 수가 없다. 그러므로 린치는 이렇게 말했다.

"습관 중에서도 가장 현명한 습관은 좋은 습관을 기르도록 노력하는 습관이다."

행복도 습관을 통해 얻을 수 있다

습관이 인격을 만들어내는 것은 말할 것도 없는 얘기이다. 행복 자체도 습관이 될 수 있다. 모든 사물에는 밝은 면과 어두운 면이 있고, 사람도 두 종류가 있다. 늘 밝은 면을 보는 습관이 있는 사람, 또 어두운 면을 보는 습관이 있는 사람이다.

어떤 사람은 언제나 선하고 운이 좋고 아름다운 면을 보는 데 익숙하고, 기쁘고 즐겁고 사랑하는 감정을 일으키는 데 익숙하다. 반면 어떤 사람은 언제나 나쁘고 흉하고 추한 면을 보는 데 익숙하고, 분노와 슬픔, 증오의 감정을 일으키는 데 익숙하다. 같은 처지에서 같은 운명을 겪는다 해도 습관에 따라 행복과 불행의 차이가 생긴다. 존슨 박사는 사물의 좋은 면을 보는 사람이 1년에 1,000파운드를 버는 사람보다 더 낫다고 말했다.

우리는 불행과 퇴보보다는 행복과 진보를 위한 생각을 할 수 있는 큰 의지의 힘을 가지고 있다. 이와 같이 우리는 다른 습관처럼 행복한 생각을 하는 습관을 기를 수가 있다. 그러한 온화한 성품을 갖춘 남녀를 길러내려면, 많은 지식과 예능으로 그들을 완성시키는 것보다 좋은 성품과 행복한 마음가짐을 가르치는 것이 더 중요하다.

남을 대할 때는 온화하고 예의 바르게

자그마한 구멍으로 햇빛이 스며들듯이, 사소한 일들이 사람의 인격을 보여준다. 사실 인격은 선량함과 명예 속의 작은 행동에 있다. 일상생활은 마치 채석장과 같아서, 우리는 그 채석장에서 인격을 만들어내고 인격을 형성하는 습관을 가다듬는다.

인격의 가장 두드러진 특징 가운데 하나는 남을 대하는 행동에 있다. 윗사람, 아랫사람 그리고 동료와 친구들에게 보여주는 점잖은 처신은 끊임없는 기쁨의 원천이다. 그것은 다른 사람의 인격에 대한 존경이기 때문에 남을 즐겁게 해주기도 하지만, 우리 자신에게는 열 배의 즐거움을 준다. 사람은 다른 모든 일에서처럼 올바른 품행에서도 스스로 훈련을 쌓을 수 있다. 비록 주머니에는 동전 한 푼 없다 하더라도 의지만 있으면 정중하고 친절한 사람이 될 수 있다.

우아한 사교는 온 자연에 빛깔을 비춰주는 조용한 햇빛과 같은 것이니, 야단스러운 소리나 힘보다 훨씬 더 강력하고 훨씬 더 효과가 있다. 봄철의 가냘픈 수선화가 그저 자라야 한다는 끈기 하나로 흙덩이를 밀어젖히고 솟아나듯이, 우아한 사교도 소리 없이 그리고 꾸준히 장애를 헤치고 서서히 앞으로 나아가는 것이다.

로버트슨의 편지

친절한 표정은 즐거움을 자아내고 행복을 준다. 브라이턴의 성공회 목사 로버트슨은 어느 편지에서 한 숙녀가 자기에게 이런 말을 했다고 썼다.

"주일날 교회로 가는 길에 우연히 스치게 된 가난한 소녀에게 친절한 눈길을 주었을 때 그 소녀가 보여주었던 그 기쁜 표정과 감사의 눈물! 참으로 감동적인 가르침이 아닌가요? 행복이란 참으로 값없이 전해줄 수 있는 것 아니겠어요? 그런데 우리는 천사의 행동 같은 이런 좋은 일을 할 기회를 늘 놓치고 있어요.

그때를 회상하면, 그 소녀를 보았을 때 슬픔과 동정으로 가슴이 미어지는 것 같아서, 지금도 내내 그 일 외에는 아무것도 생각할 수가 없답니다. 진심에서 우러나온 한 번의 눈길이 이내 그 소녀의 마음에 통하여, 한 인생에 잠시나마 따스한 햇살을 느끼게 해주었고, 또 한 삶의 마음에도 잠시 동안 가슴 속의 무거운 짐을 덜어주며 슬픔을 어루만져 주었지요."

삶을 변화시키는 친절

품행과 예의범절은 삶을 윤택하게 해주는 것으로 법률보다 훨씬 더 중요하다. 법률은 다만 품행과 예의범절을 문자로 표현한 것뿐이다. 법률은 여러 가지로 우리에게 관여하고 있고, 예의범절은 우리가 호흡하는 공기처럼 사회 어느 곳에나 널리 퍼져 있다. 예의범절이란 곧 훌륭한 행동을 말한다. 훌륭한 행동은 공손과 친절로 이루어지며 사람들이 서로 이익을 주면서 유쾌하게 교제하는 데 가장 중요한 요소는 덕행이다.

"우리는 돈 한 푼 안 들이고 정중한 태도를 지킬 수 있고, 정중한 태도로 무엇이든 얻을 수 있다"고 몬태규 여사는 말했다. 세상에서 가장 값싸게 갖출 수 있는 것이 친절인데, 친절을 발휘하는 데 무슨 수고가 드는 것도 아니요, 자기희생이 필요한 것도 아니다. 벌리는 엘리자베스 여왕에게 이렇게 말했다.

"국민의 마음에 들도록 하십시오. 그러면 폐하께서는 민심을 얻고 재산도 얻을 수 있을 것입니다."

겉치레 없이 자연스러운 친절을 베풀 때, 그것이 사회의 명랑한 분위기와 행복에 미치는 효과는 말할 수 없이 크다. 삶에 작은 변화를 일으키는 작은 친절들은 따로 보면 별로 가치가 없는 것처럼 보이지만, 그것이 반복하여 쌓이면 매우 중요한 힘을 발휘한다. 친절은 마치 조금씩 남아 떨어지는 시간의 여분이나, 하루에 조금씩 저축하는 그로트(영국의 예전 4펜스짜리 은화)와 같은 것이어서, 그것이 1년 또는 일생 동안 쌓일 때 누구나 다 아는 것처럼 놀라운 결과를 이루는 것이다.

세련된 예의범절

예의범절은 행동의 장식이며, 친절한 말과 친절한 행동으로 가치를 크게 높이는 방법이다. 원한을 품고 있는 것처럼 보이는 행동 또는 생색을 내는 행동은 좋게 받아들일 수 없다. 무뚝뚝한 것을 자랑하는 사람들이 있는데, 그들에게 아무리 미덕과 능력이 있다 해도 그런 행동은 옆에서 보기에 좋지 않다. 직접 모욕하지는 않지만 습관적으로 사람을 깎아내리고, 비위에 거슬리는 말을 하며, 으스대는 사람을 좋아하기는 힘들다. 심하게 생색을 내면서 은혜라도 베푸는 듯이 굴고, 작은 기회도 놓치지 않고 자신의 위대함을 나타내려는 사람들도 있다.

애버네시가 세인트 바돌로뮤 병원의 원장직에 입후보했을 때 그런 사람——선거관리자의 한 사람이자 부유한 식료품 상인——을 찾아간 적이 있었다. 상점 계산대 뒤에 서 있던 제 딴에는 스스로를 위대한 인물로 생각하는 이 상인은, 위대한 의사 애버네시가 들어오는 것을 보더니 표를 얻고자 간청하러 온 것이라 생각하고 즉각 거드름을 피우기 시작했다.

"내 표와 후원을 얻으러 오셨군요. 그럴 테지요, 당신에겐 인생의 중대사이니까."

허풍선이를 싫어하는 애버네시는 이 말투에 화가 나서 이렇게 쏘아붙였다.

"아니오. 1페니짜리 무화과나 얼른 하나 골라주시오. 여기서 빨리 나가고 싶으니까!"

예절이 지나치면 멋이나 부리는 어리석은 사람으로 비칠 수도 있지만, 사업상 남과 협상을 해야 하는 사람에게는 매우 필요하다. 친절과 교양은 어느 자리에서든 높은 직위와 그 밖의 여러 분야에서 활동하는 사람의 성공에 꼭 필요한 것인데, 그것이 없으면 많은 근면과 성실함 그리고 정직한 인격의 성과가 대부분 퇴색하기 때문이다.

결점이 있는 모난 태도를 참고 더 좋은 면만 봐주는 소수의 너그러운 사람들이 있는 것은 사실이나, 세상 사람들은 대체로 그렇게 관대하지만은 않으며, 주로 겉으로 나타나는 행동에 따라 사람을 판단하고 좋고 나쁜 것을 결정하게 마련이다.

타인의 의견을 경청해야 한다——괴물 이야기
진정한 예의를 나타내는 또 하나의 방법은 남의 의견에 귀를 기울이는 것이다. 독단이란 자랄 대로 자란 자만이라고 하는데, 이 성질의 최악은 바로 고집과 오만이다. 남과 사귈 때 의견차이가 있으면 그 차이를 인정하고 논쟁하지 말아야 하며, 그래도 상대방이 굳이 다른 의견을 고집하면 너그럽게 참아야 한다.

싸우거나 심한 말을 하지 않고도 극히 부드러운 가운데서 원칙과 의견을 지킬 수 있는데, 때로는 말다툼이 벌어져 오히려 더 회복하기 어려운 마음의 상처를 입는 경우가 있다. 이와 관련하여 웨일스 국경에서 복음전도회의 어느 순회 목사가 이야기한 교훈적인 비유를 인용한다.

"안개가 짙게 낀 어느 날, 아침 일찍 산에 오르다가 산비탈에서 뭔가 이상한 물체가 움직이는 것을 보았다. 너무나 기이한 모습이라 나는 그것이 무슨 괴물일 거라고 생각했다. 그러나 가까이 가보니 사람이었고, 더 가까이 가보니 바로 나의 형이었다!"

진실한 마음

올바르고 친절한 마음에서 우러나는 자연스러운 공손함은 계급이나 지위가 높은 사람의 전유물이 아니다. 작업대에서 일하는 노동자도 성직자나 귀족처럼 그런 자질을 지닐 수 있다. 노동자라고 해서 반드시 거칠거나 우악스러울 필요는 없다. 다른 나라의 각계각층에서 볼 수 있는 공손하고 세련된 태도는, 문화가 발달하고 일반적인 사회 접촉이 많아짐에 따라 그 자질이 우리의 것이 될 수도 있다는 것을 보여준다. 공손함과 세련됨은 인간의 틀림없이 가장 순수한 면을 지켜주는 자질이 될 수 있다.

가장 높은 사람에서 가장 낮은 사람 그리고 가장 부유한 사람에서 가장 가난한 사람에 이르기까지 어떤 계급, 어떤 처지에 있든지 자연의 섭리는 누구에게나 최대의 선물——너그러운 마음을 준다. 지금까지 너그러운 마음을 지니지 않았던 신사는 없었다. 무늬 없는 거친 옷을 입은 농부도 레이스 천으로 화려하게 차려 입은 귀족처럼 너그러운 마음을 가질 수 있다.

어느 날 로버트 번스가 길을 걷다가 어느 정직한 농부에게 말을 걸었다. 그런데 함께 가던 에든버러의 한 청년이 천한 농부에게 쓸데없이 아는 체했다고 핀잔을 주는 것이었다. 이때 번스는 목소리를 높여 이렇게 말했다.

"예끼, 이 어리석은 사람아! 내가 말을 건 것은 그 엉성하게 큰 윗도리와 둥근 보닛 모자 그리고 나막신과 무릎까지 오는 반바지가 아니라, 그런 것을 입고 쓰고 신고 있는 진정한 인간이었다네. 진정한 인간의 가치 면에서 자네나 나는 그런 사람에 비하면 아무것도 아닐세. 그리고 언젠가는 우리 같은 사람이 10명이 모여도 그런 사람 한명을 당하지 못할 걸세. 진정한 인간의 가치를 모르는 자들은 겉모습이 촌스럽다고 우습게 볼지 모르지만, 올바른 마음을 가진 사람들은 언제나 인격을 갖춘 그 뚜렷한 표시를 알아볼 것이네!"

집안을 일으킨 그랜트 형제

월리엄과 찰스 그랜트 형제는 인버네스셔에 살던 농부의 아들이었는데, 어느 해 갑자기 홍수가 나서 모든 것을 잃고, 심지어는 경작하던 땅마저 유실되었다. 농부와 그의 두 아들은 어디로 가야 할지를 몰라 망설이다가 일자리를 얻으러 남쪽으로 발길을 돌려 마침내 랭카셔의 베리 근처에 닿게 되었다.

그들은 웜슬리 근처의 산꼭대기에서 눈앞에 펼쳐진 드넓은 시골 풍경을 내려다보았다. 계곡 사이로 어웰 강이 구불구불 흐르고 있는데 완전히 낯선 고장이라 어느 쪽으로 가야 할지 알 수 없었다. 발길을 돌릴 방향을 정하기 위해, 이들은 땅에 막대기를 꽂고 그것이 넘어지는 방향으로 가기로 했다. 그리하여 결정된 방향을 따라 가니 얼마 안가서 램즈보섬에 닿았다. 그곳의 한 날염 공장에서 일하게 되어, 윌리엄은 아예 견습계약을 맺고 일했다.

모두 근면하고 건실한 데다 무척 정직했기 때문에 주인의 마음에 들게 되었다. 열심히 일하며 착실하게 단계를 밟아가서 마침내 그들이 사람을 쓸 수 있는 위치가 되었다. 여러 해 동안 열심히 일하며 후덕한 정신으로 사업을 했으므로 그들은 부자가 되었고, 모든 사람들의 존경을 받게 되었다. 그리고 그들이 경영하는 방직 공장과 날염 공장 덕분에 많은 사람들이 일자리를 얻게 되었다. 올바른 정신으로 근면하게 노력한 덕택에 주변의 골짜기에 활기와 기쁨, 건강 그리고 부가 넘쳐났다. 그 많은 재산을 아낌없이 모든 가치 있는 일에 바쳐, 교회를 짓고 학교를 세우는 등, 옛날의 자신들처럼 열심히 일하는 사람들의 복지를 증진시키는 데 돈을 투자했다.

뒷날 그들은 그 옛날 자신들의 갈 길을 정해주던 막대기를 기념하여 웜슬리 근처 산꼭대기에 높은 탑을 하나 세웠다.

묵은 원한을 버리고 은혜를 베푼 그랜트 형제

그랜트 형제는 너그러운 마음과 선행으로 유명해졌고, 디킨스는 이 형제를 마음속에 그리면서 치어리블 형제의 캐릭터를 구상했다고 한다. 이들이 너그럽고 선량했음을 보여주는 일화가 많은데, 그 중 하나를 들어 이들에 대한 이야기가 결코 과장된 것이 아님을 증명하고자 한다.

맨체스터의 한 창고업자가 심한 독설로 그랜트 형제의 회사를 헐뜯는 책자를 발행하면서, 심지어 형 윌리엄을 '촌뜨기 바보 녀석'이라고 불렀다. 누군가가 이 사실을 윌리엄에게 알려주자, 그는 그저 언젠가는 그자가 이 일을 후회하게 될 거라고 말할 뿐이었다. 창고업자는 이 말을 전해 듣고, "아, 그래? 그 녀석은 내가 언젠가 저한테 빚이라도 지게 될 거라고 생각하는 모양이지? 어디 두고 보자, 내가 그놈한테 빚을 지나 안 지나. 절대로 그런 일은 일어나지 않게 할 테니까."

그러나 사업하는 사람은 언제 누구한테 돈을 빌리게 될지 모르는 일이다. 그랜트 형제를 욕하던 이 사람은 결국 파산했고, 돈을 다 갚고 영업 증명서에 서명을 받기 전에는 다시 사업을 할 수 없게 되었다. 그랜트 형제를 찾아가서 영업 증명서에 서명을 해달라고 부탁하는 건 죽기보다 힘든 일이었으나, 가족의 성화에 못 이겨 하는 수 없이 회사를 찾아가기로 했다. 그리하여 그는 자기가 전에 '촌뜨기 바보 녀석'이라며 비웃던 사람 앞에 서게 되었다. 그가 자신의 사정을 모두 이야기한 뒤 영업 증명서를 꺼내자, 그랜트가 말했다.

"당신은 전에 우리 회사를 비방하는 책자를 낸 적이 있었지요?"

그는 이때 그랜트가 자기 서류를 난로 속에 집어던질 줄 알았다. 그런데 그랜트는 영업 증명서에 자기 회사의 이름을 적어 넣고 필요한 서명까지 해주었다. 그리고 영업 증명서를 다시 돌려주면서 이렇게 말했다.

"우리는 정직한 거래인의 영업 증명서에 서명해주는 것은 거부하지 않고 있소. 그리고 우리는 당신이 정직하지 않다는 말을 들어본 적이 없어요."

그는 눈물을 흘리기 시작했다. 그랜트는 말을 이었다.

"아, 당신은 내가 전에 당신이 그 글을 쓴 것을 후회할 날이 있을 거라고 한 말을 생각하고 있군요. 나는 그 말을 무슨 위협이나 공갈로 한 것은 아니오. 다만 언젠가 당신이 우리를 더 잘 이해하게 되어, 우리를 해치려 한 것을 후회할 거라는 의미였을 뿐이오."

"그래요, 맞습니다. 저는 진심으로 그 일을 후회하고 있습니다."

"그럼 이제 당신은 우리를 이해하셨군요. 그런데 앞으로 어떻게 살 생각이오? 무엇을 할 작정인가요?"

이 가엾은 사람은 자기가 영업 증명서에 서명을 받으면 도와주겠다는 친구들이 몇 명 있다고 대답했다.

"하지만 그 동안은 어떻게 살아갈 거죠?"

그는 솔직하게 대답했다.

"빚쟁이들에게 있는 돈을 다 주었기 때문에, 영업 증명서의 대금을 치르려면 집안 식구들의 끼니조차 대지 못할 형편입니다."

그러자 그랜트가 말했다.

"그래서야 안 되지요. 부인과 아이들이 그렇게 고생을 하게 해서야 되겠소? 여기 10파운드를 드릴 테니 부인께 갖다드리시오. 자, 자, 그렇게 울지 마시오, 다 잘될 테니 기운을 내 남자답게 새 출발을 하시오. 아직도 재기의 기회가 있으니까."

너무나 감격한 이 사람은 목이 메어 감사의 말조차 하지 못하고, 얼굴을 손으로 가리고 어린아이처럼 흐느껴 울면서 밖으로 나왔다.

신사의 참뜻

진정한 신사는 최고의 모범이 될 만한 인격을 갖춘 사람이다. 신사라는 이름은 남자에게 주는 최고의 명예이며, 사회의 어느 계층에서나 지위이자 권력으로 인정되었다. 루시용에 주둔하던 스코틀랜드의 상류 계급 사람들로 조직된 연대 장병들에게 프랑스의 노장군이 이렇게 말했다.

"신사는 늘 신사로서의 품위를 지켜야 하며, 특히 위급한 상황에서는 한결같이 신사의 본질을 발휘해야 한다."

에드워드 피츠제럴드

이러한 인격을 갖추고 있다는 것은 바로 위엄을 지니고 있다는 것을 의미하며, 모든 너그러운 사람들로부터 절로 우러나오는 존경을 받게 되는데, 작위가 있는 사람에게는 머리를 굽히지 않는 사람도 신사에게는 경의를 표한다. 신사의 본질은 외모나 태도에 있는 것이 아니고 정신적 가치에 있다. 즉, 가지고 있는 소유물에 있는 것이 아니라 사람 됨됨이에 있다는 얘기이다. 찬송가를 쓴 사람은 신사를 다음과 같은 간결한 말로 묘사하고 있다.

"신사란 올바르게 살고 정의롭게 행동하며 가슴 속의 진리를 말하는 사람이다."

신사는 스스로 존경하고 남도 존경한다

신사는 특히 자기 존중의 정신이 뛰어나다. 신사는 남이 어떻게 보느냐보다는 자기가 스스로를 어떻게 보느냐에 따라 자신의 인격을 평가하며, 마음 속의 경고자가 동의해 주어야만 행동한다. 그리고 스스로를 존중하는 것과 똑같이 남도 존중한다. 인도주의 정신을 신성한 것으로 보는 가운데 정중함, 관용, 친절, 그리고 자선의 정신이 우러나는 것이다.

에드워드 피츠제럴드 경에 대해 다음과 같은 이야기가 전해지고 있다. 그가 인디언들을 데리고 캐나다를 여행하고 있을 때였다. 한 가여운 원주민 여자가 자기 남편의 무거운 장식물을 지고 터벅터벅 걸어가는데, 추장인 그녀의 남편은 아무 짐도 지지 않고 거드름을 피우며 걸어가는 것이 보였다. 에드워드 경은 당장 원주민 여자의 짐을 달라 하여 자기 어깨 위에 둘러메었다고 한다. 이것이 바로 프랑스 사람들이 말하는 이른바 '가슴에서 우러나는 예절'의 아름다운 예로, 진정한 신사의 타고난 공손함이다.

10만 파운드의 뇌물을 거절한 웰링턴

진정한 신사는 명예심이 강하기 때문에 늘 조심하여 비열한 행동을 삼간다. 신사의 언행은 청렴하고 정직하다. 신사는 속임수를 쓰거나 말을 얼버무리지 않고, 책임을 회피하거나 비겁한 짓을 하지도 않으며, 언제나 정직하고 곧고 솔직하다. 신사의 법도는 청렴과 정직에 있고, 행동은 늘 올바른 길을 따른다. 그가 '좋다'고 말하면 그것이 곧 법이 되고, 때에 따라서는 단호하게 '안 된다'고 말하기도 한다.

신사는 결코 돈으로 매수할 수 없으니, 원칙 없이 천박하게 사는 사람들만이 자기를 매수하려는 자들에게 인격을 파는 것이다. 정직한 조나스 한웨이가 군대에서 식량보급 부서를 맡았을 때 계약업자로부터 어떤 선물도 받지 않았는데, 그것은 공직을 수행하는 데 공정을 잃지 않으려는 결심이 있었기 때문이다.

웰링턴 공작의 삶 속에서도 이와 같은 훌륭한 예를 하나 볼 수 있다. 아사예 전투가 끝난 지 얼마 안 되는 어느 날 아침, 하이데라바드(오늘날은 인도의 프라데시 주 수도)의 수상이 그를 찾아와서, 마라타 왕자들과 니잠(하이데라바드 왕의 칭호) 사이의 평화조약에서 자기 왕이 차지할 영토와 얻을 이익이 얼마가 될 것인지 은밀히 알아보려는 수작을 부렸다. 정보를 얻을 심산으로 수상은 매우 많은 돈——1만 파운드가 넘는 상당한 돈——을 장군 앞에 내놓았다.

잠깐 동안 말없이 수상을 바라보다가 웰링턴 공작은 이렇게 말했다.

"이러고도 당신이 비밀을 지킬 수 있을까요?"

수상이 대답했다.

"예, 틀림없습니다."

"그럼 나도 비밀을 지킬 수 있소."

이 장군은 얼굴에 미소를 지으면서 공손한 태도로 수상을 내보냈다. 웰링턴 장군에게는 큰 명예가 되는 이야기지만, 그가 인도에서 전공을 세운 까닭에 이런 식으로 얼마든지 돈을 모을 수 있는 처지에 있으면서도 옳지 않은 돈은 동전 한 푼도 받지 않았기 때문에, 영국으로 돌아올 때 금전적으로는 전보다 나아진 것이 전혀 없었다.

10만 파운드의 뇌물을 거절한 웰슬리 후작

웰링턴의 친척인 웰슬리 후작도 이와 비슷한 예민성과 고결한 마음씨를 가진 사람이었다. 그는 인도에서 3군의 장이 되어 일찍이 명성을 날렸다. 마이솔을 정복했을 때 동인도 회사의 이사진이 그에게 10만 파운드의 거액을 제공하려고 했지만 후작은 다음과 같은 말로 단호하게 거절했다.

"굳이 내 인격의 독립성과 내 직위에 수반되는 올바른 존엄성을 위해서가 아니라, 이들 중요한 고려 사항 말고도 다른 이유에서 그처럼 부당한 뇌물은 거절해야 할 것 같군요. 나에겐 오로지 밤낮으로 3군의 장병들을 생각하는 것 말고는 아무것도 없습니다. 내가 만약 많이 받을 때 우리 용감한 병사들이 받아야 할 몫이 줄어버리는 일이 발생한다면 난 무척 고통스러울 것입니다."

뇌물을 거부하는 후작의 결심은 이후에도 변함이 없었다.

인도에서 토후들의 뇌물을 거절한 찰스 네이피어 경

찰스 네이피어 경도 인도에서 근무할 때 같은 정신을 보여주었다. 그는 인도의 토후들이 싸들고 온 값비싼 선물들을 모조리 돌려보냈다. 다음과 같은 그의 말에는 추호도 거짓이 없다.

"내가 신드에 온 뒤, 그럴 마음만 있었으면 확실히 3만 파운드는 모을 수 있었을 것이다. 그러나 나는 아직까지 내 손을 더럽힌 적이 없다. 그러므로 내가 두 전투(미애니와 하이데라바드의 전투)에서 허리에 차고 싸운 우리 집안 대대로 내려온 이 칼도 더럽히지 않을 수 있었다."

외면의 부귀는 진정한 신사의 미덕과 상관없다

부와 계급은 진정한 신사의 자질과는 아무런 관계도 없다. 가난한 사람도 정신과 일상생활에서 진정한 신사가 될 수 있다. 정직하고, 진실하고, 곧고,

정중하고, 온건하고, 용감하고, 자중하고 또 스스로를 도울 수 있으면 한마디로 진정한 신사라고 할 수 있다.

너그러운 정신을 지닌 가난한 사람이 모든 면에서 비천한 정신을 가진 부자보다 낫다. 사도 바울은 이렇게 말했다.

"너그러운 정신을 지닌 가난뱅이는 가진 것이 아무것도 없는 것 같지만 세상의 모든 것을 가지고 있는 반면, 비천한 정신을 가진 부자는 모든 것을 가지고 있는 것 같지만 사실은 아무것도 가진 것이 없는 자이다."

이 가난뱅이는 모든 희망을 가질 수 있고 두려워할 것이 아무것도 없으나, 비천한 정신을 가진 부자는 희망도 없이 모든 것을 두려워하기만 한다. 모든 것을 잃어도 용기와 쾌활한 마음 그리고 희망과 미덕을 잃지 않는 사람은 여전히 윤택한 사람이다. 그런 사람은 말하자면 세상을 믿고 살기 때문에 쾌활한 마음으로 잡다한 걱정을 물리치고 진정한 신사로서 곧고 올바르게 살아갈 수 있다.

정말 남루한 옷을 입고 사는 가난한 사람이 때로는 용감한 신사일 수 있다. 여기 좀 오래 되기는 했지만 교훈적인 이야기가 하나 있다. 아디제 강이 넘쳐 베로나 다리가 중앙의 둥그런 아치 부분만 남기고 유실된 적이 있었다. 공교롭게도 다리의 남아 있는 부분에 집이 한 채 있었는데, 다리의 구조물이 시시각각 무너져 가고 있는 가운데 그 집안 사람들이 창 밖으로 얼굴을 내밀고 살려 달라고 비명을 지르고 있었다. 그것을 지켜보던 스폴베리니 백작이 다급하게 소리쳤다.

"저 딱한 사람들을 구해주는 용감한 사람에게 100루이더(프랑스 대혁명 전의 금화)를 주겠소!"

그러자 한 젊은 농부가 나서서 배를 저어 강으로 들어갔다. 그리고 교각까지 가서 그 집의 가족을 모두 배에 태워 무사히 육지로 돌아왔다.

"자, 이 돈을 받으시오. 용감한 젊은 친구!"

백작이 돈을 꺼내주었다. 이때 젊은이는 돈을 받지 않고 이렇게 말했다.

"돈은 받지 않겠습니다. 저는 목숨을 팔지 않습니다. 돈이 필요한 사람은 이 가족들이니 그들에게 주십시오."

비록 남루한 옷을 입고 사는 가난한 농부의 입에서 나온 말이지만, 진정한 신사 정신이 깃든 말이었다.

목숨을 아끼지 않고 남을 구한 선원

1866년 1월 11일, 월머 비치의 다운스(도버 해협 앞 바다의 정박지)에서 석탄선의 선원들을 구출한 선원들의 영웅적인 행위도 이에 못지않게 감동적이다. 갑작스레 북동쪽에서 불어 닥친 폭풍으로 정박하고 있던 배 몇 척이 표류하게 되었는데, 물이 얕아서 그 중 한 척이 육지에서 상당히 떨어진 곳에서 바닥에 부딪혀 눈 깜짝할 사이에 집채만한 파도가 갑판 위를 덮쳤다. 풍랑이 너무 거세어 이 배를 구출하는 것은 거의 불가능해 보였다. 육지에 있는 선원들은 감히 목숨을 내걸고 그 배와 배 안에 있는 선원들을 구출하는 것은 생각조차 못할 형편이었다. 구조의 가능성이 전혀 없었기 때문이다.

그러나 이 위기를 보고 대담하고 용감한 선원들은 가만히 있을 수 없었다. 석탄선이 바닥에 부딪히자, 육지에 모여 있던 많은 사람들 속에서 사이먼 프리처드가 옷을 벗어 던지며 이렇게 소리쳤다.

"나하고 같이 가서 저 선원들을 구출할 사람 누구 없습니까?"

"내가 가겠소."

너도 나도 나선 사람이 금세 20명에 이르렀지만 그 중에서 7명만 뽑았다. 밑바닥이 평평한 갤리선을 바다에 던져 넣고, 7명이 그 위에 뛰어올라 육지에 남아 있는 사람들의 격려를 받으며 파도를 헤치고 조난선을 향해 다가갔다.

무시무시한 파도를 헤치고 이 배가 용케 전진할 수 있었던 것은 기적과 같은 일이었다. 아무튼 이 용감한 사람들은 억센 팔 힘으로 몇 분 뒤에 조난선을 끌어올렸고, 갤리선이 육지를 떠난 지 15분이 지나서 석탄선에 타고 있던 6명의 선원들은 월머 해안으로 무사히 돌아올 수 있었다. 이것이야말로 선원들의 불굴의 용기와 사심 없는 영웅적인 행위의 고귀한 예증이니, 그들이 이처럼 용감한 줄 늘 알고 있으면서도 이렇다 할 기록이 없었는데, 여기에 그 영웅적인 행위를 기록할 수 있게 되어 기쁘기 그지없다.

콜레라로 죽은 빈민을 장사지내 준 오스트리아 황제

턴불은 그의 저서 《오스트리아》에서 프란시스 황제의 일화 하나를 소개했는데, 그것은 이 나라 정부가 국민의 지지를 얻는 데 황제의 훌륭한 인격이 얼마나 큰 역할을 했는지를 보여주는 좋은 예이다.

"비엔나에 콜레라가 걷잡을 수 없이 퍼지고 있었을 때였다. 황제가 시종무관 한 사람을 데리고 시내와 교외를 순시하고 있자니, 시체 하나가 들것에 실려 가는데 그 들것 뒤를 따라가는 사람이 한 사람도 없었다. 이상하게 여긴 황제가 그 이유를 물어 보니, 고인은 가난한 데다 콜레라로 세상을 떠났기 때문에, 가족들이 병이 전염될까봐 무서워서 감히 무덤까지 따라갈 생각을 못하고 있다는 것이었다.

'그렇다면 우리가 가족 대신 장지까지 함께 가주겠네. 이 나라의 가여운 백성이 지상에서 마지막 경의도 받지 못한 채 땅에 묻히게 할 수는 없는 일이지.' 황제는 고인의 시신을 따라 멀리 떨어진 무덤까지 가서, 모자를 벗고 모든 의식을 갖추어 정중하게 고인이 땅에 묻히는 것을 지켜보았다."

파리에서 빈민의 장의차를 따라가 준 영국 노동자

우연히 파리에 있던 영국의 어느 두 인부에 관한 이야기도 진정한 신사의 일면을 보여주는 실례가 될 것이다. 이것은 그때 아침신문에도 나온 이야기다.

"어느 날 관을 실은 마차가 몽마르트르를 향해 가파른 길을 오르고 있었다. 마차에는 차디찬 시체가 안치된 포플라 나무관이 하나 실려 있었다. 그런데 아무도 이 마차의 뒤를 따라가는 사람이 없었다. 고인은 개도 기르지 않았는지 개 한 마리도 뒤따르지 않았다. 비가 내리는 음침한 날이었다. 지나가는 사람들이 관습에 따라 모자를 벗고 애도를 표할 뿐이었다.

마침 에스파냐에서 돌아오는 길에 우연히 파리에 머무르게 된 두 영국인

앞을 마차가 지나갔다. 서지 옷을 입은 인부들은 정의감이 솟아올랐다.

'불쌍한 사람! 아무도 배웅하는 사람이 없구나. 우리가 따라가 주세.'

그 중 한 사람이 이렇게 말하자, 두 사람은 모자를 벗고 전혀 알지도 못하는 고인의 뒤를 따라 몽마르트르의 공동 묘지까지 걸어갔다."

신사의 기본은 진실성

무엇보다 신사는 진실하다. 신사는 진실을 최고의 신념으로 삼고 모든 인간사에서 진실을 정직의 기본이라고 본다. 체스터필드 경은 신사를 성공의 길로 이끌어주는 것은 진실성이라고 단언했다. 웰링턴 공작은 가석방 중인 포로 문제에 대해 자기의 의견에 반대하고 있는 켈러만에게 편지를 보냈다. 그는 영국군 장교가 용기 외에 다른 어느 것보다 자부심을 가지는 한 가지가 있다면, 그것은 오직 진실성일 거라며 이렇게 말했다.

"영국군 장교들이 탈출하지 않겠다고 선서한 이상 결코 그것을 어기지 않을 것입니다. 본인의 말을 믿고 그들의 약속을 믿어보십시오. 영국군 장교의 약속은 보초병의 경계심보다 더 확실한 보증입니다."

용맹한 사람의 유연한 마음과 너그러운 행위

진정한 용기와 신사 정신은 함께하게 마련이다. 용감한 사람은 너그럽고 참을성이 많으며, 어느 때나 앙심을 품거나 잔인한 법이 없다. 항해가 패리는 자기 친구 존 프랭클린 경에 대해 다음과 같이 말했는데, 그것은 참으로 맞는 말이었다.

"그는 위험을 보고 외면하는 사람이 아니었지만, 한편으로는 모기 한 마리도 죽이지 못할 정도로 마음씨가 고운 사람이기도 했다."

훌륭한 인격, 신사적이고 진정한 베야르(중세 기사의 귀감으로 일컬어진 프랑스 사람) 정신이라고 할 만한 의협심을, 에스파냐의 엘 보돈 기병전에서 한 프랑스 장교가 보여준 적이 있었다. 그는 펠튼 하비 경을 내리치려고 칼을 쳐들었으나, 상대방이 팔이 하나밖에 없다는 것을 알자, 즉시 칼을 내려 하비 경에게 정중한 경의를 표한 다음 그대로 말을 몰고 지나갔다.

같은 반도 전쟁에서 프랑스 장군 네이가 보여준 고귀하고 신사적인 행위를 여기에 덧붙일 수 있을 것이다. 영국군 장교 찰스 네이피어가 코루나에서 심한 부상을 입고 포로가 된 적이 있었다. 이때 고향의 친지들은 그의 생사조차 모르고 있었다. 그래서 그의 생존 여부를 알기 위해 영국에서 작은 구축함 한 척에 특사를 태워 보냈다. 클루에 남작이 특사로 가서 네이에게 자신의 도착을 알렸다.

"포로에게 그의 친구들을 만나게 해주어라. 그리고 그 친구들에게 그가 무사히 잘 있으며 대우도 잘 받고 있다는 것을 알려주도록 해라."

네이가 부하들에게 이 같이 명령하자, 특사가 말했다.

"하지만 그에게는 미망인이신 데다 앞을 못 보는 노모가 계시오."

"그렇소? 그렇다면 그 자를 석방하여 어머니를 볼 수 있도록 하겠소."

이때만 해도 국가간의 포로 교환은 허용되지 않고 있었다. 그러므로 네이는 그 젊은 장교를 석방시키면 나중에 황제의 질책을 받게 될 것을 잘 알고 있었다. 그러나 나폴레옹은 이 너그러운 행위를 오히려 좋게 보고 아무런 질책도 하지 않았다고 한다.

오늘에도 많이 볼 수 있는 영웅적인 행위

지난날의 기사도를 찾을 길이 없게 되었다고 사람들이 개탄하는 소리를 간혹 듣지만, 오늘날에도 용기와 신사도가 깃든 전에 없는 훌륭한 행위를 종종 볼 수 있다. 지난 몇 년 동안의 일을 돌이켜보면, 우리 국민은 아직도 타락하지 않은 국민이라는 것을 알 수 있다. 세바스토폴의 그 황량한 고원, 물이 뚝뚝 떨어지는 위험한 참호 속에서 12개월이나 계속된 포위전에 참여한 군인들은, 계급과 출신 여하를 막론하고 조상들에게서 이어받은 고상한 인격을 발휘하였다.

헨리 로렌스

그러나 우리 국민이 가장 찬란히 빛을 발한 것은 인도에서 큰 시련을 겪었을 때였다. 콘포르를 향한 네일의 진격 그리고 럭나우를 향한 해블록의 진격에서 장교와 사병들은 다같이 부녀자와 어린이들을 구하고자 하는 열의로 있는 힘을 다해 싸웠다. 그것은 바로 역사상 유례를 찾아볼 수 없는 기사도 정신의 발로였다. 부하 장교인 해블락에게 명예로운 럭나우 공격의 지휘권을 맡긴 오트람의 행위는 그야말로 시드니라는 이름에 어울리는 행위였고, 그것만으로도 그가 '인도의 신사'라고 불릴 만한 사람이라는 것을 알 수 있다.

용감한 신사 헨리 로렌스는 다음과 같은 마지막 말을 남기고 세상을 떠났다.

"나 때문에 법석을 떨지 말라. 사병과 함께 나를 묻어 다오."

콜린 캠벌 경은 럭나우의 포위된 사람들을 구출하려는 일념으로 전력을 기울였으며, 한밤중에 부녀자와 어린이들의 긴 행렬을 이끌고 콘포르까지 가야 했다. 압도적으로 우세한 적의 공격을 받으며 마침내 그들은 콘포르에 도착했다. 이때 그의 심정은 이루 말할 수 없는 것이었으니, 위험한 다리를 건널 때는 계속 적에게 공격을 가하면서 행렬을 무사히 알라하바드 노상에 이르게 한 다음, 괄리오르(인도 마디아프라데시 주에 있는 도시) 부대를 향해 우레 같은 습격을 가한 것이다. 이러한 것을 보면 우리 영국 국민이 자랑스럽게 생각되며, 최고이자 가장 순수한 기사도의 영광이 아직도 사라지지 않고 우리의 가슴 속에 건강하게 살아 있음을 확신할 수 있다.

온유한 병사들

일개 병사들도 그 시련 속에서 신사의 정신을 발휘했다. 아그라에서 수많은 병사들이 적과 싸우다가 화상 또는 부상을 입고 요새로 운반되어 부녀자들의 자비로운 간호를 받았다. 이때 그 거칠고 용감한 사나이들이 어린아이처럼 유순해져서, 부녀자들이 그들을 돌보아준 몇 주일 동안 신사답지 않은 말을 한 병사는 단 한 명도 없었다고 한다.

모든 전투가 끝나, 치명상을 입은 사람은 세상을 떠나고 치료의 덕으로 살아남은 병사들은 감사의 표시를 할 수 있게 되었을 때, 이들은 간호사들과 아그라의 중요한 인물들을 초청하여 타지마할의 아름다운 정원에서 감사의 향연을 베풀었다. 꽃이 만발하고 음악이 흐르는 가운데, 이 거친 상이군인들은 온갖 상처투성이에 불구가 된 몸으로 자리에서 일어나 그동안 자신들을 먹여주고 입혀주며 보살펴준 친절한 여인들에게 감사를 표했다.

스쿠타리 병원에서도 수많은 부상병들이 자신들을 보살펴준 친절한 영국 여인들에게 감사의 축복을 보냈다. 고통 때문에 잠을 이루지 못하는 무력한 환자들이, 밤에 당번으로 그들의 침대 사이를 오가는 플로렌스 나이팅게일, 즉 간호원들의 뒷모습에 보내는 축복의 기원보다 더 아름다운 것은 없다.

영국배가 아프리카 해안에서 침몰했을 때 보여준 영국군인의 정신

1852년 2월 27일, 아프리카 해안에서 일어난 버큰헤드 호가 침몰한 사건은 일반 시민들이 보여준 또 하나의 잊을 수 없는 기사정신의 실례로, 19세기에 일어난 일이었지만 시대를 불문하고 자랑할 만한 일이다. 이 배는 472명의 군인들과 166명의 부녀자와 아이들을 태우고 아프리카 해안선을 따라 항해하고 있었다. 군인들은 희망봉에 주둔하고 있는 몇 개 연대에 배속 명령을 받은 신병들이었다. 모두가 잠들어있는 새벽 2시, 배가 암초에 부딪쳐 바닥에 구멍이 났다. 배는 곧 가라앉게 되었다. 북을 쳐서 군인들을 갑판 위로 올라오게 하니, 마치 연병장에 모이듯이 한번에 집합했다.

"부녀자와 아이들을 구하라!"는 말이 모두에게 전달되자, 대부분 옷도 제대로 입지 못한 채 배 아래에 모여 있던 무력한 부녀자와 아이들을 끌어올려 말없이 보트에 옮겨 태웠다. 부녀자와 아이들이 모두 배에서 떠난 뒤, 선장이 병사들을 향해 소리쳤다.

"수영할 줄 아는 자들은 모두 바다로 뛰어내려 저 보트로 가라!"

그러나 이때 제 91스코틀랜드 연대의 라이트 대위가 말렸다.

"안 됩니다! 그러면 부녀자들이 탄 보트가 가라앉고 말 것입니다!"

그러면서 그 용감한 사나이는 꼼짝하지 않고 그대로 서 있었다,

남아 있는 보트도 없고 한 가닥 안전의 희망도 없었으나 동요하는 사람은 아무도 없었다. 이 시련의 순간에 자신의 의무 앞에서 주춤거리는 자가 한 사람도 없었던 것이다.

"배가 가라앉는 순간까지 불평을 하거나 우는 소리를 하는 사람이 단 한 사람도 없었다"고 생존자 라이트 대위는 그때의 상황을 말했다. 배가 파도 아래로 가라앉을 때, 영웅적인 군인들은 축포를 쏘면서 배와 함께 바다 속으로 사라졌다. 신사적이고 용감한 군인들에게 영광과 명예가 있을지어다! 그들의 본보기는 영원히 사라지지 않을 것이며, 그들에 대한 추억도 영원히 남게 될 것이다.

신사는 자기보다 약한 자를 괴롭히지 않는다

신사를 알아보는 데는 많은 기준이 있지만, 그 중에서도 틀림없는 방법이 한 가지 있으니, 그것은 그가 아랫사람을 어떻게 대하느냐 하는 것이다. 그리고 부녀자 앞에서 얼마나 예의를 지키고, 어린이들을 얼마나 사랑하며, 장교가 부하를, 고용주가 고용인을, 교사가 학생을 그리고 어떤 처지에 있든 자기보다 약한 사람들을 어떻게 다루느냐 하는 것이다. 이런 경우에 보여주는 신중함과 관용 그리고 친절이야말로 신사로서의 인격을 판단할 수 있는 중요한 기준이 된다.

프랑스의 유명한 시인 라 모테가 거리의 군중 사이를 거닐다가 실수로 한 젊은이의 발등을 밟자, 젊은이는 무턱대고 라 모테의 뺨을 때렸다. 이때 라 모테는 이렇게 말했다.

"아, 당신은 내가 소경이라는 것을 알면 반드시 이런 행위를 후회하게 될 거요."

반항 능력이 없는 약한 사람을 괴롭히는 자는 속물에 지나지 않고 결코 신사가 될 수 없다. 약하고 의지할 데 없는 사람들 앞에서 횡포를 부리는 자는 비겁자이지 결코 진정한 남자가 될 수 없다. 폭군은 알고 보면 노예에 지나지 않는다고 했다. 올바른 심성을 지닌 사람의 힘 있는 의식은 그의 인격에 고상한 정신을 부여한다. 그러나 그는 그 힘을 아주 조심스럽게 사용한다.

다음과 같은 시 속에 그 이유가 있다.

> 훌륭하도다
> 거인 같은 힘이 있다면
> 그러나 포악하도다
> 그 힘을 거인같이 쓴다면.

신사는 남에게 은혜를 베풀어도 생색을 내지 않는다

온화함은 사실상 신사 정신의 최고 기준이다. 남의 감정을 알아주고, 동료뿐만 아니라 아랫사람 그리고 부양을 받고 사는 사람들의 처지까지 이해해주며, 그들의 자존심을 존중해주는 정신은 모든 진정한 신사의 행동에 스며들어 있게 마련이다. 그는 남의 행위를 이해하는 마음 없이 큰 잘못을 저지르기보다는, 오히려 조그마한 손해를 보는 쪽을 택할 것이다. 신사는 약한 사람들, 실패한 사람들, 실수를 저지른 사람들 그리고 자기만큼 좋은 환경을 타고나지 못한 사람들에게 너그럽기 그지없다. 신사는 짐승에게도 자비롭다.

신사는 자신의 부와 힘과 재주를 자랑하지 않는다. 성공했다고 우쭐대지 않고, 실패했다고 의기소침하지도 않는다. 자신의 생각을 남에게 강요하지 않지만, 필요할 때는 자신이 생각하는 것을 솔직히 발표한다. 그리고 남에게 은혜를 베풀 때 생색을 내지 않는다. 월터 스콧 경이 로디언 경에 대해 다음과 같은 얘기를 했다.

"그는 누구한테든 은혜를 베풀 수 있는 사람이다. 요즘 같은 때에 이것은 정말 쉬운 일이 아니다."

신사는 자기를 돌보기에 앞서 남을 먼저 생각한다

채텀 경은 신사의 특징은 사소한 일상사에서 자기를 버리고 자신보다 남을 더 생각하는 것이라고 말했다. 고상한 인격에서 볼 수 있는 남을 생각하는 정신이 잘 나타나 있는 예를 들어 본다. 용감한 랠프 애버크롬비 경의 일화로, 애보키어 전투에서 심한 부상을 입고 들것에 실려 군함으로 운반되었을 때의 일이다. 병사들이 고통을 덜어주기 위해 그의 머리에 담요를 씌워주었다. 이때 다소 편안한 기분을 느낀 그는, 머리 위에 씌운 것이 뭐냐고 물었다.

"병사의 담요입니다만……."

옆에 있던 장교가 대답하자 그는 몸을 일으키며 물었다.

"누구의 담요인가?"

"어느 사병의 것입니다."

"담요 주인의 이름을 알고 있나?"

"예, 제42연대의 병사 던컨 로이의 담요입니다."

"반드시 오늘밤 그 병사에게 담요를 돌려주도록 하게."

죽음에 직면한 자신의 고통을 덜어주는 것도 좋지만, 그것보다 장군은 단 하룻밤이라도 사병의 담요를 빼앗고 싶지 않았던 것이다.

시드니도 비슷한 실례를 보여준다. 네덜란드를 도와 에스파냐와 싸웠을 때, 중상을 입고 피를 많이 흘려 목이 타는 듯이 말랐다. 그가 물을 찾자 병사가 사방을 찾아헤매어 간신히 한 잔의 물을 얻어왔다. 이때 한 노병이 부상을 당해 그 옆에 쓰러져 있었는데, 그는 절실한 눈빛으로 그 물을 바라보고 있었다. 시드니는 그것을 보더니 물을 마시지 않고 이렇게 말했다.

"이 물을 저 노병에게 주어라. 나보다 그에게 더 필요한 것 같으니."

그리고 그는 곧 숨을 거두었다.

드레이크의 인격

노학자 풀러는 위대한 제독 프랜시스 드레이크 경에 대해 얘기하면서, 진정한 신사이자 활동가인 그의 인격을 다음과 같이 요약했다.

"사생활은 깨끗하고, 남과의 거래는 공정했으며, 약속은 반드시 지켰다. 아랫사람에게는 너그럽고, 게으름을 가장 증오했다. 아주 중요한 일을 처리할 때는 신뢰할 수 있고 유능한 사람이라도 절대로 남에게 맡기지 않았다. 위험을 두려워하지 않고, 어려운 수고를 마다하지 않았으며, 숙련과 근면이 필요한 힘든 일은 늘 자신이 앞장서 했다."

Character
인격론

새뮤얼 스마일스
《인격론》을 읽는 젊은이들에게
장만기

    훌륭한 사상은 훌륭한 인격에 담긴다. 작은 그릇에는 작은 음식밖에 담기지 않듯이, 인격이 작고서는 큰 사상이 담길 도리가 없다. 작으나 크나 어떤 사상이란 그 사람의 인격을 토대로 세워진 하나의 건축이라 할 수 있다.
    인생에서 기쁨과 행복을 이끌어내기 위해서는 우리 몸에 '좋은 습관'을 배게 해야 한다. 평정심을 잃지 않는 성격, 인내심과 관용, 사람들에 대한 배려, 그리고 역경에 맞서는 용기야말로 정력적으로 인생을 살아가는 최상의 무기, 곧 인격이 된다.
    자신의 마음을 어떻게 단련시키고 어떻게 인간성을 연마해 갈 것인가. 이를 위해서는 불타오르는 '향상심'을 가지고 자아실현을 이룬 사람들의 인생 체험을 배워야 할 것이다. 자신을 갈고 닦는 노력을 하는 사람만이 자기 실력을 마음껏 발휘하며 최고의 인생을 손에 거머쥘 수 있기 때문이다.
    "무쇠는 빨갛게 달구었을 때 쳐라!"
    이 말은 우리가 인생의 경험을 어느 정도 쌓은 뒤이거나, 부모가 되어 자녀를 양육하는 입장이 되었을 때 공감할 수 있다. 무쇠의 뜨거움, 유연함에는 무서운 것이 깃들어 있다. 내리치는 한 번 한 번이 그 사람의 삶의 방식에 맞는 그릇의 크기, 형태를 만들어 가기 때문이다. 그러므로 젊어서는 고통을 참으며 자신을 단련하는 것이 매우 중요하다.
    문제는 그 내리치는 방법이다. 모처럼의 좋은 소재라도 그것이 한 자루의 명검으로 탄생할 것인가, 한낱 쇠부스러기로 끝나고 말 것인가는 그 힘차게 내리치는 방법, 즉 수양과 단련에 달렸기 때문이다. 잘못된 방법으로 내리쳐 뒤틀려버리거나 녹슬어버린 쇠는 다시 본디대로 되돌리기 어렵다. 그러나 좋은 스승의 가르침을 받거나 인생의 높은 가치를 가르쳐 주는 고전을 읽음으로써 그 가르침을 받아들여 이를 실천한다면 사람은 누구나 곧게 자랄 수 있다. 언제나 정열을 불태울 목표를 찾아내 그것을 이루기 위해 자신을 갈고 닦는 것이 미래를 열어 가는 젊은이의 올바른 삶의 방식이다.

이와 같은 생각을 스스로 실천함으로써 오늘날 젊은이들을 계속 격려하고 용기를 북돋워 주는 새뮤얼 스마일스. 그의 열정어린 자조사상의 충고가 이상을 구가함에 머물지 않고 생활의 실천면에서 큰 도움이 되는 것은 어디까지나 체험적 삶의 철학에 바탕을 두고 인생의 길을 힘차게 이끌어 주고 있기 때문이다.

인생의 식단은 자기가 고를 수 있다. 인간에게는 의지와 행동의 자유가 있다. 그것은 우리에게 아주 멋진 일이지만, 불행을 의미할 수도 있다. 문제는 이 자유를 어떻게 사용하느냐에 달려 있기 때문이다. 세상사의 밝은 면을 볼 것인가 어두운 면을 볼 것인가, 누구나 이것을 스스로 선택할 수 있다. 그 선택에 따라, 비뚤어진 마음까지도 바로잡을 수 있는 것이다. 세상은 자신이 선택하여 노력하는 대로 모습을 바꾸어 준다. 밝고 명랑한 사람들은 세상을 자기 것으로 만든다. 이들이야말로 하루하루 생활 속에서 기쁨을 찾아내어 자기 것으로 누릴 수 있는 사람들이다. 잿빛 구름이 머리 위를 뒤덮고 있어도, 그 위에 반짝이는 금빛 찬란함이 있음을 지나쳐버리지 않도록 확실하게 눈을 떠야 한다.

사람은 일생을 살다보면 수많은 불행과 재난을 겪게 된다. 그 불행과 재난의 대부분은 자신이 의식적 또는 무의식적으로 행한 일의 결과와 선택의 필연성에서 오는 것들이다. 하지만 그렇다 하더라도 희망을 버리지 말고 불행과 재난에 용감하게 대처해 나아가지 않으면 안 된다.

이 세상에는 무엇이든 좋은 면만을 확대해 보는 긍정적인 사람들이 있다. 이 사람들에게 좌절이란 없다. 아무리 호된 재난이라도 그 재난을 복으로 바꿔 삶에서 만족감을 찾고 누린다. 이와 같은 성격을 가진 사람은 누구나가 부러워하는 행복한 사람이다. 그들의 눈동자는 기쁨, 만족감, 쾌활함, 신념, 지혜로 빛난다.

포용력이 뛰어난 그런 인물들은 쾌활하고 희망과 애정에 넘치는, 신뢰할 수 있는 인격의 소유자들이다. 밝은 성격은 천부적인 것이기도 하지만, 이는 다른 습관과 마찬가지로 자기를 단련시킴으로써 계발되기도 한다. 따라서 충실한 인생을 살 것인가 아니면 그 반대의 길을 걸을 것인가, 인생에서 행복을 이끌어 낼 것인가 불행을 이끌어 낼 것인가는 저마다 노력에 달려 있다.

역사에 살아 있는 참으로 위대한 인물들의 인격은 긍정적이다. 그들은 인기나 재산이나 권력에 빠지지 않으며, 오직 성취감에 만족해하며 인생을 경건하게 살아간다. 그들은 바쁘게 일하고 더구나 그 일에서 기쁨을 찾거나 느끼고 있기 때문에 언제나 쾌활하고 행복하다. 그들의 긍정적 인격은 주위에도 옮아가 사람들에게 용기를 주고 밝은 마음을 지니게 한다.

그런 삶은 사랑을 불러 일깨우고 자비를 낳는다. 사랑은 사물을 밝게 바꾸고 언제나 행복을 추구한다. 사랑은 밝은 사고 방식을 키우며 항상 명랑한 분위기 속에 깃든다.

사람들에게 친절을 베푸는 일이란 한 푼의 돈도 들지 않는 투자이다. 상냥한 말은 말을 걸고 있는 상대뿐만 아니라 말하고 있는 본인에게도 기쁨을 준다. 그 자리만의 친절이 아니고 언제나 상대편이 되어 생각하는 것이 사람과 사람 사이의 교제이다.

자기 인격의 갈고 닦음은 스스로 노력하는 것 말고는 방법이 없다. 학교에서 배우는 것만으로는 충분하지 않다. 우선 자신이 자조의 정신에 눈을 떠 실행하지 않으면 안 된다. 나날의 평범한 생활 속에서 끊임없이 자기 수양을 하고, 끈기 있고 성실한 마음으로 임함으로써 달성되어 나가는 것이다. 끊임없는 근면과 노력을 기울여 최선을 다하는 것만이 인격성공의 길이다.

자신의 운명을 저주하는 사람은 아무도 돌아보지 않는다.

언제나 밝은 마음을 갖는 것, 미래에 대한 희망을 가슴에 간직하는 것, 이것은 행복과 성공을 가져다 주는 중요한 열쇠이다.

새뮤얼 스마일스의 《자조(自助) Self Help(1859)》《인격 Character(1871)》《절약 Thrift(1875)》《의무 Duty(1880)》 4대 작품은 생활철학서의 고전으로 남았다.

빅토리아 시대의 영국은 세계 최강국이었다. 그들의 영토는 '유니온 잭의 깃발이 나부끼는 온 세계, 해가 지는 날이 없다' 자부까지 했다. 이 전성기의 영국을 지탱한 것은 영국 젠틀맨의 사상, 즉 인격이었다. 완성된 인격은 사회를 번영으로 이끌어 강한 국가를 만든다. 그 즈음의 영국은, 국력은 말할 것도 없고 지적 수준에서도 세계의 선두를 달리고 있었다.

우리 한국인들도 다산 정약용 등의 실학사상에서 비롯된 창의성과 근면, 투철한 자조자립 정신으로 오늘의 자유와 번영을 쌓아올렸다. 이러한 사고나 활동은 계속 이어져야 한다. 젊은이들이 그 선각들의 노고를 잊는다면 이 나라는 다시 쇠퇴의 길을 걷게 될지도 모른다.

이 책에 나오는 인격, 의무, 성실, 자기단련이라는 말은 고전적 인생의 기본 진리이다. 이 고전적인 사고는 수백, 수천 년이라는 세월의 시련을 견디고 살아남은 것이고, 거기에는 시간을 뛰어넘어 변하지 않는 '인간 생활 방식의 진리'라 할 수 있는 것이 존재하고 있다. 정략자들이 도리를 버리고 전술적으로 아무리 개혁을 부르짖으며 혁신을 주장해도, 인생의 기본 진리를 따르지 않으면 세상은 결코 그들의 주장처럼 되어가지 않는다.

새뮤얼 스마일스의 인격론을 읽으면서 그 변함없는 인생의 기본 '진리'를 곳곳에서 발견할 수 있을 것이다. 이들 '진리'에 마음을 적셔주기 바란다. 그렇게 함으로써 나날의 생활 속에서 스스로 나아가야 할 길을 찾을 수 있을 것이다.

요즈음 '자기실현이 인생 최고의 목표'라는 말을 자주 듣는다. 이 경우의 '자기실현'은 '자기가 좋아하는 일을 하고, 나아가 그 결과가 사람들에게 좋은 영향을 주고 높은 평가를 받는 것'으로 이해하고 있다. '자기실현'의 정의가 이런 것이라고 하면, 그것이야말로 인생의 최종 목표라는 것은 이해할 수 있을 것이다. 이런 의미에서 자기실현을 위해 재능이 필요하다는 것은 확실하다. 그러나 어느 시대를 막론하고 그저 재능만 갖고 있다고 해서 자기가 바라는 인생을 살아갈 수 있을까. 재능 말고도 '무언가'가 또 필요한 것이 있다. 그 무언가를 '인격' '인망'이라고 할 수 있을 것이다.

피터 드러카는 말한다.

"경영자가 하여야 하는 업무는 배우면 된다. 그러나 경영자가 배울 수 없는 일로, 어떻게 해서든지 스스로 몸에 지니지 않으면 안 되는 자산이 하나 있다. 그것은 천재적인 재능이 아니라 그 사람의 인격인 것이다. 경영자는 인격보다 그 두뇌가 더 중요하다고 생각하는 사람을 관리자로 임명하여서는 안 된다. 또 자기가 하는 일에 높은 수준을 정해 놓지 않는 사람도 경영자층에 포함시켜서는 안 된다. 그것은 업무나 경영자의 능력을 경시하는 풍조를 낮게 하는 원인이 되기 때문이다."

그럼 어떻게 하면 그런 '덕'을 구비한 리더가 될 수 있을까.

새뮤얼 스마일스는 끊임없는 자기 인격 단련, 인내하고 노력하기, 성실한 마음을 가지고 일하기를 권한다. 따라서 먼저 자기 품성의 격을 높이려는 향상심이 중요하다고 역설한다. 이것을 항상 염두에 두고 정신 수양에 힘쓰면 반드시 최상의 인생 인격에 도달하게 될 것이다.

《인격론》을 읽는 젊은이들이여, 우리는 희망으로 구원되어야 한다. 진실하거나 아름답거나 착한 것으로서 역사의 즉각적인 정황 속에서 완전한 의견이 된 것은 없다. 따라서 우리는 믿음으로 구원되어야 한다. 아무리 덕망이 있어도 우리 혼자서 완성시킬 수 있는 것은 아무것도 없다. 따라서 우리는 사랑으로 구원되어야 한다. 그러나 아무리 고결한 행위라도 타인의 관점에서는 우리 자신의 관점에서 보는 것만큼 고결하지는 않다. 따라서 우리는 사랑의 마지막 형태인 용서로 구원되어야 한다. 그리하여 우리의 진정한 인격은 이루어지는 것이다.

이 책의 텍스트는 미국 보스턴 인디퍼블리시닷컴 발행 새뮤얼 스마일스 《인격론(Character)》을 사용했으며, 일본 미카사 서방 다케우치 히토시 옮김 《향상심(Character)》을 참조했다.

훌륭한 한국어판 《인격론》을 펴내기 위해 기획 번역 편집에 힘써주신 추영현 김성숙 우진주 김춘백 윤옥일 김미양 선생께 감사를 드린다.

2006년 1월 봄을 기다리며
한국인간개발연구원에서 장만기

1 인격의 힘
자신에게 긍지를 갖는 삶을 살고 있는가

> 인격은 개성이라는 매개물을 통해 드러나는 도덕 질서이다. 인격적인 사람들은 그들이 살아가는 사회의 양심이다.   에머슨

> 스스로를 다스릴 수 없다면 인간은 얼마나 불쌍한 존재란 말인가.   다니엘

사람을 움직이는 원동력을 어떻게 몸에 익힐까

인격은 세상에서 인간에게 행동의 동기를 부여하는 가장 중요한 원동력의 하나이다. 인격이 가장 고귀한 모습으로 구체화되면 인간 본성은 최고의 본보기로 남고, 인간은 최상의 모습으로 남는다.

세상 곳곳에서 진실로 뛰어난 사람들——근면한 사람들, 성실한 사람들, 곧은 원칙을 가진 사람들, 그리고 가치있고 정직한 목적을 가진 사람들——은 모든 이들에게 존경심을 불러일으킨다. 우리가 그들을 믿고 신뢰하며 본받으려 하는 것은 자연스럽고 마땅한 일이다. 이 세상에서 선한 것이 지켜질 수 있는 것도 이들의 덕이다. 그들이 존재하지 않는다면 과연 이 세상이 살아갈 만한 가치가 있을까.

천재성은 언제나 감탄의 대상이지만 그것만으로 존경을 이끌어낼 수는 없다. 진심어린 존경을 불러일으키는 것은 인격이기 때문이다. 천재성은 '두뇌의 힘'을 바탕으로 하고 인격은 '마음의 힘'을 바탕으로 한다. 결국 인생을 지배하는 것은 마음, 곧 양심이다. 천재성을 지닌 사람들은 지성의 힘으로 사회에 나아가고, 인격적인 사람들은 양심의 힘으로 사회에 나아간다. 사람들은 천재성에 대해서는 칭찬만 하지만 양심적 성격은 본받으려고 한다.

"평범한 가운데 진실한 지혜가 있다."

위대한 사람들은 특별하기는 해도 위대함 그 자체의 평가는 환경에 따라 상대적이다. 사람들은 활동 범위가 제한되어 있기 때문에 위대해질 수 있는 기회가 많지 않다. 그러나 누구든지 자신이 맡은 역할을 올바르고 성실하게 수행할 기회는 있으며, 그 과정에서 자신의 능력을 마음껏 발휘할 수 있다. 이때 자신의 재능을 올바르게 쓰되 악용하지는 말아야 한다. 삶을 최대한 활용하고 사소한 일이라도 정직하고 충실히 해내야 한다. 한마디로, 사람들은 신이 정해 준 '섭리' 안에서 자신의 '의무'를 다해야 한다.

아무리 하찮아 보이는 것이라도 자신의 의무를 다하면 이상적인 삶과 인격을 갖게 된다. 이상적 인생과 인격에 영웅적인 것은 없고 사람의 보편적 운명 또한 영웅적인 것이 없다. 의무감은 사람들의 고매한 태도를 지탱해주며, 일상적인 업무 또한 뛰어난 감각으로 수행할 수 있도록 중요한 역할을 한다.

인간의 삶은 공동생활 나날의 의무를 중심으로 이루어진다. 여러 미덕 중에 가장 큰 영향력을 발휘하는 것은 일상생활 속에서의 미덕이다. 이것은 우리가 가장 오랫동안 지녀온 것이다. 그러나 평범한 사람의 기준을 뛰어넘는 최고의 미덕은 갖가지 유혹과 위험을 끌어들인다.

버크는 이렇게 말했다.

"영웅적인 미덕들을 토대로 만들어진 인간 조직은 상부 구조가 약하거나 소모적일 수밖에 없다."

캔터베리의 대주교 애보트는 친구 토머스 색빌의 성품을 묘사할 때, 정치가로서나 시인으로서의 천재성보다 삶의 일상적인 의무를 수행하는 평범한 인간으로서 그가 갖고 있는 미덕을 강조했다.

애보트는 이렇게 말했다.

"그는 참으로 보기드문 정신적 미덕을 가진 사람이었소! 그만큼 아내를 사랑하고 자녀들에게 다정했으며, 친구들에게 변함없는 우정을 보이고, 적에게조차 온화했던 사람, 그렇게 말과 행동이 일치한 사람도 없을 것이오."

작가나 연설가, 정치가로서의 한 사람이 보여주는 공적인 모습보다는, 그가 가장 가까운 사람들을 대하는 태도, 그리고 사소한 일들을 처리하는 솜씨에서 그 사람의 진정한 인격을 잘 이해하고 올바르게 판단할 수 있다.

의무는 평범한 사람들이 일상적인 업무를 수행할 때에 필요하지만 고매한 인격을 지닌 사람들에게도 기둥이 되어 준다. 돈이나 재산은 없을 수도 있고, 풍부한 지식이나 막강한 권력도 없을 수 있다. 그러나 그들에겐 열정과 풍요로운 정신이 있어서 정직하고 성실하게 의무를 다하려 노력하고, 신이 자신을 창조한 목적을 이루어 가면서 인격의 기준에 자신을 맞추어 나갈 수 있는 것이다.

이 세상에 가진 것이라고는 인격밖에 없는 사람들이 많다. 그래도 그들은 왕관을 쓴 제왕 못지않게 이 세상에서 확고한 자리를 차지하고 있다.

어설픈 학문·교양은 성실에는 미치지 못한다

지력(智力)을 기르는 데 반드시 인격적 순수함이나 우수함이 필요하지는 않다. 《신약성경》은 인간의 마음과 정신에 끊임없이 호소를 하지만, 지적인 능력을 언급하는 일은 거의 없다.

조지 허버트는 이렇게 말했다.

"한 줌의 선한 삶에는 수많은 지식에 맞먹는 가치가 있다."

배움을 가볍게 여겨서는 안 되며, 배움은 선한 목적에서 이루어져야 한다. 때로는 힘있는 사람들 앞에서는 비굴하고, 힘없는 사람들 앞에서는 교만한, 그러한 비열한 인물이 뛰어난 지적 능력을 갖고 있는 경우가 있다. 사람은 누구나 예술적·문화적·과학적으로 위대한 업적을 이룰 수 있다. 그러나 정직하고 감사할 줄 알며 의무감이 무엇인지도 이해하고 있는 사람만이, 가난하고 배우지 못한 많은 농민들을 이끌 자격이 있다.

페데스는 친구에게 보내는 편지에 이렇게 썼다.

"자네는 박식한 사람들을 존경해야 한다고 했지. 나 또한 그 말에 동의하네. 그러나 박식한 사람이라 해서 넓은 마음과 신중한 생각, 고귀함을 존중하는 마음, 풍부한 세상 경험, 올바른 몸가짐, 열정적이고 재치 있는 행동, 진리를 사랑하는 마음, 정직, 온화한 인격 등을 모두 갖추지 못한 사람도 있다는 것을 잊지 말아주게."

월터 스콧 경이 공판에 임했을 때, 어떤 사람이 그의 문학적 재능과 그가 쌓은 업적의 가치에 대한 자신의 생각을 말하자, 그는 이렇게 말했다.

"오, 하느님! 그 생각이 진실이라면 이 세상은 얼마나 불행한 곳이겠습니까. 나도 많은 책을 읽고 이 시대의 교양이 넘치는 저명한 사람들과 충분히 대화를 나누었습니다만, 맹세컨대 가장 고귀한 마음을 지닌 사람들은 가난하고 많이 배우지 못한 이들이었습니다. 그들은 고통과 박해 속에서도 남성이건 여성이건 높은 수준의 적절한 영웅적 자질을 보여주었습니다. 친구와 이웃의 삶에 대한 그들의 생각을 들어보았는데, 그것은 성경에서 내가 만난 성자들이 한 말 아니고는 다른 어떤 말보다 나았습니다. 우리는 어쩌면 진정한 사명과 운명을 마음으로 체험하고 존경하는 것을 절대로 배우지 못하게 될지도 모릅니다. 우리 스스로가 모든 사물을 달빛처럼 깊이 생각하여, 이미 마음으로 받아들인 가르침과 되새겨 비교해보지 못한다면 말입니다."

부(富)는 인격을 닦는 것과 아무런 관련이 없다. 오히려 부는 타락의 원인이 될 수 있다. 부를 갖고 있는 사람은 타락과 사치와 부도덕으로부터 강한 유혹을 받기 때문에, 의지가 약한 사람이나 자제력이 부족한 사람 또는 통제할 수 없는 열정을 지닌 사람의 손에 있는 부는, 자신뿐 아니라 다른 사람들에게도 많은 해를 끼치는 함정과 유혹일 뿐이다.

한편 가진 것이라고는 근면과 성실, 정직밖에 없는 사람도 있다. 그러나 그 사람이 가진 가장 큰 부는 '고매한 인격'이다.

번스의 아버지는 아들에게 다음과 같은 훌륭한 조언을 남겼다.

"돈 한 푼 없어도 남자답게 행동해라. 남자답지 못하고 정직하지 못한 사람은 존중받을 자격이 없다."

내가 알고 있는 가장 순수하고 고상한 인격을 가진 이들 중 한 사람은 북부지역에 사는 노동자였는데, 그는 존경스럽게도 단 10실링의 주급으로도 가족들을 훌륭하게 부양하였다. 그는 지역교구의 초급 공교육 밖에 받지 못했어도 매우 지혜롭고 사려깊은 사람이었다. 그의 서재에는 《성경》과 《플레이블》, 《보스턴》이 꽂혀 있었다. 《성경》 말고 나머지 책들은 보통 사람들이 아마 들어보지도 못했을 것이다. 이 선량한 남자는 워즈워스의 유명한 시 〈방랑자〉의 모델로 딱 알맞았을지도 모른다.

루터

그는 열심히 일하면서 신을 숭배하는 보통의 삶을 살다가 세상을 떠났다. 그는 실용적인 지혜와 진정한 선(善), 그리고 모든 좋은 일에 도움이 되는 것을 남겨두었으며, 그것은 더 위대하고 부유한 사람들도 부러워했을 것이었다.

루터는 그의 유언장을 봐도 알 수 있듯이, 현금이나 그 어떤 재산도 남기지 않고 세상을 떠났다. 너무 가난하여 세공 일과 정원 손질, 시계 제작을 하면서 겨우 생계를 꾸려나갔다. 하지만 그는 육체노동을 하면서도 인격을 갈고 닦은 강한 정신력의 소유자로서, 독일의 어느 군주보다도 널리 존경과 추앙을 받았다.

인격은 가장 고결한 재산이므로 인격에 투자하는 사람들은 세속적인 의미의 부자는 되지 못해도 존경과 명성이라는 보상을 받게 된다. 우리는 훌륭한 소질들, 즉 근면과 덕행, 선행을 무엇보다 중요하게 생각하고, 이러한 재산을 가진 사람들을 높이 평가해야 할 것이다.

자신을 정직하게 평가하고 자신이 옳다고 생각하는 규칙을 착실히 지켜나가는 우직함은 인생에서 매우 효과적인 무기가 된다. 우직함은 궤도를 이탈하지 않도록 도와주고, 힘과 영양분을 공급하고, 자기가 옳다고 느끼는 것을 꾸준히 지켜나가도록 북돋워준다.

벤저민 루드야드는 이렇게 말했다.

"인간은 부유해지거나 위대해져야 할 의무는 없다. 그리고 현명해질 의무도 없다. 그러나 모든 인간은 정직해야 할 의무가 있다."

에픽테투스

하지만 단순히 정직한 것만으로는 일의 진전이 없다. 목적을 이루기 위해서는 건전한 원칙이 중요하다. 원칙 없는 사람은 방향키나 나침반이 없는 배와 같아서 바람이 불면 이리저리 표류하게 되어 법규나 규칙, 질서 또는 무정부 상태 한복판에 서 있게 될 수도 있다.

흄은 이렇게 말했다.

"도덕적 원칙이란 사회적이고 보편적인 것이다. 도덕적 원칙들은 인류 공동의 적인 악과 무질서에 대항하는 '인류당(人類黨)'이라고도 할 수 있다."

한번은 저명한 연설가가 에픽테투스를 방문했다. 그 연설가는 소송 때문에 로마로 가는 길이었는데, 로마에 가기 전에 에픽테투스로부터 금욕주의적 교훈을 배우고 싶었던 것이다. 그런데 에픽테투스는 방문객을 냉정하게 대하며 그의 진심을 믿지 않았다.

에픽테투스는 이렇게 말했다.

"당신은 내 스타일을 비판하고 싶어할 뿐이지 내가 존중하는 원칙들을 배우고 싶어하는 것이 아니오."

그러자 연설가가 말했다.

"그럴 수도 있지요. 그러한 원칙들을 따르다가 나 또한 당신처럼 가난한 사람이 될지도 모르니까요. 쓸 만한 그릇 하나도, 마차 한 대도, 땅 조각 하나 없는 가난뱅이 말입니다."

에픽테투스는 이렇게 대답했다.

"그런 것은 나는 원하지 않소. 그런데 당신은 나보다 더 가난한 사람이잖소? 나야 후원자가 없어도 상관없지만, 당신은 그렇지가 않소. 나는 당신보다 부자요. 나는 카이사르가 나를 어떻게 생각하든 상관하지 않고 누구에게도 아부할 필요가 없소. 이것이 바로 금접시나 은접시 대신에 내가 가진 것이오. 당신은 은그릇을 가졌지만, 당신의 이성·원칙·욕망은 질그릇이오. 내게 있어 왕국은 나의 마음이고, 그곳은 풍요와 행복으로 가득하다오. 게으르게 하루하루를 보내고 있는 당신과는 다르오. 당신은 당신이 가진 모든 것을 하찮게 여기고 있지만, 나는 내가 가지고 있는 모든 것들을 소중하게 생각하오. 그러니 당신의 욕망은 채워지질 않지만, 내 욕망은 가득 차 있지요."

재능은 결코 그리 귀한 것이 아니다. 천재성 또한 마찬가지이다. 그런데 재능이나 천재성이 과연 믿을 만한 것일까? 진실하지 않은 재능이나 천재성은 믿을 만한 것이 못된다. 존경심을 불러일으키고 신뢰를 얻는 것은 진실함이다.

진실은 개인이 갖고 있는 모든 우수함 밑에 포진해 있다가 행동을 통해 나타난다. 그 정직함은 행동으로 나타나는 진실이다. 진실은 모든 말과 행동을 통해 빛을 발한다. 그것은 신뢰성을 의미하며, 그가 믿을 수 있는 사람임을 다른 사람들에게 이해시킨다.

사람은 믿을 수 있는 사람으로 평가받을 때 영향력 있는 인물이 되고, 그가 무언가 알고 있다고 말하면 정말로 그것을 아는 것이 되며, 그가 무언가 할 것이라고 하면 정말로 그것을 행할 것이라 믿게 될 것이다. 사람들의 존경과 신뢰를 얻는 확실한 방법은 이렇듯 믿을 수 있는 사람이 되는 것이다.

인생이나 일에서 중요한 것은 지성이 아니라 인격, 즉 머리가 아니라 마음이며, 천재성이 아니라 자기통제와 인내심이므로 사적인 생활뿐 아니라 공적인 생활에서 공공의 상식과 양식을 갖추는 감각이 필요하다. 경험이 기르고 선이 가르친 양식은 실용적인 지혜를 낳는다. 사실 어떤 의미에서 선은 세속적인 것과 영적인 것을 하나로 합친 지혜, 즉 '최선이자 최고의 지(智)'를 의미한다.

헨리 테일러는 이렇게 말했다.

"지(智)와 선(善)은 여러 면에서 일치한다. 지혜가 사람을 선하게 하고 선이 사람을 지혜롭게 하기 때문에 지와 선은 늘 함께 한다고 할 수 있다."

가지고 있는 지적 능력보다도 더 큰 힘을 발휘하는 사람들은 적절한 자기 통제력을 갖고 있다. 그들은 단순히 존재하는 것 그 자체만으로도 잠재력을 발휘한다.

버크는 18세기에 영향력을 끼쳤던 어느 귀족에 대해 이렇게 말했다.

"그가 갖추고 있는 장점이 그의 무기였다."

여기서 진정한 무기는, 목적이 순수하고 고결할 때에만 사람들이 따르게 된다는 사실을 깨닫는 것이다. 진정한 인격자라는 평판을 얻을 때까지는 실로 긴 시간이 걸릴 수 있다. 그 긴 시간 동안 잘못된 평가나 오해를 받을 수도 있고, 불운과 어려운 상황에 부딪치기도 할 것이다. 하지만 그들은 참을 줄 아는 사람들일 것이며, 궁극적으로 그들은 존경받고 신뢰를 얻을 것이다.

셰리든이 다른 사람들에게 신뢰감을 주었더라면 그는 세상을 통치할 수 있었을지도 모른다. 하지만 끝내 그렇게 하지 못했기 때문에 그의 훌륭한 재능은 쓸모가 없어지고 말았다.

사람들을 감탄케도 하고 즐거움도 주었지만 인생과 정치에서는 큰 영향력을 발휘하지 못했고, 심지어 그의 극장에서 일하는 가난한 팬터마임 배우까지도 자신이 주인보다 낫다고 생각할 정도였다.

어느날 그 배우가 임금 체불 문제로 그에게 대들었다. 셰리든은 분수를 모른다며 그를 맹렬히 비난했는데, 그때 팬터마임 배우는 이렇게 대꾸했다.

"셰리든 씨, 나는 내 분수를 잘 압니다. 나는 당신과 나의 차이를 명확히 알고 있습니다. 태생과 가문과 교육면에서는 당신이 나보다 낫지만, 인생과 인격, 행실은 내가 낫습니다."

셰리든과 같은 지역 출신인 버크는 그와는 달리 인품이 좋았다. 그는 35세도 채 되기 전에 벌써 하원의원이 되었고, 영국 정치사에 자신의 이름을 새겨놓을 기회를 갖게 되었다.

버크는 재능 많고 품성도 훌륭했지만 한 가지 결정적인 약점이 있었다. 참을성이 부족했던 것이다. 그래서 그의 천재성은 제대로 빛을 내지 못했다. 아무리 탁월한 재능이라도 참을성 같은 사소한 능력이 없어서 공교롭게도 하찮은 것이 될 수도 있는 것이다.

인격은 개개인의 정해진 통제를 때로는 강하게 때로는 약하게 받으면서, 갖가지 사소한 환경에 따라 형성된다. 좋은 방향이든 나쁜 방향이든 인격은 매일매일 환경의 변화와 그에 따른 규제를 거쳐야 한다. 사소한 행동이라도 중요하지 않은 것이 없다. 아무리 가는 머리카락이라도 그림자를 남기듯이 말이다.

버크

심멜펜닉 부인의 어머니는 사소한 일에 굴복하지 않도록 자녀들을 가르쳤다. 그렇게 하지 않으면 사소한 일에 지배당하기 때문이다.

모든 생각과 행동은 인격을 형성하는 데 한몫을 한다. 그리고 미래에 반드시 영향을 미친다. 그처럼 인격은 지속적으로 환경의 변화를 겪으며, 더 나은 방향으로 또는 더 나쁜 방향으로 변할 수도 있고, 발전할 수도 퇴보할 수도 있다.

러스킨은 이렇게 말했다.

"살아오면서 내가 저지른 모든 잘못과 어리석음 때문에 내 정신은 한 걸음 퇴보하고, 내 기쁨은 줄어들었으며, 내 소유 능력과 통찰력, 이해력도 격하되었다. 한편 과거에 기울였던 모든 노력과 바른 생각, 그리고 선한 행동은 이러한 진리를 되새기며 상대적으로 이해할 수 있도록 나를 발전시켜 주었다."

작용과 반작용의 힘이 같다는 물리학 법칙은 도덕에도 적용된다. 선한 행동을 하면 그 행동을 한 사람 자신이 영향을 받기도 하는데, 악한 행동의 경우도 같다. 그뿐 아니라 그런 행동이 본보기가 되어 그들의 상대편에게도 비슷한 영향을 미치게 되는 것이다. 그러니 인간은 그저 환경의 피조물이 아

러스킨

니라 환경의 창조자라고 할 수도 있다. 인간은 자유 의지로써 악보다는 선을 행하도록 제어할 수 있기 때문이다.

세인트 버나드는 이렇게 말했다.

"나에게 상처를 입힐 수 있는 사람은 나뿐이다. 그 상처는 사라지지 않고 내 몸에 남아 있으니, 내가 진정 괴로워하는 것은 나 자신의 잘못으로 비롯됨이 아니겠는가."

어느 누구든 노력 없이는 인격을 훌륭하게 다듬을 수 없다. 끊임없이 자아를 관찰하고 통제하며 단련해야 한다. 살아가면서 수없이 비틀거리고 넘어지고 때때로 패배를 경험하게 될 것이다. 또한 당당히 마주하고 극복해야 할 갖가지 어려움과 유혹에도 부딪칠 것이다. 그러나 이때 강한 마음가짐과 올바른 정신을 지니고 있다면 실패를 걱정하며 절망할 필요가 없다.

지금보다 인격을 한 단계 끌어올리려는 노력은 스스로에게 에너지와 용기가 되어줄 것이다. 당장은 인격적으로 미흡하더라도 성실히 노력하면 인격적인 성장을 이룰 수 있다. 안내자 역할을 할 훌륭한 본보기―높은 인격을 지닌 대표적인 인물―와 함께 누구나 자신의 행동을 정당화할 수 있을 뿐만 아니라, 인격의 가장 높은 기준에 이르러야겠다는 의무감도 갖게 된다. 그 기준은 물질적이 아닌 정신적인 것으로 최고에 이르는 것일 게다. 세상에서의 지위가 아닌 진정한 최고의 명예에, 또는 최고의 지식보다는 최고의 미덕에, 최고의 힘과 영향력보다는 최고의 진실 그리고 강직함, 정직함에 이르는 것이 될 것이다.

콘소트 왕자에 대한 새겨둘 만한 이야기가 있다. 그는 순수한 영혼과 호의적인 성격으로 사람들에게 강한 감동과 영향을 주었다. 그즈음 웰링턴 대학에서 해마다 여왕이 수여하는 상의 수상자를 정할 때, 그가 결정한 수상자는 가장 영특한 학생도 아니었다. 가장 학구적인 학생도 아니었다. 가장 부지런한 학생도 아니었다. 가장 분별력 있는 학생도 아니었다. 가장 고결한 학생, 즉 마음이 넓고 높은 차원의 동기를 가진 인격자로 성장할 것으로 기대되는 학생을 뽑았는데, 그것은 매우 그다운 결정이었다.

인격은 행동으로서 현실로 나타나, 원칙과 성실 그리고 실용적인 지혜의 안내로 다시 태어난다. 가장 높은 모습의 인격은 신앙심과 도덕심, 이성적 판단에 따라 열정적으로 활동하는 개인의 의지다. 마음속의 인격은 신중하게 자신의 길을 택해서, 변함없이 자신의 길을 추구한다. 평판보다 의무를, 세상의 칭찬보다 양심의 허락을 구한다. 다른 사람들의 개성을 존중하면서도 그런 자신의 개성과 독립성을 지킨다. 사람들에게서 당장은 높은 인기나 좋은 평가를 얻지 못해도, 차츰 자신의 진심이 이해되리라 믿으며 자신의 도덕성을 지켜 나갈 용기를 지닌다.

본보기의 힘은 언제나 인격 형성에 큰 영향을 주지만, 자기 자신의 바른 정신이 그 바탕이 되어야 한다. 그것만이 인생을 지탱할 수 있으며 개인에게 독립심과 열정도 불어넣어 줄 수 있기 때문이다. 엘리자베스 여왕 시대의 시인 다니엘은 이렇게 말했다.

"스스로를 다스릴 수 없다면 인간은 얼마나 불쌍한 존재란 말인가!"

인격을 실용적이고 효과적이게 하는 어느 정도의 힘, 즉 인격의 뿌리인 의지와 인격의 줄기인 지혜가 만들어 내는 힘이 없다면 인생은 명료하지 않고 목적도 불분명해질 것이다. 마치 물레방아를 돌아가게 하는 흐르는 물이 아니라 괸 물과도 같이 말이다.

확고한 의지가 인격을 형성할 때, 그리고 숭고한 목적이 그것에 영향을 미칠 때 사람은 어떠한 대가를 치르더라도 의무를 용감하게 수행하게 된다. 그러는 과정에서 자신의 진가가 드러나는데, 그것이 가장 용감하고 남자다운 모습이라고 할 수 있다. 살아가면서 그가 이러한 행동을 되풀이하게 되면 다른 사람들도 그를 본받아 행동하게 된다. 그가 한 말은 사라지지 않고 행동이 되어 나타난다. 루터의 말이 트럼펫 소리처럼 온 독일에 크게 울려 퍼졌던 것과 같다.

리히터는 루터에 대해서 이렇게 말했다.

"그가 말하면 이미 절반은 이긴 것이다."

루터의 혼은 독일의 혼 속에 스며들어 오늘날까지도 독일의 특성으로 살아 숨쉬고 있다.

선하지 않고 성실하지 않은 사람이 큰 힘을 가지고 있으면, 그는 악의 원리를 보여주기가 쉽다. 노발리스는 《도덕에 관한 사색》에서 완벽한 도덕적 이상형의 가장 위험한 라이벌은, 가장 힘세고 정력적인 삶을 이상으로 삼는 최고의 야만인이라고 했다. 그들은 오직 자만심과 이기심, 야망만을 추구하는 완벽한 악마적 이상형이다. 그들은 재앙을 몰고 다니며 세상의 파멸을 주도하는 파괴자들로서, 신의 수수께끼 같은 계획에 따라 신으로부터 세상을 파괴하는 임무를 허락받은 악당이 되기를 선택한 자들이다.

고귀한 정신의 영향을 받은 열정적인 성격의 사람들은 야만인들과는 매우 다르다. 그들의 행동은 정직과 성실이 바탕을 이루고, 그들의 인생 법칙에는 의무가 따른다. 그들의 가정 생활이나 공적인 생활은 공정하고 청렴하다. 나라를 다스릴 때도 가정을 다스릴 때도, 공명정대함을 중요시하므로 모든 일에서 성실하고, 또한 정직하게 이야기한다. 그리고 자기보다 약한 사람들에게도, 적들에게도 관대하고 자비로울 것이다.

준비성과 세심한 배려가 부족했지만 관대하여 남에게 큰 고통을 준 적이 없는 셰리든은 이러한 평가를 들었다.

"그는 논쟁할 때 밝고 온유한 재치를 보여주었다. 재치의 칼날로 마음에 상처를 입히지 않았다."

폭스 또한 그러했다. 그는 언제나 남을 배려하는 온화한 마음 때문에 다른 사람들의 사랑과 존경을 받았다. 그리고 폭스는 명예를 존중하는 행동을 대할 때마다 쉽게 감명을 받았다. 어느날 한 소매상인이 약속어음을 결제받으려고 그를 찾아왔다. 그때 폭스는 금화를 세고 있었는데, 상인은 그 돈으로 약속어음을 결제해 달라고 했다.

폭스는 이렇게 말했다.

"안 되겠는데요. 이것은 셰리든에게 갚아야 할 돈입니다. 그에게서 그냥 담보 없이 신용만으로 빌렸기 때문에, 내게 무슨 일이 생기면 그가 돈을 받기 위해 보여줄 증서가 아무것도 없으니 말입니다."

상인은 이렇게 대꾸했다.

"그렇다면 나도 신용 담보 대출로 전환하겠소."

그러고 자기가 갖고 있는 약속어음을 찢어버렸다.
폭스는 그의 행동에 지고 말았다. 폭스는 자신을 믿는 그에게 고마움을 느끼고 그에게 돈을 건네며 이렇게 말했다.

"그렇다면 이번엔 셰리든이 기다려야겠군. 당신에게서 먼저 돈을 빌렸으니까요."

인격자는 양심적이다. 양심적으로 일하고 말하며 행동한다.
크롬웰은 공화정 군대의 부패한 하인들과 바텐더들을 대신할 병사들을 의회에 요청할 때 이렇게 주장했다.

"자신이 한 일을 양심적으로 분별할 줄 아는 사람들이어야 합니다."

크롬웰의 군대 '철기병'은 그러한 사람들로 구성되었다.
인격을 갖춘 사람은 또한 존경을 표할 줄도 안다. 그것은 남성이든 여성이든 인간의 모습 중 가장 고귀하고 중요한 속성을 나타내는 것이다. 여러 세대에 걸쳐 존경으로 신성시되었던 대상, 즉 귀중한 유물과 순수한 사고와 고귀한 목적을 존경하고, 앞서간 위인들과 고귀한 마음을 지닌 우리 시대의 일꾼들을 존경하는 마음 말이다. 존경심은 개인과 가정과 국가의 행복에 있어서도 마찬가지로 없어서는 안 될 조건이다. 존경심이 없으면 사람이나 신에 대한 믿음도 없고 신뢰도 없고 확신도 없을 것이며, 사회적 평화나 발전도 없을 것이다. 존경은 인간과 인간을, 신과 인간을 이어주는 신앙심의 다른 표현이기 때문이다.
토머스 오버베리는 이렇게 말했다.

"고귀한 정신을 지닌 사람은, 겪은 사건들을 경험으로 해석하고 그 행동에 이유를 단다. 그는 사랑을 얻기 위해서가 아니라 사랑하기 때문에 행동한 것으로 생각한다. 그리고 명예를 사랑하고, 부끄러운 행동에는 냉소적이고, 언제나 일관성 있는 모습으로 행동한다. 그것은 애초에 하나의 생각이었기 때문이다. 자신이 자연의 미완성품이 아니라는 것을 알기 때문에 그는 스스로에 대한 확신으로 자신의 운명의 키를 잡는다. 진리는 그가 숭배하는 여신이므로 그는 진리인 것처럼 보이려는 것이 아니라 진리를 얻으려 노력할 것이다.

그는 인간 사회의 태양이 된다. 그의 명료함은 사람들을 바른 길로 이끌어 준다. 그는 지혜로운 이의 친구이고 보통 사람들의 본보기이며 악한 자들의 치료약이 된다. 그러므로 시간은 사라지지 않고 그와 더불어 흐른다. 몸이 약해지는 것이 아니라 영혼이 강해지는 것으로 나이를 먹는다. 그는 괴로워하지 않고 되레 그런 고통을 친구처럼 존중한다. 그러면 그 지독한 고통들은 오히려 속박의 줄이 차례로 풀리기를 갈망하며 그가 감옥에서 나오도록 도와준다."

위인들에게는 자아에서 생성되는 힘, 곧 의지력이 생명과 같다. 의지력이 있는 곳에는 생기가 넘친다. 한편 의지력이 없으면 나약하고 무기력하고 의타심에 젖게 된다.

"강한 의지를 지닌 사람과 폭포는 길을 만든다"는 속담이 있다. 고귀한 정신을 가진 열정적인 지도자는 혼자서가 아니라, 다른 이들을 함께 데려가 길을 만든다. 그의 모든 행동은 인격적으로도 중요한 의미를 갖고, 활력과 독립심 그리고 스스로에 대한 자신감을 나타냄으로써 자신도 모르게 사람들의 존경과 찬탄, 충성심을 불러일으키기 때문이다. 루터와 크롬웰, 워싱턴, 피트, 웰링턴 그리고 모든 훌륭한 지도자들이 그와 같은 용기 있는 행동을 보여주었다.

글래드스턴은 하원의원이었던 파머스턴의 인품을 이렇게 표현했다.

"그는 강한 책임감과 포기하지 않는 굳은 의지로 우리 모두의 본보기가 되었다. 그러므로 우리는 의무를 수행할 때 미약하나마 여전히 그를 따르고 있는 것이다. 그는 나이 들어 여러 가지 질병에 시달렸지만 굳은 의지로 극복하여 완전히 병을 물리쳤다. 파머스턴의 또 한 가지 기질은 화를 내거나 분노의 감정을 드러내는 일이 거의 없었다는 것이다. 그가 분노의 감정에서 벗어날 수 있었던 것은 고통으로 힘들여 얻은 결과가 아니라, 진실한 마음의 결실이며 고귀한 능력의 힘이었다. 그의 그런 능력은 그 어떤 것보다도 우리를 기분 좋게 만들었다. 그는 우리 곁을 떠났지만 그를 생각할 때마다 기분이 좋아지는 것도 그 때문일 것이다. 그러나 이제 그는 우리 곁에 없으니, 다만 우리의 사랑과 존경을 받는 그를 본보기로 삼아 유익하고 바른 길을 걷고자 노력할 뿐이다."

천연자석이 철을 끌 듯 훌륭한 지도자는 같은 성격의 사람들을 끌어모은다. 존 무어는 자기 주변에 있는 많은 장교들 중에서도 네이피어 삼형제의 재능을 일찍이 알아보았다. 삼형제는 자신들의 재능을 알아준 무어에게 깊은 신뢰와 높은 존경심으로 보답했다. 그리고는 무어를 인생의 본보기로 삼기로 결심하고, 다투어 그에 버금가는 훌륭한 태도를 배우려고 노력했다.

윌리엄 네이피어의 전기작가는 이렇게 말했다.

"무어는 네이피어 형제들이 인격을 형성하고 단련하는 데 큰 영향을 주었고, 이 세 사람에게서 영웅으로 존경받았다는 사실 또한 대단히 영광스런 일이다. 그러나 무엇보다도 무어가 그들의 정신적·도덕적 자질을 일찍이 알아보았으니, 그의 통찰력과 판단력이 참으로 훌륭했다는 것이 증명된 셈이다."

열정적인 행동은 전염성이 있다. 진정 용감한 사람은 나약한 사람에게 용기를 불어넣어 주기 때문에, 나약한 사람도 용감한 사람을 따라 일어서게 된다. 네이피어가 전하기를, 베라 전투에서 에스파냐 군대가 지고 있을 때, 갑자기 하벨록이라는 젊은 장교가 뛰어나와 모자를 벗어 흔들며 에스파냐 병사들에게 '자신을 따르라'고 했다 한다. 하벨록은 자신이 타고 있는 말에 박차를 가해, 프랑스군의 전방에 쳐져 있는 방호용 가시울타리를 뛰어넘어 적진 깊숙이 침투했다. 에스파냐 병사들은 그의 행동에 큰 감명을 받고, 함성을 지르며 순식간에 그 젊은이의 뒤를 따랐다. 요컨대 그들은 단 한 번의 대담한 행동에 이끌려 프랑스군의 방어를 뚫고 적을 격파한 셈이다.
 일상 생활에서도 그러하다. 훌륭한 사람들과 선한 사람들은 앞에 서서 다른 사람들을 이끈다. 그들은 자신의 힘이 닿는 한 모든 이들을 북돋고 끌어올려주는 것이다.

 "신뢰와 권위가 필요한 요직에는 정력적이고 강직한 사람들을 앉혀라. 그에 따라서 함께 일하는 모든 이들의 기량도 점차 향상될 것이다."

 채텀 백작이 장관에 임명된 뒤부터, 관공서 곳곳에서 그의 영향력이 느껴졌다. 넬슨의 부하였던 해군 병사들은 자신들도 넬슨의 영웅적인 기백을 갖게 되는 것 같다고 말했다. 워싱턴의 경우, 그가 최고 사령관직을 수락하자마자 미군 병력이 두 배로 증강되었다.
 1798년 워싱턴이 공직에서 물러나 마운트 버논에서 노후를 즐기고 있을 때였다. 애덤스 대통령은 프랑스가 미국에 전쟁을 선포할 조짐을 보이자 워싱턴에게 편지를 보내어 이렇게 그의 도움을 청했다.

 "당신의 이름을 빌려야겠습니다. 물론 당신이 허락한다면 말입니다. 그 이름이 대군보다 더 큰 효력을 발휘할 것입니다."

 그만큼 미국 국민들은 조지 워싱턴 같은 훌륭한 대통령의 고결한 인품과 탁월한 능력을 존경하며 원했던 것이다!
 한 사학자는 반도전쟁에 대하여 연구하면서, 훌륭한 사령관이 부하들에게 개인적으로 어떠한 영향을 미칠 수 있는지를 아래와 같은 일화를 들어 설명했다.
 영국의 대군이 소로렌에 진을 치고 있을 즈음, 프랑스의 솔트는 이미 군대를 이끌고 진군하며 공격 채비를 갖추고 있었다. 영국은 때마침 웰링턴이 자리를 비웠다. 모두가 진을 친 상태로 그의 도착을 애타게 기다리고 있었다. 그때 갑자기 멀리서 한 사나이가 말을 타고 홀로 산등성이를 올라오는 것이 보였다. 그것은 부대에 합류하기 위해 달려오는 웰링턴 공이었다.
 캠벨이 이끄는 포르투갈 군대 중 한 대대가 먼저 웰링턴을 발견하고 환호성을 지르자, 옆의 부대도 그 소리를 듣고 함께 환호했다. 어느새 그 환호성은 우렁찬 함성으로 바뀌었다(웰링턴 공은 전장에서 병사들의 사기를 높이기 위해 종종 함성을 지르게 했다). 적군 측에서는 이제까지 들어본 적 없는 힘차게 압박해오는 함성이었다.

웰링턴은 양쪽 군대 모두가 자신을 잘 볼 수 있는 위치에서 말을 멈추었다. 그때, 투입되어 있던 한 이중첩자가 솔트를 슬쩍 가리키는 모습이 보였다. 가까운 거리였기 때문에 웰링턴도 그의 얼굴을 알아볼 수 있었는데, 웰링턴은 만만치 않은 그에게 조심스럽게 시선을 멈춘 채 마치 직접 말을 건네듯 혼잣말을 했다.

"훌륭한 사령관이군. 그가 신중한 지휘관이라면 분명 적군이 지금 같은 함성을 지른 이유를 파악할 때까지는 공격하지 않을 게야. 그 시간이면 제6대대가 아군에 합류해서 솔트를 쳐부술 수 있겠지."

그리고 그는 그의 작전대로 실행해 나갔다.
때로는 한 인물의 행위가 불가사의한 부적과 같은 힘을 발휘할 때가 있다. 그들의 목소리는 마치 초인간적 마력을 지닌 것 같았다. 폼페이는 말했다.

"내가 이탈리아 땅에 한 발만 내디뎌도 즉시 일개 군단이 나타나리라."

사학자의 설명으로는 은자 베드로가 이렇게 말했다고 한다.

"유럽이 일어나서 아시아를 맹공격하리라."

칼리프 오마르의 지팡이를 본 사람들은 그것을 칼보다 더 두려워했다고 한다. 어떤 사람의 이름은 승리의 트럼펫 소리처럼 고무적인 역할을 한다. 더글러스는 오토번 전투에서 치명적인 부상을 입고 누워서 말하기를, 더글러스 가문의 사람이 죽으면 전투에서 승리한다는 전통이 있다면서, 여느 때보다도 힘찬 목소리로 자신의 이름을 크게 외치도록 명령했다. 그를 따르는 병사들은 그의 말에 기운을 차리고, 새로이 용기와 힘을 합쳐 승리를 거두었다. 이것을 스코틀랜드 시인은 이렇게 노래했다.

"죽은 더글러스 사람들의 이름으로 전쟁에서 이겼노라."

어떤 사람들은 자신들이 죽고 난 뒤에 위대한 승리를 거둔다. 미슐레는 이렇게 말했다.

"카이사르는 살아 있을 때보다 늙고 생기 잃은, 칼에 찔린 시체가 되었을 때 더 강력하고도 무서운 힘을 발휘했다. 그는 죽어서 정화되고 속죄받은 것만 같았다. 많은 오점을 남겼는데도 그는 죽음으로써 인간다움을 되찾았다."

네덜란드 오렌지 가문의 윌리엄――또는 과묵한 윌리엄――이 델프트에서 예수회의 밀사에 의해 암살당한 뒤, 그의 인품은 국민들에게 여느 때보다 커다란 영향을 미쳤다. 그가 살해당하던 날, 네덜란드의 정치·사회적 지배층에서는 '비용이 얼마가 들든 피를 얼마나 흘리게 되든 망설이지 않고 대의를 끝까지 지켜 나가겠다'고 결의했다. 그들은 그 결의를 그대로 지켰다.

역사 속에서나 교훈적인 우화 속에서도 그런 예를 찾아볼 수 있다. 훌륭한 인물의 생애는 영원한 기념비로 남게 되는 것이다. 그가 죽어 사라져도 그의 생각과 행적은 사람들의 마음속에 영원히 살아 숨쉬게 된다. 그의 '살아 있는 정신'은 사고와 의지를 형성하고 미래를 개척하는 데 이바지하여 영원히 살아 있게 된다.

최상의 길, 그리고 최선의 길로 전진했던 사람들은 인간이 앞으로 나아갈 수 있도록 어둠을 밝혀주는 진정한 횃불이었다. 그들은 지금도 높은 언덕 위에서 세상을 훤히 밝혀주고 있다.

진정 위대한 인물들을 칭찬하고 존경하는 것은 자연스러운 것이다. 그들은 하나같이 조국을 신성한 것으로서 숭배하여 같은 시대 사람들뿐 아니라 후손들의 삶도 북돋워준다. 그들의 훌륭한 본보기는 국민 모두의 유산이고, 그들의 훌륭한 행동과 훌륭한 생각은 인류 모두에게 있어 가장 영광스런 유산이다. 위인들은 과거를 현재에 연결하여, 점점 커지는 미래의 목표를 보완해준다. 그들은 삶의 기본 원칙들을 높이 잡아 인간의 존엄성을 보호하고,

이 세상에서 가장 가치 있고 인간의 품위가 깃든 전통과 직관력으로 마음을 채워준다.

인격은 사고와 행동으로 나타나고 영원히 사라지지 않는다. 위대한 사상가의 훌륭한 사상은 몇백 년 동안 사람들의 마음속에 남아 있으면서 사람들의 일상 생활과 습관에 스며든다. 그것은 몇 세대에 걸쳐 머무르며 죽은 사람의 목소리로 수천 년 뒤의 사람들에게까지 영향을 준다. 모세와 다윗·솔로몬·플라톤·소크라테스·크세노폰·세네카·키케로·에픽테투스는 무덤에서도 여전히 우리에게 이야기하고 있다. 그들은 그 시대에는 존재하지도 않던 언어로 전해지는 그들의 사상으로 여전히 주목받고 있으며, 그들의 사상은 인격 형성에 큰 영향을 주고 있다.

시어도어 파커는 국가 입장에서 보면 한 명의 소크라테스 같은 사람이 남캐롤라이나 주보다 훨씬 가치가 있다고 하면서, 남캐롤라이나 주가 오늘날 여전히 세상에 뒤처진 채 있었다면, 소크라테스보다 이 세상에 기여하지 못했을 것이라고 말했다.

훌륭한 노동자와 사상가는 역사를 만들어 간다. 역사는 끊임없이 인격자들——훌륭한 지도자·왕·성직자·철학자·정치가·애국자 그리고 각 분야의 진정한 일류들——의 영향을 받게 된다. 칼라일은 우주의 역사는 사실 위인들의 역사라고 직접적으로 말한 바 있다. 그들은 국민의 생활을 변화시키는 획기적인 시대적 사건들에 일일이 표시를 하고 명칭을 붙인다. 그들은 영향을 주기도 하고 받기도 한다. 그들의 사고 방식은 어느 정도 시대의 산물이지만, 일반 국민의 사고 방식 역시 상당 부분은 시대에 따라 형성된다. 그들은 개인의 행동이 대의, 즉 제도적 확립을 위한 것임을 알고 있다. 그들은 위대한 사상들을 알아내어 전파시켰다. 그리고 위대한 사상은 중대한 사건들이 일어나는 원인이 되었다. 초기 종교 개혁가들은 종교 개혁뿐 아니라 오늘날의 사상의 자유도 일으켰다.

에머슨은 제도라는 것은 길게 늘어진 몇몇 위인들의 그림자라고 말했다. 예를 들면, 마호메트의 이슬람 문화와 칼뱅의 청교도(淸敎徒) 정신, 로욜라의 제수이트주의, 폭스의 퀘이커 교리 관습, 웨슬리의 감리교파 교의, 그리고 클락슨의 노예 폐지론 등이다.

위인들은 조국에, 그리고 그들의 시대에 그들의 정신을 새겨 놓는다. 루터

단테

는 현대 독일에, 녹스는 스코틀랜드에 자신의 정신을 새겨 놓았다.

현대 이탈리아에 정신적 유산을 새겨 놓은 사람이 하나 있다면 그는 단테일 것이다. 이탈리아의 수백 년 간의 쇠퇴기에 단테의 강렬한 언어는, 모든 진실한 이들에게 횃불이자 등대가 되어주었다. 그는 박해와 추방, 죽음까지 감수하며 조국의 자유 수호에 앞장섰다. 단테는 가장 이탈리아적인 이탈리아 시인이었다. 가장 많은 사랑을 받았고 가장 많이 읽혔다. 그가 죽은 뒤에 이탈리아 사람들은 누구나 그의 작품의 명구절을 암송했다. 그리고 그들의 마음속에 간직된 작품 속의 정서들은 삶에 스며들어, 궁극적으로 이탈리아 역사에 영향을 미쳤다.

1821년 바이런은 이렇게 썼다.

"이 순간에도 이탈리아인들은 바보스러울 정도로 단테를 말하고, 단테에 대한 글을 쓰며, 단테를 생각하고 꿈꾼다. 그는 이처럼 존경받을 자격이 있는 사람이다."

알프레드에서 앨버트에 이르기까지 다양한 재능을 지닌 인물들은, 서로 다른 시대에 태어나 자신의 삶을 통해 본보기를 남긴 사람들이다. 이들은 다양한 영국적 특성을 형성하는 데 이바지했다. 이들 중에서도 가장 크게 영향을 미친 인물들은 주로 엘리자베스 여왕 시대부터 크롬웰 시대 사이에 활동했다. 셰익스피어·랠리·벌레이·시드니·베이컨·밀턴·허버트·햄프던·파임·엘리엇·베인·크롬웰과 그밖에 많은 이들이 있었다. 어떤 이는 강한 정신을, 어떤 이는 기품 있고 청렴한 성품을 보여주었다. 그들의 삶은 영국 국민들의 삶에 살아 숨쉬고, 그들의 행동과 사상은 가장 소중한 유산으로 남아 있다.

워싱턴은 그의 조국인 미국에서 가장 소중한 보물로 손꼽힌다. 그는 청렴한 삶의 본보기로서, 성실하고 순수하고 숭고한 인품의 전형으로서, 국민들이 본받고 싶어하는 인물이다. 워싱턴은 다른 훌륭한 리더들처럼, 지성과 기량, 천재성보다는 절개와 진실, 성실, 강한 책임감이 더 돋보였다. 그의 위대함은 고결한 성품에 있는 것이다.

그들은 국가 발전의 진정한 원동력이 된다. 훌륭한 인생과 인격의 본보기를 남김으로써 조국의 정신 수준을 한 단계 끌어올린다. 조국의 정신을 강화시키고 순화시키며 조국의 영광을 드높인다.

한 재능 있는 작가는 이렇게 말했다.

"위인들의 이름과 우리에게 남긴 그들에 대한 기억은 국가 입장에서는 이를테면 지참금이라 할 수 있다. 지아비를 잃고, 절망적이고, 버림받아 심지어 노예로 전락한다 해도 어느 누구도 빼앗아갈 수 없는 신성한 유산이다."

국가가 활기를 되찾을 시기에는 죽은 영웅들이 기억 속에서 되살아나기 마련이다. 그들은 위대한 본보기, 그리고 관찰자로서 국민들을 응원한다. 지나간 영웅들이 자신을 유심히 지켜보고 있다고 생각하면 국가는 길을 잃지 않을 것이다. 이 세상에서 그들은 소금과 같다. 살아 있을 때에도 죽은 뒤에도 그러하다. 그들의 후손은 언제나 그들을 따를 권리를 누린다. 그들이 남긴 본보기는 그들 국가에 살아 숨쉬며, 본받고자 하는 이들에게 끊임없이 자극과 용기를 준다.

한 나라의 특성을 평가할 때는 위인들뿐 아니라, 대다수 국민들의 인격, 즉 국민성도 고려해야 한다. 워싱턴 어빙이 애버츠포드를 방문했을 때 월터 스콧은 친구들과 자신이 아끼는 사람들을 그에게 소개했다. 게다가 이웃 농장주들뿐 아니라, 농장에서 일하는 일꾼들까지 소개했다.

스콧은 이렇게 말했다.

"나는 진정으로 훌륭한 스코틀랜드의 사람들을 당신에게 보여주고 싶습니다. 한 나라의 특성을 말해주는 것은 세련된 국민들이나 세련된 신사 숙녀들이 아니라, 당신이 어디서든 볼 수 있는 보통 사람들일 것입니다."

정치가와 철학자, 성직자가 한 사회의 사고 능력을 대변한다면, 산업을 일으키고 새로운 일자리를 창조함으로써 한 나라에 생명력을 불어넣고 나라의 축대를 이루는 것은 일반 노동자들이다.

개인처럼 국가에도 독특한 특성이 있다. 모든 계층이 정치 권력을 행사할 수 있는 입헌 정치하에서의 국가적 특성은 소수가 아닌 다수의 도덕성에 의해 결정되는 것이다. 개인의 인격을 결정짓는 요소들은 국가의 특성도 좌우한다. 용기와 품위가 없고 정직과 덕이 부족한 국가는 다른 국가들에게 멸시를 받고 중요한 위치에 서지 못할 것이다. 좋은 국가라는 평판을 얻으려면 다른 나라를 존중하고 스스로를 통제하며 의무를 충실히 이행해야 한다.

신보다도 쾌락과 물질을 신성시하는 국가는 불행한 길에 설 수밖에 없다. 그러한 것들을 떠받들 바에야 호머가 노래한 이교(異敎)의 신을 떠받드는 것이 더 낫다. 적어도 이교의 신은 역시 존경할 만하고 또한 인간의 미덕을 보여주기 때문이다.

그렇지만 취지가 좋은 국가의 제도가 유익한 것이기는 하나, 그것이 국민의 특성을 결정짓는 기준이 되지는 못한다. 한 나라의 도덕적 상태와 안정성을 결정짓는 것은 국민 개개인과, 그들 자신을 움직이는 정신이기 때문이다. 시간이 지남에 따라 결국 정부는 그 국민과 같아진다는 것이다. 국민이 양심적·도덕적으로 건전하다면 그 국가는 정직하고 고귀한 나라일 것이지만, 그들이 법도 진리도 지키지 않고 부패하여 이기적이고 정직하지 않다면 악당과 책략가들이 판을 치게 될 것이다.

크고 작은 여론의 횡포를 막을 유일한 방법은 깨어 있는 개인의 자유와 순수이다. 이런 자유와 순수한 인격이 아니면 활기찬 남성적 일상생활이나 진정한 자유가 국가에 존재할 수 없을 것이다. 정치적 권리가 제도적으로 아무리 포괄적이라 해도, 개인적으로 타락한 국민을 정치적 권리로 변화 발전시킬 도리가 없다. 제도를 보완하여 참정권을 대중화하고 보호한다면, 국민성은 법과 통치 형태에 더 완벽하게 반영될 것이다. 개인이 정치적 도덕성의 근간이 되기 때문에 개인적으로 부패하면 정치적 도덕성 또한 흔들릴 수밖에 없다. 그러니 부패한 국민이 자유를 가지고 방종에 빠진다면 자유조차도 골치 아픈 것이 되고 말 것이다. 그리고 언론은 도덕적 혐오감과 불감증을 배출하는 하수구로 전락할 것이다.

국가도 개인과 마찬가지로 우수한 민족의 후손으로서 조국의 위대함을 물려받았으며, 그 영광스러움을 지켜 나가야 하리라는 자각을 함으로써 힘과 용기를 갖는다. 인간은 조국의 위대한 역사를 바라보며 나아가야 한다. 훌륭한 과거는 옛사람들의 훌륭한 행동과 고결한 희생, 대담한 업적에 대한 기억이 알게 모르게 현재까지 이어져 그것은 오늘의 삶을 밝게 비추어 주고 있다.

인간의 삶처럼 국가의 삶도 경험에 의해 다듬어지는 소중한 보물이다. 이를 지혜롭게 활용한다면 사회적 진보와 발전을 이룰 수 있지만, 악용한다면 몽상과 망상에 그치거나 실패할 수밖에 없다. 인간과 마찬가지로 국가 또한 시행착오를 거치면서 단련되고 강화된다. 국가의 역사를 장식하는 가장 영광스러운 사건 뒤에는 국가 발전에 이바지한 고통의 기록이 담겨 있다. 자유에 대한 사랑과 애국심이 국가 발전에 크게 공헌하는 것은 사실이지만, 시련과 고통이 귀중한 영향을 미치는 것 또한 부정할 수 없다.

오늘날 애국심이라고 회자되는 많은 명분들은 실제로 옹졸하고 편협하기 그지없다. 국민적 증오심 때문에 국가적 편견과 자만을 드러내고 진실한 자긍의 행동은 보이지 않으며, 그저 공허한 몸짓과 무기력한 소란으로 거만스럽게 깃발을 흔들고 노래부른다. 이런 애국심에 전염된다는 것은 곧 국가에 가장 큰 불행의 씨앗을 뿌리는 것이다.

가벼운 애국심도 있지만 고결한 애국심도 있다. 훌륭한 행동으로 국가에 생기를 불어넣고 의기를 북돋우는 애국심, 남자답고 성실하게 의무를 다하는 애국심, 진실하고 정직하고 올바른 삶으로 모든 발전의 기회를 최대로 활용하는 애국심이 있다. 동시에 종교와 자유를 위해 고난을 감수하면서도 개인적으로는 불후의 명성을 남기고 국가적으로는 자유를 확립한 위인들이 남긴 유물과 본보기를 소중히 여기는 애국심도 있다. 국가는 이제 국가 규모보다는 구성원 개개인에 의해 평가되어야 한다.

"인간은 나무 한 그루처럼 성장하는 것이 아니라, 구성원들이 함께 있을 때 더 향상된다."

때때로 큰 것이 위대한 것처럼 혼동되지만, 규모가 커야만 국가가 위대해지는 것은 아니다. 예를 들어, 영토가 넓고 인구가 많은 국가라고 해서 위대하다고 할 수는 없다. 이스라엘은 영토도 작고 인구 또한 아주 적지만 훌륭히 발전하고 있으며, 인류의 운명에 강력한 영향력을 행사하고 있다. 그리스의 경우도 마찬가지이다. 아티카(그리스 중부 남동쪽에 있는 고대 아테네 영역)의 전체 인구는 남랭커셔(영국 잉글랜드 북서부 아이리시해에 면한 주)의 인구에도 미치지 못했다. 아테네의 인구는 뉴욕 인구보다 적었다. 그러나 예술과 문학, 철학, 애국심에서 어느 국가에 비교해도 조금도 뒤지지 않았다.

아테네 시민들은 가족을 제대로 이루지 못해 가정 생활을 영위하지 못했다. 노예에 비해 자유민의 수가 너무나 적은 것이 아테네의 가장 큰 약점이었다. 관리들은 부패하지는 않았어도 도덕적으로 해이했으며, 교양 있는 여성들조차 문란한 생활에 젖어 있어 아테네의 몰락은 피할 수 없었다.

로마의 몰락도 로마인들의 타락과 쾌락 그리고 게으름 탓이었다. 로마 끝 무렵의 로마인들은 노동을 노예의 몫이라고만 생각했고, 조상의 미덕도 더 이상 본받으려 하지 않았다. 로마 제국은 더 이상 존속할 가치가 없었고 마침내 로마는 멸망하고 말았다. 사치와 게으름에 젖어 있는 국가, 즉 버튼의 말대로 '정직한 노동으로 한 방울의 땀을 흘리기보다 단 한 번의 전투로 많은 피를 흘리는' 국가는 반드시 멸망하고 말리라. 열심히 노동하는 국가들이 그 자리를 대신하리라.

루이 14세가 콜베르 재상에게, 프랑스같이 크고 인구도 많은 국가를 다스리는 자신이 네덜란드 같은 작은 국가를 정복할 수 없는 이유가 무엇인지 물었다. 그러자 재상은 이렇게 대답했다.

"폐하, 한 국가의 위대함을 결정하는 것은 영토의 넓이가 아닙니다. 그 국민성입니다. 네덜란드를 정복하기 어려운 것은 네덜란드 국민들이 근면과 절약, 나라를 사랑하는 열정을 가지고 있기 때문입니다."

1608년 에스파냐 왕이 협상을 위해 헤이그에 사절을 보낸 일이 있었는데, 사절로 간 스피놀라와 리카르도는 어느 날 여덟에서 열 명 가량 되는 남자들이 작은 배에서 내려 풀밭에 앉아 치즈빵과 맥주를 먹는 것을 보았다. 사정을 잘 모르는 사절들이 마침 옆을 지나가던 농부에게 물었다.

"저 여행자들은 누구요?"

농부는 이렇게 대답했다.

"저분들은 우리가 존경하는 영주들이자 각 주에서 온 대표들입니다."

스피놀라는 함께 온 리카르도에게 이렇게 속삭였다.

"우리는 이들과 강화를 맺는 게 좋겠소. 이들은 정복당할 사람들이 아니오."

제도의 안정성은 인격의 안정성에 달려 있으므로 타락한 조직은 구성원 수가 아무리 많다 해도 위대한 국가를 형성할 수 없다. 아무리 문명화되어 있어도 역경이 닥치는 즉시 사람들은 뿔뿔이 흩어질 것이다. 국민들 개개인이 성실하지 않으면 강력히 단결하여 튼튼한 기틀을 마련할 수 없다. 그들은 부유하고 예의바르며 풍류를 즐기지만, 언제라도 멸망할 위기에 처할 수 있다. 국민들이 자신만을 위해 살고 쾌락만 추구할 뿐 다른 삶의 목표가 없다면, 그런 국가는 운이 다하여 멸망하게 될 것이다.

국가적으로 인격이 더 이상 유지되지 않는다면, 국가는 다음 세대를 잃는 것이나 다름없다. 진실성과 정직성, 통합성, 정당성의 미덕을 중요시하지 않고 실행하지 않는 국가는 더 이상 존속 가치가 없다고 보는 것이다. 그리고 어느 한 국가가 풍요로움 때문에 부패하거나, 쾌락으로 인해 타락하거나, 파벌 분쟁으로 사람들을 현혹시킨다면 그동안의 명예와 복종, 미덕, 충성심은 과거의 일이 되고 마는 것이다.

만약 그 어둠 속에서 정직한 사람들이——다행스럽게도 그런 사람들이 남아 있다면——서로의 손을 더듬으며 정직함을 느끼고자 갈망할 때, 그들에게 남은 유일한 희망은 개개인의 인격이 회복되어 다시 성장하는 것일 것이다. 그것만이 국가가 살아날 수 있는 유일한 길이기 때문이다. 만약 인격이 회복 불가능할 정도로 상실되어 있다면, 어둠 속에서 구해낼 만한 가치는 아무것도 없다.

2 가정의 힘
신은 부모에게서 교사에게서 그리고 이성에게서 깨우치게 한다

세상의 흐름을 변화시키는 물줄기는 외로운 곳에서 솟아오른다.   헬프스

나폴레옹은 캉팡 부인과 이야기를 나누면서 이렇게 말했다. "낡아빠진 교육제도는 아무 가치도 없소. 국민들이 교육을 잘 받아야 하는데 아직 뭔가 부족하지 않소?" "어머니요." 캉팡 부인이 말하자 나폴레옹은 크게 감동받았다. "맞소! 어머니도 하나의 교육제도라 할 수 있소. 아이들을 어떻게 교육시켜야 하는지 알도록 어머니들 교육에 신경써주시오."
에이미 마르탱

"가정은 인격을 단련시키는 최초의 학교이자 가장 중요한 학교이다."

가정에서 모든 인간은 가장 도덕적인 교육을 받거나 최악의 교육을 받는다. 가정에서 인간이 성년이 되고 삶을 마감할 때까지 지켜야 할 행동 원칙들을 배우기 때문이다.

'예절이 인간을 만든다'는 속담이 있고 '정신이 인간을 만든다'는 속담도 있다. 그러나 '가정이 인간을 만든다'는 말이 이 두 속담보다 더 진실하다. 가정 교육은 예절 교육과 정신 교육뿐 아니라 인격 교육까지 포함한다. 사람은 가정에서 마음이 열리고, 습관이 형성되고, 지성이 눈을 뜨고, 선이나 악을 모방하게 된다.

가정이 도덕적이든 부도덕하든 그곳에서 사회를 지배하는 원리와 행동 원칙들이 생겨난다. 법은 가정을 반영할 뿐이다. 가정 생활에서 아이들의 마음 속에 뿌려 놓은 가장 작은 생각의 조각들이 나중에 세상 밖으로 나와 여론이 된다. 국가는 아이들이 세상 밖으로 나와 설립한 것이기 때문이다. 그러므로 어린이를 지도하는 사람들이 국가를 지배하는 사람들보다 더 큰 힘을 행사

한다고 할 수 있다.

자연의 질서에 따라 가정 교육이 사회 교육보다 먼저 형성되고, 정신과 인격이 가정에서 먼저 이루어진다. 나중에 사회를 형성하는 개인은 가정에서 세밀하게 다루어져 차츰 인격이 형성된다. 개인은 가정에서 인생을 시작하여 소년 소녀에서 한 사회의 시민으로 성장하게 되는 것이다. 그러므로 가정은 문명을 형성하는 데 가장 많은 영향을 미치는 학교라 할 수 있다. 문명화가 개인의 교육 문제와 직접 관련되기 때문이다. 사회 구성원들이 젊은 시절에 제대로 된 교육을 받느냐 받지 못하느냐에 따라, 그들이 구성한 사회의 문명 수준이 결정된다.

어린 시절을 둘러싼 도덕적 환경은 훈련을 받는 사람은 물론 아주 지혜로운 사람에게도 강한 영향을 미친다. 무기력하게 세상에 태어난 인간은 양육과 훈련에 절대적으로 의존하게 된다. 태어나는 순간부터 이미 교육은 시작된다. 한 어머니가 네 살짜리 아이를 언제부터 가르쳐야 좋을지 성직자에게 묻자 그는 이렇게 대답했다.

"아직 아무 가르침이 없었다면 당신의 자식 교육은 4년이나 늦은 겁니다. 아이가 태어나 처음 방긋 웃는 순간부터 교육은 시작됩니다."

교육은 이미 시작되었다. 아이에게 무엇을 가르치지 않아도 아이는 다른 사람의 행동을 눈으로 보고 따라 하면서 무엇인가를 배우고 있는 것이다.
아랍 속담에 이런 말이 있다.

"무화과나무를 본 무화과나무가 열매를 맺는다."

어린아이의 경우에도 마찬가지이다. 가장 훌륭한 가르침은 어린아이들에게 본보기를 보이는 것이다.

어린아이에게 영향을 주었을 때, 그것이 아무리 사소한 것이라도 그 영향은 평생 지속된다. 어릴 때 형성된 인격은 성인이 되었을 때의 인격에 밑바탕을 이룬다. 그 뒤 모든 교육은 핵심을 보완해주는 부수적인 것에 지나지 않는다. 그 바탕은 좀처럼 변하지 않는다. 그러므로 밀턴의 주장은 참으로 일리가 있다.

"어린아이는 어른의 아버지이다. 아침 날씨로 하루의 날씨를 예측하듯이 유년 시절의 모습으로 성인이 되었을 때의 모습을 예측할 수 있다."

여러 가지 습관들 가운데 가장 오래되고 뿌리 깊은 것은 태어난 뒤 바로 익힌 습관이다. 바로 그때에 평생의 인격을 결정지을 감정 또는 정서, 선과 악의 기운이 처음 싹트기 때문이다.

말하자면 어린이는 새로운 세계로 들어가는 입구에 서 있다고 볼 수 있다. 그때 어린이는 놀랍고 신기한 것들로 가득 찬 세상을 바라보게 된다. 처음에는 보는 것만으로도 마냥 즐겁다. 그러나 차츰 어린이는 떠오르는 인상과 생각을 관찰하고, 그것을 배우고 비교하며 마음 속에 간직한다. 그러므로 현명하게 가르치면 아이는 놀랄 정도로 빨리 성장한다. 브루엄은 물질 세계와 자신이 지닌 힘, 다른 사람들의 특성, 심지어는 자신의 정신과 다른 사람들의 정신에 대해 18개월에서 30개월 사이의 아이가 배우는 것이 그 뒤 일생을 통해 배우는 것보다 많다고 주장했다.

그 기간 동안 아이가 쌓은 지식과 생각들은 매우 중요하다. 케임브리지나 옥스퍼드 대학교의 수석 합격생이 습득한 지식도 그에 미치지 못한다. 따라서 유년기에 쌓은 지식과 생각이 성인이 되어 기억 속에서 지워진다면, 케임브리지나 옥스퍼드 수석 장학생이 얻은 지식은 단 일주일도 기억에 남지 못할 것이다.

열린 마음으로 인상을 받아들이는 시기, 마음 속에 불똥이 떨어지자마자 순식간에 활활 타오르는 시기가 유년기이다. 이때에 아이는 새로운 생각들을 재빨리 잡아낼 뿐 아니라, 일단 떠오른 생각들은 오랫동안 기억한다. 스콧은 책을 읽기 훨씬 전, 할머니와 어머니가 부르는 노랫소리를 듣고 처음으로 발라드를 좋아하게 되었다고 한다.

유년 시절은 거울과 같다. 유년 시절에 처음 그려진 이미지가 남은 일생 동안 투영되기 때문이다. 어린 시절 최초의 경험은 평생 동안 마음 속에 남는다. 처음 맛본 기쁨이나 슬픔, 처음 거둔 성공과 성과, 처음 경험한 실패와 불운이 인생 전체를 그린다.

그 기간 동안 평생 인간의 행복을 좌우할 성격, 의지, 습관이 형성되면서 인격이 단련된다. 우리는 주변 환경과 상관없이 자신을 둘러싼 삶에 영향을 미치며 스스로 발전할 자립 능력을 타고난다. 하지만 유년 시절에 형성된 도덕적 성향은 매우 중요하다.

아무리 고결한 인품을 지닌 철학자라도 날마다 불쾌함과 부도덕, 비열함이 있는 환경 속에서 생활한다면 자신도 모르게 잔인함에 끌리게 될 것이다. 하물며 감수성이 예민하고 힘없는 아이라면 얼마나 쉽게 이끌리겠는가! 비열하고 불쾌하며 불순한 환경 속에서는 순수한 심성과 감성, 온화한 성품을 기를 수 없다.

성인으로 성장할 어린이를 키우는 가정은, 가정을 지배하는 힘에 따라 유익한 곳이 될 수도 있고 해로운 곳이 될 수도 있다. 사랑하는 마음과 책임감이 충만한 가정, 머리와 가슴이 현명하게 지배하는 가정, 일상 생활에 덕이 있고 성실한 가정, 분별력과 온화함, 애정이 지배하는 가정에서는 부모의 발자취를 따라 올바르게 행동하고 자신을 현명하게 다스리며 주변 사람들의 안녕에 기여할, 건강하고 유익하며 행복한 인간의 탄생을 기대할 수 있다.

만일 무지와 비열함, 그리고 이기심에 둘러싸인다면 아이들은 저도 모르게 그런 성격을 배우면서 비열하고 교양 없는 어른으로 자라날 수밖에 없다. 이른바 문명 생활이라는 온갖 잡스러운 유혹에 빠진다면 그 아이들은 사회에 위험한 존재들로 자라나게 될 것이다.

"어린아이는 자신이 본 것을 모방하게 마련이다."

어린이에게는 모든 것이 예절과 행동, 말씨, 습관, 인격의 본보기가 된다. 리히터는 이렇게 말했다.

"아이의 인생에서 가장 중요한 시기는 유년기이다. 아이는 유년기에 다른 사람들과의 교제를 통해 자신을 만들고 그리기 시작한다. 아이는 인생에서 수많은 스승들을 만나게 된다. 하지만 나이가 들수록 스승에게서 받는 영향은 점점 줄어든다. 그러므로 인생을 하나의 교육 제도로 생각했을 때, 한 사람이 세계 일주를 하며 받은 영향을 다 합쳐도 어렸을 때 어머니에게서 받은 영향에는 훨씬 못 미친다."

그러므로 어린이의 인격 형성에 본보기는 무엇보다 중요하다. 훌륭한 인격을 지닌 아이들을 원한다면 우리는 그들 앞에 훌륭한 본보기를 보여야 한다. 모든 아이들 눈 앞에 끊임없이 제시되고 있는 본보기는 바로 어머니이다.

조지 허버트는 훌륭한 어머니 한 명이 백 명의 교사만큼 가치 있다고 말했다. 가정에서 어머니는 '모든 사람의 마음을 끌어당기는 자석이자 모든 사람의 눈을 밝혀주는 북극성'이다. 어머니를 모방하는 일은 지속적으로 일어난다. 베이컨은 모방을 '가르침'에 비유했다. 모방은 말이 없는 가르침이다. 말로 가르치는 것보다 본보기로 가르치는 것이 훨씬 효과적이다. 본보기는 행동의 지시이며 무언의 가르침이다. 본보기는 말보다 훨씬 많은 것을 가르친다. 말로 훌륭한 것을 가르쳐도, 좋지 못한 본보기를 보인다면 아무 소용이 없다. 본보기를 보여주면 따르게 되어 있다.

행동과 일치하지 않는 가르침은 위선보다 못하다. 그것은 나쁜 버릇을 가장 비겁한 방법으로 가르칠 뿐이다. 어린이도 말과 행동이 일관되는지 판단할 수 있다. 부모의 말과 행동이 다르면 어린이는 금방 알아챈다. 정직의 미덕을 설교하는 수도사가 거위를 훔쳐 소맷자락에 감추고 있다면, 그 수도사의 가르침은 아무런 가치가 없다. 어린이는 행동을 모방하면서 인격이 조금씩 형성되고 결국에는 표시 나지 않게 확고히 굳어진다. 어떤 행동은 자체로는 사소해 보일 수 있지만 일상 생활에서 되풀이되고 있다. 그런 행동들은 눈송이와 같다. 눈송이 하나씩은 눈에 잘 띄지 않게 내리지만 눈송이들이 쌓이고 쌓이면 눈사태가 일어난다. 되풀이되고 있는 행동들도 마찬가지이다. 한두 번 되풀이하다 결국 습관으로 굳어지고, 그런 습관은 인간의 행동을 선한 방향으로, 또는 악한 방향으로 움직이게 한다. 한마디로, 되풀이되는 행동들이 인격을 형성한다.

가정에서 어머니의 훌륭한 본보기가 중요한 이유는 어머니가 아버지보다 아이의 행동과 태도에 훨씬 더 많은 영향을 미치기 때문이다. 그 이유를 이해하기란 조금도 어렵지 않다. 가정은 여성들의 영역이며, 여성들이 완전히 손에 쥐고 있는 여성들의 왕국이기 때문이다. 그 왕국에서 여성들은 '어린 신하'를 절대적인 힘으로 지배한다. 어린 신하는 모든 면에서 어머니를 우러러본다. 아이의 눈에 비치는 어머니는 지속적인 본보기이자 모범이 된다. 아이는 어머니를 무의식적으로 관찰하고 모방한다.

카울리

카울리는 어린 시절에 마음 속에 심어진 생각이 미치는 영향에 대해서 말한다. 그는 그것을 어린 나무 껍질에 새겨진 글자에 비유하고 있다. 나무가 자라면서 나무껍질에 새긴 글자는 점점 커지고 희미해지지만 절대 지워지지 않듯이, 어린 시절 마음 속에 심어진 생각과 본보기의 영향 또한 좀처럼 지워지지 않는다. 어린 시절 마음에 심어진 생각은 땅에 떨어진 씨앗같이 처음에는 잘 보이지 않지만, 땅속에서 싹이 트며 어느 만큼 시간이 지나면 행동과 생각이 습관처럼 나타난다. 그러므로 어머니는 다시 한번 유년 시절의 삶을 사는 셈이다. 그들은 무의식적으로 어머니의 태도와 말씨, 행동, 생활 방식을 따라 하게 된다. 따라서 어머니의 습관이 어린이들의 습관이 되고 어머니의 성격을 어린이들이 물려받게 된다.

어머니의 사랑은 인간에게 내린, 눈에 보이는 신의 섭리이다. 어머니의 사랑은 지속적이고 넓다. 그것은 삶에 발돋움하는 인간을 교육하는 것으로 시작한다. 그리고 훌륭한 어머니가 평생 자녀에게 행사하는 강력한 영향력에 의해 연장된다. 세상 밖으로 나와 자기 몫의 고난과 근심과 시련 속으로 발을 들여놓을 때도 그들은 어렵고 힘들면, 비록 조언을 얻지는 못한다고 하더라도 위안을 얻고자 어머니를 찾는다. 어머니가 세상을 떠나고 한참이 지난 뒤에도 어릴 때 어머니가 아이들의 마음 속에 심어준 순수하고 선한 생각들은 선한 행동으로 계속 자라난다. 그리고 어머니에 대한 기억밖에 남지 않았을 때 아이들은 성인이 되어 어머니를 복된 사람이라 부르게 된다.

세상의 행복이나 불행, 계몽이나 무지, 문명이나 야만 같은 것들은 가정이라는 특별한 왕국에서 여성의 힘이 어떻게 발휘되느냐에 따라 상당히 달라진다 해도 과언이 아니다. 에머슨은 분명하게, 그리고 진심으로 이렇게 말했다.

"문명화는 상당 부분 훌륭한 여성들의 영향으로 이루어진다."

에머슨

어머니 무릎에 있는 아이가 바로 우리의 자손이라 할 수 있다. 그들이 나중에 어떻게 자라느냐 하는 것은, 가장 큰 영향력을 지닌 최초의 스승에게서 어떤 교육을 받고 어떤 본보기를 익혔느냐에 따라 다르다.

여성은 어떤 다른 스승보다도 인간적으로 교육한다. 남성이 인간의 두뇌라면, 여성은 인간의 심장이다. 남성이 판단력이라면, 여성은 감성이다. 남성이 힘이라면, 여성은 아량이고 장식이며 위안이다. 여성을 잘 이해하고 싶다면 먼저 그녀의 감정을 이해해야만 한다. 남성은 지성을 지배하지만, 여성은 인격을 결정하는 감성을 기른다. 남성은 머릿속을 채우고, 여성은 마음을 채운다. 남성은 무엇인가를 믿게 하지만, 여성은 그것을 사랑하게 한다. 우리는 여성을 통해서 덕에 이른다.

인격을 훈련시키고 발전시키는 데 아버지와 어머니가 어떠한 영향을 미치는가는 성 아우구스티누스의 삶을 보면 알 수 있다. 아우구스티누스의 아버지는 타가스테의 가난한 자유민이었지만 아들을 자랑으로 여기고 그에게 최상의 교육을 시키려 노력했다. 이웃들은 자신을 희생시켜 가며 아들에게 분에 넘치는 교육을 시키는 그를 매우 칭찬했다.

아우구스티누스의 어머니 모니카는 아들을 가장 선한 방향으로 이끌려고 노력했다. 모니카는 경건한 마음으로 방탕한 삶에 빠져 있는 아들에게 정숙하게 살도록 조언하고 애원하며 끊임없이 기도했다. 그리하여 마침내 모니카의 사랑이 승리를 거두어, 어머니의 인내심과 선한 마음이 재능 있는 아들뿐 아니라 남편까지도 변화시킨 것이다. 모니카는 남편이 세상을 떠난 뒤, 말년에 아들을 따라 밀란으로 가서 그를 돌보았다. 그리고 아우구스티누스의 나이 33세 때, 그녀는 생을 마감했다. 어머니의 본보기와 가르침이 그의 마음에 깊은 감명을 남기고 그의 미래를 결정지은 것은 바로 그의 초년 시절이었다.

이기적이고 부도덕하게 살던 사람이 유년 시절에 받은 감명 때문에 말년에 선한 행동을 하게 된 비슷한 예들이 많이 있다. 부모들은 자식들이 바르고 선량한 마음을 가질 수 있도록 할 수 있는 모든 것을 다한다. 하지만 물에 젖어 먹을 수 없게 된 빵처럼 헛수고가 되는 경우가 있다. 그러나 부모가 세상을 떠나고 오랜 시간이 흐른 뒤에, 어린 시절 부모가 자녀에게 보여준 훌륭한 교훈이나 본보기가 되살아나 결실을 맺을 수도 있다.

가장 눈에 띄는 예로 시인 쿠퍼의 친구인 올니의 존 뉴턴 목사를 들 수 있다. 그는 부모를 일찍 여의고 젊었을 때 선원 생활을 하며 방탕하게 지냈다. 그러던 어느 날, 그는 불현듯 자신의 부도

존 랜돌프

덕함을 깨닫게 되었다. 어린 시절에 어머니가 그에게 가르쳐 준 교훈이 문득 머릿속에 생생히 떠올랐던 것이다. 돌아가신 어머니의 목소리가 들렸고, 그 목소리는 그를 덕과 선의 세계로 인도했다.

또 다른 예로 미국의 정치가 존 랜돌프를 들 수 있다. 그는 이렇게 말했다.

"돌아가신 어머니가 어린 내 손을 꼭 잡은 채 무릎 꿇고 '하늘에 계신 아버지'를 부르도록 시킨 기억이 없었다면 나는 무신론자가 되었을 것이다."

그러나 이러한 예는 특별한 경우라 할 수 있다. 초년 시절에 비뚤어진 성격은 보통 성인이 되어서도 그대로 남아 있게 마련이다. 사우디는 이렇게 말했다.

"당신이 살아 가는 나날 20세까지의 인생이, 온 인생의 절반을 차지할 것이다."

20세까지의 인생이 가장 풍성하다. 쾌락에 젖어 평생 남을 비방하며 살던 월콧 박사는 임종의 순간에, 친구가 그를 기쁘게 해줄 수 있는 일이 있는지를 묻자 이렇게 말했다.

"있지. 젊음을 내게 다시 돌려주게."

다시 젊어진다면 그는 참회하고 새롭게 태어날 것이다. 그러나 이미 늦어 버렸다! 그는 어느 새 습관의 사슬에 묶여 노예로 살았던 것이다.

작곡가인 그레트리는 인격을 훈련시키는 데 교육자로서 여성을 매우 높게 평가했다. 그는 훌륭한 어머니를 '자연의 걸작'이라 불렀다. 그레트리의 말은 옳았다. 훌륭한 어머니는 아버지보다 훨씬 더 인류의 발전에 지속적으로 이바지하고 도덕적인 가정의 분위기를 만들어 준다. 물질적 환경이 인간의 몸을 형성하는 데 필요한 영양분을 주듯이, 도덕적인 가정은 인간의 인격 형성에 필요한 영양분을 공급해 준다. 유쾌하고 온화하고 친절한 성품에 지성까지 갖춘 여성이라면 즐겁고 만족스럽고 평화로운 분위기, 가장 인간다운 인격으로 자라나는 데 알맞은 분위기를 만들 수 있다. 덕이 있고 검소하며 명랑하고 고결한 여성이 돌보는 가정은 가난하더라도 편안하고 정이 넘치는 행복한 보금자리가 될 수 있다. 그곳은 가족 간의 관계를 고귀하게 만들어 주며, 기분 좋은 일들로 넘쳐나므로 남성들에게 사랑받는 곳이 될 수 있다. 그곳은 인생의 풍파를 피할 수 있는 피난처이자 마음에 안식을, 노동 뒤에 달콤한 휴식처를 제공해 준다. 어려울 때는 위로해 주고, 성공했을 때는 자긍심을 북돋워 주며, 언제나 변함없는 기쁨을 느끼게 해준다.

그러므로 좋은 가정은 젊은 사람뿐 아니라 나이 든 사람에게도 최고의 학교가 되어 준다. 가정에서 젊은 사람이나 나이 든 사람이나 모두가 명랑함과 인내심, 자제심, 봉사 정신, 그리고 의무감을 가장 잘 배운다. 아이작 월튼은 조지 허버트의 어머니에 대해 이렇게 말했다.

"어머니는 가족들을 분별 있게 대한다. 가족들에게 까다롭게 굴지 않으며, 가족들에게 엄하지 않고 부드럽다. 젊은 사람들이 여가를 즐기고 기쁨을 누리는 것을 이해하기 때문에, 가족들은 그녀와 이야기를 나누며 함께 시간을 보내는 것을 좋아한다. 그리고 그것이 어머니에게는 커다란 기쁨이다."

가정이 예절을 가르치는 진정한 학교라면 여성은 언제나 몸으로 예절을 보여주는 최고의 스승이다. 프로방스 속담에 이런 말이 있다.

"여자가 없으면 인간은 버릇없는 풋내기에 지나지 않을 것이다."

박애는 가정을 중심으로 여기저기 퍼져나간다. 버크는 이렇게 말했다.

"우리가 속한 작은 집단, 즉 가정을 사랑하는 것이 이 사회와 관련된 모든 사랑의 시작이다."

지혜로운 사람들도 가정이라는 신성한 곳에서 '아이들의 머리 뒤에' 앉아 있는 것이 가장 큰 기쁨이고 행복이었으며, 그런 감정을 느끼는 것이 결코 부끄럽지 않다고 말했다. 순수하고 책임감 있게 가정 생활을 하는 것은 공적 업무를 잘 수행하기 위한 효과적인 준비가 될 수 있다. 가정을 사랑하는 사람은 그만큼 조국에 깊은 애착을 느끼며 봉사를 할 것이다.

그러나 가정은 가장 좋은 학교가 될 수도 있고, 가장 나쁜 학교가 될 수도 있다. 가정에서의 무지는 어린 시절에서 성인이 되어서까지 헤아릴 수 없는 해를 불러일으킨다.

무능한 어머니는 자녀들이 태어나서 숨을 거둘 때까지 도덕적으로 큰 해악과 피해를 입게 만든다. 무지한 어머니의 손에 아이를 맡긴다면, 그 뒤에는 어머니가 아이에게 끼친 해악을 그 어떤 가르침으로도 치료할 수 없다. 게으르고 부도덕하며 단정치 못한 어머니에 대해서는 가족들이 늘 불평하고 서로 험담하며 불만족해하게 마련이다. 이런 가정은 불행한 곳이며 머무르고 싶은 곳이 아닐뿐더러 도망치고 싶은 곳이 될 수밖에 없다.

불행한 가정에서 자라는 아이들은 도덕적인 성장을 이루지 못하고 문제점을 드러낸다. 그것은 다른 사람들뿐 아니라 자신에게도 불행의 원인이 된다.

나폴레옹 보나파르트는 입버릇처럼 말했다.

"아이가 자라나서 바르게 행동하느냐 못하느냐는 모두 어머니에게 달려 있다."

나폴레옹이 출세할 수 있었던 것은 어머니가 의지력과 자제력을 가르쳐 주고 그 힘을 북돋워 주었기 때문이었다. 그의 전기를 쓴 작가는 말한다.

"어머니 말고는 그를 엄격하게 다룰 수 있는 사람이 없었다. 어머니는 부드러움과 위엄 그리고 정당함으로 그가 자신을 사랑하고 존경하며 순종하도록 만들었다. 나폴레옹은 어머니에게서 복종하는 미덕을 배웠다."

터프넬은 학교 보고서에, 어머니가 우연히 하는 행동이나 말이 아이의 인격에 얼마나 큰 영향을 미치는지를 쉽게 알아볼 수 있는, 흥미로운 예를 들었다. 그는 자신이 발견한 사실을 간결하게 정리해서 근로자를 평가하는 데 많은 도움을 주었다. 그는 이렇게 말했다.

"많은 아이들이 일하고 있는 규모가 큰 공장에서는 공장장이 소년을 채용하기 전에 언제나 그 소년의 어머니의 성격을 조사했다. 조사 결과 어머니의 성격이 괜찮은 아이들은 믿음직하게 처신한다는 것이 밝혀졌다. 반면 아버지의 성격은 그다지 중요시되지 않았다."

아버지의 행실이 나쁘더라도——술주정뱅이거나 망나니인 경우라도——어머니가 신중하고 분별력이 있다면 가족들 간에 우애가 있고 아이들이 훌륭하게 성장한다. 그러나 그 반대의 경우, 아버지의 행실이 바르더라도 어머니가 그렇지 못하면 상대적으로 아이들은 나중에 성공하기 어렵다.

여성들이 아이의 인격 형성에 미친 위대한 영향은 거의 알려져 있지 않다. 여성들은 가정과 가족이라는 울타리 안에 조용히 은둔하며 한결같은 노력과 끊임없는 인내로 자신의 임무를 훌륭히 수행한다. 그들이 거두는 승리는 대부분 개인적이고 가정적이기 때문에 거의 기록으로 남지 않는다. 유명 인사들의 전기에서조차도 그들의 인격 형성이나 선한 인품에 어머니가 어떠한 영향을 미쳤는지 찾아볼 수 없다. 그렇다고 해서 어머니들이 아무런 보상도 받지 못하는 것은 아니다. 비록 기록되지는 않았지만, 여성들이 행사한 영향력은 그들 뒤에 살아 남아 결과적으로 계속해서 퍼져 나갈 것이다.

우리는 훌륭한 남성들의 이야기는 많이 들어봤지만 훌륭한 여성들의 이야기는 자주 듣지 못한다. 우리가 들어본 것은 흔히 착한 여성들에 대한 이야기이다. 여성들은 모든 사람들의 인격을 영원히 결정하여, 훌륭한 그림을 그리거나 훌륭한 글을 쓰거나 훌륭한 오페라를 작곡하는 것보다 더 위대한 일을 한다.
조제프 드 메스트르는 이렇게 말했다.

"어느 분야든 여성들은 걸작을 만들지 못했다. 그들은 《일리아드》나 《해방된 예루살렘》, 《햄릿》, 《페드라》 또는 《타르튀프》를 집필하지 못했다. 성 베드로 성당을 설계하지도, 〈메시아〉를 작곡하지도, 〈벨비데레의 아폴로〉를 조각하지도, 〈최후의 심판〉을 그리지도 못했다. 그들은 대수학도, 망원경도, 증기 엔진도 발명하지 못했다. 그러나 이들은 그 모든 어느 것보다 훨씬 위대하고 가치 있는 것들을 이루어 냈다. 이들이야말로 세상 최고의 산물인 바르고 덕이 넘치는 사람들을 길러낸 것이다."

메스트르는 자신의 편지와 작품에서 자신이 매우 사랑하고 존경하는 어머니에 대해 언급했다. 어머니의 고결한 인품 때문에 그의 눈에는 세상의 모든 여자들이 다 존경스럽다고 했다. 그는 여자를 '숭고한 어머니'라 표현했으며, '신이 잠깐 동안 육체를 빌려 세상에 보낸 천사'라고 했다. 그는 선(善)을 이루려는 자신의 성격과 성향은 어머니의 가르침 덕분이라고 했다. 성인이 되어 상트페테르부르크 주재 외교관으로 활동할 때, 메스트르는 어머니의 고귀한 본보기와 가르침이 자신의 인생에 지배적인 영향을 미쳤다고 말했다.

거칠고 못난 외모를 가졌지만 새뮤얼 존슨의 가장 큰 매력은 다정한 성품이었다. 어머니에 대해 이야기할 때면 그의 눈빛은 항상 다정함으로 빛났다. 그의 어머니는 이해심이 많았다. 존슨이 인정한 것처럼 어머니는 그에게 종교에 대한 감동을 처음 심어 주었다. 그는 어려운 생활을 하면서도 얼마 안 되는 자신의 수입을 쪼개어 어머니를 편히 모셨다. 존슨은 어머니에 대한 마지막 효심으로 어머니가 남긴 얼마 안 되는 빚을 대신 갚고 장례식 비용을 부담하기 위해 《래실러스》를 집필했다.

5형제 가운데 맏이인 조지 워싱턴이 11세 때, 그의 아버지는 어머니를 홀로 남겨두고 세상을 떠났다. 어머니는 보기 드물 정도로 많은 재주를 갖고 있었다. 어머니는 사업 수완과 관리 능력이 뛰어났으며, 강한 성품을 지녔다. 어머니에게는 키우고 가르쳐야 할 아이들뿐 아니라, 돌봐야 할 대가족과 관리해야 할 재산이 많았다. 그녀는 그 모든 것을 완벽히 해냈다. 분별력과 온화함, 그리고 근면함과 신중함으로 그녀는 모든 장애를 극복할 수 있었다. 성실히 노력한 대가로 그녀는 자녀들 모두가 매우 촉망받는 삶을 누리는 것을 행복하게 지켜보았다. 자녀들 모두는 자신들과, 자신들의 원칙과 행동, 습관을 지배하는 유일한 안내자인 어머니를 위해 명예롭게 맡은 분야에서 최선을 다했다.

크롬웰의 전기 작가는 크롬웰의 아버지에 대해서는 거의 이야기하지 않았지만, 그의 어머니의 성품에 대해서는 자세히 설명했다. 작가는 어머니를 흔치 않은 정력과 결단력을 지닌 여성으로 표현했다. 그는 이렇게 말했다.

"그 부인은 뛰어난 자립 능력을 보여주었다. 부인은 모든 도움의 손길이 끊겼을 때에도, 갑자기 들이닥친 불운에 대응할 준비가 되어 있었다. 온화함과 인내심, 용기와 힘을 갖추고 있는 부인은 딸 다섯 모두를 재력가이며 명문인 집안으로 출가시킬 수 있을 만큼 지참금을 마련해 놓았다. 부인의 유일한 자랑거리는 정직함이었다. 그녀는 온 마음을 다해 사랑을 베풀었다. 부인은 헌팅턴의 어둑한 양조장에서처럼 화이트홀의 화려한 저택에서도 언제나 검소한 생활을 했다. 부인의 오직 한 가지 걱정은, 항상 위험해 보이는 아들의 안전이었다."

우리는 나폴레옹 보나파르트의 어머니에 대해서 강한 성품을 지녔다고 이미 언급한 바 있다. 웰링턴의 어머니 또한 그에 못지않은 강한 정신력을 지녔다. 웰링턴은 외모와 인격, 성격면에서 놀라울 만큼 어머니를 닮았다. 그의 아버지는 작곡가, 연주자로 이름을 날렸다. 그런데 이상하게도 웰링턴의 어머니는 웰링턴을 조금 모자란 아이라고 잘못 생각했다. 이런 저런 이유로 그의 어머니는 웰링턴을 다른 자녀들처럼 보살피지 않았다. 뒷날 웰링턴이 훌륭한 공적을 세우고 나서야 어머니는 그를 자랑스러워했다.

네이피어는 훌륭한 부모에게서 태어나는 축복을 누렸다. 특히 그의 어머니인 사라 레녹스 부인은 일찍이 자식들의 마음에 고무적인 사고, 고결한 행동에 대한 존경심, 그리고 기사도 정신을 북돋워 주려고 노력했다. 그러한 노력은 그들의 생활에서 실질적으로 결실을 맺었고, 그들이 생을 다할 때까지 책임을 다하고 명예를 지키도록 뒷받침해 주었다.

캐닝과 커란, 애덤스 대통령, 베이컨 대법관, 어스카인, 브루엄, 허버트, 페일리 웨슬리 등 많은 정치가, 변호사, 그리고 성직자들의 어머니들이 주목을 끄는 이유를 찾아볼 수 있다. 그들의 어머니들은 모두 훌륭한 재능을 지닌 여성들이었다. 그들은 어린 시절에 어머니에게서 훌륭한 가르침을 받았다. 브루엄은 로버트슨 교수의 누이인 자신의 할머니를 거의 숭배할 정도였다고 한다. 그녀는 그의 마음 속에 지식에 대한 강한 욕망과, 온갖 지식을 추구하는 첫 번째 원칙인 끈기를 심어주었다. 그 때문에 그는 평생 동안 자신의 뛰어난 능력을 펼쳐 보일 수 있었다.

캐닝

캐닝의 어머니는 훌륭한 재능을 가진 아일랜드 여성이었다. 그의 아들은 어머니에 대해 무한한 사랑과 존경을 품고 있었다. 어머니는 특별한 지적 능력을 갖고 있었다. 캐닝의 전기 작가는 이렇게 말했다.

"그러한 사실을 직접 확인하지 않았다면 그가 어머니에게 얼마나 깊은 애정을 가졌는지 알지 못했을 것이다. 친척들의 이야기를 들어보면, 그가 변함없이 애착을 느끼던 그의 어머니는 다른 이들에게서도 존경심을 불러일으킬 만큼 보기 드문 훌륭한 자질을 지녔음을 알 수 있었다. 부인은 자신이 속한 모임에서도 훌륭한 정신력을 지닌 여성으로 존경을 받았다. 부인의 이야기는 생기와 열정이 넘쳐났고, 독특한 매력을 지니고 있었으며, 선택한 대화 주제는 신선하고 인상적이었다. 부인의 이야기는 결코 상투적이지 않았다. 조금이라도 그녀와 친분이 있으면, 그녀가 매우 기발한 사람이라는 것을 누구나 알게 된다."

커란은 사랑이 넘치는 눈망울이 빛나던 어머니에 대해 이야기했다. 그의 어머니는 이해심이 많은 분이었다. 커란은 자신이 성공할 수 있었던 것은, 자식들의 마음 속에 부지런함을 심어준 어머니의 명예로운 공명심과 깊은 신앙심, 그에 따르는 지혜로운 조언 덕이라고 했다. 그는 이렇게 말했다.

"가난한 아버지에게서 물려받은 유산 가운데 내가 자랑스러워할 만한 것은 매력 있는 얼굴과 외모뿐이다. 그러나 만약 세상 사람들이 내가 얼굴이나 외모 또는 세속적인 부보다 더 귀한 것을 갖고 있냐고 물어본다면, 그것은 바로 어머니에게서 받은 마음의 보물이라고 대답할 것이다."

애덤스 대통령이 보스턴의 어느 여학교를 시찰할 때였다. 학생들에게 감동이 넘치는 환영 인사를 받은 그는 답례 연설에서 여성의 가르침과 여성과의 교제가 자신의 인생과 성격에 얼마나 커다란 영향을 주었는지를 이야기해 주었다.
애덤스는 이렇게 말했다.

"어릴 때 나는 인간이 받을 수 있는 가장 큰 축복을 누렸습니다. '어머니'라는 축복 말입니다.
근심하며 자녀의 성격을 바로잡아 주는 어머니, 진심으로 자녀의 성공을 바라는 어머니라는 축복 말입니다. 내 인생에 오랫동안 깊숙이 스며든 모든 가르침, 특히 종교적·도덕적 가르침을 나는 어머니에게서 배웠습니다. 완벽하게 설명할 수는 없지만 그래도 말해 보겠습니다. 그것이 내가 존경하는 어머니에 대한 올바른 예우이니까요. 내 인생에서 결점이 있거나 어머니의 가르침에서 벗어난 점이 있다면 그것은 내 잘못이지, 결코 어머니의 잘못이 아닙니다."

웨슬리 형제의 타고난 신앙심은 부모에게서 물려받은 것이었다. 그러나 아버지보다는 어머니가 그들의 정신과 인격 형성에 더 많은 영향을 주었다. 아버지는 의지가 강한 사람이었으나 가끔 거칠고 난폭하게 가족들을 대한 반면, 이해심이 많고 진리를 사랑한 어머니는 온화하고 설득력 있고, 다정하고 소박했다. 어머니는 아이들의 스승이었고 유쾌한 벗이었다. 어머니는 직접 본을 보이면서 아이들을 키워 나갔다. 그들이 어려서부터 '격식주의자'라는 별명을 얻게 된 것도 어머니가 자녀들의 마음 속에 종교적인 감동을 불러일으켜준 덕분이었다. 1709년 웨스트민스터 고등학교의 학생이던 아들 새뮤얼 웨슬리에게 어머니는 이렇게 편지를 썼다.

"무슨 일을 하든 격식을 벗어나지 않기를 바란다. 격식을 충실히 지켜 나가면 아주 소중한 순간순간을 더욱 효율적으로 활용하는 방법을 터득할 수 있단다. 네가 맡은 의무를 수행하면서 엄청난 자신의 능력을 발견하게 될 게다."

어머니는 계속 '격식'을 강조하면서 '신념에 영향을 미치는 모든 일에서' 격식을 지킬 것을 권장했다. 뒷날 그녀의 아들인 존과 찰스가 옥스퍼드에 세운 단체는 어머니의 조언 덕분이었을 것이다.

괴테

시인과 문학가, 예술가의 경우, 어머니의 감성은 아들이 천재성을 발휘하도록 커다란 영향을 준다. 그레이와 톰슨, 스콧, 사우디, 불워, 실러 그리고 괴테의 경우를 살펴보면 잘 알 수 있다. 그레이는 친절한 태도 사랑스런 마음씨를 어머니에게서 물려받았지만 반대로 아버지는 모질고 무뚝뚝한 성격이었다. 그레이는 여성스러움을 지녀서 부끄러움을 많이 탔으며 내성적이고 나약했다. 그러나 사회 생활과 성격에서는 나무랄 데가 없었다. 무능한 아버지가 집을 나가버린 뒤, 어머니 혼자 가족 모두를 부양해야 했다. 어머니가 세상을 떠나자, 그레이는 스토크 포기스에 있는 어머니의 묘비문에 이렇게 썼다.

"우리 형제 자매들을 정성껏 돌보고 사랑해 주신 어머니, 한 명 말고는 자녀 모두를 당신보다 먼저 천국으로 보내는 슬픔을 겪으셨다."

그레이는 뒷날 그의 희망대로 어머니의 무덤 옆에 묻혔다.

실러처럼 괴테도 정신적 성향과 성격이 어머니를 많이 닮았다. 그의 어머니는 뛰어난 재능을 지녔고 재치가 흘러넘쳐 다른 사람들을 즐겁게 해주며 혈기왕성한 젊은이에게 의욕을 북돋워 주었다. 또한 풍부한 경험에서 얻은 삶의 지식을 젊은이들에게 가르쳤다.

괴테의 어머니와 오랜 시간 이야기를 나눈 한 열정적인 여행가는 이렇게 말했다.

"지금의 괴테가 있게 된 이유를 이제 알겠습니다."

괴테도 어머니의 기억을 매우 소중히 여겨 '어머니께서는 가치 있는 삶을 사셨다'고 말했다. 그는 프랑크푸르트를 방문했을 때 어머니에게 친절을 베풀던 모든 사람들을 찾아서 감사의 뜻을 전했다.

에이리 셰퍼의 어머니는 아들에게 미술을 공부하도록 격려하고 철저한 절약으로 그의 학비를 마련했다. 셰퍼의 가족은 네덜란드의 도르드레흐트에 살고 있었는데, 그의 어머니는 처음에는 프랑스의 릴로, 그 다음에는 파리로 그를 유학보냈다. 아들이 곁에 없는 동안 그의 어머니는 올바른 충고와 따스한 애정을 가득 담은 편지를 아들에게 보냈는데, 한번은 이렇게 적었다.

"네 그림에 입맞춤을 한다. 그러고는 얼마 뒤 다시 그림을 집어 들고 '사랑하는 내 아들아!' 하고 불러 본다. 만약 네가 지금 내 모습을 볼 수 있다면 이따금 네게 모진 말을 하고 괴로움을 준 것이 내게는 얼마나 큰 고통이었는지 알 수 있을 게다. ……부지런히 열심히 공부하거라. 겸손과 겸허를 잊지 마라. 네가 다른 사람보다 뛰어나다는 생각이 들 때마다 너의 이상과 네가 이루어 낸 그 성과를 비교해 보아라. 그러면 뚜렷한 차이를 느낄 수 있을 것이고 또한 주제넘은 자만심을 떨쳐버릴 수 있을 것이다."

시간이 흘러 에이리 셰퍼가 할아버지가 되었을 때, 그는 지난날 어머니의 충고를 떠올리면서 이 말을 자식들에게 들려 주었다. 훌륭한 본보기가 지닌 생명력은 세대가 바뀌어도 약해지지 않으며, 세상을 보다 젊고 싱그럽게 만든다. 1846년 셰퍼는 딸 마졸린에게 편지를 쓰던 중, 죽은 어머니가 한 말이 떠올라 이렇게 적었다.

"사랑하는 딸아. 네가 깊이 새겨두어야 할 말이 있다. 네 할머니께서는 다른 사람의 물건을 탐내신 적이 없었다. 열심히 일해서 얻은 것이 아니면, 또는 자기 절제를 통해 손에 넣은 것이 아니면 값진 것이 될 수 없다. 요컨대 행복이나 안락함을 원한다면 희생하는 삶을 살아야 한단다. 이제 나는 젊지도 않은데, 돌이켜보면 가장 큰 만족을 느꼈을 때는 나 자신을 희생시켰을 때나 쾌락을 버렸을 때였다고 말할 수 있다. 금욕은 현인의 좌우명이란다. 예수께서는 자기희생이 무엇인지 우리에게 본보기를 보여주셨지."

프랑스 역사가인 미슐레는 가장 큰 인기를 모았던 저서 서문에 어머니에 대한 감동적인 글을 적었다. 처음 출판했을 때 그 책은 적의에 찬 논쟁들을 불러일으킬 내용을 담고 있었다.

미슐레

"이 책을 쓰는 동안 내 마음 속에는 한 여인이 자리잡고 있었다. 그분의 강인한 의지와 진실한 정신은 이 책에 담은 나의 생각을 펼쳐 나가는 데 참으로 큰 힘이 되어 주었다. 그분은 30년 전, 내가 어린아이였을 때 돌아가셨다. 하지만 여전히 나의 기억 속에 살아 계시며 언제나 나를 따라다니며 열심히 응원해 주신다. 내가 가난했을 때 그분은 나와 함께 기꺼이 고통을 나누었는데, 부유해진 지금 나는 그분과 이 풍요를 함께 나눌 수가 없다는 것이 너무 죄송스럽다.

어릴 적 나는 그분을 슬프게 했는데 지금 와서 그분을 위로할 길이 없고 그분의 뼈가 어디에 묻혀 있는지조차 알지 못한다. 그즈음 나는 너무 가난해서 그분을 모실 땅 한 뼘조차 살 수 없었다. 나는 지금도 그분에게 많은 빚을 지고 있다. 내가 그분의 아들임을 늘 잊지 않는다. (나의 외모와 몸짓은 말할 것도 없고) 생각하고 이야기하는 순간순간마다 내 안에서 어머니를 다시 발견한다. 지난날에 대해, 그리고 이제는 세상에 존재하지 않는 모든 이들의 아련한 추억들이 가슴에 슬픔으로 울려온다. 어머니의 피를 물려받았기 때문이리라. 나 또한 늙어가고 있으니 내가 그분에게 진 많은 빚을 무엇으로 갚을 수 있으리오. 그분에게서 고맙다는 말을 들으려면 여성들과 어머니들을 위해 이렇게 항변하는 방법밖엔 없다고 생각했다."

어머니는 아들의 예술적 또는 시적 감성에 긍정적인 영향을 주기도 하지만 부정적인 영향을 주기도 한다. 바이런이 충동적이고 구속받기를 싫어하며, 강한 증오심과 화를 참지 못하게 된 것은, 그가 태어나면서부터 그에게

심한 변덕과 폭력을 일삼으며 제멋대로 굴던 어머니의 나쁜 영향이 컸기 때문이다. 그의 어머니는 아들의 장애까지 비웃었다. 그들은 가끔 심하게 다투었고, 어머니는 아들이 도망치면 부젓가락이나 집게를 그에게 던지기도 했다. 그러한 기억은 바이런의 여생에 암울한 영향을 끼쳐서 그는 언제나 수심에 차 있었고 불행했다. 뛰어난 재능을 지녔지만 심약한 바이런은 어릴 때 어머니 몰래 빼돌린 독약을 늘 몸에 지니고 있었다. 그는 《귀공자 해럴드》에서 이렇게 노래했다.

> 하지만 난폭한 생각을 조금만 덜 했더라면 얼마나 좋았을까.
> 나는 너무 오랫동안 음울한 생각을 했다.
> 그리하여 격분과 과로로
> 내 머리는 공상과 화염이 소용돌이치는 심연이 되어 버렸다.
> 어려서 마음을 다스리는 법을 배우지 못했기에
> 내 청춘은 독에 물들어 버렸다.

비록 방법은 달랐지만 배우인 새뮤얼 푸트의 어머니의 기묘한 성격 또한, 쾌활하고 명랑한 성격을 지닌 아들의 인생에 나쁜 영향을 주었다. 그 어머니는 막대한 재산을 상속받았지만 그것을 순식간에 탕진해 버리고 결국 빚 때문에 철창 신세까지 지게 되었다. 당시 새뮤얼은 공연으로 벌어들인 수입 가운데 매년 100달러씩을 어머니에게 보내주고 있었다. 어머니는 새뮤얼에게 이렇게 편지를 썼다.

"사랑하는 샘(새뮤얼의 애칭), 이 엄마가 빚 때문에 감옥살이를 하고 있단다. 어서 와서 사랑하는 엄마를 도와다오. E. 푸트."

새뮤얼은 그다운 답장을 보냈다.

"사랑하는 어머니, 저도 같은 신세입니다. 그래서 사랑하는 아들이 어머니를 위해 마땅히 져야 하는 의무마저도 질 수가 없군요. 샘 푸트."

어리석은 어머니는 좋지 않은 영향을 끼쳐 아들의 재능을 망칠 수 있다. 라마르틴의 어머니는 아들에게 삶에 대한 그릇된 생각을 심어주었다고 한다. 그는 본디 풍부한 감성을 타고났지만, 어머니의 나쁜 영향으로 그의 감성은 꽃을 피우지 못했다. 평생 라마르틴은 눈물과 애정, 경솔함의 희생양이 되고 말았다. 그런 그가 《비밀》에서 '청소년을 위한 본보기'로 자기 자신을 내세운 것은 난센스가 아닐 수 없다. 그는 어머니가 망쳐놓은 아이였듯이, 또한 조국이 그르친 아이이기도 했다. 얼마나 마음 쓰리고 가슴 아픈 일인가.

생트뵈브는 그에 대해 이렇게 말했다.

"라마르틴은 어느 누구보다 다양한 재능을 갖고 있었지만 그러한 재능들을 제대로 관리하지 못해서, 단 한 가지——그는 멈추지 않고 노래하는 마법에 걸린 플루트처럼 쉼 없이 글재주를 발휘했다——를 제외한 다른 모든 재능들을 낭비했고 결국 완전히 잃어버렸다."

워싱턴의 어머니가 뛰어난 사업 능력을 지녔다고 앞에서 말한 바 있다. 그런 사업 수완은 진정한 여성스러움에 해가 되지 않을뿐더러, 가정의 안녕과 복지를 위해서 도움이 된다. 사업 습관은 상거래에만 필요한 것이 아니라, 모든 실생활에도 적용된다. 처리하고 체계화하며, 제공하고 이행해야 하는 모든 일은 가정 생활에도 중요하다.

가족과 가정을 꾸려나가는 일은 모든 면에서 상점 경영 또는 회계 운영만큼 중요하다. 가정 관리도 사업의 요소라 할 수 있는 체계성과 정확성, 조직성, 근면, 검소함, 자제심, 재치, 지식, 목적에 부합하는 수단을 가리는 능력이 필요하다. 따라서 상거래나 교역, 제조 분야에서 성공하려는 남성이 사업 수완을 가져야 하듯 행복한 가정을 이루려는 여성 또한 사업 수완을 길러야 할 필요가 있다.

지금까지 여성들은 그러한 것이 자신들과는 무관하다고 생각해 왔다. 사업에 필요한 습성과 특성은 남성들에게만 필요한 것이라는 생각이 널리 퍼져있었다. 예를 들어 수학적 지식을 생각해 보자. 브라이트는 이렇게 말했다.

"소년에게 수학을 철저히 가르쳐라. 그러면 그가 성인이 된 뒤 반드시 성공할 것이다."

그 이유는 무엇일까? 수학은 체계성과 정확성, 가치, 비율, 관계를 가르처주기 때문이다. 그런데 수학을 잘 배운 소녀는 몇 명이나 있을까? 찾기 드물다. 그리고 그 결과는 어떤가? 소녀가 커서 누군가의 아내가 되었을 때 수학을 모르고 덧셈과 곱셈을 할줄 모른다면, 그녀는 가계부를 제대로 기록하지 못할 것이고, 가정 분란의 원인이 될 수 있는 실수를 저지를 것이다. 수학의 기본 원칙을 몰라서 충실하게 가정을 돌볼 수 없다면, 고의는 아니더라도 사치를 일삼아 가족의 평화와 안위에 해를 끼치게 될 것이다.

사업의 정신이라 할 수 있는 체계성은 가정에서도 매우 중요한 요소다. 일은 체계적으로 처리해야 완수될 수 있다. 체계적으로 일하면 혼란과 낭비를 피할 수 있다. 체계성은 또 한 가지 뛰어난 사업적 자질인 시간 엄수를 필요로 한다. 시간을 지키지 못하는 남성처럼 시간을 지키지 않는 여성은 다른 사람의 시간을 낭비하여 반감을 사고, 빨리 하라는 재촉을 받는다. 또한 다른 사람은 중요하게 여기지 않는다는 인상을 주기도 한다.

사업하는 남성에게 시간이 돈 못지않게 중요하듯, 가정을 다스리는 여성에게 체계성은 무엇보다 중요하다. 그것이 곧 가정의 평화와 안녕, 그리고 번영을 지켜주기 때문이다. 또 한 가지 중요한 사업적 자질은 분별력인데, 이는 실용적인 지혜이며 양식 있는 판단을 토대로 한다. 그것은 모든 일에서 타당함과 정당함을 잃지 않고, 무엇을 어떻게 해야 옳은 것인지 현명히 판단하는 것을 의미한다. 분별력은 일을 하는 수단과 순서, 시간, 방법을 계산하는 것이며 경험에서 배우는 것이다. 그리고 지식은 분별력을 높여주는 역할을 한다.

여성들은 하루하루 생활에서 아주 요긴하고 소중한 조력자이다. 따라서 사업에 필요한 자질을 터득하는 게 좋다. 또한 여성은 아이의 어머니이며 스승이고 훈육자이므로, 가정의 힘을 바르게 해나가려면 정신 수양으로 얻은 모든 힘의 도움이 필요하다.

본능적인 사랑만으로는 부족하다. 동물들이 지니고 있는 본능은 단련이 필요하지 않지만, 가정 생활에서 지속적으로 요구되는 인간의 지성은 수련이 필요하다. 자라나는 세대의 육체적 건강을 돌보는 것은 신이 여성에게 맡긴 일이며, 정신적·도덕적인 본질은 그 육체적 본질 속에 자리잡고 있다. 여성들이 자연의 법칙을 이해하고 따름으로써 가정에서 육체적 건강은 물론 진정한 도덕적·정신적 축복을 누리게 된다. 그러한 법칙을 이해하지 못하면 어머니의 사랑에 대한 보답은 때때로 아이를 구제 불능의 구렁텅이에 빠뜨리는 것으로 끝나게 될 것이다.

남성뿐 아니라 여성도 지성을 부여받는다는 것은 자명한 이치이다. 여성도 지성을 활용하고 발휘해야지, 사용하지 않고 그대로 방치해서는 안 된다. 신이 그러한 지성을 아무런 목적 없이 주었을 리 없다. 신은 인간에게 재능을 아낌없이 주지만 결코 헛되이 주지는 않는다.

여성은 단순히 무감각하게 일하는 인간이 아니며, 오로지 남성의 예쁜 장신구로 태어난 것도 아니다. 여성은 다른 사람들을 위해서만이 아니라 스스로를 위해 존재한다. 여성 역시 살면서 책임져야 할 막중한 의무가 있다. 그 의무를 이행하기 위해서는 따뜻한 가슴뿐 아니라 교양 있는 두뇌가 필요하다. 남에게 보이기 위한 재주만으로 여성이 고결한 임무를 완수할 수는 없다. 그런데도 많은 여성들이 그런 재주를 익히는 데 시간을 낭비한다. 그러한 재주가 젊음과 아름다움을 높여주고 그 자체가 매력적으로 보일지 몰라도, 결국 실생활에서는 아주 쓸모없는 것임을 알게 될 것이다.

고대 로마 귀족 부인에게 바치는 최고의 찬사는 '집에 앉아 물레를 돌린다'였다. 우리 시대에도 여성들은 주전자에 물을 끓일 정도의 화학적 지식과 집에 있는 방들을 구분할 정도의 지적 능력만 있으면 되는 것으로 단정짓고 있다. 여성들에게 매우 비호의적이던 바이런은, 여자들은 《성경》과 요리책만 읽으면 충분하다고 주장하기까지 했다. 지금까지 여성의 인격과 교양에 대한 시각은 이처럼 편협하고 무지하기 짝이 없었다.

초년기 남성에게 실시하는 교육과 훈련은 여성에게도 적합할 수 있다. 남성의 정신을 채우고 있는 교육과 교양은 여성에게도 유익하다. 남성의 고등 교육을 지지하기 위해 제시된 주장들이 여성의 고등 교육을 찬성하는 주장으로도 강력히 대두되고 있다. 가정의 모든 부분에서 지성은 여성이 일할 때 효용과 효율을 증대시킬 것이다.

지성이 여성에게 사고력과 선견지명을 주기 때문에, 여성들은 인생에서 부딪치게 될 뜻밖의 사고를 예측하고 그에 대처할 수 있는 준비를 하게 된다. 지성은 개선된 관리 방식을 제시해 주고 모든 면에서 여성에게 힘을 준다. 정신력을 단련시키면 여성은 순진하고 무지할 때보다 사기와 기만으로부터 더 안전하게 자신을 보호하게 될 것이다. 또한 도덕과 종교로 마음을 단련시키면, 여성은 외모를 가꿀 때보다 더 강력하고 지속적인 힘을 지니게 될 것이다. 자신을 믿고 의존하면 여성은 가정의 안위와 행복의 진정한 근원을 찾게 될 것이다.

그러나 여성들은 자신의 행복을 위해서 정신과 인격을 갈고닦는 한편, 다른 사람들의 행복을 위해서도 자유로운 교육을 받아야 한다. 여성들이 정신이나 도덕면에서 건전하지 못하면 남성들도 건전할 수 없다. 예를 들어, 국민의 도덕 상태가 가정 교육에 의해 좌우된다면, 여성의 교육은 중요한 국가 문제로 다루어져야 한다. 여성의 도덕적 순수성과 교양 있는 정신이 남성의 도덕성뿐 아니라 정신력까지 가장 잘 보호하고 지원해 주기 때문이다. 남성과 여성의 힘을 다 완벽하게 발전시킬수록 사회는 훨씬 더 조화롭고 질서 정연해질 것이며 사회의 진보와 발전이 더 확실해질 것이다.

약 50년 전 나폴레옹 1세가 프랑스에 가장 부족한 것은 진정한 어머니라고 말했다. 그것은 곧 역설적으로 프랑스 국민들에게, 고결하고 선하며 지적인 여성에 의한 가정 교육이 필요하다는 것을 의미했다. 사실 제1차 프랑스 혁명은, 여성의 정화 능력을 무시했을 때 사회적으로 어떠한 악영향을 미칠 수 있는지를 명백히 보여주는 대표적인 예라고 할 수 있다. 전국적으로 대규모 폭동이 일어났을 때, 사회는 부도덕과 방탕함에 젖어 있었고 여성들은 타락해 있었다. 부부간의 정절은 무시되었고 모성애는 비난받았으며, 가족과 가정 모두 부패하면서 가정의 순수함이 더 이상 사회를 하나로 묶는 역할을 하지 못했다. 프랑스에는 어머니가 없었다. 아이들은 가정의 울타리 밖으로 뛰쳐나갔고 '여성들의 외침과 격한 폭력 속에서' 프랑스 혁명은 일어났다.

그러나 프랑스는 프랑스 혁명이 주는 교훈을 무시했다. 가정에서만 배울 수 있는 자존심과 자기 규제·복종·단련이 여전히 부족했고, 가혹하다 싶을 정도로 프랑스는 거듭해서 고통을 받았다. 나폴레옹 3세는 프랑스의 무능력——그로 인해 프랑스는 무기력 상태에 빠지고 정복자들의 발 아래 피흘리고 있었다——을 프랑스인들의 쾌락에 대한 지나친 사랑과 원칙의 부재, 그리고 경솔함 탓으로 돌렸다고 한다. 그러나 그 스스로는 그러한 것들을 가르치는 데 힘쓰지 않았다. 프랑스에게 여전히 필요한 가르침은 나폴레옹 1세가 지적한 가르침, 즉 훌륭한 어머니에 의한 가정 교육이었다.

여성이 미치는 영향은 어디에서나 같다. 어머니의 상태는 모든 이들의 도덕성, 태도, 성격에 영향을 미친다. 어머니들이 타락하면 사회 또한 타락할 것이고, 어머니들이 도덕적으로 순수하고 깨어 있으면 사회 또한 그에 비례하여 품격을 지닐 것이다.

그러므로 여성을 가르치는 것은 곧 남성을 가르치는 것이 된다. 여성의 인품을 기르는 것은 곧 남자의 인품을 기르는 것이다. 여성의 정신적 자유를 확대하는 것은 곧 공동체 전체의 자유를 확대하고 굳건히 다지는 것이다. 국가란 가정의 산물이며, 어머니가 길러낸 백성들로 이루어진 집단이다.

한 국가의 인격은 여성들의 깨우침과 섬세함에 의해 높여지는 것이 분명하지만, 여성들이 남성들과 경쟁하기 위해 비즈니스 및 정치 세계에 발을 딛는 것이 무슨 득이 될지는 의문이다. 이 세상에서 여성들이 남성들만의 일을 할 수 있는 것처럼, 남성들도 여성들의 일을 할 수 있다. 여성이 다른 일에 진출하기 위해 가정과 가족을 보살피는 일에서 물러날 때마다 사회적으로는 나쁜 영향을 받았다.

여성들이 남성들과 함께 탄광과 공장, 손톱미용실, 벽돌 공장 등지에서 고된 노동을 하지 않도록 하기 위해 여러 박애주의자들이 헌신적으로 노력했다. 그러나 아직도 북구에서는 남편들이 게으른 것을 당연하게 여기면서, 어머니와 딸들이 공장에서 일을 하고 있기 때문에 결과적으로 가족의 서열과 가사의 교육, 가정의 규칙이 전반적으로 무너지는 위기를 겪고 있다. 지난 수년 동안 프랑스 파리에서는 북구와 같이, 여성들이 '우리들 모두'를 위해 무엇인가를 하겠다는 움직임을 보였고, 이런 현상이 널리 퍼졌었다. 그들은 주로 상점에서 일하거나 카운터에서 근무했고, 그동안 남성들은 거리에서 어슬렁거리며 시간을 보냈다. 그러나 그 결과는 오직 노숙과 정신적 공황, 그리고 가족과 사회의 기초가 무너지는 것뿐이었다.

거기에는 여성의 지위를 정치적 힘으로 높여주어야 할 명분이 더 이상 없었다. 그러나 요즘에는 '투표권자'의 잠재적 힘을 믿는 많은 사람들이 여성들의 '참정권'으로부터 무한한 '미덕'을 어느 정도 기대하고 있다. 여기서 이 문제에 더 파고들 필요는 없다. 단지 덧붙일 말은 여성들이 정치적으로 행사하지 못하는 힘이 그들의 사생활에서 더 많이 사용되고 있다는 점이다. 남자건 여자건 간에 가정에서 훈련을 받아야만 세상에서 말하는 여성의 일은 물론 남성의 일도 할 수 있는 것이다.

과격파 벤담은 '남성은 그들이 원한다 해도 여성의 힘을 막지 못한다'고 말했다. 그는 그 이유를 여성이 이미 '독재자 전권'으로 세상을 지배하고 있기 때문이라고 했다. 여성이 주로 발휘하는 힘은 사랑이다. 유권자로서 국회의원이나 법조인을 투표하여 권리를 행사하는 힘보다는 온 인간 종족의 인격을 형성하는 힘이 틀림없이 더 위대하다.

이제까지는 무슨 까닭인지 무시되었지만, 여성의 일에는 진정한 여성 개혁자 모두의 정직한 관심사를 요구하는 분야가 있다. 여성은 더 효율적으로 인간의 양식을 준비하려 하지만, 가장 보편적인 요리 지식이 부족하므로 현재의 시간을 낭비하는 것이다. 이것은 수치스러운 일이다.

만일 어떤 사람이 사람들을 위해 옥수수 한 그루만이 자랄 수 있는 곳에서 두 그루를 키워 낸다면, 그것은 여성이 가장 실용적인 중요성 즉 음식의 조리 기술과 노동력을 효율화하고 극대화하는 것과 마찬가지일 것이다.

우리가 가지고 있는 자원을 조금이라도 더 효율적으로 사용한다면, 당장 땅의 면적을 늘려 재배량을 증가시키는 것과 같은 효과가 날 것이다. 그러면 건강과 경제, 내적 안정이 향상되는 것은 말할 것도 없다. 여성 개혁가들이 그들의 에너지를 효율적으로 그런 방향에 쏟기만 했더라면 온 가족에게서 감사의 세례를 받았을 것이며, 위대한 박애주의자들 사이에서도 존경을 받았을 것이다.

3 인간관계 그 본보기
하루하루 어떻게 살 것인가 고민하라

좋은 친구를 사귀어라. 그러면 당신도 그런 사람이 될 것이다. 조지 허버트

당신이 존경하는 인물을 말해보시오. 그러면 당신의 재능과 기호, 성격까지 맞힐 수 있소. 생트뵈브

가정에서의 자연스런 교육은 살아가는 나날동안 멈춤이 없다. 그것은 인생 전반에 걸쳐 깊이 스며든다. 하지만 어느 순간부터 인격 형성에 가정이 지배적인 영향을 미치지 못하게 된다. 그때부터는 학교의 교육과 친구들과의 교제가 가정 교육의 뒤를 이어 인격 형성에 커다란 영향을 미치게 된다.

사람들은 누구나 자신과 교류하는 이들에게서 무언가를 배우고 본받게 된다. 나이 든 사람보다 젊은 사람들이 더욱 그러한 경향이 있다. 아들을 바른 길로 인도하고자 한 조지 허버트의 어머니는 이렇게 말했다.

"우리가 고기를 먹고 필요한 영양소를 섭취하듯, 우리의 영혼은 좋은 친구나 나쁜 친구가 보여주는 행실과 본보기, 들려주는 이야기에서 무의식중에 좋은 점이나 나쁜 점을 받아들이게 된다."

사람들과의 교제가 우리의 인격 형성에 영향을 미치지 않을 수는 없다. 사람들에게는 따라하는 습성이 있기 때문에 모든 사람들이 동료의 말투나 태도, 걸음걸이, 몸짓, 사고 방식에서 어느 정도 영향을 받기 마련이다.

버크는 이렇게 말했다.

"본보기가 중요하지 않다고요? 본보기는 모든 것을 비추는 거울입니다."

본보기는 인류의 학교이고, 인간은 다른 곳에서는 배우지 못합니다."

로킹엄 후작의 기념비를 위해 버트는 다음과 같은 문구를 지었다. 이것은 그의 좌우명이기도 했다.

"기억하라. 닮아라. 꾸준히 노력하라."

자신도 모르게 이루어지는 모방의 결과는 눈에 잘 드러나지 않는다. 하지만 그것이 미치는 영향은 영구적이다. 감성이 민감한 사람이 인상적인 사람과 사귈 때 인격의 변화를 쉽게 느낄 수 있다. 아무리 나약한 성격의 소유자라도 주위 사람들에게 영향을 미칠 수가 있다. 인간은 감정과 사고, 습관에서 동화 현상이 지속되고, 끊임없이 영향을 미치게 된다.

에머슨은 함께 생활하는 사람들, 특히 나이 든 부부들이 늙어갈수록 서로를 닮아간다는 사실을 발견했다. 오랫동안 함께 생활하면 구별하기 어려울 만큼 서로 닮는다. 나이 든 사람들이 그러한데 젊은이들이야 두말할 필요가 없다. 그들은 감성이 민감하고 부드러우며 언제나 주위 사람들의 인생과 이야기를 받아들일 준비가 되어 있다.

찰스 벨은 편지에 아래와 같이 쓰고 있다.

"교육에 대해서 많은 이야기들을 들었지만, 내게 그 모든 이야기들은 하나같이 본보기가 무엇보다 중요하다는 것을 말하고 있는 듯하오. 내가 받은 최고의 교육은 내 부모님과 형제들이 보여주는 본보기였소. 가족 모두 자립심과 진정한 독립심을 갖고 있었고, 나는 가족들을 보면서 자연스럽게 그것들을 배워갔소."

성장기의 인격 형성에는 환경이 큰 영향을 미치기 마련이다. 흐르는 세월에 따라 모방은 습관이 되고 어느덧 습성으로 굳어간다. 따라서 습성이 갖고 있는 힘은 너무나 강력해 자신도 모르는 사이에 습성에 빠져 자아를 잃게 되고 만다.

한번은 플라톤이 도박을 하고 있는 소년을 꾸짖었다. 그러자 소년이 말했다.

"하찮은 일로 저를 야단치시는군요."

플라톤은 이렇게 대답했다.

"습관은 결코 하찮은 것이 아니다."

플라톤

나쁜 습관은 무자비한 폭군이나 다름없다. 사람들은 습관을 고치려 하면서도 좀처럼 벗어나지 못한다. 사람들은 저항하지 못하고 습관의 노예가 되고 만다. 로크는 습관이라는 폭군에 이겨낼 수 있는 강한 마음을 기르기 위해서는 도덕 교육을 으뜸가는 목표로 삼아야 한다고 말했다.

본보기를 통해 인격 교육의 많은 부분이 무의식적이며 자연적으로 이루어지지만, 그렇다고 젊은이들이 다른 사람들을 무조건 모방하거나 따라가기만 하는 것은 아니다. 다른 이들의 행동보다 자신의 행동이 인생의 목표를 결정하고 그 원칙을 세우는 데 결정적인 역할을 한다. 누구나 저마다 의지력과 자유로운 행동 능력을 갖고 있다. 그 능력들을 과감하게 발휘하기 위해 스스로 친구와 동료를 선택할 수 있어야 한다. 나이 든 사람만이 아니라 젊은 사람들이 유행의 노예가 되거나 분별 없이 다른 사람을 모방하며 따라가는 것은 확고한 목표가 없기 때문이다.

그 사람을 알려면 그가 사귀는 친구들을 보라는 말이 있다. 술을 좋아하지 않으면 술주정꾼과 사귀지 않는다. 양식이 있는 사람은 몰상식한 사람과 사귀지 않는다. 예의바른 사람은 버릇없는 사람과 사귀지 않는다. 타락한 사람과 교제하는 것은 인성이 속되고 악하다는 증거이다. 그들을 찾아 가까이하면 그의 인성은 타락할 수밖에 없다.

루시어스 세네카는 말했다.

"고약한 사람들과 대화를 나누는 것은 좋지 않다. 바로 해를 입지 않는다 하더라도 마음 속에 악의 씨를 남겨놓기 마련이다. 그들과 헤어지고 나더라도 그 악취는 남아서 드러나기 시작한다. 돌림병은 미래에 틀림없이 다시 퍼지고 만다."

젊은 사람들이 슬기로운 지도와 영향을 받는다면, 또한 양심적으로 자유 의지를 발휘한다면, 그들 자신보다 더 나은 사람들이 모인 사회 집단을 찾아 그들을 본받으려고 힘쓸 것이다. 자신보다 나은 사람들과 사귀면 발달 과정에 있는 인격은 자신에게 필요한 좋은 점만 받아들이게 되지만, 자신보다 못한 사람들과 사귀면 해로운 열매만 거두게 될 것이다.

사귈수록 존경하고 사랑하게 되는 사람이 있으며, 반대로 사귈수록 피하고 싶고 경멸하고 싶은 사람이 있다. 의욕적인 사람과 어울리면 당신 또한 활기찬 사람이 될 수 있을 것이다.

에스파냐 속담에 이런 말이 있다.

"늑대와 살면 늑대처럼 울부짖는 법을 배우게 된다."

이기적인 사람들과의 교류는 해로울 수가 있다. 자신도 모르게 그것을 용납하고 이해하다 보면 자신을 너그러운 성격으로 발전시켜 나아가는 데 방해가 된다. 그리하여 생각이 좁고 마음이 옹졸해지며, 여유가 없이 도덕성이 약화되며, 성격이 우유부단해져 남의 말에 귀가 얇아지게 된다. 이러한 정신 상태는 원대한 포부와 자신의 장점을 살려나가는 데 방해만 될 뿐이다.

그러나 더 현명하고 경험이 풍부한 사람들과 사귀는 것은 의욕을 북돋워 준다. 그들은 삶에 대한 우리의 지식을 높여준다. 그들의 평판을 받고 자신을 바로잡아 그들과 지혜를 나누게 된다. 그들의 눈을 통해서 시야를 넓히고 그들의 경험에서 이익을 얻으며, 그들이 즐기는 일과 고통에서도 깨달음을 얻을 수 있다. 만일 우리보다 그들이 강하다면 그들의 힘을 나누어 가질 수도 있을 것이다. 따라서 현명하고 의욕적인 친구를 사귀는 것은 자신의 인격 발달에 매우 중요하다. 그것은 재능을 향상시키고 의지를 강화시키며, 목표를 한 단계 끌어올리고, 일처리를 원활하게 하도록 도와주며, 다른 이들에게도 실질적인 도움을 준다.

시멀펜닉크 부인은 이렇게 말했다.

"유감스럽게도 어린 시절부터 나는 고독을 즐기는 버릇으로 참으로 많은 피해를 보아왔다. 누구에게나 완고한 자아만큼 나쁜 벗은 없을 것이다. 혼자 사는 이들은 동료를 어떻게 도와야 하는지, 그에게 무엇이 부족한지, 그가 어떤 도움을 필요로 하는지 전혀 알지 못한다. 다른 일을 못할 정도로 교제에 많은 시간을 들이지 않아도 된다. 단 몇 시간이라도 꾸준히 다른 이들과 교제를 한다면 다양하고 풍부한 경험을 얻을 수 있다. 그리고 그 과정에서 공감과 막대한 보상을 얻게 된다. 또한 다른 사람들과의 교제는 인격을 강화시킨다. 그리고 본디 목적을 잊지 않고 현명하게 자신의 길을 헤쳐 나가도록 도와 준다."

진실한 친구의 충고나 건전한 제의, 또는 시기적절한 조언은 한 젊은이의 인생에 새로운 전기를 마련해 준다. 인도의 선교사 헨리 마틴은 트루로 문법학교에서 사귄 친구의 영향을 많이 받았다. 헨리 마틴은 연약한 체질에 성격이 소심하고 예민한데다 활달하지 못해서 체육 시간이 조금도 즐겁지 않았다. 또한 덩치가 큰 아이들은 화를 잘 내는 그를 놀리며 재미있어했다.

그런데 덩치가 큰 아이들 가운데 한 아이가 나서서 마틴에게 친절히 대하고 그를 보호하려 애썼다. 그는 마틴을 괴롭히는 아이들과 싸웠을 뿐 아니라, 자신이 습득한 교훈을 마틴에게도 나누어 주었다.

마틴은 모든 면에서 다른 학생들에게 뒤처졌지만, 그의 아버지는 그가 대학 교육을 받길 원했다. 마틴이 15세가 되었을 때 옥스퍼드로 보내 코퍼스 장학금에 도전하게 했으나, 장학금을 받는 데는 실패했다. 마틴은 트루로 문법학교에 2년 더 머무른 뒤 케임브리지의 세인트존스 대학교에 입학했다. 마틴은 트루로 문법학교에서 자신을 돌봐주던 옛 친구를 만나 다시 우정을 꽃피우기도 했다. 그 친구는 기꺼이 마틴의 조언자가 되어주었다.

마틴은 학업에 충실하지 않은 데다 쉽게 흥분했고, 그 흥분을 잘 다스리지도 못했다. 반대로 마틴의 친구는 침착했고 성실했으며 열심히 공부했다. 그 친구는 짜증을 잘 내는 마틴을 끝까지 보살피고 바르게 이끌었으며 따뜻한 조언을 아끼지 않았다. 그는 마틴이 나쁜 친구들의 꼬임에 빠지지 않도록 적극 보호하고 '사람들의 칭찬을 받기 위해서가 아니라 하느님의 영광을 위해' 더 열심히 공부하도록 조언했다.

마틴은 친구의 도움에 힘입어 다음 해 크리스마스 시험 때는 전체에서 1등을 했다. 그러나 마틴의 절친한 친구이자 조언자이던 그 친구는 그다지 눈에 띄는 재능을 보여주지 못했다. 그는 무명인으로 평범한 삶을 살면서 이렇다 할 업적 하나 남기지는 못했다. 다만 그의 삶에서의 간절한 소망은 친구의 인격 발달을 돕고, 영감을 불어넣어 전도사라는 고귀한 사명을 친구가 맡을 수 있도록 하는 일이었다. 그 결과 얼마 뒤에 마틴은 인도의 선교사가 되었다.

페일리 박사도 대학 때 비슷한 경험을 했다. 케임브리지 신학대학에 다닐 때 그는 영리하면서도 엉뚱한 학생으로 유명했다. 페일리는 친구들이 좋아하는 학우이자 동시에 비웃음의 대상이었다. 훌륭한 재능을 타고났지만 경솔하고 게을렀으며 낭비가 심했다. 3학년 초에 그의 학업 성적은 친구들보다 뒤처졌다.

그러던 어느 날, 여느 때와 다름없이 방탕한 밤을 보낸 페일리가 아침에 깨어보니 한 친구가 그의 침대 곁에 서 있었다.

친구는 이렇게 말했다.

"페일리, 네 생각 하느라 잠을 잘 수가 없었어. 너는 정말 바보야. 나는 경제적으로 여유가 있어 방탕한 생활을 하고, 게으름을 좀 피워도 된다지만 너는 그럴 수 없잖아. 나는 아무리 노력해도 아무것도 할 수 없지만 너는 무엇이든 할 수 있어. 어리석은 너 때문에 걱정이 되어 뜬눈으로 밤을 새웠어. 네게 진심으로 경고하는데, 이렇게 게으른 생활을 당장 그만두지 않는다면 너와 절교하겠어."

그때부터 페일리는 완전히 달라졌다. 친구의 충고가 그에게 커다란 충격을 주었던 것이다. 페일리는 완전히 새로운 인생 계획을 세웠고 그것을 꾸준히 지켜나갔다. 그는 가장 부지런한 학생이 되었으며, 경쟁자들을 한 명씩 물리치고 연말에는 수석을 차지했다. 뒷날 페일리가 작가로서, 그리고 성직자로서 무엇을 이루어냈는지는 누구나 알고 있을 것이다.

아널드 박사는 본보기가 젊은이들에게 미치는 영향을 누구보다 정확히 이해하고 있었다. 그는 본보기를 보여 럭비학교의 명성을 한 단계 끌어올리려 노력했고 그것을 주요 목표로 삼았다. 먼저 아널드는 리더 역할을 하는 학생들에게 고결하고 선량한 감정을 북돋우고 올바른 정신을 심어주었다.

학생들이 리더 학생들을 따르고 본받는 과정에서 그들 또한 같은 정신을 체험할 수 있는 분위기를 만들어갔다. 아널드 박사는 모두가 자신의 동료이며, 올바르게 학교를 운영할 책임이 모두에게 있음을 느끼도록 만들었다. 이 운영 방법의 첫 번째 효과는 학생들에게 용기와 자부심을 북돋워준 것이었다. 그들은 자신들이 동료들의 믿음을 받

아널드

고 있다고 느꼈다. 다른 학교처럼 럭비학교에도 품행이 좋지 않은 학생들이 있었다. 그런 학생들을 잘 관찰하고 그들의 나쁜 행동이 다른 학생들에게 영향을 주지 않도록 깊은 관심을 기울이는 것은 교사의 임무였다.

한번은 아널드가 보조 교사에게 이렇게 말했다.

"방금 두 학생이 함께 걸어가는 것을 당신도 보았죠? 전에는 그 둘이 함께 다니는 것을 본 적이 없어요. 왜 그들이 계속 붙어다니는지 특별히 관심을 기울여주세요. 교우 관계만큼 학생의 성격 변화를 파악할 좋은 방법은 없으니까요."

모든 훌륭한 스승처럼, 아널드가 보여준 본보기는 학생들을 격려하고 용기를 북돋워주었다. 학생들은 아널드 선생님을 보며 자신을 존중하는 방법을 배웠고, 또 자신을 존중하는 마음에서 남자의 미덕을 키웠다.

아널드의 전기 작가는 이렇게 말했다.

"아널드는 학생들의 마음에 생기와 활력을 불어넣고 흥미와 고귀함을 불러일으켰다. 아널드가 떠나고 난 뒤에도 학생들 마음 속에는 여전히 그가 남아있었으며 그가 세상을 떠난 뒤에도 그들을 이어주는 끈은 끊어지지 않았다."

아널드는 참으로 훌륭한 본보기를 보여주어 세계 곳곳에 퍼뜨릴 당당하고 고결한 성품의 학생들을 길러낸 것이다.

3 인간관계 그 본보기

듀갈드 스튜어트

고결한 사랑을 모든 학생들에게 불어넣어준 듀갈드 스튜어트에 대해서 코크번은 이렇게 말했다.

"스튜어트의 강의를 들으면 하늘을 나는 것 같았고 내게 영혼이 있음을 느낄 수 있었다. 빛나는 문장 속에 담겨 있는 그의 높은 식견이 나를 한 차원 높은 세계로 인도했다. 그는 나의 성격을 완전히 바꾸어놓았다."

인격은 삶의 모든 면에 영향을 미친다. 훌륭한 품성을 지닌 직원은 가게에서 함께 일하는 동료들까지 훌륭한 인격자가 되도록 감화시키고 그들이 더 높은 목표를 세우도록 의기를 북돋는다. 그 예로 프랭클린이 런던에서 점원으로 근무할 때 그는 가게 직원들이 손님들에게 더 친절하도록 서비스를 변화시켰다. 성격이 못된 사람은 동료들의 성격까지 나쁘게 변질시킬 것이다. 존 브라운 함장은 에머슨에게 말했다.

"새로운 국가로 이주해온 정착민의 입장에서는 성품이 불량한 백 명, 천 명보다 믿을 수 있는 단 한 사람이 낫다."

존 브라운이 보여준 본보기는 전염성이 강해서 다른 모든 이들에게 직접적으로 유익한 영향을 미쳤다. 그는 다른 모든 이들이 자신과 마찬가지로 정력적으로 일할 수 있도록 서서히 의욕을 북돋웠다.

진정 선한 사람과의 친교는 선한 결과를 가져온다. 선한 사람은 선함을 널리 퍼뜨린다. 동양의 한 우화를 보면, 향기로운 땅이 이런 말을 하고 있다.

"나무가 나에게 뿌리를 내리기 전에 나는 평범한 흙에 지나지 않았다. 사랑은 사랑을 낳고 선은 선을 낳을 뿐이다."

캐넌 모즐리는 이렇게 말했다.

"선이 그렇게 많은 선을 낳을 수 있다는 것은 놀라운 일이다. 선은 혼자가 아니다. 악도 마찬가지이다. 선한 것은 다른 것을 선하게 만들고, 악한 것은 다른 것을 악하게 만든다. 그리고 그러한 현상이 되풀이된다. 연못에 돌을 던지면 돌이 떨어진 곳에서 점점 더 큰 동심원이 연못 기슭까지 생기는 것과 같다. 그러므로 나는 이 세상에 존재하는 모든 선한 것은, 먼 옛날 우리가 알지 못하는 어떤 선에서 시작되어 우리에게 전해진 것이라 믿는다."

존 브라운

러스킨은 이렇게 말했다.

"악에서 태어난 것은 악을 낳고, 용기와 명예에서 태어난 것은 용기와 명예를 가르친다."

모든 인간의 삶은, 하루하루 선하든 악하든 다른 사람들에게 본보기를 보이고 있다. 선한 사람의 삶은 미덕을 가장 설득력 있게 가르치고 악을 모질게 비난한다. 후커 박사는 자신이 알고 있는 어느 독실한 성직자의 삶을 '살아 있는 가르침'이라고 말했다. 그 성직자는 가장 악한 사람을 선의 아름다움으로 설득했기 때문이다.

선량한 조지 허버트는 새로운 교구를 맡아 첫 미사를 드리는 자리에서 이렇게 말했다.

"성직자의 고결한 삶은 성직자를 보는 사람들에게 존경과 사랑을 가르치며, 그처럼 살고 싶은 마음이 들게 하는 것이 가장 설득력 있는 설교라 생각합니다. 그러므로 저는 여러분께 무엇보다도 건강하게 사는 모습을 보여드리려고 합니다."

그러고는 이렇게 덧붙였다.

"지금은 훌륭한 설교보다 훌륭한 본보기가 더 필요한 시대임을 잘 알기 때문입니다."

가난한 이들에게 친절을 베푼 것 때문에 성직자의 위엄을 떨어뜨렸다고 비난받았을 때, 이 성직자는 다음과 같은 아름다운 말을 했다.

"한밤중에 잠자리에 누워 그러한 행동을 떠올리면 내게는 음악을 듣는 것처럼 즐겁습니다."

조지 허버트는 앤드루 주교에게 보낸 편지에서 거룩한 삶에 대해 이야기했다. 아이작 월튼은 그 편지에 대해 이렇게 말했다.

"성스런 삶이 앤드루 주교의 가슴에 들어왔다. 그는 제자들에게 그것을 보여준 뒤 늘 다시 제자리에 갖다 놓았다. 그는 세상을 떠나는 마지막 순간까지 그것을 가슴 속에 간직했다."

사람을 강하게 끌어당기는 선량한 힘은 위대하다. 선으로 고무된 사람이야말로 인류의 진정한 왕이다. 그는 자신을 따르는 모든 사람들의 마음을 사로잡는다. 니콜슨 장군은 회복 불능의 부상을 입고 죽음을 눈앞에 둔 상황에서, 용감하고 고결한 친구 허버트 에드워즈에게 마지막으로 전하고 싶은 말이 있었다. 그는 부하에게 말했다.

"그에게 이렇게 전해주게. 내가 계속 그와 함께 지냈더라면 나는 진실로 훌륭한 사람이 되었을 것이라고. 우리가 맡은 막중한 공무 때문에 그를 개인적으로 자주 만날 수는 없었지만. 비록 짧은 동안이었으나 그와 그의 아내와 함께 지낸 날들로 하여 나는 좀 더 뛰어난 사람이 될 수 있었다고. 두 사람을 진실로 사랑한다고 말일세."

맑은 산 공기를 들이마시거나 일광욕을 즐기는 것처럼, 어떤 사람은 신선하고 활력 있는 공기를 들이마시는 것 같은 느낌을 준다. 토머스 모어의 따스한 성품이 바로 그러한 힘을 지니고 있었다. 그는 선한 사람에게는 의욕을 북돋워주고, 악한 사람에게는 무릎을 꿇게 만들었다.

브루크 경은 이미 고인이 된 친구 필립 시드니에 대해 이렇게 말했다.

"그의 기지와 지혜는 말이 아니라 삶과 행동으로 보여졌고, 그 자신뿐 아니라 다른 사람들까지 위대하게 만드는 힘이 있었다."

훌륭한 위인을 한 번 보는 것만으로도 젊은이들은 커다란 힘을 얻는다. 점잖은 사람이나 용감한 사람, 성실한 사람, 너그러운 사람을 존경하거나 사랑하고 싶어하는 젊은이들은 더욱 그렇다.

샤토브리앙은 워싱턴을 단 한 번 만날 수 있었다. 하지만 그와의 만남은 평생 그에게 커다란 힘이 되었다. 샤토브리앙은 그와의 만남을 이렇게 설명했다.

"내가 명성을 얻었을 때는, 워싱턴은 이미 이 세상에 없었다. 그는 나를 전혀 알지 못했다. 그가 전성기를 누리고 있을 때 나는 무명인이었기 때문에 그는 내 이름을 바로 잊어버렸을 것이다. 하지만 그가 나를 바라보았을 때 나는 얼마나 행복했는지 모른다. 그 생각을 할 때마다 나는 언제나 내 마음이 따뜻해짐을 느꼈다. 위인은 한 번 바라봐 주는 것만으로도 커다란 힘이 된다."

니부어가 죽자 그의 친구 프레드릭 페데스는 그에 대해 이렇게 말했다.

"그는 속되고 악한 이들에게는 두려움이었고, 성실하고 굳은 신념이 있는 이들에게는 정신적 지주였으며, 젊은이들에게는 친구이자 도움을 주는 사람이었다."

페데스는 이렇게도 말했다.

니부어

"레슬링을 잘하는 사람 주변에는 레슬러가 되려는 사람들이 모여들게 마련이다. 어느 인물 앞에서 부끄러운 생각이 들었다면, 그 인물의 초상화를 보기만 하더라도 나쁜 생각은 즉시 사라져 버릴 것이다."

천주교도인 어떤 고리대금업자는 남을 속이고 싶은 생각이 들 때마다, 자신이 가장 좋아하는 성인의 초상화를 천으로 덮어씌우는 버릇이 있었다. 해즐릿은 아름다운 여인의 초상화 앞에서는 추한 행동을 할 수가 없다고 말했다. 독일의 한 가난한 여인은 자신의 초라한 집 벽에 걸린 위대한 개혁가의 초상화를 가리키며 이렇게 말했다.

"그의 남자답고 정직한 얼굴을 바라보는 것만으로도 큰 힘이 됩니다."

고결하고 훌륭한 사람들의 초상화를 바라보는 것만도 하나의 교제라 할 수 있다. 그들과의 교감을 통해서 우리는 개인적으로 마치 그를 잘 아는, 그와 가까운 사이이며, 고매하고 훌륭한 성품을 지닌 사람과 연결고리로 이어진 듯한 느낌을 받는다. 우리는 비록 영웅의 수준에 이를 수는 없지만, 그의 초상화를 걸어 놓는다면 그로부터 힘과 격려를 얻을 수 있을 것이다.

폭스는 버크가 들려준 이야기와 그가 보여준 본보기에서 많은 도움을 얻었다고 자랑스럽게 말했다. 폭스는 버크에 대해서 다음과 같이 말했다.

"책에서 배운 모든 정치적 지식이나 과학적 지식, 또는 세상사를 통해 배운 모든 지식을 접시저울의 한쪽 접시에 올려놓고, 버크의 이야기와 가르침에서 배운 모든 것을 다른 쪽 접시에 올려놓는다면, 분명 버크의 가르침 쪽으로 저울이 기울 것이다."

패러데이와의 우정을 틴들 교수는 '힘과 영감'으로 설명했다. 패러데이와 저녁을 함께 보낸 틴들 교수는 다음과 같이 쓰고 있다.

"패러데이의 크나큰 업적은 존경심을 불러일으킨다. 그를 만나면 마음이 따뜻해지고 의욕을 얻게 된다. 패러데이는 참으로 강한 사람이다. 나는 그의 강함을 사랑한다. 그렇지만 나는 그가 보여준 겸손함, 부드러움과 상냥함의 본보기를 잊지 않을 것이다."

따뜻하고 부드러운 성품을 지닌 사람은 다른 사람의 성격에 강한 영향을 줄 수 있다. 워즈워스의 여동생 도로시의 인격은 워즈워스에게 큰 영향을 미쳤다. 워즈워스의 말에 의하면 그녀는 그의 어린 시절의 축복일 뿐 아니라, 성년 시절의 축복이기도 했다. 온화하고 상냥한 성품을 지닌 그녀는 워즈워스보다 두 살 아래 동생이지만 그의 인격 발달에 크게 영향을 미쳤다. 워즈워스가 일찍이 시인으로서 감성의 눈을 뜰 수 있었던 데에는 그녀의 영향이 컸다.

그녀는 내게 눈과 귀
소박한 배려와 미묘한 두려움
따뜻한 마음과 다정한 눈물
사랑, 사색, 그리고 즐거움을 주었다.

본성이 온유한 사람은 사랑과 지성의 힘을 통해 인류를 발전시키고, 인류에 지속적인 영향을 미칠 인물들의 인격 형성에 이바지할 수 있다. 윌리엄 네이피어는 어릴 적에 어머니로부터 받은 영향이 자신의 인격 형성에 중요한 역할을 했고, 그 뒤 자신이 성인이 되었을 때는 지휘관이던 존 무어의 고귀한 인품이 훌륭한 본보기가 되었다고 말했다. 무어는 코루나에서 지휘관으로부터 '잘해주었소, 소령'이라는 격려를 받은 장교들 가운데 한 명이었다. 윌리엄 네이피어는 어머니에게 보내는 편지에 무어를 향한 존경심을 이렇게 적었다.

"우리가 어디서 그런 왕을 만날 수 있겠습니까?"

윌리엄 네이피어가 유명한 저서인 《반도 전쟁사》를 쓰게 된 것도 지휘관에

마샬 홀

대한 개인적인 경외심 때문이었다. 그런데 그 책을 집필하는 데에는 그의 친구 랭달의 조언 또한 한몫을 했다. 어느 날 랭달은 네이피어와 함께 지금의 벨그레이비어가 된 들판을 산책하면서 그에게 그 책을 집필하라고 권했던 것이다. 네이피어는 이렇게 말했다.

"내 안에 제일 먼저 불을 지핀 것은 랭달 경이었소."

그의 전기 작가는 윌리엄 네이피어에 대해 이렇게 말했다.

"생각이 깊은 사람이라면 그와 사귀는 동안 그의 천재성에 감명받지 않을 수 없을 것이다."

마샬 홀은 한 사람의 인격이 다른 사람의 인격 형성에 큰 영향을 미칠 수 있음을 보여주었다. 많은 유명 인사들이 마샬 홀의 제안과 도움 덕분에 성공할 수 있었다고 말했다. 그렇지 않았다면 가치 있는 연구와 조사들이 그렇게 일찍 시작되지 못했을 것이라고 했다.

마샬 홀은 젊은이들에게 이렇게 말하곤 했다.

"하나의 주제를 정해서 그것을 지속적으로 추구해 나가게. 그러면 자네는 반드시 성공할 걸세."

또한 그는 말했다.

"내가 선물을 하나씩 나누어 주지. 그것에 열정적으로 매달리면 그 안에 행운이 있을 걸세."

그러면서 젊은이들에게 새로운 아이디어를 넌지시 던져 주곤 했다.

열정을 가진 사람은 다른 사람들의 마음에 열정을 불러일으킨다. 열정은 인간의 힘 가운데 가장 영향력 있는 공감을 통해 움직인다. 열정적이고 활력이 넘치는 사람을 본보기로 보여주면 감염성에 의해 주위 사람들은 그를 따라 하게 된다. 그의 열정은 전기가 전선을 통해 전구에 흘러들어가 불을 밝히듯 주위 사람들의 인격 속으로 스며들어 그 또한 빛을 발산하게 한다.
아널드의 전기 작가는 아널드가 젊은이들에게 보여준 힘을 이렇게 설명하고 있다.

"그들을 이끈 것은 천재성과 학식, 또는 능란한 화술에 대한 존경심이 아니다. 자신이 맡은 일, 책임감과 가치관을 바탕으로 신을 경외하는 마음이 끊임없이 추구하는 일을 성심성의껏 수행해나가는 영혼으로부터 받는, 전율할 공감이다."

천재들이 발휘하는 힘은 용기·열정·헌신을 일어나게 한다. 개인에 대한 강한 존경심에 따라 영웅과 순교자가 태어난다. 대중에게서 그러한 감정을 느끼기는 어렵다. 그러므로 훌륭한 인격자는 다른 사람에게 자신의 존재를 느끼게 하여, 의욕을 북돋우고 활기를 불어넣어 준다.
훌륭한 인물들은 참으로 큰 힘을 발휘한다. 단순히 자신의 힘을 발휘하기만 하는 것이 아니라, 다른 이들에게 자신의 힘을 전달하여 새로운 힘을 만들어 내기까지 한다. 단테의 경우, 페트라르카와 보카치오, 타소 등 훌륭한 인물들을 키웠고, 그들이 자신을 본받도록 이끌었다. 밀턴은 단테에게서 독설과 모욕을 문장으로 그려내는 법을 배웠다.
라베나의 소나무 밑에서 단테를 생각하던 바이런은, 여느 때보다 좀 높게 하프를 조율하고 싶은 충동을 느꼈다. 단테는 지오토, 오르카냐, 미켈란젤로, 라파엘로 등 많은 이탈리아의 유명한 화가들에게도 영감을 불어넣었다. 아리오스토와 티치아노는 서로 영감을 불어넣어주고 서로의 명성을 더 빛나게 했다.
훌륭하고 고결한 사람들은 다른 사람들이 자신을 따르도록 만든다. 그들은 자발적인 존경심을 불러일으킨다. 고결한 이들에 대한 이러한 존경심은 정신을 한 단계 발전시켜, 자아를 구속하고 있는 장애물들——즉 도덕적 발전을 이루어내는 데 가장 큰 걸림돌——로부터 정신을 구해낸다. 위대한 사상이나 행위로 이름을 남긴 사람들을 떠올리면 주변의 공기가 깨끗해지는 듯하고, 우리 목표가 어느새 한 단계 높아진 것처럼 느껴지기도 한다.
생트뵈브는 이렇게 말했다.

"당신이 존경하는 인물을 말해보시오. 그러면 당신의 재능과 기호, 성격까지 맞힐 수 있소."

비열한 사람을 존경하는가? 그렇다면 비열한 성격의 소유자일 수밖에 없다. 부자를 존경하는가? 그렇다면 세속적인 사람일 수밖에 없다. 직위가 높은 사람을 존경하는가? 그렇다면 아부하는 자이거나 속물일 수밖에 없다. 성실하고 용감하며 남자다운 사람을 존경하는가? 그렇다면 그대는 성실하고 용감하며 남자다운 성품을 지닌 사람이다.

젊은 시절에는 인격이 형성되면서 누군가를 존경하고 싶어한다. 그리하여 나이가 들어서는 일정한 습관을 형성하게 된다. 그러면서 우리는 '태연자약'을 좌우명으로 삼는다. 따라서 성격이 유연하여 감명을 쉽게 잘 받는 청소년들에게는 위인을 존경하도록 가르치는 것이 좋다. 누군가를 자기의 우상으로 삼고 싶어하는 청소년기에 존경하는 훌륭한 사람 하나 없을 때, 잘못하여 옳지 못한 사람을 우상으로 삼을 수도 있다. 아널드는 훌륭함을 존경하고 그 인물이나 일에 열의를 보이는 제자들을 흐뭇한 마음으로 지켜보았다.

아널드는 늘 이렇게 말했다.

"'태연자약'이란 말은 악마나 좋아하는 단어이다. 악마의 입장에서는 자신의 비밀스런 교리를 제자들에게 소개할 때 그보다 더 좋은 방법이 없을 것이다. 그러므로 존경심과 열정적 낭만의 정서를 잃어버린 사람은 저속한 어리석음으로부터 자기를 보호할 수 있는 중요한 자질을 잃어버린 것이다."

앨버트 왕자의 장점 가운데 하나는 다른 사람들의 훌륭한 행동에 존경을 표하는 것을 잊지 않았다는 것이다.

누군가 이런 말을 했다.

"앨버트는 다른 누군가가 좋은 말을 하거나 훌륭한 행동을 하는 것을 볼 때마다 무척 기뻐했다. 앨버트는 며칠동안 그 이야기를 하곤 했다. 어린아이가 한 것이든 아니면 노련한 정치가가 한 것이든, 고결한 말이나 행동을 접할 때마다 앨버트는 똑같은 기쁨을 느꼈다. 그는 어떠한 경우든 간에 사람들이 올바르게 행동해야 한다고 강조했다."

이 말은 앨버트의 성격을 가장 잘 나타내준다.
존슨 박사는 이렇게 말했다.

"친구를 사귈 수 있는 가장 좋은 방법은 상대의 좋은 점을 진심으로 칭찬하는 것이다.
그러한 칭찬은 그가 너그럽고 솔직하며 따뜻하고, 다른 사람의 좋은 점을 흔쾌히 인정할 줄 아는 사람임을 말해주는 것이다."

우리가 읽는 훌륭한 존슨 전기는 보즈웰의 진심어린 칭찬에서 비롯되었다. 보즈웰은 존슨 같은 이들을 존경하고 본받으려고 노력했다. 이것은 그의 좋은 점 가운데 하나였다. 보즈웰은 수없이 냉대받고 좌절을 겪으면서도 그들에 대한 존경심을 잃지 않았다.
매컬레이는 보즈웰을 하찮은 사람으로 보고, 그를 어리석고 답답하며, 나약하고 허영에 들떠 있고, 주제넘게 파고들며 묻는 것을 좋아하고, 말이 많고, 재치는 물론 유머도, 말주변도 없는 사람이라고 말했다.
그러나 칼라일은 보즈웰의 성격이 전기 작가로서는 더할 나위 없이 잘 어울린다고 말했다. 칼라일은 보즈웰이 여러 면에서 어리석고 쓸모없는 사람이긴 하지만, 스승을 존경하는 수제자처럼 늘 존경심을 가진 겸손한 사람이라고 생각했다. 칼라일은 보즈웰이 그러한 좋은 점을 갖고 있지 않았다면 《존슨 전기》를 집필하지 못했을 것이라면서 이렇게 말했다.

"보즈웰은 훌륭한 책을 집필했다. 그에게는 지혜로운 눈과 마음, 그것을 잘 묘사하는 능력이 있었기 때문이다. 더불어 편견 없이 바라보는 자유스러운 시각, 생동감 넘치는 재능, 그리고 사람을 사랑하는 천진한 아이의 열린 마음이 있었기 때문이다."

젊은이들은 혼자만의 우상을 갖고 싶어한다. 책을 즐겨 읽을수록 더 그러하다. 앨런 커닝엄은 견습 석공으로 니스데일에서 일할 때, 오직 월터 스콧

보즈웰

을 만나고 싶다는 생각으로 에든버러까지 단숨에 달려가기도 했다. 사람들은 그 젊은 열정을 존경하고, 머나먼 길을 마다하지 않은 그의 추진력에 감탄했다.

조슈아 레이놀즈는 10살 때 교황을 보려고 쭉 늘어선 사람들을 헤집고 손을 내밀었다. 교황의 옷깃을 한 번 만져 보게 되는 기적이라도 일어날 것을 바라면서. 오랜 세월이 지나서, 화가 헤이든은 고향을 찾은 레이놀즈의 손을 잡아본 것을 자랑스러워했다. 시인 로저스는 어릴 때부터 존슨 박사를 만나고 싶다는 강한 욕망을 가지고 있었지만, 볼트 코트에 있는 존슨 박사의 집 문 앞까지 가서도 용기를 내어 두드리지 못하고 돌아서고 말았다.

청년 시절 디즈레일리도 같은 목적으로 볼트 코트를 찾은 적이 있다. 그는 용기를 내어 문을 두드렸지만, 슬프게도 하인에게서 그 위대한 사전 편찬자가 바로 수시간 전에 세상을 떠나고 말았다는 말을 들었다.

한편 옹졸하고 속좁은 사람은 누군가를 진심으로 존경할 수가 없다. 불행하게도 그들은 위대한 인물과 업적에 경의를 표하기는커녕 그들을 알아보지도 못한다. 비열한 사람은 비열한 것을 존경할 뿐이다. 두꺼비가 가장 아름답게 생각하는 것은 두꺼비일 뿐이다.

노예 상인은 사람의 가치를 '근육'으로 평가한다. 한번은 고드프리 넬러가 교황과 함께 있을 때, 기니에서 온 상인이 찾아왔다. 넬러가 상인에게 '당신은 지금 세상에서 가장 훌륭한 두 사람을 보고 있소'라고 말하자, 상인은 이렇게 대답했다.

"두 분이 얼마나 훌륭한 분들인지는 모르겠습니다마는, 두 분의 외모는 볼 것이 못됩니다. 10기니이면 두 분을 합친 것보다 훨씬 좋은 근육질에, 튼튼한 골격의 남자를 살 수 있으니 말입니다."

로슈푸코의 잠언에, '가장 친한 친구가 불행해진 것이 불쾌한 것만은 아니다'는 말이 있다. 그러나 다른 이의 불행을 기뻐하고 다른 이의 성공을 배아

파하는 것은 비열하고 옹졸한 짓이다. 너그러움을 알지 못한다는 것은 참으로 불행한 일이다.

경멸을 일삼는 사람은 이 세상에서 가장 심한 불쾌감을 준다. 그런 사람들은 다른 사람이 훌륭한 업적을 세워 성공을 하면 그것을 자신에 대한 공격으로 받아들이고, 다른 사람이 칭찬받는 것도 참지 못한다. 특히 그 사람이 자신과 같은 직업이나 기술 또는 전공을 갖고 있다면 더욱 그렇다. 그들은 다른 사람의 실패는 용납하지만 자신보다 잘 하는 것은 용납하지 못한다. 그러면서도 자신의 실패를 누군가가 험담하면 그들을 몹시 냉혹하게 대한다.

한 냉소적인 비평가는 자신의 라이벌을 이렇게 생각했다.

신께서 그에게 그러한 능력을 허락하셨다면,
내가 그를 싫어할 이유가 있겠는가?

남의 결점을 찾아내어 비판하고 경멸하기에 바쁜 사람들이 있다. 그들은 부끄러운 것을 모르는 행위나 부도덕한 행동 말고 다른 모든 것들을 조롱할 준비가 되어 있다. 그들은 다른 사람들에게서 인격적 결함을 발견했을 때 가장 큰 위로를 받는다.

조지 허버트는 이렇게 말했다.

"지혜로운 사람이 실수를 저지르지 않는다면, 그것은 바보에게 가장 가혹한 일이 될 것이다."

그렇지만 지혜로운 사람은, 바보의 행동에서 무엇인가를 배우기 때문에 바보가 저지르는 실수를 되풀이하지 않는다. 그러나 바보는 지혜로운 사람이 보여주는 본보기에서 자기에게 유익한 것을 얻지 못한다. 독일의 어느 작가는, 위대한 사람들이 갖고 있거나 거룩한 시기에 있었던 결점을 찾아내는 데 열을 올리는 사람은 참으로 가엾다고 말했다. 누군가가 말보로의 결점을 떠올리자, 볼링브로크는 이와 같이 말했다.

"너무 훌륭한 사람이라서 난 그가 그러한 결점을 갖고 있다는 사실조차 잊어버렸군."

위인을 존경하고 그 행동을 본받으려 애쓰면 자연스럽게 그들을 따라 하게 된다. 데미스토클레스가 어렸을 때, 그 시대 사람들의 훌륭한 행동이 그의 마음에 불꽃을 지폈다. 그는 조국을 위해 봉사하여 후세에 이름 남기기를 갈망했는데, 마라톤 전투가 벌어지자 그만 우울증에 빠지고 만다. 친구가 그 이유를 묻자 데미스토클레스는 이렇게 말했다.

"밀티아데스 전승 기념비 때문에 괴로워 잠을 잘 수가 없다네."

데미스토클레스는 몇 년이 지난 뒤 아테네군의 지휘관이 되어 아르테미시움 전투와 살라미스 전투에서 크세르크세스가 이끄는 페르시아 군대를 쳐부수는 데 큰 공을 세웠다. 조국은 현명하고 용기 있게 조국을 구한 그의 공로를 크게 치하했다.

투키디데스는 젊었을 때 헤로도투스가 자신이 쓴 역사책을 읽었다는 말을 듣고 갑작스럽게 눈물을 흘렸다. 그 일로 깊은 감명을 받아 자신의 천재성을 확신하게 되었다. 데모스테네스는 일찍이 칼리스트라투스의 연설에 크게 자극받아 자신도 웅변가가 되리라는 야망을 품게 되었다. 그러나 신체적으로 약한 데모스테네스는 목소리는 가늘고 발음도 부정확하며 호흡도 짧았다. 이것은 노력과 불굴의 의지로 극복할 수 있는 결점들이었다. 하지만 끊임없이 연습했는데도 그는 능숙한 연설가가 되지는 못했다. 그의 가장 유명한 연설에는 신중하고 세심한 지적만이 드러난다. 거의 모든 문장에서 연설가의 기교와 노력만이 보일 뿐이었다.

모든 역사에서 위인의 고상한 품격과 태도, 천재성이 인격 발달에 영향을 미친 비슷한 예를 찾을 수 있다. 장군과 정치가, 웅변가, 애국자, 시인, 예술가는 모두 예전에 살아온 사람들, 또는 자신들에게 본보기가 되는 사람들의 삶과 행동을 보고 배웠다.

위대한 사람들은 왕과 교황, 황제들에게서 찬탄을 받았다. 프랜시스 드 메디치는 미켈란젤로에게 말할 때는 늘 모자를 벗었고, 줄리어스 3세는 10여 명의 대신들을 세워 놓고 미켈란젤로를 옆자리에 앉혔다. 찰스 5세는 티치아노를 위해 길을 비켜주었다. 어느 날 화가가 붓을 떨어뜨리자 찰스는 손수 그것을 주워주며 이렇게 말했다.

"당신은 황제에게서 대우받을 자격이 있는 사람이오."

레오 10세는 아리오스토의 동의 없이 그의 시를 인쇄하거나 판매하는 이는 누구든 파문을 당할 것이라고 엄명했다. 또한 프랜시스 1세가 레오나르도 다빈치의 임종을 지켜본 것처럼, 레오 10세는 라파엘로가 세상을 떠날 때 그의 옆을 지켰다.

레오 10세

하이든은 자신이 음악 교수들 말고는 모든 이들에게서 사랑과 존경을 받고 있다고 우스개로 말한 적이 있다. 훌륭한 음악가들은 서로의 위대함을 인정했다. 하이든은 속좁은 질투심이 없는 사람이었다. 그는 유명한 포르포라를 진심으로 존경하여 그의 집안 시종으로 일하기로 결심한다. 마침내 포르포라의 가족들과 친분을 쌓아 시종으로 일할 수 있게 되었다. 그는 아침마다 포르포라의 코트를 솔로 털고 구두를 닦고, 그의 깨끗한 가발을 가지런하게 빗질했다.

포르포라는 처음에 하이든에게 쌀쌀맞게 대했다. 그러나 그의 태도는 얼마 안 가 부드러워졌고 마침내 하이든에게 깊은 애정을 느끼게 되었다. 포르포라는 얼마 뒤 이 시종의 천재성을 알게 되고, 하이든을 훌륭한 음악가로 키웠다.

하이든은 헨델을 몹시 존경했다. 그는 언젠가 이렇게 말했다.

"그는 우리 모두의 아버지이다."

스칼라티는 헨델을 따라 이탈리아 곳곳을 돌아다녔다. 헨델의 이름이 거론될 때면 그는 존경의 뜻으로 성호를 그었다. 모차르트는 헨델의 위대함을 진심으로 인정하며 다음과 같이 말했다.

하이든

"헨델의 음악은 천둥번개가 치듯 내 가슴을 울린다."

베토벤은 헨델을 '음악 왕국의 군주'라 불렀다. 베토벤이 죽음을 눈앞에 두고 있을 때, 그의 친구들은 헨델의 작품 40곡을 선물로 보냈다. 베토벤은 방으로 들여온 그 작품들을 되살아난 듯한 눈으로 바라보더니, 손가락으로 가리키며 이렇게 외쳤다.

"거기, 모든 진리가 한곳에 모여 있군!"

하이든은 세상을 떠난 위인들의 천재성뿐 아니라 베토벤과 모차르트 같은 젊은 동시대 사람들의 천재성까지도 인정했다. 마음이 좁은 사람들은 자신의 동료를 질투하지만 위대한 사람들은 서로를 찾으며 소중히 한다. 하이든은 모차르트에 대해 이렇게 말했다.

"오직 나의 소망은 누구도 따를 수 없는 모차르트의 음악에서 내가 느끼고 즐기는 깊은 감동과 공감을 음악 친구들에게, 훌륭한 사람들에게 전해주는 것이다. 국가들마다 그 빛나는 보석을 손에 넣으려 경쟁한다. 프라하는 이 소중한 사람을 빼앗기지 않으려 발버둥칠 것이 아니라, 그에 걸맞는 보상을 제공해야 한다. 그렇지 않으면 이 위대한 천재의 인생은 애처로울 수밖에 없다. 모차르트를 왕실에서 고용조차 하지 않는다 하니 너무 답답하다. 흥분하는 나를 부디 용서하기 바란다. 나는 그를 참으로 아끼지 않을 수 없다."

모차르트도 하이든의 장점을 관대하게 받아들였다. 그는 하이든을 비난한 한 비평가에게 이렇게 말했다.

"당신과 나 두 사람을 합쳐도 하이든 한 사람보다 못합니다."

그리고 모차르트는 베토벤의 음악을 처음 듣고 이렇게 말했다.

"저 젊은이를 주목하시오. 분명 세계적으로 유명한 사람이 될 것이오."

뷔퐁은 다른 어떤 학자보다 뉴턴의 업적을 높이 샀다. 몹시 존경하여 일할 때에는 그의 초상화를 자기 앞에 세워둘 정도였다. 실러는 셰익스피어를 존경했다. 그는 몇 년 동안 경건한 마음과 열정을 가지고 셰익스피어에 대해 연구한 결과, 마치 셰익스피어와 마주하고 있는 듯이 그를 이해할 수 있게 되었고, 예전보다 훨씬 더 열렬히 그를 찬미하게 되었다.

캐닝의 스승 피트는 영웅이었다. 캐닝은 진심으로 피트를 따르고 존경했다. 캐닝은 말했다.

"그가 살아 있는 동안 나는 그에게 몸과 마음을 다 바쳤다. 그가 죽고 나니 이 세상에는 지도자가 없는 것만 같다. 따라서 정치에 바쳤던 내 마음도 그의 무덤에 함께 묻으려 한다."

어느 날 프랑스의 심리학자 M. 루(Roux)가 학생들에게 강의를 하고 있었다. 그즈음 찰스 벨의 발견은 나라 안보다 나라 밖에서 더 높은 평가를 받고 있었다. 그날 벨이 그의 강의실로 걸어 들어왔다. 그러자 루 교수는 그 방문객을 알아보고 강의를 멈추고는 이렇게 말했다.

"학생들, 찰스 벨 경을 보는 것으로 오늘 수업은 충분하네!"

위대한 예술 작품을 처음 만나는 그 순간이 젊은 예술가들 삶에 중대한 전기를 마련한다. 코레지오가 처음으로 라파엘로의 〈성 세실리아〉를 보았을 때, 그는 자신의 몸 안에서 어떤 힘이 깨어나는 듯한 느낌을 받고 이렇게 외쳤다.

"이제 나도 화가다!"

콘스타블은 클로드의 〈하갈〉을 처음 보던 때를 회상하곤 했다. 그는 그때 그의 일생에서 새로운 전기를 열었다. 조지 보먼트도 그 그림을 매우 찬미했으며 여행을 갈 때면 가방 속에 그 그림을 넣고 다녔다.

위대하고 훌륭한 사람들이 보여준 본보기는 일생 동안 사라지지 않는다. 그뿐 아니라 그것은 계속 살아 남아 후손들에게 무엇인가를 알려준다. 콥든이 세상을 떠난 직후, 디즈레일리는 하원에서 매우 인상적인 말을 했다.

"훌륭한 인물들을 잃은 건 돌이킬 수 없는 막대한 손실이지만, 우리가 위로로 삼을 수 있는 것은 그들이 우리 곁을 완전히 떠나지는 않았다는 것입니다. 하원에서 그들의 말을 자주 인용하고, 그들이 우리에게 보여준 본보기를 거론하고 참고할 것이며, 그들이 한 말이 우리의 논의와 토론의 일부를 차지할 것입니다. 비록 지금 이 자리에는 없지만, 선거구민들의 변덕에 상관 없이, 의회 해산과 상관없이, 그리고 세월의 흐름과 상관없이 여전히 이 하원에 남아 있는 의원들이 있습니다. 콥든 의원 또한 그런 사람 가운데 한 명이라고 저는 생각합니다."

전기는 사람이 최선을 다하면 어떤 인물이 될 수 있는지, 그리고 어떤 훌륭한 일을 할 수 있는지 가르쳐준다. 사람들은 전기에서 새로운 힘과 자신감을 얻는다. 나약한 사람도 위대한 인물의 일생을 보고 존경심과 희망, 그리고 용기를 가질 수 있다. 우리와 한핏줄인, 완전한 삶을 산 훌륭한 위인들은 여전히 무덤에서 우리에게 속삭인다. 그리고 그들이 걸어온 길을 따르라고 손짓한다. 그들의 본보기는 우리 곁에서 우리를 감화시키고 인도하며 지도한다. 고결한 성품은 영원한 유산이기 때문에 대대로 이어지며 다시 태어나는 것이다.

중국에 이런 말이 있다.

"지혜로운 사람은 백년 스승이다. 루(Loo)의 행동에 대해 들으면 어리석은 사람은 머리가 맑아지고 갈등하던 사람은 마음의 중심을 잡는다."

그러므로 훌륭한 사람이 남긴 삶의 영향은 후세 사람들 모두를 해방시키는 복음이 된다.

그가 죽은 뒤에도 사람들의 마음 속에 살아 있다면 그는 죽지 않은 것이다.

훌륭한 사람들이 남긴 금언은 본보기로 굳어져 영원히 사라지지 않는다. 그것은 후세 사람들의 머리와 마음 속에 깊이 자리잡으며 그들을 돕고, 죽음을 앞둔 사람에게는 따뜻한 위로가 되어준다. 감옥에서 세상을 떠난 공화당파의 헨리 마튼은 이렇게 말했다.

"죽음의 고통과 비참함도 유익하게 보낸 삶의 기억에 비한다면 아무것도 아니다. 후손에게 교훈과 본보기를 남길 수 있는 소중한 권리를 누리는 사람은 위대하다."

4 일
열심히 일하라! 일은 신의 축복이다

영원히 살아야 할 것처럼 일하고,
오늘이 마지막인 듯 일을 숭배하라. 　　　　　　　　　　　　토스카나의 격언

사람은 타고난 능력을 발휘할 수 있는 일을 해야 한다. 최선을 다했다는 생각으로 삶을 마감할 수 있도록 말이다.　　　　　　　　　　　시드니 스미스

　일은 실생활의 인격 수양에 있어서 가장 으뜸가는 교육자이다. 일은 복종심과 자제력, 주의력과 적응력, 그리고 인내심을 환기시키고 단련시킨다. 또한 저마다 특별한 소명을 다하는 데 필요한 능숙한 솜씨와 기술, 일상적인 일을 처리하는 데 필요한 소질과 재능을 길러준다. 일은 우리들이 존재하는 법칙——사람과 국가를 가동시키는 살아 있는 원칙——이다. 사람들은 살아가기 위해 필연적으로 직접 손으로 일을 해야만 하며, 또한 인생은 즐겁게 경험해야 하는 것이기 때문에, 그렇게 인생을 살고 싶다면 모두가 어떤 식으로든 일을 해야만 한다.
　노동은 짐이 되고 귀찮은 애물단지일 수도 있지만, 명예와 영광이 되기도 한다. 노동하지 않으면 아무것도 이루어낼 수 없다. 사람들이 이루어낸 위대한 것들은 모두 노동을 통해 완성된 것이다. 문명도 노동의 산물이다. 노동을 금해버렸다면 아담의 자손들은 정신적 죽음으로 곧 쓰러지고 말았을 것이다.
　인간에게 내려지는 형벌은 노동이 아니라 게으름이다. 게으름은 사람들의 마음을 게걸스럽게 먹어치운다. 마찬가지로 국가의 심장도 좀먹으면서, 녹이 철을 못쓰게 만들듯이 온 에너지를 소모시켜 버리고 만다.
　알렉산더는 페르시아를 정복하고 나서, 페르시아인들의 생활방식을 자세

히 살펴볼 기회를 마련했다. 그가 보기에 페르시아인들은 '쾌락에 빠진 삶보다 더 도움이 되는 삶의 방식이 있다는 것을 모르고 있든가, 아니면 지나친 노동의 삶보다 더 기품있는 삶의 방식이 있다는 사실을 모르는 것 같았다. 세베루스 황제는 요크에서 죽음에 임박해 있었다. 그곳은 그가 그램피언의 발치에서 나와 들것에 실려 다시 태어난 곳이었다. 그는 병사들에게 마지막으로 이런 말을 남겼다.

버크

"우리는 일을 해야 한다."

다른 무엇보다도 지속적인 노동이야말로 그 로마 장군의 힘을 유지시키고 권위를 넓혀 주었던 것이다.

정치가 플리니우스는 농촌에서의 평범한 노동이 도시에서의 고관 업무에 버금가던 로마의 초기 상황을 묘사하며, 전쟁을 승리로 이끈 장군들과 그들의 부하들이 전쟁이 끝난 뒤에는 흐뭇한 마음으로 고향에 돌아가 다시 쟁기를 드는 모습에 대하여 연설하였다. 그 시절에는 장군들이라 해도 직접 농사를 지었다. 땅은 전쟁에서 승리한 장군들의 쟁기질을 즐거이 받으며 승리의 월계관을 썼다.

노동을 불명예스럽고 비천한 것으로 생각하게 된 것은 노예들이 산업 전반에 널리 고용되기 시작하면서부터였다. 로마 지배층들이 점차 나태와 사치에 빠지면서부터 로마 제국의 몰락은 그 시기가 빠르든 늦든 불가피한 것이 되었다. 땀을 흘리지 않고 노동의 대가를 얻고 싶은 마음은 인간의 본성이다. 실제로 이러한 욕망은 매우 일반적이어서, 사회 비용의 손실을 막기 위해 통치조직이 만들어졌다고 제임스 밀은 주장했다.

게으름은 개인뿐만 아니라 국가도 타락시킨다. 게으른 사람은 자신의 이름을 세상에 남기지 못한다. 그는 높은 산에 오르지 못하고 쉬운 장애물도 극복하지 못한다.

나태함은 인생을 실패하게 만든다. 나태한 자가 어느 곳에서도 성공하지 못하는 것은 마땅한 결과이다. 게으름은 짐이고 방해물이며 해로움이다. 나

4 일 519

태한 자는 언제나 쓸모없고 불평하며 우울하고 불행하다.

버튼은 호기심을 자극하는 흥미로운 저서에서 우울함의 주요 원인으로 게으름을 꼽았다. 존슨은 그 책이 자신을 평소 기상 시간보다 두 시간 일찍 일어나게 만든 유일한 책이었다고 말했다.

버튼은 이렇게 말했다.

"게으름은 몸과 마음을 해치는 독이요, 나쁜 버릇을 키우는 보모이며, 모든 해악의 어머니이고, 일곱 가지 대죄(大罪) 가운데 하나며 악마의 베개이자 거처다. ……게으른 개는 초췌하다. 인간은 게으름에서 어떻게 하면 벗어날 수 있을까? 게으른 마음은 게으른 몸보다 훨씬 나쁘다. 일하지 않는 재치는 오히려 영혼을 무디게 하며, 돌림병이며 결국 끝맛이 씁쓸한 괴로움이다. 벌레와 해충들이 괸 물에서 번식하듯 악마와 부패한 생각은 움직이지 않는 게으름 속에서 자라 영혼까지 오염시킨다. 그러므로 용기내어 말하자면, 게으른 자는 부자의 자리에도, 행복과 만족을 느끼는 자리에도 앉지 못하리라. 그들은 항상 따분해하고 싫증내고, 지루해하고, 화내고 불평할 것이다. 그들은 울고 한숨 쉬고, 비통해하며 세상을 의심할 것이다. 그들은 모든 일마다 기분이 상해 자신이 죽어 없어지길 바라거나, 어리석은 공상 아니면 누군가가 자기를 어디로든 데려가 주기만을 바랄 것이다."

버튼은 여러 가지 이야기를 했다. 특히 맺음말에 그가 전하고자 하는 교훈과 염려가 함축되어 있는데, 그것은 '고독과 게으름에 무릎 꿇지 말라, 고독에 빠지지 말라, 게으름 피우지 말라'였다.

그렇다고 해서 게으른 자가 모든 면에서 게으른 것은 아니다. 몸은 노동을 꺼려할 수 있지만 머리는 그렇지 않을 수도 있다. 밭에 아무것도 재배하지 않으면 엉겅퀴가 자라게 되니 게으른 사람은 내내 무성하게 자란 엉겅퀴를 보게 될 것이고, 게으름이라는 유령이 그 그림자 속에서 나타나 비겁자를 정면으로 노려보며 괴롭힐 것이다.

"신은 정의로우시다. 쾌락을 좇는 우리의 부도덕한 행동을 징계할 도구를 만드신다."

재능이 있다해도 그것을 이용하지 않으면 진정한 행복을 찾을 수 없다. 일보다 사람을 더욱 지치게 하는 것은 일하지 않는 나태함이다. 일은 몸과 마음을 규칙적으로 움직이게 해준다. 그러므로 현명한 의사는 일을 가장 좋은 치료 수단으로 생각했다.

마샬 홀 박사는 이렇게 말했다.

"할 일 없이 보낸 시간만큼 해로운 것이 없다."

마이엔스의 대주교는 이렇게 말하곤 했다.

"인간의 마음은 맷돌과 같다. 밀을 넣고 맷돌을 돌린다면 밀가루가 나올 것이지만 밀을 넣지 않고 맷돌을 돌리면 맷돌만 닳게 될 뿐이다."

게으른 자는 행동은 하지 않고 갖가지 변명만 늘어놓는다. '길에 사자가 있어.' '너무 힘들어 산에 오를 수 없어.' '시도해 봤자 소용없어. 예전에도 해봤지만 실패했어. 나는 할 수 없어' 이런 변명 말이다.

한 젊은이가 그런 식의 변명을 일삼자, 새뮤얼 로밀리는 그에게 이렇게 말해주었다.

"당신의 게으름과 시간 낭비가 심히 걱정스럽소. 자기 합리화에만 급급하여 궤변을 늘어놓는 것은 일하지 않으려는 버릇 때문이라 생각하오. 결국 당신의 논리대로라면 모든 인간은 자신이 할 수 있는 일만을 하고 있는 셈이오. 그러니 만약 어떤 사람이 어떤 일을 하지 않는다면 그가 그 일을 할 수 없다는 증거가 될 것이오. 당신이 글을 쓰지 않는다면 그것은 당신이 글재주가 없다는 증거가 될 것이오. 당신이 어떤 일을 좋아한다면 그 일의 재능을 원한다는 뜻일 게요. 이 얼마나 훌륭한 기계적인 원리요? 진정 이 세상이 그런 식으로 돌아간다면 얼마나 편하고 좋겠소!"

얻고자 하는 노력도, 그에 대한 무거운 짐도 지려 하지 않고 소유하려고만 한다면 그것은 약하다는 증거이다. 그렇듯, 소유할 만한 가치가 있는 모든 것은 대가를 치러야 한다는 사실을 인정하는 것이 실제 생활에서 강인함을 유지하는 데 있어 가장 중요한 비밀의 열쇠이다. 노력을 기울이지 않았다면 여가조차 즐길 자격이 없다. 일하지 않고 구했다면 그것은 대가가 아직 치러지지 않은 채로 있는 것이다.

일하기 전에도, 일한 뒤에도 여가를 즐길 수 있다. 하지만 일하지 않으면 만족감을 느낄 수 없는 것처럼 휴식의 즐거움도 느낄 수 없다. 할일이 없거나 또는 할일이 있어도 하지 않는 게으른 사람은, 부자이든 아니든 삶이 지루할 것이다.

프랑스 부르쥬 감옥에서 여러 번 수감 생활을 한 40세 거지의 오른팔에는 이러한 문신이 새겨 있었다.

"과거는 나를 속였고, 현재는 나를 괴롭히고, 미래는 나를 위협해."

게으른 자는 이 말을 좌우명으로 삼을 일이다.

사회의 모든 계층마다, 그리고 모든 상황마다 사람들은 의무적인 근면을 생각해야 한다. 부유한 사람이든 가난한 사람이든 누구나 일해야 할 의무가 있다. 아무리 대단한 재산가라 하더라도 신사라면 본성이 그렇든 교육에 의한 것이든, 그가 함께 하는 사회 일반의 안녕을 위해 자신의 몫만큼 노력을 기울일 의무감을 느끼지 않을 수 없을 것이다. 그리고 그는 자신을 뒷받침해 주는 사회에 응당의 보답을 하지 않으면 다른 사람의 노동으로 자신이 먹고 입고 생활하는 것에 만족하지 못한다. 정직하고 성실한 사람이라면 맛난 음식을 먹고서도 값을 지불하지 않고 가버리는 것에 대해 스스로 불쾌함을 느낄 것이다.

게으름은 특권도 명예도 아니다. 단순히 소비하는 것에 만족하는 사람들이 있기도 하지만, 인격이 있거나 인간다운 포부 또는 성실한 목표를 지닌 사람이라면 그런 삶은 결코 존엄하지도, 명예롭지도 않다는 것을 알게 될 것이다.

글래스고에서 스탠리(지금의 더비 백작)는 이렇게 말했다.

"아무리 사랑스럽고 훌륭한 사람이라 하더라도 일하지 않는다면, 과거에 행복했을 리 없고 앞으로도 행복할 수 없다. 노동은 우리의 인생 전체에 관여하고 있으므로 당신의 능력을 내게 보여 준다면, 나는 당신이 어떤 사람인지 말해 줄 수 있다. 일에 대한 사랑은, 사람이 천해지고 악해지는 것을 막는 최선의 방책이다. 또한 그것은 지나치게 자신에게 애착을 가짐으로써 올 수 있는 자질구레한 걱정을 예방하는 최선책이라고도 말할 수 있겠다. 예전 사람들은 고통과 괴로움에서 벗어날 수 있는 도피처가 자신에게 있다고 생각했다. 그래서 사람들은 종종 자신의 세계에 숨곤 했지만, 결과는 언제나 같았다. 걱정과 노동은 인간의 운명이므로 누구도 거기서 도망칠 수는 없는 것이다. 고통과 맞서기를 회피하는 사람들은 자신을 기다리고 있는 고통과 언젠가는 마주치게 될 것이다. 게으른 사람은 자신이 세상에서 해야 할 일을 조금이라도 덜 방법을 궁리한다. 하지만 일에 대한 인간의 본능 때문에 그는 적은 일로 많은 고통을 받게 될 것이다. 즐거운 것에만 안주하는 사람은 이내 뒤틀어진 성미에 끊임없이 욕심부리는 주인(자신)을 모시고 있음을 당장이든 시간이 걸리든, 아니, 아마 바로 깨닫게 될 것이다. 책임을 회피하는 지나치게 나약한 사람 또한 언젠가는 그만큼의 대가를 치르게 된다. 중대한 일을 소홀히 한다면 사소한 일조차 큰 일처럼 여겨지게 된다. 그 결과 실생활에 건전하고 유용하게 쓰일 힘이, 하찮고 쓸데없는 걱정에 낭비되고 말 것이다."

하찮은 일이라도——본인이 좋아한다면——지속적으로 할 수 있어야 한다. 일을 하지 않는 사람은 노동에 따른 보상을 누릴 수 없다. 월터 스콧은 이렇게 말했다.

"일을 했을 때 숙면을 취할 수 있고 아침에 눈을 뜨는 시간이 행복하다. 여가를 즐기려면 조금이나마 고된 노동이 필요하다."

과로로 죽는 사람도 있지만 그런 사람보다는 이기심과 게으름, 방종으로 인해 죽는 사람이 더 많다. 누군가가 과로로 쓰러지면 그것은 건강을 제대로 돌보지 않았거나 건전하고 규칙적인 생활을 하지 않았기 때문일 것이다.
스탠리는 글래스고 학생들에게 연설할 때 이렇게 말했다.

"힘든 일이라도 꾸준히, 규칙적으로 하면 병이 나지 않을 겁니다."

그것은 옳은 말이다.

몇 년을 살았느냐로 삶의 길이를 재는 것은 올바른 잣대가 아니다. 인간의 삶은 '그가 무엇을 했고 무엇을 느꼈느냐'로 재야 한다. 유익한 일을 더 많이 하고 삶의 깨달음을 다양하게 얻은 사람은 진정한 의미에서 더 오래 살았다 할 것이다. 게으르고 무익하게 사는 사람은 아무리 오래 산다 하여도 식물처럼 단조롭게 살 뿐이다.

일찍이 선교사들은 노동의 고귀함을 몸소 보여주었다. 성 바오로는 이렇게 말했다.

"일할 의지가 없는 사람은 먹지도 말아야 할 것이다."

성 바오로는 손수 농사를 지으며 다른 사람에게 의지하지 않는 것을 당당하게 생각했다. 성 보니파키우스는 영국에 정착할 때 오른손에는 복음서를, 왼손에는 목수의 자를 들고 있었다. 뒷날 그는 독일로 떠나면서 건축술도 함께 가지고 갔다. 루터도 여러 임무를 수행하는 가운데 정원 손질과 건축, 세공, 시계 제작 등 생계를 위한 일도 열심히 하였다.

나폴레옹은 훌륭한 기계 장치를 만든 발명가에게 경의를 표했고, 작별할 때는 고개 숙여 정중히 절했다. 언젠가 그가 세인트 헬레나에서 발콩브 부인과 함께 걷고 있을 때, 짐을 나르던 몇몇 하인들이 길을 막고 있었다. 발콩브 부인이 화난 목소리로 길을 비키라고 명령했다. 그러자 나폴레옹이 부인을 달래며 말했다.

"저들의 짐을 생각해 보시지요, 부인."

가장 비천한 일을 하는 노동자라도 사회의 안녕에 이바지한다. 중국의 황제는 이런 현명한 말을 했다.

"일하지 않는 남자나 게으른 여자가 있다면, 이 제국에 살고 있는 누군가가 그들 때문에 추위나 배고픔으로 고통받고 있을 것이다."

남성은 물론 여성도 일을 지속적으로 하는 습관을 반드시 가져야만 평안과 행복을 유지할 수 있다. 일하지 않는 여성은 두통과 우울증에 빠져 권태롭고 무기력한 상태에 이르게 된다. 캐롤라인 페데스는 결혼한 딸 루이자에게 그러한 무기력 상태를 조심하라고 엄히 타일러 주었다.

찰스 램

어머니는 딸에게 이렇게 말했다.

"아이들이 없는 동안 나는 이따금 한낮의 부엉이처럼 무기력해진단다. 그러나 그 무료함에 굴복해서는 안돼. 젊은 부인들은 누구나 그런 감정을 어느 정도 느끼지. 그럴 때는 건전한 '일'이 최고란다. 흥미도 있고, 그래서 부지런히 할 수 있는 일 말이야. 부지런히, 그리고 꾸준히 무엇인가를 하려고 노력해야 한단다. 너희 할아버지께서는 사람이 게을러지는 것은 악마가 파놓은 함정에 빠지는 것이라고 말씀하셨다. 할아버지의 말씀은 언제나 옳으셨어."

지속적으로 유익한 일을 하면 몸과 마음 모두가 건강하다. 비록 도덕적으로나 정신적으로 타락하지 않았어도 나태한 사람은 평생 빈둥거리며 자신의 재능을 살리지 않고 내버려 둔다. 반면 열정적인 사람은 자신이 영향을 줄 수 있는, 또는 받을 수 있는 모든 이들에게 힘이 되어주고 기쁨이 되어준다.

풀러는 어린 나이에 선원이 된 프랜시스 드레이크에 대해 이렇게 말했다.

"젊은 날의 고생과 인내는 그의 영혼을 더욱 견실하게 해주었다."

실러는 꾸준하게 부지런히 일해야 하는 기계공의 일, 즉 정해진 일상 업무를 수행했던 것이 자신의 인생에 크게 도움이 되었다고 말했다.

프랑스 화가 그뢰즈는 유익한 활동의 대명사인 '일'이 행복의 비결이라고 말했다. 이 말을 증명해 줄 사람은 많다. 캐저본은 아무 일도 하지 말고 당분간 휴식을 취하라는 친구들의 권유로 며칠을 쉬었는데, 아무것도 하지 않고 아픈 것보다 일하면서 아픈 것이 더 낫다며 다시 본연의 업무로 돌아갔다.

찰스 램은 단조롭고 고된 나날의 업무에서 벗어나게 되었을 때, 자신이 가장 행복한 사람이라고 느꼈다. 그는 친구에게 이렇게 말했다.

"앞으로 10년 동안은 감옥으로 돌아가지 않을 것이네."

또한 찰스 램은 버나드 바턴에게 그와 같은 행복한 기분으로 이렇게 편지를 썼다.

"그간 나에게는 편지 한 장 쓸 정도의 여유도 없었소. 이제는 공기처럼 자유롭소. 나는 50년은 더 살 것이오. ……내가 누리고 있는 이 여유로움을 조금 떼어 당신에게 나누어 주고 싶소! 사람이 할 수 있는 것 가운데 가장 좋은 것은 아무것도 하지 않는 것이오. 그 다음으로는 아마도 유익한 일을 하는 것이겠지요."

그로부터 2년, 무척 길고 따분한 세월이었다. 그 동안 찰스 램의 생각은 완전히 바뀌었다. 그는 이제 단조롭게 생각했던 '정해진 일상 업무'가 자신에게 얼마나 유익했는지 깨닫게 되었다. 과거에는 시간이 그의 친구였으나, 이제는 그의 적이 되었다.

그는 버나드 바턴에게 다시 편지를 썼다.

"단언하건대 고된 노동보다 더 해로운 것은 아무 일도 하지 않는 것이오. 마음이 마음을 좀먹는군. 나는 어떤 일에도 관심을 기울이지 않게 되었소. 빗물조차 내 고독한 머리 위에 떨어지는 일이 없소. 내가 그나마 이 무료함을 떨쳐낼 수 있는 유일한 방법은 산책밖에 없소. 나는 피투성이가 될 정도로 시간과 사투를 벌이고 있소. 하지만 신은 입을 굳게 다물고 있구려."

월터 스콧만큼 근면의 중요성을 제대로 깨달은 사람은 없다. 그는 누구보다 부지런하고 지칠 줄 모르는 사람이었다. 록하트는 그에 대해 이렇게 말했다.

"남녀노소 그리고 모든 국가를 통틀어, 지칠 줄 모르는 정력과 침착한 정신, 태도를 지닌 스콧과 같은 인물은 천재 문학가의 본보기가 아니라 훌륭한 군주나 지도자의 본보기로 삼아야 한다."

스콧은 자녀들이 이 세상에서 행복하고 만족스럽게 살아갈 수 있도록 근면의 중요성을 강조했다. 그는 학교에 다니는 아들 찰스에게 편지를 썼다.

사우디

"평생 동안 노동은 신께서 우리에게 주신 의무임을 마음에 깊이 새겨라. 일하지 않고 얻을 수 있는 것은 소유할 가치가 없다. 그것은 농부가 땀 흘려 일하여 얻은 빵과, 부자가 지루함을 없애기 위해 하는 운동도 마찬가지야. 쟁기질을 하지 않고 밀을 거둘 수 없는 것처럼, 노력 없이 인간의 마음에 지식을 심을 수 없다. 그러나 여기엔 큰 차이가 있어. 농부가 뿌린 것은 다른 사람도 거두어들일 수 있지만, 학업의 결실은 어느 누구도 빼앗아갈 수 없다는 말이지. 지식은 그것을 습득한 본인만이 사용할 수 있다. 애야, 그래서 노동은 시간의 효율을 향상시킨다. 젊은 시절에는 발걸음이 가볍고 마음도 유연하여 지식이 쉽게 쌓이지만 만약 인생에서 봄을 놓쳐버리면 여름은 게으르고 무력해져서, 가을에는 수확할 것이 없다. 그러면 인생의 황혼기인 겨울에는 어떻겠니, 처량하고 쓸쓸해지겠지."

사우디는 스콧 못지않게 부지런했다. 사실 노동은 그에게 있어 신앙심의 일부나 마찬가지였다. 그는 19살 때 이런 말을 했다.

"열아홉 해! 내 인생의 4분의 1이 지나갔다. 얼마나 즐거운 나날이었던가! 하지만 나는 아직 사회에 아무런 공헌도 하지 못했다. 나는 하루에 2펜스를 받고 까마귀를 놀래주는 어릿광대보다도 쓸모없는 인간이다. 내가 노력 없이 먹는 빵을, 광대는 열심히 일해서 얻는다."

사우디는 결코 게으름을 피운 적이 없었다. 오히려 그는 매우 부지런한 학

볼테르

생으로, 주로 영문학을 읽었고 그 분야의 지식도 출중했다. 타소·아리오스토·호머·오비디우스도 읽었다. 그러나 그는 자신의 삶에 목적이 없다는 것을 알아차렸다. 그래서 무엇인가를 하기로 결심했다. 그때부터 그의 생이 끝날 때까지 문학가로서 끊임없는 작품 활동을 추구했다.——그는 자신의 개성 있는 문체를 만들기 위해 하루하루 배움에 정진했다.——그는 박식했지만 가난했다. 가난했지만 명예가 있었고 행복을 잃을 정도로 명예를 중요시 하지도 않았다.

위인들이 아낀 '지혜의 충언'들을 보면 그들의 성격을 알 수 있다.

월터 스콧이 아끼는 격언은 이것이다.

"결코 무위도식해서는 안 된다."

역사가인 로버트슨은 15세에 다음 격언을 좌우명으로 삼았다.

"배움이 없는 삶은 죽은 것이나 마찬가지이다."

볼테르의 좌우명은 '항상 일하라'였다.

자연주의자인 라세페드가 좋아하는 격언은 '사는 것은 관찰하는 것이다'였다. 이는 플리니우스가 아낀 격언이기도 했다.

보쉬에의 대학 시절 공부에 대한 그의 열정은 매우 놀라웠다. 학우들은 그의 이름을 따서 '쟁기질 하는 소(라틴어로 Bos-Suetus)'라 불렀다. 스웨덴의 시인 시외베리는 일명 '비탈리스('생기 있는'이라는 의미의 라틴어)'로, 프레드릭 폰 하르덴베르크는 일명 '노발리스('경작지', '수확'이라는 의미의 라틴어)'로 불렀다. 이것은 두 천재의 열정과 노력을 보여준다.

우리는 일을 '단련'이라 부른다. 또한 일은 인격의 스승이다. 결과가 좋지 않더라도 아무것도 하지 않은 것보다 낫다. 실패를 통해 성공의 기반을 준비했기 때문이다. 일하는 습관은 시간을 분배하는 현명한 방법을 가르친다. 열심히 일을 하며 단련을 통해 삶을 계획한다면, 매시간 유용하고 더욱 재미있게 여가를 보낼 수 있을 것이다.
콜리지는 이렇게 말했다.

"게으른 사람은 시간을 죽이는 반면 규칙적인 사람은 시간에 생명과 도덕심을 불어넣는다. 규칙적인 사람은 시간을 양심적인 목표로 삼는다. 시간을 기록하여 체계화하고 거기에 혼을 불어넣는다. 그럼으로써 시간의 본질은 돛을 달고 달려갈 것이거나 이미 달려간 시간이 되어 그는 불멸의 정신적 존재와 (시간을 초월한) 교감을 나누게 된다. 훌륭하고 충실한 하인(시간)의 에너지를 조리있게 질서화하면 그가 시간 속에 기억되는 것이 아니라 시간이 그의 정신 속에 기억되게 될 것이다. 그의 매일과 매달과 매해는 세상이 멸망해도, 시간 자체가 이제 없다고 해도 그대로 남아 존재할 것이다."

사업은 가장 효율적인 방법을 가르치는 원리이기 때문에 인격을 가르치는 스승으로서 매우 중요하다. 일에 있어서 가장 필요한 자질은 일상생활에서 다른 사람들과의 적극적이고 원만한 관계를 통해 길러진다. 그것이 가정을 돌보는 일인지, 국가를 다스리는 일인지는 중요하지 않다. 앞에서 말한 것처럼 가정에서 유능한 아내는 일에서도 성공한다. 그녀는 가정의 작은 일들을 관리하고 통제한다. 또 지출을 알맞게 유지하고, 계획과 체계에 따라 모든 것을 관리하며, 가족 구성원들을 현명하게 보살피고 지도한다.
효율적인 가정 관리는 근면함과 체계성, 도덕심, 신중함, 실무 능력 그리고 통찰력과 권위를 갖추어야 가능하다. 이 모든 능력은 모든 사업을 효율적으로 관리하는 데 꼭 필요하다.
사업 자질은 매우 넓은 활동 영역을 포함한다. 그것은 일처리 기술이며, 삶의 실질적인 문제들을 성공적으로 처리하는 능력이다. 가정 문제와 직업상의 문제, 무역과 상거래상의 문제, 사회 문제, 정치 문제, 그러한 여러 가지 문제들을 더 효율적으로 처리할 수 있도록 스스로 단련하는 것은 실생활에 가장 쓸모있는 자기 훈련이다. 게다가 사업 능력은 인격을 수양하는 면에 있어서도 가장 좋은 방법이 될 수 있다. 사업적 재능에는 근면성·주의력·판단력·기지, 그리고 다른 사람에 대한 인간적 사회적 지식과 배려까지도 필요하기 때문이다.

워싱턴

이런 훈련은 혼자서 명상을 하거나 문학 작품을 읽으며 교양을 쌓는 것보다 삶에 더 많은 행복을 가져다 주고 효율성을 훨씬 높여 준다. 결국 현실적인 능력이 지성보다 중요하고 성품과 습관이 재능보다 중요하다는 사실을 깨닫게 된다. 하지만 이것은 부지런한 관찰과 신중한 체험을 통해 습득할 수 있는 교양(敎養)이라고 콜리지는 말한다.

최근 발간된 한 간행물에서 트로셔 장군은 이렇게 말했다.

"훌륭한 대장장이가 되기 위해 평생을 대장간에서 일해야 하는 것처럼, 훌륭한 관리자가 되려면 평생 동안 사업을 연구하고 실행해야 한다."

월터 스콧은 능력 있는 사업가를 가장 존경했다. 문학적 능력이, 수준 높은 실생활에서 얻은 숙련된 지식만큼 중요하지는 않으므로, 최고의 리더에게 문학적 능력이 반드시 필요한 것은 아니라고 여겼다.

훌륭한 리더는 무엇이든 절대 운에 맡기지 않는다. 그들은 우연히 발생할 수 있는 사소한 일들에 주의깊게 대비한다. 웰링턴 공은 스페인에서 군부대를 지휘할 때 병사들에게 조리 방법까지 정확히 지시했다. 인도에서는 황소를 모는 속도까지 정확히 지시했고, 모든 장비를 미리 꼼꼼히 챙겼다. 그 결과 효율성이 향상되었을 뿐 아니라, 부하들도 무한한 신뢰와 헌신을 표했다.

다른 훌륭한 리더들처럼 웰링턴 공은 일에 대한 지칠 줄 모르는 열정을 가졌다. 주노 장군이 통솔하는 프랑스 군대가 해변에서 그를 기다리고 있는데도, 아일랜드의 대신이었던 그는 몬데고 어귀에 닿았을 때 더블린 치안법의 서두를 작성했다. 뛰어난 사령관이었던 카이사르는 군대를 이끌고 알프스 산맥을 넘으면서 라틴 수사학에 대한 소론을 집필했다. 그리고 웰링턴 공은 6만 명의 군사들을 이끌고 적들과 싸우면서도 가축우리의 위생 상태 점검을 지시했다.

워싱턴 또한 열정적인 사업가였다. 그는 어려서부터 무슨 일을 할 때는 그 일에 몰입하여, 지속적으로 연구하며 조직적으로 일하는 습관을 길렀다. 그가 직접 베껴 쓴 교과서는 지금도 그대로 보관되어 있다. 그것을 보면, 13세라는 어린 나이에도 영수증·약속어음·채권·고용 계약서·임대차 계약서·토지대장 및 신중히 작성해야 하는 여러 서류들을 작성하는 법을 익히는 데 열심이었음을 알 수 있다. 어려서 습득한 습관들은 그가 훌륭히 행정 업무를 수행하는 데 토대가 되었다.

성공적으로 업무를 수행한 사람은 화가나 작가 또는 전쟁에서 승리한 영웅만큼 존경받을 자격이 있다. 그들도 어려움을 극복하며 성공을 이루어냈다. 그들의 승리는 적어도 손에 피를 묻히지 않은 평화로운 승리인 것이다.

어떤 사람들은 일하는 습관과 천재성이 함께 있을 수 없다고 생각한다. 《리처드 로벨 에지워스의 전기(傳記)》에서 언급된 빅 넬——평범하지만 존경받은 인물로서, 《샌드포드와 머턴》의 작가인 사브리나 시드니와 결혼했다는 것 외에 알려진 바가 없다——은 이렇게 묘사되어 있다.

"그 또한 천재들이 가지고 있는 결점을 가지고 있었다. 그는 단조롭고 힘든 일을 몹시 싫어했다."

그러나 그것은 잘못된 생각이다. 위대한 천재들은 모두 단조롭고 힘든 일도 마다하지 않는 위대한 노동자였다. 그들은 평범한 사람들보다 더욱 열심히 일했다. 위대하고 가치 있는 산물(産物) 가운데 즉흥적으로 만들어진 것은 하나도 없다. 천재라 하더라도 숭고한 인내와 노동이 있어야만 걸작을 만들 수 있다.

일하는 능력에는 활기가 스며 있다. 이 활기차고 뛰어난 인물들은 과거뿐만 아니라 지금도 우리 마음 속에 생생히 살아 있다. 루이 14세조차 '왕은 일을 함으로써 나라를 다스린다'고 말했다.

클래런던은 햄프던을 이렇게 묘사했다.

"그는 늘 조심스럽고 부지런해서 아무리 힘든 노동을 해도 피곤해하거나 지치지 않았다. 그는 자발적으로 필요한 일을 능숙하게 처리했기 때문에 아무리 치밀하고 예리한 사람이라도 그에게 그 이상 시킬 일이 없었다. 그는 유능함과 더불어 용기도 갖고 있었다."

햄프던은 부지런히 임무를 수행하던 중 어머니에게 이렇게 편지를 썼다.

"저의 인생은 일 그 자체였습니다. 오랜 세월 공화정을 위해, 국왕을 위해 일했습니다. ……사랑하는 부모님을 위해 나의 의무를 다할 시간이, 부모님을 위해 보낼 시간이 그만큼 많이 남지 않았습니다."

햄프던

공화정의 모든 정치가들은 훌륭한 노동자였다. 클래런던도 집무실 안팎에서 쉬지 않고 열심히 일했다.

활기찬 생명력은 예나 지금이나 열심히 일하는 사람들의 특징이다. 코브던은 반(反)곡물법 운동이 전개되는 동안 친구에게 보낸 편지에서 스스로를 이렇게 묘사했다.

"말처럼 일하고 있어. 시간적 여유가 조금도 없다네."

브루엄은 지치지 않고 활동적으로 열심히 일했던 대표적인 인물이었다. 브루엄은 젊었을 때보다 늙어서 더 열심히 일했으며, 뛰어난 업무 능력과 유머 감각 그리고 온순한 성품을 죽는 날까지 유지했다고 파머스턴은 전한다. 브루엄은 사무실에서 일에 파묻혀 있는 것이 건강에 좋다고 말했다. 오직 일만이 그를 무료함에서 자유롭게 했다. 한편, 엘베시우스는 인간이 야만성을 극복할 수 있는 것은 무료함 때문이라고 했다. 인간이 본능을 억제할 수 없게 하는 가장 중요한 원인은 무료함이 주는 고통이다. 그 고통으로부터 벗어나기 위해 인간은 더욱 열심히 일하게 된다. 그러니 무료함을 느끼는 인간의 정신은 역동적으로 인류 발전의 훌륭한 자극제인 셈이다.

끊임없는 일과 다양한 활동, 그리고 일상 생활에서 여러 사람들과 만나는 생활 원칙은 활력을 북돋우는 가장 좋은 방법이다. 제대로 교육된 업무 습관은 정치·문학·과학·예술 등 모든 분야에 유익하다. 그러므로 업무를 통해 잘 훈련된 사람이 훌륭한 문학 작품을 집필할 수 있었다. 근면함과 응용성, 그리고 시간과 노동의 효율성은 고용의 차원에서 유익한 역할을 하듯이, 다른 분야에서도 중요하다.

영국 초기의 작가들은 대부분 사무를 볼 수 있도록 일찍이 교육받은 사람들이었다. 당시에는 성직자들을 위한 문화 강좌를 제외하고는 별도의 강좌가 없었다.

영국 시인의 아버지인 초서는 원래 군인이었다. 나중에는 세관의 감사관으로 일했는데, 그 일은 무척이나 바빠서 쉴 틈이 없었다. 모든 자료들을 직접 손으로 기록해야 했기 때문이다. 세관에서 열심히 일하고 기쁜 마음으로 집에 돌아오면 자신이 좋아하는 공부를 했다. 그는 눈이 어지럽고 침침해질 때까지 열심히 책을 읽었다.

영국에서 건전한 생활 문화가 발달했던 엘리자베스 여왕 시대의 훌륭한 작가들은 현대적인 의미에서 문학가는 아니었으며 그들은 실무를 통해 단련된 활동가들이었다. 스펜서는 아일랜드의 행정관이었으며 랠리는 왕실 신하를 거쳐 군인·선원·탐험가로 활동했다. 시드니는 정치가·외교관·군인이었다. 베이컨은 대법관이 되기 전에는 가난한 변호사였다. 토머스 브라운은 노리치 지역의 내과의사였다. 후커는 지역 교회의 성실한 성직자였다. 셰익스피어는 극장 관리인이었으며 평범한 배우였다. 그는 자신의 지적인 창작보다 투자에 더 많은 관심을 기울였던 것 같다.

한결같이 적극적인 일처리 습관을 갖고 있었던 이들은 영국 역사상 문학 활동이 가장 활발히 이루어졌던 시기인 엘리자베스 여왕 시대와 제임스 1세 시대를 빛낸 훌륭한 작가들이었다.

찰스 1세 때 카울리는 책임과 신뢰를 요하는 다양한 직무를 맡았다. 그는 여러 왕당파 지도자의 개인 비서로 일했고, 나중에는 여왕의 개인 비서를 하면서 찰스 1세와 주고받는 서신을 암호로 바꾸고 암호를 해독하는 일을 했다. 카울리는 몇 년 동안 온종일 일했고 밤을 새며 일한 날도 많았다. 카울리는 왕실을 위해 일을 한 한편, 젊은 시절 교사였던 밀턴은 공화정에서 라틴어 사무관과 호민관의 비서로 일했다.

아리오스토

존슨은 이렇게 말했다.

"밀턴은 그가 맡았던 모든 일과 마찬가지로 학교에서도 매우 부지런히 일했음이 틀림없다."

밀턴이 집필에 본격적으로 발을 내디딘 것은 공직에서 사임한 왕정복고(王政復古 : 공화 정체가 폐지되고 옛 군주 정체로 되돌아감) 이후였다. 그는 위대한 서사시를 집필하기 전에 먼저 좋은 책을 선별하여 부지런히 읽을 필요가 있다고 생각했다. 또한 '꾸준한 관찰'과 '모든 매력적인 학문과 사건들에 대한 편견 없는 통찰'이 필요하다고 느꼈다.

로크는 찰스 2세 때 상무성 장관이었고, 윌리엄 3세 집권기에는 항소와 무역 그리고 식민지 담당 행정관이었다. 그 외에도 많은 뛰어난 문학가들이 앤 여왕 집권기에 공직에 있었다. 애디슨은 국무대신이었고, 스틸은 우체국장, 프라이어는 국무차관에 이어 프랑스 주재 대사, 티켈은 국무차관과 아일랜드 고등법원 최고법관 서기관, 콘그리브는 자메이카 장관, 그리고 게이는 하노버 주재 외무공사로서 일했다.

그들의 업무 습관은 과학적 탐구나 문학 집필에 가장 잘 어울리는 정신을 단련시켰다. 볼테르는 문학정신과 업무정신이 같다고 진심으로 주장했다. 두 분야 모두 완성을 위해서는 정력과 신중함, 세련된 지성과 실용적인 지혜, 활동적이고 차분한 정신의 결합이 필요하다. 이러한 결합은 유능한 자질을 겸비했던 베이컨이 강조한 것이기도 하다. 일상적인 삶과 아무 연관이 없으면 천재라도 인간사에 가치 있는 글을 쓸 수 없다.

오늘날까지 살아 있는 최고의 저서들 가운데 상당수가 전혀 다른 직업을 갖고 있던 사람들이 집필한 것들이다. 그들에게 문학은 직업이 아니라 취미였다. 〈계간지〉의 편집자인 기퍼드는 저술 활동이 생계 수단일 경우 얼마나 단조로운 고역인지 잘 알고 있었기 때문에 이렇게 말할 수 있었을 것이다.

"하루 일과를 끝마친 다음 자유롭게 글을 쓸 수 있는 단 한 시간은, 문필을 업으로 삼는 사람에게 있어 하루 종일의 수고보다 더 가치가 있다. 글 쓰는 한 시간 동안은 시냇가에 다다른 사슴처럼 즐겁게 원기를 회복하고, 나머지 시간 동안은 굶주리고 사냥개에게 쫓겨 숨을 헐떡이는 사슴처럼 비참하다."

이탈리아 최초의 훌륭한 문필가들은 전업 작가들이 아니었고 본래 상인·정치가·외교관·판사·군인 등 다른 일을 하고 있었다. 《플로렌스의 역사》의 저자 빌라니는 상인이었고, 단테와 페트라르카, 보카치오는 모두 대사관에서 근무했다.

단테는 외교관이 되기 전에 화학자와 약사로 근무했다. 갈릴레이와 갈바니 그리고 파리니는 의사였고, 골도니는 변호사였다.

아리오스토는 시인으로서의 천재성만큼 훌륭한 업무 능력도 있었다. 아버지가 타계한 뒤, 그는 어린 동생들을 위해 가족의 재산을 관리하게 되었다. 그는 최선을 다해 성실히 임무를 수행했다. 페라라 공작은 그의 천재적인 업무 능력을 알아보고, 그 뒤 로마와 다른 국가를 방문할 때 그를 데리고 갔다.

뒷날 아리오스토는 무법천지인 한 산간 지방의 지사로 임명되었다. 그는 공정하고 바른 통치로 혼란스런 산간 지방의 질서를 바로잡아 평화스러운 곳으로 바꾸어 놓았다. 산적들까지 아리오스토를 좋아했다. 어느 날 아리오스토가 산길을 지나다가 산적 무리에게 붙잡혔다. 그가 자신의 이름을 대자 산적들은 아리오스토를 그의 목적지까지 안전하게 데려다 주는 것이었다.

다른 국가들도 마찬가지였다. 《국가의 권리》의 저자 바텔은 외교관이자 능력 있는 사업가였다. 내과 의사인 라블레는 개업하여 성공을 거두었고, 실러는 외과의사였다. 존경받는 세르반테스와 로페 데 베가·칼데론·카몽스·데카르트·모페르티우스·라 로슈푸코·라세페드·라마르크는 모두 젊은 시절에 군인이었다.

저술 활동으로 유명한 영국인들 가운데 상당수가 상인이었다. 릴로는 폴트리에서 보석상으로 일하면서 틈틈이 희곡을 써서 힘있고 가치 있는 작품을 많이 남겼다. 아이작 월튼은 플리트 가에서 직물 거래상으로 활동했다. 그는 여가 시간을 이용해 많은 책을 읽었고, 전기 작가로서 나중에 활용하게 될 정보들을 차곡차곡 모았다. 디포는 말 중개인을 거쳐 벽돌과 타일 제조업자, 소매상을 하다가 작가가 되었고 인도 주재관으로도 일했다.

새뮤얼 리처드슨은 일과 집필 활동을 성공적으로 겸했다. 그는 플리트 가의

새뮤얼 리처드슨

솔즈베리 코트에 있는 가게 뒷전에 앉아 소설을 써서, 가게 앞의 카운터에서 그 책을 판매했다. 버밍엄의 윌리엄 휴튼도 도서 판매업과 작가로서의 문필 활동을 양쪽 모두 성공적으로 해냈다. 그는 50세가 되어서도 자신의 최고의 잠재 능력이 무엇이었는지를 깨닫지 못하는 경우가 있다고 적었다.

윌리엄 휴튼은 세상 사람들이 그의 저서인 《버밍엄 역사》를 읽고 나서 그의 고고학자다운 면이 빛난다고 말해 줄 때까지 그 일이 자신에게 맞는지조차 모르고 있었다. 그는 사람들이 그 사실을 말해준 뒤에야 자신에게 그런 면모가 있었는지를 깨달았다.

벤저민 프랭클린은 작가·철학자·과학자·정치가로서뿐 아니라 인쇄업과 도서 판매업자로서도 두각을 드러냈다.

우리 시대에도 위와 같은 인물들을 찾아볼 수 있다. 에버니저 엘리엇은 셰필드에서 철근 상인으로 일하며 많은 시를 지어 출판했다. 그는 크게 성공하여 일을 그만두고, 농촌에 집을 짓고 그곳에서 남은 생을 보냈다. 《열정의 역사》의 저자인 아이작 테일러는 도안을 조각하여 맨체스터의 옥양목 날염업자들에게 공급하였다. 재능 있는 다른 가족들도 그를 따라 같은 일을 하였다.

존 스튜어트 밀은 동인도관의 수석 심사원으로 근무하면서 틈틈이 작품을 썼다. 찰스 램과 《헤드롱 홀》의 저자 피콕, 문헌학자인 에드윈 노리스도 동인도관에서 근무했다. 매콜리는 육군성 장관으로 일하며 《고대 로마의 노래》를 지었다. 헬프스가 깊은 생각을 담아 쓴 작품은 제목 그대로 '업무 틈틈이 쓴 에세이'였다.

오늘날에도 많은 작가들이 공직을 겸하고 있다. 헨리 테일러와 존 케이, 앤서니 트롤럽, 톰 테일러, 매슈 아널드, 새뮤얼 워렌을 예로 들 수 있다.

'배리 콘월'로 알려진 시인 프록터는 정신이상자 전문 변호사였다. 패리스 박사가 익명으로 《과학을 심화시킨 스포츠 철학》을 출간했듯이, 프록터도 배리 콘월이라는 필명을 사용했다. 글을 쓴다는 사실이 알려지면 본업에 지장이 있을까봐 우려했기 때문이었다. 사실 글을 쓰는 사람, 특히 시를 쓰는 사람은 본업에 소홀하다는 선입견이 도시 사람들 사이에 널리 퍼져 있었다. 그러나 훌륭한 역사가였던 샤론 터너는 사무 변호사로서도 매우 뛰어난 인물이었다. 《수신 거부된 주소》의 공동 저자인 호레이스 스미스와 제임스 스미스 형제는 자신들의 직업에서 뛰어난 능력을 발휘했다. 그들은 높은 수익을 올릴 수 있는 해군본부의 사무 변호사직을 맡아 그 일을 훌륭히 수행해냈다.

법정 변호사이던 브로드립은 런던 치안판사로 활동하면서 발달사 연구에 푹 빠졌다. 그는 여가 시간의 대부분을 박물학 연구로 보냈다. 브로드립은 《페니 백과사전》이라는 책을 저술했다. 그 밖에 학문적 가치가 뛰어난 다른 저서들도 집필했는데, 그 가운데 《동물학 산책》과 《박물학자의 노트》는 더욱 더 뛰어난 저술이었다. 그는 동물학협회나 그가 창설한 리전트 파크 시설물에서 많은 시간을 보내고 작품 활동도 열심히 했다. 그렇다고 본업을 게을리 하지는 않았으며 그의 행동이나 결정에 아무런 문제 제기도 없었다.

폴록 남작은 여가 시간을 이용해 자연과학을 연구했다. 폴록은 사진술과 수학 연구에 재미를 붙였고, 두 분야에서 철저하게 전문가가 되었다.

문학가이며 은행가인 인물들 중에 시인 로저스와 로렌조 드 메디치의 전기를 쓴 리버풀의 로스코, 《정치 경제와 세제》의 저자인 리카르도, 《그리스 역사》의 저자인 그로트, 과학적 골동품 연구가인 존 러벅, 《견해 형성과 발표론》의 저자이며 윤리·정치경제·철학에 대한 여러 주요 저서를 집필한 셰필드의 새뮤얼 베일리가 있다.

충분한 교육을 받은 과학자나 학자들 중에서 일의 추진이나 처리 능력이 부족했던 사람은 없었다. 가장 좋은 교육을 받으면 부지런히 일하는 습관을 갖게 되고 정신이 단련되며, 지적 자원을 받아들여 자유로운 활동력을 갖추게 된다. 그러므로 젊은 사람들에게 교육과 학위는 곧 그의 착실한 성격을 나타내는 증거이다. 그는 끊임없이 주의를 기울여 부지런히 공부했고 지식을 습득하기 위해 능력과 힘을 기울여온 것이다. 그런 사람들은 보통 사람 이상의 민첩함과 실무 능력, 손재주를 갖추고 있다는 것을 흔히 발견하게 될 것이다.

몽테뉴는 철학자들에 대해 이렇게 말했다.

"학문에서 위대한 업적을 달성한 사람들은 실무에서는 더욱 훌륭하게 일을 수행한다. ……이런 사실을 그들이 증명해 보일 때마다 그들은 하늘을 날아오른 듯했다. 기묘하게도 그들의 영혼은 높이 올라 지식으로 충만해 있음을 보여주었다."

철학과 문학이 동시에 습관으로 굳어질 정도로 지나치게 몰두하다 보면 현실적인 일상사를 제대로 이행할 수 없게 될 수도 있다. 사고 능력과 실천 능력은 전혀 다른 것이다. 연구 과정 또는 집필 과정에서 인생과 정책에 대해 폭넓은 견해를 보인 사람이라 해도 현실 생활에서 그것을 실천하는 데는 어려움이 따를 수가 있다.

사고 능력은 활발한 생각에 달려 있지만 실천 능력은 활발한 활동에 달려 있다. 보통 두 가지 능력을 동등하게 가지고 있는 경우는 극히 드물다. 사고 능력이 뛰어난 사람은 문제의 모든 면을 보기 때문에 대개 우유부단하다. 찬반 양론을 따져 보는 동안 행동은 자연히 늦춰지지만, 결국엔 양쪽의 주장이 균형을 잡아가게 된다. 반면 실천적인 사람은 논리적인 예비 단계를 거치지 않고 확신에 이른다. 그리고 자신의 생각을 행동으로 밀고 나간다.

생각에 생각을 거듭하는 훌륭한 과학자들 가운데는 뛰어난 실무 능력을 지녔던 이들이 많다. 우리는 아이작 뉴턴이 위대한 과학자였다고 해서 조폐국 국장으로서의 임무를 소홀히 했다는 이야기를 들어본 적이 없다. 똑같은 직무를 담당한 존 허셜 또한 능숙하게 업무를 처리했고, 그의 유능함에 어느 누구도 불평하지 않았다. 훔볼트 형제도 마찬가지로 그들이 맡은 모든 일에 능숙했다. 그것이 문학이든 철학·문헌학·광업·외교 또는 정치와 관련된 일이든 거침없이 해냈다.

역사학자인 니부어는 실업가로서도 뛰어난 능력을 보여주었고 엄청난 성공을 거두었다. 덴마크 정부는 그를 아프리카 영사관 서기 겸 회계사로 임명했고, 그는 맡은 일을 충실하게 이행했다. 또한 뒷날 국가재정 관리위원으로 선발되기도 했다. 그 뒤 니부어는 그 자리를 사임하고 베를린에 있는 은행의 공동 대표이사직을 맡았다. 그가 로마 역사를 연구하고 아랍어와 러시아어, 그리고 슬라브 언어를 익히며 작가로서 큰 명성을 쌓은 것은 실업가로서 열심히 일할 때였다.

나폴레옹 1세가 학자들에 대해 이야기했던 내용을 보면, 그는 학자들을 측근으로 끌어들여 행정 능력을 강화하려 했던 것으로 보인다. 나폴레옹이 임명했던 이들 가운데 몇몇은 실패했지만, 그 외는 모두 성공적이었다. 나폴레옹은 라플라스를 내무장관에 임명했다. 그런데 얼마 뒤 그것이 실수였다는 것을 알았다.

뒷날 나폴레옹은 그에 대해 이렇게 말했다.

"라플라스는 어떤 문제든 보이는 그대로 받아들이지 못했다. 늘 세세한 일에 신경을 쓰고, 머릿속은 문제들로 가득했다. 그는 세밀한 계산을 하면서 업무를 처리했다."

그러나 라플라스의 습관은 학자로서의 연구 과정에서 형성되어온 것이었다. 그리고 그는 너무 늙어서 그때 그것을 실생활의 목적에 응용할 수 없었던 것이다.

단의 경우는 달랐다. 단은 마세나가 지휘한 스위스 부대의 감찰관으로 복무한 경험이 있었다. 그동안 그는 작가로도 이름을 날렸다. 나폴레옹이 주의회 의원 겸 황실 감독관 자리를 제의했을 때 단은 망설였다. 그때 그는 이렇게 말했다.

"책에 파묻혀 있는 시간이 더 많았던 사람이라서 공직을 배울 시간이 없었습니다."

그러자 나폴레옹은 이렇게 대답했다.

"내 주변에 공직자들은 많이 있소. 내가 필요로 하는 사람은 사리가 밝고 의지가 굳으며 늘 방심하지 않는 장관이오. 내가 당신을 선택한 것은 바로 그러한 자격이 있다고 생각했기 때문이오."

단은 나폴레옹의 제의를 받아들여 국무대신이 되었고, 평생 겸손하고 명예롭고 청렴하게 살았다.

노련한 실무 능력을 가진 사람들은 일하는 습관이 몸에 배어 일하지 않고는 견디지 못한다. 여건상 특정 업무에서 내몰린다면 그들은 다른 일을 찾아낸다. 부지런한 사람은 여가 시간 동안에도 재빨리 즐겁고 자유로운 일을 찾아낸다. 게으른 사람들이 여가 시간을 찾지 못할 때 그들은 여가 시간을 만들어 내는 것이다.

조지 허버트는 이렇게 말했다.

"여가 시간을 활용하지 않는 사람에게는 여가 시간이 없다."

베이컨은 이렇게 말했다.

"활동적이거나 부지런한 사람들에게는 시간이 남아돈다. 따분해하거나 게으름을 피우거나, 경솔하게 다른 사람들이 더 잘할 수 있는 일에 개입하려는 욕심을 품지 않는다면, 일을 함으로써 좋은 기회와 수익을 얻게 될 것이다."

그러므로 많은 위대한 일들은, 여유 시간 동안 노닥거리는 것보다는 부지런히 일하는 게 쉽다는 것을 깨닫고, 근면을 제2의 천성으로 알고 산 사람들이 이룬 것이다.

취미도 실용적일 뿐 아니라 실무 능력에 도움이 되기도 한다. 적어도 취미는 기분좋은 소일거리를 제공한다. 물론 도미티안의 취미였던 파리잡기는 그리 기분좋은 소일거리는 아니었을 것이다. 마케도니아 왕의 취미는 제등을 만드는 것이었고, 프랑스 왕의 취미는 자물쇠를 만드는 것이었다. 이것은 약간 독특한 취미였다. 정신적으로 큰 압박을 받고 있을 때 틀에 박힌 기계적인 업무를 하면 큰 위안이 될 수 있다. 그러한 일을 하는 것이 그럴 땐 오히려 휴식이 될 수 있기 때문이며 일의 결과가 아니라, 일하는 것 자체가 고통의 완화이자 기쁨이기 때문이다.

최고의 취미는 지적인 활동이다. 활동적인 사람들은 일상 업무를 마치면 과학에서, 예술에서, 또는 문학에서 즐거움을 찾는다. 그러한 즐거움은 이기주의와 저속한 세속화를 막는 최고의 보호책이기도 하다.

브루엄 경은 이렇게 말했다.

"취미를 갖고 있는 사람은 복받은 사람이다."

브루엄 경은 다양한 재주를 갖고 있었으며 문학에서부터 광학과 역사와 전기, 사회과학에 이르기까지 여러 분야에 관심을 가졌다. 또한 그는 소설도 썼는데, 오래 전 〈블랙우드〉지에 실렸던 '종 치는 사나이'의 놀라운 이야기는 그의 펜 끝에서 나왔다. 그러나 지적인 취미에 지나치게 몰두하게 되면 기분을 전환시키거나 의욕을 돋우기보다는 힘을 소모시키고 지치게 할 수도 있다.

브루엄 경 말고도 많은 부지런한 정치가들이 여가 시간에 세계적인 수준의 문학 작품을 집필했으며, 은퇴한 뒤에도 그러한 작품을 집필하는 데에서 위안을 찾았다. 《카이사르 회고록》은 여전히 고전으로 남아 있다. 명쾌하고 힘있는 문체 때문에 그는 크세노폰과 동등한 위치에 설 수 있었다. 그는 크세노폰처럼 문필 능력에다 실무 능력까지 겸비한 성공적인 인물이었다.

쉴리는 장관 재직 중 면직되어 정계에서 은퇴하게 되었다. 은퇴 후에는 정치가로서의 자신을 후손들이 바르게 평가해주길 바라는 마음으로 《회상록》을 쓰고, 뒤이어 모험소설도 썼는데, 그 원고는 그가 사망한 뒤 그의 보관문서 더미에서 발견되었다.

튀르고는 경쟁자들의 못된 모함으로 면직된 뒤 물리학 연구에 전념하며 위안을 찾았다. 또한 일찍부터 고전문학에도 관심이 많았으므로 면직을 계기로 고전문학 연구에 더욱 몰두하게 되었다. 긴 여행 동안, 그리고 통풍(痛風: 관절염)으로 괴로운 밤이면 튀르고는 라틴어로 시를 지으며 마음을 달랬다. 벤저민 프랭클린의 초상화를 노래한 듯한 이 시는 아쉽게도 한 구절밖에 남아 있지 않다.

"왕위를 차지하고 있는 폭군을 번개로 쫓아내도다."

더 최근의 프랑스 정치인들을 보면, 토크빌과 티에르, 기조, 라마르틴에게 있어 문학은 정치처럼 직업적인 일이었다. 그런가 하면 나폴레옹 3세는 《카이사르 전기》를 집필하여 학계에 도전장을 냈다.

위대한 영국 정치가들에게 문학은 최고의 위안거리였다. 피트는 자신과

피트

같은 시대 사람인 폭스처럼, 정계 은퇴 뒤 그리스와 로마 고전문학 연구에 기쁜 마음으로 전념했다. 그렌빌은 피트를 최고의 그리스 학자라고 생각했다.

캐닝과 웰슬리는 은퇴 뒤 호라티우스의 풍자시와 송시 번역에 열중했다. 캐닝은 문학에 모든 열정을 쏟았으며, 문학이 그의 일생에 깊은 영향을 미쳤다.

캐닝의 전기 작가들에 따르면 피트의 집에서 저녁 식사를 할 때, 다른 동료들이 사교모임 도중 삼삼오오 사라진 뒤에도 응접실 구석에 앉아 고대 그리스 학자들의 문헌을 열심히 읽고 있는 캐닝과 피트가 어김없이 발견되곤 했다고 한다. 폭스 또한 그리스 작가들에 대해 부지런히 연구했고, 리코프론(일리아드에 나오는 그리스인)에 관한 서적을 읽었다. 또한 폭스는 《제임스 2세 전기》의 저자이기도 한데, 이 작품은 아쉽게도 미완성작이 되고 말았다.

이 시대 정치가들 가운데 가장 능력 있고 부지런했던 사람은 작고한 조지 콘월 루이스 경이라 할 수 있다. 그에게 문학은 취미이며 일이었다. 루이스는 사업 능력이 뛰어난데다 부지런하고 꼼꼼했으며 수고를 아끼지 않았다. 그는 자신이 조직한 빈민법위원회 의장을 거쳐 재무장관·내무장관·국방장관을 역임했다. 그는 그 모든 직무를 수행하면서 뛰어난 관료로서 명성을 얻었다. 그는 업무를 보는 중에도 틈틈이 역사·정치학·문헌학·인류학 등 다양한 분야를 연구하는 데 몰두했다. '고대 천문학'과 '로마어 형성론'에 대한 그의 저서는 마치 독일 최고의 학자가 집필한 것 같은 느낌을 준다. 그는 더 심오한 학문을 추구하는 데서 특별한 기쁨을 맛보았고, 그 속에서 최고의 즐거움과 오락거리를 찾았다.

루이스 경이 이따금 업무 시간이 끝나기가 무섭게 책을 읽으려고 공문서들을 옆으로 밀어 놓곤 했으므로, 파머스턴 경은 그에게 스스로를 너무 혹사시키지 말라고 충고했다고 한다. 파머스턴은 공문서들을 읽기에 바빠 책 읽을 틈이 없었다.

루이스 경은 취미에 너무 깊게 몰두했다. 하지만 헌신적인 연구가 있었기에 오랫동안 가치 있는 삶을 누릴 수 있었을 것이다. 그는 사무실 안팎에서 쉬지 않고 읽고 쓰고 연구했다. 재무장관으로 임명되었을 때는 〈에든버러 리뷰〉 편집자 자리에서 물러났다. 그 뒤 다시 재무장관을 그만둔 뒤 영국 박물관에서 다량의 그리스 문헌들을 옮겨 적는 일에 몰두했다.

루이스는 고대 유물을 탐구하는 힘겨운 작업에서 즐거움을 느꼈다. 그의 기묘한 연구 가운데 하나는 자신이 의혹을 가지고 있던 장수(長壽) 사례 보고서의 사실 여부를 조사한 것이다. 이 연구에 대한 그의 관심이 가장 컸던 시기는 1852년 헤리퍼드셔(잉글랜드 서부 옛 주)를 돌며 선거 유세를 할 때였다.

어느 날 유권자들에게 자신을 지지해 줄 것을 부탁하며 그 지역을 돌던 중에 반대표 유권자를 만났다. 루이스는 그에게 이렇게 말했다.

"저에게 표를 주실 수 없다니 유감입니다. 하지만 이 지역 주민 가운데 보기 드물게 오래 산 사람이 있었는지는 말해 주실 수 있겠지요?"

루이스 경의 시대에도, 공무 생활에 지친 정치가들이 눈에 띄게 문학에서 위안을 찾았다. 집무실 문이 닫혀 있어도 문학의 문은 언제나 열려진 채 있었다. 정치적으로 반대 입장에 있는 사람들도 호머와 호라티우스의 시 앞에서는 서로 손을 잡았다. 더비 백작은 정계 은퇴 뒤 훌륭한 《일리아드》 개정판을 출간했다. 그의 연설은 사람들의 기억 속에서 잊혀져도 그의 책은 끊임없이 읽혀질 것이다. 글래드스턴도 여가 시간에 《호머에 관한 연구》를 출간하고 《파리니의 로마 제국》을 번역했으며 디즈레일리는 《로타르》의 출간과 함께 정계 은퇴를 알렸다.

정치가이면서 소설가로도 잘 알려진 인물에 디즈레일리 말고도 역사와 전기문학 발전에 이바지한 러셀과 리턴이 있다. 리턴은 정치는 그의 취미이고 문학이 본업이라는 찬사를 듣기도 했다.

적당한 노동은 육체는 물론 정신에도 유익하다. 희망적인 일은 건강에 이롭다. 적당한 정신 노동은 신체 노동처럼 우리의 눈과 얼굴을 반짝거리게 한다. 그러나 인간의 지능은 신체 기관에 의해 유지되고 보호되는 것이므로, 과로를 한다면 몸뿐 아니라 정신에도 해로울 것이다. 일을 과도하게 하는 것은 언제나 경제적이지 못하다.

힘든 일보다 몸에 더욱 해로운 것은 지루한 일이고, 그 다음은 비생산적인 일이다. 사실 그것은 큰 낭비이며, 특히 정신적 근심을 동반하는 일은 더욱 그러하다. 실제로 근심은 노동보다도 훨씬 더 인간에게 치명적이어서 육체를 초조하게 하고 자극하고 소모시킨다. 마치 모래와 이물질이 과도한 마찰로 기계의 바퀴를 훼손시키는 것과 같다.

우리 몸은 물리적 신진대사 에너지보다 훨씬 많은 정신적 에너지가 남아 돈다. 평생 게으름을 피우며 단순히 먹고 마시고 잠만 잔다면 건강에 해로울 것은 말할 것도 없다.

그러나 운동 선수가 몸이 감당할 수 없는 과도한 훈련을 시도하다가 인대가 늘어나거나 척추가 손상되는 것처럼, 정신 노동자가 머리를 과도하게 사용하면 심적으로 지치고 균형을 잃게 될 것이다.

5 용기
세월과 운명이 우리를 약화시키려 해도 굴하지 말라

옛 사람들의 영웅적 본보기는 후세 사람들에게 용기를 심어준다. 위험한 상황 속에서도 침착하게 나아가라. 그리하면 용감한 자의 영혼이 앞으로 서서 오라 손짓할 것이다.

헬프스

우리는 영웅의 심장과 같은 기질을 가졌다.
우리는 시간과 운명 때문에 약해지려 하지만
의지는 강하여 운명에 저항하고 길을 찾으려는 노력을 포기하지 않는다.

테니슨

세상은 용기 있는 남성들과 여성들의 도움을 많이 받는다. 용기란 육체적 용기만을 의미하지 않는다. 인간에게 육체적 용기밖에 없다면 불도그와 다를 바 없다. 그가 자기 종족에서 가장 지혜롭다고 인정받는다 해도 마찬가지다.

조용한 노력과 진정한 도전으로 드러나는 용기——모든 것에 당당히 맞서고 인내하며, 진실과 의무를 위해 수많은 고통을 기꺼이 감수하는 용기——는 강한 육체가 보여주는 용맹스러움보다 더 용감한 것이다. 사실 육체적 용기에 따르는 보상은 명예와 작위, 때로는 피로 물든 월계관뿐이다.

이 세계의 가장 높은 위치에 있는 인물들의 질서 체계를 결정짓는 것은 그들의 정신적 용기이다. 정신적 용기는 진리를 추구하고 대변하고자 하는 용기와 공정함을 잃지 않으려는 용기, 정직하고자 하는 용기, 유혹에 저항하는 용기, 의무를 다하려는 용기 그 모두를 말한다. 이러한 미덕을 갖추지 못한 사람은 다른 어떤 미덕도 지키지 못한다.

반대와 난관에도 불구하고 참된 용기를 보여준 사람들과 사상의 선두에

하이네

우뚝 선 지도자들, 훌륭한 탐험가들, 애국자들, 삶의 여러 분야에서 활동하고 있는 일꾼들에 의해 인류 역사는 진보를 거듭했다. 위대한 이론이나 진리들은 험담과 비방, 박해에 맞서 고군분투한 끝에 마침내 대중적 지지를 얻게 되었다. 도대체 왜인가.

하이네는 이렇게 답했다.

"위대한 영혼이 자신의 생각을 이야기하는 모든 곳에는 골고다(예수가 십자가 형을 받은 언덕)가 있다."

모든 사람이 진리를 사랑해서
먼지 쌓인 책 더미 속에서 진리를 찾는 데
인생 최고의 기름을 아낌없이 썼다.
결국 자신의 노력에 대한 보상으로
진리의 여인이 벗어 던지고 떠난 망토에 만족했다.
다짐한 믿음으로 진리를 추구했던 많은 이들
진리 때문에 치를 대가로 한숨지었던 많은 이들
하지만 진리를 위해 싸웠던 이 형제들
목숨을 걸고 진리를 위해 일했던 이들은
진리를 너무 사랑하여 진리를 위해 죽음을 맞았으며
비로소 진리가 이루어지는 덧없는 환희를 맛보았다.

소크라테스는 72세에 아테네에서 유죄 선고를 받고 독약을 마셨다. 그의 당당한 가르침이 그즈음의 편견과 당파심에 반대 입장을 나타냈기 때문이다. 소크라테스를 고발한 사람들은, 그가 아테네의 수호신들을 경멸하도록 부추겨 젊은이들을 나쁜 길로 빠지게 하였다고 주장했다. 소크라테스는 자신에게 유죄를 선고한 재판관들과 자신을 이해하지 못한 대중들의 횡포에도 맞설 용기가 있었다. 그는 죽음에 임해서도 영혼불멸을 이야기하며 재판관들에게 이런 말을 마지막으로 남겼다.

"이제 우리는 헤어져야 하오. 나는 죽고 그대들은 살 것이지만 어느 것이 더 나은 운명인지는 신만이 알고 있소."

얼마나 많은 위인들과 훌륭한 사상가들이 종교의 이름으로 박해를 당했던가! 브루노는 그 시대에 유행하던 철학의 잘못된 점을 폭로했다는 이유로 로마에서 화형을 당했다. 종교재판소의 재판관들이 브루노에게 사형을 언도했을 때 그는 당당히 이렇게 말했다.

베살리우스

"유죄를 선고받은 나보다 유죄 판결을 내린 당신네들이 더 두려워하고 있구려."

브루노는 과학자라기보다 순교자였다. 그는 지동설(地動說 : 지구가 자전하면서 태양 주위를 공전한다는 학설)을 가르쳤다는 이유로 종교계로부터 지탄을 받았다. 70세에 로마로 소환되어 그가 주장하는 이론에 대해 해명하라는 요구를 받았다. 고문은 당하지 않았지만 종교재판소의 감옥에 갇혔다. 그리고 죽은 뒤에도 박해를 당하여 교황이 그의 묘지를 만드는 것을 금지했다.

프란체스코회의 수도사 로저 베이컨은 자연철학 연구로 말미암아 박해를 받았다. 사람들이 그의 화학 연구를 마법을 부리는 것으로 오해했기 때문이었다. 베이컨의 저서는 폐기 처분되었고 그는 감금당했다. 그가 감옥에서 몇십 년을 지내는 동안 교황이 네 번이나 바뀌었으며 끝내 감옥에서 죽음을 맞고야 말았다.

영국의 초기 논리 철학자였던 오컴은 교황의 명령으로 추방당하여 뮌헨에서 망명 생활을 하다가 세상을 떠났다. 그곳에서 그는 당시 독일 제왕과 두터운 친분을 맺었고 그의 보호를 받았다.

종교재판소는 전에 브루노와 갈릴레이를 인간에게 천체의 비밀을 폭로한 이단자로 규정했듯이, 베살리우스를 인간에게 인간을 폭로한 이단자로 선고했다. 베살리우스는 대담하게도 신체를 실제로 해부하여 그 구조를 연구했다.

스피노자

그때까지만 해도 신체 해부는 금기 사항이었다. 그는 과학의 토대를 마련했지만 종교재판소로부터 유죄 판결을 받고 평생토록 그 대가를 치렀다. 에스파냐 왕의 중재로 감옥살이 대신 성지 순례를 하던 그는 순례를 마치고 돌아오던 중, 아직 젊은 나이에 잔트에서 고열과 영양실조로 불우한 생을 마쳤다. 한마디로 베살리우스는 과학에 대한 사랑에 자신의 목숨을 바친 것이다.

《새로운 신체 구조》가 출간되었을 때, 이 책은 엄청난 비난을 받았다. 위험한 혁명을 부추기고 정부의 사상을 타락시키며, 종교의 권위를 뒤엎는 불온 서적으로 간주되었기 때문이다. 헨리 스터브는 이 새로운 철학을 반박하는 책을 집필했고——그렇지 않았다면 그의 이름은 잊혀졌을 것이다——경험주의자들을 '베이컨의 탈을 뒤집어쓴 세대'로 매도했다. '경험 철학은 그리스도에 대한 믿음을 손상시키고 있다'는 이유로 영국학술원조차도 반대했다.

코페르니쿠스 추종자들은 이단자로 박해를 받았고, 케플러는 이교도로 내몰렸다. 그것은 그의 말처럼 '신의 말씀에 어긋나지 않는 쪽의 편'을 들었기 때문이다. 순수하고 순진한 뉴턴도——버넷 주교는 자신이 여태까지 알게 된 사람 중에 뉴턴이 가장 순수한 영혼을 지녔다고 말했다——'만유인력의 법칙'이라는 엄청난 발견으로 '신의 권위에 도전한다'는 비난을 받았다. 벼락의 본질을 밝힌 프랭클린도 이와 비슷한 비난을 받았다.

스피노자는 그가 속해 있던 유대교에서 파문을 당했다. 유대교는 그의 철학적 견해가 종교를 거스른다고 보았다. 나중에 그는 이 같은 이유로 암살자에게 살해당할 뻔하기도 했다. 스피노자는 비록 가난하게 살다가 낯선 곳에서 생을 마감하긴 했지만, 마지막 순간까지 굴하지 않고 꿋꿋했다.

데카르트의 철학도 무신앙을 꾀한다는 이유로 비난을 받았다. 로크의 이론은 물질주의를 조장한다는 비난을 받았다. 버클랜드와 세지윅과 그 밖의 뛰어난 지질학자들은 지구의 구조와 역사에 관련해 《성경》의 원리에 위배되는 논리를 펼친다는 이유로 비난을 받았다. 천문학이나 자연사, 물리학의 위대한 발견은 모두 무신앙을 꾀한다는 이유로 완고하고 편협한 사람들에게서 공격을 받았다.

그 밖의 위대한 발견자들은 비종교적이라고 비난받지 않았지만 전문가들과 대중들에게서 그와 비슷한 비방을 받았다. 하비 박사가 '혈액순환 이론'을 발표하자, 그의 진료소는 사람들의 발길이 뜸해졌으며 의사들은 그를 바보라고 비난했다.

존 헌터는 이렇게 말했다.

데카르트

"내가 이룬 몇 가지 훌륭한 일들은 가장 어렵게 달성되었으며 엄청난 반대에 부딪쳤었다."

찰스 벨은 신경조직에 대한 중요한 연구에 참여하는 동안 가장 위대한 생리학적 발견을 했다. 그러나 그는 연이은 발견을 발표한 뒤에 진료소를 찾는 사람들이 눈에 띄게 줄었다는 사실을 깨달았다. 그는 친구에게 이런 내용의 편지를 보냈다.

"내가 이렇게 가난하지 않았고 이렇게 많은 어려움에 부딪치지 않았다면 얼마나 행복할까!"

거의 모든 분야에서 지식의 영역이 확장됨으로써 우리는 하늘에 대하여, 그리고 지구와 우리들 인간 자신에 대하여 좀더 잘 알 수 있게 되었다. 이는 과거에 훌륭한 사람들이 정열과 헌신, 자기 희생, 용기를 아낌없이 발휘한 덕분이었다고 할 수 있다. 같은 시대 사람들로부터 거센 반발과 비판을 받기는 했지만, 지금 그들은 인간에 대해 눈을 뜨게 된 사람들로부터 존경을 받고 있다.

지난날 과학자들에게 보인 부당한 태도는 오늘날에 결코 교훈을 주지 못한다. 우리는 우리와 다른 의견을 가진 사람들에게 관용을 베풀어야 한다. 또한 과학자들도 정직하게 꾸준히 관찰하고, 자신의 확신을 자유롭고 진실하게 밝혀야 한다.

플라톤은 이렇게 말했다.

"세상은 신이 인류에게 보낸 서신이다."

정신이 올바른 사람이 서신의 진정한 의미를 이끌어내기 위해 그 서신을 읽고 연구한다면, 신의 권능에 깊은 감명을 받아 신의 지혜를 더 확실하게 깨닫고 신의 자비로움에 더 감사하게 될 것이다.

과학을 위해 목숨 바친 순교자들의 용기도 자신의 신념을 위해 목숨을 바친 순교자들의 용기만큼 훌륭했다. 격려해 주는 목소리 하나 없이 양심에 거리낌이 없도록 홀로 참고 견디어낸 그들의 인내는 전쟁의 포화 속에서 볼 수 있는 것보다 훨씬 더 고귀한 용기라 할 수 있다. 전쟁터에서는 나약한 병사라도 전우에게서 용기와 힘을 얻기 때문이다.

어려움 속에서도 끝까지 신념을 잃지 않고 정신적으로 정의롭고 용감하게 밀고 나간 사람들과 자신의 확신을 지키기 위해 기꺼이 목숨을 바친 사람들은 반드시 이 세상에 자신의 이름을 영원히 남기게 될 것이다.

강한 의무감을 지닌 사람들은 누구보다 용감한 성품과 역사상 가장 고결한 모습을 보여준다. 부드럽고 온유한 여성조차 단호한 용기를 보여주었다. 앤 애스큐는 뼈가 빠질 때까지 고문을 당했지만, 비명은커녕 눈 하나 깜빡 않고, 고문하는 자의 얼굴을 똑바로 쳐다보면서 자신의 주장을 철회할 생각도, 죄를 뉘우칠 마음도 없다고 말했다.

래티머와 리들리도 가혹한 운명을 원망하며 가슴을 치는 대신, 결혼식장에 들어가는 신랑처럼 유쾌하게 죽음을 맞이했다. 래티머는 리들리에게 '신의 영광을 위해 우리가 오늘 영원히 꺼지지 않을 이 시대의 촛불을 영국에 켤 것이다'라고 말했다.

퀘이커 교도였던 메리 다이어는 국민들에게 설교했다는 이유로 뉴잉글랜드 청교도들에 의해 교수형을 당했다. 그녀는 기꺼이 교수대로 올라가 주위에 서 있는 사람들에게 침착하게 마지막 설교를 한 뒤 평화롭고 기쁜 마음으로 사형집행자들의 손에 자신을 맡겼다.

양심을 속이기보다 기꺼이 교수대로 올라가 기쁘게 죽음을 맞이한 토머스 모어 경의 용기도 그에 못지않다. 토머스 모어는 자신의 신념을 지키기로 마음을 다졌을 때 사위인 로퍼에게 이렇게 말했다.

"로퍼, 내 아들아. 나는 신께 감사한다. 이 전쟁에서 승리하게 된 것을 말이야."

노포크 공작은 이때 모어에게 위험을 알리며 이렇게 말했다.

모어

"모어 경, 군주들과 맞서는 것은 매우 위험한 일입니다. 어느 한 군주의 노여움이라도 사면 죽음을 면하기 어렵습니다."

그러자 모어는 이렇게 대답했다.

"그뿐입니까? 그렇다면 당신과 나의 차이는 무엇이겠습니까. 나는 오늘 죽지만 공은 내일 죽는다는 것뿐이겠군요."

어렵고 위험한 시대에 아내에게서 응원과 지지를 받은 위인들은 많이 있지만 모어 경은 그런 위로를 받은 적이 없었다. 그의 아내는 남편이 탑에 갇혀 있는 동안에도 그를 위로하지 않았다. 그녀는 왕에게 복종하면 자유를 누릴 뿐 아니라, 첼시의 대저택은 물론 서재·과수원·화랑·아내와 아이들까지 전부 되찾을 수 있는데도 계속 감옥에 있겠다는 남편의 고집을 이해하지 못했다. 어느 날 그녀는 남편에게 이렇게 말했다.

"지금까지 현명하게 살아온 당신이, 다른 주교들처럼 마음대로 이곳을 나갈 수 있는데도 이런 지저분한 감옥에서 쥐들과 함께 사는 생활에 만족하다니 정말 놀랍군요."

그러나 모어는 자신의 의무를 전혀 다른 관점에서 보았다. 그에게 그것은 한낱 개인적 안위의 문제가 아니었기 때문이다. 그러니 아내의 충고는 아무 소용이 없었다. 그는 명랑하게 이런 말을 했다.

"나는 이 집이 내 집보다 하늘에 더 가까워서 마음에 드오."

그러자 아내는 경멸하듯 쏘아붙였다.

"답답한 양반! 평생 그렇게 하늘만 쳐다보시는구려!"

하지만 모어 경의 딸 마가렛 로퍼는 아버지에게 신념을 굳게 지키도록 격려했다. 딸은 오랫동안 수감되어 있는 아버지를 극진히 위로하고 용기를 북돋웠다. 그는 펜과 잉크를 빼앗겼기 때문에 석탄 조각으로 딸에게 편지를 썼다.

"네가 보내준 애정어린 편지가 내게 얼마나 커다란 기쁨이 되었는지 글로 표현하려면 석탄 한 상자로도 부족하단다."

모어 경은 정직함과 목숨을 맞바꾼 순교자였다. 그는 거짓으로 맹세하지 않았다. 진실했기 때문에 죽은 것이다. 그는 당시의 야만스러운 관습에 따라 참수되었고, 그의 머리는 런던 다리에 걸렸다.
딸 마가렛 로퍼는 용기를 내어 아버지의 머리를 내려서 자신에게 넘겨줄 것을 청했다. 그녀는 아버지에 대한 사랑을 무덤 저편까지 가져가기 위해, 자신이 죽으면 아버지의 유골과 함께 묻히길 소망했다. 오랜 뒤에 마가렛 로퍼의 무덤을 열었을 때, 아버지의 소중한 유골이 먼지 낀 그녀의 가슴 언저리에 놓여 있었다고 한다.
마틴 루터는 신념 때문에 목숨까지 잃지는 않았지만, 교황에 반대 성명을 한 뒤부터 매일같이 목숨을 잃을 위급한 상황에 있었다. 싸움을 시작할 때부터 루터는 혼자였고, 대부분의 사람들이 루터에 동조하지 않았다. 루터는 자신에게 이렇게 말했다.

"(이 싸움에서는) 학식과 천재, 수적 우세, 권위, 지위, 권력, 신성함 그리고 기적이 한편이고, 그 상대는 위클리프와 로렌조 발라, 아우구스티누스 그리고 나, 루터인데, 이 사람은 불쌍한 인간에다 철지난 인간이 되어 겨우 친구 몇 명의 도움으로 간신히 버티고 있구나."

황제로부터 보름스에 출두하여 그의 이론에 대한 반론에 답변하도록 명령을 받았을 때, 루터는 직접 가기로 결심했다. 주변 사람들은 그 곳에 가면 목숨이 위태로울 테니 도망치라고 했다. 그러자 루터는 이렇게 말했다.

"도망치지 않겠소. 잘못은 바로잡아야 하오. 비록 지붕에 있는 기왓장의 세 배만큼이나 악마들이 그곳에 많이 있어도 말이오."

조지 공의 적개심을 불러일으키지 않도록 조심하라고 조언하자 루터는 이렇게 말했다.

"나는 그곳에 갈 것이오. 조지가 9일 내내 악의를 드러낸다고 해도 말이오."

루터는 자신이 한 약속을 잘 지켰다. 그는 위험한 여행을 시작했고, 보름스의 종탑을 보자 마차에서 일어나 '내 주는 강한 성이오'를 불렀다. 그것은 이틀 전에 그가 지은 종교개혁가였다. 의회가 열리기 직전, 노병 조지 프룬데스베르크는 루터의 어깨에 손을 얹으며 이렇게 말했다.

"이 사람아, 자네는 성직자이니 조심하게. 자네는 여기 들어왔던 어떤 사람보다도 힘겨운 싸움을 하게 될 걸세."

그러나 루터의 답변은 이 말뿐이었다.

"《성경》과 나의 양심을 굳게 지키기로 결심했소."

루터가 용기 있게 의회에서 보여준 변론은 기록으로 남아 있다. 그것은 영광스러운 역사의 한 장면으로 남았다. 마지막으로 황제가 그에게 자신의 주장을 철회할 것을 촉구하자 루터는 결의에 찬 꿋꿋한 태도로 이렇게 말했다.

스트래퍼드

"《성경》으로, 또는 명백한 증거로 나의 잘못을 확인하지 않는 한 나는 내주장을 철회하지 않을 것입니다. 왜냐하면 나는 내 양심을 거스르지 않았기 때문입니다. 이것이 나의 성실한 고백입니다. 황제께서는 내게 어떤 것도 기대하셔서는 안됩니다. 내가 여기 서 있는 이유는 다른 게 없습니다. 그저 신께서 나를 도와주시기 때문입니다."

루터는 황제보다 더 높은 전능자의 명령에 복종해야 할 임무를 이행했으며 온갖 위험을 무릅썼다.

나중에 루터는 아우크스부르크에서 반대파에게서 혹독한 고통을 당할 때 이렇게 말했다.

"내 목이 5백 개였다 하더라도 내 신념을 굽힐 수는 없다. 차라리 모두 잃는 편을 택했을 것이다."

용감한 모든 사람들과 마찬가지로 그는 극복해야 할 어려움에 부딪치면 부딪칠수록 더 강해졌다. 후텐은 이렇게 말했다.

"독일에서 루터만큼 죽음을 두려워하지 않은 사람은 없을 것이다."

이제 우리는 어떤 다른 사람보다 루터의 정신적 용기 때문에 사상의 자유를 누리고 위대한 인권의 중요성을 깊이 옹호하게 되었다.

지조 있고 용기 있는 사람들은 죽음보다 명예를 잃을까 두려워한다. 왕당주의자이던 스트래퍼드 백작이 타워 힐의 단두대로 걸어 올라갔을 때, 그의 걸음과 태도는 마치 군대를 이끄는 장군 같았다. 공화당파의 존 엘리엇도 같은 곳에서 용감하게 죽음을 맞았다. 그는 이렇게 말했다.

"이 세상에서 내가 가장 중요하게 여기는 순결하고 순수한 양심을 더럽히느니 차라리 천 번이라도 죽음을 맞이할 것이다."

단지 아내를 홀로 두고 가야 한다는 것이 엘리엇을 슬프게 했다. 창문으로 자신을 내려다보고 있는 아내를 향해 엘리엇은 마차에서 일어나 모자를 흔들며 이렇게 소리쳤다.

"여보, 반드시 이 폭풍을 견디고 무사히 남아 있어야 해요!"

엘리엇이 단두대를 향해 가고 있을 때 군중 속에서 한 사람이 이렇게 외쳤다.

"그 자리는 지금까지 당신이 차지했던 그 어떤 자리보다 훨씬 영광스럽습니다."

그러자 엘리엇은 매우 기뻐하며 이렇게 대답했다.

"참으로 옳소."

비록 성공이 모든 사람이 수고한 뒤에 얻는 결실이라 해도, 성공의 기미가 보이지 않는다면 때때로 인내를 가지고 더 노력해야 한다. 어둠 속에서 용기를 내어 씨를 뿌리면 언젠가는 반드시 뿌리를 내리고 열매를 맺으리라는 희망을 가져야 한다. 실패가 거듭되더라도 승리를 거둘 때까지 어려움과 싸워나가야 한다. 요새를 빼앗을 때까지 수많은 적들을 쓰러뜨려야 한다. 그들이 보여준 영웅적 행위는 그들이 거둔 눈에 보이는 성공이 아니라, 그들이 부딪쳤던 난관과 싸움을 멈추지 않았던 그들의 용기로 평가되어야 한다.

이길 수 없는 싸움을 하는 애국자, 승리한 적들의 환호성을 들으며 기꺼이 죽음을 받아들이는 순교자, 그리고 몇 년 동안 고통스런 방랑을 겪고도 굴하지 않았던 콜럼버스 같은 탐험가는 눈에 보이는 완벽한 성공을 거둔 사람보다 사람들의 마음에 더 깊은 감동을 주는 숭고한 정신의 표본이 되어 있다. 그에 비하면 전쟁의 광기 속에 뛰어들어 장렬히 전사하도록 사람들을 자극하는 행동은 얼마나 하찮은 것인가!

하지만 이 세상에서 필요한 용기는 영웅적인 것이 아니다. 용기는 역사적 무대에서뿐 아니라 일상생활에서도 쉽게 보일 수 있다. 그것은 정직해야 할 용기와 유혹을 뿌리칠 용기, 사실을 말할 용기, 없는 것을 가진 체하지 않고 있는 그대로를 보일 수 있는 용기, 다른 사람의 부에 의존하지 않고 자신의 능력 안에서 정직하게 살아갈 용기 등이다.

이 세상에 많은 불행과 부도덕은 나약함과 우유부단함 때문에 생긴다. 즉 용기가 부족하여 생기는 것이다. 사람들은 무엇이 옳은지 알아도 그것을 실천할 용기를 내지 못한다. 그들은 자신의 의무는 알아도 그것을 수행할 결단을 내리지 못한다. 나약하고 자제력이 부족한 사람은 갖가지 유혹에 잘 빠진다. 그들은 '아니'라고 말하지 못하고 그 앞에 무릎꿇는다. 게다가 나쁜 친구들과 사귀게 되면 나쁜 본보기를 배워 옳지 못한 행동을 쉽게 하게 된다.

인격을 지키고 강하게 해주는 오직 한 가지 방법은 오로지 그것을 적극적으로 이용하는 것이다. 의지는 인격을 이루는 핵심 요소이기 때문에 결단하는 습관을 길러야 한다. 그렇지 않으면 악에 저항할 수도, 선을 따를 수도 없게 된다. 아무리 사소한 일이라도 굴복하여 타락의 길로 첫걸음을 내디딜 때가 있다. 이때 결단을 내리면 단호하게 버텨낼 힘을 얻게 되는 것이다.

어떤 결정을 내릴 때 다른 사람의 도움을 바라는 것은 좋지 않다. 위급한 순간에 자기 자신과 자신의 용기에 의지하는 습관을 길러야 한다. 플루타르크는, 전쟁에서 헤라클레스에게 제물을 바치는 척하며 인근 마을로 몸을 숨긴 마케도니아 왕에 대해 이야기했다. 왕이 신에게 도움을 청하는 동안 그의 적 에밀리우스는 손에 칼을 들고 용감하게 싸워 전쟁을 승리로 이끌었다. 일상생활에서도 마찬가지이다.

많은 사람들이 훌륭한 목표를 세우지만 대부분 말로 끝내고 만다. 많은 사람들은 행동으로 옮기지 않는다. 계획을 세우지만 시작하지는 않는다. 용기 있는 결단력이 부족하기 때문이다. 말 없이 행동으로 보여주는 것이 더 좋다. 인생이든 일이든 신속한 행동이 말보다 낫다. 모든 일에서 가장 간결한 대답은 바로 '행동'이다.

틸롯슨은 이렇게 말했다.

"관심 있는 문제와 반드시 해야 할 중대한 문제 앞에서 우유부단함——매우 쉽고 빨리 처리해야 하는 문제인데도 결정을 내리지 못하는 것, 언제나 새로운 삶을 살려고 하지만 시작할 때를 찾지 않는 것——을 보이는 것은 굶어 죽을 때까지 먹고 마시고 자는 것을 하루하루 미루는 것과 같다."

이른바 '사회'라는 퇴폐적인 영향에 맞서려면 정신적 용기를 적지 않게 발휘해야 한다. '그룬디 부인'은 매우 서민적이고 평범한 인물이지만 영향력은 엄청나다. 대부분의 사람들, 특히 여성들은 자신이 속한 집단이나 계급의 정신적 노예다. 그들은 부지불식간에 각자의 개성에 따라 공동모의를 하게 된다. 사회와 지역, 계급과 계층은 그들의 보편적 관습과 관례를 가지고 그에 적절한 조화를 이루도록 하고 있고, 그렇지 못하면 추방의 위험이 따른다.

일부는 유행(流行)의 감옥에 갇혀 있고 일부는 관습의 감옥에 갇혀 있는가 하면 다른 일부는 생각의 감옥에 갇혀 있다. 자신의 집단에서 허락하지 않는 생각을 하거나, 자신의 모임에서 용인하지 않는 행동을 하거나, 자유롭게 생각하고 행동으로 옮길 용기를 지닌 사람은 극히 드물다. 우리는 대부분 입고 먹고 유행을 따른다. 비록 빚을 지거나 파산하거나 곤궁에 처할 위험이 있다고 해도 말이다.

우리는 자신의 재산에 맞는 생활을 하기보다 소속 집단의 미신적인 관습에 따라 생활한다. 우리는 머리카락을 머리에 붙이는 인디언들이나 전족을 하는 중국인들을 경멸할 수도 있다. 그러나 우리가 이상한 옷차림을 한 사람을 쳐다볼 때면 그룬디 부인의 영향력이 결국 보편적이라는 사실을 깨닫게 될 것이다.

그런데 개인 생활처럼 공적인 생활에서도 그러한 정신적 비겁함을 볼 수 있다. 속물 근성은 부자들에게 아첨하는 것에만 한정하지는 않는다. 가난한 사람에게 아첨하는 속물들도 더러 있다.

옛날에는 지위 높은 사람들을 거스르지 않기 위해 진실을 숨겼다. 그러나 요즘에는 지위가 낮은 사람들을 거스르지 않기 위해 진실을 말하려 하지 않는다. '대중'들이 정치 권력을 행사하기 때문에 그들의 비위를 맞추고 입에 발린 말만 하는 거짓 정치가 늘어나고 있다. 그들은 자신에게 전혀 존재하지도 않는 미덕을 거짓으로 알리고 무식과 무능의 진실을 감추기 위해 도덕적 성명을 대대적으로 발표한다. 그리고 그들의 호감을 사기 위해 실제로는 불가능한 계획과 불필요한 계획의 실행에 공감하는 척한다.

호의를 받아야 하는 대상은 가장 기품 있는 사람들, 즉 최고의 교육을 받고 최상의 여건에 있는 사람들이 아니라 가장 낮은 사람들, 즉 최소한의 교육을 받고 최악의 여건에서 사는 사람들이다. 그런 사람들의 표가 대다수를 차지하기 때문이다. 지위가 높고 부유하며 교양 있는 사람들은 무지하고 빈곤한 사람들 앞에 머리를 숙여야 한다. 그래야 그들의 표를 얻을 수 있다. 어떤 사람은 얻지 못하면 차라리 부당하고 부도덕한 사람이 되고자 한다. 어떤 사람에게는 남자답고 단호하고 관대해지는 것보다 몸을 굽히고 머리를 숙이며 아첨하는 편이 훨씬 더 쉽다. 또 어떤 사람은 편견에 맞서는 것보다 편견에 굴복하는 편이 훨씬 더 쉽다. 죽은 물고기도 강이 흐르는 대로 떠내려갈 수는 있다. 하지만 헤엄쳐서 흐르는 방향을 거슬러 올라가는 데는 힘과 용기가 필요하다.

요즈음 사람들이 비굴하게 인기에 영합하는 경향이 빠르게 늘어났다. 그러한 경향은 공인(公人)들의 인품을 떨어뜨렸다. 양심이 흔들리게 된 것이다. 방에서 하는 말과 강단(講壇)에서 하는 말이 다르다. 개인적으로는 편견을 경멸하면서도 대중 앞에서는 편견에 영합한다. 당리에 맞추어 빠르게 의견을 바꾼다. 그러다 보면 위선조차 불명예스럽게 생각하지 않게 된다.

이러한 정신적 비겁함은 꼭대기뿐만 아니라 아래로도 확산되고 있다. 꼭대기에서 위선과 기회주의적인 행동을 행하면 아래에서도 똑같이 따르게 된다.

높은 지위에 있는 사람이 자신의 의사를 용기 있게 내세우지 않는 사회에서 낮은 지위에 있는 사람들에게 그 무엇을 기대할 수 있겠는가?

지위가 낮은 사람들은 지위가 높은 사람들을 따르게 되어 있다. 그들은 책임을 회피하며, 교묘하게 둘러대며 얼버무리려 할 것이다. 그들은 이런저런 말을 할 준비가 되어 있다. 밀봉된 상자나 그들의 행동을 숨길 만한 것을 주어라. 그러면 그들은 '자유'를 누리게 될 것이다.

인기가 있다 하여 사람들이 그에게 호감을 갖고 있다고 추측할 수는 없다. 오히려 그에게 반감을 가질 수도 있다. 러시아 속담에 이런 말이 있다.

"등뼈가 뻣뻣한, 악한 사람은 존경받는 자리에 오를 수 없다."

하지만 인기가 있는 사람의 등뼈는 미숙한 '연골(軟骨)'이다. 그들은 대중에게서 박수갈채를 받기 위해 어떤 방향으로든 몸을 쉽게 굽힌다.

사람들에게 아첨하고 진실을 숨기며 그들의 저속한 기호에 맞게 말한다. 더 나아가 계층 간의 집단 이기심에 호소하여 인기를 얻는다면 정직한 사람들은 당연히 그러한 인기를 경멸할 것이다.

제레미 벤담은 유명한 어느 관료에 대해 이렇게 말했다.

"그의 정치 신조는 다수가 주는 사랑이 아니라 소수가 주는 증오에서 비롯된다. 이기심과 반사회적인 영향을 받고 있다."

오늘날 이런 말을 듣지 않는 사람이 얼마나 되겠는가?

진실한 사람들은 인기가 없을 때조차도 용기를 내어 진실을 말한다. 허친슨 대령의 아내는 허친슨이 인기를 얻으려 애쓴 적이 없고, 오히려 그 사실을 자랑스럽게 생각한다고 말했다.

"남편은 칭찬받는 것보다 일 잘 하는 것을 더 기뻐했어요. 칭찬받기 위해 자신의 양심이나 이성에 반하는 행동을 할 만큼 세상에 물들지 않았지요. 비록 세상 사람들 모두가 싫어하는 일이라도 옳다고 생각하는 일은 반드시 했어요. 그는 대중적인 평가라는 어둠침침한 안경을 통해서가 아니라, 있는 그대로 사물을 보았어요."

한 행사에서 존 파킹턴은 이렇게 말했다.

"가장 낮고 대중적인 의미에서의 인기는 사실 소유할 가치가 없다. 최선을 다해 의무를 수행하고 양심의 동의를 얻으면, 인기는 가장 높은 가치로 따라올 것이다."

리처드 로벨 에지워스는 늘그막에 마을에서 높은 인기를 누리게 되었다.
어느 날 그는 딸에게 이렇게 말했다.

"마리아, 나는 점점 많은 인기를 얻고 있단다. 그러니 나는 곧 아무짝에도 쓸모없는 사람이 될 게다. 인기 있는 사람은 아무런 쓸모가 없으니까."

아마도 그는 그때 복음서의 내용 중 인기 있는 사람에 대한 저주를 염두에 두고 있었던 듯하다.

리처드 로벨 에지워스

"모든 이들이 네게 좋은 말만 하는 것은 슬픈 일이다. 그들의 선조들은 가짜 예언자들에게도 그렇게 말했기 때문이다."

지적인 용기는 독립적이고 자주적인 성격을 이루는 중요한 조건이 된다. 사람은 자기 자신을 잃지 않을 용기가 필요하며 다른 사람의 그림자나 메아리가 되어서는 안 된다. 자신의 힘을 행사하고 자신의 생각을 믿으며 자신의 감정을 말할 수 있어야 한다. 자신의 의견을 다듬고 확신을 가져야 한다. 자신의 의견을 과감하게 말하지 못하는 사람은 분명히 겁쟁이이다. 자기 의견을 밝힐 생각이 없는 사람은 분명 게으르며, 자기 의견을 밝히지 못하는 사람은 바보이다. 많은 유망한 사람들이 그러한 용기가 부족하여 친구들의 기대를 저버리는 일이 가끔 있다. 행동으로 옮길 때 그들은 용기를 잃는다. 그들은 결단력과 용기와 인내가 부족하다. 위험 부담을 생각하고 이익을 따지다 보면 기회는 사라져버리고, 가버린 기회는 다시 돌아오지 않는다.

인간은 진리를 사랑하므로 진리를 말해야 한다. 청교도파 핌은 이렇게 말했다.

"진리를 말하지 않아 진리가 고통 받는 것보다 진리를 말하여 내가 고통 받는 게 낫다."

공정하고 충분한 생각 뒤에 어떠한 확신에 이를 경우, 모든 정당한 수단을 다하여 실천하는 것이 옳다. 사람들이 진실을 이야기해도 용납하지 않는 사회가 있다. 그렇다고 해도 입을 다무는 것은 나약한 짓일 뿐 아니라 죄를 짓는 일이다. 부도덕에 대처하는 유일한 방법이 저항뿐인 경우가 있다. 그럴 때 그들은 슬퍼하며 쓰러지지 않고, 싸워도 패하지 않을 것이다.

정직한 사람은 사기꾼에게 당연히 적대적일 것이고, 진실한 사람은 거짓말쟁이에게, 정의를 사랑하는 사람은 부당한 압제에, 마음이 순수한 사람은 악과 불공정에 그러할 것이다. 그럴 때 그들은 그 상황에 맞서 싸워 가능한 한 극복해내야 한다. 바른 사람들은 연령에 상관없이 세상의 도덕적 힘을 대신 보여주었다. 그리고 선에 대한 정신적 공감과 용기의 힘으로 모든 사회부조리의 개혁과 진보를 위해 각자 중요한 자리를 지켜왔다.

부도덕한 사회에 대한 끊임없는 반대가 없었다면, 세상은 대부분 이기적이고 부도덕한 자들의 지배력에 무릎을 꿇었을 것이다. 모든 위대한 개혁자와 순교자들은 세상과 맞서 싸웠다. 그들은 거짓과 악의 적이었다. 성직자들은 자만심과 이기심, 미신, 반종교에 맞서 싸우는 조직적인 사회 저항 단체들이었다. 우리 시대의 클락슨과 그랜빌 샤프, 매튜 신부, 그리고 콥든 같은 사람들의 삶은 그러한 사회를 어떻게 변화시킬 수 있는지 보여주었다.

세상을 이끌어주고 안내하고 통솔하는 사람들은 강하고 용감하다. 나약하고 소극적인 사람은 뒤에 자신의 삶의 자취를 남기지 못하는 반면, 정직하고 곧은 삶을 산 사람의 자취는 불이 켜 있는 하나의 길로서 남을 것이다. 그가 걸어온 행적은 다음 세대에도 본보기로 기억되며, 그의 생각과 정신, 용기는 여전히 격려가 될 것이다.

의지의 핵심 요소인 에너지는 나이에 상관 없이 열정의 기적을 낳는다. 행동력은 이른바 '인격의 힘'의 근원이자 모든 훌륭한 행동을 뒷받쳐주는 힘이다. 결단력 있고 곧은 사람은 정당한 이유로 단단한 버팀목에 의지하듯 용기에 의지한다. 수많은 적군이 진을 치고 있어도 강한 의지력으로 다윗처럼 당당히 앞으로 나아가 골리앗을 맞이할 것이다.

어려움은 극복할 수 있다고 믿으면 실제로 극복할 수 있다. 그런 사람들의 자신감은 다른 사람들에게 자신감을 불러일으킨다. 카이사르가 항해하고 있을 때 폭풍우가 몰아쳤다. 그 순간 그 배의 선장은 두려움으로 가득찼다. 이 훌륭한 선장은 이렇게 외쳤다.

"이 배에 카이사르 장군이 타고 계신데 무엇을 두려워하랴!"

용감한 사람의 용기는 전염성이 있어서 다른 사람들에게 용기를 준다. 강한 성품은 나약한 성품을 암묵적으로 압도하기도 하며, 약한 의지를 강하게 북돋워주기도 한다.

디오게네스는 안티스데네스의 제자가 되고 싶었다. 그는 자신을 금욕주의인 키니코스학파에 넣어달라고 청했지만 거절당했다. 디오게네스가 돌아가지 않고 계속 버티자 안티스데네스는 막대기를 집어 들며, 돌아가지 않으면 때려서라도 쫓아내겠다고 으름장을 놓았다.

그러자 디오게네스는 이렇게 말했다.

"때리십시오. 하지만 제 인내심을 꺾을 만큼 튼튼한 막대기는 어디에도 없을 것입니다."

안티스데네스는 그의 말에 깊은 감명을 받았다. 그는 더 이상 아무 말도 하지 않고 그를 제자로 받아들였다.

보통의 지혜를 가지면서 열정적인 사람은, 총명하면서도 열정이 없는 사람보다 낫다. 열정은 사람을 유능하게 만들며, 힘과 능력, 그리고 추진력을 준다. 열정은 행동하게 하는 인격의 힘이다. 거기에 현명함과 침착함까지 겸비한 사람이라면 모든 일에서 자신의 능력을 최대한 발휘할 수 있을 것이다.

보통의 능력을 가졌어도 의지력이 강한 사람들이 훌륭한 업적을 이룬다. 이 세상에 커다란 영향을 끼친 사람들은 천재들이 아니라 강한 신념과 인내심을 지닌 사람들이며, 저항할 수 없는 힘과 굳센 결단력을 지닌 사람들이었다. 즉 마호메트·루터·녹스·칼뱅·로욜라·웨슬리 같은 사람들이다.

용기에 열정과 인내심까지 함께 갖추고 있다면 그 어떤 어려움도 이겨낼 수 있다. 용기는 노력하려는 마음과 힘을 북돋우며, 결코 포기를 용납하지 않는다.

틴들은 패러데이에 대해 이렇게 말했다.

"격한 상태에서는 결심을 하고 침착한 상태에서는 결심을 행동으로 옮기려 했다."

인내심을 올바르게 사용하면 시간이 갈수록 점점 강해질 것이며, 꾸준히 인내심을 발휘하면 그에 맞는 보상을 받게 될 것이다.

다른 이들의 도움에 의존하는 것은 도움이 되지 않는다. 미켈란젤로는 자신을 후원했던 한 인물이 세상을 떠났을 때 이렇게 말했다.

"미래에 대한 속된 약속들이 모두 헛된 것임을 뒤늦게 깨달았다. 자신을 그대로 믿는 것, 자기 자신이 가치 있고 중요한 존재로 있는 것, 그것이 가장 안전하고 좋은 것임을 알았다."

용기가 있다고 해서 온화하지 않은 것은 아니다. 오히려 부드러움과 관대함은 여성만큼이나 용감한 남성들의 특징이었다. 찰스 네이피어는 스포츠를 즐기지 않았다. 말없이 바라보는 사람들의 마음을 상하게 할 생각이 없었기 때문이다. 그의 형제이자 《반도 전쟁》을 집필한 역사가인 윌리엄 또한 그 같은 관대함과 온화함을 지니고 있었다.

찰스 네이피어의 말에 따르면 제임스 오트램 경의 성격 또한 그러했다고 한다. 찰스 네이피어는 오트램을 '인도의 베야르'라 불렀다. 오트램 경은 진정한 신사였다. 그는 여성들에게는 공손하고 정중하며, 어린이들에게는 다정다감했다. 약한 자에게는 도움을 주고, 부패한 이들에게는 엄격했으며, 보상받을 자격이 있는 사람들에게는 친절했다. 게다가 오트램은 성실하고 청렴했다.

시드니 또한 그러한 사람이었다. 풀크 그레빌은 시드니에 대해 이렇게 말했다.

"그는 진정한 본보기였다. 정복이나 개혁, 식민지 건설, 사람들이 가장 위대하고 힘들게 생각하는 일에 적합한 인물이었다. 그의 주된 목표는 무엇보다 동료들의 행복에 이바지하고 군주와 조국에 봉사하는 것이었다."

푸아티에 전투에서 승리하여 프랑스 왕과 왕자를 포로로 사로잡았을 때, 왕자 에드워드(일명 '블랙 에드워드')는 저녁에 연회를 열어 그들을 위로해주었다. 에드워드는 그들을 연회석에 불러들여 극진히 대접했다. 용감한 왕자의 기사다운 태도와 정중함은 그의 용기가 부하들의 마음을 사로잡았듯이 포로들의 마음을 사로잡았다. 비록 어린 나이였지만 에드워드는 진정한 기사였고, 당대에 가장 용감한 기사였다. 그는 기사도의 본보기이자 고귀한 귀감이 되었다. 그의 두 가지 좌우명인 '경건한 봉사'와 '진취적 기상'은 그의 탁월하고 충만한 자질을 잘 나타내고 있다.

용기 있는 사람이 가장 잘 관대해질 수 있다. 더 정확히 말하면 관대함은 용감한 사람의 본성이다. 페어팩스는 네이즈비 전투에서 기수를 공격하여 적의 국기를 빼앗았고, 그것을 한 병사에게 건네주어 보관하도록 했다. 그 병사는 자신이 국기를 빼앗았다고 동료들에게 자랑하고 싶은 충동을 억누를 수가 없었다. 그 병사가 자랑하고 다닌다는 말을 듣고 페어팩스는 이렇게 말했다.

"나는 명예를 가질 만큼 가졌으니 그 명예는 그에게 주도록 하지."

배넉번 전투에서 더글러스는 자신의 라이벌이자 동료인 랜돌프가 수적인 면에서나 전투력 면에서나 적보다 약하다고 보고 서둘러 그를 도울 준비를 했다. 하지만 랜돌프의 공격에 적들이 후퇴하고 있는 것을 보자, 그는 이렇게 외쳤다.

"멈춰라! 너무 늦어서 그들을 도울 수가 없다. 지금 같이 싸우는 척하면서 그들이 다 거둔 승리를 반감시킬 수는 없다."

활동 영역은 완전히 다르지만 젊은 철학자 비오가 프랑스 학술원에서 자신의 논문 〈차수 방정식에 관하여〉를 발표했을 때, 라플라스가 그에게 보여준 행동은 지극히 신사적이었다. 그 자리에 있던 석학들은 논문 발표가 끝나자 발표자의 독창적인 견해에 찬사의 말을 아끼지 않았다. 몽주도 그의 성공을 축하했다. 라플라스 역시 그의 명료한 설명을 칭찬했다. 그리고 비오를 집으로 초대했다. 비오가 집에 도착하자, 라플라스는 서재의 벽장에서 오래되어 색이 바랜 논문 한 권을 꺼냈다. 그것을 젊은 철학자에게 건넸는데, 그 속에는 놀랍게도 비오가 박수갈채를 받은 문제의 해법들이 담겨 있었다. 모두가 효과적인 것들이었다.

라플라스는 지극히 넓은 관대함으로, 비오가 학술원에서 명성을 얻을 때까지 그 일과 관련된 지식은 절대로 발표하지 않았다. 그리고 비오에게도 그 비밀을 지키도록 부탁했다. 그로부터 50년이 지나서야 비오가 그 사실을 발표할 수 있었다. 만약 그가 사실을 밝히지 않았다면 그 일은 영원히 비밀로 묻혔을 것이다.

라플라스

그와는 다르지만, 프랑스의 한 건설 기능공도 자신을 희생하는 훌륭함을 보여주었다. 프랑스에서는 높은 건물을 지을 때 건물 벽면에 발판을 설치하고, 그 위에 일하는 사람이 올라가거나 자재를 올려놓는 용도로 사용했다. 그런데 어느 날 그 발판이 무게를 견디지 못하고 갑자기 무너져 내렸다. 그 위에 있던 사람들이 땅으로 떨어졌다. 그 순간 한 젊은 남자와 중년의 남자가 떨어지지 않고 좁은 난간에 매달리게 되었다. 난간은 두 사람의 무게를 이기지 못해 흔들거렸다.

그렇게 언제까지나 둘이 함께 매달려 있을 수 없는 위험한 형편이었다. 중년의 남자가 외쳤다.

"피에르, 손을 놔줘. 내게는 돌봐야 할 가족이 있어. 부탁이야."

피에르가 대답했다.

"맞는 말이에요."

피에르는 즉시 손을 놓고 땅에 떨어져 즉사했다. 그리고 한 가족의 가장인 중년 남자는 무사히 살아 남았다.

용감한 사람은 친절할 뿐 아니라 관대하다. 그런 사람은 불리한 처지에서도 적을 두지 않으며, 적이 패배하거나 방어할 수 없을 때에도 공격하지 않는다. 치열한 싸움이 벌어지고 있는 상황에서도 당연히 그러한 관용을 베푼다.

데팅겐 전투에서 프랑스 기병대대가 영국 연대를 공격해서 격전이 벌어졌

찰스 5세

는데, 그때 프랑스군을 통솔하던 젊은 장교는 영국군 지휘관을 공격하려다 그가 외팔이고 하나뿐인 손으로 고삐를 잡고 있는 것을 발견했다. 영국군 지휘관은 칼을 잡을 손이 없어서 방어를 할 수가 없었다. 그것을 본 프랑스 장교는 칼을 들어 정중히 인사만 하고 그를 그냥 지나쳤다.

황제의 군대가 비텐부르크를 포위하고 점령한 뒤, 찰스 5세는 루터의 무덤을 보러 갔다. 그가 비문을 읽고 있을 때, 그를 수행하던 한 신하가 '무덤을 파헤쳐서 이단자의 유해를 바람에 날려 버리자'고 제안했다. 그러자 황제는 얼굴을 붉히고 화를 내며 이렇게 말했다.

"나는 죽은 자와 싸우고 싶지 않다. 이곳을 존중하라."

2000년 전 위대한 이단자 아리스토텔레스가 묘사한 '관대한' 사람, 다시 말해 '진정한 신사'는 지금까지도 통용된다. 그는 이렇게 말했다.

"관대한 사람은 좋은 상황에서나 좋지 않은 상황에서나 치우침이 없다. 그는 어떻게 하면 칭송을 받고, 어떻게 격이 높아지고 떨어지는지 잘 안다. 그는 성공했다고 기뻐하거나 실패했다고 슬퍼하지 않는다. 그는 위험을 피하거나 억지로 극복하려 하지 않는다. 아무것도 걱정하지 않기 때문이다. 그는 과묵하다. 아리스토텔레스적으로 관대한 사람은 다소 말을 천천히 한다. 하지만 필요하다면 직설적으로 그리고 대담하게 자신의 생각을 이야기하기도 한다. 그는 감탄도 잘한다. 그에게는 모든 것이 위대해 보이기 때문이다. 또 그는 손해를 보아도 눈감아주며, 자신에 대해서나 다른 사람에 대해서 말하지 않는다. 자신이 칭찬받는 것이나 다른 사람이 비난받는 것을 좋아하지 않기 때문이다. 사소한 일에 언성을 높이지도 않는다. 그는 무슨 일이 있어도 도움을 구하지 않는다."

그런데 인색한 사람은 감탄하는 데도 인색하기 마련이다. 그들은 겸손하지도, 너그럽지도, 관대하지도 않다. 그들은 다른 사람의 약점이나 결점을 이용하려 한다. 특히 부도덕한 방법으로 권위 있는 자리에 올랐을 경우에는 더욱 그렇다. 낮은 지위에 있는 속물보다 높은 지위에 있는 속물이 더 참을 수 없다. 남성다움이 결여되었음을 느낄 기회가 그들에게 훨씬 더 많기 때문이다. 속물은 잘난 체하고 어떤 일을 하든 허세를 부린다. 그들은 윗자리로 올라갈수록 그 자리에 어울리지 않는 인물임이 뚜렷해진다.

속담에 이런 말이 있다.

"높이 올라간 원숭이일수록 꼬리가 더 잘 보인다."

똑같은 행동도 어떤 태도를 취하느냐에 따라 아주 다르게 느껴질 수 있다. 너그러운 마음으로 행하면 친절하게 보일 행동도, 각박한 마음으로 행하면 가시가 있거나 '독기어린' 행동으로 느껴질 수 있다. 벤 존슨(Ben Johnson)이 가난과 병에 시달리고 있을 때 왕은 그에게 위로금과 함께 간단한 메모를 보냈다. 이때 직설적이고 강한 성격의 그 시인은 이렇게 말했다.

"그분이 이것을 내게 보낸 것은 내가 좁은 길목에서 가난하게 살고 있다고 생각했기 때문일 것이오. 그분의 영혼 역시 좁은 길목에 살고 있다고 전해주시오."

이제까지 인격 형성에 있어서 용기와 인내심을 기르는 것이 무엇보다도 중요하다는 것을 말했다. 그것은 유익하고 행복한 삶의 원천이기도 하다. 반면 소심함과 비겁함은 불행의 원천이다. 현명한 사람은 자녀들에게 두려움을 경계하는 습관을 가르치려 노력한다. 두려워하지 않는 습관도 다른 습관들——주의를 기울이고, 부지런히 일하고, 열심히 공부하고, 쾌활하게 생활하는 습관——과 마찬가지로 단련을 통해 습득할 수 있다.

사람들이 지니고 있는 두려움의 대부분은 상상의 산물이다. 두려움은 어쩌면 일어날지도 모르는, 그러나 실제로 일어나기는 어려운 악에 대한 상상들이다. 그래서 실제 위험과 맞붙어 싸워 극복할 용기를 낼 수 있는 많은 사람들도 악에 대한 상상만으로 순간 놀라거나 무기력해진다. 따라서 상상을 엄격히 통제하지 않으면 우리는 정도를 넘는 상상의 악과 종종 부딪쳐서 고통을 받고, 스스로 만들어낸 무거운 짐에 버거워하기 쉽다.

여성들에게는 용기를 가르치지 않는다. 그러나 여성들에게 용기를 가르치는 것은 음악이나 프랑스어, 그림을 그리고 보는 방법을 가르치는 것보다 훨씬 중요하다. 리처드 스틸은 겁 많고 약한 것이 여성의 특징이며, 그러한 특징이 여성을 사랑스럽게 만든다고 주장했다. 그러나 여성들에게는 더 유익하고 독립적이며 쓸모 있고 행복한 존재가 될 수 있도록 결단력과 용기를 가르쳐야 한다.

소심한 것은 절대 매력이 될 수 없으며, 겁내는 모습은 전혀 사랑스럽게 느껴지지 않는다. 몸이든 마음이든 나약한 것은 좋지 않으며, 오히려 흥미를 감소시킨다. 용기는 우아하고 위엄 있는 반면, 두려움은 어떤 것이든 초라하고 불쾌하다. 그러나 지극히 온화하고 관대한 성품은 용기와 잘 맞는다.

예술가인 에이리 셰퍼는 딸에게 이렇게 편지를 썼다.

"사랑하는 딸아, 용감한 동시에 따뜻하고 부드러워지거라. 그것이 여성들에게 진정으로 필요한 성품이다. 누구나 앞으로 닥칠 어려움을 각오해야 한다. 행운이 찾아오든 불운이 찾아오든 품위를 지키고 언제나 용기를 잃지 마라. 용기를 잃는 것은 우리 자신뿐 아니라 사랑하는 모든 사람들에게도 지극히 해로운 일이다. 불행이 닥치면 맞서 싸우며 용기를 계속 새로이 해야 한다. 그것은 인생의 유산이다."

여성은 아플 때나 슬플 때 누구보다도 씩씩하고 그에 대해 불평도 하지 않는다. 여성의 용기에 대해 다음과 같은 말이 있다.

"오, 여인들이여, 그대들을 겁많은 이라 이름붙인 자가 틀렸소. 그대들은 마음의 목소리로서 진정 용감한 사람들이오."

모진 시련과 재앙이 닥쳤을 때 분명 여성도 남성만큼 잘 견디어왔다. 그러나 여성들이 사랑받기만 즐기고 안일한 생활에 젖는다면 사소한 두려움과 하찮은 괴롭힘에도 매우 민감해져서 작은 고통도 커다란 불행으로 받아들이게 된다. 결국 주위의 일상적 고통으로 인해 만성적 불편함을 겪게 될 것이다.

정신 수양은 여성의 이러한 정신 상태를 바로잡는 가장 좋은 방법이다. 강한 정신은 남성뿐 아니라 여성의 인격 수양에도 필요하다. 강한 정신은 일상적인 일이나 위급한 순간에 용감하게 대처할 수 있는 능력과 침착함, 여유를 준다. 남성과 마찬가지로 여성에게도 인격은 미덕을 지키는 최고의 파수꾼이고, 신앙심을 키우는 최고의 어머니이며, 시간을 바로잡는 최고의 방책이다. 육체적 아름다움은 금세 시들지만 내면의 아름다움은 시간이 갈수록 매력을 더한다.

벤 존슨은 고귀한 여인상을 한 편의 인상적인 시로 그려냈다.

> 여성은 용감하고 상냥하며 친절해야 한다.
> 거만하거나 오만한 부덕에서 벗어나야 한다.
> 그래서 각자의 온화한 미덕이 만나
> 더 부드러운 마음에 머물 수 있게 해야 한다.
> 박식하고 용감한 영혼만이
> 내가 말하는 그녀이다——그녀는 균등한 힘과
> 운명의 바위, 물레가락, 그리고 가위질로
> 그들의 자유로운 시간의 실을 자아야 한다.

여성의 용기가 대부분 소극적이라고 해서 진실성이 부족한 것은 아니다. 여성의 용기는 사회적 찬사에 고무된 것이 아니라 대개 개인적인 생활에서 드러나기 때문이다. 하지만 여성들이 대담한 인내심과 참을성을 보여준 사례가 세상에 알려지는 경우가 있다. 역사상 가장 큰 찬사를 받은 사례는 게르트루드 폰 데르 바르트의 경우이다. 그녀의 남편은 알버트 황제 암살을 모의했다는 누명을 쓰고 가장 무서운 벌인 마차바퀴에 깔리는 형을 선고받았다. 남편의 무고함을 확신하던 헌신적인 아내는 마지막 순간까지 이틀 밤낮을 그의 곁에서 지새웠다. 아내는 죽어가는 남편의 고통을 덜어주기 위해 황제의 분노와 혹독한 날씨에 용감히 맞섰다.

여성들의 용기가 반드시 소극적인 것만은 아니다. 애정이나 의무감으로 가득찬 여성들은 이따금 용맹스러워진다. 스코틀랜드의 제임스 2세를 노린 반역자 일당이 퍼스에 있는 그의 거처에 갑자기 들이닥쳤을 때, 제임스 2세는 도망칠 시간을 벌 수 있도록 침실 밖에 있던 여인들에게 문을 지키라고 명령했다. 반역자들이 이미 문의 자물쇠를 부수어 버렸기 때문에 문을 잠글 수 없었다.

반역자들이 다가오는 소리가 들리자, 용기 있는 가문의 피를 물려받은 씩씩한 캐서린 더글러스는 대담하게 빗장 대신 자신의 팔을 문에 걸었다. 그녀는 팔이 부러질 때까지 문을 지켰다. 반역자들이 칼과 단도를 뽑아들고 방으로 들이닥쳤다. 그들은 여인들을 난폭하게 밀어 넘어뜨렸다. 여인들은 맨손이었지만 완강히 저항했다.

나소가의 윌리엄과 콜리니 제독의 후손인 트레밀이 그의 저택을 지킨 것은 고귀한 여성의 영웅적인 용기를 볼 수 있는 또 하나의 놀랄 만한 사례이다. 의회 군대로부터 투항할 것을 명령받았을 때, 그녀는 남편에게서 저택을 지키라는 임무를 받았으니 남편의 명령 없이는 항복할 수 없다고 거절했다. 그녀는 신께서 보호해주고 구해주실 것을 굳게 믿었다. 그녀는 철저히 저택을 지킬 준비를 했고 그 어느 때보다 결연한 의지를 보였다.

그 용감한 여인은 1년 동안 적에 대항하여 훌륭하게 저택을 지켜냈다. 3개월 동안은 철저한 포위 공격과 포격을 당하기도 했다. 마침내 왕당파 군대의 진격으로 포위 공격에서 벗어날 수 있었다.

프랭클린 부인의 용기 또한 특기할 만하다. 이 부인은 모든 사람들이 희망을 버린 마지막 순간에도 남편이 이끌었던 '프랭클린 탐험대'를 찾는 일을 계속 추진했다. 왕립지리학협회에서 창시자 훈장을 프랭클린 부인에게 수여하기로 결정했을 때, 그녀와 오랫동안 우정을 나눈 로드릭 머치슨은 그녀가 존경받을 만한 훌륭한 품성을 지녔음을 확신할 수 있는 기회를 많이 가졌었다고 말했다. 그녀는 12년 동안 실패에 실패를 거듭했는데도 결코 희망을 버리지 않고 조금도 흔들림 없이 한 가지 목적에 끝까지 매진하는 인내심을 보여주었다. 용감한 맥클린톡이 지휘하는 폭스 호를 타고 마지막으로 오른 탐사 길에서 프랭클린 부인은 두 가지 중대한 사실을 알아냈다. 과거의 탐험가들이 알지 못했던 미지의 넓은 바다를 남편이 횡단했으며, 그 뒤 북서항로를 발견하는 도중에 죽었다는 것이다. 국민들은 부인이 훈장을 받게 된 것을 진심으로 기뻐했다. 그것은 빛나는 업적을 남긴 프랭클린을 대신해, 부인이 그의 미망인다운 높은 신분으로 받아 마땅한 보상들 중의 하나였기 때문이다.

자선과 자비를 베푼 여성들에게서도, 의무를 위해 몸과 마음을 바치는 영웅의 특징을 볼 수 있다. 그러나 대부분은 세상에 알려져 있지 않은데, 그것은 그들이 남에게 보이기 위해서가 아니라 조용히 선행을 했기 때문이다. 많은 곳에서 열심히 봉사한 사실이 알려져 상을 받고 명예를 얻게 되었을 때, 그들은 그것을 예상치 못한 일이고 기대하지도 않았던 것이라고 부담스러워했다. 프라이 부인과 카펜터 양이 죄수들을 방문하고 개혁가로 활동한 사실과 치숄름 부인과 라이 양이 이민을 장려한 사실, 그리고 나이팅게일과 가레트 양이 간호사로서 주도적인 역할을 했다는 사실에 대해 들어보지 못한 사람이 어디 있겠는가?

자선 활동의 지도자가 되기 위해서 자신과 가정 생활의 울타리를 벗어난다는 것은 그들이 정신적으로 커다란 용기를 갖고 있음을 보여준다. 그때 여성들에게는 무엇보다 조용하고 안락한 은둔 생활이 가장 자연스럽고 환영받았기 때문에 더욱 그렇다. 따라서 가정의 울타리를 벗어나 더 크고 유익한 활동 무대를 찾는 여성들은 극히 드물었다. 하지만 여성들이 무엇인가를 갈망하게 되었을 때 그들은 주저없이 그것을 찾아 나섰다. 남성이든 여성이든 이웃을 도울 방법은 무수히 많다. 필요한 것은 돕고자 하는, 마음에서 우러나오는 봉사 정신과 준비되어 있는 손뿐이다. 그러나 대부분의 유명한 자선 활동가들은 누가 시켜서 그 일을 한 것이 절대로 아니다. 그들은 자선 활동을 할 의무를 자신 나름대로 느끼고 있었다. 그들은 명예나 보상을 바라지 않고, 자신의 양심에 따라 자선 활동을 했던 것이다.

감옥을 방문한 자선 활동가들 가운데 사라 마틴의 이름은 프라이 부인만큼 잘 알려져 있지는 않다. 그렇지만 사라 마틴은 프라이 부인보다 더 앞장서서 일했다. 그녀가 어떻게 해서 그 일을 하게 되었는지를 살펴보면 여성다운 진실한 마음과 용기를 얼마쯤 엿볼 수 있다.

사라 마틴은 가난한 집에서 태어나 어린 나이에 고아가 되어, 야머스 근교의 카이스터에서 할머니 손에 자랐다. 사라는 생계비를 벌기 위해 재봉사 보조로 일하면서 하루에 1실링을 벌었다. 그런데 1819년 어떤 부인이 잔인하게도 자녀를 때리고 학대하는 바람에 재판을 받고 야머스 교도소에 갇혔고, 그 소문이 마을 전체에 퍼졌다.

그때 어린 재봉사는 큰 충격을 받았고, 감옥에 갇힌 그 여자를 찾아가 교화시키기로 마음먹었다. 그 전에도 교도소 곁을 지날 때면, 출입 허가를 받아 재소자들에게《성경》도 읽어주고 사회로 되돌아갈 수 있도록 돕고 싶다는 마음이 들곤 했었다.

마침내 사라는 자녀를 학대한 부인을 방문하고 싶은 감정을 억누를 수 없어서 무작정 교도소를 찾아가 문을 두드렸다. 간수에게 들어가게 해달라고 부탁했지만 별다른 이유없이 거절당했다. 그래도 포기하지 않고 거듭 부탁한 끝에 마침내 허락을 받아냈다. 죄수인 그 부인은 차가운 표정으로 사라 앞에 서 있었다. 잠시 후 사라가 찾아온 이유를 밝히자 죄수는 울음을 터뜨리면서 사라에게 몹시 고마워했다. 그 죄진 여인이 흘린 고마움의 눈물은 사라 마틴의 일생을 결정지었다. 이 가난한 재봉사는 남는 시간을 이용해 계속 수감자들을 방문하며 그들을 교화시키려 노력했다.

사라는 교회사(教誨師)와 교사 역할도 했다. 그때는 수감자들을 위한 교회사와 교사가 없었기 때문이다. 그들에게《성경》을 읽어주고 읽기와 쓰기를 틈나는 대로 가르쳤다. 평일 중 하루는 온전히 그 일에만 전념했다. 그녀는 '신의 축복을 받고 있다는 느낌이 들었어요'라고 말했다.

사라는 여자 수감자들에게는 뜨개질과 바느질, 재봉기술을 가르쳤다. 그들이 만든 옷들을 팔아 필요한 재료를 사면서 기술 교육을 계속했다. 남자 수감자들에게는 밀짚모자와 남성용 모자, 소년용 모자, 회색 면셔츠 등을 만드는 방법과 패치워크까지 가르쳤다. 그들이 빈둥거리며 시간을 보내지 않도록 무엇이든 가르쳤다. 이렇게 해서 수감자들이 만든 물품들을 팔아 기금을 모으고, 그 기금을 이용해 수감자들에게 일자리를 마련해 주었다. 그들은 정직하게 세상살이를 다시 시작할 수 있게 되었고, 사라는 흐뭇한 마음으로 그 모습을 지켜볼 수 있었다.

그러나 교도소 교육에만 치중하는 바람에 사라 마틴의 재봉 사업은 기울게 되었다. 사업을 회복시키기 위해 교도소 교육을 중단할 작정이었다. 하지만 사라는 마음을 정하고 이렇게 말했다.

"나는 비용을 따져 봤어요. 그리고 마음을 정했어요. 다른 사람들에게 진실을 전달하느라 내가 잠시 어려움을 겪는다 해도, 개인이 겪는 일시적인 어려움 따위는 신의 뜻에 따라 다른 사람들에게 자선을 베푸는 것에 비하면 아무것도 아닐 거예요."

그녀는 그 뒤에도 전과 다름없이 하루에 예닐곱 시간씩 수감자들을 위해 일했다. 결국 할일 없이 빈둥거리는 사람들로 가득했던 장소가, 질서 있게 부지런히 일하는 사람들로 가득한 장소로 바뀌었다. 신참 수감자들은 때때로 고집을 부렸지만 계속되는 친절에 감동하여 마침내 존경과 협조를 나타내기 시작했다. 나이 많은 범죄자나 건방진 런던의 소매치기, 타락한 청소년, 방탕한 군인, 매춘부, 밀수꾼, 밀렵꾼, 지방 도시와 부두의 감옥을 가득 채우던 방탕한 범죄자 무리들이 착한 이 여인에게서 자애로운 영향을 받았다.

사라의 지도를 받고 그들은 생애 처음으로 펜놀림을 익히려 애쓰며 1페니짜리 초급 독본으로 글 쓰는 법을 배웠다. 사라는 그들로부터 두터운 신뢰를 받았다. 그들을 하나하나 돌보고 눈물을 흘리며 기도했고, 그들의 선한 결심을 튼튼하게 다잡아주었다. 그들이 절망하거나 희망을 잃으면 새로이 다잡은 인생의 길에서 벗어나지 않도록 격려를 아끼지 않았다.

이 어질고 진실한 여성은 20년 넘게 이토록 가치 있는 활동을 계속했다. 그러는 동안 그녀는 다른 사람들의 격려나 도움은 거의 받지 못했다. 사라의 생활도 풍족한 것은 아니었다. 그녀는 할머니가 남긴 연간 10~12파운드의 수입과 재단일로 번 약간의 수입으로 생계를 꾸려나갔다. 그녀가 봉사 활동을 그만두기 2년 전에, 야머스의 치안 판사는 사라의 자발적인 봉사 덕분에 교사 및 교회사에게 들이는 비용이 절감되고 있음을 알게 되었다(교사와 교회사는 법적으로 채용하도록 되어 있었).

판사는 사라에게 그에 대한 보답으로 연간 12파운드의 연봉을 지불하겠다고 했으나, 사라는 판사의 무례한 제안에 기분이 몹시 상했다. 사라는 이 일을 돈을 받으며 하고 싶지는 않았다. 그렇게 하면 봉사의 의미가 없어진다고 생각했다. 지금까지 오직 사람을 사랑하는 순수한 마음으로 했던 활동을 돈과 결부시키고 싶지 않았던 것이다. 하지만 교도소위원회는 이 제안을 거절하면 더 이상 교도소 출입을 금하겠다고 통보했다. 그래서 사라는 어쩔 수 없이 2년 동안 연간 12파운드의 연봉을 받을 수밖에 없었다. 그것이 교도소 교사이자 교회사로 봉사한 사라에 대한 야머스 기관의 보답이었다.

그러나 사라는 점점 나이 들고 몸이 약해졌다. 교도소의 비위생적인 환경이 마침내 사라를 더욱 지치게 했던 것이다. 사라는 침상에 누워 죽음을 기다리며, 예전에 여가 시간에 가끔 발휘하던 재능을 살려 종교적인 시를 썼다. 그것들은 예술 작품으로서는 그다지 훌륭한 것이 아니었지만, 그 어떤 시보다 그리스도에 대한 사랑이 잘 나타나 있었다. 또한 사라의 삶 자체가 진정한 용기와 인내, 자비심과 지혜가 충만한 고결한 시였다. 사라의 다음 시구만 보아도 이 사실을 알 수 있다.

"다른 이들에게도 축복을 내려 주소서!
맛있는 하늘의 향기를 맡을 수 있도록."

6 자제력
절제는 인내와 자비의 배려이다

자아를 지배하는 것이 개인의 진정한 자유이다.　　　　　　　　　　페드릭 페데스

명예와 이익은 언제나 한주머니에 들어 있는 것은 아니다.
　　　　　　　　　　　　　　　　　　　　　　　　　　　조지 허버트

　자제력은 여느 종류의 용기와는 방법이 다르다. 자제력은 가장 중요한 인격의 본질이라고 할 수 있다. 셰익스피어가 인간을 '앞뒤를 살피는 존재'라고 정의한 것도 이런 속성 때문이다. 자제력은 인간과 동물을 구별하는 가장 두드러진 특징이다.

　자제력은 모든 미덕의 바탕이 된다. 충동과 격정에 자제력을 잃으면, 그때부터 인간은 정신적 자유를 잃어버리게 된다. 세상의 거친 파도에 휩쓸리게 되고 인간이 가진 가장 추한 욕망의 노예가 될 수밖에 없다.

　정신적으로 자유로워지고 동물보다 나은 존재가 되려면 본능적인 충동을 억제할 수 있어야 한다. 그러기 위해서는 자제력을 발휘해야 하는데, 육체적 생활과 정신적 생활을 구별해 주는 것도 바로 그러한 힘이다. 개인의 인격 또한 그러한 힘을 토대로 형성된다.

　《성경》에 따르면 존경을 받아야 하는 사람은 '도시를 차지한' 힘센 자가 아니라, '자신의 정신을 지배하는' 자이다. 더 강한 사람이란 단련을 통해 자신의 생각과 말과 행동을 끊임없이 통제할 수 있는 사람이다. 사회를 타락시켜 쾌락에 빠뜨리고 점차 악화시켜 마침내 불명예스럽게 만드는 악덕스런 욕망 중 십중팔구는, 용감한 자기 훈련과 자기존중, 그리고 자기 통제가 올바르게 이루어지지 않는 한 인간을 그대로 비천한 상태에 빠지게 한다. 그러한 자기 훈련, 자기 존중, 통제력 같은 미덕들을, 경계를 게을리하지 않고

허버트 스펜서

실천한다면 깨끗한 마음과 정신이 습관처럼 굳어져서, 사랑과 미덕과 절제의 품성이 형성될 것이다.

인격을 뒷받침하는 최고의 버팀목은 습관이다. 의지가 바르냐 그렇지 못하느냐에 따라 습관은 인자한 군주가 될 수도 있고 잔인한 폭군이 될 수도 있으며, 습관의 주인이 될 수도, 노예가 될 수도 있다. 습관은 발전에 큰 도움이 될 수도, 파멸로 몰고 가는 길이 될 수도 있다.

습관은 언제라도 세심한 훈련을 통해 재형성될 수 있다. 체계적인 훈련과 단련으로 성취할 수 있는 것들은 놀라울 정도로 많다. 예를 들면, 길에서 만난 난폭하고 무식한 사람에게도, 또 쟁기를 끌던 농부에게도 훌륭한 자질이 있다. 꾸준한 훈련을 받으면, 그들도 전쟁터나 바다에서 위험한 상황이 닥쳤을 때(버컨헤드 호의 침몰이나 사라 샌즈 호의 화재처럼) 놀라운 용기와 인내심과 자기희생 정신을 보일 것이며, 진정한 용기와 영웅심의 명백한 성품을 보일 것이다.

정신 수양과 단련은 인격 형성에 적지않은 영향을 미친다. 정신 수양을 하지 않으면 보통 인간의 삶에는 적절한 체계도 질서도 없게 될 것이다. 정신적 단련은 자기 존중과 습관 교육, 그리고 의무에 대한 책임감이 중요하다. 자립적이고 자제력 있는 사람은 항상 훈련에 힘쓴다. 훈련을 거듭할수록 한층 높은 도덕적 상태에 이르게 될 것이므로, 욕망도 단련시키면 한층 높은 본성이 될 것이다. 욕망은 정신의 충고자인 양심의 소리에 따른 것이어야 한다. 그렇지 않으면 단지 기분의 포로가 되어, 감정과 충동의 스포츠와 같은 것이 될 것이다.

허버트 스펜서는 이렇게 말했다.

"최고의 자제력이 이상적인 인간을 완성한다.

충동적이지 않으며 마음에 이는 욕망에 따라 이리저리 흔들리지 않고 자아를 억제하고 균형 감각을 유지하는 것, 그리고 갖가지 감정들을 한데 모아놓고 통제하고 행동하기에 앞서 충분히 논의하고 조용히 결정하는 것, 이런 것이 교육, 적어도 도덕적 교육이 이끌어내려 애쓰고 있는 것이다."

앞서 말했듯 도덕적 훈련이 이루어지는 최초이자 최고의 학교는 역시 가정이다. 그 다음은 학교이고 그 다음은 사회이다. 사회는 도덕적 교육이 현실의 일상생활을 통해 이루어질 수 있는 훌륭한 학교이다. 가정이나 사회, 학교 모두 차례로 준비 과정을 거쳐야 하는 곳이며, 여성이든 남성이든 자신이 이전에 갔었던 곳의 영향을 받게 된다. 만약 가정에서도 학교에서도 훈련이나 교육, 단련의 장점을 제대로 받아들이지 못한다면, 자신들뿐 아니라 그들이 속한 사회에도 근심거리가 될 것이다.

가장 좋은 가정은 교육이 완벽하게 이루어지는 곳이지만, 그러한 사실이 겉으로 느껴지지는 않는 법이다. 도덕 교육은 자연 법칙의 힘에 따른다. 자연의 법칙에 따른 도덕교육적 행동은 무의식적으로 자연의 섭리에 따르는 것이기 때문에, 인격 형성 전반에 영향을 끼쳐도 습관으로 나타날 때까지 그 영향력은 보이지도 느껴지지도 않는다.

심밀펜닉크 부인은 회고록에서, 엄격한 가정 교육의 중요성을 재미있게 설명하고 있다. 어떤 부부가 영국과 유럽의 정신병자 보호시설을 조사했다. 환자들 가운데 상당수가 외동아들이거나 외동딸이어서 어린 시절에 의지를 단련시키거나 좌절을 맛볼 기회도 없이 성장했음을 발견했다. 그와 반대로 대가족 집안에서 자람으로써 자제력을 기를 기회가 많았던 사람들은 정신병에 걸리는 경우가 훨씬 드물었다.

성격은 유년 시절의 가정 교육과 친구들에 따라 크게 좌우되며, 육체적 건강과 기질의 영향도 많이 받는다. 또한 자제력을 키우면 개인적 힘으로도 성격을 조절하고 단련할 수 있다. 유능한 교사는 습관이 인격의 중요한 요소가 되며 라틴어와 그리스어와 마찬가지로 교육을 통해 가능한 것임을 강조한다.

존슨 박사는 선천적으로 우울한 기질이 있었고, 어린 시절 우울증에 시달린 경험도 있었다. 그러나 그는 이렇게 말했다.

"기분이 좋고 나쁨은 대부분 스스로의 의지에 달려 있다."

인내하면서 만족하는 습관, 또는 불평하면서 만족하지 못하는 습관이 들

수도 있다. 나쁜 일을 크게 해석하고 좋은 일을 대수롭지 않게 여기는 습관이 들 수도 있다. 사소한 불행에도 너무 쉽게 무릎꿇다 보면 어느새 패배자가 될 수밖에 없다. 그러므로 우울한 마음을 떨쳐 버리고 작은 행복에도 기뻐하는 태도를 길러야 한다. 긍정적인 자세는 연간 1,000파운드 이상의 가치가 있다는 존슨의 말은 결코 과장이 아니다.

종교적인 사람의 삶은 엄격한 자기 훈련과 자기 근신으로 충만해 있다. 그의 정신은 맑게 유지하면서 부단히 경계할 것이므로 악을 피하고 선을 행하며 영혼의 세계를 산책한다. 죽음까지도 정중히 맞이할 것이므로 악이 찾아오더라도 잘 견디고, 모든 것을 해낸 후에는 그 자리에 머물러 있으면서 정신적 사악함과 세상의 어두운 지배자에 맞서는 데 전력한다. 신앙 속에서 태어나 신앙으로 세워진 정신일 것이며, 선행에 지치지 않을 것이다. 정신을 잃지 않는 한, 계절이 오면 열매를 거둘 것이기 때문이다.

실업가들 또한 엄격한 규칙과 체계에 따라야 한다. 생활에서와 마찬가지로 비즈니스에도 도덕적 지렛대가 필요하다. 일과 생활에서의 성공은 성격을 통제하여 자신을 신중하게 단련하는 데에 달려 있다. 그래야만 자신뿐 아니라 다른 사람도 통제할 수 있다. 참을성과 자제심은 거친 인생길을 평탄하게 해주며, 참을성과 자제심이 없다면 닫혀 있을 많은 길들을 열어준다. 존경심도 그렇다. 자신을 존중할 때 다른 사람의 개성도 존중할 줄 알기 때문이다.

정치에서도 마찬가지이다. 정치가로서 성공하려면 재능보다는 자격, 천재성보다는 인격과 인간성이 중요하다. 자제력이 부족한 사람은 동시에 인내심과 재치도 부족한 경우가 많다. 그런 사람들은 자신을 제어할 힘이 없을 뿐 아니라 다른 사람을 지도할 능력도 없다.

연설가인 피트가 참석한 한 모임에서, 국무장관이 갖추어야 할 가장 중요한 요건이 무엇이냐 하는 문제가 화제로 올랐을 때, 참석자들 중 한 사람은 그것을 '화술'이라고 말했고, 다른 이는 '지식'이라고 했으며, 또 다른 이는 '노동'이라고 말했다.

그러자 피트는 '아니오, 그것은 인내심이오'라고 대답했다. 이때의 인내심이란 자제력이며, 요컨대 사람은 자제력을 발휘하는 상태에서 가장 훌륭하게 품위를 지킬 수 있다는 뜻이다. 그의 친구인 조지 로즈는 피트가 자제력을 잃는 것을 한 번도 보지 못했다고 말했다. 참을성은 보통 '느린' 미덕으로 취급되지만, 피트는 그것을 준비된 순발력과 활력, 신속함, 그리고 물론 행동에까지 연결시켰다.

진정한 영웅적 성품을 완성시키는 것은 참을성과 자제심이다. 이러한 성품은 햄프던의 가장 두드러진 특징이었다. 그와는 정치적으로 반대 입장에 있던 사람들조차 햄프던의 고결한 성품만은 기꺼이 인정했다. 클래런던은 햄프던이 좀처럼 화내지 않고 겸손하며 선천적으로 활발한 사람이었으며, 무엇보다도 예의가 넘치는 사람이라고 말했다. 햄프던은 친절하고 용감했으며 신사다웠고, 뛰어난 화술을 가졌다. 햄프던은 말을 많이 하지는 않았지만 그의 말 한 마디 한 마디는 상당한 영향력을 발휘했다.

클래런던은 이렇게 말했다.

"햄프던은 뛰어난 통제력을 지닌 사람이었다. 그는 국회에서도 언행을 삼가고, 자신의 열정과 사랑을 엄격히 통제했다. 따라서 그는 다른 사람들보다 훨씬 더 큰 힘을 발휘할 수 있었다."

햄프던의 정치적 반대자였던 필립 워윅은 햄프던이 어떤 논쟁에서 큰 영향력을 발휘했던 예를 이렇게 이야기한 바 있다.

"지혜롭고 침착한 햄프던 씨가 아니었더라면 우리는 상대방 발언을 무작정 가로막으며 계속 비난만 퍼부었을 것이고, 격렬한 논쟁은 다음날 아침까지 계속되었을 것입니다."

강한 기질이라고 반드시 나쁜 것은 아니다. 그러나 기질이 강할수록 더 맹렬한 자기 훈련과 규제가 필요하다. 존슨은, 사람은 나이가 들수록 더 성숙해지고 경험을 통해 현명해진다고 말했다. 그런데 이것은 넓고 깊은 사고력의 소유자에게만 해당되는 이야기이다. 사람을 파멸로 이끄는 것은, 잘못을 저지르는 것 자체보다는 잘못을 저지른 다음 취하는 행동 때문일 경우가 많다. 지혜로운 사람일수록 자신이 일으킨 고통으로 이익을 얻되, 미래에 다시 반복하지는 않을 것이다. 그러나 어떤 사람들은 경험을 통해 성숙해지기보다는 시간이 갈수록 편협하고 냉소적이 되며 악의를 키운다.
 젊은 사람들의 강한 기질은 아직 성숙되지 못한 큰 힘을 의미한다. 그들에게 길이 올바르게 열린다면 그 힘으로 크게 유익한 일을 하게 될 것이다. 프랑스인 스티븐 제라드는 미국에서 상당히 성공적인 경력을 쌓은 사람이었다. 그는 강한 기질을 지닌 사람을 채용할 때 이런 방법을 썼다. 우선 성격이 강한 사람이 있다는 말을 들으면 기꺼이 그를 채용해서는 혼자서 일할 수 있는 방에 앉혀 놓는다. 그리고 그런 사람들을 최고의 일꾼으로 인정해 주었다. 싸우고 싶은 충동에 휩싸이지 않도록 그들만의 공간을 따로 마련해 주면, 그들은 자신이 지닌 무서운 힘을 오로지 일에 쏟아부을 것이라고 판단했기 때문이다.
 강한 기질은 강한 의지를 뜻하는 것이므로, 적당히 통제하지 않으면 갑작스럽게 분노로 폭발하기도 하고, 적절히 통제하면——즉, 잘 조작되어 있는 증기기관 속의 증기처럼 밸브와 조절기, 레버에 의해 조절, 통제된다면——유익한 힘의 원천이 될 것이다. 실제로 역사상 위인들 중 어떤 이들은 강한 기질이었지만, 동시에 그 강한 기질을 엄히 제한하고 조절할 수 있는 힘의 원천이 있었기 때문에 훌륭한 업적을 이루었다.
 유명한 스트래퍼드 백작은 몹시 다혈질이고 열정적 성격을 지녔다. 그는 자신의 참을성 없는 성격을 누르기 위해 내부적으로 힘겨운 싸움을 해야만 했다. 그의 친구인 쿠크 장관의 말을 빌리면, 그는 솔직하게 자신의 약점에 대해 말하면서 그 함정에 빠지지 않도록 다음과 같이 조언의 편지를 썼다고 한다.

 "자네는 나에게 인내심을 가르쳐 주었네. 그러나 나이 탓인지, 타고난 성격 탓인지 나는 너무 쉽게 흥분한다네. 좀더 경험을 쌓으면 한결 냉정해지고, 스스로를 돌아보면서 그 버릇을 좀 극복하게 되겠지. 그렇지만 말일세, 나의 쉽게 흥분하던 버릇도 눈감아 줄 만한 것은 아닐까. 왜냐하면 그것은 군주의 이익과 명예를 지킬뿐더러 정의를 실현하려는 진지함에서 그랬던 것이니 말일세. 항상 분노로 나타나는 것은 아니지만, 흥분하는 습성을 제대로 통제하지 못한다면 비난을 살 정도의 악습으로 발전하고 말 것이고, 흥분하도록 내버려 두면 스스로 크게 불이익을 당할 수도 있을 것으로 생각하네."

크롬웰 역시 젊었을 때에는 변덕스럽고 격정적이었다고 한다. 그는 막강한 힘을 가지고 있었고, 성질이 급하고 고집이 세어서 다루기 힘든 사람이었다. 크롬웰은 젊은이다운 폭발적인 힘을 가지고 있었고, 그 힘은 짓궂은 장난으로 나타났다. 고향에서 크롬웰은 술을 마시고 난리를 피우곤 했다. 성격은 급속히 나빠졌다. 그러나 가장 엄격한 형태의 종교가 그의 강한 기질에 영향을 주어 칼뱅

크롬웰

교의 철의 교리를 따르게 되었다. 그 과정에서 강한 기질은 완전히 새로운 방향으로 돌아서게 되었다. 그의 힘은 공적인 생활로 나타났고, 거의 20년 동안 영국에서 지배적인 영향력이 되었다.

나소가(家)의 용감한 왕자들은 모두 자제력과 의지력이 뛰어났다. 윌리엄이 '사일런트'라 불렸던 이유는 말이 없었기 때문이 아니다. 사실 그는 설득력 있는 연설가였다. 침묵을 지키는 것이 현명하다고 판단될 때는 입을 굳게 다물었고, 비밀이 폭로되어 조국의 안위가 위태로워질 위험이 있을 때는 신중히 비밀을 지켰기 때문이다. 윌리엄은 매우 신사적이고 타협적이어서, 반대파들조차 그를 소심하고 겁이 많은 사람이라 여겼을 정도였다. 하지만 행동으로 보여주어야 할 때면 윌리엄은 대담한 용기와 굽힐 줄 모르는 강한 의지를 보여주었다.

네덜란드 역사가인 모틀리는 이렇게 말했다.

"윌리엄의 친구들은 그의 확고부동한 태도를 '바다 한복판의 바위', '거친 파도 속의 고요함'이라 불렀다."

모틀리는 사일런트 윌리엄을 워싱턴에 비교하고 있는데, 워싱턴은 그와 닮은 면이 많았다. 네덜란드의 애국자들처럼 미국의 애국자들도 역사적으로 존엄성과 용기, 순수성, 그리고 개인적 우수성이 뛰어나다. 아주 곤란한 상황이나 위험에 처한 순간에도 워싱턴은 자신의 감정을 적절히 다스렸으므로 그를 잘 알지 못하는 사람들은 그가 선천적으로 침착하고 거의 냉정한 사람

이라고 생각할 정도였다.

그러나 워싱턴의 성격은 본디 '불' 같았다. 다른 사람들에 대한 배려와 온화함, 부드러움, 공손함은 엄격한 자기 규제와 꾸준한 훈련으로 연습한 결과였다. 워싱턴의 전기 작가는 그에 대해 이렇게 말했다.

"워싱턴은 성격이 불 같았고 곧잘 흥분했다. 그는 유혹과 흥분을 자극하는 다양한 상황 속에서도 흥분을 차분히 가라앉히고 유혹의 손길을 뿌리칠 수 있는 능력을 기르려고 힘썼고, 결국 승리를 거두었다."

그리고 이렇게 덧붙였다.

"워싱턴은 강하게 흥분했고 때때로 폭발했다. 하지만 그는 그 즉시 스스로를 제어할 수 있었다. 자제력은 그의 가장 두드러진 특징이었다. 그것은 단련의 결과이기도 했지만, 선천적인 자제력이 다른 사람들에 비할 수 없을 정도로 뛰어났기 때문이기도 하다."

웰링턴도 나폴레옹같이 선천적으로 흥분을 잘했다. 그의 이러한 성격을 통제한 것은 자제력이었다. 인디언 추장처럼, 위험한 상황에서도 침착함과 냉정함을 잃지 않았다. 워털루 전투 같은 결정적인 순간에 웰링턴은 전혀 동요 없이, 평소보다 더욱 침착한 말로 명령을 내렸던 것이다.

시인 워즈워스는 유년 시절, 고집이 세고 변덕스러우며 난폭했다. 누군가가 그를 비난하면 그는 그 비난을 순순히 받아들이지 않고 완강히 반박했다. 그러나 그는 살아가면서, 또한 여러 경험 속에서 자신의 성격을 다듬었고 자제력도 발휘할 수 있게 되었다. 유년 시절의 그렇게도 유난히 고집스러웠던 성격은 오히려 뒷날 그가 적들의 비난에 부딪쳤을 때 적잖이 도움이 되었다. 워즈워스가 사회 활동에서 보인 가장 두드러졌던 특징은 자부심과 자기 결정력, 그리고 엄격한 자제력이었다.

선교사인 헨리 마틴 역시 강한 성격이었다. 그러나 그의 강한 성격은 아직 '갇혀 있는 미성숙한 힘'인 채였다. 소년 시절 그는 참을성이 없고 사소한 일에 화를 잘 내고 까다로웠으나, 자신의 그러한 잘못된 성향과 끊임없는 내면의 다툼을 벌이면서 점차 나아져서 그에게 '필요한 힘'을 손에 넣었고, 갖고 싶었던 참을성이라는 선물을 받았다.

인간은 신체적으로 어떤 면에서 약한 존재라 할 수 있지만, 행복한 기질의 축복을 받았으므로 그 영혼은 위대성과 품위, 활기, 그리고 지배적 위력을 갖추고 있다고 할 수 있다. 틴들 교수는 페러데이의 성격과 과학에 대한 극기심을 훌륭히 묘사했는데, 페러데이는 강하고 독창적이며 불 같은 성격이면서도, 아주 부드럽고 감수성이 예민한 사람이기도 하다고 말했다.

"그의 온화함과 부드러움 아래에 또한 그만큼의 활화산의 열기가 있었다. 그는 불 같은 성격이었으며 걸핏하면 흥분했다. 그러나 헛된 소모적인 흥분으로 그 불의 에너지를 낭비하는 대신, 철저한 자기 단련을 통해 그것을 인생의 중추적인 불꽃이자 활력적인 힘으로 승화시켰다."

패러데이의 성격에는 놀라운 기질들이 숨겨져 있었는데, 그것은 자제력과 (그와 상당히 비슷한 기질인) 인내심이었다. 그가 몸담은 분석화학 분야에서 고속으로 엄청난 부를 쌓을 수도 있었지만 결국 모든 유혹을 물리치고 순수한 학문의 길을 택했다.

틴달 교수는 이렇게 말했다.

"패러데이는 대장장이의 아들로 태어나 제분 공장 견습공으로 일했다. 그는 연간 15만 파운드의 부(富)와 천부의 재능이 있는 학문 가운데 한 가지를 선택해야 할 때가 되자 과감히 학문을 선택하여 가난하게 세상을 마쳤다. 그러나 그의 노고 덕분에 40년 동안 영국은 과학계에서 전세계적으로 명성을 떨칠 수 있었다."

프랑스의 위인 중에서 패러데이처럼 극기심이 강했던 인물을 들자면 바로 역사가 앙크틸이 있다. 그는 나폴레옹의 압제에 복종하기를 거부한 몇 명 안 되는 프랑스 문인 가운데 한 명이었다. 그 때문에 가난의 늪에서 허덕여야 했다. 앙크틸은 빵과 우유로 끼니를 때우며 하루에 3수만을 지출했다.

제임스 오트램

앙크틸은 이렇게 말했다.

"마렝고와 아우스터리츠 정복자들을 위해 하루에 2수씩 모으고 있다네."

친구가 그에게 말했다.

"그러다가 병이라도 나면 연금을 받지 않고는 살기 힘들 거 아닌가. 다른 사람들처럼 살지 왜 그러나? 그냥 황제의 비위를 맞추게. 살기 위해선 어쩔 수 없지 않나?"

그러자 역사가는 이렇게 대답했다.

"죽는 데는 그의 도움이 필요치 않아."

하지만 앙크틸은 가난 속에서도 94살까지 살았다. 죽기 전날 밤 친구에게 이렇게 말했다.

"이리 좀 오게. 죽음을 눈앞에 두고도 여전히 생명력이 넘치는 나를 좀 봐주게."

비록 생활 영역은 서로 달랐지만 제임스 오트램 또한 자신을 부정하고 극복하는 고결한 품성을 보여주었다. 그는 위대한 아서왕처럼 철저하게 사리사욕을 멀리했으며, 평생 다른 사람들을 배려할 줄 아는 고결한 삶을 살았다. 가끔 개인적으로는 찬성할 수 없는 정책을 지시받아도 그는 단 한번도 그 임무 앞에서 뒷걸음질친 적이 없었다.

한 예로 오트램은 신디를 침공하는 것을 반대했다. 그러나 일단 전장에 나가서는 네이피어 장군에게 가장 훌륭히 싸웠다는 치하를 받을 만큼 임무를 충실히 수행했다. 전쟁이 끝나고 많은 사람들이 신디에서 빼앗은 전리품을 나누어 부를 챙길 때, 오트램은 이렇게 말했다.

"나는 이 전쟁에 반대했소. 따라서 전리품을 팔아 생긴 부는 애당초 내 것이 될 수 없소."

오트램의 극기심을 가장 잘 알 수 있는 일화가 있다. 그가 러크나우에서 싸우고 있는 하벨록을 지원하고자 대군을 이끌고 전쟁에 합류했을 때, 그는 총사령관을 맡을 자격이 있었는데도 하벨록이 이미 전쟁에서 승리의 가도를 걷고 있는 것을 보자 영광스런 전쟁의 마무리를 짓는 명예를 부하인 하벨록에게 넘기고는 그의 지휘 아래에서 전투를 지원해주었다.

클라이드는 이렇게 말했다.

"오트램 장군은 혼자 힘으로 그렇게 명성을 쌓았지만, 자신의 영광과 명예를 다른 이들과 나눌 여유를 가지고 있었다. 그렇다고 해서 그런 청렴과 관대함으로 쌓은 희생의 가치가 깎이지는 않았다."

밝고 평화롭게 인생을 살고 싶다면 큰 일뿐 아니라 작은 일에서도 극기심을 발휘할 줄 알아야 한다. 또한 참을 줄도, 삼갈 줄도 알아야 한다. 날카로운 판단력으로 성격을 통제함으로써, 불쾌함, 초조함으로 인한 무례한 언동, 빈정거림 같은 작은 악마들과 거리를 두어야 한다. 그런 악마들은 마음으로 들어가는 문을 발견하면 계속 찾아들고, 궁극적으로 그곳에 끝까지 남으려 하기 때문이다.

행복해지기 위해서는 행동을 삼가야 하지만, 동시에 말을 가려서 하는 훈련을 해야 한다. 사람은 말 한 마디로 상대방에게 비수를 꽂을 수 있다. 프랑스 속담에 이런 말이 있다.

"말로 가한 일침이 창으로 찌르는 일격보다 더 깊은 상처를 낸다."

입술까지 올라오는 신랄한 유머는 일단 입밖에 내면 상대를 당황하게 할 것이니 때때로 그것을 말하지 않고 삭이는 것이 얼마나 힘든 일인지 모른다. 《가정》에서 여류 작가 브레머는 다음과 같이 말했다.

벤담

"신은 파괴적인 언어의 힘으로부터 우리를 지켜주신다! 말은 칼보다 더 예리하게 우리의 마음을 단절시킨다. 그리고 일생 동안 끊임없이 마음을 괴롭히는 말이 있다."

그러므로 인격은 다른 무엇보다도 말을 자제하는 것에서 알 수 있다. 현명하고 참을성 있는 사람은 다른 사람의 기분을 상하게 하는, 지나치게 영리한 말이나 심한 말을 삼갈 것이다. 그와 반대로 어리석은 사람은 자신의 생각을 무심코 뱉음으로써, 농담으로 끝나기는커녕 결국 친구에게 상처를 주고야 만다. 솔로몬은 이렇게 말했다.

"지혜로운 사람의 입은 마음에 있고, 어리석은 사람의 마음은 입에 있다."

하지만 바보도 아니면서 참을성과 극기심이 부족하여 경솔한 말과 행동을 아무렇지도 않게 해대는 사람들이 있다. 머리가 좋고 회전이 빠르며 신랄한 말솜씨를 자랑하는 충동적인 천재는, 무한한 상처로 자신에게 되돌아올 빈정거리는 말을 입에서 날려보낸다. 정치가들 중에서조차 그런 사람들을 쉽게 꼽을 수 있다. 그들은 적에게 상처를 줄 악의에 찬 번드르르한 말을 내뱉고 싶은 유혹에 빠져 결국 실패하게 된다.

벤담은 이렇게 말했다.

"한 마디에 담긴 속성이 수많은 우정의 운명과 왕국의 운명을 결정지었다."

재치 있게 가혹한 비평을 쓰고 싶은 유혹을 받을 때 그것을 단념하기가 쉽지는 않겠지만, 잉크병 속에 가두어 두는 것이 더 낫다. 스페인 속담에 이런 말이 있다.

"거위의 깃으로 만든 펜이 사자의 발톱보다 더 심한 상처를 남긴다."

칼라일은 올리버 크롬웰을 평하면서 이런 말을 했다.

"마음속에 담아두지 않으면 어떠한 능력도 단련시킬 수 없다."

'사일런트'라 불리기도 한 윌리엄은 오만하거나 믿을 수 없는 말을 내뱉은 적이 단 한번도 없다고 한다. 워싱턴 또한 말을 신중히 했다. 그는 논쟁을 할 때, 일시적 승리를 거두기 위해 애쓰거나 상대를 역이용하려 시도한 적이 없었다. 결국 세상은, 침묵을 지켜야 할 때와 침묵을 지키는 방법을 아는 지혜로운 사람 편에 서게 되는 법이다.

풍부한 경험을 갖고 있는 사람들은 말한 것을 후회하는 경우는 있어도 말하지 않은 것을 후회하지는 않는다.

피타고라스는 이렇게 말했다.

"침묵하라. 아니면 침묵하는 것보다는 더 나은 무엇인가를 말하라."

조지 허버트는 이렇게 말했다.

"조화롭게 말하라. 아니면 현명하게 침묵하라."

리 헌트가 '신사 같은 성인'이라 부른 성 프란치스코 살레시오는 말했다.

"불쾌한 심정으로 진실을 말하느니 침묵하는 편이 낫다. 그것은 맛없는 소스를 뿌려 훌륭한 음식을 망치는 것과 다를 바 없다."

말이 가장 중요하고 그 다음 중요한 것이 침묵이라 여기는 프랑스인 라코르데르는 이렇게 말했다.

"대화 다음으로 이 세상에서 가장 큰 힘은 침묵이다."

그러나 때와 장소에 알맞은 한 마디의 충고는 커다란 힘을 발휘한다. 웨일스 속담에 이런 말이 있다.

"금쪽 같은 말은 축복받은 사람의 입 속에 있다."

16세기 에스파냐의 유명한 시인 드 레온의 놀라운 자제력을 확인할 수 있는 일화가 있다. 그는 빛이 전혀 들지 않는 종교재판소의 지하 감옥에서 4년 동안 외로이 감옥살이를 했다. 《성경》의 일부를 모국어로 번역한 죄 때문이었다. 감옥에서 나와 교수로 복직했을 때, 그의 강의를 들으려 많은 군중이 몰려들었다. 그들은 모두 레온의 감옥살이 이야기를 듣게 되리라 기대했다. 그러나 그는 종교재판소의 부당한 처사에 대해 비난하는 말은 한 마디도 하지 않았다. 그는 그저 5년 전 중단되었던 강의의 골자를 설명하더니 바로 강의를 시작했을 뿐이었다.

물론 때로는 분노를 표현하는 것이 정당할 뿐 아니라 필요할 때가 있다. 거짓과 이기심, 잔인성에는 분노해야 한다. 감정에 충실한 사람은 야비하거나 비열한 행위를 보면 자연스레 분노한다. 그 부당한 행위에 대해 말할 의무는 없다 해도 말이다.
패데스는 이렇게 말했다.

"감동이나 분노를 모르는 사람과는 나는 아무것도 같이 할 수 없을 것이다. 세상에는 나쁜 사람보다 좋은 사람이 더 많다. 나쁜 사람과 좋은 사람이 서로 싸운다면 단지 나쁜 사람이 더 대담하다는 이유만으로 이긴다. 스스로 내린 결정에 따라 힘을 사용하는 사람들을 좋아하지 않을 수 없다. 우리는 그가 단지 그 힘을 사용했다는 사실만으로 그를 마음으로부터 지지하게 된다. 물론 나는 말한 것을 종종 후회한다. 하지만 침묵을 지켜도 그만큼 후회한다."

정의를 사랑하는 사람은 도덕적 악을 그냥 지나치지 않는다. 분노가 솟구친다면 그는 용감하게 이야기할 것이다. 어느 품위 있는 여인은 이렇게 적었다.

고상한 선생님은 미덕에 의한 경멸을 가르친다.
오랫동안 의무를 다하지 않는 것을 경멸하고,
이익을 위해 감정을 억누르는 것을 경멸하고,
거짓말 하는 것, 나쁜 짓 하는 것을 경멸하고,
부당한 마음을 경멸하고,
자유롭게 태어난 마음을 노예처럼 구속하는 것을 경멸하라고.

그러나 성급하게 경멸해서는 안 된다. 훌륭한 사람들은 성격이 급한 면이 없지 않다. 사람을 진실하게 만드는 그런 기질이 또한 사람을 성급하게도 만든다.
줄리아 웨지우드는 이렇게 말했다.

"정신 능력 가운데 가장 키우기 어려운 것은 지적 인내심이다. 그리고 문명의 마지막 강의는 우리 눈에 보이지 않는 어려움들을 믿는 것이다."

참지 못하는 성격을 바로잡는 최선의 방법은 많은 지식과 경험을 쌓는 것이다. 세련된 선(善)의 감각을 배우면 도덕적인 참을성이 없어 혼란에 휘말리는 일은 피할 수 있다. 그런 선의 감각을 지닌 사람은 일상사를 정의롭게 대하게 된다. 그러므로 교양 있고 경험이 풍부한 사람들이 참을성 있고 관대하게 보이는 만큼, 오만하고 시야가 좁은 사람들은 참을성 없고 용서할 줄 모르는 사람으로 보인다.
너그럽고 관대한 마음을 지닌 사람들은 다른 사람들의 결점과 약점을 이해하는 지혜가 있다. 그들은 환경이 인격 형성에 미치는 영향을 고려하고, 또한 유혹과 실수에 약한 사람들의 부족함을 살펴주기도 한다.
괴테는 이렇게 말했다.

"나 또한 저지르지 않은 실수가 없다."

그러므로 현명하고 선한 사람이라면 범죄자가 사형장으로 끌려가는 것을 보고 이렇게 생각할 것이다.

"신의 은총이 없었더라면 나도 저렇게 되었을 텐데."

인생은 스스로 만들어가는 것이다. 명랑한 사람은 명랑한 세상을 만들고, 우울한 사람은 우울한 세상을 만든다. 우리는 우리 자신의 성격이 주변 사람들의 기분에 영향을 끼쳤다는 사실을 발견하곤 한다. 우리가 늘 불평을 늘어놓으면 주변 사람들도 그렇게 될 것이고, 다른 사람들에게 사랑과 너그러운 마음을 베풀지 않으면 그들도 역시 베풀고 싶은 기분이 들지 않을 것이다.

저녁 파티를 마치고 집으로 향하던 길에서 한 행인이 어떤 험악하게 생긴 사람이 자신의 뒤를 쫓고 있다고 경찰에 신고를 했다. 그것은 자신의 그림자였는데 말이다! 인간의 삶도 그렇다. 인간의 삶의 거의가 자신의 모습이 타인을 통해 반사되어 돌아온 것이기 때문이다.

다른 사람들과 평화롭게 지내고 존중받고 싶다면 다른 사람들의 개성을 존중해야 한다. 모든 사람들이 각자 매력과 외모의 개성이 다르듯이 태도와 성격도 각기 다르다. 다른 사람들이 참을성 있게 우리를 대해주길 바란다면 우리도 참을성 있게 그들을 기다려 주어야 한다. 사람들은 누구나 기이한 습관을 한두 가지는 가지고 있는데 정작 본인은 그것을 알지 못한다. 남아메리카의 한 마을에서는 대부분 주민들이 목덜미에 혹이 있어서 그것이 없는 것을 오히려 이상하게 여겼다. 어느 날 영국인들이 그 마을을 지나가게 되었다. 모여 있던 사람들은 그들을 신기해하며 이렇게 외쳤다.

"저 사람들 좀 봐. 목에 혹이 없어."

사람들은 흔히 다른 사람들이 자신의 개성에 대해 어떻게 생각할까 하고 걱정한다. 어떤 사람은 너무 부정적인 면만 받아들이고 혼자 상상하여 가장 나쁜 쪽으로 추측을 한다. 그러나 사람들이 우리에게 실제로 냉혹하게 대했다면 그것은 우리가 그들을 너그럽고 진실하게 대하지 않은 데 대한 응답일 것이다. 걱정은 대부분 상상을 통해 부풀려진 경우가 많다. 주변 사람들이 너그럽지 않다고 해서 노여워하지 마라. 그렇다고 문제가 해결되지는 않는다. 불필요하게 그들의 변덕이나 비뚤어진 성격에 스스로를 드러내 보이게 될 뿐이다.

허버트는 이렇게 말했다.

"우리들 입에서 나온 독설들이 우리들 가슴을 파고든다."

철학자 패러데이는 친구 틴달 교수에게 보내는 편지에서, 여러 가지 생활 경험으로 터득한 실용적 지혜가 넘치는 존경할 만한 조언을 했다.

"이제 인생에서 많은 경험을 했을 나이이니 내 이야기를 들어주게. 젊은 시절 나는 사람들의 의도를 잘못 알아들었다네. 그들이 이런 뜻으로 말했다고 생각했는데 알고 보면 저런 의도에서 한 말이더군. 그래도 더 나중에 생각해보면 악의가 섞인 듯한 말은 좀 느리게 이해해도 좋고, 친절하게 느껴지는 말은 빨리 받아들이는 게 좋았어. 진실은 끝내 숨어 있지는 못하는 법이야. 의견을 달리한다고 해서 그 사람을 윽박지르는 것보다는 잘 들어줄 때에 자신이 틀렸다는 것을 빨리 깨닫게 되는 법일세. 내가 말하고자 하는 것은, 선의는 빨리 알아챌수록 좋고, 당파심에서 저지른 잘못된 행동은 안 보는 것이 낫다는 것일세. 사람은 평화 쪽에 지지의 손길을 내미는 모든 유형무형의 사물에 동의의 손을 들어주는 자신을 보면서 더욱 행복감을 만끽할 수 있어. 누군가가 내 의견에 반대할 때마다 개인적으로 내가 얼마나 자주 흥분했었는지 자네는 거의 상상도 못할 걸세. 불공평하고 오만한 생각에서 그랬었지만 감정을 겉으로 내보이지 않으려 노력했고, 본디 내가 원하는 평화의 편에 선 감정으로 해냈을 때, 그런 부당하고 오만한 다른 이들의 응수를 누를 수 있었단 말이야. 내가 아는 한, 이런 태도 때문에 손해 본 일은 절대 없었다네."

화가 배리가 로마에 머물 때, 그는 그림을 파는 문제를 놓고 예술가들 또는 미술 애호가들과 자주 격하게 싸우곤 했다. 그의 친구이면서, 시골 출신으로 싸움의 장점을 관대하게 평가했던 에드먼드 버크는 친절하고 사려 깊은 어조로 그에게 이런 편지를 썼다.

"세상의 부도덕한 성향에 맞서는 데 필요한 무기이자, 싸움이 우리에게 중재 역할을 할 때, 그리고 우리가 싸움을 화해시킬 때 필요한 속성은 절제와 친절, 타인에 대한 약간의 애정, 그리고 우리 자신에 대한 커다란 불신이라는 것을 믿어 주게. 그것은 결코 일부 사람들이 생각할지도 모를 그런 비열한 속성이 아니라 위대하고 고결한 미덕이며, 우리의 휴식과 부에 기여하는 것만큼 우리의 본성을 고귀하게 하는 것이네. 말다툼하고 논쟁하며, 우리 주변의 모든 사람들과 고함치며 맞붙어 싸우면서 인생을 허비하는 것만큼 건강한 영혼에 무익한 것이 있는가? 우리는 다른 사람들과 사이좋게 지내야 하네. 싸우기 좋아하는 사람들을 위해서가 아니라면 말일세. 바로 우리 자신을 위해서 충분히 그렇게 해야 하는 것이지."

시인 번스는 자제력의 가치를 가장 잘 알게 해준 사람이었다. 스스로 자제할 줄 모르면서 그만큼 자제력의 가치를 훌륭하게 가르칠 수 있었던 이도 드물다. 그는 자제력을 행동으로 옮기기에는 아주 취약한 사람이었고, 재치가 있는 반면에 신랄한 독설을 퍼부어 다른 사람에게 깊은 상처를 주곤 했다. 그가 한 번 농담을 뱉을 때마다 적이 10명씩 늘어났다고 한다. 하지만 그것만이 모두는 아니었다. 가엾은 번스는 자신의 욕구를 이겨내지 못했다. 끝내 충동의 노예가 되고 만 것이다.

"생각 없는 어리석은 행위들을 함으로써 그는 저속해졌으며, 그의 이름은 더럽혀졌다."

번스는 술집 같은 곳에서 재미삼아 쓴 작품을 대중에 공개하고 싶은 욕구를 누르지 못했다. 그래서 젊은이들의 정신에 은근히 해를 끼쳤다. 번스가 훌륭한 작품을 많이 내놓기는 했지만, 순수한 작품으로 이익을 주기보다 비도덕적인 작품으로 손실을 주는 쪽이 훨씬 많았다. 만약 그의 작품을 모두 없애서 상스런 시들을 모두 사라지게 할 수 있다면, 차라리 그의 작품 전부를 없애고 완전히 잊어 버리는 편이 더 낫다고 할 정도였다.

베랑제의 경우도 마찬가지였다. 그는 프랑스의 번스로 불리기도 했다. 베랑제 역시 번스처럼 신랄했고 재치가 있었으며, 쾌락을 추구하고 인기를 좇았다. 베랑제는 프랑스인들의 허영심을 부채질하면서 그들이 즐기는 부도덕한 이야기를 유려한 문체로 그려냈다. 베랑제의 시와 《티에르 전기》는 프랑스에서 나폴레옹 왕조를 다시 확립하는 데 기여하기도 했다. 하지만 베랑제의 시들이 쉽게 뿌려놓은 도덕적 역기능에 비하면 그것은 사소한 것이었다. 프랑스 가정에 깊숙이 침투한 베랑제의 작품들은 추악하고 부도덕한 본보기가 되어 나라 전체를 타락과 파멸의 길로 이끌기에 충분했다.

번스는 28세에 명작 〈바드의 비문〉을 지었다. 그 시는 자신의 삶을 예견하고 있었다.

워즈워스는 번스에 대해 이렇게 말했다.

"이 시는 진지하고 엄숙하게 자신의 의지를 대중 앞에 밝힌다. 그것은 시적이고 인간적이며 경건한 고백이다. 그것은 그의 운명을 예언하고 있다."

그 시는 이렇게 끝맺는다.

독자여, 마음쓰시라──당신의 영혼이
공상으로 북극성 넘어 하늘 높이 날아오르는지,
아니면 이 땅, 어슴푸레한 틈새의
낮은 곳을 파헤치는지.
그러면 알게 되리라──신중하고 조심스런 자제심이,
지혜의 뿌리가 거기에 있음을.

번스는 음주를 즐기는 나쁜 버릇을 가지고 있었다. 이는 다른 나쁜 버릇을 낳기 때문에 가장 해로운 것이라 할 수 있다. 주정뱅이는 아니었지만 계속 술을 마시고 싶은 유혹을 이기지 못했고, 술을 마시면서 품성이 좋지 않은 사람들과 사귀게 되어 성격이 점점 나빠졌다. 가엾은 번스는 한창 시절에 수렁에서 헤어나오지 못했고, 그 나쁜 버릇이 여전히 남아 가장 확산되기 쉽고 통속적인, 그리고 타락하기 쉽고 파괴적인 생리적 기호가 되었다.

만일 수입의 3분의 1 이상을 앗아가고, 야만적이고 저속한 상품을 소비토록 유혹하면서 가정의 평화와 안락함을 파괴하고, 갖가지 질병과 때이른 죽음의 씨를 뿌리도록 만드는 폭군이 우리 사회에 현존한다면, 분노한 수많은 사람들의 가두 시위가 어떠할 것인가! 폭군적 물질에서 해방된 자유 정신을 부르짖는 함성은 어떠할 것인가! 야만적이고 자연의 섭리에 어긋나는 횡포를 자제하라는 호소의 소리는 또 어떻겠는가! 그런데 실제로 우리들 사이에 그런 횡포, 즉 자제하지 못하는 폭군적 식욕들이 존재하고 있으며, 무기나 목소리, 투표, 그 어느 힘도 그것을 막지 못하고 사람들은 기꺼이 물질의 광포한 바다에 몸을 던지고 있다.

이러한 폭군의 손아귀에서 벗어날 수 있는 길은 정신적인 자기 훈련, 자긍심, 자제력밖에 없다. 제도 개혁이라든가 참정권의 확대, 정부 개혁 또는 학문적 교육의 정도로써는 세속적이고 감각적 탐닉에 빠지는 자포자기적 인격을 높일 가능성이 없다. 품위가 없거나 지나치게 저급한 쾌락을 추구해서는 진정한 행복을 맛볼 수 없다. 그것은 정신의 기반을 파내어 무너트리고 에너지를 파괴시키며 개인의 결단력과 건전함을 약화시킨다.

자신을 통제하는 용기는 여러 가지가 있지만 성실한 삶을 사는 것이 가장 확실한 방법이다. 극기의 미덕을 갖추지 못한 인간은 이기적인 욕망에 무릎을 꿇을 뿐 아니라 다른 사람들의 행동을 그대로 따라 한다. 그들은 자신의 기준이 아니라 자신이 속한 그룹 구성원들의 부자연스런 기준에 따라 생활하며, 결과를 생각하지 않고 그의 이웃들처럼 소비한다. 그들이 가진 재산보다도 훨씬 넘치는 생활을 열망한다. 그로 말미암아 다른 사람들도 또 따르게 되고, 아무도 그 전염적 열망을 멈출 도덕적 용기가 없다. 다른 이들을 희생시키면서도 분수에 넘치는 생활에 대한 유혹에 저항할 용기가 없다. 그들은 점점 무모하게 빚을 지게 되어 결국 부채의 노예로 전락한다. 이런 상황으로 치닫기까지, 그는 도덕적으로는 지나친 겁쟁이였고 무기력했으며, 진정한 상류의 성품을 독립적으로 지키지 못한 오류를 범했던 것이다.

바른 정신을 가진 사람이라면 부자인 척하거나 분수에 넘치는 생활을 하지 않는다. 다른 사람의 부(富)를 빌려 성실하지 않게 사느니, 차라리 자신이 가지고 있는 적은 부로 성실하게 살아갈 용기를 가져야 한다. 빚을 져가면서 분에 넘치는 생활을 한다면, 그것은 남의 돈을 훔치는 것만큼이나 부도덕하다.

물론 이것은 극단적인 예이지만, 빚지지 않고 자신의 생활 양식을 옳게 유지하는 것은 인생에서 가장 엄격한 시험을 통과하는 일이다. 다른 사람들에게 피해를 준다면 그것은 불성실한 행동이며, 거짓말하는 것과 마찬가지로 부도덕한 행위가 된다. 그래서 경험으로 볼 때 '채무자는 거짓말쟁이'라는 조지 허버트의 말이 맞다.

새프츠베리는 언젠가 말했다. 갖지 못한 무엇인가를 끊임없이 갖고 싶어 하고, 이루지 못한 무엇인가를 끊임없이 바라는 욕망이 부도덕의 근원이라고 했다. 도덕성을 따지는 것은 큰 도덕의 적이라고 말한 미라보의 주장은 위험한 발상이다. 아주 사소한 일에도 엄격히 도덕성을 지키는 것은 인간적이고 고결한 성품의 토대이기 때문이다.

훌륭한 사람이라면 재산을 아껴 가며 빚지지 않고 성실히 살아갈 것이다. 그들은 빚을 내어 가면서까지 더 부자인 것처럼 행세하지 않는다. 가난하다는 것은 재산이 적다는 뜻이 아니라 욕망을 억제할 수 없다는 뜻이다. 마찬가지로, 부유하다는 것은 부족하다고 느끼지 않고 충분히 만족한다는 뜻이다. 소크라테스는 보석과 재산을 산더미처럼 운반하는 것을 보고 이렇게 말했다.

"내가 원하지 않는 것들이 얼마나 많은지 이제야 알겠다."

페데스는 또 이렇게 말했다.

"이기심만 아니라면 나는 모든 것을 용서할 수 있다. 가장 옹색한 상황에서도 '내 것과 당신의 것'의 중요함을 허용할 줄 안다면 말이다. 아주 가난한 사람이 아니라면 하루의 생활을 돈 생각으로 채울 사람은 없다. 수입의 한계 내에서 살림을 꾸릴 신중함만 있다면 말이다."

더 차원 높은 것을 추구한다면 사람들은 금전에 무관심해질 수 있다. 부를 버리고 학문의 길을 택한 패러데이처럼 말이다. 그러나 만약 돈으로 살 수 있는 쾌락을 누리고 싶다면 정당한 방법으로 그것을 얻어야 한다. 갚을 능력도 없으면서 습관적으로 빚을 져서는 안 된다. 그것은 다른 사람의 수입에 빌붙어 사는 것이나 마찬가지다. 항상 빚에 허덕였던 매긴에게 와인을 사느라 얼마를 썼는지를 물었다. 그는 얼마인지는 모르지만 상인들이 '외상장부에 달아 놓은' 것만은 분명하다고 대답했다.

해즐릿

　외상 장부를 이용한다는 것은 마음 약한 이들의 경우 파멸의 길로 접어드는 지름길이라 할 수 있다. 그들은 살 능력도 안 되면서 외상을 해서라도 가지고 싶은 유혹을 뿌리치지 못한다. 그러므로 특정 조건 하에 채권자가 빌려준 빚을 그 조건에 따라 회수할 수 있도록 규정하고 있는 법규를 모두 폐지해버린다면 사회적으로 오히려 좋은 결과가 올지도 모른다. 그러나 현실적으로 채권자들은 온갖 방법으로 외상 구입을 부채질한다. 또 사람들은 마지막 극단적 상황이 되면 그때는 법이 도와주겠지 하고 막연히 믿고 있다.

　시드니 스미스가 다른 마을로 이사했을 때, 지방 신문에 그가 인간관계를 매우 중요시하며 모든 면에서 자신이 만든 규율을 따른다는 기사가 실렸다. 그러나 그는 그 즉시 새로운 이웃들의 잘못된 생각을 일깨워 주었다. 시드니 스미스는 이렇게 말했다.

　"우리는 그저 보통 사람들일 뿐입니다. 자신이 진 부채를 자신이 갚는 성실한 보통 사람 말입니다."

　아주 성실했지만 어느 정도 사치스러웠던 해즐릿은 비슷한 두 부류의 인간에 대해 설명했다. 즉 손에 돈을 쥘 수 없는 부류와 남의 돈에 손을 댈 수밖에 없는 부류로 인간을 나누었다. 손에 돈을 쥘 수 없는 부류는 항상 돈이 부족하다. 빨리 돈을 써서 없애지 않고는 못 배기는 사람처럼, 처음 보는 물건은 무엇이든 사들이기 때문이다. 남의 돈이 있어야만 사는 경우는, 자신이 가지고 있는 재산을 모두 써 없애고 빌릴 수 있는 한 계속 돈을 빌려 쓰는 사람이다. 그들은 돈을 빌리는 데 타고난 재주꾼이다. 그리고 끝내 파멸을 맞게 된다.

　셰리든은 그런 한심스러운 인간 부류의 대표적 예였다. 그는 충동적으로 물건을 사들였고, 지출에 신중하지 못했다. 그리고 자신을 믿는 모든 이들에게 빚을 졌다. 웨스트민스터 법정에 출두했을 때는 빚 때문에 사람들로부터 비난을 받았다. 파머스턴은 '가난한 사람들이 법정 주위로 몰려들어서는 셰리든에게 빌려간 돈을 갚으라고 요구했다'고 편지에 썼다. 그러나 그 어려운 상황에서도 셰리든은 어느 때보다도 명랑하게 채권자들을 상대로 많은 농담을 했다. 그는 만찬을 열어 파머스턴을 초대하기까지 했는데, 그 만찬장에서 정장을 하고 시중을 든 웨이터들은 파머스턴 집의 하인들이었다.

셰리든

셰리든의 도덕적 타락은 개인적인 채무에 한해서였다. 그는 공금에 관한 한 깨끗하고 정직했다. 한번은 바이런이 참석한 정찬 모임에서 위그당원들이 직무를 완강히 거부하며 자신들의 원칙을 고집하는 것을 보았다. 셰리든은 이렇게 말하며 신랄하게 그들을 비판했다.

"이런저런 이유로 백작과 후작이 1년에 몇 천씩 챙기고 있소. 그 중 어떤 관직은 상속받은 것으로, 하는 일 없이 수입만 챙길 수 있는 한가한 자리거나 공금을 횡령할 수 있는 자리요. 그래도 그들은 스스로를 애국자라고 떠벌리고, 어떤 유혹에도 흔들리지 않는다고 자랑하고 있소. 같은 혈기와 재능, 열정을 지녔지만 단 1실링도 사사로이 취한 적 없는 사람들이 어떻게 유혹을 멀리했는지 그들은 전혀 모르고 있소."

이 말을 하며 셰리든이 눈물을 흘렸다고 바이런은 덧붙였다.

그 즈음은 돈에 관한 한 도덕성이 매우 낮아서, 정치인의 공금 횡령을 그다지 불명예로 생각하지 않았다. 당의 우두머리들은 따르는 무리들을 한데 끌어들이기 위해서라면 서슴없이 공금을 썼다. 그들은 지출에 너그러웠다. 그렇지만 그것은 그들의 돈이 아니라 나라 재정이었다. 그것은 지방의 실력자들도 마찬가지였다.

"정부 보조금이 바닥나자 주(州) 부담으로 다리를 건설했다."

콘월리스는 아일랜드 총독으로 임명되자, 부대 운영자금 감사관인(네이피어 형제의 아버지이기도 한) 네이피어 대령을 불러 이렇게 말했다.

"주변의 탐욕스러운 사람들을 겪다 보니 나는 이제 정직한 사람을 원하게 되었네."

채텀 백작은 사소한 절도 행위로 정무를 보는 자들을 경멸했던 대표적인 인물이었다. 그의 아들 피트도 아버지처럼 정직하게 공무를 보았다. 수백만 달러가 피트의 손을 거쳐갔어도 그 자신은 변함없이 가난하게 살았다. 악의에 차서 그를 헐뜯던 사람들조차도 그의 정직함에는 이의를 제기하지 못했다.

예전에는 관직을 얻으면 막대한 이익을 누렸다. 16세기에 유명한 매관 관직 뚜쟁이였던 오들리는 후견재판소에서 그가 사고 판 관직이 얼마였느냐고 묻자 이렇게 대답했다.

"즉시 천국으로 가고 싶은 사람에게는 몇 천, 속죄를 꺼리지 않는 사람에게는 그 두 배, 그리고 악령을 두려워하지 않는 사람들에게는 얼마를 주었는지 아무도 모른다."

월터 스콧은 정직했다. 그가 관여했던 회사의 빚을 갚기 위해 그는 온마음을 쏟았다. 그의 전기를 보면, 빚을 갚으려는 강한 의지가 그의 가장 위대한 점으로 부각되어 있다. 출판사와 인쇄소가 파산하자 그는 어려움에 빠졌다. 많은 이들이 그의 불행을 안타까워했다. 특히 친구들이 앞다투어 빚을 갚을 수 있는 자금을 대주겠다고 제의했지만, 그는 당당히 말했다.

"아니, 내 손으로 일해서 떳떳하게 빚을 정리하겠네."

스콧은 친구에게 이렇게 편지를 썼다.

"다른 모든 것을 잃는다 해도 명예만은 지켜야 한다고 생각하네."

스콧은 과로로 인해 건강이 나빠졌지만, 더 이상 펜을 들 기력이 없을 때까지 열심히 작품을 썼다. 그는 노력이라는 대가로 명예와 자존심을 끝까지 지켰다. 스콧은 《우드스톡》과 《나폴레옹 전기》, 〈계간지〉 기사들, 《산문집》, 《캐넌게이트 이야기》, 《조부 이야기》를 단숨에 써냈다. 이 작품들은 모두 고통과 슬픔, 파산의 고난 속에서 집필된 것이다. 스콧은 작품들을 써서 벌어들인 돈을 모두 빚을 갚는 데 썼다. 스콧은 이렇게 적었다.

"그동안 제대로 잠을 이룬 적이 없었다. 채권자로부터 감사하다는 말을 듣고 나서, 수치를 아는 도덕적인 사람으로서 나의 의무를 충실히 이행하고 있는 지금에서야 잠을 이룰 수 있다. 내 앞에 길고 어두운 길이 펼쳐져 있음을 알고 있다. 그래도 그 길을 걸어가면 명성에 부끄럽지 않은 삶을 살 수 있을 것이니 과로로 죽음에 이르게 된다 해도 그것은 명예로운 죽음이 될 것이다. 나의 임무를 완수하면 모든 사람들이 내게 고마움을 표하지 않겠나, 나의 양심도 나를 칭찬하지 않겠나."

그 뒤 중풍으로 쓰러지기까지, 스콧은 자신의 기존 소설을 완전히 개작한 《가이어스타인의 앤》과 《퍼스의 아름다운 소녀》, 《조부 이야기》 후속편을 포함하여 많은 기사와 전기, 설교집까지 썼다. 스콧은 중풍으로 쓰러져서도, 펜을 잡을 수 있을 정도의 기력이 회복되자 또다시 책상에 앉아 《귀신학과 마력》과 스코틀랜드 역사편 《라드너 백과사전》, 프랑스 역사편 《조부 이야기》 4부를 썼다. 의사는 일을 그만두라고 권했지만, 그는 듣지 않았다. 스콧은 애버크롬비 박사에게 이렇게 말했다.

"나보고 일하지 말라는 것은 난로 위에 주전자를 올려놓으며 '주전자야, 끓지 말아라' 하는 것과 같소. 일하지 않고 빈둥거린다면 나는 미쳐 버리고 말 거요."

그러한 지독한 노력으로 벌어들인 수입으로 스콧의 빚은 빠르게 줄어들었다. 스콧은 몇 년 후면 다시 자유로운 삶을 누릴 수 있게 되리라 믿었다. 하지만 그의 바람은 실현되지 못했다. 스콧은 매우 약해진 건강으로도 《파리의 로버트 백작》 같은 작품들을 단숨에 써내고 또 다른 작품을 시도하다가 결국 더 심각한 중풍으로 쓰러졌다. 그는 이제 자신이 갈고 경작해온 밭이랑의 끝이 가까워졌다고 느꼈다. 육체적으로 기력이 다해 예전의 그가 아니었으나, 용기와 불굴의 노력만은 결코 끝이 없었다.

그는 일기에 이렇게 썼다.

"마음보다 몸이 훨씬 더 고통스럽다. 나는 종종 깨어나지 않는 잠을 잤으면 하고 바라곤 한다. 하지만 할 수 있다면 나는 고통에 맞서 싸우겠다."

스콧은 다시 《위험한 성》을 집필할 수 있을 만큼 기력을 회복했다. 그러나 노련한 글솜씨는 이미 사라졌고 휴식이 필요했다. 그는 건강도 돌볼 겸 마지막으로 이탈리아 여행을 떠났다. 나폴리에 도착한 그는 다른 이들의 만류에도 불구하고 매일 아침 몇 시간씩 새로운 소설을 쓰기 시작했다. 그러나 안타깝게도 그 소설은 끝내 완성하지 못했다.

스콧은 애버츠포드로 돌아갔다. 그곳에서 일생을 마치고 싶었던 것이다. 그는 돌아가는 길에 이렇게 중얼거렸다.

"많은 곳을 둘러보았지만, 가장 경이로운 곳은 내 집뿐이라네."

세상을 떠나기 전, 그는 이런 말을 했다.

"나는 오늘날 가장 많은 작품을 남긴 작가이다. 누구의 믿음이나 원칙도 어지럽히지 않기 위해 노력했고, 죽음의 문턱에서 지워버리고 싶은 생각이 들 글은 쓰지 않았다고 생각하니 마음이 너무도 편하다."

그리고 스콧은 사위에게 이렇게 조언했다.

"시간이 얼마 남지 않았군. 여보게, 록하트. 언제나 미덕을 잃지 말게. 언제나 신앙심을 가지고 좋은 사람이 되게. 그러면 자네가 이 자리에 누울 때 마음의 평화를 느낄 수 있을 것이네."

스콧이 세상을 떠난 뒤에도 록하트는 그에 대한 헌신적인 마음을 잃지 않았다. 뒷날 그는 몇 년 동안 심혈을 기울여 《스콧 전기》를 집필해 상당한 성공을 거두었다. 하지만 그는 그것으로 벌어들인 이익을 자신이 갖지 않았다. 그는 그 작품의 수익금을 스콧이 진 빚을 갚는 데 사용했다. 록하트에게 그렇게 해야 할 의무는 없었지만, 명예를 존중하는 스콧의 영향을 받은 그는 훌륭했던 고인을 기리는 뜻에서 대신 빚을 갚은 것이다.

7 의무와 진실함
그의 무기는 바른생각, 그의 진실은 최고기술

잠이 들어 아름다운 삶을 꿈꾸었다.
깨어나서는 삶이 의무임을 깨달았다.

의무감이여! 다정한 암시, 아첨, 위협 때문에 움직이는 것이 아니라,
스스로 존경하는 단순한 영혼으로 언제나
거짓 없는 법칙을 지키며 움직이는 놀라운 생각이여,
모든 탐욕 앞에 말이 없구나.
아무리 비밀리에 반란을 꾀하더라도. 칸트

그가 말한 '아니다'는 취소하지 않겠다는 부정이었고,
그가 말한 '그렇다'는 힘 있는 긍정이었다.
그는 아주 조심스럽게 긍정했다.
그의 생각과 말은 동의를 잘 얻어냈다.
그가 한 약속, 계약, 보증은 신뢰를 받았다. 스테인 남작 묘비명

의무란 마땅히 해야 할 일이며, 어쩌면 일어날 수도 있는 도덕적 타락을 피하려는 사람들 모두가 지켜야 하는 일이다. 그것은 인생에서 자발적인 노력과 단호한 행동으로만 나타낼 수 있는 책임감, 즉 스스로의 의지로 노력하여 갚을 수 있는 빚이라고도 할 수 있다.

의무는 인간 생활 전체를 끌어안고 있다. 의무는 작은 가정에서부터 시작된다. 그곳에서 아이들은 부모에게 의무를 다해야 하며, 부모 또한 아이에게 의무를 다해야 한다. 마찬가지로 남편과 아내 사이에, 주인과 하인 사이에 저마다 지켜야 할 의무가 있다. 집 밖에서는 남성과 여성, 친구, 이웃, 고용

주와 직원, 지배자와 피지배자 사이에 지켜야 할 의무가 있다.

사도 바울은 말했다.

"모두에게 의무를 다하시오. 감사할 사람에게는 감사하고, 관습을 지켜야 할 사람에게는 관습을 지키고, 두려워해야 할 사람은 두려워하고, 아무도 지켜야 할 의무가 없다 하더라도 사랑으로 서로 사랑하시오. 서로 사랑한 자는 법을 이행한 자이니."

우리의 일생은 의무에서 시작하여 의무로 끝난다.
우리는 윗사람에 대한 의무, 아랫사람에 대한 의무, 동등한 사람에 대한 의무, 인간에 대한 의무, 신에 대한 의무 등 여러 가지 의무를 짊어지고 있다. 힘을 사용하여 권리를 행사하는 곳에는 어디든지 의무가 있는 것이다. 우리는 우리 자신과 다른 사람들을 유익하게 하도록 지시받은 시중꾼과 같다.

늘 품고 있는 의무감은 인격에서 가장 중요한 요소이며, 의무감을 지키는 것은 인격의 왕관을 쓰는 것이다. 그것은 가장 고상한 모습으로 인간의 법을 지키는 일이다. 의무감이 없다면 개인은 역경이나 유혹 앞에 비틀거려 쓰러지고 만다. 반면, 의무감으로 북돋워진다면 약한 사람들도 강해지며 용기로 충만해진다. 제임슨 부인은 이렇게 말했다.

"의무감은 정신의 요소들을 이어주는 접착제이다. 힘과 선의·지성·진실·행복, 그리고 사랑 등 각 개체는 영속성을 가질 수가 없기 때문에, 의무감으로 그 요소들을 이어주지 않으면 모든 생활 양식의 구조가 무너져 폐허 가운데 앉아 있게 될 것이다."

의무의 토대는 정의감이고 정의감은 사랑이 북돋워 준다. 의무감은 가장 완전한 형태의 미덕으로서 일시적인 감정이 아니다. 생활 전반에 퍼져 있는 원칙이며, 인간의 양심과 자유의지에 의해 결정되어 행동 또는 행위로 나타난다.

그런데 양심은 의무를 요구한다. 양심이 규제력과 통제력을 발휘하지 못하면 현명하고 위대한 지식도 어둠 속의 길이 될 뿐이다. 양심은 사람들이 스스로 일어설 용기를 주고, 의지는 그것을 지탱해 준다. 양심은 우리들 안에 있는 도덕적 지배자로서 올바른 행동과 올바른 생각, 그리고 올바른 생활을 결정한다. 양심의 지배력으로 고상하고 바른 인격으로 성숙시킬 수 있다. 그러나 양심의 목소리는 조용한 법이니, 스스로 강한 의지의 목소리로 돕지 않으면 양심이 무슨 말을 해도 들리지 않기 십상이다. 의지는 옳은 길과 옳지 못한 길 중 하나를 자유롭게 선택할 수 있지만 즉시 결정하여 행동으로 옮기지 않으면 선택은 무의미하다. 의무감이 강하고 행동 감각이 깨끗하면 양심의 도움 없이도 가던 길을 그대로 용감히 걸어가 뜻을 이룰 수 있는 것이다.

하인젤만은 이렇게 말했다.

"젊은이들이여, 앞으로도 가난하게 사시오. 주변 사람들이 사기와 배신으로 부자가 되더라도, 그리고 출세를 구걸하더라도 그대들은 관직이나 권력 없이 사시오. 다른 사람들이 아첨으로 원하는 것을 손에 넣더라도, 원하는 것을 얻지 못한 고통을 견디시오. 다른 이들이 출세를 위해 굽신거리더라도, 그대들은 자신만의 미덕의 옷을 두르시오. 그날의 양식을 친구와 더불어 구하고, 대의를 지키며 명예롭게 나이들어 신의 은총을 빌며 죽음을 맞으시오."

높은 원칙을 가진 사람들은 자신의 의무를 다하기 위해 차라리 자신의 소중하고 사랑스런 모든 것을 희생시키기도 한다. 군주를 위해 무기를 든 충성스런 시인은, 숭고하고 헌신적인 영국의 사상적 의무감을 연인에 비유하였다.

　　그대를 그토록 사랑할 수 있었기에,
　　나는 명예를 더 이상 사랑하지 않았소.

세르토리우스는 이렇게 말했다.

"품위 있는 사람은 명예롭게 승리해야 한다. 목숨을 구하기 위한 것이라해도 비열한 방법을 사용하지 말라."

의무감과 신념으로 강해진 성 바오로는 '감옥생활뿐 아니라 예루살렘에서의 죽음도 두렵지 않다'고 말했다. 이탈리아 군주들이 페스카라 후작에게 명예로운 에스파냐의 대의를 포기하도록 요구했을 때, 그의 훌륭한 아내 비토리아 콜로나는 의무를 일깨워 주는 편지를 그에게 보냈다.

"명예를 버리지 마세요. 명예를 지키면 부자나 왕보다도 존경받는 사람이 될 거예요. 진정한 영광은 화려한 직분보다는 명예를 통해서 누릴 수 있고, 또 후손들에게도 고결한 명예를 물려주는 것이 당신의 행복이자 자부심이 될 거예요."

비토리아는 남편의 명예를 소중히 생각했다. 파비아에서 남편이 사망했을 때 비토리아는 아직 젊고 아름다웠으므로 많은 이들로부터 구혼을 받았다. 그래도 비토리아는 홀로 지내며 남편을 그리면서 그의 훌륭한 삶을 기렸다.
산다는 것은 진정한 의미에서 열정적으로 활동하는 것이고, 두려움에 용감히 맞서려는 마음가짐이 필요하다. 숭고한 결의에 찬 사람들은 자신의 자리를 지키며, 필요하면 죽음에 대한 두려움도 마주해야 한다. 덴마크 영웅처럼 '씩씩하게 위험을 넘어 용감하게 나아가라. 의무를 이행하는 과정에서 망설여서는 안 된다'는 마음을 다져야 한다. 의지는 크든 작든 신이 우리에게 주신 '신성한 선물'이니 사용하지 않아 녹슬게 해서도 안 되고, 부당한 목적에 남용해서도 안 된다.
브라이튼의 로버트슨은 인간의 진정한 위대함은 자기 자신의 쾌락이나 명예 또는 발전을 추구하는 데 있지 않다고 말했다.

"인간의 위대함이란 자신의 목숨이나 자신의 영광을 좇는 것에 있지 않고, 자신의 의무를 다해야 하는 것에 있다."

의무의 이행을 방해하는 것은 약한 목적의식과 우유부단, 결단력의 부족이다. 누구나 한편에는 선악에 대한 분별과 양심을, 다른 한편에는 게으름과

이기심, 쾌락에 대한 유혹의 마음을 가지고 있다. 약하고 단련되지 않은 의지는 한동안 양쪽 모두의 영향력을 받게 되고, 의지를 행사하느냐 그렇지 못하느냐에 따라 결국은 어느 한쪽으로 기울어지게 된다. 의지대로 행동하지 않고 계속 수동적인 상태로 있으면 사람들은 결국 유혹에 빠지고 인격은 퇴화될 것이다. 그리고 자기 자신의 감각에 지배당하는 자아(自我)의 노예일 뿐이라고 인정하게 될 것이다.

그러므로 양심에 따른 의지로 저급한 본성에 저항하는 능력은 정신 수양에 매우 중요하며, 인격을 건전하게 발전시키는 데 절대적으로 필요하다. 선을 행하는 습관을 익히고 나쁜 버릇을 고쳐 나가며, 세속적인 욕망에 맞서 본능적 이기심을 극복하려면, 오랜 기간 수양에 힘써야 한다. 일단 의무를 이행하는 방법을 배우면 그것은 습관으로 굳어져, 그 뒤부터는 의무를 이행하는 것이 쉬워질 것이다.

용감하고 선한 사람은 자유의지로 행동하면서 미덕의 습관에 익숙해지도록 자신을 단련시키는 반면, 비겁하고 나쁜 사람은 자유 의지를 묶어 두고, 자신의 희망과 정열이 속박되게 함으로써 결국 부덕의 습관에 얽매인다.

사람은 자유의지에 따라 행동할 때 목표에까지 이를 수 있다. 바로 서고 싶다면 자신의 의지로 바로 서야 한다. 다른 사람의 도움으로는 계속 서 있을 수 없지 않은가. 우리는 우리 자신과 행동의 주인이기 때문에 거짓을 삼가고 진실할 수 있으며, 쾌락을 피하고 절제할 수도 있다. 냉혹한 행동을 하지 않을 수도 관대하고 너그러울 수도 있다. 개인의 노력과 훈련을 통해 이런 모든 것이 가능하다. 그러므로 순수하고 선량한 자유인이 되느냐 아니면 나쁜 습관의 노예가 되어 순수하지 못한 비참한 사람이 되느냐는 스스로에게 달려 있다.

에픽테투스의 지혜로운 말 중에 이런 말이 있다.

"우리는, 우리의 삶에서 우리의 역할을 스스로 선택할 수는 없다. 그저 주어진 역할을 충실히 해야 할 뿐이다. 노예도 집정관만큼 자유로워질 수 있다. 자유란 우리에게 주어진 커다란 축복이요, 그 자유에 비해 다른 모든 것은 하찮고, 자유만 있다면 다른 것은 거의 필요하지 않다. 혼돈과 불행 속을 헤매면서 거기서 행복을 찾는다면 행복이란 그런 곳에 있지 않다는 것을 깨닫게 해 줘야 한다. 강하다고 해서 반드시 행복한 것은 아니다. 마이로와 오펠리우스는 힘이 강했지만 결코 행복하지 않았다. 부자라고 해서 꼭 행복한 것도 아니다. 크로서스는 부자였지만 행복하지 않았다. 권력자라고 해서 또한 반드시 행복한 것도 아니다. 집정관들은 권력을 쥐고 있었지만 역시 행복하지 않았다. 이 모든 것을 다 갖추고 있어도 행복하지 않다. 이 모든 것을 모두 쥐고 있었던 네로와 사르다나풀루스, 아가멤논도 한숨을 짓고 비통해 했으며 때때로 머리를 쥐어뜯었다. 그야말로 그들은 허울에만 신경을 쓰는 환경의 노예였다. 행복은 당신 마음 속에 있다. 행복이란 진정한 자유에 있으며, 우리에게 몰려오는 모든 두려움을 없애거나 정복하는 순간에 달려 있다. 행복은 내 마음을 확실히 다스리는 데 있고, 행복은 책임을 다하고 나서의 만족과 그로 말미암은 마음의 평화에서 솟는 힘에 있다. 그리고 행복은 우리의 인생과 함께 흘러가는 빈곤과 유랑, 병고, 그리고 죽음의 그림자가 깃든, 바로 그 어두운 골짜기에도 존재하는 것이다."

용감한 사람들에게 있어서도 의무감은 그 용기를 지탱하는 힘이 된다. 의무감은 똑바로 서 있게 하며 강하게 만든다. 폭풍우 속에서 로마를 향해 출항하려는 폼페이우스를 보고 위험하므로 가지 말라고 친구들이 말리자, 그는 이렇게 말했다.

"나에게 필요한 것은 로마로 가는 것이지, 생명을 부지하는 것이 아니라네."

그는 폭풍우가 몰아치는 위험한 상황 속에서도 해야 할 일을 했던 것이다. 워싱턴의 삶을 움직이는 중대한 힘은 의무감이었다. 그가 일관성 있고 치밀하고 활기차게 일할 수 있었던 것은 제왕같이 기품 있고 당당한 인격 때문이었다. 워싱턴은 그 시대에 처한 자신의 의무를 정확히 이해하고, 어떠한 위험 속에서도 성실히 의무를 수행했으며, 융통성과 일관성을 모두 겸비하고 있었다. 어떤 효과를 바란 것도, 영광이나 명예, 또는 보상을 생각한 것도 아니었다. 워싱턴은 그저 마땅히 해야 할 일을 최선을 다해 수행했다.

그는 매우 겸손했다. 미국 패트리어트 부대의 총사령관직을 제의받았을 때, 그는 상부의 압력으로 그 제의를 수락할 수밖에 없을 때까지 고민했다. 워싱턴은 조국의 미래가 달린 중대한 자리에 자신을 선출해 준 것에 영광을 표하며 국회에서 이렇게 말했다.

"무슨 불행한 사건으로 해서 나의 명예에 해가 되는 일이 없기를 바라며, 오늘 제가 이 자리에서 이 영예의 총사령관에 어울리는 사람이 못 된다고 더 없는 진심으로 말했음을 기억해주기 바랍니다."

워싱턴은 아내에게 보내는 편지에서 총사령관으로 임명되었다고 전하며 이렇게 말했다.

"사령관직을 맡지 않으려고 최선의 노력을 기울였소. 가족들과 헤어지는 것도 마땅찮고 또 내 능력으로 감당하기에도 과분한 자리라고 생각했기 때문이었소. 집에서 당신과 더불어 보낸 한 달이 훨씬 더 행복했소. 집 밖에서 7년이 아니라 70년을 산다고 해도 결코 그만큼 행복하지는 못할 것이오. 그러나 이것이 내게 주어진 어쩔 수 없는 운명인 듯하오. 그러니 내가 사령관직을 맡는 것을 좋게 생각해 주시구려. 그 제의를 끝내 사양한다면 내 명예가 손상됨은 물론 내 친구들에게도 고통을 안겨줄 것이오. 이것이 당신에게는 절대 기쁜 소식이 아닌 것을 알고 있고 내게 크게 실망했으리라는 것도 잘 알고 있소."

워싱턴은 깨끗한 삶을 추구했다. 총사령관으로서, 대통령으로서 의무를 수행하는 데 조금도 망설임이 없었다. 좋은 소식을 접할 때는 물론이고 나쁜 소식을 접할 때에도 인기에 연연하지 않고 본래의 목표대로 밀고나갔다. 그로 말미암아 그의 권력과 위치가 위태로워지기도 했다.

존 제이의 중재로 영국과 맺은 협약의 비준 문제를 놓고 여론이 줄곧 빗발칠 때, 워싱턴은 그 협약을 기각하라는 압력을 받았다. 그러나 그는 자신과 조국의 명예가 손상될 위기에서도 결코 그 압력에 굴하지 않고 협약을 비준했다. 국민들은 협약 비준에 강력히 항의했다. 한동안 워싱턴은 여론의 뭇매를 맞기도 하고 폭도들이 던진 돌에 얻어맞기도 했다. 그래도 워싱턴은 그것이 자신의 의무라고 생각했기 때문에 곳곳에서 탄원과 항의가 아무리 거세어도 자기 뜻을 굽히지 않았다. 워싱턴은 사람들에게 이렇게 대답했다.

"많은 경우에 조국이 나를 지지해 준 데 진심으로 감사한다. 하지만 조국의 지지를 얻기 위해 나의 양심에 위배되는 짓을 할 수는 없다."

워싱턴과 마찬가지로 웰링턴의 좌우명도 '의무'였다. 누구도 그만큼 의무에 충실하지는 못했다. 웰링턴은 이렇게 말한 바 있다.

"우리 인생에서 목표가 될 만한 것이 거의 없거나 하나도 없다 해도 우리 모두는 사심없이 곧게 인생의 길을 걸어가며 우리의 의무를 다할 수 있다."

의무에 대한 복종, 자발적인 의무이행을 웰링턴만큼 명쾌하게 생각한 사람은 없었다. 자신부터 의무를 성실하게 이행할 수 없다면 다른 사람들을 어떻게 효과적으로 통솔할 수 있겠는가. 현명한 사람이 되기 위해서는 '솔선'보다 더 적절한 좌우명은 없다. 내가 먼저 의무를 수행하면 우두커니 있던 사람들도 따르게 마련이다.

한 장교가 하찮은 직급을 맡고 억울해하자, 웰링턴은 이렇게 말했다.

"군생활 동안 나는 여단 지휘관에서 연대 최고지휘관으로 승진한 적도 있고, 군사령관에서 여단 지휘관으로 강등된 적도 있었지만 한 번도 억울하다고 느끼지 않았네."

웰링턴이 포르투갈에서 연합군 지휘를 맡고 있을 때 부하들이 신분에 걸맞지 않는 행동을 하거나 의무를 충실히 이행하지 않는 것을 보았다. 그러자 웰링턴은 이렇게 말했다.

"우리는 넘치는 열정을 지니고 있다. 함성도 우렁차다. 울긋불긋 눈부시게 장식된 곳곳에서 향연이 벌어지고, 여기저기서 조국을 사랑하는 간절한 노랫소리가 메아리친다. 그러나 이때 우리에게 진실로 필요한 것은 각자의 위치에서 본분을 다하는 것이고 상사에게 절대복종하는 것이다!"

웰링턴의 생각은 언제나 그와 같이 꿋꿋한 의무감이었다. 그는 항상 의무감을 가장 중요하게 여겼고, 이것을 충실히 이행하였다. 그것은 그의 부하들에게도 그대로 옮아서 부하들도 똑같은 정신으로 그에게 복종했다. 워털루에서 수적으로 적은 영국군이 프랑스군을 맞아 싸울 때도 웰링턴은 보병부대 진지를 돌며 이렇게 강조했다.

"침착하게 사수하라. 조국에서 우리에 대해 어떻게 말할지 생각하라."

병사들은 이에 대답했다.

"결코 두렵지 않습니다. 우리의 의무를 잘 알고 있습니다."

넬슨 또한 의무감을 중시했다. 그가 국가에 어떤 마음으로 봉사했는지는 다음 명언 속에 잘 나타나 있다.

"영국은 모든 국민들에게 자신의 의무를 다할 것을 기대하고 있다."

이것은 그가 트라팔가에서 작전 개시 전에 모든 함대에 보낸 신호이기도 했다. 그는 마지막으로 이렇게 중얼거렸다.

"나는 나의 의무를 다했고, 그것을 신께 감사드린다."

넬슨의 동료이자 친구인 콜링우드는 자신의 배가 치열한 해전에서 부서졌을 때 함장에게 이렇게 말했다.

"지금쯤 우리 아내들은 영국에서 우리를 위해 기도하고 있을 걸세."

콜링우드 또한 의무에 헌신적이었다. 항해 생활을 시작하려는 많은 젊은 이들에게 콜링우드가 강조한 격언은 '최선을 다하여 의무를 이행하라'였다. 한 번은 수습 사관들에게 다음과 같이 용기를 북돋고 사리분별을 강조하는 말을 했다.

"그대들의 평안(平安)과 발전을 적극 지원할 수 있는 이는 누구도 아닌 바로 그대들 자신의 힘이다. 자신의 의무에 엄격하게, 그리고 끊임없이 주의를 기울이고, 상관뿐 아니라 모든 사람들에게 친절하고 공경스럽게 행동하면 모든 이들의 호의를 얻게 될 것이고 반드시 그 보답을 받게 될 것이다. 설령 보상을 받지 못한다

넬슨

할지라도 결코 실망하거나 좌절할 정도로 그대들이 분별없는 사람들이라고는 생각지 않는다. 불만을 가지지 않도록 주의하라. 불만은 그대들의 친구들에게는 슬픈 일이고 적들에게는 기쁜 소식이다. 불만은 절대로 좋은 결과를 낳을 수 없다. 그대들은 최상의 보상을 받을 자격을 갖도록 행동하라. 무엇이 올바른 행동인지 헤아린다면 그대들은 사기를 잃지 않을 것이다. 의무를 최우선으로 내세운다는 뜻을 세우고, 어떤 변화에도 만반의 준비 태세가 된 모습을 보이도록 하라. 그대들의 상관들은 부주의한 사람들이 아니다. 그대들에게 결코 능력 이상의 의무를 지우지는 않을 것이다."

의무에 이처럼 헌신하는 것은 영국 국민의 고유한 특징이다. 영국의 위대한 관리들은 크게 또는 적게 반드시 그러한 특징을 보여주었다. 트라팔가의 넬슨처럼 작전 개시 신호로——영광이나 승리, 명예가 아닌, 그리고 조국도 아닌——'의무!'를 선택하는 지휘관이 또 어디 있겠는가! 또한 어느 국가의 국민들이 그러한 신호 아래 하나로 뭉치겠는가! 아프리카 연안에서 멀리 떨어진 곳에서 버컨헤드 호가 조난한 직후, 버컨헤드 호에 승선했던 장교들과 남자들은 여자와 아이들이 안전하게 구명 보트를 타고 난파선을 탈출하는 것을 본 다음 축포를 터트렸고, 그 배는 곧바로 침몰했다.

브라이튼의 로버트슨은 편지에서 그 상황을 이렇게 말했다.

"예, 맞아요. 선과 의무, 희생, 이런 것들은 영국이 존중하는 인간의 품성입니다. 영국은 침착하지 못한 촌사람처럼 철도왕과 전자생물학, 그리고 그

외에 겉만 번지레한 것들에 입을 크게 벌리고 감탄합니다. 하지만 정의가 아니면 어느 것도 그들의 오래고 위대한 정신의 깊은 중심을 통째로 또는 오랫동안 흔들어 놓지는 못합니다. 영국 사람은 솥도 멋지게 걸칠 줄 모르고, 연주회장에서는 촌사람처럼 굴며, 갈가마귀와 스웨덴 나이팅게일을 구분하지도 못합니다. 그러나 영국이 누린 축복이 넓고도 긴 것이라, 상어들이 득실대고 파도가 거칠게 몰아치는 바다 한가운데서도 뽐내거나 과시하는 기색 없이 남자답게 침몰할 것을 가르치는 방법을 알고 있습니다. '의무'가 세상에서 가장 자연스러운 것인 양 말입니다. 그러나 영국은 배우를 영웅으로, 영웅을 배우로 그리 오랫동안 착각하지는 않지요."

국가 전체에 이러한 사상적 의무감이 널리 퍼져 있다는 것은 대단한 일이다. 의무감이 남아 있는 한은, 어느 누구도 미래의 절망적 의무감에 대해 걱정할 필요가 없다. 그러나 그 의무감이 마음에서 떠나버리거나 둔화되어, 쾌락이나 커지는 이기심 또는 영광에 대한 갈증이 그 자리를 대신한다면 그야말로 국가 비극이 아닐 수 없다. 의무감이 곧 해체의 지경에 이르렀기 때문이다.

분별력 있는 관찰자들이 프랑스의 붕괴 원인으로 꼽는 것은 일반 사람들뿐 아니라 지도자들까지 의무감과 성실함이 없었다는 점이다. 베를린의 프랑스 공사관부 육군 스토펠 남작의 편견 없는 증언은 그러한 사실을 뒷받침해 준다. 전쟁 발발 1년 전인 1869년에 황제에게 올리는 개인 보고서에서 스토펠은 이렇게 말했다.

"매우 교양 있고 자기 훈련이 잘된 독일 사람들은 의무감이 강할 뿐 아니라, 고결하고 숭고한 것에 스스로 경의를 표한다고 해서 자신들의 가치가 떨어진다고는 결코 생각하지 않습니다."

그러나 모든 분야에서 프랑스인들은 한심할 정도로 정반대였다. 프랑스 국민들은 무엇이든 멸시했다. 그들은 마치 존경이라는 말을 모르는 사람들 같았다. 미덕과 가정 생활, 애국심과 명예, 그리고 종교는 후손들에게 한낱 웃음거리가 되었다. 프랑스는 진실성과 의무감을 저버린 죄로 얼마나 끔찍한 대가를 치렀던가!

프랑스 역사에도 강한 의무감을 지닌 위인들이 활약하던 시절이 있었다. 그러나 그들은 한결같이 아득한 과거 사람들이었다. 바이야르와 드제스클랭, 콜리니, 드퀘인, 튀렌, 콜베르, 슐리 등은 이미 세상을 떠났고, 후손조차 남기지 않았다. 오늘날에 와서 의무를 소리높이 외치는 훌륭한 프랑스인들이 이따금 있었지만, 그들의 외침은 황야에서 들려오는 외로운 메아리에 지나지 않았다.

토크빌도 그 중의 한 명이었다. 그러나 그와 같은 다른 이들처럼 그는 끝내 추방당했고 투옥되었으며 공직에서 물러나야 했다. 친구인 케르고를레에게 보낸 편지에 그는 이렇게 썼다.

"당신처럼 나도 의무를 다함으로써 누릴 수 있는 행복으로 점점 활력을 되찾고 있소. 그토록 깊이 있고 진정한 행복은 어디에도 없다고 믿고 있소. 우리가 이 세상에서 얻으려고 노력할 가치가 있는 단 하나의 큰 목표가 있으니, 그것은 바로 인류의 행복이오."

루이 14세가 즉위한 뒤 프랑스는 조용할 날이 없었다. 그때 프랑스 국민들의 호전적인 성향에 반대한 몇몇 정직하고 성실한 사람들이 있었다. 그들은 평화의 복음을 전파했을 뿐 아니라 행동으로 옮기려 애썼다. 그들 가운데 생피에르 대수도원장은 가장 용감했던 사람 가운데 한 명이었다. 대담한 그는 루이 14세의 전쟁을 공공연히 비난하면서 그에게는 '그레이트'의 호칭이 붙을 자격이 없다고까지 주장했다. 그 때문에 생피에르는 프랑스 학술원에서 제명당하기도 했다.

생피에르는 퀘이커교 프렌드 교회의 일원으로서 세계 평화 체제를 위해 외쳤다. 조셉 스터지가 러시아의 황제를 설득하기 위해 상트페테르부르크를 방문했던 것처럼, 생피에르는 위트레흐트를 찾아갔다. 그리고 그곳에서 열린 집회에 참석하여 영원한 평화에 대한 지지를 호소하였다. 그의 주장을 듣고 뒤부아 추기경은 그의 계획을 '성실한 이의 꿈'이라 불렀다. 또한 생피에르 대수도원장은 마침내 《성경》에서 자신의 꿈을 발견했다. 전쟁에 대한 혐오와 공포를 알리기 위해서 신의 정신을 강조하는 것보다 더 좋은 방법은 없었다. 그 집회는 기독교 각 교구를 대표하는 이들의 모임이었다. 생피에르는 그들이 신봉하고 있는 정신을 행동으로 옮길 것을 요구했다. 그러나 그것은 허사가 되고 말았다. 권력자들과 그들이 보낸 사절들은 생피에르의 말을 외면해 버렸던 것이다.

생피에르는 몇백 년을 앞서 간 선구자였다. 그는 자신의 생각이 흐지부지되어서는 안 된다고 다짐했다. 그는 1713년에 《영원한 평화를 위한 프로젝트》를 출간했다. 그 저서에서 생피에르는 각국 대표들로 구성된 유럽의회 또는 국회를 만들자고 주장했다. 그의 주장에 따르면 각국 대표들은 무력을 사용하기에 앞서 반드시 국회에서 토론하고, 시정을 요구하는 과정을 거쳐야 한다고 했다. 이 책이 발표되고 약 80년 후에 볼니는 이렇게 말했다.

"국민이란 무엇이겠습니까? 큰 사회를 구성하는 개인입니다. 전쟁이란 무엇입니까? 두 국민적 개체 사이의 싸움입니다. 두 국가의 구성원들 간의 싸움이 벌어질 경우 사회는 어떤 반응을 보여야겠습니까? 간섭과 중재, 아니면 그들을 진압하는 것입니다. 생피에르 드 아베 대수도원장의 시절에는 그것은 하나의 꿈이었지요. 그러나 인류에게는 다행히도 그런 행동이 현실화되고 있습니다."

아아, 볼니의 슬픈 예언이여! 그가 이 글을 쓴 뒤 25년이 지난 후 프랑스 측에서는 전세계적으로 없었던 파괴적이고 격렬한 전쟁들이 눈에 띄게 많아졌던 것이다.

그러나 생피에르가 세계 평화를 위한 단순한 몽상가였던 것은 아니다. 그는 눈부시게 활약한 현실적 박애주의자였고, 사회는 그가 예측한 방향대로 발전했다. 그는 빈민 어린이를 위한 산업학교를 처음으로 세웠다. 그곳에서 어린이들은 좋은 교육을 받았고 실용적인 기술도 다양하게 배웠다. 그들은 어른이 된 뒤 학교에서 배운 기술로 근면하고 정직하게 생계를 꾸려나갈 수 있었다.

그뿐 아니라 생피에르는 법전 개정과 간소화를 주장했고 그 뒤 나폴레옹 1세가 실행에 옮겼다. 그는 '수도원 생활에 대한 집착은 마음의 천연두이다'라는 세그레의 말을 인용하며 수도원 생활과 도박, 사치, 결투에 반대하였다. 생피에르는 자신의 수입 모두를 자선 활동에 썼다. 그는 가난한 사람들에게 직접 돈을 준 것이 아니라, 가난한 아이들과 가난한 사람들이 자립할 수 있도록 돕는 데 썼다. 생피에르의 목표는 일시적이 아닌 지속적인 도움을 제공하는 것이었다.

생피에르는 죽는 날까지 진리를 사랑했다. 그리고 진리를 이야기할 권리를 행사했다. 80세에 그는 이렇게 말했다.

"인생이 행복의 복권이라면, 나의 복권은 1등짜리였다."

죽음을 목전에 둔 그에게 볼테르가 감회를 묻자, 이렇게 대답했다.

"모든 나라를 여행하고 막 돌아온 것 같소."

그는 이렇게 평화로운 마음으로 세상을 마쳤다. 생피에르가 고위 관료들의 부패에 노골적으로 맞섰기 때문에, 그의 뒤를 이어 프랑스 학술원을 맡아 관장하게 된 모페리투스는, 그 당시에는 그를 위한 추도사를 낭독할 수가 없었다. 생피에르가 세상을 떠난 지 30년이 지난 뒤에야 달랑베르가 그를 위한 추도문을 낭독하는 영광을 누렸다. 진리를 사랑하고 진실을 이야기했던 선량한 그의 묘비에는 이렇게 적혀 있다.

"너무도 많이 사랑했노라!"

의무감과 진실은 밀접한 관계에 있다. 의무 자체가 도리이므로 의무감으로 이루어진 말과 행동은 진실한 것이다. 옳은 것을 옳은 방법으로 옳은 때에 말하고 실천하는 것이다.

용기 있는 사람들로부터 강력한 지지를 받았던 체스터필드가 성공할 수 있었던 것은 그의 진실성 때문이었다. 클라렌던은 포클랜드가 당대의 가장 고결하고 순수한 신사라고 칭찬을 아끼지 않으며, 이렇게 말했다.

"진실을 엄히 존중하여 위선을 부리지 않는 것이 도둑질을 하지 않는 것만큼이나 쉬운 일이었다."

허친슨 부인은 남편을 지극히 진실하며 믿을 수 있는 사람으로 평가하며 이렇게 말했다.

"그는 사실이라고 믿지 않는 것은 절대 말하지 않으며, 할 수 있다고 굳게 믿는 것이 아니면 약속하지 않습니다. 그는 자기 능력으로 가능한 일은 반드시 해냅니다."

웰링턴은 진실을 엄격히 존중했다. 그에 대한 일화가 있다. 웰링턴은 귀가 잘 들리지 않게 되자 치료를 위해 유명한 이비인후과 의사를 찾아갔다. 의사는 갖가지 치료를 시도해 보았다. 그러다가 마지막 방법으로 부식성이 강한 물약을 그의 귀에 넣었다. 심한 통증이 있었지만 환자는 지그시 고통을 참았다. 그런데 어느 날 웰링턴의 집을 방문한 주치의가 웰링턴의 볼이 화끈거리고 눈이 충혈되어 있는 것을 발견했다. 자리에서 일어설 때는 술 취한 사람처럼 비틀거리기까지 했다.

주치의가 그의 귀를 들여다보니 심한 염증이 있었다. 즉각 조치하지 않으면 곧 머리까지 염증이 번져 목숨을 잃을 것이 분명했다. 주치의는 더 이상 염증이 악화되지 않도록 급히 조치를 취했지만, 안타깝게도 웰링턴은 청각 기능을 완전히 잃고 말았다.

그 이비인후과 의사는 자신의 과도한 치료 때문에 환자가 입은 피해 소식을 듣고, 급히 압슬레이 저택을 찾아와 슬픔과 부끄러움을 표현했다. 그러나 웰링턴은 이렇게 말할 뿐이었다.

"더 이상 아무 말도 하지 말게. 자네는 최선을 다했으니까."

의사는 웰링턴이 커다란 고통을 받고 청각까지 잃게 된 것이 자신 때문이라는 사실이 세상에 알려지면 자신은 끝장이라고 말했다.

"아무도 그러한 사실을 모를 것이야. 자네도 이 비밀을 지킬 것이고, 나 또한 누구에게도 말하지 않을 테니까."

"그렇다면 예전처럼 공작님을 계속 보살펴 드릴 수 있는 은혜를 베풀어 주십시오. 그래야 사람들이 공작님께서 여전히 저를 신뢰하고 있다고 생각할 테니까요."

그러자 웰링턴은 친절하지만 단호한 어조로 이렇게 대답했다.

"그럴 수는 없네. 그것은 다른 이들을 속이는 짓이야."

그는 거짓을 말하지 않은 것처럼 거짓을 행하지도 않았던 것이다.
약속을 지킴으로써 의무와 신뢰를 지키는 예를 보여준 또 한 인물에 블뤼허가 있다. 1815년 6월 18일, 그는 웰링턴을 지원할 생각으로 서둘러 병사들에게 험한 길로 행군하도록 재촉하며 말과 몸짓으로 군단의 사기를 북돋웠다.

"전진하라! 전진하라!"

그러자 부대원들은 대답했다.

"안 됩니다. 도저히 불가능합니다."

그러나 블뤼허는 계속 부대원들을 독려했다.

"계속 전진하라! 앞으로 앞으로 나아가라. 할 수 없다고 말하지 말라. 이것은 어떤 일이 있더라도 해내야 한다. 웰링턴과 약속했다. 약속한 일이다. 알겠는가? 그대들 때문에 약속을 지키지 못하는 일이 발생해서는 안 된다, 결코!"

그리고 결국 그는 약속을 지켰다.
진실은 사회가 해체되지 않도록 건전하게 엮어주는 끈이다. 진실이 없으면 사회는 무질서와 혼란으로 허약해져서 부서져버릴 것이다. 허약과 거짓으로 가정을 다스릴 수 없듯이 국가도 마찬가지이다. 토머스 브라운은 '악마가 거짓말을 할까?'라는 의문을 가진 적이 있었는데, 이 의문에 대한 그의 답은 이러했다.

"아니지. 악마들이 거짓말을 한다면 지옥조차 존재할 수 없지."

어떤 사상이라도 진실을 외면한 것이라면 그것은 정당화될 수 없다. 진실이 모든 인간관계에서 주체적 역할의 끈이 되어야 한다.

모든 저급한 악덕 중에서도 가장 저급한 것은 거짓된 말과 행동, 그리고 거짓된 마음이다. 그것이 심술궂은 마음과 악덕의 산물인 경우도 있고, 때에 따라서는 참으로 도덕적 겁쟁이이기 때문에 생기는 수도 있다. 그러나 많은 사람들이 그 사실을 가벼이 여기면서 자신들을 위해 하인들까지도 거짓말을 하도록 명령한다. 그러니 그러한 부도덕한 명령을 내린 뒤, 하인들이 스스로를 위해 거짓말을 하는 것을 보게 되더라도 놀랄 필요가 없다. 그것은 당연한 귀결일 뿐이다.

해리 워턴은 한 국가의 외교관에 대하여 표현하기를 '조국의 이익을 위해 거짓말을 하도록 외국에 파견된 정직한 남자'라고 한 바 있다. 풍자적인 뜻으로 한 말이었지만, 그 말로 말미암아 제임스 1세의 미움을 사고 말았다. 반대파에서 그것은 곧 왕의 종교 원칙을 알 수 있는 단적인 예가 아니겠느냐고 꼬투리를 잡았기 때문이다. 워턴이 정말로 정직한 사람의 의무를 그렇게 생각했느냐 하면 그것은 아니다. 정직한 사람의 의무에 대한 우리들의 진정한 관점은 본 장의 앞머리에 실린 《행복한 삶을 이루는 인격》에서 인용된 다음 문구에서 분명히 알 수 있다. 그는 사람들에게 이렇게 찬사를 보내고 있다.

 그의 무기는 정직한 생각이고
 최고의 기술은 단순한 진실이다.

그러나 거짓말은 외교술이나 편법, 도덕적 기만 등 여러 분야에서 나타난다. 그것은 여러 가지 형태로 가장된 채 사회 모든 계층에 넓게 침투되어 있다. 거짓은 얼핏 얼버무리거나 교묘하게 둘러대는 식으로 종종 나타난다. 곧 빙빙 돌려 말함으로써 착각을 유도하는 것이다. 프랑스인들은 이런 따위의 거짓 언행을 '진실 주변에서 맴돌기'라고 표현했다. 모호한 말로 궤변을 일삼으며 자신의 영리함을 자랑으로 내세우는 속좁고 부정직한 사람들도 흔하다. 그들은 솔직하게 견해를 밝혔을 때 거기에 따르는 책임과 결과를 두려워해 모호함으로 진실을 호도한다. 그러한 편법을 바탕으로 세워진 단체나 조직은 알맹이가 없거나 진실하지 못하다는 실상이 반드시 드러나고 만다.
조지 허버트는 이렇게 말했다.

"거짓은 아무리 그럴듯하게 꾸며도 언젠가는 밝혀지고야 만다."

노골적인 거짓말도 나쁜 것이지만, 교묘하게 얼버무리거나 둘러대는 거짓말은 더 비열하다.
진실하지 못한 마음은 여러 가지 다른 형태로 나타난다. 예를 들면, 어떤 때는 침묵으로, 어떤 때는 과장된 표현으로 나타난다. 가장이나 은폐로 나타나기도 하고, 다른 사람들의 의견에 동조하는 체하는 부정직한 행위로 나타나기도 한다. 거짓으로 응하는 태도, 지킬 마음도 없으면서 다른 사람을 약속에 연루시키는 것, 그리고 진실을 말해야 하는데도 진실을 말하지 않는 것 등도 모두 진실치 못한 마음의 산물이다. 상대에 따라 태도를 바꾸는 것, 또 말과 행동을 다르게 하는 것——다른 사람들을 속이다가 결국 스스로를 속이는 것——도 부정직하다. 이들은 근본 마음부터 불성실하여 신뢰감을 불러일으킬 수가 없어 결국 낙오자로 전락하고 만다. 비록 사기꾼은 아니라 해도 말이다.
허세를 부리며 능력이 없는데도 능력 있는 체하는 부정직한 사람들도 있다. 그러나 진실한 사람들은 겸손하다. 자신의 행동을 자랑하지 않는다. 피트가 마지막 발작으로 병석에 누워 있을 때, 웰링턴이 인도에서 이룬 위업이 영국에 알려졌다. 그 소식을 듣고 피트는 이렇게 말했다.

"그의 위업에 관해 들을수록, 받아 마땅한 칭찬을 겸손히 사양하는 그의 겸허한 미덕에 나는 더욱 감탄한다. 내가 알고 있는 사람들 중 웰링턴은 자신의 훌륭한 행동을 그저 당연히 해야 할 임무로 생각하는 유일한 인물이다."

틴들 교수는 패러데이에 대해 이렇게 말했다.

"실생활에서도, 철학적 생각에서도 그는 모든 위선을 혐오했다."

마샬 홀도 그러한 성격을 지녔다. 그는 진실하고 강직하며 본분에 충실했다. 그의 절친한 친구의 말에 따르면, 불성실하거나 불순한 행동을 부추기는 동기적 상황에 처할 때마다 마샬 홀은 이렇게 말했다고 한다.

"나는 거짓말에 동의하지도 않을 것이오. 아니 동의할 수가 없소."

일단 무엇이 옳은지 판단이 서면 어떠한 어려운 희생이 따르더라도 옳다고 생각하는 것을 무조건 따랐다. 편법을 쓰지도 않았고, 단 한번도 어느 쪽이 더 이익이 될지 따져 보지도 않았다.

아널드는 다른 어떤 미덕보다도 진실의 미덕을 젊은이들의 마음속에 심어 주려고 애썼다. 진실이 가장 남자다운 미덕이며 인격의 기본이라고 생각했다. 아널드는 진실을 '정신적 투명성'이라 명명했고, 어떤 인격적 요소 중에서도 가장 높은 것이라고 평가했다. 누군가 거짓말한 것을 알게 되면 아널드는 그것을 도덕적인 모욕으로 해석했다. 그러나 어느 학생이 일단 자신의 주장을 펼치면, 그는 그것을 믿고 받아주었다.

"자네가 그렇게 말한다면 그것만으로 충분하네. 물론, 나는 자네 말을 믿네."

아널드는 젊은 학생들을 믿어주었다. 진실하면 된다는 것을 그들에게 몸소 보여주었던 것이다. 결국 학생들은 서로 이렇게 말하게 되었다.

"아널드 교수님에게 거짓말을 하는 것은 부끄러운 일이야. 그분은 항상 우리를 믿어주시니까."

윌슨

에든버러 대학교의 기술학과 교수인 조지 윌슨의 삶에서도, 본분에 충실하고 정직하며 부지런한, 놀라운 본보기를 찾아볼 수 있다. 의무감에 대한 실례들을 들다보면 거기에서 용기나 유쾌함 또는 근면함을 동시에 발견할 수 있다. 몇 가지 속성들이 똑같은 실례를 보여주기 때문이다.

윌슨의 삶은 참으로 즐거운 노동의 경이 그 자체였다. 육체를 초월하여 승리하는, 영혼의 힘을 보여주었다. 윌슨은 육체를 극복하는 정신의 힘과 관련하여, 고래잡이 선장이 케인 박사에게 '영혼의 기쁨이 육체의 기운을 돋우어줍니다'라고 한 말을 실제 행동으로 보여 주었다.

윌슨은 허약 체질이었지만 밝고 생기 있는 소년이었다. 그가 성인이 되기 전에 각종 질환이 나타났다. 17세에 그는 우울증과 불면증을 호소하기 시작했다. 우울증이 심해지자, 윌슨 소년은 친구에게 이렇게 속삭였다.

"오래 살 수 있을 것 같지 않아. 정신을 단련해야겠어. 그러면 몸도 저절로 단련될 거야."

소년으로서는 어울리지 않는 고백이었다. 윌슨은 육체적 건강에는 특별히 주의를 기울이지 않았다. 그는 평생 두뇌를 쓰는 일만 했다. 언제나 연구하고 경쟁했다.

그런 윌슨이 어느 날 갑자기 운동을 시작했다. 그러나 무리한 운동은 오히려 역효과를 낳았다. 하이랜드에서는 장시간 산책을 했다. 지쳐서 녹초가 되었다. 또 스터링 근교에서는 24마일을 무리하게 걷다가 한쪽 발을 다쳐 심한 통증을 느꼈다. 그로 인해 복사뼈 관절에 고름이 생겨 오랫동안 앓다가 끝내 오른발을 잘라내야 했다.

그래도 윌슨은 정신노동을 멈추지 않았다. 그는 글을 쓰고 강의를 하고 화학을 가르쳤다. 그때 그는 심한 안질에다 류머티즘으로 고생했다. 그래서 부황과 발포 요법을 쓰고 콜히친을 복용했다.

윌슨은 글을 읽을 수가 없어서 여동생의 도움을 받아 강의 준비를 해야만 했다. 그는 밤낮으로 통증에 시달렸고 모르핀이 있어야만 잠을 잘 수 있었다. 이처럼 몸이 쇠약해진 상태에서 폐질환 증세까지 나타났다. 그래도 에든버러 예술종합학교에서의 강의를 쉬지 않았다. 많은 청중 앞에서 강의를 한다는 것은 매우 힘든 일이었지만 단 한번도 책임을 회피한 적이 없었다. 윌슨은 귀가를 서둘러 급히 코트를 걸치면서 이렇게 중얼거리곤 했다.

"이런! 내 수명이 또 단축됐겠군."

그러고 나면 불면의 밤이 어김없이 이어졌다.

27세 때 윌슨은 매주 10시간에서 11시간 또는 그 이상의 강의를 했다. 언제나 그에게는 시튼 치료나 발포 치료의 흔적이 남아 있었다. 그는 그러한 흔적들을 '사랑하는 친구들'이라 불렀다. 윌슨은 자신에게 드리워진 죽음의 그림자를 느꼈다. 그는 삶의 나날들을 하나씩 세고 있었다. 윌슨은 친구에게 이렇게 편지를 썼다.

"어느 날 아침, 아침 식사를 하다가 내가 죽었다는 소식을 듣더라도 놀라지 말게."

윌슨은 말은 그렇게 했지만 전혀 병약하고 감상적인 기분에 빠지지 않았다. 그는 힘이 가득 넘치듯이 명랑하고 희망차게 일했다. 윌슨은 이렇게 말했다.

"삶은 죽음에 대한 모든 두려움을 잃은 사람에게는 가장 달콤하다."

윌슨은 몸이 몹시 쇠약해져서 피를 토하게 되었다. 그래서 잠시 손을 놓고 몇 주 쉬며 기분 전환을 한 다음 일을 다시 시작했다. 그때 윌슨은 말했다.

"우물에서 물이 다시 샘솟는다!"

폐를 중심으로 병이 악화되고 심한 기침으로 괴로웠지만, 윌슨은 평소처럼 강의를 계속했다. 절룩거리며 걷다가 넘어지기도 했고, 한번은 몸을 일으키면서 팔에 너무 힘을 주는 바람에 어깨까지 부러졌다. 사고와 질병이 계속되는데도 놀라울 정도로 기운을 회복했다. 부러지지 않고 휘어졌다가 폭풍이 지나고 나면 다시 꼿꼿이 일어서는 갈대와 같았다.

윌슨은 걱정하거나 흥분하거나 초조해하지 않았다. 오히려 그는 명랑한 성품과 참을성과 지치지 않는 인내심을 지켰다. 갖가지 고통 속에서도 그의 마음은 완전한 침착과 평온의 상태로 있었다. 그는 일상 업무를 활기차게 수행했다. 마치 몸속에 여러 사람에 맞먹는 힘이 들어 있기라도 한 것 같았다. 그러나 그는 자신이 죽어가고 있다는 것을 알고 있었다. 그의 가장 큰 걱정은 자신의 건강 상태를 주변 사람들이 걱정하지 않도록, 어떻게 하면 숨길 수 있을까 하는 것이었다. 그의 상태를 알면 사람들이 몹시 괴로워할 것이 분명했기 때문이다. 그래서 윌슨은 이렇게 말했다.

"나는 낯선 사람들 사이에 있을 때가 가장 기분이 좋다. 죽음을 눈앞에 둔 사람으로서 매일매일 살려고 노력하고 있다."

윌슨은 예전처럼 건축협회와 학교에서 학생들을 가르쳤다. 어느 날 예술종합학교에서 강의를 마친 뒤 쉬려고 누웠다가, 갑작스런 혈관파열로 이내 잠을 깨고 말았다. 매우 많은 피를 흘렸고 그 또한 죽음의 사자가 와서 자신을 기다리고 있다는 사실을 알면서도, 그는 키츠처럼 절망하거나 괴로워하지 않았다. 그는 보통 때처럼 가족들과 함께 식사를 했고, 다음날은 자신이 약속한 강의 시간을 정확히 채우기 위해서 두 배로 강의를 했다.

강의를 마친 뒤 두 번째 피를 흘렸다. 윌슨의 상태는 심각했고, 그날 밤을 넘기기 힘들 것 같았다. 그렇지만 그는 다시 생기를 되찾았고, 회복기에 있을 즈음에 중요한 공직을 제의받았다. 스코틀랜드 산업박물관 관장을 맡아달라는 것이었다. 그 자리를 수락하면 기술학과 교수로서 상당한 노동과 강의를 책임져야 했다.

그때부터 결국 윌슨의 '소중한 박물관'은 그에게 남은 모든 힘을 앗아갔다. 그는 박물관에 필요한 모델과 견본들을 열심히 수집하는 와중에 틈틈이 래기드 스쿨과 래기드 커크, 의료선교사협회에서 강의도 했다. 자신에게 몸도, 마음도 쉴 틈을 주지 않았다. 윌슨은 '일하다 죽는' 운명을 맞이하기를 바라고 있었다. 윌슨은 불굴의 정신을 가졌지만 가엾은 육체는 굴복할 수밖에 없었다. 갑자기 폐와 위 양쪽의 심한 출혈로 일에서 손을 놓아야 했다.

윌슨은 이렇게 썼다.

"한 달, 아니, 40여 일의 끔찍한 사순절 동안, 내 마음은 지리적으로 저 '축복의 땅 아라비아'에서 온 더운 숨을 내쉬었다가는 또, '저주의 땅 아이슬란드'에서 불어온 차갑고 매서운 숨을 내쉬곤 했다. 나는 전쟁 포로가 되었다. 폐 속에 생긴 출혈의 상처가 깊어 지난 달 내내 오한과 발열을 반복하다가 얼굴이 하얗게 질릴 때까지 기침을 하고 피를 토했다. 지금은 조금 나아져서 내일은 마지막 강의를 할 것이다. 갖가지 어려움이 있었지만 교양학부 마지막 수업을 할 수 있게 된 것이 정말 고맙게 여겨진다."

윌슨은 자기 의지가 의아스러웠다.

"얼마나 견딜 수 있을까?"

오래 전부터 자기 생명이 꺼져가고 있음을 알고 있었기 때문이었다. 마침내 윌슨은 기진맥진해져 버렸다. 그는 더 이상 일을 할 수 없었다. 편지를 쓰는 것조차 고통스러웠고, '잠자는 것만이 가치 있는 유일한 일'인 것처럼 느껴졌다. 그러고도 얼마 뒤에는 주일학교를 돕기 위해 강의용으로 《다섯 개 지식의 문》을 집필했다. 나중에 단행본으로 만들어도 될 분량의 원고였다.

다시 그는 자신이 속해 있는 기관에 강의를 나갈 수 있을 정도로 기력을 회복했다. 심지어 몇 번이나 다른 사람의 강의를 대신하기도 했다. 그는 가족에게 이렇게 편지를 썼다.

"미치광이 취급을 받고 있답니다. 철학협회에 강사 자리가 나왔는데, 선뜻 그 자리를 맡았기 때문이죠. 편광에 대한 강의랍니다. 하지만 나는 일이 좋아요. 그것은 우리 가족의 내력인가 봐요."

계속 몸이 으슬으슬했다. 밤에는 잠을 설치고 낮에는 몹시 고통스러웠다. 토혈의 횟수가 잦아졌다. 윌슨은 이렇게 말했다.

"고통을 느끼지 않는 순간은 강의를 할 때뿐이다."

일을 겁내지 않는 조지 윌슨은 몹시 병약해진 상태에서도 《에드워드 포브스 전기》의 집필을 맡았다. 그가 맡았던 다른 일들과 마찬가지로 놀라운 능력으로 그 일도 해냈다. 평소와 다름없이 강의도 계속했다. 교사협의회에서 '산업과학의 교육적 가치'에 대해 강의했는데, 그는 시작한 지 1시간 뒤 청중들에게 강의의 계속 여부를 물어보았다. 그러자 그들은 30분 더 강의를 해달라며 갈채를 보냈다. 그는 이렇게 적었다.

"나는 청중 앞에 서면 이상하게도 마치 손에 들려 있는 찰흙으로 원하는 대로 시간을 빚는 듯한 기분이 든다. 그것은 책임이 막중한 일이다. ……그렇다고 잠시라도 다른 사람들의 좋은 의견에 무심하지는 않다. 나는 칭찬받을 가치가 있는 사람이 되고 싶다. 그러나 칭찬받는 것에 더 많은 관심을 기울였던 적은 한 번도 없었다. 과분한 칭찬을 원하지 않지만 칭찬받을 준비는 되어 있다. 이제 의무라는 말이 이 세상에서 내게 가장 중요한 말인 듯하다. 그것은 내가 하고 있는 모든 일에서 가장 먼저 떠오르는 단어이다."

이것은 윌슨이 세상을 떠나기 약 4개월 전에 쓴 것이다.
그는 또 이렇게 적었다.

"삶의 실을 1년 단위가 아니라 1주 단위로 돌려 잣고 있다."

계속된 폐출혈은 조금 남아 있는 힘마저 앗아갔다. 그런 상황에서도 강의를 완전히 그만두지는 않았다. 건강을 돌볼 수 있게 관장직을 내놓고 평의원 밑에서 일하도록 한 친구가 제의했지만, 그로서는 힘이 조금이라도 남아 있는 한 일을 단념하는 것은 불가능했다.

1859년 가을 어느 날, 윌슨은 에든버러 대학에서 강의를 마치고 집에 돌아왔을 때 옆구리 쪽에 심한 통증을 느꼈다. 그는 위층으로 겨우 기어올라가서 사람을 보내어 의사를 불렀다. 병명은 늑막염과 폐렴이었다. 그의 몸은 이제 심한 질병에 저항할 기력이 없어졌다. 그는 며칠을 앓다가 그렇게 바라던 영원한 휴식의 세계로 들어갔다.

죽은 이를 눈물로 힘들게 하지 마소서!
영광스럽고 밝은 내일이
슬프고 괴롭던 피곤한 삶을 끝내는 것이라 하였으니.

그의 여동생이 사랑과 찬탄으로 묘사한 조지 윌슨의 생애는 고통과 인내의 놀라운 기록이며, 온 문학사에서 찾아보기 힘든 고결하고 유익하며 끊임없는 노동의 기록이었다. 아래 글은 윌슨이 고인이 된 친구 존 레이드를 회고하며 쓴 것이다. 그런데 그의 생애 자체가 바로 이 글의 연장이라 할 수 있었다.

당신은 용기와 희망, 그리고 신념에 대한 나날의 교훈입니다.
우리는 당신의 삶에 깊이 경탄합니다.
우리는 당신의 죽음을 부러워합니다.

당신은 너무도 온유하고 공손하며
너무도 의지가 굳고 너무도 용감하여
끝까지 버틸 수 있었습니다.
그리고 지금은 너무도 조용하고 아무 말이 없습니다.

8 밝은 성격
아무 가진 것 없는 사람도 희망은 갖고 있다

천국은 장소가 아니라 마음이다.　　　　　　　　　　　　　　　차머스

강하기만 한 힘은
친절의 힘 반 만도 못하다.　　　　　　　　　　　　　　　　　리 헌트

성공적인 인생을 살기 위해서는 성격뿐 아니라 재능도 중요하다고들 말한다. 그렇지만 인생의 행복은 차분한 성격, 참을성과 인내심, 남들을 배려하는 마음과 친절이 가장 중요하다. 다른 사람의 이익을 위하는 과정에서 자신의 이익도 취할 수 있다는 플라톤의 말은 진리이다.

"행복이 몸에 배어 있는 사람은 모든 일을 긍정적으로 생각한다."

위로나 위안이 절대 통하지 않을 만큼 극심한 불행이란 없다. 아무리 둘러보아도 한 줄기 빛도 보이지 않을 만큼 칠흑 같은 어둠은 없다. 눈이 베일로 가려져 있더라도 현명하고 유익한 목적에서 저 어딘가에 태양이 있다고 생각하면 적어도 사람들은 위로를 얻을 수 있다.

밝은 성격은 부러움의 대상이다. 그런 사람들의 눈에서는 빛이 난다. 이른바 기쁨, 만족, 의무를 다한 즐거움, 그리고 깨달음의 빛이다. 그들의 성격은 햇빛과 같다. 그들의 성격은 모든 보이는 것들을 황금빛으로 물들인다. 짊어져야 할 짐이 있을 때 즐거운 마음으로 짐을 진다. 그들은 불평하거나 안절부절못하거나 쓸데없이 한탄하며 힘을 낭비하지 않는다. 따라서 그들은 고난의 길도 씩씩하게 헤쳐 나가며, 길을 따라 피어 있는 아름다운 꽃들을 거두어들인다.

그들은 나약하거나 무분별하지 않다. 너그럽고 호탕한 사람들은 상냥하고 자애스러우며 가장 희망적이고 가장 믿음직하다. 짙은 먹구름 사이를 통과하는 햇빛을 식별할 정도로 이해가 빠른 사람은 시야가 넓고 현명하다. 그는 악이 있는 곳에서 앞으로 있을 선을 발견한다. 고통 속에서 노력하면 건강을 찾을 것이라 생각한다. 시련 속에서 자신을 바로잡고 단련시킨다. 슬픔과 괴로움 속에서 용기와 지식, 최상의 실용적인 지혜를 모은다.

제레미 테일러는 집도 재산도 다 빼앗기고 가족과 함께 길거리로 내몰렸을 때, 이렇게 썼다.

"나는 채권자들의 손아귀에서 빠져나올 수 없었다. 그들은 내 모든 것을 빼앗아 갔다. 그래서 어떻게 되었는가? 주변을 둘러보니, 내게는 해와 달, 사랑하는 아내, 나를 걱정하는 많은 친구들과 위로해주는 사람들이 아직 남아 있었다. 채권자들은 나의 명랑한 표정과 즐거운 마음, 양심을 빼앗아 가지는 못했다. 나에게는 신의 섭리와 《성경》의 모든 약속, 믿음, 천국에 간다는 희망, 그리고 자비심이 여전히 남아 있다. 나는 여전히 먹고, 마시고, 자고, 읽고, 사색한다. 사람들은 즐거워해야 할 이유가 많이 있는데도 왠지 슬픔과 짜증을 좋아한다. 그들은 그런 식의 위안을 사랑하여 한줌의 가시풀 위에 앉기를 택한다."

밝은 성격은 천성이다. 그렇지만 이 천성도 다른 습관과 마찬가지로 후천적으로 갈고닦아 발전시킬 수 있다.

우리가 삶을 낙관하느냐 비관하느냐, 삶에서 즐거움을 느낄 것인가 아니면 고통을 느낄 것인가 하는 것은 전적으로 자기 자신에게 달려 있다. 인생에는 이중성이 있다. 긍정을 선택하느냐 부정을 선택하느냐에 따라 삶이 다르게 보일 수 있다. 우리는 그것을 선택할 수 있으므로 낙관하는 습관을 들일 수도 있고, 반대로 비관하는 습관을 들일 수도 있다. 부정적으로 보는 대신 긍정적으로 보는 성격을 북돋울 수 있다. 구름을 볼지라도 그 주변의 밝은 기운을 외면하지 말아야 한다.

눈 속의 빛은 삶의 밝음과 아름다움, 기쁨을 읽어낼 수 있다. 그것은 차가운 곳을 밝게 비추어 찬 기운을 녹인다. 고통을 줄여주고, 무지를 밝게 비추어 무지를 일깨우며, 슬픔을 밝게 비추어 기운을 북돋워준다. 눈 속의 빛은 지혜를 빛나게 하고 아름다움을 더욱 돋보이게 한다. 빛을 받아들이는 안목이 없다면 인생의 빛을 느낄 수 없고, 꽃이 피어도 아무 소용이 없으며, 하늘과 땅의 경이로움을 의식하지도 못한다. 만물은 생기와 영혼을 잃어 쓸쓸하고 허무하게만 느껴질 것이다.

밝은 성격은 기쁨의 밑바탕이며 인격의 보호자다. 당대의 내로라하는 어느 작가는 "유혹은 어떻게 물리칠 수 있을까?"라는 질문에 이렇게 대답했다.

"첫째도 밝은 마음, 둘째도 밝은 마음, 셋째도 밝은 마음입니다."

밝은 마음이야말로 선과 미덕이 성장할 수 있는 최상의 토양이다. 그것은 마음을 밝게 하고 정신을 맑게 한다. 밝은 성격은 자비심의 벗이고 인내심의 유모이며 슬기의 어머니다. 또한 마음과 정신을 고양시키는 최고의 활력소이다.

마샬 홀 박사는 어떤 환자에게 이렇게 말했다.

"가장 효과 있는 강심제는 밝은 마음입니다."

솔로몬은 이렇게 말했다.

"즐거운 마음은 병을 낫게 하는 약이다."

루터는 우울증 치료에 대한 조언을 요청받고 이렇게 충고했다.

"젊은이와 노인을 막론하고 최고의 치료제는 명랑함과 용기, 곧 순수한 명랑함과 존경할 만한 이성적인 용기입니다. 왜냐하면 그들은 슬픔에 맞서 싸워야 하니까요."

루터는 음악 다음으로 아이들과 꽃을 사랑했다. 그는 다혈질이면서도 한편으로 여성적이고 섬세한 감정을 가지고 있기도 했다.

밝은 성격은 또 고상한 자질이기도 하다. 그것은 마음속의 '밝은 날씨'라고 불렸다. 그것은 영혼의 조화를 보여주며 소리내지 않는 끝없는 노래다. 가치와 뜻과 힘이 한데 어우러진 휴식이다. 밝은 성격은 본성의 힘을 강하게 한다. 반면 걱정과 불만족은 본성의 힘을 약하게 하고 지속적으로 갉아먹는다.

파머스턴 같은 사람들이 늘그막에도 보통의 업무를 여전히 정력적으로 할 수 있었던 이유는 무엇인가? 그것은 태연한 기질과 타고난 명랑함 때문이다. 그들은 참고 견디며, 쉽게 격분하지 않고, 거칠고 부당한 말을 듣고도 지나치게 흥분하지 않으며, 마음을 좀먹는 하찮은 걱정거리를 피하는 습관을 가졌다. 20년 동안 파머스턴을 지켜보았던 절친한 친구는 그가 화를 내는 것을 단 한 번밖에 보지 못했다고 말했다. 그가 화를 낸 것은 아프가니스탄에서 발생한 재난을 책임져야 할 한 장관이, 반대파에게서 거짓말을 하고 위증을 했으며 공문서를 위조했다는 누명을 썼을 때였다.

훌륭한 재능을 지닌 위인들은 모두 명랑하고 만족할 줄 아는 사람들이었다. 그들은 명예나 금전 또는 권력을 갈구하지 않았다. 대신 그들은 삶을 즐기면서 작은 즐거움에도 만족을 느꼈다. 호머나 호라티우스, 버질, 몽테뉴, 셰익스피어, 세르반테스를 예로 들 수 있다. 그들이 남긴 위대한 작품을 보면 건전하고 고요하며 밝은 성격을 쉽게 발견할 수 있다. 루터, 모어, 베이컨, 레오나르도 다빈치, 라파엘로, 미켈란젤로 또한 밝은 성격을 지닌 사람들이었다. 그들은 끊임없이 무엇인가에 몰두했기 때문에 행복했다. 그들은 일할 때 가장 마음이 충만하고 즐거웠다.

밀턴은 수많은 시련과 고통을 겪었지만 침착하고 밝은 사람이었다. 그는 갑자기 시력을 잃고 친구에게서 버림받아 힘겨운 나날을 보냈지만, 용기와 희망을 잃지 않고 늘 앞으로 나아갔다. 헨리 필딩도 평생 빚과 경제적 어려움, 육체적 고통에 시달렸다. 그러나 메리 워틀리 몬터규는 그의 밝은 성격 때문에 그를 '이 세상에서 행복한 순간을 가장 많이 아는' 사람으로 확신했다.

갖가지 시련과 고통을 겪어내고 운명과 힘겨운 싸움을 벌이는 가운데서도 존슨 박사는 용기와 밝은 성격을 잃지 않았다. 그는 용감하게 경험을 넓혔고, 그 속에서 즐거움을 찾으려 노력했다. 한번은 어떤 성직자가 '그들은 송아지처럼 말해' 하며 한 마을 사람들의 사회적 미숙함을 불평했다. 그러자 그동안 존슨을 지켜본 스레일 부인의 어머니가 존슨을 칭찬하며 이렇게 말했다.

"존슨 박사라면 송아지처럼 이야기하는 법을 배웠을 거예요."

이것은 존슨이 어떠한 상황이든 그 상황에 가장 잘 대처하는 사람임을 말해준다. 존슨은 사람은 나이가 들수록 발전하며, 나이에 맞게 인격도 무르익는다고 믿었다. 이것은 인격에 대한 체스터필드의 시각보다는 훨씬 긍정적인 것이다. 냉소적인 눈길로 인생을 바라본 체스터필드는 이렇게 말했다.

"나이가 들어도 마음은 결코 발전하지 않는다. 그저 싸늘해질 뿐이다."

그러나 삶을 어떤 시각으로 볼 것인가, 또 어떤 성격으로 이끌어 갈 것인가에 따라 둘의 주장은 모두 옳을 수 있다. 즉, 경험을 통해 깨닫고 자제력으로 자신을 단련한다면 성격은 더욱 좋아질 것이고, 경험을 통해 아무것도 배우지 못한다면 성격은 더욱 나빠질 것이다.

월터 스콧은 친절미가 넘치는 사람이었다. 모든 이들이 그를 사랑했다. 어느 집에 가든지 5분도 지나지 않아 그 집 애완동물들은 모두 스콧을 잘 따랐다. 스콧은 바질 홀에게 자신이 모든 것에 친절을 베풀게 된 계기에 대해 말했다. 그는 자신이 어린 시절에 저지른 큰 잘못 한 가지를 들려주었다. 스콧의 말에 따르면, 어느 날 개 한 마리가 그를 향해 다가왔다. 그는 큰 돌을 집어 개에게 던졌고, 개는 돌에 맞았다.

그 가엾은 동물은 도망칠 힘이 있었는데도 스콧에게 기어와 그의 발을 핥았다. 그는 개의 다리가 부러진 것을 보았으며, 그 일 때문에 일생 동안 깊은 양심의 가책을 받았다고 말했다. 그는 이렇게 덧붙였다.

"어릴 때 그와 같은 사건을 겪고 반성한다면, 그러한 사건은 평생 동안 영향을 미칠 것이다."

스콧은 이렇게 말했다.

"나에게 진실한 웃음을 보여주오."

스콧은 마음 속에서 우러나는 웃음을 지었다. 그는 모든 이에게 친절하게 말을 걸었고, 그의 친절은 전염병처럼 주위 모든 사람들에게 옮아갔다. 스콧의 이름은 모든 이들로부터 경외심과 경계심을 불러일으켰다. 그러나 그를 한 번 만나고 나면 당장 경계심이 눈 녹듯 사라졌다. 멜로스 대수도원의 유적 관리인은 워싱턴 어빙에게 이렇게 말했다.

"그분은 유명한 친구들과 함께 가끔 이곳에 오셨어요. 항상 큰 소리로 '조니, 조니 바우어'라고 부르기 때문에 그분이 오셨다는 것을 금방 알 수 있었지요. 내가 나가면 그분은 농담을 던지는 것으로 반가움을 표시하셨어요. 그분과 나는 수다쟁이 아줌마처럼 깔깔거리면서 이야기를 했어요. 풍부한 역사 지식을 갖고 있는 훌륭한 분이셨고, 마음이 따뜻한 분이셨습니다."

아널드 박사도 온후하고 인정이 풍부한 사람이었다. 그는 체면을 차리거나 겉치레가 없었다. 라레함의 한 교구 직원은 이렇게 말했다.

"나는 아직 그분만큼 겸손한 의사를 본 적이 없습니다. 그분은 다정하게 우리에게 악수를 청하곤 하셨지요."

폭스하우 교외에 사는 한 아주머니는 이렇게 말했다.

"그분은 우리집에 오시면 항상 숙녀를 대하듯 예의를 갖추어 말씀을 하시곤 했어요."

시드니 스미스 또한 명랑한 성품을 지니고 있었다. 그는 언제나 사물의 밝은 면을 보려고 힘썼다. 아무리 짙은 먹구름 속이라도 그 속에서 한줄기 빛을 보았다. 목사보로 일하든 교구 목사로 일하든, 그는 늘 친절하고 부지런했으며, 인내심 있고 모범적이었다. 생활의 모든 면에서 기독교인으로서 그리스도 정신과 친절한 목사와 영예로운 신사의 모습을 보여주었다. 아널드는 틈틈이 정의와 자유, 교육, 노예해방, 신앙의 자유 입장에서 글을 썼다. 아널드의 글에는 상식과 유머가 넘쳤다. 그러나 결코 속기(俗氣)는 찾아볼 수도 없었다. 그는 인기를 좇거나 어떠한 편견도 갖지 않았다. 밝은 성격과 지칠 줄 모르는 끈기 덕분에 그는 즐거운 마음을 늘 잃지 않았다. 여러 가지 질병에 시달리고 있을 늘그막에 아널드는 친구에게 보낸 편지에 이렇게 썼다.

"통풍과 천식, 그리고 일곱 가지 만성질병에 시달리고 있는 것만 빼고는 매우 좋다네."

그는 칼라일 여사에게 보낸 마지막 편지에 이렇게 썼다.

"16~17파운드의 살덩이가 주인을 잃어버렸다는 소식이 가면 내 부음인 줄 아세요. 마치 내 몸에서 목사보 자리를 빼낸 듯합니다."

훌륭한 학자들은 참을성 있고 부지런하며 밝은 성격을 갖고 있었다. 갈릴레이나 데카르트, 뉴턴, 라플라스, 특히 수학자이자 위대한 자연철학자인 오일러가 대표적이라고 할 수 있다. 늘그막에 이르자 오일러는 완전히 시력을 잃고 말았다. 그러나 그는 갖가지 독창적인 시각보정 장치의 도움을 받아 전처럼 즐거운 마음으로 글을 썼다. 오일러는 시력이 떨어졌지만 대신에 기억력은 놀랄 정도로 좋아져 한번 기억한 것은 좀처럼 잊어버리는 일이 없었다. 그의 가장 큰 즐거움은 열심히 연구하는 여가에 손자들을 가르치는 일이었다.

《브리태니커백과사전》의 초대 편집자인 에든버러의 로비슨 교수 또한 오랜 기간 고통스런 질병 때문에 일을 할 수 없게 되자, 손자들에게서 즐거움을 찾았다. 그는 제임스 와트에게 보낸 편지에 이렇게 썼다.

"손자들이 성장하는 모습을 지켜보며 한없는 기쁨을 느끼고 있다네. 예전에는 무심코 지나쳤으나, 요즘은 손자들이 지닌 타고난 재능을 지켜보는 재미가 아주 쏠쏠하다네. 나는 프랑스 이론가들에게 감사하네. 그들 덕분에 신의 거룩한 손길에 관심을 기울이게 됐으니 말일세. 어린이의 모든 서투른 동작과 제멋대로 부려대는 변덕에서 나는 신의 거룩한 손길을 깨달을 수 있다네. 그 미숙함이 모두 어린이의 삶과 성장, 재능을 보호하는 보호자일세. 나는 어린이와 그들이 갖고 있는 재능을 진지하게 연구하려는 생각을 하지 않은 것을 정말 후회하고 있네."

자연철학자인 아보지는 성격과 인내심을 시험하는 혹독한 시련을 겪었다. 스위스 제네바에 살 때 그는 여러모로 뉴턴과 비슷한 사건을 겪었지만, 참을성 있게 견디어냈다. 아보지는 기압계 연구에 몰두했다. 그는 기압을 조절하는 일반 법칙을 밝혀내는 것을 목표로 삼았다. 27년 동안 그는 날마다 열심히 관찰했고, 그 사실들을 종이에 기록했다.

어느 날 하녀가 새로 들어왔는데, 그녀는 당장 모든 것을 깨끗이 정리하겠다고 마음먹었다. 하녀는 특히 서재를 말끔하게 정리했다.

서재에 들어갔다 나온 아보지가 그녀에게 물었다.

"기압계 주변 종이들을 어떻게 했지?"

하녀는 대답했다.

"주인님, 너무 너저분해서 제가 다 태워버리고 그 대신 이 종이를 갖다 놓았습니다. 이 종이는 보시다시피 새것입니다."

아보지는 팔짱을 끼고 지그시 입술을 깨물었다. 그러고는 얼마 동안 묵묵히 있다가 낮은 목소리로 이렇게 말했다.

"너는 27년 동안의 내 연구 결과를 태워버렸구나. 앞으로는 이 서재에 있는 것은 어느것도 만지지 말거라."

박물학 연구는 다른 학문에 비해 사람들의 마음을 고요하고 즐겁게 하는 힘을 갖고 있는 듯하다. 박물학자들이 다른 학자들보다 평균적으로 더 오래 살았기 때문이다. 린넨협회의 한 회원은, 1870년 세상을 떠난 14명 회원 중에 두 명은 90세, 두 명은 80세, 또 두 명은 70세가 넘었다고 보고했다. 즉

그해에 세상을 떠난 회원 전체의 평균수명은 75세였던 것이다.

프랑스의 식물학자 아당송은 70세쯤 되었을 때 프랑스혁명이 일어나 모든 것을 잃었다. 집도 잃고 일자리도 잃고 정원도 잃었다. 하지만 용기와 인내심만은 잃지 않았다. 그는 너무도 궁핍해져서 제대로 먹고 입지도 못할 정도였다. 하지만 연구에 대한 열정은 변함없었다. 한번은 회의 때 도움을 받고자 협회에서 원로회원인 그를 초대했다. 아당송은 신발이 없기 때문에 갈 수가 없어 안타깝다고 답했다. 퀴비에는 이렇게 말했다.

"불이 꺼져가는 화롯가에 몸을 구부린 채 한 손으로 종이에 써 있는 글자를 더듬는 가난한 노인의 모습은 그지없이 감동적이었다. 아당송은 박물학을 연구하면서 새로운 상념에 몰두하여 삶의 고통을 모두 잊고 있었다. 그에게 그것은 고독을 달래주는 자비로운 요정 같았다."

결국 집정부는 그에게 연금을 조금 지급했고, 나폴레옹은 두 배로 지급해주었다. 아당송은 79세의 나이에 편안히 죽음을 맞았다. 그가 유언장에 자기 장례식을 어떻게 치러 달라고 했는지를 살펴보면 그의 성격을 쉽게 알 수 있다. 아당송은 평생 자신이 연구하여 확립한 '58개 과(科)의 식물로 만든 꽃다발로 관을 꾸며 달라'는 말을 남겼던 것이다. 그것은 하찮아 보일 수도 있지만, 자신의 평생 업적을 바탕으로 세운, 감동적인 기념비가 아닐 수 없다.

밝고 기쁘게 일을 한 위인들의 실례는 그다지 많지 않지만, 마음이 넓고 훌륭한 인격을 지닌 이들은 항상 희망적이고 명랑했다. 그들이 보여주는 본보기는 한결같이 전염성이 있었다. 존 말콤이 인도의 한 음산한 빈민촌에 나타나자 사람들은 이렇게 말했다고 한다.

"한 줄기 빛과 같았다. …… 그를 보고 사람들은 모두 얼굴에 미소를 띠었다. 그는 항상 소년 같았다. 그의 다정한 태도에 사로잡히지 않는 사람이 없었다."

에드먼드 버크 또한 명랑한 성격을 지녔다. 그가 조슈아 레이놀즈의 집에서 저녁을 같이 한 적이 있었다. 대화 도중 어떤 성격에 무슨 술이 어울리느냐는 이야기가 나왔다. 존슨이 말했다.

"클라레는 소년, 포트와인은 남성, 브랜디는 영웅에게 어울리는 술이죠."

그러자 버크가 말했다.

"그렇다면 나는 클라레를 마시겠어요. 나는 소년이 되고 싶어요. 철없이 뛰어놀던 시절을 느끼고 싶으니까요."

이 세상에는 우울증 노인처럼 생기를 잃고 어두운 생활을 하는 젊은이가 있는가 하면, 나이 들어서도 소년처럼 명랑하고 활발하게 사는 사람도 있다.
활발한 성격을 지닌 한 노인이 젊은이들의 잘난 척하는 모습을 보고 곧 '애늙은이들'만 남아 있게 될 것이라고 말한 바 있다. 밝은 성격을 가진 사람들은 너그럽고 다정하며 명랑하고 따뜻하다. 그들은 결코 우쭐거리지 않는다. 괴테는 군자인 체하는 사람들에게 이렇게 말하곤 했다.

"오! 만약 어리석은 짓을 하려는 마음밖에 없다면 어쩌겠는가!"

괴테는 그들에게 필요한 것은 따뜻하고 진실한 마음이라고 생각했다. 그는 그런 사람들을 '겉모습만 귀여운 인형'이라 불렀고, 그런 사람들과는 어울리지 않았다.
밝은 성격의 토대는 사랑과 희망, 그리고 인내심이다. 사랑은 사랑을 불러일으키는 애정이 담긴 친절을 낳는다. 사랑은 타인에 대해 희망과 너그러움을 품게 한다. 사랑은 자비롭고 온화하며 진실하다. 사랑은 선(善)을 알아본다. 사랑은 사물의 가장 밝은 면을 본다. 사랑은 언제나 행복을 향해 있다. 사랑은 '초원 속 영광을, 꽃을 비추는 햇빛'을 본다. 사랑은 행복한 생각을 북돋워준다. 사랑은 명랑한 분위기 속에서 살아간다. 사랑은 비용이 들지 않지만 돈으로 헤아릴 수 없을 만큼 값진 것이다. 사랑은 사랑하는 사람을 축복하고 타인의 가슴 속에 행복을 키워주기 때문이다. 사랑의 슬픔은 기쁨과 연결된다. 또한 사랑의 눈물은 달콤하다.

　벤담은 타인에게 베푸는 기쁨이 크면 클수록 자신의 기쁨도 더욱 쌓이게 된다고 주장했다. 친절은 또다른 친절을 불러일으키고 선행은 결국 자신의 행복감을 키워주는 것이다. 벤담은 이렇게 말했다.

　"친절한 말을 하는 데 드는 힘이나 불친절한 말을 하는 데 드는 힘은 서로 같다. 친절한 말은 그 말을 하는 이뿐 아니라 듣는 이에게도 친절한 행동을 불러일으킨다. 이것은 우연한 것이 아니라 습관적인 것으로, 연상 원리를 따른 것이다. …… 남을 돕는 행위가 상대에게 큰 도움을 주지 못할 수도 있다. 그러나 베푼 이에게는 틀림없이 이익이 될 것이다. 선행과 친절을 베풀었는데도 그에 상응하는 감사나 보답을 받지 못할 수도 있다. 그러나 도움을 받은 이가 감사해하지 않는다고 베푼 이가 느낄 자기만족이 줄어드는 것은 아니다. 우리는 비용을 들이지 않고도 호의와 친절의 씨앗을 뿌릴 수 있다. 그 가운데 일부는 옥토 위에 떨어져 다른 사람들의 마음속에 자비로 자랄 것이다. 또 모두가 가슴에 싹을 틔워 행복의 열매를 맺을 것이다. 선행을 베풀면 반드시 축복을 받는다. 때로는 자신이 베푼 선행의 두 배만큼 축복을 받기도 한다."

　시인 로저스는 모든 사람들한테서 사랑받는 한 소녀에 관한 이야기를 하곤 했다. 누가 소녀에게 물었다.

　"모든 이가 너를 그토록 사랑하는 까닭이 무엇인가?"

　그러자 소녀가 대답했다.

　"제가 모든 이를 많이 많이 사랑하기 때문일 거예요."

　이 짧은 이야기는 폭넓게 적용된다. 인간의 행복은 우리가 얼마나 많은 대상을 사랑하느냐, 그리고 얼마나 많은 대상에게서 사랑을 받느냐에 따라 달라진다. 세속적으로 아무리 크게 성공했다 하더라도 모든 인간에 대한 자비로움이 따르지 않는다면 행복에는 그다지 이바지할 수 없다.
친절은 위대하다. 리 헌트는 이렇게 말했다.

"무력은 친절이 갖고 있는 능력의 절반에도 못 미친다."

프랑스 격언에 이런 것이 있다.

"인간은 친절을 통해 서로를 이해한다."

영국에도 비슷한 격언이 있다.

"말벌을 잡을 수 있는 것은 꿀이지 식초가 아니다."

벤담은 말했다.

"모든 친절한 행동은 힘을 행사하며, 우정을 쌓는다. 그런데, 왜 고통을 생산하는 데만 힘을 쏟고 기쁨을 생산하는 데는 힘을 쏟지 않는가?"

친절은 선물을 주는 것이 아니라 온화하고 너그러운 마음을 베푸는 것이다. 지갑에서 돈을 꺼내주면서도 친절함이 우러나오지 않는 경우가 있다. 그러므로 돈을 주면서 베푸는 친절은 그다지 중요하지 않다. 그것은 때로는 이롭기도 하고 때로는 해롭기도 하다. 그러나 진정으로 동정하며 사려깊게 도와주는 친절은 반드시 이로운 결과를 낳는다.

친절을 베푸는 착한 마음은 나약함이나 어리석음과 구별되어야 한다. 참된 친절은 단순히 수동적인 것이 아니라 능동적인 것이다. 참된 친절은 다른 사람에게 결코 무관심하지 않고 다른 사람과 공감대를 형성한다. 그것은 가장 천박하고 쉬운 형태의 인간 생활이 아니라, 고도로 조직화된 인간 생활의 특징이다. 참된 친절은 모든 합리적 방법들을 소중히 길러내어 현실적으로 이로움을 주며 이 모든 방법을 적극적으로 증진시켜준다. 그리고 미래를 내다보고 인류 행복과 발전에 이바지할 정신적 활동을 찾아준다.

친절한 사람들은 활동적인 반면, 자신 말고는 아무도 사랑하지 않는 이기적이고 회의적인 사람들은 게으르다. 뷔퐁은 열정이 없이 사는 젊은이들에게는 아무것도 주지 않겠다고 말하곤 했다. 비록 이 모든 것을 갖기란 어렵지만, 그는 적어도 선하고 고결하고 너그러운 신념을 보여주었다.

자기중심주의와 회의주의, 이기주의는 비참한 인생을 동반한다. 특히 젊은이들에게 냉혹하다. 자기중심주의자는 광신자의 이웃이다. 자기 자신에 계속 빠져 있으면 다른 사람들에게 사랑을 베풀 생각을 하지 못한다. 그는 모든 일을 자신의 덕으로 돌리고 오로지 자신만을 생각하며 연구한다. 그리하여 자기 자신은 작은 신 같은 존재가 된다.

무엇보다 나쁜 것은 운명에 대해 불평불만을 늘어놓는 일이다. 불평을 일삼는 사람들은 무엇을 보든 잘못되었다고 하지만 결점을 바로잡으려는 노력은 하지 않는다. 그들은 무엇이든 보잘것없다고 주장한다. 이러한 불평꾼들은 인생이라는 학교에서 유능한 조력자를 찾아내지 못한다. 가장 못된 노동자가 언제나 파업할 준비가 되어 있는 것처럼, 사회에서 가장 게으른 사람은 언제나 불평할 준비가 되어 있다.

최악의 바퀴는 삐걱대는 바퀴다. 불평을 일삼다보면 불평이 병처럼 되고 만다. 황달환자는 모든 것이 노랗게 보이는 법이다. 몸이 좋지 않은 사람은 모든 것을 언짢게 보고 세상 전체가 잘못 돌아가고 있다고 생각하기 쉽다. 모든 것이 덧없고 괴롭다. 어떤 소녀가 펀치 인형극에 등장하는 자신의 인형 속에 왕겨가 가득 들어 있는 것을 발견하고 모든 것이 헛되다고 생각하여 수도원에 들어가고 싶어했다. 그러나 그 소녀의 실제 삶에는 배우자가 있었다.

완전히 성숙한 대다수 사람들도 병적이라 할 정도로 터무니없을 때가 있다.

'건강하지 못한 것을 즐기는' 사람들도 있다. 그들은 병약함을 일종의 재산으로 생각한다.

두통이나 요통을 계속 이야기하다 보면 나중에는 그것이 중요한 것이 되고, 남의 동정을 얻어내는 원천이 된다. 그들은 남이 동정해주지 않으면 자신을 보잘것없는 존재라고 생각해 버린다.

우리는 하찮은 문제를 경계해야 한다. 사람들은 하찮은 문제를 심각하게 확대 해석하는 경향이 있다. 사실 이 세상에서 사람들이 흔히 갖는 근심의 주원인은 사소한 괴로움과 하찮은 고민거리이다. 이 세상 근심의 대부분은 허구와 상상의 산물이다. 큰 걱정거리가 있으면 하찮은 걱정들은 밀려나서 사라지고 만다. 사람들은 항상 걱정거리를 마음에 품고 키울 준비가 되어 있지만, 그 걱정은 거의 상상의 소산이다. 사람들은 행복의 원천들을 많이 갖고 있으면서도 그 사실을 망각해 상상의 소산인 걱정에 탐닉하다가 결국에는 그 노예가 되며, 즐거운 생각을 모두 버리고 우울한 생각으로 자신을 감싼다. 그러한 습관은 인생을 우울하게 만든다. 그리하여 점점 불평을 일삼고 다른 사람을 배려하지 않는다. 대화는 후회로 가득 차고, 강퍅한 성격이 되어 남과 어울리지 못하고, 다른 사람들도 자신에게 그러하다고 생각한다. 가슴을 고통의 창고로 만들어 다른 사람들뿐 아니라 자신에게도 고통을 준다.

이기심이 이 기질을 부추긴다. 어울리지 못하는 이기심에는 사람들의 감정을 위한 동정이나 배려심이 없다. 이기심은 그릇된 고집일 뿐이다. 그것은 회피할 수 없기 때문에 고집스럽다. 숙명론자들이 어쩔 수 없다고 설득하려 해도 모든 남성과 여성은 의지와 행동의 자유를 행사할 수 있다. 의지와 행동의 자유를 어떻게 사용하느냐에 따라 모든 것이 달라진다. 우리는 사물의 밝은 면이나 어두운 면을 선택하여 볼 수 있다. 우리는 선한 생각을 따르고 악한 생각을 피할 수 있다. 그릇된 생각과 그릇된 마음을 선택하거나 그 반대를 결정할 수도 있다. 세상은 우리 모두가 의도하는 대로 된다. 유쾌한 사람들이 실제로 세상의 소유자이다. 세상은 그것을 즐기는 사람들에게 속해 있기 때문이다.

그러나 마음을 고쳐먹어도 소용없는 경우가 있음을 인정해야 한다. 한번은 우울해 보이는 한 소화불량 환자가 유명한 내과의사를 찾았다. 환자는 의사에게 자신의 증세를 설명했다. 그러자 의사는 이렇게 말했다.

"당신에게 필요한 것은 단 하나, 마음에서 우러나는 진정한 웃음입니다. 그리말디 희극을 보러 가세요."

그러자 딱한 환자는 이렇게 말했다.

"좋은 처방이지만 저에게는 소용이 없군요. 제가 바로 그리말디입니다."

병에 시달리던 스몰릿은 건강을 되찾기 위해 유럽을 여행했다. 사물을 항상 색안경을 끼고 보는 그는 이렇게 말했다.

"세상을 상대로 내 마음을 솔직히 이야기할 거야."

그러자 스턴이 대답했다.

"아냐, 주치의에게 말하는 것이 나을 거야."

지레 걱정하려는 기질, 항상 불만스럽고 안달하며 안절부절못하는 성격은 마음의 행복과 평화에 매우 좋지 않다. 털을 곤두세우고 있어 다른 사람들이 찔릴까 두려워 감히 접근하지 못하는 사람들이 부지기수다. 이 사회에 많은 불행이 발생하는 것은 사람들이 자신의 감정을 통제하지 못하기 때문이다. 그래서 기쁨은 고통으로 바뀌고, 인생길은 맨발로 걸어야 하는 가시밭길이 된다. 리처드 샤프는 이렇게 말했다.

"눈에 잘 보이지 않는 작은 벌레 때문에 크게 고통받을 수도 있고, 머리카락 하나 때문에 거대한 기계가 작동을 멈출 수도 있다."

편안함의 비결은 우리를 괴롭히는 사소한 것들을 인내하는 데 있다기보다는, 아주 조그만 즐거움의 씨앗을 뿌리고 정성껏 '키워내는' 데 있다고 할 수 있다. 애석한 일이지만 커다란 즐거움들은 대개 수명이 길지 않기 때문이다.

성 프랑시스 드 살은 같은 주제를 가톨릭 관점에서 바라봤다. 그는 이렇게 말했다.

"십자가 밑에 돋아 있는 작은 미덕들을 우리는 매우 소중히 여겨야 합니다."

어느 한 사람이 그에게 물었다.

"신부님께서 말씀하시는 작은 미덕이란 무엇을 뜻하는 건가요?"

성 프랑시스 드 살은 이렇게 대답했다.

"따뜻한 마음을 나누는 미덕——겸손함, 온유함, 인내심, 인자함, 정중함, 명랑함, 친절함, 동정심, 소박함, 성실함, 무례함을 용서하는 마음——이 부족한 현실입니다. 미덕은 눈에 잘 띄지 않는 곳에 피는 제비꽃과 같습니다. 그것은 겉으로 잘 드러나지 않지만 이슬을 머금은 듯 순수하며, 달콤한 향기는 여기저기로 퍼져나갑니다."

그리고 그는 또 이렇게 덧붙였다.

"극단적인 상황에 부딪치더라도 결코 따뜻한 마음을 잃지 않아야 합니다. 우리 인간은 가혹한 행위에는 저항하고 따뜻한 마음에는 굴복하도록 창조되었습니다. 물이 사나운 불길을 억누르듯이 부드러운 말은 화를 누그러뜨리고, 사랑하는 마음은 모든 토양을 기름지게 만듭니다. 정중하게 진실을 이야기할 때 듣는 사람은 부끄러운 마음이 들게 마련입니다. 적이 들고 있는 무기가 진주나 다이아몬드라면 그런 적에게 우리가 어떻게 대항할 수 있겠습니까?"

불행이 찾아올 것이라고 미리 짐작했다 하더라도 불행을 극복하기는 어려운 일이다. 계속 짐을 짊어지고 다닌다면 곧 그 무게에 눌려 괴로워하게 될 것이다. 불행이 찾아오면 희망을 갖고 불행에 용감하게 맞서야 한다. 슬픈 일뿐 아니라 하찮은 일까지도 마음 깊이 담아두는 한 젊은이에게 페데스는 이렇게 타일렀다.

"희망을 가지고 자신 있게 나아가게. 그것이 인생의 쓴맛 단맛을 모두 체험한 늙은이가 자네에게 들려 줄 수 있는 충고라네. 어떤 상황이 벌어지더라도 꿋꿋이 이겨내야 하네. 그러자면 다양한 삶이 미치는 갖가지 영향을 즐거운 마음으로 끌어안아야 하네. 자네는 그런 다양한 삶을 경박하다고 말할지도 모르겠네. 꽃과 색이라는 것이 공기처럼 하찮은 빛에 불과한 것이니 그것도 완전히 틀린 말은 아니지. 하지만 그러한 경박함 또한 인간의 본성을 구성하는 한 부분이라네. 만약 경박함이 전혀 없다면 시간의 무게에 짓눌리고 말 걸세. 사는 동안 즐겁게 살아야 하네. 기분에 따라 떴다 가라앉았다 하는 것을 반복할 수밖에 없는 세상살이지만 말일세. 인간 세상이 더 높은 목적지로 가는 길목임을 깨닫는다 해서 세상을 즐겁게 살지 못하는 것은 아니네. 우리는 세상을 즐겁게 살아야 하네. 그렇지 않으면 우리의 힘은 완전히 사라지고 말 걸세."

밝은 마음은 인내심에 뒤따르는 것이다. 인내심은 행복하고 성공적인 삶을 위한 조건들 가운데 하나이다. 조지 허버트는 이렇게 말했다.

"국가를 위해 일하는 이는 우선 인내심을 가져야 한다."

알프레드 왕은 명랑하고 인내심 있는 사람이라는 평가를 받았다. 사람들은 알프레드 왕이 '행운을 몰고 다닌다'고 말했다.

말보로는 놀랄 정도로 침착한 성품을 지닌 사람이었다. 그가 성공할 수 있었던 비결의 하나는 바로 이 침착함이었다. 그는 1702년 고돌핀에게 보낸 편지에 이렇게 썼다.

"인내심만 있으면 모든 것을 극복할 수 있네."

협력자들이 한결같이 반대하는 위기 상황 속에서도 말보로는 이렇게 말했다.

"할 수 있는 것은 다 했다. 이제는 인내심을 갖고 기다릴 뿐이다."

신이 우리에게 준 마지막 축복이자 가장 중요한 축복은 바로 '희망'이다.

그것은 가장 흔한 소유물이다. 철학자 탈레스는 이렇게 말했다.

"아무것도 가진 것이 없는 사람에게도 희망은 있다."

희망은 가난한 사람들을 돕는 최고의 친구다. 희망은 또한 선한 행동을 북돋워준다. 알렉산더 대왕은 마케도니아의 왕좌를 이어받았을 때, 아버지가 그에게 물려준 재산들 가운데 많은 부분을 친구들에게 나누어주었다. 페르디카스가 그에게 왕 자신을 위해서는 무엇을 남겨두었느냐고 묻자, 알렉산더는 이렇게 대답했다.

"모든 재산 가운데 가장 위대한 '희망'을 남겨두었소."

지난날을 회상할 때의 기쁨이 아무리 크다고 해도 희망이 주는 기쁨에 비하면 아무것도 아니다. 희망은 모든 노력과 수고의 근원이기 때문이다.

"고귀한 재능은 모두 희망의 영원한 숨결에서 나온다."

희망은 세상을 움직여 나아가는 정신적 엔진이라고도 한다. 한계에 이를 때야말로 로버트슨이 표현한 '위대한 희망'을 만나게 된다.
바이런은 이렇게 말했다.

"희망이 없다면 미래는 어디에 있겠는가. 아마 지옥에 있을 것이다. 현재가 어디에 있는지는 말할 필요도 없다. 과거도 마찬가지이다. 과거는 기억 속에서 무엇을 지배하는가? 좌절된 희망일 것이다. 그러므로 모든 인간사에 있어야 할 것은 바로 희망, 희망, 희망이다!"

9 예의바름
예의바른 몸가짐은 고결충실한 마음의 열매

아름다운 행동이 아름다운 외모보다 낫다.
아름다운 행동은 조각상이나 그림보다 더
고상한 기쁨을 준다. 그것은 가장 아름다운 예술이다.　　　　에머슨

우리가 정중해야만 할 때,
그때 우리는 신사가 된다.　　　　셰익스피어

예의바른 태도는 고매한 인격을 드러내는 미덕이며, 몸가짐을 꾸며주는 장신구이다. 예의바른 모습은 평범한 일을 할지라도 아름답게 보인다. 그것은 일을 즐겁게 하는 방법이며, 가장 하찮은 일조차도 아름답게 꾸며 인생을 즐겁고 유쾌한 것으로 만든다.

그것은 가장 행복하게 행동하는 방식이며, 삶의 소소한 것들까지도 장식해주기도 하고 삶을 유쾌하고 즐겁게 해주는 데 공헌한다.

미들턴 주교는 이렇게 말했다.

"아무리 선행이라도 그 태도가 무례하면 오히려 상대편의 마음을 상하게 한다."

몸가짐은 사람을 판단하는 데 중요한 잣대가 된다. 예의바른 태도는 깊게 자리잡은 본질적인 다른 속성들보다 훨씬 더 큰 영향을 미치기도 한다. 정중하고 친절한 인품은 성공의 키포인트이다. 실패는 그러한 태도의 부족함에서 오기도 한다. 흔히 첫인상에 따라서 성공이냐 실패냐, 결정되기 때문이다. 정중함과 겸손함에 따라서 좋은 인상을 받을 수도 있으며, 그렇지 않을

수도 있기 때문이다.
 무례한 태도는 상대방의 마음에 빗장을 걸어 마음의 문을 닫게 만들지만, 상냥하고 공손한 태도는 모든 이의 마음을 열 수 있는 역할을 한다. 그런 태도 앞에서 열리지 않는 문은 없다. 그것은 남녀노소를 불문하고 모든 이의 마음으로 들어갈 수 있는 출입증과도 같다.
 '태도가 사람을 만든다'는 속담이 있지만 사실은 '사람이 태도를 만든다'는 말이 더 옳다. 겉보기에는 거칠고 무례하지만 의외로 마음은 따뜻하고 선량한 사람들이 없는 것은 아니다. 그러나 진정한 신사로서 반드시 갖추어야 할 덕목인 정중한 성품과 예의바른 태도를 보이는 사람은 틀림없이 상대방에게 호감을 주는 유익한 사람일 것이다.
 앞에서 인용한 허친슨 부인은 남편의 고결한 몸가짐과 상냥하고 예의바른 성격을 이렇게 설명했다.

"그이가 다른 이들보다 마음이 넓은 것인지, 겸손한 것인지는 잘 모르겠어요. 그는 상대의 신분이 낮다고 해서 업신여기지 않았고, 아무리 높은 사람이라고 해도 아첨하지 않았어요. 가난한 사람들에게도 매우 정중했어요. 가끔 계급이 낮은 병사들이나 가난한 노동자들과 몇 시간씩 이야기를 나누기도 했지요. 하지만 그가 아무리 허물없이 대해도 그를 무시하는 사람은 없었어요. 아니, 그를 사랑하고 존경했지요."

 사람의 몸가짐을 보면 어느 정도 그의 인격을 알 수 있다. 태도는 내재된 본성을 드러내어 보여주는 해설자이기 때문이다. 태도를 보면 그 사람의 기호와 기분, 감정, 그리고 그가 속한 계층을 알 수 있다. 형식적인 예의는 그다지 중요하지 않다. 타고난 성품에서 우러나오고, 신중한 자기 수양을 통해 개선되는 본연의 예의가 중요하다.
 남을 배려하는 마음은 예의바른 태도의 꽃이라고 할 수 있다. 교양 있는 사람들은 다른 사람을 배려하는 것에서 즐거움을 찾는다. 남을 배려하는 마음은 재능이나 학식만큼 중요할 뿐 아니라, 사람의 성품과 인격을 다스리는 데 더 많은 영향을 미친다. 남을 사랑하는 마음은 다른 사람들로 하여금 마음의 문을 열게 만든다. 그것은 정중함과 공손함을 가르칠 뿐 아니라 판단력과 지혜로움을 길러준다. 배려는 참으로 최고의 미덕이 아닐 수 없다.
  예의에는 진심이 담겨 있어야 한다. 에티켓 중에는 정중하지 못할뿐더러 진실성이 결여된 경우도 있다. 에티켓이란 취해야 할 자세를 알려줄 뿐, 예의바른 태도의 대용품으로서 겉치레인 경우가 허다하다.

  정중함과 친절함은 예의바른 태도의 기본이다. 공손함은 타인을 배려하는 마음을 몸짓으로 보여주는 기술이다. 그렇지만 흠잡을 데 없는 공손한 태도가 반드시 상대를 진심으로 존중한다고는 할 수 없다. 공손한 태도는 아름다운 행동 그 자체이기 때문이다. 이런 말이 있다.

  "아름다운 자세가 아름다운 얼굴보다 낫고, 아름다운 행동이 아름다운 자세보다 낫다."

  아름다운 행동이 조각상이나 그림보다 더 고귀한 기쁨을 제공하기 때문이다. 그것이야말로 가장 아름다운 예술이 아니겠는가.
  진정한 공손함은 성실함과 진실된 마음에서 우러나는 것이다. 그렇지 않으면 깊은 감동을 유발할 수 없다. 아무리 세련된 태도라도 진실한 마음을 대신할 수는 없다. 뒤틀리거나 모나지 않은 본디 성격이 드러나도록 해야 한다. 최고의 공손함은 물과 같아야 한다.
  성 프란시스 드 살은 이렇게 말했다.

  "물처럼 깨끗하고 단순하며 아무 맛도 나지 않아야 한다."

  재능이 있으면 태도에 흠이 좀 있더라도 눈감아주게 되는 법이다. 자신감이 있고 창의적인 사람들은 많은 결점을 너그러이 용서받는다. 각자의 개성과 천재성을 인정하지 않는다면, 인간의 삶에서 강하고 남자다운 기질은 물론, 수많은 관심사와 다양성이 빛을 잃게 되고 만다.
  진실된 공손함은 친절한 마음에서 우러나온다. 다른 사람의 행복을 돕고자 하는 마음, 괴롭게 하지 않으려는 마음으로부터 진실된 공손함이 나온다. 진정한 예의는 친절한 마음과 감사하는 마음이다. 요컨대 다른 사람이 베푸는 친절에 감사할 줄 아는 것이 진정한 예의다.
 탐험가 스피크는 중앙 아프리카의 니안자 호숫가에 사는 우간다 원주민들조차도 진정한 예의를 알고 있음을 확인했다. 그는 이렇게 말했다.

"은혜에 감사할 줄 모르는 배은망덕한 자는 벌을 받아 마땅하다."

 겸손한 사람은 다른 사람의 개성을 존중한다. 만일 존중받고 싶다면 먼저 다른 사람의 개성부터 존중하라. 바라보는 시각이 자신과 다르다 해도 마땅히 상대편을 존중할 일이다. 공손한 사람은 상대에게 경의를 표하고 참을성 있게 상대의 이야기에 귀를 기울임으로써 그에게서 존경을 받는다. 공손한 사람은 인내심이 강하고 너그럽다. 특히 타인을 혹평하지 않는다. 다른 사람을 심하게 헐뜯을 경우 자신도 똑같은 대접을 받게 될 것이기 때문이다.
 예의에 벗어나고 충동적으로 행동하다 보면 친구를 잃어버리기 십상이다. 순간의 만족을 얻으려다 미움을 사게 될 것이다. 친절한 엔지니어인 브루넬은 이렇게 말했다.

"악의와 고약한 심술은 가장 사치스런 인생 가운데에 있다."

 존슨 박사는 이렇게 말했다.

"예의에 벗어나게 행동해서는 안 되는 것처럼, 예의에 벗어난 말을 할 권리도 없다. 다른 사람을 때려 눕혀서는 안 되는 것처럼, 무례한 말을 할 권리도 없다."

 바르고 공손한 사람은 잘난 척하지도, 현명한 척하지도, 부유한 척하지도 않는다. 자신의 신분이나 고향을 자랑하지 않으며, 이웃들이 자신과 같은 특권이 없다는 이유로 그들을 멸시하지 않는다. 또한 자신의 업적 따위를 자랑하지 않으며, 언행이 겸손하다. 게다가 잘난 척하지 않으며 허풍 떨지 않는다. 자랑이 아닌 실천으로, 말이 아닌 행동으로 솔직한 자신을 보여준다.
 다른 사람의 감정을 해치는 마음은 이기심에서 비롯된다. 이기심에 사로

잡힌 사람은 차갑고 쌀쌀맞다. 그러한 마음은 악의보다는 연민이나 세심함이 부족해서 생겨난다. 여러 가지 사소한 일들로 인해 상대방은 기쁠 수도 괴로울 수도 있다. 이러한 작은 일에도 주의를 기울일 줄 알아야 한다. 버릇없이 자란 사람과 예의바르게 자란 사람의 차이는 타인과의 일상적인 관계에서 자신을 희생할 수 있는가에서 드러난다.

사회생활을 하다 보면 자제력이 부족한 사람에게 관용을 베푸는 것은 참으로 어렵다. 아무도 그런 사람과 사귀는 것을 즐거워하지 않는다. 그런 사람들 때문에 주위 사람들은 괴로울 뿐이다. 자제력이 부족한 많은 이들은 평생 자신이 저지른 문제 때문에 골머리를 썩이고, 결국엔 성공적인 삶으로부터 점점 멀어질 것이다. 그렇지만 재능은 부족하더라도 인내심과 자제력을 갖춘 이는 부와 명예를 얻을 수 있다.

성공적인 인생을 살기 위해서는 성격 못지않게 재능이 중요하다고 한다. 그것은 틀린 말은 아니다. 하지만 사람의 행복이 자신의 성격, 특히 명랑한 성격에 달려 있다는 것 또한 분명하다. 사람의 행복은 공손함과 친절, 자비심, 그리고 인생에서 잔돈처럼 늘 필요한 사소한 행동에 달려 있다.

무례한 사람들은 온갖 방법으로 타인을 무시한다. 격식에 어긋나거나 단정치 못한 옷을 입기도 하고, 버릇이 된 말대꾸를 하기도 한다. 행색이 지저분한 사람은 고의적으로 불쾌한 차림을 함으로써 타인의 취향이나 감정을 무시하고 또다시 무례와 실례를 범한다.

위그노교 선교사인 다비드 앙실롱은 독특한 매력의 소유자인데, 설교문을 작성할 때는 각별히 심혈을 기울였다. 그는 자주 이렇게 말하곤 했다.

"필요한 것을 준비하지 않는 사람들한테는 존경심이 조금도 생기지 않습니다. 미사 드리는 날, 실내복에다가 잠잘 때 쓰는 모자를 덮어 쓰고 나타나는 것처럼 무례한 행동이 어디 있습니까."

진정에서 우러난 예의는 사람들을 편하게 해준다. 비록 사람들의 이목을 끌지는 못하더라도 자연스럽고 진실이 담겨 있다. 억지로 꾸미는 태도는 진솔한 정중함과 조화를 이룰 수 없다. 로슈푸코는 이렇게 말했다.

"자연스럽게 보이려는 욕망만큼 부자연스러운 것은 없다."

그러므로 우리는 진실하고 성실해야 한다. 호의적이고 친절하고 예의바른 행동, 남의 감정에 대한 배려에서 진실함과 성실함을 읽을 수 있다. 진솔하고 상냥한 사람과 함께 있으면 마음이 편안해진다. 그로 인해 주변 사람들은 마음이 훈훈해지고 기분이 상쾌해진다. 그는 모든 이들의 마음을 사로잡는다. 그러므로 가장 훌륭한 인격과 마찬가지로 최상의 예의는 진정한 삶을 이루기 위한 견고한 힘이다.

캐넌 킹즐리는 이렇게 말했다.

"시드니 스미스는 진실로 용기 있고 남을 사랑할 줄 아는 사람이었다. 그와 교유한 이들 누구나 그에게 사랑과 존경을 아끼지 않은 이유는 그가 어떤 경우에도 가난뱅이와 부자, 하인과 귀족 모두에게 똑같이 정중했고, 친절하고 다정하며 상냥했기 때문이다. 그는 가는 곳마다 축복을 나누어주고 나누어받았다."

올바른 몸가짐이야말로 지체 높은 가문 출신이거나, 하류 사회보다는 상류 사회로 진입하는 사람들의 특징으로 생각되었다. 어린 시절에 좋은 환경에서 자랐기 때문에 상류층 사람들이 하류층 사람들보다 예의가 바른 것은 사실이다. 하지만 가난뱅이라고 부자들처럼 상대방에 대한 예의를 지키지 못할 이유가 없다. 육체 노동자들도 그렇지 않은 사람들만큼 자기 자신을 존중하고, 또 서로를 존중할 수도 있다. 상대방을 대하는 태도, 즉 예의를 통해 서로를 존중하는 마음뿐 아니라 자신을 존중하는 마음도 갖고 있는지 알 수 있는 것이다. 그들의 삶 속에서 친절을 베풀며 기쁨을 만끽하는 순간은 아주 드물다.

공손한 노동자는 한결같이 성실하고 예의 바르며 친절하다. 그는 자신이 몸담고 있는 집단 내에서 큰 영향력을 발휘해 나간다. 다른 사람들은 점차 그를 닮아간다. 벤저민 프랭클린은 예의바른 노동자의 모습을 보임으로써 상점 전체의 습관을 바꾸어 놓았다고 한다.

가진 것 없는 사람도 공손할 수 있고 신사다울 수가 있다. 공손한 태도는 비용이 전혀 들지 않으면서도 큰 효과를 발휘한다. 그것은 모든 필수품 가운데 가장 저렴하며, 인간이 창조한 예술품 가운데 가장 겸허하다. 매우 유익하고 큰 기쁨을 주기 때문에 인간의 가장 중요한 속성이라 할 수 있다.

어느 나라든 다른 나라로부터 배울 점이 있다. 영국의 노동자들이 유럽 사람들에게 본받아야 할 한 가지를 예로 든다면 그것은 바로 공손함이다. 프랑스인들과 독일인들은 지위가 낮은 사람도 예의바르고 친절하며 공손하다. 그들은 지나가는 동료 노동자들에게 모자를 벗고 공손히 인사한다. 그러한 행동은 그 사람의 품위와 인격을 높여준다. 가난한 노동자일지라도 불행하지 않다. 언제나 즐거운 마음을 잃지 않기 때문이다. 영국 노동자들 임금의 절반밖에 받지 못하지만 그들은 비참한 생활을 하지도, 술로 괴로움을 달래지도 않는다. 그들은 삶을 최대로 이용하여 가난 속에서도 생활을 즐기려 노력하고 있는 것이다.

좋은 취향은 경제적이기도 하다. 적은 비용으로 고상한 취향을 유지할 수 있다. 좋은 취향은 휴식이 될 뿐만 아니라 고된 노동까지도 즐겁게 만든다. 부지런함과 책임감까지 겸비한다면 더욱 고상한 생활을 즐길 수 있으며, 가난까지도 기분좋게 여길 수 있다. 가정에서도 고상한 취향을 누릴 수 있다. 고상함은 아무리 초라한 가정이라 할지라도 밝은 분위기와 품위를 불어넣어 준다. 그러므로 그것은 착한 마음을 북돋우고 즐거운 분위기를 조성한다. 고상함에 친절함과 동정심, 지혜가 어우러진다면 지위가 낮은 사람들도 아름답고 기품 있어 보일 수 있다.

'가정'은 인격의 경우와 마찬가지로 예의를 가르치는 최초이자 최고의 학교이다. 그리고 그곳의 교사는 여성들이다. 사회의 경향은 넓게 보면, 더 좋은 의미든 나쁜 의미든 우리 전체 가정의 생활 양식이 반영된 것이라 하겠다. 하지만 바르지 못한 가정에서 자란 사람도 자기 수양을 통해 예의를 익힐 수 있고, 도덕적으로 훌륭한 사람을 본받아 다른 이들에게 더 정중하고 공손한 사람이 될 수 있다.

사람은 다듬어지지 않은 보석과 같아서, 훌륭한 인격자들과의 교류를 통해 다듬어질 때 비로소 진정한 아름다움과 빛을 충분히 발할 수 있다. 한쪽 면만 다듬어도 내면의 섬세한 결이 드러나는 보석이 있다. 그러나 보석이 지닌 고유한 특성을 온전히 캐내려면 평소 본보기가 되는 훌륭한 사람들과 교제하여 스스로를 훈련시킬 기회를 가져야 한다.

예의바른 몸가짐을 갖추느냐 못 갖추느냐는 저마다의 요령에 달려 있다. 보통 여성들은 남성들보다 요령이 있기 때문에 이러한 태도를 가르치기에 더 적합할 수도 있다. 선천적으로 남성보다 공손하고 자제력이 뛰어나며, 본능적으로 민첩하고 대처 능력이 우수하다. 게다가 사람의 성격을 꿰뚫어보는 능력이 있어 판별력과 대응력이 뛰어나다. 따라서 사교 활동 중에 발생하는 사소한 문제들을 눈치 빠르고 능숙하게 처리해 나갈 수 있다.

그러므로 예의바른 남자들은 친절하고 재치 있는 여성들의 사회에 어울리면서 그네들의 가장 훌륭한 문화를 받아들인다. 요령은 태도를 나타내는 직관적인 기술이다. 그것은 어려움을 극복하려 할 때 재능이나 지식보다 유용하다. 어느 저명한 작가는 이렇게 말했다.

"재능이 힘이라면 그 실행은 기술이다. 재능이 영향력이라면 그 실행은 추진력이다.

재능이 무엇을 해야 하는지 아는 것이라면 그 실행은 어떻게 해야 하는지 아는 것이다. 재능은 존경받을 가치가 있는 사람을 만들고, 그 실행은 존경받는 사람을 만든다. 재능이 재산이라면 그 실행은 현금이다."

파머스턴과 조각가인 베네스의 다음 대화에서 신속한 대처 요령이 있는 사람과 그렇지 못한 사람의 차이가 드러난다. 베네스는 파머스턴의 초상화를 의뢰받아 그리고 있었다. 파머스턴이 마지막으로 모델을 서는 날, 베네스는 허심탄회하게 말했다.

"프랑스에서 무슨 소식이 있습니까? 루이 나폴레옹을 어떻게 지지해야 합니까?"

외무장관인 파머스턴은 잠시 생각하더니 조용히 대답했다.

"모르겠구면. 아직 신문을 못 봐서."

베네스는 뛰어난 재주와 훌륭한 자질을 갖추었으면서도 딱하게도 요령이 부족하여 여느 사람들처럼 길을 잃어버리고 말았다.

예의바른 태도에 요령까지 갖춘다면 커다란 힘을 발휘할 수 있다. 추남으로 정평이 난 윌크스는 여성의 마음을 사로잡는 데 드는 시간이 영국 최고의 미남과 비교해 단 3일밖에 차이가 나지 않는다고 말하곤 했다. 그러나 윌크스의 말은 태도를 지나치게 중요시해서는 안 된다는 사실도 일깨워준다. 태도만으로는 상대편의 진정한 인품을 온전히 알 수 없기 때문이다.

존 녹스

윌크스처럼 단지 여성의 환심을 사기 위해서 공손한 척할 수도 있다. 예의바른 태도는 사람들에게 기쁨을 주며, 상대편의 마음을 끈다. 하지만 위선적으로 예의바른 척할 수도 있다. 예의는 단순히 겉치레에 지나지 않는다. 겉보기에는 그럴듯해 보이지만, 마음속은 완전히 타락해 있을 수도 있다. 한마디로 그의 예의바른 태도는 호감을 주는 몸짓과 번드레한 말뿐이었던 것이다.

한편, 관대하지만 공손함과 정중함이 부족한 사람들도 있다. 딱딱한 껍질 속에도 달콤한 속살이 숨어 있듯이, 거친 행동 뒤에 친절하고 따뜻한 마음을 숨기고 있을 수도 있다. 퉁명스런 사람이 겉으로는 행동이 무례하더라도 마음은 진실하며 따뜻한 경우도 있다.

존 녹스와 마틴 루터는 결코 예의바른 사람들은 아니었다. 그들은 예의바른 사람이라기보다는 굳은 의지와 결단력이 필요한 일에 종사한 사람들이다. 사실 그들은 필요 이상으로 태도가 거칠고 과격했다.

스코틀랜드의 메리 여왕이 녹스에게 물었다.

"감히 이 왕국의 군주와 귀족들을 가르치려 드는 그대는 도대체 누구인가?"

그러자 녹스는 대답했다.

9 예의바름 653

"바로 그 왕국에서 태어난 신하이지요."

녹스의 이런 대담함 또는 거친 태도 때문에 마음이 몹시 상한 메리 여왕은 때때로 눈물을 흘리곤 했다. 그즈음 스코틀랜드를 실질적으로 다스렸던 모튼은 그 이야기를 듣고 이렇게 말했다.

"수염난 남자가 우는 것보다는 여자가 우는 게 한결 낫지."

녹스는 여왕을 알현하고 나오다가 황실의 한 시종이 다른 시종에게 '저렇게 겁없는 사람 봤나!'라고 투덜대는 소리를 들었다. 녹스는 그들을 돌아보며 이렇게 말했다.

"내가 왜 신사의 웃는 얼굴을 두려워하겠나? 나는 지금까지 사람들의 성난 얼굴을 너무도 많이 보았기에 웃는 얼굴은 전혀 두렵지 않다네."

과로와 심한 걱정으로 기진맥진해 마침내 녹스가 세상을 떠났다. 모튼은 그의 무덤을 내려다보며 적절한 의미와 진실이 담긴 강한 인상의 말을 남겼다.

"사람의 얼굴을 결코 두려워한 적이 없는 사람이 여기에 누워 있노라!"

루터가 예의 없고 과격하다고 생각하는 사람들이 있었다. 그것은 그가 살았던 시대가 거칠고 폭력적이기 때문이었다. 그리고 그가 해낸 일들이 정중하고 상냥하게 이루어지는 일들이 아니었기 때문이다. 잠자는 유럽을 깨우기 위해서 그는 힘차고, 과격한 필치로 글을 쓰고 말을 해야 했다. 하지만 루터의 말은 과격했어도, 마음은 한없이 따뜻했다. 사생활에서 그는 다감하고 친절하고 부드러웠으며 소박하고 가정적이었다. 루터는 평범한 즐거움과 기쁨을 즐기는 사람이었지, 결코 엄하거나 괴팍한 사람이 아니었다. 루터는 살았을 때나 죽었을 때나 모든 사람들의 영웅이었다.

새뮤얼 존슨 또한 무례하고 격정적인 성격이었다. 그는 거친 환경에서 자랐다. 가난한 어린 시절에 처음 만난 사람과도 함부로 어울렸고, 방세를 낼 돈이 없어서 불량한 패거리와 밤거리를 떠돌기도 했다. 마침내 굽힐 줄 모르는 용기와 근면함으로 사회에 발을 내디딜 기반을 마련할 수 있었지만, 그는 어린 시절의 아픔과 고통의 상처를 떨쳐내지 못했다.

존슨은 타고나기를 강하고 완고한 사람이었다. 게다가 어린 시절의 고달팠던 경험 때문인지 불친절하고 독단적이었다. 누가 존슨에게 저녁 식사에 초대받지 못한 이유를 묻자, 이렇게 대답했다.

"잘난 척하는 신사 숙녀들은 누가 자기 말을 가로막으면 싫어하니까요."

존슨은 곧잘 남의 말을 가로막곤 했다. 그가 하는 말은 귀 기울여 들을 가치가 있긴 했지만 말이다.

존슨의 친구들은 그를 가리켜 '큰곰자리'라 불렀다. 그러나 골드 스미스는 그를 이렇게 평했다.

"현존 인물들 가운데 그만큼 가슴이 따뜻한 사람은 없다. 외모만 그렇지, 그는 곰을 닮은 데가 전혀 없다."

플리트 가에서 길을 건너려고 하는 어느 부인을 도와주는 모습에서 존슨의 친절한 마음씨를 읽을 수 있다. 존슨은 그녀에게 팔을 내밀어 자신을 붙잡게 하고, 건너편까지 무사히 건너게 해 주었다. 그때 그 부인이 술에 취했는지 아닌지는 알 수 없지만, 아무튼 길을 쉽게 건널 수 있도록 여성을 배려하는 모습을 보면 존슨이 매우 친절한 사람이었던 것만은 확실하다. 그런 면이 있는가 하면, 일자리를 얻기 위해 그가 한 서점을 찾았을 때, 서점 주인이 '당신은 짐꾼이 더 어울리겠소'라고 말할 정도로 그는 건장하면서 거칠어 보였다. 서점 주인이 얼마나 부드럽게 말했는지는 몰라도 그 말은 그의 마음에 상당한 상처를 주었을 것이다.

말꼬리를 잡고, 말끝마다 토를 달고 비난하는 태도는 상대방의 감정을 상하게 하고 짜증나게 한다. 하지만 그 반대로 타인의 이야기나 감정 표현에 무조건 동의하고 공감하는 태도 또한 불쾌감을 준다. 그러한 태도는 진실해 보일 수가 없다.

리처드 샤프는 이렇게 말했다.

"솔직함과 무례함, 남의 장점을 칭찬하는 것과 아첨을 남발하는 것 사이에서 언제나 중용을 지킨다는 것은 결코 어려운 일이 아니라 매우 쉬운 일이다. 즐겁고 친절하며 성실한 마음만 있으면 늘 올바르게 처신해 나갈 수 있기 때문이다."

사람들은 대개 일부러 무례하게 구는 것이 아니라 서툴러서, 또는 더 나은 방법을 몰라서 무례를 범한다. 기번이 《쇠망사》를 출간했을 때, 컴벌랜드 공작은 그를 만나자 대뜸 이렇게 말했다.

"어떻게 지내는가? 예나 지금이나 휘갈겨 쓰는 것은 변함없군그래."

공작은 짧은 기간에 명저서를 펴내는 작가의 능력에 경의를 표하려 한 것이었지만, 칭찬에 서툴러서 그처럼 노골적이고 무례한 표현을 해버린 것이다.

사람들은 수줍은 성격, 굳은 표정으로 인해 완고하고 내성적이며 거만하기까지 하다는 오해를 받는다. 수줍어하는 내성적인 성격은 게르만족의 대표적인 특징이다. 그것은 본디 영국인들의 특징이기도 했는데, 이것이 북유럽으로 확산되었던 것이다. 영국 사람들은 해외여행을 할 때도 수줍음을 버리지 못한다. 그들은 서툴고, 고집세며, 예의가 없고, 냉정하며 호의적이지 못하다. 그들이 무뚝뚝한 척한다지만 이러한 성격을 완전히 감추지는 못하고 있다.

타고나기를 사교적인 프랑스인들은 영국인들의 그러한 성격을 이해하지 못했다. 프랑스인들은 영국인들을 놀렸으며, 익살맞은 풍자만화의 소재거리로 삼기도 했다. 조지 샌드는 앨비언 사람들의 무뚝뚝한 성격은 그들의 몸에 흐르는 브리튼 혈통 탓이라고 여겼다. 그는 이렇게 말했다.

"바닥 난 가스탱크 안에 있는 쥐처럼 주변 환경에 무감각하다."

프랑스인이나 아일랜드인의 국민성은 보통 영국인이나 독일인, 미국인보다 정중하고 여유만만하다. 그들은 게르만족에 비해 사교적이고 외향적이며 감정 표현이 자유롭다. 그들은 모든 면에서 자유스럽고 수다스러우며 솔직하다. 반면 독일 민족은 상대적으로 무뚝뚝하고 내성적이며 수줍음을 잘 타고 어색해한다.

느긋하고 명랑 쾌활한 성격을 지닌 민족은 가볍게 보여 존경을 받지 못할 수도 있다. 태도는 나무랄 데 없더라도 경솔하며 이기적일 수가 있다. 겉보기만 그럴듯할 뿐, 본바탕이 훌륭한 인격의 견실한 자질을 갖추지 못할 수도 있다. 편안하고 예의바른 사람들과 비사교적이고 무뚝뚝한 사람들을 만났을 때 어느 쪽이 더 기분이 좋을 것인가. 진정한 친구가 될 수 있을지, 말과 행동이 일치할지, 양심적으로 의무의 책임을 다할지는 전혀 다른 문제다.

쌀쌀맞고 퉁명스러운 영국인들은 처음 만났을 때는 다소 불쾌감을 느끼게 한다. 그들은 뚝뚝하고 밋밋하다. 그들은 부끄러움을 타기 때문에 말하기를 주저한다. 이로 인해 상대편까지 말하기가 거북스러워진다. 그것은 그들이 거만해서가 아니라 수줍음을 타기 때문인데, 그들은 좀처럼 수줍음을 떨쳐내지 못한다. 이렇게 세련되지 못한 영국 사람을 빗대어 '필리스틴계 영국인'이라 재치 있게 풍자한 작가조차도 자신의 수줍음을 이겨내지 못했다.

수줍음을 타는 둘이 만나면 마치 싸우고 난 사람들처럼 보인다. 그들은 서로 등을 돌리고 앉는다. 때로 함께 여행을 하는 경우라면 차량의 양쪽 구석에 따로 앉는다. 부끄러움 타는 영국인들은 기차로 여행할 경우 복도를 따라 걸으며 빈 객실을 찾는다. 어렵게 자리를 잡고 자신이 앉아 있는 객실 사람을 마음 속으로 불편하게 여긴다. 식당에 들어서면 구석 빈 테이블부터 찾는다. 온 테이블이 혼자서 식사하는 사람들로 가득 찬 때도 있는데, 이렇듯 비사교적인 것은 영국 국민들의 국민성이라 할 수 있는 수줍음 때문이다.

아서 헬프스가 말했다.

"공자(孔子)의 제자들은 자기 스승이 왕 앞에서 '거북스러운 정중함'을 보였다고 말했다. 이 두 마디만큼 사교 모임에서 영국인들의 태도를 적확하게 설명할 수 있는 단어는 없다."

헨리 테일러는 《정치가》에서, 인터뷰를 할 때면 가능한 한 '문 가까이에' 자리 잡도록 장관에게 권유했다. 찾아온 기자를 배웅하는 대신, 인터뷰가 끝나는 즉시 옆방으로 도망갈 수 있도록 말이다. 그는 이렇게 말했다.

"부끄러움을 타는 소심한 사람은 인터뷰를 마치고 회견장 한가운데를 가로질러 나가야 한다는 사실을 알게 되면 마치 돌처럼 굳어지며 옴짝달싹 못할 것이다. 그렇기 때문에 문 가까운 자리에서 마지막 말을 마친다면 인터뷰를 더 편안하고 기분 좋게 마칠 수 있을 것이다."

앨버트 공은 매우 친절하고 상냥하지만, 동시에 그는 부끄러움이 많은 사람이었다. 그는 스스로 많은 애를 썼지만 수줍음을 극복할 수도, 감출 수도 없었다. 앨버트의 전기 작가는 그의 수줍음의 원인을 이렇게 설명했다.

"그것은 자신이 어쩌다 상대의 기분을 상하게 하지는 않았을까 하는, 상대의 감정을 세심히 헤아리는 마음에서 비롯된 수줍음이었다. 겉으로만 상냥한 척하는 사람들에게 흔한 자만심이나 허영심은 그에게 전혀 없었던 것이다."

그러한 결점을 갖고 있는 것은 앨버트 공만이 아니었다. 다른 영국 위인들도 마찬가지였다. 아이작 뉴턴은 그 시절 누구보다도 부끄러움을 많이 탔다고 전해온다. 그는 유명해질 것이 두려워 자신의 위대한 발견 가운데 이항정리와 응용공식들뿐 아니라 만유인력 원리까지도 몇 년 동안 발표하지 않고 비밀로 했다. 뉴턴은 행성의 운동을 수학적으로 설명할 수 있는 방법을 찾아냈을 때, 콜린스에게 이야기하며 《철학 보고서》에 이 문제와 관련해 자기 이름을 싣지 말아 줄 것을 부탁하면서 이렇게 말했다.

"이름을 게재하면 나를 알아보는 사람들이 많아지지 않겠습니까. 그것만은 정중히 사양하고 싶습니다."

셰익스피어에 대한 다각적인 정보들을 종합하건대 그는 부끄러움을 매우 많이 타는 사람이었다. 그의 희곡이 세상에 언제, 어떤 식으로 소개되었는지는 정확히 알 수 없고 그저 추측만 할 뿐이다. 그의 작품 가운데 단 하나도 공식적으로 공개된 적이 없기 때문이다. 그는 자신의 희곡에 2류나 3류 배역으로 출연하면서 명성에는 무관심했으며, 심지어는 동시대 사람들의 비평에 대해서도 반감을 가지고 있었다. 그 후 자신의 역량을 충분히 발휘할 수 있게 되었을 때도 그는 갑자기 영국 연극예술의 중심이던 런던에서 모습을 감추었다. 그는 40세쯤 은퇴하여 남은 여생을 조그만 도시에 묻혀 살았다. 이러한 사실은 그가 사람들을 만나길 꺼려 할 정도로 내성적인 성격의 소유자였음을 알 수 있게 해주는 것이다.

셰익스피어는 바이런처럼 신체적 장애에서 오는 내성적 수줍음이 매우 심했다. 긍정적으로 생각하는 능력 또한 아주 부족했다. 그는 위대한 극작가로서 자기 작품들에서 뛰어난 재능과 감정과 미덕을 보여주었지만, 희망을 언급한 적은 찾아보기 어렵다. 그의 작품은 절망적이고 염세적이다. 그나마 희망을 말하고 있는 다음의 대사도 회의적이기만 하다.

불쌍한 자에게는 약이 없다. 희망만이 약이다.

셰익스피어의 소네트(일정한 압운 체계를 지닌 14행의 서정시)는 희망보다는 절망을 더 노래하고 있다. 셰익스피어는 자신의 장애를 탄식하고 배우라는 직업을 변호했다. 그리하여 그가 마음 속에 지닌 믿음과 두려움과 이루지 못할 사랑에 대하여 노래하고 있다. 그는 자신의 운명을 바라보면서 '편안한 죽음'을 갈망했는지 모른다.

셰익스피어는 배우라는 직업으로 대중들 앞에 계속 설 수밖에 없었다. 당연히 수줍음을 빨리 이겨냈으리라 여겨지지만 몹시 심한 수줍음은 타고난 것이어서 쉬이 극복되지가 않았다.

밤마다 사람들로 넘치는 공연장에서 훌륭한 연기로 관중들의 찬사를 받은 찰스 매슈스가 사실은 수줍음을 많이 타는 부끄러움쟁이였다는 것을 아무도 믿지 않을 것이다. 그는 일부러 사람들의 눈을 피해 불편한 다리를 이끌고 골목길로 돌아서 집에 갔다고 한다. 매슈스의 아내는 그가 무척 소심한데다 겁이 많았다고 했다. 누가 자신을 알아보기라도 하면 당황해서 어찌할 바를 몰랐다고 말한다.

바이런은 여자들에게 인기가 굉장했다. 겉모습만 보면 그는 전혀 수줍음을 탈 것 같지 않았다. 하지만 그 또한 몹시 수줍음을 탔다. 그의 전기 작가는 말한다.

"바이런이 피고트 부인을 만나기 위해 사우스웰에 들렀을 때, 모르는 이들이 다가오는 것을 보고 즉시 그는 창문을 넘어 잔디밭으로 달아났다."

요즈음 인물 가운데 놀랍도록 수줍음을 많이 탄 이를 들자면 와틀리 대주교가 있다. 그는 초년 시절, 내성적인 성격 때문에 상당히 괴로워했다. 옥스퍼드 재학 시절, 와틀리는 하얀 외투에 하얀 모자를 쓰고 다녀 별명이 '백곰'이었고, 행동거지도 그 별명에 꼭 어울렸다. 수줍음을 치료하기 위해 사회에서 예의바른 사람들을 두루 만나보고 그들을 본받으라는 권유를 받았지만, 그러한 시도는 오히려 그의 수줍음을 더욱 가중시킬 뿐이었다. 자신보다 다른 사람을 생각하는 것이 진정한 공손함인데도, 와틀리는 자신이 다른 사람들보다 자기 자신을 더 생각하고 있다는 사실을 깨달았다.
아무런 진전이 없자 절망한 와틀리는 이렇게 말했다.

"왜 나는 평생 이 고통과 싸워야 하나? 그나마 성공할 가능성이라도 있다면 참고 견디겠지만, 더 희망이 보이지 않으니 성격대로 그저 조용히 살다가 죽을 수밖에. 나는 최선을 다했지만, 평생 곰처럼 부끄러워하며 살 수밖에 없다는 것을 깨달았다. 나는 이제 그 문제를 다시 생각하지 않으려 한다. 치료할 수 없다면 그냥 참고 살아가기로 결심했다."

와틀리는 자신의 감정적 태도를 될 수 있는 한 의식하지 않으려 애썼으며, 자신의 태도에 대한 남들의 비난에 개의치 않으려 애썼다. 그러면서 와틀리는 다음과 같이 말했다.

"그 방법은 기대 이상으로 성공적이었다. 나는 개인적으로 고통스러운 수줍음뿐 아니라 수줍음을 의식해서 생기는 태도상의 결함을 없앴다. 그리고 곧 편안하고 자연스런 태도를 익히게 되었다. 사실, 답답하게도 의견을 무시당하여 극도로 경솔해질 때도 있었는데, 그럴 때는 나 자신이 나와 다른 행동을 하고 있다는 것을 깨달았다. 물론 편안하고 품위 있는 것은 나와 거리가 멀기 때문에, 학식이 많은 척하는 것에 거칠고 서툴렀다. 그러나 의식적이지 않고 자연스러울 때, 내가 진실로 호감을 느끼는 사람들에게 좋은 감정을 표현할 수 있게 되었다. 나는 이것이 중요하다고 믿는다."

몸에 영국인의 피가 흐르고 있는 워싱턴 또한 수줍음을 많이 탔다. 조시아 퀸시는 그를 이렇게 묘사했다.

"그 사람의 마음 속에는 조그만 막대기가 들어 있는 것만 같았다. 워싱턴은 그다지 격식을 차리지 않았고, 낯선 사람들 앞에서는 몹시 불편스러워했다. 그는 정중했지만 대화도 부자연스러웠고 행동 또한 어색해서, 사람들과 교제가 익숙치 않은 시골 출신 신사 같기만 했다."

요즘 미국인들을 부끄러움이 많은 사람들이라고 할 수는 없다. 그러나 유명한 미국 작가인 너다니얼 호손은 수줍음을 많이 탄 인물이었다. 그는 병적일 정도로 수줍음이 많았다. 낯선 사람이 나타나면 자신을 알아볼까 두려워 돌아서곤 했다. 하지만 그 수줍음 뒤에는 누구보다 다정하고 따뜻한 마음이 숨겨져 있었다.

최근 출간된 호손의 《노트북》에 이런 이야기가 실려 있다. 언젠가 호손이 사교 모임에서 우연히 헬프스를 만났는데, 그가 '차가운' 사람임을 알게 되었다. 물론 헬프스도 호손을 자신과 같은 부류의 사람이라 생각했다. 두 사람 모두 수줍음이 많았기에 상대편이 무뚝뚝하고 내성적이라 생각했던 것이다. 그들은 다정히 이야기를 나누며 수줍음을 떨쳐버릴 겨를도 없이 헤어졌다. 이런 경우는 성급한 판단에 앞서 헬베시우스의 금언을 상기하는 것이 좋을 것이다. 이 금언은 벤담이 보물처럼 여기던 것이기도 하다.

"사람을 사랑하는 것이라면 머뭇거릴 필요가 없다."

지금까지는 수줍어하는 성격의 단점만을 이야기했다. 그러나 다른 시각으로 수줍음을 생각할 수도 있다. 수줍음에도 장점이 있기 때문이다. 수줍음을 타는 사람들은 세련되지 못하고 좀처럼 감정을 드러내지 않는다. 그들은 사교적인 모임에 잘 어울리지 못한다. 사교적인 사람들은 자유로운 교제, 품위 있는 태도를 터득하지만, 비사교적으로 수줍음을 타는 사람들은 어울리지 못해 그러한 태도를 터득할 기회가 없다. 그들은 교제를 즐기기는커녕 가급적 교제를 피하려 든다. 그들은 낯선 사람들뿐만 아니라, 심지어 가족들 앞에서도 수줍음을 보인다. 그들은 자신의 감정을 숨기며, 새로운 감정을 받아들일 때도 마음 속에 꼭꼭 감추려 한다. 그러나 다른 사람에게 드러내보이지 못한다고 해서 진실하지 않은 것은 아니다.

그것은 지난날 독일인들의 특징이기도 했다. 그들 주변의 더 사교적이고 감정 표현이 확실한 민족들은 그들을 우둔한 니멕족 또는 게르만족으로 취급했다. 그리고 지금은 영국인들이 그 같은 취급을 받고 있다. 오늘날 영국인들의 이웃인 프랑스인들과 아일랜드인들이 영국인들에 비해 재치 있고 말도 잘하며 의사 표현도 확실하고 모든 면에서 더 사교적이기 때문이다.

영국 사람들에게는 두드러진 특징이 한 가지 있다. 그것은 바로 가정에 대한 깊은 애정이다. 영국인들은 가정을 이루면 사회에 무관심해진다. 그들은 자기 것으로 획득하기 위해서라면 용감하게 바다를 건너고, 원시림이나 대초원을 개척하여, 혼자 힘으로 가정을 꾸린다. 그들은 황야의 고독을 두려워하지 않고, 아내와 가족이라는 사회만으로도 충분하다고 생각하며, 다른 것은 개의치 않는다. 따라서 영국인과 미국인을 비롯해 게르만족에 속한 이들은 식민지 개척자들을 적극적으로 활용하여 세계 곳곳에서 이주민, 정착민으로 빠르게 세력을 키워 나갔다.

이와는 달리 프랑스 사람들은 식민지 개척자로서는 만족스러운 성과를 거둔 적이 없다. 그 원인은 그들의 강한 사교성 때문이다. 자신이 프랑스인임을 잊지 못하기 때문이기도 하다. 한때 프랑스는 북아메리카 대륙에서 많은 영토를 차지할 것 같았다. 프랑스의 식민지는 캐나다 남부에서 세인트 로렌스까지, 슈페리어 호수 퐁뒤락부터 세인트 크로아 강과 미시시피를 거쳐 뉴올리언스 어귀까지 광대했다. 그러나 자립적이고 부지런한 게르만 혈통의 니멕족이 처음 정착했던 바닷가에서 서쪽으로 세력을 넓혀 터를 잡으면서 튼튼히 뿌리를 내렸다. 결국 북아메리카에서 프랑스 식민지로 남아 있는 곳은 오직 캐나다 남부 아카디아뿐이다.

그곳에서도 프랑스인들이 얼마나 사교적인지를 목격할 수 있다. 그들은 강한 유대감으로 얽혀 있어서, 새로운 땅으로 세력을 넓히고 뿌리를 내리는 일을 중요시하지 않았다. 반면 게르만 민족은 새로운 땅에 정착하기에 알맞은 자질을 지니고 있다. 캐나다 북부로 이주해 온 영국 및 스코틀랜드 출신의 식민지 개척자 후손들은 원시림과 황무지로 세력을 넓혀 갔고, 저마다 그곳에 정착했다. 그곳은 아주 광대하고 삭막해서 가장 가까운 이웃도 몇 마일이나 떨어져 있었다.

한편 캐나다 남부 지역에서는 프랑스 식민지 개척자 후손들이 몇몇 마을에 모여 살고 있다. 그들의 집은 길을 따라 죽 늘어서 있고, 그 집들 뒤로 농지가 펼쳐져 있다. 농지는 넓지만 잘게 나뉘어 있는데, 그들은 농지를 작게 나누어 갖는 불편함을 감수하더라도 함께 모여 살기를 원했다. 프랑스인들은 외딴 미개척지에서 혼자 외롭게 정착하려 애쓰는 것보다는 그쪽이 나았던 것이다. 그러나 영국인과 독일인, 미국인은 작은 농지를 나누어 갖는 것보다 혼자서 황무지를 개척하는 쪽을 택했던 것이다.

아메리카 미개척지 정착민들은 고독에 익숙해서 오히려 즐기기까지 했다. 서부에 정착민들이 이주해 오면서 사람들로 북적거리게 되자, 그들은 사람들을 피해 짐들을 마차에 싣고 미련없이 그곳을 떠났다. 그들은 가족들을 이끌고 서부 개척을 하며 혼자 힘으로 새로운 주거지를 마련해 나아갔던 것이다.

튜턴족은 수줍은 성격 덕에 식민지 개척자가 될 수 있었다. 영국인, 스코틀랜드인, 독일인, 미국인들은 가족을 부양할 수 있다면 어떠한 고독이라도 감수했다. 그러므로 상대적으로 사회에 무관심한 그들의 태도가 그들의 종족을 늘리고 광활한 땅을 개간하는 데 기여해 나갔다. 그러나 프랑스인들은 뛰어난 사회성으로 더 세련된 태도를 갖추었지만, 식민지 개척자로서는 어울리지 않았다.

비사교적인 영국 사람의 성향은 또 다른 자질을 발전시켜 나갔다. 수줍음으로 인해 남보다 스스로에게 의존하게 되었다. 그 결과 자주적이고 독립적인 사람들로 성장했다. 사회는 그들에게 행복의 필요조건이 되지 못했다. 그들은 책을 읽고 연구하며 발명하는 데서 위안을 얻었고, 기계를 조작하면서 그 속에서 기쁨을 찾음으로써 뛰어난 기계공이 될 수 있었다. 고독한 바다에 뛰어드는 것을 두려워하지 않았기에 탐험가가 될 수 있었다. 처음에 북방 민족들은 북해를 누볐으며, 미국을 발견하고 유럽 해안에서 지중해까지 함대를 파견하면서 항해술을 발전시켜 나아갔다.

영국인들은 훌륭한 식민지 개척자와 선원, 그리고 많은 기술자를 키워냈지만 뛰어난 가수, 배우, 예술가를 배출해내지는 못했다. 그들은 잘 차려입지도, 잘 말하지도, 잘 쓰지도, 잘 행동하지도 못했다. 다시 말해 그들은 꾸미는 데 서툴렀으며 우아하지 못했다. 그들은 직설적인 방식으로 일을 처리했다.

프랑스에서 열린 국제가축전시회에서 그러한 영국인들의 특성을 다시금 보여주었다. 전시회 마지막 시상식 무대에서 참가자들은 동물들을 데리고 무대에 올랐다. 첫번째로 명랑하고 씩씩한 에스파냐 남자가 멋드러진 차림새로 나타났다. 그는 마치 우승한 사람처럼 당당한 태도로 장려상을 받았다. 뒤를 이어 정중하고 세련된 프랑스인과 이탈리아인이 우아하게 차려입고 등장했다. 그들이 데리고 나온 동물들은 꽃과 리본 등으로 예쁘게 꾸며졌다. 마지막으로 우승자가 등장했다. 그러나 예상과는 달리, 수수한 차림에 긴 농부용 장화를 신은 한 남자가 구부정한 모습으로 천천히 걸어나왔다.

"저게 누구지?"

관중들이 서로 물었다. 그러자 누군가가 이렇게 대답했다.

"글쎄, 영국인인가?"

그러자 다른 사람이 맞장구를 쳤다.

"영국인이 틀림없군!"

그 영국인 남자는 자신을 보여주기 위해서가 아니라 최고의 가축을 보여주기 위해서였고, 그는 임무를 충실히 수행하여 우승을 한 것이다. 하지만 단춧구멍에 꽃 한 송이라도 꽂았다면 얼마나 보기 좋았을까.

영국인들도 자신들이 품위가 부족하고 예술적 감각이 뒤떨어진다는 것을 알고 있다. 그들은 이를 보완하고 예술을 대중적으로 발전시키기 위해 미(美)라는 과목을 신설해, 미학에 관한 여러 교재들을 개발하여 교사들이 미학을 가르치기에 이르렀다. 영국인들은 예술로 인해 사람들의 성격이 바뀔 것으로 믿고 있다. 아름다움을 생각하면 마음이 밝아지고, 그로 인해 성격도 순화되어 한결 좋아질 것으로 여긴다.

아름다움에 대한 교육이 성격을 개선시키고 순화시키는 데 어느 만큼은 기여하겠지만, 많은 것을 기대해서는 안 될 것이다. 우아함은 인생의 감미료이자 장식품으로 키울 가치가 있다. 음악, 그림, 무용 등 예술은 즐거움의 원천이기도 하다. 그것들은 육감적이기보다 감각적이다. 외형이나 색깔, 말씨나 태도에 대한 미적 감각을 다듬는 것이 꼭 마음과 인격의 수양에 필요한 것은 아닐 수도 있다. 예술 작품 감상으로 감성 발달과 예지의 고양 같은 높은 교양을 기대할 수 있을 것이다. 하지만 거대한 조각상이나 그림을 감상하는 것보다 인간의 고귀한 행동에서 더욱 많은 영향을 받으며 본받고 싶은 마음이 생겨야 한다. 감각이나 예술이 인간을 위대하게 만드는 것이 아니라 지성과 감성, 그리고 영혼의 힘이 인간을 위대하게 만드는 것이다.

즐거움을 제공하는 예술적 감각의 수련이 사람들 생각처럼 인류의 발전에 얼마나 이바지했는지 의심스럽다. 예술적 감각을 지나치게 수련할 경우, 감각의 유혹에 더 마음을 열어 어쩌면 인격을 약화시킬 위험도 있다. 헨리 테일러는 말했다.

"예술로 갈고 다듬은 예민한 감수성은 용기를 저하시키고, 인격의 힘을 약화시키면서 인간을 더 비굴하게 만든다."

예술가의 재능과 사상가의 재능은 크게 다르다. 예술가의 최고 아이디어는 주제——미술적 주제, 음악적, 문학적 주제를 막론하고——를 가장 아름답게 표현하는 것이다. 그리고 그 속에서 사상은 심오하지는 않더라도 이성적이고 영원한 것을 찾게 된다.

로마 제국처럼 국가가 타락에 빠져 있을 때 가장 번성한 것이 바로 예술이었다. 귀족들과 부자들이 사치의 수단으로 예술에 빠졌기 때문이다. 로마나 그리스에서도 부패가 극에 달했을 때 예술이 번성했다. 피디아스와 익티노스는 아테네의 전성기가 끝나갈 무렵에야 가까스로 파르테논 신전을 완공할 수 있었다. 피디아스는 감옥에서 죽었고, 스파르타인들은 스파르타의 승리와 아테네의 패배를 기념하는 기념비를 세웠다. 로마도 마찬가지였다. 가장 타락한 시기에 로마 예술은 절정기였다.

사상 최악의 폭군 로마 제국의 네로와 도미티안은 예술가였다. 진실로 아름다움이 선이라면 코모두스는 가장 선한 사람 가운데 하나였을 것이다. 그러나 그는 역사적으로 가장 악한 인간이었다.

로마 제국 예술은 교황 레오 10세 때 절정에 달했다. 그의 치세는 '알렉산더 6세 통치 이후 통제가 불가능할 정도의 방탕과 사치가 일반인뿐 아니라 성직자들에게까지 널리 확산된 시기'로 일컬어지고 있다. 마찬가지로, '저지대 국가들'에서 예술이 절정에 달했던 시기는 에스파냐의 독재 정치하에 국민들의 삶이 피폐해지고 시민의 자유 및 종교의 자유가 무너진 때였다. 정말로 예술에 의해 국가가 더욱 성숙해지고, 미적 감성에 의해 인간이 착해진다면 파리는 이미 오래 전에 지혜롭고 착한 사람들로 들어찼어야 했다. 로마는 예술의 도시였지만, 귀중한 골동품들이 한낱 노리개에 지나지 않았다. 전해오는 말에 따르면 그즈음 로마는 도시 자체가 굉장히 불결해졌다고 한다. 예술이 불결함과 무슨 관계가 있단 말인가. 러스킨이 베네치아에서 예술품을 찾아다니고 있을 때 역한 냄새가 강하게 풍겨오자, 그를 따르던 시종이 다음과 같이 말했다고 한다.

"오래되고 훌륭한 것이 가까이에 있는 듯합니다."

청결하지 못한 곳에서는 예술 교육보다 청결에 관한 교육이 훨씬 더 가치가 있을 것이다. 셔츠 소맷부리에 달린 프릴이 아주 좋은 것이라 해도 셔츠보다 프릴에만 관심을 기울이도록 가르친다면 참으로 어리석은 짓이 아닐 수 없다.

우아한 자세, 공손한 행동, 예의바른 태도, 삶을 즐겁고 아름답게 만드는 기술을 갈고닦을 필요는 있지만, 그를 위해 성실, 정직, 진실 같은 더 견실하고 영속적인 자질들을 희생시켜서는 안 된다. 아름다움의 샘은 눈이 아니라 마음 속에 있어야 한다. 예술이 아름다운 삶과 고귀한 습관을 양산하지 못한다면 쓸모없다. 공손한 행동을 수반하지 않은 공손한 태도도 가치가 없다. 매력적이고 호감이 가지만 마음이 담겨 있지 않은 호의는 겉치레에 지나지 않는다.

예술은 순수한 기쁨을 뿜어내는 샘이고 자기 단련에 커다란 도움을 준다. 예술이 자기 단련에 도움을 주지 못한다면 그것은 단순히 감각적인 유희에 지나지 않을 것이다. 예술이 단순히 감각적인 유희에 지나지 않는다면 인격을 강화시키고 고양시키기는커녕 약화시키고 떨어뜨릴 것이다. 우아함보다는 정직한 용기가, 기품보다는 순수함이, 예술품보다는 몸과 지성과 감성의 깨끗함이 더욱 가치 있다.

항상 겸손함을 갈고닦아야 한다. 이를 소홀히 해서는 안 된다. 쾌락과 예술, 재산과 권력, 지식과 천재성보다 더 고상한 것을 목표로 삼아야 함을 명심해야 한다. 그것은 순수하고도 훌륭한 인격이다. 개인의 선량함이 견고하게 뒷받침해주지 않는다면 이 세상의 모든 우아함, 세련됨, 그리고 예술을 쌓아올린다 해도 민족을 구원하거나 문명을 발전시켜 나아가는 것은 불가능하다.

10 책과 사귐
한 권의 책은 우주이다

나는 죽은 사람들과 함께 생각하면서
나 그들과 함께 기나긴 과거 속에서 산다네.
그들의 장점은 사랑하고, 그들의 결점은 비판한다네.
그들의 희망과 두려움을 함께 나누며
겸손한 마음으로 그들의 가르침에서
교훈을 얻으리.　　　　　　　　　　　　　　사우디

우리가 알기에 책은
순수하고 좋고 굉장한 세계이다.
살과 피처럼 그 주위에 강한 덩굴손으로 붙어
우리의 즐거움과 행복이 자란다.　　　　　　워즈워스

　어떤 사람을 사귀느냐에 따라 그 인간됨을 알 수 있듯이, 어떤 책을 읽는지 보아도 그 인간됨을 알 수 있다. 책도 사람에게 벗이나 마찬가지이기 때문이다. 사람이든 책이든, 가장 좋은 벗을 사귀어야 한다.
　좋은 책은 좋은 친구가 될 수 있다. 과거에도, 오늘에도 그러하며 앞으로도 영원히 변치 않을 것이다. 책은 가장 참을성 있고 유쾌한 친구이다. 우리가 불운과 역경에 처했을 때 책은 우리를 저버리지 않는다. 좋은 책은 언제나 우리를 친절하게 반긴다. 젊어서는 즐거움과 가르침을, 늙어서는 위로와 안식을 준다.
　사람들은 이따금 상대편이 가지고 있는 책을 보고 서로에게 애정을 보이며 호감을 표시한다. 그리고 자기 애독서를 좋아하는 사람을 만나면, 마치 마음에 드는 한 친구를 찾아낸 것처럼 친근감을 느낀다.

이런 속담이 있다.
"나를 사랑하면 내 강아지도 사랑한다."
그러나 이렇게 고치면 더 지혜로운 속담이 될 것이다.
"나를 사랑하면 내 책도 사랑한다."
책만큼 진실하고 고귀한 친구는 없다. 사람들은 자신이 좋아하는 작가의 책을 읽고 공감하며 그 작가와 생각을 공유한다. 독자는 책 속에 살고, 작가는 그 독자들 속에 산다.
해즐릿은 이렇게 말했다.

"책은 살며시 마음 속으로 침투한다. 시는 어느덧 피 속에 스며들어, 젊어서 읽은 시는 늙어서도 기억 속에 남아 있다. 책을 읽으면 다른 이들에게 어떠한 일들이 일어났는지 알게 된다. 사람들은 책 속의 일을 마치 자신이 겪은 일처럼 느낀다. 그것은 값싸지만 유익하다. 사람들은 공기를 들이마시듯 책을 들이마신다. 우리 무지한 대중은 작가의 유익한 도움을 받는다."

양서는 인생을 담고 있는 가장 고귀한 상자이다. 그 속에는 삶을 살아가며 떠올릴 수 있는 최상의 생각들이 담겨 있다. 인간의 세계는 사고의 세계이다. 그러므로 양서는 좋은 말과 훌륭한 사상의 보고이다. 마음에 품고서 잊지 않는다면, 양서는 마음에 위안을 주는 변치 않는 친구가 될 것이다.
필립 시드니는 이렇게 말했다.

"귀한 생각들을 품고 있기에 책은 결코 혼자가 아니다."

우리가 유혹에 빠졌을 때, 책 속에 있는 바르고 진실한 생각은 우리의 영혼을 깨끗하게 하고 시련으로부터 지켜주는 천사와 같다. 그것은 또한 우리의 행동을 결정짓는다. 왜냐하면 좋은 행동은 반드시 좋은 행동을 낳기 때문이다.
헨리 로렌스는 어떤 작품보다도 워즈워스의 〈행복한 전사〉를 높이 평가하면서, 그런 삶을 실현하기 위해 노력했다. 그 작품이 본보기가 되어 그는 지속적으로 바람직한 삶에 대해 생각했고, 다른 사람들에게 그 이야기를 하곤 했다. 헨리 로렌스의 전기 작가는 이렇게 말했다.

"헨리 로렌스는 자신의 삶과 인격을 그 작품에 일치시키려 노력했고, 결국 성공했다. 진실로 성실한 모든 이들이 성공하듯이."

책의 가치는 불멸성이다. 책은 이제까지 인간이 만들어 낸 것들 가운데 가장 오랫동안 우리 곁을 지키고 있다. 신전이 폐허가 되고 그림과 조각상이 흔적도 없이 사라졌어도 책은 그대로 남아 있다. 훌륭한 생각은 시간이 지나도 변하지 않는다. 비록 오래 되었더라도 작가의 머릿속에 처음 떠올랐을 때처럼 좋은 책 속에 살아 있는 작가의 생각은 여전히 신선하다. 과거의 생각과 이야기는 책을 통해 오늘까지 선명하게 전달된다. 나쁜 책들은 결국 시간의 흐름 속에서 걸러진다. 이는 문학 가운데서도 유익한 것이 아니면 오래도록 살아남을 수 없는 것과 마찬가지이다.

책은 우리를 가장 바람직한 사회로 이끌며, 훌륭한 인물들에게 안내한다. 우리는 그들의 말을 듣고, 그들의 행동을 본다. 마치 살아 있는 것처럼 그들을 느낀다. 우리는 그들의 생각을 함께 공감하고, 함께 기뻐하며 슬퍼한다. 그들의 경험은 바로 우리의 경험이 되고, 그들을 묘사한 장면을 보면 그들과 함께 행동하는 것처럼 느낀다. 위인과 선인은 결코 죽지 않는다. 그들의 영혼은 책에 소중히 남아서 전 세계 곳곳으로 퍼져 나간다. 책은 살아 있는 목소리이다. 책은 사람들이 귀담아 듣는 지식이다. 우리가 지금도 과거 위인들의 영향에서 벗어나지 못하고 있는 것은 그 때문이다.

진정한 군주는 무덤에서도 우리의 정신을 지배한다.

호머는 여전히 살아 있다. 그의 개인 생활은 과거의 안개 속에 가려져 있지만, 그의 시는 새롭게 쓴 것처럼 신선하다. 플라톤은 지금 이 순간에도 후손들에게 철학을 가르친다. 호라티우스와 버질, 그리고 단테는 아직도 그들이 살아 있을 때처럼 노래한다. 셰익스피어는 죽지 않았다. 그의 몸은 1616년에 땅에 묻혔지만 그의 정신은 여전히 영국에 살아 있으며, 그의 사상은 튜더 왕조 때와 같이 온 세상에 영향을 미친다.

가장 열등하고 가난한 사람에게도 위대한 정신사회의 문은 열려 있다. 글을 읽을 수 있는 사람이라면 누구나 들어갈 수 있다.

웃고 싶은가? 그러면 세르반테스나 라블레가 당신과 함께 웃을 것이다. 슬픈가? 그렇다면 당신과 함께 슬퍼하고 당신을 위로해 줄 토머스 아 켐피스와 제레미 테일러가 있다.

기분 전환을 하고 싶을 때, 가르침이나 위로를 받고 싶을 때 언제나 찾아갈 수 있는 책들과, 그 속에 담겨 있는 위대한 사상들이 있다. 그것은 기쁠 때나 슬플 때나, 풍요로운 때나 어려울 때나 한결같다.

인간은 그 무엇보다도 같은 인간에게 가장 흥미를 느낀다. 경험, 기쁨, 고통, 업적 등 인간 생활을 설명할 때 무엇보다 매력을 느끼는 것은 인간 그 자체이다. 사람들은 저마다 같은 인간으로서 다른 사람에게 흥미를 느낀다. 문화가 다양해질수록 인류의 행복에 영향을 미치는 공감의 폭도 넓어진다. 인간은 수천 수만 가지 방식으로——그들이 만든 그림과 조각, 그리고 서로에 대해 서술한 이야기 등——서로에게 관심을 갖는다.

에머슨은 이렇게 말했다.

"인간은 인간을 제외한 어떤 것도 그릴 수도, 만들 수도, 생각할 수도 없다."

전기소설에 매력을 느끼는 것에서, 훌륭한 사람에 대한 사람들의 관심을 알 수 있다. 칼라일은 이렇게 말했다.

"인간의 사회성은, 수많은 증거와 숱한 주장들에도 불구하고 '인간은 인간의 전기에서 형언할 수 없는 기쁨을 느낀다'는 사실 한 가지 외에는 다른 특별한 것이 없었다는 것을 보여준다. 인간은 전기소설에 얼마나 지대한 관심을 갖고 있는가? 이 세상에 전기소설만큼 많은 독자를 확보하고 있는 소설이 또 있는가? 이 세상에 전기소설만큼 많은 독자들을 확보하고 있는 드라마가 어디 있는가?"

하지만 허구적인 전기보다 그 사람의 실제 삶과 경험을 사실적으로 그린 작품에 더 큰 관심을 기울여야 한다. 그러한 작품은 허구적인 전기와 달리 현실의 매력을 담고 있기 때문이다. 누구나 다른 사람의 삶을 통해 무엇인가를 배울 수 있다. 그들이 겪은 삶이 우리의 삶과 같기 때문에 우리는 하찮아 보이는 그들의 행동이나 말에도 관심을 기울이게 된다. 특히 훌륭한 인물의 경험과 삶을 기록한 전기는 많은 도움을 준다. 그들에 대한 기록은 우리의 마음에 영향을 미치고, 희망을 불어넣으며, 훌륭한 본보기가 되기 때문이다. 위대한 정신으로 평생 동안 자신에게 주어진 의무를 다했을 때, 그는 영원히 영향력을 끼치게 될 것이다. 조지 허버트는 이렇게 말했다.

"훌륭한 삶은 언제나 철이 바뀌지 않는다."

평범한 사람에게도 배울 점이 있다고 괴테는 말했다. 월터 스콧은 마차를 타고 여행할 때마다 새로운 정보를 얻거나 길동무에서 새로운 개성을 발견하게 된다고 말했다.

존슨은 거리에서 마주치는 모든 사람들의 생애――인생 경험과 시련, 난관, 성공, 실패――를 알고 싶다고 말한 바 있다. 세계사에 이름을 남긴 사람들, 문화 유산을 남긴 사람들의 생애를 알고 싶어하는 것은 당연한 일이다. 그런 사람들의 습관과 태도, 생활 방식, 개인사, 대화, 격언, 미덕, 위대함 등에 대한 이야기는 언제나 흥미롭고 교훈적이며 훌륭한 본보기가 된다.

전기소설의 좋은 점은 최선을 다했을 때 무엇을 이루어낼 수 있는지, 어떤 인물이 될 수 있는지 보여준다는 것이다. 고귀한 삶의 기록은 다른 이들에게 영감을 불어넣는다. 전기는 삶을 어떻게 살아야 하는지 알려준다. 그것은 영혼을 회복시키고 희망을 일으켜 새로운 힘과 용기, 그리고 자신과 다른 사람들에 대한 믿음을 준다. 전기는 목표를 자극하고, 행동을 일깨우며, 전기 속 인물과 하나가 되게 한다. 전기를 읽으며 그들과 함께 숨쉬고 그들을 통해 자극을 받는 것은, 훌륭한 사귐이며 그들과 함께 살아가는 것이다.

최고의 전기는 《성경》이다. 《성경》은 가장 성스럽고 감동적인 책이다. 젊은이들에게는 깨달음을 주고 성인들에게는 안내자가 되며 노인들에게는 평안을 준다. 《성경》은 위대한 영웅, 조상, 예언자, 왕과 심판자를 기록한 전기의 완결판이며 신약성서로 구체화된 일대기이다. 《성경》은 인류에게 훌륭한 본보기를 얼마나 많이 제시하고 있는가! 얼마나 많은 이들이 《성경》을 보며 힘과 지혜와 평안과 조언을 얻고 있는가!

로마 가톨릭의 한 위대한 작가는 《성경》을 이렇게 표현했다.

"《성경》에 담긴 말씀은 머리를 떠나지 않는 음악처럼, 그리고 개심하여 어떻게 떠나야 할지 모르는 사람을 괴롭히는 교회의 종소리처럼 귓가에 살아 있다. 진리는 단순한 글이 아니다. 그것은 온 인류의 마음이고 고난을 극복하게 해주는 버팀목이다. 죽은 자에 대한 추억과 어린 시절에 듣던 가슴 찡한 이야기들이 《성경》의 구절이 되었다. 인간의 모든 고난과 슬픔이 《성경》의 말씀에 감춰져 있다. 《성경》은 인간 최고의 순간들을 상징한다. 그것은 인간의 부드럽고 온화하며, 순수하고 착하며, 잘못을 뉘우치는 모든 모습을 보여준다. 그것은 신성한 것이므로 의혹이나 논쟁으로 얼룩지게 할 수는 없다. 자신의 영적인 일대기가 《성경》에 실릴 정도로 독실한 개신교도는 이 땅 어디에도 없다."

훌륭한 인물의 삶이 사람들의 인격 수양에 미치는 영향은 이루 말할 수 없을 정도로 크다. 아이작 디즈레일리는 이렇게 말했다.

"최고의 전기는 가장 훌륭한 상태에 있는 사람의 삶을 다시 만나는 것이다."

영감을 받은 사람은 물론이고, 위인의 전기를 읽으면 정신적으로 고양되어 자기도 모르게 그 사람의 생각과 행동을 따라가게 된다. 보잘것 없지만 자신의 일에 최선을 다하는 성실하고 진실한 사람들의 삶도 그들을 따르는 사람들의 인격에 큰 영향을 미친다.

전기 속에는 역사가 담겨 있다. 사실 역사는 전기이다. 역사는 개개인의 영향을 받은 인류의 기록이다. 에머슨은 이렇게 말했다.

"역사란 사상의 산물, 즉 개개인의 무한한 열망을 사람들에게 불어넣은 거대한 에너지의 기록일 뿐인가?"

역사 기록에서는 사상보다 인물들을 더 많이 볼 수 있다. 사건에 관계된 사람들의 감정과 고통, 이해관계 때문에 우리는 역사적 사건에 흥미를 느끼게 된다. 오래 전에 세상을 떠났지만, 그 행동과 사상을 통해 발자취를 남긴 사람들의 역사를 통해 그들의 목소리를 들을 수 있다. 그리고 그들의 행동은 역사적 흥미를 더한다. 개인은 대중에게는 흥미를 느끼지 않는다고 하지만, 한 인물의 행동에는 공감한다. 모든 훌륭한 역사 드라마에서 가장 현실적이고 완성도 높은 감동을 제공하는 것은 개개인의 전기이다.

훌륭한 사상가와 활동가의 인격 형성에 가장 큰 영향을 끼친 과거의 위대한 작가 두 사람을 꼽는다면, 플루타르크와 몽테뉴를 들 수 있다. 플루타르크가 본받을 만한 이상적 영웅을 제시했다면, 몽테뉴는 나이에 관계 없이 모든 사람들이 가장 궁금해하는 문제들을 자세히 조사했다. 두 사람의 작품은 거의 전기 형식을 띠고 있다. 그들은 등장 인물의 성격과 경험을 아주 인상적으로 묘사했다.

호머의 《일리아드》처럼 《플루타르크 영웅전》도 1800여 년 전에 집필되었지만, 그 부류의 작품들 가운데 가장 훌륭한 작품으로 여전히 최고의 자리를 지키고 있다. 몽테뉴는 이 책을 유달리 아꼈다. 영국인들은 그 책을, 셰익스피어의 훌륭한 희곡 작품에 영감을 불어넣어준 작품으로 여기고 특별히 관심을 쏟았다. 몽테뉴는 플루타르크를 '전기의 대가'라 불렀다. 그리고 '그의 작품을 보는 순간 그가 갖고 있는 무엇이라도 훔치지 않고는 견딜 수 없었다'고 말했다. 알피에리는 《플루타르크 영웅전》을 읽고 문학에 대한 열정을 처음으로 느꼈다고 한다. 그는 이렇게 말했다.

"나는 티몰레온과 카이사르, 브루터스, 펠로피다스의 전기를 여섯 번도 더 읽었다. 나는 그것들을 읽으며 감동하여 눈물을 흘렸다. 너무 열중한 나머지 흥분하기도 했다. ……그러한 위대한 인물들의 독특한 기질을 접할 때마다 가만히 앉아 있을 수 없을 정도로 격한 감정에 휩싸였다."

《플루타르크 영웅전》은 또한 실러와 벤저민 프랭클린, 나폴레옹, 롤

랜드 부인 등 수많은 인물들이 아낀 책이기도 하다.

롤랜드 부인은 그 책에 너무 빠져든 나머지, 그것을 교회에 가져가서 예배 시간 동안 기도서인 것처럼 남몰래 읽었다고 한다. 그것은 또한 프랑스의 헨리 4세와 튀렌, 그리고 네이피어 형제 같은 영웅적인 인물들을 키워냈다.

그 책은 윌리엄 네이피어가 어릴 때 가장 아낀 책 가운데 하나였다. 네이피어의 마음은 일찍부터 그 책에 빠져들었으며, 고대 영웅들의 업적에 크게 감동받았다. 《플루타르크 영웅전》은 그의 인격 형성뿐 아니라 진로에도 커다란 영향을 미쳤다. 네이피어는 몸과 마음이 모두 쇠약해진 말년에 다시 《플루타르크 영웅전》을 손에 들었다고 한다. 그리고 알렉산더 대왕과 한니발, 카이사르의 위대한 업적을 손자에게 몇 시간씩 이야기해 주곤 했다. 만약 위인들을 대상으로 어떤 책에서 가장 큰 영향을 받았는지 투표를 한다면 아마 많은 사람들이 나이에 상관 없이 《플루타르크 영웅전》을 꼽을 것이다. 물론 《성경》을 제외한다면 말이다.

《플루타르크 영웅전》이 오늘날까지 모든 세대와 계층의 독자들에게 변함없이 사랑을 받는 이유는 무엇일까? 우선 그 작품이 세계사에서 중대한 위치를 차지한 위인들을 다루었기 때문이다. 플루타르크는 그들의 삶에서 가장 중요한 상황과 사건을 찾아내어 적절히 묘사했다. 또한 각 영웅들의 성격을 탁월한 필치로 그려냈다. 모든 전기에 재미와 관심을 더해주는 것은 인물의 특성이다. 전기에서 가장 관심을 끄는 것은 위인들의 행동보다는 성품이고, 지적 수준보다는 매력적인 성격이다.

전기에는 말보다 행동으로 품위를 보여준 사람들, 뛰어난 성공보다 훌륭한 인격을 보여준 사람들이 있다. 플루타르크는 영웅의 삶 전체를 짧은 글 속에 완벽하고 상세하게 묘사했으며, 간결한 문체로 영웅들을 인상깊게 묘사했다. 가장 묘사가 뛰어난 카이사르와 알렉산더의 전기도 반 시간이면 다 읽을 수 있다. 적은 분량이지만, 활력 없는 콜로서스보다 훨씬 더 인상적이다. 플루타르크는 인물들을 자세히 설명하지 않는다. 하지만 인물들 자체로 이야기를 자연스럽게 전개한다. 실제로 몽테뉴는 플루타르크의 간결성을 불평하곤 했다. 그는 이렇게 말했다.

"그의 간결성은 우리를 곤혹스럽게 한다. 그러나 간결성 때문에 그의 명성이 더욱 빛날 수 있었다. 플루타르크는 독자들이 그의 지식보다 분별력을 인정해 주고, 이미 읽은 것에 만족감을 느끼기보다 더 읽고 싶다는 기대를 느끼길 바랐다. 그는 아무리 좋은 주제라 해도 길고 자세하게 설명하는 것은 좋지 않다는 사실을 잘 알고 있었다. 마치 가냘픈 몸을 가리기 위해 겹겹이 옷을 껴입은 것처럼 보일 수 있기 때문이다. 실속 없는 사람이나 무언가 부족한 사람은 번드레한 말로 그 부분을 채우려 하는 법이다."

플루타르크는 자세하게 행동을 묘사하고 세밀하게 마음을 그려냈다. 또한 영웅들의 부족한 면과 약점까지도 세세하게 묘사했다. 이러한 것도 모두 인물을 정확하고 충실하게 묘사하는 데 필요한 요소들이다. 몽테뉴는 이렇게 말했다.

"위인의 삶에서 별로 중요해 보이지 않는 독특한 행동이나 말을 묘사해 이야기 전체의 완성도를 높였다."

플루타르크가 묘사한 몇몇 인물들을 보면 다음과 같다.
'알렉산더는 머리를 한쪽으로 비스듬히 기울이고 다녔고, 멋쟁이 알키비아데스는 발음이 약간 부정확했는데, 오히려 그 때문에 그의 말은 더욱 설득력을 얻었다. 그리고 카토는 붉은 머리에 눈동자가 회색인 고리대금업자로, 오랫동안 부리던 노예가 나이 들어 힘든 일을 못하게 되자, 곧바로 팔아치울 정도로 인정 없는 구두쇠였다. 카이사르는 대머리에 회색 옷을 좋아했으며, 키케로는 브루엄처럼 코를 씰룩거리는 버릇이 있었다.'
그는 이처럼 평범한 특징들까지 섬세하게 그려냈다.
보통 사소한 특징을 세밀히 묘사하면 전기의 격이 떨어진다고 생각한다. 하지만 플루타르크는, 위인들이 실제로 우리 곁에서 숨쉬고 있는 것처럼 느끼게 하려면 사소한 특징들을 묘사할 필요가 있다고 생각했다. 그러한 사소한 특징에 관심을 기울이면서도, 그에 지나치게 많은 시간을 들이거나 더 중요한 일들을 그려내는 것에 소홀하지 않았다는 것이 플루타르크의 장점이었다. 그는 일화를 통해 개인의 특성을 충분히 전달했다. 수사적인 표현으로 인물을 묘사하는데 종이를 버리지 않고, 적절한 일화를 통해 인물의 성격을 더 자세히 드러냈다. 또한 영웅이 좋아하는 격언을 쓰기도 했다. 그 사람이 좋아하는 격언을 보면 그 사람의 생각을 알 수 있기 때문이다. 아무리 위대한 사람이라도 결점이 전혀 없을 수는 없다. 약점도 있고 비뚤어진 부분도 있으며 광적인 면도 있다. 그렇기에 위인들에게서 인간미를 느낄 수 있는 것이다. 멀리서 보면 위인을 거의 신처럼 숭배할 수도 있지만, 가까이 다가가 보면 그도 우리와 같은 불완전한 인간임을 알게 된다.

위인들의 결점 묘사는 나름대로 도움이 된다. 존슨은 이렇게 말했다.

"뛰어난 점만을 보여준다면 우리는 의욕을 잃을 것이고, 그들을 본받는 것이 불가능하다고 생각할 것이다."

플루타르크는 글을 쓴 목적이 역사의 기록이 아니라 생애를 그려내는 데 있다고 말하면서 자신이 쓴 묘사 방식이 적합하다고 주장했다. 그는 이렇게 말했다.

"위대한 업적으로만 인물의 장단점을 알 수 있는 것은 아니다. 수만 명이 죽은 전쟁이나 용맹스런 부대와의 전투, 주요 도시를 포위 공격한 사건보다도 때로는 표정이나 농담, 사소한 일을 통해서 인물의 성격이나 성향을 보다 잘 전달할 수 있기 때문이다. 초상화가는 몸의 다른 부분을 그리지 않고도 얼굴 표정과 주름, 그리고 눈만으로 인물의 성격을 정확히 전달할 수 있다. 그러므로 나는 성격을 알 수 있는 핵심적인 부분들에 더 많은 관심을 기울이면서 그들의 삶을 묘사하려 한다. 중요한 사건과 전투를 묘사하는 것은 다른 작가들의 몫으로 남겨 놓을 것이다."

역사뿐 아니라 전기에서도 작은 일이 결정적인 의미를 가질 수도 있다. 사소한 사건이 중요한 결과를 가져올 수도 있다. 파스칼은 클레오파트라의 콧대가 조금만 낮았더라면 역사는 달라졌을 것이라 말했다. 사라센 제국은 페팽의 부정을 꼬투리 삼아 유럽을 초토화시켰다. 하지만 투르에서 그들을 물리치고 프랑스에서 완전히 몰아낸 사람은 페팽의 서자인 샤를 마르텔이었다.

포프

월터 스콧이 어릴 때 발을 다친 일은 전기에서 중요한 사건이 아니라고 할 수도 있다. 하지만 《아이반호》와 《묘지기 노인》, 그리고 그의 역사소설 《웨이벌리》가 탄생할 수 있었던 것은 그가 어릴 때 발을 다쳤기 때문이었다. 아들이 군에 입대하고 싶은 마음을 내비쳤을 때 스콧은 사우디에게 보낸 편지에 이렇게 적었다.

"나 또한 다리를 절지 않았다면 그러한 선택을 했을 것이니 아들의 선택에 반대할 수가 없네."

다리를 절지 않았다면 그는 반도 전쟁에 참전했을 것이다. 그리고 가슴에 훈장을 달았을지도 모른다. 만약 그랬더라면 우리는 그의 이름을 후세에 남기고 조국에 영광을 안겨준 작품들을 갖지 못했을 것이다. 탈레랑도 다리를 저는 바람에 군에 입대하지 못한 대신 책과 사람들의 연구에 몰두해 당대 최고의 외교관이 되었다.

바이런의 기형적인 발도 시인으로서 그의 운명을 결정짓는 데 중대한 역할을 했다. 발 때문에 고통을 겪으면서 우울증에 시달리지 않았다면 그는 한 줄의 시도 쓰지 못했을 것이다. 아마도 당대 최고의 멋쟁이가 되었을 것이다. 하지만 그의 기형적인 발은 그를 자극해 열정을 깨우고, 그 결과 자신만의 힘으로 모두가 알고 있는 것과 같은 성공을 거두었다.

스카롱도 마찬가지였다. 우리가 그의 냉소적인 시를 볼 수 있는 것은 그의 곱사등 덕분이다. 포프의 풍자문학도 장애의 결과였다. 존슨은 그를 '전대미문의 작가'라 했다. 베이컨이 장애에 대해서 했던 말은 의심할 여지없는 사실이다.

"자신 안에 영원히 비웃음을 사는 요소를 지니고 있는 사람은 그 비웃음에서 벗어나기 위해 계속 박차를 가하는 자극제 또한 가지고 있다. 장애를 갖고 있는 모든 사람들은 지극히 용감한 존재들이다."

초상화에서처럼 전기(傳記)에도 반드시 빛과 그림자가 있어야 한다. 초상화가는 모델에게 결함을 드러내는 자세를 요구하지 않는다. 마찬가지로 전기 작가도 주인공의 결점을 필요 이상으로 묘사하지 않는다. 적나라하게 자신을 드러내고 싶어하는 사람은 거의 없다. 물론 크롬웰은 쿠퍼에게 자신의 초상화를 부탁하면서, '결점을 감추지 말고 모두 그려 주게'라고 말했지만 말이다. 그러나 얼굴과 성격에 신뢰할 수 있는 유사점이 있다면 그러한 특징은 충실히 그려야 한다.

애디슨

스콧은 이렇게 말했다.

"전기는 모든 문학 가운데 가장 흥미롭다. 그러나 주인공의 빛과 그림자가 정확하고 충실하게 묘사되지 않는다면 나는 그 전기에 흥미를 가질 수가 없다. 무대에 올라 시를 낭송하는 영웅에게 공감할 수 없듯이, 단순한 찬미자에게도 공감할 수 없다."

애디슨은 책을 읽는 즐거움과 만족도를 높이기 위해 저자의 사람됨과 성격에 대해 될 수 있는 한 많이 알고 싶어했다. 저자들의 경력과 경험, 기질, 성향은 어떠한가? 그들의 삶이 그들이 쓴 책과 닮아 있는가? 그들의 생각과 행동에는 품위가 있는가?

브리지스는 이렇게 말했다.

"워즈워스나 사우디, 콜리지, 캠벨, 로저스, 모어, 윌슨 같은 작가들의 삶과 감정의 솔직한 답변을 확실히 알 수 있다면 얼마나 기쁠까? 어릴 때는 누구와 함께 살았고, 글을 쓰게 된 결정적인 동기는 무엇인지, 좋아하는 것과 싫어하는 것은 무엇인지, 어떤 어려움과 고난을 겪었는지, 그들의 취향과 열정이 무엇인지 그리고 실패를 겪으며 후회한 경험과 그것을 극복한 자기만족과 변영은 무엇이 있는지를 알 수 있다면 재미있을 것이다."

메이슨은 그레이의 사적인 편지들을 공개했다는 비난을 받자 이렇게 대꾸했다.

"당신은 친구들이 늘 정장만 입고 나타나길 바라오?"

존슨은 어떤 인물의 삶을 진솔하게 그려내려면 작가가 그 사람을 개인적으로 잘 알아야 한다고 생각했다. 그러나 전기 작품들 중에 일부는 그러한 점이 부족하다. 플루타르크의 전기나 사우디의 《넬슨 전기》, 포스터의 《골드스미스 전기》에도 그러한 개인적 친분에서 얻는 지식이 부족하다. 캠벨의 경우 린드허스트와 브루엄의 개인적 친분이 오히려 부정적인 영향을 미쳤다. 그는 그들의 장점은 축소하고 성격상의 결점을 부각시켜 전달하였다.

존슨은 이렇게 말했다.

"만약 누군가 전기 집필을 업으로 한다면 사실을 그대로 옮겨야 한다. 인물의 특징적인 성격과 결점도 언급해야 한다. 그것 또한 인물을 말해주는 중요한 요소이기 때문이다."

하지만 이것은 어려운 일이다. 개인적으로 친분이 있으면 호의적이든 아니든 인물의 행동을 아주 자세히 묘사할 수 있다. 그렇다고 그 책이 반드시 출간될 수 있는 것은 아니다. 그렇게 자세히 묘사하여 오히려 그들의 사생활을 무시하는 결과가 생길 수도 있기 때문이다. 막상 글을 자세하게 쓰려고 하면 기억이 나지 않을 수도 있다. 존슨은 자신과 같은 시대에 활동한 시인들 가운데 자신이 알고 있는 이들에 대한 전기를 쓸 때 그러한 어려움을 느꼈고, '불씨가 남아 있는 잿더미 위를 걷고 있는 것 같다'고 표현했다.

이러한 이유로 위인들의 친척처럼 가까운 이들로부터 그들의 성격에 대한 솔직한 이야기를 듣기는 어렵다. 자서전은 흥미롭기는 하지만 그들에게서 진실만을 듣는 것은 더욱 어렵다. 자신의 회고록을 쓰면서 자신에 대한 모든 것을 이야기하지는 않을 것이다. 물론 아우구스티누스는 예외였다. 그는 《고백록》을 통해 자신의 타고난 결함이나 이기심, 사기성을 숨김없이 이야기했다.

스코틀랜드 격언에 이런 말이 있다.

"아무리 훌륭한 사람이라도 자신의 결점이 이마에 적혀 있다면 눈썹까지 모자를 눌러 쓸 것이다."

볼테르는 이렇게 말했다.

"단점을 갖고 있지 않은 사람도 없고 자신 안에 야만적인 면이 없는 사람도 없다. 하지만 그러한 것들을 어떤 식으로 관리하고 있는지 솔직히 이야기하는 사람도 없다."

루소는 《고백록》에서 속마음을 털어놓는 척했다. 하지만 그는 털어놓은 부분보다 숨긴 부분이 여전히 더 많았다. 그 시대 사람들이 자신을 어떻게 생각하든 또는 어떻게 말하든 상관하지 않던 인물인 샹포르조차 이렇게 말했다.

"실제 사회에서 어떤 사람이 자신의 은밀한 생각과 솔직한 성격, 무엇보다 약점과 결점을 털어놓는다는 것은 아무리 친한 친구에게라도 불가능한 일이다."

자서전에 담겨 있는 내용은 대부분 사실일 것이다. 하지만 진실을 모두 말하지 않고 일부만 말한다면 그것은 거짓말과 같다. 있는 그대로를 보여주지 않고 보여주고 싶은 것만 보여주는 것은 속임수이고 변명이다. 한쪽 얼굴만 보고 상대의 얼굴을 안다고 할 수도 있다. 그러나 보지 못한 다른 쪽 얼굴에 상처가 있거나 한 쪽 눈이 사시라서 얼굴 전체의 인상이 완전히 달라질지도 모르는 일이다. 스콧, 무어, 사우디 모두 자서전을 쓰려 했지만, 결국 힘들고 어려운 작업임을 느끼고 포기했다.

프랑스에서는 특히 전기 문학이 발달했다. 영국에는 프랑스에 견줄 만한 전기 문학이 거의 없다. 그래서 역사적으로 유명한 인물들에 대한 부수적인 정보를 찾아낼 때는 슐리와 드코민느, 로쟁, 드레츠, 드투, 로슈푸코의 전기 같은 프랑스 전기들을 참고했다. 그 책에는 인물의 생활과 인격을 알 수 있는 일화들이 시시콜콜 들어 있고, 당대의 사회적 관습과 생활 문화를 알 수 있는 세세한 일들도 가득 들어 있다. 생시몽이 쓴 전기는 그 이상이었다. 그는 주인공의 인격을 놀라울 정도로 자세하게 탐구했고, 그것을 토대로 최초의 분석적인 전기를 썼던 것이다.

생시몽에게 루이 14세의 황실 스파이라는 별명이 붙을 정도였다. 그는 주변 사람들의 성격을 읽고 그들의 표정, 얼굴, 대화, 행동에 숨어 있는 뜻을 해석하는 데 열중했다. 생시몽은 이렇게 말했다.

"나는 모든 주변 사람들의 입과 눈과 귀를 계속 주시하며 그들을 세밀히 관찰한다."

생시몽은 듣고 본 것을 생생하게 기록했다. 관찰력이 뛰어난 그는, 신하들이 쓰고 있는 가면 뒤에 숨겨진 비밀을 예리하고 정확하게 포착했다. 다른 사람의 성격을 파악하고자 하는 그의 열정은 만족이란 없고, 가혹하기까지 했다.

생트뵈브는 이렇게 말했다.

"그 열정적인 해부학자는 병의 원인을 알아내기 위해서라면, 여전히 고동치고 있는 심장에도 망설임 없이 메스를 들이댔을 것이다."

라브뤼예르에게도 상대방의 심리와 기질을 간파하는 능력이 있었다. 그는 주변 사람들을 관찰하고 연구했다. 그는 그들의 비밀을 알아내기 위해 노력했다. 집에 돌아오면 그는 그것을 바탕으로 초상화를 그렸고, 어쩌다 두드러진 특징들 가운데 잘못 표현된 부분이 나오면 그들을 다시 찾아가곤 했다. 라브뤼예르는 예술가가 자신이 좋아하는 일에 매달리듯 그들에게 매달렸다. 그는 초상화에 한 획씩 특징을 더했고 결국 실물과 거의 똑같은 초상화를 완성했다.

전기, 특히 인물의 실생활을 거의 똑같이 그려낸 전기에 사람들이 관심을 갖는 것은 본질적으로 뜬소문에 관심을 갖는 것과 같은 심리이다. 회고록에 관심을 갖는 것도 추문에 관심을 갖는 것과 같은 맥락이라고 할 수 있다. 하지만 뜬소문과 추문들은 개인의 생활에 관심을 가질 뿐이지만, 전기는 읽는 이에게 큰 기쁨과 깨달음까지 줄 수 있다. 사실 전기는 이야기를 통해 인간의 특성을 묘사하고 있기 때문에 문학의 한 부류이다. 소설 형식이든 일화 모음 형식이든 이야기 전개 형식을 띠고 있든, 전기는 가장 많은 독자가 찾고 있는 문학이다.

많은 사람들이 시나 산문에 관심을 기울이는 것은 허구적인 이야기에 포함되어 있는 전기적인 요소 때문이다. 영웅적인 인물을 그려내는 호머의 천재적인 솜씨 때문에 그의 《일리아드》는 지금까지 놀라운 인기를 누리고 있다. 그렇지만 그는 인물의 성격을 세세히 설명하기보다 행동 묘사를 통해 인물의 됨됨이를 전달했다.

존슨은 이렇게 말했다.

"호머는 인류가 하나로 힘을 모았을 때에야 이룰 수 있는 영웅적 자질들과 특성들을 그려낼 수 있었다."

셰익스피어의 천재성은 호소력 있는 인물 묘사와 인간 욕망의 극적인 전개에 있었다. 그가 그려낸 극중 인물들은 마치 우리 곁에 살아 숨쉬는 사람들 같았다. 세르반테스도 마찬가지였다. 그가 만들어 낸 산초 판사는 속물이고 현실적이지만 인간적이었다. 르사주의 《질 블라스》, 골드스미스의 《웨이크필드의 목사》, 그리고 스콧의 뛰어난 작품들 속에 등장하는 인물들은 마치 우리가 실제로 알고 있는 사람들처럼 현실적이다.

디포는 전기를 많이 썼는데, 문장마다 현실적인 묘사가 두드러진다. 그의 작품의 등장인물인 로빈슨 크루소와 잭 대령은 마치 실제 인물 같기도 하다. 전기는 실제로 슬픔과 기쁨, 실패와 성공을 경험한 사람을 묘사했기 때문에 소설보다 더 큰 매력이 있다. 그러나 재능 있는 작가들 가운데 전기를 쓰는 데 매력을 느낀 사람은 거의 없었다.

뛰어난 소설은 많지만 뛰어난 전기는 손꼽을 수 있을 만큼 드물다. 그것은 유명한 초상화가인 존 필립이 초상화보다 일반적인 그림 그리기를 더 좋아한 이유와 같다. 그는 초상화를 그려봐야 노력에 상당하는 대가를 기대할 수 없었기 때문에 주제가 있는 그림 그리기를 더 좋아했다. 전기를 쓰려면 부지런히 자료 조사를 할 수 있는 성실성, 꼼꼼하게 정보를 수집하고 선별할 수 있는 능력, 사실을 요약하는 솜씨, 매력적이면서 그럴듯하게 인물을 제시할 수 있는 능력 등이 필요하다. 그런 데 반해 작가는 소설을 쓸 때 자유롭게 인물을 창조하고, 관련자료와 실생활에 대한 사실적인 묘사 때문에 고민할 필요가 없다.

그래서 주변에는 지루하기 짝이 없는 회고록들이 넘쳐난다. 그 대부분은 여기저기서 발췌하여 짜깁기한 부분이 펜으로 쓴 것만큼이나 많아서 마치 신상명세서를 보는 것 같다. 컨스터블은 자질이 부족한 화가가 그린 초상화를 '머릿속에 있는 것들을 짜 맞춘 그림'이라고 말한 바 있다. 이 말은 초상화뿐 아니라 전기에서의 인물 묘사에도 적용될 수 있다. 머릿속에 있는 것을 그대로 조합해 놓은 인물 묘사는, 허수아비나 밀랍 인형처럼 생명력을 느낄 수 없다. 우리가 원하는 것은 실존 인물의 생생한 묘사이다. 그러나 전기 작가는 보통 그리고자 한 인물이 아닌 자기 자신을 보여주는 경우가 많다. 우리가 기대한 것은 과거의 향기를 그대로 느끼는 것인데, 우리가 얻는 것은 고작 겉옷뿐인 것이다.

문구로 인물을 묘사할 때도 색으로 인물을 그리는 것만큼이나 고난도의 기술이 필요하다. 어느 쪽이든 예리한 눈과 숙련된 솜씨가 필요하다. 평범한 예술가는 보이는 대로 얼굴을 그린다. 하지만 훌륭한 예술가는 특징을 찾아내고 빛나는, 살아 있는 영혼을 캔버스 위에 옮긴다. 존슨은 한 사제에게서 타계한 주교의 회고록을 집필해 달라는 부탁을 받았다. 그런데 그가 회고록에 필요한 몇 가지 질문을 하자, 사제는 아무 대답도 못했다. 그 뒤 존슨은 이렇게 말했다.

"그와 가깝게 지내던 사람들 가운데 그에 대하여 제대로 아는 이가 없다."

존슨의 전기를 집필한 보즈웰은 예리한 관찰력 덕에 전기의 가장 흥미로운 부분인 대화와 습관을 상세히 기록하여 모아 놓을 수 있었다. 보즈웰은 자신의 영웅을 있는 그대로 사랑하고 존경했기 때문에 다른 사람들이 실패한 부분에서 성공할 수 있었다. 그는 존슨 특유의 사소한 특성을 제대로 잡아냈다. 그는 '존슨이 여행할 때 커다란 영국제 나무지팡이를 손에 들고 다녔던 사실'을 자신이 즐겨 이야기하는 이유를 설명했다.

"아담 스미스는 글래스고 강연에서, 밀턴이 버클이 달린 신발이 아닌 끈 달린 신발을 신고 다녔다는 사실을 알고 있어서 기쁘다고 말했다."

보즈웰은 사람들이 존슨을 어떻게 생각했는지, 또 존슨이 어떤 옷을 즐겨 입었는지, 말할 때의 특징은 무엇인지, 그리고 그가 가진 편견에 대해 우리에게 알려주었다. 그는 존슨의 결함까지 너무나 잘 그려냈다. 그것은 지금까지 말로 그려낸 모든 초상화들 중 가장 완벽한 것이었다.

보즈웰

스코틀랜드 출신인 보즈웰이 존슨을 잘 알지 못했고 그를 존경하지도 않았다면, 존슨은 문학사에서 지금과 같은 높은 자리를 차지하지 못했을 것이다. 존슨은 보즈웰이 쓴 전기 속에서 진정으로 살아 있다. 보즈웰 덕에 존슨은 이름을 후세에 남길 수 있었다. 훌륭한 작품을 남긴 작가이지만 정작 그 사람의 생애에 대해서는 알려지지 않은 경우도 많다. 보즈웰이 쓴 셰익스피어의 전기를 얻을 수만 있다면 무엇을 못 주겠는가? 우리는 셰익스피어보다는 오히려 훨씬 먼 시대에 살았던 소크라테스나 호라티우스, 키케로, 아우구스티누스의 개인사를 더 잘 알고 있다.

우리는 셰익스피어의 종교가 무엇이었는지, 그의 정치적 시각이 어떤지, 어떠한 경험을 했는지, 그 시대 유명한 사람들 가운데 누구와 교류했는지 알지 못한다. 당시 사람들은 그의 위대함을 알아보지 못했던 것 같다. 당대 궁정 시인이던 벤 존슨이 셰익스피어보다 대중들에게 더 높은 평가를 받은 사실로도 알 수 있다. 셰익스피어는 배우로서 암기하고, 암송하는 데 만족했다. 우리는 셰익스피어가 극장 관리인으로서 인정을 받고, 인생의 성공기에 극장을 그만두고 고향으로 내려가, 그곳에서 죽음을 맞이했을 때 마을 사람들이 모여서 장례를 치렀다는 사실밖에 알지 못한다. 그를 기념하여 남겨진 전기들도 대부분 그 때 사람들이 증언한 관찰과 사실이 아니라 추론의 결과이다. 그러므로 셰익스피어의 진정한 삶을 알 수 있는 최고의 전기는 그의 작품이라 할 수 있다.
 사람들이 언제나 같은 시대 사람들을 정확히 평가하는 것은 아니다. 그 시대의 정치가나 장군, 군주는 모든 이의 눈과 귀를 막았다. 그 다음 세대가 그가 있었는지조차 모른다 해도 말이다. 제1차 프랑스 혁명의 혼란기 동안, 어느 날 어떤 인물이 당대의 위인으로 추앙받다가 갑자기 모습을 감추더니 다시는 나타나지 않는 일이 잦았다. 화가인 그뢰즈는 딸에게 이렇게 물었다.

 "지금 왕이 누구지? 이름도 모르는 요즘 위인들보다는 호머나 라파엘이 사람들 머릿속에 더 오래 남아 있을 것 같구나."

 하지만 호머나 라파엘의 개인사에 대해서는 아는 것이 없다. 전기를 집필한 플루타르크는 같은 시대 로마의 저술가들 가운데 가장 많이 거론되는 사람이었다. 그런데도 그에 대해 쓴 전기는 없다. 다른 사람들을 훌륭히 그려낸 코레조의 경우도 마찬가지다. 사람들은 그의 실물이 담긴 그림이 있는지조차 알지 못한다.
 그 때 사람들에게 큰 영향을 미쳤을 뿐만 아니라 후대인들에게도 더 크게 인정을 받는 사람들이 있다. 종교 개혁의 선구자인 위클리프는 그 대표적인 인물이다. 우리가 그에 대해 아는 것은 거의 없다. 그 시절에 그의 말은 광야 한가운데서 외치는 외로운 소리였다.
 모든 기독교 국가에 널리 유포되었고 막대한 종교적 영향력을 행사한 《그리스도를 본받아》의 작가는 아직까지 밝혀지지 않았다. 흔히 켐피스가 그 책의 저자라고들 말하지만 그는 번역가에 지나지 않았던 것으로 보인다. 그의 작품으로 확실시되는 다른 책을 보건대 모든 면에서 《그리스도를 본받아》가 켐피스의 손에서 나왔다고 보기는 어렵다. 그 책의 진짜 작가는 파리대학교의 총장인 장 제르송이 아닌가 한다. 그는 매우 박식하고 독실한 신자로 1429년 세상을 떠났다.
 아주 짧은 전기밖에 남아 있지 않은 위인들이 있다. 철학의 대가인 플라톤의 삶은 알려진 바가 거의 없다. 그에게 가족이 있었는지도 확실하지 않다. 아리스토텔레스의 삶에 대해서는 많은 의견이 있는데, 어떤 사람은 그가 유대인이었다고 하고, 다른 사람은 그가 유대인에 대한 지식이 많았을 뿐이라고 한다. 또 어떤 사람은 그가 약방을 운영했다고 하고, 다른 사람은 그가 의사의 아들이었다고도 한다. 그 밖에도 그가 무신론자였다는 사람도 있고, 삼위일체설을 믿었다고 주장하는 사람도 있다.

또 현대 위인들 가운데서도 개인사가 잘 알려지지 않은 인물들이 있다. 예를 들면 《요정 여왕》의 작가인 스펜서와 《휴디브라스》의 작가인 버틀러는 살아 있을 때 이름이 알려지지 않아, 아주 가난하게 살다 세상을 떠났다는 사실 이외에는 알려진 것이 없다. 탁월한 설교가인 제레미 테일러의 삶에 대해서도 알고 싶지만 알려진 것이 거의 없다.

《필립 반 아르테벨데》의 저자는 이렇게 말했다.

"세상은 가장 진실로 뛰어난 사람들에 대해서는 잘 알지 못한다."

훌륭한 업적을 남긴 많은 이들이 사람들의 기억 속에서 사라져간다. 심지어 사람들은 그들을 잊었다는 사실조차 기억하지 못한다. 아우구스티누스는 로마니아누스를 가장 위대한 천재라 불렀지만, 우리는 로마니아누스라는 이름만 알 뿐이다. 그는 피라미드를 세운 노예들처럼 그의 생애가 사라져버린 존재이다. 고르디아니(Gordiani)의 비문은 무려 다섯 개 언어로 적혀 있지만, 그것만으로는 그의 존재를 기억할 수 없다.

기록되지 않은 많은 이들도 기록될 만한 훌륭한 삶을 살았다. 책에 기록된 사람들은 이런 점에서 운이 좋았다고 할 수 있다. 예를 들어 계관시인(桂冠詩人: 영국 왕실이 명예로운 시인에게 내리는 칭호)들은 당시에는 주목받지 못했지만, 그들의 이야기는 전기로 남아 있다. 존슨은 《시인들의 생애》에서 그들——에드먼드 스미스 같은 이들——의 삶을 다루었다. 오늘날 그들의 시가 남아 있지 않은데도 말이다. 골드스미스, 스위프트, 스턴, 스틸과 같은 문학가들의 삶은 많은 기록으로 남아 있다. 반면 훌륭한 과학자, 활동가, 사업가의 대부분은 아무런 기록도 남아 있지 않다.

앞에서 이미 말했듯이 어떤 책을 읽느냐를 보고 그 사람을 알 수 있다. 유명 인사들이 어떤 책을 즐겨 읽었는지 살펴보자. 플루타르크를 즐겨 읽은 이들에 대해서는 이미 말한 바 있고, 몽테뉴의 저서 또한 많은 사상가들의 친구가 되었다. 셰익스피어가 《플루타르크 영웅전》에서 많은 부분을 참고하여 표현을 빌려 쓸 만큼 그의 작품을 연구한 것은 사실이지만, 그의 서재에 꽂힌 작품은 몽테뉴의 책이었다. 이것은 플로리오가 번역한 몽테뉴의 《수상록》에서 셰익스피어의 자필이 발견된 것을 보면 알 수 있다. 또한 그 책의 속지에는 벤 존슨의 자필도 있었다.

밀턴은 호머와 오비디우스, 에우리피데스의 작품을 애독했다. 찰스 제임스 폭스도 에우리피데스의 작품을 좋아했다. 폭스는 에우리피데스의 작품이 특히 대중 연설가에게 많은 도움이 된다고 생각했다. 폭스는 밀턴을 높이 평가하지 않은 반면 피트는 밀턴에게서 특별한 기쁨을 얻었다. 피트는 《실락원》에서 사탄이 지옥의 무리들을 모아 놓고 한 대연설을 암송하며 즐거워했다. 피트는 뉴턴이 쓴 《프린키피아》라는 책도 매우 아꼈다. 또한 그는 《배로의 설교》를 좋아하여 자주 읽었고 암기까지 할 정도였다. 버크가 좋아한 것은 밀턴과 데모스데네스, 볼링브로크, 그리고 영의 《야상시》였다.

커란은 호머를 좋아하여 1년에 한 번씩 호머 작품을 읽었고, 버질의 작품도 좋아했다. 커란의 전기 작가인 필립스에 따르면, 다른 사람들 모두가 배멀미로 기진맥진해 있을 때에도 커란은 홀리에드 호의 선실에서 버질의 《아이네이드》를 읽었다고 한다.

단테는 시인들 가운데 버질을 좋아했고, 코르네유는 루칸을 좋아했으며, 실러는 셰익스피어를 좋아했다. 반면 콜리지는 콜린스와 보울즈를 존경했다. 초서와 바이런, 테니슨 등 유명한 시인들은 한결같이 단테를 즐겨 읽었다. 브루엄과 매컬레이, 칼라일도 그 위대한 이탈리아 사람을 존경하고 찬미했다. 브루엄은 글래스고에서 강연할 때, 단테를 연구하는 것이 데모스데네스 다음으로 화술을 익히는 최상의 방법이라고 학생들에게 조언했다. 척수마비로 고통을 겪고 있던 로버트 홀도 단테에게서 위안을 받았다.

괴테는 스피노자의 《윤리학》을 좋아했는데, 그것은 그다운 선택이었다. 괴테는 그 책에서 다른 작품에서는 얻지 못한 마음의 평화와 안정을 얻었다.

배로는 성 크리소스톰을 좋아했다. 그리고 보쉬에는 호머를 좋아했다. 버니언이 좋아한 것은 사우샘프턴의 베비스에 대한 전설이었다. 그는 거기서 《천로역정(天路歷程)》의 아이디어를 얻었다. 영국 국교의 대주교를 지낸 바 있는 존 샤프는 이렇게 말했다.

"내가 요크의 대주교가 될 수 있었던 것은 셰익스피어와 《성경》을 읽은 덕분이었다."

존 웨슬리는 어릴 적에 《그리스도를 본받아》와 제레미 테일러의 《성스러운 삶과 죽음》이라는 두 권의 책을 읽고 감명을 받았다. 하지만 그는 젊은이들에게 지나친 독서를 삼가도록 경고하곤 했다. 그는 젊은이들에게 이렇게 말했다.

"책에 잡아 먹히지 않도록 조심들 하게. 1파운드의 지식보다 단 1온스의 사랑이 더 가치 있다네."

많은 독자들은 웨슬리의 전기를 사랑했다. 콜리지는 사우디의 《웨슬리 전기》 서문에, 너덜너덜해진 기도서보다 이 책을 더 많이 읽었다고 썼다. 그는 이렇게 말했다.

"나는 만날수록 즐겁고 편안한 오랜 친구가 보고 싶을 때, 특히 몸이 아프거나 마음이 우울할 때, 이 작품과 《리처드 백스터 전기》를 읽곤 했다. 이 작품을 읽으면 나 자신을 잊을 수 있다. 나는 이 책을 놓고 논쟁하고, 고민하고, 반론을 펼치며, 화를 내다가 침착해지기를 수없이 반복했다. 그리고 다시 이 책을 보며 '맞아! 훌륭해!'를 또 얼마나 반복했던가! 그런데 책이 먼저 나에게 말을 걸어주기를 바랐던 것은 그보다도 훨씬 더 많았다. 책에 귀를 기울이고 있으면, 비록 대답은 들을 수 없었지만 마음만은 편해졌다."

수메의 서재에는 책이 몇 권밖에 없었지만 모두 호머와 버질, 단테, 타소, 까몽, 밀턴이 쓴 최고의 작품들이었다. 드퀸시는 던과 칠링워스, 제레미 테일러, 밀턴, 사우디, 배로우, 그리고 토머스 브라운의 책을 아꼈다. 드퀸시는 이 작가들을 '어떤 문학가도 뛰어넘을 수 없는 일곱 개의 별'이라 불렀다. 그리고 그들의 작품들이 자기가 쌓아올린 철학의 뿌리가 되었다고 말했다.

프로이센의 프리드리히 대왕은 책을 선택할 때 프랑스 작품을 주로 골랐

블뤼허

다고 한다. 대왕이 주로 애독한 것은 루소와 볼테르, 베일, 롤랑, 플러리, 말브랑슈, 그리고 유일한 영국 작가 로크의 작품이었다. 프리드리히 대왕이 특히 좋아한 것은 베일의 사전이었는데, 그것이 그의 마음을 사로잡은 첫 번째 책이었다. 대왕은 그 책을 매우 높게 평가하여 직접 요약본을 만들어 독일어로 번역하고 출간까지 했다. 프리드리히는 이렇게 말했다.

"행복에 대한 책의 기여도는 참으로 크다."

노년에 그는 이렇게 말하기도 했다.

"내 마지막 열정은 문학에 대한 열정일 것이다."

블뤼허 사령관은 클롭슈토크의 《메시아》를 좋아했다. 좀 의외이긴 하지만, 나폴레옹은 오시안의 시집과 《베르테르의 슬픔》을 좋아했다. 또한 그는 폭넓게 독서를 했다. 그는 호머와 버질, 타소를 즐겨 읽었고 각 나라의 소설과 역사서, 수학서, 법률서, 신학서를 섭렵했다. 웰링턴은 볼테르가 과시적이고 점잖지 못하다고 싫어했다. 반면 호머와 오시안은 입에 침이 마르도록 칭찬했다. 웰링턴은 함께 승선한 한 장교에게 이렇게 말했다.

"호머의 《일리아드》를 다시 읽고 오시안의 작품을 탐독하게. 그들은 인간의 정신을 높이고 인간을 실로 위대하게 만드는 시인들일세."

웰링턴은 독서의 폭이 넓었다. 그는 클래런던과 버틀러 주교, 흄, 레슬리, 찰스 대공의 작품과 스미스의 《국부론》, 그리고 《성경》을 즐겨 읽었다. 또 그는 프랑스와 영국의 전기를 좋아했다. 특히 온갖 종류의 프랑스 회고록에 흥미를 가졌다. 월머에서 웰링턴은 《성경》과 기도서, 테일러의 《성스러운 삶과 죽음》, 카이사르의 《회고록》을 언제나 손이 닿는 곳에 두었다고 한다. 그리고 그 책에 있던 여러 흔적으로 보아 그 책들을 많이 읽고 참고한 것 같다고 한다. 이것은 글레이그의 증언이다.

책은 나이 든 사람들에게는 가장 좋은 벗이며 젊은 사람들에게는 가장 훌륭한 자극제이다. 젊은이에게 깊은 인상을 준 첫 번째 책은 그의 인생에 새로운 전기가 된다. 그것은 마음에 불을 피우고, 열정을 끌어내며 짐작하지 못한 곳에 노력을 기울이게 하여 한 사람의 인격과 운명을 영원히 바꾸어 놓는다. 지혜롭고 성숙한 책과의 만남은 우리 인생에서 중대한 출발점이 되고, 새롭게 인생을 살게 하는 전환점이 될 수 있다. 제임스 에드워드 스미스는 식물학 교과서를 처음 받은 날, 조지프 뱅크스는 제라드의 《본초서(本草書)》를 우연히 접하게 된 날, 알피에리는 《플루타르크 영웅전》을 처음 읽은 날, 실러는 셰익스피어를 처음 알게 된 날, 기번은 《보편사》 1권을 탐독한 날, 그들은 한결같이 너무나 큰 깨달음을 얻어 마치 자기들의 인생이 그때야 비로소 시작된 것 같다고 했다.

라퐁텐은 젊었을 때 몹시 게을렀다. 그러나 말레르브의 송시를 듣고 이렇게 외쳤다고 한다.

"나도 시인이 되겠어!"

송시가 잠자고 있던 그의 천재성을 깨웠던 것이다. 샤를 보쉬에의 경우 유년 시절에 읽은 퐁트넬의 과학자들에 대한 《찬미》가 처음으로 그의 마음에 불을 지폈다. 퐁트넬의 다른 작품인 《우주의 다양성에 관한 대화》는 랄랑드가 천문학을 선택하는 데 큰 영향을 미쳤다.

랄랑드는 이렇게 말했다.

"16세에 처음으로 그 책을 읽고 엄청한 활력을 얻었다. 나는 그 활력을 여전히 간직하고 있기에 기쁜 마음으로 그 책에 경의를 표한다."

마찬가지로 라세페드가 자연사 연구에 관심을 가지기 시작한 것은 아버지의 서재에 있던 뷔퐁의 《자연사》를 읽고 난 뒤였다. 그는 진정으로 이해할 수 있을 때까지 그 책을 읽고 또 읽었다. 괴테는 골드스미스의 《웨이크필드의 목사》를 읽고 큰 감동을 받았는데, 이때의 감동은 그가 정신적으로 성숙하게 된 결정적인 계기가 되었다. 그는 자신이 지닌 교양 가운데 상당 부분이 바로 그 책 덕이라고 말했다. 괴테는 산문인 《괴츠 폰 베를리힝겐 전기》를 읽고 주인공을 시로 그려내고 싶다는 생각이 들었다. 그리고 이렇게 말했다.

"난폭하고 어지러운 시대에 살았던, 무례하지만 마음씨 착하고 자립심 있는 인물에게 나는 깊이 공감했다."

키즈는 어릴 때부터 독서광이었고 책에 대한 욕심이 끝이 없었다. 하지만 그의 천재성은 17세에 《요정 여왕》을 읽었을 때부터 시작되었다.
그 시를 읽고 카울리도 영감을 얻었다고 한다. 카울리는 우연히 어머니가 사는 아파트 창가에 놓여 있는 그 시를 발견하고, 그 자리에서 그것을 읽고 큰 감동을 받아 시인의 길로 접어들게 되었다.
콜리지는 보울즈의 시가 자신의 정신 세계에 큰 영향을 미쳤다고 말했다. 그는 과거의 작품이 다른 젊은이들에게는 낯설게 느껴지겠지만, 자신은 과거의 작품에서 마치 실제로 친구를 만난 듯한 우정을 느낀다고 했다. 그리고 이렇게 말했다.

"그의 감탄은 희망을 불러일으키는 바람과 같다. 그의 시 자체가 피가 되고 살이 된다."

그런데 책을 읽고 문학의 길로 접어든 사람들만 있는 것은 아니다. 책을 통해 본업이 아닌 다른 활동에 뛰어드는 계기가 된 이들도 있다. 헨리 마틴은 헨리 브레이너드와 커레이 전기에 큰 감동을 받고 선교사의 삶을 시작하게 되었다. 그들의 전기는 그의 마음 밭에 씨를 뿌릴 밭이랑을 만들어 주었다.
벤담은 어릴 때 《텔레마쿠스》를 읽은 것이 자신의 마음에 얼마나 큰 영향을 미쳤는지를 말했다.

"이 책을 읽고 옛날 이야기 전집에 등장하는 인물들보다 더 고결한 인물을 만날 수 있었다. 그것은 바로 《텔레마쿠스》였다. 예닐곱 살의 나는 나 자신이 곧 그 영웅이라고 여겼다. 텔레마쿠스는 내게 완벽한 이상형이었다. 그 후 무슨 일이 닥칠 때마다 나는 텔레마쿠스라면 어떻게 했을까 생각했다. 그 전기소설은 나의 인격 형성에 주춧돌 역할을 했고 나의 이력에 출발점이 되어 주었다. 나는 그 전기소설을 읽고 난 뒤에 처음으로 '공리주의'에 대해 생각하게 되었다."

코빗이 처음으로 마음에 들어한 책은 3펜스를 주고 구입한 스위프트의 《통 이야기》였다. 그것은 당시 그가 가진 유일한 책이었다. 코빗은 그 책을 여러 번 읽었는데, 뒤에 그의 문체가 직설적이고 간결하며 역동적이었던 것은 그 책의 영향이었다. 포프는 학창 시절에 오길비의 《호머》를 읽고 큰 감동을 받아 나중에 《일리아드》를 영어로 번역하게 되었다. 퍼시 주교의 《고대 영시의 잔재》는 청소년이던 스콧에게 열정을 주었고, 뒷날 그가 《변경가요집》을 쓰는 기반이 되었다. 케이틀리는 소년 시절 《실락원》을 처음 읽고 시인이 되리라는 결심을 했다. 그는 이렇게 말했다.

"시적 감상을 소유하고 있는 모든 이들은 처음으로 《실락원》을 읽으면 인생에 중대한 전환점을 맞게 된다. 내게도 그런 경험이 있었다. ……나는 그 뒤 밀턴의 시를 계속 연구하여 좋은 때는 즐거움의 원천을, 어려울 때는 위로와 용기를 얻었다."

그러므로 좋은 책은 최고의 벗이다. 좋은 책은 창의적인 생각과 꿈을 키워주고 나쁜 벗을 막아주는 울타리이다. 토머스 후드는 이렇게 말했다.

"책을 읽어 지식을 쌓으면 정신적으로 조난당하는 일이 없을 것이다. 어릴 때 부모의 올바른 지도를 받지 못한 이들은 정신적으로 조난당하기 쉽다. 책은 나를 술집에서 멀어지게 한다. 셰익스피어, 밀턴, 존엄한 '침묵의 대화'를 나누던 포프나 애디슨과 가까이 지낸다면 나쁜 벗들과 어울리지 않을 것이다."

키케로

훌륭한 책과 훌륭한 행동에는 공통점이 많다. 둘 다 의욕을 북돋우고 정신을 밝게 하며, 또한 둘 다 시야를 넓혀 마음을 자유롭게 해주고, 저속하고 세속적인 것으로부터 정신을 보호한다. 고결하고 쾌활한 마음과 균형잡힌 성격을 만들어주고, 정신을 형성하고 교화한다. 북부 여러 대학에서 고전 수업이 '인성 교육' 시간이 되었던 것도 그런 이유에서였다.

훌륭한 학자인 에라스무스는 옷은 사치품이고 책은 필수품이라고 여겼다. 그는 책을 구입하기 위해 꼭 필요한 옷까지 구입을 미루곤 했다. 에라스무스는 키케로의 작품을 가장 아꼈다. 그는 그 책을 읽을 때마다 자신의 발전을 느낀다고 말했다.

"《노인론》,《우정에 관하여》,《투스쿨라나룸 담론》과 같은 키케로의 작품들을 읽은 뒤에는 뜨거운 입맞춤을 책에 퍼붓게 되고, 신으로부터 영감을 얻는 키케로의 정신을 존경하게 된다."

성 아우구스티누스는 키케로의 《호르텐시우스》를 우연히 읽고 새 삶을 찾았다. 그전까지 그는 방탕한 짓을 일삼는 호색한이었다. 그는 학문을 탐구하기 시작했고, 뒷날 초기 교회의 선구자들 가운데 가장 위대한 인물이 되었다.

윌리엄 존스는 1년에 한 번씩은 꼭 키케로의 작품을 탐독했다. 윌리엄 존스의 전기 작가는 이렇게 말했다.

"윌리엄 존스에게는 키케로의 삶이 훌륭한 본보기였다."

목숨을 잃으면 가장 아쉽고도 귀중한 것이 무엇일까? 청교도인 백스타는 책과 학문에서 얻을 수 있는 기쁨이라고 말했다.

"죽으면 현실에서 누릴 수 있는 모든 것——육체적 기쁨, 지식과 탐구의 기쁨, 현자들과 대화하는 기쁨 등——을 잃게 된다. 또한 서재를 남기고 떠나야 하며, 책을 읽는 기쁨과 교회에서 예배를 드리는 기쁨도 잃게 될 것이다. 사람들과 함께 어울리지 못하고, 믿음직한 친구들도 못 볼 것이며, 아무도 나를 봐주지 않을 것이다. 집과 정원, 도시와 농촌, 들판과 산책길 모두가 아무런 의미가 없을 것이다. 나는 더 이상 사람들과 전쟁에 대한 이야기, 세상 돌아가는 이야기도 듣지 못할 것이다. 나는 사람들이 지

백스타

혜와 신앙심과 평화를 더 소중히 여기길 바라지만, 죽는다면 그 또한 아무 소용이 없게 될 것이다."

과연 어떤 책이 인류의 문명화에 정신적으로 가장 막대한 영향을 미쳤는지 설명할 필요는 없다. 《성경》을 비롯하여 다른 모든 책들은 인간에게 필요한, 소중한 지식들을 담고 있다. 책은 과학과 철학, 종교, 윤리에서 이루어낸 모든 노동과 업적, 사색, 성공, 그리고 실패들의 기록이다. 책은 어느 시대에서든 가장 훌륭한 동기 부여자였다.

드보날은 이렇게 말했다.

"혁명을 일으킨 것은 《복음서》에서 《사회계약론》에 이르는 책들이다."

때로는 훌륭한 책이 훌륭한 전투보다 더 위대하다. 심지어 허구적인 작품들도 사회에 큰 영향을 미친다. 프랑스의 라블레와 에스파냐의 세르반테스는 어떤 무기도 사용하지 않고 단지 조소만으로 기사와 성직자의 통치를 무너뜨렸다. 사람들은 그들이 구사한 풍자에서 용기를 되찾았다. 《텔레마쿠스》가 발표됐을 때 사람들은 자연의 조화를 다시 생각할 수 있었다.

해즐릿은 이렇게 말했다.

"시인은 영웅보다 더 오래 산다. 그들은 불멸의 공기를 더 많이 들이마신다. 그들은 그들의 사상과 활동 속에서 오래 살아남는다."

우리는 버질과 호머와 같은 시대에 살고 있는 것처럼 그들이 이루어 낸 모든 사상과 작품을 소유한다. 그들의 작품을 손에 넣을 수 있다. 그들을 베개에 눕힐 수도 있고 그들에게 입맞춤할 수도 있다. 누군가의 업적이 일반 사람들에게 눈에 띌 만큼 이 세상에 남아 있는 경우는 거의 없다. 하지만 작가는 죽은 뒤에도 여전히 작품 속에서 살아 숨쉬며 감동을 준다. 반면에 세계의 정복자들은 무덤 속에서 한 줌의 재가 될 뿐이다. 사고와 사고의 공감은 사고와 행동의 공감보다 더 친밀하고 생생하다. 불꽃이 다른 불꽃을 타오르게 하듯, 사고는 사고로 이어진다.

죽은 영웅의 이름에 경의를 표하는 것은 대리석 묘비 앞에서 향을 피우는 것과 같다. 시간이 흐름에 따라 글, 사상, 감정은 점점 실체가 되지만 물질, 육체, 행동은 소리와 공기로 사라진다. 그의 행동은 그의 죽음과 함께 사라진다. 고결한 미덕과 뛰어난 재능도 이 세상에 남지 못한다. 그러나 그의 지식은 불멸하여 후손들에게 그대로 전해진다. 영원한 것은 오직 글뿐이다.

11 결혼 생활
남편에게 지혜를, 아내에게 온유함을

만일 신이 여자를 남자의 주인으로 만들었다면, 신은 남자의 머리로 여자를 만들었을 것이다. 만일 신이 여자를 남자의 노예로 만들었다면, 남자의 발로 만들었을 것이다. 그러나 신은 여자를 남자의 동반자로 동등하게, 남자의 갈비뼈로 여자를 만든 것이다.

아우구스티누스 《신국론》

외모가 아름다운 여성보다는 상냥한 여성이 내 사랑을 얻게 될 것이다. 셰익스피어

여성의 인격 남성의 인격은 일생 동안 사람들과의 교제에서 영향을 받는다. 어린아이 인격 형성에 어머니가 어떤 영향을 미치는지는 앞서 말한 바 있다. 어머니는 아이들이 살아가는 데 필요한 도덕적 환경을 만들어준다. 그러면 아이들의 마음과 영혼은 그들의 육체가 숨을 들이쉬듯이 자양분을 얻는다. 여성은 유아의 자연스러운 신봉자이며, 어린아이의 지도자이다. 또한 여성은 청소년의 안내자이자 조언자이며 남성의 절친한 동료이다. 여러 관계 속에서 여성은 어머니, 누이, 연인, 그리고 아내가 되어준다. 요컨대 여성은 선하든 악하든, 남성의 운명에 매우 큰 영향을 미친다.

남성과 여성의 사회적 기능과 의무는 틀림없이 태어날 때부터 운명지어진다. 신은 남성과 여성을 각자에 맞게 적당한 일을 하고, 적당한 몫을 취하도록 창조했다. 어느 한쪽이 다른 쪽의 지위를 차지하거나 기능을 담당할 수는 없다. 그들이 하는 몇 가지 일은 완벽하게 구별된다. 여성도 남성처럼 독립적으로 존재하는 동시에 남성과 여성 모두 다른 쪽과 친밀하게 관련지어져 있다. 인류를 위해서는 남성과 여성 둘 다 필요하며, 두 성 모두 사회 발전에 많은 공헌을 하고 있다.

남성과 여성은 대부분의 경우 서로 동등한 위치에 있지만, 힘과 관련해서

는 동등하지 못하다. 남성은 여성보다 더 강하고 힘이 세며 근성이 있는 반면, 여성은 남성보다 더 섬세하고 여리며 예민하다. 지성 면에서 남성이 더 우수한 반면, 심성 면에서는 여성이 더 우수하다. 머리가 모든 것을 지배하지만 머리에 영향을 미치는 것은 마음이다.

남성과 여성 모두 삶 속에서 맡고 있는 각자의 역할에 알맞게 적응해야 한다. 남성에게 여성의 일을 부과하려는 시도는 여성에게 남성의 일을 부과하려는 시도만큼 어리석다. 남성은 때때로 여성스럽고, 여성은 때때로 남성답다. 그러나 이 사실은 각자가 지켜야 할 규칙이 따로 있음을 증명해줄 뿐이다.

남성의 자질은 머리에 속하고, 여성의 자질은 마음에 속한다. 그래도 남성은 머리는 물론 마음도 교양있게 단련해야 하고, 여성도 마음과 마찬가지로 머리를 단련해야 한다. 용기없고 무정한 남자는 어리석고 무지한 여자만큼 문명 사회에서 겉돌게 된다. 정신적·지적 자질을 고루 발전시켜 나아가는 것이 건전하고 균형 잡힌 성격의 남성이나 여성이 되는 데 필수적이다. 다른 사람에게 연민도 느낄 줄 모르고 배려도 할 줄 모른다면, 그런 남성은 가엾고 어리석고 야비하고 이기적일 것이다. 또한 문명 사회의 지식을 갖추지 못한다면 그런 여성은 가장 아름답다 하더라도 치장해 놓은 인형과 다를 바 없을 것이다.

다른 이들에게 의존하는 여성의 연약함은, 감탄을 자아내는 여성의 으뜸가는 권리로 사람들이 인식하기도 했다. 리처드 스틸은 이렇게 말했다.

"남성으로서 위엄 있는 이미지를 심으려면, 현명한 머리와 용기 있는 마음을 갖추어야 한다. 그것이 인격에 꼭 필요한 요건이기 때문이다. 마찬가지로 훌륭한 감각을 지닌 여성이 되려면, 친절한 부드러움과 격이 높은 두려움을 갖추어야 한다. 그리고 이성과 구별되는 모든 재능을 갖추고, 이성에게 약간은 순종적이되 오히려 그 낮춤이 그 여성을 사랑스럽게 해야 할 것이다."

그러므로 여성들의 강한 면보다는 약한 면을 교화해야만 했고, 현명한 머리보다는 우둔한 마음을 교화해야만 했다. 여성은 약하고 두려움과 눈물이 많고 평범한 미완성의 인간으로서, 우등한 존재인 남성이 속삭이는 부드러운 말을 이해하는 정도의 감각만 갖추면 충분했다. 그러므로 여성은 자립할 수 있는 능력을 가질 수 없었고, 지식인 아내, 어머니 동료로서가 아니라 남자의 장식물로 교육되었다.

포프는 《도덕론》에서 여성들 대부분이 개성을 갖고 있지 않다고 주장하면서 이렇게 말했다.

> 여성들은 갖가지 색으로 물든 튤립 같다.
> 그들 매력의 반은 그들의 변화에 있다.
> 결점이 있어 아름답고, 섬세한 연약함이 있어 아름답다.

이런 식의 풍자는 포프의 《마사블런트에게 보내는 편지》에서도 찾아볼 수 있다. 이 작품에서 포프는 난폭한 행동을 일삼은 주부를 풍자했고, 또한 메리 워틀리 몬터규를 비웃었다. 포프는 그녀에게 구애했다가 보기좋게 거절당한 적이 있었다. 포프는 여성을 제대로 평가하지 못했으나, 남성 또한 그리 현명하고 관대하게 평가하지는 못했다.

아직도 여성은 힘보다 나약함을 키우고, 자립심보다 매력적으로 보이는 데 지나치게 치중하는 관행이 많이 남아 있다. 여성들은 몸과 마음의 건강을 해쳐가며 감수성을 키운다. 여성은 다른 이들의 호의 덕분에 존재하고 생활하며, 매력적으로 보이기 위해 옷을 입는다. 여성은 자신이 맡은 일을 힘들어한다. 연약하고 겁많고 의존적인 여성은 '너무 착해서 어떤 일도 할 수 없다'는 이탈리아 속담의 살아 있는 증거가 될 위험을 초래한다.

한편 남성의 교육은 때때로 이기심에 치우친다. 소년은 자신을 믿고 혼자 힘으로 세상을 헤쳐 나가도록 격려받는 반면, 소녀는 다른 사람에게 전적으로 의존하도록 배운다. 교육을 통하여, 남성은 지나치게 자신을 의지하게 되고, 여성은 지나치게 남성을 의지하게 된다. 남성은 자립하고 독립하기를 배우고, 여성은 매사에 자신을 믿지 못하고 남에게 의지하며 자기를 희생하도록 배운다. 그러므로 남성은 감성을 버려 지성을 북돋고, 여성은 지성을 버려 감성을 북돋는다.

여성은 다른 이들과의 관계를 통해 속성이 드러난다. 여성은 자연이 모든 인류에게 보내준 간호사이며, 힘없는 이들을 책임진다. 여성은 우리가 사랑하는 이들을 돌보고 소중히 여기며 가정을 다스리는 특별한 재주를 갖고 있다. 그녀는 난롯가의 천재 감독관으로서, 평온하고 만족스런 분위기를 가장 좋은 상태로 유지하여 건강한 인격이 성장할 수 있도록 하는 역할을 한다. 여성은 본질적으로 인정 많고 친절하며, 참을성 있고 자신을 부정할 줄 안다. 사랑과 희망과 믿음이 담긴 그녀의 눈은 모든 곳에 그 밝은 눈물을 뿌린다. 그 눈물은 차갑게 식은 심장 위에 떨어져 따스히 덮혀주며, 고통 위에 떨어져 편하게 완화시킨다. 그리고 눈물 위에 떨어져 묵직한 힘이 된다.

> 그녀의 은빛 사상의 흐름은
> 은은한 걸음으로, 괴로움 속에서도 지혜를 일러주며
> 보이지는 않아도 바로 심장과 머리에 들어와
> 더없는 온화함으로, 머뭇거리는 자신감으로
> 모든 일을 훌륭히 이루어낸다.

여성들은 '불행한 사람들의 천사'라고 불린다. 여성은 약한 사람을 돕고, 넘어진 사람은 일으켜 세우며, 고통을 겪는 사람은 위로해 줄 준비가 되어 있다. 가장 먼저 병원을 세우고 병원에 기부하고 싶어하는 것이 여성의 전형적인 특징이다. 고통받는 인간이 내뱉는 한숨소리가 여성을 부른다는 말이 있다.

먼고 파크는 아프리카의 한 마을에서 사람들로부터 쫓겨난 뒤 배고픔에 허덕였고, 친구도 없어 외로웠다. 맹수가 공격해 올지도 모르는 상황이었고 밖에는 비가 내리고 있었다. 그는 나무 아래에서 밤을 지새울 준비를 하고 있었다. 그때 밭일을 마치고 집으로 돌아가던 어느 가난한 흑인 여성이 그를 측은히 여겨, 자신의 오두막으로 데려가 음식과 잠잘 곳을 마련해 주었다.

다른 사람에게 공감하고 애정을 베푸는 것이 가장 여성다운 특징이기는 하나, 자립적인 존재로서 자신의 행복을 위해 자기 수양을 하고, 자립심과 극기심을 길러 인격을 발전시키고 강화시키는 것도 필요하다. 그렇다고 아름다운 마음속의 큰길을 닫아버리는 것은 바람직하지 않다. 최선의 자립심이란 인간의 동정심의 범주에 선을 긋는 일과는 무관하다. 그러나 남성처럼 여성의 행복도 개인적 인격의 완성도에 크게 의존한다. 지적인 힘을 충분히 다듬고 마음과 양심의 적절한 원칙에 따름으로써 자립심이 마음속 깊이로부터 솟아오른다면 여성은 행복은 물론이고 더욱 유익한 존재가 될 것이다. 그리고 자립심을 즐길 수 있을 뿐만 아니라 그 지적인 축복을 함께 나눌 수도 있을 것이며, 그럼으로써 상호의존 관계와 사회적 공감대에서 파생된 모든 축복의 대부분을 경험하게 될 것이다.

더 순수한 사회를 만들려면 남성과 여성, 양성에 대한 교육이 조화롭고 동등하게 이루어져야 한다. 순수한 여성다움은 순수한 남성다움을 수반한다. 남성과 여성에게 같은 도덕 법칙이 적용된다. 남성이 성이 다르다는 이유로 도리를 무시하고 부정한 짓을 하는 것은 사회윤리를 약화시키는 일이다. 아마 여성이 그런 일을 저지르면 평생 오명으로 남을 것이다. 그러므로 순수하고 덕 있는 사회적 상황을 유지하려면 여성뿐만 아니라 남성도 깨끗한 미덕을 갖추어야 한다. 남성과 여성 모두가 마음과 인격, 양심에 어긋나는 행동을 피해야 한다. 그런 행동은 한 번 들이마시면 다시는 모두 다 뱉어낼 수 없으므로, 여생 동안 남아서 더 크게든 더 작게든 행복의 맛을 씁쓸하게 할 독으로 여기고 피해야 한다.

우리는 지금 과감히 세심한 주의가 필요한 주제를 다루고 있다. 많은 사람들이 흥미를 갖고 있지만, 도덕주의자는 피하고 교사는 삼가며 부모는 금기시하는 주제인데, 그것은 일반적으로 남성과 여성 간의 사랑에 대해 논하는 것을 조잡하게 여기기 때문이다. 젊은이들은 순회도서관 책장을 가득 채우고 있는 불가능한 사랑 이야기로나 겨우 남녀 간의 사랑에 대한 정보를 얻도록 방치되어 있다. 강하고 흡인력 있는 사랑의 감정, 이런 '사랑을 할 필요성'——남성의 삶에서는 그저 한 편의 인생 이야기에 지나지 않지만 여성의 삶에서는 어떤 의미를 가지고 삶 전체를 채색할 정도의 감정——은 어떤 방향으로든 제시되어야 할 가르침도 감독도 없이 스스로 기분에 따라 자라도록 흔히 버려져 있다.

사랑 문제에 있어서의 본성이 모든 공식적인 규칙과 지침을 거부하기는 하지만, 젊은이들의 마음속에 참과 거짓을 구분할 줄 아는 인격의 시각을 심어주고 도덕적 순수함과 성실함을 존중하는 습관을 길러줄 수는 있을 것이다. 도덕적 순수성과 성실을 잃어버린다면 삶은 부도덕해지고 비참함에 빠질 것이다. 모든 부모가 젊은이들에게 지혜롭게 사랑하는 방법을 가르칠 수 있는 것은 아니다. 그러나 적어도 부모는 경솔하고 비열한 욕정에 빠져 명예를 더럽히는 일이 생기지 않도록 어버이다운 조언을 할 수는 있을 것이다.

이런 말이 있다.

"사랑이라는 낱말에는 어리석다는 뜻이 들어 있다. 그러나 순수하고 품위 있고 남을 배려할 줄 아는 사랑은 도덕적으로 우수하다. 도덕적 아름다움을 느끼고 찬미하면서 자신을 잊는 것은, 도덕적 아름다움이 높은 도덕 정신에 영향을 미친다는 것을 보여주는 것이다. 그것은 우리의 본성 가운데 남을 배려하는 마음이 이기심을 이기고 있다는 의미이다."

세상이 언제나 신선한 젊음을 유지하는 것은 바로 그러한 신성한 열정 때문이다. 사랑은 인간의 영원한 멜로디이다. 그것은 젊은이에게 조명을 비추고 나이 든 이에게는 후광을 더해준다. 뒤로 향한 빛으로 현재를 아름답게 하고, 앞을 향한 빛으로 미래를 환하게 밝힌다. 존경과 칭찬의 결과인 사랑은 인격을 높이고 정화시키며, 스스로의 노예가 된 사람을 해방시킨다. 그것은 결코 탐욕스럽지 않다. 사랑 자체가 그 사랑에 대한 유일한 대가이다. 사랑은 친절과 이해, 신뢰, 확신을 불러일으킨다. 또한 진정한 사랑은 어느 정도 지성을 높여준다.

시인 브라우닝은 이렇게 말했다.

"모든 사랑은 어느 정도 지혜를 제공한다."

이제까지 재능 있는 사람은 순수하게 사랑할 줄 아는 사람들이었다. 위대한 사람들은 모든 애정을 위대하게 만들고 진정한 기쁨을 발전시켜 신성하게 한다. 그런 감정은 잠들어 버리거나 놀라 쓰러지는 것이 되기 이전의 경쾌한 성질의 상태에 머물 수도 있다. 열망의 본질을 향상시키며 영혼의 폭을 넓힌다. 여성이 들을 수 있는 최고의 찬사 가운데 하나는 스틸이 엘리자베스 헤스팅스에게 바쳤던 찬사이다. 그는 '그녀를 사랑했던 것 자체가 자유로운 교양 교육이었다'고 말했던 것이다. 이런 면에서 보면 여성은 가장 고귀한 감각을 지닌 스승이다. 그런 여성은 다른 어떤 스승보다도 인간적이고 애정 어린 교육을 하기 때문이다.

사랑을 통해 하나가 될 때까지, 누구도 완벽할 수 없다. 사랑을 알고 나서야 진정한 여성과 남성으로 다시 태어난다. 남성과 여성 모두 서로의 완전성을 위해 필요하다. 플라톤은 사랑하는 이들은 상대에게서 닮은 점을 찾을 수 있다고 생각했다. 또한 사랑이란 본디 반쪽의 인간이 나머지 반쪽을 찾아 완전해지는 길이라고 여겼다. 하지만 그의 형이상학적 생각은 여기서 볼 때 조금 잘못된 것 같다. 사랑은 상대가 갖고 있는 닮은 점뿐 아니라 다른 점에서도 생겨나는 경우가 많기 때문이다.

진정한 결합은 감성뿐만 아니라 지성의 결합을 요구한다. 또한 상대방을 향한 사랑과 존중이 깔려 있어야 한다. 피히테는 이렇게 말했다.

"존중 없이는 진정한 사랑이 지속될 수 없다. 존중 없는 사랑은 후회를 낳는다. 그것은 고결한 영혼을 지닌 이들에게는 가치가 없다."

사람은 존중하고 존경하며 찬미하는 것을 언제나 사랑할 수는 있지만, 나쁘게 생각하는 것을 진정으로 사랑할 수는 없다. 요컨대 진정한 결합은 사회생활에서처럼 가정 생활을 이끄는 본질의 인격을 토대로 이루어져야 한다.

그런데 이성의 결합에는 단순한 존경과 존중을 넘어선 그 무엇이 존재한다. 그것은 훨씬 더 깊고 부드러운 감정이다. 그것은 참으로 남자들 사이에서 또는 여자들 사이에서는 찾아볼 수 없는 감정이다. 나다니엘 호손은 이렇게 말했다.

"남자끼리의 감정에는 도저히 풀 수 없는 매듭이 늘 존재한다. 그들은 결코 먼저 다가설 수 없다. 남자는 감정적 문제에서 남자 형제에게 도움을 구할 수 없지만 어머니나 누이, 아내 등 여성에게선 도움을 받을 수 있다."

남성은 사랑을 통해 기쁨과 공감, 그리고 인간적 흥미의 새로운 우주에 입문하게 된다. 그는 자신이 만든 가정이라는 새로운 세계에 들어가게 되는데 그것은 어릴 때 그가 속했던 가정과는 매우 다르다. 자신이 만든 새로운 가정에서 나날이 새로운 기쁨과 경험이 계속되고, 아마도 새로운 시련과 슬픔을 겪으며, 그는 그 세계에서 가장 훌륭한 문명에 대한 교육과 단련을 통한 수확을 종종 거둘 것이다.

생트뵈브는 이렇게 말했다.

"가정 생활에서는 고통과 근심이 넘쳐날 수도 있다. 그렇지만 그것은 무익하지 않으며 풍부한 결실을 맺게 해준다."

또 이런 말도 했다.

"평생 자녀가 없다면, 그 빈자리를 어리석음과 부도덕이 채우게 될 것이다."

온통 일에만 열중해서 사는 사람은 편협하고 냉혹한 인격이 되기 쉽다. 이익을 위해 자신을 지나치게 돌아보면서, 상대방 측에서 영리한 음모라도 꾸미지 않을까 경계하는 데 몰두한다. 그러므로 그의 인격은 무의식중에 의심이 늘고 인색해지기 쉽다. 가정은 그러한 그릇된 결과를 바로잡아 줄 최적의 장소이다. 오직 이익을 높이려는 생각에서 마음을 거두고 일상의 바퀴 자국에서 벗어나, 원기를 회복하고 쉴 수 있는 신성한 장소가 바로 가정이다.

    가장 진실한 것, 사회적 기쁨의 귀한 빛이
    많은 근심에 싸인 인간의 마음에서 빛난다.

헨리 테일러는 이렇게 말했다.

"일 때문에 마음으로 향한 길이 황폐해지지만, 결혼은 마음의 요새를 굳게 지키는 문이다."

그래도 야망을 이루려는 노동 또는 직업적인 노동에 대한 생각으로 머리가 가득 차 있을 것이다. 다른 사람에 대한 사랑이나 연민으로 마음이 가득

차 있지 않다면, 바깥 세상에는 성공한 것처럼 보여도 그것은 결코 성공한 것이 아니고 오히려 실패한 것이다.

가정을 보면 사람의 진정한 인격을 알 수 있다. 사람의 실질적인 지혜를 가장 잘 나타내는 것은 거창한 일이나 사업 활동이 아니라 규칙에 따라 행동하는 태도이다. 모든 생각이 일에 쏠려 있을 수도 있다. 그러나 정말로 행복해지고 싶다면 온 마음을 가정에 쏟아야 한다. 참다운 성품은 가정 안에서 여실히 드러난다. 오로지 가정 안에서 성실과 사랑, 동정, 배려하는 마음, 건재함, 남자다움 등이 나타난다. 곧 그의 인격이 드러난다. 가정을 지배하는 첫 번째 원칙을 사랑으로 삼지 않으면, 가정은 가장 참을 수 없는 독재 국가가 될 수도 있다. 또한 가정에 정의가 없다면, 가정의 규칙이 바탕을 둘 사랑과 신뢰, 존경도 있을 수 없다.

에라스무스는 토머스 모어의 가정을 보고 말하기를 '기독교 신앙의 학교이자 수련장'이라고 했다. 또 이렇게 덧붙였다.

"그의 가정에서는 언쟁도, 말다툼 소리도 들을 수 없었다. 누구도 게으름을 피우지 않고, 모두가 절제하는 즐거운 마음으로 시원시원하게 의무를 다했다."

토머스는 친절한 성품으로 모든 사람들의 마음을 얻었다. 토머스는 가정적인 사람이었다. 온화하고 지혜롭게 가정을 이끌었기 때문에 그의 가정에는 늘 사랑과 존경이 넘쳐났다. 그는 사소한 행동에서도 끊임없이 가족 구성원들과 사랑을 주고받았다. 다른 이들이 훨씬 더 중요하고 중대하게 생각하는 공무 처리에 할애하는 시간만큼 토머스는 많은 시간을 가족들과 사랑을 나누는 데 애썼다.

가정 생활을 통해 활기찬 사랑을 키운 사람이라 해서 그의 사랑이 가정이라는 좁은 영역에만 국한되는 것은 아니다. 그의 사랑은 가족들에게 퍼져, 가족을 통해 세상 밖으로 넓혀진다.

에머슨은 이렇게 말했다.

"사랑이란, 보통의 가슴속 한구석에서 타다 남은 첫 번째 사랑의 불씨에 불이 붙어 타오르는 불꽃이다. 그 사랑의 불씨는 또 다른 사람의 은밀한 가슴속에서 나와 떠돌던 불티로부터 생겨난 것이다. 그 불꽃의 따스한 열기와 빛은 수많은 남성과 여성에게, 그리고 온 우주의 가슴까지 닿아, 넉넉하고 인심좋은 사랑의 빛으로 온 세상을 비춘다."

　인간의 마음을 가장 편안하게 하고 적절히 조율해 주는 것은 가정적 사랑이 빚어내는 처방이다. 가정은 여성이 사랑과 친절, 온화한 힘으로 다스리는 여성의 왕국이고 국가이며 세계이다. 남성의 어지러운 마음을 가라앉힐 수 있는 가장 좋은 방법은 고결한 마음을 지닌 여성과 결혼하는 것 외에는 없다. 그러면 그 남성은 휴식과 만족과 행복을 찾고, 안정된 생각과 마음의 평화를 찾는다. 또한 남성은 여성에게서 최고의 조언을 얻을 수 있다. 남성이 자신의 이성만 믿고 판단하여 옳지 못한 길로 들어설 우려가 있을 때, 여성은 보통 본능적 직관과 재치로 남성을 옳은 길로 인도할 수 있다.
　충실한 아내는 어렵고 힘들 때 남성이 의지할 수 있는 참모이다. 재난이 닥치거나 행운의 여신이 얼굴을 찌푸릴 때도 여성은 연민과 위로의 마음이 결코 마르지 않는다. 젊은 시절, 여성은 남성의 인생에서 장식품이자 위안이며, 나이가 들어 삶에서 무엇인가를 기대하는 것을 접고 현실에서 살 때가 되면, 여성은 남성의 신뢰받는 동료로 남는다.
　에드먼드 버크는 분명 행복한 사람이었을 것이다. 자신의 가정을 다음과 같이 말할 수 있었으니 말이다.

"집에 들어서는 순간 모든 근심이 사라진다!"

인간에 대한 사랑이 지극하던 루터는 아내에 대해 이렇게 말했다.

"아내를 주면 크로서스의 부를 다 얻을 수 있다 해도, 아내와 가난을 바꾸지는 않을 것이다."

루터는 결혼에 대해 이렇게 말했다.

"착하고 순결한 아내로 짝을 이루게 하심으로써 신은 남자에게 최고의 축복을 베푼다. 그는 그런 아내와 평화롭고 한적한 삶을 구가하며, 목숨마저도 내맡긴다."

그는 또한 이렇게 말했다.

"일찍 일어나는 것과 젊어서 결혼하는 것은 어느 누구도 결코 후회하지 않을 일이다."

결혼을 함으로써 진정한 휴식과 행복을 누리려면 남성은 아내에게 영혼의 동료이자 반려자라는 마음을 심고, 또한 공감해야 한다. 그렇다고 여성이 단순히 남성과 비슷한 존재가 되어야 한다는 것은 아니다. 여성이 남편에게서 여성 같은 남성의 모습을 바라지 않는 것처럼, 남성도 아내에게서 남성 같은 모습을 바라지 않는다. 여성이 지닌 최고의 장점은 지성이 아니라 사랑하는 마음이다. 여성은 지식이 아니라 연민과 사랑으로 기운을 북돋운다.
올리버 웬델 홈스는 이렇게 말했다.

"머리가 좋은 여자보다 마음이 아름다운 여자가 더 매력이 있다."

사람들은 때때로 자신에게 싫증이 나서 자신과 다른 기질과 취향을 지닌 사람에게 감동하는 경향이 있다.
헬프스는 이렇게 말했다.

"만일 신이 갑작스럽게 우리에게 사랑하는 증거를 대보라고 한다면, '인간의 마음으로 상상할 수 있는 한 가장 편하게 해주면서도 매력적인 교제를 할 수 있도록 매우 정교한 차이로 남자와 여자를 만든 것'이 가장 분명한 증거라고 대답할 것이다."

그러나 여성이 지식이 풍부하다는 이유로 남성이 그 여성을 사랑하지 않을 수도 있다. 그렇다고 여성이 지식을 쌓을 필요가 없다는 것은 아니다. 성격의 차이가 있을 수 있지만, 어찌됐든 정신과 감정이 서로 조화를 이루어야 한다. 즉, 두 사람의 사랑하는 마음뿐 아니라 두 사람의 지적인 영혼도 조화를 이루어야 한다는 말이다.

의회에서도 두 사람이요, 난롯가에서도 두 사람
복잡한 세상사 속에서도 두 사람
자유로운 생활 공간에서도 두 사람이다.

결혼에 대해서 헨리 테일러만큼 현명하게 쓴 사람은 거의 없다. 성공적으로 이끈 행복한 정치적 결합의 영향에 대해서 그가 한 말은 삶의 모든 면에 적용될 수 있다. 헨리 테일러에 따르면, 진정한 아내는 가정을 휴식의 장소로 만들 수 있는 자질을 갖추어야 한다. 아내는 남편이 가정의 잡다한 곤란한 문제에, 특히 곤궁한 돈 문제에 신경 쓰지 않아도 될 만큼의 경제적 감각과 능력을 갖추어야 한다. 헨리 테일러는 이렇게 말했다.

"사랑은 결코 휴식과 별개가 아니다. 아내는 남편의 눈을 만족시키고, 남편과 즐거운 경험을 공유한다. 마침내 그것은 모든 남자의 본성 깊은 곳까지 닿아버린다. 어지럽고 근심이 많은 인생에서 사랑이 없는 자리는 휴식처가 될 수 없다. 머리에는 휴식을 주고 마음에는 평화를 주는 휴식처는 사랑을 통해서만 얻을 수 있기 때문이다. 남자는 화려함이나 재치있는 말솜씨보다는 분명한 이해력과 명랑함, 시원시원한 마음을 구해야 한다. 열정적인 성격보다는 친절하고 부드러운 성격을 지닌 여성을 구해야 한다. 강렬한 성격은 지쳐 있는 남성의 입장을 지나치게 자극한다. 열정은 지나치게 권리를 침해하는 것이다."

여성의 사랑은
매달리지 않고 요구하지 않으며,
하고 있는 일을 방해하지 않고,
남성의 힘을 소모시키지도 않으며 오직 호의를 베풀어,
기쁨으로 기쁨을 만나, 기쁨으로 포기해야 한다.

지친 여행자의 발을 닦아주고
갈증을 해소시켜 달콤한 휴식을 주고
대안과 준비가 있는 사랑이어야 한다.
그늘을 사랑하는 꽃을 많이 사랑하고
꽃이 사랑하는 그늘을 많이 사랑하는 작은 숲에서,
남성은 당황도 예속도 않는다.
그러니 가벼이 시작해서 즐거이 보내어
중대한 임무의 부름에 따르게 해야 한다.

어떤 사람들은 결혼에 대해서 실망한다. 너무 많은 기대를 했기 때문이다. 더 많은 사람들을 실망시키는 이유는 그들 스스로가 공동 생활에서 기쁨이라든가 친절, 인내, 그리고 상식적인 감각을 동료로서 서로 나누지 않는다는 것이다. 그들은 이 세상에서 결코 경험하지 못한 이상적인 상황을 상상한 듯하다. 고통과 근심이 쌓여 있는 현실이 닥치면 그들은 꿈에서 깨듯 갑자기 벌떡 일어난다.

또는 자신이 택한 반려자에게서 완벽함을 기대하고 살다가, 사람들의 가장 완전한 성격에도 약점이 있다는 사실을 경험으로 깨닫게 된다. 서로에게 연민을 느끼고 아량을 베풀게 하는 것, 다정하고 재치있게 서로 친밀한 동맹을 맺게 하는 것은 종종 인간의 완벽성이 아니라 바로 불완전성인 것이다.

결혼 생활에서 황금법칙은 '참고 또 참는 것'이다. 결혼은 정치처럼 협상의 연속이다. 사람은 주고받고, 삼가고 억제하고 참고 견뎌야 한다. 상대편이 자신의 결점으로 인해 실패하는 것을 눈감아주되 선의의 침묵이어야 한다. 모든 기질 중에서 결혼 생활에 필요한 좋은 성향은 최선의 옷을 걸치고 최선의 노동을 하는 것이다. 고운 마음씨에 자제심까지 갖추면, 화가 사라질 때까지 반박하지 않고 견디며 상대의 이야기에 귀기울이는 참을성을 갖게 된다. 결혼 생활에서 '부드러운 대답이 분노를 쫓아버린다'는 말은 진정 사실이다.

시인 번스는 좋은 아내가 갖춰야 할 품성 열 가지를 꼽았다. 그 중 네 가지는 착한 마음씨와 관련지었고, 두 가지는 분별력, 한 가지는 재치, 그리고 나머지 한 가지는 아름다움에 관련지었다. 말하자면, 애교 넘치는 표정과 감수성이 깃든 눈, 부드러운 자태, 깔끔한 용모를 이른다. 그리고 경제적 능력과 인간 관계, 보통 이상의 교육 수준, 집안 배경 등 외적 조건이 뒤따른다.
그러나 번스는 이렇게 말했다.

"당신이 원하는 대로 그러한 품성들을 두 단계로 나누어라. 단, 한 가지 기억할 점은 그러한 품성의 작은 요소들이 차지하는 비중은 모두 '분수'로 표시해야 한다. 왜냐하면 그러한 요소들 가운데 어느 것도 완전한 '정수'로 표시될 만큼 완전한 것이 없기 때문이다."

여성은 그물을 잘 만들지만, 그물보다 새장을 만드는 것이 훨씬 낫다는 말이 있다. 남자는 새처럼 쉽게 잡히지만 계속 붙잡아두기란 어렵다. 남편이 바깥 세상의 힘들고 어려운 일들에서 도망쳐 숨을 수 있는 가장 깨끗하고 향기롭고 즐거운 피난처가 가정이다. 변변찮은 남편을 도울 수 있는 사람은 가정을 행복하게 꾸릴 수 있는 아내뿐이다. 그렇지 못하다면 집이 없느니만 못하다.

현명한 사람이라면 미모만 보고 결혼하지는 않을 것이다. 처음엔 아름다움이 강한 힘을 발휘하지만, 시간이 지나면 자연히 그것은 중요치 않다고 깨닫게 된다. 그렇다고 사람의 아름다움을 과소평가해야 한다는 말은 아니고, 멋진 외모와 아름다운 용모같이 사람의 아름다움은 건강의 표현이기 때문이다. 하지만 얼굴만 잘생기고 품격이 없는 사람, 얼굴은 예쁘지만 감정이나 품성이 아름답지 못한 사람과 결혼하는 것은 가장 후회할 실수이다. 아무리 아름다운 경치라도 날마다 보면 단조롭게 느껴지는 것처럼, 아무리 아름다운 얼굴이라도 아름다운 본질의 빛을 통해 나타나지 않으면 싫증난다.

오늘의 아름다움도 내일이면 평범해 보인다. 반면 가장 평범한 모습을 통해 나타난 선의는 오랫동안 사랑스럽다. 게다가 그러한 아름다움은 나이가 들수록 더해진다. 시간은 그러한 아름다움을 파괴하지 않고 더욱 성숙시킨다. 결혼하고 1년만 지나도 결혼한 부부들은 서로의 용모가 잘났든 못났든, 아니면 고전적이든 다른 유형이든 거의 전혀 신경쓰지 않게 되지만, 상대의 성격만큼은 계속 마음에 두게 된다.

애디슨은 이렇게 말했다.

"얼굴을 잔뜩 찌푸린 남자를 보면 그의 아내가 불쌍하다는 생각이 든다. 그리고 꾸밈없는 표정을 가진 남자를 보면 그의 친구들과 가족들, 친척들이 행복해할 것이라는 생각이 든다."

좋은 아내가 갖추어야 하는 인품에 대해 시인 번스의 견해를 이야기한 적이 있다. 이제 벌레이가 아들에게 한 조언을 들어보자. 벌레이는 현명한 정치인이자 세상 물정에 밝은 한 인물의 경험담을 아들에게 들려주었다.
그는 이렇게 말했다.

"세상에 태어난 것을 감사하게 여긴다면, 아내를 맞이할 때 아무리 신중해도 지나치지 않다. 너의 삶이 도덕에 어긋나게 될지 아닐지는 그녀에 의해 결정되기 때문이다. 전쟁에서의 전략과 마찬가지로 그것은 네 삶에서 대단히 중대한 결정이다. 일단 잘못 결정을 내리면 바로잡기 무척 어렵다. 그러니 아내를 선택할 때 그녀의 기질을 부지런히 살펴야 한다. 그녀의 부모가 젊은 시절 어떠했는지도 잘 알아봐야 한다. 또한 출생은 좋아도 현재 보잘것없는 여성을 택해서는 안 된다. 좋은 태생만으로는 시장에서 아무것도 살 수 없지 않느냐. 또 부자라 해도 비겁하고 미운 여자를 택하면, 그런 여자는 다른 사람들의 멸시를 받게 되고, 결국 그런 아내를 둔 너도 사람들이 싫어하게 될 것이다. 왜소한 사람이나 바보를 선택하지도 말아라. 몸집이 왜소하면 자녀들도 그럴 가능성이 있고, 바보라면 그녀로 인해 계속 망신을 당하고 그녀에 관한 이야기만 들어도 짜증스럽게 된다. 슬프게도 너는 바보스런 아내가 세상에서 가장 정나미 떨어진다고 깨달을 것이다."

아내는 남편의 인격에 반드시 커다란 영향을 미친다. 저급한 품성의 아내는 남편의 품격을 끌어내리고, 품위 있는 아내는 남편의 품격을 높인다.

품위 없는 아내는 다른 사람을 배려하는 남편의 마음을 무디게 하고 활력을 낭비케 하며 삶을 왜곡시킬 것이다. 반면 품위 있는 아내는 남편의 사랑에 보답하고 도덕적 품성을 강화시키며, 편안한 휴식을 제공하여 지적 능력에 활기를 불어넣을 것이다.

품위 있는 아내뿐 아니라 고상한 원칙을 가진 아내 또한 남편의 목표와 대의를 높이는 역할을 하는 반면, 저열한 원칙을 가진 아내는 무의식적으로 남편의 목표를 낮추는 역할을 한다. 토크빌은 이러한 사실에 깊이 감명받았다. 그는 상냥하고 절조 있는 아내의 뒷받침만큼 남성들에게 큰 힘이 되는 것은 없다고 말했다. 토크빌은 나약하지만 공무 처리에 책임을 다하는 남자들을 보았다. 그들이 공무를 집행할 때 고결한 성품의 아내가 그들 곁에서 지주 역할을 하며 책임감을 북돋우는 것이었다. 반대로 본디 관대하고 어질었던 남자들이 제 욕심만 차리는 속물로 전락하는 경우도 보았다. 그들 곁에는 마음이 옹졸하고 쾌락밖에 생각할 줄 모르며 책임감마저 없는 아내가 있었던 것이다.

토크빌은 존경할 만한 아내를 얻는 축복을 누렸다. 친한 친구에게 보낸 편지에서 그는 지속적인 용기와 침착한 성품의 아내에게서 위로와 지지를 얻고 있는 것에 대해 매우 감사히 생각한다고 말했다. 토크빌은 참으로 세상과 실생활을 겪을수록, 남자가 덕이 있고 선해지는 데 건전한 가정 환경이 더없이 귀중하다는 것을 확신하게 되었다. 특히 남자의 진정한 행복을 위해서 무엇보다도 중요하다는 생각을 했다. 토크빌은 자신의 결혼이 그의 일생에서 가장 현명한 행동이었다고 했다.

토크빌은 이렇게 말했다.

"나는 외적으로 행복한 조건들이 많이 있다. 하지만 무엇보다 행복한 가정을 이루게 하신 신께 감사드린다. 그것은 인간이 누릴 수 있는 최고의 축복이기 때문이다. 젊은 시절 그냥 지나쳐버린 삶의 조각들이 늙어가면서 중요하게 여겨진다. 이제 다른 모든 것을 빼앗긴다 해도 쉽게 위로받을 수 있다."

친한 친구인 케르고를레에게 보낸 편지에서 토크빌은 또 이렇게 말했다.

"신께서 내게 주신 축복 가운데 가장 큰 축복은 마리와 내가 만나 얻은 깨달음이라네. 그녀는 평상시에는 온화하고 부드럽다가도 시련이 닥치면 자네가 상상도 할 수 없을 정도록 강해지고 활력이 넘친다네. 그녀는 말없이 나를 지켜보면서, 역경이 닥쳐 내가 어쩔 줄 몰라할 때마다 침착하고 부드럽게 내 마음을 가라앉혀 강하게 해준다네."

또 다른 편지에는 이렇게 적었다.

"남성의 모든 선의가 자연스럽게 반영된 한 여성과 오랫동안 일상 생활을 함께 하면서 얻는 행복이 어떤 것인지는 자네에게 말로 표현할 수 없네. 내가 전적으로 옳다고 생각하는 것을 내가 말하거나 행할 때면 마리의 표정에 자랑스러움과 만족감이 나타나 나를 우쭐하게 한다네. 내가 양심에 어긋나는 일을 하면 그녀의 표정이 순식간에 어두워지지. 나는 그녀에게 크게 영향을 미치면서도 한편으론 그녀를 두려워하고 있네. 그것이 또한 내겐 기쁨일세. 나는 그녀를 사랑하고 있고, 언제나 옳지 않은 길로는 가지 않을 걸세."

강한 자존심과 비타협적인 성격 때문에 정치가로서의 삶에 마침표를 찍었을 때, 토크빌은 정계에서 물러나 작가로서의 길을 걷기 시작했다. 그는 건강이 몹시 나빠졌다. 병이 든 데다 악평을 많이 듣게 되면서 신경이 곤두서고 날카로워졌다. 그의 마지막 작품인 《옛 제도와 혁명》을 집필하는 과정에서 그는 이렇게 적었다.

"책상에 대여섯 시간 앉아 있으면 더 이상 글을 쓸 수가 없다. 내 몸의 기능이 움직이길 거부한다. 나는 정말 휴식이 필요하다. 아주 긴 휴식이. 마지막 작품을 쓰는 작가가 경험할 곤란함을 모두 겪고 있다고 말한다면, 내가 지금 얼마나 참담한 상황에 있는지 상상할 수 있을 것이다. 마리가 동료로서 조용히 격려해주지 않았다면 나는 일을 계속할 수 없었을 것이다. 세상에 그녀만큼 나와 성격적으로 행복한 대조를 이룬 사람은 어디에도 없을 것이다. 내 몸과 마음이 늘 민감한데도 그녀는 나를 단 한번도 실망시키지 않았다. 그녀는 신이 주신 선물이다."

기조트 또한 실망할 일이 끊이지 않았던 격변기에 그의 고결한 아내에게서 격려와 지지를 받았다. 정치적 반대 세력들로부터 혹독한 대접을 받아도, 그는 가정을 환히 밝히고 있는 온화한 사랑에서 위로를 받았다. 기조트의 공적(公的)인 삶은 늘 자극적이고 긴장감이 감돌았는데도 그의 아내는 흔들리거나 격해지는 일 없이 언제나 침착했고 빈틈이 없었다.

기조트는 자신의 《회고록》에서 이렇게 말했다.

"남자들은 적극적인 노력으로 얻은 승리와 온갖 노동, 중요한 공적인 일보다 더 완전하고 사랑 넘치는 행복을 갈망한다. 정치계를 떠나는 지금 내가 새삼 강조하고 싶은 사실이 있다. 그것은 정치계에 처음 발을 들여놓았을 때도, 그리고 그곳에서 활동하는 동안에도 줄곧 느껴온 것인데, 중대한 임무를 수행하는 동안에도 가정에서의 사랑이 생활의 바탕이 되었다는 것이다. 가족애와 우정을 방해하는 불청객이라면, 화려한 경력은 표면적이고 불완전한 기쁨에 불과하다."

기조트가 구애를 하고 결혼하기까지의 이야기는 기이하면서도 흥미롭다. 그는 젊은 시절 파리에서 저술 활동도 하고 비평과 번역 활동도 하며 지냈다. 그때 능력 있는 여성이자 그즈음 〈퍼블리시스트〉 편집장인 폴린느 드 뮬랭과 그냥 알고 지냈는데, 어느 날 갑자기 그녀의 집에 큰 불행이 닥쳐와 그녀는 몸져눕게 되었다. 한동안 문필 작업을 감당할 수 없게 되었을 때, 누가 보냈는지 알 수 없는 우편물이 그녀에게 배달되었다. 우편물 속에는 평판 좋은 〈퍼블리시스트〉에 실어도 손색이 없는 기사들이 들어 있었다. 때마침 기사가 필요한 시기라서 그녀는 그 기사를 〈퍼블리시스트〉에 실었다. 우편물에 들어 있는 기사들은 예술, 문학, 연극, 일반비평까지 폭넓게 주제를 다루고 있었다.

폴린느 드 뮬랭이 기운을 되찾았을 때 그 기사를 쓴 기고자가 모습을 드러냈다. 그는 다름 아닌 기조트였다. 그 일을 계기로 해서 두 사람은 급격히 가까워지고 애정이 싹터, 얼마 안 돼서 그녀는 그의 아내가 되었다. 그녀는 남편의 기쁨뿐만 아니라 수고와 슬픔도 함께 나누었다. 결혼 전 기조트는 자신의 인생에 기복이 심할 것을 예상하고, 그녀에게 그럴 때 어떻게 할 것인지를 미리 물었다. 그러자 그녀는 그의 승리에 열렬히 기뻐하고 그의 실패에 크게 한숨짓지 않을 것이라 대답했다.

기조트가 루이 필립의 초대 재상으로 임명되었을 때, 그녀는 친구에게 보내는 편지에 이렇게 적었다.

"이제 남편을 맘껏 볼 수는 없지만 여전히 볼 수는 있지. 우리가 서로를 위해 시간을 낼 수 있는 한 나는 행복한 사람이야. 모진 시련과 어려움이 닥쳐올지라도 나는 행복해."

이러한 편지를 쓴 지 6개월도 채 지나지 않아 그의 헌신적인 아내는 세상을 떠나고 말았다. 슬픔에 젖은 그녀의 남편은 그 뒤 외로운 인생길을 걸어야 했다.

버크는 뉴전트와의 결혼으로 큰 행복을 찾았다. 뉴전트는 아름답고 고상할 뿐만 아니라 사랑스럽기 짝이 없는 여성이었다. 버크는 공적인 생활을 하면서 불안하고 혼란스러울 때마다 가정적인 행복으로 그 마음을 달랬다. 그들의 가정은 완벽해 보였다. 버크는 이렇게 말했다.

"우리가 속해 있는 작은 집단을 사랑하면 결국 모든 대중을 사랑하게 된다."

젊었을 적 버크는 다음과 같이 아내를 묘사했다.

"그녀는 멋지다. 그러나 그것은 얼굴, 표정, 외양에서 비롯된 아름다움이 아니다. 그녀는 그 세 가지 모두가 하나같이 아름답다. 그러나 그녀는 외적인 아름다움으로 감동시키지 않는다. 그녀의 아름다움은 다정하고 너그러우며 순수한 성품, 그리고 그녀의 표정에 나타나는 풍부한 감성이다. 그저 첫눈에 호감이 가는 정도의 얼굴이지만 보면 볼수록 점점 매료된다. 그래서 처음에 그저 호감가는 얼굴이라고만 생각한 이유가 궁금해지게 된다. 그녀의 눈빛은 온화하지만, 그녀가 무엇을 요구할 때 그녀의 눈빛은 경외심을 불러일으킨다. 그녀는 사무실 밖의 남성처럼 권위가 아니라 미덕의 눈으로 마음을 움직인다. 그녀는 그리 크지 않다. 그녀는 모든 이들의 감탄의 대상은 아니지만 적어도 한 사람에게는 행복 그 자체이다.
　그녀는 굳은 의지는 물론 섬세한 마음까지 갖추고 있다. 그녀의 목소리는 언제나 부드럽고 조용한 음악이다. 공공집회에서 대중을 압도하는 음악이 아니라, 군중 가운데서 친구를 알아보고 기쁘게 하는 음악이다. 그녀의 음악을 들으려면 그녀 곁에 가까이 가야 하니 이것이 좋은 점이 아니겠나. 그녀의 몸과 마음을 묘사하는 것이다. 몸은 마음의 복사본이 아닌가. 그녀가 이해력 있는 사람임을 알 수 있는 것은 여러 가지 문제들을 잘 이해해서가 아니라 자신이 선택한 선(善)을 적절히 이해하기 때문이다.
　그녀는 두드러진 이야기나 행동을 하면서 과시하지 않고, 말해서는 안 되는 것을 말하지 않고, 해서는 안 되는 것을 하지 않는다. 그렇게 짧은 시간 동안 세상을 더 많이 안 사람도 없고, 세상을 잘 알게 되고도 그렇게 때가 묻지 않은 사람도 없다. 그녀의 예의바름은 기쁘게 하려는 자연스런 본성에서 나온 것이지 예의법칙에 의한 것만이 아니다. 따라서 그녀의 훌륭한 집안 혈통을 아는 사람들만 아니라 잘 모르는 사람들마저 그녀에게 감동하고 만다. 그녀는 견실하고 굳건한 마음을 갖고 있다. 대리석의 단단함이 대리석의 반들반들한 광택에서 나온 것이 아닌 것처럼, 그녀의 견실한 마음은 이제 더 이상 여성스러운 본성의 것이 아니다. 진실로 그녀는 강한 모든 매력을 지니고 있어서 우리로 하여금 그녀의 연약하고 아름다운 결점까지도 사랑하게 만든다."

　공화정파이던 허친슨 총독의 아내는, 남편을 아주 우아하게 묘사했다. 허친슨은 죽기 직전 아내에게 일렀다. '홀로 남겨진 다른 여인들처럼 슬퍼하지 마오.' 그녀는 남편의 당부에 따라 남편을 잃은 것을 한탄하지 않고 생전의 남편 모습을 그려보는 것으로 슬픔을 달랬다.
　그녀는 《전기》의 서문에 이렇게 적었다.

　"인간의 우수함을 맹목적으로 사랑하는 사람들은, 자신이 숭배하는 우상이 모든 허약한 존재의 불가피한 운명에 의해 그들로부터 떠나면 그 격렬한 감정의 바람이 일으킨 슬픔의 밀물에 휩쓸리게 된다. 그리고 슬픔의 밀물이 썰물로 바뀌며, 자신이 잃어버린 소중한 존재에 대한 기억까지 휩쓸려간다.

그래서 일반적으로 슬픔에 싸인 사람들은 그 슬픈 기억을 다시 불러일으킬 수 있는 대상들을 거들떠보려 하지 않는다. 머지않아 그러한 치료법이 성공을 거두게 되고 망각의 커튼이 죽은 사람의 얼굴 위로 드리워지게 되어, 예전에는 그리 관심을 가지지 않았던 물건들을 좋아하게 된다. 그러나 나는 홀로 남겨진 다른 여인네들처럼 슬퍼하지 말라는 당부를 받았고, 또한 되도록 하나의 사랑만을 지키면서 슬픔을 달랠 방법을 찾으려 힘썼다. 나는 당신의 '사랑하는 아버지'께 올릴 아무런 마땅한 말도 찾을 수가 없고 또 내 자신에게 위로가 될 무엇도 찾을 수가 없으니, 그저 그대로 기억을 간직하는 것이 최선의 방법이리라. 돈 받고 고용된 연설가는 고용주인 귀족에게 입에 발린 칭찬을 늘어놓아야 한다. 그러나 나는 허친슨에 대해서 그런 식으로 꾸미지 않아도 된다. 단지 그에 대해서 진솔하게 얘기할 따름이다. 훌륭한 작가가 가장 뛰어난 인물에게 바치는 그 어떤 칭찬보다 명예로운 이야기를 말이다."

그리고 그녀는 남편으로서의 허친슨 총독을 이렇게 묘사했다.

"아내를 사랑하기 위해 어떤 식으로 아내를 존중하고 어떻게 아내에게 친절과 의무를 다해야 하는지 알고 싶다면, 허친슨만큼 적합한 본보기가 없다. 누구도 그만큼 아내를 사랑하고 존중하지 못할 것이다. 그렇다고 해서 그는 지나친 애처가는 아니었다. 아내로서 남편에게 순종해야 하는 의무를 덜어주지도 않았다. 그러나 사려 깊고 애정어린 마음으로 아내를 보살폈으니, 만약 그처럼 유익하고 명예로운 종속 관계를 기뻐하지 않는 여자가 있다면 그녀는 틀림없이 이성적인 영혼이 모자라는 여자일 것이다."

그는 설득으로 가정을 이끌어갔다. 그러나 유익하고 명예로운 일이 아니면 결코 그 방법을 사용하지 않았다. 그는 겉치레보다 영혼과 명예를 사랑했다. 공처가들처럼 한순간 감정으로 아내를 사랑한 것이 아니라, 한 인격체로서 아내를 변함없이 사랑했다. 받아 마땅한 정도 이상으로 아내를 높이 평가했다면, 그는 맹목적 사랑으로 지어낸 미덕의 작가가 되고 말 것이고, 그러면 그녀도 같은 맹목적인 작가가 될 것이다. 그는 현재의 모습이면서도 과거에 그녀의 일부였던 모든 것의 주인이었으며, 지금 그녀의 모든 존재는 고작

해야 그의 생기없는 그림자일 뿐이다.
허친슨은 그녀에게 인색하지 않고 늘 너그러웠다. 돈을 어떻게 쓰든 상관하지 않고 마음대로 재산을 관리하게끔 했다. 그의 사랑은 계속되었다. 이제는 젊지도 예쁘지도 않건만 보통 정도의 말로는 표현할 수 없을 만큼 아내를 사랑했다. 그러나 그러한 사랑조차도 신의 영역을 벗어나지는 못했고, 신의 품안에서, 아내를 사랑스런 환상이 아닌 같은 인간으로 사랑했다. 신에 대한 의무를 바탕으로, 쉽게 변하는 세속적인 모든 열정에 비할 수 없는 사랑을 쏟았다. 그는 아내보다, 그리고 마음속 맹세보다 신을 더 사랑했고, 영광을 위해서는 그 모두를 단념할 준비가 되어 있었다.

레이첼 러셀 또한 헌신적인 아내로서 역사적으로 유명한 여성이다. 레이첼은 남편의 석방을 위해 이리저리 뛰어다니면서 온갖 방법을 동원하여 남편에게 잘못이 없음을 항변했다. 모든 노력이 물거품이 되었는데도 남편이 흔들리지 않도록 스스로 모범을 보여주었다. 남편의 죽음이 코앞에 닥치자, 그의 아내와 자녀들은 흔들림없이 그와의 마지막 포옹을 기다렸다. 레이첼은 마지막까지 용감한 모습으로, 남편의 마음을 조금이라도 편하게 해주기 위해 슬픔을 억누르고 끝까지 냉정함을 잃지 않으려 애썼다. 가족들은 그에게 작별을 고하고 조용히 자리를 떠났다. 그녀가 자리에서 일어나자 윌리엄은 말했다.

"이제야 죽음의 고통이 지나간 것 같군!"

아내가 남편의 인격에 미치는 영향에 대해 이미 이야기했듯이, 성마른 아내에게서 아무런 영향도 받지 않을 정도로 강한 남자는 이 세상에 없다. 만약 남편의 좋은 성격을 아내가 뒷받침해주지 못한다면 남편 또한 급격히 아내처럼 변하게 될 것이다. 그러니 아내는 남편을 훌륭한 남자로 만들 수도 있고 타락시킬 수도 있는 중요한 역할을 한다고 할 것이다.
버니언의 인생을 예로 들자면, 방탕한 부랑자이던 그는 운 좋게도 훌륭한 부모 슬하에서 자란 기품 있는 여자와 일찍 결혼하게 되었다. 그는 이렇게 말했다.

"신앙심 깊은 부모님 밑에서 자란 아내를 만난 것은 나에게 크나큰 행운이었다.

나와 아내는 그릇이나 숟가락밖에 장만할 수 없을 정도로 가난에 시달렸지만, 그녀에게는 돌아가신 아버지에게서 물려받은 《보통 사람이 천국으로 가는 길》과 《신앙심을 기르는 법》이 있었다."

버니언

버니언은 이 두 권의 책과 다른 좋은 책들을 읽고, 또 아내의 영향으로 점점 사악한 행로에서 벗어나 평온한 삶을 살게 되었다.

진보주의 목사이던 리처드 벡스터는 뒤에 아내가 된 훌륭한 여성을 만나기 이전부터 벌써 진보적인 삶을 살고 있었다. 그는 목사의 임무를 수행하느라 여념이 없었다. 여자를 사귈 시간조차 없었다. 마치 칼뱅처럼 그에게도 결혼이란 사랑의 문제이자 편리의 문제였다. 그가 선택한 여성은 상당한 재력가였는데, 벡스터는 돈 때문에 그녀와 결혼했다는 얘기를 듣고 싶지 않아서 그녀가 가지고 있는 주요 재산을 친척들에게 나누어 주도록 했다. 결혼 전 그녀가 가지고 있던 소유물 중 어느 것도 갖고 싶지 않았던 것이다. 그리고 그 어떤 소송에도 연루되지 않도록 그녀의 주변을 정리할 것과, 목사로서 임무를 수행하는 데 방해가 되지 않도록 할 것을 요구했다. 그녀는 벡스터가 제시한 조건들을 받아들였고, 마침내 그들은 결혼하게 되었다. 그리고 그들은 행복한 결혼 생활을 이어갔다.

벡스터는 이렇게 말했다.

"우리는 19년 동안 함께 살며 변함없는 애정을 보였고 서로를 보살펴주었다. 우리는 서로의 도움이 무슨 이익을 가져다주는지 잘 알고 있었다."

한편 벡스터의 생활은 쓰라린 고난과 시련의 연속이었다. 그가 살던 시대가 워낙 불안했기 때문이다. 벡스터는 이곳저곳으로 쫓겨다녔고, 그러다 보니 몇 해 동안은 일정한 거처도 없었다.

벡스터는 자서전에 이렇게 적었다.

"다른 여자라면 몹시 힘들어했을 테지만, 내 아내는 모든 것을 잘 참아냈다."

결혼 6년째를 맞이하는 해에 벡스터는 액턴에서 비밀집회를 가졌다는 죄로 브렌트포드의 치안판사 앞에 서게 되었고, 이어서 클러큰웰 교도소에 수감되었다. 그러자 아내는 교도소로 남편을 찾아가 수감 생활이 끝날 때까지 그를 정성껏 돌보았다. 뒤에 벡스터는 이렇게 말했다.

"감옥에 있는 동안 아내만큼 내게 기쁨을 준 벗은 없었다. 그녀는 내가 석방되도록 애쓰면서, 절망에 빠질 뻔한 나를 붙잡아주었다."

벡스터는 민사법원에 항소하여 결국 석방되었다. 벡스터 부인이 행복하고 즐거운 삶을 마감하자, 벡스터는 그 아름다웠던 여인의 생애와 기독교 정신을 감동적으로 잘 그려냈다. 그것은 그의 작품 중에서도 가장 매력적인 작품이 되었다.

진젠도르프 백작도 고결한 성품을 지닌 여성과 결혼했다. 그녀는 훌륭한 정신으로 평생 남편을 뒷받침해 주었고, 끝없는 용기로 그가 모든 일을 할 수 있게 지지해 주었다.

"24년 동안 살아오는 나날, 오직 아내만이 내게 가장 잘 어울리는 협력자였다. 아내는 아주 훌륭하게 가정을 꾸려 주었다. 고결하게 살았다. 내가 도덕성을 잃어버리지 않도록 지혜롭게 뒷바라지해 주었다. 위험에 맞서 싸울 때 꿋꿋이 지켜봐 주었다. 고단한 순례 여행을 함께 떠나 주었다. 고난 가운데서도 용기 있게 나를 지지해 주었다. 내 마음속의 의지를 정확히 이해하고 다른 사람들에게 얘기해 주었다. 나는 고상하고 지적인 그녀로 인해 나를 둘러싼 혼란스러운 신학의 세계에서 벗어날 수 있었다."

리빙스턴은 남아프리카를 탐험하다가 사랑하는 아내를 잃었다. 그가 겪은 가장 슬픈 시련이었다. 아내는 항상 그와 함께 위험을 감수했고, 번번이 그의 탐험 여행을 동행했다. 잠베지 강변, 수편가에서 아내가 죽었다는 소식을 친구인 로드릭 머치슨에게 전하면서 리빙스턴은 이렇게 말했다.

새뮤얼 로밀리

"이 커다란 충격이 내게서 심장을 빼앗아갔네. 지금까지 일어났던 모든 일들은 고난을 극복할 수 있도록 나의 의지를 다져주었으나, 이번의 사건은 슬프게도 나를 산산조각 내고 말았네. 그야말로 무기력한 세계 속으로 내던져지고 말았네. 아내와 나는 지난 4년간 떨어져 있었지. 다시 만난 지 이제 겨우 3개월 되었네. 나는 그녀를 사랑했고 기꺼이 결혼했다네. 그리하여 하루하루 지나갈수록 그녀를 더욱 사랑하게 되었다네. 좋은 아내였고, 훌륭하고 용감하고 따뜻한 어머니였지. 자네는 송별회 때, 자신의 아이들뿐 아니라 콜로벵 원주민들의 자녀들까지 가르친 그녀에게 온갖 칭찬을 아끼지 않았지. 그녀는 그런 찬사를 들을 자격이 있네. 모든 것을 주관하시는 신의 뜻이기에, 나는 그녀의 죽음 앞에 순종할 걸세. 그러나, 이제 나에게 더 이상 즐거움이란 없을 것 같네."

새뮤얼 로밀리는 그의 자서전에서 사랑스런 아내의 모습을 감동적으로 그려냈다. 그는 평생 자신이 이룩한 성공과 행복을 모두 아내의 덕으로 돌렸다. 그리고 이렇게 말했다.

"지난 15년 동안 훌륭한 아내를 지켜보는 것이 내게는 큰 행복이었다. 아내는 이해심이 깊고 고결하며, 고상한 정서와 용감한 성품과 따뜻한 애정과 섬세한 마음을 지니고 있었다. 그리고 세상 사람들의 눈을 끄는 아내의 눈부신 아름다움은 지적 완벽성에 빛을 더해주었다."

이 품위 있는 여성을 향해서 로밀리는 마지막 순간까지 사랑과 감탄을 아끼지 않았다. 아내가 죽자, 로밀리는 충격을 받아 잠을 이루지 못했고, 마냥 혼란스러워했다. 그리고 그녀가 세상을 떠난 지 3일 뒤, 슬프게도 그 또한 뒤따라 삶을 마감하고 말았다.

프랜시스 버넷은 로밀리의 정적이었다. 그 또한 아내가 죽음을 맞이하자, 심한 우울 속에 빠져버리고 말았다. 그는 먹지도 마시지도 않았고, 아내의 시신이 집에서 떠나기도 전에 그 또한 죽음을 맞이했다. 버넷과 아내는 같은 장소에 나란히 묻혔다.

토머스 그레이엄 경은 아내를 잃은 슬픔 때문에 44세의 늦은 나이에 군대에 들어갔다. 누구든지 게인즈버러가 그린 신혼 부부 그림을 알고 있을 것이다. 그것은 그 화가가 그레이엄 부부를 그린 것으로, 그의 작품들 가운데 최고의 그림이었다. 그들은 18년 동안 함께 행복하게 살았다. 그러다 아내가 세상을 떠나자 깊은 슬픔에 잠겼다. 그는 슬픔을 잊기 위해 ——어떤 사람들이 그녀가 없는 삶의 지루함을 달래기 위해서라고 생각했듯—— 후드가 이끄는 군대에 자원했고, 툴롱 포위 공격 때 무모할 정도로 용감히 싸워 유명해졌다.

그레이엄은 반도 전쟁에도 참전했다. 처음에는 존 무어의 지휘 아래서, 그 뒤에는 웰링턴 아래에서 싸웠고, 빠르게 진급하여 서열 2위 자리까지 올라갔다. 그레이엄은 바로사의 영웅이 되었다. 그곳에서 그가 거둔 승리가 유명했기 때문이다. 결국에는 '리네도크 경'이라는 귀족의 작위를 받았으며, 오래도록 편안하게 살다가 삶을 마쳤다.

마지막까지 그레이엄은 죽은 아내의 기억을 소중히 간직했다. 사람들은 그가 받은 그 모든 영광은 아내의 사랑 때문이라고들 했다. 셰리든은 영국하원에서 그레이엄의 덕을 기리며 이렇게 말했다.

"그렇게 용감한 마음과 고결한 정신을 가진 사람은 다시 볼 수 없을 것이다."

고상한 아내들은 남편에 대한 기억을 소중히 생각했다. 사람들은 오스트리아 군대의 한 뛰어난 장교를 기리기 위해 비엔나에 유명한 기념비를 세웠다. '7년 전쟁' 동안 그 장교가 이뤄낸 훌륭한 업적을 그 기념비에 새겼다. 다음은 기념비에 새겨진 마지막 문구이다.

"훌륭한 아버지였고, 훌륭한 지도자였으며, 훌륭한 남편이었다."

앨버트 모턴이 세상을 떠나자 큰 슬픔에 빠진 아내는 곧이어 그의 뒤를 따랐다. 그녀는 남편과 나란히 묻혔으며, 워턴은 그 일을 기리는 뜻에서 다음 글을 지었다.

그가 먼저 세상을 떠났다.
잠시 동안 그녀는 그 없이 살려 했으나
그러고 싶지 않아 그를 따라 눈을 감았다.

워싱턴의 아내는 사랑하는 남편이 매우 고통스러워하며 마지막 숨을 거두었다는 이야기를 전해 듣고 이렇게 말했다.

"잘된 거야. 모든 것이 이제 끝났어. 나도 곧 그를 따라가야지. 이제 더 이상 겪어야 할 시련은 없어."

갈바니의 아내는 가장 훌륭한 동료이자 친구이자 위로자였을 뿐 아니라, 여러 전문 분야에서 남편의 가장 유능한 협력자이기도 했다. 특히 갈바니는 아내와 함께할 때 행복했다. 그녀는 갈레아치 교수의 딸이었다. 갈바니의 아내는 전기 기계 가까이에 놓아둔 개구리 다리에 칼이 닿자 경련이 일어나는 것을 보았다. 그 이야기를 들은 남편은 거기서 힌트를 얻어 그의 이름에서 유래된 '갈바니전지(전기화학에서 가장 기본이 되는 것)'라는 학문을 연구하게 되었다.

라부아지에의 아내도 상당한 과학적 지식을 갖고 있었다. 그녀는 남편의 연구에 참여했을 뿐 아니라, 남편의 원소 연구에 사용할 금속판을 새기는 일을 맡아하기도 했다.

버클랜드 박사의 아내도 참으로 훌륭한 조력자 역할을 했다. 그녀는 대필을 해주는가 하면, 남편의 화석들을 미리 조사하고 부서진 부분들을 손질하는 일도 했다. 출간된 그의 작품들에 삽입된 그림과 도해들 가운데 많은 부분을 그녀가 제공했다. 그의 아들 프랭크 버클랜드는 아버지 저서의 서문에서 이렇게 말했다.

"어머니는 아버지 일을 헌신적으로 도우시면서도 자녀 교육을 소홀히 하시지 않았다. 아침마다 논리적이고 훌륭한 지식을 자녀들에게 가르치셨다. 우리는 어머니의 노동이 가져온 결과를 높이 평가하며, 훌륭한 어머니를 둔 축복에 감사한다."

아내에게서 도움을 받은 더 놀라운 예로 제네바의 박물학자 후버를 들 수 있다. 후버는 17세 때부터 시각 장애로 앞을 볼 수 없었다. 하지만 그는 빈틈없는 관찰력과 예리한 시각을 필요로 하는 자연사의 한 분야를 연구하게 되었다. 그 방법은 바로 아내의 눈으로 관찰하는 것이었다. 그는 아내의 눈이 마치 자신의 눈인 양 온 정신을 집중했다. 그녀는 그 방법이 남편의 어려움을 덜어줄 것으로 여기고 남편이 연구에만 힘쓰도록 용기를 북돋워주었다.

실제로 후버는 앞을 보지 못하는 불편과 괴로움을 잊을 수 있었다. 후버는 대개의 박물학자들처럼 오래도록 행복하게 살았다. 오히려 시력이 회복된다면 자신은 불행에 빠질 것이라고 말하기까지 했다.

후버는 이렇게 말했다.

"나와 같은 상황에 있는 사람들도 이렇게 큰 사랑을 받을 수 있다는 것을 다른 사람들은 잘 알지 못한다. 게다가 내게 아내는 늘 젊고 예쁘고 생기 있는 사람으로 기억되어 있다. 이것은 나에게 매우 큰 의미를 가진다."

후버의 《꿀벌》은 아직도 걸작으로 평가된다. 그 작품은 꿀벌들의 습관과 발달사에 대한 방대하고도 독창적인 관찰 결과를 구체적으로 보여주었다. 그의 묘사를 읽고 있으면 25년 동안 앞을 보지 못한 사람의 글이라기보다는, 남달리 예리한 시각을 지닌 사람의 글로 생각된다.

에든버러 대학교의 형이상학과 논리학 교수이던 윌리엄 해밀턴에게 헌신적이었던 해밀턴 부인의 이야기도 똑같이 감동적이다. 부인은 56세에 과로로 쓰러져 중풍에 걸린 남편의 손과 눈과 마음이 되어 주었다. 아내는 남편의 모든 것이 되었다. 남편의 일을 자신의 일처럼 생각하고, 그를 위해 책을 읽었고, 필요한 책들을 참고했다. 그의 강의 노트를 베껴 쓰고 틀린 부분을 바로잡았다. 부인은 그 일을 맡아하면서 자신이 유능하다고 여길 정도였다. 그녀는 모든 일에서 남편의 짐을 덜어주었다.

아내로서 그녀의 활동은 거의 영웅적이었다. 해밀턴 부인이 남편을 위해 헌신적으로 일하지 않았다면, 그리고 그녀가 실제적인 능력을 가지고 있지 못했다면, 남편의 작품들은 세상에 나오지 못했을 것이다. 본디 해밀턴은 비체계적이고 질서정연하지 못한 성격이었는데도 체계 있고 질서정연하게 일할 수 있었던 것은 바로 아내의 도움 덕분이었다. 해밀턴은 공부를 좋아했지만 부지런하지 못한 반면, 아내는 적극적이고 활동적이었다. 아내는 남편이 갖지 못한 활발한 성격을 갖추고 있었으며, 아내의 이런 성격이 남편의 천재성에 힘과 자극을 더해 주었다.

치열하기 짝이 없는 경쟁에서 이김으로써 해밀턴이 교수가 되었을 때, 그를 몽상가로 몰아붙인 경쟁자들은 그가 결코 학생들을 가르치지 못할 것이며, 그를 임명한 것은 완전한 잘못임이 드러날 것이라 예견했다. 그는 아내의 도움으로 자신을 지지해준 사람들의 선택이 옳고 반대자들의 예상이 잘못되었음을 반드시 증명해 보이겠다고 결심했다. 남편이 강의 자료를 충분히 갖추지 못했으므로 아내는 강의를 위한 교과 내용을 그날그날 작성하여 그 이튿날 아침 남편에게 전달했다. 아내는 매일 밤 남편 곁에 앉아 남편이 대충 적어주는 강의 원고를 깨끗이 정리하여 새로운 종이에 옮겨 적었다.

해밀턴의 전기 작가는 이렇게 말했다.

"다른 때와 달리 강의 주제가 어설프게 정리된 적도 있었는데, 그런 날은 십중팔구 지친 아내 대신 해밀턴이 직접 강의 원고를 작성한 날이었다. 아내가 지쳐 소파에 쓰러져 일찍 잠든 날이면, 해밀턴은 다음날 아침 9시까지 꼬박 밤을 새며 힘겹게 강의 원고를 준비하곤 했다."

어떤 때는 강의 시간이 다 되어서야 겨우 원고의 마지막 손질을 끝냈다. 그렇게 아내에게서 도움을 받아 윌리엄 해밀턴은 강의를 마칠 수 있었다. 그리고 그는 교수로 명성을 떨치게 되었으며, 마침내 유럽에서 그즈음 최고의 지성인으로 인정받게 되었다. 아내는 그의 걱정거리를 없애 주었고, 그가 화를 낼 때마다 따뜻한 마음으로 위로해 주었다. 아내는 진정한 협력자였을 뿐 아니라 마음에 위안이 되는 사람이었다.
 같은 맥락으로, 니부어는 아내를 함께 일하는 동료라고 여겼다. 그는 아내에게서 평화와 위안을 얻었다. 만일 그렇지 않았다면 성격상 그는 안절부절 못했을 것이다. 니부어는 말한다.

"그녀의 사랑과 따뜻한 성품 덕분으로 나는 세속 일에 얽매이지 않을 수 있었다. 어떤 의미에서 나는 세상의 번거로움에서 벗어날 수 있었다."

니부어의 아내는 더 직접적으로 그의 조력자 역할을 훌륭히 해냈다. 그는 역사 발견과 정치적 사건, 새로운 문예 작품을 놓고 아내와 토론을 하곤 했다. 아내를 즐겁게 해주기 위해서였지만, 결국 니부어가 세상을 배워 나가는 데에 크게 도움이 되었다.
 존 스튜어트 밀의 아내 또한 더 어려운 분야에서 남편에게 커다란 도움이 되었다. 그는 《자유론》에서 감동적인 '아내에게 바치는 글'을 통해 그녀가 훌륭한 협조자였음을 밝히고 있다.

"그녀는 아내이자 친구로서 나에게 용기를 북돋워주었고, 내가 집필한 모든 작품에 직접 참여했다. 진실과 옳음을 가리는 그녀의 훌륭한 능력은 내게 가장 큰 자극제였다. 아내의 칭찬은 내게 최고의 보상이었다. 나는 이 책을 그녀에게 바친다."

또 한 명의 위대한 아내로서 헤딩턴 묘지에 묻힌 칼라일의 부인이 있다. 어느 훌륭한 작가가 비문을 통해 그녀의 인품을 감동적으로 증언했다. 묘비에는 이렇게 적혀 있다.

"그녀의 밝은 모습 안에는 보통 사람들보다 더 깊은 슬픔이 배어 있었다. 하지만 그녀는 상냥했고 분별력이 있었으며 매우 성실했다. 40년 동안 그녀는 남편의 진실하고도 애정어린 협력자였으며, 남편의 가치있는 일을 한결같이 말과 행동으로 북돋아주었다."

패러데이의 결혼 생활도 아주 행복했다. 그의 아내는 진정한 동지이자 마음의 친구였다. 그녀는 평생 남편이 자신의 길을 힘차게 헤쳐 나갈 수 있도록 돕고 응원하며 용기를 불어넣어 주었고, 남편은 더할 나위없는 '마음의 만족'을 얻게 되었다.

패러데이는 일기에서 자신의 결혼 생활을 '모든 것을 뛰어넘는 명예와 행복의 밑바탕'이라고 말했다. 28년 동안 결혼 생활을 한 뒤, 패러데이는 결혼 생활에 대해 이렇게 말했다.

"결혼 생활은 다른 어떤 사건보다 이 세상에서의 행복과 마음의 건강에 기여했다. ……그것은 시간이 흘러도 변함이 없다. 다만 한 가지 변화가 있다면 더 깊어지고 더 건실해졌다는 것뿐이다."

그들의 결혼 생활은 64년 동안 이어졌다. 나이가 들어서도 그들의 사랑은 열렬하던 젊은 시절처럼 신선하고 진지하며 순정적이었다. 그들의 결혼 생활을 다음과 같이 표현할 수 있다.

하늘에서 내려온 금고리줄
한결같이 빛이 고르고 밝다.
사랑하는 사람들 위에 살며시 내려와
고른 매듭으로
다정하고 부드러운 두 마음을 묶는다.

여성은 조력자이자 마음의 위안자이다. 여성의 동정심은 다함이 없다. 여성은 마음을 달래고, 격려해주며, 위안을 준다. 톰 후드의 아내는 이러한 여성 성향을 여실히 보여준다. 톰 후드 전기에서 알 수 있듯, 그의 오랜 투병 생활 동안 그의 아내가 보여준 헌신적인 사랑은 감동적이기 그지없다. 판단력이 뛰어난 그녀는 남편의 천재성을 인식하고, 격려와 애정을 담아 힘겨운 싸움을 다시 시작할 수 있도록 응원하며 용기를 불어넣었다. 아내는 남편 주변에 희망이 넘치는 즐거운 분위기를 만들고, 그녀가 발산하는 사랑의 빛은 병약한 남편 침상을 언제나 눈부시게 밝혀 주었다.

후드는 아내의 귀중함을 너무도 잘 알고 있었다. 아내가 곁에 없을 때 그녀에게 보낸 한 편지에서 후드는 이렇게 말했다.

"당신을 알기 전에는 나는 그야말로 아무것도 아니었소. 당신을 알고부터 나는 전보다 나아지고 행복해지고 여유로워졌소. 이 모두를 잘 적어 놓았다가 내가 잘못할 때마다 일러주시오. 나는 애정을 담아 열심히 이 편지를 쓰고 있소. 내가 이 편지를 쓰게 된 이유는, 첫째는 얼마 전에 받은 당신의 애정어린 편지에 대해 답하려는 즐거운 뜻이고, 둘째는 오래도록 이어온 우리들의 사랑의 열매인 아이들을 떠올리기 위함이며, 셋째는 마음에 가득한 이 사랑을 당신의 가슴 가득 쏟아 붓고 싶기 때문이오. 그리고 끝으로 이 글을 읽어 내려가는 당신의 아름다운 눈빛 때문이오. 나에게 무슨 일이 닥쳐도 나의 사랑하는 아내는 자신의 온화함과 우수함과 소중함을 알게 될 것이오. 참으로 아내답고 여성스러운 그대에게."

잠시 아내가 곁에 없는 동안에 쓴 또 다른 편지에서 아내에 대한 그의 애틋한 애정을 읽을 수 있다.

"공원에서 당신과 함께 거닐던 길을 걷고 또 걸어 보았소. 그리고 당신과 함께 앉았던 벤치에도 앉아 보았소. 나는 어느 때보다 기분 좋고 행복했소."

후드 부인은 위안자일 뿐만 아니라, 그가 특별한 일을 할 때 훌륭한 협력자가 되어 주었다. 후드는 그녀의 판단을 믿었기에 자신이 쓴 모든 글을 그녀와 함께 읽고 고쳤다. 그는 자신이 쓴 대부분의 작품들을 아내에게 먼저 보여주었다. 기억력이 좋은 아내는 때때로 필요한 자료와 인용문을 그에게 찾아주었다. 그러므로 천재 남편을 둔 아내들 중에서 후드 부인이 가장 돋보이는 것도 무리가 아니다.

반도 전쟁을 기록한 역사가 윌리엄 네이피어의 아내는 문학적인 협력자로서 남편에 많은 도움을 주었다. 아내는 남편이 작품을 집필하도록 격려했다. 그녀의 도움이 없었다면 작품을 완성하는 데 커다란 어려움을 겪었을 것이다. 그녀는 엄청난 양의 문서들을 번역하고 요약했다. 그 가운데 대부분이 암호로 되어 있었는데, 그의 작품은 그러한 자료들을 바탕으로 만들어진 것이었다.

웰링턴은 네이피어 부인이 기지와 부지런함으로 요셉 2세의 전략서와 비토리아에서 보낸 수많은 서신들을 해독했다는 소식을 듣고 처음에는 믿지 못했다. 웰링턴은 이렇게 말했다.

"반도 전쟁 때 누군가가 나를 위해 그런 일을 해주었다면, 나는 그에게 금화 2만 개로 그 노고를 보상해주었을 것이다."

윌리엄 네이피어의 글씨는 거의 판독이 불가능할 만큼 악필이어서 그 자신도 잘 읽을 수 없었다. 그가 대충 원고를 적어주면, 네이피어 부인은 바로 인쇄가 가능하도록 완벽하게 원고를 정리해주었다. 남편은 그녀가 그렇게 바쁘게 일하면서도 대가족을 돌보고 가르치는 데 소홀한 적이 한 순간도 없었다고 증언한다. 윌리엄이 임종하려 할 때 네이피어 부인 또한 위독한 상태였다. 하지만 그녀는 휠체어를 타고 남편의 방을 찾아갔고, 두 사람은 서로 말없이 작별 인사를 나누었다. 윌리엄 네이피어가 먼저 세상을 떠나고, 몇 주 뒤 아내가 그의 뒤를 따랐다. 그들은 한 장소에 나란히 묻혔다.

그들처럼 충실한 다른 많은 아내들이 기억 속에 떠오른다. 찬미받아야 할 사람들을 다 열거하자면 이 땅의 남은 공간을 다 채워야 할 것이다.

플랙스먼의 아내 앤 덴험은 평생 남편의 예술 활동에 갈채를 보내며 용기를 북돋워주었다. 그녀는 남편과 함께 로마에 가서 함께 일하고 근심하며 마침내는 성공의 영광을 함께 나누었다. 결혼하고 40년이 지난 뒤에 플랙스먼은 믿음, 소망, 사랑의 뜻을 담고 있는 아름다운 그림 작품을 깊은 애정의 표시로 아내에게 바쳤다.

'검은 눈의 케이트'라 불리는 윌리엄 블레이크의 아내 캐서린도 마찬가지였다. 그녀는 남편의 천재성을 믿고, 그가 새긴 판화를 인쇄하여 아름답게 색칠하곤 했다. 그리고 남편의 변덕을 참아주며, 45년 동안 슬픔과 기쁨을 그와 함께 나누고 마지막 순간까지 그에게 위안이 되어 주었다. 그래서 윌리엄은 71세에 마지막으로 그린 그림에 아내와 닮은 모습을 담았다. 그 그림을 그리기 전 아내가 옆에서 우는 모습을 보고 이렇게 말했다고 한다.

"케이트, 울지 말고 평상시 모습 그대로 있어 봐. 당신의 초상화를 그리고 싶어. 당신은 내게 천사였으니까."

프랭클린 부인 또한 예로 들 수 있다. 그녀는 진실하고 순결한 여인이었다. 그녀는 북극해의 비밀을 캐면서 오래 전에 실종된 남편을 찾는 데 몰두했다. 잇따른 실패에도 그녀는 기가 꺾이지 않았다. 헌신적으로, 그리고 온 힘을 다하여 자신이 결심한 바를 밀고 나갔다.

지머맨의 아내 또한 그러했다. 지머맨의 심한 우울증을 덜어주기 위해 아내는 많은 노력을 기울였지만 헛수고였다. 아내는 남편을 동정했으며, 남편 이야기에 귀를 기울였고, 남편을 이해하려 애썼다. 그녀는 죽음을 눈앞에 두고 남편과 영원히 헤어져야 하는 서글픈 마음을 이렇게 말했다.

"나의 불쌍한 지머맨, 이제 누가 당신을 이해해줄까?"

아내들은 그 밖에도 여러 가지 방법을 써서 남편들을 적극적으로 도왔다. 와인즈버그가 함락되자, 그곳의 여인들은 귀중품을 옮기게 해달라고 점령군에게 요구했다. 그 요구는 받아들여졌고, 이어서 남편을 어깨에 메고 문을 나서는 여인들의 모습이 여기저기 나타났다.

니스데일은 아내 덕분에 감옥에서 탈출할 수 있었다. 그의 아내는 남편과 옷을 바꾸어 입고서 남편을 대신 내보내고 자신은 죄수인 척 감옥에 남아 있었다. 뒷날 라발레트 부인도 같은 방법으로 남편을 도피시켰다.

그러나 아내의 헌신으로 남편이 도피할 수 있었던 가장 놀라운 예는 유명한 그로티우스의 경우였다. 그로티우스는 고르쿰 근처의 튼튼한 로에베스타 요새에 20개월 가까이 갇혀 있었다. 네덜란드 정부가 그에게 종신형을 선고한 상태였다. 그의 아내는 남편과 감옥에 함께 있도록 허락받아 남편의 고독을 크게 덜어줄 수 있었다. 그녀는 일주일에 두 번 시내에 외출할 수 있도록 허락을 받아 남편이 필요한 책들을 가져오곤 했다.

그런데 그때 그로티우스가 연구에 사용할 책들이 상당량이어서 아내는 커다란 상자에 책을 담아 운반했다. 보초들은 처음에는 상자를 엄격히 조사했지만 상자에 담겨 있는 것이 책들——그 중에는 아르미니우스파의 교리서도 포함되어 있었다——과 리넨뿐이자, 마침내 검문을 그만두었다.

그러던 어느 날 그로티우스의 아내는 남편을 도피시킬 방법을 생각해냈다. 그녀는 남편을 책상자 속에 들어가게 했다. 보통 때보다 아주 무겁게 느껴지는 상자를 들어서 내가며, 두 명의 병사가 농담하듯 물었다.

"이 안에 혹시 아르미니우스파가 들어 있는 것은 아니겠지요?"

그들에게 아내는 준비하고 있던 대로 재치 있게 답변했다.

"들어 있죠. 아마 아르미니우스 교리서가 몇 권쯤 될걸요."

상자는 무사히 고르쿰에 도착했고, 그는 자유를 얻었다. 그로티우스는 국경을 넘어 브라반트로 도망쳤고, 뒷날 프랑스로 망명했다. 그리고 그곳에서 아내와 재회했다.

시련과 고난을 견디어 내는 것은 결혼 생활을 하는 데 중요한 시금석이 된다. 그것은 참된 성격을 드러내고 부부 간의 결속을 다지는 계기가 된다. 그리고 가장 순수한 행복의 밑바탕이 되기도 한다. 방해 없는 성공처럼 방해 없는 즐거움은 남자에게나 여자에게나 좋은 것이 아니다.

하이네는 아내가 세상을 떠났을 때, 자신이 가지고 있던 모든 것을 잃어버린 것 같은 상실감을 느꼈다. 그들 두 사람은 모두 가난을 알았고, 손을 굳게 맞잡고 함께 가난을 헤쳐 나갔다. 겨우 풍족한 생활을 할 수 있게 되었을 때 그녀가 곁을 떠났다는 것이 그를 무척이나 슬프게 했다. 그녀와 부(富)를 함께 나누어 즐기기에는 이미 때가 늦어버린 것이다.

하이네는 이렇게 말했다.

"나를 가장 행복한 사람으로 만들어준 그녀의 사랑조차 이제 와서 다시 판단해야만 한단 말인가? 여성의 마음에 깃든 사랑 가운데 가장 고귀하고 진실한 그녀의 사랑이 이제 내게는 슬픔이자 마음의 동요와 근심의 근원이 되었구나. 그녀는 온전한 기쁨을 누린 적이 없었다. 말할 수 없는 달콤함과 고귀하고 황홀한 기쁨을 위해서라면 사랑은 슬픔에 빚을 질 만한 것이 아닌가! 내 마음의 고통과 함께 근심이 더해가는구나! 나는 상실감으로 앓는다. 형용할 수 없는 행복감에 가슴이 떨리지 않았던가! 눈물이 나의 볼을 타고 흘러내릴 때, 전혀 느껴 보지 못한 기쁨이, 행복과 슬픔에 겨운 뭔지 모를 눈물이, 나의 가슴을 통해 흐르는구나!"

독일인의 사랑에는 영국인들이 낯설게 느낄 만한 정서가 있다. 노발리스와 융 스틸링, 피히테, 장 파울, 그 밖에 이름난 독일인들의 전기에서 이 같은 예를 찾아볼 수 있다.

독일인에게 약혼은 결혼만큼이나 중요한 의식이다. 그들은 약혼 상태에서도 자유롭게 애정 표시를 하는 반면, 영국의 연인들은 자기 감정이 부끄러운 듯 삼가고 수줍어한다. 헤르더의 약혼녀는 설교단 위에 서 있는 그를 처음 보고 이렇게 말했다.

"천사의 목소리가 들렸어요. 전에 들어본 적 없는 영혼의 목소리였어요. 그날 오후에 그를 만나 더듬거리며 고맙다고 말했어요. 그 이후로 우리의 영혼은 하나가 되었어요."

그들은 결혼이 여의치 않아 긴 약혼 기간을 보내야만 했다. 그러나 결국 결혼해서 부부가 되었다. 아내 케롤라인은 이렇게 말했다.

"장밋빛으로 빛나는 아름다운 밤에 우리는 결혼하여, 한 마음 한 영혼이 되었다."

헤르더 또한 친구인 야코비에게 보낸 편지에서 황홀한 감정을 드러냈다.

"내 인생의 나무이며, 위안이며, 행복인 아내를 맞이했네. 머리를 스쳐 지나가는 잠깐의 생각조차 우리는 함께 한다네. 이런 우리가 가끔은 놀랍게 느껴지는군."

피히테의 경우, 연애에서 결혼하기까지의 사연은 한편의 아름다운 드라마로 남아 있다. 피히테는 가난한 독일 학생이었다. 클롭슈토크의 조카딸인 요한나 마리아 한을 처음 알게 되었을 때, 그는 가족과 더불어 스위스의 취리히에 살며 가정교사로 생계를 꾸리고 있었다. 당시 요한나의 지위가 피히테보다 높았는데도 요한나는 그를 참으로 존경했다. 피히테는 취리히를 막 떠나려 할 때 그녀와 약혼을 했다. 요한나는 그가 매우 가난하다는 것을 잘 알고 있었으므로 떠나기 전에 그에게 얼마간 돈을 주었다. 피히테는 그 일로 인해 말할 수 없는 상처를 입었다.

피히테

처음에는 그녀가 자신을 진정으로 사랑하는지 거듭 깊이 생각해 본 끝에, 피히테는 고맙지만 그 돈은 받을 수 없다고 그녀에게 편지를 썼다.

피히테의 수입은 형편없었지만 자신이 소망하던 꿈은 이룰 수 있었다. 수년 동안 세상과 싸워 마침내 결혼 자금을 마련해 놓고 그는 약혼녀에게 아름다운 편지를 보냈던 것이다.

"나는 당신에게 진정으로 몸을 바칠 것이오. 당신은 나를 당신의 인생길을 함께 걸어갈 동반자로 생각해주니 고맙고 감격스럽소. ……지금 이곳은 행복의 땅이 아니라 고난의 땅이지만, 이곳에서의 모든 즐거움이 더 열심히 노력하도록 우리를 채찍질해줄 것이오. 우리 손을 맞잡고 이 고난의 땅을 건널 수 있도록 서로 힘을 주며 용기를 북돋워줍시다. 우리 영혼이 함께, 끝없는 평화의 샘에 이르는 그 날까지 말이오!"

피히테의 결혼 생활은 매우 행복했다. 그의 아내는 순수하고 성실한 협력자였다. 그녀는 독일 독립전쟁 기간 동안 병원에서 부상병들을 돌보았다. 그러나 그녀는 그곳에서 악성 열병으로 세상을 떠나고 말았다. 피히테 또한 같은 병에 걸려 한동안 누워 지냈다. 피히테는 몇 년을 더 살다가 52세에 화재로 인해 세상을 떠나고 말았다.

극히 세련된 이 독일인들의 탐미적이고 감성적인 사랑에 비하면, 무뚝뚝하고 현실적인 윌리엄 코빗의 연애와 결혼 생활은 얼마나 애처로운가! 코빗 또한 성실하고 진실했지만, 어떤 사람들은 그를 조금은 거칠고 통속적이라고 생각했다. 그가 아내가 될 소녀를 처음 만난 것은 그녀의 나이 13세 때였다. 당시 코빗은 21세였고, 뉴브런즈윅의 세인트존에 주둔하고 있는 보병부대 상사였다. 어느 겨울날 그는 길을 가다가, 집 밖의 눈 속에서 설거지를 하고 있는 소녀를 보고 이렇게 중얼거렸다.

"내게 어울리는 소녀로군."

그렇게 해서 소녀를 알게 되었고, 군복무를 마치는 대로 그녀와 결혼하기로 마음먹었다.

그녀는 포병대 상사이던 아버지와 함께 런던 남부의 울위치로 돌아가게 되었다. 그녀가 출발하기 전날 밤 코빗은 자신이 모아두었던 150기니를 그녀에게 건네주었다. 코빗이 영국으로 돌아가 찾아갈 때까지 그녀가 힘든 일을 하지 않아도 살 수 있게 하기 위한 배려였다. 그녀는 그 돈을 가지고 그곳을 떠났고, 그로부터 5년 뒤 제대한 코빗은 런던으로 달려가 서둘러 그 상사의 딸을 찾았다.

뒷날 코빗은 이렇게 말했다.

"내 어린 소녀는 브리삭 대령 집에서 1년에 5파운드를 받는 하녀로 힘들게 일하고 있었다. 그녀는 그 일에 대해 한마디도 말하지 않고, 내 손에 150기니를 그대로 쥐어주었다."

그녀의 이러한 행동은 그녀를 더욱 사랑하게 만들었고 존경심마저 일으켰다. 코빗은 곧 그녀와 결혼했다. 그녀는 훌륭한 아내가 되었으며, 코빗은 그녀를 끊임없이 칭찬하면서, 뒤에 그가 성공하고 편안함을 누릴 수 있게 된 것은 모두 아내 덕분이라고 자랑스럽게 이야기했다.

코빗은 여러 면에서 세련되지 못하고 냉정하며 편견에 차 있는 현실적인 인물로 평가받았지만, 내면에는 시인다운 감성을 지니고 있었다. 그는 감상에 젖는 것을 비난했다. 그러나 그만큼 감성적인 인물도 없었다. 그는 아내의 인품과 순수함과 미덕을 진실로 존경했고, 《젊은이에게 보내는 조언》에서 참으로 여성스러운 그녀——이롭고, 명랑하고, 애정 넘치는 아내——를 생기있고, 재치있고, 분별있게 그려냈다. 그것은 어떤 영국 작가도 미치지 못할 뛰어난 솜씨였다.

코빗의 언어 감각은 결코 세련되지는 않으나 그는 순수하고 부드러우며, 희생적이고 부지런하며 명랑하고 생기가 넘쳤다. 그의 견해는 객관적으로 볼 때 잘못된 점도 있었지만, 그것은 그가 자기 주관에 따라 혼자만의 생각으로 처리해 나가려는 고집스러운 성격에서 비롯된 것이다. 그러나 그만큼 냉정하게 모든 것을 잘 파악하는 사람도 드물었다. 자신의 결심을 그만큼 완전무결하게 다지는 사람은 아무도 없을 것이다. 그리고 감정을 그만큼 잘 표현하는 사람 또한 찾아보기 어려울 것이다.

코빗은 영국의 삶을 뛰어나게 그려낸 위대한 산문시인이었다.

12 경험의 학교
먼저 네 자신을 알아라

십자가는 닻으로 자라난다.
당신이 고난을 견디어 내면
그 고난 또한 희망으로 자랄 것이다.   던

우리들도 그대처럼 성장했을 것이다.
위인들은 힘과 지식만으로 자란 것이 아니라,
해와 시간을 거듭해
존중과 자비심으로 자라났다.   테니슨

    실용적 지혜는 경험의 학교에서만 배울 수 있다. 가르침과 교훈은 유익한 것이지만, 현실 생활에서 단련하지 않으면 이론상으로만 도움이 될 뿐이다. 살아가는 나날 어려운 일들에 부딪침으로써 진정한 인격을 갖추게 된다. 그 인격은 독서나 수업을 통해서만 배울 수 있는 것이 아니다. 세상 사람들과의 어울림 속에서 삶의 지혜가 단련될 수 있다.
    가치 있는 사람이 되려면 혼자 힘으로 일상 업무를 처리하고, 유혹과 시련을 이겨낼 수 있어야 한다. 또한 지치고 힘겨운 삶을 견디어 낼 수 있어야 한다. 세상을 등진 미덕은 가치가 없다. 홀로 즐기는 삶은 이기적인 삶에 지나지 않는다. 은둔 생활은 다른 사람에 대한 경멸로 보일 수도 있고, 심하면 게으름, 겁, 방종의 의미로 받아들일 수도 있다.
    모든 인간은 자신만의 책임과 고통을 짊어지고 있다. 그러한 책임과 고통을 회피한다면 자신이 속한 공동체뿐 아니라 자신도 손해를 입게 될 것이다. 일상 속에서 세상사를 경험하면 실용적인 지식과 지혜를 배울 수 있다. 그 속에서 우리에게 맡겨진 의무가 무엇인지 찾을 수 있으며, 일의 규율을 배울 수 있다. 또한 인격을 발전시키는 인내력, 참을성, 근면성을 길러낼 수 있다. 우리는 어려움, 시련과 유혹을 만나게 마련이며, 어떻게 그 모든 것을 이겨내느냐에 따라 여생을 다르게 살 수 있다. 어려움 속에서 고통을 이겨내는 훈련을 거듭하면, 홀로 앉아 공부하거나 은둔 생활을 할 때보다 더 많은 것을 배우게 된다.

사람들과 교류하다 보면 자기 자신에 대해서 알 수 있게 된다. 사람들은 세상에서 사람들과 자유롭게 어울려야만 자신의 능력을 정확히 평가받을 수 있다. 그런 경험이 없다면 사람들은 모든 일에서 자만하고 우쭐대며 거만해지기 쉽다. 다른 사람과 교제하지 않는다면 자신에 대해 전혀 알지 못한 채 살아가게 될 것이다.

스위프트는 이렇게 말했다.

"자신이 지닌 재능을 인식하는 사람 가운데 훌륭하지 않은 인물이 없고, 자신이 지닌 재능을 인식하지 못하는 사람 가운데 훌륭하게 된 인물이 없다."

그런데도 많은 사람들이 자신의 능력보다 다른 사람들의 능력을 평가하려 한다. 제네바의 의사 트롱샹은 루소에 대해 이렇게 말했다.

"그를 나한테 데려오시오. 그 사람이 무엇을 할 수 있는지 봐주겠소."

트롱샹이 루소를 평하는 것보다, 자신을 누구보다 잘 알고 있는 루소가 트롱샹을 평하는 것이 더 효과적이었을 것이다.
이 세상에서 훌륭한 사람이 되고자 하거나 무엇인가를 이루고자 하는 사람은 먼저 자신을 충분히 알아야 한다. 또한 자기만의 분명한 확신을 갖고 있는 것이 가장 중요하다. 프레드릭 페데스는 젊은 친구에게 이런 말을 했다.

"당신은 무엇을 할 수 있는지 알기만 하면 되오. 그러나 자신이 무엇을 할 수 없는지도 알게 될 때, 비로소 당신은 중요한 일을 이룰 수 있고 마음의 평화도 얻게 될 것이오."

경험하면서 배우고자 하는 사람은 남의 도움을 필요로 한다. 자신의 능력을 과신하는 사람은 어떤 일도 해낼 수 없다. 마음을 언제나 열어 놓아야 한다. 자기 자신보다 지혜롭고 경험 많은 사람들에게 도움받는 것을 부끄러워하지 말아야 한다.

경험하면서 깨닫는 이들은 자신이 보게 되는 악한 행위를 옳게 판단하고 하루하루 삶의 주체가 되려고 노력한다. 상식이라 하는 것은 일상적인 경험에서 발전된 형태로, 그것은 훌륭한 능력이 아니라 참을성, 정확성, 신중함에서 얻어지는 것이다. 해즐릿은 자신이 만난 사람들 가운데 분별력 있는 사람들은, 당위성보다는 자신이 본 것과 알고 있는 것을 바탕으로 논의하는 지식인이었다고 말했다.

여성이 남성보다 분별 있게 행동하는 것 또한 같은 이유에서이다. 여성은 잘난 체하기보다는 무의식적으로 사물을 판단한다. 여성적인 빠른 직관과 정확한 인식 덕분에 공감하는 능력도 더 적극적이고, 특정 목적에 더 부합한다. 따라서 사람들을 다루는 데 여성이 더 뛰어난 능력을 보인다. 여성은 지적인 면에서 뒤질지는 몰라도 다루기 힘든 성격의 남성을 통제하고 규제한다. 포프는 윌리엄 3세의 왕후인 메리의 판단력과 능력을 극찬했다. 메리가 단순한 지식이 아닌 가치 있는 양식을 가진 인물이라고 포프는 말했다.

인생 전체가 훌륭한 경험의 학교이며, 이 세상 모든 남성과 여성이 그 학교의 학생이라 할 수 있다. 학교에서처럼 인생에서 배우는 교훈들 가운데 상당수를 믿고 따를 필요가 있다. 우리는 그 교훈을 이해하지 못할 수도 있고, 그것들을 배워야 한다는 것을 수긍하지 못할 수도 있다. 그곳에 있는 스승은 시련과 슬픔, 유혹, 어려움이기 때문이다. 하지만 우리는 그러한 교훈들을 받아들여야 하며, 신이 정해준 것으로 인식해야 한다.

인생이라는 학교에서 배우는 학생들은 어느 정도의 이익을 얻게 되었는가? 감성과 지성을 단련시키면서 무엇을 얻었는가? 지혜와 용기, 자제력이 얼마나 늘었는가? 성공 속에서도 성실함을 잃지 않았는가? 절제하는 삶을 살았는가? 다른 사람을 생각하기보다는 이기적인 삶을 살았는가? 그들은 시련과 역경 속에서 무엇을 배웠는가? 그들은 참을성과 신에 대한 믿음과 복종을 배웠는가? 아니면 조급함과 불만만 배웠는가?

경험의 결과는 물론 삶을 통해 이룰 수 있으며, 삶은 시간이 문제가 된다. 경험이 풍부한 사람은 스스로를 도우면서 시간에 의지하는 방법을 배운다. 마자랭 추기경은 이렇게 말했다.

"시간과 나는 서로 대립하는 존재가 아니다."

시간은 추억에 아름답게 색칠하는 화가이며, 마음을 위로해 주는 위로자이며, 가르침을 주기도 하는 스승이다. 시간은 마음의 양식이며, 지혜의 온상이다. 시간은 젊은이에게 벗이 될 수도 있고 적이 될 수도 있다. 지난날 시간을 잘 활용했는지 남용했는지, 또는 삶을 유익하게 보냈는지 무익하게 보냈는지에 따라서, 시간은 나이 든 사람에게 고문이 되기도 하고 위안이 되기도 한다.

조지 허버트는 말했다.

"시간은 젊은이를 길들이는 기수(騎手)이다."

젊은이들에게 미래의 세상이 얼마나 밝게 보이는가! 새로움과 즐거움, 환희로 얼마나 가득해 보이는가! 세월이 흐름에 따라 세상은 기쁘기만 한 곳이 아니라 슬프기도 한 곳임을 깨달아 간다. 살아가노라면 고통과 괴로움, 어려움, 불행, 그리고 실패의 광경들이 우리 앞에 펼쳐진다. 그들이 그러한 시련을 확고한 정신과 순수한 마음으로 그러한 시련들을 헤쳐나갈 수 있다면 얼마나 행복하겠는가!

젊음의 열정은 풍부하지 않더라도 인생에 큰 도움이 된다. 그것은 매우 쓸모 있는 원동력이지만 시간이 지나면 식어간다. 열정이 아무리 크게 자라난다 해도 경험을 통해 단련되고 약화된다. 하지만 비웃거나 억누르지 않고 옳은 방향으로 발산시킨다면 그 열정은 인격을 건전하게, 희망적으로 이끌어 줄 것이다. 자기중심주의는 편협하고 이기적인 성품이라 할 수 있지만, 젊음

조지프 랭커스터

의 열정은 활기차고 이기적이지 않은 성격을 나타낸다.

자기중심적인 자만심을 갖고 인생을 시작할 경우, 베풀 줄도 모르고 활력을 잃어가게 될 것이다. 그 삶은 봄이 없는 한 해와 같다. 봄에 씨앗을 뿌리지 않으면 여름이 와도 꽃이 피지 않을 것이며, 가을이 와도 거둬들일 것이 없다. 젊음은 인생의 봄이다. 봄에 열정이 없다면 그 무엇도 시도하지 않을 것이며, 아무 결실이 없을 것이다. 따라서 젊음의 열정은 일의 질을 높이고, 자신감과 희망을 북돋워주며, 무미건조한 업무와 의무를 기쁘고 즐거운 마음으로 이루어 나갈 힘을 준다.

헨리 로렌스는 이렇게 말했다.

"남자는 로맨스와 현실이 적절히 배합되어 있을 때 어려움을 가장 잘 극복해 나갈 수 있다. 로맨스나 열정의 자질은 가장 고결한 노력을 유지하려는 인간의 마음속에 자리잡은 에너지로 평가된다."

헨리는 언제나 젊은이들에게 열정을 억누르지 말고 부지런히 기르고 관리하여 현명하고 소중한 목적으로 사용하라고 촉구했다.

"로맨스와 현실이 적절히 뒤섞일 때, 현실은 바람직하고 실현 가능한 결과에 곧바로 이르는 거친 길을 가고, 로맨스는 그 길에 흩어져 있는 아름다움을 가리키며 유혹한다. 그래서 우리는 이렇게 어두운 실제 생활 속에서도 이방인이 가로챌 수 없는 기쁨, 점점 더 훤히 비추어 주는 빛을 찾을 수 있다는 깊고도 현실적인 확신을 갖게 된다."

조지프 랭커스터는 14살 때 노예 무역에 대한 클락슨의 글을 읽고, 집을 떠나 서인도에 가서 불쌍한 흑인들에게 《성경》을 가르치겠다고 결심했다. 소년은 가방 속에 《성경》과 《천로역정》을 넣고 단 몇 실링만 들고서 집을 나섰다. 그는 계획한 일을 어떻게 이루어 낼 것인지 걱정스러웠지만, 끈기를 잃지 않고 성공적으로 서인도에 도착했다. 그러나 그가 집을 나간 것을 알고 몹시 걱정하는 부모 때문에 고향으로 빨리 돌아갈 수밖에 없었다. 그 때문에 소년의 열정이 사그라진 것은 아니었다. 그는 다시 가난한 사람들을 가르치는 박애 운동을 펼치기 시작한 것이다.

인생에서 성공하려면 열정적 힘이 필요하다. 그 힘을 갖고 있지 않으면 장애와 어려움에 부딪칠 경우에 굴복하고 만다. 한편 열정이 고취시킨 용기와 인내가 있다면 어떠한 어려움이라도 맞서서 장애를 이겨나갈 수 있다. 신세계가 있음을 믿고 위험을 무릅쓰고 미지의 항해에 용감히 뛰어든 콜럼버스는, 선원들이 절망하여 반란을 일으키고 바다에 내던지겠다며 위협했을 때도 희망과 용기를 잃지 않고 바다 저 멀리 신세계가 모습을 드러낼 때까지 굳건히 버텼다. 그것은 그에게 열정이 있었기 때문이었다.

용감한 사람은 쉽게 좌절하지 않는다. 시도하고 또 시도하여 성공해내고 만다. 도끼질 한 번에 나무를 쓰러뜨릴 수는 없다. 거듭되는 도끼질과 큰 수고가 있어야 마침내 나무를 쓰러뜨릴 수 있다. 사람들은 다른 사람이 이루어낸 성공만 바랄 뿐 그것을 이루어 내기 위해 수없이 겪은 고난과 고통은 생각지 않는다. 레패브르는 친구가 자신이 가진 재산과 소유물을 부러워하자 이렇게 말했다.

"내가 부러운가? 그렇다면 자네는 내가 들인 대가보다 훨씬 싼 값으로 이것들을 얻을 수 있네. 마당으로 나오게. 내가 30보 거리에서 자네를 향해 총을 스무 번 쏘겠네. 그래도 자네가 죽지 않는다면 이 모든 것을 주겠네. 왜, 싫다고? 잘 생각했네. 자네가 보고 있는 현재 이 상태에 이르기까지 나는 천 번 이상 총을 맞는 것 같은 고통을 겪었다네."

어려운 수습 기간은 위인들이 거쳐야 하는 길 가운데 하나이다. 그것은 인격을 자극하고 단련시켜 준다. 그 수습 기간이 없다면 행동하는 힘은 동면 상태에 있을 것이다. 일식이나 월식 때 이따금씩 혜성이 드러나는 것처럼 영웅도 갑작스레 나타난다. 부싯돌에 부딪쳐야 불이 이는 것처럼, 천재성도 갑작스런 역경에 부딪칠 때 신의 섬광을 일으키게 된다. 인간의 본성은 시련을 겪어야만 꽃을 피우고 열매를 맺는다. 이것이 자연의 이치이다. 안락하고 편안한 환경에서는 시들어가고 쇠약해져 갈 뿐이다.

그러므로 무관심과 게으름 속에 헛된 삶을 보내는 것보다, 어려움 속에서 행동하고 자립심을 키우는 것이 사람들에게 유익하다. 승리의 조건은 힘겨운 싸움이다. 어려움이 없으면 노력할 기회도 없다. 유혹이 없으면 자신을 단련할 기회도 없다. 노력과 고통이 없으면 참고 감수하는 법을 배울 기회도 없다. 그러므로 어려움과 불운, 고통은 전적으로 나쁜 것이 아니며, 오히려 때때로 가장 좋은 힘의 원천이자 훈련의 원천, 미덕의 원천이 되기도 한다.

가난과 싸워 이겨야 하는 상황이 사람들에게 힘이 되는 것도 같은 이유에서이다. 칼라일은 이렇게 말했다.

"우리는 가난과 힘겨운 싸움을 하며 힘든 일을 하는 사람이 전쟁을 피해 집에서 편하게 지내거나, 식량을 실은 마차에 숨어 지내거나, 또는 심지어 식량을 무관심하게 지키고 있는 사람보다 더 강하고 노련하다는 것을 알게 될 것이다."

학자들은 '참을 만한 가난'을 지적인 양식이 결여된 상태에 비유했다. 부(富)는 마음을 훨씬 더 무겁게 한다. 리히터는 이렇게 말했다.

"나는 가난에게 이렇게 말한다. 오라. 환영한다, 가난이여! 내 인생에 늦지 않게 찾아왔음을."

호라티우스는 가난이 자신을 시로 이끌어 주었고, 시가 자신을 바루스와 버질, 마이케나스를 만나게 해주었다고 했다. 미슐레는 이렇게 말했다.

"장애물이야말로 훌륭한 자극제이다. 나는 버질을 의지해서 몇 년을 더 살았으며, 그로 인해 풍요로웠다. 툴롱이 시인이 된 것은 부둣가 어느 노점에서 우연히 살 수 있었던 라신의 책 때문이었다."

에스파냐 사람들은 세르반테스의 가난을 기뻐했다고 한다. 사람들은 세르반테스가 가난해야 훌륭한 작품을 집필할 수 있으리라 생각했던 것이다. 톨

레도의 대주교가 마드리드에서 프랑스 대사를 방문했을 때, 프랑스 대사관 직원들이 《돈키호테》의 작가인 세르반테스를 높이 칭송하며 자신들에게 많은 즐거움을 준 작가를 만나고 싶다는 뜻을 내비쳤다. 그런데 그들이 들은 대답은 세르반테스가 군복무를 했으며, 지금은 늙고 가난하다는 말뿐이었다. 그러자 프랑스인 가운데 한 사람이 이렇게 외쳤다.

세르반테스

"어째서 세르반테스 같은 훌륭한 작가가 그처럼 가난한 생활을 하고 있다는 것이오? 어째서 국가는 그에게 보조금을 제공하지 않소?"

그가 들은 대답은 이런 것이었다.

"그에게 주는 보조금을 줄여야 합니다. 그는 돈이 없어야 글을 쓰니까요. 그가 가난해야 이 세상이 풍요로워진답니다."

인내심을 북돋우어라. 에너지를 불어넣어라. 인격을 높여주는 것은 번영이 아니라 역경이요, 부유함이 아니라 가난함이다. 버크는 이렇게 말했다.

"내가 정치인이 될 수 있었던 것은 누가 나를 요람에 실어 흔들어 주고 포대기로 감싸안아 얼러주었기 때문이 아니다. 그대 같은 사람에게 어울리는 좌우명이 있다. '반대에 부딪치더라도 노력하라. 또다시 노력하라'."

어떤 사람들은 자신이 갖고 있는 천재성을 나타내기 위해 커다란 어려움만을 원한다. 일단 그 어려움을 극복하기만 하면 그것은 그들 장래의 발전에 큰 포상물 중 하나가 되는 것이다.

성공을 통해 성공한다는 생각은 잘못된 것이다. 실제 삶에서는 성공보다 실패를 통해 성공하는 경우가 훨씬 많기 때문이다. 가장 좋은 경험은, 인생사를 다른 사람들과 함께 겪으면서 실패하던 기억들이다. 분별력 있는 사람들은 또다시 실패하지 않도록 자기를 관리하고 감각을 익히며 자제심을 기르려 노력한다. 외교관에게 물어보라. 그는 성공보다 좌절과 패배를 이겨내는 기술을 배웠다고 말할 것이다. 사람들은 교훈과 연구, 충고, 본보기보다 실패에서 더 많은 것을 깨닫게 된다. 실패는 어떻게 해야 할지뿐만 아니라, 더 중요한 것이 무엇인지, 그것을 해야 할지 말아야 할지를 경험하면서 스스로 깨닫게 한다.

성공을 이룰 때까지 실패에 맞서라, 또 맞서라, 마음을 꽉 다잡아라. 용기만 잃지 않는다면, 실패는 용기를 북돋우고 끊임없이 노력하도록 자극을 주는 역할을 한다. 명배우 탈마는 처음 무대에 섰을 때 관객들의 야유를 받고 무대를 내려가는 아픔을 겪었다. 훌륭한 설교가 라코르데르는 수없이 실패를 거듭한 끝에야 명성을 얻었다.

프랑스 군인 몽탈랑베르는 라코르데르가 생 로슈 성당에서 사람들 앞에 처음 섰을 때를 이렇게 이야기했다.

"그는 완전히 실패했죠. 미사를 마치고 나오는 사람들 모두가 '재능 있는 사람인지는 몰라도 설교가로서는 부족해'라고 말했어요."

라코르데르는 노력하고 또 노력했으며, 마침내 성공했다. 그는 설교가로 활동하기 시작한 지 단 2년 만에 노트르담에서 청중들을 대상으로 설교를 하게 되었다. 보쉬에와 마실롱 이래 프랑스인의 설교를 들은 적 없는 청중들을 대상으로 라코르데르가 설교를 했던 것이다.

맨체스터에서 열린 공개 모임에 첫 연설자로 나선 콥든은 처참하게 망신을 당했다. 회장은 청중들에게 사과까지 해야만 했다. 제임스 그레이엄과 디즈레일리는 첫 연설 때 청중들에게서 조롱까지 샀다. 하지만 그 뒤 끊임없는 노력, 그리고 근면 성실함으로써 명연설가로 성공했다. 그레이엄은 처음에 절망한 나머지 대중 연설을 그만두려고 했다. 그는 친구 프랜시스 베어링에게 그때 심정을 이렇게 말했다.

"온갖 노력을 다 해보았지. 즉흥 연설을 해보며, 초고를 미리 작성해 연습하거나, 내용 전체를 암기도 해보았지만 어떤 방법도 자신이 없었어. 왠지 모르게 또 실패하고 성공할 수 없을 것만 같아 두렵기만 하네."

그러나 그레이엄은 디즈레일리처럼 인내하며 살았고, 결국 의회에서 가장 감동적이고 인상적인 연설을 하는 연설가가 되었다.

뜻을 분명하게 갖고 있는 사람들은, 한 일에서 실패하면 다른 일을 찾아본다. 프리도는 데번의 어그보로 교구에 서무직을 지원했다 떨어지고 나서는 다시 배움의 길로 접어들어 끝내 우스터의 주교가 되었다. 부왈로는 변호사가 되어, 첫 변론에 나서서 사람들에게 비웃음을 받고는 변호사 일을 포기했다. 그 뒤 그는 설교자가 되려 했지만 또 실패했다. 할 수 없이 부왈로는 시를 쓰기 시작하여 시인으로 성공했다.

디즈레일리

퐁트넬과 볼테르는 법조인이 되려다 실패했다. 코퍼는 첫 변론을 수줍음과 자신감 부족 때문에 실패한 후 영국에서 시인으로 이름을 떨쳤다. 몽테스키외와 벤담도 변호사로서 실패하고 더 적성에 맞는 일을 찾았다. 벤담의 경우 《입법 원리》 같은 명작을 남겼다. 골드스미스는 의사로서 실패했지만 《황폐촌》, 《웨이크필드의 목사》를 썼다. 한편 애디슨은 연설가로는 실패했지만 《로저 경》을 집필했고, 〈스펙테이터〉지에 그의 유명한 논문들을 기고했다.

시각이나 청각 같은 신체 감각 기능을 잃어버리더라도, 그것은 용기 있는 사람들이 열심히 삶을 추구하는 데 큰 방해가 되지는 못했다. 밀턴은 시각 장애가 생겼지만 굽히지 않고 나아갔다. 그의 빛나는 작품들은 인생에서 가장 힘든 시기인 가난하고, 늙고, 병들고, 볼 수 없고, 비난받고, 박해당하던 시절에 불굴의 의지로 써낸 것이다.

일부 위인들의 삶은 고난과 실패의 연속이었다. 단테는 가난에 시달리고 망명 생활을 하면서도 여러 위대한 작품을 썼다. 그는 반대파에게 추방당하고 집까지 빼앗겼으며 화형 선고까지 받았다. 그러나 사죄하고 용서를 구한다면 플로렌스로 돌아올 수 있게 해주겠다는 소식을 친구로부터 전해 들었을 때, 그는 이렇게 말했다.

"그것은 내가 고향으로 돌아갈 명분이 아니야. 명예를 더럽히지 않고 고향으로 돌아갈 방법이 생기면 그때 고향으로 돌아가겠네. 그런 길이 아니라면 나는 결코 플로렌스로 돌아가지 않을 걸세."

반대파는 끝내 그를 용서하지 않았다. 결국 단테는 20년 망명 생활을 하다가 죽음을 맞이했다. 그가 세상을 떠났어도 반대파들은 그를 괴롭혔다. 로마 교황의 명령으로 단테의 명저 《제왕론》은 공개적으로 볼로냐에서 불태워졌다.

카몽 또한 망명 생활 동안에 시를 썼다. 산타렘에서는 고독을 참을 수가 없어 무어인을 정벌하려는 원정군에 합류했다. 카몽은 그곳에서 용감하게 싸워 이름을 떨쳤고, 해전에서 적의 배에 올라 싸우다가 한쪽 눈을 잃기도 했다.

동인도의 고아에서는 포르투갈인들이 원주민들에게 자행하는 잔혹한 행위를 보고 매우 분개했다. 카몽은 총독에게 포르투갈인들이 그러한 만행을 저지르지 않도록 충고했다. 하지만 카몽은 곧 그곳에서 중국으로 쫓겨났다. 연이어 모험과 불행을 겪으면서 조난 사고까지 당했으나, 목숨과 《루시아드》 원고만은 간신히 구할 수 있었다.

수많은 박해와 고난이 가는 곳마다 그를 따라다닌 듯했다. 그는 마카오에서 감옥에 갇히는 신세가 되고 말았다. 카몽은 감옥에서 탈출하여 배를 타고 리스본으로 향했다. 16년 만에 리스본에 돌아왔지만 카몽은 빈털터리였고 아는 친구 하나 없었다. 《루시아드》를 출간하자마자 명성은 얻었으나 돈은 벌지 못했다. 주인을 위해 거리에서 구걸해준 그의 인도 노예 안토니오가 없었다면 카몽은 분명히 굶어 죽었을 것이다.

그 뒤 카몽은 질병과 고난에 지친 몸을 이끌고 사설 구빈원에 들어가 생을 마감했다. 그의 무덤에는 이런 비문이 새겨졌다.

"루이드 카몽, 여기 잠들다. 당대 최고의 시인이었다. 가난하고 가련하게 살다가 그렇게 생을 마감했다."

불명예스러웠다 하더라도 사실적인 이 기록은 어느새 지워져버리고, 포르투갈의 위대한 국민 시인에게 경의를 표하는 뜻으로 세워진 과장된 거짓 비문이 그 자리를 대신했다.

미켈란젤로 또한 대부분의 삶을 시기하는 자들의 박해를 받으며 살았다. 야비한 귀족들, 세속적인 성직자들, 그리고 모든 계급의 탐욕스러운 사람들은 그에게 공감하지도, 그의 천재성을 이해하지도 못했다. 교황 바오로 4세가 그의 걸작 〈최후의 심판〉의 표현 일부를 비난하자, 미켈란젤로는 이렇게 말했다.

"교황은 나의 작품을 혹평하기보다는 세상을 어지럽히는 무질서와 추잡함을 바로잡는 일에 전념하는 것이 좋을 것이오."

타소도 끊이지 않는 비방과 박해의 희생물이었다. 그는 7년이나 정신병원 생활을 하고 나서 이탈리아 전지역을 떠돌아다녔다. 그는 임종을 눈앞에 두고 이런 글을 썼다.

"나의 불행을 말하지는 않으리라. 나를 죽음으로 몰아넣는 데 성공한 사람들의 배은망덕에 대해서 말하지 않으리라."

시간은 복수의 기회를 제공한다. 시간이 가고 나면 박해를 가한 자와 당한 자의 입장이 서로 바뀌기 마련이다. 박해를 당한 자는 유명해지고 박해를 가한 자의 이름은 더럽혀진다. 오히려 박해를 한 자는 다른 업적은 지워져 버리고 박해를 했다는 그 사실만 남게 된다. 페라라의 알폰소 공작에 대해 알려진 것이라고는 타소를 감금했다는 사실뿐이었다. 부르템부르크 대공 역시 실러를 박해한 인물로 알려졌을 뿐이다.

과학계에도 자신의 믿음을 따라 순교자가 된 사람들이 있다. 그들은 고난과 어려움 속에 박해를 당하면서도 빛을 볼 때까지 연구를 멈추지 않았다. 브루노와 갈릴레이도 이단적인 시각 때문에 박해를 당했다. 하지만 과학자들 중에는 그들의 천재성에도 불구하고 적들의 칼날을 피할 수 없었던 불행한 사람들이 적지 않다.

프랑스의 뛰어난 천문학자 베일리와 위대한 화학자 라부아지에 두 사람 또한 프랑스 1차혁명 때 단두대의 이슬로 사라졌다. 라부아지에는 파리 코뮌에 의해서 사형 선고를 받았지만, 감옥 안에서 몇 가지 실험 결과를 확인할 수 있도록 며칠만 형 집행을 유예해 달라고 청원했다. 그러나 재판관은 그 요청을 물리치고 즉각 형 집행을 명령했다. 재판관은 이렇게 말했다.

"공화정은 철학자가 필요치 않다."

그즈음 영국에서는 근대 화학의 아버지 프리스틀리가 '철학자는 필요 없다!'는 아우성 속에서 집과 서재가 불타버리는 시련을 겪었다. 그는 조국에서 도망쳐 나와, 결국 이국 땅에 뼈를 묻었다.

위대한 탐험가들은 박해와 고난과 어려움을 견뎌내면서 탐험을 계속했다. 콜럼버스는 신대륙을 발견해서 구대륙에 유산으로 물려주었는데도, 그로 인해 부자가 된 사람들에게서 평생 박해와 비방과 약탈을 당했다. 먼고 파크는 자신이 발견한 아프리카 강물에 빠지는 시련을 겪었으면서, 자신이 발견한 사실을 발표하지 못했다. 클래퍼턴은 아프리카 대륙 심장부에 있는 거대한 호숫가에서 고열로 세상을 떠났다. 뒷날 탐험가들이 그 호수를 다시 발견하여 세상에 처음으로 알렸다. 프랭클린이 오랫동안 찾아 헤매던 북서 항로를 찾아내고 그 눈 속에서 세상을 떠나고 만 사건은 진취적인 기상을 지닌 천재들 역사에서 가장 우울한 사건 가운데 하나로 기록되고 있다.

항해사 플린더스도 6년 동안 프랑스 섬에 갇히는 남다른 고생을 경험했다. 그는 1801년에 탐사 목적으로 인베스티게이터호를 타고 영국을 떠났다. 플린더스는 당시 영국과 프랑스가 전쟁 중이었지만 모든 프랑스 총독들에게 과학이라는 신성한 이름으로 자신을 보호해주고 도와주도록 요구하여 프랑스 통행권을 얻어냈다.

항해하는 동안 그는 오스트레일리아 대부분의 지역과 반 디멘스 랜드, 그리고 이웃한 섬들을 조사했다. 그러던 중 낡은 인베스티게이터호의 바닥이 썩어 물이 새는 것이 발견되어, 배는 곧 폐기 처분되었다. 플린더스는 영국행 퍼포이즈호에 승객으로 승선해서, 사령관의 자리에 오르기까지 3년 동안 좋은 성과를 쌓았다.

그런데 고국을 향해 항해할 때 퍼포이즈호가 남태평양의 남양 제도에서 좌초를 당했다. 플린더스는 일부 선원들과 함께 보트를 타고 잭슨항으로 향했다. 좌초 지역에서 750마일이나 떨어져 있었지만 그들은 무사히 잭슨항에 도착했다. 그곳에서 플린더스는 다행히 그레이브젠드의 돛단배만한 크기의 소형 스쿠너인 컴버랜드호를 얻어 탈 수 있었다. 플린더스와 선원들은 좌초 지역에 두고 온 나머지 선원들에게 되돌아가서 그들을 구한 뒤 영국을 향해 출발했다.

영국으로 가기 위해서는 프랑스의 섬을 거쳐야 했다. 컴버랜드호는 침몰 일보 직전에 그 섬에 간신히 도착했는데, 뜻밖에도 플린더스와 그의 선원들은 감옥에 갇히게 되었고 잔혹한 대우를 받았다. 플린더스의 프랑스 통행권은 그를 보호해주지 못했다. 감옥에 갇힌 플린더스를 더욱 괴롭힌 것은 오스트레일리아 해안을 조사할 때 만난 프랑스 항해사 보댕이 먼저 유럽에 도착하여, 플린더스가 처음 발견한 사실을 모두 보댕 자신이 이루어낸 것처럼 주장했다는 소식을 들었을 때였다.

플린더스가 예상한 대로 프랑스의 섬에 갇혀 있는 동안 새로 발견된 지역들이 그려진 《프랑스의 아틀라스》가 출판되었다. 그 지도에는 그와 선임자들이 처음으로 이름 붙인 모든 지역들이 다른 이름으로 전부 표시되어 있었다. 플린더스가 마침내 감옥에서 풀려났을 때, 6년 동안의 감옥 생활로 건강은 엉망이 되어 있었다. 그래도 그는 지도를 계속 수정하여 자신이 발견한 사실들을 모두 빠짐없이 적어놓았다. 그 지도가 출간된 바로 그날 그는 생을 마감했다.

용기 있는 사람들은 어쩔 수 없이 고독한 상황에 처해 있을 때, 오히려 고독을 중요한 계기로 삼았다.

고독한 상황에 처해 있을 때 정신적 완전함을 이루려는 욕망이 극에 달했다. 영혼은 고독할 때 조용히 자신을 반성하고, 그런 뒤에 힘을 얻는다. 그러나 고독을 통해서 이익을 얻느냐 마느냐 하는 것은 자신의 기질, 성격, 훈련에 달려 있다. 마음이 넓은 사람은 고독으로 인해 마음이 더 순수해지지만, 마음이 좁은 사람은 더욱 완고해질 뿐이다. 고독은 고결한 영혼에게는 안식이 되지만, 인색한 영혼에게는 고통이 따르기 때문이다.

보에티우스는 《철학의 위안》을, 그로티우스는 《성경비평》을 감옥 안에서 집필했다. 뷰캐넌은 포르투갈 수도원의 감옥에 감금되어 있을 때 아름다운 '쉬운 찬미가'를 작곡했다. 이탈리아의 애국 수도사 캄파넬라는 반역죄 혐의로 나폴리 지하 감옥에 27년 동안 갇혀 있을 때, 햇빛이 들어오지 않는 그곳에서 더 밝은 빛을 찾아 《태양의 도시》를 집필했다. 그 작품은 대부분의 유럽 지역에서 번역되어 여러 차례 재판되었다. 랠리는 탑에 갇혀 있는 13년 동안 《세계사》를 집필했다. 그것은 방대한 작업이었고, 그 중에 초판 5권을 완성할 수 있었다. 루터는 바르트부르크 성 감옥 안에서 《성경》을 번역하고, 독일인 모두가 읽어본 유명한 논문들을 집필했다.

《천로역정》도 존 버니언이 감옥에 갇힘으로 해서 탄생한 작품이었다. 감옥에서 그는 자신의 내면으로 파고들었다. 버니언은 행동으로 밀고 나갈 기회가 없었기 때문에 진지한 사고와 묵상에서 배출구를 찾았다. 책이 증보된 뒤에 실질적 저술 활동은 끝이 났다. 《넘치는 은총》과 《거룩한 전쟁》도 감옥에서 집필한 것이다. 이따금 석방되어 불확실한 자유를 누리긴 했으나, 베드포드 감옥에서 12년을 보내야 했다. 매컬래이가 '세계 최고의 우화'라고 격찬한 버니언의 작품은 그의 오랜 감옥 생활 덕분에 우리가 볼 수 있게 된 것이다.

버니언이 살던 시대에는 어느 세력이든 권력을 잡고 나면 어김없이 반대파들을 모두 숙청하곤 했다. 버니언이 감옥살이를 한 것은 대부분 찰스 2세 때였다. 그런데 공화정 때뿐 아니라 찰스 1세 때도 죄수들 가운데 저명한 죄수들이 많았다. 찰스 1세 때의 죄수들 가운데는 존 엘리엇을 비롯해, 햄프던, 셀던, 프린(대부분이 대작을 남긴 죄수 작가였다) 등이 있었다. 탑 안의 엄격한 감옥 생활 속에서 존 엘리엇은 〈인류의 군주제〉란 논문을 썼다. 시인인 조지 위더도 찰스 1세 때의 죄수였다. 그는 마샬시 감옥에서 《왕에게 바치는 풍자》를 집필했다. 왕정복고 시대에 조지 위더는 뉴게이트에서 다시 감옥살이를 했으며, 그곳에서 타워로 옮겨온 뒤 생을 마감한 것으로 추측된다.

공화정 시절에도 많은 죄수들이 있었다. 윌리엄 데이브먼트는 충성심 때문에 얼마 동안 카우스 성 감옥에서 갇혀 지내야 했다. 그곳에서 데이브먼트는 《곤디버트》의 많은 부분을 집필했다. 그때 밀턴의 중재 덕분에 그가 목숨을 건질 수 있었다고 한다. 데이브먼트는 살아서 그 빚을 갚을 수 있었다. 찰스 왕이 복귀했을 때, 그가 밀턴의 목숨을 구해 주었던 것이다. 시인이자 기사이던 러블레이스도 청교도파에게 붙잡혀 수감되었다가 엄청난 보석금을 내고 풀려났다. 러블레이스는 스튜어트 왕조를 위해 모든 것을 내던졌다. 더욱이 큰 수난을 당했음에도 왕정복고 시대는 그를 외면하여 지극히 가난하고 어려운 생활 속에서 세상을 마치도록 내버려두었다.

디포

찰스 2세는 위더와 버니언 외에도 백스터와 해링턴(《오시아나》의 저자), 펜을 수감했다. 이들 모두는 감옥에서의 지루한 시간을 글로 달랬다. 백스터는 영국 고등법원 감옥에 투옥되어 있는 동안 《인생과 시간》이라는 가장 뛰어난 글을 썼다. 펜은 탑에 수감되어 있는 동안 《십자가가 없으면 왕관도 없다》를 저술했다. 앤 여왕 때 매슈 프라이어는 반역죄라는 누명을 쓰고 2년 동안 투옥되었다. 그는 수감 생활을 하는 동안 《영혼의 발전》을 집필했다.

그 뒤로 영국에서 저명한 정치범들의 수가 꽤 줄었지만, 그 중에서도 디포가 감옥살이를 한 인물 중에 가장 유명하다. 그는 세 차례 형틀에 묶인 데다 많은 시간을 감옥에서 보내면서 《로빈슨 크루소》와 훌륭한 정치 논문들을 집필했다. 또한 《칼에 대한 찬미》를 저술하고, 방대한 저서들을 출판할 수 있도록 교정했다. 스몰렛은 명예훼손 죄로 감금되어 있는 동안 《랜슬롯 경》을 집필했다.

근대 영국 작가들 가운데 감옥에서 집필 활동을 한 대표적 인물로 제임스 몽고메리가 있다. 그는 첫 번째 시집을 요크 캐슬에서 죄수로 있는 동안 썼다. 지도 작성자인 토머스 쿠퍼는 스태포드 감옥에서 《자살한 이들의 연옥》을 집필했다.

실비오 펠리코 역시 감옥에서 저술 활동을 한 최근의 저명 인물이다. 이탈리아 출신인 그는 10년 동안 오스트리아에서 감옥살이를 했다. 그 중 8년을 모라비아에 있는 스필버그 성에서 보냈는데, 펠리코는 그곳에서 《회고록》을 집필했다. 이것은 그가 생생한 관찰력을 발휘해서 집필한 유일한 작품이었다. 그는 교도관 딸의 일시적 방문은 물론이고 지루한 일상 생활의 사건들에 전혀 관심을 기울이지 않았다. 그저 홀로 작은 사고(思考)의 세계와 건강한 인간의 관심사에 신경을 집중시켰다. 헝가리 문학을 부흥시킨 카진스키는 부다페스트와 부룬, 쿠프스타인, 문카츠의 지하 감옥에서 7년을 보내는 가운데 《옥중일기》를 썼으며, 스터노의 《감상 여행》 등 많은 작품을 번역했다. 코슈트는 부다페스트에서 2년 동안 감옥살이를 하며 영어 공부를 하여 셰익스피어 원문을 읽을 수 있을 정도로 실력을 키웠다.

이처럼 처벌을 받아 실패한 것처럼 보이던 사람들이 모두 실패자로 인생을 마감한 것은 아니었다. 한때 실패한 것처럼 보이던 사람들도 계속 성공의 길을 달린 사람 못지않게 지속적으로 인류에 영향을 미쳤다. 단기적인 성공이나 실패는 사람의 인격에 큰 영향을 미치지 못한다. 진리를 지키기 위해 고통을 치른다 해도 그 진리가 어떤 사람의 희생 덕분에 빛을 더할 수 있다면, 그것은 결코 실패라고 할 수 없다. 명분을 위해 목숨을 내버린 애국자는 그 때문에 승리를 빨리 거둘 수 있다. 생명을 던지고 위대한 운동을 주도한 사람들은 자신을 따르던 사람들에게 길을 열어 주고, 죽은 사람들에게 승리를 돌린다. 그들이 목숨까지 내놓으며 지키려 한 명분이 뒤늦게 승리의 결실을 거둘 수도 있다. 하지만 일단 성공을 하게 되면, 마지막에 성공한 것만큼 처음에 실패한 것들도 인정받게 된다.

위대한 죽음으로 다른 이들의 귀감이 된 사람들은, 훌륭한 삶의 본보기가 된 사람과 마찬가지로 다른 사람들에게 자극이 된다. 훌륭한 행동은 그 행동을 한 사람이 죽는다고 해서 사라지는 것이 아니다. 그것은 그들을 기억하는 사람들의 마음속에 살아 남아 똑같은 행동을 유발시킨다. 위인들 가운데는 죽은 뒤에야 비로소 삶을 시작하는 사람들이 있다.

종교와 과학, 진리를 위해 고난을 감내한 이들은 다른 사람들의 기억 속에 남아 존경과 추앙을 받는다. 그들은 죽지만 그들의 진리는 영원히 살아 남는다. 실패한 것처럼 보여도 그들은 결국 성공을 거두었던 것이다. 그들은 감옥에 갇혀 있어도 그들의 정신은 갇혀 있지 않았던 것이다. 그들은 갑자기 모습을 드러내면서 박해자들의 힘에 도전한다. 감옥살이를 한 러블레이스는 이렇게 썼다.

"쇠막대가 새장이 될 수 없는 것처럼, 돌담은 감옥이 될 수 없다. 순수하고 평화로운 마음을 지닌 이는 돌담으로 만든 감옥을 오히려 은둔자의 휴식처로 여긴다."

밀턴은 이렇게 말했다.

"가장 큰 괴로움을 아는 사람이 가장 잘 해낼 수 있다."

소명의식에 투철했던 위인들은 시련과 고통, 어려움 속에서 그들의 위대한 업적을 이루어 낸 것이다. 그들은 역풍과 싸우던 끝에 매우 지친 상태로 해변가에 닿아 겨우 모래 한줌을 쥐고 숨을 거두었다. 그들은 자신의 의무를 다하여 만족스러운 죽음을 맞은 것이다. 어쨌든 그런 인물들에게, 육체의 죽음은 아무런 의미가 없다. 죽은 뒤에도 그들의 신성한 기억은 여전히 남아 우리의 죄를 씻겨주며 우리를 달래고 축복하기 때문이다.

괴테는 이렇게 말했다.

"삶은 누구에게나 고통이다. 죽은 자들을 비난하지 말라. 살아 남은 자들은 그들이 무엇에서 실패를 했고 또 무엇 때문에 고통을 당했느냐 묻지 말고 무엇을 이루고 떠났느냐에 관심을 기울이라."

사람들을 시험하고 그 내면에 잠재한 훌륭한 재능을 일깨워 주는 것은 안락함이 아니라 시련과 어려움에 의해서이다. 역경은 인격의 시금석이라 할 수 있다. 어떤 식물을 으깨면 달콤한 향기를 풍기는 것처럼, 어떤 인물은 시련에 부딪쳐야 잠재했던 우수성이 눈을 뜨게 된다. 시련은 잠재력을 일깨우고 감춰진 재능을 노출시킨다. 쓸모없고 무익해 보이는 사람들도 어려움을 겪거나 책임을 져야 할 상황에 처하면 뜻밖에도 엄청난 힘을 발휘하기도 한다. 전에는 유순해 보이거나 방탕해 보이기만 했던 사람들한테서 힘과 용기와 자제심을 발견하게 된다.

악으로 인도하는 축복이 있는 것처럼, 축복으로 바꾸어주는 시련도 있다. 모든 것은 어떻게 시련을 이기느냐에 따라 혜택을 얻을 수도, 못 얻을 수도 있다. 완벽한 행복이란 이 세상에서는 찾아볼 수 없다. 완벽한 행복을 얻는다 할지라도 사람들은 그것이 기대했던 것만큼 가치 있는 것이 아니라는 것을 깨닫게 될 것이다. 쓸모없는 진리는 쉽게 얻을 수 있다. 어려움과 실패조차도 그보다는 훨씬 훌륭한 스승이 된다.

험프리 데이비는 이렇게 말했다.

"개인의 삶에서 지나친 부(富)는 품행이 바른 사람에게는 득이 되기보다 실(失)이 되고, 때로는 고통이 될 수도 있다. 또한 다른 이들에게서 이유없이 질투, 비방, 악의를 초래하기도 한다."

실패는 용기를 북돋고 의지를 강화시키는 효과도 있다. 신기하게도 슬픔은 기쁨과 사랑으로 연결되기도 한다. 존 버니언은 이렇게 말했다.

"율법에 어긋나지 않는다면, 나는 큰 위로를 얻을 수 있도록 먼저 큰 고통을 달라고 기도하고 싶다."

극심한 고통 속을 헤매는 가난한 아랍 여성 환자에게 사람들이 연민의 뜻을 나타내자, 그 환자는 이렇게 말했다.

"신의 얼굴을 보고 있을 때는 신의 손길을 느낄 수 없지요."

신이 기쁨을 정해준 것처럼 고통 또한 신이 정해준 것이다. 하지만 인격을 닦는 데 더 효과적인 방법은 기쁨이 아니라 고통이다. 고통은 인간의 본성을 단련하여 결국 부드럽게 해주고 인내심과 단념을 가르치며, 높은 품위와 깊은 사고를 다지게 한다.

"이 세상에 존재하는 가장 훌륭한 사람은 사람들 가운데 고통받는 자요, 부드러움, 온유함, 참을성, 겸손함, 평온함의 영혼을 들이마신 진정한 신사이니라."

고통은 고결한 정신을 지닌 자들을 단련시키고 발전시키는 수단일지도 모른다. 행복이 삶의 목적이라고 한다면 슬픔은 행복에 도달하기 위해 반드시 거쳐야 하는 관문이 될 수도 있다. 성 바오로는 그리스도인의 생활을 다음과 같은 역설(逆說)로 고상하게 설명했다.

"징계를 받은 자 같으나 죽임을 당하지 아니하고, 근심하는 자 같으나 늘 기뻐하고, 가난한 자 같으나 많은 사람을 부유하게 하고, 아무것도 없는 자 같으나 모든 것을 가진 자로다."

고통은 괴로운 일이지만 다른 한편으로는 행복이라 할 수도 있다. 고통은 슬픈 일이지만 치료제가 될 수도 있기 때문이다. 괴로움은 한편으로만 보면 불행이지만 단련의 기회가 되기도 한다. 괴로움이 없다면 가장 중요한 인간 본성이 깊은 잠 속으로 빠지게 될 것이다. 그러므로 고통과 슬픔은 성공으로 가는 필수 조건이며 천재성을 더욱 발전시키는 데 필요한 수단이라 할 수 있다.

셸리는 시인들에 대해 이렇게 말했다.

"학대받는 불쌍한 사람들은 위안을 찾아 시의 세계로 들어간다. 그들이 시를 통해 가르치는 것은 고통 속에서 배운 것이다."

만일 번스가 부자였고 사람들로부터 존경받는 인물이었다면 그와 같은 명시들을 쓸 수 있었을까? 또 바이런이 부유하고 행복한 결혼 생활을 한 귀족이나 높은 벼슬아치였다면 그러한 시들을 써 남겼을까?

때때로 비탄은 죽은 마음에 생명을 불어넣는다. 한 현자는 이렇게 말했다.

"고통을 모르는 사람은 아무것도 알지 못한다."

뒤마가 어느 날 르불에게 물었다.

"당신은 왜 시인이 되었소?"

르불은 이렇게 대답했다.

"괴로움 때문이랍니다."

르불은 아내와 자녀의 죽음으로 인해 고독과 비탄의 구렁텅이에 떨어졌지만, 그러나 그는 궁극적으로 시에서 위안을 찾을 수 있었다. 우리가 개스켈 부인의 아름다운 작품들을 볼 수 있었던 것 또한 그녀가 겪은 내적 고통 덕분이다. 개인적으로 개스켈과 친분이 있던 한 작가는 이렇게 말했다.

"개스켈 부인은 소중한 사람을 잃은 공허감에서 벗어나기 위해 섬세한 작품들을 연이어 쓰기 시작했다. 이 작품들 덕분으로 그녀를 아는 사람들이 늘어났고 우정의 폭을 넓힐 수 있었다."

훌륭한 업적들 가운데 많은 부분이 고통의 산물이었다. 때로는 고통에서 벗어나 위안을 얻기 위해, 때로는 개인적 슬픔을 압도하는 의무감에서 위대한 업적이 달성된 것이다.

다윈은 친구에게 이렇게 말했다.

"내가 그처럼 병약하지 않았다면 지금까지의 훌륭한 업적들을 이뤄내지 못했을 것일세."

던은 자신의 병에 대해 이렇게 말했다.

"나는 잦은 열병으로 천국의 문을 수없이 넘나들었지만, 그로 인한 고독과 감옥살이 같은 생활 속에서도 늘 기도를 올리며 친구들을 잊지 않았다."

실러는 고문과 다름없는 육체적 고통 속에서도 위대한 비극을 집필했다. 헨델은 죽음을 눈앞에 두고 우울증과 괴로움에 맞서 싸우면서도 음악사에 영원히 이름을 남길 걸작들을 작곡했다. 모차르트는 유명한 오페라를 다수 남겼다. 마지막 작품 〈레퀴엠〉은 빚에 쪼들리고 불치병과 싸우며 쓴 것이다. 베토벤은 청각 장애 등 우울하고 슬픈 나날 속에서 위대한 작품들을 썼다. 슈베르트는 잠시 화려한 삶을 살았지만 32세의 젊은 나이에 요절했다. 세상을 떠날 때 슈베르트는 그의 작품과 입고 있던 옷가지, 그리고 63 플로린의 현금이 전재산이었다. 램의 훌륭한 작품 중의 일부는 깊은 슬픔 가운데 완성되었다.

후드의 유쾌한 웃음 뒤에는 남들이 모르는 고통스런 마음이 숨겨져 있었다. 후드는 이렇게 탄식했다.

"유쾌함에 어울리는 현(絃)은 없고, 우울함에 어울리는 현만 있도다!"

과학 분야에서도 고통 속에서 뛰어난 업적을 남긴 고귀한 인물이 있다. 바로 울러스턴이다. 그는 죽을병에 걸려 고통의 나날을 보내면서도 마지막 순간까지 자신이 이룬 여러 연구 결과들과 그 보완 내용을 기록하는 데 많은 시간을 썼다. 울러스턴이 인류를 위해 연구한 지식들은 영원히 남을 것이다.

고통은 때때로 불행처럼 보이지만 실은 축복이라는 것을 확인하게 된다. 페르시아의 한 현자는 이렇게 말했다.

"두려움 속에 숨어 있는 것은 어둠이 아니라 생명수이다."

경험은 때때로 고통스럽지만 유익한 것이다. 우리는 경험을 통해 고통을 견디고 강해지는 법을 익힌다. 인격은 시련으로 단련되고 고통으로 완벽해진다. 참을성 있고 사려 깊은 사람들은 기쁨보다 슬픔에서 더 풍부한 지혜를 얻는다.

낡고 떨어진 영혼의 침침한 오두막에는 세월의 흐름 속에서 생긴 작은 틈새로 새로운 빛이 들어오게 되어 있다.

제레미 테일러는 이렇게 말했다.

"슬픔과 고통, 동시에 미덕을 배울 기회를 놓치지 말라. 슬픔과 고통은 우리의 정신을 침착하게 만들고, 우리의 태도를 온건하게 보듬어 준다. 우리의 경거망동을 꾸짖으며 죄를 짓지 않도록 인도한다. 자비롭고 지혜롭게 세상을 다스리는 신은, 후덕하고 현명한 사람들에게 특히 더 많은 슬픔을 안겨준다. 그러나 그러한 슬픔은 마음의 위안처이고 미덕의 양성소이며, 지혜의 훈련장이고 인내력을 키워주는 학교이며, 개선을 향한 모험이고 영광으로 들어가는 문이 되어 준다."

또한 이렇게도 말했다.

"역경을 경험해 보지 못한 사람보다 불행한 사람은 없다.
그런 사람은 자신의 능력을 평가해 볼 수 있는 기회조차 갖지 못한 것이다. 신은 누구에게든 능력과 소질을 갖추고 있다는 이유만으로 화관을 씌워주지 않는다."

그러나 덕이 있는 행동은 보상을 얻기 위해 갖춰야 하는 요건 중의 하나이다.

성공이 반드시 행복까지 가져다 주는 것은 아니다. 실제로 부(富)와 명예를 얻지 못한 사람 중에 크게 기쁨을 느끼는 경우가 있다. 아마 이 세상에서 괴테만큼 성공한 인물도 드물 것이다. 그는 건강했으며, 명예와 권력, 그리고 이 세상의 좋은 것들을 충분히 갖추고 누렸다. 그러나 그가 진정으로 기쁨을 누린 시간은 일생을 통틀어 채 5주도 안 된다고 그 자신이 말했다. 50년 동안 성공적으로 나라를 다스린 칼리프 아브달라만은 진정으로 행복했던 날이 14일밖에 되지 않는다고 실토했다. 그렇다면 단순히 행복을 추구한다는 것은 환상일 수도 있는 것인가?
음지는 없이 양지만 있는 삶, 슬픔은 없이 행복만 있는 삶, 고통은 없이 오로지 즐거움만 있는 삶이라면, 그것은 결코 인간의 삶이라 할 수 없다. 가장 행복한 사람들에게서 살아온 인생 이야기를 들어보라. 그 삶은 슬픔과 기쁨으로 뒤엉킨 실타래일 것이다. 기쁨은 슬픔이 있기 때문에 더욱 달콤하다. 상실에는 축복이, 축복에는 상실이 뒤따르며 슬픔과 행복이 번갈아 찾아온다. 죽음조차도 삶을 더 소중하게 만들고, 이 세상에 있는 동안 우리를 더욱 친밀하게 엮어준다.

토머스 브라운은 '죽음은 인간 행복의 필요조건'이라고 주장했다. 그는 매우 완강하고 설득력 있게 자신의 주장이 옳다고 단언했다. 그러나 죽음이 우리에게 찾아올 때 철학적으로 생각하기보다는 그저 느껴지는 대로 받아들이게 된다. 눈물이 가득 찬 눈으로는 아무것도 볼 수 없다. 그러나 시간이 지나고 나면 그들은 슬픔을 맛보지 못한 사람들보다 훨씬 밝고 뚜렷하게 세상을 바라보게 된다.

현명한 사람은 세상을 살아가면서 차츰 많은 것을 기대하지 않는다. 그는 가치 있는 방법으로 성공을 얻기 위해 노력하면서 실패에 대비한다. 또한 마음의 문을 열어 놓고 기쁨을 맞기 위해 인내하며 괴로움을 견딘다. 삶에 대해 한탄하거나 불평하는 것은 아무 소용없는 일이다. 오로지 즐겁게, 그리고 꾸준히 옳은 길로 나아가는 것만이 진정한 가치가 있다.

현명한 사람은 주변 사람들에게 많은 것을 기대하지 않는다. 다른 사람들과 평화롭게 살고 싶다면 참고 견딜 것이다. 아무리 훌륭한 사람이라도 참아주고, 동정해주고, 불쌍히 여겨주어야 할 성격적 결함을 가지고 있다. 어느 누가 완벽하겠는가? 어느 누가 가시에 찔려도 아프지 않겠는가? 자신을 너그럽게 봐주고 참아주며 용서해주길 바라지 않는 사람이 어디 있겠는가?

애처롭게도 감금을 당한 캐롤라인 마틸다 덴마크 여왕은 예배당 창문에 이렇게 적었다.

"주여, 저를 죄로부터 지켜주소서. 다른 이들의 고귀함도 지켜주소서."

우리 모두 이렇게 기도해야 한다.

그러면 인간의 본성은 타고난 인성과 태어나서 처음으로 마주친 환경에 어느 정도까지 의존하는 것일까. 또한 사람들의 타고난 기질과 어린 시절의 환경, 그들이 자란 가정의 평안이나 불안, 그들이 물려받은 성격, 그리고 살아가면서 겪은 좋거나 나쁜 본보기들이 그들의 인격에 얼마나 큰 영향을 미칠 것인가. 이러한 본질적인 생각에 주의를 기울이면서 모든 이들에게 참는 법과 자비를 베푸는 법, 즉 인내와 사랑을 가르쳐야 한다.

우리의 삶은 우리 자신이 어떻게 만들어 가느냐에 따라 달라진다. 사람들은 각각 자신만의 작은 세계를 만든다. 밝고 활발한 성격을 지닌 사람은 즐거운 세계를 만들고, 불평을 일삼는 사람은 불행한 세계를 만든다.

"내 마음이 곧 내 왕국이다."

이 말은 군주뿐 아니라 농부에게도 해당되는 말이다. 각자 마음먹기에 따라 농부가 왕이 될 수도 있고 군주가 노예로 떨어질 수도 있다.

삶은 자아를 비추는 거울이다. 정신이 고결한 사람이든 천한 사람이든 모든 상황에서, 모든 운명에서 실제 인격이 드러난다. 선한 사람은 세상을 선하게 보고 악한 사람은 세상을 악하게 본다. 인생에 대한 시각을 높여 인생을 유익한 노력의 공간, 수준 높은 삶과 고귀한 생각의 공간, 자신뿐 아니라 다른 사람들의 이익을 위해 일하는 공간으로 여긴다면 즐겁고 희망차고 축복받은 일생을 살게 될 것이다. 반대로 인생을 이기심과 쾌락, 신분 상승의 기회로만 생각한다면 삶은 고통과 근심, 그리고 실망으로 가득하게 될 것이다.

삶에는 많은 것이 담겨 있지만, 그 중에는 우리가 이해할 수 없는 것들도 많다. 그것들은 마치 검은 유리컵에 담긴 음료수처럼 진정 알기 어려운, 신비하다고도 할 수 있는 것들이다. 우리는 시련을 극복하기 위해 해야만 하는 훈련의 의미와 시련을 통해서 훌륭한 업적을 이룰 수 있다는 것을 충분히 이해하지 못할 수도 있다. 그러나 평범한 개인 또한 이 세상의 일부를 이루고 있다. 따라서 자신의 삶에 충실해야 이 세상이 완성될 수 있다는 믿음을 가져야 한다.

사람들은 살아 있는 동안 저마다 맡은 의무를 다해야 한다. 오로지 의무만이 진실하다. 진실하게 행동하지 않으면 의무를 이룰 수 없다. 의무는 고귀한 삶의 목표이자 목적이며, 진정한 기쁨은 의무를 다했을 때 깨닫게 된다. 의무를 다할 때 만족할 줄 아는 사람은 결코 후회하거나 실망하지 않는다.

조지 허버트는 이렇게 말했다.

"의무를 다한 뒤의 평온함은 한밤중에 들려오는 잔잔하고 부드러운 음악과 같다."

우리가 이 세상에서 해야 할 일——노동, 사랑, 의무——을 다했을 때, 마치 고치를 다 만들고 나면 죽는 누에처럼 우리도 떠나야 한다. 그러나 이 세상에 머무르는 시간이 너무 짧다 해도, 우리는 저마다 최선의 힘을 다해 삶의 고귀한 목표를 이루어 내야 한다. 그것을 모두 이룬다면, 인간의 운명이 육체를 덮치더라도 우리는 영원성을 잃지 않을 것이다.

그래서 우리는 마치 잠드는 듯이 죽음을 맞이하리라. 우리가 가진 것의 절반을 진실한 무덤에 맡기고 우리의 베개를 내려놓을 수도, 먼지로 만들 수도 있으리라.

새뮤얼 스마일스의 생애와 작품

신상웅 (중앙대학교 전예술대학원장)

새뮤얼 스마일스(Samuel Smiles)는 1812년 12월 23일, 스코틀랜드 이스트 로디언 주 해딩턴에서 태어났다. 아버지 새뮤얼과 어머니 자넷은 11명의 자녀를 낳았으며, 새뮤얼은 그 가운데 첫 번째 아이였다. 그의 부모는 해딩턴에서 작은 잡화점을 경영하며 생계를 유지했다.

어릴 때부터 카메론 신앙의 교육을 받으며 자랐다. 카메론은 투쟁적인 장로교회파 지도자인 리차드 카메론이 1680년 설립한 장로파의 한 엄격한 분파였다. 부모의 신앙은 다소 엄숙한 면이 있었다. 그래서 그는 편협한 형식적 캘빈주의의 이론 때문에 가장 피곤하고 즐겁지 못한 날을 지내야 했을 뿐만 아니라 주일마다 큰 전쟁을 치러야 했기 때문에 일요일이 괴로웠다. 제지업자이자 잡화 상인인 그의 아버지는 아들을 건실하게 키우려고 애를 썼다.

그러나 카메론 신앙에 대해 회의를 느껴 거리를 두게 되었으며, 14살이 되던 해에는 해딩턴 문법학교를 그만두고서 의사인 로버트 르윈 밑에서 수습생으로 의학공부를 시작했다. 1829년 제대로 된 의학 공부를 하기 위해서 에든버러 대학에 입학했다. 잘 꾸며진 대학 도서관을 부지런히 드나들며, 열정적으로 지식에 탐닉했다.

에든버러에 있는 동안 스마일스는 의회개혁운동에 참여하기도 하고, 〈에든버러 주간신문〉에 진보성향 기사를 기고하기도 했다. 에든버러에서 의학교육을 마친 뒤, 그는 고향으로 돌아가 정착했다. 시골의 아름다운 풍광 속에서 안정된 생활을 하며 가난하고 순박한 시골 사람들을 치료하여 쌓은 경험을 토대로, 그는 어린이 양육에 대한 첫 저서를 펴냈다. 1836년 출간된 《신체교육 Physical Education》이 그것이다.

그러나 야심찬 새뮤얼 스마일스에게는 이런 소시민적이고 개인적인 개선 문제에 대한 헌신적 제고는 그리 대단한 것이 못되었다. 그의 야심은 후기 영국 하노버 왕가의 분위기를 사실감 있게 묘사하는 데 있었다. 스마일스는 유용한 지식 확산을 위해 사회가 필요로 하는 작품이 무엇인가를 꿰뚫고 있었다. 그는 조지 크레이크의 《어려운 시절의 지식 추구》(1830)가 자신의 지적 발전에 큰 역할을 했다고 말한 바 있다. 그는 또 크게 호응을 얻은 티모시 클랙슨의 《역학의 힌트》(1839)와 마틴 터퍼의 《속담 철학》(1838), 찰스 나이트의 〈1페니짜리 잡지〉(1832~45)를 탐독해 나갔다. 이 책들은 노동계층 독

새뮤얼 스마일스(1812~1904)

자들이 '열심히 일하고, 경제 습관을 길들이고, 인생에서 자신들의 정착지를 긍정하는 데' 용기와 도움을 주었다.

또한 스마일스는 칼라일이 내놓은 전형적인 삶의 지침서들도 숙독해 나갔다. 칼라일의 신조 가운데 두 가지는 《자조론 Self Help》(1859) 집필에 충격적인 영향을 끼쳤다. 그 한 가지는 '세계 역사란 위대한 인물의 전기일 뿐'이라는 것이고, 또 한 가지는 '인간이 물려받은 위임 권한은 생산하고 또 생산하는 것이며 오늘이라는 말이 철 늦기 전에 일해야 한다'는 것이었다.

1838년 리즈로 가서 시인인 로버트 니콜로부터 〈리즈 타임스〉를 넘겨받아 편집을 담당했다. 이때 의사로서의 경력을 완전히 포기하게 되었다. 그리고 시대적인 편집 기사들을 자기개선적 담론으로 전환해 갔다. 그러나 이 신문은 경쟁이 치열한 시장에서 유통 실적이 형편없어서 그 뒤 6년 동안 〈리즈 타임스〉로 벌어들인 돈은 겨우 100파운드 월급뿐이었다. 그는 귀족사회에 대한 강한 혐오감을 표시하며 중산층 개혁가들에게 협력했다. 신문지상에서 공장법에 찬성하는 운동을 벌이기도 했다. 이 기간 동안 《아일랜드의 역사》

에든버러 대학교

와 주간지 〈운동(Movement)〉을 창간했다(그러나 주간지는 겨우 4호에 그치는 불운을 겪고 만다).

1840년 5월 리즈의회개혁협회 서기관이 되었다. 이 협회는 가정의 참정권, 비밀투표, 균등대표제, 단기의회 및 국회의원 후보 재산자격제 폐지를 촉구하는 시민단체였다.

1840년대에 스마일스는 인민헌장운동에 환멸을 느끼고 주요 정치세력으로 영향력이 커지는 것을 우려했다. 그는 '단순한 정치개혁은 여러 사회악을 치료할 수 없다'고 주장하며, '개인을 개선시키는 일'에 관심을 보이며 그 중요성을 강조하게 되었다.

1843년 12월 사라 앤과 결혼했다. 그리고 리즈에서의 자신의 명성이 경제적으로는 도움이 되지 못한다는 현실과 마주한 그는 1845년에 '리즈 앤드 서스크 철도국'의 일자리를 얻었다. 그 직위는 특별히 매력적인 것은 아니었지만, 그의 새로운 시작은 비로소 그에게 전례 없는 경제적 안정을 보장해 주었으며, 문학적 열망을 추구할 수 있는 기반이 되었다.

이를 계기로 〈하윗지〉와 〈피플지〉, 〈리즈 머큐리〉, 〈엘리자 쿡 저널〉에 기고문을 싣고, 1847년에는 〈기이한 친구들의 잡지〉에 참여하였으며, 1849년에는 '철도 재산'에 대한 책을, 1859년에는 철도발명자 '조지 스티븐슨의 전기'를 펴냈다.

1854년에는 9년 동안 일하던 '리즈 앤드 서스크 철도국'을 그만두고서 '사우스 이스트 철도국'의 일자리를 얻었다. 이제 그는 더 이상 사회적 프로그램 따위를 설교하지 않는 대신 '단호한 도덕적 품성'에 인생 초점을 맞추었다. 그는 급진주의의 잔해로부터 멀어져 갔다.

1850년대에 이르러 스마일스는 교훈적 《자조론》

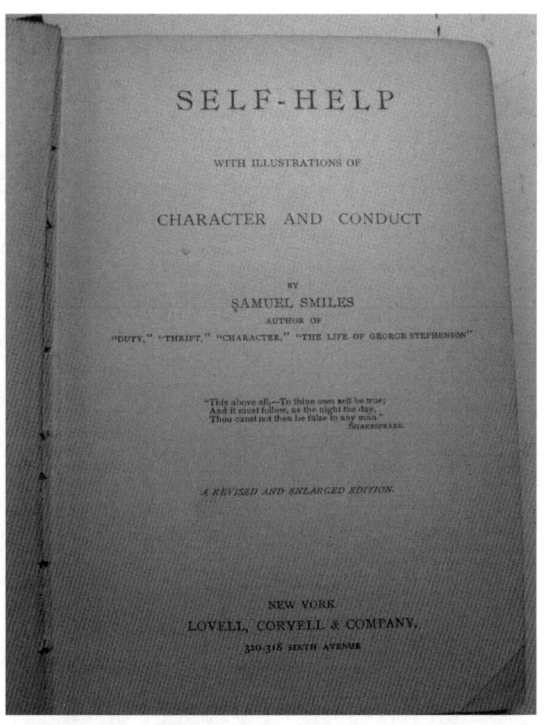

《자조론》(1859) 속표지

이 성공으로 가는 최상의 길이라고 주장했다. 루트리지는 1855년 《자조론》의 최초 원고를 거절했으나, 1859년 존 머리의 도움을 얻어 출간했다.

마침내 스마일스의 《자조론》은 밀의 《자유에 대하여 On Liberty》, 찰스 다윈의 《종의 기원 Origin of Species》, 찰스 디킨스의 《두 도시 이야기 A Tale of Two Cities》, 조지 엘리엇의 《아담 비드 Adam Bede》와 함께 문학사에 빛나는 기념비적 고전작품 반열에 올랐다.

《자조론》은 정직하지만 평이한 산문체 작품이라는 꼬리표가 꾸준히 붙어 다녔다. 하지만 문명사회의 교양 또는 자기계발 지침서로서 중요한 고전이면서도 부르주아의 가장 까다롭고 엄격한 특성을 나타내는 빅토리아 시대에 충실한 도덕론이라고도 할 수 있다.

《자조론》, 《인격론 Character》, 《검약론 Thrift》, 《의무론 Duty》 4권은 '스마일스의 4대 복음서'로 불리는 대표작들이다. 이 책들에서 인생론의 고갱이만을 모은 고전적 교훈서 《자조론》과 영국 신사의 이상적 인격인 젠틀맨십을

《의무론》(1880) 표지

구체화한 《인격론》의 한국어판이 오랫동안 새뮤얼 스마일스의 사상을 연구해 온 '한국인간개발원' 장만기 선생의 명역으로 옮겨지니 참으로 반갑다. 특히 자아발전이라는 주제로 리즈의 젊은이에게 행한 강의내용을 책으로 엮은, '하늘은 스스로 돕는 자를 돕는다(Heaven helps those who help themselves)'로 시작되는 《자조론》은 출간 첫해 2만 부, 1864년까지 5만 5천 부, 1889년까지 15만 부를 발행하여 그즈음으로서는 밀리언셀러 기록을 남겼다. 이는 세계 출판 역사상 매우 놀라운 사건이었다.

'스마일스의 4대 복음서'는 바로 저자의 영혼 전기이자 치열한 인간 정신의 전기라고 할 수 있다. 우리가 끊임없이 역동적으로 얽혀 움직이는 실핏줄 같은 정신세계의 미로에 갇혀 당황할 때, 스마일스는 스스로 감동을 느껴 고동치는 심장을 느끼며 신의 아이가 될 수 있도록 우리에게 바른 길을 알려주었다.

1904년 4월 16일 새뮤얼 스마일스는 켄징턴에서 아흔 하나의 나이로 세상을 떠났다.

빅토리아 시대 영국은 세계 패권을 쥐고 있었다. 자부심으로 충만해진 영국인들의 가슴 속에 새뮤얼 스마일스는 자신의 인생철학을 책으로 펴내어

도덕적 자양분을 공급해 주었으며, 이는 또한 정신적으로 갈급한 현대 한국인들에게 시대적 단련의 흔들리지 않는 양식을 공급해 줄 것이다.

　오늘의 한국은 인간기본 도덕률이 무너져 내리고 있다. 이해득실에 따라 수단방법을 가리지 않는 세태를 탄식하지 않을 수 없다. 도리는 영원하고 전술은 일시적일 뿐이다. 정신차려야 한다. 자유민주주의 근간이 바로 서려면 인간기본 도덕률을 지켜낼 수 있어야 한다. 스마일스가 《자조론》《인격론》에서 바로 그것을 주장하고 있다.

새뮤얼 스마일스의 연보

1812년	12월 23일 스코틀랜드 이스트로디언 주 해딩턴에서 새뮤얼 스마일스와 자넷 윌슨 사이에서 맏이로 태어남. 어릴 적부터 엄격한 카메론 신앙 교육을 받으며 자라났으나 카메론 신앙에 대한 회의로 거리를 두게 되었고, 14살이 되던 해에는 해딩턴 문법학교를 그만두고서 의사인 로버트 르윈의 수습생으로 들어가 의학공부를 시작함
1829년(16세)	제대로 된 의학공부를 하기 위해서 에든버러 대학에 입학함(에든버러 재학 중에 의회개혁에 운동에 참여하였으며, 〈에든버러 주간신문〉에 진보성향 기사를 기고함)
1832년(20세)	에든버러 대학을 졸업한 뒤에 고향 해딩턴에서 의사로 일을 시작함(이해에 크게 유행한 콜레라로 아버지 새뮤얼 스마일스가 사망하였으며, 의사로 일을 하면서도 정치에 깊은 관심을 두면서 몬트로즈 출신 급진 정치가인 조셉 흄의 강력한 지지자가 됨)
1837년(25세)	〈리즈 타임즈〉에 의회 개혁에 관한 기사를 투고하고 시작함
1838년(26세)	〈리즈 타임즈〉 편집장으로 초대되어 동(同) 신문 편집 일을 맡아하면서 의사로서의 경력은 완전히 포기하고서 정치개혁 운동에 몸을 담게 됨
1840년(27세)	5월 리즈의회개혁협회 서기관이 됨(1840년대에 영국 사회개혁가 로버트 오언의 사상에 깊은 관심을 가지게 되면서 오언이 펴내는 〈유니언〉지에 기사를 투고함. 또한 리즈에서의 협동조합 운동에도 도움을 주었으며, 이는 나중에 리즈 공제조합과 리즈 구원조합 결성의 주춧돌이 됨)
1843년(31세)	12월 사라 앤 홈즈와 결혼함(이후 세 딸과 두 아들을 둠)

1845년(33세)	〈리즈 타임즈〉 편집장 일을 그만두고서 '리즈 앤드 서스크 철도국'의 일자리를 얻음(~1854년)
1850년대(38세 이후)	의회개혁에 대한 관심을 완전히 접고서 '자조(Self help)가 성공으로 가는 최상의 길'이라고 주장함. 1854년에는 1845년 이후 9년 동안 일해온 '리즈 앤드 서스크 철도국'을 그만 두고서 '사우스 이스턴 철도국'의 일자리를 얻음. 근면과 검약, 자기향상을 설파한 저서 《자조론》은 1855년 루트리지 출판사에 출판을 의뢰하였으나 거절당함
1859년(47세)	《자조론》을 자비로 출판함(판권은 스마일스가 가지되 존 머리에게 10% 수수료를 지급하는 조건으로 존 머리의 도움을 받아 펴냄으로써 세상의 빛을 보게 됨).
1866년(54세)	철도국 일자리를 그만 두고서 국민연금협회 회장에 취임함
1871년(59세)	발작(뇌졸중)을 일으키면서 국민연금협회 회장 자리를 그만두었으며, 투병 생활을 시작함(뇌졸중에서 회복되고 나서 다시 읽기와 쓰기를 배워 책을 저술함)
1875년(63세)	《검약론》 출판함
1877년(65세)	두 아들 가운데 막내인 새뮤얼 스마일스가 오스트레일리아(1869년)와 미국(1871년)을 여행하면서 써보낸 편지와 여행일지를 편집해서 《한 소년의 세계여행》이라는 제목으로 출판함
1904년(91세)	4월 16일 켄징턴에서 영원히 눈을 감았으며 브롬프턴 묘지에 묻힘
1905년(사후)	80대 때 스마일스 자신이 쓴 자서전이 출판됨

인물 찾아보기

* 갈릴레이(Galileo Calilei, 1564~1642) 이탈리아의 천문학자, 수학자.
* 갈바니(Luigi Galvani, 1737~97) 볼로냐 대학에서 산과 교수로 지내던 중 동물 전기를 발견.
* 게스너(Conradus Gesner, 1516~65) 스위스 박물학자, 내과의사. 취리히 대학의 교수로 철학과 자연사를 강의함.
* 게인즈버러(Thomas Gainsborough, 1727~88) 영국풍경미술학교의 설립자. 왕립미술학교 설립 멤버.
* 골드스미스(Oliver Goldsmith) 아일랜드 극작가, 소설가, 시인. 《웨이크필드의 목사(1766)》로 유명함.
* 구필(Jacques Goupil, ?~1564) 프랑스 외과의사, 의학저자.
* 굿(John Mason Good, 1764~1827) 내과의사, 여러 분야의 저자. 루크레티우스를 번역하여 1805년에 출판.
* 그랜트(Ulysses Simpson Grant, 1822~85) 미국 남북전쟁 당시 군인. 1864년 연합군의 사령관이었으며 1868년 미국의 18대 대통령이 됨.
* 그랜트형제(William Grant and Charles Grant, ?~?) 판화제작자, 면직공장 소유주.
* 그레구아르(Henry Gregoire, 1750~1831) 프랑스 고위 성직자. 앙베르메닐의 교구목사로《유대민족의 재건에 대한 소론(1778)》으로 유명.
* 그레이(Thomas Gray, 1716~71) 시인. 〈멀리서 바라본 이튼 대학에 대한 송시(1742)〉와 〈어느 시골 묘지에서 쓴 애가(1751)〉로 유명.
* 그레이엄(James Graham, 1754~1817) 화가로 스코틀랜드 트러스티 미술학교를 최초로 감독함.
* 그룸(James Foster Groom, 1786~1858) 유능한 재정가. 영국의 철도체계를 발전시키는 데 도움을 줌.
* 글래드스턴(William Ewart Galdstone, 1809~98) 자유주의적인 정치가, 교육 개

혁가. 1868년에서 1874년까지 수상을 지냄.
* 글레이그(George Robert Gleig, 1796~1888) 스코틀랜드 소설가, 역사학자. 1813년 반도전쟁에 참전했으며 1814년 북아메리카로 가서 1816년 《웰링턴의 삶》을 발표.
* 기번(Edward Gibbon, 1737~94) 역사학자. 《로마제국의 흥망성쇠(1776~8)》로 유명.
* 기퍼드(Robert Gifford, 1820~87) 스코틀랜드 판사. 에든버러, 글래스고우, 세인트앤드류스 대학에 많은 기부금을 남김.
* 기퍼드(William Gifford, 1756~1826) 토리당과 연계된 《반자코뱅》을 1797년에서 1798년까지 편집했으며, 월터 스콧의 〈계간지(1809~24)〉를 편집.
* 길핀(William Gilpin, 1724~1804) 작가, 화가, 성직자. 별난 예배의식을 이끈 인물로 유명.
* 깁슨(John Gibson, 1790~1866) 로마에서 공부하다 영구히 거주. 고전화풍의 영감을 받은 그림들로 유명.
* 다건(William Dargan, 1799~1867) 아일랜드 철도 설계가, 농장지주, 제조업자. 아일랜드 자본주의자.
* 다게르(Louis-Jacques-mande Daguerre, 1789~1851) 다게르타입을 발명한 프랑스 발명가, 사진기술의 선구자.
* 다게소(Henri-Francois Daguesseau, 1668~1751) 1717년 이후 프랑스의 대법관.
* 다뤼(Comte de Daru, 1767~1829) 프랑스 역사가이자 군행정관, 1811년 이후의 전쟁장관.
* 다윈(Erasmus Darwin, 1731~1802) 시인, 정치가. 1796년 《동물학(Zoonomia)》 또는 《유기생물의 법칙(the Laws of Organic Life)》, 1799년 《식물학》 출판.
* 단테(Dante Alighieri, 1265~1321) 이탈리아 시인. 가장 유명한 작품으로 《신곡》이 있음.
* 달랑베르(Jean Le Rond D'Alembert, 1717~83) 프랑스 철학가, 수학자. 《백과사전(encyclopédie)》을 디데롯과 공동 저술.
* 달하우시(Marquis of Dalhousie, 1812~60) 인도의 총독(1847~56). 그의 통치로 많은 영토가 영국에 흡수됨.
* 더 사일런트(William 'The Silent', 1533~84) 나소의 백작, 오렌지왕가의 왕자. 종교재판소의 이단법에 대해 투쟁.

* 더글러스(James Douglas, 1286~1330) 스코틀랜드 독립전쟁 때 로버트 브루스 사령관 밑에서 영국에 대항했으며(1297), 70차례에 걸친 전투에서 용감히 싸운 영웅으로 알려짐.
* 더닝(John Dunning, 1731~83) 애시버튼 남작 1세(1731~83), 정치가. 미국의 독립전쟁 전에 미국 식민지에 대한 여당의 정책에 반대.
* 더들리와 워드(Dudley and Ward) 워드(William Ward) 참고.
* 데모크리토스(Democritus, 460~370 BC) 그리스 철학가. 세계는 무한히 많은 세밀한 분자로 구성되어 있다는 원자론으로 유명.
* 데이비(Humphry Davy, 1778~1822) 화학자, 전도사. 수많은 금속(칼륨, 나트륨, 바륨, 마그네슘) 발견.
* 데일젤(Andrew Dalzel, 1742~1806) 고전학 교수, 에든버러 대학의 그리스어 교수, 에든버러 왕립학회 공동 창립자.
* 덴먼(Thomas Denman, 1779~1854) 1820년 섭정왕자에 대항하여 캐롤라인 여왕을 변호한 법관으로 유명하며, 1831년 수석 재판관이 됨.
* 델론(Jean-Baptiste D'erlon, 1765~1844) 프랑스 혁명군이면서 장군.
* 도즐리(Robert Dodsley, 1704~64) 극작가, 서적상인. 그의 작품 《장난감 가게(Toy Shop)》는 코번트 가든(Covent Garden) 극장에서 대성공을 거둠.
* 돌턴(John Dalton, 1766~1844) 화학자로 혼합가스를 연구했으며 색맹을 최초로 설명함.
* 둔디아(Dhoondiah) 워(Dhoondiah Waugh) 참고.
* 뒤랑(Jean-Nicholas-Louis Durand, 1760~1834) 에콜 공예학교의 건축학과 교수로 이 분야에서 많은 책을 펴낸 작가이기도 함.
* 뒤보아(Dubois de Crance, 1747~1814) 프랑스 의용군.
* 뒤시(Ducie) 허버트(Francis Herbert) 참고.
* 뒤크누아(Francois Duquesnoy, 1594~1646) 벨기에 조각가. 거의 로마에서 일함.
* 뒤팽(Dupin, ?~?)
* 뒤플레시(Armand Jean Duplessis, 1585~1642) 리슐리외 공작, 프랑스 국회의원, 성직자. 루이 13세 때 추기경(1622), 총리(1624)로 임명됨.
* 드라이든(John Dryden, 1631~1700) 시인, 극작가.
* 드레이크(Francis Drake, 1540~96) 항해자, 해적. 영국인으로는 태평양을 최초

로 발견하였으며 엘리자베스 시대의 인기 있는 영웅.
* 드류(Samuel Drew, 1765~1833) 여행가, 제화업자. 웨슬레 교파의 신도가 된 뒤 감리교를 옹호하는 논문을 썼으며 그중 〈영국의 형이상학(Cornish Metaphysician)〉이 유명.
* 들랑브르(Jean-Joseph Delambre, 1749~1822) 프랑스 천문학자. 천왕성의 움직임을 계산하기 위해 산술표 작성.
* 디드로(Denis Diderot, 1713~84) 저술가. 프랑스인으로 백과사전 편집장.
* 디어링(Deering, ?~?) 노팅엄 역사학자.
* 디즈레일리(Benjamin Disraeli, 1804~81) 정치가, 소설가, '영국청년당' 운동의 창시자. 두 차례에 걸쳐 토리당 당수가 됨.
* 디즈레일리(Isaac Disraeli, 1776~1848) 문필가로 벤저민 디즈레일리의 아버지.
* 디킨스(Charles Dickens, 1812~70) 소설가.
* 디포우(Daniel Defoe, 1660~1731) 작가 겸 모험가. 소설 《로빈슨 크루소》와 《몰플랜더스》로 유명.
* 딕(Robert Dick, 1811~66) 독학으로 스코틀랜드의 지질학자 겸 식물학자가 됨.
* 라베일락(Francois Ravaillac, 1578~1610) 열렬한 카톨릭 신자. 페이앙파의 교리를 따라 헨리 4세를 중상모략함.
* 라이트(Captain Wright, ?~?)
* 라이트(Joseph Wright, 1734~97) 풍속화가, 초상화가. 달빛과 촛불 등 묘한 빛의 효과로 유명.
* 라이트(Thomas Wright, 1785~1875) 교도소 개혁가. 샐퍼드 교도소를 방문한 뒤(1838) 사회에 나온 전과자들을 교화시킴.
* 라파엘로 델 모로(Raffaello Del Moro, ?~?) 이탈리아의 금세공인
* 랑동(Jaques Louis Cesar Alexandre Randon, 1795~1871) 알제리아 전투에 참여하여 카빌리아를 항복시키는데 기여(1857).
* 러셀(Jonh Russell, 1792~1878) 최초 선거법 개정안의 고안자, 휘그당의 당수 (1846~52, 65).
* 러쉬(Rush, ?~?) 미국의 영국 대사.
* 러스킨(John Ruskin, 1819~1900) 작가, 예술평론가. 《근대의 화가들(1843)》을 통해 터너의 작품을 옹호함.
* 레널드(Joshua Reynolds, 1723~92) 초상화가, 문학 클럽 창립자(1764), 영국왕

립학교 최초의 교장(1768).
* 렌(Christopher Wren, 1632~1723) 건축가. 성 바오르 성당, 수많은 런던의 교회, 옥스퍼드와 캠브리지의 대학 건물 등의 건축으로 유명함.
* 로렌(Claude Lorraine, 1600~1852) 프랑스 풍경화가. 부드럽고 조화로운 색채로 유명.
* 로린슨(Henry Creswicke Rawlinson, 1810~95) 외교관, 앗시리아학 연구가.
* 로밀리(Samuel Romilly, 1757~1818) 변호사, 법률개혁자, 법무장관(1806).
* 로버츠(David Roberts, 1796~1864) 스코틀랜드인 화가. 영국 드루어리 래인 극장에서 무대 화가로 시작함.
* 로버트(Louis Leopold Robert, 1794~1835) 프랑스 화가. 혁신적인 채색기법으로 유명함.
* 로버트슨(Frederick William Robertson, 1816~53) 급진적 신학자. 영국 브라이턴의 트리니티 성당에서 재직(1847).
* 로빈슨(Christoper Robinson, 1766~1833) 해사법원의 판사.
* 로사(Salvator Rosa, 1615~73) 이탈리아 시인, 화가. 거친 풍경화로 유명.
* 로스(George Ross, 1815~75) 런던의 내과의사. 저서 《자아개발(1854)》.
* 로시니(Gioacchino Antonio Rossini, 1792~1868) 이탈리아 오페라 작곡가. 《세빌리야의 이발사》와 《빌헬름텔》로 유명함.
* 루빌리아크(Louis Frangois Roubillac, 1705~62) 프랑스 조각가, 1730년대에 영국 런던으로 이주. 헨델, 뉴턴, 셰익스피어의 조각 작품으로 유명.
* 로저스(Samuel Rogers, 1763~1855) 은행가, 시인. 시집 《기억의 즐거움(1792)》으로 명성을 얻음.
* 로제(Rosse, 1800~67) 파슨즈(William Parsons) 참고.
* 롬니(Geroge Romney, 1734~1802) 런던으로 가서 세련되고 귀족적인 초상화를 그림(1762).
* 로비아(Luca Della Robbia, 1400~82) 이탈리아 조각가. 테라코타 작품으로 유명함.
* 리베라(Lo Spagnoletto, Jusepe de Ribera, 1588~1656) 공포 장면에 매혹된 스페인의 화가.
* 리처드슨(Jonathan Richardson, 1665~1745) 초상화가, 작가. 《미술이론(1715)》은 표준 미술학 참고서적이 됨.

* 리처드슨(Samuel Richardson, ?~?)
* 리처즈(Richard Richards, 1752~1823) 판사, 헬스턴의 하원의원(1796, 1807).
* 리카도(David Ricardo, 1772~1823) 아담 스미스의《국부론》에 영향을 받은 정치 경제 학자,《정치경제와 조세에 관한 원리(1817)》.
* 리튼하우스(David Rittenhouse, 1732~1803) 뉴턴의 영향을 받은 미국 천문학자.
* 리히터(Johann Paul Friedrich Richter, 1763~1825) 독일의 소설가, 다작의 소설가, 풍자가.
* 바로(Marcus Terentius Varro, 116~27 BC) 로마의 학자. 그의 저서는 역사, 웅변, 법, 철학, 문법을 망라함.
* 바사리(Giorgio Vasari, 1511~74) 이탈리아 예술가, 예술역사가. 저서《미술가 열전》으로 유명함.
* 바이런(Lord Byron, 1788~1824) 시인.
* 바클리(David Barclay, 1755~1839) 모리셔스 섬의 총독.
* 바클리(Robert Barclay, 1758~90) 퀘이커파의 스코틀랜드인 옹호자.《진정한 기독교 신에 대한 속죄》발표.
* 바클리앨러디스(Robert Barclay-Allardice, 1779~1854) 스코틀랜드 군인, 스포츠맨. 1,000시간 연속으로 1,000마일을 걸어 널리 유명해짐.
* 바흐(Johann Sebastian Bach, 1685~1750) 작곡가.
* 밥티스트(Jean Baptiste, 1695~1763) 이탈리아 시인
* 배로(Issac Barrow, 1630?~77) 수학자, 신학자. 그래섬 대학과 캠브리지 대학의 교수였으며, 유클리드와 아르키메데스의 저서를 번역.
* 배리(James Barry, 1741~1806) 아일랜드의 역사적인 화가.
* 배비지(Charles Babbage, 1791~1871) 수학자. 2가지 원리의 계산기를 만드는 데 일생을 바쳤고, 캠프리지 대학에서 루카시안 수학 석좌 교수로 있었음.
* 배일(Bayle, ?~?) 메이어비어의 전기 작가.
* 배핀(John Baffin, 1584~1622) 북서 항로를 개척했으며, 몇 개의 항로에 정통함.
* 백스터(Richard Baxter, 1615~91) 비국교도 성직자. 독학하여 엄청난 신학 지식을 습득.《신약성서 의역(Paraphrase on the New Testament)》을 펴냈고, 이 때문에 치안 방해죄로 교도소에 수감됨.

* 밴시타트(Nicholas Vansittart, 1766~1851) 벡슬리 남작 1세, 정치인, 토리당 재무 담당관.
* 뱅크스(Thomas Banks, 1735~1805) 조각가로 신고전주의 양식의 작품을 조각.
* 버고인(John Burgoyne, 1722~92) 이베리안 반도에서 일어난 '7년전쟁(1756~63)'으로 이름을 날림. 토리당에서 1782년 휘그당으로 옮김.
* 버그(Duc de Berg, ?~?) 나폴레옹 통치 때 시칠리아의 총독.
* 버나드(Nicholas Bernard, ?~1661) 군목사, 올리버 크롭웰에 물품을 전달해주는 구호품 분배 관리자.
* 버니(Charles Burney, 1726~1814) 작곡가. 《일반 음악사》의 저자.
* 버니언(John Bunyan, 1628~88) 작가, 설교자. 《천로역정》의 저자.
* 버닛(Gilbert Burnet, 1643~1715) 스코틀랜드 성직자, 역사학자. 《1679년에서 1714년까지의 종교개혁사》 3권을 발표.
* 버닛(John Burnet, 1784~1868) 스코틀랜드 조각가. 윌키의 많은 그림을 조각함.
* 버드(Edward Bird, 1722~1819) 독학으로 주제화가가 됨. 특히 종교적이고 역사적인 사건을 그림.
* 버틀리(Birley, ?~?)
* 버릿(Elihu Burritt, 1810~79) 미국의 대장장이. 여가시간을 수학과 언어 연구에 할애.
* 버질(Virgil, 70~19 BC) 로마의 시인.
* 버크(Edmund Burke, 1729~97) 아일랜드 정치가, 철학가. 그의 저서 《프랑스혁명에 대한 소견》은 유럽 전역에서 인기를 누림.
* 버크(John Burke, 1787~1848) 아일랜드 계보학자. 《버크족보 명감》을 집필.
* 버클루 공작 5세(Walter Francis Scott, 1806~84) 그랜튼에서 부두와 방파제를 건설.
* 버클리(Elizabeth Berkeley, 1734~1800) 작가. 1766에 둘째아들을 출산한 뒤 우두접종을 받음.
* 버틀러(Joseph Butler, 1692~1752) 브리스틀(1738)과 더램(1750)의 주교 역임. 1736년 《종교유추》 발표.
* 벅스턴(Thomas Fowell Buxton, 1786~1845) 벅스턴 준남작 1세. 양조자, 노예제도 폐지론자, 형법 개혁자.

* 번스(Robert Burns, 1759~96) 스코틀랜드 시인.
* 벌레이(Burleigh) 세실(William Cecil) 참고.
* 베도스(Thomas Beddoes, 1760~1808) 철학가, 작가. 1798년에서 1801년까지 브리스틀에서 '기낭(Pneumatic Institute)'에서 활동. 여기에서 데이비가 보조원으로 일함.
* 베레(Horace Vere, 1565~1635) 스페인 카디스에서의 업적을 인정받아 기사 작위를 받음.
* 베시에르(Jean Baptiste Bessieres, Duc d'Istrie, 1786~1813) 프랑스 혁명군인, 생 장 다크레, 아부키르, 아우스터리츠에서 세운 공로로 유명함.
* 베이즐리(Bazley, ?~?) 하원의원.
* 베이컨(Francis Bacon, 1561~1626) 영국 정치가, 철학가. 1681년 이후 대법관.
* 베이컨(John Bacon, 1740~99) 영국의 조각가. 왕립미술대학 최초의 학생으로 웨스트민스터 성당과 성 바오르 성당의 중요한 기념물을 제작.
* 베일리(Francis Baily, 1774~1844) 주식 중개인으로 일하다 은퇴하고, 천문학 연구에 헌신하여 지구의 평균 밀도 계산.
* 베카리아(Cesare Beccaria, 1738~94) 이탈리안 법학자, 형법 개혁자.
* 베토벤(Ludwig Van Beethoven, 1770~1827) 작곡가.
* 벤틀리(Richard Bentley, 1662~1742) 고전학자, 캠브리지의 트리티니 대학 학장.
* 벨(Charles Bell, 1744~1842) 스코틀랜드 해부학자, 외과의사. 척수신경계 전문.
* 벨(Henry Bell, 1767~1830) 스코틀랜드 엔지니어, 증기항해 선박업자. 유럽 최초의 증기여객선 '코멧' 제작.
* 보나파르트(Jerome Bonaparte, 1784~1860) 나폴레옹의 형, 웨스트팔리아의 왕.
* 보나파르트(Napoleon Bonaparte, 1769~1821) 프랑스 황제.
* 보몬트(Gustave de Beaumont, 1802~66) 토크빌과 미국을 함께 여행한 친구. 《마리에》 또는 《미국의 노예제도(Slavery in the United Stated)》의 저자.
* 보바딜라(Bobadilla, ?~?) 포르투갈 선교사.
* 보일(Robert Boyle, 1627~91) 아일랜드의 물리학자, 화학자. '보일의 법칙'으로 유명. 이 법칙은 압력과 가스의 양이 반비례함을 보여줌.
* 보카치오(Glovanni Boccaccio, 1313~75) 이탈리아의 산문소설, 전원시, 운문시

의 작가. 가장 유명한 작품으로 《데카메론》이 있음.
* 보캉송(Jacques de Vaucanson, 1709~82) 프랑스 기술자, 최초로 자동 기계를 발명.
* 보클랭(Louis~Nicolas Vauquelin, 1763~1829) 프랑스의 분석화학자.
* 보트거(Johann Friedrich Böttgher, 1682~1719) 독일의 도예가.
* 볼링브룩(Henry St John Bolingbroke, 1678~1751) 비스카운트 볼링브룩 1세, 정치가. 재코바이트 봉기를 모의 한 뒤 프랑스로 도피하여 《유형 묵상록(Reflections on Exile)》을 집필.
* 볼테르(Voltaire, 1694~1778) 프랑스의 사상가. 그의 저서는 18세기 계몽주의를 구체화함.
* 볼튼(Matthew Boulton, 1728~1809) 엔지니어. 와트와 동업하여 1774년 증기기관 제작.
* 불워리튼(Edward Bulwer-Lytton, 1803~73) 리튼 경. 다작의 소설가, 극작가, 수필가, 시인, 정치가. 오늘날 《폼페이 최후의 날》로 유명함.
* 뷔고드(Thomas Bugeaud, 1784~1849) 1836년에서 1844년까지 알제리와 모로코에 참전, 1848년 '2월혁명' 때 파리군대 지휘.
* 뷔퐁(Comte de Buffon, 1707~88) 프랑스 박물학자. 《자연사》 44권을 집필한 작가로 유명. 이 책은 진화론을 예시해줌.
* 뷰윅(Thomas Bewick, 1753~1828) 18세기 말에 목판화를 부활시킴.
* 브라더튼(Joseph Brotherton, 1783~1857) 자유 무역가, 개혁자, 채식주의자, 금욕주의자들을 옹호한 독실한 기독교인.
* 브라운(John Brown, 1780~1859) 석공, 지질학자, 작가.
* 브라운(Samuel Brown, 1776~1852) 쇠사슬로 현수교를 만드는 방법을 발명한 엔지니어.
* 브라이트(John Bright, 1811~89) 급진적 정치가, 웅변가, 반곡물법 동맹의 지도자, 1843년 이후 더럼의 하원의원.
* 브랑톰(Pierre de Bourdeilles de Brantôme, 1530~1614) 프랑스의 조신, 작가. 1659년부터 집필한 비망록은 발루아 왕가에 대한 문학적, 역사적 평가서임.
* 브로디에(Benjamin Collins Brodie, 1783~1862) 관절병을 치료한 외과의사.
* 브루넬(Marc Isambard Brunel, 1769~1849) 엔지니어, 발명가. 테임즈 강 터널 공사에서 두드러진 업적을 남김.

* 브루스(Robert Bruce, 1274~1329) 1306년 이후 스코틀랜드 왕으로 스코틀랜드 독립전쟁의 영웅.
* 브루엄(Henry Peter Brougham, 1778~1868) 브루엄 남작 1세, 보의 남작, 스코틀랜들 법학자. 노예무역을 중죄로 인정하는 법안을 1810년 의회에 통과시킴.
* 브리스틀(Bristol) 하비(Frederick Augustus Harvey) 참고.
* 브리턴(John Britton, 1771~1857) 지형학자, 골동품연구가.
* 브린들리(James Brindley, 1716~72) 18세기의 가장 중요한 운하 건설자. 모두 합해 365마일의 운하 건설.
* 블랙(Joseph Black, 1728~99) 스코틀랜드 화학자. 1766년 이후 에든버러의 약학, 화학 석좌교수.
* 블랙스턴(William Blackstone, 1723~80) 옥스퍼드 대학 교수. 《영국 법률에 대한 논평(Commentaries on the Laws of England)》을 출판해 부를 얻음.
* 블랙크너(John Blackner, 1770~1816) 양말제조업자, 작가. 〈노팅엄 평론지(Nottingham Review)〉를 편집, 《노팅엄의 역사(History of Nottingham)》 발표.
* 블레이크(William Blake, 1757~1827) 시인, 화가, 판화가.
* 블룸필드(Robert Bloomfield, 1766~1823) 다락방에서 〈농부의 아들〉을 쓴 신발 제조업 견습공. 이 시로 엄청난 명성을 얻음.
* 블뤼허(Gebhard Leberecht von Blucher, 1742~1819) 발슈타트 공작. 프로이센 장군으로 군대를 이끌고 워털루에서 웰링턴 장군과 협공.
* 비알로(Vialot, ?~?) 프랑스 외과의사.
* 비커스테스(Henry Bickersteth, 1783~1851) 랭데일 남작. 1836년 이후 기록 보관관으로 일했으며, 공정하고 건전한 판단을 하는 판사로 이름을 날림.
* 빅토르(Claude Perrin Victor, 1764~1841) 1808년부터 1812년까지 스페인을 통치한 프랑스 혁명군.
* 사보이(Savoy) 필버트(Emmanuel Philibert) 참고.
* 사우디(Robert Southey, 1774~1843) 시인, 작가. 계관시인(1813).
* 살루스티우스(Gaius Sallustius Crispus, 86~34 BC) 로마의 정치가, 역사가.
* 새들레어(John Sadleir, 1814~56) 아일랜드의 정치가, 사기꾼. 20만 파운드를 은행에서 초과 인출한 뒤 자살.
* 샤프(Granville Sharp, 1735~1813) 노예폐지론자.
* 샤프(William Sharp, ?~?) 내과의사. 그랜빌 샤프의 형제.

* 샤플스(James Sharples, 1825~93) 대장장이, 미술가.
* 샹가르니에(Nicolas Anne Theodule Changarnier, 1792~1877) 알제리 총독, 바위군 사령관.
* 샹텔루(Fréart de Chantelou, 1609~94) 판화가, 푸생의 유언 집행인.
* 서그던(Edward Burtenshaw Sugden, 1781~1875) 법작가, 판사.
* 서머싯(Edward Somerset, 1601~67) 우스터의 제2대 후작, 증기 양수기 발명. 《발명의 세기(1663)》
* 서머싯(James Somerset, ?~?) 아프리카 노예, 이민자. 그의 재판은 영국의 모든 노예들을 해방시키는 계기가 됨.
* 서버러(Aleksandr Vasilievich Suboror, 1730~99) 러시아 육군 원수.
* 서번(Robert Thorburn, 1818~85) 미니어처 화가. 빅토리아 여왕에게서 많은 작품 의뢰를 받음.
* 성 레너즈(St Leonards) 서그던(Edward Burtenshaw Sugden) 참고.
* 성 빈센트(St Vincent) 저비스(John Jervis) 참고.
* 세네카(Lucius Annaeus Seneca, 4 BC~AD 65) 로마 스토아학파의 철학자, 네로 황제에 의해 자살을 명령받음.
* 세실(Richard Cecil, 1748~1810) 신교전도파의 신학자이자 설교자. 1780년에서 1808년까지 런던에서 인기를 누림.
* 세실(William Cecil, 1520~98) 버레이 경. 엘리자베스 여왕의 통치하에서 국무대신을 지낸 정치가.
* 세이버리(Thomas Savary, 1650~1715) 광산에서 물을 퍼내는 최초의 증기 기구로 특허를 받음.
* 세지윅(Adam Sedgwick, 1785~1873) 남서 잉글랜드에서 데본계를 발견한 지질학자.
* 셔블(Cloudesley Shovel, 1650~1717) 네덜란드와의 수많은 해전에 참가. 영국 해군소장(1705).
* 셰리던(Richard Brinsley Sheridan, 1751~1816) 아일랜드 극작가. 런던에서 첫 작품《경쟁자들(1775)》로 대성공. 국회의원으로 선출(1780).
* 셰익스피어(William Shakespeare, 1564~1616) 극작가, 시인.
* 셰퍼(Ary Scheffer, 1795~1858) 프랑스 화가. 장르 회화와 낭만적 초상화로 유명.

* 셸러(Carl Wilhelm Scheele, 1742~86) 스위스 화학자. 많은 산성물을 발견. 대기는 두개의 가스층으로 이루어짐을 증명.
* 소른(Zorn, ?~?) 독일인 약사.
* 소머즈(John Somers, 1651~1716) 휘그당의 국회의원, 대법관과 남작 작위를 받음(1697). 윌리엄 3세가 가장 신뢰한 고문.
* 소크라테스(Socrates, 469~399 BC) 그리스 철학자.
* 솔라리(Antoine Solari, 1382~1455) 이탈리아 나폴리에서 폭넓게 활동한 미술가.
* 솔로몬(Solomon, 1015~977 BC) 이스라엘의 지혜로운 왕.
* 솔론(Solon, 638~559 BC) 그리스 입법가, 시인. 아테네를 위해 많은 개혁을 주도하고 민주주의의 기본을 닦음.
* 술트(Nicola Jean de Dieu Soult, 1769~1851) 영국군이 스페인에서 퇴각하도록 만든 프랑스 혁명군. 뒤에 스페인의 프랑스 군 최고 사령관이 됨.
* 쉐세(Louis Gabriel Suchet, 1770~1826) 아라곤을 항복시킨 프랑스 혁명군.
* 쉴러(Johann Christoph Friedrich von Schiller, 1759~1805) 독일 극작가, 역사가, 시인.
* 쉴리(Maximilian de Bethune, Duc de Sully, 1560~1641) 프랑스 재정전문가. 헨리 4세가 가장 믿던 각료이자 고문.
* 슈바르츠(Christian Friedrich Schwartz, 1726~1798) 프로이센 태생의 선교사. 1750년부터 사망 전 까지 전도사와 군목으로 사역.
* 슈베르트(Franz Peter Schubert, 1797~1828) 오스트리아 작곡가, 독일 가곡의 가장 위대한 대표자.
* 스미스(Adam Smith, 1723~90) 철학자, 경제학자, 근대 정치경제학의 창시자.
* 스미스(John Pye Smith, 1774~1851) 신학자, 비전문 지질학자.
* 스미스(Sydney Smith, 1771~1845) 영국의 목사, 수필가, 〈에든버러 리뷰〉의 공동 창립자.
* 스미스(William Smith, 1769~1839) 토목기사, 지질학자.
* 스미슨(Hugh Smithson, 1715~86) 노섬버랜드 공작 1세.
* 스미턴(John Smeaton, 1724~94) 기술자. 1753년 왕립학회 회원이 됨. 물레바퀴와 풍차를 기계학적으로 연구하여 수훈을 세움.
* 스위프트(Jonathan Swift, 1667~1745) 시인, 풍자작가, 성직자. 더블린 성패트

릭 성당의 사제장(1714).

* 스카를라티(Giuseppe Domenico Scarlatti, 1685~1757) 이탈리아의 작곡가, 근대 키보드 테크닉의 창안자, 하프시코드 소나타로 유명함.
* 스캔더벡(Scanderbeg, 1403~68) 알바니아의 군사 영웅. 이슬람교를 버리고 터키군을 알바니아에서 몰아내기 전까지 술탄 뮈라 2세의 총애를 받음.
* 스콧(John Scott, 1751~1838) 엘덴 백작 1세, 변호사, 영국 보수당 하원의원(1801).
* 스콧(Thomas Scott, 1747~1821) 신학자, 종교에 관한 글을 5권의 책으로 출판(1805~1808).
* 스콧(William Scott, 1745~1836) 스토웰 남작 1세, 판사, 국가법에 대한 영국의 최고 권위자.
* 스콧박사(Dr Scott)
* 스탈부인(Anne-Louise-Germaine Necker, Madame de Staël, 1766~1817) 프랑스 정치 작가, 소설가. 유창한 말솜씨와 화려한 살롱으로 유명.
* 스탠리(Edward Stanley, 1799~1869) 더비 백작 14세. 1815년, 1859년에서 1859년, 1867에서 1868년 토리당 당수가 됨.
* 스탠필드(Clarkson Stanfield, 1793~1867) 해양, 풍경화가. 19세기에 판화로 널리 복제됨.
* 스터럿(Edward Strutt, 1801~80) 벨퍼 남작 1세. 더비(1830~47), 애룬딜(1851~2), 노팅엄(1852~6)의 하원의원. 런던대학 총장(1871).
* 스터전(William Sturgeon, 1783~1850) 최초의 전기자석 제작(1825). 〈전기 연보(1836)〉를 영국 최초로 발간.
* 스털링(John Sterling, 1806~44) 스코틀랜드 문필가. 문예평론지 〈아테나신전〉의 소유주, 편집장. 《아서 코닝스비(1833)》 출판.
* 스토(Harriet Beecher Stowe, 1811~96) 미국 소설가. 《톰 아저씨의 오두막》으로 유명.
* 스토(John Stow, 1525~1605) 《영국 연보》《런던과 웨스트민스터 답사》로 유명.
* 스토타드(Thomas Stothard, 1755~1834) 화가, 판화가. 그의 작품은 《천로역정》과 《도시와 지방의 잡지》와 같은 출판물을 더욱 빛내줌.
* 스토펠즈(Stofells, ?~?) 토크빌의 친구.
* 스톤(Edmund Stone, 1768~?) 18세까지 문맹이었으나 존경받는 수학자가 되어

1825년에 왕립학회 회원이 됨.
* 스튜어트(James Stuart, 1713~88) 건축가. 《아테네의 고대유물》이란 작업을 1762년에 시작하여 니콜라스의 도움으로 1814년 완성.
* 스튜어트(John Stuart, 1713~92) 뷰트 백작 3세. 1762년 피트를 대신하여 수상을 맡아 1년 뒤에 사임.
* 스트럿(Jedediah Strutt, 1756~97) 방적업자, 양말 편집기 개량.
* 스트럿(Joseph Strutt, 1765~1844) 예술품 수집가, 더비의 최초 시장.
* 스트럿(William Strutt, 1756~1830) 벨퍼 스토브와 물 자동 방적기 발명가.
* 스트롱(Jonathon Strong, ?~?) 아프리카 노예
* 스티븐슨(George Stephenson, 1781~1848) 철도 기술자. 1시간에 30마일을 날아가는 로켓을 제작(1830).
* 스펜서(Edmund Spenser, 1552~90) 시인
* 스펠먼(Henry Spelman, 1562~1641) 고고학자. 방대한 《고고학 사전》의 집필로 유명함. 이 책은 그의 아들인 윌리엄 더그데일에 의해 완성됨.
* 스피노자(Baruch Spinoza, 1632~77) 네덜란드 철학자. 광학, 천문학, 신학 전공.
* 스피놀라(Ambrogio Spinola, 1539~1630) 로스 발바세스 후작, 이탈리아 군인. 30년 동안 스페인령 네덜란드와 독일에 참전.
* 시드넘(Thomas Sydenham, 1624~1689) 의사, 히스테리와 성병의 증상을 밝혀 냄.
* 시드니(Philip Sidney, 1554~86) 시인, 예술 후원자.
* 시드니(Sydney) 시드니(Philip Sidney) 참고.
* 시르(Nugues Saint Cyr, 1774~1842) 프랑스 혁명군.
* 심슨(Robert Simson, 1687~1768) 글래스고 대학의 수학 교수, 유클리드의 《기하학원론》을 포함한 《고대 그리스 기하학(1758)》 편집.
* 싱클레어 경(Sir John Sinclair, 1754~1835) 스코틀랜드 정치가, 농업학자.
* 썰로우(Edward Thurlow, 1731~1806) 썰로우 백작 1세, 법무차관(1770), 법무장관(1771).
* 아낙사고라스(Anaxagoras, 500~428 BC) 그리스 철학가로 모든 물질은 계속해서 분자로 분해한다고 주장.
* 아널드(Thomas Arnold, 1795~1842) 교육자. 1828년 럭비 학교 교장을 지냄.

서식 체계 도입, 1841년 옥스퍼드 대학의 현대 역사학 칙임 교수로 임명됨.
* 아르곤(Noel Argonne, 1634~1778) 프랑스 변호사, 작가.
* 아르너(Antoine Arnauld, 1612~94) 프랑스 철학가, 법률가, 성직자, 수학자. 《논리학 사고 기술(포트 로얄의 논리학, 1662)》의 공동저자.
* 아르네(Thomas Augustine Arne, 1710~78) 드루리 레인 극장을 위해 쓴 셰익스피어 송시로 유명해진 작가. 오늘날 《영국이여 통치하라(Rule, Britannia)》로 유명.
* 아브라함 렘바크(Abraham Raimbach, 1776~1843) 선(Line)조각 동판조각가. 데이비드 윌키와 일로 친밀한 관계에 있었음. 윌키의 가장 대중적 인기를 누린 그림들의 대형 금속판 시리즈를 제작.
* 아우구스투스(Frederick Augustus, 1773~1827) 요크와 알바니의 공작. 벨기에에서 끔찍한 겨울 퇴각을 이끌어 불명예를 가짐.
* 아이스킬로스(Aeschylus, 525~456 BC) 그리스 비극 작가.
* 아크라이트(Richard Arkwright, 1732~92) 발명가, 생산업자.
* 아폴로니오스(Apollonius, 250~220 BC) 페르게에서 출생. 그리스의 수학자, 원뿔곡선의 권위자.
* 알렉산더 1세(Alexander, 1777~1825) 러시아 황제.
* 알프레드 대왕(Alfred the Great, 849~99) 웨식스의 앵글로 색슨 왕.
* 알프레드(Alfred, Lord Tennyson, 1804~92) 테니슨 경, 시인, 계관시인.
* 알피에리 백작(Vittorio Alfieri, 1749~1803) 이탈리아 시인, 극작가. 그의 첫 작품 《클레오파트라》로 대단히 성공.
* 암스트롱(William George Armstrong, 1810~1900) 암스트롱 남작. 발명가 겸 생산업자. 1840년 효율적인 수력방적기 제작, 1847년 엘스윅 엔진 공장을 창설.
* 애디슨(Joseph Addison, 1622~1719) 수필가, 정치가. 비극적인 무운시 〈카토〉로 유명.
* 애버네시(John Abernethy, 1764~1831) 외과의사. 성바르톨로메오 병원에서의 유쾌한 강의로 명성을 얻음.
* 애버크롬비(Ralph Abercromby, 1734~1801) 스코틀랜드 군인. 이집트에서 프랑스 군대에 대항한 상륙작전으로 치명상을 입음.
* 애벗(Charles Abbott, 1762~1832) 텐터든 남작 1세. 1816년 민사법원 판사.
* 애블러드(Peter Abelard, 1079~1142) 프랑스 철학가. 그의 제자 헬라이저와의

불운한 관계로 유명.
* 애시버튼(Ashburton) 더닝(John Dunning) 참고.
* 애시워스(Henry Ashworth, 1794~1880) 콥덴의 친구, 반곡물법의 열렬한 지지자.
* 애시튼(Ashton, ?~?) 소로튼 시의 제분업자.
* 애시튼(Thomas Ashton, ?~?) 이튼 스쿨에서 교육받은 신학자. 랭카셔 지방의 앨딩엄에서 삶.
* 앨런(William Allen, 1776~1843) 퀘이커 교도 출신. 화학자, 자선가. 1790년 조제프 거니 베반의 화학실 설립을 인계받고 노예제도 폐지 운동에 참여.
* 앨베말(Albemarle) 몽크(Christopher Monk) 참조.
* 어스킨(Thomas Erskine, 1750~1823) 어스킨 남작 1세. 훌륭한 변호사로 명성이 자자한 스코틀랜드 법학자.
* 에드워드(Edward Law, 1790~1871) 엘렌버러 백작, 정치가. 1813년 토리당원이 되었으며, 1841년 인도의 총독이 됨.
* 에드워즈(Herbert Benjamin Edwardes, 1819~68) 시크전쟁 동안(1845~46) 동인도회사에서 여러 사무직으로 일함.
* 에드워즈(John Edwardes, 1719~1789) 타프강 위로 단일 스팬다리를 놓았으며 사우스웨일스에도 많은 다리를 건설함.
* 에드워즈(Thomas Edwards, ?~?) 제화업자, 박물학자.
* 에이킨사이드(Mark Akenside, 1721~70) 시인, 정치가. 무운시를 〈젠틀맨 매거진〉에 기고, 장시 〈상상의 기쁨(1744)〉 발행.
* 에인스워스(William Harrison Ainsworth, 1805~82) 다작을 남긴 역사소설가로 《룩우드(1834)》에서 나오는 딕 터핀의 이야기로 유명.
* 에지워스(Richard Lovell Edgeworth, 1744~1817) 영국계 아일랜드인 발명가, 아일랜드 국회의원.
* 에티(William Etty, 1787~1849) 1806년 런던으로 옮겨 로렌스 밑에서 화가 수업을 받았으며, 누드화가로 명성을 얻음.
* 엘던(Eldon) 스콧(John Scott) 참조.
* 엘러스 형제(John Philip Elers and David Elers, ?~?) 존 필립 엘러스의 아들들. 1688년 런던에 와서 질그릇을 생산하는 데 적합한 좋은 점토를 발견.
* 엘리엇(Elliott, ?~?) 노팅엄에서 존 히스코트의 직원으로 일함.

* 엘모어(Alfred Elmore, 1815~81) 아일랜드 화가. 19세 때 왕립미술학교에서 첫 그림을 전시함. 1847년 '양말직기발명'으로 엄청난 인기를 누림.
* 영(Arthur Young, 1741~1820) 농업학자, 작가. 《농부의 달력》과 같은 과학적인 저서를 통해 농업 수준을 향상시킴.
* 영(George Young, 1777~1848) 신학자, 지질학자, 철학자.
* 예이츠(William Yates, ?~?) 로버트 필의 이웃, 동업자.
* 오더본(John James Audubon, 1785~1851) 박물학자. 그림이 많은 《미국의 새》를 발행한 뒤 유명해짐.
* 오제로(Pierre Francois Charles Augereau, 1757~1816) 카스틸리오네 공작. 이탈리아 전쟁에서 공을 세워 빠르게 진급한 프랑스 혁명군인.
* 와트(James Watt, 1736~1819) 스코틀랜드 발명가, 기술자. 증기기관 개량을 위한 실험(1763)을 하고 첫 특허를 받음(1769).
* 요크(Philip Yorke, 1690~1764) 하드윅 백작 1세, 왕좌법원의 수석재판관(1733), 대법관(1737).
* 우스터(Worcester) 서머싯(Edward Somerset) 참고.
* 울러스턴(William Hyde Wollaston, 1766~1828) 팔라듐과 로듐을 발견(1804, 1805). 보라색 다음의 불가시광선을 발견.
* 울지(Thomas Wolsey, 1475~1530) 고위성직자, 정치가. 헨리 8세에 의해 추기경으로 임명.
* 워(Dhoondiah Waugh, ?~1800) 마이소르의 인도군 지도자. 웰링턴 부대에게 쫓기다가 사망.
* 워드(William Ward, 1760~1823) 1799년에 인도에 도착. 복음서 출판에 관한 입지를 굳힘.
* 워싱턴(George Washington, 1732~99) 미국의 초대 대통령.
* 워즈워스(William Wordsworth, 1770~1850) 시인.
* 워커(Adam Walker, 1731~1821) 작가, 발명가. 양수, 풍력마차, 등대, 가정통풍장치 등을 발명.
* 워커(Thomas Walker, 1784~1836) 작가, 변호사. 1835년 5월~12월 동안 미식에 관한 주간지 〈오리지널〉 발행.
* 월모던(Louis Georges Theodore Wallmoden, 1769~1850) 오스트리아 장군.
* 월슨(Alexander Wilson, 1766~1813) 스코틀랜드 출생. 미국으로 이주(1794).

미국 조류학의 아버지로 불림.
* 월프(Josef Wolff, 1795~1882) 독일 선교사. 《유대인과 마호메트 및 다른 종교 분파에 관한 조사와 선교 활동(1835)》 출판.
* 웨스트(Benjamin West, 1738~1820) 미국 태생의 화가. 런던 정착(1763) 조지 3세의 후원을 받음.
* 웨지드(Josiah Wedgwood, 1730~95) 도공.
* 웰링턴(Wellington) 웰즐리(Arthur Wellesley) 참고.
* 웰즐리(Arthur Wellesley, 1769~1852) 웰링턴 공작 1세, 토리당 수상. 워털루에서 나폴레옹을 물리친 영웅(1815).
* 웰즐리(Richard Colley Wellesley, 1760~1842) 웰슬리 후작 1세. 웰링턴의 형. 인도의 식민지 총독
* 위트(Jan de Witt, 1625~72) 네덜란드의 정치가. 공화당의 당수로서 오렌지당과 대립.
* 윌리엄스(John Williams, 1796~1839) 선교사. 런던 선교회에서 소사이어티 군도로 파견되었다가(1817) 데로망고 원주민에 의해 사망.
* 윌버포스(William Wilberforce, 1759~1833) 박애주의자, 노예제 폐지론자, 노예제에 반대한 퀘이커 교도들이 사는 지역의 하원의원(1788~1808).
* 윌슨(Richard Wilson, 1714~82) 웨일스의 풍경화가. 게인즈버그와 컨스터블에서의 작품은 자유로운 형식을 보여줌.
* 윌키(David Wilkie, 1785~1841) 스코틀랜드의 화가.
* 잠피에리(Domenico Zamperi, 1581~1641) 이탈리아 화가. 바티간에 그린 〈성 제롬의 마지막 성찬식(1614)〉으로 유명.
* 잭비어(Francis Xavier, 1506~52) 스페인 성자, 예수회 공동설립자. 동인도와 일본에서 선교사로 일함.
* 쟝리(Comtesse de Genlis, 1746~1830) 수많은 단편희곡과 거의 백 권의 역사연애소설을 집필.
* 제임스 레드패스(James Redpath, 1833~91) 스코틀랜드 출생의 저널리스트. 아일랜드를 옹호하는 적극적인 모임의 '특별자치위원회' 활동으로 '범죄의 변호인'이라는 별칭이 붙음
* 조토(William Giotto, 1266~1337) 이탈리아의 화가, 건축가. 당시에 가장 혁신적인 예술인으로 인식됨.

* 주스티(Giouseppe Giusti, 1809~50) 이탈리아의 시인이자 풍자가. 1848년 토스카나 하원의원으로 선출됨.
* 쥬카렐리(Francois Zucarelli, 1702~88) 이탈리아 화가, 판화가. 초기에 영국에서 활동함.
* 지스카(John Ziska, 1370~1424) 보헤미아 군의 지휘관. 벤체슬라스 왕의 고관. 신성로마제국 황제 지기스문트의 4만명 군대를 격퇴한 뒤 포로가 됨.
* 지오다니(Felice de Giardini, 1716~96) 바이올리니스트, 작곡가.
* 지프(Joseph Germanine Geefs, 1808~85) 벨기에의 조각가.
* 차머스(Thomas Chalmers, 1780~1847) 스코틀랜드의 신학자, 정치경제학자, 스코틀랜드 자유 교회 최초의 총회의장.
* 찬트리(Frances Legate Chantrey, 1781~1841) 화가수업을 받았지만, 조상이나 상반신 조상으로 명성을 날림.
* 채닝(William Ellery Channing, 1780~1842) 미국의 성직자, 공리주의자의 지도자. 《자기교양》을 6권으로 수록하여 1846년 발표.
* 채스터필드(Lord Chesterfield, 1694~1773) 정치가. 설득력 있는 저서 《아들에게 보내는 편지》로 명성을 얻음.
* 채터튼(Thomas Chatterton, 1752~70) 시인. 고어체 시를 발표했고 독약을 먹고 자살한 뒤 낭만적인 영웅으로 급부상함.
* 채텀(Chatham) 먼저 태어난 피터(William Peter) 참고.
* 챔버스(William Chambers, 1800~83) 스코틀랜드의 작가이자 출판자. 〈챔버스 에든버러 저널〉을 편집했으며 W&R 챔버스의 공동 창업주.
* 첼리니(Benvenuto Cellini, 1520~98) 이탈리아의 금세공업자, 조각가, 판화가.
* 첼리니(Giovanni Cellini, ?~?) 벤베누토의 아들.
* 초서(Geoffrey Chaucer, 1345~1400) 시인.
* 취른하우스(Walter Von Tschirnhaus, ?~?) 독일의 안경사, 연금술사.
* 치섬(Caroline Chisholm, 1808~77) 박애주의자, 사회사업가. 시드니에 이주민에게 거처를 제공하기 위해 사무실을 차리고, '가족이주대출협회'를 창립.
* 카노바(Antonio Canova, 1757~1822) 베니스의 신고전주의 조각가. 고전학을 탈퇴하여 세련미를 표현한 예술인으로 유명.
* 카듀(Cardew, ?~?) 데이비(Humphry Davy)의 스승.
* 카라바조(Michelangelo Merisi Da Caravaggio, 1573~1610) 17세기 이탈리아의

가장 위대한 화가.
* 카라바조(Polidoro Caldara Da Caravaggio, 1492~1543) 바티칸에서 라파엘로를 도운 이탈리아 화가.
* 카르노(Lazare Nicolas Marguerite Caront, 1753~1823) 프랑스 혁명가, 정치가. 나폴레옹 전쟁 당시 '승리의 주인공'으로 인식됨.
* 카리시미(Giacomo Carissimi, 1605~74) 이탈리아 작곡가. 성악곡 칸타타를 작곡하여 발전시킴.
* 카베든(Jacques Cavedon, 1577~1660) 화가.
* 칼라일(Thomas Carlyle, 1795~1881) 스코틀랜드 역사학자, 수필가.
* 칼로(Jacques Callot, 1592~1635) 프랑스 조각가. 17세기 양식의 수많은 사실적 작품으로 유명.
* 캐닝(George Canning, 1770~1827) 정치가. 해군재무장관(1801)과 외무성장관(1807). 가톨릭교도해방을 주장한 설득력 있는 대변인이었음.
* 캐미지(John Camidge, 1735~1803) 작곡가이자 오르가니스트. 헨델의 오라토리오를 교회예배에 최초로 도입(요그민스터에서 활동).
* 캐번디시(Henry Cavendish, 1731~1810) 화학자이자 자연 철학가. 자신의 재산을 과학연구에 기부.
* 캘코트(Augustus Wall Callcott, 1779~1844) 풍경화가. 1834년 이후 왕실그림의 감독자
* 캠든(Camden) 프랫(Charles Pratt) 참조.
* 캠바케레스(Jean Jacques Regis Cambacérès, 1753~1824) 1804년 이후 프랑스 황제의 최고 대법관. 그의《시민법전의 초안(Projet de Code Civil)》은《나폴레옹 법전》의 기초가 됨.
* 캠벨(Collin Campbell, 1678~1743) 클라이드 남작. 스코틀랜드 군인으로 반도 전쟁에 참전했으며 1857년 폭동 이후 인도에 주둔.
* 캠벨(John Campbell, 1779~1861) 캠벨 남작 1세. 스코틀랜드 판사, 1830년에서 1849년까지 휘그당 의원 역임, 1859년 대법관.
* 캠벨(John Campbell, 1766~1840) 평신도 설교자 겸 박애주의자. 런던선교단체에서 파견되어 두 번에 걸쳐 남아프리카의 선교단체 시찰.
* 커닝엄(Allan Cunningham, 1784~1842) 스코틀랜드 시인. 처음에는 석공의 견습생이었지만,〈런던 매거진〉의 기고자로 고대시풍의 시를 지음.

* 커런(John Philpot Curran, 1750~1817) 아일랜드 연설가, 1806년에서 1814년까지의 기록 보관관.
* 컴벌랜드(Richard Cumberland, 1631~1718) 피터버러의 주교(1691).
* 케루비니(Maria Cherubini, 1760~1842) 이탈리아 작곡가. 오페라 〈물을 운반하는 사람〉으로 유명.
* 케리(William Carey, ?~?) 헨리 카레이의 아들로 허드슨 남작 1세(1524~96). 베릭의 총독, 엘리자베스 여왕 때 왕실 의전관.
* 케리(William Carey, 1761~1834) 인도로 파견된 최초의 침례교 선교사 가운데 한 명. 인도에서 1799년 선교단을 설립, 1801년에서 1830년까지 캘커타에서 동양학자로 강의함.
* 케언스(John Cairns, 1818~92) 스코틀랜드 신학자. 연합장로교 신학교의 변증론 교수.
* 켈수스(Celsus, 2세기) 로마의 플라톤 학파 철학가.
* 코람(Thomas Coram, 1668~1751) 조선공이자 자선가. 아프리카 여행 뒤 1720년 런던에 돌아가 1741년 고아원(기아양육원)을 설립.
* 코레조(Antonio Allegri Da Correggio, 1494~1534) 이탈리아 화가. 상파울루의 수녀원에 그린 신화적인 프레스코 화법으로 명성을 얻음.
* 코르토나(Pietro Berrettini Da Cortona, 1596~1669) 이탈리아 화가, 건축가. 로마의 하이 바로크 양식의 창시자.
* 코빗(William Cobbett, 1763~1835) 1802년 《코빗의 정치인명부》로 집필 활동을 시작, 미국으로 망명해 《영어문법(1819)》을 집필.
* 코크(Edward Coke, 1552~1634) 법학자. 1628년 토머스 리틀턴의 《보유권》에 대한 네 권의 '법전' 가운데 제1권을 발행.
* 코크(Thomas Coke, 1752~1842) 래스터 백작(1752~1842). 영국 최초의 농업 전문가로 노퍽의 호밀재배 지역을 밀 재배 지역으로 전환.
* 코튼(Willoughby Cotton, 1783~1860) 인도 주둔군 사령관.
* 코페르니쿠스(Nicholas Copernicus, 1473~1543) 폴란드 천문학자.
* 코플리(John Singleton Copley, 1772~1863) 린드허스트 남작. 동명의 초상화가 (1737~1815)의 아들로 토리당에 입당한 변호사로 유명하며, 정신분석학자로도 이름을 날림.
* 콕번(Henry Thomas Cockburn, 1779~1854) 스코틀랜드 판사. 1830년 스코틀랜

드의 법무차관. 《자기시대의 회고》를 1856년에 발표.
* 콕스(David Cox, 1783~1859) 풍경화가. 많은 그의 걸작들은 노스웨일스 지방의 풍경에 영감을 받아 그린 작품들임.
* 콘스탕(Henry Benjamin Constant, 1767~1830) 프랑스 작가, 정치가. 소설 《아돌프(1816)》는 심리소설의 초기작품임.
* 콘스터블(Archibald Constable, 1774~1827) 스코틀랜드 출판자. 1801년 〈스콧지〉 인수, 〈에든버러 리뷰〉 발행, 브리태니커 백과사전의 저작권 매입.
* 콘스터블(John Constable, 1776~1837) 풍경화가. 〈건초수레〉가 첫 성공작임.
* 콘윌리스(Thomas Cornwallis, 1519~1604) 1548년 기사 작위를 받았으며, 1557년 왕실 감사관이 됨.
* 콜럼버스(Christopher Columbus, 1451~1506) 탐험가.
* 콜론나의 스티븐(Stephen of Colonna, ?~?) 군인
* 콜루멜라(Lucius Columella, 1세기) 로마 농업 분야의 작가.
* 콜리(John Cawley, ?~?) 1705년 뉴커먼의 대기압기관을 개량하는 데 공헌.
* 콜리지(Samuel Taylor Coleridge, 1772~1834) 시인.
* 콜링우드(Cuthbert Collingwood, 1750~1819) 콜링우드 남작 1세. 넬슨과 거의 같은 시기에 활동한 해군, 트라팔가 해전의 부사령관.
* 콥덴(Richard Cobden, 1804~65) 경제학자, 정치가. 자유무역옹호자로 유명.
* 콩도르세(Antoine~Nicolas de Condorcet, 1743~94) 프랑스 수학자. 백과사전 편찬에 적극적으로 참여.
* 쿠퍼(Anthony Ashley Cooper, 1671~1713) 샤프츠버리 백작 3세, 도덕철학자, 《인간, 예절, 주장, 시대의 특징들(1711)》.
* 쿠퍼(William Cowper, 1731~1800) 시인. 〈테스크(The Task)〉 발표 이후 더 짧은 시들을 짓고, 호머와 밀턴의 라틴 시들을 번역.
* 쿡(George Cook, 1772~1845) 스코틀랜드 교회 지도자. 1829년에서 1845년까지 세인트 안드레아 대학에서 도덕철학의 교수로 있었음.
* 쿡(James Cook, 1728~79) 항해가. 남극항해와 뉴칼레도니아 제도 발견으로 명성을 얻음.
* 퀴비에(Georges Cuvier, 1769~1832) 프랑스 과학자. 비교해부학과 고생물학의 아버지로 유명.
* 크레이븐(William Craven, 1548~1618) 1569년 머천트 테이러 사에 들어갔으며,

1610년에서 1611년까지 런던 시장으로 있었음.
* 크롬웰(Henry Cromwell, 1628~74) 올리버 크롬웰의 넷째아들. 아버지 밑에서 의회군으로 복무했으며, 1655년 이후 아일랜드 의원으로 공직생활을 함.
* 크롬웰(Oliver Cromwell, 1599~1658) 군인, 정치가, 1653년에서 1658년까지의 영국 호민관.
* 클라이드(Clyde) 캠벨(Colin Campbell) 참조.
* 클라이브(Robert Clive, 1725~74) 군인. 1764년 벵골 지방의 총독과 최고사령관으로 지낸 이후 인도의 식민지 행정관으로 있었음.
* 클라크(Adam Clarke, 1762~1832) 웨슬레 교파의 신학자, 《서지학사전》 8권을 집필한 작가.
* 클락슨(Thomas Clarkson, 1760~1846) 반노예운동가. 《아프리카 노예무역폐지의 역사》로 유명.
* 클레이(Henry Clay, 1777~1852) 미국 정치가. 1811년 이후 하원의 대변인.
* 클루에(Anne Louis Antoine Clouet, 1781~1862) 프랑스 군인.
* 키케로(Marcus Tullius Cicero, 106~43 BC) 로마의 정치가, 연설가.
* 타시(Agostino Tassi, 1580~1644) 이탈리아 예술가.
* 타운센드(Joseph Townsend, 1739~1816) 지질학자. 광물학과 신학에 관한 여러 서적을 출판.
* 타키투스(Publius Tacitus, 55~120) 로마 역사가. 《아그리콜라》《게르마니아》《연대기》 등이 있음.
* 탈레스(Thales, 624~545 BC) 천문학자, 기하학자, 그리스 철학파의 시조.
* 탈리오니(Maria Taglioni, 1804~84) 이탈리아 발레리나. 공연 〈라 실피드〉는 발레의 낭만주의를 열었음(1832).
* 태너힐(Robert Tannahill, 1774~1810) 스코틀랜드 시인, 작사 작곡가. 북소리에 맞는 최상의 노래 작곡. 〈시와 노래〉는 1807년에 매우 유명했음.
* 탤벗(William Henry Fox Talbot, 1800~77) 사진의 선구자, 콜로타이프로(사진 음화 기술) 특허를 받음(1841).
* 탤퍼드(Thomas Noon Talfourd, 1795~1854) 변호사, 작가, 의회기록 발표. 저작권법 도입.
* 터너(Joseph Mallord William Turner, 1775~1851) 풍경화와 수채화의 대가. 14세에 영국 왕립미술학교에 입학.

* 턴불(Peter Evan Turnbull, 1786~1852) 2권의 《오스트리아(1838)》.
* 테넌트(Charles Tennant, 1768~1838) 스코틀랜드 화학기업가. 표백분 특허로 부자가 됨.
* 테라이(Pierre Du Terrail, 1476~1524) 프랑스 군인. 두려움과 불명예가 없는 기사로 유명.
* 테렌티우스(Terence, 190~159 BC) 로마의 희극 작가. 대표 희곡 《안드리아》 《환관》 《아델피》.
* 테셔(Guillaume~Ferdinand Teissier, 1779~1834) 프랑스 역사가.
* 테일러(Brook Taylor, 1685~1731) 영국의 수학자. 대표저서 《증분의 직접 방법과 간접방법(1715)》
* 테일러(Henry Taylor, 1800~86) 시인.
* 테일러(Jeremy Taylor, 1613~67) 신학자. 대표저서 《예언의 자유》 《성스러운 삶의 규칙과 훈련》
* 텐터든(Tenterden) 애봇(Charles Abbott) 참고.
* 텔퍼드(Thomas Telford, 1757~1834) 스코틀랜드 토목기사. 세번교 건설로 유명.
* 토리첼리(Evangelista Torricelli, 1608~1647) 이탈리아 수학자, 물리학자. 대기압 때문에 물이 10미터 이상 올라가지 않는다는 사실을 발견.
* 토마스(Antoine Leonard Thomas, 1732~1802) 프랑스 문필가
* 토마신(Philippe Thomassin, ?~?) 이탈리아 미술가. 17세기에 종교적이고 우의적인 작품이 유명함.
* 토크빌(Alexis-Charles-Henri Clerel de Tocqueville, 1805~1859) 프랑스 역사가.
* 톰슨(James Thomson, 1700~48) 무운 장시 〈계절〉로 유명한 스코틀랜드 시인.
* 투케(John Horne Tooke, 1736~1812) 정치인. 공유지의 사유지화 법령에 반대.
* 트레멘히어(Hugh Seymour Tremenheere, 1804~93) 시사평론가, 장학사(1840). 교육에 관한 9개의 논문을 의회에 제출.
* 트레비식(Richard Trevithick, 1771~1833) 증기차와 건물 내 장치기관을 제작 (1800~1815).
* 트렌치(Richard Chenevix Trench, 1807~86) 더블린의 대주교. 역사, 문학, 시, 철학에 관한 수많은 저서의 작가.
* 티무르(Timour, 1336~1404) 투르크의 정복자. 페르시아(1392~6)와 동인도

(1398) 정복.
* 티에리(Augustin Thierry, 1795~1856) 프랑스 역사가. 대작 《노르만족의 영국 침공》.
* 티치아노(Tiziano Vecellio, 1488~1576) 베니스 화가.
* 틴토레토(Tintoretto, 1518~1576) 베니스 화가.
* 파울러(John Fowler, 1826~64) 배수로와 증기 경작기의 발명가. 증기 경작기 발명으로 1858년 체스터에서 열린 왕립농업협회 전시회에서 상금 500파운드를 받음.
* 패러데이(Michael Faraday, 1791~1867) 화학자, 물리학자, 고전학 이론의 창시자.
* 퍼거슨(James Ferguson, 1710~76) 스코틀랜드 천문학자, 발명가. 《뉴턴의 법칙에 대한 천문학적 설명(1756)》의 저자.
* 페르몬(Laure Saint Martin Permon, 1784~1838) 드아브랑테 공작부인. 프랑스 역사 소설가, 연애소설가. 발자크와 가까운 친구 사이임.
* 포셰(Leon Faucher, 1803~54) 프랑스 정치가, 저널리스트, 〈르 탕〉의 편집장. 1848년 노동부장관과 내무장관을 역임.
* 포스터(John Foster, 1770~1843) 수필가, 침례교회 설교자. 〈절충학파 평론지(Eclectic Review)〉를 거의 200백 편을 펴냄.
* 폭스(Charles James Fox, 1749~1806) 휘그당원이었으며 1782년 국무장관이 되어 피트 수상의 정책에 계속해서 반대 입장을 보임.
* 폴리(Richard Foley, ?~1657) 제철제조업자.
* 폴리(Thomas Foley, 1617~77) 아버지의 제철공장을 인수한 뒤 엄청난 부를 쌓았고, 1660년 뷰들리의 국회의원이 됨.
* 푸르크루아(Antoine Fourcroy, 1775~1809) 1784년 파리 식물원 자댕 드 플랑트에서 교수로 있었음.
* 푸리에(Baron de Fourier, 1768~1830) 푸리에 남작, 프랑스 수학자. 《열분석 이론》으로 명성을 얻음.
* 푸케(Friedrich Fouque, 1777~1843) 독일의 군인, 작가. 1794년에서 1813년까지 프로이센 기사로 복무했으며 많은 연애소설을 집필함.
* 푼샬(Funchal, ?~?) 재정전문가.
* 풀러(Andrew Fuller, 1754~1815) 침례교 설교자. 그가 쓴 저서 《수용할 가치가

있는 복음(1784)》으로 칼뱅주의자들과 논쟁을 벌임.
* 풀러(Thomas Fuller, 1608~61) 성직자, 골동품 연구가. 백과사전적인 문집《영국의 가치 있는 역사》는 그가 죽은 해에 발행됨.
* 프랭클린(Benjamin Franklin, 1706~90) 미국의 정치가, 과학자.
* 프랭클린(John Franklin, 1786~1847) 탐험가. 캐나다 메켄지 강을 따라 여행했으며(1819~22, 1825~9) 노스웨스트 항로를 탐험하려다 세상을 떠남.
* 프로스트(Frost, ?~?) 양말제조기를 개량한 인물.
* 플랙스먼(John Flaxman, 1755~1826) 조각가로 로마에서 웨지우드 작업장의 감독직으로 있었음.
* 플레셰(Valentin Fléchier, 1632~1710) 님(Nime)의 주교.
* 플뢰리(Andre Hercule de Fleury, 1653~1743) 프랑스 고위성직자. 자신의 후계자 루이 15세의 가정교사로 일함.
* 플릿우드(Charles Fleetwood, 1618~92) 의회군. 아일랜드의 사령관.
* 피에르 라뮈(Pierre Ramus, 1515~72) 프랑스의 인문주의자. 1545년 프레슬 대학의 학장으로 임명됨.
* 피츠제럴드(Edward Fitzgerald, 1763~98) 아일랜드 민족주의 정치가. 1775년에서 1783년까지 미국의 독립전쟁에 참전했으며 1793년 연합 아일랜드연맹에 가입함.
* 피히테(Johann Gottlieb Fichte, 1762~1814) 독일의 철학자.《지식학》의 저자로 칸트의 사상을 수정함.
* 필든(John Fielden, 1784~1849) 의회개혁가, '10시간 근무'의 강력한 지지자. 코빗의 절친한 친구이면서 1833년에서 47년까지 올덤의 국회의원임.
* 화이트(Henry Kirke White, 1785~1806)《클리프턴 그로브》를 발간하여 계관시인 사우디와 친분을 쌓음(1803). 케임브리지 대학의 특대 장학생이지만 요절함.

옮긴이 장만기(張萬基)
서울대학교대학원 졸업(경영학석사). UCLA경영대학원 국제경영자과정 수료. 미국 지구환경대학원 명예환경학 박사. 명지대 교수(경영학). (주)코리아마케팅 대표이사. (주)한국기독실업인회 총무. 제1차 세계성서공회대회 (에디오피아 아디스아바바)한국대표. (사)한국인간개발연구원 창립원장(현). 연세대교육대학원(산업교육), 한남대(경영학), 중앙대 사회개발대학원(리더십), 건국대, 국민대(경영학), 고려대 국제대학원(리더십) 경기대(관광경영) 강의. 한국 엘엠아이(주) Leadership Management Int'l(korea) Inc. 대표이사 회장(현). 중국 연변과학기술대학 명예교수(현), 중국 동북사범대 객원교수, 길림대학 객원교수(현). 지은책으로 《인간경영학》, 엮은책 《기업과 인간》 《한국적 노사관계》 《간부의 자기혁명》, 옮긴책 《간부와 자기관리》 《경영지침》 《활력경영》 《폴마이어와 베풂의 기술》 《폴 J. 마이어의 리더십 실천계획 5단계》 등이 있다.

World Book 32
Samuel Smiles
Self Help/Character
자조론/인격론
새뮤얼 스마일스 지음/장만기 옮김
1판 1쇄 발행/2006. 1. 31
2판 1쇄 발행/2007. 9. 1
2판 5쇄 발행/2021. 3. 1
발행인 고정일
발행처 동서문화사
창업 1956. 12. 12. 등록 16-3799
서울 중구 마른내로 144(쌍림동)
☎ 546-0331~6 Fax. 545-0331
www.dongsuhbook.com
잘못 만들어진 책은 바꾸어 드립니다.

＊

이 책의 출판권은 동서문화사가 소유합니다.
의장권 제호권 편집권은 저작권 법에 의해 보호를 받는 출판물이므로 무단전재와 무단복제를 금합니다.
사업자등록번호 211-87-75330
ISBN 978-89-497-0421-0 04080
ISBN 978-89-497-0382-4 (세트)